STICHWORT

LITERATUR *NEU*

Geschichte der deutschsprachigen Literatur

Gerald Rainer
Norbert Kern
Eva Rainer

VER◇TAS

www.veritas.at

Dieses Werk wurde auf Grundlage eines zielorientierten Lehrplans verfasst. Konkretisierung, Gewichtung und Umsetzung der Inhalte erfolgen durch die Lehrerinnen und Lehrer.
Liebe Schülerin, lieber Schüler,
du bekommst dieses Schulbuch von der Republik Österreich für deine Ausbildung. Bücher helfen nicht nur beim Lernen, sondern sind auch Freunde fürs Leben.

Für weitere Informationen steht Ihnen gerne Ihre VERITAS-Kundenberatung zur Verfügung.
Rufen Sie einfach an, schicken Sie ein Fax oder ein E-Mail!
Tel. 0043/(0)732/776451/2280, Fax: 0043/(0)732/776451/2239
E-Mail: kundenberatung@veritas.at
Besuchen Sie uns auf unserer Website www.veritas.at

Primärtexte folgen der Rechtschreibung der zitierten Quelle.

Mit Bescheid des Bundesministeriums für Unterricht, Kunst und Kultur, GZ 5.050/0092-V/9/2007, gemäß den Lehrplänen 2004 als für den Unterrichtsgebrauch an folgenden Schultypen im Unterrichtsgegenstand Deutsch geeignet erklärt:
AHS-Oberstufe, 9.–12. Schulstufe
HLA für technische und gewerbliche Berufe, 10.–13. Schulstufe
HLA für kaufmännische Berufe, 10.–13. Schulstufe
HLA für wirtschaftliche Berufe, 10.–13. Schulstufe
HLA für Mode, 10.–13. Schulstufe
HLA für Tourismus, 10.–13. Schulstufe
Bundesanstalt für Kindergartenpädagogik, 10.–13. Schulstufe
Bundesanstalt für Sozialpädagogik, 10.–13. Schulstufe
HLA für Land– und Forstwirtschaft, 10.–13. Schulstufe

Schulbuchnummer: **140.516**

© VERITAS-VERLAG, Linz
Alle Rechte vorbehalten, insbesondere das Recht der Verbreitung (auch durch Film, Fernsehen, Internet, fotomechanische Wiedergabe, Bild-, Ton- und Datenträger jeder Art) oder der auszugsweise Nachdruck.

3. Auflage (2011) – Entspricht der Rechtschreibreform 2006.

Gedruckt in Österreich auf umweltfreundlich hergestelltem Papier
Lektorat: Katrin Feiner; Maximilian Lehner; Barbara Strobl
Herstellung, Umschlaggestaltung und Layout: Manuela Affenzeller
Bildredaktion: Astrid Schneider
Textquellen: Isabella Siegl
Satz: satz@wolkerstorfer.at, Gutau; Anton Froschauer, Tulln
Schulbuchvergütung/Bildrechte: © VBK/Wien

ISBN 978-3-7058-8145-7

Inhalt

INHALTSVERZEICHNIS

INHALTSVERZEICHNIS

INHALTSVERZEICHNIS

INHALTSVERZEICHNIS

Altgermanische Dichtung (4. bis 8. Jahrhundert)

Die frühe heidnische Stammes- und Gefolgschaftsdichtung ist in nur sehr wenigen Beispielen erhalten geblieben. Die Texte, oder besser gesagt Textfragmente, die heute noch vorliegen, sind Aufzeichnungen aus späterer Zeit, da die Dichtungen zur Zeit ihrer Entstehung fast nur mündlich überliefert wurden. Vieles ging wahrscheinlich verloren, weil das Sammeln von schriftlichen Texten eher die Ausnahme darstellte als die Regel.

Das gesprochene oder gesungene Wort, zum Beispiel Zauber- und Orakelsprüche oder Opferverse, wurde auch in Zusammenhang mit magischen Ritualen verwendet.

Zaubersprüche

Diese volkssprachlichen Texte werden zwar erst im 10. Jahrhundert aufgezeichnet, reichen aber zeitlich viel weiter in den germanischen Bereich zurück.

Der *Erste Merseburger Zauberspruch* zeigt in drei Stabreimlangzeilen[1] eine Situation, in der Frauen (Idisen) Fesseln anlegen und lösen und ein feindliches Heer behindern. Die eigentliche Beschwörungsformel steht in der letzten Zeile.

Der *Zweite Merseburger Zauberspruch* (aufgezeichnet im 10. Jh.) beschreibt, wie Wodan und Phol in den Wald reiten, wo sich das Pferd Baldurs ein Bein verletzt. Nach den vergeblichen Zaubersprüchen zweier Göttinnen (Sinthgunt und Freia) gelingt es schließlich Wodan, den verrenkten Pferdefuß mit einem magischen Spruch zu heilen.

Merseburger Zaubersprüche

Eiris sazun idisi, sazun hera duoder.
suma hapt heptidun, suma heri lezidun,
suma clubodun umbi cuoniouuidi:
insprinc haptbandun, invar vigandun.
5 Phol ende Uuodan vuorun zi holza. [...]
sose benrenki, sose bluotrenki,
sose lidirenki:
ben zi bena, bluot zi bluoda,
lid zi geliden, sose gelimida sin!

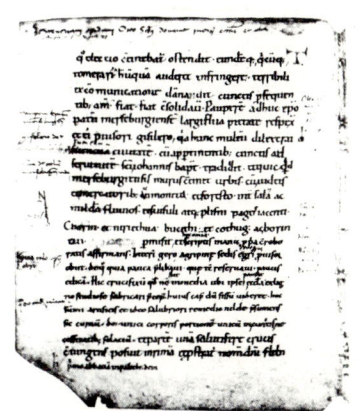

Seite aus der Handschrift

10 1 Einst setzten sich nieder die Idisen (Kampffrauen, Walküren), setzten sich hierhin, dorthin. 2 Einige Haft hef-
teten (fesselten), einige das Heer lähmten, 3 einige
klaubten herum an Fesseln: 4 Entspring den Haftbanden,
entfahre den Feinden! 5 Phol und Wodan fuhren zu Holze.
15 6 Da wurde dem Fohlen Baldurs sein Fuß verrenkt. 7 Da besprach ihn Sinthgunt. (und?) Sun-
na(,) ihre Schwester; 8 da besprach in Frija. (und?) Volla(,) ihre Schwester; 9 da besprach ihn
Wodan, so gut er konnte: 10 Wie die Beinverrenkung, so die Blutverrenkung, 11 so die Glie-
derverrenkung: 12 Bein zu Bein, Blut zu Blut, 13 Glied zu Gliedern, so, als seien sie geleimt
(verbunden)!

---

[1] Stabreim: gleicher Anlaut aufeinanderfolgender Stammsilben (vgl.: ben zi bena, bluot zi bluoda, lid zi geliden)

Bezeichnend für das oft ungesicherte Wissen über die Literatur dieser Zeit ist es, dass trotz vieler Vermutungen ungeklärt ist, wer zum Beispiel die Idisen im Ersten Merseburger Zauberspruch nun genau sind (Walküren? Hexen? verehrungswürdige Frauen? mit magischen Kräften versehene Jungfrauen?), wer mit Phol gemeint sein könnte oder wo diese Beschwörungsformeln verbreitet waren.

Heldenlied

Die Zeit der Völkerwanderung und die Begegnung der germanischen Stämme mit fremden Kulturen bringen eine Heldendichtung hervor, in der das Kriegerische dominiert. Während der Völkerwanderung entstehen mehrere Sagenkreise, so zum Beispiel die Dietrich- und Hildebrandsage (gotisch), die Hunnenschlachtsage (westgotisch) und die Nibelungensage (nordgermanisch), von denen es auch im Verlaufe des Mittelalters viele Bearbeitungen anonymer Verfasser gibt. Aus der germanischen Heldendichtung sind nur vier Texte überliefert, da diese **Oral Poetry**[2] nur in wenigen Einzelfällen aufgezeichnet worden ist: *Finnsburglied, Beowulf, Waldere* (alle drei altenglisch) und das *Hildebrandslied* (langobardisch-althochdeutsch-altniederdeutsch).

Bezeichnenderweise ist der wichtigste Text dieser Zeit, das Hildebrandslied, nur als Bruchstück erhalten, und zwar in einer Fuldaer Handschrift (zweite Hälfte des 8. Jh.s), die hauptsächlich Texte aus dem Alten Testament überliefert. In der ersten Hälfte des 9. Jahrhunderts wurde so viel vom Hildebrandslied auf der ersten und letzten Seite dieses Kodex aufgeschrieben, wie eben Raum vorhanden war. Dem Text, er gehört in den Sagenbereich um Dietrich von Bern, fehlt daher der Schluss. Die erhaltene Fassung besteht aus 68 Stabreimlangzeilen.

Das auf historischen Wurzeln beruhende Hildebrandslied – ein bestimmtes geschichtliches Ereignis lässt sich aber nicht nachweisen – erzählt die Geschichte des aus dreißigjähriger Verbannung heimkehrenden greisen Hildebrand, der seinem Sohn Hadubrand zwischen zwei Heeren im Zweikampf gegenübersteht (ob als Heerführer, Vorkämpfer oder Einzelkämpfer, ist unklar). Der Ausgang des Zweikampfs ist in der Handschrift zwar nicht mehr überliefert, aber laut nordischen Quellen tötet Hildebrand den Sohn. Das Jüngere Hildebrandslied, eine spätmittelalterliche Balladenfassung, gestaltet einen glücklicheren Ausgang.

Das heroische Ethos, unbedingte Kampf- und Todesbereitschaft sowie das Akzeptieren der schicksalhaften Unausweichlichkeit des Konflikts bestimmen den Grundton dieses Heldenliedes.

> • Wie erwähnt ist der Schluss in verschiedenen Fassungen überliefert. Was meinen Sie, welcher Schluss eher zum Grundtenor des Gesamttexts passt? Begründen Sie Ihre Meinung!

[2] Oral Poetry: mündliche Dichtung

Mittelalter

Frühes Mittelalter (750–1170)

Die deutschsprachige Literatur stellt besonders im Frühmittelalter nur einen kleinen Teil der gesamten Literatur dar, der Großteil wird in lateinischer Sprache verfasst. Auch die Überlieferungsverluste durch Zerstörung etc. können nur geschätzt werden. Sehr vieles wurde in der Tradition der **Oral Poetry** nur mündlich weitergegeben.

Ab der Mitte des 8. Jahrhunderts beginnt zwar die Aufzeichnung volkssprachlicher Texte, aber von einer kontinuierlichen Literaturproduktion kann erst ungefähr ab der 2. Hälfte des 11. Jahrhunderts gesprochen werden. Vorher gibt es nur einzeln stehende Texte, sogenannte „Literaturdenkmäler". Das Ende der karolingischen Herrschaft (911) bedeutet zugleich den Beginn einer Zeitspanne von fast 100 Jahren, in der kaum volkssprachliche Literatur aufgezeichnet wird.

Der Begriff „althochdeutsch" bedeutet nicht, dass es eine einheitliche deutsche Literatursprache gibt: Es existieren verschiedene regionale Dialekte (Fränkisch, Alemannisch, Bairisch ...), die die Heranbildung einer „neuen einheitlichen deutschen Sprache" behindern. Auch ist die Amts- und Kirchensprache des Frankenreichs das Mittellatein.

Zentren der Literatur

Klöster als Bildungsinstitutionen

Die Klöster sind die zentralen Bildungsinstitutionen, die bei der von Karl dem Großen (768–814) begonnenen christlichen Mission die Aufgabe haben, Lesen, Schreiben und die christliche Glaubenslehre zu vermitteln. Sie werden verstärkt ausgebaut und ihr Grundbesitz wird vermehrt. Das Kloster Fulda – in dem das Hildebrandslied aufgezeichnet wird – mit seinem **Abt Hrabanus Maurus** (780–856) ist eines von ihnen.

Bis ins hohe Mittelalter verwalten die Klöster den Handschriftenbestand, die Mönche schreiben in Skriptorien[1] Texte ab, übersetzen bzw. bearbeiten sie und produzieren Nachdichtungen. Die Texte werden mit Tinte und Gänsefedern aufgezeichnet, die Bilder mit pflanzlichen, tierischen oder mineralischen Farben gemalt. Illustrationen und Initialen[2] mit Gold- und Silbereinlagen sowie als Beschreibstoff das kostspielige Pergament ergeben Prachthandschriften, wie zum Beispiel Abschriften der Bibel oder ihrer Teile (Evangeliare, Psalter), die nur mit-

Anrufung des heiligen Jakobus, Schrift und Miniatur (um 1500)

hilfe finanzkräftiger Höfe oder Klöster hergestellt werden können. Die hohen Produktionskosten verhindern eine größere Verbreitung von geschriebener Literatur, an eine kommerzielle Verwertung der kostbaren Handschriften dachte man damals noch nicht.

Im weiteren Verlauf des Mittelalters verschieben sich die Zentren literarischer Produktion von den Klöstern hin zu den weltlichen Höfen mit ihren Kanzleien und von dort während des Spätmittelalters in die Städte.

---

[1] Skriptorium: Schreibstube
[2] Initiale: durch Größe, Farbe und Verzierung hervorgehobener Anfangsbuchstabe

Literaturbetrieb im Frühmittelalter – Publikum, Themen, Autoren und Auftraggeber

Viele Faktoren bestimmen den Literaturbetrieb und besonders für das frühe Mittelalter sind sie teilweise unerforscht oder es gibt keine bzw. nur schlechte Quellen. Oft kann sich die Forschung nur auf Vermutungen oder auf Angaben in literarischen Texten stützen.

Schreib- und Lesefähigkeit

Unter Bildung versteht man im frühen Mittelalter die Schreib- und Lesefähigkeit (Latein) sowie die Beherrschung der Elementarfächer des Triviums[3]. Bis ins Hochmittelalter hinein ist Bildung ein Privileg der Geistlichkeit, die adeligen Laien können nur in Ausnahmefällen lesen und schreiben, da sie sowieso über schriftkundige Gefolgsleute verfügen. Lesen und Schreiben sind nicht – wie in der heutigen Zeit – notwendige Kulturtechniken, also ist Analphabetismus auch kein persönliches Defizit. Das zeigt sich unter anderem darin, dass selbst Kaiser und Könige bis ins 12. Jahrhundert hinein zumeist Analphabeten sind.

Die Autoren sind Geistliche, die nicht von Gönnern abhängig sind. Sie schreiben eher theologische, wissenschaftliche und historische Werke – zumeist in Latein – als literarische. Für die Kirche dient die Kunst des Lesens und Schreibens dazu, die Heilige Schrift zu verstehen, Studien durchzuführen und die Menschen zu belehren.

Volkssprachliche Literatur, die sich mit weltlichen Themen beschäftigt, wird fast nur mündlich überliefert, sie wird als nicht aufzeichnungswürdig angesehen (Kosten). Volkssprachliche literarische Texte konnten daher oft nur als Blattfüllsel auf leer gebliebenen Seiten oder Buchrändern „überleben".

Zur Literatur des Frühmittelalters

Die dichterische Form ist im Frühmittelalter fast ausschließlich die Prosa, in sprachlicher Hinsicht geht die Entwicklung vom Lateinischen zur Volkssprache, inhaltlich von den geistlichen Schriften über Chroniken zu den dichterischen Werken im engeren Sinn. Natürlich gibt es ein Nebeneinander von unterschiedlichen Inhalten, Gattungen und Sprachformen.

Glossen, Glossare

Wichtige Literaturgattungen des Frühmittelalters sind **Glossen, Glossare**[4] und die Übersetzungen von Beichtformeln, Glaubensbekenntnissen, Taufgelöbnissen, Gebeten, Predigten und thematisch ähnlichen Texten in althochdeutsche Dialekte. Im Zentrum dieser Übersetzungstätigkeit steht das Bemühen um das Verständnis der lateinischen Sprache und das Bestreben, den passenden volkssprachlichen Begriff zu finden.

Das älteste erhaltene Buch im deutschen Sprachraum ist der *Abrogans* (ca. 764), eine **Synonymensammlung**[5] bzw. eine Art Wörterbuch, das Wörter aus dem Lateinischen ins Althochdeutsche übersetzt. Der Name beruht auf dem ersten Wort dieses Wörterbuchs: abrogans. Dieses Wort wird mit aotmôt, samftmoat (= demütig, sanftmütig) übersetzt und stammt wahrscheinlich aus der Kirchensprache.

Religiöse Reformbewegung

Die vom Kloster Cluny (Burgund) ausgehende religiöse Reformbewegung erreicht in der zweiten Hälfte des 11. Jahrhunderts den deutschen Sprachraum. Sie ruft zu innerer Einkehr

---

[3] Trivium, lat.: Dreiweg. Das Trivium umfasst die Fächer Grammatik, Rhetorik und Dialektik.
[4] Glossare: Einzelübersetzungen von Wörtern/Wörterbüchern
[5] Synonyme: bedeutungsähnliche Wörter

und Umkehr, mahnt, sich des Todes und der Vergänglichkeit bewusst zu werden. Diese Bewegung bewirkt, dass wieder in deutscher Sprache geschrieben wird, um die Laienfrömmigkeit zu fördern, wie zum Beispiel mit dem *Ezzolied* (ca. 1065), das den Lebenslauf Christi erzählt. Mitte des 12. Jahrhunderts entsteht langsam eine höfische Ritterkultur. Geistliche im Dienste Adeliger verfassen frühmittelhochdeutsche Versepen: *König Rother* (um 1150), *Herzog Ernst* (1180), das *Alexanderlied* (1150). Darin fungiert das Rittertum als Handlungsträger. Vorbilder finden die Autoren im französischen Heldenepos (*Chanson de Geste*).

Hochmittelalter (1170 bis Ende des 13. Jahrhunderts)

Die Rezeption[6] der französischen Literatur, die als Vorbild für die deutsche höfische Dichtung dient, beginnt ungefähr um 1170. Die Endphase der hochmittelalterlichen Literatur ist dadurch gekennzeichnet, dass gegen Ende des 13. Jahrhunderts die Städte immer mehr Anteil am Literaturprozess bekommen und die Höfe als literarische Zentren ablösen.

Wirklichkeit und Literatur

Wenn man nur den höfischen Dichtern des Hochmittelalters glaubte, die die prachtvolle Welt der edlen Ritter der Tafelrunde, der Burgen, Feste und Turniere beschreiben, könnte man meinen, einer (fast) heilen Welt gegenüberzustehen.

Realität ist aber, dass die Burgen eng, feucht, kalt und dunkel sind. Ungesunde Ernährung und fehlende sachkundige medizinische Versorgung – selbst für die adelige Oberschicht – lassen eine hohe Lebenserwartung nicht zu; von den einfachen Menschen, deren Lebenssituation man als elend bezeichnen muss, ganz zu schweigen.

Dem romantischen Mittelalterbild kann man Tatsachen entgegenhalten wie die, dass Herrschaft im Mittelalter sehr oft die Unterdrückung des Schwächeren bedeutet, Recht mit Bestechung erkauft wird, die üblichen Methoden ritterlicher Kriegsführung Verwüstung und Plünderung sind. So schreibt Petrus von Lois über die Zeit des ausgehenden 12. Jahrhunderts:

> Sobald sie [die Ritter] mit dem Rittergürtel geschmückt sind, plündern und berauben sie die Diener Christi [...] und unterdrücken erbarmungslos die Armen [...]. Sie geben sich dem Nichtstun und der Trunkenheit hin, sie schänden den Namen und die Pflichten des Rittertums. Wenn unsere Ritter einen Feldzug unternehmen, werden die Pferde nicht mit Waffen, sondern mit Wein beladen, nicht mit Lanzen, sondern mit Käse, nicht mit Speeren, sondern mit Bratspießen.

5

Die politische Wirklichkeit zur Zeit des Höhepunkts der höfischen Dichtung zeigt Kriege, Teuerungen und Missernten. Der Krieg um die deutsche Königsherrschaft zwischen Welfen und Staufern und der Kampf der deutschen Kaiser gegen die Machtansprüche des Papsttums bestimmen diese Literaturepoche bis etwa zum Ende des 12. Jahrhunderts.

Verherrlichte Adelskultur

Die höfischen Dichter entwerfen zu dieser grausamen Realität, wahrscheinlich bewusst, eine „Gegenwelt", in der nichts existiert, was negativ ist. Der strahlende Glanz des Adels, so wie

---

[6] Rezeption: Aufnahme, Verbreitung und Wirkung von Literatur

er sich historisch tatsächlich auf den großen Hoffesten präsentiert[7], wird verherrlicht. In der höfischen Literatur des Hochmittelalters erscheinen diese Hoffeste als Alltag, nicht als Ausnahme.

Herrschaftszentren und literarische Zentren

Seit dem 11. Jahrhundert werden zwar neue Städte gegründet, aber diese weltlichen und kirchlichen Zentren haben agrarischen Charakter. Erst ab dem 13. Jahrhundert entstehen richtige Städtelandschaften. Bis in die Mitte des 14. Jahrhunderts sind 90 bis 95 % der Bevölkerung in der Landwirtschaft tätig.

Fürstenhöfe

Im 12. und 13. Jahrhundert entwickeln sich die großen Fürstenhöfe (z. B. der Babenbergerhof in Wien, die Höfe der Grafen von Thüringen und Meißen) zu literarischen Zentren. Reisten Könige, Fürsten und Landesherren bis ins 12. Jahrhundert in ihrem Herrschaftsgebiet herum, sprachen dabei Recht und versammelten die Adeligen um sich, so werden nun Residenzen errichtet, was sich für die Literatur als wichtig erweist. Die Herausbildung eines festen Fürstenhofs als Mittelpunkt der Kultur und Gesellschaft verschafft den Dichtern ein relativ konstantes literarisches Mäzenatentum und das notwendige adelige Publikum. Erst in diesem Umfeld kann sich die hochmittelalterliche Literatur entwickeln.

Die mittelalterliche Feudalgesellschaft

Feudale Hierarchie

Die mittelalterliche Gesellschaft ist streng hierarchisch gegliedert, ihre Mitglieder sind einander rechtlich nicht gleichgestellt. Die Bauern, die die große Masse der Bevölkerung ausmachen, sind grundhörig, persönlich unfrei und müssen ihrem Grundherrn Dienste und Abgaben leisten. Die Bürger der Städte sind genauso unfrei.

An der Spitze der „feudalen Pyramide" steht der König als oberster Gerichts- und Lehensherr[8], von dem der geistliche und weltliche Adel direkt oder indirekt abhängig ist. Der Lehensnehmer ist dem Lehensherrn zu Treue und Gefolgschaft verpflichtet, der Lehensherr hat im Gegenzug die Pflicht, die von ihm Abhängigen zu beschützen.

Rangmäßig unter dem König stehen die weltlichen und geistlichen Fürsten (dazu gehören Erzbischöfe, Bischöfe, Äbte und Pröpste), ihnen folgt der nicht fürstliche Adel. Diese Adeligen sind einerseits Lehensnehmer, können aber auch ihrerseits wieder Lehen vergeben. Sie üben die Grundherrschaft (Rechtsprechung) aus. Die Angehörigen der nächsten Rangstufe, die Ministerialen (berittene Dienstleute), sind unfrei, können aber in den Ritterstand aufsteigen.

Der Ritter

Ritter gibt es in ganz Europa, sie sind als Krieger (Reiter) für die Stärke des Heeres maßgeblich. Ihre Einkünfte schöpfen die Ritter – Angehörige des niederen Adels – aus Lehen. So finanzieren sie auch ihre teure Kriegsausrüstung, die ungefähr dem Preis von 20 Ochsen entspricht.

---

[7] Zum Beispiel das Mainzer Hoffest (1184), in dessen Mittelpunkt die Schwertleite der beiden ältesten Söhne Friedrichs I. Barbarossa stand. 40 000 bis 70 000 Menschen, 20 000 davon Ritter, sollen bei dieser prachtvollen Selbstdarstellung der staufischen Macht anwesend gewesen sein; auch viele Dichter nahmen daran teil.

[8] Feudum, lat.: Lehen

In der höfischen Dichtung wird das Wort „Ritter" zum Adelsprädikat, zum Zentralbegriff der höfischen Kultur und Ethik.

Thomasin von Zirklaere sieht die Pflichten des Ritters in *Der Wälsche Gast* (1215/16) folgendermaßen:

Zwei Ritter auf Pferden kämpfen mit Lanzen gegeneinander (15. Jh.).

Wer den armen Mann totschlägt, der kämpft nicht wie ein richtiger Ritter; und wer ihm seinen Besitz nimmt, der hat unritterlichen Sinn. Ritter, denkt an eure Bestimmung! Wozu seid ihr Ritter geworden? Weiß Gott,
5 nicht um zu schlafen. Soll ein Mann deswegen Ritter sein, weil er sich gerne ausruht? Davon weiß ich nichts. Glaubt ihr, wegen des guten Essens und des guten Weins seid ihr Ritter? Darin habt ihr euch getäuscht. Das Vieh frißt gerne, das ist wahr. Ihr seid auch nicht Ritter wegen der Kleider und des kostbaren Schmucks. […] Wer das Ritteramt versehen will, der muß mehr Mühe auf sich nehmen als gut zu essen. […] Wenn ein
10 Ritter das tun will, wozu er verpflichtet ist, so soll er sich Tag und Nacht mit allen Kräften für die Kirchen und für die armen Leute abmühen. Aber es gibt heute sehr wenige Ritter, die das tun. Ihr sollt wissen: Wer nicht so handelt, der sollte lieber Bauer sein; dann wäre er Gott nicht so verhaßt. Ihr sollt das wissen: Wer seine Ritterschaft so ausübt, daß er Hilfe und Rat verweigert, dem wird seine Ritterschaft aberkannt.

- Definieren Sie anhand des Textausschnitts aus *Der Wälsche Gast* die Pflichten eines Ritters! Wie darf er im Gegensatz dazu nicht sein?
- Über welche negativen Tendenzen beklagt sich Thomasin?

„*Triuwe*" (im rechtlichen Sinn als Vertragstreue, Bindung des Vasallen im Lehenswesen an den Herrn, im weiteren Sinne als Aufrichtigkeit und Liebe zu Gott verstanden) sowie „*staete*" (Beständigkeit, festes Beharren im Frauendienst, das Festhalten am Guten) und „*mâze*" (Mäßigung, Mitte zwischen zwei Extremen) prägen den vorbildlichen Ritter der höfischen Literatur. Die „*ere*", einerseits als innerer Wert im Sinne von ehrenhafter Haltung und Gesinnung, andererseits als Ansehen und Ruhm verstanden, zeichnet in der höfischen Dichtersprache den Ritter aus.

Das Publikum

Bis in die Mitte des 12. Jahrhunderts sind Geistliche und Mönche die Autoren einer vorwiegend lateinischen Dichtung, die sich mit Glaubensthemen beschäftigt. Dann werden weltliche Fürsten Auftraggeber und Gönner einer neuen Literatur, die vom Interesse des Laienadels, der Hofgesellschaft, geprägt ist.

Adelige Analphabeten

Diese Hofgesellschaft besteht fast ausschließlich aus Analphabeten, nur die adeligen Frauen können in der Regel lesen und/oder schreiben; beides gehört im Mittelalter nicht unbedingt zusammen. Aus diesem Grund werden Frauen von Dichtern oft als Adressatinnen ihrer Werke genannt. Sie haben, auch als Leserinnen, großen Einfluss auf das Urteil des Publikums und auf die literarische „Mode". In diesem Zusammenhang (und in Hinblick auf die übersteigerte und idealisierende Frauenverehrung des hochhöfischen Minnesangs) ist jedoch zu bedenken, dass Frauen im Mittelalter nur eine begrenzte Rechtsfähigkeit besitzen (z. B. sind sie nicht lehensfähig; die Ehemänner verfügen über den Besitz ihrer Frauen; Töchter werden von den Vätern verheiratet).

Wie wenig es dem Ansehen eines Adeligen schadet, wenn er nicht lesen und schreiben kann, zeigt eine Stelle im *Frauendienst* **Ulrichs von Lichtenstein** (~1200–1275), wo er beschreibt, wie er zehn Tage lang den Brief einer Frau nicht entziffern konnte, weil sein Schreiber nicht da war.

Vortragsweise und Überlieferung der Dichtung

Da die meisten adeligen Laien nicht lesen können, werden die Texte höfischer Literatur im Kreis der Hofgesellschaft vorgetragen oder vorgesungen. Die Gedichte des Minnesangs werden mit musikalischer Begleitung gesungen; Text und Musik gehören zusammen. Es sind aber lediglich einige Melodien erhalten geblieben.

Epische Texte in Reimpaaren werden in der Regel aus Handschriften vorgelesen; Heldenepik könnte vorgesungen worden sein. Die Forschung geht davon aus, dass sich dazu der interessierte Teil der Hofgesellschaft am Abend versammelte. Gut bezeugt ist die Lesung aus epischen Werken auf großen Hoffesten.

Auftraggeber und Autoren

Mäzene

Die weltliche Literatur ist Auftragskunst, die Autoren sind auf Mäzene angewiesen. Die Funktion dieser Gönner besteht vor allem darin, Schreiber, Übersetzer, das teure Pergament und den Lebensunterhalt zu bezahlen. Manchmal gibt der Gönner auch literarische Anregungen und macht dem Dichter ausländische (vor allem französische) Literatur zugänglich, die schwer zu beschaffen ist.

Die Mäzene versuchen wahrscheinlich, Einfluss auf die Textproduktion zu nehmen, was aber nicht mehr genau festgestellt werden kann. Vermutlich müssen die Autoren schreiben, was der Hof hören will, da in vielen Fällen ihre Existenz von Mäzenen abhängt. Besonders die Epiker, meist Berufsdichter, brauchen eine langfristige Gönnerschaft, weil das Schreiben dieser umfangreichen Werke oft Jahre dauert.

Klosterfrau beim Schreiben (um 1487)

- Überlegen Sie, wovon heutzutage DichterInnen leben! Gibt es AutorInnen, die mit ihren Büchern ganz gezielt auf den Geschmack eines breiten Publikums abzielen, um Geld zu verdienen?
- Eruieren Sie, ob eine Lyrikerin / ein Lyriker heute von ihren / seinen Veröffentlichungen leben kann!
- Wer fördert heute SchriftstellerInnen und auf welche Weise? Ist Literaturförderung Ihrer Meinung nach gerechtfertigt?

Die Autoren

Über den Stand der Autoren ist wenig bekannt, da die Handschriften nichts mitteilen. In dieser Zeit zählt das Werk, nicht der Dichter; auch findet man in den Texten nur selten persönliche Bemerkungen.

Frühhöfischer Minnesang (~1150 bis 1170)

Was heißt „höfische" Dichtung?

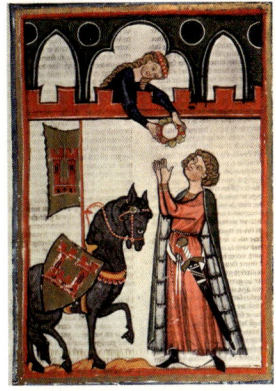

Blumenkranz als Minnelohn (Manessische Liederhandschrift)

Der Begriff „höfisch" (*hövesch, hövescheit*[9]) ist im 12. Jahrhundert entstanden und bezeichnet die adelige Gesellschaftskultur bzw. die (höfische) Dichtung, die sich thematisch und formal nach ihr ausrichtet. „Höfisch" steht für ein Gesellschaftsideal, für ein Programm und bedeutet in übertragenem Sinne: Glanz, Schönheit, vornehme Abstammung, edle Gesinnung, gutes Benehmen, ritterliche Tugend und Gesinnung, Frömmigkeit ... – zentrale Werte für das Hofpublikum.

Der literaturhistorische Begriff meint den Hof als Ort der Literatur: die „höfischen Dichter" und das „höfische Publikum" des staufischen Kaisertums.

„Höfische Epik" und „höfische Lyrik" als Hauptformen der Dichtung an den Höfen sind die dazugehörenden literarischen Gattungsbegriffe. Die Vertreter des **frühhöfischen Minnesangs** wie **Der von Kürenberg**, die **Burggrafen von Regensburg** und **Rietenburg**, **Meinloh von Sevelingen** und **Dietmar von Aist** leben im Raum zwischen Regensburg und Wien, über ihre Biografie ist fast nichts bekannt. Ihre Texte werden ein Jahrhundert später aufgezeichnet, bei vielen davon stellt sich die Frage, ob sie authentisch sind.

Die meisten Lieder bestehen aus nur einer Strophe, oft spricht die Frau (Frauenstrophe oder Frauenlieder), was typisch für die Frühzeit des Minnesangs ist. Später findet man seltener Frauenmonologe.

Die Sprache ist recht einfach und die verwendeten Symbole sind fast immer leicht zu verstehen. Oft erschließt ein einfaches Naturbild (Natureingang[10]) die seelische Stimmung: Durch Frühlings- bzw. Winterbilder können Lust- bzw. Unlustgefühle ausgedrückt werden.

Motive des Minnesangs

Der Minnesang ist Ichlyrik, die geliebte Person ist das Ziel der subjektiven Empfindungen. Man darf das allerdings nicht so verstehen, dass individuelle Gefühle beschrieben werden. Vielmehr existiert das Ich nur als Rolle, als öffentliches Leitbild für die höfische Gesellschaft; der Minnesang ist als Gesellschaftskunst ihr idealisiertes Spiegelbild. Das Spannungsfeld liegt im Gegensatz zwischen *vröude* (Vollzug der Liebe) und *leit* (z. B. Trennung vom geliebten Partner).

Weitere Motive des frühen Minnesangs sind die Untreue des Mannes, *merkære* (= Aufpasser) als Ursache gescheiterter Minne und die Sehnsucht nach Minneglück.

---

[9] höfisches Wesen, höfische Sitte

[10] Natureingang: Einführung in die Stimmungslage eines Gedichtes; ein Gedicht beginnt mit der Naturschilderung bzw. der Beschreibung einer Naturszene, eines Jahreszeitenbilds (z. B. Winterabschied, Sommerbegrüßung, Frühlingsszene ...).

Im frühen Minnesang erlebt die Frau die Liebe oft als Dulderin. Sie hält aber an ihrer Liebe fest, auch wenn sie unter Umständen an der Willkür oder am Desinteresse des Mannes zerbrochen ist.

Der Mann, besonders in den Gedichten des **Kürenbergers**, erlebt die Liebe als Erhöhung seines ritterlichen Selbstwertgefühls und ist meist treulos, was er bezeichnenderweise von der Frau nicht zu befürchten hat. Die Dienerrolle, das vergebliche Werben um eine Frau, so wie es im hochhöfischen Minnesang zur Regel wird, ist für den Kürenberger unvorstellbar.

Betonte Männlichkeit oder: Rollenspiele

Der Wechsel

Die Gedichte des **Kürenbergers** haben immer ein erzählendes Element, das eine Situation skizziert. Das folgende Lied, das in zwei getrennten Strophen überliefert ist, ist ein Beispiel für den **Wechsel**, eine Liedform, bei der Frau und Mann abwechselnd sprechen. Es besteht aber eine räumliche Distanz zwischen beiden. Wer spricht, wird durch Regieanweisungen (*sprach das minnecliche wîp*) oder „unmissverständliche" Stichworte signalisiert. Der Wechsel ist in seiner Grundform auf zwei Strophen beschränkt, es gibt ihn nur in der mittelhochdeutschen Literatur (keine romanischen Vorbilder) und er wird von den meisten Dichtern des 12. Jahrhunderts verwendet.[11]

Ich stuont mir nehtint spâte   an einer zinnen:
dô hôrte ich einen ritter   vil wol singen
in Kürenbergers wîse   al ûz der menigîn:
er muoz mir rûmen diu lant,   ald ich geniete mich sîn.

5   Nu brinc mir her vil balde   mîn ros, mîn îsengwant,
wan ich muoz einer frouwen   rûmen diu lant.
diu wil mich des betwingen   daz ich ir holt sî.
si muoz der mîner minne   iemer darbende sîn.

Ich stand spät in der Nacht bei einer Zinne:
10   Da hört ich einen Ritter wunderbar singen
In Kürnbergers Art aus der Schar heraus.
Er soll mir verlassen das Land oder ich will ihn für mich haben.

Nun bring mir rasch mein Roß her und mein Eisengewand,
denn eine Gräfin fordert, daß ich verlasse das Land.
15   Die will mich dazu zwingen, daß ich sie liebe.
Die soll nach meiner Liebe ewig darben.

Der Kürenberger im Gespräch mit seiner Dame, die als Fürstin dargestellt ist (Manessische Liederhandschrift)

---

[11] Hinweise zur Aussprache: Einfache Vokale mit ^ (Zirkumflex) und ae, oe, iu = ü werden lang gesprochen, z. B.: spâte, diu. Alle anderen einfachen Vokale werden kurz gesprochen, z. B.: mir, wan. Diphthonge (Zwielaute) sind als zwei Vokale zu sprechen, z. B.: einer = e-iner. – Konsonanten: Im Silbenauslaut wird c wie k gesprochen. Im Silbenauslaut und vor s und t wird h wie ch gesprochen, z. B.: rehtint = rechtint. Es gibt keine Unterscheidung zwischen f und v. ph = pf, sc = sch.

- Wer spricht? Handelt es sich dabei um einen Dialog im Sinne von gegenseitiger Kommunikation? Was ist der Unterschied zwischen Dialog und Wechsel? Welche Rolle ist der Frau zugeteilt, welche dem Mann? Mit welchen „Requisiten" wird das männlich-ritterliche Bild betont?
- Wie würden Sie das Verhalten der Frau und die Reaktion des Ritters beschreiben? Welches Frauenbild zeichnet der Kürenberger? Wie würden Sie die Rollenverteilung zwischen Mann und Frau aus heutiger Sicht beurteilen? Hat sich in der Zwischenzeit etwas verändert?
- Fassen Sie den Inhalt des Gedichts kurz zusammen! Wäre es gerechtfertigt, den Inhalt des Gedichts mit einer fortlaufenden Erzählung zu vergleichen?

Liebesleid

Die Literaturgeschichtsschreibung nennt **Dietmar von Aist** einen der profiliertesten Dichter des frühen Minnesangs. Über seine Biografie können nur Vermutungen angestellt werden, selbst der Umfang seines Werkes [12] ist unklar. Das folgende Gedicht ist eine Frauenstrophe.

Sô wol dir, sumerwunne!	O schöne Sommerwonne!
daz vogelsanc ist geswunden,	Der Vogelsang ist hingeschwunden
alse ist der linden ir loup.	wie das Laub der Linde auch.
jârlanc trüebent mir ouch	Auch trüben sich das ganze Jahr
5 mîniu wol stênden ougen.	mit Tränen meine schönen Augen.
mîn trût, du solt dich gelouben	Mein Liebster, du sollst
anderre wîbe.	die anderen Frauen verlassen.
wan, helt, die solt du mîden.	Ritter, du mußt sie verlassen.
dô du mich êrst saehe,	Als du mich zuerst ansahst,
10 dô dûhte ich dich ze wâre	da schien ich dir
sô rehte minneclîch getân.	für deine Liebe vollkommen.
des man ich dich, lieber man.	O denk daran, Geliebter.

- Was wird „erzählt"?
- Welche Symbole werden verwendet? Was soll der doppelte Natureingang – Bild und Gegenbild – symbolisieren? Wie hängt damit das Selbstporträt der Frau in den folgenden Zeilen zusammen?
- Welche typischen Motive des frühen Minnesangs kommen vor? Wie erlebt die Frau die Liebe, welche Rolle wird ihr zugeteilt?
- Was will die Frau mit dem letzten Satz ausdrücken, welche Absicht verfolgt sie?

---

[13] Das heißt, es ist nicht sicher, ob alle Lieder, die unter seinem Namen überliefert sind, tatsächlich von Dietmar stammen.

Höfischer Minnesang (~1170 bis ~1250)

Die Phase von 1170 bis 1190 wird auch als die Zeit des „Hohen Minnesangs" bezeichnet, die stark von den **provenzalischen Troubadours** und den **nordfranzösischen Trouvères** beeinflusst ist. Als wichtigste Vertreter des deutschen Minnesangs gelten **Heinrich von Rugge, Heinrich von Veldeke, Friedrich von Hausen, Hartmann von Aue, Heinrich von Morungen** und **Reinmar von Hagenau. Walther von der Vogelweide** ist einerseits bekannt für perfekt ausgeführte Lieder der hohen Minne[13], andererseits gilt er als einer, der sie mit seinem kritischen Verstand überwunden hat.

Idealvorstellungen von der höfischen Liebe

Liebe im Hohen Minnesang

Als höchster Wert nimmt die höfische Liebe in der Minnelyrik, aber auch in der Epik eine zentrale Stellung ein. Man darf diese Spielart der Liebe im hochhöfischen Minnesang nicht als Privatsache zwischen zwei Menschen sehen. Die Liebe ist eine öffentliche Sache, eine Form des (vorbildlichen) Verhaltens, die bestimmten Normen (*mâze, triuwe, zuht, êre …*) und Regeln der höfischen Gesellschaftsmoral unterliegt. In der reinsten Ausformung des Minnesangs bleibt die Liebe immer unerfüllt (in der höfischen Epik allerdings gibt es erfüllte Liebe).

Preislied und Dienstgedanke

Der Hohe Minnesang ist in seiner Grundstruktur ein Preislied auf eine anwesende Dame (*güete, tugent, êre, schoene*), der Werbende kann seine Angebetete aber nie besitzen. Die Erfüllung der Liebe bleibt ausgeschlossen, der Dienstgedanke (*dienest*) als fiktionaler[14] **Frauendienst**, bei dem sich der Ritter seiner Dame unterordnet, steht im Vordergrund.

Gedankenlyrik

Der Sänger als männlicher Ichsprecher (fast nie das biografische Ich) spielt in reflektierendem Stil (Gedankenlyrik[15]) eine Rolle, die aus der Hoffnung auf Lohn (*lôn*), aus sinnraubender Liebe und dem Schmerz des vergeblichen Werbens besteht. Er reflektiert über die Liebe, die geliebte Frau, sich selbst und sein Singen, über seine Wünsche. Doch alle Wünsche des Minnesängers sind unerfüllbar (*liep âne leit mac niht sîn*). Die verherrlichte Frau bleibt immer anonym; sie ist idealisiertes Vorbild an Schönheit und Tugend, keusch und asexuell, unerreichbar für den Sänger. Sie reagiert gleichgültig und

Die Frau steht unter dem Schutz der Ritterschaft (Miniatur des 12. Jh.)

ablehnend auf sein Werben. Begriffe wie *kiusche, tugende, güete* und *staete* dominieren als zentrale Werte. Trotz Leid und Enttäuschungen harrt der Ritter aus, da das Weiterwerben um die unerreichbare Frau höfisches Ansehen bringt.

---

[13] hohe (hôhe = anspruchsvoll, hochstrebend) Minne im Sinne von Bewährungs- und Dienstminne
[14] Fiktion: Erfindung, Erdichtung
[15] Gedankenlyrik: reflektierende Lyrik, die Gedanken in Sprache fasst, im Gegensatz zur Erlebnislyrik, die subjektiv Erlebtes umsetzt

Minnelyrik spiegelt nicht die historische Realität wider, die handelnden Personen werden vielmehr als Idealtypen dargestellt. Das singende Ich ist der Repräsentant der höfischen Gesellschaft, der modellhafte Erfahrungen und Normen vermittelt.

Reinmar von Hagenau schreibt klassische Frauenpreislieder und Lieder des höfischen Dienstes, in denen der Schmerz vergeblicher Liebe und unerfüllten Werbens hochstilisiert wird:

Nur in dem einen und in weiter nichts möcht ich ein Meister heißen all mein Leben lang. Ich will in diesem Ruhme unbestritten sein und alle Welt soll dieser Kunst mich rühmen: daß niemand anders einen Schmerz so schön zu tragen weiß.

Reinmar von Hagenau geht konsequenterweise so weit, dass er der Liebe eine Scheinwelt aus Worten schafft, das sprachliche Kunstwerk über alles stellt, die Frau als Begriff verehrt:

O, welch ein wunderbares Wort bist du, Wort <wîp>!
Welch eine Wohltat ist es, dich zu wissen und dich auszusprechen!
Nie ward ein Etwas, das man höher selig preisen könnte,
als du es bist, wo immer du das rechte Gute offen legst, das du bist.
5   Mit Worten läßt sich deine Herrlichkeit nicht sagen.
Wen du von Herzen annimmst, ach, der ist selig
und kann gerne leben.
Durch dich empfangen alle Menschen edle Lebenszuversicht.
Wann wirst auch mir du eine Spur von Hoffnung geben?

- Stellen Sie sich vor, Sie werden ins Mittelalter versetzt und treffen Reinmar von Hagenau! Sie kommen mit ihm ins Gespräch und legen ihm nun in einer Diskussion Ihre Ansichten über die Minne/Liebe dar. Wie könnte das Gespräch verlaufen?

Das Tagelied

Abschied zweier Liebender und Abschiedsklage

Das **Tagelied** hat im Allgemeinen den Abschied zweier Liebender im Morgengrauen – signalisiert durch den Vogelgesang, den Sonnenaufgang oder den Morgenstern – nach einer gemeinsam verbrachten Nacht zum Thema. Ein weiteres wichtiges Strukturelement dieser Gattung ist die Abschiedsklage.
Heinrich von Morungen, der vermutlich um 1200 lebt, schreibt ausschließlich Liebeslieder. Im folgenden Tagelied, das einen poetischen Höhepunkt seiner Zeit darstellt, sprechen Dame und Ritter abwechselnd:

Ach, wird mir jemals wieder
schimmern durch die Nachtdunkelheit
heller als Schnee
ihr schöner Leib?
5   Der verzauberte mir die Augen:
Ich meinte, es sei
der Schein des lichten Mondes.
Da tagte es.

Ach, wird er jemals wieder
10 einen Morgen hier erleben?
Einen Morgen, an dem wir, wenn die Nacht entweicht,
nicht zu klagen brauchen:
„Ach, nun ist es Tag",
wie er klagen mußte,
15 als er zuletzt bei mir lag.
Da tagte es.

Ach, sie küßte immer wieder
mich im Schlaf.
Da fielen herab
20 ihre Tränen,
doch tröstete ich sie,
daß sie ihr Weinen ließ
und mich voll Liebe umarmte.
Da tagte es.

25 Ach, daß er mich immer und immer
wieder betrachten konnte!
Als er mir die Decke genommen hatte,
da wollte er
mich Arme in meiner Blöße sehen.
30 Es scheint mir recht wunderbar,
daß er dessen nicht müde wurde.
Da tagte es.

- Wer spricht jeweils in den vier Strophen? Welche Haltung nimmt dabei der Mann ein, welche die Frau?
- Die verwendete Zeitform ist das Präteritum. Warum wird es verwendet, was soll es ausdrücken?
- Welche formalen Elemente bestimmen das Gedicht? Welche Funktion haben sie?
- Können Sie Ihnen bekannte Motive aus der Lyrik des Hohen Minnesangs identifizieren? Welche würden Sie eher nicht dazuzählen?

Spiel mit den Konventionen

Walther von der Vogelweide (~1170 bis ~1230), der größte deutschsprachige Lyriker des Mittelalters, ist ein Kritiker des Dienstgedankens und der Überhöhung der Frau. Er beherrscht zwar die Grundzüge des klassischen Minnesangs (Anbetung, Unerreichbarkeit der Geliebten, Trauer …) meisterhaft, aber seinen Liedern liegt ein anderes Frauenbild zugrunde. Das Minneprinzip Walthers beruht auf Gegenseitigkeit, die Frau erscheint in seinen Gedichten als Person, nicht als unerreichbares „Phantom".

Das Lied *Nemt, frowe, disen kranz* gehört zu den schönsten Mädchenliedern Walthers. Die Mädchenlieder werden der sogenannten **Niederen Minne** [16] zugeordnet und besingen ein unverheiratetes Mädchen. In den Mädchenliedern wird zwar die körperliche Schönheit der Frau gepriesen, aber außer im Lied *Under der Linden* gibt es wieder keine Erfüllung, die Angebetete steht dem Werbenden zwiespältig gegenüber.

Walther von der Vogelweide
(Manessische Liederhandschrift)

Nemte, frowe, disen kranz

1 „Nemet, frowe, disen kranz",
alsô sprach ich zeiner wol getânen maget,
„sô zieret ir den tanz,
mit den schœnen bluomen, als irs ûfe traget.
5 het ich vil edel gesteine
daz müest ûf iur houbet,
ob ir mirs geloubet.
sêht mîne triuwe, daz ich ez meine.

Nehmt, edle Frau, diesen Kranz

„Nehmt, edle Frau, diesen Kranz",
so sagte ich zu einem schönen Mädchen,
„wenn Ihr in tragt, machen Euch die
schönen Blumen zur Zierde des Tanzes.
Hätte ich Geschmeide zu verschenken,
das müßte Euer Kopfschmuck sein,
Ihr könnt's mir glauben.
Seht, wie aufrichtig ich es meine.

---

[16] In den Liedern der Niederen Minne wird ein frouwelîn (ein Fräulein), eine maget (Mädchen) besungen.

2 Frowe, ir sît sô wol getân
10 daz ich iu min schapel gerne geben wil,
    daz aller beste daz ich han.
    wîzer unde rôter bluomen weiz ich vil,
    die stênt sô verre in jener heide.
    dâ si schône entspringent
15 und die kleine vogel singent,
    dâ suln wir si brechen beide."

Herrin, Ihr seid so wunderschön,
daß ich Euch meinen Kranz gern geben will,
den allerschönsten, den ich habe.
Viele weiße und rote Blumen,
die stehen – das weiß ich – fern auf jener Heide.
Dort blühen sie herrlich auf,
und die kleinen Vögel singen;
da wollen wir beide sie pflücken."

3 Si nam daz ich ir bôt,
    einem kinde vil gelîch daz êre hât.
    ir wangen wurden rôt,
20 sam diu rôse, dâ si bî der liljen stât.
    do erschamten sich ir liehten ougen.
    dô neic si mir vil schône.
    daz wart mir ze lône.
    wirt mirs iht mêr, daz trage ich tougen.

Sie nahm, was ich ihr gab,
wie ein Mädchen, das weiß, was Ehre ist.
Ihre Wangen wurden rot,
wie eine Rose, die unter Lilien steht.
Sie schlug beschämt die hellen Augen nieder.
Voller Anmut neigte sie sich da dankend.
Das war mein Lohn. Wird mir noch mehr
zuteil, werde ich's für mich behalten.

25 **4** Mich dûhte daz mir nie
    lieber wurde, danne mir ze muote was.
    die bluomen vlelen le
    von dem boume bî uns nider an daz gras.
    seht, dô muoste ich von vröiden lachen.
30 do ich sô wünneclîche
    was in troume rîche,
    dô taget ez und muos ich wachen.

Mir schien, ich wäre nie
glücklicher gewesen, als wie mir da zumute war.
Die Blüten fielen immerfort
vom Baum neben uns ins Gras.
Seht, da mußte ich vor Freude lachen.
Als ich so von Glück
erfüllt war in meinem Traum,
da brach der Tag an, und ich erwachte.

5 Mir ist von ir geschehen,
    daz ich disen sumer allen meiden muoz
35 vaste under diu ougen sehen.
    lîhte wirt mir einiu, sô ist mir sorgen buoz.
    waz ob si gêt an disem tanze?
    frowe, dur iuwer güete
    rucket ûf die hüete!
40 owê gesæhe ichs under kranze!

Sie hat mich dazu gebracht,
daß ich in diesem Sommer allen Mädchen
genau ins Gesicht schauen muß. Vielleicht find
ich die eine, dann bin ich meine Sorgen los.
Wie, wenn sie in diesem Tanz dabei ist?
Edle Frauen, seid so gut,
rückt die Hüte ein wenig hoch!
Ach, sähe ich sie doch unter einem Kranz!

- Welchen Lohn bekommt der Dichter? Welchen erhofft er sich? Beachten Sie die Andeutungen in Strophe 3!
- Wer spricht in Strophe 3?
- Den Inhalt des Liedes könnte man unter dem Titel „Der Traum vom möglichen Glück", als „Lied von der Traumliebe" zusammenfassen. Warum?
- Können Sie ironische Grundtöne orten? Wo liegen die Unterschiede zum Hohen Minnesang?

Höfisches Epos

Heinrich von Veldeke markiert mit seinem Epos *Eneit* (um 1170), einem antiken Stoff, den Beginn der deutschen höfischen Epik. **Hartmann von Aue** (vor 1200), **Wolfram von Eschenbach** (nach 1200) und **Gottfried von Straßburg** (um 1210) stellen ihren Höhepunkt dar. Die Auftraggeber, der Ort der Literatur und das Publikum sind mit dem der höfischen Minnelyrik ident. Als Vorbild für die deutsche Epik des Hochmittelalters dienen französische Werke, besonders die **Chrétiens de Troyes**, der seine Epen zwischen 1160 und 1190 verfasst.

Das Streben der Literatur ist es – vereinfacht gesagt –, das Bild des idealen Rittertums zu entwerfen. Es soll der Ritter gezeigt werden, der sein Wirken in der Welt und Gott gegenüber harmonisch vereint. Die Epen bestehen oft aus lose miteinander verbundenen Episoden, deren Sinn erst aus den programmatischen Zusammenhängen hervorgeht.

Artusepik

Chrétien de Troyes

Das Vorbild für den deutschen Versroman rund um König Artus ist die nordfranzösische Artusepik, deren erfolgreichster Vertreter, **Chrétien de Troyes** (~1140–1190), den keltisch-bretonischen Sagenstoff (*matière de Bretagne*) in seinen Werken *Erec, Yvain, Cligès, Lancelot* und *Perceval* verarbeitet. Im *Erec* entwirft Chrétien das Modell der Artuswelt: König Artus als Ideal des hochhöfischen Ritters steht im Zentrum der Geschichte, an seiner Tafel sind die ausgewählten (gleichrangigen) Ritter um einen runden Tisch versammelt. Von dieser Tafelrunde gehen alle Abenteuer aus und führen wieder dorthin zurück.

Doppelwegstruktur

Das klassische Artusepos hat eine **Doppelwegstruktur (doppelter Kursus)**: Im ersten Teil erfährt der Held als Protagonist[17] der Idealgesellschaft König Artus' die individuelle Erfüllung seines Lebens: Das kann der Gewinn einer Frau sein, mit der er zum Hof zurückkehrt, wo dann ein Fest gefeiert wird. Dieses Glück hat nur kurzen Bestand, der Held wird schuldig und gerät in eine Krise, etwa hinsichtlich seiner Frau oder der Gesellschaft. Im zweiten Teil muss er sich auf **Âventiurenfahrt** begeben und sich dabei in Kämpfen und Abenteuern bewähren. Gelingt ihm das und erkennt er seinen Irrtum, wird er wieder in die Gesellschaft eingegliedert. Die Tafelrunde des Artushofes bewertet, ob der Held wieder würdig ist, in die Hofgesellschaft aufgenommen zu werden.

Âventiure

Der Begriff „âventiure" (altfranz.: adventure) bedeutet im Artusroman, dass sich der Ritter im Kampf gegen andere Ritter und Fabelwesen (Riesen, Zwerge, Drachen …) bewähren muss. Ein Sieg bringt Ruhm und die Bestätigung der ritterlichen Intelligenz.

König Artus ist in vielen Romanen zwar der Bezugspunkt sowie Ziel- und Endpunkt der Geschichten, aber nicht der Träger der Handlung. Der Artushof beurteilt das vorbildliche Handeln des Ritters und propagiert ihn als nachzuahmendes Vorbild.

Themen der Artusdichtung sind:

- richtiges oder falsch verstandenes Rittertum
- soziales/unsoziales Herrschertum
- falsche und ideale Minne und Ehe
- die Suche nach Gott (Gralsthematik)

---

[17] Protagonist: eine aus einer Gruppe herausragende, zentrale Person

Wolfram von Eschenbach *Parzival*

Nicht der Autor ist wichtig, sondern sein Werk. Diese mittelalterliche Auffassung hat zur Folge, dass man auch über Wolfram von Eschenbach wenig Verbürgtes weiß. Sicher ist, dass er von allen mittelalterlichen Dichtern, außer von **Gottfried von Straßburg**, sehr geschätzt wird. Anhand seiner Werke kann weiters geschlossen werden, dass Wolfram sehr gebildet sein muss. Geht man von der Zahl der überlieferten Handschriften aus (16 vollständige und 66 Fragmente sowie ein Frühdruck von 1477), kann man auf eine sehr weite Verbreitung seiner Werke schließen.

Wolfram von Eschenbach (Manessische Liederhandschrift)

Wolframs Vorlage

Als Vorlage für den um 1200/1210 entstandenen *Parzival* nimmt Wolfram Chrétiens de Troyes *Le Conte du Graal* (auch: *Perceval*), den er relativ frei bearbeitet und in vielen Details verändert. Das Zentralproblem des *Parzival* besteht darin, die weltlichen Wertvorstellungen mit den religiösen Forderungen des Christentums in Einklang zu bringen:

827,19 Wer sein Leben so beschließt,
dass Gott der Seele nicht beraubt wird,
weil der Leib zum Schuldner wurde,
und wer sich doch die Gunst der Welt
5   erhält und seine Würde wahrt,
für den war Mühe nicht umsonst.

Der Artushof ist im Roman nicht das alleinige Zentrum, dazu kommt die Gesellschaft der Gralsburg, die der der Artusrunde übergeordnet ist, da sie von Gott gelenkt wird.
Das verbindende Thema dieses Werks ist die Liebe, die anhand zahlreicher Beziehungen besprochen wird. Sie wird in verschiedenen Formen dargestellt, so zum Beispiel als Dienstminne Gawans zu Orgeluse, als Liebe Sigunes zu Schionatulander oder als ideale eheliche Liebe zwischen Parzival und Condwiramurs.
Zwei Haupthelden, Gawan und Parzival, bewegen sich durch eine märchenhafte Fantasiewelt, in der die handelnden Personen fast alle irgendwie verwandtschaftlich miteinander verbunden sind. In diese mehrsträngige Erzählung werden viele Nebenfiguren einbezogen und miteinander verknüpft; aus diesen Gründen ist die Erzählweise auch sehr verschachtelt.
Wolframs Erzählweise kann man als Technik der allmählichen Enthüllung beschreiben und mit dem modernen Kriminalroman vergleichen, weil bestimmte Vorgänge erst viel später im Verlauf der Geschichte erklärt bzw. von verschiedenen Seiten beleuchtet werden. Die ZuhörerInnen/LeserInnen müssen also konzentriert mithören/mitlesen, um den Erzählfaden nicht zu verlieren.

Erzählperspektive und Erzählerkommentar

Die komplexe Struktur des Romans ist durch einen ständigen Wechsel der Erzählperspektive bestimmt: Wolfram wertet das Geschehen in vielen (oft ironischen bzw. komischen) Erzählerkommentaren, verweist auf eigene Erfahrungen und sagt, wie er sich selber verhalten würde. Er baut eine zweite Erzählebene ein, in der er mit den ZuhörerInnen kommuniziert, sie aktiv in den Gang der Handlung einbaut. Das erzählende Ich wird so zum Zentrum der Geschichte, es hält alle Erzählfäden in der Hand. Als Ordnungsfaktoren dienen die Selbsterkenntnis Parzivals und die vom Dichter gewollte Reflexion der ZuschauerInnen, die erkennen sollen, wie alles, was aus dem Lot geraten ist, wieder in Ordnung kommt.

Das „ritterlich-höfische Riesenmärchen" wird im 19. Jahrhundert (also nicht von Wolfram) in 16 Bücher eingeteilt. Es handelt davon, wie Parzival unwissentlich Schuld auf sich lädt und zum glücklichen Ende doch Gralskönig wird:

Parzival verlässt seine Mutter

Herzeloyde, die Mutter Parzivals, lässt ihren Sohn fern jeder Zivilisation aufwachsen, weil sie ihm das Schicksal seines Vaters, der im Kampf gestorben ist, ersparen möchte. Ritter, die vorbeiziehen, erwecken jedoch Parzivals Neugierde und Sehnsucht nach dieser Welt. Er zwingt seine Mutter, ihn hinausziehen zu lassen, was sie ihm schweren Herzens gewährt; er verursacht dadurch aber unwissentlich ihren Tod. Sie kleidet ihn noch in ein lächerliches Narrengewand, um ihn vor ernsteren Gefahren zu schützen. Die Artusritter, die ihn nicht ernst nehmen, gestatten Parzival, gegen den roten Ritter Ither zu kämpfen.

Parzival lädt dabei erneut unwissentlich Schuld auf sich, da er seinen Verwandten Ither – die verwandtschaftliche Beziehung stellt sich erst im Verlauf der Geschichte heraus – unritterlich mit einem Bauernspieß tötet. Er zieht die rote Rüstung an, reitet weiter, bis er zum Schloss des Gurnemanz kommt.

Ritterliche Ausbildung

Gurnemanz lässt ihn den Gebrauch der Waffen erlernen und vermittelt ihm ritterliche Bildung.

170,16
Verliert nur nie den Sinn für Scham.
Wer sich nicht schämt, was taugt der noch?
Das ist wie Mauser, Federfall:
Wert und Würde sinken nieder,
5 zeigen ihm den Weg zur Hölle.
Mit Eurem Aussehen, Eurer Schönheit
habt Ihr das Zeug zum Heeresführer!
Seid Ihr edel, strebt nach oben,
so bleibt Euch in dem Punkte treu:
10 Helft den vielen in der Not,
kämpft gegen ihre Armut an
mit Güte, Generosität;
gebt niemals Eure Demut auf.
Gerät ein edler Mann in Not,
15 so hat er mit der Scham zu kämpfen

171
(und das ist ein bittrer Kampf!) –
seid bereit, auch ihm zu helfen.
Er ist noch übler dran als jene,
die vor Fenstern Brot erbetteln.
20 Rettet Ihr ihn aus der Not,
kommt Gottes Gnade auf Euch zu.

Doch ob Ihr arm seid oder reich –
zeigt stets das rechte Augenmaß.
Ein Herr, der den Besitz verschleudert,
25 benimmt sich gar nicht wie ein Herr;
doch wenn er Silbermünzen häuft,
so ist dies auch nicht ehrenvoll.
Kennt immer Maß und Ziel …
Ich habe Anlaß festzustellen,
30 daß Ihr der Lehre sehr bedürft.
Seid nicht mehr so ungehobelt!
Ihr sollt nicht viele Fragen stellen!
Gewöhnt Euch an zu überlegen,
was Ihr genau zur Antwort gebt;
35 sie geh auf dessen Fragen ein,
der etwas von Euch hören will.
Ihr könnt doch hören, sehen,
schmecken, riechen – all dies bringe
Euch so langsam zu Verstand!
40 Verbindet mit dem Mut das Mitleid –
so befolgt Ihr meine Lehre.
Wenn einer sich Euch unterwirft,
per Ehrenwort, so nehmt es an
und laßt ihn leben – falls er Euch
45 nichts antat, was das Herz bedrückt.

172

Ihr werdet oft die Rüstung tragen;   Seid mutig und hochgestimmt,
sobald die von Euch abgelegt ist,   das fördert Euren schönen Ruhm.
wascht Euch Hände und Gesicht –   Und haltet stets die Frauen hoch –
sobald sich Rost zeigt, wird das Zeit!   55   so steigt ein junger Mann im Rang.
50   Ihr wirkt dann wieder angenehm –   Bleibt hier fest, dies jeden Tag –
und das bemerken die Frauen auch …   so zeigt sich männliche Gesinnung.

- Was vermittelt Gurnemanz Parzival als ritterliche Tugenden? Was sagt er über die Minne und die Frauen?
- Welche dieser im Text angesprochenen Tugenden haben noch heute eine gewisse Gültigkeit? Mit Recht?

Parzival auf der Gralsburg

Parzival verlässt die Burg des Gurnemanz, rettet die Königin Condwiramurs und ihre belagerte Stadt und gewinnt sie zur Frau. Er verlässt sie aber wieder und gelangt zur geheimnisvollen Gralsburg, die jenseits der realen Welt liegt. Parzival sieht den Gral und den leidenden Burgherren, den Gralskönig Amfortas, stellt aber die von ihm erwartete Mitleidsfrage nicht, weil er von Gurnemanz gelernt hat, nicht so viel zu fragen. Die Frage nach der Ursache des Leidens des Amfortas hätte Parzival zum Gralskönig gemacht und Amfortas von seinen Qualen befreit.

Ein für den *Parzival* typischer Erzählerkommentar resümiert:

240,3   Ein Unglück, daß er jetzt nicht fragte!
       Noch heute leid ich dran – für ihn!
       Denn als man ihm das überreichte,
       war das ein Wink: Er sollte fragen.
5   Der Burgherr tut mir gleichfalls leid,
       weil er ein schweres Schicksal hat –
       die Frage hätte ihn erlöst …[18]

- Welche Erzählperspektive wird in diesem Textbeispiel verwendet?

Ein Knappe verflucht Parzival bei seinem Wegritt. Wiederum ist Parzival gescheitert, was er aber noch nicht wissen kann. Er kehrt in die Artuswelt zurück, wo er ehrenvoll in die Tafelrunde aufgenommen wird.

Cundries Fluch

Cundrie, die Gralsbotin, verflucht Parzival wegen der nicht gestellten Frage und sagt, dass er seine Ehre als Ritter der Artusrunde verloren habe.
Parzival, der sich keiner Schuld bewusst ist, und Gawan, vom Landgrafen Kingrimursel eines Verge-

---

[18] Direkt darf Parzival, wie der Hörer später erfährt, nicht auf die Notwendigkeit der Frage aufmerksam gemacht werden. Es handelt sich um eine magisch wirkende Erlösungsfrage. Ihre Folge: sofortige Heilung des Amfortas (240,9) und Königsherrschaft Parzivals.

hens beschuldigt, verlassen unverzüglich den Hof. Die Erzählung teilt sich nun: Während sich Gawan als Ritter bewährt, ist Parzival als ein mit Gott hadernder Ritter auf Gralssuche.

Sein Weg führt ihn nach einer langen Gralssuche, die viereinhalb Jahre dauert, am Karfreitag zum Einsiedler Trevrizent, dem er sich als reuiger Sünder zu erkennen gibt. Dieser klärt ihn über das Wesen des Grals auf: Er heiße lapsit exillis, verleihe denen, die ihn jede Woche ansehen, Unsterblichkeit und Jugend. Seine Kraft komme vom Himmel, jeden Karfreitag erscheine eine Taube mit einer Oblate, die sie auf den Gral niederlege. Trevrizent, der Onkel Parzivals und Bruder des Amfortas, erklärt ihm in einem langen Gespräch, dem Mittelpunkt des Romans, die Zusammenhänge und inwieweit er, Parzival, sich schuldig gemacht hat:

499,13

	„Mit Ither bist du ja verwandt –	15	Tu, was ich dir jetzt empfehle:
	du hast getrennt, was euch verband.		Leiste für den Fehltritt Buße,
	(Gott hat dies noch nicht vergessen,		sorge vor für deinen Tod,
5	kann die Verwandtschaft noch ermessen.)		damit dein Mühen hier auf Erden
	Willst du gottgefällig leben,		der Seele jenseits Ruhe gibt." […]
	so mußt du dafür Buße leisten.		
	Ich sage dir mit großem Schmerz:		**501**
	Du hast dich zweifach schwer versündigt –	20	„Dein Onkel schenkte dir dein Schwert;
10	Ither hast du getötet und		dabei nahmst du Schuld auf dich,
	du mußt um deine Mutter trauern.		weil dein Mund, sonst sehr beredt,
	Es geschah aus treuer Liebe:		leider nicht die Frage stellte.
	Als du damals von ihr aufbrachst,		Zähl sie mit, die Unterlassungssünde …
	ist sie gleich darauf gestorben.	25	Der Tag war lang, wir wollen schlafen …"

Parzival wird Gralskönig

Parzival macht den entscheidenden Schritt zu einem gottesfürchtigen Dasein und wird wieder am Artushof aufgenommen. Auch die Gawan-Erzählung kommt zu einem glücklichen Ende: Gawan, das Beispiel eines weltlichen Ritters, der viele Abenteuer zu bestehen hatte, ist rehabilitiert.

Die Gralsbotin Cundrie verkündet am Artushof Parzivals Berufung zum Gralskönig. Er reitet mit seinem Halbbruder Feirefiz, einem Heiden, zur Gralsburg, wo er die entscheidende Frage stellt: „Oheim […], wie ist es dir?"

Parzival ist nun Gralskönig, Amfortas geheilt. Parzivals Frau Condwiramurs und seine Zwillingssöhne Kardeiz und Loherangrin kommen auf die Gralsburg, wo ein großes Fest stattfindet.

Heldenepos

Das Nibelungenlied

Aus den genauen geografischen Angaben im Text, es werden Orte an der Donau wie Bechelâren (Pöchlarn), Medelike (Melk), Trûne (Traun) oder Passouwe (Passau) namentlich angeführt, schließt die Forschung, dass das *Nibelungenlied* an der mittleren Donau, vielleicht in Passau, entstanden ist. Überliefert ist es in 34 Handschriften (davon sind 23 Fragmente aus dem 13. bis 16. Jh.).

Die Struktur des Nibelungenlieds

Das *Nibelungenlied* wurde gesungen, seine Melodie ist aber nicht überliefert. Es besteht aus 39 Âventiuren und ist in zwei Abschnitte geteilt: die Siegfried- und die Nibelungenhandlung, die durch die Person der Kriemhild miteinander verbunden werden. Man könnte das *Nibelungenlied* deshalb auch als Kriemhild-Epos sehen, da Kriemhilds Leben von ihrer Kindheit bis zu ihrem Tod erzählt wird.

Die Nibelungenstrophe

Die **Nibelungenstrophe** besteht aus vier Langzeilen, Anvers[19] und Abvers[20] sind durch eine **Zäsur**[21] in der Mitte getrennt. Die Anverse haben vier, die Abverse drei Hebungen; der Abvers der vierten Langzeile hat vier Hebungen.

Uns íst in álten mǽrèn	wúnders víl geséit
von hélden lóbebǽrèn,	von grôzer árebéit,
von fröuden, hôchgezîtèn,	von wéinen únd von klágen,
von kűener récken strítèn	muget ír nu wúnder hœren ságen.

Am Wormser Hof lebt die Prinzessin Kriemhild, die schicksalhaft träumt; ihre Mutter Ute deutet ihr diesen Traum.

Der Falkentraum

Aus der 1. Âventiure, 13–14

Im Glanze dieses Lebens		träumte Kriemhild,
Sie zähmte einen Falken,	10	stark, schön und wild.
Vor ihren Augen schlugen		ihn zweier Aare Klauen.
Nie im Leben meinte		sie ein größeres Leid zu schaun.
5 Sie sagte den Traum der Mutter,		Ute, der Königin.
Die fand darin für Kriemhild		keinen bessern Sinn:
„Der Falke, den du zähmtest,	15	das ist ein edler Mann.
Den musst du bald verlieren,		nimmt Gott sich sein nicht gnädig an."

Nach dieser Traumdeutung beschließt Kriemhild, dass sie nie jemanden lieben wird.

- Im Minnesang ist der Falke das Sinnbild des Geliebten. Wie interpretiert Königin Ute den Traum?
- Welche Vorausdeutungen auf den weiteren Verlauf der Geschichte werden vermittelt?

Siegfried von Xanten zieht an den burgundischen Königshof zu Worms, wo die Könige Gunther, Gêrnôt und Gîselher mit ihrem Gefolgsmann Hagen residieren. Hagen erzählt die Geschichte vom Drachenkampf Siegfrieds, seiner damit erworbenen Unverwundbarkeit und von Siegfrieds Gewinn des Nibelungenschatzes.
Siegfried will die Hand der schönen Prinzessin Kriemhild erringen, was ihm nur unter der Bedingung gewährt wird, dass er Gunther bei der Werbung um die isländische Königin Brünhild unterstützt. Unter einer Tarnkappe verborgen, hilft er Gunther auf Island bei den Freierproben. Brünhild wird für Gunther gewonnen. Anschließend findet in Worms die Doppelhochzeit von Siegfried und Kriemhild bzw. Gunther und Brünhild statt. In der Hochzeitsnacht verweigert sich Brünhild Gunther. In der folgenden Szene erzählt Gunther Siegfried davon:

---

[19] Anvers: die erste Vershälfte einer Langzeile
[20] Abvers: der zweite Teil einer Langzeile
[21] Zäsur: in der Verslehre ein syntaktischer oder metrischer Einschnitt

Aus der 10. Âventiure, 648–650

Drum trat er zu dem König: „Wie war's in dieser Nacht?
Hat sie – laß mich's wissen – den Sieg der Minne Euch gebracht?"

„Nein", erwiderte Gunther, „Schaden nur und Scham.
Das ist ein böser Teufel, der ins Haus mir kam.
5 Da ich sie minnen wollte, hat sie an Fuß und Hand
Mich schmählich gefesselt und hängte hoch mich an die Wand.

Dort hing in meinen Ängsten die Nacht ich bis zum Tag,
Eh sie die Fesseln löste, dieweil sie schlummernd lag."

- Wie wirkt König Gunther in dieser Szene?
- Können Sie sich vorstellen, dass zum Beispiel in der Artusepik ein König so dargestellt wird?

Siegfried hilft Gunther ein zweites Mal Brünhild zu besiegen und nimmt als Trophäe ihren Ring und ihren Gürtel mit. Dann kehren Siegfried und Kriemhild an den Hof nach Xanten zurück.

Jahre später werden sie von Brünhild, die sich über die Rolle Siegfrieds bei der Werbung im Unklaren ist, nach Worms eingeladen. Dort kommt es während der Festlichkeiten zum Streit, da Kriemhild Brünhild beleidigt und ihr im Verlauf des Streits das Geheimnis der Hochzeitsnacht erzählt. Zum Beweis legt sie Brünhilds Ring und Gürtel vor.

Mit Zustimmung der Könige ermordet Hagen daraufhin den nur an einer Stelle am Rücken verwundbaren Siegfried hinterrücks im Odenwald. Hagen wird bei der „Bahrprobe" (Siegfrieds Wunden brechen blutend auf, als Hagen vor dessen Totenbahre tritt) von Kriemhild als Mörder enttarnt, raubt dieser auch noch den Nibelungenhort und versenkt ihn im Rhein. Kriemhild, die nun keine Macht mehr besitzt, sinnt von da an auf Rache. Jahre später wirbt König Etzel um Kriemhild. Kriemhild, die Etzels Macht erkennt, wird seine Frau und zieht nach Ungarn ins Hunnenland.

Krimhild (r) präsentiert Brunhild (l) den Gürtel, Mitte Siegfried (1843)

Nach 13 Jahren lädt sie die Burgunden zu einem Ritterfest auf die Etzelsburg. Obwohl Hagen abrät, wird die Einladung angenommen, und die Burgunden ziehen die Donau entlang zur Etzelsburg, wo sie Dietrich von Bern vor der Gefahr warnt. Bereits während des Festmahls wird der burgundische Tross überfallen. In der Folge kommt es zur Eskalation: Hagen erschlägt Etzels Sohn, worauf ein grausamer Vernichtungskampf ausbricht, auf dessen Höhepunkt Kriemhild den Saal anzünden lässt, in dem sich die Burgunden befinden. Am Ende bleiben nur Hagen und Gunther am Leben und werden von Dietrich von Bern gefangen genommen.

Gunthers und Hagens Tod

In einer Schlussszene lässt Kriemhild ihrem Bruder den Kopf abschlagen, da Hagen vorgibt, er verrate das Versteck des Nibelungenschatzes nicht, solange noch einer der Könige lebe.

Aus der 39. Âventiure, 2369–2371, 2373

„So end ich es", sprach Kriemhild. Und auf ihr Gebot
Gab man ihrem Bruder Gunther den Tod.
Sie ließ das Haupt ihm nehmen; bei den Haaren trug

Sie selbst es vor den Tronjer.[22]	Das war dem Helden leid genug.

5 Das Haupt seines Herren   sah er mit finsterm Sinn.
Dann sprach der Recke trotzig   zu der Königin:
„Du hast's nach deinem Willen   zu Ende gebracht;

Es ist auch so ergangen,   wie ich es allein gedacht.

Gunther von Burgunden,   der König, lebt nicht mehr.
10 Tot ist der kühne Gernot,   der junge Giselher:
Den Schatz, den weiß jetzt niemand als Gott und ich allein.

Der soll für jetzt und immer   dir Teufelin verhohlen sein!"
[…]

Sie zog es[23] aus der Scheide;   wehrlos sah er's an.
15 Hinzumorden dachte   sie den kühnen Mann.
Sie hob's mit ihren Händen,   sie schlug ihm ab das Haupt
Unmutig sah es Etzel,   wie Kriemhild ihm das Leben raubt'.

Der alte Hildebrand schlägt daraufhin Kriemhild den Kopf ab. Nur Etzel, Hildebrand und Dietrich überleben das fürchterliche Blutbad.

Interpretationen des 19. und 20. Jahrhunderts sehen im Nibelungenlied ein nationales Kulturdenkmal, das typisch „deutsche" Eigenschaften wie die „Nibelungentreue" Hagens verherrlicht. So beschreibt zum Beispiel der deutsche Reichskanzler Fürst von Bülow in einer Rede am 29. 3. 1909 das Verhältnis zu Österreich-Ungarn mit „Nibelungentreue". Reichsmarschall Göring vergleicht die Lage der 6. Armee, die während des Zweiten Weltkriegs in Stalingrad aussichtslos eingeschlossen ist, mit dem Kampf der Burgunden und appelliert an die Opferbereitschaft des deutschen Volkes.

Ein negatives Gesellschaftsbild

Tatsächlich zeichnet das Epos ein negatives Gesellschaftsbild; Mord, Betrug, Rache, Hass und Hinterlist dominieren. Selbst der als positiver Held erscheinende Siegfried betrügt Brünhild; eine Tatsache, deren Konsequenzen er nicht realisiert. Die negative Handlungsweise der Hauptpersonen steht im Kontrast zu den höfischen Elementen, die im *Nibelungenlied* als Ideal zitiert, aber nicht gelebt werden. König Gunther zum Beispiel, in der Hochzeitsnacht der Lächerlichkeit preisgegeben, ist ein schwacher König ohne Vorbildfunktion. Kriemhild erscheint im zweiten Teil als kalte und grausame Rächerin.

Ein strahlender Held, der die Geschichte zu einem guten Ende bringen könnte, ist nirgends in Sicht. Alles steuert, erzähltechnisch durch viele Vorausdeutungen vorbereitet, konsequent auf ein Blutbad zu. Als LeserIn kann man sich des Eindrucks eines schicksalshaften, nicht zu ändernden Verlaufs kaum erwehren.

---

[22] Hagen
[23] das Schwert Siegfrieds

Spätmittelalter (1250–1450)

Grundlagen

Territorialstaaten

Seit dem Tod Heinrichs VI. 1197 herrscht die Tendenz zum territorialen Reichsfürstentum, weg vom Kaisertum. Die Territorialstaaten beanspruchen absolute Souveränität; die Macht konzentriert sich an den wenigen großen Fürstenhöfen, während der größte Teil des Adels politisch unwichtig wird.

Untergang des Lehenswesens

Das Lehenswesen verliert infolge des Niedergangs des Kaisertums seine Bedeutung. Der Ritterstand, auch durch die Verwendung von Handfeuerwaffen und Geschützen militärisch irrelevant geworden, löst sich auf. Durch die Landflucht in die Städte und durch die Abwanderung in die neukolonisierten Ostgebiete vermindern sich die Einkommen der Grundherren. Die Agrarkrisen des 14. Jahrhunderts bedeuten den wirtschaftlichen Ruin des niederen Adels und somit eine weitere Schwächung des feudalen Systems.

Das 14. Jahrhundert ist durch instabile soziale und politische Verhältnisse gekennzeichnet:
- Hungersnöte und Teuerungen
- Pestepidemien um 1350, durch die ein Drittel der westeuropäischen Bevölkerung stirbt
- zwei Päpste (in Rom und in Avignon)

Die soziale Schichtung

Die soziale Schichtung im Spätmittelalter ist dadurch gekennzeichnet, dass zu den Ständen Geistlichkeit, Adel und Bauernschaft das Bürgertum hinzukommt. Vom Anfang des 13. Jahrhunderts an steigt das nichtadelige Stadtbürgertum sozial auf, es kommt in weiterer Folge zu einer Verschmelzung von Geburts- und Geldadel. Dennoch kann man von der Literatur des 13. und 14. Jahrhunderts nicht als bürgerlicher Literatur sprechen, da sich erst im 15. und 16. Jahrhundert endgültig ein einheitliches Bürgertum entwickelt hat.

Das Umfeld der Literatur

Die Literatur dieser Zeit wird in Städten, an Fürstenhöfen und Universitäten produziert. Die Entwicklung geht von vorgetragener Literatur zu privater Lektüre, zum Einzelleser. Die Lesefähigkeit nimmt zu, das Schulwesen (Schreibschulen) wird ausgebaut und kommerzielle Schreibwerkstätten entstehen. Die bürgerlichen Berufe, besonders der Handel, erfordern Kenntnisse im Lesen, Schreiben und Rechnen, daraus erklärt sich dieser „Bildungsdrang".

Die Erfindung des Buchdrucks

Die Erfindung des Buchdrucks durch den Mainzer **Johannes Gutenberg** (Gutenbergbibel um 1456) ermöglicht eine – im Vergleich zu vorher rasante – Steigerung der Produktion von Literatur. Für Westeuropa werden zwischen 27 000 und 40 000 Inkunabeln[24] produziert.

Die Auflage einzelner Werke dürfte zuerst bei 100 bis 150 Stück gelegen sein, später steigt sie auf 300 bis 400 Exemplare an; Auflagen von 1 000 sind aber eher selten. Lateinische Texte überwiegen, die deutschsprachigen machen nur zwischen 10 und 20 Prozent aus. Vertrieben werden die Bücher am Produktionsort oder durch sogenannte Buchführer (reisende Buchhändler), die oft in Wirtshäusern ihre Ware verkaufen. Für Leute mit durchschnittlichem Einkommen sind die Bücher trotzdem noch immer unerschwinglich.

---

[24] Inkunabel (lat., „Wiegedruck"): Buch, das vor 1500 gedruckt wurde

Die Literatur des Spätmittelalters – Ein Überblick

Die **geistliche Literatur** dieser Zeit ist sehr umfangreich und befasst sich vor allem mit praktisch-moralischen Themen, die in Legenden(sammlungen) und Dramen besprochen werden. Das **geistliche Drama (Passionsspiel, Osterspiel, Weihnachtsspiel …)**, aufgeführt an hohen kirchlichen Feiertagen, wird von Geistlichen inszeniert und von ausschließlich männlichen Bürgern gespielt. Aufführungsort ist der Marktplatz, wo eine großflächige, aus mehreren Ebenen bestehende **Simultanbühne**[25] aufgebaut ist. Die geistlichen Spiele finden fast ausschließlich in der Stadt statt, dauern oft tagelang und die Aufführungszeit kann bis zu 12 Stunden täglich betragen. Die Spiele enden fast immer mit einer Prozession, einem Gebet oder einem Gottesdienst.

Eine dominante Stellung in der spätmittelalterlichen Literatur hat die **moralisch-lehrhafte Dichtung**, die die Christen belehrt, wie sie leben sollen. Das kann in einer ernsthaften Art und Weise geschehen, aber auch unterhaltsam.

Maerendichtung

In der **Maerendichtung**[26] reicht der inhaltliche Rahmen von der moralisierenden Beispielerzählung bis zur Zote[27]. Ein dominierendes Thema ist die Ehe bzw. das Verhältnis der Ehepartner zueinander. Das Fehlverhalten eines Ehepartners (oft ist es die Frau) – Verschwendungssucht, schlechte Haushaltsführung oder Ehebruch – führt zu Konflikten, die teils ernst, teils mit schwankhafter[28] Komik dargestellt werden.

Meistersang

Eine Weiterentwicklung des Minnesangs im weiteren Sinne ist der **Meistersang**. In Meistersinggesellschaften, die formale und inhaltliche Forderungen an den Text stellen, versucht der städtische Mittelstand, Bildung zu erlangen und zu zeigen. Inhaltlich stehen die Vermittlung von Bildungsgut, die ethisch-moralischen Grundlagen und die Regeln des Meistersangs im Mittelpunkt. Viele formale Regeln, wie etwa die Darstellung eines Reimschemas durch Buchstaben, sind noch heute gültig. In Singschulen, Veranstaltungen mit Wettbewerbscharakter, wird die Einhaltung der Regeln durch Merker (erfahrene Meistersinger) überprüft.

Hans Sachs (zeitgen. Holzschnitt, 1545)

Erste Gesellschaften entstehen in der ersten Hälfte des 15. Jahrhunderts in Nürnberg. Einer der produktivsten und berühmtesten Meistersinger ist **Hans Sachs** (1494–1576), der mehr als 6 200 Werke, davon circa 4 000 Meisterlieder, verfasst. Durch sein Eintreten für die Reformation und sein soziales und politisches Engagement kommt er oft in Konflikt mit der städtischen Zensur.

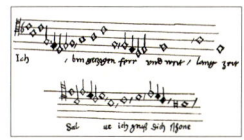

Notenschrift von H. Sachs

• Vergleichen Sie zu Hans Sachs im Kapitel Reformation, Seite 42!

---

[25] lat. simul = zugleich: Auf dem Marktplatz sind alle Kulissen und Aufbauten, die für die Handlung benötigt werden, zugleich aufgebaut. Ein Szenenwechsel ist deshalb nicht notwendig, die Darsteller gehen einfach zum Ort des nächsten Geschehens.

[26] Maere: Sammelbegriff für erzählende Dichtung, die einen Umfang von 100 bis 2 000 Versen hat. Bis zum Ende des 15. Jh. wurden die Maeren in Reimpaarversen verfasst; im 16. Jh. setzt sich die Prosa durch.

[27] Zote: unanständige Bemerkung bzw. eine Erzählung mit solchem Inhalt

[28] Schwank: scherzhafte Erzählung in Vers oder Prosa

Frühes Mittelalter (750–1170)

Grundzüge

Es existiert kaum deutschsprachige Literatur, denn der Großteil der Literatur ist in lateinischer Sprache verfasst.

Es gibt im frühen Mittelalter keine einheitliche deutsche Literatursprache, sondern regionale Dialekte (Bairisch, Fränkisch …). Die Aufzeichnung volkssprachlicher Texte beginnt circa ab Mitte des 8. Jahrhunderts, eine kontinuierliche Literaturproduktion gibt es aber erst ab Mitte des 11. Jahrhunderts.

Literaturbetrieb: Publikum, Themen, Autoren, Auftraggeber

Der Literaturbetrieb im Frühmittelalter ist wenig erforscht, da es kaum Quellen gibt. **Zentren der Literatur** sind die Klöster als zentrale Bildungsinstitutionen. Hier schreiben Mönche Texte ab, übersetzen und bearbeiten diese. Die Handschriften sind sehr teuer in der Produktion, deshalb gibt es auch nur sehr wenige.

Nur die **Geistlichen** können lesen und schreiben, Laien in Ausnahmefällen. Geistliche sind auch die Autoren frühmittelalterlicher Texte (theologische, historische und wissenschaftliche Werke), zumeist in Latein verfasst. Es gibt **kaum volkssprachliche literarische Texte**, sie wurden als nicht aufzeichnungswürdig (hohe Kosten) angesehen, sondern lediglich mündlich weitergegeben (**Oral Poetry**).

Zur Literatur

Es wird fast ausschließlich **Prosa** verfasst. Die Entwicklung geht im Verlauf des Frühmittelalters vom Lateinischen zum Volkssprachlichen und von geistlichen Schriften zu dichterischen Werken.

Wichtige Literaturgattungen sind **Glossen, Glossare** und **Übersetzungen** von Gebeten, Predigten, Glaubensbekenntnissen u. Ä. in althochdeutsche Dialekte.

Hochmittelalter (1170 bis Ende des 13. Jahrhunderts)

Grundzüge

Die **französische Literatur** ist das **Vorbild für die höfische Dichtung**. Auch die französische Gesellschaftskultur (Umgangsformen, Kleidung …) dient den deutschen Fürstenhöfen als Ideal.

Literarische Zentren sind die adeligen Höfe.

Die **Wirklichkeit** des Hochmittelalters ist – im Gegensatz zu der in der höfischen Dichtung beschworenen heilen Welt der Höfe – grausam und geprägt von Kriegen, Gewalt, Unterdrückung und Hungersnöten.

Der Begriff „**Ritter**" ist der **Zentralbegriff** der höfischen Literatur. Der Ritter hat, will er den höfischen Idealen entsprechen, gewisse **Pflichten** zu erfüllen (z. B. Beständigkeit, Mäßigung, ehrenhafte Haltung …).

Der Begriff „**höfisch**" ist im 12. Jahrhundert entstanden, er bezeichnet die adelige Gesellschaftskultur und steht im übertragenen Sinne für Glanz, Schönheit, edle Gesinnung, ritterliche Tugend, Frömmigkeit … Das sind die zentralen Werte der Hofgesellschaft.

Die mittelalterliche Feudalgesellschaft

Sie ist streng hierarchisch gegliedert, es gibt keine rechtliche Gleichstellung. An der Spitze der **feudalen Pyramide** steht der **König** als oberster Lehens- und Gerichtsherr, von ihm abhängig ist der **weltliche** (hohe und niedere) und der **geistliche Adel**. Der **Lehensnehmer** ist zu Treue und Gefolgschaft verpflichtet, der Lehensherr muss ihn im Gegenzug beschützen. Der

Lehensnehmer, der die Grundherrschaft (Rechtsprechung) ausübt, kann selbst wieder Lehen vergeben.

Die **Bauern** als große Masse der Bevölkerung sind grundhörig und persönlich unfrei. Sie müssen Dienste und Abgaben leisten.

Die **Ritter** – Angehörige des niederen Adels – bilden das Rückgrat des Heeres. Sie finanzieren ihren Unterhalt und ihre teure Kriegsausrüstung aus dem Ertrag ihrer Lehen.

Literaturbetrieb

Literaturzentren sind die großen Fürstenhöfe. Adelige sind die Gönner und Förderer der Literatur; die Dichter sind von ihnen abhängig. Die Adeligen als **Mäzene** bezahlen Schreiber, Übersetzer, das teure Pergament und den Lebensunterhalt der Schriftsteller.

Die Texte höfischer Literatur werden zumeist im Kreis der Hofgesellschaft **vorgetragen** oder **vorgesungen**. Dabei werden oft adelige Frauen direkt (als Adressatinnen) angesprochen. Sie können zumeist selbst lesen und/oder schreiben.

Wenig bekannt ist über den Stand bzw. die Biografien der **Autoren**, da im Mittelalter das Werk zählte und nicht der Dichter.

Frühhöfischer Minnesang (~1150 bis ~1170)

Die **wichtigsten Vertreter** (Der von Kürenberg, die Burggrafen von Regensburg und Rietenburg, Meinloh von Sevelingen, Dietmar von Aist) leben im Raum zwischen Regensburg und Wien. Über ihre Biografie ist wenig bekannt.

Die Lieder bestehen meist nur aus einer Strophe; in der Frühzeit des Minnesangs spricht oft die Frau (Frauenstrophe oder Frauenlieder). Prägend sind die einfache Sprache, leicht verständliche Symbole und oft ein sogenannter Natureingang.

Die geliebte Frau ist das Ziel der Dichtung. Es werden aber keine individuellen Gefühle beschrieben, das Ich existiert nur als Rolle, als Leitbild der höfischen Gesellschaft (Ichlyrik). Der Inhalt dieser Dichtung bewegt sich im Spannungsfeld zwischen *vröude* und *leit*. Weitere Motive sind die Untreue des Mannes, die Sehnsucht nach Minneglück und Aufpasser, die das verhindern.

Höfischer Minnesang (~1170 bis ~1250)

Der höfische Minnesang, auch als „Hoher Minnesang" bezeichnet, ist stark von provenzalischen Troubadours und nordfranzösischen Trouvères beeinflusst.

Wichtige Vertreter sind Heinrich von Rugge, Heinrich von Veldeke, Friedrich von Hausen, Hartmann von Aue, Heinrich von Morungen, Reinmar von Hagenau, Walther von der Vogelweide.

Minnelyrik ist **Formkunst**: Circa 80 % der Lieder sind in der Form der **Kanzonenstrophe** oder **Stollenstrophe** verfasst.

Idealvorstellungen der Liebe: Die Liebe ist keine Privatsache zwischen zwei Menschen, sondern öffentlich, eine Form des vorbildlichen Verhaltens. Sie unterliegt bestimmten Normen und Regeln der höfischen Gesellschaft. Hoher Minnesang ist ein Preislied auf eine anwesende, aber unerreichbare Dame. Im Vordergrund steht der **fiktionale Frauendienst**. Der Ritter ordnet sich der (anonym bleibenden) Dame unter.

Die Frau wird idealisiert, sie ist keusch und asexuell. Die **handelnden Personen** sind Idealtypen.

Der Sänger (Ich-Sprecher) spielt eine Rolle, die aus Hoffnung auf Lohn (*lôn*), aus sinnraubender Liebe und dem Schmerz des vergeblichen Werbens besteht. Trotzdem harrt er aus, denn sein Weiterwerben bringt höfisches Ansehen. Walther von der Vogelweide spielt allerdings in seinen Texten mit diesen Konventionen.

Höfisches Epos

Ziel dieser Literatur ist es, das Bild des idealen Ritters zu entwerfen. Besonders der Franzose Chrétiens de Troyes ist den deutschen Schriftstellern dabei ein Vorbild. Zu den **wichtigsten Vertretern** des höfischen Epos zählen Heinrich von Veldeke (*Eneide*), Hartmann von Aue (*Gregorius, Der arme Heinrich, Erec, Iwein*), Wolfram von Eschenbach (*Parzival, Willehalm*), Gottfried von Straßburg (*Tristan*).

In der sogenannten **Artusepik** verkörpert König Artus das Ideal des Ritters, er steht im Zentrum und an seinem runden Tisch sind die (gleichrangigen) Ritter versammelt. Typisch ist die **Doppelwegstruktur** der Artusepik: Der Held ist am Hofe glücklich, wird aber schuldig und muss auf **Âventiuren**fahrt. Wenn er sich in Kämpfen gegen andere Ritter und Fabelwesen sowie in weiteren Abenteuern bewährt, wird er wieder in die Gesellschaft eingegliedert.

Themen der Artusdichtung sind richtiges und falsches Rittertum, soziales bzw. unsoziales Verhalten, falsche und ideale Minne und Ehe, die Suche nach Gott (Gralsthematik).

Heldenepos: das Nibelungenlied

Das *Nibelungenlied* ist wahrscheinlich an der mittleren Donau, vielleicht in Passau, entstanden. Es wird gesungen, besteht aus 39 Âventiuren und ist in **zwei Abschnitte** geteilt (Siegfried- und Nibelungenhandlung). Die **Nibelungenstrophe** besteht aus vier Langzeilen, Anvers und Abvers sind durch eine Zäsur voneinander getrennt.

Das Epos zeichnet ein **negatives Gesellschaftsbild**, denn Mord, Hass, Betrug, Rache und Hinterlist dominieren. Das steht im krassen Gegensatz zum idealisierten Bild, das die höfische Epik zeichnet.

Spätmittelalter (1250–1470)

Grundlagen

Das Lehenswesen und der Ritterstand verlieren aufgrund des Niedergangs des Kaisertums bzw. der militärischen Entwicklung ihre Bedeutung. Agrarkrisen im 14. Jahrhundert ruinieren den niederen Adel und schwächen damit das feudale System noch mehr. Insgesamt ist das 14. Jahrhundert durch instabile soziale und politische Verhältnisse gekennzeichnet. Seit Beginn des 13. Jahrhunderts entwickelt sich ein nichtadeliges Stadtbürgertum.

Das literarische Umfeld

Literatur wird im Spätmittelalter in Städten, an Fürstenhöfen und Universitäten produziert; die Lesefähigkeit nimmt zu. Die Erfindung des Buchdrucks ermöglicht eine – im Vergleich zu vorher – rasante Steigerung der Auflage von Texten, lateinische überwiegen allerdings nach wie vor.

Die Literatur

Umfangreich ist die geistliche Literatur der Zeit wie z. B. Passionsspiel, Osterspiel und Weihnachtsspiel. Aufgeführt werden diese Spiele an den hohen kirchlichen Feiertagen am Marktplatz, wo eine Simultanbühne aufgebaut ist.

Neben der dominanten moralisch-lehrhaften Dichtung gibt es die Maerendichtung, deren Themen von der moralisierenden Beispielerzählung bis zur Zote reichen.

Meistersinggesellschaften pflegen den Meistersang, im weiteren Sinne eine Weiterentwicklung des Minnesangs. Thematisch im Mittelpunkt stehen die Vermittlung von Bildungsgut und die ethisch-moralischen Grundlagen bzw. die Regeln des Meistersangs. Der bekannteste Meistersinger ist der Nürnberger Hans Sachs.

Renaissance – Humanismus – Reformation (1470–1600)

Es ist eine bewegte Zeit

1440: Gutenberg erfindet den Buchdruck mit beweglichen Metall-lettern (bekanntestes Werk ist die sogenannte Gutenbergbibel).

1453: Konstantinopel wird von den Osmanen erobert. Viele grie-chische Gelehrte sehen sich gezwungen, nach Italien zu flüchten. Unter anderem bringen sie das „Erbe der Antike" mit, das die Grundlage für die italienische Renaissance und insbesondere für den Humanismus wird.

Christoph Kolumbus (1519)

1492: Kolumbus entdeckt Amerika.

1493–1519: Maximilian I. regiert; sein Beiname „Der letzte Ritter" symbolisiert den Niedergang des Rittertums.

1513: Niccolo Machiavelli verfasst seine Schrift *Il Principe (Der Fürst)*. Sie wird zum politischen Programm des Absolutismus.

1517: Luther schlägt seine 95 Thesen an und setzt wichtige Impulse für die Reformation.

1521: Magellan umsegelt die Welt. Seefahrer begründen durch den Fernhandel den Reichtum der Städte.

1524: Bauernkriege toben im Süden Deutschlands, ein geknechteter Stand kämpft um soziale Gerechtigkeit.

1555: Der Augsburger Religionsfrieden hat zur Folge, dass Handel und Geldwirtschaft er-blühen. Das politische Gewicht verlagert sich allmählich von den Höfen zu den Städten, die Bedeutung des Bürgertums als politischer Faktor beginnt zu wachsen.

1556: Mit der Abdankung Karls V. beginnt der Zerfall des riesigen Habsburgerreiches.

1609: Galilei entdeckt die Fallgesetze. Er und andere Naturwissenschaftler bewirken den Aufschwung der Forschung.

Die Renaissance in Italien

Die Renaissance beginnt in Italien bereits im 14. Jahrhundert. Der Be-griff „Renaissance" ist den Zeitgenossen aber unbekannt, er kommt erst in der französischen Kunstgeschichtsschreibung des 19. Jahrhunderts auf und bezeichnet hauptsächlich die bildende Kunst und Architektur; man denke dabei an Universalgenies wie Michelangelo Buonarroti und Leonardo da Vinci. **Giorgio Vasari** (Geschichtsschreiber, 1511–1574) verwendet den Ausdruck „rinascita", dieser bedeutet Wiedergeburt der Antike.

Die Wurzeln der Renaissance (wie übrigens auch des Humanismus und der Reformation) liegen in der Sehnsucht der Menschen des späten Mittelalters nach geistiger Erneuerung, nach Wiedergeburt des Men-schen im Sinne der Mystik[1]. Diese Sehnsucht lässt sich bereits bei **Dante**

David (Michelangelo Buonarroti)

---

[1] Mystik: Form von Frömmigkeit, in der eine Vereinigung der Seele mit Gott durch Versenkung in das eigene Ich erreicht wird

(italienischer Schriftsteller, 1265–1321) feststellen. Sie bedeutet eine Quelle aufkommenden Nationalgefühls. Der Frühhumanist **Petrarca** (1304–1374) drückt es in seinen Werken aus. Der Renaissancemensch sucht nach der reinsten Ausprägung des italienischen Menschen und glaubt ihn in der römischen Antike zu finden, wo die „humanitas"[2] am deutlichsten ausgeprägt scheint.

Über Kunst und Politik gelangt man zu einem neuen optimistischen Weltgefühl, zu einer lebensbejahenden Wiedergeburtsfreude, die der Ausspruch **Ulrich von Huttens**, eines deutschen Renaissancemenschen, gut illustriert: „O saeculum! O litterae! Iuvat vivere!" (O Jahrhundert! O Wissenschaft! Es macht Spaß zu leben!)

Renaissance und Humanismus in Deutschland

Die Situation in Deutschland

Etwas später als in Italien, etwa um 1400, beginnen Renaissance und Humanismus in Deutschland. Hier findet zu dieser Zeit eine Verschiebung der sozialen und wirtschaftlichen Machtverhältnisse statt. Der niedere Adel (das Rittertum) wird durch die Technisierung der Kriegsmaschinerie aus seiner ehemaligen Position verdrängt, Territorialfürsten und Handelsstädte berauben ihn seiner Lebensgrundlagen. Das Bürgertum (Handwerker und Gewerbetreibende) kämpft gegen Adel und Klerus um seine soziale Anerkennung. Die Bauern verlangen nach sozialer Gerechtigkeit, ein Konflikt, der in die grausamen Bauernkriege mündet.

Die Ideen der italienischen Renaissance (humanitas, Wiedergeburt der Antike) finden in Deutschland kaum Interesse, dort stehen reformatorische Bestrebungen im Mittelpunkt. Literatur ist weitgehend der religiösen Frage untergeordnet, die auch politische, soziale und wirtschaftliche Probleme umfasst. Sie wird in den Dienst der Sache gestellt, sie transportiert Programme und Ideologien[3], in Form von Flugblättern und Sendbriefen wird sie zum Mittel des Appells und der Agitation[4].

Als ein Werk, das den Übergang vom Spätmittelalter zur Neuzeit verdeutlicht, gilt **Johannes von Tepls** *Der Ackermann aus Böhmen.*

Studia humanitatis

Mitte des 15. Jahrhunderts bringen „Wanderhumanisten" die humanistische Lehre an die deutschen Universitäten: Antike Sprachen, Rhetorik, Poesie und Geschichte werden etabliert.

„Studia humanitatis" bedeutet intensive Beschäftigung mit griechischen und römischen Schriftstellern unter dem Motto „ad fontes" (zurück zu den Quellen), zurück zum Original. Die Humanisten spüren antike Texte auf, kommentieren und edieren sie. Ziel der Humanisten ist eine von der Vormundschaft der Kirche befreite Wissenschaft und Bildung.

So verfasst **Johannes Reuchlin** (1455–1522) eine Grammatik des Hebräischen mit einem Wörterbuch. **Erasmus von Rotterdam**

Erasmus von Rotterdam (Miniatur nach Hans Holbein d. Jüngeren)

---

[2] humanitas: reinste Verkörperung der Menschlichkeit

[3] Ideologie: Gesamtheit der Anschauungen, auf die sich ein politisch, religiös oder philosophisch bedingtes Weltbild gründet

[4] Agitation: Hetze, Unruhestiften, Aufwiegelei

(1469–1536) gibt das griechische Neue Testament mit lateinischer Übersetzung und Anmerkungen heraus. In dem Sinn, dass er zum Original zurückkommt, ist auch **Martin Luther** Humanist: Er übersetzt die Bibel nach dem griechischen und hebräischen Urtext.

Der Humanismus bleibt auf gelehrte Kreise beschränkt. Es entsteht ein Stand humanistisch gebildeter Gelehrter, die eine neue Schicht, unabhängig von der sozialen Herkunft, bilden. Ihre Sprache ist Latein. Bei den Humanisten kann man ein dem italienischen verwandtes Nationalgefühl feststellen, das sich auf wissenschaftliche Studien stützt. So wird im Jahre 1455 im Kloster Hersfeld die *Germania* des **Tacitus** (römischer Schriftsteller, 55–116) entdeckt. In dieser Schrift stellt der Geschichtsschreiber den verderbten, dem Untergang geweihten Römern als Idealbild die gesunden, einfachen, tapferen Germanen gegenüber. Die Humanisten sehen in diesen idealisierten Germanen die Vorfahren der Deutschen. Die Lektüre dieses Textes findet ihren Niederschlag in vielen Schriften der Zeit, so in **Ulrich von Huttens** *Arminius*[5]-Dialog.

Ulrich von Hutten

Ulrich von Hutten (1488–1523), ein Reichsritter, schließt sich der Reformation an, weil er glaubt, durch sie seine politischen Ziele verwirklichen zu können: Erneuerung des Reichs, Unabhängigkeit von Rom und Wiederherstellung der ritterlichen Vormachtstellung. Allerdings versteht er sich mit Luther nicht, auch mit den Humanisten bricht er. Seit 1520 schreibt er nicht mehr lateinisch, sondern deutsch. Er versteht es, den Forderungen breiter Schichten des Volks Ausdruck zu verleihen. Er kämpft gegen Fürsten, gegen Rom mit seinen Reichtümern und Intrigen, gegen Verbrechen und Kriege der Päpste. Breitenwirkung bekommen diese Themen erst, als Hutten sie in deutscher Sprache formuliert.

Die Tatsache, dass Hutten von Latein zu Deutsch wechselt, hat Folgen: Die wichtigsten Autoren der Zeit schreiben nun ebenfalls in der „Volkssprache".

Ulrich von Hutten (Holzschnitt von Hans Baldung, gen. Grien)

Reformation

Soziale Unzufriedenheit der Bauern

Große soziale Unzufriedenheit herrscht unter den Bauern, sie leiden unter der Verschärfung der Frondienste, der Erhöhung von Steuern und Zöllen und unter der als ungerecht empfundenen Rechtsprechung durch die Fürsten. Diese Unzufriedenheit kommt im Zusammenhang mit der religiösen Massenbewegung der Reformation zum Ausbruch, zum Teil deshalb, weil sich unter dem Schutzmantel einer religiösen Idee die oppositionellen Kräfte am leichtesten sammeln können. Der Unmut über die Verhältnisse hat zunächst noch kein fest formuliertes Ziel; er vereint Bevölkerungsschichten, denen mehr an der religiösen Revolution als an der sozialen liegt, mit denen, die nur an sozialer Umwälzung interessiert sind.

Die Reformation nimmt von der Empörung über die Korruption der Kirche und die Geldgier des Klerus ihren Ausgang. Die Geschäfte mit Ablässen und Kirchenämtern bringen sie richtig

---

[5] Arminius ist die latinisierte Form von „Hermann der Cherusker". Dieser fügte den Römern in der Schlacht im Teutoburger Wald eine furchtbare Niederlage zu.

in Gang. Die Unterdrückten und Ausgebeuteten sind überzeugt, dass sich die Worte der Bibel nicht nur auf das Himmelreich, sondern auch auf das Erdendasein, ihre schwierige soziale Lage, beziehen.

Diejenigen aus dem Bürgertum, die sich zunächst am Kampf gegen soziale Missstände beteiligt haben, ziehen sich bald daraus zurück, da sie ihre Privilegien bedroht sehen. Der Protestantismus, der als Volksbewegung begonnen hat, liegt bald in den Händen der Landesfürsten und des Bürgertums.

Luthers Lehre macht den Bauern ursprünglich große Hoffnungen; sie erwarten sich von der Reformation Verständnis für ihre Lage. **Martin Luthers** Schrift *Von der Freiheit eines Christenmenschen*, deren Parole am wirkungsvollsten ist, wird vom Volk gründlich missverstanden.

Sie beginnt mit zwei scheinbar widersprüchlichen Sätzen:

Ein Christenmensch ist ein freier Herr über alle Dinge und niemand untertan. Ein Christenmensch ist ein dienstbarer Knecht aller Dinge und jedermann untertan.

Es geht hier um zwei Freiheiten, die äußere und die innere. Über die innere, die Gewissensentscheidung in Glaubensbelangen, kann jeder frei bestimmen, sie hat nichts mit den äußeren Lebensumständen zu tun. Diese „Zweiteilung" der Freiheit kann aber ein einfacher Bauer nur schwer nachvollziehen.

Luther klammert die soziale Frage anfangs nicht aus, aber seine Meinung von der gesellschaftspolitischen Ordnung und seine Einschätzung der „von Gott verordneten Obrigkeit" lassen ihn bald in Opposition zu den aufständischen Bauern treten: Er meint, das einzige Recht eines Christenmenschen sei zu dulden.

Luther schlägt sich auf die Seite der Mächtigen

Luther scheint die Aussichten der revoltierenden Schichten ungünstig zu beurteilen und schlägt sich auf die Seite derer, die an der Aufrechterhaltung von Autorität und Ordnung interessiert sind, bei denen er sich die Durchsetzung seiner Ideen erwartet. Er lässt die Aufständischen im Stich, die ihre Hoffnungen auf ihn gesetzt haben, hetzt die Fürsten gegen sie auf. Später wird er in seiner Schrift *Wider die räuberischen und mörderischen Rotten der Bauern* noch deutlicher, er nennt die Bauern Teufel und wirft ihnen drei Anklagepunkte vor: dass sie sich der Obrigkeit nicht beugen, dass sie Aufruhr anzetteln und Landfriedensbruch begehen und dass sie diese Sünden mit dem Evangelium decken.

Luthers biblisch begründetes Obrigkeitsdenken respektiert Fürsten und Herren als „Gottes Beamte, denen das Schwert gegen solche Buben befohlen ist". Luther will ganz offensichtlich den Eindruck vermeiden, er hätte etwas mit der sozialen Revolution zu tun.

Thomas Müntzer (1490–1525) hingegen ist ein Führer der Unterdrückten. Er nimmt den Bibeltext nicht wörtlich, sondern betont die menschliche und soziale Interpretation. Für ihn ist eine religiöse Revolution nur im Zusammenhang mit einer politisch-sozialen sinnvoll und möglich.

Literatur zur Zeit der Bauernkriege

Etwa um 1500 berichten Autoren offen von der Ausbeutung der Bauern und Handwerker. Die Geldwirtschaft (Kaufleute, Gewerbetreibende, Wucherer ...) trägt zur Auflösung der althergebrachten Verhältnisse bei. Die Reaktion der Autoren auf die sozialen Missstände der Zeit ist unterschiedlich: Sie klagen an, sie resignieren, sie antworten mit Ironie, Sarkasmus, Satire oder sie entwerfen reformatorische Programme. 1525 fordert die Flugschrift *Reformatio Sigismundi* die Abschaffung der Leibeigenschaft, der Grundlage des feudalen Systems. In den Jahren 1498–1510 entsteht die Flugschrift *Der Oberrheinische Revolutionär*, die ein umfassendes Reformprogramm enthält. Es finden sich Parolen wie „Eigentum ist Diebstahl" oder „Ein Wucherer […] ist böser als ein Mörder".

Flugschriften als Kampfmittel der Reformation

Die Erfindung des Buchdrucks

Die Erfindung des Buchdrucks mit beweglichen (= wieder verwendbaren) Metalllettern aus Blei durch **Johannes Gutenberg** (1397–1468) ermöglicht zum ersten Mal in der Geschichte der Literatur – zumindest theoretisch –, dass Druckerzeugnisse unbeschränkt vervielfältigt und an ein breites Publikum verteilt werden. Während vorher Handschriften nur für einen zahlenmäßig sehr kleinen Leserkreis zugänglich sind, werden jetzt Flugblätter und -schriften, die auf billigem Papier und in einem handlichen Format gedruckt sind, für mehr Leute erschwinglich. Ein neuer Berufszweig, die Buchführer, vertreibt die Druckerzeugnisse auf Jahrmärkten und Messen.

Die Verbreitung der Flugblätter

Es gibt im ersten Drittel des 16. Jahrhunderts nach Schätzungen mehr als 3 000 Flugschriften und -blätter. Diese Schriften sind meist nur eine Seite oder ein paar Seiten lang, nicht gebunden, relativ billig und werden aus aktuellem Anlass hergestellt und vertrieben. Eine Auflage erreicht oft bis zu 1 500 Stück. So erlebt der *Karsthans* (1521), ein revolutionärer Dialog, in einem Jahr 10 Auflagen, während es die *Zwölf Artikel*, ein Forderungskatalog der aufständischen Bauern, 1525 innerhalb von wenigen Wochen auf 24 verschiedene Drucke bringt, die in ganz Deutschland bis nach Zürich und Tirol Verbreitung finden.

Die oft anonymen Schreiber, die das Flugblatt als wichtigen Faktor für die Durchsetzung der neuen reformatorischen Ideen sehen, wenden sich nun auch an den sogenannten „gemeinen[6] Mann", an die Bauern und Handwerker, die durch Argumente, Gedanken oder Kampfaufrufe für die neue lutherische Lehre gewonnen und zum Handeln aufgefordert werden sollen.

Der lesende Bauer?

Der lesende und disputierende Bauer als repräsentative Figur der reformatorischen Bewegung ist allerdings eher Fiktion als alltägliche Realität, obwohl er in den Flugschriften idealisiert dargestellt wird.

Die Autoren, aus dem Kreis der Gebildeten stammend, geben sich jedoch den Anschein, als spreche aus ihnen die Stimme des „gemeinen Mannes". Tatsache ist, dass die Unterschichten nicht lesen können und ihnen vorgelesen werden muss, was zum Beispiel von Prädikanten (meist Wanderprediger, ehemalige Priester, teils Laien) und von Geistlichen getan wird.

---

[6] gemein: einfach

Luthers Bibelübersetzung

Durch seine Bibelübersetzung, mit der er einen wesentlichen Beitrag zur Schaffung der neuhochdeutschen Sprache leistet, ist Luther dem Humanismus eng verbunden. Auch er geht zurück zu den Quellen; 1522 übersetzt er das *Neue Testament*, 1534 das *Alte Testament*. Seine Übersetzungen werden von manchen für eine der größten sprachschöpferischen Leistungen angesehen, vergleichbar nur mit denen der Klassiker. Seine Grundlagen sind die ostmitteldeutsche Kanzleisprache und die Umgangssprache. Seine Übersetzungsprinzipien erläutert er im *Sendbrief vom Dolmetschen* (1530).

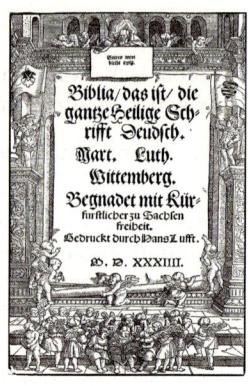

Erstdruck von Luthers Bibelübersetzung (1534)

Ich hab mich des geflissen ym dolmetzschen, das ich rein und klar teutsch geben möchte, Und ist uns wohl offt begegnet, das wir viertzehen tage, drey, vier wochen haben ein einiges wort gesucht und gefragt, habens dennoch zu weilen nicht funden. Lieber, nu es verdeutscht und
5 bereit ist, kans ein yeder lesen und meistern, Laufft einer ytzt mit den augen durch drey, vier bletter, und stost nicht ein mal an, wird aber nicht gewar, welche wacken[7] und klötze da gelegen sind, da er […] uber hin gehet wie uber ein gehoffelt[8] bret, da wir haben müssen schnitzen und uns engsten, ehe den wir solche wacken und klotze aus dem wege reümeten auff das man kündte so fein daher gehen. Es ist gut pflugen, wenn der acker
10 gereinigt ist. Aber den wald und die stöcke aus rotten und den acker zu richten, da will niemandt an. Man mus nicht die buchstaben inn der lateinischen sprachen fragen, wie man sol Deutsch reden, wie diese esel thun, sondern man mus die mutter jhm hause, die kinder auff der gassen, den gemeinen man auff dem marckt drumb fragen und den selbigen auff das maul sehen, wie sie reden, und darnach dolmetzschen, so verstehen sie es
15 den und mercken, das man Deutsch mit jn redet.

Durch den Buchdruck werden Luthers Werke schnell und weit verbreitet und üben so einen nachhaltigen Einfluss in inhaltlicher und sprachlicher Hinsicht aus.

Ein Schuhmacher im Dienst der Reformation: Hans Sachs

Hans Sachs (1494–1576) wird meist nur als Erfinder des Knittelverses[9] genannt, obwohl er auch großartige Prosa schreibt. Sachs ist zu seiner Zeit der wichtigste dichterische Repräsentant des Kleinbürgertums in Deutschland. Er ist durch die kleinbürgerliche Moral, die Zunft und die Diskrepanz zwischen Stadt- und Landleben eingeschränkt. Trotz dieser Einschränkungen hat Hans Sachs Einblick in die Mechanismen von Wirtschaft und Politik und bietet einen Spiegel der Spannungen der Zeit, ein Abbild der Gesellschaft. Und das macht den Wert seiner Dichtungen aus: Er wird zum Sprachrohr des einfachen Volks, der Handwerker, der Arbeiter und Bauern.
Zwischen 1520 und 1523, einem Zeitraum, in dem er überhaupt nichts schreibt, beschäftigt sich Sachs mit der Lehre Luthers. Er besitzt selbst viele Schriften des Reformators und stellt seine Dichtung ab diesem Zeitpunkt in den Dienst der Reformation.

---

[7] wacken: Steine
[8] gehoffelt: gehobelt
[9] Knittelvers: paarweise gereimter, vierhebiger Vers; die Anzahl der Senkungen ist freigestellt. Meist hat er einen etwas holprigen Rhythmus.

Renaissance – Humanismus – Reformation (1470–1600)

Technisch, politisch, wirtschaftlich, sozial und wissenschaftlich stellen Renaissance, Humanismus und Reformation eine **Zeit der Veränderung** dar.

Renaissance und Humanismus in Deutschland

In Deutschland findet eine Verschiebung der sozialen und wirtschaftlichen Machtverhältnisse statt. Das **Rittertum** verliert seine Lebensgrundlagen (Raubrittertum), das **Bürgertum** kämpft gegen Adel und Klerus um seine soziale Anerkennung, die **Bauern** kämpfen um soziale Gerechtigkeit (Bauernkriege).
Im Gegensatz zu Italien stehen **reformatorische** Bestrebungen in Deutschland **im Mittelpunkt**.
Die religiöse Frage umfasst auch politische, soziale und wirtschaftliche Probleme.
Die **Literatur** orientiert sich an diesen Problemen: Häufige Gattungen sind **Flugblätter** und **Sendbriefe**. *(Aufgrund der Erfindung des Buchdrucks)*

Studia humanitatis

Durch „Wanderhumanisten" gelangt die humanistische Lehre (antike Sprachen, Rhetorik, Poesie und Geschichte) an deutsche Universitäten.
Das bedeutet intensive Beschäftigung mit den römischen, griechischen und hebräischen Originaltexten. Humanisten spüren sie auf und veröffentlichen sie. Ziel ist es, Wissenschaft und Bildung von der Vormundschaft der Kirche zu befreien.
Bei den Humanisten ist deutlich ein deutsches Nationalgefühl festzustellen. Es entsteht ein neuer **Stand humanistisch gebildeter Gelehrter**; wichtige Vertreter sind **Johannes Reuchlin** (Grammatik des Hebräischen), **Erasmus von Rotterdam** (Neues Testament in lateinischer Übersetzung mit Kommentar), **Martin Luther** (Übersetzung der Bibel nach dem griechischen und hebräischen Urtext).

Reformation

Unter dem Schutzmantel der religiösen Massenbewegung der Reformation kommt die soziale **Unzufriedenheit der Bauern** zum Ausdruck. Die Reformation nimmt ihren Ausgang in der Empörung über die Korruption in der Kirche. Die Bauern nehmen an, die Worte der Bibel vom Himmelreich auf Erden beziehen sich auf sie. Bürger, die zunächst auf der Seite der Reformation stehen, ziehen sich bald aus Angst um ihre Privilegien zurück.
Luthers Lehre erweckt bei den Bauern große Hoffnung, er schlägt sich jedoch auf die Seite der Mächtigen.

Flugschriften

Flugschriften beschäftigen sich mit den sozialen Missständen der Zeit. Durch die **Erfindung der beweglichen Lettern** durch **Johannes Gutenberg** können Druckerzeugnisse einem breiteren Publikum zugänglich gemacht werden. Flugschriften sind meist nur eine oder ein paar Seiten lang und erreichen eine Auflage von bis zu 1 500 Stück.
Der **lesende Bauer** ist allerdings eine glorifizierende **Illusion**. Die Autoren geben sich den Anschein, fürs Volk zu schreiben. Tatsache ist, dass die Unterschichten nicht lesen können und ihnen vorgelesen werden muss.
Thomas Müntzer kämpft auf der Seite des Volkes; für ihn ist religiöse Revolution nur mit einer politisch-sozialen sinnvoll.

Luthers Bibelübersetzung

Luthers Bibelübersetzung ist ein wichtiger Beitrag zur **Schaffung der neuhochdeutschen Sprache** auf Grundlage der ostmitteldeutschen Kanzleisprache und der Umgangssprache.

→ Standardsprache

Literatur des Barock (17. Jahrhundert)

Grundzüge der Epoche

Die Zeit der Antithesen

Die Technik des Vexierbildes[1] wird im 16. und 17. Jahrhundert auch als Mittel der politischen und moralischen Satire eingesetzt. Das hier abgebildete Beispiel dient zur Veranschaulichung des **Vanitas-Gedankens**. Darunter versteht man, dass die menschliche Schönheit nur ein Schein und vergänglich ist und dass alles menschliche Sein dem Tode verfallen ist.

Vexierbild aus der Mitte des 17. Jahrhunderts

Wenn man die Grafik dreht, verwandeln sich die Gesichter der jungen Frau und des jungen Mannes in Totenschädel. Dadurch soll bei der Betrachterin/beim Betrachter Betroffenheit über die Unvorhersehbarkeit des eigenen Todes ausgelöst werden. Die acht Zeichen an den Bildecken unterstützen diese Gegensätze.

- Suchen Sie Seifenblase, Blume, Spiegel und Pfauenfeder, dann Eule, mechanische Uhr, Sanduhr und Sense!
- Welche Bedeutung haben diese Zeichen bzw. Zeichengruppen?

---

[1] Vexierbild: Suchbild, das eine nicht sofort erkennbare Figur enthält

Paul Fleming (1609–1640): *Wie Er wolle geküsset seyn*

Nirgends hin / als auf den Mund /
da sinckts in deß Hertzen grund
Nicht zu frey / nicht zu gezwungen /
nicht mit gar zu fauler Zungen.

5 Nicht zu wenig nicht zu viel.
Beydes wird sonst Kinderspiel.
Nicht zu laut / und nicht zu leise /
Bey der Maß' ist rechte weise.

Nicht zu nahe / nicht zu weit.
15 Diß macht Kummer / jenes Leid.
Nicht zu trucken / nicht zu feuchte /
wie Adonis Venus reichte.

Nicht zu harte / nicht zu weich.
Bald zugleich / bald nicht zugleich.
20 Nicht zu langsam / nicht zu schnelle.
Nicht ohn Unterscheid der Stelle.

Halb gebissen / halb gehaucht.
Halb die Lippen eingetaucht.
Nicht ohn Unterscheid der Zeiten.
25 Mehr alleine / denn bey Leuten.

Küsse nun ein Jedermann
wie er weiß / will / soll und kan.
Ich nur / und die Liebste wissen /
wie wir uns recht sollen küssen.

Paul Fleming: *Bey einer Leichen*

Ein Dunst in reger Lufft;
Ein geschwindes Wetterleuchten;
Güsse / so den Grund nicht feuchten;
Ein Geschoß / der bald verpufft;

5 Hall / der durch die Thäler rufft;
Stürme / so uns nichts seyn deuchten;
Pfeile / die den Zweck erreichten;
Eyß in einer warmen Grufft;

Alle diese sind zwar rüchtig /
10 daß sie flüchtig seyn und nichtig;
Doch wie nichts Sie alle seyn /

So ist doch / O Mensch / dein Leben /
mehr / als Sie / der Flucht ergeben.
Nichts ist alles. Du sein Schein.

Lebensgenuss und Weltabkehr

In der Gegenüberstellung dieser beiden Gedichte zeigt sich die barocke Grundspannung von spielerischem Diesseitsüberschwang (Carpe-diem-Motiv[2]) und pessimistischer Existenzerfahrung (Vanitas-Gedanke), von Lebenshunger und Weltverneinung (Memento mori[3]).

- Weisen Sie die beiden oben genannten Lebenshaltungen in den Texten nach!
- Setzen Sie die Aussagen der beiden Gedichte mit der des Vexierbildes in Verbindung!

Der Dreißigjährige Krieg als europäischer Konflikt

Der **Dreißigjährige Krieg** (1618–1648) ist neben der Auseinandersetzung zwischen **protestantischer Reformation** und **katholischer Restauration**[4] auch ein Krieg zwischen fremden Nationalstaaten auf deutschem Boden. Er bestimmt die geistige, politische und ökonomische Situation dieser Epoche. Daneben besiegelt er die Zerrissenheit des Deutschen Reiches und sorgt dafür, dass sich der **Absolutismus**[5] hier an vielen kleineren und größeren Höfen durchsetzt, nicht auf nationaler Ebene wie in Frankreich, das eine kulturelle und politische Vormachtstellung in Europa einnimmt.

---

[2] Carpe diem, lat.: „ergreife den Tag"; genieße heute – angesichts der allgemeinen Vergänglichkeit.
[3] Memento mori, lat.: „sei des Todes eingedenk"; denke daran, dass du sterben musst.
[4] Restauration: Wiederherstellung alter bzw. vorrevolutionärer Verhältnisse
[5] Absolutismus: staatliche Zentralgewalt mit einheitlicher dirigistischer Verwaltung

Dieser Krieg hinterlässt ein verwüstetes Land, wenn auch verschiedene Teile Deutschlands in unterschiedlicher Härte und Dauer betroffen sind. 1618 hat das Reich circa 16 Millionen Einwohner, nach dem Krieg, 1648, nur mehr 9 bis 10 Millionen. Neben den unmittelbaren Kriegsverlusten sind es vor allem die **Pest**, andere **Seuchen**, **Missernten** und **Hungersnöte**, die die Bevölkerung dezimieren. Erst in der Mitte des 18. Jahrhunderts sind die Bevölkerungsverluste ausgeglichen und der Stand der Vorkriegszeit wieder erreicht.

Die Mystik

Die „**Vergänglichkeit**" ist also eine verständliche Grunderfahrung der Bevölkerung, Pessimismus beherrscht das Menschenbild, der Mensch sucht Trost in einer religiösen oder geistigen Welt. Doch der Religionsstreit hat auch das Vertrauen in die kirchlichen Institutionen angegriffen. Daher lebt die **Mystik**, das ist eine persönliche undogmatische Gottesschau, wieder auf und religiöse Schwärmerbewegungen ziehen viele Menschen in ihren Bann.

Politische und kulturelle Umwälzungen

Die Umwälzungen im politischen Bereich, die religiösen Spannungen, die Entdeckungen, vor allem in Medizin und Astronomie, die das traditionelle Weltbild erschüttern, wirken sich auch auf das literarische Leben aus. Durch **Nikolaus Kopernikus** (1473–1543) und **Galileo Galilei** (1564–1642) setzt sich allmählich gegen den Widerstand der Kirche das **heliozentrische Weltbild** durch (die Sonne ist das Zentrum der Erd- und Planetenumlaufbahnen).

Der bürgerliche Gelehrte als Dichter

Dichterische Werke werden bis zu dieser Zeit von einer relativ kleinen Gruppe hervorgebracht und aufgenommen, von den städtischen Humanisten und von den Gebildeten aus der Geistlichkeit und dem höheren Adel. Im 17. Jahrhundert gehören die bürgerlichen Dichter bis auf wenige Ausnahmen dem Gelehrtenstand an. Sie alle haben eine Universitätsbildung, sind also mit Rhetorik[6] und Poetik vertraut, was als Voraussetzung für die Ausübung der Dichtkunst gilt.

Die Autoren leben als Geistliche, Universitätsprofessoren, Ärzte oder Verwaltungsbeamte im Dienst der Fürsten. Sie sind keine freien Schriftsteller, sondern abhängige Lohnempfänger; von der Literatur allein kann der Dichter nicht leben. Mit Büchern verdient man in der Regel kein Geld, da die Auflagen niedrig, die Herstellungskosten aber hoch sind. Nur die Adeligen und sehr vermögende Bürger können sich Bücher (z. B. Romane) leisten. Ein Roman kostet circa einen Monatslohn eines niedrigen Beamten.

Der größte Teil der schönen Literatur ist **Gelegenheitsdichtung**, bei Hofe als Fürstenhuldigung oder zur gehobenen Unterhaltung, für den wohlhabenden Bürger als Auftragsarbeit für Hochzeiten, Taufen oder Beerdigungen. Barockdichtung ist deshalb vorwiegend Gesellschaftsdichtung.

Dichtung als Mittel der Disziplinierung

Daneben und trotzdem soll Dichtung lehrhaften Zwecken dienen und zu einem tugendhaften Leben anleiten, Poesie wird also auch als Disziplinierungsmittel verwendet. Selbstbeherrschung, Unterdrückung weltlicher Leidenschaften[7] und das Erkennen einer höheren weltlichen und göttlichen Ordnung sind Ziele dieser Art zeitgenössischer Dichtung.

---

[6] Rhetorik: Fähigkeit, durch öffentliche Rede einen Standpunkt überzeugend zu vertreten; auch die Theorie bzw. Wissenschaft dieser Kunst

[7] christliche Weiterentwicklung der antiken Philosophie des Stoizismus (= Haltung der Gelassenheit, Freisein von Neigungen und Affekten, Zügelung der Leidenschaften als Sinn des Lebens)

Christian Hofmann von Hofmannswaldau (1616–1679):
Vergänglichkeit der schönheit

5   Es wird der bleiche tod mit seiner kalten hand
   Dir endlich mit der zeit umb deine brüste streichen /
   Der liebliche corall der lippen wird verbleichen;
   Der schultern warmer schnee wird werden kalter sand /

10   Der augen süsser blitz / die kräffte deiner hand /
   Für welchen solches fällt / die werden zeitlich weichen /
   Das haar / das itzund kan des goldes glantz erreichen /
   Tilgt endlich tag und jahr als ein gemeines band.

   Der wohlgesetzte fuß / die lieblichen gebärden /
15   Die werden theils zu staub / theils nichts und nichtig werden /
   Denn opfert keiner mehr der gottheit deiner pracht.

   Diß und noch mehr als diß muß endlich untergehen /
   Dein hertze kan allein zu aller zeit bestehen /
   Dieweil es die natur aus diamant gemacht.

- Untersuchen Sie den Gegensatz zwischen dem Carpe-diem- und dem Vanitas-Motiv (antithetischer Argumentationsgang)!
- Welche Bedeutung hat die Erotik in diesem Text?
- Das Gedicht hat die Form eines **Sonetts**: zwei Quartette (Vierzeiler) und zwei Terzette (Dreizeiler). Untersuchen Sie das Reimschema und die Metrik!
- Bringen Sie den Inhalt des Gedichtes in Zusammenhang mit den Spannungen im Zeitalter des Barock! Beziehen Sie auch das Vexierbild am Beginn dieses Kapitels in Ihre Überlegungen mit ein!

Sprach- und Literaturreform

Im Süden Deutschlands, der durch die Habsburger katholisch dominiert ist, lebt das Lateinische als Dichtungssprache noch länger weiter. In lateinischer Sprache werden besonders in der Lyrik im Deutschland des 15. und 16. Jahrhunderts Leistungen von europäischem Rang erreicht. Im protestantischen Norden hingegen regt sich ein **kulturelles Nationalbewusstsein**, das die **Ablösung der lateinischen Sprache durch das Deutsche** verlangt. Zudem geht es darum, Einheitlichkeit, Ausdrucksfähigkeit und Wohllaut der Sprache zu fördern. Dialektwörter und ungehobelte Ausdrücke sollen vermieden und Fremdwörter (besonders aus dem Französischen) eingedeutscht werden. In Deutschland soll also eine Erneuerung der volkssprachlichen Dichtung auf humanistischer Basis gelingen.

Die Poetik Martin Opitz'

Diese Reform der deutschen Dichtung ist ohne **Martin Opitz** (1597–1639) nicht vorstellbar. Sein *Buch von der deutschen Poeterey* (1624) ist die erste Poetik[8] in deutscher Sprache und bleibt zugleich die erfolgreichste in der Barockzeit, obwohl diese kurze Schrift – Opitz soll sie in nur

---

[8] Poetik: Lehre von den Dichtungsgattungen bzw. ein Buch, das diese Lehren enthält

fünf Tagen verfasst haben – größtenteils schon bekannte Gedanken und Anleitungen zur Dichtkunst enthält. Martin Opitz empfiehlt als Versmaß den Alexandriner, einen sechshebigen Jambus mit einer Zäsur (Pause) in der Mitte. Jambische Verse (Alexandriner oder vers commune, d. i. ein fünfhebiger Jambus mit Zäsur) ordnet er dem Sonett und dem Epigramm zu, trochäische Verse der freieren Form des Liedes, damals Ode genannt. Nach Opitz muss der Held der Tragödie dem vornehmen Stand angehören (Prinz, König, Adeliger), nur in Komödien dürfen Leute aus dem einfachen Volk auftreten (**Ständeklausel**).

Diese Reformation der deutschen Poesie wird ab 1630 von der „Fruchtbringenden Gesellschaft", auch „Palmenorden" genannt, der bedeutendsten Sprachgesellschaft des 17. Jahrhunderts, unterstützt. Auch Martin Opitz ist Mitglied dieser Gesellschaft. Ziel der **Sprachgesellschaften**, in denen sich kulturfördernde Fürsten, Adelige, bürgerliche Schriftsteller und Gelehrte zusammenschließen, ist die „erbawung wolanstendiger Sitten" und die Pflege der deutschen Sprache. Nach dem Vorbild des Palmenordens werden seit den 40er-Jahren weitere Gesellschaften gegründet, u. a. die „Deutschgesinnte Genossenschaft" um **Philipp von Zesen** oder der „Pegnische Blumenorden" in Nürnberg.

Martin Opitz (Stich von Jacob van der Heyden, 1631)

Titelblatt zu Opitz' *Buch von der Deutschen Poeterey* (1624)

Barocke Dichtkunst

Barockdichtung ist mit wenigen Ausnahmen keine Erlebnisdichtung, also kein Ausdruck subjektiven Erlebens, unter Dichtkunst versteht man vielmehr die Beherrschung der Sprachmittel, durch die ein Sachverhalt in geschmückter und gepflegter Rede umschrieben wird (Rhetorik). Deshalb ist man der Meinung, Dichtung sei weitgehend erlernbar. Je höher der Stil, desto reicher sollen die **rhetorischen Figuren** sein:

Rhetorische Figuren (Auswahl)

- **Metapher** (bildlicher Ausdruck für einen Gegenstand, eine Eigenschaft oder ein Geschehen, z. B. „Schiff der Wüste" für Kamel)
- **Synekdoche** (ein Teil fürs Ganze oder umgekehrt, z. B. „unser täglich Brot" für alle Lebensmittel, „das Leder" für Fußball)
- **Wiederholung** und **Häufung**
- **Antithese** (stilistische Gegenüberstellung logisch entgegengesetzter, jedoch zu einem Oberbegriff vereinbarer Begriffe, Urteile oder Aussagen: Gut und Böse, Tugend und Laster)
- **Vergleich** (bildhafter Hinweis auf einen anderen Bereich, z. B. finster wie die Nacht)
- **Rhetorische Fragen** (Scheinfrage: eine Frage, deren Antwort schon vorgegeben ist)
- **Hyperbel** (Übertreibung)
- **Periphrase** (Umschreibung eines Begriffs)
- **Klangmalerei** (sprachliche Nachahmung von Gehörseindrücken)
- **Exempel** (Beispiel)
- **Ellipse** (Weglassen von Satzteilen, die zum Verständnis nicht unbedingt notwendig sind)

Manierismus

=Inhalt unwichtig, nur Stil zählt

Wenn sich der elegante Stil und die Betonung der rhetorischen Mittel verselbstständigen, die beschriebene Sache hinter der Form verschwindet, unwichtig wird, spricht man von **Manierismus**. Ein Teil der barocken Literatur lässt sich als manieristisch bezeichnen, was die Vorstellung späterer Zeiten von der schwülstigen Barockliteratur geprägt hat.

Philipp von Zesen (1619–1689): *Es zischen die Gläser*

Es zischen die Gläser, es zischet der Zucker,
Man schwenkt sie und schenkt sie euch allen voll ein,
Es kluckert verzuckert dem Schlucker fein Lucker,
Fein munter hinunter der rheinische Wein.
5   So klinkern und flinkern und blinkern die Flöten,
So können die Sinnen entrinnen den Nöten.

Die *Fruchtbringende Gesellschaft* (Palmenorden), Sprachgesellschaft (nach 1651)

- Welche rhetorischen Mittel setzt von Zesen hier ein?
- Beachten Sie auch die verschiedenen Reimarten!

Lyrik

Die wichtigsten Lyriker der Barockzeit sind **Martin Opitz, Paul Fleming, Andreas Gryphius, Christian Hofmann von Hofmannswaldau, Simon Dach, Johann Christian Günther, Friedrich von Logau** und **Angelus Silesius**. Ihre Gedichte sollen weniger Persönliches ausdrücken, als vielmehr eine allgemeingültige Behauptung, eine Lehre oder ein Lob (z. B. der Geliebten) vermitteln. Die Barocklyrik ist gesellig und öffentlich, Individuelles wird verallgemeinert, Persönliches durch die Form und Metaphorik objektiviert.

Formen der Lyrik

Weltliche und geistliche Lyrik bestehen gleichwertig nebeneinander. Der weltliche Bereich umfasst Liebesgedichte, Soldaten- und Trinklieder, Lobgedichte oder Grabschriften, also Gedichte öffentlich-gesellschaftlichen Charakters. Die geistliche Lyrik ist zum Großteil eine Weiterführung des Kirchenliedes des 16. Jahrhunderts.

Andreas Gryphius (1616–1664) ist wohl der vielseitigste Dichter des Jahrhunderts; er ist Lyriker und Dramatiker. Die Sonettkunst des Barock erreicht in seinem Werk ihren Gipfel.

Andreas Gryphius: *Menschliches Elende*

Was sind wir Menschen doch? ein Wohnhauß grimmer Schmertzen
Ein Ball des falschen Glücks / ein Irrlicht diser Zeit.
Ein Schauplatz herber Angst / besetzt mit scharffem Leid /
Ein bald verschmeltzter Schnee und abgebrante Kertzen.

5   Diß Leben fleucht davon wie ein Geschwätz und Schertzen.
   Die vor uns abgelegt des schwachen Leibes Kleid
   Vnd in das Todten-Buch der grossen Sterblikeit
   Längst eingeschriben sind / sind uns aus Sinn und Hertzen.

   Gleich wie ein eitel Traum leicht aus der Acht hinfällt /
10   Vnd wie ein Strom verscheust / den keine Macht auffhält:
   So muß auch unser Nahm / Lob / Ehr und Ruhm verschwinden /

   Was itzund Athem holt / muß mit der Lufft entflihn /
   Was nach uns kommen wird / wird uns ins Grab nachzihn.
   Was sag ich? wir vergehn wie Rauch von starcken Winden.

Das folgende Beispiel ist ein Tanzlied mit volkstümlicher Formulierung des Carpe-diem-Motivs. **Georg Greiflinger** (1620–1677) ist ein geselliger Unterhaltungsschriftsteller, er schreibt auch lebensbejahende Epigramme und eine Chronik des Dreißigjährigen Krieges in Alexandrinern.

Georg Greiflinger: *An seine Gesellschafft*

Lasset vns schertzen /	Drücket die Hände /
Blühende Hertzen /	Retschet[9] zum Ende /
Lasset vns lieben	Gebet euch Küsse /
Ohne Verschieben.	20 Tretet die Füsse /
5 Lauten und Geigen	Machet euch frölich /
Sollen nicht schweigen /	Machet euch ehlich.
Kommet zum Dantze /	Lasset die Narren
Pflücket vom Crantze.	Länger verharren.
Ehlich zu werden	25 Lasset der Grauen
10 Dienet der Erden /	Murren vnd schauen /
Ledige Leute	Rathen und wissen
Mangeln der Freude.	Wenig erspriessen /
Jeder muß sterben /	Eben sie selber
Machet euch Erben /	30 Waren auch Kälber /
15 Euerem Gute /	Blühende Hertzen /
Namen vnd Blute.	Lasset vns schertzen.

- Analysieren Sie Versmaß, Versenden, Reimschema und vergleichen Sie den Text inhaltlich und formal mit Gryphius' *Menschliches Elende*!
- Untersuchen Sie die Bildhaftigkeit beider Texte!

Barocke Epigrammkunst

Weltliche Epigramme, zeit- und gesellschaftsbezogene Sinngedichte mit oft kritisch-satirischem Inhalt, sind meist auf eine belehrende Pointe hin ausgerichtet.

---

[9] Retschet: plaudert

Friedrich von Logau (1604–1655): *Heutige Welt-Kunst*

Anders seyn / vnd anders scheinen:
Anders reden / anders meinen:
Alles loben / alles tragen /
Allen heucheln / stets behagen /
5   Allem Winde Segel geben:
Bös- vnd Guten dienstbar leben:
Alles Thun vnd alles Tichten
Bloß auff eignen Nutzen richten;
Wer sich dessen will befleissen
10 Kan Politisch heuer heissen.

> • Welche zeitgenössischen Übel will Logau in diesem Epigramm bloßstellen? *Politik*
> • Ist der Text heute noch relevant?

Ein Meister des **geistlichen Epigramms** ist **Angelus Silesius** (1624–1677), der von der protestantischen Mystik ausgeht, später zum Katholizismus konvertiert.

Angelus Silesius: *Aus dem Cherubinischen Wandersmann*

Gott ist in mir / und ich in Jhm.

Gott ist in mir das Feur / und ich in Jhm der schein:
Sind wir einander nicht gantz jnniglich gemein?

Der Mensch ist Ewigkeit.

5   Ich selbst bin Ewigkeit / wann ich die Zeit Verlasse /
Und mich in Gott / und Gott in mich zusammen fasse.

Der Mystiker versenkt sich in sein Inneres und sucht das Einswerden mit Gott ohne Hilfe der Amtskirche, er verzichtet auf weltliche Freuden und predigt die Gleichheit aller Menschen vor Gott.

> • Vergleichen Sie in Gruppenarbeit noch einmal alle lyrischen Texte des Kapitels hinsichtlich Form und Inhalt! Beachten Sie dabei die rhetorischen Figuren genauer!

Das Emblem

In der Barockdichtung spielt das **Emblem** oder Sinnbild eine wichtige Rolle. Es ist eine bildliche Darstellung, die auf einen tieferen Sinn verweist, also mehr bedeutet, als sie vorstellt. Eine Erläuterung (**Subscriptio**), oft in Form eines Epigramms, erklärt das Bild (**Imago** oder **Pictura**), gibt ihm die eigentliche Bedeutung.
So bedeutet etwa das Bild eines Adlerhorstes, in den Ameisen eindringen und die Eier des Vogels zerstören, die Bedrohung des Fürsten durch das Volk. Die Pictura des Totengerippes mit Stundenglas und Hippe ist eine Allegorie[10] des Todes und entspricht dem Vanitas-Gedanken des Barock.

---

[10] Allegorie: Darstellung eines abstrakten Begriffes durch ein rational fassbares Bild, oft mithilfe der Personifikation

Einige Embleme haben sich bis in unsere Zeit erhalten. Krokodilstränen bedeuten auch heute noch Unaufrichtigkeit und geheuchelten Schmerz.

Emblem aus Andreas Alciatus' *Emblemata* (Lyon, 1573)

Prosadichtung

Die Romanproduktion im 17. Jahrhundert ist nicht sehr groß. Gegen Ende der Epoche werden im Jahr sechs bis acht Romane gedruckt. Neben dieser Form der Großepik finden wir novellistische Texte, Erbauungsliteratur[11], Satiren (**Johann Michael Moscherosch**, 1601–1669) oder unterhaltende Gebrauchsliteratur (z. B. Schwänke). Auch die Volksbücher des 15. und 16. Jahrhunderts werden weiter verlegt.

Wir unterscheiden drei Hauptgattungen des deutschen Barockromans, den höfisch-historischen Roman (heroisch-galanter Roman), den Schäferroman und den Schelmenroman.

Der höfisch-historische Roman

Vorbilder für den **höfisch-historischen** Roman sind französische, italienische, aber auch englische Romane, die durch Übersetzungen in Deutschland eingeführt werden. Die Handlung des deutschen höfischen Romans spielt in hohen adeligen Kreisen, fernen Ländern und vergangenen Zeiten. Sie beschreibt meist die Lebensgeschichte eines jungen, tugendhaften Paares, das nach Wechselfällen des Glücks und vielen Gefahren psychischer und physischer Art doch endlich Hochzeit feiert. Die Handlungen der sehr umfangreichen Romantexte werden mit der Zeit immer verwickelter und länger, da sich die Unglücksfälle und Verwirrungen beliebig vermehren lassen. Ein Beispiel ist *Arminius* (1689) von **Daniel Caspar von Lohenstein** (1635–1683), ein Schlüsselroman[12], der, obwohl er in der Germanenzeit handelt, deutliche Bezüge zu Ereignissen und Personen der Entstehungszeit setzt.

Gegen Ende des 17. Jahrhunderts geht der höfische Roman in den sogenannten **galanten Roman** über. Formal entspricht dieser dem höfisch-historischen Roman, inhaltlich werden die Liebesverwicklungen in den Vordergrund gestellt, das Staatsgeschehen ist nur Beiwerk.

Der Schäferroman

Der **Schäferroman** wird für den Landadel und das gehobene Bürgertum geschrieben und bietet eine Flucht aus der sozialen Realität. Er spielt in einer idyllischen Landschaft und behandelt die Liebes- und Abenteuerthematik. Schäfer und Schäferinnen treten auf, sie verlieben sich und bestehen Abenteuer. Die blind machende jugendliche Liebe wird aber schließlich durch die Vernunft bezähmt und die jungen Menschen erlangen das seelische Gleichgewicht zurück, meistens kommt es daraufhin zu einer Trennung.

Der Schelmenroman

Das Gegenbild zum höfischen Roman ist der **Schelmenroman**. Vorbild ist der spanische **Pikaroroman**[13]. Der Held betrachtet die Welt von unten, aus der Perspektive der Unterdrückten, der von der Gesellschaft Ausgestoßenen. Der Schelm, aus der niedrigsten Gesellschaftsschicht stammend, erzählt abenteuerliche Episoden aus seinem Leben, in denen Sol-

---

[11] Erbauungsliteratur: Literatur, die der Stärkung von Glauben und Frömmigkeit dient

[12] Schlüsselroman: Roman, in dem wirkliche Ereignisse, Zustände und Schicksale unter veränderten Namen und Umständen dargestellt werden

[13] Picaro: Schelm, Gauner

daten, Komödianten, Bettler, Räuber und Dirnen vorkommen. Der Schelmenroman ist kein Entwicklungsroman, sondern eine Kette von mehr oder minder zufälligen Abenteuern. Sein Ziel ist das Aufdecken von Sein und Schein und die Demaskierung des Lebens. Der Held erfährt die Vergänglichkeit des Glücks, die Not des Menschen, wendet sich schließlich von der Welt ab und flieht in die Einsamkeit (Einsiedelei), wo er Ruhe und Frieden findet. Die Sprache ist realistisch, volkstümlich, des Öfteren auch derb.

Der politische Roman

Gegen Ende des 17. Jahrhunderts entsteht der **politische Roman**, der schon die Aufklärung ankündigt. Ein wichtiges Beispiel ist **Christian Weises** (1642–1708) Roman *Die drei ärgsten Ertz-Narren in der ganzen Welt* (1675). Der Held dieses Romans ist nicht der von Glück und Unglück herumgestoßene Mensch, sondern der erfolgreiche, mit sich und der Gesellschaft zufrieden lebende Beamte.

Die Predigt

Im Zuge der Reformation und Gegenreformation hat verständlicherweise die **Predigt** einen besonderen Stellenwert. Am Wiener Hof wirkt ab 1670 **Abraham a Santa Clara** (1644–1709), der eigentlich Johann Ulrich Megele heißt, als Prediger. Er wendet sich in einer humorvollen und volkstümlichen Sprache vor allem gegen die allgemeine Sittenverwilderung der Zeit. Seine Predigten werden größtenteils bereits zu seinen Lebzeiten gedruckt. Am bekanntesten sind *Mercks Wienn* (aus Anlass der Pestepidemie 1679) und *Auff auff, ihr Großchristen* (aus Anlass des Türkenkrieges 1683). Dabei bemüht er sich um allgemein verständliche und anschauliche Bilder und passt sich so seiner breiten Hörerschaft, die er ja im Sinne religiöser Vorschriften beeinflussen will, bewusst an.

Grimmelshausens *Simplicissimus*

Zu den großen Dichtern der deutschen Literatur des 17. Jahrhunderts gehört **Hans Jakob Christoffel von Grimmelshausen** (1622–1676). Sein berühmter Schelmenroman *Der Abenteuerliche Simplicissimus Teutsch* erscheint 1668 und wird zum erfolgreichsten deutschen Barockroman. Der Text vermittelt ein realistisches Bild des Kriegsgeschehens während des 30-jährigen Krieges und des soldatischen Alltags. Teile der geschilderten Erlebnisse gründen auf persönlicher Erfahrung, andere Beschreibungen erweisen sich als Bearbeitung historischer Quellen. Grimmelshausen ist ein Autor mit gewaltiger Sprachkraft, sein umfangreicher Wortschatz vereinigt barocke Bildhaftigkeit mit Geläufigkeit in der Volkssprache. Sein Werk gibt den Dialekt seiner Heimat (Röhn und Spessart), Soldatenjargon, Fach- und Berufsausdrücke sowie Predigersprache wieder.

In Form einer fiktionalen Autobiografie wird die Geschichte eines Mannes erzählt, der abseits der Welt bei einem Spessartbauern aufwächst. Landsknechte überfallen den Hof, plündern, zerstören und rauben. Bei seiner Flucht in den Wald kommt er zu einem Eremiten, der ihm den Namen Simplicissimus (der Einfältige) gibt und ihn im Lesen und Schreiben und in der Christenlehre unterrichtet. Der Einsiedler stirbt, Simplicissimus kommt nach Hanau und wird Page des schwedischen Stadtkommandanten. Soldaten kleiden den „Narren" in ein Kalbsfell. Simplicissimus benützt diese Rolle, um seine Umgebung ungestraft zu verspotten, anzuprangern und zu entlarven. Die Maske gewährt ihm Schutz (Narrenfreiheit). Er wird in kriegerische Wirren hineingezogen, erringt als Jäger von Soest Berühmtheit, fährt nach Paris, wo er erotische (galante) Abenteuer mit Damen erlebt. Später wird er von den Blattern entstellt und gibt sich mit Alchemie und Naturwissenschaften ab. Nach abenteuerlichen

Fahrten *kehrt er schließlich in den Schwarzwald zurück, wo er seinem* alten Knan (Ziehvater) begegnet. Da *erfährt er seinen richtigen Namen:* Melchior Sternfels von Fuchsheim. Der Einsiedler war sein Vater. *Ein wechselhaftes Schicksal führt ihn über Russland, Korea und die Türkei wieder in den Schwarzwald zurück, wo er der Welt entsagt.* In einem sechsten Buch, das Grimmelshausen in einer zweiten Fassung hinzugefügt hat, endet das Leben von Simplicissimus als Robinsonade auf einer einsamen Insel.

Titelbild der ersten Auflage des *Simplicissimus Teutsch* (1669)

Motive des Romans

Wesentliche **Motive des Romans** sind:

- der **einfältige Mensch** (vgl. den Namen „Simplicissimus"; im Barock hat die Einfalt eine positive Bedeutung im Sinne von Reinheit und Unschuld),
- das Motiv der **Weltabkehr und Weltentsagung**,
- das **Einsiedler-** und **Robinsonmotiv**,
- das **Maskenmotiv** (der Held hat in der Maske des Narren die Möglichkeit, seine Umwelt zu verspotten und zu entlarven, andererseits gewährt sie ihm Schutz und Entscheidungsfreiheit),
- das barocke Motiv der **Unbeständigkeit der Welt**.

Am Ende seiner Abenteuer zieht Simplicissimus eine Bilanz seines Lebens, die so niederschmetternd ausfällt, dass er sich aus der Welt zurückzieht und zum Einsiedler wird.

Da sagte ich zu mir selber, dein Leben ist kein Leben gewesen / sondern ein Todt; deine Tage ein schwerer Schatten / deine Jahr ein schwerer Traum / deine Wollüst schwere Sünden / deine Jugend eine Phantasey / und deine Wolfahrt ein Alchimisten Schatz / der zum Schornstein hinauß fährt / und dich verläst / ehe du dich dessen versihest! du bist durch viel Gefährligkeiten dem Krieg nach-
5 gezogen / und hast in dem selbigen viel Glück und Unglück eingenommen / bist bald hoch bald nider / bald groß bald klein / bald reich bald arm / bald frölich bald betrübt / bald beliebt bald verhaßt / bald geehrt und bald veracht gewesen: Aber nun du O mein arme Seel was hastu von dieser gantzen Räiß zu wegen gebracht? diß hast du gewonnen: Ich bin arm an Gut / mein Hertz ist beschwerdt mit Sorgen / zu allem guten bin ich faul / träg und verderbt / und was das
10 allerelendste / so ist mein Gewissen ängstig und beschwert / du selbsten aber bist mit vielen Sünden überhäufft und abscheulich besudelt! der Leib ist müd / der Verstand verwirret / die Unschuld ist hin / mein beste Jugend verschlissen / die edle Zeit verlohren / nichts ist das mich erfreuet / und über diß alles / bin ich mir selber feind; Als ich nach meines Vattern seeligen Todt in diese Welt kam / da war ich einfältig und rein / aufrecht und redlich / warhafftig / demütig /
15 eingezogen / mässig / keusch / schamhafftig / fromm und andächtig; bin aber bald boßhafftig / falsch / verlogen / hoffärtig / unruhig / und überall gantz gottlos worden / welche Laster ich alle ohne einen Lehrmeister gelernet; Ich nam meine Ehr in acht / nicht ihrer selbst / sondern meiner Erhöhung wegen; Ich beobachtet die Zeit / nicht solche zu meiner Seeligkeit wol anzulegen / sondern meinem Leib zu nutz zu machen; Ich hab mein Leben vielmal in Gefahr geben
20 / und hab mich doch niemal beflissen solches zu bessern / damit ich auch getrost und seelig sterben könte; Ich sahe nur auff das gegenwärtige und meinen zeitlichen Nutz / und gedachte nicht einmal an das künfftige / viel weniger / daß ich dermaleins vor Gottes Angesicht müste Rechenschafft geben! Mit solchen Gedanken quälte ich mich täglich.

- Weisen Sie folgende Stilmerkmale nach: Reihung, Häufung, Variation, Antithetik!
- Welche Art der Religiosität dokumentiert die Textstelle?

Dieser Schluss zeigt, dass der Simplicissimus neben einem Schelmenroman und einer zeit-kritischen Satire auch eine moralisch-religiöse Erbauungsschrift ist, die das Vanitas-Thema episch abhandelt.

Dramatik

Theatralische Formen

Theater im Deutschland des 17. Jahrhunderts bedeutet vielerlei. Neben dem protestantischen Drama, Hauptvertreter sind **Andreas Gryphius** und **Daniel Caspar von Lohenstein**, und dem katholischen Schul- und Ordensdrama (Jesuitendrama), dessen wichtigste Dichter **Jakob Bidermann** (1578–1639) und **Simon Rettenbacher** (1634–1706) sind, gibt es das Lai-enspiel (Oberammergauer Passionsspiel etwa seit 1650), das professionelle Wandertheater, das Hoftheater und die Oper. Dabei bestehen zwischen den verschiedenen Bereichen Verbin-dungen, an Fürstenhöfe werden Wandertruppen engagiert, Schuldramen werden öffentlich aufgeführt oder von Wanderbühnen bearbeitet.

Wanderbühnen: Englische Komödianten

Seit Mitte des 16. Jahrhunderts kommen **ausländische Wandertruppen**, vor allem aus Eng-land, nach Deutschland. Durch Personalaustausch werden aus ihnen in der Mitte des 17. Jahr-hunderts deutsche Gruppen. Diese englischen Berufsschauspieler führen sowohl Stücke un-bekannter als auch bekannter Autoren auf, etwa von **William Shakespeare** und **Christopher Marlowe** (besonderen Erfolg haben dessen dramatische Bearbeitungen des Faust-Stoffes). Es handelt sich allerdings um vereinfachende Bearbeitungen, die die Originale auf mög-lichst effektvolle Szenen reduzieren. Das ist auch deshalb notwendig, weil die englischen Komödianten bis Anfang des 17. Jahrhunderts nicht in deutscher Sprache spielen. Neben blutrünstigen Haupt- und Staatsaktionen[14], neben Clownereien[15] und Hanswurstiaden gehö-ren auch biblische Inhalte zum Repertoire der umherziehenden Schauspieler. Die Figur des Clowns steht oft außerhalb der Handlung und kommentiert sie. Gespielt wird in Schlössern, Rathäusern, Wirtshäusern oder einfachen Bretterbuden. Wegen ihrer zum Teil zotenhaften Sprache und wegen unanständiger Stücke werden diese Theatergruppen manchmal von der Kirche verfolgt. Im letzten Drittel des 17. Jahrhunderts besetzen die Theaterleiter (Principale) die Frauenrollen, die bis zu dieser Zeit traditionsgemäß von Männern gespielt werden, mit Frauen. Auch dies erweckt bei vielen Zeitgenossen Ärgernis.

Impulse aus Italien

Italien liefert neue Impulse über das Musiktheater (Oper) und die **Commedia dell'arte**. Diese ist ein Stegreiftheater, in dem statt eines wörtlich festgelegten Textes nur Handlungsverlauf und Szenenfolge vorgeschrieben sind. Die Schauspieler, die Typen und nicht individuelle Charaktere verkörpern, improvisieren mit einer ausdrucksstarken Gebärdensprache. Große

---

[14] Auf den breiten Publikumsgeschmack der Zeit zugeschnittene, im Handlungsaufbau stereotype und triviale Tragödien aus der höfischen Welt, beinhalten possenhafte Einschübe, später Tendenz zum ver-söhnlichen Ende.

[15] Den Clown nennt man deutsch Pickelhering oder Stockfisch.

Bedeutung haben also Bewegung, Gestik und Mimik. Dabei werden menschliche Schwächen widergespiegelt und karikiert.

Das Drama im Dienste der Kirchen

Im Schultheater entwickeln sich, den zwei gegensätzlichen religiösen Strömungen des Protestantismus und der katholischen Gegenreformation entsprechend, das **Schul- und Ordensdrama der Jesuiten** und das **protestantische Drama**. Die Jesuiten stellen das Drama in den Dienst der Gegenreformation. Dabei geht es um die Verteidigung des „wahren" Glaubens und die Bekehrung der Ketzer und Abgefallenen. Die Zuschauer sollen zu innerer Umkehr bewegt werden und die irdische Vergänglichkeit erkennen. Das Jesuitentheater schöpft seine Stoffe aus dem Alten Testament und der Antike, später auch aus der Gegenwart.

Jakob Bidermann, Jesuitenpater in München, wo er die Leitung des Ordenstheaters innehat, schreibt das Drama *Cenodoxus*, das 1602 zum ersten Mal aufgeführt wird. Das Stück zeigt das Schicksal des heuchlerischen Doktor Cenodoxus von Paris, der sich als oberstes Ziel die Befriedigung seines Ehrgeizes setzt. Nach seinem Tode geht er in die ewige Verdammnis ein. Der Kampf um seine Seele wird durch übernatürliche Wesen und allegorische Gestalten geführt. Das Drama mahnt zur Buße und unterstreicht die unerbittliche Gerechtigkeit Gottes. Es ist in lateinischer Sprache geschrieben (die Zuschauer bekommen eine deutsche Inhaltsangabe), 1635 wird es ins Deutsche übersetzt. → z.B. Tod + Person

Bis zum Ende des 16. Jahrhunderts werden die Jesuitendramen auch auf öffentlichen Plätzen gespielt, damit sie auf das einfache Volk einwirken können. Ab 1700 werden prunkvolle Bühnen errichtet, die eine komplizierte Bühnenmaschinerie mit beweglichen Kulissen, Versenkungen und Flugmaschinen besitzen. Damit können Himmel, Welt und Hölle dargestellt werden. Auch Musik und Ballett spielen im Jesuitendrama eine große Rolle.

Das deutschsprachige Kunstdrama

Das **deutschsprachige Kunstdrama** beginnt, nach den Vorarbeiten und Anstößen durch Martin Opitz, der Musterdramen geschaffen und die Ständeklausel in die deutsche Literatur eingeführt hat, mit **Andreas Gryphius** (1616–1664). Dieser, ein äußerst gebildeter und belesener Autor, der in Holland, Frankreich und Italien Theatererfahrung gesammelt hat, verbindet in seinen Trauerspielen Glaubensstärke und Stoizismus mit der Welt der hohen Politik.

Andreas Gryphius

In seinem ersten Trauerspiel *Leo der Armenier/ oder Fürstenmord* (1646) spricht er von seiner Absicht, „die vergänglichkeit menschlicher sachen in gegenwärtigem und etlich folgenden Trawerspielen darzustellen". Erwähnenswert ist auch seine Tragödie *Cardenio und Celinde*, in der der Held dem verbürgerlichten Kleinadel angehört, wodurch die Ständeklausel durchbrochen wird. Das Drama richtet sich gegen die „rasende, tolle und verzweifelnde Liebe", der die „keusche, sittsame und doch inbrünstige" Liebe als Ideal gegenübergestellt wird.

Die Komödie

Die **Komödie** spielt in niederen sozialen Rängen. Sie zeigt Bürger oder Bauern im privaten, unpolitischen Leben. (Andreas Gryphius: *Horribilicribrifax*, 1663, *Peter Squentz*, 1658, Christian Weise: *Ein wunderliches Schau-Spiel vom Niederländischen Bauer*, 1685)

Barock (17. Jahrhundert)

Das **Lebensgefühl im Barock** ist vom Gegensatz zwischen **Weltabkehr** (Memento mori) und **Lebensgenuss** (Carpe diem) geprägt. Diese Widersprüchlichkeit ist einerseits durch die Schrecken des **Dreißigjährigen Krieges** und andererseits durch den gerade dadurch ausgelösten Wunsch nach Lebensglück und Freude bedingt.

Ein Teil der barocken Literatur sieht die Hinwendung zu Gott und die göttliche Ordnung als Synthese dieser gegensätzlichen Lebensgefühle. Doch Reformation und Gegenreformation haben das Vertrauen in die kirchlichen Institutionen angegriffen, auch deshalb lebt eine persönliche und undogmatische Gottesschau wieder auf, die **Mystik**.

Barocke Kunst (Literatur, Baukunst, Theater- und Hofleben) wird zum Ausdruck der Macht weltlicher und geistlicher Fürsten.

Daneben entwickeln **Nikolaus Kopernikus** und **Galileo Galilei** gegen den Widerstand der Kirche das **heliozentrische System**.

Autoren und Dichtkunst

Die Autoren sind keine freien Schriftsteller, sondern abhängige Lohnempfänger (Professoren, Ärzte, Beamte, Theologen ...). Von der Literatur kann ein Dichter nicht leben.

Barockdichtung ist bis auf wenige Ausnahmen keine subjektive Erlebnisdichtung, sondern gesellige, öffentliche, verallgemeinernde und auch erlernbare Dichtkunst. Unterschieden wird dabei zwischen Gelegenheitsdichtung (z. B. Fürstenhuldigung oder Auftragsarbeiten für bürgerliche Feste), Dichtung mit lehrhaftem Charakter und lebensbejahende Unterhaltungsliteratur.

Sprach- und Literaturreform

Die **Sprachgesellschaften** wenden sich gegen die Überfrachtung der deutschen Sprache mit Fremdwörtern, besonders aus dem Französischen und Italienischen, und setzen sich für die Bereicherung des deutschen Sprachgutes und für die Aufrechterhaltung traditioneller Tugenden ein.

In seiner Poetik *Buch von der deutschen Poeterey* stellt **Martin Opitz** wichtige Regeln für die Dichtkunst auf (Ständeklausel, Versmaß, Form des Sonetts).

Lyrik

Wichtige Lyriker des Barock sind Andreas Gryphius, Martin Opitz, Paul Fleming, Christian Hofmann von Hofmannswaldau, Simon Dach, Angelus Silesius.

Weltliche Gedichte sollen weniger etwas Persönliches ausdrücken, sondern eine allgemeingültige Behauptung, ein Lob oder eine Lehre. Sie sind öffentlich und gesellig. Die geistliche Lyrik führt das Kirchenlied des 16. Jahrhunderts weiter.

Beliebt sind auch Epigramme, Sinngedichte mit geistlichem, gesellschaftsbezogenem oder kritisch-satirischem Inhalt.

Epik

Der deutsche Barockroman gliedert sich in drei Hauptgruppen:

Der **höfisch-historische Roman** spielt in hohen adeligen Kreisen, fernen Ländern und vergangenen Zeiten. Er beschreibt die abwechslungsreiche Lebens- und Liebesgeschichte eines jungen Paares mit glücklichem Ausgang (**Daniel Caspar von Lohenstein** *Arminius*).

Der „unhöfische" **Schäferroman** beschreibt Liebesabenteuer in idyllischen Landschaften, die durch Vernunft beendet werden, und bietet dem bürgerlichen und kleinadeligen Leser eine Flucht aus der sozialen Realität.

Der **Schelmenroman** (Vorbild ist der spanische Pikaroroman) erzählt von den Abenteuern eines aus der niedrigsten Gesellschaftsschicht stammenden Helden, der das Leben demaskiert und Unterschiede zwischen Sein und Schein aufdeckt. Weiterentwickelt wird diese Form des Romans bei **Hans Jakob Christoffel von Grimmelshausen** (*Der Abentheuerliche Simplicissimus Teutsch*) und dem Spanier **Miguel de Cervantes** (*Don Quijote*).

Grimmelshausens *Simplicissimus* ist der erfolgreichste deutsche Barockroman und vermittelt ein realistisches Zeugnis des 30-jährigen Krieges. Der Text ist zugleich Schelmenroman, zeitkritische Satire und moralisch-religiöse Erbauungsschrift.

Der politische Roman gegen Ende des 17. Jahrhunderts weist bereits auf die Aufklärung voraus.

In der Zeit von Reformation und Gegenreformation wird vor allem auch der Predigt eine große Bedeutung zugemessen. **Abraham a Sancta Clara** (Ulrich Megerle) wirkt am Wiener Hof. Viele seiner Predigten, die sich in volkstümlicher Sprache gegen die allgemeine Sittenverwilderung seiner Zeit wenden, sind schriftlich überliefert, z. B. *Mercks Wienn* oder *Auff, auff, ihr Großchristen*.

Dramatik

Zur dramatischen Dichtung des 17. Jahrhunderts zählt man das **protestantische Drama**, das **katholische Schul- und Ordensdrama** und das **deutschsprachige Kunstdrama**.

Die deutsche Dramatik erreicht nicht die Höhe der zeitgenössischen englischen, französischen und spanischen Dichtung. Englische Wandertruppen, die durch Personalaustausch zu deutschsprachigen Schauspieltruppen werden, verbreiten Themen und Stücke von William Shakespeare und Christopher Marlowe (Faust-Stoff).

Visuelle Lyrik und konkrete Poesie

Begriffsklärung

Mischformen

Figurengedichte, Bildgedichte und Textbilder muten sehr modern an, ihre Wurzeln reichen aber weit zurück: Man kann eine Entwicklung vom Griechenland des 5. Jahrhunderts v. Chr. über das Barock, die Dadaisten und konkreten Dichter bis hin zur modernen Werbung verfolgen.

Konkrete Poesie: Basis für die konkrete Poesie ist das Sprachmaterial, also der Text, das Wort, die Silbe, der Buchstabe. Die figurativen Elemente fehlen.

Visuelle Lyrik: Hier sind Figuren konstituierende Bestandteile, durch sie erhält der Text zusätzliche Informationen, Reize, Signale.

Gemeinsam ist der visuellen und konkreten Lyrik das Ziel, die strengen Grenzen der Gattungen zu überschreiten. Schon der griechische Lyriker Simonides von Keos (5./6. Jh. v. Chr.) meint, „dass die Malerei eine stumme Poesie und die Poesie eine redende Malerei sei", und stellt so eine Verbindung zwischen bildender Kunst und Literatur her, die später immer wieder aufgegriffen und betont wird.

Szepter (Sigmund von Birken)

Georg Philipp Harsdörffer (Dichter und Dichtungstheoretiker, Barock) schreibt in seinen *Frauenzimmergesprächsspielen* zum Verhältnis von Dichtung, Malerei und Musik (1643):

Hierauß erhellet / wie alle Künste gleichsam als in einer Ketten aneinanderhangen / deren ein Glied in das andere geschlossen / und absonderlich zwar ihre vollkommene Rundungen / ohne so dienstliche Stärkleistungen / haben. Die Reimkunst ist ein Gemälde / das Gemälde eine ebenstimmende Music / und diese gleichsam eine beseelte Reimkunst.

Novalis (Dichter der Romantik) schreibt zum Verhältnis der Poesie zu anderen Kunstformen:

Plastik, Musik und Poesie verhalten sich wie Epos, Lyra und Drama. Es sind unzertrennliche Elemente, die in jedem freien Kunstwesen zusammen und nur nach Beschaffenheit in verschiedenen Verhältnissen geeinigt sind.

Recht ähnliche Gedanken finden sich im *Dadaistischen Manifest* (1918):
Die Unterzeichner dieses Manifests haben sich unter dem Streitruf

DADA!!!

zur Propaganda einer Kunst gesammelt, von der sie die Verwirklichung neuer Ideale erwarten. Was ist nur der DADAISMUS?

5 Das Wort Dada symbolisiert das primitivste Verhältnis zur umgebenden Wirklichkeit, mit dem Dadaismus tritt eine neue Realität in ihre Rechte. Das Leben erscheint ein simultanes Gewirr von Geräuschen, Farben und geistigen Rhythmen, das in die dadaistische Kunst unbeirrt mit allen sensationellen Schreien und Fiebern seiner verwegenen Alltagssprache und in seiner gesamten brutalen Realität übernommen wird. Hier ist der scharf markierte Scheideweg, der

10 den Dadaismus von allen bisherigen Kunstrichtungen und vor allem von dem FUTURISMUS trennt, den kürzlich Schwachköpfe als eine neue Auflage impressionistischer Realisierung aufgefasst haben. Der Dadaismus steht zum ersten Mal dem Leben nicht mehr ästhetisch ge-

genüber, indem er alle Schlagworte von Ethik, Kultur und Innerlichkeit, die nur Mäntel für schwache Muskeln sind, in seine Bestandteile zerfetzt.

Helmut Heißenbüttel, ein konkreter Dichter, meint:
Mischformen, Grenzüberschreitungen, Doppeldeutigkeiten waren nun, unter anderem, ein Kennzeichen der Literatur. Nicht etwa, weil eine alte Ordnung zu zerfallen begann (wenn es einen Zerfall, das heißt einen fortschreitenden Prozeß der Formwandlungen gab, dann bereits seit Jahrhunderten), sondern weil in der Aufhebung der illusionierenden Fähigkeit der Litera-
5 tur die Abgrenzungen, das Trennende nebensächlich erschienen.
Das galt nun nicht nur für die Verhältnisse innerhalb der Literatur, es galt und gilt auch für die Beziehungen der verschiedenen künstlerischen Medien zueinander. In dem Bestreben, dem Neuen und noch auf Ausdruck, auf Fixierung Wartenden Stimme und Ansehen zu geben, drängte Literatur in Musik oder Grafik hinüber, zog Malerei Typografie[1] an, gestalteten sich
10 Bühnenräume zu Werken der bildenden Kunst usw. Der Vorgang der Grenzüberschreitung zwischen den Gattungen und den Medien der Kunst wurde begleitet von der Entwicklung neuer Medien, deren Kunstcharakter zwar umstritten war und ist, die jedoch mehr noch als die überlieferten Medien auf umfassendere Wirkung gerichtet sind als etwa Musik oder Malerei oder Literatur allein.

- Vergleichen Sie die vier Texte, die aus verschiedenen Literaturepochen stammen, nach inhaltlichen Kriterien!
- Welche Gemeinsamkeiten, welche Unterschiede können Sie entdecken?

Textbilder

Aus der Zeit des Simonides stammen die ersten Denkmäler, die Text und Bild eng verbinden. Auf einem in St. Agatha (Kalabrien) gefundenen Beil aus dem 5./6. Jahrhundert ist, den Konturen der Schneide folgend, ein Text zu lesen.

Beil von St. Agatha

Der Gattung „visuelle Poesie" am nächsten kommt der *Akephalos* (der Kopflose) aus einer Sammlung griechischer Zauberpapyri (etwa 5. Jh. v. Chr.): eine aufrechte menschliche Gestalt, die anstelle des Kopfes fünf Schlangenköpfe hat, die nach links schauen. Sie hält in den ausgebreiteten Armen einen Zweig und ein nicht identifizierbares Gerät. Innerhalb der Körperumrisse, der Arme und Beine sind nun Wörter und Buchstaben geschrieben, Lautmalereien mithilfe griechischer Vokale, und um die Figur herum kurze Texte, Beschwörungs- und Zauberformeln.

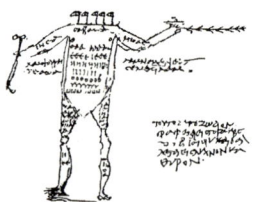

Der Akephalos

Bei Figurengedichten des Barock tritt das Ornamentale immer mehr in den Vordergrund. Der Text spielt eine untergeordnete Rolle. Er füllt den Platz der Figur nur aus (vgl. *Szepter*, Seite 59).

Um 1900 wird die strenge Form des Figurengedichts in Deutschland zurückgedrängt. **Christian Morgenstern** versucht, Texte in seinen *Galgenliedern* zu visualisieren:

---

[1] Typografie: Buchdruckerkunst, Schriftkunst

In *Fisches Nachtgesang* benutzt Morgenstern zum ersten Mal kein Buchstabenmaterial mehr, sondern Zeichen. Sie könnten Kürzen oder Längen bedeuten, aber auch stilisierte Blasen sein, die den Atem des Fisches oder die Bewegungen des Wassers symbolisieren:

Morgenstern liefert auch eines der ersten Lautgedichte:

Das große Lalula

Kroklokwafzi? Sememi!
Seiokrontro – prafriplo:
Bifzi, bafzi, hulalemi:
quasti basti bo...
5 Lalu lalu lalu lalu la!

Hontraruru miromente
zasku zes rü rü?
Entepente, Leiolente
klekwapufzi lü?
Lalu lalu lalu lalu la!

Simarar kos malzipempu silzuzankunkrei (;)!
Marjomar dos: Quempu Lempu Siri Suri Sei []
Lalu lalu lalu lalu la!

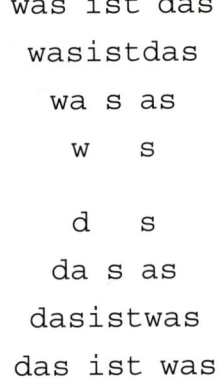

Fisches Nachtgesang
(Christian Morgenstern)

- Beschreiben Sie, was ein Lautgedicht ist. Wie wird das Sprachmaterial benutzt?

Textbilder aus den 60er-Jahren

Textbilder, ähnlich wie wir sie aus dem Barock kennen, tauchen in den 60er-Jahren bei konkreten Dichtern wieder auf. Sie werden jetzt Piktogramme genannt; ein Vertreter dieser Richtung ist **Claus Bremer**.

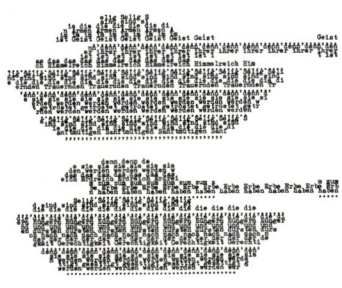

Claus Bremer: *Panzer*

Theodor Kornfeld:
Eine Sanduhr (Text 1)

was ist das

wasistdas

wa s as

w s

d s

da s as

dasistwas

das ist was

Claus Bremer:
Was ist das (Text 2)

- Text 1: Zeichnen Sie die Textfigur nach! Lesen Sie anschließend den Text! In wie viele Teile lässt er sich gliedern?
  Welchen Aspekt spiegelt die obere Hälfte wider, welchen die untere?
  Was bietet der Rahmen?

Bringen Sie nun den Inhalt des Textes mit der dargestellten Figur in Zusammenhang! Interpretieren Sie den Text-Bild-Bezug!
Welche Assoziationen haben Sie, wenn Sie eine Sanduhr sehen?
Welchen Sinnesbereich legt das nichtsprachliche Zeichen in der Mitte der Figur nahe?
Hätte das Bild einer Sanduhr etwas Ähnliches ausgesagt?
Hätte der Text ohne die Figur der Sanduhr etwas anderes bedeutet?

- Vergleichen Sie nun Text 1 und Text 2!
  Beschreiben Sie die Figur des zweiten Textes!
  Welches Textmaterial wird verwendet?
  Welchen Inhaltszusammenhang haben die beiden Hälften? Haben Bild und Text einen Zusammenhang?
  Stellen Sie nun die Unterschiede zwischen dem barocken und dem konkreten Gedicht fest!
  Welche Funktion hat jeweils die visuelle Komponente?

- Untersuchen Sie nun Text 3!
  Welche Assoziationen haben Sie?
  Beachten Sie, wie das Textmaterial verwendet wird!
  Zeichnen Sie mit bunten Stiften die Wege der einzelnen Buchstaben durch das Gedicht nach!
  Wie könnte man die Beziehung, die „i" und „l" zueinander haben, bezeichnen?
  Was leistet das Textbild, das System, in dem es gedruckt ist?
  Würde eine andere Anordnung der Buchstaben dieselbe Wirkung haben?

```
film
film
film
film
fi m
f  im
fi m
f im
f   m
fl m
f im
f   m
flim
film
film
film
f lm
f  lm
f lm
f  lm
fl m
f   m
f  lm
fl m
f   m
f lm
f   m
fl m
f lm
fl m
fl m
fl m
fl m
flim
film
film
film
film
film
f   m
film
f   m
flim
film
film
film
film
film
film
```

Der Vergleich der drei visuellen Texte zeigt, dass bei einem Figurengedicht aus dem Barock Figur und Text ungefähr dasselbe aussagen, auch getrennt würden sie Ähnliches bedeuten. Bei dem visuellen Text der konkreten Poesie haben Form und Inhalt nichts miteinander zu tun. Bei Jandls Gedicht macht erst die Form, die Grafik, den Sinn.

Ernst Jandl:
film
(Text 3)

Dadaismus

Der Dadaismus ist eine Strömung, die parallel zum Expressionismus entsteht, der sich im Streben nach Destruktion (Zerstörung) und Deformation (Verformung) syntaktischer Verbindungen mit ihm berührt. Er ist „Ausdruck der Zeit", wie **Richard Huelsenbeck**, einer der Theoretiker der Strömung, bemerkt. Die Dadaisten **Hugo Ball, Hans Arp, Tristan Tzara, Kurt Schwitters** sind keine geschlossene Gruppe. Hans Arp erinnert sich: „Wir wollten etwas machen. Etwas Neues, Nichtdagewesenes. Aber wir wussten nicht was!"
Die erste Phase des Dadaismus besteht in der Gründung der Kunstrichtung durch die Namensgebung, über die Hugo Ball Folgendes berichtet:

Dada heißt im Rumänischen Ja, Ja, im Französischen Hotto- und Steckenpferd. Für Deutsche ist es ein Signum alberner Naivität und zeugungsfroher Verbundenheit mit dem Kinderwagen.

In Zürich führen einige Dadaisten ein literarisches Kabarett, in dem das Publikum durch

„Experimente" unterhalten wird. Dann versucht man sich gegen andere Künstlergruppen abzugrenzen, wobei man der abstrakten, gegenstandslosen Kunst den Vorzug gibt.

Erst in einer dritten Phase entsteht das, was man in der Literaturgeschichte als Dadaismus bezeichnet. Grundprinzipien sind der Widerstand gegen traditionelle Bildungs- und Kunstideale und die Negation der bürgerlichen Gesellschaft, die für die Dadaisten eng mit Nationalismus, Patriotismus und Kriegsneigung verbunden ist. Im *Dadaistischen Manifest* ▶ Seite 59 kann man die Grundprinzipien der Strömung nachlesen.

Kunst wird zur Anti-Kunst: Provozierende, geplante und einkalkulierte Interaktionen mit dem Publikum finden statt, etwas, was man später „Happenings" nennt. Normen und Regeln werden nicht aufgestellt, nur Schock, Provokation, Spiel, Gelächter zählen. Man erfindet z. B. das *poème gymnastique*, die Dichterlesung mit Körperbewegung, im *poème simultan* mischen sich mehrere Stimmen mit Geräuschen.

Kurt Schwitters beeinflusst mit seinen Bild- und Textcollagen (z. B. *An Anna Blume*) die visuelle Poesie intensiv und wirkt auch auf Dichter der konkreten Poesie.

Konkrete Poesie

Die Autoren konkreter Poesie sind selbst auch Theoretiker ihrer Strömung. In Vorträgen, Manifesten und Essays beschäftigen sie sich mit ihren literarischen Versuchen, sie verteidigen ihre Art zu dichten, erklären sie, interpretieren sie, soweit das ihrer Ansicht nach überhaupt möglich ist. Sie geben Aufschluss über ihr Verhältnis zur Gesellschaft, wie sie die Funktion der Sprache sehen und wie sie Sprache und Gesellschaft verändern wollen.

Arno Holz ▶ Seite 265 deutet bereits 1898 an, dass in seiner Lyrik, wie dann auch in der konkreten Poesie, Sprache als Material und nicht als Mittel zur Kommunikation dient.

Wesentlich ist auch die Wechselbeziehung von Dichtung und Gesellschaft, die dauernden Veränderungen unterworfen ist, denn Kunst ist immer auch ein gesellschaftliches Phänomen.

Claus Bremer definiert konkrete Poesie so:

die konkrete dichtung liefert keine ergebnisse. sie liefert den prozess des findens.
die konkrete dichtung ist ihr material. ihr inhalt ist restlos form. ihre form ist restlos inhalt.
nicht tüte, nicht hülse.
die konkrete dichtung ist nicht monumental. nicht statisch. sie ist bewegung. ihre bewegung
endet im leser auf verschiedene weise.
die konkrete dichtung beweist ihre aussage durch anordnung des textes.
die konkrete dichtung ist fassbar. sie sagt nichts als was sie sagt.

Bei Bremer ist bereits ein Hinweis auf das visuelle Element gegeben, die Anordnung des Textes sorgt für seine Aussage.

Bei näherer Beschäftigung mit der konkreten Poesie stößt man immer wieder auch auf den Begriff „Experimentelle Literatur". Die Bezeichnung wird auf literarische Versuche angewandt, die die Sprache zum Material und Thema haben. So sieht **Siegfried J. Schmidt** „konkrete Poesie […] als das bislang extremste Experiment mit Sprache als Material".

Dieses „extremste Experiment" erstreckt sich vom Beginn der 50er-Jahre bis zum Ende der 60er-Jahre, also nur über eine relativ kurze Zeit. Dann ist diese Literatur etabliert, sie schockiert und irritiert kaum noch jemanden, erfüllt also auch ihre Funktion als gesellschaftsverändernde Dichtung nicht mehr, sie ist Geschichte geworden. Ein Sonderzweig dieser experimentellen Literatur ist die konkrete Poesie: Sie hat als einziges Thema die Sprache. Es geht nicht um literarische Abbildung der außersprachlichen Wirklichkeit, sondern um Repräsentation von Sprache und Sprachelementen (Wörter, Silben, Buchstaben).

Gemeinsam ist den Autoren konkreter Poesie der Versuch, aus vorgegebenen literarischen Dichtungsformen auszubrechen, Sprachhülsen und Schablonen gesellschaftlicher Sprachverwendung aufzubrechen. Der sprachspielerische Umgang mit ungewohnten Formen führt zu überraschenden Methoden der Textherstellung; die „Produkte" sind dem traditionellen Lesen und Verstehen fremd, sie widersetzen sich dem Umgang und der Interpretation, die der Leser bei traditioneller Lyrik gewohnt ist.

Der „Kommunikationsbruch" ist gewollt, er wird zum Mittel der Sprachkritik, die einem Zweifel am Vermögen der Sprache entspringt. Das ist nicht neu, sondern wird bereits Anfang des 20. Jahrhunderts von **Hugo von Hofmannsthal** geäußert. ▶ Seite 276

Merkmale konkreter Poesie

Merkmale der konkreten Poesie sind:

- Ablehnung der „traditionellen" Lyrik. Daraus resultiert eine Ablehnung von Subjektivität, Individualität, Ausdruck persönlichen Gefühls, von Textabschnitten, in denen Handlungen beschrieben werden.
- Daraus folgt die Forderung nach „Objektivierung", d. h. ein weitgehender Verzicht auf erzählende Satzverbindungen (= narrative syntaktische Verknüpfungen). Wichtig ist nur das sprachliche Material (Wörter, Silben, Buchstaben).
- Repräsentation von Wörtern, Silben und Buchstaben, wobei die Typografie wesentlich wird. Ein Text setzt sich aus Sprach- und Raumelementen zusammen, seine Aussage erhält er, wie Bremer in seiner Definition konkreter Poesie sagt, aus seiner Anordnung auf dem Papier.
- Die Sprache wird in ihre Elemente zerlegt, diese werden zu neuen Konstellationen (so der Titel von Eugen Gomringers erstem „konkreten" Buch) kombiniert.
- Konkrete Poesie ist international: Es spricht nichts gegen die Verwendung und Kombination von verschiedenen Sprachen im selben Text.

Die „Wiener Gruppe" ▶ Seite 511 ff.

In Österreich schließen sich Anfang der 50er-Jahre einige Dichter (**Gerhard Rühm, Konrad Bayer, H. C. Artmann, Friedrich Achleitner, Oswald Wiener**) zusammen. Ihre Intentionen sind hauptsächlich gesellschaftskritischer Natur: Sie wenden sich gegen versteinerte und verknöcherte kulturelle Verhältnisse, gegen den „Provinzialismus" in Österreich. Die Buchstäblichkeit der Alltagssprache, Floskeln, Phrasen und der Dialekt werden bei ihnen zum zentralen Thema. Die Mitglieder treffen sich zunächst im „Art-Club". Dieser Club ist gekennzeichnet von Misstrauen gegen die offizielle Kultur und Geschichtsschreibung. Ihr setzen diese Literaten einen radikalen Avantgardismus[2] entgegen, der in der Öffentlichkeit wenig Verständnis

Die Wiener Gruppe im Café Hawelka (v. l.): Oswald Wiener, Konrad Bayer, H. C. Artmann

und schon gar keine Anerkennung findet. Die Wiener Mentalität („das goldene Wiener Herz") reizt sie zu antibürgerlichem Verhalten. Diese Künstler sind eine Elite, sie sind gesellschaftlich isoliert, öffentliche Anerkennung bleibt ihnen versagt und so ist ihr Einfluss auf die Gesellschaft relativ gering.

---

[2] Avantgarde: Kunstrichtung, die für neue Ideen eintritt

Aus dieser lockeren Gruppe bildet sich die „Wiener Gruppe", die erstmals 1957 mit einer Lesung vor das Publikum tritt, die man später als Happening bezeichnet hätte. Dieser Lesung folgt eifrige Produktivität, die Ideen werden gemeinsam verwirklicht: Gedichte, Chansons, Kabaretts, Parodien, Texte nach mathematischen Mustern und Versuche in konkreter Poesie.

Dialektdichtung

Außerdem wird der Dialekt für die moderne Literatur entdeckt. **Friedrich Achleitner** schreibt:

ich […] versuchte mit dem „material" meiner mundart zu arbeiten, wobei mich hauptsächlich wiederholungsabläufe, die diesem dialekt besonders zu liegen scheinen, interessierten. es ist klar, daß jeder dialekt seine thematik provoziert. […] eine dichtung, die sich auf die spezifischen möglichkeiten der sprache beruft, hat es auch wieder möglich gemacht, den dialekt zu gewinnen.
5 sein besonderer reichtum an wörtern, die konkretes bezeichnen, seine vorliebe für die behauptung […], sein hang zur wiederholung ergeben eine vielfalt von gestaltungsmöglichkeiten.

Diese neue Dialektdichtung unterscheidet sich von der herkömmlichen Mundart- und Heimatdichtung (Lederhose, Dirndl, der tollpatschige Bauer, der listige Knecht …) durch eine deutliche Ablehnung von Idylle, Harmonisierung und einer bestimmten Art von Humor, die als „ländlich" gilt.

1964 erscheinen Texte von **Rühm** und **Bayer** in der Zeitschrift *Wort in der Zeit*. Sie lösen heftige Kritik bei konservativen Vertretern des österreichischen Literaturbetriebs aus. Zu dem Zeitpunkt, wo die „Wiener Gruppe" endlich Resonanz spürt, gibt es sie aber gar nicht mehr. Oswald Wiener hat sich längst von seinen „konkreten" Versuchen distanziert, **H. C. Artmann** hat die Gruppe bereits 1960 verlassen und **Konrad Bayer** begeht 1964 Selbstmord.

Gerhard Rühm sagt über die Rezeption der „Wiener Gruppe" in Wien:

wir fühlen uns hier abgeschnitten, auf verlorenem posten, von einigen wenigen abdrucken in zeitschriften und deutschen anthologien abgesehen, häufen sich unsere unpublizierten manuskripte in der schublade. wir haben hier keine chance. rundfunk, fernsehen, verlagswesen beherrscht ein arroganter provincialismus. „avantgardisten" sind von
5 vornherein suspekt, die sollen doch gleich ins ausland gehen, in österreich brauch ma des ned.

Gerhard Rühm (2000)

Zwei Spielformen der konkreten Poesie

• **Konstellationen**

Eugen Gomringer nennt seinen ersten Band, der 1953 erscheint, *konstellationen*. Ein Beispiel daraus:

Eugen Gomringer: *baum haus kind hund*

baum
baum kind
kind
kind hund
5 hund
hund haus
haus
haus baum
baum kind hund haus

- Lesen Sie das Gedicht! Welche Geschichten fallen Ihnen dazu ein? Wofür können die vier Begriffe stehen?
- Versuchen Sie zu erklären, was „Konstellationen" sind! Vergleichen Sie Ihre Erklärung mit der Gomringers!
- Formen Sie aus dem vorhandenen Material Ihre eigenen Konstellationen!

Eugen Gomringer: Definition „konstellation"

im gegensatz zum ideogramm ist die konstellation ein bewegliches gebilde. ihre elemente, ob buchstaben, silben oder ganze wörter, ja eventuell sätze, werden vom autor in mehreren kombinationsmöglichkeiten vorgestellt. kombination und permutation[3] sind die gebräuch-
5 lichen methoden der konkreten gedichttechnik. die konstellation fördert insofern auch die internationale kommunikation, als sich elemente verschiedener sprachlicher herkunft miteinander kombinieren lassen. wichtig ist ihre momentane präsenz. die konstellation wird auch als anreiz für ein konstellatives erleben der innen- und aussenwelt vorgeschlagen. sie versteht sich zudem auch als spiel. sie kann sowohl hörpoesie wie auch sehpoesie sein.

- Piktogramm

Eugen Gomringer: piktogramm

das hauptgewicht der konkreten poesie liegt, ihrer entstehung entsprechend, auf ihrem visuellen erscheinungsbild. [...]
es wird dabei so vorgegangen, dass entweder, ähnlich wie bei einem ideogramm[4], eine bestimmte bildliche vorstellung eines textes durch genaue strukturelle anordnung der schriftzei-
5 chen realisiert oder ein vorgegebener text, der vom autor nicht selbst verfasst zu werden braucht, durch eine abbildende figur eingegrenzt wird, was zum beispiel mittels einer schablone geschehen kann.

Ein breites Spektrum der verschiedenen Varianten konkreter Poesie findet sich im Werk **Ernst Jandls** (1925–2000) ▶ Seite 513 ff. Bekannt sind seine „Sprechgedichte", eine Mischung aus Wort- und Lautgedicht.

die zeit vergeht

lustig
luslustigtig
lusluslustigtigtig
luslusluslustigtigtigtig
5 lusluslusluslustigtigtigtigtig
luslusluslusluslustigtigtigtigtigtig
lusluslusluslusluslustigtigtigtigtigtigtig
luslusluslusluslusluslustigtigtigtigtigtigtigtig

---

[3] Permutation: Austausch, mögliche Anordnung von Teilen
[4] Ideogramm: Schriftzeichen, das einen Begriff darstellt

Das Jahrhundert der Aufklärung (18. Jahrhundert)

Periodisierung[1] und geistesgeschichtliche Grundlagen

Periodisierung

Die Periodisierung einer Epoche ist immer problematisch, da oft unterschiedliche literarische Strömungen parallel verlaufen. Besonders gilt diese Problematik für die Aufklärung, da es neben ihr ab circa 1750 Strömungen wie die **Empfindsamkeit**, das **Rokoko** und den **Sturm und Drang**[2] gibt, die aber nicht ausschließlich als Gegensatz zur Aufklärung zu sehen sind. So wird der Sturm und Drang einerseits als Weiterführung der Aufklärung verstanden, andererseits gibt es große Unterschiede in der Literaturauffassung.

Die Aufklärung ist eine gesamteuropäische Bewegung, die von Frankreich und England ausgeht, in Deutschland aber erst verspätet aufgenommen wird.

Trotz der verschiedenen Strömungen der deutschen Aufklärung gibt es gemeinsame Grundlagen wie zum Beispiel die Weltorientiertheit des aufklärerischen Menschen, der die Natur und die Geschichte mithilfe der Vernunft zu begreifen versucht.

Die Vernunft

Das zentrale Motiv **Vernunft** meint, dass das ganze menschliche Verhalten geplant und begründet sein soll und als Endzweck das vollkommene Glück der Menschen, das Wohl der Gesellschaft und des Staates garantieren wird. Die menschliche Vernunft könne durch logische Schlüsse (**rational**) und durch die Erfahrung der Sinne (**empirisch**) alle Probleme des Lebens lösen. Diese Einstellung erklärt auch den absoluten Glauben der Aufklärer an den Fortschritt.

Rationalismus, Empirismus

Die Vorbilder dieser Denkmethode kommen aus England (**Empirismus**) und Frankreich (**Rationalismus**); ihre wichtigsten Vertreter sind: **Francis Bacon** (1561–1626), **Thomas Hobbes** (1711–1776), **John Locke** (1632–1704), **David Hume** (1711–1776), **René Descartes** und **Voltaire**[3] (1694–1778). Der Empirismus sieht in der Beobachtung von Vorgängen und der Sinneswahrnehmung die Quelle der Erkenntnis. Der Rationalismus hält die menschliche Vernunft für maßgeblich für die Erkenntnis. **René Descartes** (1596–1650), der Begründer dieser Denkschule, meint radikal: „Ich denke, also bin ich." Er begreift den menschlichen Geist als einzige nicht zu bezweifelnde Wirklichkeit. Beide Bewegungen fördern das Entstehen der exakten Naturwissenschaften, deren Ergebnisse wiederum fruchtbringend auf die Aufklärung zurückwirken.

cogito ergo sum

- Würden Sie mit der Einstellung, dass das ganze menschliche Verhalten geplant und begründet sein soll, Ihr Leben gestalten wollen, oder würde Ihnen bei dieser Lebensweise etwas abgehen? Begründen Sie Ihre Meinung!

---

[1] Periodisierung: Einteilung in Zeitabschnitte
[2] Auch die Anfänge der Klassik und die Frühphase der Romantik fallen ins 18. Jh.
[3] eigentlich: François-Marie Arouet

Ich verabscheue das, was sie sagen aber ich würde mein Leben dafür geben, dass sie es sagen dürfen.

- Der Dichter **Friedrich Hölderlin** (1770–1843) schreibt in Bezug auf die Natur, die von der Aufklärung nur mehr als Objekt ihres Erkenntniswillens, also rational verstehbar, gesehen wird, von einer „entgötterten Natur". Was könnte er damit gemeint haben? Wie wirkt sich diese Einstellung der Aufklärung, nämlich die Natur beherrschen zu wollen, auf den Umgang mit der Natur heute (noch) aus?[4]
- In seiner Schrift *Beantwortung der Frage: Was ist Aufklärung?* (1784) formuliert der deutsche Philosoph **Immanuel Kant** (1724–1804) einen grundlegenden Gedanken der Aufklärung, das praktische Handeln. Lesen Sie den folgenden Textauszug!
- Was kann nach Kants Meinung der einzelne Mensch dazu beitragen, „aufgeklärt" zu sein, wo liegen Gründe, die das verhindern?

Immanuel Kant (1768)

Aufklärung ist der Ausgang des Menschen aus seiner selbst verschuldeten Unmündigkeit, Unmündigkeit ist das Unvermögen, sich
seines Verstandes ohne Leitung eines anderen zu bedienen. Selbst
verschuldet ist diese Unmündigkeit, wenn die Ursachen derselben
5   nicht am Mangel des Verstandes, sondern der Entschließung und
des Mutes liegt, sich seiner ohne Leitung eines anderen zu bedienen. [...] Sapere aude![5] Habe Mut, dich deines eigenen Verstandes
zu bedienen! ist also der Wahlspruch der Aufklärung.
Faulheit und Feigheit sind die Ursachen, warum ein so großer
10 Teil der Menschen, nachdem sie die Natur längst von fremder Leitung freigesprochen (naturaliter maiorennes[6]), dennoch gerne
zeitlebens unmündig bleiben; und warum es anderen so leicht wird,
sich zu deren Vormündern aufzuwerfen. Es ist bequem, unmündig zu sein.

Das vernünftige Denken und Verhalten soll die Ordnung und die Harmonie in der Gesellschaft garantieren. Damit ist ein moralisches und tugendhaftes Leben gemeint, zu dem in Appellen, das Gute und Ehrbare zu tun, immer wieder aufgerufen wird. Tugenden wie Pflichtbewusstsein, Fleiß, Wirtschaftlichkeit und ähnliche, die von den bürgerlichen Aufklärern propagiert werden, stehen in bewusstem Widerspruch zur Lebensweise des Adels, zum Müßiggang.

Bürger wollen politische Rechte

Die Aufklärung will, zumindest in der Theorie, das gottgewollte Feudal- und Ständesystem durch die Vernunft des Denkens ersetzen. Die politisch rechtlosen Bürger als die eigentlichen Träger der aufklärerischen Gedanken wollen die Vorherrschaft des Adels brechen. Sie fordern die Gleichheit der Menschen und Menschenrechte für alle.
In der Praxis sieht das so aus, dass die Schicht der Bürger, die Veränderungen möchte (meist Beamte, Gelehrte, Professoren, selbstständige Akademiker, Studenten und niederer Adel), oft von den Institutionen der Territorialstaaten beruflich und finanziell abhängig ist. Ziel der Aufklärung ist auch deshalb eine Reform der Gesellschaft, keine Revolution. Ohne die Obrigkeit sind Reformen nicht durchführbar, weswegen ein Kompromiss mit dem Absolutismus gesucht wird. **Christian Wolff** und **Johann Christoph Gottsched**, zwei renommierte Vertreter

---

[4] Lesetipp zum Problem „Technikgläubigkeit gegen Macht des Schicksals/Zufall": Max Frischs *Homo Faber*

[5] Sapere aude!, lat.: Wage, weise zu sein!

[6] naturaliter maiorennes, lat.: von Natur aus mündig

der rationalistischen Frühaufklärung, vertreten die Idee des **aufgeklärten Absolutismus**. Diesen würden die Untertanen als legitim anerkennen, wobei sich der absolutistische Staat im Gegenzug in einem streng geregelten Vertrag verpflichten soll, keine Willkür mehr walten zu lassen und alles zu tun, um eine Entwicklung des Gemeinwohls zum Guten und Nützlichen zu fördern.

Die bereits angesprochene Diesseitsbezogenheit und das rationale (naturwissenschaftliche) Denken bringen die Aufklärer zwangsläufig in Konflikt mit den Regeln der Amtskirche, da für die Aufklärer natürlich auch die Religion grundsätzlich kritisierbar ist. Die Meinungen zum Thema Religion bewegen sich zwischen den Polen totale Religionskritik und Unterordnung der Vernunft unter die Lehren der Bibel und der Amtskirche. Die deutsche Aufklärung versucht, ein ausgewogenes Verhältnis zwischen der Vernunft und den für wichtig gehaltenen Grundsätzen der Religion herzustellen.

Widersprüche und Gemeinsamkeiten

Der **Pietismus** (Ende des 17. Jh. entstanden) ist eine von der Aufklärung beeinflusste und gegen die lutherische Orthodoxie[7] gerichtete religiöse Bewegung. Seine Vertreter glauben an das persönliche Erleben der göttlichen Gnade; das Individuum benötige die Vermittlung der Kirche nicht. Die dem Pietismus eigene Betonung des Subjekts und des persönlichen Gefühls, die Selbstbeobachtung und -analyse beeinflussen in weiterer Folge unter anderem die Bewegung der Empfindsamkeit, Goethe und zum Teil die Romantiker.

Vorlesung aus Goethes Werther (Wilhelm Amberg; 19. Jh.)

Auch wichtige Vertreter der Aufklärung, wie zum Beispiel Lessing und Kant, erhalten vom pietistischen Gedankengut wichtige Impulse.

Die **Empfindsamkeit** entsteht in den 40er-Jahren und erreicht ihren Höhepunkt mit Goethes Briefroman *Die Leiden des jungen Werthers* (1774). Der Begriff „Empfindung" bedeutet im Sprachgebrauch der damaligen Zeit, dass die sinnliche Wahrnehmung als Grundlage für das vernünftige Erkennen dient. Die Empfindung existiert in den Herzen der Menschen und gehört zur Vernunft.

Seit dem Erscheinen des *Werther* häufen sich aber auch die Warnungen vor einer „rührseligen Weinerlichkeit", vor „Empfindelei" und „schwärmerischer Massenlektüre", was als Zeichen der Diskussion um die „wahre" und „falsche" Empfindsamkeit zu werten ist.

Die Empfindsamkeit ist von den Gedanken **Jean-Jacques Rousseaus** und der Literatur Englands (vor allem: **Laurence Sterne** und **Samuel Richardson**) beeinflusst, reagiert auf die

---

[7] Orthodoxie: Rechtgläubigkeit, Strenggläubigkeit

Überbetonung der ratio durch die Frühaufklärung und schafft sich einen seelischen Freiraum in einer Welt des ökonomischen Nutzdenkens. Diese literarische Bewegung vertritt die Ansicht, dass sich das individuelle Subjekt, von Verstand UND Gefühl bestimmt, durch eine „éducation sentimentale"[8] des Herzens bilden soll. Trotzdem ist sie wie die Aufklärung eine höchst moralische Bewegung, die sehr wohl zwischen guten und schlechten Gefühlen unterscheidet, wobei die guten Affekte zu Glückseligkeit und Harmonie und die schlechten – also Begierden jeglicher Art – ins Unglück führen.

Eigen ist der Empfindsamkeit, genauso wie dem Pietismus, die Tendenz zur Selbstreflexion, zur Sensibilität. Das erklärt auch, warum Gattungen wie der Brief, das Tagebuch und die Autobiografie bevorzugt werden. Die Literatur dieser Strömung will die Leserschaft rühren; sie hat Zärtlichkeit und Mitleid als Thema und will diese Emotionen wecken.

Literatur, Gesellschaft und Staat – In Zusammenhängen denken

Politik und Gesellschaft

Die politische Landkarte Deutschlands im 18. Jahrhundert präsentiert sich als Fleckerlteppich von circa 300 verschieden großen absolutistischen Territorialstaaten, die wichtige Rechte wie Gesetzgebung, Gerichtsbarkeit, Polizeiwesen oder Zensur selbst ausüben. Es gibt keinen einheitlichen Staat, der sich zum Beispiel in einem gemeinsamen Finanz- und Steuersystem oder in einer gemeinsamen Außenpolitik äußert. Auch eine einheitliche Verfassung existiert für diese deutschen Staaten nicht.

In der Gesellschaft hat der Adel die Führungspositionen inne, während das aufstrebende Bürgertum der Städte, zwar wichtig für Wirtschaft und Bildung, politisch völlig rechtlos ist und keine öffentliche Gewalt ausübt.

Das Bürgertum

Das Bürgertum ist nicht in sich geschlossen und homogen[9]. Beamte, Lehrer, Gelehrte, Kaufleute, Mediziner, Juristen und speziell Freiberufler bilden diese neue kulturtragende Schicht in Deutschland, die nicht in das aus dem Mittelalter stammende und seitdem nur wenig veränderte hierarchische Gesellschaftssystem eingeordnet werden kann. Diese anfangs noch kleinen, aber ständig größer werdenden Gruppen von Stadtbürgern werden von der Aufklärung angesprochen und tragen diese auch.

Die Bürger machen jedoch nur einen Teil der gesamten Stadtbevölkerung aus; insgesamt sind die deutschen Territorialstaaten noch zu 80 % Agrarland. Die Mitglieder der deutschen Unterschicht sind aber keinesfalls Teilnehmer oder gar Protagonisten der städtischen aufklärerischen Bewegung.

Die Literatur als Instrument der Aufklärung

Nutzen und Vergnügen

Die Literatur wird als Instrument eingesetzt, den bürgerlichen Leser aufzuklären und ihn, besonders in der Zeit der Frühaufklärung, zu erziehen. Die Stichworte Nutzen und Vergnügen[10]

---

[8] empfindsame Erziehung
[9] homogen: gleichartig zusammengesetzt
[10] lat.: prodesse et delectare

bezeichnen ganz allgemein die Methode, mit der die Ideen der Aufklärung vermittelt werden. Besonders die Frühaufklärung sieht im belehrenden Vergnügen und in einer Verbesserung der Moral den eigentlichen Zweck der Kunst.

Viele bekannte Dichter der Aufklärung schreiben Fabeln, die oft in „Moralischen Wochenschriften" abgedruckt werden und unterhalten und belehren sollen. Die Sprache der Fabel ist einfach und bilderreich, die handelnden Figuren, wie zum Beispiel der Löwe und der Fuchs, sind von der Tradition festgelegt und bekannt. Es muss nicht viel erklärt werden.

Johann Christoph Gottsched (1700–1766), die literarische Leitfigur der Frühaufklärung, beschreibt in einer seiner theoretischen Schriften sein Konzept literarischer Produktion:

Zu allererst wähle man sich einen lehrreichen moralischen Satz, der in dem ganzen Gedichte zu Grunde liegen soll, nach Beschaffenheit der Absichten, die man sich zu erlangen, vorgenommen. Hierzu ersinne man sich eine ganz allgemeine Begebenheit, worin eine Handlung vorkömmt, daran dieser erwählte Lehrsatz sehr augenscheinlich in die Sinne fällt.

- Fassen Sie zusammen, wie sich Gottsched das Schreiben von Literatur vorstellt!
- Wie frei ist bei dieser Art von Literaturproduktion der Autor in Bezug auf Thematik, Aussage oder Ausgestaltung des Textes?
- Wie, glauben Sie, sollte ein literarischer Text entstehen? Kann man überhaupt Regeln dafür entwickeln, oder sollte im Gegenteil vielleicht alles dem freien Spiel der Fantasie und Kreativität überlassen bleiben?

Kinder- und Jugendliteratur

Kinder- und Jugendliteratur als eigenständige Literatur entsteht im 18. Jahrhundert deshalb, weil man die Menschen (Kinder) erziehen möchte. Man versucht, um eine möglichst große Wirkung zu erzielen, sich auf das Denken und Fühlen der Kinder einzustellen. Ein Grundzug der Kinder- und Jugendliteratur dieser Zeit ist eine hysterische Sexualfeindlichkeit, die sich in zahlreichen Sittenbüchlein äußert, gepaart mit der Vermittlung eines Frauenbildes, das die Mädchen in die Rolle der Hausfrau und Mutter verweist. Eine eigene Mädchenliteratur führt als Abschreckung exemplarisch vor, was mit Mädchen passiert, die nicht dem Pfad der Tugend folgen.

Moralische Wochenschriften

Die „Moralischen Wochenschriften", die in der ersten Hälfte des 18. Jahrhunderts aufkommen [11] und auch gleich ihre Blütezeit erleben, entstehen nach englischen Vorbildern (zum Beispiel der *Spectator*). Das Ziel von Zeitschriften wie *Der Biedermann* oder *Die vernünftigen Tadlerinnen* ist es, die Ideen der Aufklärung zu verbreiten, zu informieren und die Tugend und Moral des Bürgertums zu stärken. Die Wochenschriften verwenden einfache literarische Formen wie Dialog, Brief oder Kurzerzählung. Sie haben meist einen Umfang von 8 Seiten, eine Auflage von 400 bis 4 000 Stück und eine durchschnittliche Lebensdauer von 3 Jahren. Gottsched, so wie die meisten bedeutenden Schriftsteller der Aufklärung ein Schreiber für die Moralischen Wochenschriften, steht hinter der fiktiven Verfasserfigur des *Biedermanns* [12] (1727–1729), der für die Tugend wirbt, den Adel kritisiert, die bürgerlichen Vorstellungen lobt und sich folgendermaßen vorstellt:

---

[11] Die erste deutsche Wochenschrift ist *Die Discourse der Mahlern* (1721–1723) der Schweizer **Johann Jakob Bodmer** und **Johann Jakob Breitinger**.

[12] Biedermann: redlicher Mensch

Ich wohne in keiner volckreichen Stadt, sondern auf dem Lande. Ein kleines Gut, welches sich mein Vater in Meißen angeschafft, ist mein ständiger Aufenthalt ... Ich halte mich vor einen glücklichen Unterthan in dem Reiche des großen Urhebers der gantzen Natur ... Überall, wo ich meine Augen hinwende, finde ich Gelegenheit, mein Gemüthe an der herrlichen Ordnung,

5   der ausbündigen Schönheit, und untadelichten Gerechtigkeit zu belustigen, die der Herr aller Dinge in seinem weisen Regimente blicken läßt. Ich habe es erkennen gelernt, daß er keinen einzgen von seinen Unterthanen hasse; daß er vielmehr alles und jedes glücklich zu machen, und zu größerer Vollkommenheit zu bringen suchet. Ich habe es gelernt, daß die scheinbare Unordnung in der Welt, in der That lauter Ordnung sey ... Ich habe es endlich begreifen ge-

10   lernt, daß nichts ungerechtes und unbilliges in demjenigen Regimente vorgehe, wo der wei- seste und gütigste Regent die Herrschaft führet. Aus allem diesem Erkenntnisse ist mir ein besonderes Vergnügen erwachsen.

- Wo und wie lebt der Biedermann? Welcher Schicht würden Sie ihn zuordnen, wie charakterisieren Sie ihn?
- Wie sieht er die Ständeordnung? Entspricht das unbedingt den Vorstellungen der Aufklärung?

Der literarische Markt

Lesesucht

In den Jahren 1730/40 zeichnet sich auf dem Buchmarkt ein grundlegender Strukturwandel ab. Das Lesebedürfnis wächst stark, Zeitgenossen sprechen sogar von „Lesesucht" und „Le- sewuth". Diese Aussagen darf man nicht missverstehen, da nach Berechnungen um 1770 erst 15 % und um 1800 25 % der Bevölkerung lesen können. Besonders die Angehörigen der Unterschichten lesen nicht bzw. wenig, da sie, von der Lese- fähigkeit einmal abgesehen, lange Arbeitszeiten haben bzw. die Lektüre einfach zu teuer ist.

Der Bücherfreund (F. G. Kersting; 1812)

Einige Zahlen zur Buchproduktion (Schätzungen):
- Buchproduktion im 18. Jh.:   175 000 Titel (im 17. Jh. unge- fähr die Hälfte)
- Titel der „schönen Literatur": 1740 – 5 % / 1800 – 21 %
- Bücher in lat. Sprache: 1740 – 27 % / Ende 18. Jh. – 13 %
- Theologische Titel: 1740 – 38 % / 1800 – 13 %

- Interpretieren Sie diese Zahlen, besonders die Relation Gesamtproduktion/literari- sche Titel und Bücher in lateinischer/Bücher in deutscher Sprache! Welche Tenden- zen können Sie feststellen?

Der Lesertyp verändert sich vom intensiven Leser, der wenige Bücher immer wieder liest, zum extensiven Leser, der viele Bücher liest, diese dafür aber zumeist nur einmal. Auch die Frauen werden als Lesepublikum interessant.

Lesegesellschaften und Leihbibliotheken

Um in den Genuss verbilligter Lektüre zu kommen, bilden sich zwischen 1760 und 1800 Lesegesellschaften, in denen Zeitschriften und Bücher kursieren. Ungefähr 430 Vereinigungen zählt man in diesem Zeitraum, viele davon verfolgen aufklärerische Ziele. Da die Beiträge relativ hoch sind, findet man vor allem den neuen Mittelstand, Beamte und Akademiker, als Mitglieder.

Im letzten Drittel des 18. Jahrhunderts entstehen die ersten kommerziellen Leihbibliotheken, die Personen aus dem Bürgertum und aus dem Adel zu ihren Kunden zählen. Weil die Leihbibliotheken gewinnorientiert arbeiten, bieten sie sehr viel Unterhaltungsliteratur an.

Verlags- und Buchwesen

Im Zusammenhang mit der Veränderung des Buchmarktes vollzieht sich eine Trennung von Verlagswesen und Buchhandel, die vorher eine Einheit darstellen. Bücher sind jetzt für die KäuferInnen in Buchhandlungen jederzeit verfügbar und zu kaufen. Das führt unter anderem dazu, dass sich ein ökonomisch interessanter Markt entwickelt, den viele Verleger dementsprechend bedienen wollen: Trifft man den Geschmack der KäuferInnen, kann man viel verdienen.

Der freie Schriftsteller

Die Situation des Autors, der zum freien Schriftsteller wird, ändert sich damit grundlegend: Er muss einerseits von seiner schriftstellerischen Arbeit leben, hat also ein unsicheres Einkommen, ist andererseits relativ unabhängig, da er keinen Gönner hat, auf den er Rücksicht nehmen muss. Faktum ist, dass die meisten bekannten Aufklärer nicht von ihrer Arbeit leben können und deshalb andere Berufe ausüben müssen. So ist Lessing unter anderem Sekretär und Bibliothekar, Wieland Hauslehrer, Professor der Philosophie und Prinzenerzieher in Weimar. Einer der wenigen, die einen Gönner besitzen, ist Klopstock, der Pensionen des dänischen Königs und des Markgrafen von Baden bezieht.

Wie die Zahl der Bücher steigt auch die der Schriftsteller. Dass es bereits viele gibt, die um des Geldes willen schreiben und sich nach dem Publikumsgeschmack richten, lehnt **Christoph Martin Wieland** (1733–1813) vehement ab:

Ja die meisten treibt der Hunger oder eine schändliche Gewinnsucht, und weil sie nichts nützliches gelernt haben, so sind sie Schriftsteller. So weit wird der Mißbrauch und die Usurpation[13] des Rechts zu schreiben getrieben, welches ein Vorrecht der grossen Geister sein sollte, welche die Natur dazu gerüstet hat, die moralische Welt zu erleuchten und die Orakel der Wahrheit zu seyn!

Das Einkommen der Autoren wird in Folge auch dadurch geschmälert, dass es in den deutschen Staaten kein Urheberrecht gibt; dieses wird erst 1835 gesetzlich geregelt. Ein Großteil des Wiener Druckgewerbes lebt von Raub- bzw. Nachdrucken, dokumentiert in der Wiener Zeitung von 1785, in der Johann Thomas von Trattner ein Nachdruckprogramm mit den bedeutendsten Werken der deutschen und europäischen Literatur veröffentlicht.

---

[13] Usurpation: gesetzwidrige Machtergreifung

- Warum sind „Raubdrucke" wesentlich billiger als Originalausgaben?
- Können Sie sich vorstellen, dass das Anfertigen von Kopien (z. B. von Computer-software bzw. das Downloaden von Musik …) für Sie unmoralisch ist? Führen Sie Gründe dafür und dagegen an!

Zensur und Selbstzensur

Die Freiheit des Schriftstellers hat dort ihre Grenzen, wo sich der Staat bedroht fühlt und mit Zensur reagiert. Die Zensur wird in den Territorien verschieden gehandhabt. Das heißt, dass zum Beispiel ein Werk in einem Fürstentum frei erscheinen kann, während es in einem anderen verboten ist.

Dass die Zensur auch vor berühmten Namen nicht Halt macht, zeigt die Auseinandersetzung zwischen Lessing und Pastor Goeze um die Möglichkeit, religionskritische Schriften zu publizieren. Der Herzog von Braunschweig, der Lessing ursprünglich von der Zensur ausgenommen hatte, nimmt dies auf Betreiben Goezes wieder zurück: Lessing darf keine religionskritischen Werke mehr veröffentlichen.

Eine weitere Folge der Zensur ist die Selbstzensur des Schriftstellers, der sein eigenes Schreiben „beschneidet", um ohne Behinderung durch die Behörden publizieren zu können.

Das Theater der Aufklärung

Weg von der Wanderbühne

Wanderschauspieler

Die Schauspieler des 17. und 18. Jahrhunderts sind Fahrende, die, sozial deklassiert und verachtet, sehr arm sind und um ihre Existenz kämpfen müssen. Sie ziehen von Ort zu Ort und spielen zumeist auf Marktplätzen, in Gemeindesälen und auf Jahrmärkten ihr Repertoire[14], sogenannte Haupt- und Staatsaktionen. Das Ziel ist, die Zuschauer, von denen man ja finanziell abhängig ist, zu unterhalten. Die Vorläufer der fahrenden Schauspieler sind die englischen Komödianten, die zum ersten Mal Ende des 16. Jahrhunderts nach Westeuropa kommen und „interpretierte" Stücke von **Christopher Marlowe** und **William Shakespeare** spielen.

Das Stuttgarter Hoftheater (Stich nach Philippe de la Guepière, 18. Jh.)

Die Wandertruppen agieren aus dem Stegreif, improvisieren den Handlungsablauf und bieten vor allem viel Aktion wie Fechtszenen, Tanzeinlagen, Luftsprünge oder Kunststücke. Die Sprache ist oft derb und obszön, die Figur des Clowns (Harlekin, Pickelhering, Hanswurst) unterbricht und kommentiert die dramatische Handlung. In der Regel wird jeden Abend ein neues Stück gespielt. Wenn das Repertoire erschöpft ist, wird weitergezogen.

Das Publikum dieser Aufführungen nimmt mit lautstarken Bemerkungen und Pfiffen aktiv an der Vorstellung teil, es wird während der Aufführungen gegessen und getrunken und auch Kinder und Hunde werden ins Theater mitgenommen.

---

[14] Repertoire: die Gesamtheit der einstudierten Stücke

Das Hoftheater

Daneben existiert in vielen größeren deutschen Fürstentümern ein Hoftheater, dessen Programm nicht im Einklang mit den Ideen der Aufklärung steht. Es ist für Adelige bestimmt und umfasst vor allem französische Stücke (z. B. von **Molière**) und italienische Prunkopern. Zweck des Hoftheaters ist es in erster Linie, die Hofgesellschaft zu unterhalten und zu repräsentieren. Bereits die Architektur, die Sitzordnung und die Pracht entsprechen diesen Intentionen.

Bürgerliches Stadttheater

Da das neue deutsche Theater wesentlich billiger ist als die Prunkbühne, kann es sich teilweise an den deutschen Höfen etablieren. Ja, es existiert vielmehr nur dort, da die bürgerlichen Stadtbühnen des 18. Jahrhunderts aus finanziellen Gründen meist sehr schnell scheitern. Bürgerliche Stadttheater gibt es erst ab dem 19. Jahrhundert. Das führt zu der absurden Situation, dass Stücke gegen den Absolutismus wie *Emilia Galotti* (1772) von Gotthold Ephraim Lessing und *Die Räuber* (1782) von Friedrich Schiller an Hoftheatern (Braunschweig und Mannheim) uraufgeführt werden. Tatsache ist aber trotzdem, dass die meisten Hoftheater staatskonform sind.

In Österreich ist Joseph II. ein Förderer der Aufklärung und des Theaters; 1776 wird das Theater an der Burg als Nationaltheater gegründet.

- Versuchen Sie Gründe dafür zu finden, warum alle (großen und kleinen) Bühnen nur mithilfe von massiven staatlichen Subventionen existieren können! Berücksichtigen Sie besonders die Situation der großen Wiener Bühnen (Burgtheater, Akademietheater ...)!
- Halten Sie es für gerechtfertigt und notwendig, dass derartig viel Geld für den Erhalt von Bühnen ausgegeben wird? Begründen Sie Ihre Meinung!

Gottsched und das Theater

Johann Christoph Gottsched (1700–1766) formuliert seine literarischen Theorien in *Versuch einer Critischen Dichtkunst vor* (= für) *die Deutschen* (1730). Er will das Theater für die erzieherischen Zwecke der Aufklärung benutzen, den bürgerlichen Emanzipationsprozess vorantreiben. Als seine Vorbilder nennt er die klassizistischen französischen Trauerspiele von **Pierre Corneille** und **Jean Baptiste Racine**.

Die drei Einheiten

Das Stück, das gespielt wird, soll wahrscheinlich sein, das heißt logisch und vernünftig nachvollziehbar. Gottsched legt deshalb großen Wert auf die strenge Einhaltung der drei Einheiten[15] des aristotelischen Theaters. Im Theaterstück sollen keine zeitlichen Sprünge, Nebenhandlungen und überraschenden Wendungen (Deus ex Machina[16]) vorkommen.

Titelblatt der ersten Ausgabe von 1730

---

[15] drei Einheiten: Ort: Es gibt keinen Schauplatzwechsel. – Zeit: Das Geschehen vollzieht sich an einem Tag. – Handlung: Es gibt nur eine Haupthandlung und keine Nebenhandlungen.

[16] Deus ex Machina, lat.: der Gott aus der Maschine; künstliche und nicht logisch nachvollziehbare Lösung eines dramatischen Problems durch z. B. eine Gottheit

Die Ständeklausel

Harte Kritik erntet Gottsched Jahre später nicht nur mit den in der Hochaufklärung als einengend empfundenen drei Einheiten des Dramas, sondern auch wegen seiner sogenannten Ständeklausel. Diese besagt, dass in Tragödien, Staatsromanen und Heldengedichten nur Adelige als Handelnde auftreten dürfen; in Komödien und Romanen sind Bürger und Bauern die Akteure.

- Warum wird Gottscheds Ständeklausel von den nachfolgenden Dichtern der Hochaufklärung wohl so heftig kritisiert worden sein?

Mimesis

Ein weiterer wichtiger Grundsatz der Gottsched'schen Literaturtheorie besagt, dass es (nach Aristoteles) Aufgabe der Dichtung sei, die Natur nachzuahmen (mimesis), was aber nicht heißt, dass nichts erfunden werden darf – nur „möglich" muss es sein. Die Regeln der Vernunft sind für Gottsched ident mit den Regeln der Natur.

Schauspieler und Publikum

Gottsched will die Schauspieler ausbilden und disziplinieren, ihnen das Textmemorieren, ordentliches Sprechen und Gehen und das Proben beibringen. Der Geruch des Unsozialen, der ihnen anhaftet, soll durch bürgerliches Verhalten, Sittlichkeit und Anstand vertrieben werden.

Auch das Publikum will erzogen sein: Es soll sich im Theater nicht unterhalten, plaudern oder randalieren, sondern sich belehren lassen und den moralischen Kern der Handlung erkennen, sich bessern.

Gottsched übersetzt und bearbeitet Stücke aus dem englischen und französischen Sprachraum. Sein *Sterbender Cato*, ein antifeudales Stück, ist großteils eine reine Übersetzung der Vorlagen von **Joseph Addison** und **François Deschamps**. Es ist das erfolgreichste Stück seiner Zeit, wird sehr oft aufgeführt und erlebt viele Auflagen.

Tatsache ist aber, dass – trotz der Bemühungen der Aufklärung – das Publikum Lustspiele bevorzugt: In der zweiten Hälfte des 18. Jahrhunderts werden fünfmal mehr Lust- als Trauerspiele gedruckt, das Belehrende des Trauerspiels wird zurückgedrängt.

Gotthold Ephraim Lessing

G. E. Lessing (1729–1781), der Vertreter der Hochaufklärung, ist der schärfste Kritiker Gottscheds: Er ist oft ungerecht und würdigt dessen Leistungen für die deutsche Literatur überhaupt nicht. Im *Briefwechsel mit Mendelssohn und Nicolai über das Trauerspiel* (1756/57) distanziert sich Lessing von den Theorien Gottscheds und dessen französischen Vorbildern. Sein Vorbild ist Shakespeare.

Lessing will unter anderem keine moralische Belehrung wie Gottsched, sondern meint, dass die Literatur Werte wie Mitleid und Menschlichkeit vermitteln solle. Besonders das Trauerspiel soll Gefühle erwecken, die Menschen sittlich läutern:

G. E. Lessing

Wie unendlich besser und sicherer sind die Wirkungen meines Mitleidens! Das Trauerspiel soll das Mitleiden nur überhaupt *üben* und nicht uns in diesem oder jenem Falle zum Mitleiden

bestimmen. Gesetzt auch, daß mich der Dichter gegen einen unwürdigen Gegenstand mitleidig macht, nämlich vermittelst falscher Vollkommenheiten, durch die er meine *Einsicht* ver-
5 führt, um mein Herz zu gewinnen. Daran ist nichts gelegen, wenn nur mein Mitleiden rege
wird, und sich gleichsam gewöhnt, immer leichter und leichter rege zu werden.

- Definieren Sie anhand dieses Textausschnittes, worum es Lessing geht!

Aus diesem Grund ist er auch gegen die gottschedsche Ständeklausel:

Die Namen von Fürsten und Helden können einem Stücke Pomp und Majestät geben; aber zur
Rührung tragen sie nichts bei. Das Unglück derjenigen, deren Umstände den unsrigen am nächsten
kommen, muss natürlicher Weise am tiefsten in unsere Seele dringen; und wenn wir mit Königen
Mitleiden haben, so haben wir es mit ihnen als mit Menschen, und nicht als mit Königen.

Ein neuer Menschentyp soll entstehen, der nicht nur moralisch agiert, sondern emotional
reagiert, gerührt wird, weint. Mitleid könne nach Lessing nur eine handelnde Person erregen,
die einen „mittleren (gemischten) Charakter" besitze, also weder extrem gut noch extrem böse
sei und am eigenen Unglück keine Schuld habe. Der Zuschauer müsse sich mit der dargestellten Person identifizieren können und das sei nur dann möglich, wenn er auf der Bühne ihm
ähnliche Gestalten sehe.
Das Bühnenstück *Nathan der Weise* (1779) zeigt Lessings ideales Humanitätskonzept, sein
„Glaubensbekenntnis", das auf den Grundpfeilern Toleranz, Selbstlosigkeit und Hilfsbereit-
schaft ruht:
Der Jude Nathan, der alle Religionen als gleichwertig ansieht, wird von Sultan Saladin gefragt, welche
von den drei großen Religionen er denn für die wahre halte. Nathan antwortet mit der Ringparabel, in
der ein Ring, der magische Kräfte[17] haben soll, und drei Brüder die Hauptrollen spielen. Der Ring wird
von Generation zu Generation vom Vater immer an den ihm liebsten Sohn weitergegeben. Der Vater
der obgenannten drei Söhne kann sich jedoch nicht entscheiden und gibt drei Ringe, einen richtigen und
zwei falsche, an seine Kinder weiter. Nach dem Tode des Vaters befragen die drei Söhne einen Richter,
welcher Ring nun der richtige sei. Der Richter antwortet ihnen:

2032 Hat von
Euch jeder seinen Ring von seinem Vater,
So glaube jeder sicher seinen Ring

2035 Den echten. – Möglich, daß der Vater nun
5 Die Tyrannei des einen Rings nicht länger
In seinem Hause dulden wollen! – Und gewiß,
Daß er euch alle drei geliebt, und gleich
Geliebt: indem er zwei nicht drücken mögen,

2040 Um einen zu begünstigen. – Wohlan!
10 Es eifre jeder seiner unbestochnen,
Von Vorurteilen freien Liebe nach!
Es strebe von euch jeder um die Wette,
Die Kraft des Steins in seinem Ring an Tag

---

[17] Er macht den Besitzer angeblich „vor Gott und Menschen angenehm […], wer in dieser Zuversicht ihn
trug".

2045 Zu legen! komme dieser Kraft mit Sanftmut,
15   Mit herzlicher Verträglichkeit, mit Wohltun,
      Mit innigster Ergebenheit in Gott
      Zu Hilf'! Und wenn sich dann der Steine Kräfte
      Bei euern Kindes-Kindeskindern äußern:

2050 So lad' ich über tausend tausend Jahre
20   Sie wiederum vor diesen Stuhl.

> • Was sagt das Gleichnis über die Zauberkraft der drei Ringe aus? Auf die drei großen Weltreligionen umgelegt: Welche ist nach dieser Parabel[18] nun die beste?

Mit Lessings Schriften wie *Briefe, die neueste Literatur betreffend* (1759), verfasst mit seinen Freunden Nicolai und Mendelssohn, und *Hamburgische Dramaturgie* (1767–69), einer Besprechung der Stücke, die während seiner Zeit am Hamburger Bürgertheater zur Aufführung gebracht werden, beginnt eine neue Periode der Literaturkritik. Besonders der Sturm und Drang orientiert sich an Lessing und verbindet seine Gedanken mit eigenen Ideen.

Dichter der Spätaufklärung

Die Spätaufklärung betont die eigenständig denkende Individualität und wendet sich gegen das rationalistische „cogito ergo sum"[19]. Leidenschaften und Gefühle sind erlaubt, die ersten Vorboten des Sturm und Drang zeigen sich. Trotzdem sind Vernunft und Rationalität weiterhin wichtig.

Die bekannten Dichter der Spätaufklärung wie **Georg Forster, Georg Christoph Lichtenberg, Friedrich Maximilian Klinger** und **Johann Gottfried Seume** haben keine gemeinsame Programmatik und sind auch nicht in Gruppen zusammengeschlossen. Selbst in Bezug auf die Französische Revolution nehmen sie gegensätzliche Positionen ein.

Gemeinsam ist ihnen aber ein universales Erkenntnisinteresse, das auch die Wissenschaft, Technik, Ökonomie oder Geografie umfasst. Deutlich sieht man das zum Beispiel an den Reisebeschreibungen der Spätaufklärung, die nicht nur über künstlerische Aspekte berichten, sondern auch über den technischen, ökonomischen oder verkehrsmäßigen Stand der bereisten Länder.

Johann Gottfried Seume (19. Jh.)

Von der Naturphilosophie und Naturpoesie des Sturm und Drang unterscheidet sich die Spätaufklärung durch die Rezeption eines empirischen Rationalismus (besonders Lichtenberg und Forster), der Vernunft und Erfahrung miteinander verbindet.

---

[18] Parabel: gleichnishafte Beispielgeschichte, die eine Lehre vermittelt
[19] „Ich denke, also bin ich." (René Descartes)

Das Jahrhundert der Aufklärung (18. Jahrhundert)

Geistesgeschichtliche Grundlagen, Ziele

Die Aufklärung ist eine **gesamteuropäische Bewegung**. Ihr **zentrales Motiv** ist die **Vernunft**, die durch logische Schlüsse (**rational**) und die Erfahrung der Sinne (**empirisch**) alle Probleme des Lebens lösen könne.

Vorbilder dieser Denkmethode sind Francis Bacon, Thomas Hobbes, John Locke, David Hume (**Empirismus**); René Descartes, Voltaire (**Rationalismus**). Der **Empirismus** sieht in der Beobachtung von Vorgängen und der Sinneswahrnehmung die Quelle der Erkenntnis. Der **Rationalismus** hält die menschliche Vernunft für maßgeblich für die Erkenntnis.

Die Aufklärung ist eine **politische Bewegung**, die den absolutistischen Staat abschaffen will. Die politisch rechtlosen **Bürger** – die Träger der aufklärerischen Gedanken – fordern die Gleichheit der Menschen und Menschenrechte für alle.

Weil diese Bürger (meist Beamte, Gelehrte, Professoren, Studenten, niederer Adel …) oft vom absolutistischen Staat beruflich abhängig sind, wollen sie eine **Reform** und **keine Revolution**.

Strömungen

- Der **Pietismus** entstand Ende des 17. Jahrhunderts. Seine Vertreter glauben daran, dass das Individuum die Vermittlung der Kirche beim persönlichen Erleben der göttlichen Gnade nicht benötige. Typisch ist die Betonung von Subjekt, persönlichem Gefühl, von Selbstbeobachtung und -analyse.
- Die **Empfindsamkeit** entsteht in den 40er-Jahren des 18. Jahrhunderts. Hierbei dient die sinnliche Wahrnehmung als Grundlage für das vernünftige Erkennen. Damit reagiert diese Strömung auf die Überbetonung der Vernunft (ratio) der Frühaufklärung. Einen **Höhepunkt der Empfindsamkeit** stellt Goethes Briefroman *Die Leiden des jungen Werthers* (1774) dar. Pietismus und Empfindsamkeit bevorzugen aufgrund ihrer Tendenz zu Selbstreflexion und Sensibilität Gattungen wie **Brief**, **Tagebuch** und **Autobiografie**.

Politik und Gesellschaft

Deutschland ist im 18. Jahrhundert in ca. 300 absolutistische **Territorialstaaten** zerfallen, in denen der **Adel** die Führungspositionen innehat. Die **Bürger** sind politisch völlig rechtlos, obwohl sie im Wesentlichen die Träger von Wirtschaft und Bildung sind und zu einem Teil auch die Ideen der Aufklärung tragen. Aber sie stellen nur einen geringen Teil der Gesamtbevölkerung dar, die zu einem Großteil von der Agrarwirtschaft lebt und an den städtischen aufklärerischen Bewegungen keinen Anteil hat.

Die Literatur als Instrument der Aufklärung

Der bürgerliche Leser soll durch die Literatur aufgeklärt und – besonders in der Frühaufklärung – auch erzogen werden (**„prodesse et delectare"**: Nutzen und Vergnügen). Besonders eignet sich dafür die **Fabel**.

Johann Christoph Gottsched geht bei seiner literarischen Produktion von einem „lehrreichen moralischen Satz" aus und erfindet „eine ganz allgemeine Begebenheit, worin eine Handlung vorkömmt, daran dieser erwählte Lehrsatz sehr augenscheinlich in die Sinne fällt."

Die **„Moralischen Wochenschriften"** (*Der Biedermann, Die vernünftigen Tadlerinnen*) wollen ebenfalls die Ideen der Aufklärung verbreiten und informieren. Sie verwenden einfache literarische Formen (Dialog, Brief, Kurzerzählung), haben meist einen Umfang von 8 Seiten und eine Auflage von 400 bis 4 000 Stück.

Der literarische Markt

Das **Lesebedürfnis** wächst in den Jahren 1730–40 zwar stark, es können aber nach Berechnungen 1770 erst ca. 15 % und 1800 ca. 25 % der Bevölkerung lesen. Der **Lesertyp** verändert sich vom intensiven Leser zum extensiven Leser, auch Frauen werden als Lesepublikum interessant. Um Geld zu sparen, entstehen **Lesegesellschaften** und **Leihbibliotheken**.

Am **Buchmarkt** vollzieht sich eine Trennung von Verlagswesen und Buchhandel. Der **freie Schriftsteller** muss von seiner schriftstellerischen Arbeit leben, was ihn zwar einerseits freier in seiner Arbeit macht, ihm aber nur ein unsicheres Einkommen beschert. Viele Schriftsteller müssen auch aus diesem Grund andere Berufe ausüben.

Das Theater der Aufklärung

Die **Schauspieler** des 17. und 18. Jahrhunderts sind sozial deklassiert und ziehen von Ort zu Ort (**Wanderbühne**). Sie agieren aus dem Stegreif und bieten dem Publikum viel Aktion. Die Sprache ist oft derb und obszön, jeden Abend wird ein anderes Stück gespielt, bis das Repertoire erschöpft ist. Das **Publikum** nimmt lautstark an den Aufführungen teil, es wird während der Vorstellungen gegessen und getrunken.

An vielen Höfen existieren **Hoftheater**, an denen vor allem französische Stücke und italienische Prunkopern gespielt werden. Aufklärerische Stücke werden kaum gespielt. **Bürgerliche Stadttheater** gibt es erst ab dem 19. Jahrhundert.

Gottsched und das Theater

Gottsched will das Theater für die erzieherischen Zwecke der Aufklärung nutzen. Das Stück, das gespielt wird, soll logisch und vernünftig nachvollziehbar sein.

Gottsched hält die **drei Einheiten des aristoteleschen Theaters** (Ort, Zeit, Handlung) streng ein. Seine **Ständeklausel** besagt, dass in Tragödien, Staatsromanen und Heldengedichten nur Adelige als Handelnde auftreten dürfen; in Komödien und Romanen sind Bürger und Bauern die Akteure.

Gottscheds Literaturtheorie besagt weiters, dass es Aufgabe der Dichtung sei, die Natur nachzuahmen (**mimesis**). Es darf zwar etwas erfunden werden, aber es muss „möglich" sein.

Gotthold Ephraim Lessing

Er ist ein Vertreter der Hochaufklärung und der schärfste Kritiker Gottscheds. Lessing will keine moralische Belehrung wie Gottsched. Literatur soll seiner Meinung nach Werte wie **Mitleid und Menschlichkeit** vermitteln und die Menschen sittlich läutern. Der neue Menschentyp soll emotional reagieren, weinen. **Mitleid** können aber nur handelnde Personen erregen, die einen „mittleren" (gemischten) Charakter haben, also weder extrem gut noch extrem böse sind und am eigenen Unglück keine Schuld haben. Der Zuschauer muss sich mit diesen Personen identifizieren können. Das sei nur möglich, wenn er auf der Bühne ihm ähnliche Gestalten sehe.

Dichter der Spätaufklärung

Sie betonen das eigenständige Denken und die Individualität. Leidenschaften und Gefühle sind erlaubt, trotzdem sind Vernunft und Rationalität weiter wichtig. **Bekannte Dichter** sind Georg Forster, Georg Christoph Lichtenberg, Friedrich Maximilian Klinger und Johann Gottfried Seume. Sie haben keine gemeinsame Programmatik, gemeinsam ist ihnen aber ein **universales Erkenntnisinteresse**, das auch Wissenschaft, Technik, Ökonomie oder Geografie umfasst, wie z. B. an den **Reisebeschreibungen** der Spätaufklärung ersichtlich wird.

Bürgerliches Trauerspiel

Gotthold Ephraim Lessing: *Emilia Galotti* (1772)

Schauplatz der Handlung ist Italien im 18. Jahrhundert. Der Prinz ist seiner Geliebten, der Gräfin Orsina, überdrüssig und hat sich in Emilia, die Tochter des Oberst Galotti, eines Bürgerlichen, verliebt. Emilia steht kurz vor ihrer Heirat mit dem Grafen Appiani, der durch die Heirat mit einer Bürgerlichen einen für einen Adeligen bedeutsamen und außergewöhnlichen Schritt tut.

Marinelli, der verbrecherische Ratgeber des Prinzen, will Emilia seinem Herrn „verschaffen", indem er Graf Appiani mit einem Auftrag wegschickt. Da dieser Emilia aber zuvor heiraten will, plant Marinelli, die Hochzeitskutsche überfallen zu lassen. Emilia ist in der Kirche, während ihre Eltern (Odoardo und Claudia) auf sie warten:

Odoardo: Warum soll der Graf hier dienen, wenn er dort selbst befehlen kann? – Dazu bedenkest du nicht, Claudia, daß durch unsere Tochter er es vollends mit dem Prinzen verderbt. Der Prinz haßt mich –

Claudia: Vielleicht weniger, als du besorgest.

5 **Odoardo:** Besorgest! Ich besorg auch so was!

Claudia: Denn hab ich dir schon gesagt, daß der Prinz unsere Tochter gesehen hat?

Odoardo: Der Prinz? Und wo das?

Claudia: In der letzten Vegghia[1], bei dem Kanzler Grimaldi, die er mit seiner Gegenwart beehrte. Er bezeigte sich gegen sie so gnädig –

10 **Odoardo:** So gnädig?

Claudia: Er unterhielt sich mit ihr so lange –

Odoardo: Unterhielt sich mit ihr?

Claudia: Schien von ihrer Munterkeit und ihrem Witze so bezaubert –

Odoardo: So bezaubert? –

15 **Claudia:** Hat von ihrer Schönheit mit so vielen Lobeserhebungen gesprochen –

Odoardo: Lobeserhebungen? Und das alles erzählst du mir in einem Tone der Entzückung? O Claudia! eitle, törichte Mutter!

Claudia: Wieso?

Odoardo: Nun gut, nun gut! Auch das ist so abgelaufen. – Ha! wenn ich mir einbilde – Das
20 gerade wäre der Ort, wo ich am tödlichsten zu verwunden bin! – Ein Wollüstling, der bewundert, begehrt. – Claudia! Claudia! der bloße Gedanke setzt mich in Wut. – Du hättest mir das sogleich sollen gemeldet haben. – Doch, ich möchte dir heute nicht gern etwas Unangenehmes sagen. Und ich würde (*indem sie ihn bei der Hand ergreift*), wenn ich länger bliebe. – Drum laß mich! laß mich! – Gott befohlen, Claudia! – Komm glücklich nach!

25 FÜNFTER AUFTRITT
Claudia Galotti: Welch ein Mann! – Oh, der rauhen Tugend! – wenn anders sie diesen Namen verdienet. – Alles scheint ihr verdächtig, alles strafbar! – Oder, wenn das die Menschen kennen heißt – wer sollte sich wünschen, sie zu kennen? – Wo bleibt aber auch Emilia? – Er ist des Vaters Feind: folglich – folglich, wenn er ein Auge für die Tochter hat, so ist es einzig,
30 um ihn zu beschimpfen? –

---

[1] Vegghia: Veranstaltung, Fest

- Wie werden Vater und Mutter charakterisiert?
- Halten Sie die Reaktion Odoardos für übertrieben?

Bei dem Überfall wird Graf Appiani getötet, Emilia und ihre Mutter werden auf das Lustschloss des Prinzen gebracht. Odoardo trifft dort auf die Gräfin Orsina, die, vom Prinzen abgelehnt, dessen Pläne durchschaut und Odoardo aufklärt, warum seine Tochter entführt worden ist. Sie gibt ihm einen Dolch, in der Hoffnung, er würde den Prinzen ermorden. Auf dem Schloss trifft Odoardo seine Tochter, die ihn bittet, sie zu töten, weil sie sich für verführbar hält:

Odoardo tötet seine Tochter
(Stich nach J. Buchner)

Ein Vater tötet seine Tochter

Emilia: Ehedem wohl gab es einen Vater, der seine Tochter von der Schande zu retten, ihr den ersten, besten Stahl in das Herz senkte – ihr zum zweiten Male das Leben gab. Aber alle solche Taten sind von ehedem! Solcher Väter gibt es keinen mehr!

5 *Odoardo:* Doch, meine Tochter, doch! – Gott, was hab ich getan?
Emilia: Eine Rose gebrochen, ehe der Sturm sie entblättert. – Lassen Sie mich sie küssen, diese väterliche Hand.

Odoardo erfüllt die Bitte seiner Tochter. Der entsetzte Prinz entlässt Marinelli.

- Schon zu seiner Entstehungszeit wurde das Drama ein „bürgerliches Trauerspiel" genannt. Wie erklären Sie sich die Bezeichnung?
- Warum, glauben Sie, muss das Opfer der Fürstenwillkür sterben und nicht der Fürst selbst? Was könnte Lessing damit bezweckt haben?
- Falls Sie das gesamte Drama kennen: Die Beziehungen zwischen einigen Personen könnte man „Liebe" nennen. Welche verschiedenen Spielarten von Liebe können Sie entdecken? Ist eine darunter, die Sie als Beziehung akzeptieren könnten?
- Betrachten Sie die Tochter und die Mutter! Welche Stellung haben sie? Wie sieht der Vater sie? Behalten Sie Ihre Eindrücke im Hinblick auf die folgenden Stücke im Auge!
- Wie empfinden Sie das Ende des Dramas? Können Sie Odoardos Handlungsweise verstehen?
- Stellen Sie sich Folgendes vor: Odoardo kommt vor Gericht. Sie müssen als seine/ sein VerteidigerIn das Plädoyer halten. Welche Milderungsgründe könnten Sie anführen? Wie könnten Sie sein Verhalten entschuldigen? Schreiben Sie Ihre Gedanken nieder!
- Könnten Sie sich vorstellen, dass heute ein Vater seine Tochter tötet, um sie vor gesellschaftlicher Schande zu bewahren? Denken Sie an andere Länder bzw. Religionen!

Ein grundsätzlich nicht schlechter Herrscher wird von seinem charakterlosen Ratgeber daran gehindert, im bürgerlichen Sinne moralisch zu handeln. Zu Beginn des Dramas hat der Prinz seine Lebensweise satt, die Gräfin Orsina, die das „Höfische" repräsentiert, die politischen Geschäfte. Auf all das soll ein „besserer" Zustand folgen: seine Liebe zu Emilia. Als er merkt, dass es hierfür zu spät ist, überlässt er die Initiative wieder Marinelli; damit siegen die höfischen Praktiken über bürgerlich-moralische „Seitenblicke". Marinelli, ein Bürger, der in höhere Kreise aufgestiegen ist, dort aber nie akzeptiert wurde, sieht seine Chance, den Prinzen in die Hand zu bekommen. Er ist es auch, der letztlich für den Konflikt zwischen persönlicher Leidenschaft und objektivem Staatsinteresse büßen muss.

Odoardo ist auch ein absoluter Herrscher, allerdings nur in der Familie. Seine starre Haltung (Stadt- und Weltflucht) ist nicht geeignet, soziale Veränderungen zu bewirken. Sie ist antihöfisch und großbürgerlich. Odoardo ist Untertan mit vollem Bewusstsein, Selbstbewusstsein und Stolz.

Seine Frau ist von der aristokratischen Schicht beeindruckt, sie fühlt sich geschmeichelt vom Interesse des Prinzen für ihre Tochter, bis sie die tragischen Konsequenzen begreift. Sie ist mitschuldig am Unglück Emilias.

Emilia ist die gehorsame Tochter, sie unterwirft sich leicht und freiwillig den bürgerlichen Erwartungen. Erst am Ende, als sie ihren Tod verlangt, findet sie zu sich selbst, entscheidet über sich selbst. Allerdings bedeutet diese Entscheidung wiederum Flucht vor Gefühlen und deren Konsequenzen.

Friedrich Schiller: *Kabale[2] und Liebe* (1784)

Schauplatz ist Deutschland im 18. Jahrhundert. Ferdinand, Major und Sohn des Präsidenten, und Luise, die Tochter des Stadtmusikanten Miller, lieben sich. Luises Vater hält eine Ehe zwischen einem Adeligen und einem Bürgermädchen für ausgeschlossen.

Stich von D. Chodowiecki

Wurm[3], der verbrecherische Sekretär des Präsidenten, berichtet diesem von der Liaison. Um sich dem Herzog zu verpflichten, will der Präsident Ferdinand mit der Mätresse des Herzogs, Lady Milford, verheiraten und lässt das Gerücht verbreiten, die Hochzeit stünde kurz bevor. Ferdinand weigert sich. Als Ferdinand die „offizielle" Geliebte des Herzogs kennenlernt, merkt er, dass sie eine unglückliche Frau ist, die sich mit dem Herzog arrangiert und viel für das Land getan hat, indem sie oft Gnade für Verurteilte erwirkt hat. Sie liebt Ferdinand und ist entschlossen, um ihn zu kämpfen. In einer kleinen Szene (der Kammerdiener ist erbittert über den Verkauf von Soldaten nach Amerika) erfährt man etwas über Lady Milfords Charakter:

Ein alter Kammerdiener des Fürsten, der ein Schmuckkästchen trägt. Die Vorigen.

Kammerdiener: Seine Durchlaucht der Herzog empfehlen sich Mylady zu Gnaden und schicken Ihnen diese Brillanten zur Hochzeit. Sie kommen soeben erst aus Venedig.

Lady *(hat das Kästchen geöffnet und fährt erschrocken zurück)*: Mensch! Was bezahlt dein
5 Herzog für diese Steine?

Kammerdiener *(mit finsterm Gesicht)*: Sie kosten ihn keinen Heller.

Lady: Was? Bist du rasend? Nichts? – und *(indem sie einen Schritt von ihm wegtritt)* du wirfst mir ja einen Blick zu, als wenn du mich durchbohren wolltest – Nichts kosten ihn diese unermeßlich kostbaren Steine?
10 **Kammerdiener:** Gestern sind siebentausend Landkinder nach Amerika fort – Die zahlen alles.

---

2 Kabale: Intrige
3 Wurm: eine Parallelfigur zu Marinelli

Lady *(setzt den Schmuck plötzlich nieder und geht rasch durch den Saal, nach einer Pause zum Kammerdiener):* Mann, was ist dir? Ich glaube, du weinst?

Kammerdiener *(wischt sich die Augen, mit schrecklicher Stimme, alle Glieder zitternd):*
15 Edelsteine wie diese da – Ich hab auch ein paar Söhne drunter.

Lady *(wendet sich bebend weg, seine Hand fassend):* Doch keine Gezwungenen?

Kammerdiener *(lacht fürchterlich):* O Gott – Nein – lauter Freiwillige. Es traten wohl so etliche vorlaute Bursch' vor die Front heraus und fragten den Obersten, wie teuer der Fürst das Joch Menschen verkaufe? – aber unser gnädigster Landesherr ließ alle Regimenter auf
20 dem Paradeplatz aufmarschieren und die Maulaffen niederschießen. Wir hörten die Büchsen knallen, sahen ihr Gehirn auf das Pflaster spritzen und die ganze Armee schrie: Juchhe nach Amerika! –

Lady *(fällt mit Entsetzen in den Sofa):* Gott! Gott! – Und ich hörte nichts? Und ich merkte nichts? [...]

25 **Lady** *(steht auf, heftig bewegt):* Weg mit diesen Steinen – sie blitzen Höllenflammen in mein Herz. *(Sanfter zum Kammerdiener.)* Mäßige dich, armer alter Mann. Sie werden wiederkommen. Sie werden ihr Vaterland wiedersehen.

Kammerdiener *(warm und voll):* Das weiß der Himmel! Das werden sie! – Noch am Stadttor drehten sie sich um und schrien: „Gott mit euch, Weib und Kinder – Es leb' unser Landesvater
30 – am Jüngsten Gericht sind wir wieder da!"

Der Präsident will Ferdinand zur Hochzeit zwingen, indem er Miller ins Gefängnis werfen und Luise und ihre Mutter an den Pranger stellen lassen will. Als Ferdinand droht, publik zu machen, wie sein Vater zu seinem Amt gekommen ist, muss dieser zu einer anderen Intrige greifen. Wurm erpresst von Luise einen Liebesbrief an den Hofmarschall. Luise schreibt ihn, weil sie glaubt, ihrem Vater, den der Präsident hat einkerkern lassen, dadurch helfen zu können. Der Brief wird Ferdinand in die Hände gespielt, der glaubt, durch die vermeintliche Untreue Luises das Recht zu haben, sie zu töten.

Nachdem Lady Milford Luise kennengelernt hat, beschließt sie, auf Ferdinand zu verzichten. Vater Miller hindert die verzweifelte Luise am Selbstmord. Ferdinand aber vergiftet sie und sich selbst. Im Sterben gesteht Luise die ganze Wahrheit. Ferdinand beschuldigt nun seinen Vater des Mordes:

Ferdinand: In wenig Worten, Vater – sie fangen an, mir kostbar zu werden – Ich bin bübisch um mein Leben bestohlen, bestohlen durch Sie. Wie ich mit Gott stehe, zittre ich – doch ein Bösewicht bin ich niemals gewesen.

Der Präsident bei der Verhaftung von Luises Eltern (Stich von D. Chodowiecki)

5 Mein ewiges Los falle, wie es will – auf Sie fall' es nicht – Aber ich hab einen Mord begangen, *(mit furchtbar erhobener Stimme)* einen Mord, den du mir nicht zumuten wirst, allein vor den Richter der Welt hinzuschleppen; feierlich wälz ich dir hier die größte gräßlichste Hälfte zu; wie du damit zurechtkommen magst, siehe du selber. *(Zu Luisen ihn hinführend.)* Hier, Barbar! weide dich an der entsetzlichen Frucht deines Witzes: Auf dieses Gesicht ist mit
10 Verzerrungen dein Name geschrieben, und die Würgengel werden ihn lesen – Eine Gestalt wie diese ziehe den Vorhang von deinem Bette, wenn du schläfst, und gebe dir ihre eiskalte Hand – Eine Gestalt wie diese stehe vor deiner Seele, wenn du stirbst, und dränge dein

letztes Gebet weg. – Eine Gestalt wie diese stehe auf deinem Grabe, wenn du auferstehst – und neben Gott, wenn er dich richtet.

15 *(Er wird ohnmächtig, Bediente halten ihn.)*

Der Präsident lässt Wurm, der mit Enthüllungen droht, verhaften und überantwortet sich selbst dem Gericht.

- Charakterisieren Sie Ferdinand! Können Sie verstehen, warum er Luise ermordet?
- Welche Rolle spielt der Standesunterschied in diesem Drama? Ist er die alleinige Quelle der „Tragik"?

Kritik am Absolutismus

In *Kabale und Liebe* dominiert das Thema einer „unbedingten" Liebe den eigentlichen Ständekonflikt und die Kritik am absoluten Herrscher. Dass das Stück auch gegen Despotismus gerichtet ist, erkennt man an der kurzen Szene mit dem Kammerdiener. Ein zweites Thema ist die schroffe Trennung zwischen den Ständen, die eine Ehe zwischen einem Aristokraten und einer Bürgerlichen unmöglich macht.

Die höfische Welt wird – abgesehen von Lady Milford – negativ gezeichnet, sie verkörpert die Kabale. Das Bürgertum ist verführbar, erpressbar und passiv. Es macht gar nicht den Versuch, aus dieser Misere auszubrechen. Luise ist der Vater wichtiger als ihre individuellen Gefühle. Ferdinand tut zwar den Schritt in Richtung Bürgertum, fühlt individuell, ist auch bereit, gegen seinen Vater vorzugehen, aber in seiner Liebe ist er sich zu wenig sicher. Er ist misstrauisch und geht in seiner Eifersucht so weit, Luise zu töten. In seinem Verhältnis zu ihr ist er letztlich genauso autoritär wie sein Vater.

Obwohl Ferdinand und Luise mit ihrer Liebe ebenso scheitern wie der Prinz und Emilia – die Revolte der Jugend kann nicht gelingen –, ist das Ende dieses Stücks für das Bürgertum doch politisch hoffnungsvoller als das von *Emilia Galotti*: Der Präsident muss sich der bürgerlichen Ideologie beugen, er stellt sich der Justiz, auch er gehorcht dem System.

Friedrich Hebbel: *Maria Magdalene* (1846)

Das Bürgermädchen Klara hat sich aus Schmerz über den (vermeintlichen) Verlust ihres Jugendgefährten, des Sekretärs, dem ungeliebten Verlobten Leonhard hingegeben. Der verlässt sie aus kalter Berechnung, als er erfährt, dass Klaras Vater, Meister Anton, die Mitgift verschenkt hat.

Als Klaras Bruder Karl des Diebstahls angeklagt und von den Gerichtsdienern abgeholt wird, stirbt die Mutter. Meister Anton wendet sich an Klara, wenigstens sie solle auf dem rechten Weg bleiben:

Klara *(faßt seine Hand)*: Vater, Er sollte sich eine halbe Stunde niederlegen!
Meister Anton: Um zu träumen, daß du in die Wochen gekommen seist? Um dann aufzufahren und dich zu packen,
5 und mich hinterdrein zu besinnen und zu sprechen: Liebe Tochter, ich wußte nicht, was ich tat! Ich danke. Mein Schlag

Friedrich Hebbel (um 1860)

hat den Gaukler verabschiedet und einen Propheten in Dienst genommen, der zeigt mir mit seinem Blutfinger häßliche Dinge, und ich weiß nicht, wie's kommt, alles scheint mir jetzt möglich. […]

10 *Klara:* Werd' Er doch wieder ruhig!

Meister Anton: Werd' Er doch wieder gesund! Warum ist Er krank! Ja, Arzt, reich mir nur den Trank der Genesung! Dein Bruder ist der schlechteste Sohn, werde du die beste Tochter! Wie ein nichtswürdiger Bankerottierer steh ich vor dem Angesicht der Welt, einen braven Mann, der in die Stelle dieses Invaliden treten könne, war ich ihr schuldig, mit einem Schelm hab ich

15 sie betrogen. Werde du ein Weib, wie deine Mutter war, dann wird man sprechen: an den Eltern hat's nicht gelegen, daß der Bube abseits ging, denn die Tochter wandelt den rechten Weg und ist allen andern voraus. *(Mit schrecklicher Kälte.)* Und ich will das Meinige dazu tun, ich will dir die Sache leichter machen als den übrigen. In dem Augenblick, wo ich bemerke, daß man auch auf dich mit Fingern zeigt, werd ich – *(mit einer Bewegung an den*

20 *Hals)* mich rasieren, und dann, das schwör ich dir zu, rasier ich den ganzen Kerl weg, du kannst sagen, es sei aus Schreck geschehen, weil auf der Straße ein Pferd durchging, oder weil die Katze auf dem Boden einen Stuhl umwarf, oder weil mir eine Maus an den Beinen hinauflief. Wer mich kennt, wird freilich den Kopf dazu schütteln, denn ich bin nicht sonderlich schreckhaft, aber was tut's? Ich kann's in einer Welt nicht aushalten, wo die Leute

25 mitleidig sein müßten, wenn sie nicht vor mir ausspucken sollen.

> • Beschreiben Sie das Verhalten Meister Antons Klara gegenüber! Womit setzt er sie unter Druck?

Die Angst, durch ihre „Schande" (= Schwangerschaft) den leidgeprüften Vater zu töten, treibt Klara schließlich in den Tod.
Meister Antons unbeugsame Haltung illustriert der Schluss des Dramas:

Karl (kommt zurück): Klara! Tot! Der Kopf gräßlich am Brunnenrand zerschmettert, als sie – Vater sie ist nicht hinein*gestürzt,* sie ist hinein*gesprungen,* eine Magd hat's gesehen!

Meister Anton: Die soll sich's überlegen, eh sie spricht. Es ist nicht hell genug, daß sie das mit Bestimmtheit hat unterscheiden können!

5 *Sekretär:* Zweifelt Er? Er möchte wohl, aber Er kann nicht! Denk Er nur an das, was Er ihr gesagt hat! Er hat sie auf den Weg des Todes hinaus gewiesen, ich, ich bin schuld, daß sie nicht wieder umgekehrt ist. Er dachte, als Er ihren Jammer ahnte, an die Zungen, die hinter Ihm herzischeln würden, aber nicht an die *Nichtswürdigkeit der Schlangen,* denen sie angehören, da sprach Er ein Wort aus, das sie zur Verzweiflung trieb; ich, statt sie, als ihr Herz

10 in namenloser Angst vor mir aufsprang, in meine Arme zu schließen, dachte an den Buben, der dazu ein Gesicht ziehen könnte, und – nun, ich bezahl's mit dem Leben, daß ich mich von einem, der *schlechter* war als ich, so *abhängig* machte, und auch Er, so eisern Er dasteht, auch Er wird noch einmal sprechen: Tochter, ich wollte doch, du hättest mir das Kopfschütteln und Achselzucken der Pharisäer um mich her nicht erspart, es beugt mich doch tiefer, daß du nun

15 nicht an meinem Sterbebett sitzen und mir den Angstschweiß abtrocknen kannst!

Meister Anton: Sie hat mir nichts erspart – man hat's gesehen!

Sekretär: Sie hat getan, was sie konnte – Er war's nicht wert, daß ihre Tat gelang!

Meister Anton: Oder sie nicht! *(Tumult draußen.)*

Karl: Sie kommen mit ihr – *(Will ab.)*

20   **Meister Anton** *(fest, wie bis zu Ende, ruft ihm nach)*: In die Hinterstube, wo die Mutter stand!
Sekretär: Ihr entgegen! *(Will aufstehen, fällt aber zurück.)* Oh! Karl!
Karl *(hilft ihm auf und führt ihn ab).*
Meister Anton: Ich verstehe die Welt nicht mehr! *(Er bleibt sinnend stehen.)*

- Warum hängt Klara so an ihrem Vater? Können Sie sich das Abhängigkeitsverhältnis erklären?
- Wie löst Klara den Konflikt mit ihrem Vater?
- Falls Sie das ganze Drama kennen: Wer ist schuld an Klaras Tod? Überprüfen Sie die einzelnen Personen! Wie verhalten sie sich Klara gegenüber?
- Erscheint Ihnen Klaras Selbstmord verständlich?
- Vergleichen Sie die Töchter und Väter in den Ihnen bis jetzt bekannten bürgerlichen Trauerspielen!
- Was hat sich im Laufe der Zeit geändert, was ist gleich geblieben?

Das „bürgerliche Trauerspiel" in seiner letzten Konsequenz

In der Geschichte des bürgerlichen Trauerspiels bedeutet *Maria Magdalene* einen Endpunkt. Die Gattung, die einst als Emanzipationsinstrument gegen den Adel gedacht war, richtet sich nun gegen das Bürgertum selbst. Die bürgerliche Moral wird zum Mittel der Disziplinierung, die eine Entfaltung des Einzelnen verhindert, ihm jede Entscheidungsfreiheit nimmt und ihn – im Falle Klaras – in den Tod treibt.

Bei Meister Anton wird die kleinbürgerliche Moral zum absoluten Maßstab. Diese Art zu denken und zu fühlen verhindert, dass er seinen Erwartungshorizont erweitern kann. Klara könnte sich andere Wertmaßstäbe vorstellen, aber sie fühlt sich in erster Linie als Tochter eines ausgesprochen patriarchalischen Vaters; ihr Selbstmord erhält die Ehre ihres Vaters.

Ein Wandel im Denken des Bürgers tritt auf einer anderen Ebene ein: Während für Meister Anton Arbeit Lebensinhalt ist, orientiert sich Leonhard am Interesse des Einzelnen, in seinem Fall an seinem eigenen Vorteil. Für Karl bedeutet Arbeit nur, Geld zu verdienen. In der alten Generation und der jungen stehen sich zwei Wertbegriffe gegenüber: Ehrbarkeit und Ehrlichkeit gegen Leistung und Profit für den Einzelnen. Karl und Leonhard sind Vertreter eines neuzeitlich-liberalistischen Bürgertums. Sie sind nur wenig sympathisch gezeichnet, ein weiterer Aspekt, der Hebbels Stück so kalt und unmenschlich und ohne jede Hoffnung wirken lässt.

Die bürgerliche, inhumane Moral Meister Antons wird kritisiert – die bürgerliche Welt wird nicht mehr als positiv hingestellt –, doch man fühlt, dass Hebbel ihm dennoch auch recht gibt. Zu überlegen ist, ob Meister Antons Verhalten nur eine Folge der gesellschaftlichen Umstände ist oder ob es nicht doch in seinem Charakter angelegt ist. Er bleibt bis zum Ende grausam, kalt und unbeugsam, seine letzten Worte: „Ich verstehe die Welt nicht mehr!", geben keine eindeutige Antwort.

Arthur Schnitzler: *Liebelei* (1895)

Fritz, ein Student und Reserveoffizier, hat ein Verhältnis mit einer verheirateten Frau und befürchtet, dass ihr Mann etwas ahnt. Theodor, sein Freund, schlägt ihm als Alternative ein „süßes Mädel" vor. Denn: „Erholen! Das ist der tiefere Sinn. Zum Erholen sind sie da."

Theodor hat zwei Mädchen eingeladen, um den Freund von seinen Pro-
blemen abzulenken. Für Fritz ist Christine eine Abwechslung, bestenfalls
Liebelei, er ist für sie die große Liebe. Noch während des Essens kommt der
betrogene Ehemann und fordert Fritz zum Duell.
Fritz fällt in diesem Duell. Als Christine von seinem Tod erfährt, ist er
schon begraben. Sie durfte nicht einmal an seinem Begräbnis teilnehmen.

Fritz und Christine
(Alain Delon und Romy
Schneider) in der Verfil-
mung von 1958

Theodor *bewegt*: Er hat Sie gewiß lieb gehabt.

Christine: Lieb! – Er? – Ich bin ihm nichts gewesen als ein Zeitvertreib – und für eine andere ist er gestorben –! Und ich – hab ihn
angebetet! – Hat er denn das nicht gewußt? ... Daß ich ihm alles

5 gegeben hab, was ich ihm hab geben können, daß ich für ihn
gestorben wär – daß er mein Herrgott gewesen ist und meine
Seligkeit – hat er das gar nicht bemerkt? Er hat von mir fortgehen
können, mit einem Lächeln, fortgehen aus diesem Zimmer und
sich für eine andere niederschießen lassen ... Vater, Vater – ver-

10 stehst du das? […]

Christine *mit dem höchsten Ausdruck des Entsetzens*: Begraben ... Und ich hab's nicht gewußt? Erschossen haben sie ihn ... und in den Sarg haben sie ihn gelegt und hinausgetragen
haben sie ihn und in die Erde haben sie ihn eingegraben – und ich hab ihn nicht noch einmal
sehen dürfen? – Zwei Tage lang ist er tot – und Sie sind nicht gekommen und haben's mir

15 gesagt –? […]

Theodor: Auch hat das ... es hat in aller Stille stattgefunden ...
Nur die allernächsten Verwandten und Freunde ...

Christine: Nur die nächsten –! Und ich –? ... Was bin denn ich? ...

Mizi: Das hätten die dort auch gefragt.

20 **Christine:** Was bin denn –? Weniger als alle andern –? Weniger als seine Verwandten, weniger als ... Sie?

Weiring: Mein Kind, mein Kind. Zu mir komm, zu mir ... *Er umfängt sie. Zu Theodor:* Gehen
Sie ... lassen Sie mich mit ihr allein!

Theodor: Ich bin sehr ... *mit Tränen in der Stimme*: Ich hab' das nicht geahnt ...

25 **Christine:** Was nicht geahnt? – Daß ich ihn g e l i e b t habe? – *Weiring zieht sie an sich,*
Theodor sieht vor sich hin, Mizi steht bei Christine.

Christine *sich von Weiring losmachend*: Führen Sie mich zu seinem Grab!

Weiring: Nein, nein –

Mizi: Geh nicht hin, Christin' –

30 **Theodor:** Christine ... später ... morgen ... bis Sie ruhiger geworden sind –

Christine: Morgen? – Wenn ich ruhiger sein werde?! – Und in einem Monat ganz getröstet,
wie? – Und in einem halben Jahr kann ich wieder lachen, was? – *Auflachend:* Und wann
kommt der nächste Liebhaber? ...

Weiring: Christin' ...

35 **Christine:** Bleiben Sie nur ... ich find' den Weg auch allein ...

Weiring und Mizi: Geh nicht.

Christine: Es ist sogar besser ... wenn ich ... Laßt mich, laßt mich.

Weiring: Christin' bleib ...

Mizi: Geh nicht hin! – Vielleicht findest du grad die andere dort – beten.

40 **Christine** *vor sich hin, starren Blickes*: Ich will dort nicht beten ... nein ... *Sie stürzt ab ... die*
anderen anfangs sprachlos.

Weiring: Eilen Sie ihr nach.
Theodor und Mizi ihr nach.
Weiring: Ich kann nicht, ich kann nicht … *Er geht mühsam von der Tür bis zum Fenster.*
45 Was will sie … was will sie … *Er sieht durchs Fenster ins Leere.* Sie kommt nicht wieder – sie kommt nicht wieder! *Er sinkt laut schluchzend zu Boden. – Vorhang*

- Was können Sie diesem Textausschnitt hinsichtlich der Rolle der Frau entnehmen?
- Was hat sich in der „Liebe", wenn Sie die bürgerlichen Trauerspiele betrachten, geändert, was ist gleich geblieben?

Christine ist die Tochter eines Violinspielers aus der Wiener Vorstadt. Sie ist eine „Arme-Leut-Tochter", arm im materiellen Sinn. Arm ist sie aber auch, da sie seelisch missbraucht, ihre große Liebe von ihrem Liebhaber nur mit Liebelei beantwortet wird. Christine scheitert, weil sie nicht der richtigen Schicht angehört. Ihre Ansicht von Liebe ist absolut, sie kann sich nicht vorstellen, so zu leben wie Mizi – sie ist der Typus des „süßen Mädels" –, die weiß, dass Theodor nicht ihr letzter Liebhaber sein wird, und die sich mit ihrem Schicksal arrangiert hat. Mizi setzt in ihre Beziehung die gleichen Erwartungen wie Theodor, daher gibt es keine Probleme. Bei Christine und Fritz ist es anders, beide schätzen die Gefühle des anderen falsch ein. Er will ein flüchtiges Abenteuer, für sie ist es ein tiefes Gefühl, obwohl sie weiß, dass eine Ehe nie infrage käme. Fritz sucht neben dem Abenteuer mit einer verheirateten Frau nach etwas Einfachem, Unkompliziertem, Anspruchslosem, er steigt „hinunter" in die Vorstadt. So richtig beschäftigt er sich aber mit Christines Milieu erst kurz vor dem Duell, erst als es ans Abschiednehmen geht.

In Schnitzlers Werken entstehen die Konflikte nicht nur aus der sozialen Ungleichheit der Liebenden, sondern auch aus dem Spannungsfeld von erotischen Wünschen und moralisch begründeten Verboten. Die eigentliche Ursache für die „Ausbeutung" von Mädchen aus kleinbürgerlichem Milieu durch junge Männer, die letztlich für eine bürgerliche Ehe bestimmt sind, liegt in der Sexualmoral. Nicht von ungefähr gedeiht in dieser Atmosphäre Freuds Psychoanalyse. Mädchen, die sich einem Mann vor der Ehe hingeben, gelten als charakterlich minderwertig, naiv und dumm. Sie sind Lückenbüßerinnen für junge Männer, die bei ihnen ihre sexuellen Erfahrungen machen, sie benutzen und ausnutzen, bis sie selbst standesgemäß heiraten.

- Sie haben nun bürgerliche Trauerspiele aus verschiedenen Epochen kennengelernt.
- Versuchen Sie den Begriff „bürgerliches Trauerspiel" aus den Ihnen zur Verfügung stehenden Informationen zu klären!
- Verfolgen Sie in Gruppen die Entwicklung der einzelnen Figuren:
  - Töchter
  - Väter
  - Liebhaber
  - die vorgesehenen Ehemänner
  - Mütter
- Wie wandelt sich der soziale Unterschied im Verlauf der Epochen? Inwiefern ist er für die Tragik verantwortlich?

Zusammenschau

Die Entwicklung des „bürgerlichen Trauerspiels" vom Barock bis zur Moderne

Der Begriff „bürgerlich" ist vieldeutig und verschwommen. „Bürgerlich" kann soziologisch gedeutet werden, dann bedeutet es zum dritten Stand gehörig (neben Adel und Klerus). Das Wort kann im Sinne von „civis" („Bürger") verwendet werden, d. h. verantwortliches Mitglied einer „res publica" („Gemeinwesen"). Und es bedeutet ganz allgemein häuslich, menschlich, privat, mitmenschlich, moralisch im Gegensatz zu politisch, öffentlich, heroisch, amoralisch, berechnend, machtgierig. Überspitzt formuliert: Das Bürgertum ist der Vertreter der Tugend, der Adel der Vertreter des Lasters.

Lessings *Miss Sara Sampson*

Obwohl bereits im **Barock** in **Gryphius'** *Cardenio und Celinde* die Ständeklausel[4] umgangen wird, beginnt erst 1755 mit **Lessings** *Miss Sara Sampson* die „Geschichte" des „bürgerlichen Trauerspiels" (Lessing selbst verwendet diese Bezeichnung). „Bürgerlich" meint hier sowohl die Standesbezeichnung als auch private Angelegenheiten, die von den öffentlich-politischen abgegrenzt werden. Zu Lessings Zeit wird der Begriff „bürgerliches Trauerspiel" manchmal identisch mit dem „weinerlichen und rührenden" verwendet, Lessing hält die beiden Formen für verwandt. Die Bezeichnung „empfindsames Trauerspiel" wäre wohl angemessener, denn nicht mehr heroische Staatsaktionen stehen im Mittelpunkt, sondern der Privatmensch, keine staatspolitischen, sondern moralisch-menschliche Werte und Verhaltensweisen sind wesentlich. Aus den Normen des Bürgertums sollen allgemein menschliche werden, die dann für alle Stände verbindlich sein könnten.

Szene aus *Miss Sara Sampson* im Hamburger Thalia-Theater (2002)

Anklage gegen Standesschranken

Während in *Miss Sara Sampson* der Protest gegen die Herrschenden nur als Faktum dargestellt wird, tritt seit *Emilia Galotti* das bürgerliche Trauerspiel in ein neues Stadium. Man spürt die Anklage des Bürgertums gegen den fürstlichen Absolutismus, gegen die Standesschranken und die damit verbundenen Missstände. Man merkt die Gegenwartsnähe; der Handlungsgang und die Personen sind realistisch, wenn auch manchmal zur Karikatur verfremdet. Der Schauplatz ist der Mittelstand (Kleinbürger – Großbürger – Kleinadel).

Die „Empfindsamkeit" wandelt sich zur Leidenschaft, der sich die Frauen bewusst sind und vor der sie sich fürchten, weil sie dem bürgerlichen Milieu nicht entspricht. Der Stand wird genau abgegrenzt, die Personen sind Vertreter eines bestimmten Berufsstandes (kleinbürgerlicher Handwerker, großbürgerlicher Kaufmann, Landedelmann, adeliger Offizier), und ihrer sozialen Lage entsprechend haben sie eine eigene Mentalität. Ständisches,

Szene aus *Emilia Galotti* im Hamburger Thalia-Theater (2003)

---

[4] Ständeklausel: Echte Tragik kann sich nur im adeligen Milieu und nur mit adeligem Personal abspielen.

standesbedingtes Handeln wird zur Quelle der Tragik. Erst jetzt wird „bürgerlich" im gesellschaftskritischen, sozialkritischen Sinn verstanden.

Kritik am Bürger

Die Kritik am Adel steht zunächst im Vordergrund. Aber schon im **Sturm und Drang** spielt die Kritik am Bürger mit. Seine Sturheit, Starrheit, sein passives Hinnehmen von Unterdrückung, aber auch sein Wunsch „aufzusteigen" werden zum Gegenstand der Kritik. Auch moralische Verkommenheit, bisher Privileg des Adels, ist beim Bürger möglich.

In *Kabale und Liebe* sind Kritik an der Obrigkeit, an der Willkür des absolutistischen Fürsten und die Standesschranken vereint; allerdings ergibt sich der eigentliche Konflikt aus dem absoluten Anspruch der Liebe.

„Familiengemälde"

In der **Goethezeit** verfällt die Gattung zu einem „Familiengemälde". Traurige, tragische Schlüsse werden vermieden, eine triviale, selbstzufriedene Schicht wird dargestellt. Beim Publikum sind diese Stücke aber sehr beliebt.

Die **Romantiker** lehnen das „bürgerliche Trauerspiel" ab, sie empfinden es als unpoetisch, nützlich und praktisch. Im **Jungen Deutschland** wird es wieder aufgenommen und wandelt sich zum satirischen Zeitstück.

Bei **Hebbel** im **poetischen Realismus** findet die Entwicklung des bürgerlichen Trauerspiels, das als Kritik am Adel begonnen hat, zunächst insofern einen Abschluss, als die Tragik nicht mehr aus dem Ständekonflikt entsteht, sondern aus den strengen Vorschriften und Moralbestimmungen des Bürgertums.

Soziales Drama

Im **Naturalismus** wird das bürgerliche Trauerspiel zum sozialen Drama. Das Bürgertum, der ehemals unterdrückte Stand, wird zum Unterdrücker des vierten Standes. Der Bürger wird zum Vertreter einer verlogenen Ideologie. Im **Expressionismus** entwickelt er sich zum Vertreter einer erstarrten Gesellschaft oder zum Zerrbild eines Bürgers.

Trotz des tragischen Ausgangs nennt Schnitzler *Liebelei* eine Komödie, weil er davon ausgeht, dass niemand sein wahres Ich zeigt, sondern seiner Umgebung eine „Komödie" aus verschiedenen Ichs vorspielt. Trotzdem ist das Drama ein bürgerliches Trauerspiel im eigentlichen Sinn: Eine Frau versucht vergeblich, die Standesschranken zu durchbrechen.

Sturm und Drang (1770–1785)

Literatur der Gefühle

Den 23. Mai/3. Juni reiste ich aus Riga ab, und den 25. 5. ging ich in See ... Was gibt ein Schiff,
das zwischen Himmel und Meer schwebt, nicht für weite Sphäre zu denken! Alles gibt hier
dem Gedanken Flügel und Bewegung und weiten Luftkreis: das flatternde Segel, das immer
wankende Schiff, der rauschende Wellenstrom, die fliegende Wolke, der weite, unendliche
5   Luftkreis! Auf der Erde ist man an einen toten Punkt angeheftet und in den engen Kreis einer
Situation eingeschlossen ... So ward ich Philosoph auf dem Schiffe. – Philosoph aber, der es
noch schlecht gelernt hatte, ohne Bücher und Instrumente aus der Natur zu philosophieren.
Hätte ich dies gekonnt, welcher Standpunkt, unter einem Maste auf dem weiten Ozean sitzend, über Himmel, Sonne, Sterne, Mond, Luft, Wind, Meer, Regen, Strom, Fisch, Seegrund
10 philosophieren und die Physik alles dessen aus sich herausfinden zu können! Philosoph der
Natur, das sollte dein Standpunkt sein mit dem Jüngling, den du unterrichtest. Stelle dich mit
ihm aufs weite Meer und zeige ihm Fakta und Realität und erkläre sie ihm nicht mit Worten,
sondern laß ihn sich alles selbst erklären!

Johann Gottfried Herder

Die Textstelle stammt aus *Journal meiner Reise im Jahre 1769*, das **Johann Gottfried Herder**
(1744–1803) als Ergebnis einer Seereise von Riga nach Nantes verfasst. Dieses Werk, das am
Beginn des Sturm und Drang steht, lässt Herders bewusste Abkehr von den traditionellen
Ansichten über Literatur, Kultur und Gesellschaft erkennen.

* Welche Rolle spielt die Natur?
* Wie wird der Begriff der Freiheit hier ausgedrückt?
* Was könnte der Ausdruck „Philosoph der Natur" bedeuten?
* Untersuchen Sie die Sprache dieses Textes! Was kommt Ihnen daran für diese Zeit
  neu vor?

Herder ist einer der bedeutendsten **Kulturphilosophen** seiner Zeit.
Er hinterlässt ein umfangreiches Gesamtwerk, in dem er folgende
Themenbereiche formuliert:

* Der Mensch ist mehr sinnliches als rationales Wesen.
* Dichtung soll wie in ihren Anfängen zu Beginn der Menschheits-
  geschichte (z. B. bei Homer) wieder sinnlich individueller Ausdruck eigener Empfindung werden.
* Ablehnung normierender Poetiken (z. B. von Opitz oder Gottsched).
* Keine Nachahmung fremder Kulturen (besonders des französischen Klassizismus in der Dramatik).
* Das Charakteristische, auch wenn es fehlerhaft ist, ist wichtiger
  als das Ästhetisch-Schöne und Moralische.

Johann Gottfried Herder
(Gemälde von F. A. Tisch-
bein, 1796)

* Rückbesinnung auf die deutsche Muttersprache und auf die
  deutsche Geschichte.
* Frühere Epochen sind gegenüber der eigenen Zeit nicht minderwertig, sondern sie haben
  vielmehr große Werke der Kunst und Literatur hervorgebracht.

Herder beschäftigt sich auch mit dem Begriff „**Volkslied**". Er versteht darunter einerseits alle liedhafte Dichtung, in der sich das unverbildete, naive Volk unmittelbar darstellt und ausspricht, andererseits eine erfundene Poesie, in der der „gemeine" Mann, der bisher weitgehend von der Kultur ausgeschlossen ist, ästhetisches Subjekt und Thema der Literatur wird. Herder und seine Dichterkollegen sammeln und geben Volkslieder, Handwerkslieder, Kinderlieder, Volksmärchen und Volksballaden heraus. Mit dieser Entdeckung des Volkes entwickelt sich auch eine Kritik seiner sozialen Verhältnisse. Themen wie Standesunterschiede, erzwungene Heirat, ledige Mutterschaft, Kindesmord werden, auch in der dramatischen Kunst, aufgegriffen.

Jean-Jacques Rousseau

Großen Einfluss auf die Epoche hat der in Genf geborene **Jean-Jacques Rousseau** (1712–1778). In seiner radikalen **Zivilisationskritik** gibt er der Gesellschaft die Schuld für die Entfremdung und Verkümmerung des Einzelnen. Nur die Rückkehr zur Natur, zu einem Leben, das nicht im Denken und Meinen, sondern im **persönlichen Fühlen** beruht, bringe die Rettung des Individuums: „Unter den Elementen herrscht Einheit, unter den Menschen Chaos." Rousseaus Schriften, besonders *Emile oder über die Erziehung* (1762), haben eine überaus starke Wirkung auf die lesende und schreibende Intelligenz in Deutschland. Die Härte seiner Kritik an den Errungenschaften der modernen Kultur und Zivilisation zeigt

Jean-Jacques Rousseau

schon der erste Satz aus *Emile*: „Alles ist gut, wie es aus den Händen des Schöpfers der Dinge hervorgeht, alles verdirbt unter den Händen der Menschen." Mit seinen Erkenntnissen, die auch staatspolitische und gesellschaftstheoretische Reflexionen und Arbeiten einschließen, wird Rousseau zu einem wichtigen Wegbereiter der Französischen Revolution.[1]

Begriff, Zentren und Dichtergeneration

Unter dem Begriff **Sturm und Drang** versteht man eine kurze literarische Bewegung, die ihren Höhepunkt zwischen 1770 und 1785 hat, also in der Zeit kurz vor der Französischen Revolution. Der Name für diese Epoche ist ursprünglich der Titel eines Schauspiels von **Friedrich Maximilian Klinger** (1752–1831), das zuerst *Wirrwarr* heißt. „Sturm und Drang" setzt sich rasch als Bezeichnung für diese Periode durch, schon die Zeitgenossen kennen und gebrauchen den Begriff. Die Schriftsteller des Sturm und Drang, die ihre Werke zeitgleich mit dem Höhepunkt der Aufklärung schreiben[2], sind fast alle zwischen 20 und 30 Jahre alt. Sie schließen sich zu Gruppen zusammen, was im Gegensatz zur Aufklärung steht.

Titelblatt der Erstausgabe von *Sturm und Drang* von 1776

Ein Zentrum ist Straßburg, ein anderes – nach der Übersiedlung **Johann Wolfgang Goethes** (1749–1832) dorthin – Frankfurt. Um Goethe sammeln sich **Johann Gottfried Herder, Jakob Michael Reinhold Lenz** (1751–1792) und **Heinrich Leopold Wagner** (1747–1779).

---

[1] Napoleon soll über ihn gesagt haben: „Es wäre besser gewesen für die Ruhe Frankreichs, dieser Mann hätte nie gelebt; er hat die Revolution vorbereitet."

[2] Lessing: *Emilia Galotti*, 1772, *Nathan der Weise*, 1779

Ein weiterer Sammelpunkt von jungen, revolutionären Dichtern ist Göttingen. Dazu gehören **Johann Heinrich Voss** (1751–1826), **Gottfried August Bürger** (1747–1794) und die beiden **Grafen Stolberg** (**Friedrich Leopold**, 1750–1819, und **Christian**, 1748–1821).

Ein weiterer Kreis entsteht im Schwäbischen um den jungen **Friedrich Schiller** (1759–1805) und **Christian Friedrich Daniel Schubart** (1739–1791).

Im Umfeld dieser Zentren finden wir **Friedrich Maximilian Klinger** und **Heinrich Wilhelm von Gerstenberg** (1739–1823).

Die meisten Dichter stehen durch Briefwechsel und private Kontakte in Verbindung, veranstalten in kleinen Kreisen private Lesungen und tragen öffentlich Debatten über Literatur und Gesellschaft aus. So konstituiert sich in wenigen Jahren diese neue literarische Bewegung, die eine eigene Zeitschrift, die *Frankfurter Gelehrten Anzeigen*, hat und bald wegen ihres großen literarischen Erfolgs ein eigenes Publikum besitzt, welches die Dichter geradezu enthusiastisch feiert. Daneben gibt es auch Gegner, die die jungen „Genies" und ihre Werke heftigst kritisieren, z. B. den Aufklärer **Gotthold Ephraim Lessing**. **Christoph Martin Wieland** hingegen zeigt gegenüber dem Aufbäumen und Vorwärtsdrängen dieser jungen Dichter mehr Toleranz und Verständnis. Er schreibt über die „Stürmer und Dränger":

Junge muthige Genien sind junge muthige Füllen; das strotzt von Leben und Kraft, tummelt sich unsinnig herum, schnaubt und wiehert, wälzt sich und bäumt sich, schnappt und beißt, springt an den Leuten hinaus, schlägt vorn und hinten aus und will sich weder fangen noch reiten lassen.

Bürgerlicher Emazipationskampf

Die meisten Autoren entstammen einer kleinbürgerlichen Familie und lernen seit Kindheit das Kleine-Leute-Leben und auch soziales Elend kennen. Das spiegelt sich in ihren Dramen und Gedichten. Ihre Themen nehmen die „Stürmer und Dränger" vorwiegend aus der Alltagsrealität und den sozialen Erfahrungen der armen Bevölkerung. Sie wollen auch den Kleinbürger in den Emanzipationskampf der Bürger einbinden.

Vorbild Shakespeare

Das große Vorbild aller Dichter dieser Epoche ist **William Shakespeare** (1564–1616), es sind nicht mehr die französischen Klassiker **Pierre Corneille**, **Jean Racine** oder **Voltaire**.

Johann Wolfgang Goethe: *Zum Shakespeares-Tag (1771)*

Erwarten Sie nicht, daß ich viel und ordentlich schreibe, Ruhe der Seele ist kein Festtagskleid; und noch zurzeit habe ich wenig über Shakespearen gedacht; geahndet, empfunden, wenn's hoch kam, ist das Höchste, wohin ich's habe bringen können. Die erste Seite, die ich in ihm las, machte mich auf zeitlebens ihm eigen, und wie ich mit dem ersten Stücke fertig war, stund

5 ich wie ein Blindgeborner, dem eine Wunderhand das Gesicht in einem Augenblicke schenkt. Ich erkannte, ich fühlte aufs Lebhafteste meine Existenz um eine Unendlichkeit erweitert, alles war ihm neu, unbekannt, und das ungewohnte Licht machte mir Augenschmerzen. Nach und nach lernt' ich sehen, und, Dank sei meinem erkenntlichen Genius, ich fühle noch immer lebhaft, was ich gewonnen habe.

10 Ich zweifle keinen Augenblick, dem regelmäßigen Theater zu entsagen. Es schien mir die Einheit des Orts so kermäßig ängstlich, die Einheiten der Handlung und der Zeit lästige Fesseln unsrer Einbildungskraft. Ich sprang in die freie Luft und fühlte erst, daß ich Hände und Füße hatte. Und jetzo, da ich sah, wie viel Unrecht mir die Herrn der Regeln in ihrem Loch angetan haben, wie viel freie Seelen noch drinne sich krümmen, so wäre mir mein Herz geborsten,

15 wenn ich ihnen nicht Fehde angekündigt hätte und nicht täglich suchte, ihre Türne zusammenzuschlagen.

> • Wiederholen Sie, was Goethe unter dem „regelmäßigen Theater" versteht!
> • Wen könnte Goethe mit den „Herrn der Regeln" meinen?

Der Schriftsteller, das Genie

Der Schweizer Pfarrer und Schriftsteller **Johann Caspar Lavater** (1741–1801), in jungen Jahren ein enger Freund Goethes, schreibt:

Was ist Genie?

[…] Oder nenn es, beschreib es, wie du willst! Nenn's Fruchtbarkeit des Geistes, Unerschöpflichkeit, Quellgeist! Nenn's Kraft ohne ihresgleichen, Urkraft, kraftvolle Liebe! […] Nenn's unentlehnte, natürliche, innerliche Energie der Seele! Nenn's Schöpfungskraft; nenn's Menge in- und extensiver Seelenkräfte, Sammlung, Konzentrierung aller Naturkräfte; nenn's leben-
5 dige Darstellungskunst; nenn's Wirksamkeit, die immer trifft, nie fehlt in all ihrem Wirken, Leiden, Lassen, Schweigen, Sprechen; nenn's Innigkeit, Herzlichkeit, mit Kraft sie fühlbar zu machen! Nenn's Zentralgeist, Zentralfeuer, dem nichts widersteht. […] Nenn's Glaube, Liebe, Hoffnung, die sich nicht geben, nicht nachäffen läßt; oder nenn's schlechtweg nur Erfindungsgabe oder Instinkt! Nenn's und beschreib's, wie du willst und kannst; allemal bleibt das gewiß:
10 das Ungelernte, Unentlehnte, Unlernbare, Unentlehnbare, innig Eigentümliche, Unnachahmliche, Göttliche ist Genie, das Inspirationsmäßige ist Genie, hieß bei allen Nationen, zu allen Zeiten Genie und wird's heißen, solange Menschen denken und empfinden und reden. Genie blitzt; Genie schafft; veranstaltet nicht; schafft! So wie es selbst nicht veranstaltet werden kann, sondern ist! Genie vereinigt, was niemand vereinigen, trennt, was niemand trennen
15 kann; sieht und hört und fühlt und gibt und nimmt auf eine Weise, deren Unnachahmlichkeit jeder andere sogleich innerlich anerkennen muß. Unnachahmlich und über allen Schein von Nachahmlichkeit erhaben ist das Werk des reinen Genius. Unsterblich ist alles Werk des Genies, wie der Funke Gottes, aus dem es fließt.

> • Versuchen Sie zusammenzufassen, was Lavater unter dem Begriff Genie versteht!
> • Untersuchen Sie die rhetorischen Figuren, wie beurteilen Sie diese in Bezug auf den Inhalt des Textes? Welche rhetorische Figur dominiert?

Das „freie"Genie

„Genie" ist das wichtigste Stichwort, das wir mit der Zeit des Sturm und Drang verbinden. Das künstlerische Genie lässt sich in keiner Weise durch ästhetische, politische oder moralische Normen einschränken. Die Zentralbegriffe dieser Zeit sind Freiheit, Kraft, Empfindung, Gefühl, Liebe, Herz, Fantasie, Schaffensdrang, Natürlichkeit, Lebensechtheit, Originalität, Spontaneität und Individualität als Einheit von Geist, Seele und Leib.
Edward Young (1683–1765) prägt den Begriff des Originalgenies („Es wächset selbst, es wird nicht durch Kunst getrieben"), sein Dichterkollege **Anthony Shaftesbury** (1671–1713) spricht

vom „Dichter im eigentlichen Sinn", der selbst alles erschaffe: „Denn ein solcher Dichter ist in der Tat ein zweiter Schöpfer, ein wahrer Prometheus unter Jupiter."

Der Sturm und Drang will aber nicht das Gefühl gegen den Verstand ausspielen, er fordert die Ergänzung des einseitig betonten Prinzips der Rationalität durch den Gefühlskult der jungen Generation, er fordert die Verwirklichung und Entfaltung aller menschlichen Fähigkeiten und Kräfte. So muss man diese Epoche auch als Fortführung der Aufklärungsbewegung sehen, nicht nur als Gegenbewegung.

Die Grenzen der Emazipation

Viele Schriftsteller stoßen mit ihren Gedanken und Wünschen nach **Emanzipation** (des Bürgertums und auch des „gemeinen" Mannes) an Grenzen, sie können ihre Fantasie und ihren Schaffensdrang nicht ungehindert entfalten. Zum Teil sind diese Grenzen auch durch die elenden gesellschaftlichen Verhältnisse gesetzt. Dies versuchen die Dichter durch ihre kraftvollen Heldenfiguren, aber auch durch deren Schwermut und Trauer zu kompensieren.

Johann Wolfgang Goethe: *Die Leiden des jungen Werthers*

Das Drama ist im Sturm und Drang die bevorzugte Form, dennoch bringt ein Roman, Goethes *Die Leiden des jungen Werthers* (1774), der jungen literarischen Bewegung den Durchbruch. Auch den Dichter selbst macht der Roman bekannt und bald berühmt, zuerst im deutschen Sprachraum, dann in ganz Europa. 1775 wird der Text ins Französische, 1779 ins Englische und 1781 ins Italienische übersetzt. Die junge Generation ist begeistert und macht Werther zum Idol. Die orthodoxe Kirche will das Werk als unsittlich, unmoralisch und jugendgefährdend verbieten lassen. 1775 wird der Verkauf des Romans in Leipzig sogar verboten.

Briefroman

In der Form des seit **Samuel Richardson** (1689–1761) beliebten **Briefromans** schreibt Goethe dieses grundlegende Werk der Empfindsamkeit. Ein anderes formales Vorbild ist *Die neue Heloise* von **Jean-Jacques Rousseau**.

Werther schreibt einem fiktiven Freund (Wilhelm), dessen Antworten aber ausgespart sind. Daraus entwickelt sich ein indirekter Dialog, der von Werthers persönlichen Reflexionen durchsetzt ist. Werther will sich also äußern, will sich mitteilen, sich aber nicht mit anderen Menschen auseinandersetzen. Er lebt nur in seinen eigenen Empfindungen bzw. lebt seine Empfindungen, mit denen er sich in diesen „schriftlichen Selbstgesprächen" eingehend beschäftigt.

Titelseite der Erstausgabe von Goethes *Werther*

Der junge, hoffnungsvolle Werther weilt in einer Kleinstadt, wo ihm eine Karriere im diplomatischen Dienst bevorsteht. Er will ein Mädchen aus vergangenen Tagen vergessen und gibt sich zunächst mit ganzer Seele der Schönheit der Natur hin, indem er einsame Wanderungen durch die Wiesen, Wälder und Dörfer der Umgebung unternimmt, ein bisschen zeichnet und Werke von Homer liest. Es ist Mai. Auf einem Ball im Juni lernt er Lotte, die Tochter eines Amtmanns, kennen und verliebt sich in sie. Lotte will und darf sich ihm nicht hingeben, weil sie dem fleißigen, ordentlichen und biederen Hofbeamten Albert versprochen ist. Lotte und Werther verleben eine kurze Zeit „himmlischer" Freundschaft, die durch die Rückkehr Alberts von einer Geschäftsreise beendet wird. Werther leidet sehr unter dieser unerfüllten Liebe, versucht aber die Seelenverbundenheit mit Lotte weiterzuleben.

Es wird ihm bewusst, dass er Lotte nie ganz für sich gewinnen kann. Das Dreiecksverhältnis wird so gespannt, dass Werther auf Drängen seines Freundes Wilhelm die Geliebte verlässt, um als Attaché in den Dienst einer Gesandtschaft zu treten. Damit endet der erste Teil. Wir schreiben den 11. September.

Lotte und Werther (Stahlstich von J. L. Raab)

Sein Vorgesetzter, ein „pünktlicher Narr und umständlich wie eine Base", ödet Werther an, die Zeremonielle am Hofe und die Bürokratie bedrücken ihn. So geht das Jahr zu Ende. In einer adeligen Gesellschaft weist man ihm als Bürgerlichem die Tür. Das empfindet er, der sich aufgrund seiner Bildung und Empfindungsfähigkeit dem Adel für ebenbürtig – wenn nicht gar überlegen – hält, als sehr demütigende Zurückweisung. Diese Frustration richtet Werther nicht als Aggression gegen die feudale Gesellschaft, sondern gegen sich selbst.

Darauf begleitet er einen Fürsten zu dessen Gütern, wo ihn der Adelige aber mit seinem „ganz gemeinen Verstande" und „garstig wissenschaftlichen" Kunstgerede bald langweilt. So kehrt Werther zu Lotte und Albert zurück. Die beiden haben in der Zwischenzeit geheiratet. In dieser Situation – Werthers Liebe wird immer aussichtsloser – findet er nicht die Kraft, sich von Lotte zu trennen. So vergehen November und Dezember. Je öder, wilder, dunkler und einsamer die Natur wird, desto einsamer und verzweifelter wird es in seinem Inneren. Er ist entschlossen, Selbstmord zu begehen. Doch noch einmal will er Lotte sehen. Er missdeutet eine wehmütig-liebevolle Geste von Lotte und küsst sie leidenschaftlich. Sie stößt ihn zurück und eilt davon. Werther erschießt sich in der nächsten Nacht. Am Ende des zweiten Teiles werden die Briefe durch einen zusammenhängenden Bericht des Adressaten Wilhelm über Werthers letzte Tage abgelöst.

Schattenriss Goethes

- Lesen Sie folgende zwei Briefe Werthers und versuchen Sie eine vergleichende Analyse!

Am 10. Mai

Eine wunderbare Heiterkeit hat meine ganze Seele eingenommen, gleich den süßen Frühlingsmorgen, die ich mit ganzem Herzen genieße. Ich bin allein und freue mich meines Lebens in dieser Gegend, die für solche Seelen geschaffen ist wie die meine. Ich bin so glücklich, mein
5   Bester, so ganz in dem Gefühle von ruhigem Dasein versunken, daß meine Kunst darunter leidet. Ich könnte jetzt nicht zeichnen, nicht einen Strich, und bin nie ein größerer Maler gewesen als in diesen Augenblicken. Wenn das liebe Tal um mich dampft und die hohe Sonne an der Oberfläche der undurchdringlichen Finsternis meines Waldes ruht, und nur einzelne Strahlen sich in das innere Heiligtum stehlen, ich dann im hohen Grase am fallenden Bache lie-
10   ge, und näher an der Erde tausend mannigfaltige Gräschen mir merkwürdig werden; wenn ich das Wimmeln der kleinen Welt zwischen Halmen, die unzähligen, unergründlichen Gestalten der Würmchen, der Mückchen näher an meinem Herzen fühle, und fühle die Gegenwart des Allmächtigen, der uns nach seinem Bilde schuf, das Wehen des Allliebenden, der uns in ewiger Wonne schwebend trägt und erhält; mein Freund! Wenn's dann um meine Augen dämmert,
15   und die Welt um mich her und der Himmel ganz in meiner Seele ruhn wie die Gestalt einer Ge-

liebten – dann sehne ich mich oft und denke: Ach, könntest du das wieder ausdrücken, könntest du dem Papiere das einhauchen, was so voll, so warm in dir lebt, daß es würde der Spiegel deiner Seele, wie deine Seele ist der Spiegel des unendlichen Gottes! – Mein Freund – Aber ich gehe darüber zugrunde, ich erliege unter der Gewalt der Herrlichkeit dieser Erscheinungen.

20 Am 12. Dezember
Lieber Wilhelm, ich bin in einem Zustande, in dem jene Unglücklichen gewesen sein müssen, von denen man glaubte, sie würden von einem bösen Geiste umhergetrieben. Manchmal ergreift mich's; es ist nicht Angst, nicht Begier – es ist ein inneres, unbekanntes Toben, das meine Brust zu zerreißen droht, das mir die Gurgel zupreßt! Wehe! Wehe! und dann schweife ich
25 umher in den furchtbaren nächtlichen Szenen dieser menschenfeindlichen Jahreszeit.
Gestern Abend mußte ich hinaus. Es war plötzlich Tauwetter eingefallen; ich hatte gehört, der Fluß sei übergetreten, alle Bäche geschwollen und von Wahlheim herunter mein liebes Tal überschwemmt! Nachts nach elfe rannte ich hinaus. Ein fürchterliches Schauspiel, vom Fels herunter, und Wiesen und Hecken und alles, und das weite Tal hinauf und hinab *eine* stürmende
30 See im Sausen des Windes! Und wenn dann der Mond wieder hervortrat und über der schwarzen Wolke ruhte, und vor mir hinaus die Flut in fürchterlich herrlichem Widerschein rollte und klang: da überfiel mich ein Schauer, und wieder ein Sehnen! Ach, mit offenen Armen stand ich gegen den Abgrund und atmete hinab! hinab! und verlor mich in der Wonne, meine Qualen, meine Leiden da hinabzustürmen! dahinzubrausen wie die Wellen!

Der Brief vom 12. Dezember ist das Gegenstück zu dem des 10. Mai. In beiden spiegelt die Natur Werthers unmittelbare Stimmungen wider. Zwischen den zwei Briefen liegen eineinhalb Jahre seelisches Leiden.

- Zeigen Sie im Detail, wie die Landschaft beschrieben wird!
- Was bedeutet der „Abgrund" für Werther (12. Dezember)?
- Wo wird die Katastrophe im Brief vom 10. Mai schon angedeutet?

Die Geschichte ist nicht frei erfunden, sondern wird von Goethe teilweise selbst erlebt. Das macht den Roman für Zeitgenossen noch interessanter.
Drei historische Vorfälle sind die **Grundlagen für den Roman**:

Die historischen Grundlagen

1. Der 23-jährige Rechtslizentiat[3] Goethe kommt im Mai 1772 nach Wetzlar, studiert Homer, philosophiert, ist also mehr Genie als Jurist. Am 9. Juni lernt er Charlotte Buff und ihren Verlobten, den Kammergerichtssekretär Christian Kestner, kennen. Er besucht oft das Haus des Amtmanns Buff, wo Charlotte ihre zehn Geschwister versorgt (die Mutter ist schon verstorben). Es entwickelt sich ein Dreiecksverhältnis, das Goethe am 11. September durch seine Abreise beendet.
2. Darauf lernt Goethe in Ehrenbreitstein Sophie von LaRoches Tochter Maximiliane kennen und verliebt sich in die 16-Jährige. Als diese später den bedeutend älteren Kaufmann Brentano heiratet, entwickelt sich in Frankfurt eine ähnliche Beziehung mit Maximiliane wie in Wetzlar mit Charlotte. Doch diesmal wird Goethe vom Ehemann des Hauses verwiesen.
3. Ein junger Sekretär namens Jerusalem, ein Bekannter Goethes, erschießt sich am 29. Oktober 1772 wegen einer unglücklichen Liebe zu einer verheirateten Frau.

---

[3] Lizentiat: akademischer Grad

Werther – ein Typus?

Goethe gestaltet in Werther den Typus des unzufriedenen jungen bürgerlichen Intellektuellen, der an der ständisch gegliederten Gesellschaft und an der eigenen Selbsteinschätzung scheitert. Damit ist er eine Parallelfigur zu jenen bürgerlichen Dramenhelden, die wie Karl Moor (*Die Räuber*) oder Läuffer (*Der Hofmeister*) an der Gesellschaftsordnung zugrundegehen.
Die Wirkung des Romans ist so groß, dass es eine erhebliche Anzahl von Selbstmorden unter den Werther-Lesern gibt.

Reaktionen von Dichterkollegen

Christian Friedrich Daniel Schubart beschreibt im Jahr des Erscheinens in der *Deutschen Chronik* seine Begeisterung über das Buch:

Da sitz' ich mit zerfloßnem Herzen, mit klopfender Brust und mit Augen, aus welchen wollüstiger Schmerz tröpfelt, und sag dir, Leser, daß ich eben „Die Leiden des jungen Werthers" von meinem lieben Goethe – gelesen? – nein, verschlungen habe. Kritisieren soll ich? Könnt' ich's, so hätt' ich kein Herz ... Soll ich einige schöne Stellen herausheben? Kann nicht. Das hieße mit
5 dem Brennglas Schwamm anzünden und sagen: Schau, Mensch, das ist Sonnenfeuer! – Kauf's Buch und lies selbst! Nimm aber dein Herz mit! – Wollte lieber ewig arm sein, auf Stroh liegen, Wasser trinken und Wurzeln essen, als einem solchen sentimentalischen Schriftsteller nicht nachempfinden können.

Auch Goethes Zeitgenosse **Jakob Michael Reinhold Lenz** setzt sich mit dem Text auseinander:

Seid nicht närrisch meine lieben Freunde! Bildet euch nicht zu geschwind ein Werthers gleich zu sein, es ist keine Kleinigkeit damit. Ein Werther muß viel getan und gelitten haben, eh er Werther zu sein anfangen kann, ihr seht nur die Ebene vor euch, aber nicht die Gebirge, die er zu übersteigen hatte, eh er sie euch vormalen konnte. Schämt euch mit Kraft und Tat um
5 euch zu werfen und euren Feinden, die ebenso viel als ihr davon verstehen, Gelegenheit zum Spotten zu geben, eh ihr wißt, was diese Worte auf sich haben.

- • Wogegen richtet sich Lenz' Kritik?

„Wertheriaden"

Im Laufe der Zeit gibt es viele **Werther-Nachahmungen** und Werther-Parodien („**Wertheriaden**"), Gedichte, Romane, Opern, Operetten, Possen, Bänkelsang oder Volkslieder. Bekannte Texte des 20. Jahrhunderts mit „Werther-Bezug" sind *Der Fänger im Roggen* von **Jerome D. Salinger** (amerikanischer Schriftsteller, geb. 1919) oder *Die neuen Leiden des jungen W.* von **Ulrich Plenzdorf** (1934–2007).
1775 erscheint *Freuden des jungen Werthers* von **Friedrich Nicolai** (1733–1811), ein Buch, das auch Goethe selbst gerne liest. Darin versucht Werther, sich mit einer mit Hühnerblut gefüllten Pistole zu erschießen. Nachdem Albert dann auf Lotte verzichtet, heiratet Werther sie. Außer als Parodie ist dieser Text auch als Umarbeitung des Stoffes zu sehen, und zwar in dem Sinn, dass Nicolai eine vernünftigere Lösung für die ausweglos erscheinende Situation Werthers anbietet.

Das Drama im Sturm und Drang

Johann Wolfgang Goethe: *Götz von Berlichingen mit der eisernen Hand* (1773)
Jakob Michael Reinhold Lenz: *Der Hofmeister oder die Vorteile der Privaterziehung* (1774), *Die Soldaten* (1776)
Friedrich Maximilian Klinger: *Das leidende Weib* (1775/76), *Die Zwillinge* (1776), *Sturm und Drang* (1776)
Heinrich Leopold Wagner: *Die Kindermörderin* (1776)
Friedrich Schiller: *Die Räuber* (1781), *Die Verschwörung des Fiesko zu Genua* (1783), *Kabale und Liebe* (1784)

Johann Wolfgang Goethe: *Götz von Berlichingen mit der eisernen Hand*

Götz, ein „Selbsthelfer"

Goethes Dramenfigur Götz von Berlichingen ist ein „Selbsthelfer", der kraftvoll, selbstbewusst und trotzig seine Rechte verteidigt, die ihm die Gesellschaft verweigert. Damit ist dieser Mann das „Genie", das aus sich heraus politische, gesellschaftliche und konventionelle Grenzen sprengt, dabei aber untergeht.

Götz von Berlichingen, dessen erste Fassung in nur sechs Wochen im Herbst 1771 entsteht (Urgötz), ruft große Begeisterung, aber auch strikte Ablehnung hervor. 1773 veröffentlicht Goethe eine überarbeitete Fassung; der *Urgötz* erscheint erst nach dem Tode Goethes 1833.

Der historische Götz

Die **Hauptquelle** bildet für Goethe die 1731 veröffentlichte Autobiografie *Lebensbeschreibung Herrn Goezens von Berlichingen, zugenannt mit der eisernen Hand* des an Bauernkriegen beteiligten Götz (Gottfried) von Berlichingen, der von 1480–1562 lebt. Dieser historische Götz führt ein wild bewegtes Raubritterleben und hat wenig gemein mit Goethes Götz, der Verkörperung des freien Reichsritters, der nur „Gott und dem Kaiser" untertan ist und seine Freiheit selbstverständlich mit seinen Untertanen teilt.

Das Stück spielt am Anfang des 16. Jahrhunderts, in einer Zeit des Umbruchs, neuer politischer und wirtschaftlicher Entwicklungen, am Übergang vom Mittelalter zur Neuzeit. Der Kaiser verliert an Macht, die Reichsfürsten bauen ihre Gebiete zu zentralverwalteten, absolutistischen Teilstaaten aus. Der Ritterstand verarmt, Raubrittertum ist weit verbreitet. Große Teile des Reiches werden durch blutige Bauernkriege (z. B. 1524/25) erschüttert.

Titelblatt der 2. Auflage des *Götz von Berlichingen* (1775)

Götz ist ein edler, dem Kaiser treu ergebener, freiheitsliebender Ritter, der seinen Beinamen „mit der eisernen Hand" einer Handprothese verdankt. Er liegt in Fehde mit dem Bischof von Bamberg, der die neuen territorial-absolutistischen Kräfte vertritt. Am Hof von Bamberg verkehren unter anderem der Abt von Fulda, Liebetraut, der höfische Gesellschafter des Bischofs, Adelbert von Weislingen, der Berater des Bischofs, und die schöne, dämonische Intrigantin Adelheid von Walldorf. Diese Personen, allesamt Vertreter der höfisch-

politischen Welt, stehen in Kontrast zu Götz von Berlichingen, Elisabeth, seiner Ehefrau, Karl, seinem Sohn, Maria, seiner Schwester, und seinen Gefährten, allen voran Franz von Sickingen und seinem Knappen Georg, welche ein einfaches, natürliches und freies Leben führen. Sind die Personen am Hof zu Bamberg die Vertreter der neuen Zeit, so verkörpert Götz die gute alte Zeit (Faustrecht). Er genießt wegen seiner Tapferkeit, Treue und Rechtschaffenheit größten Respekt im Land und bei seinen Untergebenen.

Die „Bambergischen" haben einen Reiter Götz' gefangen genommen. Darauf kann Götz Weislingen festsetzen. Die beiden waren, ehe Weislingen den Verführungen des Hofes erlegen ist, Jugendfreunde. Weislingen verlobt sich in der Folge mit Götzens Schwester Maria, geht aber, um noch Angelegenheiten zu ordnen, nach Bamberg zurück. Dort gerät er in die Netze der schönen Höflingskokotte Adelheid von Walldorf, die ihn zum Treuebruch an Götz und Maria verleitet. Weislingen heiratet schließlich Adelheid, die ihn aber später durch Franz, den Diener Weislingens, vergiften lässt.

Götzens Burg Jagsthausen wird auf Anraten Weislingens belagert, Götz selber gefangen genommen. Mithilfe Franz von Sickingens, der inzwischen die von Weislingen verlassene Maria geheiratet hat, kommt Götz wieder frei. Er muss sein Wort geben, Frieden (Urfehde) zu halten. Er begeht Wortbruch, als aufständische Bauern ihn um Hilfe bitten und ihn zu ihrem Anführer machen. Götz glaubt, die gerechte Sache der Bauern unterstützen zu müssen. Diese halten sich aber nicht an die Abmachungen, nicht zu morden und zu brennen. Daraufhin besiegen Weislingens Reiter die aufständischen Bauern, verwunden Götz und nehmen ihn gefangen. Götz stirbt im Kerker an seinen Verletzungen, nachdem ihn Weislingen in seiner eigenen Todesstunde auf Drängen Marias begnadigt hat.

Götz: Allmächtiger Gott! Wie wohl ist's einem unter deinem Himmel! Wie frei! – Die Bäume
5 treiben Knospen und alle Welt hofft. Lebt wohl, meine Lieben; meine Wurzeln sind abgehauen, meine Kraft sinkt nach dem Grabe.

Elisabeth: Darf ich Lersen nach deinem Sohn ins Kloster schicken, daß du ihn noch einmal siehst und segnest?

Götz: Laß ihn, er ist heiliger als ich, er braucht meinen Segen nicht. – An unserm Hochzeitstag,
10 Elisabeth, ahndete mir's nicht, daß ich so sterben würde. – Mein alter Vater segnete uns und eine Nachkommenschaft von edeln tapfern Söhnen quoll aus seinem Gebet. – Du hast ihn nicht erhört, und ich bin der Letzte. – Lerse, dein Angesicht freut mich in der Stunde des Todes mehr als im mutigsten Gefecht. Damals führte mein Geist den eurigen, jetzt hältst du mich aufrecht. Ach daß ich Georgen noch einmal sähe, mich an seinem Blick wärmte! – Ihr seht zur Erden und weint –
15 Er ist tot – Georg ist tot. – Stirb, Götz – Du hast dich selbst überlebt, die Edeln überlebt. – Wie starb er? – Ach, fingen sie ihn unter den Mordbrennern, und er ist hingerichtet?

Elisabeth: Nein, er wurde bei Miltenberg erstochen. Er wehrte sich wie ein Löw um seine Freiheit.

Götz: Gott sei Dank! Er war der beste Junge unter der Sonne und tapfer. – Löse meine Seele
20 nun. – Arme Frau. Ich lasse dich in einer verderbten Welt. Lerse, verlaß sie nicht. – Schließt eure Herzen sorgfältiger als eure Tore. Es kommen die Zeiten des Betrugs, es ist ihm Freiheit gegeben. Die Nichtswürdigen werden regieren mit List, und der Edle wird in ihre Netze fallen. Marie, gebe dir Gott deinen Mann wieder! Möge er nicht so tief fallen, als er hoch gestiegen ist! Selbitz starb, und der gute Kaiser, und mein Georg. – Gebt mir einen Trunk Wasser! – Himm-
25 lische Luft – Freiheit! Freiheit! *(Er stirbt.)*

Elisabeth: Nur droben, droben bei dir. Die Welt ist ein Gefängnis.

Maria: Edler Mann! Edler Mann! Wehe dem Jahrhundert, das dich von sich stieß!

Lerse: Wehe der Nachkommenschaft, die dich verkennt!

Ende

- Was beklagt Götz an seinem Lebensende?
- Versuchen Sie, die letzten Worte Elisabeths zu deuten!

Adelheid wird für ihre mörderische Tat durch die Feme (ein heimliches Gericht) zum Tode verurteilt.

Mit Götz stirbt symbolisch ein ganzes Zeitalter, der fürstliche Absolutismus; die moderne bürokratische Herrschaft der Territorialfürsten, also die „neue Zeit", ist nicht aufzuhalten. Die Zeit der freien Ritter, die nach dem Faustrecht leben, geht unter.

Inhaltlich stehen sich zwei Rechtssysteme gegenüber, das Lehensrecht der alten Zeit, aufgebaut auf wechselseitiger Treueverpflichtung, das Götz repräsentiert, und das neue römische Recht, ein Untertanenrecht, das auf Befehl und Gehorsam aufgebaut ist.

Die neue Dramenform

Die revolutionäre Wirkung dieser Tragödie beruht neben dem Inhalt auch auf ihrer freien Form. Die Einheit von Zeit, Ort und Handlung wird gesprengt, der Text ist in mehr als 50 Einzelszenen gegliedert, die Schauplätze liegen Hunderte von Kilometern auseinander. Goethe bezieht alle Stände und Schichten, den Kaiser ebenso wie Hofleute, Bischöfe, Ratsherren, Offiziere, Bauern, Zigeuner (Außenseiter der Gesellschaft), mit ein in die Auseinandersetzungen, ebenso ihr jeweiliges Sprachverhalten.

Friedrich Schiller: *Die Räuber*

Thema

Ein **Hauptthema** dieses Dramas ist wie in *Götz von Berlichingen* der Kampf des Einzelnen gegen die gesellschaftlichen und politischen Verhältnisse. Andere Motive sind das Thema der feindlichen Brüder und die gestörte Vater-Sohn-Beziehung.

Die Wirkung auf die Zuschauer der Erstaufführung

Das Stück erscheint 1781, 1782 wird es in Mannheim uraufgeführt, nachdem der Intendant des dortigen Theaters weitgehende Umarbeitungen, z. B. die Verlegung der Handlung von der Gegenwart in das 15. Jahrhundert, verlangt hat. Die Wirkung auf die 1 200 Zuschauer – das Theater ist ausverkauft – ist ungeheuer. Zwei Berichte von Augenzeugen:

Aus der ganzen Umgebung, von Heidelberg, Darmstadt, Frankfurt, Mainz, Worms, Speyer usw. waren die Leute zu Roß und zu Wagen herbeigeströmt, um dieses berüchtigte Stück zu sehen.

Das Theater glich einem Irrenhause, rollende Augen, geballte Fäuste, stampfende Füße, heisere Schreie im Zuschauerraum! Fremde Menschen fielen sich in die Arme, Frauen wankten, einer Ohnmacht nahe, zur Türe. Es war eine allgemeine Auflösung wie im Chaos, aus dessen Nebeln eine neue Schöpfung hervorbricht.

Auch Schiller wohnt, nachdem er trotz des herzoglichen Verbots aus Stuttgart gekommen ist, der Uraufführung bei. Dies trägt ihm von Herzog Karl Eugen einen 14-tägigen Arrest und später das Verbot zu schreiben ein.

Der Text, fünf Jahre nach dem Höhepunkt des Sturm und Drang entstanden, ist nicht eindeutig dieser Epoche zuzuordnen, obwohl er viele entsprechende Motive enthält, wie den unbegrenzten Tatendrang, den Hass auf das „tintenkleksende Säkulum", den Zorn über die Machtstrukturen des aufgeklärten Absolutismus (Tyrannenhass), die fehlende Entfaltungsmöglichkeit des Genies oder den Wunsch nach Befreiung von den Einengungen religiöser und moralischer bürgerlicher Ordnungen. Daneben zeigt Schiller aber auch die Gefahren des Freiheitstaumels, der durch keine Moral kanalisierten Kraft und Gewalt. Er meint, dass sich maßloser Geniekult zerstörerisch auswirke, wenn er sich einer sittlichen Weltordnung entgegensetze.

Der junge, leidenschaftliche Held Karl Moor studiert in Leipzig und führt dort ein leichtsinniges Leben. Er ist der Erstgeborene des alten regierenden Grafen von Moor und auch sonst der vom Schicksal Begünstigte. Karl entspricht der Idealfigur der Geniezeit. Sein jüngerer Bruder Franz Moor, äußerlich entstellt und vom Charakter her skrupellos, hasst seinen Bruder und setzt durch schändliche Intrigen Karls Enterbung durch, weil er selbst Schlossherr werden und Karls Geliebte Amalia für sich gewinnen will.

Karl gerät über die Enterbung in tiefe Verzweiflung. Er beschließt, seinem Leben einen anderen Inhalt zu geben, und gründet eine Räuberbande mit gleich gesinnten Studenten. Für Karl steht dabei Hilfe für die Bedrängten und Strafe für die Ungerechten im Vordergrund, er zeigt sich als „edler" Verbrecher, als eine Art Robin Hood. Seine Bande begeht jedoch Überfälle und Raubzüge aus reiner Lust an der Gewalt. Karl kehrt mit seinen Gefährten in seine Heimat zurück, weil er, einsam und verloren, die Versöhnung mit seinem Vater sucht. Diesen findet er im Turm, von seinem Bruder eingesperrt. Der alte Moor stirbt, als er in Karl einen „Räuber" vor sich hat. Franz erdrosselt sich. Das Schloss wird von den Räubern in Brand gesteckt, Karl tötet seine Braut Amalia, die ihn noch immer liebt, auf ihren Wunsch, weil die Räuberbande seinen Treueeid einfordert und sie ihm nicht folgen kann. Damit lädt Karl seine letzte, größte Schuld auf sich. Jetzt will er sich einem ordentlichen Gericht ausliefern, welches das von ihm verletzte Recht wieder herstellen kann.

Titelseite von Schillers *Die Räuber* (1782)

Räuber Moor: O über mich Narren, der ich wähnete die Welt durch Greuel zu verschönern, und die Gesetze durch Gesetzlosigkeit aufrecht zu halten. Ich nannte es Rache und Recht – Ich maßte mich an, o Vorsicht, die Scharten deines Schwerts auszuwetzen und deine Parteilich-
5 keiten gutzumachen – aber o eitle Kinderei – da steh ich am Rand eines entsetzlichen Lebens, und erfahre nun mit Zähnklappern und Heulen, daß *zwei Menschen wie ich den ganzen Bau der sittlichen Welt zugrund richten würden.* Gnade – Gnade dem Knaben, der *Dir* vorgreifen wollte – *Dein Eigen allein ist die Rache. Du* bedarfst nicht des Menschen Hand. Freilich stehts nun in meiner Macht nicht mehr, die Vergangenheit einzuholen – schon bleibt verdorben, was
verdorben ist – und was ich gestürzt habe, steht ewig niemals mehr auf – Aber noch blieb mir
10 etwas übrig, womit ich die beleidigten Gesetze versöhnen, und die mißhandelte Ordnung wiederum heilen kann. Sie bedarf eines Opfers – eines Opfers, das ihre unverletzbare Majestät vor der ganzen Menschheit entfaltet – dieses Opfer bin ich selbst. Ich selbst muß für sie des Todes sterben.
Räuber: Nimmt ihm den Degen weg – Er will sich umbringen.
15 **Räuber Moor:** Toren ihr! Zu ewiger Blindheit verdammt! Meinet ihr wohl gar, eine Todsünde werde das Äquivalent gegen Todsünden sein, meinet ihr, die Harmonie der Welt werde durch diesen gottlosen Mißlaut gewinnen? *(Wirft ihnen seine Waffen verächtlich vor die Füße)* Er soll mich lebendig haben. Ich gehe, mich selbst in die Hände der Justiz zu überliefern.
Räuber: Legt ihn an Ketten! Er ist rasend worden.
20 **Räuber Moor:** Nicht, als ob ich zweifelte, sie werde mich zeitig genug finden, wenn die oberen

Mächte es so wollen. Aber sie möchte mich im Schlaf überrumpeln, oder auf der Flucht ereilen, oder mit Zwang und Schwert umarmen, und dann wäre mir auch das einzige Verdienst entwischt, daß ich mit Willen für sie gestorben bin. Was soll ich gleich einem Diebe ein Leben länger verheimlichen, das mir schon lang im Rat der himmlischen Wächter genommen ist?

25 *Räuber:* Laßt ihn hinfahren! Es ist die Großmannsucht. Er will sein Leben an eitle Bewunderung setzen.

Räuber Moor: Man könnt mich darum bewundern. *(Nach einigem Nachsinnen)* Ich erinnere mich, einen armen Schelm gesprochen zu haben, als ich herüberkam, der im Taglohn arbeitet und elf lebendige Kinder hat – Man hat tausend Louisdore geboten, wer den großen Räuber

30 lebendig liefert – dem Mann kann geholfen werden *(Er geht ab.)*
Ende

- Welche Schlüsse zieht Karl Moor aus seinem Leben?

Zwei ungleiche Brüder

Beide, Franz und Karl Moor, verstoßen gegen die Ordnung Gottes und der Welt. Franz macht seinen Egoismus zu seinem obersten Gebot, fälscht Briefe, verleumdet und vernichtet seinen Bruder und will seinen Vater töten. Daraus entwickelt sich folgerichtig sein Selbstmord, der nach den religiös-theologischen Gesetzen in die Verdammnis führt. Sein ungleicher Bruder Karl, der zum schuldigen Sozialrebellen wird, findet am Schluss zu „vernünftiger" Einsicht und bringt sich der gesellschaftlichen und theologischen Ordnung zum Opfer dar.
▶ Seite 83 ff., *Kabale und Liebe*

Die lyrische Dichtung

Erlebnislyrik – Goethes *Sesenheimer Lieder*

Erlebislyrik

Mit dem Sturm und Drang beginnt die Epoche der **Erlebnislyrik**. Diese gestaltet vor allem persönliche, subjektive Erlebnisse eines Autors und steht im Gegensatz zur Gesellschafts- und Rollendichtung der Renaissance, des Barock und Rokoko (Anakreontik[4]). Lyrik ist damit Ausdruck des unverwechselbaren Ichs und auch ein Zeichen für die Emanzipation des individuellen Gefühls.

In diesem Sinne schreibt der junge Goethe die *Sesenheimer Lieder*, die 1770/71 entstehen und 1775 erscheinen. Sesenheim ist ein kleiner Ort in der Nähe von Straßburg, wo Goethe die Pfarrerstochter Friederike Brion kennen und lieben lernt.

Die beiden bekanntesten unter diesen Liedern sind *Es schlug mein Herz. Geschwind zu Pferd!*, das später den Titel *Willkommen und Abschied* erhält, und *Mailied*.

---

[4] Anakreontik: Dichtung, die eine begrenzte Zahl von Themen, z. B. Liebe, Wein, Natur, Freundschaft oder Geselligkeit, immer aufs Neue variiert; benannt nach dem altgriechischen Lyriker Anakreon, der diese Themen behandelte

Willkommen und Abschied

Es schlug mein Herz. Geschwind, zu Pferde!
Und fort, wild wie ein Held zur Schlacht.
Der Abend wiegte schon die Erde,
Und an den Bergen hing die Nacht.
5 Schon stund im Nebelkleid die Eiche
Wie ein getürmter Riese da,
Wo Finsternis aus dem Gesträuche
Mit hundert schwarzen Augen sah.

Der Mond von einem Wolkenhügel
10 Sah schläfrig aus dem Duft hervor,
Die Winde schwangen leise Flügel,
Umsausten schauerlich mein Ohr.
Die Nacht schuf tausend Ungeheuer,
Doch tausendfacher war mein Mut,
15 Mein Geist war ein verzehrend Feuer,
Mein ganzes Herz zerfloß in Glut.

Ich sah dich, und die milde Freude
Floß aus dem süßen Blick auf mich.
20 Ganz war mein Herz an deiner Seite,
Und jeder Atemzug für dich.
Ein rosenfarbnes Frühlingswetter
Lag auf dem lieblichen Gesicht
Und Zärtlichkeit für mich, ihr Götter,
Ich hofft' es, ich verdient' es nicht.

25 Der Abschied, wie bedrängt, wie trübe!
Aus deinen Blicken sprach dein Herz.
In deinen Küssen welche Liebe,
O welche Wonne, welcher Schmerz!
Du gingst, ich stund und sah zur Erden
30 Und sah dir nach mit nassem Blick.
Und doch, welch Glück, geliebt zu werden,
Und lieben, Götter, welch ein Glück!

- Verfolgen Sie geistig den Weg des Liebenden durch die Natur! (Beachten Sie die Verben!)
- Wie wirkt die Natur auf das lyrische Ich? Welche Gefühle werden durch die Natur widergespiegelt?
- Warum werden Ihrer Meinung nach die Ankunft selbst und die Zeit zwischen Ankunft und Abschied in der Darstellung ausgespart?
- Warum trägt das Mädchen (das Du) keine individuellen Züge?
- Wie nahe liegen nach Ihrer Meinung „Wonne" und „Schmerz" (Vers 28) in der Liebe beisammen?

Zwei Hymnen Goethes im Vergleich: *Prometheus* und *Grenzen der Menschheit*

Die mythologische Figur Prometheus

Von der Gruppe der Jugend-Hymnen Goethes (*Mahomets Gesang, Ganymed, Prometheus* und *An Schwager Kronos*), entstanden zwischen 1772 und 1774, ist *Prometheus* die bekannteste. Prometheus ist eine Gestalt der griechischen Mythologie, Schöpfer der Menschen und ihr Wohltäter. Er betrügt Zeus, dieser nimmt daraufhin der Menschheit das Feuer. Prometheus entwendet das Feuer und bringt es den Menschen zurück. Dafür wird der Titan an einen Felsen geschmiedet, bis Herakles ihn befreit. Nach einer anderen Überlieferung bildet Prometheus den ersten Menschen aus Lehm.

Prometheus ist trotziger Widersacher höchster Mächte und gleichzeitig gefangener und gebundener Rebell, somit Symbolfigur für das „Originalgenie" des Sturm und Drang. Einerseits erhebt er Anspruch auf Veränderung politisch-gesellschaftlicher Zustände, andererseits zerbricht er gerade an dieser Wirklichkeit. ▶ *Werther*, Seite 96, und *Götz*, Seite 100

Prometheus

Bedecke deinen Himmel, Zeus,
Mit Wolkendunst!
Und übe, Knaben gleich,
Der Disteln köpft,
5 An Eichen dich und Bergeshöhn!
Mußt mir meine Erde
Doch lassen stehn,
Und meine Hütte,
Die du nicht gebaut,
10 Und meinen Herd,
Um dessen Glut
Du mich beneidest.

Ich kenne nichts Ärmer's
Unter der Sonn' als euch Götter.
15 Ihr nähret kümmerlich
Von Opfersteuern
Und Gebetshauch
Eure Majestät
Und darbtet, wären
20 Nicht Kinder und Bettler
Hoffnungsvolle Toren.

Da ich ein Kind war,
Nicht wußte, wo aus, wo ein,
Kehrte mein verirrtes Aug'
25 Zur Sonne, als wenn drüber wär'
Ein Ohr, zu hören meine Klage,
Ein Herz wie meins,
Sich des Bedrängten zu erbarmen.
Wer half mir wider
30 Der Titanen Übermut?

Wer rettete vom Tode mich,
Von Sklaverei?
Hast du's nicht alles selbst vollendet,
Heilig glühend Herz?
35 Und glühtest, jung und gut,
Betrogen, Rettungsdank
Dem Schlafenden da droben?
Ich dich ehren? Wofür?
Hast du die Schmerzen gelindert
40 Je des Beladenen?
Hast du die Tränen gestillet
Je des Geängsteten?

Hat nicht mich zum Manne geschmiedet
Die allmächtige Zeit
45 Und das ewige Schicksal,
Meine Herrn und deine?

Wähntest du etwa,
Ich sollte das Leben hassen,
In Wüsten fliehn,
50 Weil nicht alle Knabenmorgen-
Blütenträume reiften?

Hier sitz' ich, forme Menschen
Nach meinem Bilde,
Ein Geschlecht, das mir gleich sei,
55 Zu leiden, weinen,
Genießen und zu freuen sich,
Und dein nicht zu achten,
Wie ich.

- Untersuchen Sie die äußere Form der Hymne (freie Rhythmen)! Inwiefern entspricht die Form dem Inhalt?
- In welchen Textstellen kann man das bis ins Äußerste gesteigerte Selbstbewusstsein der Ichperson erkennen?
- Stellen Sie die Eigenschaften von Prometheus denen von Zeus gegenüber!
- Versuchen Sie den Text auch so zu verstehen, dass Zeus ein Bild für den absoluten Herrscher ist und Prometheus für den Bürger, der dem Herrscher ebenbürtig und von ihm unabhängig sein will!

Wenige Jahre nach dieser Rebellion des Gefühls und dieser Absage an einen institutionalisierten Gott der Amtskirche in *Prometheus* verfasst Goethe die Hymne *Grenzen der Menschheit* (frühestens 1776, spätestens 1781).

Auch dieser Text behandelt (wie noch *Ganymed* und die Ode *Das Göttliche*) das Verhältnis des

Sprechers zu Gott bzw. dem Göttlichen. Er markiert den Übergang vom Sturm und Drang zur Klassik, vom Überschwang des leidenschaftlichen Gefühls zu den hier nicht als Einengung empfundenen Schranken des Daseins.

Grenzen der Menschheit

Wenn der uralte
Heilige Vater
Mit gelassener Hand
Aus rollenden Wolken
5 Segnende Blitze
Über die Erde sät
Küß' ich den letzten
Saum seines Kleides,
Kindliche Schauer
10 Treu in der Brust.

Denn mit Göttern
Soll sich nicht messen
Irgendein Mensch.
Hebt er sich aufwärts
15 Und berührt
Mit dem Scheitel die Sterne,
Nirgends haften dann
Die unsichern Sohlen,
Und mit ihm spielen
20 Wolken und Winde.

Steht er mit festen,
Markigen Knochen
Auf der wohlgegründeten
Dauernden Erde,
25 Reicht er nicht auf,
Nur mit der Eiche
Oder der Rebe
Sich zu vergleichen.

Was unterscheidet
30 Götter von Menschen?
Daß viele Wellen
Vor jenen wandeln,
Ein ewiger Strom:
Uns hebt die Welle,
35 Verschlingt die Welle,
Und wir versinken.

Ein kleiner Ring
Begrenzt unser Leben,
Und viele Geschlechter
40 Reihen sich dauernd
An ihres Daseins
Unendliche Kette.

- Goethe verwendet auch bei diesem Gedicht freie Rhythmen. Diese zwingen den Leser hier aber zu langsam-feierlichem Sprechen. Weisen Sie das nach!
- Die Verse fordern nicht auf, die Grenzen des Menschseins zu übertreten wie in *Prometheus*, sondern verlangen, die „ewigen, ehernen, großen Gesetze" der Natur anzuerkennen.
- Wie sollen die Menschen Gott begegnen?
- Charakterisieren Sie in beiden Texten das Verhältnis zwischen dem lyrischen Ich und Gott! Welche gravierenden Unterschiede können Sie feststellen?
- In welchem Text tragen die Verben die Aussage, in welchem eher die Adjektive? Was lässt sich daraus ableiten?

Gesellschaftskritische Lyrik

Zwei Dichter, **Gottfried August Bürger** (1747–1794) und **Christian Friedrich Daniel Schubart** (1739–1791), begründen eine Tradition der agitatorischen[5] politischen Lyrik. Bürgers Gedicht *Der Bauer an seinen durchlauchtigen Tyrannen* (1776) und Schubarts *Fürstengruft* (1779) sind scharfe Anklagen gegen absolutistische Willkür, Unterdrückung und Unmoral.

Gottfried August Bürger: *Der Bauer*
An seinen durchlauchtigen Tyrannen

Wer bist du, Fürst, daß ohne Scheu
Zerrollen mich dein Wagenrad,
zerschlagen darf dein Roß?

5 Wer bist du, Fürst, daß in mein Fleisch
Dein Freund, dein Jagdhund, ungebleut
Darf Klau' und Rachen haun?

Wer bist du, daß durch Saat und Forst
Das Hurra deiner Jagd mich treibt,
10 Entatmet, wie das Wild? –

Die Saat, so deine Jagd zertritt,
Was Roß und Hund und du verschlingst,
Das Brot, du Fürst, ist mein.

Du Fürst hast nicht, bei Egg' und Pflug,
15 Hast nicht den Erntetag durchschwitzt.
Mein, mein ist Fleiß und Brot! –

Ha! du wärst Obrigkeit vor Gott?
Gott spendet Segen aus; du raubst!
Du nicht von Gott, Tyrann!

Rollengedicht

Bürger legt seine Kritik an den Verhältnissen einem Bauern in den Mund (**Rollengedicht**). Schon die Überschrift zeigt in der paradoxen Anrede auf ironische Weise die kritische Tendenz. Den von Herder geforderten volkstümlichen Ton verknüpft Bürger mit antifeudaler Kritik.

- Was wirft der „Bauer" im Einzelnen dem Tyrannen vor?
- Was wird in der letzten Strophe entlarvt bzw. zurückgewiesen?

Indem Bürger einen Bauern sprechen lässt, übt er in diesem Text auch am Bürgertum Kritik. Der Bauer muss für sich selbst sprechen, weil er vom Bürger wenig Unterstützung erwarten kann. Außerdem möchte der Dichter die Mehrheit (80 %) der Bevölkerung, den damals politisch wenig beachteten vierten Stand, nicht aus der politischen Diskussion ausschließen. Gottfried August Bürger ist auch der bedeutendste Balladendichter seiner Zeit (Begründer der Kunstballade) und setzt mit seiner *Lenore* neue Maßstäbe für diese Gattung. Er wird mit dieser volkstümlichen Ballade in Deutschland auf Anhieb bekannt. Heute scheint Bürger vergessen, populär ist nur noch seine Fassung der *Lügengeschichten des Baron von Münchhausen*.

---

[5] Agitation: aggressive Werbung für ein bestimmtes, meist politisches oder soziales Ziel

Sturm und Drang (1770–1785)

Epochenbegriff – Wegbereiter – Geniebegriff

Der **Sturm und Drang** ist eine **kurze literarische Jugendbewegung**, die sowohl als Fortführung als auch als Gegenströmung zur Aufklärung gesehen werden kann. Der **Name** der Epoche stammt von **Friedrich Maximilian Klingers** Schauspiel *Sturm und Drang*, das ursprünglich den Titel *Wirrwarr* trug.

Wegbereiter der Epoche sind der Kulturphilosoph **Johann Gottfried Herder** (sammelt Volkslieder und gibt die Sammlung *Stimmen der Völker in Liedern* heraus) und der Franzose **Jean-Jacques Rousseau** mit seiner Zivilisationskritik.

Zentren der literarischen Produktion des Sturm und Drang sind unter anderem Straßburg, Frankfurt und Göttingen.

Die **Autoren** sind fast alle zwischen 20 und 30 Jahre alt und schließen sich (im Gegensatz zur Aufklärung) in Gruppen unter anderem um **Johann Wolfgang Goethe** und **Friedrich Schiller** in den oben genannten Zentren zusammen.

Die meisten Schriftsteller entstammen kleinbürgerlichen Familien; das so am eigenen Leib erfahrene soziale Elend spiegelt sich auch in ihren Gedichten und Dramen wider.

Der Schriftsteller, das Genie

Das **Genie** ist der zentrale Begriff im Sturm und Drang. Das Genie erlaubt keine Einschränkung durch ästhetische oder moralische Normen, sondern verlangt stattdessen Emanzipation des Bürgertums, Freiheit, Natürlichkeit …

Das größte Vorbild der Stürmer und Dränger ist **William Shakespeare.**

Die Leiden des jungen Werthers

Goethes Briefroman (1774) bedeutet den Durchbruch für die junge literarische Epoche und macht Goethe berühmt. Werther verköpert den Typus des unzufriedenen bürgerlichen Intellektuellen, der an der ständisch gegliederten Gesellschaft und der eigenen Selbsteinschätzung scheitert.

Das Drama im Sturm und Drang

Als wichtige Beispiele hierfür gelten **Johann Wolfgang Goethes** *Götz von Berlichingen mit der eisernen Hand* und **Friedrich Schillers** *Die Räuber.* Beide zeigen den Kampf eines Einzelnen gegen gesellschaftliche und politische Verhältnisse.

Die lyrische Dichtung

Hierzu zählt im Sturm und Drang einerseits die **Erlebnislyrik**, in der das persönliche, subjektive Ergebnis des Autors im Mittelpunkt steht, andererseits die gesellschaftskritische Lyrik, die sich meist gegen politische und soziale Missstände richtet.

Wichtige Schriftsteller des Sturm und Drang sind außerdem **Jakob Michael Reinhold Lenz, Heinrich Leopold Wagner, Gottfried August Bürger** und **Christian Friedrich Daniel Schubart.**

Klassik (1786–1805)

Der Begriff

Das Wort „klassisch" wird vom lateinischen „classicus" abgeleitet, was „zur ersten Steuerklasse Gehöriger, Angehöriger der höchsten Vermögensklasse" bedeutet. Es bezeichnet zunächst etwas Bevorzugtes und wird dann allmählich bedeutungsgleich mit „mustergültig". In der Neuzeit bedeutet „klassisch" antik, meist im Zusammenhang mit harmonisch, ausgewogen, vorbildlich und unübertrefflich. „Klassische" Autoren sind zunächst antike Schriftsteller, später auch solche, die nach antiken Maßstäben mustergültig und beispielgebend sind, es gibt auch moderne Klassiker.

Die Klassik als Normen- und Epochenbegriff

Der Begriff „Klassik" wird zweifach verwendet:

- **als ästhetischer Normenbegriff:** Aus einer Reihe von Dichtern und ihren Werken werden einige als herausragend angesehen. Sie bilden einen Kanon[1], der zeitlose Gültigkeit hat, dessen Ursprünge in der Vergangenheit liegen und der auch für die Zukunft als Wertmaßstab von Bedeutung sein wird. Goethe und Schiller sind auch heute noch Klassiker, obwohl ihre Werke kaum mehr gelesen werden.
- **als literarischer Epochenbegriff:** Bestimmte Epochen bezeichnet man in einzelnen Ländern als „klassisch"; meist stehen sie in engem Zusammenhang mit historischen Vorgängen oder in Verbindung mit einer historisch-politischen Persönlichkeit[2]. Eine klassische Periode ist fast immer eine Antwort, eine Reaktion auf historisch-politische Zustände: Auf eine chaotische, ungeordnete Zeit folgt eine des relativen Friedens und der Hochblüte der Kultur. Die Weimarer Klassik ist eine Reaktion auf die Französische Revolution, die Goethe und Schiller als chaotisch und unordentlich empfinden. Liest man in deutschen Literaturgeschichten von „Klassik", so ist damit die „Weimarer Klassik", die Zeit von **Goethes** Italienreise (1786) bis zu **Schillers** Tod (1805) gemeint. Goethe und Schiller selbst fühlen oder bezeichnen sich jedoch nie als „Klassiker".

Die Französische Revolution und die Reaktionen der deutschen Dichter

- Informieren Sie sich in einem Lexikon oder einem Geschichtsbuch über die Hintergründe der Französischen Revolution. Welche Missstände führten zu ihrem Ausbruch? Wieso waren Dichter wie Hölderlin oder Herder zunächst von dem Gedankengut der Revolution so begeistert? Welche Ereignisse führten dazu, dass sich die Begeisterung in strikte Ablehnung wandelte?

Die Französische Revolution wird 1789 von vielen deutschen Dichtern zunächst begeistert aufgenommen: **Johann Gottfried Herder** spricht vom Sturm auf die Bastille als „Taufe der Menschheit", **Friedrich Hölderlin** von der Revolution als „neuer Schöpfungsstunde". Nach

---

[1] Kanon: Maßstab, Norm, Regelkatalog
[2] die griechische Klassik: Perikles; die römische Klassik: Augustus; die englische Klassik: Elizabeth I.; die französische Klassik: Ludwig XIV.

der Hinrichtung König Ludwigs XVI. und den Septembermassakern, spätestens aber nach der Jakobinerherrschaft kühlt die Begeisterung ab, an ihre Stelle tritt Ablehnung.

Funktion der Literatur bei gesellschaftlichen Veränderungen

Es setzt nun ein Nachdenkprozess über die Möglichkeiten der Gesellschaftsveränderung ein. Die Klassiker meinen, dass Deutschland noch nicht reif für eine Revolution sei. Sie sind aber doch der Überzeugung, dass es Veränderungen geben muss, die aber allmählich und nicht in der Form einer Revolution vor sich gehen sollten. Bei diesen Veränderungen wird der Literatur große Bedeutung zugemessen: Sie dient zur Verbesserung der Moral, man strebt eine höhere Stufe der „Sittlichkeit" an; sie ist überhaupt die Bedingung dafür, dass eine Veränderung eintreten kann.

Sturm auf die Bastille (1789)

Die theoretische Grundlage für diese Ansichten bietet u. a. **Schillers** Schrift *Über die ästhetische Erziehung des Menschen*. Ein Ausgleich zwischen sinnlicher und rationaler Natur im Menschen sei das Ziel der Erziehung. Diese Art von Pädagogik wird von den klassischen Dichtern in ihrem Werk idealtypisch dargestellt. Der „klassische" Held bekommt für die LeserInnen Vorbildfunktion. Es ist klar, dass dies keine Darstellung der Wirklichkeit und der zeitgenössischen Konflikte sein kann, sondern reine Utopie. Da die Werke der Klassiker nur einer kleinen Schicht des Bildungsbürgertums zugänglich sind, ist die Verwirklichung der Utopie nur im kleinen Kreis, bei einer Elite, möglich.

Die Klassiker bieten Konzepte an, die gleichsam als Mittel gegen die Revolution dienen sollen:

Das Ideal der Schönheit

- **Ästhetische Autonomie:** Alles Zweckgebundene, Nützliche und Praktische wird in der Literatur abgelehnt. Das Ideal der Schönheit dient als Orientierungsmaßstab für eine neue Lebensweise. Besonders **Schiller** verlangt die „strengste Separation" von der „wirklichen" Welt, weil die Wirklichkeit den Dichter nur „beschmutzen" würde.

  Man strebt im Gegensatz zum Sturm und Drang nach geschlossener Form, nach Vollendung. Im Mittelpunkt steht der schöne, gute, in sich ruhende Mensch, der an Selbstverantwortung und Selbstbestimmung glaubt.

  Das klassische Schönheitsideal wird aus der antiken griechischen Kunst abgeleitet[3]. Schönheitsideal heißt gleichzeitig Kunstideal, Bildungsideal und Vorbild für das Leben. Ziel ist die Harmonie zwischen Individualität und Typus durch Bändigung der Triebe, durch Normung von Verhaltensweisen und Formung von Denkweisen. Dieser Rückgriff auf die Antike kennzeichnet vor allem das Drama: Die Sprache ist nun der Vers (meist Jambus), man liebt allgemeine Formulierungen, Sentenzen (Sinnsprüche); es gibt nur wenige Figuren, wenige Szenen. Elemente aus dem antiken Drama werden übernommen: Chor, Monolog, analytische Methode. Die Klassiker wählen als Themen den Konflikt zwischen Individuum bzw. Genie und Gesellschaft[4] (*Tasso*), die Humanität als Siegerin über alle Probleme (*Iphigenie*), Schuld und Läuterung (im Sinne von Einordnung in die Gesellschaft) und innere Freiheit (*Maria Stuart*).

---

[3] Gemeint ist vor allem die perikleische Zeit um 500 v. Chr.
[4] Das Genie scheitert, weil es sich nicht normieren oder harmonisieren lässt.

Humanität

- **Humanitätsideal:** Dieses wird vor allem von **J. G. Herder** und **Wilhelm von Humboldt** vertreten.

Johann Gottfried Herder: *Über Humanität*

Humanität ist der Zweck der Menschennatur, und Gott hat unserm Geschlecht mit diesem Zweck sein eigenes Schicksal in die Hände gegeben. Die Geschichte, verschiedene Räume und verschiedene Zeiten, sind der Ort, in dem die Humanität als der „Charakter unsres Geschlechts" dem Menschen „angebildet werden muss", denn wir bringen ihn nicht fertig auf die Welt mit;
5   auf der Welt aber soll er das Ziel unsres Bestrebens, die Summe unsrer Übungen, unser Wert sein. Das Göttliche in unserm Geschlecht ist also Bildung zur Humanität. […] Die Bildung zu ihr ist ein Werk, das unablässig fortgesetzt werden muss, oder wir sinken, höhere und niedere Stände, zur rohen Tierheit, zur Brutalität zurück.

- Was versteht Herder unter Menschlichkeit? Fassen Sie die wichtigsten Gedanken zusammen. Was würden Sie aus Ihrer Sicht noch hinzufügen?

Schiller stellt in seinen *Horen*[5] ein Kulturprogramm der „wahren Humanität" den Ereignissen der Französischen Revolution gegenüber. Die Forderung nach Ordnung kehrt immer wieder; Krieg und Revolution stehen im Zeichen des Chaos, sie sind Merkmale der Unordnung, der zeitgenössischen Epoche. Daher werden Ordnung bzw. Ordnungsstiftung zu zentralen Anliegen der Kultur. Mit dem Verweis auf das Vorbild in der Antike gelingt es klarzumachen, dass Ordnung nicht nur Aufgabe der Gegenwart ist, sondern dass diese Forderung ohne Einschränkung für alle Zeit gilt.

Pädagogik

- **Ästhetische Erziehung und Bildung:** Ästhetische Erziehung und Bildung sind ein Hauptmerkmal der „Weimarer Klassik" und beweisen ihren stark pädagogischen Charakter, ein Erbe der Aufklärung. Durch Kunst, im engeren Sinne Literatur, ließen sich individuelle Vollkommenheit, aber auch politische Reformen erreichen. Umfassende Bildung des Menschen führe schließlich zur Bildung des gesamten Menschengeschlechts. Durch Bildung ließen sich letzten Endes auch Revolutionen vermeiden, denn ästhetisch gebildeten Menschen gelängen Ausgleich und Versöhnung.
- **Betonung der Natur:** Natur steht immer in Verbindung mit Kunst. Für Goethe ist die Natur Voraussetzung für jede Kunstproduktion.

Goethe in Weimar

Weimar

Zur Zeit Goethes hat Weimar – halb Residenzstadt, halb Dorf – etwa 6 000 Einwohner, das ganze Herzogtum Sachsen-Weimar 100 000. Weimar ist ein Ort ohne Industrie und hat einen hervorragenden Ruf bei Intellektuellen und Kunstfreunden.
Goethes Entschluss, von Frankfurt nach Weimar zu gehen (ca. 1775/1776), bedeutet den Ab-

---

[5] Horen: eine von Schiller herausgegebene Zeitschrift

schied vom Sturm und Drang. Nach einer geplatzten Verlobung hat er in Frankfurt keine Freunde mehr. Die Übersiedlung bedeutet für ihn somit eine Rettung aus einer drohenden Isolation. Ebenso stellt der Ortswechsel einen Versuch dar, seinen Wirkungskreis zu erweitern. Mitverantwortlich dürfte wohl auch sein Wille gewesen sein, von den Bürger- in die Adelskreise aufzusteigen. Als Goethe 1779 Geheimrat wird, äußert er, er habe die „höchste Ehrenstufe" erklommen, die ein Bürger in Deutschland erreichen kann. 1782 wird er geadelt, hat also nach außen hin den Aufstieg geschafft. Schon bald ist er enger Vertrauter des Herzogs und damit auch direkt an Regierungsgeschäften beteiligt.

Auf Goethes Vorschlag hin kommen Schiller, Herder, Fichte und Humboldt nach Weimar und bilden den Kreis von Persönlichkeiten, der

als „**Weimarer Kreis**" bekannt ist. Nebenbei übernimmt Goethe auch kulturelle Aufgaben, er ist Autor, Regisseur und Schauspieler, später leitet er das Hoftheater.

Goethe ist mit dem Leben am Weimarer Hof nicht nur glücklich, es führt auch zu Resignation und Isolation, die Schiller allerdings als sehr wichtig für wahre Dichtkunst ansieht. Goethes Drama *Torquato Tasso* spiegelt wider, wie sich Goethe als bürgerliches Genie am Hofe Weimars gefühlt hat.

Das Weimarer Hoftheater

Den Aufenthalt in Weimar unterbricht Goethe durch mehrere Reisen (Harz, Schweiz, Italien 1786–88 und 1790), die sich auch in seinen Werken niederschlagen.

Iphigenie auf Tauris

Iphigenie als Verkörperung eines klassischen Ideals

Da Goethe in diesem Drama jede Dramatik vermeidet, ist das zeitgenössische Publikum enttäuscht. Goethe feilt lange Zeit an dem Stück, erst mit der dritten Fassung in Jamben ist er völlig zufrieden.

Goethe erzählt den antiken Mythos neu, am Ende tritt nun nicht mehr Athene als Deus ex Machina auf, sondern Iphigenie, die Verkörperung reinster Menschlichkeit, bewirkt ein harmonisches Ende: Sie versöhnt die Männer, heilt ihren Bruder vom Wahnsinn und schafft die Barbarei ab. Iphigenie ist „reine" Seele, kein lebendiger Charakter, sie ist die Verkörperung eines klassischen Ideals.

Iphigenie, die von ihrem Vater Agamemnon, dem König von Mykene, als Sühneopfer bestimmt ist, wird von der Göttin Diana nach Tauris entführt. Zu Beginn des Dramas ist sie dort Priesterin der Göttin und hat König Thoas dazu gebracht, die Menschenopfer ab-

Iphigenie und Orest (Gemälde von J.H.W. Tischbein, 1788)

zuschaffen. Thoas will sie zur Frau, Iphigenie weigert sich, unter anderem, weil sie ihn nicht liebt. Aus Zorn über ihre Weigerung will er zwei Fremde, die auf der Insel gelandet sind, opfern lassen. Es sind, ohne dass Iphigenie davon weiß, ihr Bruder Orest und dessen Freund Pylades. Orest hat seine Mutter erschlagen, da sie seinen Vater Agamemnon ermordet hat. Vor den Rachegöttinnen findet Orest keine Ruhe und wird mit Wahnsinn geschlagen. Apollo hat allerdings Heilung in Aussicht gestellt, wenn er die Schwester aus Tauris zurück nach Griechenland bringe. Orest legt den Orakelspruch so aus, dass er das Götterbild der Diana, der Schwester des Apollo, heimbringen soll. Apollo meint allerdings die Schwester Orests, Iphigenie. Bald erkennt Iphigenie in dem unglücklichen Fremden ihren Bruder und kann die Rachegöttinnen durch ihre Sanftmut bändigen. Als der geheilte Orest das Götterbild der Diana entführen will, teilt Iphigenie dies Thoas mit, da sie unfähig ist zu lügen. Sie ist ehrlich zu Thoas und dieser lässt sie samt ihrem Bruder zurück nach Griechenland segeln.

Das Parzenlied[6] *(aus: Iphigenie)*

„Es fürchte die Götter
Das Menschengeschlecht!
Sie halten die Herrschaft
In ewigen Händen,
5   Und können sie brauchen,
Wie's ihnen gefällt.

Der fürchte sie doppelt,
Den je sie erheben!
Auf Klippen und Wolken
10   Sind Stühle bereitet
Um goldene Tische.

Erhebet ein Zwist sich:
So stürzen die Gäste
Geschmäht und geschändet
15   In nächtliche Tiefen
Und harren vergebens
Im Finstern gebunden
Gerechten Gerichtes.

Sie aber, sie bleiben
20   In ewigen Festen
An goldenen Tischen.

Sie schreiten vom Berge
Zu Bergen hinüber:
Aus Schlünden der Tiefe
25   Dampft ihnen der Atem
Erstickter Titanen,
Gleich Opfergerüchen,
Ein leichtes Gewölke.

Es wenden die Herrscher
30   Ihr segnendes Auge
Von ganzen Geschlechtern,
Und meiden, im Enkel
Die ehmals geliebten
Still redenden Züge
35   Des Ahnherrn zu sehn."

So sangen die Parzen;
Es horcht der Verbannte
In nächtlichen Höhlen,
Der Alte, die Lieder,
40   Denkt Kinder und Enkel
Und schüttelt das Haupt.

Auf dem Geschlecht des Tantalus, aus dem Iphigenie stammt, ruht ein Fluch. Während aber im antiken Drama das Schicksal unerbittlich waltet, hat bei Goethe Iphigenie menschliche Entscheidungskraft, die ein Eingreifen der Götter nicht mehr notwendig macht.

- Welche Einstellung hat Iphigenie zu den Göttern? Wie behandeln die Götter die Menschen?

Goethe und Schiller

Freundschaft besteht zwischen Goethe und Schiller seit 1794. Sie kennen sich zwar schon seit 1788, stehen sich aber vorerst skeptisch gegenüber. Nach einem langsamen Annäherungsprozess kommt es zu intensiver Zusammenarbeit.

Sie ermuntern sich gegenseitig und kritisieren wohlwollend, aber ehrlich. Gemeinsam geben

---

[6] Parzen: griechische Schicksalsgöttinnen

sie die Zeitschrift *Horen* heraus, die zum Sprachrohr des literarischen Lebens in Deutschland wird. Eine Art Manifest ihrer Zusammenarbeit bringt das „Balladenjahr" 1797. Für den *Musenalmanach*, den Schiller herausgibt, entstehen Balladen, die zum Bildungsgut einer breiten Bevölkerungsschicht werden. Die Zusammenarbeit endet abrupt mit Schillers Tod 1805.

Friedrich Schiller

Friedrich Schiller

Dramen Schillers

Schillers (1759–1805) umfangreiches Dramenschaffen baut auf historischen Vorarbeiten auf (er ist auch Professor für Geschichte in Jena). Nach seiner Distanzierung vom Sturm und Drang wendet sich Schiller vom bürgerlichen Trauerspiel ab.

Er setzt sich nicht mehr mit deutscher Gegenwart und Wirklichkeit auseinander. Die Themen seiner wichtigsten Dramen sind ab nun der Geschichte entnommen: *Wallenstein* spielt im 17. Jahrhundert, *Maria Stuart* im England des 16. Jahrhunderts, *Die Jungfrau von Orleans* im Frankreich des 15. Jahrhunderts. Schiller belebt die höfisch-aristokratische Tragödienform wieder und signalisiert den Beginn der restaurativen Phase der bürgerlichen Gesellschaft in Deutschland (während in Frankreich nachrevolutionäre Kämpfe toben). Die im Sturm und Drang so vehement geforderte künstlerische, individuelle und politische Freiheit ist nun zur „inneren Freiheit" geworden. Bürgerliche Inhalte erscheinen in aristokratischem Gewand (eine Vorahnung des Kompromisses zwischen Bürgertum und Adel im 19. Jahrhundert), sie sind nicht mehr antiaristokratisch.

Don Carlos

Die Handlung spielt im 16. Jahrhundert. Philipp II. von Spanien heiratet Elisabeth von Valois, die ursprünglich für seinen Sohn Carlos bestimmt war. Marquis Posa will Carlos für die Freiheitsbestrebungen der Niederländer begeistern. Auch Elisabeth bittet Carlos, seine Liebe zu ihr zu vergessen und sich seinen Untertanen zu widmen. Philipp jedoch lehnt es ab, Carlos ein Heer in Flandern anzuvertrauen. Prinzessin Eboli, eine Hofdame, verrät Carlos' Beziehung zur Königin dem König, da sie Carlos selbst liebt. Um seinen Freund zu retten, opfert sich Posa: Er gewinnt das Vertrauen des Königs und lenkt dann den Verdacht auf sich selbst, indem

Don Carlos-Aufführung Berlin, Schiller-Theater, 1993, Szenenbild von Gerd Hartung

er vorgibt, dass er die Königin liebe. Er glaubt so Carlos die Gelegenheit geben zu können, nach Flandern zu fliehen. Posa wird erschossen, Carlos der Inquisition übergeben.

Schiller hat lange an dem Drama gearbeitet. Die ursprüngliche Haupthandlung, die Liebesgeschichte zwischen Carlos und Elisabeth, weicht der politischen Tragödie des Marquis Posa, der den von seinen Familienmitgliedern enttäuschten König für die Ideen der Freiheit und Menschenwürde gewinnen will.

3. Akt, 10. Auftritt

König *(mit erwartender Miene)*: Nun?
Marquis: Ich kann nicht Fürstendiener sein.
(Der König sieht ihn mit Erstaunen an.)
Ich will

5 Den Käufer nicht betrügen, Sire – Wenn Sie
Mich anzustellen würdigen, so wollen
Sie nur die vorgewogne Tat. Sie wollen
Nur meinen Arm und meinen Mut im Felde,
Nur meinen Kopf im Rat. Nicht meine

10 Taten,
Der Beifall, den sie finden an dem Thron,
Soll meiner Taten Endzweck sein. Mir aber,
Mir hat die Tugend eignen Wert. Das Glück,
Das der Monarch mit meinen Händen

15 pflanzte,
Erschüf' ich selbst, und Freude wäre mir
Und eigne Wahl, was mir nur Pflicht sein
sollte.
Und ist das Ihre Meinung? Können Sie

20 In Ihrer Schöpfung fremde Schöpfer
dulden?
Ich aber soll zum Meißel mich erniedern,
Wo ich der Künstler könnte sein? – Ich
liebe

25 Die Menschheit und in Monarchien darf
Ich niemand lieben als mich selbst. […]
Ich höre, Sire, wie klein,
Wie niedrig Sie von Menschenwürde
denken,

30 Selbst in des freien Mannes Sprache nur
Den Kunstgriff eines Schmeichlers sehen,
und
Mir deucht, ich weiß, wer Sie dazu berechtigt.

35 Die Menschen zwangen Sie dazu; *die*
haben
Freiwillig ihres Adels sich begeben,
Freiwillig sich auf diese niedre Stufe
40 Herabgestellt. Erschrocken fliehen sie
Vor dem Gespenste ihrer innern Größe,
Gefallen sich in ihrer Armut, schmücken
Mit feiger Weisheit ihre Ketten aus,
Und Tugend nennt man, sie mit Anstand
tragen.

45 So überkamen Sie die Welt. So ward
Sie ihrem großen Vater überliefert.
Wie könnten Sie in dieser traurigen
Verstümmlung – Menschen ehren? […]
Ja, beim Allmächtigen!

50 Ja – ja – Ich wiederhol es. Geben Sie,
Was Sie uns nahmen, wieder. Lassen Sie,
Großmütig, wie der Starke, Menschenglück
Aus Ihrem Füllhorn strömen – Geister reifen
In Ihrem Weltgebäude. Geben Sie,

55 Was Sie uns nahmen, wieder. Werden Sie
Von Millionen Königen ein König.
*(Er nähert sich ihm kühn, indem er feste
und feurige Blicke auf ihn richtet.)*
O könnte die Beredsamkeit von allen

60 Den Tausenden, die dieser großen Stunde
Teilhaftig sind, auf meinen Lippen schwe-
ben,
Den Strahl, den ich in diesen Augen merke,
Zur Flamme zu erheben! – Geben Sie

65 Die unnatürliche Vergöttrung auf,
Die uns vernichtet. Werden Sie uns Muster
Des Ewigen und Wahren. Niemals – niemals
Besaß ein Sterblicher so viel, so göttlich
Es zu gebrauchen. Alle Könige

70 Europens huldigen dem span'schen Namen.
Gehn Sie Europens Königen voran.
Ein Federzug von dieser Hand, und neu
Erschaffen wird die Erde. Geben Sie
Gedankenfreiheit – *(Sich ihm zu Füßen

75 werfend.)*

- Wie steht Posa zu Monarchien, mit welcher Bezeichnung umreißt er seine Position?
- Wie schätzt Posa den König ein?
- Posa bittet den König um „Gedankenfreiheit". Was ist darunter zu verstehen?

Der Dichter, die Liebe und die Natur

Goethes Lyrik der Weimarer Zeit unterscheidet sich von der der Sturm-und-Drang-Zeit: Die Gedichte sind stiller, sanfter, gedämpfter, ruhiger, distanzierter. Der Satzbau wird wieder regelmäßiger; strenge Formen, regelmäßige Versmaße, feste Gedichtformen werden bevorzugt. Trotzdem sind Goethes Gedichte Gelegenheits- und Erlebnisgedichte; Augenblicke und Ereignisse werden zum Inhalt, Liebe, Natur und Erschütterungen des Lebens poetisch verarbeitet.

Goethe in der Campagna (Gemälde von J. H. W. Tischbein)

J. W. Goethe: *Nähe des Geliebten*

Ich denke dein, wenn mir der Sonne Schimmer
Vom Meere strahlt;
Ich denke dein, wenn sich des Mondes Flimmer
In Quellen malt.

5   Ich sehe dich, wenn auf dem fernen Wege
Der Staub sich hebt;
In tiefer Nacht, wenn auf dem schmalen Stege
Der Wandrer bebt.

Ich höre dich, wenn dort mit dumpfem Rauschen
10 Die Welle steigt.
Im stillen Haine geh ich oft zu lauschen,
Wenn alles schweigt.

Ich bin bei dir, du seist auch noch so ferne,
Du bist mir nah!
15 Die Sonne sinkt, bald leuchten mir die Sterne.
O wärst du da!

- Welche Beziehung hat das lyrische Ich zur Natur?
- Warum empfindet es die Trennung vom geliebten Menschen nicht als schmerzlich?
- Welche Wörter würden Sie als Schlüsselwörter bezeichnen?
- Verfassen Sie ein Gegen-Gedicht: Sie befinden sich in Harmonie mit Technik, Großstadt, Computer und fühlen sich mit Ihrer Partnerin/Ihrem Partner verbunden, die/der räumlich entfernt ist!

J. W. Goethe: *Dornburg, September 1828*

Früh, wenn Tal, Gebirg und Garten
Nebelschleiern sich enthüllen,
Und dem sehnlichsten Erwarten
Blumenkelche bunt sich füllen;

5 Wenn der Äther, Wolken tragend,
Mit dem klaren Tage streitet,
Und ein Ostwind, sie verjagend,
Blaue Sonnenbahn bereitet,

Dankst du dann, am Blick dich weidend,
10 Reiner Brust der Großen, Holden,
Wird die Sonne, rötlich scheidend,
Rings den Horizont vergolden.

Selbstbildnis des jungen Goethe
in seinem Frankfurter Mansar-
denzimmer (um 1768/70)

Aus Goethes Dornburger Tagebüchern

8. 7. Früh in der Morgendämmerung das Thal und dessen aufsteigende Nebel gesehen ... Ganz reiner Himmel, schon zeitig steigende Wärme ... Abends vollkommen klar. Heftiger Ostwind.
12. 7. Gegen fünf Uhr allgemeiner dichter, hoch in die Atmosphäre verbreiteter Nebel. (Er war, wie ich hörte, seit zwei Uhr aus der Saale aufgestiegen.) Erst gegen sieben Uhr ward die untere
5 Straße, der Fluß und die nächsten Wiesen, sodann, als der Nebel weiter sank, die gegenüber sich hinziehenden Bergrücken sichtbar. Nach und nach hatte er sich ganz niedergesenkt, doch schwebte noch ein merklicher Duft ausgebreitet über dem Thale. Der Himmel war ganz heiter geworden, schön blau, besonders an der Abendseite.
18. 8. Vor Sonnenaufgang aufgestanden. Vollkommene Klarheit des Thales. Der Ausdruck des
10 Dichters: Heilige Frühe ward empfunden. Nun fing das Nebelspiel im Thale seine Bewegung an, welches mit Südwestwind wohl eine Stunde dauerte und sich außer wenigen Streifwolken in völlige Klarheit auflöste ...

- Vergleichen Sie die Tagebuchaufzeichnungen mit dem Gedicht!
- Welche Eindrücke nimmt Goethe als Anlass für sein Gedicht?
- Was erfahren wir über die Empfindungen des Beobachters?
- Welche Naturgegenstände aus dem Gedicht finden Sie auch in den Tagebüchern?
- Fassen Sie jede Strophe in einem Stichwort zusammen!
- Welche Rolle spielt das lyrische Ich im Naturvorgang?
- Was sieht es im Rahmen seiner Beobachtungen? Folgen Sie seinen Blicken! Von wo aus beobachtet es?
- Welche Gemeinsamkeiten können Sie bei den Verben feststellen?
- Wie reagiert das lyrische Ich am Ende auf die Naturbeobachtung?
- Wofür ist die auf- und untergehende Sonne Symbol[7]?

---

[7] Symbol: Erkennungszeichen; bildhaftes Zeichen, das über sich hinaus auf höhere geistige Zusammenhänge hinweist; eine Veranschaulichung eines Begriffes, einer Idee; z. B.: Ring als Symbol für Ehe, Kreuz
für Christentum, Feuer für Leidenschaft, wogendes, goldenes Kornfeld für persönliche Reife

Klassikerverehrung und Klassikwirkung

Während andere europäische Nationen schon längst klassische Autoren haben, ist die deutsche Klassik erst relativ spät angesiedelt. Die klassischen Autoren in England, Italien, Spanien und Frankreich sind zugleich auch Nationaldichter. In Deutschland kann sich jedoch keine Nationalliteratur herausbilden, weil es eine deutsche Nation erst ab 1871 gibt.

Das Klassikverständnis hat sich im Laufe der Zeit gewandelt. Meint man ursprünglich einen weiten Bereich, die Gipfelepoche nach Aufklärung und Sturm und Drang, so wird Klassik später auf Goethe und Schiller beschränkt.

Kanonisierung von „klassischen" Werken

Etwa ab 1850 kommt es zu einer Kanonisierung von „klassischen" Werken. Der Vorrat an literarischen Produktionen wird geteilt in vorbildliche und mustergültige und solche, die diesen Maßstäben nicht genügen. Goethe, Schiller, Lessing, Herder und Jean Paul sind „Klassiker", später werden Wieland, Klopstock und Eichendorff in die Elite aufgenommen, während Kleist, Hölderlin und Forster die Anerkennung versagt bleibt. Die „Kanonisierung" hängt auch eng mit dem einflussreichen Cotta-Verlag[8] zusammen, der bis 1867 das Monopol auf klassische deutsche Literatur hat.[9]

August Wilhelm Iffland

Nach 1867 kommt es zu einem Boom von billigen Ausgaben. Die Klassiker waren bis zu diesem Zeitpunkt der Masse des Publikums nicht zugänglich, ihr Lesestoff sind Trivialromane und Almanache[10]. Die Dramen Goethes und Schillers werden beim Publikum nicht günstig aufgenommen. Erfolgreich sind hingegen die Autoren **August Wilhelm Iffland** und **August von Kotzebue**. Auch die Romantiker haben eine eher geringe Breitenwirkung: Nur *Des Knaben Wunderhorn* und **Eichendorffs** *Aus dem Leben eines Taugenichts* kommen an. Die vielen klassisch-romantischen Nachfahren und Nachahmer popularisieren und trivialisieren die Aussagen der klassischen Stoffe für eine breite Leserschaft, die weder gebildet noch vermögend ist. Die eigentliche klassische Dichtung ist nur für eine Elite geschrieben und wird auch entsprechend aufgenommen.

August von Kotzebue

Literaturgeschichtsschreibung

Dass die Klassik dennoch eine solche Bedeutung erlangen kann, verdankt sie der Literaturgeschichtsschreibung des 19. Jahrhunderts. Eine Nation, die politisch zu kurz gekommen ist, braucht die Klassik als Mythos und Legende.

Mit dem Erreichen der deutschen Einheit 1871 verliert sie diese Bedeutung.

Im 20. Jahrhundert wird zunächst die „deutsche" Komponente in der Literaturgeschichtsschreibung betont. **Hermann August Korff** spricht von „Deutscher Bewegung", von „übergeschichtlichen Funktionen, weil hier der Geist des deutschen Volkes auf die Höhe seiner selbst gekommen ist".

---

[8] Der Verlag existiert heute noch als Klett-Cotta-Verlag.
[9] 1867 erlosch die Schutzfrist für Werke aller vor 1837 gestorbenen Autoren.
[10] Almanach: Jahrbuch, Kalender

Die Klassik wird dann von den Nationalsozialisten für ihre Zwecke vereinnahmt. Wenn sie die deutsche kulturelle, politische und rassische Sonderstellung herausstellen, berufen sie sich auf das Gedankengut der Klassik und Romantik. Humanistisches Gedankengut wird zur Rechtfertigung für Inhumanität: die Deutschen als „Volk der Dichter und Denker", aber auch „der Richter und Henker", wie Karl Kraus formuliert. Die Klassiker werden dann durch einen anderen „Kanon" ergänzt: durch germanisch-nordische, heimatverbundene, völkische Literatur. Um 1971 setzt die prinzipielle „Klassikkritik"[11] ein: Man verzichtet auf den Epochenbegriff, sieht die Klassik wieder mehr im Zusammenhang mit dem historischen Hintergrund und ist bemüht, sich von der „Fälschung" durch die Literaturgeschichtsschreibung des 19. Jahrhunderts zu distanzieren. Man legt mehr Wert auf Kleist, Hölderlin und weist auf die Werke hin, die den Markt beherrschen, die Trivialromane. LiteraturhistorikerInnen machen begreiflich, dass Klassik unter anderem auch ein Gegenkonzept zur Trivialliteratur ist.

Der Roman

Die Wurzeln für den Roman der Goethezeit liegen in der Aufklärung und Empfindsamkeit. Zu dieser Zeit ist er den übrigen Gattungen gleichgestellt und anerkannt. Der Roman ist Ausdruck einer bürgerlichen Lebensform; seine Regellosigkeit, Formlosigkeit und Offenheit lassen Freiraum für Hoffnungen und Ambitionen des Publikums. Seine Intentionen sind zu belehren und zu unterhalten, zu unterrichten und zu gefallen: Gefühls- und Seelengeschichten zur Verbesserung der Menschen und zur Seelenerkenntnis.

Wilhelm Meister und die Folgen

Wilhelm Meister gilt in der Literaturgeschichtsschreibung als Musterbeispiel für einen Bildungsroman. Darunter versteht man einen Roman, der die Entwicklung eines Menschen zum Inhalt hat, der nach langem, konfliktreichem Ringen und einigen Irrwegen zu seinem Zielpunkt gelangt, nämlich zur Integration in die Gesellschaft als tätiges Mitglied. Goethe wirkt hier normbildend nicht nur für seine Zeit, sondern auch für die jüngere und jüngste Vergangenheit. Wichtige Werke der deutschen Literatur wie **Tiecks** *Franz Sternbalds Wanderungen*, **Schlegels** *Lucinde*, **Eichendorffs** *Ahnung und Gegenwart*, **Kellers** *Der grüne Heinrich*, **Stifters** *Nachsommer*, **Hesses** *Glasperlenspiel*, **Handkes** *Der kurze Brief zum langen Abschied* und **Grass'** *Blechtrommel* erhalten Impulse aus *Wilhelm Meister*.

Goethe, seinem Schreiber John diktierend (Gemälde von Johann Schmeller)

Goethe beginnt seine Arbeit am Roman 1777, zunächst unter dem Titel *Wilhelm Meisters Theatralische Sendung*.

Diese erste Fassung des Romans entwirft die Lebensgeschichte eines Kaufmannssohnes, der

---

[11] 1971 erscheinen E. Schmalzriedts Vorlesung zur „Inhumanen Klassik" und der Band „Klassik-Legende", herausgegeben von Grimm und Hermand. Ab diesem Zeitpunkt sieht man in Literatur- und Sozialgeschichten die Klassik wieder mehr in ihrem historischen Rahmen.

nicht Kaufmann werden will, sondern sich dem Theater und einer Schauspielerin widmet. Er wird Schauspieler, Theaterdichter, Förderer der Schauspielergruppe. Der thematische Kreis bleibt in dieser Fassung nur auf das Theater beschränkt. Wilhelm Meister nennt das Theater eine „idealische Republik", die Schauspieler eine Vereinigung von freien Menschen.

Goethe bricht seine Arbeit an *Wilhelm Meisters Theatralische Sendung* ab. Die nächste Fassung, *Wilhelm Meisters Lehrjahre*, entstand nach seiner Italienreise. Nun ist aus dem Bildungsziel des Romans, ein Nationaltheater zu gründen, lediglich eine Station im nie endenden Bildungsprozess geworden. Die frühere Hinwendung Wilhelms zum Theater erweist sich als Irrweg. Auf *Wilhelm Meisters Lehrjahre* folgen *Wilhelm Meisters Wanderjahre*. Die *Wanderjahre* schließen mit der Bemerkung: „Ist fortzusetzen". Daraus lässt sich ableiten, dass Goethe auf einen permanenten Bildungsprozess hinweist, der über die *Wanderjahre* hinaus anhält.

Die Figur Wilhelm Meister sieht die eigentliche Bildungsaufgabe darin, die der eigenen Anlage angemessene und würdige Rolle zu finden. Glück oder Unglück entscheidet darüber, ob man aus der reichen Palette des sozialen Lebens die zum eigenen Charakter passende Rolle findet.

Wilhelm spielt einige Rollen durch, die jeweils seinem Bildungsniveau entsprechen und immer eine Weiterentwicklung bedeuten. Puppenspieler, Mäzen, Regisseur, Theaterdichter, Schauspieldirektor, Hamletdarsteller. Er ist stets reif für eine neue Rolle, die Erfüllung eines Traumes macht ihm die Mängel bewusst, erzeugt neue Bedürfnisse und treibt ihn weiter. Das lässt sich an den Berufsarten feststellen (vom Kaufmann bis zum Arzt), an verschiedenen Geliebten und deren Erwartungshaltungen an ihn (Geliebter, Freund, Beschützer, Junggeselle, Vater). Auch an den Schauplätzen, die im-

Herzog Karl August und Goethe (Kupferstich von Carl August Schwerdgeburth, um 1825)

mer „weiter" werden, kann man die Suche nach der passenden Rolle ablesen.

Letztlich ergibt sich der Schluss, dass nur nach den Konzepten von Vernunft (als Merkmal des Adels) und Nützlichkeit (Merkmal des Bürgertums) die Selbstverwirklichung des Individuums möglich ist. Goethe sieht die Individuation[12] einer Persönlichkeit an einen Kompromiss zwischen Adel und Bürgertum gekoppelt, aber er stellt das Bildungskonzept der Turmgesellschaft, die im Roman einen Reformadel abbildet, auch in Frage. Man spürt deutlich, dass seine Sympathien Mignon und dem Harfner gehören, Figuren, die der Turmgesellschaft suspekt und zwielichtig vorkommen. Sie haben mit Nutzen, Vernunft und Praxis nichts zu tun, sie verkörpern die Poesie, die nicht zweckgebunden, die ohne Vernunft, widerspruchsvoll ist.

Obwohl *Wilhelm Meister* als Bildungsroman gilt, steht die Bildung allein nicht im Mittelpunkt, sondern das Leben mit all seinen Höhen und Tiefen, in all seinen Ausprägungen. Wir erfahren mehr über die Lebensverhältnisse, in denen sich Wilhelms Bildung vollzieht, als über sein Inneres.

Die ersten Rezensionen nach dem Erscheinen des Romans suchen vergebens nach Anklängen an *Die Leiden des jungen Werthers*. Schlegel, der romantische Theoretiker, schätzt den Roman, vor allem seine Formlosigkeit und Ironie, während Novalis, der romantische Dichter, ihn ablehnt und mit *Heinrich von Ofterdingen* einen „Gegen-Meister" schreibt.

---

[12] Individuation: Prozess der Selbstwerdung eines Menschen

Buchmarkt und Verlagswesen

1794/95 nimmt das Interesse an politischen und sozialen Problemen deutlich ab, die Beziehung Dichter–Publikum wird schwierig, auch Schiller und Goethe klagen darüber. Da sie auf Volkstümlichkeit und Verständlichkeit verzichten, überlassen sie das Publikum den Schriftstellern, die nur unterhalten wollen. Zu einer Zeit, in der das Lesepublikum wächst und immer mehr Buchhandlungen entstehen, kommt diese Steigerung des Marktes nicht Goethe oder Schiller zugute.

Der Verleger Johann Friedrich Cotta (1764–1832)

Die Mechanismen des freien Marktes machen zwar die „Freiheit" der Schriftsteller schwierig, aber die Verleger können sich etablieren: z. B. Göschen, Reclam und Cotta.

Von 1771 bis 1800 verdoppelt sich die Buchproduktion, von 1760 bis 1802 wird die Zahl der Buchhandlungen verdreifacht. Nach 1800 geht die Buchproduktion unter dem Eindruck der kriegerischen Ereignisse etwas zurück. Einen richtigen Einbruch erlebt der Buchhandel während der Napoleonischen Kriege. Zeitschriften machen dem Buch Konkurrenz, an die Stelle des Bücherkaufs tritt das Lesen von Journalen.

Nach 1813, in der Zeit des Wiener Kongresses, steigt der Umsatz des Buchhandels; zwischen 1815 und 1830 herrscht eine Blütezeit. Mit dem verstärkten Bedürfnis nach Unterhaltungsliteratur geht eine gleichzeitige Technisierung einher, so kommt es 1817 zur Gründung der ersten Druckmaschinenfabrik.

Der Verleger Georg Joachim Göschen (1752–1828)

KLASSIK ZUSAMMENFASSUNG

Klassik (1786–1805)

Der Begriff „Klassik"

Er wird zweifach verwendet:
Als **ästhetischer Normbegriff** bezeichnet er eine Reihe von Dichtern oder deren Werke, die als **mustergültig** angesehen werden.
Daneben wird er als **literarischer Epochenbegriff** verstanden. In einzelnen Ländern werden bestimmte Epochen als „klassisch" angesehen. In Deutschland ist dies die Zeit von 1786 (Goethes Italienreise) bis 1805 (Schillers Tod).

Die Französische Revolution

Im Zuge der Französischen Revolution werden 1789 die Menschen- und Bürgerrechte erklärt. Obwohl viele deutsche Dichter die Französische Revolution zunächst begrüßen, wenden sie sich später von ihr ab. Sie glauben, dass Deutschland noch nicht reif für eine Revolution sei, sind sich aber sicher, dass es Veränderungen geben müsse. Die Literatur solle der „Verbesserung der Moral" dienen. Da aber nur eine kleine Schicht des Bildungsbürgertums die Werke der Klassiker liest, ist die angestrebte Wirkung der Literatur eine Illusion.
Typische Konzepte, die Klassiker als Mittel gegen die Revolution anbieten, sind **ästhetische Autonomie, Humanitätsideal, ästhetische Erziehung und Bildung** sowie die **Betonung der Natur.**

Goethe in Weimar

Goethe beschließt 1775/76, von Frankfurt nach Weimar zu gehen, und nimmt dabei Abschied von Sturm und Drang. Ihm gelingt es, andere Schriftsteller dazu zu überreden, ihm nach Weimar zu folgen, und so gründet er gemeinsam mit **Schiller**, **Herder**, **Fichte** und **Humboldt** den sogenannten **„Weimarer Kreis"**.

Goethes Drama *Iphigenie auf Tauris* gilt als Musterbeispiel für klassisches Theater. Goethe verändert die griechische Sage insofern, als kein „deus ex machina" auftritt, sondern Iphigenie durch ihre reine Menschlichkeit die Probleme löst.

Goethe und Schiller

Die Freundschaft zwischen den beiden Dichtern ermöglicht eine **intensive Zusammenarbeit**, sie kritisieren und animieren sich gegenseitig. Ergebnisse dieser Zusammenarbeit sind z. B. die Zeitschrift *Horen* oder die Herausgabe von **Balladen** im *Musenalmanach*.

Friedrich Schillers Dramen basieren auf historischen Untersuchungen. Zunächst sind sie dem Sturm und Drang verpflichtet.

Wichtige klassische Dramen: *Wallenstein* (17. Jh.), *Maria Stuart* (England des 16. Jhs.), *Die Jungfrau von Orleans* (Frankreich des 15. Jhs.). In fast allen Stücken geht es um die **„innere Freiheit"**. *Don Carlos* behandelt in erster Linie das Thema Freundschaft zwischen Don Carlos und dem Marquis Posa. Das zweite wichtige Thema ist die **„Gedankenfreiheit"**, sie ist gleichbedeutend mit politischer Freiheit und Selbstbestimmung.

Klassikerverehrung und Klassikwirkung

Im Gegensatz zu anderen europäischen Nationen gibt es in Deutschland **keine Nationalliteratur**, da der deutsche Staat erst 1871 entsteht. Die Klassik wird auf Goethe und Schiller beschränkt. Ab 1850 kommt es zu einer **Kanonisierung von „klassischen" Werken**. Goethe, Schiller, Lessing und Herder gelten z. B. als mustergültig, Kleist, Hölderlin oder Forster werden nicht als Klassiker bezeichnet.

Ihre große Bedeutung verdankt die klassische Literatur der Geschichtsschreibung des 19. Jahrhunderts. Die „großartige Dichtung" Schillers und Goethes gilt als Ersatz für die mangelnde politische Größe.

Im **20. Jahrhundert** betont die Geschichtsschreibung zunächst die „**deutsche Komponente**". Die Klassik wird **von den Nationalsozialisten missbraucht,** wenn sie sich auf eine Sonderstellung der Deutschen im kulturellen, politischen und rassischen Sinn berufen.

Um **1970** beginnt die **Klassikerkritik**, man verzichtet auf den Epochenbegriff. Erst jetzt wird die Bedeutung von Kleist und Hölderlin gewürdigt.

Der Roman

Die Wurzeln für den Roman der Goethezeit liegen in der Aufklärung. Er ist Ausdruck einer **bürgerlichen Lebensform**: Seine Kennzeichen sind Regellosigkeit, Formlosigkeit und Offenheit. Seine Absicht ist es zu **unterhalten** und zu **belehren**.

Goethes *Wilhelm Meister* gilt als Musterbeispiel eines Bildungsromans: Ein Mensch gelangt nach vielen Irrwegen schließlich zum Ziel, der Integration in die Gesellschaft als tätiges Mitglied. Er beeinflusst damit nicht nur maßgeblich Werke von Zeitgenossen, sondern auch von späteren Schriftstellern (z. B. Friedrich Schlegel, Adalbert Stifter, Peter Handke …).

Buchmarkt und Verlagswesen

1771 bis 1800 verdoppelt sich die Buchproduktion, von 1760 bis 1802 verdreifacht sich die Zahl der Buchhandlungen. Allerdings geht die Buchproduktion nach 1800 wegen der kriegerischen Ereignisse etwas zurück. Nach 1813 steigt der Umsatz des Buchhandels wieder und zwischen 1815 und 1830 herrscht eine Blütezeit. 1817 gibt es die erste Druckmaschinenfabrik.

Goethes *Faust*

Entstehungsgeschichte

Goethe hat *Faust* als 24-Jähriger begonnen und erst als 82-Jähriger beendet, der Stoff hat ihn also sein ganzes Leben lang begleitet. Die Entstehung des Werks lässt sich in vier Arbeitsphasen gliedern:

- Die erste Fassung, den so genannten *Urfaust*, eine Szenenfolge in Prosa, bringt Goethe 1775 bereits nach Weimar mit. Diese Fassung, im Wesentlichen ein Sturm-und-Drang-Drama, wurde erst 1887 wieder entdeckt.
- 1788 arbeitet Goethe in Rom und Weimar weiter an dem Stück und 1790 erscheint *Faust, ein Fragment*. Der Text ist in Versen geschrieben und um einige Szenen erweitert. Die letzte Szene zeigt Gretchen im Dom.
- Da Schiller ihn dazu drängt, nimmt Goethe 1797 seine Arbeit am *Faust* wieder auf und arbeitet bis 1801 daran weiter; auch im Jahr 1806 schreibt er an diesem Drama.
- *Faust, I. Theil* erscheint 1808 in der Fassung, wie er heute vorliegt. Zwischen 1825 und 1831 entsteht der zweite Teil des Stücks, der 1832 – nach Goethes Tod – veröffentlicht wird.

Stoffgeschichte

Faust-Sage

In der *Faust-Sage* mit ihrem historischen Kern ist die Hauptperson eine relativ zwielichtige Figur des 16. Jahrhunderts. Faust wird danach vermutlich um 1480 geboren, seit 1506 gibt es schriftliche Berichte über ihn: Er tritt als Prahlhans, Astrologe, Handleser und Quacksalber auf und bekommt überall Ärger. Um 1540 dürfte er gestorben sein.

Das Volksbuch

1587 erscheint das erste der vielen Faust-Bücher, die **Historia von D. Johann Fausten, dem weitbeschreyten Zauberer und Schwartzkünstler**. Der Faust des Volksbuchs schließt einen Pakt mit dem Teufel, der ihm 24 Jahre dienen muss und ihn durch die Welt führt. Faust ahnt sein schlimmes Ende und will sich bekehren. Der Teufel lässt dies jedoch nicht zu, und zur Abschreckung wird der Tod Fausts besonders gräulich dargestellt:

Fausts Höllenfahrt

Es geschahe aber zwischen zwölf und ein Uhr in der Nacht, daß gegen dem Haus her ein großer ungestümer Wind ginge, so das Haus an allen Orten umgabe, als ob es alles zugrundegehen und das Haus zu Boden reißen wollte, darob die Studenten vermeinten zu verzagen, sprangen aus dem Bett und huben an einander zu trösten, wollten aus der Kammer nicht. Der Wirt lief
5 aus seinem in ein ander Haus. Die Studenten lagen nahend bei der Stube, da D. Faustus innen war, sie hörten ein greuliches Pfeifen und Zischen, als ob das Haus voller Schlangen, Nattern und anderer schädlicher Würme wäre. Indem gehet D. Fausti Tür auf in der Stube, der hub an, um Hülf und Mordio zu schreien, aber kaum mit halber Stimm, bald hernach hört man ihn nicht mehr. Als es nun Tag ward und die Studenten die ganze Nacht nicht geschlafen hatten, sind
10 sie in die Stube gegangen, darinnen D. Faustus gewesen war, sie sahen aber keinen Faustum mehr und nichts, denn die Stube voller Bluts gesprützet. Das Hirn klebte an der Wand, weil ihn der Teufel von einer Wand zur andern geschlagen hatte. Es lagen auch seine Augen und

15 etliche Zähn allda, ein greulich und erschrecklich Spektakel. Da huben die Studenten an, ihn zu beklagen und zu beweinen und suchten ihn allenthalben. Letzlich aber funden sie seinen Leib heraußen bei dem Mist liegen, welcher greulich anzusehen war, denn ihme der Kopf und alle Glieder schlotterten.

Bearbeitungen des Stoffs

Christopher Marlowe dramatisiert den Stoff (*Die tragische Historie von Doktor Faustus*, 1604). In weiterer Folge beschäftigen sich **Lessing** (*Faust-Fragmente*, 1755–1781) und **Maximilian Klinger** in *Fausts Leben, Taten und Höllenfahrt* (1791) und *Der Faust der Morgenländer* (1797) mit dem Stoff.

Christopher Marlowes Faust-Drama kennt Goethe zwar nicht, es beeinflusst aber viele Puppenspielfassungen. Gut bekannt ist ihm dagegen das Fragment Lessings. Goethes wichtigste Quellen sind Volksbuch und Puppenspiel, womit er ganz im Sinne der Geniebewegung handelt und Stoffe aus der Volksdichtung verarbeitet.

Nach Goethe gibt es weitere Bearbeitungen des Stoffes, z. B. **Nikolaus Lenaus** *Faust* (1836) und **Thomas Manns** *Doktor Faustus* (1947).

Der Tragödie erster Teil

Prolog im Himmel

Die Wette

Mephistopheles will mit Gott um die Seele des Faust wetten. Es kann aber keine Wette geben, da Mephistopheles nicht frei ist, er darf „nur frei erscheinen". Ohne das Böse gäbe es keinen Kampf und keine Erfüllung des Guten.

Der Herr ist entschlossen, Faust, der ihm jetzt nur „verworren dient", „bald in die Klarheit zu führen". Wenn er Mephistopheles erlaubt, Faust zu verführen, solange er auf der Erde lebt, so nur, um Faust auf die Probe zu stellen. – Gott verkündet: „Es irrt der Mensch, solang er strebt."

Im Prolog wird bereits angedeutet, dass Faust erlöst werden wird: „Ein guter Mensch in seinem dunklen Drange ist sich des rechten Weges wohl bewusst." Mephisto darf Faust verführen, damit dieser durch Irrtümer zur Wahrheit kommen kann.

Zu den Versen 243–353[1]:
- Wie beschreibt Mephistopheles Faust?
- Was hält Gott vom Teufel, worin liegt seine Funktion für die Menschen?

Nacht

Erkenntnisgrenzen

Faust steht vor einer Wende seines Lebens: Er ist trotz seines Wissens und seiner vielen Studien unbefriedigt geblieben und sieht keine Perspektiven mehr. Am Ende steht die Erkenntnis, „dass wir nichts wissen können". Faust will aber erkennen, „was die Welt / Im Innersten zusammenhält", will Aufschluss über den Sinn des Seins.

Er verzweifelt an den Grenzen der Wissenschaft. In einem Buch von Nostradamus, „Im Zeichen des

---

[1] Alle Versangaben in diesem Kapitel beziehen sich auf J. W. Goethes *Faust* in der Ausgabe des Reclam-Verlags, die in Ihrer Schulbibliothek vermutlich vorhanden ist.

Makrokosmos", glaubt er, die magischen Gesetze der harmonisch wirkenden Natur zu erkennen. Er beschwört den Erdgeist, der ihn verspottet und in seine Grenzen zurückweist: „Du gleichst dem Geist, den du begreifst, nicht mir!"

Fausts Famulus Wagner tritt lerneifrig und borniert dazwischen und wird von Faust verspottet. Zwei Wissenschaftler stehen sich gegenüber:

Wagner ist der Typ des kalten wissenschaftlichen Strebers, der sein ganzes Wissen aus Büchern zusammenträgt. Er ist eitel („Zwar weiß ich viel, doch möcht' ich alles wissen") und schon rein äußerlich als Spießer erkennbar: „Im Schlafrocke und der Nachtmütze, eine Lampe in der Hand" tritt er in Fausts Zimmer. Faust hingegen will sich ganz in die Natur einfühlen, seine Erkenntnis kommt aus der Seele und nicht aus den Büchern. Er lässt sich von der irdischen Liebeslust und vom Verlangen nach göttlichem Wissen leiten.

Zusammenfassend kann man sagen, dass Wagner versucht, die Welt rational zu begreifen, Faust sie jedoch mit dem Herzen erfühlen und erkennen will.

Selbstmordgedanken und Osterglocken

Faust will sich aus Verzweiflung und um eine letzte Erfahrung zu machen, mit einer Phiole[2] Gift töten. Durch die Osterglocken wird er jedoch vom Selbstmord abgehalten, nicht durch die christliche Botschaft, sondern durch die Erinnerung an glückliche Kindertage: „Erinnerung hält mich nun mit kindlichem Gefühle / Vom letzten, ernsten Schritt zurück."

Zu den Versen 354–807:
- In welchem Weltzusammenhang sieht sich der Mensch Faust?

Vor dem Tor

Aus der Isolierung des Studierzimmers kommt Faust in die frühlingshafte Natur, das Volk ist bester Laune, da das Winterende gekommen ist.

In der Idylle der Osterspaziergänger offenbart Faust Wagner seinen sinnlichen und geistigen Durst, seine innere Zerrissenheit: „Zwei Seelen wohnen, ach! in meiner Brust, die eine will sich von der andern trennen: die eine hält in derber Liebeslust sich an die Welt mit klammernden Organen; die andre hebt gewaltsam sich vom Dunst zu den Gefilden hoher Ahnen."

Ein seltsamer Pudel schließt sich Faust und Wagner an und folgt ihnen.

Zu den Versen 808–1 177:
Der Osterspaziergang hat eine dramaturgische[3] Doppelfunktion für das Stück. Überlegen Sie sich in diesem Zusammenhang Antworten auf folgende Fragen:
- Welche Bedeutung hat der Spaziergang für den psychischen Zustand Fausts? Wie wird Faust vom Volk charakterisiert?
- Goethe hatte zeit seines Lebens eine panische Angst vor Hunden. Was wird das Erscheinen des Pudels wohl ankündigen?

---

[2] Phiole: ein bauchiges Glasgefäß mit langem Hals
[3] Dramaturgie: Bearbeitung eines Schauspiels, Lehre von der Schauspielkunst

Studierzimmer

Faust übersetzt den Anfang des Johannesevangeliums. Der Pudel, von Faust mit Zaubersprüchen magisch bedrängt, wird in einer Metamorphose[4] zu Mephistopheles in der Verkleidung eines fahrenden Schülers, der sich Faust vorstellt als „ein Teil von jener Kraft, die stets das Böse will und stets das Gute schafft", als „Geist, der stets verneint".

Der Teufelspakt

Faust schlägt dem Teufel einen Pakt vor, doch Mephistopheles, der durch einen Zufall gefangen ist, will noch nicht auf den Vorschlag eingehen. Er schläfert Faust ein, befreit sich von seinem magischen Bann und erscheint dann wieder.

Faust verflucht sein irdisches Leben, und Mephistopheles bietet ihm nun den Pakt an. Faust akzeptiert, nach altem Brauch wird mit Blut unterschrieben, und ab jetzt sind die beiden Vertragspartner. Faust verlangt nun nach den „Tiefen der Sinnlichkeit". Mephistopheles verspricht ihm „die kleine, dann die große Welt".

Erscheinung des Erdgeistes in Faust I (Handzeichnung Goethes)

Zu den Versen 1 178 2 072:
- In der Übersetzung des Johannesevangeliums verwirft Faust die Übersetzung „Im Anfang war das Wort" schlussendlich zugunsten „Im Anfang war die Tat". Welche Weltsicht wird hier vermittelt?
- Was bedeutet die Szene, in der sich Mephistopheles Faust vorstellt? Verkörpert Mephisto etwas eindeutig Böses? Könnte Mephistopheles ein Teil von Faust sein? Seine zweite Seele?
- Was beinhaltet der Teufelspakt genau? Zitieren Sie die entsprechenden Stellen und führen Sie Rechte und Pflichten der Vertragspartner an!
- Wie vermeint der Teufel, Faust verführen zu können? Warum glaubt Faust nicht, dass ihn Mephistopheles zu der Aussage bringen kann, die ihn zum Diener des Teufels, zum Verlierer der Wette machen würde?
- Wie wird sich der Pakt auf den weiteren Verlauf des Dramas wohl auswirken?

Die folgenden Szenen zeigen die Fahrt durch die kleine und die große Welt. Sie bestätigen, was von Anfang an klar war: Faust kann die Wette nicht verlieren, weil er nie zufrieden ist und deshalb auch die berühmten Worte nicht ausspricht. Mephistopheles kann den Pakt nicht einhalten: Nie verschafft er Faust das, was dieser eigentlich will; immer versucht er, Faust mit oberflächlichen Genüssen zu betören und ihn in weiterer Folge in schwere Schuld zu verstricken.

Saufende Studenten, denen Mephisto durch Weinzaubereien (Massensuggestion) Angst einjagt, sollen Faust in der Szene „Auerbachs Keller" unterhalten, doch dieser ist nur gelangweilt. Mephistopheles ist mit seinem ersten Verführungsversuch gescheitert, Faust erwartet anderes von ihm.

---

[4] Metamorphose: Gestaltwandlung

Hexenküche

Faust wird verjüngt

Diese Szene markiert das Ende der Gelehrtentragödie, die Gretchentragödie beginnt.
Faust wird in der Hexenstube durch einen Zaubertrank, den ihm die Hexe braut, verjüngt und bereits
vorher durch die schöne Helena, die er im Zauberspiegel erblickt, in Bann geschlagen und liebestoll
gemacht.

Zu den Versen 2 337–2 604:
- Vergleichen Sie die Hexenküche mit dem Studierzimmer! Was symbolisieren beide Schauplätze jeweils?
- Welche Funktion hat das Hexeneinmaleins? Berücksichtigen Sie dabei auch dessen Interpretation durch Mephistopheles!
- Worum geht es in der zweiten Station der Versuchung? Ist das Geschehen psychologisch deutbar?
- Mephistopheles sagt am Schluss der Szene: „Du siehst, mit diesem Trank im Leibe, / Bald Helenen in jedem Weibe." Was kann er damit meinen?

Straße, Abend, Spaziergang

Margarethe

Als Faust in einer kleinen Stadt auf der Straße Margarethe sieht, verlangt er von Mephistopheles, dass
er sie ihm verschaffe. Dieser stellt ein Schmuckkästchen in Gretchens Schrank; das Mädchen bringt den
Schmuck zu seiner Mutter, die ihn dem Pfarrer übergibt. Der Teufel soll nun neuen besorgen.

Zu den Versen 2 605–2 864:
- Wie äußern sich die Nachwirkungen der Hexenküche in der Sprache Fausts? Was sagt sogar Mephistopheles dazu?
- Aus welchen Gründen steuert die Liebesgeschichte von Anfang an auf ein tragisches Ende zu? Führen Sie Gründe an!
- Beschreiben Sie Gretchen bezüglich ihres Aussehens und ihres Charakters!
- Wie verändert sich Fausts Sprache, als er in Gretchens Zimmer tritt?

Der Nachbarin Haus, Straße

Gretchen zeigt verunsichert Frau Marthe Schwerdtlein den neuen
Schmuck und diese rät, ihn hier bei ihr heimlich zu tragen.
Mephistopheles bringt Frau Marthe die erlogene Nachricht, ihr verschol-
lener Mann sei gestorben. Unter dem Vorwand, einen zweiten Zeugen
beibringen zu können, vereinbart er mit Marthe ein Treffen im Garten, bei
dem auch Gretchen anwesend sein soll. Faust ist sofort bereit, als falscher
Zeuge aufzutreten, wenn er Gretchen, die er liebt, wiedersehen kann.

Mephisto und Frau Marthe
(Zeichnung von Carl
Spitzweg)

Garten

Bei dem Treffen hofiert Mephistopheles ironisch Marthe und hat alle Mühe, ihre unverhüllten Anträge abzuweisen. Gretchen gesteht Faust ihre Liebe, sie spürt aber instinktiv, dass sein Begleiter schlecht ist.

Zu den Versen 3 073–3 205:
- Mit der Simultantechnik, der Darstellung zweier parallel ablaufender Szenen auf einer Bühne, werden Gegensätze dargestellt. Welches Thema wird mit der Doppelszene (Faust–Gretchen, Marthe–Mephistopheles) abgehandelt? Wie sehen die gegensätzlichen Positionen aus?
- Wie könnte man diese Szene bühnentechnisch realisieren?

Die Gretchenfrage

Gretchen stellt Faust die berühmte Gretchenfrage: „Nun sag', wie hast du's mit der Religion?" Sie will Faust zwar in ihr Zimmer lassen, doch hat sie Angst vor ihrer Mutter. Faust gibt ihr für diese ein Fläschchen mit einem Schlaftrunk, die Katastrophe nimmt ihren Lauf, der Schlaftrunk enthält nämlich Gift.

Zu den Versen 3 413–3 520:
- Welche Unterschiede zeigen sich bei Faust und Gretchen in ihrer Auffassung von Religion? Stellen Sie die Meinungen systematisch gegenüber!

Zu den Versen 3 543–3 586:
- In der Szene „Am Brunnen" wird die herrschende gesellschaftliche Moral in der Meinung des Mädchens Lieschen deutlich. Beschreiben Sie diese und Gretchens Position dazu!

In den folgenden Szenen hat Gretchen erste Vorahnungen, dass sie schwanger sei. Der Soldat Valentin, Gretchens Bruder, erfährt vom Fehltritt seiner Schwester. Mephistopheles ficht mit ihm, lähmt ihm die Hand und sorgt dafür, dass Valentin von Faust umgebracht wird. Der Sterbende verflucht Gretchen als „Metze"[5]!

- Benennen Sie die drei Ereignisse, die die beiden Liebenden zu Schuldigen machen!

Gretchen merkt, dass sie schwanger ist, und in der Domszene erlebt sie während einer Messe die Vision des Jüngsten Gerichts. Ein böser Geist beschuldigt sie ihrer „Missetaten".

Walpurgisnacht

Mephistopheles zieht Faust in der dritten Station der Verführung von der Ebene der Liebe auf eine sexuell-sinnliche Ebene, um ihn von Gretchens Schicksal abzulenken.

---

[5] Metze: Hure

Ein alter Volksglaube besagt, dass sich in der Nacht vom 30. April auf den 1. Mai auf dem Brocken im Harzgebirge die Hexen zu einem Fest mit dem Teufel treffen. Das Fest ist eine kultische Feier des Bösen und Dämonischen.

Mephistopheles, hier als Junker Volland mit Pferdefuß auftretend, lockt Faust in die Arme einer jungen nackten Hexe, doch diesem erscheint ein „blasses, schönes Kind", das „dem guten Gretchen gleicht". Faust möchte Gretchen zurück.

Gretchen hat in ihrer Verzweiflung das neugeborene Kind ertränkt, ist dafür zum Tode verurteilt worden und erwartet ihre Hinrichtung. Faust fühlt sein schuldhaftes Versagen und macht Mephistopheles Vorhaltungen, der aber bedeutet ihm, dass Faust selbst Gretchen ins Verderben gestürzt habe: „Wer war's, der sie ins Verderben stürzte? Ich oder du?" Auch macht Mephistopheles deutlich, wer den Pakt angezettelt habe: „Drangen wir uns dir auf, oder du dich uns?"

Kerker

Faust dringt in den Kerker ein, Mephistopheles hat ihm den Schlüssel verschafft und den Wächter eingeschläfert.

Gretchens Erlösung

Gretchen ist dem Wahn verfallen und erkennt anfangs Faust nicht mehr. Dieser will sie zur Flucht überreden, doch sie weigert sich, weil sie erkennt, dass Faust sie nicht mehr liebt, sie nur mehr bemitleidet. Gretchen bewahrt so für sich die reine Liebe. Als sie Mephistopheles sieht, erschrickt sie und empfiehlt sich Gott: „Gericht Gottes! Dir hab' ich mich übergeben!"

Faust in der französischen Romantik: die Kerkerszene (Lithographie von Eugène Delacroix)

> Zu den Versen 4 405–4 615:
> • Dem „Sie ist gerichtet!" von Mephistopheles antwortet eine „Stimme von oben": „Sie ist gerettet!" Welche Gründe für Gretchens Errettung können Sie anführen?

Biografie und Literatur

Texte werden oft durch biografische Erfahrungen und Informationen aller Art, die die Dichter erhalten, beeinflusst. Auch bei Goethes *Faust* lässt sich das anhand der Gretchentragödie gut nachvollziehen, da Goethe selbst seine Quellen genannt bzw. über persönliche Erlebnisse berichtet hat.

Dichtung und Wahrheit

In seinem Buch *Aus meinem Leben – Dichtung und Wahrheit* erzählt Goethe, wie er als junger Mensch in einem Wirtshaus ein Mädchen namens Gretchen kennenlernt.

Gewiß, ich brachte einen verdrießlichen Abend hin, wenn nicht eine unerwartete Erscheinung mich wieder belebt hätte. Bei unserer Ankunft stand bereits der Tisch reinlich und ordentlich gedeckt, hinreichender Wein aufgestellt; wir setzten uns und blieben allein, ohne Bedienung nötig zu haben. Als es aber doch zuletzt an Wein gebrach, rief einer nach der Magd; allein
5   statt derselben trat ein Mädchen herein, von ungemeiner, und wenn man sie in ihrer Umgebung sah, von unglaublicher Schönheit. – „Was verlangt ihr?" sagte sie, nachdem sie auf eine freundliche Weise guten Abend geboten: „die Magd ist krank und zu Bette. Kann ich euch

dienen?" – „Es fehlt an Wein", sagte der eine. „Wenn du uns ein paar Flaschen holtest, so wäre es sehr hübsch." – „Tu es Gretchen", sagte der andere, „es ist ja nur ein Katzensprung." – „Wa-
10   rum nicht!" versetzte sie, nahm ein paar leere Flaschen vom Tisch und eilte fort. Ihre Gestalt war von der Rückseite fast noch zierlicher. Das Häubchen saß so nett auf dem kleinen Kopfe, den ein schlanker Hals gar anmutig mit Nacken und Schultern verband. Alles an ihr schien auserlesen und man konnte der ganzen Gestalt um so ruhiger folgen, als die Aufmerksamkeit nicht mehr durch die stillen treuen Augen und den lieblichen Mund allein angezogen und gefesselt
15   wurde. Ich machte den Gesellen Vorwürfe, daß sie das Kind in der Nacht allein ausschickten; sie lachten mich aus und ich war bald getröstet, als sie schon wiederkam: denn der Schenkwirt wohnte nur über die Straße. – „Setze dich dafür auch zu uns", sagte der eine. Sie tat es, aber leider kam sie nicht neben mich. Sie trank ein Glas auf unsre Gesundheit und entfernte sich bald, indem sie uns riet, nicht gar lange beisammenzubleiben und überhaupt nicht so laut zu
20   werden: denn die Mutter wolle sich eben zu Bette legen. Es war nicht ihre Mutter, sondern die unserer Wirte. Die Gestalt dieses Mädchens verfolgte mich von dem Augenblick an auf allen Wegen und Stegen; es war der erste bleibende Eindruck, den ein weibliches Wesen auf mich gemacht hatte.

Das Mädchen macht also großen Eindruck auf ihn. Er sucht sie und findet sie in der Kirche. Es gelingt ihm, sich mit ihr bekannt zu machen, doch die starke emotionale Erregung lässt ihn krank werden.

- Beschreiben Sie das Mädchen und seine Eigenschaften!
- Wie würden Sie die Wirkung des Mädchens auf den jungen Goethe einschätzen? Könnte es sein, dass der Eindruck auf ihn so stark war, dass er es als Gretchen im *Faust* beschrieb?
- Das Werk, aus dem der Text stammt, heißt *Dichtung und Wahrheit*. Ist es von Relevanz, ob die Begegnung mit dem Mädchen wirklich so und nicht anders stattgefunden hat?

Eine Kindsmörderin

Für das Gretchenmotiv lässt sich Goethe auch von einem anderen Ereignis beeinflussen: Er ist beeindruckter Zeuge des Prozesses gegen die Kindsmörderin Susanna Margaretha Brandt, die am 14. Januar 1772 in Frankfurt hingerichtet wird. Goethe ist zu dieser Zeit vom Rechtsstudium an der Universität Straßburg in seine Heimatstadt Frankfurt zurückgekehrt. Eine Teilabschrift der Akten des Prozesses hinterlässt Goethes Vater.
Die 24-jährige Magd Susanna Margaretha Brandt wird von einem ihr unbekannten Holländer verführt und geschwängert. Nach einer überraschenden Sturzgeburt tötet sie das Neugeborene. Die Prozessakten berichten über die Vernehmung unter anderem Folgendes:

Aus den Prozeßakten

quaest.[6] *1*

Wie sie heiße, wie alt, wessen Religion, woher und womit sie sich ernährt?
R: Susanna Margretha Brandtin, 24 Jahre alt, reformirter Religion, von hier und seye ihr Vatter bey hiesiger Garnison als Gefreyter gewesen, ihr Vatter und Mutter aber wären bereits ge-
5   storben, und habe sie bey der Frau Bauerin in dem Gasthauß zum Einhorn als Magd gedienet. [...]

---

[6]   quaest[io], lat.: Frage

quaest. 3

Wie lange sie schwanger seye?

R: Das könne sie nicht sagen, weilen sie es nicht gewußt.

10 **quaest. 4**

Wie lange es seye, daß sie ihre ordentliche Reinigung[7] nicht gehabt?

R: Sie könne nicht leugnen, daß sie mit einem im Gasthaus zum Einhorn einlogirten Holländer dessen Nahmen sie nicht wisse, gegen abgelaufenes Weynachtsfest den Beyschlaf
ausgeführt … […]

15 **quaest. 80**

Ob und wie lang sie des Vorhabens gewesen, das Kind umzubringen?

R: Sie könne nicht läugnen, daß von der Zeit an, als sie das Leben des Kindes verspühret,
der Satan ihr in den Sinn gegeben habe, daß sie in dem grosen Hauß leicht heimlich gebähren, das Kind umbringen, verbergen und vorgeben könne, daß sie ihre Ordinaire[8] wieder

20 bekommen. Als sie Samstags vor ihrer heimlichen Geburt oben auf dem Boden 3 Stiegen
hoch, woselbsten ihr Schwager der Schreiner Hechtel einen Unterschlag machen müssen,
den Boden kehren wollen, habe ihr auf einmahl der Satan in den Sinn gegeben, sie solte sich
dem grosen Gaubloch hinunterstürtzen, worüber sie aber ein Schauer überfallen, so daß sie
den Besen hingelegt und ohnverrichteter Sache hinunter gegangen seye, auch ein Zittern

25 am ganzen Leib verspühret habe.

quaest. 110

Ob sie keine Reue in, während oder nach vollbrachter That empfunden habe?

R: Ja. Nach der That wie sie auf der Treppe gesessen, hätte sie es hertzlich bereuet, daß sie ihr
Kind umgebracht, während der That aber wäre sie gantz verstockt und verblendet gewesen.

30 **quaest. 111**

Zu was Ende oder aus was Ursache sie dann ihr eigen Fleisch umgebracht?

R: Um der Schande und des Vorwurfs der Leute zu entgehen, daß sie ein unehliches Kind
gebohren, und weilen sie geglaubt, daß sie in dem grosen Hauß gar leicht gebähren könte,
so daß es niemand gewahr würde.

- Was sagen die Textausschnitte über die Kindsmörderin und ihre Tatmotive aus?
- Wie verwendet Goethe die Prozessakten im *Faust*?

Der Tragödie zweiter Teil

Der Inhalt des 2. Teils

*Nach einem heilenden Schlaf erwacht Faust gestärkt und wird in die „große Welt" geführt, an einen von
Krisen bedrohten spätmittelalterlichen Kaiserhof. Das aufgrund luxuriöser Hofhaltung und Prunk-
sucht aufgebrauchte Staatsbudget wird mithilfe der Notenpresse, nach Anraten Mephistos, inflationär
„saniert".*

*Der Kaiser verlangt, Paris und Helena vor sich zu sehen, und Mephistopheles muss Faust gestehen,
dass er über das antike Volk keine Macht hat. Er rät Faust, zu den „Müttern" hinabzusteigen, die von
den „Bildern aller Kreatur" umschwebt sind.*

---

[7] ordentliche Reinigung: Menstruation
[8] Ordinaire: Menstruation

Nach seiner Rückkehr zum Hof lässt Faust Paris und Helena erscheinen. Faust ist von der Schönheit Helenas – dem Sinnbild des Schönen überhaupt – so beeindruckt, dass er Helena berühren, sie wirklich besitzen will. In diesem Moment erfolgt eine Explosion, Faust wird zu Boden geworfen und „die Geister gehen in Dunst auf". Mephistopheles bringt Faust in sein Studierzimmer zurück, wo dieser über längere Zeit in einen Tiefschlaf verfällt. Währenddessen erzeugt Wagner mit Mephistos Hilfe einen Homunculus, ein künstliches Wesen.

Im dritten Akt, auf griechischem Boden, findet Faust Helena vor dem Palast des Königs Menelaos zu Sparta. Menelaos will die untreue Gattin opfern. Mephisto verspricht Rettung: eine Burg am Hang des Taygetosgebirges. Die arkadische Idylle – Faust ist mit Helena vermählt und sie haben ein Kind, den Knaben Euphorion – endet jäh, als Euphorion, wie Ikarus in die Höhe strebend, zu Tode stürzt. Mit Euphorion entschwindet Helena in den Hades, sie lässt Faust nur Schleier und Mantel da.

Im vierten Akt helfen Faust und Mephisto mittels Magie dem Kaiser gegen einen Rivalen, wofür Faust ein Lehen, den Meeresstrand, erhält. Faust will Land gewinnen, einen Palast errichten und immer neue Projekte verwirklichen. Sein letzter Befehl an Mephistopheles ist eine Aufforderung zur Gewalt: Die Hütte des alten Ehepaares Philemon und Baucis wird vom Teufel zerstört, die beiden Alten verbrennen.

In seiner letzten Lebensphase erblindet Faust. Als er glaubt, es werde an der Kultivierung des Landes gearbeitet, spricht er den Satz aus, der zu seinem Tod führt: „Zum Augenblicke dürft' ich sagen: Verweile doch, du bist so schön!"

- Lesen Sie die Schlussszenen „Grablegung" und „Bergschluchten"!
- Warum verliert Faust die Wette nicht und warum wird er erlöst? Dem Teufel würde ja eigentlich der Sieg gebühren; wird er betrogen?

Deutungsansätze

Faust ist nicht in einer Lebensphase entstanden, deshalb ist das Werk nicht einheitlich, sondern vielschichtig, es lässt verschiedene Sehweisen zu. Die Deutung des Gesamtwerks sowie einzelner Teile ist deshalb auch in der Forschung widersprüchlich. Das Drama plädiert – unter anderem – dafür, sich mit der Welt auseinanderzusetzen, sich nicht zurückzuziehen. Faust als Suchender erlebt in der alten „Allegorie des Lebens als Reise" eine konstante Fortentwicklung seiner selbst, jeder Reiseabschnitt bedeutet neue Erfahrungen. Das Böse, verkörpert durch Mephistopheles, der die Welt des Genusses bietet, ist notwendig, um sich der Wahrheit zu nähern. Mephistopheles definiert sich selbst als Geist der Verneinung und Zerstörung, er will das Nichts anstelle des Seins, das Ergebnis ist aber immer das Gute.

Faust beschreitet falsche Wege (Wissenschaft, Liebe, Magie und Macht), er ist maßlos und muss lernen zu verzichten. Faust will sterben, wenn er ein einziges Mal mit dem Augenblick zufrieden ist. Er erreicht zwar keines seiner Ziele, doch aus dem von Mephisto beabsichtigten Bösen wird immer das Gute. Faust wird gerettet, weil: „Wer immer strebend sich bemüht / Den können wir erlösen." (Faust II, 5. Akt)

Mit der Gründung des Deutschen Reiches 1871, der Suche nach nationaler Identität, wird Faust zum Inbegriff des deutschen Wesens, das „Faustische" zum deutschen Wesenszug hochstilisiert. Der Nationalsozialismus missbraucht *Faust* genauso wie die anderen Werke der deutschen Klassik.

Abseits der literarischen Strömungen: Heinrich von Kleist und Friedrich Hölderlin

Die Dichter Heinrich von Kleist und Friedrich Hölderlin lassen sich weder in die Klassik noch in die Romantik einordnen, sie fühlen sich keiner Gruppierung zugehörig und gestalten ihre literarischen Vorstellungen individuell aus. Die Wirkung ihrer Werke entfaltet sich erst im 20. Jahrhundert.

Heinrich von Kleist (1777–1811)

Kleists letzter Brief an seine Stiefschwester Ulrike

Stimmings Krug bei Potsdam, 21. November 1811

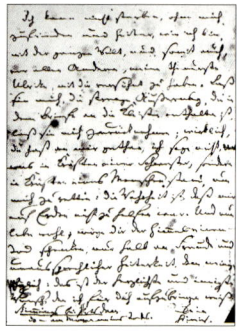

Ich kann nicht sterben, ohne mich, zufrieden und heiter, wie ich bin, mit der ganzen Welt, und somit auch, vor allen anderen, meine teuerste Ulrike, mit dir versöhnt zu haben. Laß sie mich, die strenge
5 Äußerung, die in dem Briefe an die Kleisten enthalten ist, laß sie mich zurücknehmen; wirklich, du hast an mir getan, ich sage nicht, was in Kräften einer Schwester, sondern in Kräften eines Menschen stand, um mich zu retten: die Wahrheit ist, daß mir auf Erden nicht zu helfen war. Und nun lebe wohl; möge Dir der Himmel einen Tod schenken,
10 nur halb an Freude und unaussprechlicher Heiterkeit, dem meinigen gleich: das ist der herzlichste und innigste Wunsch, den ich für Dich aufzubringen weiß.
Dein Heinrich
Stimmings bei Potsdam – am Morgen meines Todes

Autograph Kleists: Abschiedsbrief an seine Schwester

- Wie würden Sie Heinrich von Kleist nach der Lektüre des Briefes spontan beschreiben?

Kleists Selbstmord am Wannsee bei Potsdam / Berlin beendet das Leben eines „Unzeitgemäßen" und trägt wesentlich zur Legendenbildung seiner Biografie bei. Allein diese Tat steht im Mittelpunkt des allgemeinen Interesses und erregt großes öffentliches Aufsehen, nicht sein Werk. Die Reaktionen reichen von Unverständnis bis zur Verurteilung Kleists.
Noch heute erscheint das Leben des unglücklichen und ruhelosen Menschen Heinrich von Kleist rätselhaft und merkwürdig, fordert zur psychologischen Motivationssuche auf und fasziniert. Kleist ist unangepasst, hat immer Geldprobleme. Er will keinen akademischen Brotberuf ausüben, wird andauernd von Selbstzweifeln geplagt und ist literarisch erfolglos. Versuche, sich als Herausgeber zweier von ihm gegründeter Zeitschriften, *Phöbus* (1807/08) und *Berliner Abendblätter* (1810/11), den Lebensunterhalt zu verdienen, scheitern. Zumindest aber kann er seine eigenen Texte veröffentlichen.

Heinrich von Kleist

Doch sollte man nicht bei Kleists Biografie „hängenbleiben", denn wäre nicht sein Werk, entstanden in den wenigen Jahren zwischen 1802 und 1811, er wäre schon vergessen.

Kleist, der aus einer alten preußischen Offiziersfamilie stammt, 1799 den Militärdienst quittiert, nach kurzer Zeit sein Studium abbricht und versucht, vom Schreiben zu leben, hat bei seinen Zeitgenossen wenig literarischen Erfolg. Von sieben vollendeten Stücken werden zu seinen Lebzeiten nur drei uraufgeführt, erst mit Ende des 19. Jahrhunderts steigen die Aufführungszahlen. Heute gehören Stücke wie *Der zerbrochne Krug* oder *Prinz Friedrich von Homburg* zum Standardrepertoire der deutschsprachigen Bühnen.

Der wichtigste Grund für die fehlende öffentliche Anerkennung ist sicherlich die für die damalige Zeit ungewöhnliche Thematik der Kleistschen Werke (Gewalt, Sexualität, Entfremdung, Gefühlsverwirrungen und Identitätskonflikte) und deren Darstellung.

So versteht das zeitgenössische Publikum das Stück *Penthesilea* (1807) nicht. Das Drama ist eine Beschreibung der psychopathischen Strukturen in der Beziehung der Amazonenkönigin Penthesilea zu dem von ihr geliebten griechischen König Achill, den sie im Kampf und in der Liebe unterwerfen will, was damit endet, dass die rasende Penthesilea ihren Geliebten zerfleischt. Relativ erfolgreich ist *Das Käthchen von Heilbronn* (1807), von Kleist mit der *Penthesilea* als Dramenpaar geschrieben. Das Frauenbild – Käthchen ist ein duldendes, demutsvolles Mädchen – und die märchenhaft romantische Handlung entsprechen eher den Anschauungen und dem Geschmack der Zeit.

Die Erkenntniskrise

In einem Brief vom 22. März 1801 schreibt der 23-jährige Kleist an seine Verlobte Wilhelmine von Zenge:

> Vor kurzem ward ich mit der neueren sogenannten Kantischen Philosophie bekannt – und Dir muß ich jetzt daraus einen Gedanken mitteilen, indem ich nicht fürchten darf, daß er Dich so tief, so schmerzhaft erschüttern wird, als mich. Auch kennst Du das Ganze nicht hinlänglich, um sein Interesse vollständig zu begreifen. Ich will indessen so deutlich sprechen, als mög-
> 5 lich.
> Wenn alle Menschen statt der Augen grüne Gläser hätten, so würden sie urteilen müssen, die Gegenstände, welche sie dadurch erblicken, sind grün – und nie würden sie entscheiden können, ob ihr Auge ihnen die Dinge zeigt, wie sie sind, oder ob es uns nur so scheint. Ist das letzte, so ist die Wahrheit, die wir hier sammeln, nach dem Tode nicht mehr – und alles Bestreben, ein
> 10 Eigentum sich zu erwerben, das uns auch in das Grab folgt ist vergeblich –
> Ach, Wilhelmine, wenn die Spitze dieses Gedankens Dein Herz nicht trifft, so lächle nicht über einen andern, der sich tief in seinem heiligsten Innern davon verwundet fühlt. Mein einziges, mein höchstes Ziel ist gesunken und ich habe nun keines mehr –

• Was bezweifelt Kleist in diesem Brief grundsätzlich? Fassen Sie zusammen, mit welchem Beispiel er das verdeutlicht!

Kleist stürzt in eine schwere Krise, erkennt, dass die objektive Wahrheit auch mithilfe der aufklärerischen Wissenschaften nicht erkannt werden kann.

In weiterer Konsequenz sieht Kleist den Beobachter in seiner Vorstellungswelt eingeschlossen, unfähig, einen Zugang zur Wirklichkeit und damit zu anderen Menschen zu finden. Die Sprache selbst „kann die Seele nicht malen, und was sie uns gibt, sind nur zerrissene Bruchstücke."

Er, einer der sprachmächtigsten Dichter der deutschen Literatur, bezweifelt, ob die Sprache als Medium der Kommunikation tauglich ist, befürchtet, falsch verstanden zu werden.

Die Suche nach der Wahrheit: *Der zerbrochne Krug*

Das Lustspiel *Der zerbrochne Krug* (1808) beginnt mit einer Vorrede, in der Kleist einen französischen Kupferstich beschreibt, der die Anregung zu seinem Stück abgibt (siehe Abbildung). Auf eine altgriechische Tragödie, die für das Verständnis des Lustspiels wichtig ist, *König Ödipus* von Sophokles, wird ebenfalls hingewiesen:

Wegen eines Orakelspruchs, demzufolge er seinen Vater töten und seine Mutter ehelichen würde, wird der drei Tage alte Ödipus [1], der Sohn König Laios' von Theben, ausgesetzt. Er wird gerettet und wächst als Sohn des Königs von Korinth auf. Erneut wiederholt das Orakel von Delphi den Spruch. Ödipus verlässt Theben, tötet unterwegs, ohne es zu wissen, seinen Vater, ehelicht seine Mutter Iokaste und wird König von Theben.

Als in Theben die Pest ausbricht, schickt er seinen Schwager Kreon nach Delphi, um beim Orakel Rat einzuholen. Dieses weissagt, dass die Pest beendet sei, wenn der Mord an König Laios gesühnt werde.

Als oberster Richter muss Ödipus bei der Untersuchung gegen den unbekannten Mörder des Laios das Schreckliche erkennen, nämlich, dass er selbst der Gesuchte ist, dass sich der Spruch des Orakels erfüllt hat. Iokaste erhängt sich und Ödipus sticht sich mit ihrem Schmuck die Augen aus.

1802 besucht Kleist den Schriftsteller Heinrich Zschokke in Bern und sieht bei ihm den Kupferstich. Man vereinbart, eine Art literarischen Wettkampf zu veranstalten. Kleist schreibt ein Drama, Zschokke eine Erzählung.

Vorrede

Diesem Lustspiel liegt wahrscheinlich ein historisches Faktum, worüber ich jedoch keine nähere Auskunft habe auffinden können, zum Grunde. Ich nahm die Veranlassung dazu aus
5 einem Kupferstich, den ich vor mehreren Jahren in der Schweiz sah. Man bemerkte darauf – zuerst einen Richter, der gravitätisch[2] auf dem Richterstuhl saß: vor ihm saß eine alte Frau, die einen zerbrochenen Krug hielt, sie schien das
10 Unrecht, das ihm widerfahren war, zu demonstrieren: Beklagter, ein junger Bauerkerl, den der Richter, als überwiesen, andonnerte, verteidigte sich noch, aber schwach: ein Mädchen, das wahrscheinlich in dieser Sache gezeugt

Der Richter oder der zerbrochene Krug (Kupferstich von Jean Jacques André Le Veau)

15 hatte (denn wer weiß, bei welcher Gelegenheit das Deliktum geschehen war) spielte sich, in der Mitte zwischen Mutter und Bräutigam, an der Schürze; wer ein falsches Zeugnis abgelegt hätte, könnte nicht zerknirschter dastehn: und der Gerichtsschreiber sah (er hatte vielleicht kurz vorher das Mädchen angesehen) jetzt den Richter mißtrauisch zur Seite an, wie Kreon, bei einer ähnlichen Gelegenheit, den Ödip. Darunter stand: der zerbrochene Krug. – Das Original
20 war, wenn ich nicht irre, von einem niederländischen Meister.

---

[1] übersetzt: Schwellfuß
[2] gravitätisch: würdevoll

Szene: Die Gerichtsstube
Erster Auftritt

Adam sitzt und verbindet sich ein Bein. Licht tritt auf.
Licht: Ei, was zum Henker, sagt, Gevatter Adam!
5   Was ist mit Euch geschehn? Wie seht Ihr aus?
Adam: Ja, seht. Zum Straucheln brauchts doch nichts, als Füße.
Auf diesem glatten Boden, ist ein Strauch hier?
Gestrauchelt bin ich hier; denn jeder trägt
Den leidgen Stein zum Anstoß in sich selbst.
10   *Licht:* Nein, sagt mir Freund! Den Stein trüg jeglicher –?
Adam: Ja, in sich selbst!
Licht: Verflucht das!
Adam: Was beliebt?
Licht: Ihr stammt von einem lockern Ältervater,
15   Der so beim Anbeginn der Dinge fiel,
Und wegen seines Falls berühmt geworden;
Ihr seid doch nicht –?
Adam: Nun?
Licht: Gleichfalls –?
20   *Adam:*   Ob ich ? Ich glaube !
Hier bin ich hingefallen, sag ich Euch.
Licht: Unbildlich hingeschlagen?
Adam: Ja, unbildlich.
Es mag ein schlechtes Bild gewesen sein.
25   *Licht:* Wann trug sich die Begebenheit denn zu?
Adam: Jetzt, in dem Augenblick, da ich dem Bett
Entsteig. Ich hatte noch das Morgenlied
Im Mund, da stolpr' ich in den Morgen schon,
Und eh ich noch den Lauf des Tags beginne,
30   Renkt unser Herrgott mir den Fuß schon aus.
Licht: Und wohl den linken obenein?
Adam: Den linken?
Licht: Hier, den gesetzten?
Adam: Freilich!
35   *Licht:*   Allgerechter!
Der ohnhin schwer den Weg der Sünde wandelt.
Adam: Der Fuß! Was! Schwer! Warum?
Licht: Der Klumpfuß?
Adam: Klumpfuß!
40   Ein Fuß ist, wie der andere, ein Klumpen.
Licht: Erlaubt! Da tut Ihr Eurem rechten Unrecht.
Der rechte kann sich dieser – Wucht nicht rühmen,
Und wagt sich eh'r aufs Schlüpfrige.

- Welche Vorinformationen erhält man: aus dem Titel; aus der Gattungsbezeichnung; von den symbolischen Personennamen[3] (Adam, Eve, Licht ...)?
- Versuchen Sie, aus der Vorrede, den Informationen zum König Ödipus und aus dem Auszug aus dem 1. Auftritt zu eruieren, worum es in dem Stück gehen könnte! Was können aufmerksame TheaterbesucherInnen/LeserInnen schon zu Beginn des Lustspiels wissen? Arbeiten Sie auch die folgenden Leitfragen mit ein!
- Kleist arbeitet stark mit Wortspielen und Anspielungen. Erklären Sie, was mit dem „lockern Ältervater" gemeint sein könnte! Worauf deutet der „Klumpfuß" hin, und was bedeutet der Ausspruch Adams, dass „Den leidgen Stein zum Anstoß (jeder) in sich selbst" trägt?
- Welche Funktion haben die Fragen des Schreibers Licht (Zeile 2 und 22)?

Inhalt des Stücks

Reale Spielzeit[4] und fiktive gespielte Zeit[5] sind in dem Einakter, der in einem niederländischen Dorf des 17. Jahrhunderts bei Utrecht spielt, deckungsgleich. Die Vorgeschichte, die erst im Verlauf einer Verhandlung allgemein bekannt wird, handelt davon, dass der Dorfrichter Adam dem jungen Mädchen Eve, der Tochter Marthe Rulls, nachstellt. Mit einem Trick versucht Adam, sich Eve gefügig zu machen. Er behauptet nämlich, Eves Verlobter Ruprecht würde zum Militärdienst nach Ostindien (Indonesien) eingezogen; nur er – Adam – könne ihr helfen. Im Zimmer Eves wird der Dorfrichter von Ruprecht überrascht, zerbricht bei der überstürzten Flucht den besagten Krug, ein Symbol für die verlorene Unschuld[6], und verliert noch seine Perücke. Eve verschweigt allerdings die Wahrheit.

Als der Gerichtsrat Walter erscheint, muss Adam gegen sich selbst verhandeln und versucht mit allerlei Täuschungsmanövern, seine Tat zu vertuschen. Als eine Zeugin mit der verlorenen Perücke erscheint und Eve aus Angst um ihren Verlobten Ruprecht die Wahrheit sagt, kommt alles ans Licht.

Adam flüchtet, der Schreiber Licht wird Richter und die Verlobten versöhnen sich. Die Klägerin Marthe Rull allerdings ist mit dem Ausgang der Verhandlung nicht zufrieden und will bei der nächsthöheren Instanz klagen.

Analytisches Denken

Der zerbrochne Krug ist ein Musterbeispiel für ein **analytisches Drama** (Enthüllungsdrama): Das Handlungsschema ist so aufgebaut, dass für den dramatischen Konflikt wichtige Ereignisse vor der eigentlichen Bühnenhandlung geschehen, sie werden nur noch analysiert. Die Vorgeschichte ist den Bühnenfiguren grundsätzlich nicht bekannt, nur einzelne Personen kennen Teilaspekte. Aus der Diskrepanz[7] zwischen dem, was das Publikum weiß, und dem Nichtwissen einer Bühnenfigur entwickelt sich die **dramatische Ironie**.[8]

Der Doppelsinn der Geschichte – nichts ist so, wie es scheint – ist ein durchgehendes **Formprinzip** des Stücks. Juristische Argumentationstechniken (Forensik) und die Beweisführung während der Gerichtsverhandlung stellen sich letztendlich als unzuverlässig heraus.

---

[3] telling names = sprechende Namen
[4] reale Spielzeit: Dauer der Aufführung
[5] fiktive gespielte Zeit: Dauer der Handlung
[6] Jeremia 19,10: „Dann zerbrich den Krug vor den Augen der Männer, die mit dir gehen."
[7] Diskrepanz: Missverhältnis
[8] Ironie: Redeweise, bei der das Gegenteil des Gesagten gemeint ist (z. B. „schöne Bescherung" für ein Unglück). Als rhetorisches Mittel eingesetzt, versucht Ironie eine Person, Sache oder einen Wert (z. B. Sparsamkeit) spöttisch unter dem Vorwand der Ernsthaftigkeit zu demaskieren.

Dramatische Mittel

Im *Zerbrochnen Krug* kennt der Dorfrichter Adam allein die ganze Wahrheit, die im Verlauf des Stücks in Form einer Gerichtsverhandlung schrittweise aufgedeckt wird. Durch folgende Mittel erhält das Publikum, dem bewusst ist, dass es vieles noch nicht weiß, zusätzliche Hinweise:

- **Beiseite-Sprechen**
- **Heimlicher Dialog**, nur für die ZuschauerInnen bestimmt
- Ein **literarisches Motiv**[9], das Heinrich von Kleist im *Zerbrochnen Krug* verwendet, ist der vorausdeutende Traum:

3. Auftritt, 269–284

Adam: – Mir träumt', es hätt ein Kläger mich ergriffen,
Und schleppte vor den Richtstuhl mich; und ich,
Ich säße gleichwohl auf dem Richtstuhl dort,
Und schält' und hunzt' und schlingelte mich herunter,
5   Und judiziert den Hals ins Eisen mir.
Licht: Wie? Ihr Euch selbst?
Adam: So wahr ich ehrlich bin.
Drauf wurden beide wir zu eins, und flohn,
Und mussten in den Fichten übernachten.
10 *Licht:* Nun? Und der Traum meint Ihr –?
Adam: Der Teufel hols.
Wenns auch der Traum nicht ist, ein Schabernack,
Seis, wie es woll, ist wider mich im Werk!
Licht: Die läppsche Furcht! Gebt Ihr nur vorschriftsmäßig,
15 Wenn der Gerichtsrat gegenwärtig ist,
Recht den Parteien auf dem Richterstuhle,
Damit der Traum vom ausgehunzten Richter
Auf andre Art nicht in Erfüllung geht.

- Welche Funktion hat dieser vorausdeutende Traum für das Stück?

Essentiell für das Stück ist, dass das Publikum spätestens nach dem 7. Auftritt Mitwisser bei den Machenschaften des Dorfrichters ist, sich also darüber amüsieren kann, wie er mit allen (längerfristig untauglichen) Mitteln versucht, die Enthüllung seines Vergehens zu verhindern. Adam ist ein schlechter Lügner, leicht zu durchschauen, der, um seine Haut zu retten, immer waghalsiger lügt. Er erzählt Geschichten, kreiert Konstruktionen von Wirklichkeit und Fiktion und verstrickt sich immer mehr in Widersprüche. Schlussendlich löst die Aussage Eves im 12. Auftritt (Vers 1 938–1 948) den verworrenen Knoten. Erst nach diesem Auftritt haben alle, ZuschauerInnen und Bühnenfiguren, den gleichen Wissensstand.

---

[9] literarisches Motiv: das Grundschema eines Vorgangs oder einer Situation, ein typischer Zustand, der sich unter bestimmten Umständen wiederholen kann. Beispiele: Liebe zwischen Kindern verfeindeter Familien; feindliche Brüder; der Mann zwischen zwei Frauen.

Die drei Einheiten

Der Eindruck der **Einheit der Handlung** (die Verhandlung) wird dadurch geschaffen, dass das Geschehen an einem Schauplatz (**Einheit des Ortes**) und fortlaufend (**Einheit der Zeit**) bis zum Schluss stattfindet. Die Figuren des Stückes, vom Schreiber Licht abgesehen, befinden sich fast bis zum Ende ohne Unterbrechung auf der Bühne.

- Gehen Sie davon aus, dass in einer höheren Instanz in Utrecht eine Gerichtsverhandlung stattfindet, bei der ein Urteil gefällt wird! Setzen Sie das Urteil, Strafe oder Freispruch, fest, das der Dorfrichter Adam Ihrer Meinung nach verdient hat! Verfassen Sie eine Urteilsbegründung! Versuchen Sie, den juristischen Tonfall und Stil zu treffen!

Die Erstaufführung des Stückes in Weimar im Spiegel der zeitgenössischen Kritik

Kritik am Stück

Goethe inszeniert am 2. 3. 1808 die Uraufführung des *Zerbrochnen Krugs* in Weimar und teilt den Einakter in drei Akte auf.

Zeitung für die elegante Welt, 14. 3. 1808

Aus Weimar. Neulich wurde hier zur Fastnacht ein neues burleskes[10] Lustspiel vom Herrn v. Kleist gegeben: „der zerbrochene Krug". Die Geschichte des Stücks ist wirklich komisch und es würde gewiß sehr gefallen haben, wenn es auf einen Akt zusammengedrängt und alles gehörig in lebhafte Handlung gesetzt wäre. Stattdessen ist es aber in drei lange Akte abgeteilt, und

5 besonders wird im letzten Akte so entsetzlich viel und alles so breit erzählt, daß dem sonst sehr geduldigen Publikum der Geduldfaden endlich ganz riß, und gegen den Schluß ein solcher Lärm sich erhob, daß keiner imstande war, von den ellenlangen Reden auch nur eine Silbe zu verstehn. Unsre neuesten Poeten von Talent sind so stolz, daß sie glauben, dem Publikum alles bieten zu können, und daß sie meinen, es müsse sich schon geehrt fühlen, wenn man sich nur

10 herablasse, ihm etwas zum Besten zu geben.

J. W. Goethe, Ende 1810

Sie wissen, welche Mühe und Proben ich es mir kosten ließ, seinen „Wasserkrug" aufs hiesige Theater zu bringen. Daß es dennoch nicht glückte, lag einzig in dem Umstande, daß es dem übrigens geistreichen und humoristischen Stoffe an einer rasch durchgeführten Handlung fehlt. Mir aber den Fall desselben zuzuschreiben, ja, mir sogar, wie es im Werke gewesen ist,

5 eine Ausfoderung[11] deswegen nach Weimar schicken zu wollen, deutet, wie Schiller sagt, auf eine schwere Verirrung der Natur, die den Grund ihrer Entschuldigung allein in einer zu großen Reizbarkeit der Nerven oder in Krankheit finden kann.

---

[10] Burleske: spottendes Spiel, bei dem Sachverhalte und menschliche Charakterzüge lächerlich gemacht werden

[11] ausfodern: herausfordern, jemanden zu etwas auffordern

- Was wird am Stück besonders kritisiert? Ist diese Kritik Ihrer Meinung nach gerechtfertigt?
- Auf welche Reaktion Kleists kann aus dem Brief Goethes geschlossen werden? Finden Sie diese richtig? Mit welchen Argumenten reagiert Goethe darauf? Empfinden Sie das als fair?

Kleist reagiert auf die Vorhaltungen, indem er den 12. Auftritt von 513 auf 58 Verse kürzt und dadurch einen rascheren Handlungsverlauf sichert. Auch in den übrigen Auftritten streicht er einiges, da ihm anscheinend bewusst wird, dass sonst die Zuschauer nicht „mitspielen", sondern sich nur langweilen würden.

Die Erzählungen

Obwohl Kleist heute in erster Linie für sein dramatisches Werk berühmt ist, hat er auch hervorragende Novellen geschrieben, für die ein dramatischer Sprachstil charakteristisch ist. Kleists Erzählton entspricht der jeweiligen Gattung, die er wählt: So etwa ist die Erzählung *Michael Kohlhaas (Aus einer alten Chronik)* im chronikalischen Stil gehalten. Alle Erzählungen sind durch einen kunstvollen und komplizierten Satzbau gekennzeichnet.

Trotz der genauen Sprache und des sachlichen Stils vermeidet es Kleist, sich festzulegen: Konflikte und Gefühle werden nur indirekt beschrieben und erscheinen in ihrer Zwiespältigkeit. Kleist bleibt damit seiner Überzeugung treu, dass man mit Sprache nicht alles ausdrücken und beschreiben könne, weil nicht alles fassbar sei. Ihm ist nicht Wahrscheinlichkeit wichtig, sondern das Unwahrscheinliche, Groteske: Bei den LeserInnen soll Irritation erzeugt und ihnen bewusst gemacht werden, dass es in „der gebrechlichen Einrichtung der Welt" unversöhnliche Widersprüche, nichts Verlässliches gibt.

Die meisten Erzählungen Kleists haben Gewalt, Sexualität oder Affekte zum Thema. In der *Marquise von O…* ▸ Seite 167 wird der Marquise Gewalt angetan, sie wird während einer Ohnmacht von ihrem Retter, dem Grafen F., mutmaßlich vergewaltigt. Die Vergewaltigungsszene wird im Text in einem Gedankenstrich zusammengefasst, der Leser systematisch im Unklaren gelassen. Es ist also anscheinend nicht ganz sicher, was es mit der Ohnmacht der Marquise auf sich hat. In einem Epigramm[12] in der Zeitschrift *Phöbus* spielt Kleist ironisch mit dem voyeuristischen Interesse der zeitgenössischen Leser, „warnt" vor der Lektüre: „*Die Marquise von O…* / Dieser Roman ist nicht für dich, meine Tochter. In Ohnmacht / Schamlose Posse. Sie hielt, weiß ich, die Augen bloß zu."

Michael Kohlhaas

Das zentrale Thema der Erzählung *Michael Kohlhaas (Aus einer alten Chronik)* ist die Rechthaberei um jeden Preis. Die Erzählung beginnt so:

An den Ufern der Havel lebte, um die Mitte des sechzehnten Jahrhunderts, ein Roßhändler, namens Michael Kohlhaas, Sohn eines Schulmeisters, einer der rechtschaffensten zugleich und entsetzlichsten Menschen seiner Zeit. Dieser außerordentliche Mann würde, bis in sein dreißigstes Jahr für das Muster eines guten Staatsbürgers haben gelten können. Er besaß

---

[12] Epigramm: poetische Gattung, in der formal und gedanklich sehr kurz eine geistreiche, überraschende oder zugespitzt formulierte Sinndeutung zu einem Gegenstand oder Sachverhalt gegeben wird

5 in einem Dorfe, das noch von ihm den Namen führt, einen Meierhof, auf welchem er sich
durch sein Gewerbe ruhig ernährte; die Kinder, die ihm sein Weib schenkte, erzog er, in der
Furcht Gottes, zur Arbeitsamkeit und Treue; nicht einer war unter seinen Nachbarn, der sich
nicht seiner Wohltätigkeit oder seiner Gerechtigkeit erfreut hätte; kurz, die Welt würde sein
Andenken haben segnen müssen, wenn er in einer Tugend nicht ausgeschweift hätte. Das
10 Rechtsgefühl aber machte ihn zum Räuber und Mörder.

- Wie beschreibt Kleist den Michael Kohlhaas? Woran wird er wohl scheitern?
- Warum wird das Lesepublikum der damaligen Zeit so etwas gerne gelesen haben?

---

*Michael Kohlhaas geschieht Unrecht, er wird von Junker Wenzel von Tronka um zwei Pferde gebracht.
Da er durch Gerichtsklage und Vorsprache beim Kurfürsten sein Recht nicht erhält, leistet er gewalttätigen Widerstand und gerät in Konflikt mit dem Staat, wird selbst schuldig: Er tötet auch Unschuldige,
Frauen und Kinder und vernichtet ganze Städte wegen zweier Rappen. Kohlhaas' Verhalten wird
kaum aufgeklärt, er erscheint als Querulant, selbst seine Frau ist gegen ihn. Am Ende wird er zum
Tode durch das Schwert verurteilt, seine Forderungen aber werden groteskerweise vor der Hinrichtung
noch erfüllt.*

Als Resümee der Erzählung bleibt, dass der Einzelne schuldig ist und nicht die Gesellschaft.
Kohlhaas hat sich durch sein Verhalten außerhalb der Normen der Gesellschaft gestellt und
muss schlussendlich mit seinem Leben dafür büßen.

Friedrich Hölderlin (1770–1843)

So wie das Leben und Werk Heinrich von Kleists erscheint auch
das Friedrich Hölderlins als Mythos. Von seinen Zeitgenossen
ebenfalls kaum oder wenig beachtet, isoliert und weder der Klassik noch der Romantik zuzuordnen, wird er zu Beginn des 20.
Jahrhunderts vom Kreis um Stefan George, von Rilke und Expressionisten wie Heym und Trakl wiederentdeckt und gelesen.
Heute wird von vielen Autoren der Gegenwart, die sich mit
Hölderlin beschäftigen, der revolutionäre Kern seiner Literatur
herausgestrichen und sein Wahnsinn als Reaktion auf das Scheitern an seiner Umwelt und seiner Zeit gesehen.

Hölderlin (Bleistiftzeich-
nung, 1788)

Wege

Hölderlin soll auf Wunsch seiner religiösen Mutter – der Vater stirbt früh und das sensible
Kind ist stark an die Mutter gebunden – Pfarrer werden. Er besucht eine Klosterschule und
studiert am Tübinger Stift Theologie. Die Französische Revolution, an deren Idealen er auch
später noch festhält, lässt Hölderlin gegen die unterdrückerische Atmosphäre des Stifts und
das ungewollte Theologiestudium rebellieren. Er will eine Demokratie nach Athener Vorbild,
in der der Mensch in Einheit mit der Natur leben soll. Seine Hoffnung auf Freiheit kommt in
einem Brief an seinen Bruder aus dem Jahre 1793 zum Ausdruck:

Ich hange nicht mer so warm an einzelnen Menschen. Meine Liebe ist das Menschengeschlecht, freilich nicht das verdorbene, knechtische, träge, wie wir es nur zu oft finden, auch
in der eingeschränktesten Erfarung. Aber ich liebe das Geschlecht der kommenden Jarhun-
derte. Denn diß ist meine seeligste Hofnung, der Glaube, der mich stark erhält und tätig, uns-
5 re Enkel werden besser sein, als wir, die Freiheit muß einmal kommen, und die Tugend wird
besser gedeihen in der Freiheit heiligem erwärmenden Lichte, als unter der eiskalten Zone
des Despotismus. Wir leben in einer Zeitperiode, wo alles hinarbeitet auf bessere Tage. Diese
Keime von Aufklärung, diese stillen Wünsche und Bestrebungen Einzelner zur Bildung des
Menschengeschlechts werden sich ausbreiten und verstärken, und herrliche Früchte tragen.
10 Sieh! lieber Karl! Diß ists, woran nun mein Herz hängt, diß ist das heilige Ziel meiner Wünsche, und meiner Tätigkeit – diß, daß ich in unserem Zeitalter die Keime weke, die in einem
künftigen reifen werden.

> • In welcher Zeit sieht Hölderlin seine Hoffnungen in Bezug auf Freiheit erfüllt? Wie
> definiert er seine Rolle, um mitzuhelfen, eine bessere Gesellschaft zu entwickeln?

Nach Beendigung des Studiums 1793 tritt Hölderlin eine Hofmeisterstelle an, übersiedelt einige
Monate später nach Jena, wo er Vorlesungen bei
Johann Gottlieb Fichte besucht, Goethe kennenlernt und von Friedrich Schiller gefördert wird.
Es ist nicht bekannt, warum er 1795 unerwartet
zu seiner Mutter nach Nürtingen zurückkehrt.
Einige Monate später wird er Hofmeister beim
Frankfurter Bankier Gontard und verliebt sich
in dessen Frau Susette. In ihr sieht er das Ideal
der Liebe, die Verkörperung der „ewigen Schönheit".

Hölderlin mit Susette Gontard (Xylographie,
19. Jh.)

1798 wird Hölderlin entlassen und will ein letztes Mal als Schriftsteller den Durchbruch schaffen. Er scheitert, kehrt 1800 nach Hause zurück und tritt Hofmeisterstellen in der Schweiz und
in Bordeaux an, die er innerhalb weniger Monate wieder aufgibt. 1802 wird er geisteskrank
und kommt in eine Nervenheilanstalt; ab 1807 verbringt er die restlichen 36 Jahre seines
Lebens bei einem Tischler in Tübingen[13]. Nicht unwidersprochen blieb die These des Litera-
turwissenschaftlers Pierre Bertaux, dass Hölderlin nicht wahnsinnig gewesen sei, sondern
nur in einem selbst gewählten Exil gelebt habe. Seine späten Gedichte seien als verschlüsselte
Botschaften zu verstehen.
Hölderlins Werk vermittelt die Hoffnung des Autors auf eine Wiederherstellung der verlorenen gesellschaftlichen und menschlichen Harmonie. Diese Harmonie sieht er in einem
idealisierten Griechenland verwirklicht, in dem die Menschen noch nicht der Natur und sich
selbst entfremdet sind. So kämpft in den drei fragmentarischen Fassungen von *Der Tod des Em-
pedokles* (1797/1800) die Titelfigur, die Hölderlins eigene Position als Dichter darstellt, gegen
das absolutistische System, für eine demokratische Gesellschaftsordnung und verkündet als
verschlüsselte Zeitkritik, dass „dies […] die Zeit der Könige nicht mehr" sei.

---

[13] in einem Turm, der heute Hölderlin-Turm heißt

Hyperion

Seit seiner Studienzeit arbeitet Hölderlin am *Hyperion*, vor allem in der Frankfurter Zeit (1795–1798), seiner ausgeglichensten und produktivsten Phase. Der Briefroman *Hyperion oder Der Eremit in Griechenland* (2 Bände) erscheint schließlich 1797 bzw. 1799.

Hyperion schreibt rückblickend als „Eremit in Griechenland" Briefe an seinen deutschen Freund Bellarmin, dem er von seinem Leben im Südgriechenland des 18. Jahrhunderts erzählt. Er beschreibt die Erlebnisse der Freundschaft, der Liebe und der Natur.

Hyperion wird von seinem Freund Alabanda in die Pläne zur Befreiung Griechenlands eingeweiht, nimmt 1770 an der Rebellion der Griechen gegen die Türken teil und wird schwer verwundet. Er geht nach Deutschland, dem Land, das den Gegensatz der Ideale des alten Griechenland verkörpert. In einer Scheltrede Hyperions macht Hölderlin seiner Enttäuschung über die deutschen Zustände Luft:

So kam ich unter die Deutschen. Ich foderte nicht viel und war gefaßt, noch weniger zu finden. Demütig kam ich, wie der heimatlose blinde Ödipus zum Tore von Athen, wo ihn der Götterhain empfing; und schöne Seelen ihm begegneten –.
Wie anders ging es mir!

5   Barbaren von alters her, durch Fleiß und Wissenschaft und selbst durch Religion barbarischer geworden, tiefunfähig jedes göttlichen Gefühls, verdorben bis ins Mark zum Glück der heiligen Grazien, in jedem Grad der Übertreibung und der Ärmlichkeit beleidigend für jede gut geartete Seele, dumpf und harmonielos, wie die Scherben eines weggeworfenen Gefäßes – das, mein Bellarmin! waren meine Tröster.

10   Es ist ein hartes Wort und dennoch sag ich's, weil es Wahrheit ist: Ich kann kein Volk mir denken, das zerrissner wäre, wie die Deutschen. Handwerker siehst du, aber keine Menschen, Denker, aber keine Menschen, Priester, aber keine Menschen, Herrn und Knechte, Jungen und gesetzte Leute, aber keine Menschen – ist das nicht, wie ein Schlachtfeld, wo Hände und Arme und alle Glieder zerstückelt untereinanderliegen, indessen das vergoßne Lebensblut im

15   Sande zerrinnt?

> • Was kritisiert Hyperion an den „Deutschen"?

Hölderlin gilt als einer der größten deutschen Lyriker. Sein Gedicht *Hälfte des Lebens,* das zu den aus neun Gedichten bestehenden *Nachtgesängen* gehört, zeigt den Gegensatz zwischen dem idyllischen Naturbild und dem der naturentfremdeten Erstarrung:

Hälfte des Lebens (1803)

Mit gelben Birnen hänget
Und voll mit wilden Rosen
Das Land in den See,
Ihr holden Schwäne,
5   Und trunken von Küssen
Tunkt ihr das Haupt
Ins heilignüchterne Wasser.

Weh mir, wo nehm ich, wenn
Es Winter ist, die Blumen, und wo
10   den Sonnenschein,
Und Schatten der Erde?
Die Mauern stehn
Sprachlos und kalt, im Winde
Klirren die Fahnen.

- Strophe 1 und 2 entwerfen zwei gegensätzliche Bilder. Beschreiben Sie diese, und erklären Sie, welche Atmosphäre die Adjektive und Nomen jeweils erzeugen! Überlegen Sie, was der Titel ausdrücken will, und beschreiben Sie das Thema des Gedichts! [14]
- Welches Lebewesen symbolisiert den Dichter? In welcher Situation befindet sich das lyrische Ich in der 2. Strophe?

Ernst Jandl liefert Denkanstöße zu Hölderlins *Hälfte des Lebens*.

Ernst Jandl: *Beweis für menschliches Glück*

Glück und Verzweiflung, diese beiden extremen Stimmungslagen des Menschen, sind in Friedrich Hölderlins Gedicht „Hälfte des Lebens" in vollendeter Weise vereint. Schon der Titel enthält den Triumph und die Tragik aller menschlichen Existenz. Zu leben, am Leben zu sein, darüber ließe sich nur jubeln, empfänden wir Menschen uns nicht jederzeit als Sterbliche, un-
5 ser Leben ist begrenzt. Nur dadurch läßt sich an eine „Hälfte des Lebens" überhaupt denken. Dieses Denkens fähig zu sein ist unsere Gnade, als Menschen, und zugleich unser Fluch. So mögen wir dazu gelangen, die schönen Schwäne zu feiern, die „holden", und sie zugleich zu beneiden, ebenso wie andere nichtmenschliche belebte Geschöpfe, sofern sie uns als Sinnbild von Schönheit, Liebe und Kraft erscheinen, nicht als Verkörperung von Verworfenheit und
10 Niedertracht. Ihnen, auch denen, die wir bewundern, […] ist es durch die Enge ihres außermenschlichen Horizonts gegeben, den Tod nicht zu kennen.
Wir Menschen jedoch, sagt Hölderlin in seinem Gedicht, kennen die Begeisterung, die Verzückung, die uns im Denken und Fühlen aller Sterblichkeit für Momente enthebt. Um so härter dann fallen wir zurück auf den Boden unserer Unerheblichkeit: Wir besitzen letztlich weder
15 Kraft noch Farbe, noch Glanz, sobald es für uns unwiderruflich Winter ist. O die schönen Religionen, möchte man hinzufügen, was haben wir nicht alles unternommen, sie zu erschaffen und durch sie uns Unsterblichkeit zu erwirken. Wir sind zutiefst betrübt, daß entgegen all diesem edlen Bemühen sprachlos und kalt die Mauern vor uns stehen und daß nichts mehr zu hören sein wird als das Klirren von Fahnen, und nirgendwo ein menschliches Ohr, das es hört. […]
20 Dieser Pessimismus, wenn man es so nennen will, ist keine Lehre, keine Religion, sondern immer nur das Kreuz eines Einzelnen. So wie Hölderlins Erleben, Klage und Vision nur die eines einzelnen gewesen sind. […] „Weh mir, wo nehm ich, wenn" bleibt dennoch eine herrliche Zeile und Hölderlins Gedicht ein Beweis für menschliches Glück.

---

[14] Zusatzinformation: In der Handschrift lautet die Überschrift: *Die letzte Stunde.* Der endgültige Titel *Hälfte des Lebens* ist nur im Erstdruck überliefert. Das Gedicht entstand aus zwei verschiedenen Entwürfen, die in der Handschrift zufällig nebeneinander standen und überarbeitet wurden.

Abseits der literarischen Strömungen: Heinrich von Kleist und Friedrich Hölderlin

Beide Dichter lassen sich weder der Klassik noch der Romantik zuordnen, sie fühlten sich auch keiner Gruppierung zugehörig. Ihre Werke werden erst im 20. Jahrhundert intensiv rezipiert.

Heinrich von Kleist (1777–1811)

Kleists Leben erscheint heute noch rätselhaft. Er ist unangepasst, will keinen Brotberuf ausüben, hat immer Geldsorgen und nimmt sich schließlich das Leben. Seine Werke sind zu seiner Zeit erfolglos, er wird andauernd von Selbstzweifeln geplagt.

Stücke wie *Der zerbrochne Krug* oder *Prinz Friedrich von Homburg* gehören heute jedoch zum Standardrepertoire deutschsprachiger Bühnen.

Thematisch beschäftigt sich das Kleistsche Werk mit den für damals ungewöhnlichen Themen wie Gewalt, Sexualität, Entfremdung, Gefühlsverwirrungen, Identitätskonflikten und deren Darstellung.

Kleist muss sich eingestehen, dass die objektive Wahrheit nicht erkannt werden kann (**Erkenntniskrise**). Er sieht den Beobachter in seiner eigenen Vorstellungswelt eingeschlossen, unfähig, einen Zugang zur Wirklichkeit und zu anderen Menschen zu finden. Kleist bezweifelt, ob die Sprache als Medium der Kommunikation tauglich ist, und befürchtet, falsch verstanden zu werden.

Wichtige Stücke: *Der zerbrochne Krug, Prinz Friedrich von Homburg, Penthesilea, Das Käthchen von Heilbronn, Amphytrion.*

Die **Erzählungen** zeichnen sich durch einen kunstvollen und komplizierten **Satzbau** aus. Kleists **Sprache** ist genau, sein **Stil** sachlich. Er vermeidet es aber, sich festzulegen: Konflikte und Gefühle werden nur indirekt beschrieben, sie erscheinen in ihrer Zwiespältigkeit.

Wichtige Erzählungen bzw. **Novellen:** *Michael Kohlhaas, Die Marquise von O…, Das Erdbeben in Chili, Das Bettelweib von Locarno.*

Friedrich Hölderlin (1770–1843)

Wie Kleist wird Hölderlin von seinen Zeitgenossen kaum oder wenig beachtet. Erst hundert Jahre später wird sein Werk „wiederentdeckt". Hölderlin gilt heute als einer der **größten deutschsprachigen Lyriker.** Seine Geisteskrankheit wird von der Forschung auch als selbst gewähltes Exil interpretiert. Seine späten Gedichte seien verschlüsselte Botschaften. – Allerdings eine umstrittene These.

Auf Wunsch seiner Mutter soll Hölderlin Pfarrer werden, besucht die Klosterschule und studiert am Tübinger Stift Theologie. Die Französische Revolution – ihren Idealen bleibt er treu – lässt Hölderlin revoltieren, er will eine Demokratie nach Athener Vorbild. Der Mensch soll in Einklang mit der Natur leben.

Nach dem Studium wird Hölderlin Hofmeister. Er lernt Goethe kennen und wird von Schiller gefördert.

Nach der unglücklichen Liebe zur Frankfurter Bankiersfrau Susette Gontard wird er 1798 als Hofmeister entlassen. Als Schriftsteller scheitert er, wird 1802 geisteskrank. Ab 1807 verbringt er die restlichen 36 Jahre seines Lebens im Tübinger „Hölderlin-Turm".

Romantik (1795–1830)

Joseph von Eichendorff: Sehnsucht

Es schienen so golden die Sterne,
Am Fenster ich einsam stand
Und hörte aus weiter Ferne
Ein Posthorn im stillen Land.
5   Das Herz mir im Leib entbrennte,
Da hab ich mir heimlich gedacht:
Ach, wer da mitreisen könnte
In der prächtigen Sommernacht!

Zwei junge Gesellen gingen
15 Vorüber am Bergeshang,
Ich hörte im Wandern sie singen
Die stille Gegend entlang:
Von schwindelnden Felsenschlüften,
Wo die Wälder rauschen so sacht,
20 Von Quellen, die von den Klüften
Sich stürzen in die Waldesnacht.

Sie sangen von Marmorbildern,
Von Gärten, die überm Gestein
In dämmernden Lauben verwildern,
25 Palästen im Mondenschein,
Wo die Mädchen am Fenster lauschen,
Wann der Lauten Klang erwacht
Und die Brunnen verschlafen rauschen
In der prächtigen Sommernacht.

Die Lebensstufen (Caspar David Friedrich, um 1834)

- Lesen Sie das Gedicht Eichendorffs und betrachten Sie das Gemälde Caspar David Friedrichs! Beschreiben Sie, was Ihnen daran romantisch vorkommt!
- Welche Assoziationen haben Sie, wenn Sie das Adjektiv „romantisch" hören?
- Welche Landschaften, Gebäude, Tageszeiten oder Kleidung empfinden Sie als romantisch? Was ist romantische Liebe?

Begriffsbestimmung

Was heißt „romantisch"?

Das Adjektiv „romantisch" wird vieldeutig verwendet. Es heißt vorerst: wie im Roman, im Roman vorkommend, erfunden, wunderbar, fantastisch, irreal, unwahr, lebensfern. Die Vertreter der Spätaufklärung und die Klassiker verwenden es abwertend, für den alten Goethe bedeutet es so viel wie „krank".

August Wilhelm Schlegel bezeichnet mit „romantisch" die christlich-mittelalterliche und neuzeitliche Literatur im Gegensatz zur klassisch-antiken. Für **Friedrich Schlegel** bedeutet es das Poetische an sich, das im Roman am reinsten verwirklicht sei. **Novalis** verwendet als Erster das Nomen „Romantik", es bedeutet für ihn „Lehre vom Roman".

---

[1] Introvertiertheit: nach innen gekehrt sein

Heute meint man mit dem Wort „romantisch" das Vorherrschen des Gefühls, Sentimentalität, Fantasie, Naturverbundenheit, Introvertiertheit[1], aber auch Weltfremdheit und Lebensuntüchtigkeit. Es bezeichnet bestimmte Landschaften, ein bestimmtes Naturgefühl.

Die Literaturepoche „Romantik" wird auf den Zeitraum von 1795 bis 1830 festgelegt. Im Gegensatz zur Klassik, die ihren Sitz in Weimar hat, hat sie wechselnde Zentren. Die theoretischen und philosophischen Grundlagen liefert der Jenaer Kreis um die **Brüder Schlegel** sowie der Berliner Kreis um **Ludwig Tieck** und der Heidelberger Kreis um **Achim von Arnim** und **Clemens Brentano**. „Romantische" Werke schreiben die Spätromantiker **Adelbert von Chamisso**, **Joseph von Eichendorff** und **E. T. A. Hoffmann**.

Während sich Goethe und Schiller selbst nie als Klassiker verstehen, fühlen sich die Romantiker als Vertreter ihrer Strömung. Sie beginnt parallel zur Klassik und setzt sich mit deren Vorstellungen auseinander und sieht sich als Ergänzung. Man könnte sagen, sie vereint rationale und irrationale Kräfte, das Gefühl wird zum Beurteilungsinstrument. Die Autoren sind sich einig, dass eine Veränderung der Gesellschaft nur durch eine radikale Veränderung im Denken vor sich gehen kann.

Philosophische Grundlagen

Johann Gottlieb Fichte

Die Philosophie hat großen Einfluss auf die Dichtung der Romantik. Die Dichter wählen aus den philosophischen Erkenntnissen, was in ihr literarisches und Lebenskonzept passt.

Philosophische Grundlagen der Romantik

Der Philosoph **Johann Gottlieb Fichte** (1762–1814) stellt in seiner *Wissenschaftslehre* das Ich in den Mittelpunkt seiner Weltbetrachtung. Es fühlt sich als Schöpfer und Herr dieser Welt, die es sich durch die Macht des Willens unterwirft. Das Ich ist der Außenwelt

Johann Gottlieb Fichte (Gemälde von Heinrich Plühr)

überlegen. Der Mensch, und nicht Gott oder die Natur, wird als Schöpfer des Seins gesehen. Überträgt man diese Meinung auf die Literatur, so ist der Dichter der Herr über die Außenwelt, d. h. über sein Werk. Die Verherrlichung einer schrankenlosen Individualität und Subjektivität, verkörpert durch die künstlerische Einzelpersönlichkeit, erinnert an den Geniekult des Sturm und Drang. Aus dieser Betonung der schöpferischen Individualität leitet auch die romantische Ironie ihre Berechtigung ab: Der Dichter spielt mit seinem Werk und seinem Leser. Als Schöpfer ist er berechtigt, sein Werk auch wieder zu zerstören und die Illusionen, die er aufbaut, zunichte zu machen.

Dichtung ist Freiheit

Dichtung als Ersatz für politische Freiheit

Die Romantiker stehen der Französischen Revolution ablehnend gegenüber; die anfängliche Begeisterung – die meisten von ihnen sind Gymnasiasten oder Studenten, als sie ausbricht – weicht schnell der Skepsis. Sie lehnen die Ansichten der Jakobiner über die Literatur ab, die diese in den Dienst der Politik stellen. Der Literatur wird von den Romantikern keine soziale Funktion beigemessen, sie vertreten vielmehr die Autonomie[2] der Dichtung. Im realen Le-

---

[2] Autonomie: Eigengesetzlichkeit, Selbstständigkeit

ben wird den Dichtern die Freiheit versagt, sie finden sie ersatzweise in der Dichtung, sie ist Kompensation[3] für reale politische Ohnmacht. Leben und Kunst werden nicht mehr getrennt, sondern das Leben wird romantisiert. Die Problematik, die sich aus diesen Ansichten ergibt, wird in der romantischen Literatur oft behandelt: Der Widerspruch zwischen künstlerischem Selbstverständnis und bürgerlichem Alltag, die Konfrontation Künstler–Philister[4], wird zu einem wesentlichen Thema.

Merkmale der romantischen Dichtung

- Entdeckung des Unbewussten und Irrationalen: Erfahrungen wie Wahnsinn, Krankheit, Schwärmerei, Träume, Abgründe der Seele, Nachtseiten des Lebens, Doppelgängertum, Automaten sind Thema der Literatur. Manche Dichter entdecken den psychischen Innenraum lange vor Sigmund Freud. Die Beschäftigung mit diesen Bereichen wird von den Zeitgenossen meist negativ beurteilt und als mangelnde Tatkraft, als Ausweichen in Scheinwelten interpretiert.

Wilhelm Wackenroder (Marmorbild von Friedrich Tieck, 1798)

- Wiederbelebung des deutschen Mittelalters: **Wilhelm Wackenroder** und **Ludwig Tieck** propagieren Nürnberg als die mittelalterliche Stadt und Dürer als den vorbildlichen mittelalterlichen Maler.
- Bemühen um deutsches Volksgut: Man belebt alte Volkslieder neu, dichtet im Volksliedton, knüpft an volkstümliche Formen an; deutsche Märchen und Sagen werden gesammelt und herausgegeben. Die bekannteste Sammlung stammt von den Brüdern **Jakob** und **Wilhelm Grimm**, die auch ein deutsches Wörterbuch schreiben. Neue Märchen, sogenannte Kunstmärchen (im Gegensatz zu den Volksmärchen), werden verfasst.
- Neigung zu offenen Formen, zum Fragment, zur Improvisation: Freies Schöpfertum ist wichtiger als das Geschaffene. Das bedeutet, dass die Fantasie und der Einfallsreichtum wichtiger sind als ein perfektes Endprodukt. Andererseits ahmt man aber auch französische Gedichtformen nach, die ein strenges metrisches System haben.
- Literarische Mischformen: Die Gattungen werden gemischt, was man in der Klassik streng abgelehnt hat[5]; Gedichte, Lieder, kleine Szenen werden in Romane eingeschaltet.
- Streben nach **Universalpoesie**: Friedrich Schlegel spricht von „progressiver[6] Universalpoesie", weil sie sich in einem dauernden Schöpfungsprozess befindet. Sie vereinigt die getrennten Gattungen der Poesie wieder; Dichtung, Malerei, Philosophie und Wissenschaft werden verbunden. Als Symbol für die Macht der Poesie gilt die „blaue Blume", die Novalis zum Zentralmotiv seines Romans *Heinrich von Ofterdingen* macht.
- Interesse für fremde Länder und Sprachen: Aus dieser Zeit stammen die berühmten, noch heute gültigen Übersetzungen der Werke Shakespeares und Calderóns von Schlegel und Tieck.
- **Die romantische Ironie:** Obwohl sie immer als ein Merkmal der Romantik bezeichnet wird, gibt es keine verbindliche Erklärung, was romantische Ironie eigentlich ist. Friedrich

---

[3] Kompensation: Ausgleich
[4] Philister: in den Augen der Romantiker ein Bürger, für den Existenzsicherung, Gewinnstreben und Anpassung im Mittelpunkt stehen
[5] Goethe hat es im *Wilhelm Meister* dennoch praktiziert.
[6] progressiv; hier: im Werden begriffen

Schlegel, der als Erfinder der Bezeichnung gilt, gibt auch nur Kennzeichen und keine Definition. Er spricht von stetem Wechsel zwischen Selbstschöpfung und Selbstvernichtung, von „klarem Bewusstsein der ewigen Agilität", von „unendlich vollem Chaos". Wesentlich für die Dichtungen ist, dass sich ein Dichter über sein Werk hinwegsetzen kann, er kann spielerisch mit ihm umgehen, er kann Welten schildern und sie dann wieder zerstören. Ein Beispiel für romantische Ironie ist **Ludwig Tiecks** *Der gestiefelte Kater*, bei dem auf der Bühne ein Theaterstück mit Publikum gespielt wird. Bei **E. T. A. Hoffmann** kann man romantische Ironie besonders in *Der goldne Topf* erkennen: Der Leser wird durch einen ständigen Wechsel von Fantasiewelt und Bürgerwelt abrupt aus dem Bereich des Märchenhaften in die öde Welt des Philisters versetzt. Was der Dichter aufgebaut hat, zerstört er bewusst, er ist Herr über sein Werk und spielt sein Spiel mit den LeserInnen.

Friedrich Schlegel

Die theoretischen Grundlagen der Romantik

Friedrich Schlegel (1772–1829) ist weniger wegen seiner literarischen Werke wichtig, sondern weil er die theoretischen Grundlagen für die Strömung liefert. Gemeinsam mit seinem Bruder A. W. Schlegel gibt er die Zeitschrift *Athenäum* heraus, die für die Romantik denselben programmatischen Wert hat wie die *Horen* für die Klassik. Friedrich Schlegels Romanfragment *Lucinde* entfesselt einen Literaturskandal. Schiller verurteilt es als „Gipfel moderner Unform und Unnatur". Der Roman enthält eine Abfolge von Liebeserlebnissen mit verschiedenen Frauentypen, es wird direkt und deutlich über Sexualität reflektiert. Die einen machen Schlegel den Vorwurf der Unsittlichkeit, die anderen feiern *Lucinde* als ein Plädoyer für die freie Liebe.

Friedrich Schlegel

Novalis, ein Verehrer der Nacht

Ein Gegentypus

Einen Gegentypus zu den anderen lebenslustigen und sinnenfrohen Romantikern stellt **Novalis** (1772–1801) dar. Er ist Außenseiter und Einzelgänger, ein Adeliger, geht aber einem bürgerlichen Beruf nach. Sein Interesse gilt der Dichtung, der Philosophie und der Naturwissenschaft (besonders der Mathematik) in gleichen Maßen. 1795 verlobt er sich mit der 13-jährigen Sophie von Kühn, deren früher Tod ihn tief erschüttert. Trotz einer zweiten Verlobung kommt er über den Tod der ersten Braut nie hinweg. Mit 29 Jahren stirbt er an Schwindsucht, bestimmt von dem Wunsch, Sophie nachzusterben.

An seinem dichterischen Werk fällt eine dunkle, geheimnisvolle, mythische Sprache auf. Die Nacht ist für ihn schöpferisches Geheimnis des Lebens und des Todes, thematisiert in den *Hymnen an die Nacht*, die es in Prosafassung und freien Rhythmen gibt.

Novalis (Porträt nach einem Stich von Eduard Eichens)

Hymne an die Nacht

Muß immer der Morgen wiederkommen?
Endet nie des Irdischen Gewalt?
Unselige Geschäftigkeit verzehrt
Den himmlischen Anflug der Nacht?
5 Wird nie der Liebe geheimes Opfer
Ewig brennen?
Zugemessen ward
Dem Lichte seine Zeit
Und dem Wachen –
10 Aber zeitlos ist der Nacht Herrschaft,
Ewig die Dauer des Schlafs.
Heiliger Schlaf!
Beglücke zu selten nicht
Der Nacht Geweihte –
15 In diesem irdischen Tagwerk.
Nur die Toren verkennen dich
Und wissen von keinem Schlafe
Aus dem Schatten,
Den du mitleidig auf uns wirfst

20 In jener Dämmerung
Der wahrhaften Nacht.
Sie fühlen dich nicht
In der goldenen Flut der Trauben,
In des Mandelbaums
25 Wunderöl
Und dem braunen Safte des Mohns.
Sie wissen nicht,
Daß du es bist,
Der des zarten Mädchens
30 Busen umschwebt
Und zum Himmel den Schoß macht –
Ahnden nicht,
Daß aus alten Geschichten
Du himmelöffnend entgegentrittst
35 Und den Schlüssel trägst
Zu den Wohnungen der Seligen,
Unendlicher Geheimnisse
Schweigender Bote.

- Informieren Sie sich, was eine Hymne ist, welche Stilmittel sie verwendet! Können Sie die Merkmale an Novalis' Gedicht feststellen?
- Welche Eigenschaften ordnet der Dichter der Nacht zu? Wie stuft er Licht und Tag ein?
- Die Nacht bedeutet Schlaf und Tod. Warum ist sie dennoch nicht schreckenerregend und beängstigend?

E. T. A. Hoffmann: Der Bilderbuchromantiker

E. T. A. Hoffmanns (1776–1822) Werke werden schon zu Lebzeiten eifrig gelesen und sind europaweit bekannt. In Frankreich hält man ihn neben Goethe für den wichtigsten Dichter Deutschlands. Er beeinflusst Nicolai Gogol, Charles Baudelaire und Edgar Allan Poe. Betrachtet man Hoffmanns Biografie, so könnte der Dichter selbst einem seiner Werke entsprungen sein. Am Tag geht er seinem Beruf als Kammergerichtsrat nach – dies entspringt wohl dem Wunsch nach Verankerung im Bürgerlichen, der trotz allen Freiheitsstrebens bei den Romantikern vorhanden ist –, in der Nacht beginnt er zu „leben". Er ist Zeichner, Maler, Karikaturist, Musiker, Komponist und Dichter. Durch diese Mehrfachbegabung entsteht auch eine Mehrfachbelastung, er treibt Raubbau an seiner Gesundheit. In seinen *Fantasie- und Nachtstücken* stehen Dämonisches, Wahnsinn und Verbrechen im Mittelpunkt. Hoffmann interessiert sich für die Nachtseiten des Menschen: Persönlichkeitsspaltung, Dop-

E. T. A. Hoffmann (Selbstbildnis)

pelgängertum, Identitätsverlust, Realitätsverlust, Wahnsinn und Verfolgungswahn deuten an, dass die Integration in die Gesellschaft nicht gelungen ist. Das wichtigste Thema in seinen Werken, die Diskrepanz zwischen Künstler und Bürger, die Konfrontation von persönlichen Wünschen und den Ansprüchen, die die Gesellschaft stellt, wird märchenhaft gelöst (*Der goldne Topf*) oder endet in Mord (*Das Fräulein von Scuderi*).

Bürger und/oder Künstler? – *Der goldne Topf*

Kunstmärchen

Im Mittelpunkt der Erzählung steht der Student Anselmus, dessen Beziehungen zur Umwelt immer wieder durch seine Ungeschicklichkeit gestört werden. Wenn er mit jemandem Kontakt aufnehmen will, so missglückt dies meist. Allerdings merkt der Leser schon bald, dass die Ungeschicklichkeit nur die eine Seite seines Wesens ist: Es ist die Kehrseite seines poetischen Gemüts. Anselmus steht im Bann seiner Fantasien, die seinen bürgerlichen Zeitgenossen unverständlich sind. Sie führen sein seltsames Verhalten meist fälschlich auf zu heftigen Alkoholkonsum zurück.

Der goldne Topf (Illustration von Theodor Hosemann, 1844)

Der Student Anselmus verliebt sich unter einem Holunderbaum in eine grüne Schlange mit herrlichen blauen Augen. Sie ist in Wirklichkeit Serpentina, die Tochter des Archivarius Lindhorst. Vergebens versucht die Welt der Philister ihn zurückzugewinnen, allen voran Veronika, die Tochter des Konrektors Paulmann, die aus Anselmus unbedingt einen Hofrat machen will. Anselmus tritt als Schreiber in den Dienst von Archivarius Lindhorst, der in Wahrheit ein Geisterfürst ist. In dessen Haus gewinnt Anselmus nach einigen Abenteuern Serpentina und wird mit ihr in das Land Atlantis versetzt, wo er nun selig lebt.

Um sein Werk beenden zu können, wendet sich der Dichter an den Archivarius Lindhorst:

Ich fühlte mich befangen in den Armseligkeiten des kleinlichen Alltagslebens, ich erkrankte in quälendem Mißbehagen, ich schlich umher wie ein Träumender, kurz, ich geriet in jenen Zustand des Studenten Anselmus, den ich dir, günstiger Leser, in der vierten Vigilie[7] beschrieben. Ich härmte mich recht ab, wenn ich die elf Vigilien, die ich glücklich zustandegebracht, durch-
5 lief und nun dachte, daß es mir wohl niemals vergönnt sein werde, die zwölfte als Schlußstein hinzuzufügen; denn sooft ich mich zur Nachtzeit hinsetzte, um das Werk zu vollenden, war es, als hielten mir recht tückische Geister […] ein glänzend poliertes Metall vor, in dem ich mein Ich erblickte, blaß, übernächtig und melancholisch wie der Registrator Heerbrand nach dem Punschrausch. – Da warf ich denn die Feder hin und eilte ins Bett, um wenigstens von dem
10 glücklichen Anselmus und der holden Serpentina zu träumen. So hatte das schon mehrere Tage und Nächte gedauert, als ich endlich ganz unerwartet von dem Archivarius Lindhorst ein Billett erhielt, worin er mir folgendes schrieb:
… Wollen Sie daher die zwölfte Vigilie schreiben, so steigen Sie ihre verdammten fünf Treppen hinunter, verlassen Sie Ihr Stübchen und kommen Sie zu mir! Im blauen Palmbaumzimmer,
15 das Ihnen schon bekannt, finden Sie die gehörigen Schreibmaterialien und Sie können dann mit wenigen Worten den Lesern kundtun, was Sie geschaut, das wird Ihnen besser sein als

---

[7] Vigilie: Nachtwache

eine weitläufige Beschreibung eines Lebens, das Sie ja doch nur vom Hörensagen kennen. Mit Achtung

Ew. Wohlgeboren ergebenster

20 der Salamander Lindhorst,

p. t. Königl. Geh. Archivarius

- Hoffmann verwendet in diesem Textausschnitt romantische Ironie. Wo können Sie sie entdecken?
- Was halten Sie davon, wenn ein Dichter zunächst eine Stimmung aufbaut, sie dann aber wieder brutal zerstört? Sind Sie enttäuscht, gelangweilt oder belustigt?

Der Sandmann[8]

Der Student Nathanael erleidet ein Kindheitstrauma durch die brutale Geschichte vom Sandmann, der den Kindern Sand in die Augen streut, „dass sie blutig zum Kopf herausspringen". Er identifiziert den Sandmann zunächst mit dem Advokaten Coppelius und später als junger Mann mit dem Brillenmacher Coppola. Es gibt in der ganzen Erzählung ein dichtes Gewebe von Motiven um das „Auge": bedeutungsvolle Blicke, drohender Augenverlust, Ferngläser. Die Namen Coppelius und Coppola stehen im Zusammenhang mit

Der Sandmann (E. T. A. Hoffmann)

dem italienischen Wort „coppa", das Augenhöhle heißt.

Nathanael schwankt zwischen Normalität und Fantasiewelt, die durch die beiden Mädchen Clara, seine Verlobte, und Olimpia, die eigentlich ein Automat ist, verkörpert werden. Clara wehrt sich gegen die dämonischen Mächte, sie meint: „Gerade heraus will ich es dir nur gestehen, dass, wie ich meine, alles Entsetzliche und Schreckliche, wovon du sprichst, nur in deinem Innern vorging, die wahre wirkliche Außenwelt aber daran wohl wenig teilhatte."

Am Anfang der Erzählung schreibt Nathanael an seinen Freund über das Kindheitserlebnis. Schon das Aussehen des Advokaten Coppelius versetzt ihn in Entsetzen. Nathanael schildert das eigentliche Geschehen, das für sein Trauma verantwortlich ist:

Ich war festgezaubert. Auf die Gefahr entdeckt, und, wie ich deutlich dachte, hart gestraft zu werden, blieb ich stehen, den Kopf lauschend durch die Gardine hervorgestreckt. Mein Vater empfing den Coppelius feierlich. „Auf! – zum Werk", rief dieser mit heiserer, schnarrender Stimme und warf den Rock ab. Der Vater zog still und finster seinen Schlafrock aus und beide

5 kleideten sich in lange schwarze Kittel. Wo sie die hernahmen, hatte ich übersehen. Der Vater öffnete die Flügeltür eines Wandschranks; aber ich sah, daß das, was ich so lange dafür gehalten, kein Wandschrank, sondern vielmehr eine schwarze Höhlung war, in der ein kleiner Herd stand. Coppelius trat hinzu und eine blaue Flamme knisterte auf dem Herde empor. Allerlei

---

[8] Jacques Offenbach verarbeitet diese Novelle u. a. in seiner Oper *Hoffmanns Erzählungen*.

seltsames Geräte stand umher. Ach Gott! – wie sich nun mein alter Vater zum Feuer herab-
10 bückte, da sah er ganz anders aus. Ein gräßlicher krampfhafter Schmerz schien seine sanften
ehrlichen Züge zum häßlichen widerwärtigen Teufelsbilde verzogen zu haben. Er sah dem
Coppelius ähnlich. Dieser schwang die glutrote Zange und holte damit hell blinkende Massen
aus dem dicken Qualm, die er dann emsig hämmerte. Mir war es als würden Menschenge-
sichter ringsumher sichtbar, aber ohne Augen – Scheußliche, tiefe schwarze Höhlen statt ihrer.
15 „Augen her, Augen her!" rief Coppelius mit dumpfer dröhnender Stimme. Ich kreischte auf
von wildem Entsetzen gewaltig erfaßt und stürzte aus meinem Versteck heraus auf den Boden. Da ergriff mich Coppelius, „Kleine Bestie! – Kleine Bestie!" meckerte er zähnefletschend!
– riß mich auf und warf mich auf den Herd, daß die Flamme mein Haar zu sengen begann: „Nun
haben wir Augen – Augen – ein schön Paar Kinderaugen." So flüsterte Coppelius, und griff mit
20 den Fäusten glutrote Körner aus der Flamme, die er mir in die Augen streuen wollte. Da hob
mein Vater flehend die Hände empor und rief: „Meister! Meister! Laß meinem Nathanael die
Augen – laß sie ihm!"

> • Wofür sind die Augen Symbol? Wie empfinden Sie die Szene? Können Sie verstehen,
> warum Nathanael so geschockt ist?

*Als junger Mann lernt Nathanael Olimpia, die Tochter eines Professors, kennen. Er verliebt sich in
sie, ohne zu merken, dass sie ein Automat, eine Puppe ist. Sie fasziniert ihn wegen ihrer Schweig-
samkeit – sie kann nur einige stereotype Phrasen sprechen – und Seelenlosigkeit, denn er sucht die
Kommunikationslosigkeit. Die folgenden Ausschnitte zeigen Clara bzw. Olimpia:*

Für schön konnte Clara keinesweges gelten; das meinten alle, die sich von Amts wegen auf
Schönheit verstehen. Doch lobten die Architekten die reinen Verhältnisse ihres Wuchses, die
Maler fanden Nacken, Schultern und Brust beinahe zu keusch geformt, verliebten sich dagegen sämtlich in das wunderbare Magdalenenhaar. […] Einer von ihnen, ein wirklicher Phan-
5 tast, verglich aber höchst seltsamerweise Claras Augen mit einem See von Ruisdael[9], in dem
sich des wolkenlosen Himmels reines Azur, Wald- und Blumenflur, der reichen Landschaft
ganzes buntes, heitres Leben spiegelt. Clara hatte die lebenskräftige Fantasie des heitern
unbefangenen kindischen Kindes, ein tiefes weiblich zartes Gemüt, einen gar hellen scharf
sichtenden Verstand. Die Nebler und Schwebler hatten bei ihr böses Spiel; denn ohne zu viel
10 zu reden, was überhaupt in Claras schweigsamer Natur nicht lag, sagte ihnen der helle Blick,
und jenes feine ironische Lächeln: „Lieben Freunde! wie möget ihr mir denn zumuten, daß ich
eure verfließende Schattengebilde für wahre Gestalten ansehen soll, mit Leben und Regung?"
– Clara wurde deshalb von vielen kalt, gefühllos, prosaisch gescholten; aber andere, die das
Leben in klarer Tiefe aufgefaßt, liebten ungemein das gemütvolle, verständige, kindliche
15 Mädchen, doch keiner so sehr, als Nathanael, der sich in Wissenschaft und Kunst kräftig und
heiter bewegte.

Aber auch noch nie hatte er eine solche herrliche Zuhörerin gehabt. Sie[10] stickte und strickte
nicht, sie sah nicht durchs Fenster, sie fütterte keinen Vogel, sie spielte mit keinem Schoß-
hündchen, mit keiner Lieblingskatze, sie drehte kein Papierschnitzchen oder sonst etwas in
20 der Hand, sie durfte kein Gähnen durch einen leisen erzwungenen Husten bezwingen – kurz!
– stundenlang sah sie mit starrem Blick unverwandt dem Geliebten ins Auge, ohne sich zu

---

[9] Ruisdael: holländischer Maler des 17. Jh
[10] Olimpia

rücken und zu bewegen und immer glühender, immer lebendiger wurde dieser Blick. Nur wenn Nathanael endlich aufstand und ihr die Hand, auch wohl den Mund küßte, sagte sie: „Ach, Ach!" – dann aber: „Gute Nacht, mein Lieber!" – „O du herrliches, du tiefes Gemüt", rief
25 Nathanael auf seiner Stube: „nur von dir, von dir allein werd ich ganz verstanden." Er erbebte vor innerm Entzücken, wenn er bedachte, welch wunderbarer Zusammenklang sich in seinem und Olimpias Gemüt täglich mehr offenbare; denn es schien ihm, als habe Olimpia über seine Werke, über seine Dichtergabe überhaupt recht tief aus seinem Innern gesprochen, ja als habe die Stimme aus seinem Innern selbst herausgetönt. Das mußte denn wohl auch sein; denn
30 mehr Worte als vorhin erwähnt, sprach Olimpia niemals. Erinnerte sich aber auch Nathanael in hellen nüchternen Augenblicken, z. B. morgens gleich nach dem Erwachen, wirklich an Olimpias gänzliche Passivität und Wortkargheit, so sprach er doch: „Was sind Worte – Worte! – Der Blick ihres himmlischen Auges sagt mehr als jede Sprache hienieden."

- Vergleichen Sie die beiden Frauen! Was stört Nathanael wohl an Clara?

Als Erwachsener sieht Nathanael Coppelius wieder, das löst eine neue Lebenskrise aus, denn Coppelius zerstört Olimpia. Nach diesem Vorfall verfällt Nathanael in Wahnsinn. Er lebt aber ruhig wieder mit Clara zusammen, bis er eines Tages einen Turm besteigt, durch ein Fernrohr blickt und Coppelius entdeckt. Diese dritte Begegnung mit ihm verkraftet er nicht mehr. Er versucht Clara zu ermorden und begeht schließlich Selbstmord.

- Was ist schuld an Nathanaels Tod? Wie empfinden Sie es, wenn er sich in eine Puppe verliebt und es gar nicht merkt? Was muss mit ihm vorgegangen sein?

Adelbert von Chamisso:
Peter Schlemihls wundersame Geschichte

Adelbert von Chamisso (1781–1838) wird in Frankreich geboren. Auf der Flucht vor der Revolution kommt er mit seinen Eltern nach Berlin; 1798 tritt er als Fähnrich in ein preußisches Infanterieregiment ein. Während seine Verwandten nach Frankreich zurückkehren, bleibt er in Deutschland. 1815–1818 fährt er mit einer russischen Expedition um die Welt.
Peter Schlemihls wundersame Geschichte ist eine Mischung aus romantischem Märchen und realistischer Novelle.

Adelbert von Chamisso

Ein Mann verliert seinen Schatten

Peter hat einem geheimnisvollen grauen Mann für ein Glückssäcklein, das dauernden Reichtum be-
deutet, seinen Schatten gegeben. Trotz seines Reichtums wird er von der Gesellschaft gemieden, weil
ihm der Schatten fehlt: „Ordentliche Leute pflegten ihren Schatten mit sich zu nehmen, wenn sie in die
Sonne gingen." Bald schon merkt er, dass er einen Fehler gemacht hat:

Sobald ich mich in der rollenden Kutsche allein fand, fing ich bitterlich an zu weinen. Es mußte
schon die Ahnung in mir aufsteigen, daß, um so viel das Gold auf Erden Verdienst und Tugend
überwiegt, um so viel der Schatten höher als selbst das Gold geschätzt werde; und wie ich
früher den Reichtum meinem Gewissen aufgeopfert, hatte ich jetzt den Schatten für bloßes
Gold hingegeben: Was konnte, was sollte auf Erden aus mir werden!

Der Mann erscheint wieder und bietet ihm die Rückgabe des Schattens für seine Seele an. Peter schlägt
das Angebot aus, wirft das Glückssäcklein weg und findet Siebenmeilenstiefel, mit denen er die Welt
durcheilt, bis er zur Ruhe kommt.

Ich fiel in stummer Andacht auf meine Knie und vergoß Tränen des Dankes – denn klar stand
plötzlich meine Zukunft vor meiner Seele. Durch frühe Schuld von der menschlichen Gesellschaft ausgeschlossen, ward ich zum Ersatz an die Natur, die ich stets geliebt, gewiesen, die
Erde mir zu einem reichen Garten gegeben, das Studium zur Richtung und Kraft meines Le-
5   bens, zu ihrem Ziel die Wissenschaft. Es war nicht ein Entschluß, den ich faßte. Ich habe nur
seitdem, was da hell und vollendet im Urbild vor mein inneres Auge trat, getreu mit stillem,
gestrengem, unausgesetztem Fleiß darzustellen gesucht, und meine Selbstzufriedenheit hat
von dem Zusammenfallen des Dargestellten mit dem Urbild abgehangen.

● Was wird Schlemihl zum Trost?

Man hat viel über den verlorenen Schatten gerätselt, die häufigste Interpretation ist die, dass
der Schatten die Heimat symbolisiere. Man versucht damit Peter Schlemihl autobiografische
Züge zu geben, denn Chamisso steht zwischen zwei Vaterländern und ist in keinem heimisch.
Auch er findet Ruhe im Studium der Natur auf seiner Reise um die Welt. Der Schatten könnte
aber auch das symbolisieren, was Schlemihl von den anderen unterscheidet; Andersartige
werden von der Gesellschaft oft verstoßen. Schlemihl tauscht seinen Schatten gegen Geld,
weil er glaubt, dass es ihm bei der Integration in die Gesellschaft hilft. Das Gegenteil ist der
Fall: Er wird einsam, er wird isoliert, mitleidige und höhnische Reaktionen verfolgen ihn, seine gesellschaftliche Integration wird verhindert. Erst als er den Goldsäckel fortwirft, gewinnt
er gewissermaßen seine Identität zurück. Seine Seele verkauft er dem Grauen nicht mehr, er
„steigt aus". Dieses Aussteigen bedeutet für ihn einen Ausweg aus gesellschaftlichen Zwängen.

Joseph von Eichendorff:
Aus dem Leben eines Taugenichts

Joseph von Eichendorff (1788–1857), auf Schloss Lubowitz in Oberschlesien geboren, studiert in Halle und Heidelberg Philosophie und Jus. Von 1813–1815 nimmt er an den Befrei-

ungskriegen teil und verdient später seinen Lebensunterhalt als Beamter in Breslau, Berlin und Königsburg.

Ein Taugenichts

Ein Müllerssohn zieht in die Welt hinaus, um sie kennenzuler-
nen, wird Gärtnergehilfe auf einem Schloss und verliebt sich in die
vermeintliche Tochter des Grafen. Wegen der Aussichtslosigkeit
dieser Verbindung geht er wieder auf Wanderschaft, diesmal nach
Italien. Nach verwirrenden Abenteuern in Rom kehrt er zurück in
die Heimat, wo sich im Schloss des Grafen alles löst: Die vermeint-
liche Grafen-Tochter ist ein Waisenkind, der glücklichen Liebe der
beiden steht nichts mehr im Weg.
Die Reise des Taugenichts ist eine Suche nach der geliebten,
von der Ferne angebeteten Frau. Die Erzählung ist durch
Tageszeitenbilder gerahmt: Morgens bricht der Taugenichts
auf, am Abend oder in der Nacht kommt er an.

Joseph von Eichendorff

Die kühle Morgenluft weckte mich endlich aus meinen Träumereien. Ich erstaunte ordentlich,
wie ich so auf einmal um mich herblickte. Musik und Tanz war lange vorbei, im Schlosse und
rings um das Schloß herum auf dem Rasenplatze und den steinernen Stufen und Säulen sah alles so still, kühl und feierlich aus: nur der Springbrunnen vor dem Eingange plätscherte einsam
5 in einem fort. Hin und her in den Zweigen neben mir erwachten schon die Vögel, schüttelten
ihre bunten Federn und sahen, die kleinen Flügel dehnend, neugierig und verwundert ihren
seltsamen Schlafkameraden an. Fröhlich schweifende Morgenstrahlen funkelten über den
Garten weg auf meine Brust. Da richtete ich mich in meinem Baume auf und sah seit langer Zeit
zum ersten Male wieder einmal so recht weit in das Land hinaus, wie da schon einzelne Schiffe
10 auf der Donau zwischen den Weinbergen herabfuhren und die noch leeren Landstraßen wie
Brücken über das schimmernde Land sich fern über die Berge und Täler hinausschwangen.
Ich weiß nicht, wie es kam – aber mich packte da auf einmal wieder meine ehemalige Reiselust:
alle die alte Wehmut und Freude und große Erwartung. Mir fiel dabei zugleich ein, wie nun
die schöne Frau droben auf dem Schlosse zwischen Blumen und unter seidnen Decken schlum-
15 merte und ein Engel bei ihr auf dem Bette säße in der Morgenstille. – Nein, rief ich aus, fort
muß ich von hier, und immer fort, so weit als der Himmel blau ist!

Wie so oft in romantischen Werken werden zwei Arten von Existenzen gegenübergestellt:
ein bürgerlich-sesshaftes, beschränktes Leben und ein freiheitlich-abenteuerliches Künstler-
dasein. Die Vertreter der „Philister", alle bürgerlichen Leute, nennen den Taugenichts einen
Faulenzer. Sie empfinden die Wanderlust als sinnlosen Zeitvertreib.
Der Philister überlegt seine Situation nicht; der Zweck seiner Arbeit, sein Ziel sind Erwerb von
Besitz und Ansehen, dem dient auch seine äußere Geschäftigkeit. Gleichzeitig ist er aber im
geistigen und kreativen Bereich träge und dumpf: Schlafrock und Schlafmütze sind Kennzeichen für Bequemlichkeit und mangelnde Weltoffenheit. Die Philister haben kein Verständnis
für ein poetisches Lebensgefühl, in dessen Mittelpunkt die Schönheiten von Kunst und Natur
stehen. In ihrem Streben, es zu etwas Rechtem zu bringen, sind sie dauernd unzufrieden.
Eine konträre Vorstellung vom Leben hat der Taugenichts und damit der Romantiker. Glück,

Freundschaft, Liebe, Erlebnis der Schönheit und Harmonie der Natur sind für ihn wichtig, er hat eine positive Einstellung zum Dasein, zur Geselligkeit und zur Musik.

Er braucht Freiheit, das Naturerlebnis, sonst verkümmert er innerlich. Natur und Musik spielen eine große Rolle. Immer wieder wird die Erzählung durch Lieder unterbrochen, die volksliedhaft sind und zum kindlichen Gemüt des Taugenichts passen.

Ein Volkslied

Wohin ich geh und schaue,
In Feld und Wald und Tal,
Vom Berg hinab in die Aue:
Vielschöne, hohe Fraue,
5 Grüß ich dich tausendmal.

In meinem Garten find ich
Viel Blumen, schön und fein,
Viel Kränze wohl draus wind ich,
Und tausend Gedanken bind ich
10 Und Grüße mit darein.

Ihr darf ich keinen reichen,
Sie ist zu hoch und schön,
Die müssen alle verbleichen,
Die Liebe nur ohnegleichen
15 Bleibt ewig im Herzen stehn.

Ich schein wohl froher Dinge
Und schaffe auf und ab,
Und, ob das Herz zerspringe,
Ich grabe fort und singe
20 Und grab mir bald mein Grab.

- Beschreiben Sie Inhalt und Form des Liedes! Welche romantischen Motive finden Sie?

Ein prägendes Motiv der Erzählung ist auch das Reisen, es wird ambivalent gesehen: Der Wunsch, dem langweiligen bürgerlichen Leben zu entrinnen, ist die Triebfeder für die Wanderschaft. Die Ferne wird allerdings bald problematisch, eine Sehnsucht nach Geborgenheit kommt auf, Schwermut und Furcht befallen den Reisenden. Die Freude über die Unabhängigkeit weicht bald einem Gefühl der Einsamkeit, des Verlorenseins. Die Tatsache, dass er gleich nach der Hochzeit nach Rom aufbrechen will, zeigt, dass der Taugenichts auch in der Ehe nicht vorhat, ein Philister zu werden.

Schreibende Frauen in der Romantik

Die Romantik schafft einen Freiraum, der es den Frauen ermöglicht, am literarischen Leben teilzunehmen. Das ist zwar bereits in der Zeit der Aufklärung möglich, allerdings müssen die Frauen ihren emanzipatorischen und ästhetischen Anspruch aufgeben. Sie müssen unanstößige Ware liefern, sie müssen schreiben wie Männer und reproduzieren somit das traditionelle Frauenbild der männlichen Autoren.

Als wichtig für die Emanzipation der schreibenden Frauen erweist sich der Jenaer Kreis, der sich zwar kurz nach der Jahrhundertwende auflöst, dessen Wirkung aber bestehen bleibt. Er tritt für eine Lebensform ein, die sich von dem moralisch konventionellen, politisch angepassten und auf ökonomische Sicherheit bedachten Bürgertum abhebt.

Caroline Schlegel-Schelling

Am Lebenslauf **Caroline Schlegel-Schellings** (1767–1809) lässt sich die Emanzipation der Frau verfolgen. Sie ist eine Göttinger Professorentochter, lebt als junge Witwe in Mainz und wird während der Mainzer Republik die Geliebte eines französischen Soldaten. Als Braut und schließlich Gattin A. W. Schlegels, der der Frau mit dem zweifelhaften Ruf Schutz gewährt, kommt sie dann nach Jena. Dort wird sie die Freundin Friedrich Schlegels, geistreiche Anregerin von Diskussionen und arbeitet an der Jenaer Literaturzeitung und am *Athenäum* mit. Schließlich wird sie Geliebte und Frau des wesentlich jüngeren Friedrich Wilhelm Josef Schelling.

Caroline Schlegel-Schelling ist eine intelligente und leidenschaftliche Briefschreiberin; ihre brillant geschriebenen Briefe geben Einblick in eine kunstbegeisterte Zeit:

Oh, mein Freund, wiederhole es Dir unaufhörlich, wie kurz das Leben ist, und daß nichts so wahrhaft existiert als ein Kunstwerk. Kritik geht unter, leibliche Geschlechter verlöschen, Systeme wechseln, aber wenn die Welt einmal ausbrennt wie ein Papierschnitzel, so

5   werden die Kunstwerke die letzten lebendigen Funken sein, die in das Haus Gottes gehen – dann erst kommt Finsternis. (Brief an August Wilhelm Schlegel vom 1. März 1801)

Caroline Schlegel-Schelling

Die „gelehrten Gesellschaften" des 18. Jahrhunderts werden im 19. Jahrhundert zu halböffentlichen Salons, in deren Mittelpunkt Frauen stehen. Sie sind geistvoll, gebildet, erotisch anziehend, witzig, spöttisch. Gastgeberinnen und Autorinnen sind: **Dorothea Veith-Schlegel** (sie wird Vorbild für Friedrich Schlegels *Lucinde*), **Henriette Herz, Rahel Levin, Sophie Tieck, Sophie Mereau-Brentano**. In Tagebüchern und Briefen sind die Diskussionen von damals festgehalten.

Ein Prozess der Liberalisierung setzt in der Literatur ein und zunächst nur dort: Frauen werden akzeptiert, „Tugend" als Hauptcharakteristikum der Frau verliert ihren Einfluss, ihre Wichtigkeit. Zum ersten Mal spielen Frauen eine aktive und anerkannte Rolle im geistigen, öffentlichen und literarischen Leben. Sie versuchen die Grenzen zu sprengen, opfern sich und ihre Kreativität aber letztlich doch dem Werk ihrer Männer. Ihre eigenen Produkte erscheinen anonym oder gar unter dem Namen ihrer Männer. **Sophie Mereau** gibt sogar eine Zeitschrift für Frauen heraus, bevor Brentano sie zwingt, auf ihre Selbstständigkeit zu verzichten. Sie stirbt dann bei der Geburt ihres fünften Kindes.

Karoline von Günderode

Ein tragisches Schicksal erleidet auch **Karoline von Günderode**. Zunächst lebt sie zurückgezogen in einem evangelischen Stift. Sie verliebt sich unglücklich in Friedrich Carl von Savigny, der zwar Bettina Brentanos Schwester heiratet, aber trotzdem mit Karoline von Günderode in Briefwechsel bleibt. Auch die Beziehung zu dem verheirateten Sprachwissenschaftler Friedrich Creuzer bleibt unerfüllt. Karoline von Günderode macht ihrem von allen Seiten eingeschränkten Leben selbst ein Ende. Bettina Brentano verarbeitet das Schicksal ihrer Jugendfreundin in dem Briefroman *Die Günderode* und setzt ihr damit ein Denkmal.

In der Literaturwissenschaft wird Karoline von Günderode lange abwertend beurteilt. Erst in neuerer Zeit lernt man vor allem ihre Lyrik schätzen und ist fasziniert von einer Frau, die sich von ihren Gefühlen leiten lässt.[11]

Karoline von Günderode

---

[11] Eine erfundene Begegnung der Günderode mit Kleist beschreibt Christa Wolf in *Kein Ort. Nirgends.* Darmstadt, Neuwied 1977.

Die eine Klage

	Wer die tiefste aller Wunden		Wer so ganz in Herz und Sinnen
	Hat in Geist und Sinn empfunden		Konnt' ein Wesen liebgewinnen
	Bittrer Trennung Schmerz;	15	O! den tröstet's nicht
	Wer geliebt was er verlohren,		Daß für Freuden, die verlohren,
5	Lassen muß was er erkohren,		Neue werden neu gebohren:
	Das geliebte Herz,		Jene sind's doch nicht.
	Der versteht in Lust die Thränen		Das geliebte, süße Leben,
	Und der Liebe ewig Sehnen	20	Dieses Nehmen und dies Geben
	Eins in Zwei zu sein,		Wort und Sinn und Blick,
10	Eins im Andern sich zu finden,		Dieses Suchen und dies Finden,
	Daß der Zweiheit Gränzen schwinden		Dieses Denken und Empfinden
	Und des Daseins Pein.		Giebt kein Gott zurück.

- Welche Situation beschreibt das Gedicht? Wer ist in der ersten Strophe gemeint? Handelt es sich um eine subjektive Erfahrung?
- Erfährt man etwas über die Person, die geliebt und deren Liebe verloren wurde?
- In der dritten Strophe wird ein möglicher Trost angeboten. Wird er angenommen?
- Welche Art von Beziehung wird in der letzten Strophe als erstrebenswert beschrieben? Unter welchen Voraussetzungen kann eine solche Beziehung nur verwirklicht werden?

ROMANTIK ZUSAMMENFASSUNG

Romantik (1795–1830)

Begriffsbestimmung

„Romantisch" bedeutet „im Roman vorkommend, erfunden, wunderbar, fantastisch, irreal, unwahr, lebensfern".

Die Strömung „Romantik" hat wechselnde Zentren. Philosophische Grundlagen liefert der **Jenaer Kreis** um die Brüder **Schlegel**. Weitere Zentren sind **Berlin** (Ludwig **Tieck**) und **Heidelberg** (Achim von **Arnim**, Clemens **Brentano**).

Als eigentliche Romantiker gelten die **Vertreter der Spätromantik:** Adelbert von **Chamisso**, Joseph von **Eichendorff** und E.T.A.**Hoffmann**.

Die Romantiker fühlen sich als zusammengehörige Gruppe.

Die Romantik ist als Ergänzung zur Klassik zu verstehen, sie vereinigt rationale und irrationale Kräfte, es überwiegt aber das **Gefühl als Beurteilungskriterium.**

Philosophie

Die Dichter wählen aus philosophischen Erkenntnissen, was in ihr literarisches Konzept passt. Größten Einfluss hat Johann Gottlieb Fichte mit seiner *Wissenschaftslehre*: Das **Ich** steht im Zentrum der Weltbetrachtung. Es fühlt sich als **Schöpfer der Welt,** der sie sich durch die Macht des Willens unterwirft. Auf die Dichtung übertragen verkörpert der Dichter das Ich, seine Welt, die Dichtung, ist ihm unterworfen, mit ihr kann er schalten und walten. Von dieser schöpferischen Allmacht des Dichters leitet auch die **romantische Ironie** ihre Berechtigung ab: Der Dichter kann jederzeit seine Illusion zerstören und mit dem Leser spielen.

Merkmale der romantischen Dichtung

- Entdeckung des Unbewussten und Irrationalen
- Wiederbelebung des deutschen Mittelalters
- Bemühen um deutsches Volksgut (Märchen, Sagen)
- Neigung zu offenen Formen, zum Fragment, zur Improvisation
- Literarische Mischformen
- Streben nach Universalpoesie
- Interesse für fremde Länder und Sprachen
- Romantische Ironie

Die Romantiker lehnen die Französische Revolution ab und wehren sich überhaupt gegen die Verwendung der Literatur als politisches Instrument. Den Dichtern wird im realen Leben die Freiheit versagt, sie finden sie in der Literatur. Leben und Kunst werden romantisiert. Aus dieser Grundeinstellung entwickelt sich auch ein Hauptthema der Romantiker: Der romantische Mensch gerät in Konflikt mit den Philistern, den Vertretern der bürgerlichen Welt.

Schriftsteller der Romantik

Friedrich Schlegel liefert die **theoretischen Grundlagen** für die Strömung. Gemeinsam mit seinem Bruder gibt er die Zeitschrift *Athenäum* heraus, in der das poetische Programm der Romantik veröffentlicht wird.

Novalis entspricht nicht dem lebensfrohen, optimistischen Typ des Romantikers. Er interessiert sich für Philosophie und Naturwissenschaft. Auffallend an seinem Werk ist die **geheimnisvolle**, bilderreiche und **mythische Sprache**. Die **Nacht** ist für ihn das schöpferische Geheimnis des Leben und des Todes. Dieses Thema steht im Mittelpunkt seiner *Hymnen an die Nacht*.

Die Werke von **E.T.A. Hoffmann** sind europaweit bekannt. Hoffmann betätigt sich als Schriftsteller, Zeichner, Maler, Karikaturist, Musiker und Komponist.

In seinen *Fantasie- und Nachtstücken* stehen Dämonisches, Wahnsinn und Verbrechen im Mittelpunkt. Er interessiert sich für die Nachtseiten des Menschen: Persönlichkeitsspaltung, Doppelgängertum, Identitätsverlust, Wahnsinn sind seine Themen. Als Grundprinzip seines Werkes kann der **Konflikt zwischen Künstler und Bürger** gesehen werden. Persönliche Wünsche stoßen mit den Ansprüchen der Gesellschaft zusammen. Das Problem wird märchenhaft gelöst (*Der goldene Topf*), endet in Mord (*Das Fräulein von Scuderi*) oder Selbstmord (*Der Sandmann*).

Die Brüder **Jakob** und **Wilhelm Grimm** sammeln Märchen und Sagen, beginnen das *„Deutsche Wörterbuch"* und verfassen eine *„Deutsche Grammatik"*.

Joseph von Eichendorff lehnt in seinem Werk *Aus dem Leben eines Taugenichts* bürgerliche Werte ab. Für ihn zählen **romantische Werte** wie Natur, Musik, Ungebundenheit, Freundschaft und Reisen.

Adelbert von Chamisso thematisiert in *Peter Schlehmils wundersame Geschichte*, einer Mischung aus romantischem Märchen und realistischer Novelle, die Auseinandersetzung mit gesellschaftlichen Zwängen.

Schriftstellerinnen in der Romantik

Frauen bekommen in der Romantik Freiraum, am literarischen Leben schöpferisch teilnehmen zu können, sie müssen allerdings wie Männer schreiben. Im Jenaer Kreis können sich Frauen emanzipieren. Sie führen **literarische Salons**.

Die wichtigsten Vertreterinnen sind **Caroline Schlegel-Schelling, Dorothea Veith, Rahel Levin, Sophie Tieck, Sophie Mereau-Brentano und Karoline von Günderode.** Trotz aller Emanzipation erscheinen die Werke der Romantikerinnen anonym oder unter dem Namen ihrer Männer.

Frauenliteratur?

- Stellen Sie Stichwörter zusammen, die Ihrer Meinung nach Frauenliteratur charakterisieren!
- Wie unterscheidet sich Ihrer Meinung nach Männerliteratur von Frauenliteratur?

„Gibt es denn etwa Bücher, betitelt ‚Männerliteratur der Gegenwart'?", fragt Gertrud Leutenegger den Autor des Buches *Deutsche Frauenautoren der Gegenwart*, als er sie um eine Selbstbetrachtung bittet, und stellt damit seinen Plan, über Frauenliteratur zu schreiben, infrage.

Frauenliteratur? Männerliteratur?

Der Begriff Frauenliteratur ist sehr unklar. Mit dieser Bezeichnung sind nicht Heftchenromane, Trivialromane oder Fortsetzungsromane in sogenannten Frauenzeitschriften gemeint, die die gängigen Klischees von weiblicher Identität fördern und festigen. Es geht auch nicht um feministische Kampfliteratur, obwohl Feminismus eng mit Frauenliteratur zusammenhängt; sei es, dass er Autorinnen für sich beansprucht, sei es, dass er sie hervorgebracht hat. Es geht um Bücher, in denen Autorinnen über Frauenschicksale schreiben, die aber keinesfalls nur für Frauen gedacht sind, sondern sehr wohl auch ein männliches Leserpublikum ansprechen wollen.

Streiflichter einer Frauenliteraturgeschichte

Emanzipations- und Befreiungsprozess

In der europäischen Frauenliteraturgeschichte lässt sich ein langsamer Emanzipations- und Befreiungsprozess der Autorinnen feststellen. Im 19. Jahrhundert schreiben in Großbritannien und Frankreich Frauen erfolgreich Prosa, allerdings unter männlichen Pseudonymen: **George Eliot** und **George Sand**. In der Romantik leisten Frauen für ihre Männer hilfreiche Handlangerdienste oder stehen völlig in ihrem Schatten, wie die **Frauen der Brüder Schlegel**. Allerdings haben sie entweder durch ihr eigenes literarisches Schaffen oder durch die gesellschaftliche Bedeutung ihrer Salons Einfluss auf das kulturelle Leben. Eine Dichterin von wirklich außergewöhnlicher Begabung ist **Karoline von Günderode**. Zur Zeit des poetischen Realismus stellt man bei **Marie von Ebner-Eschenbach** trotz ihrer aristokratischen Abkunft erstaunliche gesellschaftspolitische Kritik fest.

Im Naturalismus wird die Emanzipation der Frauen zu einem zentralen Thema. Die Autorinnen stammen aus der Oberschicht, sie schreiben von einem „weiblichen Standpunkt". Bei **Clara Viebig** und **Helene Böhlau** steht die „Frauenfrage" als Teilaspekt der „sozialen Frage" im Vordergrund. Ihre Werke wenden sich weniger gegen die Vorherrschaft des Mannes, sondern gegen das gesamte bürgerliche kapitalistische System.

Cartoon von Helmut Vogl

Rückfälle

Freilich kommt es immer wieder auch zu „Rückfällen" in den Emanzipationsbestrebungen, so etwa schreibt **Hedwig Courths-Mahler** Trivialromane, in denen klischeehafte Frauenbilder vertreten werden, oder **Agnes Miegel** verfasst kriegsverherrlichende Gedichte, die dem Nationalsozialismus nahestehen.

Politisches Engagement

Bei **Rosa Luxemburg** ist das Engagement für Frauen eng verbunden mit dem für die Arbeiter, für das Proletariat. **Else Lasker-Schüler** ▶ Seite 296 ff., die oft als „Frauenschriftstellerin" bezeichnet wird, ist insofern eine „emanzipierte" Frau, als sie kompromisslos aus einem bürgerlichen Leben ausbricht. **Anna Seghers** ▶ Seite 386 f., 440 f., der man nachsagt, sie schreibe wie ein Mann[1], trennt in ihren politischen Romanen den Kampf um die Emanzipation der Frau nicht von dem allgemeinen „Befreiungskampf des internationalen Proletariats". Auffallend ist bei ihren Büchern auch, dass ihre „Helden" fast durchwegs Männer sind. Bei **Christa Wolf** ▶ Seite 441 ff.

Anna Seghers (1980)

sind „Frauenthemen" zunächst immer unter dem Aspekt der gesellschaftspolitischen Verhältnisse in der DDR gestellt: Inwiefern lässt sich das politische System mit den privaten Wünschen vereinen, inwiefern müssen ihm persönliche Beziehungen geopfert werden? Mit *Kassandra* leistet sie später einen Beitrag zu dem, was hier unter Frauenliteratur verstanden wird.

Erst in den 60er-Jahren erfahren der Begriff „weiblich" und die Bezeichnung „weibliche Literatur" unter dem Einfluss des Feminismus eine gesellschaftliche Um- bzw. Neuorientierung.

In den 90er-Jahren schreiben Frauen, die als „literarisches Fräuleinwunder" tituliert werden, Texte, in denen Frauen im Mittelpunkt stehen: **Zoë Jenny**, **Karen Duve** oder **Elke Naters**. ▶ Seite 177

Christa Wolf (2008)

Jenny Erpenbeck, Julie Zeh, Julia Frank und Katja Lange-Müller setzen mit ihren Veröffentlichungen die Reihe bedeutender deutschsprachiger Schriftstellerinnen fort.

Feminismus

Mit diesem Begriff bezeichnet man bereits im 19. Jahrhundert den Einsatz bürgerlicher Frauen für die Durchsetzung des Frauenwahlrechts. Der **neue Feminismus** nimmt seinen Anfang 1967/68 in den USA und gibt Impulse für einen internationalen Befreiungsversuch: Auch in Mittel- und Westeuropa entstehen Frauenbewegungen. Frauenbefreiungsgruppen, die Vorläufer der heutigen Selbsterfahrungsgruppen, werden gegründet, zunächst einmal gegen allgemeine Diskriminierung der Frau, gegen sexuelle Ausbeutung und Abtreibungsbeschränkungen.

Die feministische Bewegung verfolgt eine zwiespältige Strategie: Einerseits kämpft sie um einen Strukturwandel in der ganzen Gesellschaft, der allen sozialen Schichten und allen Völkern zugute käme, andererseits tritt sie für die Verbesserung der Situation relativ privilegierter Frauen ein. Es kommt so weit, dass sich radikale Feministinnen aus der Politik zurückzie-

---

[1] Ob das nun Lob oder Tadel ist, sei dahingestellt.

hen, sie müssen sich ja nicht um fundamentale Notwendigkeiten des Lebens kümmern, wie etwa um den Kampf gegen tägliche Gewaltanwendung durch Männer, um Unterbezahlung in Berufen mit schlechtem Image. Bei all den positiven Errungenschaften des Feminismus (Frauenhäuser, Frauenzentren, Frauenbuchläden, Frauenverlage, Frauencafés oder Frauenrockgruppen) darf man doch nicht vergessen, dass dies Bereiche sind, die sehr vielen Frauen der Welt verschlossen sind: Ja, sie interessieren sie gar nicht, weil für sie die grundlegenden Probleme ihres Lebens noch nicht gelöst sind und durch diese Einrichtungen gar nicht gelöst werden können.

Der Feminismus nimmt die Frau als Frau ernst, er will ihre Befreiung um ihrer selbst willen durchsetzen, nicht damit die Frau ihrem Mann eine verständigere Gefährtin oder ihrem Sohn eine verantwortlichere Mutter wird. Der Feminismus stellt fest, dass weibliche Bedürfnisse und Interessen in der bestehenden Gesellschaft oft nur geringe Erfüllung finden können, dass die festgefahrenen Rollenbilder für Mädchen eine Beschränkung bedeuten. Keinesfalls ist er gleichzusetzen mit Männerhass, er will jedoch dem männlich dominierten System einen Gegenentwurf entgegenstellen.

Zunehmend werden Texte geschrieben, die den Frauen helfen sollen, ihre Situation gründlicher zu fassen. Als Standardwerk gilt **Simone de Beauvoirs** *Das andere Geschlecht* (1949), in dem sie zwei wesentliche Theorien vertritt: In einer patriarchalischen Gesellschaft sei die Frau das „andere", der Mann aber das Maß aller Dinge; Weiblichkeit sei nicht angeboren, sondern werde gemacht. Das besondere Verdienst Beauvoirs ist, dass zum ersten Mal Frauenprobleme auch philosophischer Überlegungen wert sind. Weitere wichtige Werke sind **Germaine Greers** *Der weibliche Eunuch* (1970), **Kate Millets** *Sexus und Herrschaft* (1971), **Alice Schwarzers** *Der kleine Unterschied* (1975) und **Marie-Louise Janssen-Jurreits** *Sexismus* (1976). Mit Sexismus[2] bezeichnet sie die verschiedenen Formen der Machtausübung durch Männer über Frauen.

Simone de Beauvoir (1970)

- Ist Ihrer Meinung nach der Kampf des Feminismus überhaupt notwendig? Wo sehen Sie berechtigte Forderungen, welche erscheinen Ihnen übertrieben? In welchen Bereichen werden Frauen immer noch diskriminiert?
- Glauben Sie, dass Emanzipation für eine Frau wichtig ist?
- Was halten Sie von Beauvoirs Standpunkt, dass Frauen erst zu Frauen gemacht werden?

Feminismus und Literatur

Welche Wirkungen hat der Feminismus auf die von Frauen geschriebene Literatur? Man spricht in den 70er-Jahren von einer neuen „Gefühlskultur", man setzt Emotionalität gegen Vernunft, die Rede ist von neuer „Subjektivität, Innerlichkeit, Sinnlichkeit und Natürlichkeit" (Merkmale, die man übrigens auch bei der von Männern geschriebenen Literatur der Zeit feststellt).

Auffallend ist die Tendenz zur Autobiografie: Tagebücher, Chroniken, Memoiren, Ich-Romane, aber auch briefliche Mitteilungen sind häufige Textsorten. In Traumerzählungen (Alb-

---

[2] Sexismus: Grundbedeutung des Wortes: Unterdrückung aufgrund des Geschlechts

oder Wunschträumen) und Märchen kritisieren Autorinnen die tatsächlich herrschenden gesellschaftlichen Zustände. Die Grundstimmung ist meist schwermütig, erwartungslos, oft sind Verweigerungen das Zentralthema. Eine selbstbewusste, fröhliche Einstellung, ein selbstverständliches Umgehen mit der teilweisen, schwer erkämpften Freiheit lässt sich nur selten feststellen. Vor allem die Kultbücher der Frauenbewegung in Deutschland, **Verena Stefans** *Häutungen* oder **Karin Strucks** *Klassenliebe*[3], zeichnen sich durch eine gewisse Künstlichkeit und Verkrampftheit aus: Beide Autorinnen wehren sich gegen die Diskriminierung der Frau, gegen Verschweigen weiblicher Sexualität.

Titelbild (Antonia Wernery)

Verschwiegen darf nicht werden, dass sich einige Autorinnen nicht mit dem Feminismus in Verbindung gebracht wissen wollen, sie wehren sich gegen eine ideologische Vereinnahmung und Beschränkung ihrer Werke. Das, was sie schreiben, sei künstlerische Umsetzung von weiblichen Erfahrungen, aber nicht die Verarbeitung feministischer Themen.

Man muss auch feststellen, dass Autorinnen wie **Ingeborg Bachmann**, **Karin Struck, Christa Reinig, Elfriede Jelinek** oder **Friederike Mayröcker** sich zwar um einen innovativen Stil bemühen, sich aber großteils einer „männlichen Literaturkonzeption" bedienen, auch wenn sie sie zur Satire oder Parodie benutzen oder sie variieren. Sie übernehmen diese Konzeption, weil einfach keine andere da ist, weil die Künstlerinnen auf keine weiblichen Vorbilder zurückgreifen können.

Allerdings stellen sie, indem sie Kritik an „von Männerhand geschaffenen Bildern der Frau" üben, das Thema der Identität der Frau in den Mittelpunkt ihrer literarischen Darstellung. Diese Themenzentrierung erfährt bei einzelnen Autorinnen unterschiedliche Akzente:

Bei **Ingeborg Bachmann** ▶ Seite 507 ff. etwa werden Frauen stets als von den Männern Unterdrückte, ja Ermordete dargestellt, das Leiden der Frau wird als tödlicher Wahnsinn gezeichnet.

Marlen Haushofer ▶ Seite 173 f. sieht die Situation der Frau ähnlich, nur gibt sie ihr selbst Mitschuld an der Misere.

Bei **Christa Wolf** ▶ Seite 441 f., 443 f. steht die Rolle der Frau im Sozialismus im Mittelpunkt, theoretisch ist in der ehemaligen DDR ja die Gleichberechtigung der Frau gesichert gewesen.

Die Nobelpreisträgerin **Elfriede Jelinek** ▶ Seite 526 f., 539 ff. verkörpert den Extremtypus einer Schriftstellerin, die mit „männlichen" Mitteln (dazu gehört auch Pornografie) der männlich dominierten Gesellschaft zu Leibe rückt und so für weibliche Identität Stellung nimmt, um sie kämpft.

Frauenbilder

In den letzten Jahren scheint der Begriff „Frauenliteratur" nicht mehr so interessant und umstritten zu sein, so als habe er an Brisanz verloren.

Im Folgenden finden Sie Beispiele für Literatur aus mehreren Jahrhunderten, in der Frauen im Mittelpunkt stehen. Sie zeigen unterschiedliche Formen des Frau-Seins, eins ist ihnen gemeinsam, sie sind erstaunlich aktuell. Die Autorinnen der letzten zehn Jahre zeigen eindeutig Selbstbewusstsein, Selbstbestimmtheit und stellen Frauen nicht nur als Opfer dar.

---

[3] vom breiten Publikum weniger beachtet

Eine Frau in der Antike
Christa Wolf: *Kassandra*

> • Informieren Sie sich in einem Sagenbuch über das Schicksal Kassandras!

Die weibliche Opferrolle in der kriegerischen Geschichte des Mannes

Kassandra, die Tochter des Priamos, ist von Apollo mit der Sehergabe ausgestattet, aber mit dem Fluch belegt, dass niemand ihren Sprüchen glauben soll. Sie wird nach dem Trojanischen Krieg die Beute Agamemnons und wartet darauf, das Racheopfer Klytämnestras zu werden. In Erwartung des Todes verfolgt sie noch einmal die Abläufe, die zur Vernichtung führten, sie geht zurück zur Vorgeschichte des Krieges und rekapituliert ihr eigenes Leben. Sie, die durch ihre Abstammung an den Herrschaftsstrukturen des Stadtstaates teilhat, beginnt zu begreifen, in welcher Weise sie von den Männern ausgenutzt und zum Objekt gemacht werden soll.

Christa Wolf bei einer Signierstunde zu *Kassandra* (2004)

Zum Teil folgt Wolf dem alten Mythos, zum Teil verändert sie ihn leicht. Die Liebe zwischen Kassandra und Aineias ist die einschneidendste Veränderung. Mit ihr legt Wolf die Gegensatzpaare Mann/Frau, Sieger/Besiegte und Herrscher/Unterdrückte fest. Sie stattet Kassandra mit einem „Angst-Gedächtnis" aus.

Ich hatte Angst, Aineias. Das war es, was du niemals glauben wolltest. Die Art von Angst hast du ja nicht gekannt. Ich habe ein Angst-Gedächtnis. […]
Für die Griechen gibt es nur entweder Wahrheit oder Lüge, richtig oder falsch, Sieg oder Niederlage, Freund oder Feind, Leben oder Tod. Sie denken anders. Was nicht sichtbar, riechbar,
5 hörbar, tastbar ist, ist nicht vorhanden. Es ist das andere, das sie zwischen ihren scharfen Unterscheidungen zerquetschen, das Dritte, das es nach ihrer Meinung überhaupt nicht gibt, das lächelnde Lebendige, das im Stande ist, sich immer wieder aus sich selbst hervorzubringen, das Ungetrennte, Geist im Leben, Leben im Geist. Anchises meinte einmal, wichtiger als die Erfindung des verdammten Eisens hätte die Gabe der Einfühlung für sie sein können. Daß sie die
10 eisernen Begriffe Gut und Böse nicht nur auf sich bezögen. Sondern zum Beispiel auch auf uns. Nichts davon werden ihre Sänger überliefern. Und wenn sie – oder wir – es überlieferten?

Ähnlich wie Bachmann sieht Wolf (geb. 1929) die Aufgabe der Dichtung darin, Angst und Trauer zu bewahren. Im logischen Denken sieht Kassandra eine Ursache für den Krieg, dem sie sich nur durch das Opfer ihrer Liebe und den Tod entziehen kann. Zwischen untergehendem Matriarchat und siegreichem Patriarchat lebend, will sie „eine andere, nicht tötende Art, auf der Welt zu sein". Sie verweigert sich der männlichen Geschichte der Kriege und entscheidet sich gegen eine römische Zukunft, die sie mit Aineias haben könnte:

Bald, sehr bald wirst du ein Held sein müssen. Ja! hast du gerufen. Und? An deinen Augen sah ich, du hattest mich begriffen. Einen Helden kann ich nicht lieben. Deine Verwandlung in ein Standbild will ich nicht erleben. […] Gegen eine Zeit, die Helden braucht, richten wir nichts aus, das wußtest du so gut wie ich.

Aineias entscheidet sich für Leben und Schuld, Kassandra für Nicht-Schuld und Tod. Kassandras Abschiedsmonolog ist eine Erinnerung an die Vergangenheit, an eine Zeit, wo es so etwas wie friedliche Koexistenz der Geschlechter gegeben haben muss. Er ist aber auch ein Ausblick in die Zukunft, auf die Geschichte der Kriege und ihrer Sieger, gegen die sie Widerstand leistet. Sie hasst die Sieger, vor allem Achill, den edlen Helden Homers, dessen Kämpfe sie als viehische Schlächtereien beschreibt. Achill ist aber auch Symbol für all die Mechanismen, die letztlich, würden sie eingesetzt, zur Selbstvernichtung der Welt führen werden, er ist Vertreter des Patriarchats, von dem Christa Wolf sagt:

Die Rakete, die Bombe sind ja keine Zufallsprodukte dieser Kultur; sie sind folgerichtige Hervorbringungen expansionistischen[4] Verhaltens über Jahrtausende; sie sind vermeidbare Verkörperungen des Entfremdungssyndroms[5] der Industriegesellschaften, die sich mit ihrem Mehr! Schneller! Genauer! Effektiver! alle anderen Werte untergeordnet […] haben.

Durch die Verwendung von Wörtern aus unserer politischen Sprache werden Parallelen zur Gegenwart gezogen. Kassandra entlarvt das wahre Motiv für den Trojanischen Krieg: die Kontrolle Trojas über den Bosporus. Ein Krieg, der um ein Phantom (Helena wird gar nicht entführt) geführt wird, ist von vornherein verloren.

Kassandra ist eine klarsichtige Untergangsprophetin: Sie entlarvt die weibliche Opferrolle in der kriegerischen Geschichte des Patriarchats. Themen der Novelle sind Macht und Machtmissbrauch, Sprache als Herrschaftsinstrument und im weitesten Sinn die Wirkungsmöglichkeit von Literatur, Krieg und seine Vorbereitung, die Rolle der Frau und die Utopie einer weiblichen Herrschaft.

Frauen im 19. Jahrhundert

Heinrich von Kleist *Die Marquise von O...* (1808) ▶ Seite 141

Erst viele Jahre nach seinem Tod wird Kleist, dessen Werke von seinen Zeitgenossen kaum registriert wurden, die Anerkennung zuteil, die ihm gebührt. Vor allem erkennt man heute, wie sehr er sich in die Psyche von Frauen einfühlen konnte.

Kampf um Selbstbestimmung

In der Novelle *Die Marquise von O...* beschreibt er, wie eine Frau um ihre Selbstbestimmung kämpft. Besonders, wenn man die außergewöhnlichen Umstände berücksichtigt, endet die Geschichte erstaunlicherweise positiv, nämlich mit der Heirat zwischen der Marquise und dem Grafen. Als richtige Emanzipation kann man das Schicksal der Marquise nicht werten, denn sie findet ihre Erfüllung letztlich durch das Eingreifen ihrer Familie.

In der Vorgeschichte erfährt man, dass bei der Belagerung einer Zitadelle die Tochter des Kommandanten, Julietta, von einem russischen Grafen vor der Vergewaltigung durch Soldaten gerettet wird. Einige Zeit später ist Julietta, eine Witwe von tadellosem Ruf, ohne ihr „Wissen" schwanger. Sie und ihre Umwelt, ihre Familie sind gleichermaßen überrascht und entsetzt. Sie wird von ihrem Vater des Hauses verwiesen, er möchte ihr auch die beiden Kinder wegnehmen, doch sie wehrt sich und nimmt ihr Leben selbst in die Hand.

Sie hatte eben ihr Kleinstes zwischen den Knieen, […] als der Forstmeister[6] eintrat, und auf Befehl des Kommandanten die Zurücklassung und Überlieferung der Kinder von ihr forderte.

---

4 expansionistisch: auf die Gebietsausbreitung bedacht
5 Syndrom: Krankheitsbild, Gruppe von Krankheitssymptomen
6 der Bruder der Marquise

Dieser Kinder? fragte sie und stand auf. Sag deinem unmenschlichen Vater, daß er kommen, und mich niederschießen, nicht aber mir meine Kinder entreißen könne! Und hob, mit dem
5   ganzen Stolz der Unschuld entrüstet, ihre Kinder auf, trug sie, ohne daß der Bruder gewagt hätte, sie anzuhalten, in den Wagen, und fuhr ab. Durch diese schöne Anstrengung mit sich selbst bekannt gemacht, hob sie sich plötzlich, wie an ihrer eigenen Hand, aus der ganzen Tiefe, in welche das Schicksal sie hinabgestürzt hatte, empor. Der Aufruhr, der ihre Brust zerriß, legte sich, als sie im Freien war, sie küßte häufig die Kinder, diese ihre liebe Beute, und mit
10 großer Selbstzufriedenheit gedachte sie, welch einen Sieg sie, durch die Kraft ihres schuld-freien Bewußtseins, über ihren Bruder davongetragen hatte.

> • Wie macht Kleist sprachlich klar, dass sich die Marquise in dieser Szene „emanzi-piert"? Auch in der Körpersprache zeigt sich das neu gewonnene Selbstbewusstsein. Welche sprachlichen Wendungen bestätigen dies?

Nach der Versöhnung mit ihrer Familie, die ihre Mutter eingefädelt hat, versucht sie durch ein Inserat den Mann, der für ihre Schwangerschaft verantwortlich ist, zu ermitteln.

In M..., [...] ließ die verwitwete Marquise von O ..., eine Dame von vortrefflichem Ruf, [...] durch die Zeitungen bekannt machen: daß sie, ohne ihr Wissen, in andre Umstände gekom-men sei, daß der Vater zu dem Kinde, das sie gebären würde, sich melden solle; und daß sie aus Familienrücksichten, entschlossen wäre, ihn zu heiraten.

Als der Mann, der auf das Inserat geantwortet hat, erscheint, ist es der Graf, der sie vor den Soldaten gerettet hat. Zunächst ist die Marquise entsetzt.

„Gehen Sie! Gehn Sie! rief sie, indem sie aufstand; auf einen Lasterhaften war ich gefaßt, aber auf keinen --- Teufel!"

Die Marquise heiratet den Grafen dennoch, lebt aber ein Jahr von ihm getrennt. Dann entschließt sie sich, dem Grafen zu verzeihen.

Eine ganze Reihe von jungen Russen folgte jetzt noch dem ersten; und da der Graf, in einer glücklichen Stunde, seine Frau einst fragte, warum sie, an jenem fürchterlichen Dritten, da sie auf jeden Lasterhafen gefaßt schien, von ihm, gleich einem Teufel, geflohen wäre, antwortete sie, indem sie ihm um den Hals fiel: er würde ihr damals nicht wie ein Teufel erschienen sein,
5   wenn er ihr nicht, bei seiner ersten Erscheinung, wie ein Engel vorgekommen wäre.

Gustave Flaubert: *Madame Bovary* (1857)

Gustave Flauberts Roman *Madame Bovary* handelt von einer jungen Frau, Emma Bovary, die einen wesentlich älteren Mann heiratet, sich in ihrer Ehe unverstanden fühlt, Affären eingeht und schließlich Selbstmord begeht.
Als das Buch 1857 veröffentlicht wird, wird sein Autor wegen Verstoßes gegen die guten Sitten vor Gericht gestellt.

Emma heiratet den Landarzt Charles Bovary, der sie sehr verehrt. Sie stürzt sich voll Illusionen in die Ehe, wird aber enttäuscht. Charles erweist sich als netter, aber völlig uninteressanter Mensch, der von früh bis spät arbeitet, um Emma einen angenehmen Lebensstandard bieten zu können.

Dann sammelten sich ihre Gedanken allmählich, und im Gras sitzend, in dem sie mit der Spitze ihres Sonnenschirms herumstocherte, fragte sich Emma ein ums andere Mal: „Warum, oh mein Gott! habe ich nur geheiratet?"

5 Sie überlegte, ob nicht durch andere Zufallsfügungen die Möglichkeit bestanden hätte, einem anderen Mann zu begegnen; und sie versuchte sich vorzustellen, wie dieses nicht eingetretene Ereignis, dieses andere Leben, dieser Gatte, den sie nicht kannte, hätte sein können. Es waren ja nicht alle so wie der ihre. Er hätte schön, geist-

10 reich, vornehm, anziehend sein können, so wie zweifellos diejenigen waren, die ihre Kameradinnen aus dem Kloster geheiratet hatten.

Gustave Flaubert

Unzufrieden mit ihrer Beziehung

Unzufrieden mit ihrer Beziehung geht Emma heimliche Liebesbeziehungen ein.

„Was für ein armseliger Mann! Was für ein armseliger Mann!", sagte sie ganz leise und biß sich auf die Lippen. Im Übrigen fühlte sie, daß er ihr immer mehr auf die Nerven ging. Er nahm mit dem Älterwerden plumpe Manieren an; er zerschnitt beim Nachtisch die Korken der leeren

5 Flaschen [...] und da er anfing dick zu werden, schien es, als würden seine ohnehin schon kleinen Augen durch die Aufgedunsenheit seiner Backenknochen zu den Schläfen hochgeschoben. [...] Manchmal erzählte sie ihm auch von den Dingen, die sie gelesen hatte, [...], denn Charles war jemand, ein immer offenes Ohr, eine immer bereite Zustimmung. Vieles vertraute sie ihrem Windhund an! Sie hätte es auch den Kaminscheiten und dem Uhrpendel anvertraut.

> • In den beiden Textstellen kann man feststellen, wie frustriert Emma in ihrer Beziehung zu Charles ist. Welche sprachlichen Wendungen zeigen deutlich, wie sie ihren Mann einschätzt?

Zunächst beginnt sie mit Leon, einem Kanzleibeamten, mit dem sie ihr Interesse für Musik und Literatur verbindet, eine Affäre. Als dieser nach Paris geht, stürzt sich Emma in einen Kaufrausch und macht Schulden. Auch die Geburt einer Tochter ändert nichts an ihren Depressionen. Als sie den Grundbesitzer Rudolphe kennenlernt, verliebt sie sich in ihn, er sieht in ihr aber nur eine nette Abwechslung. Sie beschenkt ihn reich und macht noch mehr Schulden. Emma möchte mit Rudolphe aus ihrer Ehe fliehen, doch er verlässt sie. Sie wird daraufhin schwer krank.
Nach ihrer Genesung erneuert sie ihr Verhältnis mit Leon, doch die Schulden wachsen ihr über den Kopf. Weder Rudolphe noch Leon wollen Emma helfen, so verschafft sie sich Arsen und stirbt eines grausamen Todes. Zurück lässt sie einen ahnungslosen und verzweifelten Mann, der es mit ihr immer nur gut gemeint hat.

Er schloß sich in sein Sprechzimmer ein, nahm eine Feder und schrieb, nachdem er eine Weile geschluchzt hatte:
Ich will, daß man sie in ihrem Hochzeitskleid beisetzt, mit weißen Schuhen, einem Brautkranz. Man soll ihr Haar über den Schultern ausbreiten; drei Särge: einer aus Eiche, einer aus Maha-

5 goni, einer aus Blei. Man soll mich nicht trösten, ich werde stark sein. Man decke ein ganz großes Stück grünen Samt über sie. Ich will es. Führt es aus.

Theodor Fontane: *Effi Briest* (1895)

Kunstvoller Unterhaltungsroman mit dramatischer Handlung

Theodor Fontane, der für seine realistischen Gesellschaftsromane bekannt ist, erzielt beim zeitgenössischen Publikum mit *Effi Briest* einen großen Erfolg. Ehebruchsgeschichten finden zu allen Zeiten interessierte Leser, denn obwohl *Effi Briest* ein kunstvoll gebauter Text ist, erfüllt er dennoch auch die Erwartungen, die man an einen Unterhaltungsroman stellt: Im Mittelpunkt steht eine dramatische Handlung, man fiebert mit Effi mit und ist von ihrem Ende berührt.

Der Roman handelt von einer jungen Frau, die durch ihr Milieu, das an traditionelle Werte gebunden ist, in ihrer Ehe scheitert und daran zugrunde geht.

Theodor Fontane

Die 17-jährige Effi Briest heiratet den um 21 Jahre älteren Baron von Instetten, einen Jugendfreund ihrer Mutter. Sie langweilt sich schon nach kurzer Zeit in ihrer Ehe und vereinsamt an der Seite ihres Ehemannes, der nur für seinen Beruf lebt und auf gesellschaftliche Konventionen bedacht ist. Sie flüchtet in eine kurze Affäre mit Major Crampas, der als „Damenfreund" bekannt ist.

Nach sieben Jahren, als das Verhältnis längst beendet ist – Effi hat inzwischen eine Tochter Anni –, findet Baron Instetten Briefe von Crampas an Effi, die sie in einer Nähschachtel aufgehoben hat. Er tötet den ehemaligen Rivalen im Duell, verstößt seine Frau und lässt sich von ihr scheiden. Anni wird Instetten zugesprochen. Effis Eltern gestatten ihr die Rückkehr ins Elternhaus nicht.

Auf dem Tische vor ihr lag der Brief; aber ihr fehlte der Mut, weiter zu lesen. Endlich sagte sie: „Wovor bange ich mich noch? Was kann noch gesagt werden, das ich mir nicht schon selber sagte? Der, um den all dies kam, ist tot, eine Rückkehr in mein Haus gibt es nicht, in ein paar Wochen wird die Scheidung ausgesprochen sein, und das Kind wird man dem Vater lassen.
5 Natürlich. Ich bin schuldig, und eine Schuldige kann ihr Kind nicht erziehen. Und wovon auch? Mich selbst kann ich wohl durchbringen. Ich will sehen, was die Mama darüber schreibt, wie sie sich mein Leben denkt." […]

„...Und nun Deine Zukunft, meine liebe Effi. Du wirst Dich auf Dich selbst stellen müssen und darfst dabei, soweit äußere Mittel mitsprechen, unserer Unterstützung sicher sein. Du wirst
10 am besten in Berlin leben (in einer großen Stadt vertut sich dergleichen am besten) und wirst da zu den vielen gehören, die sich um freie Luft und lichte Sonne gebracht haben. Du wirst einsam leben, und wenn Du das nicht willst, wahrscheinlich aus Deiner Sphäre herabsteigen müssen. Die Welt, in der Du gelebt hast, wird Dir verschlossen sein. Und was das Traurigste ist (auch für Dich, wie wir Dich zu kennen vermeinen) – auch das elterliche Haus wird dir verschlos-
15 sen sein; wir können Dir keinen stillen Platz in Hohen-Cremmen[7] anbieten, keine Zuflucht in unserem Hause, denn es hieße das, dies Haus vor aller Welt abschließen, und das zu tun sind wir entschieden nicht geneigt. Nicht weil wir zu sehr an der Welt hingen und ein Abschied nehmen von dem, was sich 'Gesellschaft' nennt, uns als etwas unbedingt Unerträgliches erschiene; nein, nicht deshalb, sondern einfach, weil wir Farbe bekennen und vor aller Welt, ich
20 kann Dir das Wort nicht ersparen, unsere Verurteilung deines Tuns, des Tuns unseres einzigen und von uns so sehr geliebten Kindes aussprechen wollen.

---

[7] Gut, auf dem Effis Eltern leben

- Warum verstoßen die Eltern ihre Tochter? Inwiefern kann man ihre Handlungsweise nachvollziehen?

Effi lebt mit ihrer Kinderfrau Roswitha allein in Berlin in ärmlichen Verhältnissen. Einmal noch kann sie ihre Tochter sehen, muss aber feststellen, dass Instetten sie ihr völlig entfremdet hat.

Kaum aber, daß Roswitha draußen die Tür ins Schloß gezogen hatte, so riß Effi, weil sie zu ersticken drohte, ihr Kleid auf und verfiel in ein krampfhaftes Lachen. „So also sieht ein Wiedersehen aus", […] „O du Gott im Himmel, vergib mir, was ich getan; ich war ein Kind … Aber nein,
5   nein, ich war kein Kind, ich war alt genug, um zu wissen, was ich tat. Ich hab es auch gewußt, und ich will meine Schuld nicht kleiner machen … aber das ist zuviel. Denn das hier, mit dem Kind, das bist nicht du, Gott, der mich strafen will, das ist er, bloß er! Ich habe geglaubt, daß er ein edles Herz habe, und habe mich immer klein neben ihm gefühlt; aber jetzt weiß ich, daß er es ist, er ist klein. Und weil er klein ist, ist er grausam. Alles, was klein ist, ist grausam. Das
10 hat er dem Kinde beigebracht, ein Schulmeister war er immer, Crampas hat ihn so genannt, spöttisch damals, aber er hat recht gehabt. ´O gewiß, wenn ich darf. ´ Du brauchst nicht zu dürfen; ich will euch nicht mehr, ich haß euch, auch mein eigen Kind. Was zu viel ist, ist zu viel. Ein Streber war er, weiter nichts. – Ehre, Ehre, Ehre … und dann hat er den armen Kerl totgeschossen, den ich nicht einmal liebte und den ich vergessen hatte, weil ich ihn nicht liebte. Dummheit war alles, und nun Blut und Mord. Und ich schuld. […] Mich ekelt, was ich getan;
15 aber was mich noch mehr ekelt, das ist eure Tugend. Weg mit euch. Ich muß leben, aber ewig wird es ja wohl nicht dauern.

- Wen hält Effi für schuldig an ihrem gescheiterten Leben? Beachten Sie, dass sie sich selbst auch sehr kritisch sieht.

Effi darf dann doch zu ihren Eltern zurückkehren, stirbt aber bald darauf.
Ihren Ehemann bezeichnet sie auf ihrem Totenbett als „so edel, wie jemand sein kann, der ohne rechte Liebe ist."

- Emma und Effi scheitern in ihrem Leben. Welche Chancen hätten sie, wenn sie heute leben würden? Was hat sich seit dem 19. Jahrhundert an der Situation der Frau zum Positiven verändert, sodass Emma und Effi nicht zugrunde gehen müssten? Was ist an der Befindlichkeit der Frauen aber trotz aller Verbesserungen gleich geblieben?

Eine Frau in den 20er-Jahren des letzten Jahrhunderts

Irmgard Keun: *Das kunstseidene Mädchen* (1932)

Suche nach dem großen Glück

In den Mittelpunkt ihres Romans stellt Irmgard Keun ein Mädchen aus der Provinz, Doris, das versucht, in der Großstadt Berlin sein „großes" Glück zu machen. Sie beschreibt tagebuchartig ihr Innenleben, ihre Ängste, ihre Gefühle, ihre Gedanken und Träume. In ihrer Sehnsucht nach

Liebe und im Bewusstsein der Unerfüllbarkeit ihrer Träume sinkt Doris bis zur Prostitution ab.

Doris ist eine typische Vertreterin der Weimarer Republik. Die Menschen sind zumeist Angehörige des neuen Mittelstandes oder gar Arbeitslose, die durch die wirtschaftlichen Vorgänge besonders stark betroffen und deshalb pessimistisch und handlungsunfähig sind. Doris muss trotz ihrer optimistischen Grundhaltung einsehen, dass selbst bescheidene Wünsche für sie unerfüllbar bleiben.

Doris vergleicht ihren „Bericht" mit einem Film „ […] ich will schreiben wie ein Film, denn so ist mein Leben und wird mehr so sein. […] Und wenn ich später lese, ist alles wie Kino – ich sehe mich in Bildern."

Irmgard Keun (1932)

Der Roman ist in 3 Stationen geteilt: 1. Ende eines Sommers und die mittlere Stadt, 2. Später Herbst und die große Stadt, 3. Sehr viel Winter und ein Wartesaal.

Die Ich-Erzählerin Doris, eine junge, eigenwillige und selbstbewusste Frau, die nach Liebe, Erfolg und Anerkennung sucht, kommt aus einer deutschen Kleinstadt in die Großstadt Berlin, von deren Glitzerwelt (Bars, Filmpaläste, Restaurants, Pelze ...) sie fasziniert ist. Tagebuchartig erzählt sie entscheidende Episoden von Ende Sommer 1931 bis Frühjahr 1932. Ihre Träume und Selbsttäuschungen (Sie wiederholt leitmotivisch den Satz „Ein Glanz will ich werden") erkennt sie mit erstaunlich realistischem Blick auf die Zustände. Doris lernt viele Männer kennen, steigt sozial ab und landet am Ende im Wartezimmer des Bahnhofs Zoo. Der letzte Abschnitt des Buches trägt den bezeichnenden Titel „Sehr viel Winter und ein Wartesaal".

Ich gehe herum mit mein Koffer und weiß nicht, was ich will und wohin. Im Wartesaal Zoo bin ich sehr viel. Warum können Kellner so voll Hohn sein, wenn man mal zufällig kein Geld hat? […]

Es sind Wartesäle und Tische, ich sitze hier. Ich will den Feh[8] nicht versetzen, ich will nicht – ich habe auch keine Papiere. Tilli wüßte eine, die kaufte ihn. Ich will aber nicht. Manchmal fällt
5   mein Kopf auf die Platte von dem Tisch, meine Müdigkeit ist ein ganz schweres Gewicht. Ich schreibe, weil meine Hand was tun will und mein Heft mit den weißen Seiten und Linien ein Bereitsein hat, meine Gedanken und mein Müdes aufzunehmen und ein Bett zu sein, in dem meine Buchstaben dann liegen, wodurch wenigstens etwas von mir ein Bett hat.

Und es riecht der Tisch nach so kalter gemeiner Asche und Maggis Suppenwürze und hat mir
10   die Klosettfrau ein Zervelatbrot geschenkt, was nach Hygiene schmeckt, und das ist medizinische Gesundheit […]

Gottogott müde. Und zu nichts Lust. So egal alles. Und aus meiner Müdigkeit wächst nur eine Neugierigkeit, wie es wohl weitergeht – hallo, Frau Wirtin, schnell noch einen Humpen – warum macht man denn mit dem Rhein so viel Musik? Nebenan bläst einer Mundharmonika,
15   seine Stirn ist verschrumpft wie sein ganzes Leben. Und gestern war ich mit einem Mann, was mich ansprach und für was hielt, was ich doch nicht bin. Ich bin es doch noch nicht. […]

• Beschreiben Sie Doris' Sprache! Woran merkt man, dass sie zu resignieren beginnt?

---

[8] Feh: Pelz

Frauen im 20. und 21. Jahrhundert

Marlen Haushofer: *Die Wand* (1962)

Kampf einer Überlebenden

In ihrem Roman *Die Wand* lässt Marlen Haushofer ihre Protagonistin, eine Frau mittleren Alters, von ihrem Kampf als Überlebende – vielleicht eines atomaren Angriffs – berichten.

Marlen Haushofer (1962)

Die Ich-Erzählerin, seit zwei Jahren Witwe, wird von ihrer Cousine und deren Mann in ein Jagdhaus in den Bergen eingeladen. Während die Cousine und ihr Mann am Nachmittag einen Spaziergang ins Dorf machen, bleibt die Erzählerin im Haus, der Hund Luchs gesellt sich zu ihr. Am nächsten Morgen sind die Spaziergänger noch immer nicht zurück. Beunruhigt macht sich die Erzählerin mit Luchs Richtung Dorf auf, aber schon bald stößt sie an eine unsichtbare Wand, an der sie sich eine Beule an der Stirn holt und der Hund eine blutige Schnauze. Jenseits der Wand ist, vielleicht aufgrund einer atomaren Katastrophe, alles tot, offensichtlich auch die Cousine und deren Mann. Über die Ursache gibt das Buch keinen Aufschluss.

An den nächsten Tagen erforscht die Erzählerin mit Luchs die Wand. Sie scheint nach der Seite und in die Höhe unendlich zu sein, und auch durch die Erde kann man sich nicht auf die andere Seite durchgraben. Die Erzählerin begreift, dass sie sich, so gut es geht, alleine durchschlagen muss. Sie findet eine Katze und eine Kuh; diese und Luchs sind ihre einzigen Gefährten. Als eines Tages ein Mann auftaucht, der ihren Hund tötet, wird er von ihr erschossen. Für die Tiere zu sorgen wird der Lebensinhalt der Frau und, als sie gestorben sind, beginnt sie ihre Geschichte aufzuschreiben.

Heute, am fünften November, beginne ich mit meinem Bericht. Ich werde alles so genau aufschreiben, wie es mir möglich ist. Aber ich weiß nicht einmal, ob heute wirklich der fünfte November ist. Im Lauf des vergangenen Winter sind mir einige Tage abhanden gekommen. Auch den Wochentag kann ich nicht angeben. Ich glaube aber, daß dies nicht sehr wichtig ist.

5 Ich bin angewiesen auf spärliche Notizen; spärlich, weil ich ja nie damit rechnete, diesen Bericht zu schreiben, und ich fürchte, daß sich in meiner Erinnerung vieles anders ausnimmt, als ich es wirklich erlebte.

Dieser Mangel haftet wohl allen Berichten an. Ich schreibe nicht aus Freude am Schreiben; es hat sich eben so für mich ergeben, daß ich schreiben muß, wenn ich nicht den Verstand verlie-
10 ren will. Es ist ja keiner da, der für mich denken und sorgen könnte. Ich bin ganz allein, und ich muß versuchen, die langen dunklen Wintermonate zu überstehen. Ich rechne nicht damit, daß diese Aufzeichnungen jemals gefunden werden. Im Augenblick weiß ich nicht einmal, ob ich es wünsche. Vielleicht werde ich es wissen, wenn ich den Bericht zu Ende geschrieben habe.

Ich habe diese Aufgabe auf mich genommen, weil sie mich davor bewahren soll, in die Däm-
15 merung zu starren und mich zu fürchten. Denn ich fürchte mich. Von allen Seiten kriecht die Angst auf mich zu, und ich will nicht warten, bis sie mich erreicht und überwältigt. Ich werde schreiben, bis es dunkel wird, und diese neue, ungewohnte Arbeit soll meinen Kopf müde machen, leer und schläfrig. Den Morgen fürchte ich nicht, nur die langen, dämmrigen Nachmittage.

- Warum schreibt die Frau ihren Bericht?
- Welche Funktion bzw. welchen Nutzen kann Schreiben haben? Sammeln Sie in Gruppen Argumente, die für das Schreiben sprechen.
- Welche Art von Leistungsfeststellung bevorzugen Sie: mündliche Prüfungen oder schriftliche Überprüfungen (Tests und Schularbeiten)? Begründen Sie Ihre Entscheidung! Welche Umstände können eine Entscheidung beeinflussen?

Die Wand ist unterschiedlich interpretiert worden: als Zeichen für mangelnde Kommunikation, als Zeichen für die Unfähigkeit der Protagonistin, mit anderen Menschen Beziehungen aufzubauen oder sie einzuhalten, als unbarmherziges Schicksal, das die Lebensplanung zerstört, oder als ein atomarer Angriff. Die Protagonistin nimmt die Herausforderung zu einem neuen Leben an, als eine Art weiblicher Robinson überlebt sie. Einen Freitag wie im Original-Robinson gibt es allerdings nicht, denn sie tötet den Mann, der ihr Schicksal hätte teilen können.

Zunächst sind es die Tiere, die die Frau am Leben erhalten, dann das Bedürfnis, ihren Überlebenskampf aufzuschreiben. Was danach sein wird, bleibt offen.

Auf Grund der Thematik ist das Buch bedrückend, manche empfinden es teilweise auch als langatmig, aber gerade diese Langatmigkeit spiegelt die Situation der Frau wider. Trotzdem ist es in seiner Grundhaltung positiv und optimistisch.

Jetzt bin ich ganz ruhig. Ich sehe ein kleines Stück weiter. Ich sehe, daß das noch nicht das Ende ist. Alles geht weiter.

Anne-Sophie Brasme: *Dich schlafen sehen* (2001)

Innenleben einer Heranwachsenden

Der Roman *Respire* (*Dich schlafen sehen*) der 16-jährigen Anne-Sophie Brasme wird bei seinem Erscheinen zu einem sensationellen Bestseller. Die KritikerInnen sind erstaunt über die stilistische Begabung der 16-Jährigen, wundern sich aber auch über das Buch einer Jugendlichen, in dem Mode, Musik, Drogen und Sex nicht dominant sind. Die Autorin konzentriert sich auf das Innenleben einer Heranwachsenden.

Es geht um die tragische und berührende Lebensgeschichte eines jungen Mädchens, das an ihrer Freundschaft zu einem anderen Mädchen zerbricht.

Anne-Sophie Brasme

Die Protagonistin Charlène liebt als Kind das Leben, merkt aber, dass ihre Umwelt mit ihrem Verhalten nicht zufrieden ist. Sie fügt sich und sucht die Isolation.

Was für ein Kind bin ich also gewesen? Meine Mutter beschrieb mich als Quälgeist. Als Wildfang, frech, nicht „normal". Vielleicht. Meine Mutter redete viel. Häufig nur um zu sagen, dass sie nicht zufrieden war.

Ich erinnere mich an ein schwieriges kleines Mädchen, ungebärdig und temperamentvoll. Ein
5 ziemlich unerschrockenes und wildes Kind, das seine Eltern oft in peinliche Situationen brachte und sie gelegentlich überforderte. Wo ich auch einen Fuß hinsetzte, erinnerte man sich später an den Satansbraten, der in aller Öffentlichkeit gebrüllt, ein anderes Kind an den Haa-

ren gezogen oder einem Erwachsenen eine freche Antwort gegeben hatte. Im Grunde liebte ich das Leben. Ich genoß es gierig in vollen Zügen. Und das war für meine Mutter schwer zu

10 ertragen. Auf die Wutanfälle und Temperamentsausbrüche folgte das Bedürfnis nach Einsamkeit, folgten Stunden, in denen ich in Ruhe das Leben vor mir betrachtete. Ich hatte mehr als genug Liebe in mir. Aber ich war wohl zu allein.

Mit 12 Jahren lernt Charlène Sarah kennen.Sarah ist optimistisch, hübsch, selbstbewusst und bei allen beliebt. Zwischen Charlène und Sarah entwickelt sich eine Freundschaft, die aber schließlich in eine unerträgliche Abhängigkeit führt, Charlène unterwirft sich Sarah willenlos und sklavisch.

Ich führte ein Schattendasein. Nur die Hoffnung auf Sarahs Liebe erhielt mich am Leben. Ich hasste mein Leben. Aber ich war zu besessen, um mir dessen wirklich bewusst zu werden.
Ich litt unter Sarah, unter ihren Blicken, ihren Vorwürfen, ihrem Schweigen, ihrer Abwesenheit. Jede ihrer Gesten wurde zur Qual. Um sie zufrieden zu stellen, brauchte ich nur zu schwei-

5 gen, zu erdulden. Ich dachte mir, ich könnte irgendwann ihre Freundschaft zurückgewinnen, wenn ich bei jedem kränkenden Wort, das sie mir an den Kopf warf, die Augen niederschlug. Ich wollte, dass sie mich bändigte, mich beherrschte, mein Leben lenkte, ich selbst war dazu überhaupt nicht mehr in der Lage. Ich war bereit, alles zu geben, alles an sie abzutreten, auch zu sterben, wenn sie es wünschte. Für immer ihre Sklavin werden. Sie hätte mich blutig schla-

10 gen, auf mich einstechen, mich töten können, wenn sie gewollt hätte.

Sarah findet Spaß daran, die Abhängigkeit Charlènes auszunutzen: Sie demütigt und erniedrigt sie. Als Sarah merkt, dass Charlène sich von ihr lösen möchte und eine Beziehung zu einem Jungen aus ihrer Klasse eingeht, sucht sie wiederum Charlènes Nähe. Diese trennt sich von ihrem Freund, begreift aber, dass ihre Freundschaft mit Sarah sie ihrer Freiheit beraubt. Sie findet keinen anderen Weg, als Sarah mit einem Polster zu ersticken. Im Gefängnis schreibt sie die Geschichte ihres erst kurzen Lebens nieder.

Er (Charlènes Ex-Freund) fasste mich an den Handgelenken und sah mich lange an, wie um meinen Hass zu beschwichtigen, mir die Wahrheit zu entlocken.
„Charlène. Sieh mir in die Augen und sag mir, dass du bereust, was du getan hast."
Auf einmal hörte mein Schluchzen auf. Ich hielt den Kopf gesenkt, ich wollte nicht, dass er

5 mein Gesicht sah. Ich wusste nicht, was ich antworten sollte. Wie sollte ich ihm erklären, dass ich keine Gewissensbisse hatte und dass ich trotz des Schmerzes, des Hasses und der Scham für immer als Siegerin aus einem verhassten Leben hervorgegangen bin.

> • Was meint Charlène, wenn sie schreibt, sie sei als Siegerin aus einem verhassten Leben hervorgegangen? Schließlich sitzt sie im Gefängnis und hat den Menschen, den sie über alles geliebt hat, getötet.

Christine Grän: *Hurenkind* (2001)

Karrierefrau gegen Ehefrau und Mutter

Christine Grän stellt in ihrem Roman *Hurenkind* zwei Frauen gegenüber: Marie, das „Hurenkind", das skrupellos seine Karriere verfolgt, und Anne, die ihre Karriere als Schauspielerin für ihren Mann Leon aufgegeben hat. Sie hat mit ihm einen Sohn und droht ihren Mann an Marie zu verlieren
Marie, die durch ihre Mutter schon früh die käufliche Seite der Liebe kennengelernt hat, möchte unbedingt Chefredakteurin werden, dafür tut sie alles. Als sie sich in Leon, einen verheirateten Flieger

verliebt, erfährt sie ihre Grenzen, denn er ist unfähig zu lieben. Diesmal bekommt sie nicht, was sie will.

Anne gibt sich selbst auf, sie lebt nur für Leon und ihren Sohn David. Sie kämpft bis zum Ende um ihren Mann und verliert ihn doch, aber nicht an Marie.

Die Handlung wird abwechselnd aus der Sicht der beiden Frauen und Leons erzählt. Im Folgenden finden Sie zunächst Textstellen, die Anne charakterisieren:

Christine Grän (1999)

Anne:

Und es ist der Augenblick, in dem ich erkenne, dass ich etwas verloren habe in den Jahren mit Leon. Ich habe mich verloren, und das ist ganz allein meine Schuld. [...]

Wie konnte ich die Zeichen übersehen, die so deutlich waren? Leons Zurückweisung meiner Zärtlichkeiten. Sein Schweigen, wenn ich mit ihm sprechen wollte. Seine vielfältigen Erklärungen für Abwesenheiten. Vor ein paar Wochen begann er, seinen Schreibtisch abzusperren, und ich dachte, dass er ein Geschenk gekauft hatte, das ich nicht sehen sollte. Man will nicht
5   sehen. Nicht hören und fühlen, sondern glauben, dass alles in Ordnung ist. Die Ordnung aller Tage und Nächte, und wenn nur alle Rituale befolgt werden, dann kann es keinen Schmerz geben und keine Trauer, nur die zu überspielende Leere, die durch Tätigkeiten ausgefüllt wird. Habe ich einen Grabstein gepflegt, auf dem das Wort Ehe eingemeißelt war? Man wird nicht betrogen, man betrügt sich selbst. Das ist die grausamste Erkenntnis. Entschuldigt nicht den
10   Verrat, auf den ich meinen Schmerz konzentriere.

Über Marie erfährt man unter anderem Folgendes:

Marie:

Sein Gesicht verhärtet sich. „Überschätze dich nicht, Marie. Du bist entbehrlich und austauschbar – in jeder Beziehung. Es gibt Tausende junger Frauen wie dich – attraktiv, gewandt, ehrgeizig, skrupellos. Ihr spielt mit Computern und Männern, trainiert in Fitnessstudios, pflegt euren
5   Lieblingsitaliener, fahrt Cabrios und bewohnt hübsche Penthousewohnungen. Das geklonte Lebensgefühl einer Generation, die den Gott des Egos anbetet und keinen Funken Selbstlosigkeit im Leib trägt ..." [...]

Ich dachte immer, dass ich das Spiel zu gut kenne, um zu verlieren. Es ist ein kompliziertes Spiel mit einfachen Regeln: Nimm, was du kriegen kannst. Lass dich nicht erwischen. Sage niemals die Wahrheit. Verdränge alle Gefühle, die dich behindern könnten. Liebe deine Feinde wie dich selbst. Misstraue den Freunden. Denke nicht über irgendeinen Sinn nach, sondern darü-
5   ber, das Nichts mit dem zu erfüllen, wonach dir der Sinn steht: Macht, Geld, Spaß. Das Nichts kann mit allem gefüllt sein. Also ist alles nichts, und ich bin alles: meine Wünsche, mein Verlangen, mein verdammtes Recht, am Ende als Sieger dazustehen.

Am Ende verliert Marie und Anne ist die Siegerin, allerdings ist es ein Pyrrhussieg. Denn sie verliert ihren Mann: Bei einem Autounfall muss Anne sich entscheiden, wen sie rettet, ihren Mann oder ihren Sohn, sie entscheidet sich für den Sohn. Marie begeht Selbstmord.

- Schreiben Sie mit einer Partnerin oder einem Partner einen Dialog zwischen Anne und Marie, in dem es um ihre Beziehung zu Leon geht.

Das literarische „Fräuleinwunder" ▶ Seite 467

Sammelbegriff für junge Autorinnen mit unterschiedlichen Schreibstilen

Als 1999 der Journalist Volker Hage in der Wochenzeitschrift *Der Spiegel* vom „literarischen Fräuleinwunder" schreibt, werden unter diesem Begriff junge Autorinnen trotz ihrer sehr unterschiedlichen Schreibstile subsumiert: **Karen Duve**, **Nadine Barth**, **Judith Hermann**, **Alexa von Henning-Lange** und **Zoë Jenny**. Gemeinsam sind ihnen ihr attraktives Äußeres, ihre relative Jugend und ihre Bereitschaft, sich in den Medien ähnlich wie Popstars zu präsentieren bzw. präsentieren zu lassen. Volker Hage stellt „Spaß an guten Geschichten" und fehlende „Angst vor Klischees und großen Gefühlen" fest. Die Autorinnen des literarischen Fräuleinwunders erzählen unterhaltsam und unbekümmert und zeigen lockeren Umgang mit Sexualität und Erotik.

Zoë Jenny: *Das Blütenstaubzimmer* (1997)

Kälte und Gleichgültigkeit

Die 1974 in Basel geborene Schriftstellerin Zoë Jenny schreibt mit ihrem 1997 erschienenen Erstlingsroman *Das Blütenstaubzimmer* einen Bestseller, der in 27 Sprachen übersetzt wird.

Zoë Jenny (2002)

Jo hat gerade maturiert und bricht auf in den Süden zu ihrer Mutter, die vor zwölf Jahren die Familie verlassen hat. Nach der Trennung hat sie bei ihrem Vater, einem erfolglosen Verleger, gelebt, zu dem nun Anna und deren Tochter übersiedelt sind, so dass Jo kein wirkliches Zuhause mehr hat.

Einmal in der Woche holte sie[9] mich mittags von der Schule ab. Von weitem sah ich sie neben dem Eisentor stehen, und ich rannte über den Schulhof auf sie zu. Sie nahm mich bei der Hand und wir gingen zusammen in die Stadt. […] Doch nach einigen
5   Wochen stand sie wieder da, küßte mich aufs Haar und hieß mich ins Auto steigen. Diesmal fuhren wir nicht in die Stadt, und ich freute mich. Sie parkte an einem Waldweg. Ich übersprang die Lücken zwischen den Zacken, die die Räder eines Traktors in die von der Hitze brüchige Erde gestoßen hatten. Das helle Kleid meiner Mutter bauschte sich wolkig um ihren Körper und ich ahnte, daß sie gleich etwas Wichtiges sagen würde. Aber
10 sie schwieg, den ganzen Weg, bis die Spuren des Traktors immer undeutlicher wurden und wir auf einer Wiese standen. Meine Mutter legte sich hin, ich legte mich neben sie auf die trockene Erde und spürte neben mir ihren glatten, pochenden Hals. Sie sagte, daß sie einen Mann, Alois, getroffen habe, den sie liebe, so wie sie einmal meinen Vater geliebt habe, und daß sie mit ihm fortgehen werde, für immer. Überall wo ich hinsah, waren diese gelben und roten Blüten-
15 köpfe, die einen Duft ausströmten, der mich schwindlig und müde machte.

Jos Mutter Lucy lebt in Italien mit dem Maler Alois zusammen, der jedoch bei einem Autounfall ums Leben kommt, wobei Jo den Verdacht hat, er habe Selbstmord begangen. Lucy schließt sich daraufhin in einem Zimmer ein und legt sich in größere Mengen Blütenstaub. Aus diesem „Grab" rettet sie Jo, die Beziehung zu ihrer Mutter ist allerdings nicht zu retten.

---

[9] Jos Mutter Lucy

Es sind erst wenige Wochen vergangen, seit ich sie aus dem Blütenstaubzimmer herausge-
schleppt habe. Manchmal wecken mich Geräusche von draußen, und ich kann beobachten,
wie Lucy in der Morgendämmerung, wenn noch alles still ist, im Garten die Blütenköpfe zwischen die Finger nimmt und daran riecht. Mit den Fingernägeln zwickt sie die länglichen
5 Staubblätter von den Stängeln und sammelt sie ein. Dann geht sie ins Blütenstaubzimmer und
schüttelt den Staub herunter. Der Blütenstaub liegt überall am Boden und auf dem Fensterbrett unter den Kellerfenstern. Eine Matratze mit einem Laken, der einzige Gegenstand im
Raum, liegt auf der Erde zwischen den Kellersäulen. Auf dieser Matratze hatte sie gelegen,
nachdem Alois gestorben war. […] Erst als alle fünf Fenster eingeschlagen waren, warf ich die
10 Schaufel hin und stieg in den Keller. Lucy hatte sich mittlerweile erhoben, ich sah sie nicht
einmal an, sondern ging geradewegs zur Tür, um sie von innen zu öffnen. Mit kleinen Schritten
folgte sie mir darauf in die Küche. Dort begann sie zu weinen.

*Lucy ist Jo für die Rettung aus dem Blütenstaubzimmer wenig dankbar. Lucy verschwindet kurz nach
ihrem 45. Geburtstag mit ihrem neuen Geliebten Vito auf eine Insel im Indischen Ozean, von wo sie
eine Postkarte schreibt, und lässt ihre Tochter zum zweiten Mal zurück. Jo kehrt zu ihrem Vater zurück,
dessen Freundin im 7. Monat schwanger ist, und muss begreifen, dass hier kein Platz für sie ist. Sie
verlässt das Haus und geht allein in eine Schneelandschaft hinaus.*

*Jo leidet an der Kälte und Gleichgültigkeit ihrer Eltern, kommt aber auch mit ihrem eigenen Leben nicht
zurecht. Nach vergeblichen Ausbruchsversuchen scheitert sie, denn sie ist ebenso gefühllos und kalt wie
ihre Eltern. Symbol für die kalten Beziehungen bzw. für die Beziehungslosigkeit ist die Schlussszene, in
der Jo völlig verloren auf den Schnee wartet.*

- Wie verhält sich Lucy gegenüber ihrer Tochter Jo? Welche kausale Verbindung
  können Sie zwischen Lucys Art, ihre Tochter zu behandeln, und dem Charakter Jos
  herstellen?
- Schreiben Sie einen inneren Monolog Lucys, aus dem hervorgeht, warum sie ihre
  Tochter immer wieder im Stich lässt!

Elke Naters: *Königinnen* (1998)

Die „besten" Freundinnen

Der Roman *Königinnen* spiegelt das Lebensgefühl zweier junger
Frauen in der Großstadt Berlin wider. Die „besten" Freundinnen
Gloria und Marie, die Königinnen, erzählen abwechselnd von ihren
Sorgen, Wünschen, Problemen, Hoffnungen, Überlegungen und Lei-
den.
Kurze Episoden sind aneinandergereiht und bieten zusammenge-
nommen ein Mosaik des Alltags junger Frauen von heute. Auffal-
lend ist der selbstbewusste Ton, der automatisch auch Ironie ins Spiel
bringt und der die alltäglichen und eigentlich banalen Themen wich-
tig erscheinen lässt. Manche Aussagen wirken wie eine Mischung aus
Weisheit und Unsinn, sind witzig und haben einen optimistischen
Unterton.

Elke Naters (2001)

Manchmal denke ich daran, nicht nur zwei Kinder zu bekommen, sondern gleich drei oder vier. Nur um sie alle umzuhauen (nicht die Kinder versteht sich). Ein Kind macht man heutzutage, um später nicht ohne dazustehen. Zwei Kinder macht man, damit das eine nicht so allein ist. Das ist wie mit den Wellensittichen, da kauft man am besten gleich zwei, weil einer allein so

5   traurig ist. Ab drei Kindern wird es interessant, weil es dafür keinen vernünftigen Grund mehr gibt. Und bei vier Kindern greift man sich nur noch an den Kopf. Das finde ich gut. Nur austragen und aufziehen mag ich sie nicht.

- • Kommentieren Sie die Aussagen zum „Kinderwunsch"!

Mode und Männer

Zwei Themen beherrschen das Leben der „Königinnen": Mode und Männer.

Das Telefon klingelt wieder, und es ist Gloria. Sie hat sich neue Schuhe gekauft und meint, ich soll dem Paul Zeit lassen. Es wäre offensichtlich, daß er an mir interessiert sei. Aber er wäre einer, der schnell die Flucht ergreift, wenn man ihm zu nahe rückt. Das interessiert mich nicht. Ich bin dreißig Jahre alt. Das Leben liegt mir zu Füßen, und ich habe keine Lust auf diesen

5   Kinderquatsch. Das geht nicht mehr. Ich möchte einen Mann, den ich zu jeder Zeit und alle fünf Minuten anrufen kann. Ich möchte einen Mann, der sich zu mir ins Bett legt und nie mehr nach Hause geht. Einfach so. Weil es ihm bei mir gefällt und ich ihm gefalle und er immer bei mir bleiben will. Ich mag diese Spiele nicht mehr spielen. Das muß Gloria auch zugeben, und wir beschließen, daß ich den Paul vergessen soll. […] Aber den Paul liebe ich nicht. Den kenne ich

10 kaum. Ich dachte nur, das wäre endlich mal einer, den man lieben könnte.

- • Wie stellt sich Marie eine erfüllte Beziehung vor?

Gloria hat einen Freund und ein Kind, Marie, Single, ist auf der Suche nach dem Richtigen. Ihre Aussagen machen sie vor dem Hintergrund der Sehnsucht nach dem großen Glück.

Ich möchte so richtig viel Geld haben. So viel Geld, daß man es nie ausgeben kann.

Was allerdings bleibt, ist nur das kleine Glück, das manchmal durch Streitigkeiten oder Eifersucht getrübt wird. Aber es gibt eine Grundfeste im Leben Glorias und Maries: ihre Freundschaft.

[…] wie man überhaupt überleben soll, heutzutage, ohne eine Freundin, auf die man sich verlassen kann. Ich gebe ihr Recht, und ich sage ihr, daß sie immer mit mir rechnen kann, egal wie viele Kinder sie noch bekommen wird, und daß es nichts geben soll, was uns auseinanderbringt. […] ich denke mir noch, daß man in dieser verrotteten Stadt wirklich nichts nötiger hat

5   als eine Freundin wie Gloria.

- • Gloria und Marie sind Vertreterinnen der heutigen „Fun-Gesellschaft". Wie beurteilen Sie ein Leben, in dem Shoppen, Mode, oberflächliche Beziehungen im Mittelpunkt stehen? Ist das ein Merkmal der heutigen Jugend oder ein allgemeines Zeitphänomen? Glauben Sie, dass sich die jungen Frauen, wenn sie älter werden, noch ändern?

Karen Duve: *Regenroman* (1999)

Der Erstlingsroman *Regenroman* (1999) von Karen Duve (geb. 1961) wurde von der Kritik sehr positiv aufgenommen.

Karen Duve (2007)

Der erfolglose Schriftsteller Leon kauft sich in der Nähe eines mecklenbur-gischen Moores ein Haus, wohin er sich mit Martina, die er erst vor Kurzem geheiratet hat, zurückziehen will. Pfitzner, ein Zuhälterkönig von der Ree-perbahn, möchte, dass Leon seine Biografie schreibt. Dafür kassiert Leon einen Vorschuss, mit dem er den Hauskauf finanziert. Das Haus erweist sich als baufällig, von Feuchtigkeit durchzogen und versinkt langsam im Moor. Eine Invasion von Nacktschnecken plagt Leon zusätzlich.

Martinas anfängliche Zuneigung zu Leon legt sich, ihre neue Bezugsper-son ist der Hund Noah. Leon beginnt daraufhin eine Affäre mit seiner au-ßergewöhnlich dicken Nachbarin Isadora, während sich deren Schwester Kay in Martina verliebt.

Gegen Ende des Romans erleidet Leon einen Bandscheibenvorfall und vegetiert vor dem Fernseher dahin. Er kann nicht mehr schreiben, während das Moor immer mehr Besitz vom Haus nimmt.

Da die Biografie des Zuhälterkönigs keine Fortschritte macht, stattet Pfitzner mit Leons „bestem" Freund Harry dem Haus im Moor einen Besuch ab. Während Pfitzner Leon verprügelt, vergewaltigt Harry Martina. Die Schwestern Kay und Isadora kommen Leon und Martina zu Hilfe, ermorden Pfitz-ner und Harry und beseitigen gemeinsam mit Martina die Leichen. Leon flüchtet, nachdem ihn Martina verlassen hat, ins Moor. Diese sucht Zuflucht bei ihren Eltern.

Regen und Fäulnis

Die ganze Handlung ist von ununterbrochenem Regen begleitet, der dem Roman auch den Titel gibt. Die Bedrohung durch Regen und Fäulnis wird durch die fiktiven Wetterberichte, die den zehn Kapiteln vorangestellt sind, noch unterstrichen. (Kapitel 1: „Starke Bewölkung und vereinzelte, zum Teil heftige Schauer, Höchsttemperaturen zwischen 11 und 14 Grad. Wind aus Nord-West, abnehmend 2 bis 3.")

Wechsel zwischen Realismus und Metaphern

Stilistisch auffallend ist der Wechsel zwischen gnadenlosem Realismus (z. B. bei der drastisch geschilderten Vergewaltigungsszene) und besonderen Vergleichen und Metaphern. So wird Martinas Bulimie mitleidlos und detailliert geschildert, während ihre Erscheinung folgender-maßen metaphernreich charakterisiert wird:

Schon nach einer Minute klebten Martina die kinnlangen, roten Haare im Gesicht. Aus dem kalligraphischen Schnörkel, den eine Strähne auf ihrer Stirn beschrieb, leckte Wasser auf ihren Mund herunter. Sie hatte einen großen Mund – Zähne wie Würfelzucker, die Lippen in den Winkeln wund und ein bißchen ausgefranst. Er gab ihrem Gesicht einen beängstigenden Zug

5 ins Raubtierhafte. Aber über diesem Mund saß eine ganz gerade und durchschnittlich große Nase. Und die Augen lagen so nackt und verschreckt in den Höhlen, als wären diese nicht ihr angestammter Platz, sondern nur ein vorläufiger Zufluchtsort, und es könnte jederzeit der rechtmäßige Besitzer kommen, Ansprüche geltend machen und sie wie zwei Murmeln in die Tasche stecken. Alle Details ihrer Physiognomie zusammengenommen erweckten einen derart

10 vorteilhaften Eindruck, daß wo immer Martina erschien, die Männer sich strafften wie Vor-stehhunde, die Witterung aufnehmen, während Frauen bei ihrem Anblick zusammensackten wie mißratene Kuchen.

- Beschreiben Sie die Sprache, mit der Duve Martina charakterisiert!

Der Unterton des Romans ist z. T. satirisch und parodistisch. In kurzen Sätzen schafft Duve außergewöhnliche Stimmungen, so in der Schilderung des Moors und der Schnecken- und Froschplage.

Da war das Moor. Leon stieg aus. Er ging am Zaun entlang um das Haus herum. Gleich dahinter begann ein verfilzter Teppich aus hellgrünen Pflanzenpolstern mit kreisrunden, dunkelbraunen Wasserlöchern. Eine Wiese aus hohem Sumpfgras schloß sich an. Weit, weit erstreckte sie sich bis zu einer Reihe Moorkiefern. Der verhangene Himmel hatte eine blaue Pastellfarbe
5   angenommen. Nur über den Bäumen durchbrachen zwei lange schräge Risse die Wolkendecke, aus denen gelbe Sonnenstrahlen auf die Erde hinunterstießen, ordentlich gebündelt, wie Wasser, das aus der durchlöcherten Tülle einer Gießkanne fließt. Violetter Dunst lag über dem Moor und ließ die meisten Konturen in psychedelischen Lichteffekten verschwimmen. Die skelettierten Bäume eines ertrunkenen Wäldchens traten hingegen so deutlich und
10 schwarz hervor, als hätte ein Choleriker in seiner therapeutischen Malgruppe sie gezeichnet und dabei den Bleistift verschiedene Male abgebrochen. Auch das Gras, das aus einem Baumstumpf wuchs und die dicken Zigarren der Rohrkolben gleich hinter dem Gartenzaun – alles so deutlich wie Scherenschnitte.

- Welche Parallelen können Sie zwischen der Beschreibung eines Menschen und einer Landschaft in sprachlicher Hinsicht in den beiden Textstellen feststellen?

Die Entwicklung der Protagonisten Leon und Martina ist eindrucksvoll geschildert.
Leon fühlt sich am Anfang besonders als Mann, wenn er eine Frau vereinnahmen kann.
So verlangt er von Martina ihren eigentlichen Namen Roswitha abzulegen, weil er ihm nicht gefällt. Als sie Leon kennenlernte, damals am Buffet nach der Talkshow, war ihr Name noch Roswitha Voss gewesen. Leon hatte zu ihr gesagt, Roswitha sei ein so fürchterlicher Name, dass sie sich genauso gut das Wort ASOZIAL auf die Stirn tätowieren lassen könnte.
Allerdings gerät sein Leben, als er das Haus im Moor kauft, außer Kontrolle.
Er ist den Frauen nicht mehr überlegen: Als er mit Isadora schläft, ist er von ihrer Dominanz gleichzeitig angeekelt und angezogen. Seine ohnehin geringe Kreativität ist erloschen. Die Veränderung seiner Persönlichkeit macht ihn wehrlos und lässt ihn seine Überlegenheit verlieren. Er flieht letztlich ins Moor.
Martina ist zunächst von Leon abhängig. Aber schon bevor sie ihn kennenlernt, hat sie Identitätsprobleme, ihre Attraktivität hilft ihr nicht über ihre Essstörung hinweg. Erstaunlich ungerührt lässt sie die Vergewaltigung über sich ergehen. Wenn sie sich am Ende aktiv an der Beseitigung von Leichen beteiligt, Leon verlässt und bei ihren Eltern Zuflucht sucht, so bedeutet das noch längst nicht, dass sie wirklich emanzipiert ist.
In Duves Erstlingsroman spielen drei Frauen eine bedeutende Rolle. Isadora lebt ihre Lust exzessiv aus, während Kay als Lesbe nicht auf die Zuneigung von Männern angewiesen ist. Martina kann man nicht als emanzipierte Frau bezeichnen, da sie sich Leon unterwirft und auch sonst nur Opfer ist. Erst gegen Ende des Buches kann sie sich von Leon befreien, aber nicht von ihrem mangelnden Selbstbewusstsein.

Frauenliteratur aus der Schweiz

Milena Moser: *Blondinenträume*

Milena Mosers Roman *Blondinenträume* erscheint 1994 und bietet eine ernsthafte Diskussions-Grundlage für viele sogenannte „Frauenthemen". Außerdem ist er flüssig und sehr unterhaltsam geschrieben, ohne jemals seicht zu sein.

Verschiedene Frauenschicksale werden mosaikartig zu einem Gemälde zusammengesetzt: Unterschiedliche Frauen (Karrierefrau, Kindfrau, Hausfrau, Mutter, alleinerziehende Mutter, alleinstehende Frau) kämpfen um ihr Lebensglück. Es wird deutlich, dass Lösungen individuell auf die Einzelne zugeschnitten werden müssen.

Solidarität unter Frauen

Moser hält die Solidarität unter Frauen für ein wichtiges Instrument der Frauenemanzipation. Ein besonders brisantes Thema ist in diesem Zusammenhang die Kinderbetreuung. Betreuen heißt nicht Kinder „aufzubewahren", sondern sich um sie zu kümmern. Auffallend ist, dass die Jüngste der Frauen das Leben am besten meistert, sie ist „tüchtig", hat ein zufriedenes Kind und beklagt sich nicht.

Rocky war sieben Monate alt, wog zehn Kilo und lachte zahnlos über das ganze Gesicht. Er hatte noch nie so ein fröhliches, dickes Baby gesehen. Natalie brauchte genau fünf Minuten, um ihn schlafen zu legen. Sie legte ihn ins Bett, kontrollierte, ob der Schnuller an der Schnur befestigt war, damit er ihn in der Nacht finden würde, sie zog die Spieluhr auf und streichelte
5   ihm über den Kopf, ganz sanft von hinten nach vorn, bis über das Gesicht. Wenn er eingeschlafen war, löschte sie das Licht und ging aus dem Zimmer. „Ich komme nicht einmal dazu, ein Lied zu singen", beklagte sie sich. Er beobachtete sie. Keine Spur von diesem allgegenwärtigen schlechten Gewissen, das die anderen Mütter so niederdrückte. Wenn Rocky sein Spielzeug verloren hatte, rannte sie nicht gleich hin und gab es ihm wieder. Sie traute ihm zu, daß es sich
10   selber wieder holte. Sie traute ihm auch zu, daß er sich eine Weile allein beschäftigte, und eilte nicht beim geringsten Anzeichen von Langeweile herbei. Zeno wollte keine voreiligen Schlüsse ziehen, aber es wunderte ihn nicht, daß dieses Kind weniger schwierig wirkte als die anderen Kinder, die ständig unter der Kontrolle ihrer Mütter waren. Vielleicht lag es auch daran, daß niemand von Natalie, einer Siebzehnjährigen, die von der Schule geflogen war, erwartete, daß
15   sie eine perfekte Mutter abgab. Der Leistungsdruck lastete nicht auf ihr. Sie war vom mütterlichen Aufopferungswettbewerb von vornherein ausgeschlossen.
Tatsächlich war ihre Einstellung der seinen sehr ähnlich: Sie tat, was sie konnte, aber sie würde sich nicht unterkriegen lassen. Sie sah keinen Sinn darin, sich selber aufzugeben. Was sollte das ihrem Kind nützen? Ihre Mutterliebe war direkt, robust und unüberdacht.

• Wie schätzen Sie Natalies Mutterqualitäten ein? Warum ist Zeno von ihr beeindruckt?

Am Schicksal des Mannes Zeno, der ironischerweise mit Nachnamen Held heißt, wird das alltägliche Frauenschicksal erst so richtig deutlich, denn er beklagt sich genau über die Dinge, die für „gewöhnliche" Frauen das Leben darstellen.

Alle Frauen des Buches emanzipieren sich in gewisser Weise und benutzen Zeno als Mittel zum Zweck. Am Ende zeigt sich die „Macht" einer Frau, die in Morgenmantel und Pantoffeln herumläuft, aber das Herz am richtigen Fleck hat, mit Kindern gut umgehen kann und den anderen Frauen zu einer – zugegebenermaßen märchenhaften – Emanzipation verhilft.

Biedermeier und Vormärz – Literatur zwischen 1815 und 1848

Die dreieinhalb Jahrzehnte dieser Epoche – ihr Beginn wird mit dem **Wiener Kongress 1814/15**, ihr Ende mit der scheiternden bürgerlichen **Märzrevolution 1848** angesetzt – sind von restaurativen[1] und revolutionären Tendenzen geprägt.

Begriff Biedermeier

Mit dem **Begriff Biedermeier** assoziiert man den resignierenden Rückzug in die unpolitische, konservativ bestimmte und staatsindifferente Privatheit, den Weg in die Idylle und die Abwendung von allen gesellschaftspolitischen Zeitfragen. Die dabei gepflegte Häuslichkeit und die Geselligkeit in Familie und Freundeskreis (Lesecafés, literarische Zirkel, Hausmusik) sind die gesellschaftlichen Grundlagen der Biedermeierkultur.

Die **Literatur des Biedermeier** wird als Erbe der Klassik und Romantik, aber auch als Rückgriff auf Tendenzen der Aufklärung und der Empfindsamkeit verstanden. Sie wird oft als reaktionär und epigonal[2] bezeichnet, tatsächlich versucht sie aber auch, dem bewusst erlebten Spannungsverhältnis zwischen Ideal und unbefriedigender Wirklichkeit eine heile poetische Welt entgegenzusetzen. Diese ist von genügsamer Selbstbescheidung, Zähmung der Leidenschaften, Unterordnung unter das Schicksal, von innerem Frieden und der Liebe zu den kleinen Dingen geprägt.

Literarische Formen

Als **literarische Formen** findet man im Biedermeier neben Drama und Lyrik Skizzen, Stimmungsbilder, Märchen, Erzählungen, Novellen und Romane.

Der Autor

Der **biedermeierliche Autor** sucht in einer Epoche der gesellschaftlichen Unsicherheit Halt in sittlichen Gesetzen und in der Ordnung der Vergangenheit, die aber sowohl von innen (menschliche Leidenschaften) als auch von außen (neue gesellschaftliche Strukturen) immer wieder infrage gestellt werden. So treten in dieser Zeit nicht nur Auseinandersetzungen zwischen Konservativen und Progressiven auf, sondern auch Konflikte im Inneren vieler Intellektueller und Autoren, was diese zum Teil resignieren und in Weltschmerz versinken lässt.

Byronismus

Der englische Romantiker **Lord Byron** (1788–1824) gibt dieser Weltschmerzstimmung den Namen: **Byronismus**.

Karl Immermann (1796–1840) veröffentlicht 1836 einen Roman mit dem bezeichnenden Titel *Die Epigonen*, worin er schreibt:

> Wir können nicht leugnen, daß über unsre Häupter eine gefährliche Weltepoche hereingebrochen ist. Unglücks haben die Menschen zu allen Zeiten genug gehabt; der Fluch des gegenwärtigen Geschlechts ist aber, sich auch ohne alles besondre Leid unselig zu fühlen. Ein ödes Wanken und Schwanken, ein lächerliches Sicherntststellen und Zerstreutsein, ein Haschen, man weiß nicht, wonach? Eine Furcht vor Schrecknissen, die um so unheimlicher sind, als sie keine

5

---

[1] Restauration: Wiederherstellung einer politischen oder sozialen Ordnung nach einem Umsturz; hier: Versuch, die Emanzipation des Bürgertums aufzuhalten bzw. rückgängig zu machen

[2] Epigone: Nachahmer ohne eigene Schöpferkraft und Ideen

Gestalt haben! Es ist, als ob die Menschheit, in ihrem Schifflein auf einem übergewaltigen Meere umhergeworfen, an einer moralischen Seekrankheit leide, deren Ende kaum abzusehn ist. […]

Wir sind, um in einem Worte das ganze Elend auszusprechen, Epigonen, und tragen an der
10 Last, die jeder Erb- und Nachgeborenschaft anzukleben pflegt.

• Welches Zeit- und Lebensgefühl kennzeichnet der Textausschnitt?

Der Name Biedermeier

Der Epochenname **Biedermeier** stammt von dem Parodisten **Ludwig Eichroth** (1827–1872), der seit 1855 *Gedichte des schwäbischen Schullehrers Gottlieb Biedermaier und seines Freundes Horatius Treuherz* veröffentlicht und darin das Spießertum der zurückliegenden Zeit kritisch betrachtet. Erst seit etwa 1900 wird der Begriff „Biedermeier" positiv verstanden und zur Epochenbezeichnung sowohl der Innenarchitektur und bildenden Kunst als auch der Literatur dieser Zeit verwendet.

Begriff Vormärz

Mit **Vormärz** verbindet man fortschrittliche Tendenzen – etwa ab dem Jahr 1815[3] – und eine Literatur mit liberalen, später sozialpolitischen Zielen. Unterteilt wird die Literatur des Vormärz in **Junges Deutschland** (von ca. 1830 bis zum Verbot dieser Schriften 1835) und – nach einer unbenannten Zwischenphase – in den **eigentlichen Vormärz**, auch **politische Tendenzdichtung** genannt (1840 bis 1848).

Buchmarkt und Zensur

Bis in die 20er-Jahre des 19. Jahrhunderts vermag niemand vom Schreiben zu leben. Der „freie" Schriftsteller scheitert zumeist an seiner finanziellen Situation. Doch nach dem Wiener Kongress kommt es zu einer schnell steigenden Buchproduktion. 1821 werden 4 505 Titel produziert, 1843 schon 14 039.

Technische Neuerungen

Diese Steigerung wird durch die Entwicklung technischer Neuerungen ermöglicht, etwa die Papiermaschine, die Schnelldruckpresse und das Verfahren der Stereotypie. 1844 gibt es in Deutschland 1 321 Buchhandlungen, während es zu Beginn des Jahrhunderts nur 500 sind. Auch neu gegründete Verlage und das Anwachsen der Zahl von Leihbibliotheken zeigen das gesteigerte Lesebedürfnis des bürgerlichen Publikums.

Literaturmarkt

Dieser Bedarf an Information und Bildung erzeugt einen **Literaturmarkt**, den die Autoren nun nutzen können, um sich von feudalen Mäzenen zu lösen. Dies bringt sie aber in eine andere Abhängigkeit, in die des Profitinteresses der Verleger und in die des Lesergeschmacks, was sich aber erst in der zweiten Hälfte des 19. Jahrhunderts negativ auswirkt.

Zensur

Nach der Niederlage Napoleons und nach dem Wiener Kongress erhalten die absoluten Feudalherren ihre Macht zurück. In Deutschland entstehen 39 souveräne Staaten. Zur Festigung

---

[3] Manchmal wird als Beginn auch die Julirevolution 1830 genannt.

ihrer Macht gegenüber Nationalgefühl, bürgerlicher Opposition und kritischer Presse wird 1819 eine für alle Staaten des Deutschen Bundes geltende **Vorzensur** eingeführt (Karlsbader Beschlüsse). Davon sind alle Publikationen unter 20 Bogen (= 320 Seiten) betroffen, dazu zählen Zeitungen, Zeitschriften, Broschüren und Flugblätter, also Texte, die eine breite Öffentlichkeit erreichen. Umfangreichere Werke können jedoch auch nach der Fertigstellung noch verboten und eingezogen werden. Autoren und Verleger versuchen nun, mithilfe von Sammelbänden, großer Schrift oder breiten Rändern die Vorzensur zu umgehen. Manche liberalen Schriftsteller und Publizisten gehen ins Exil, besonders nach England oder Frankreich, wie **Ludwig Börne** oder **Heinrich Heine**.

AutorInnen des Biedermeier

Jeremias Gotthelf

Der Schweizer protestantische Pfarrer **Jeremias Gotthelf** (1797–1854), eigentlich Albert Pitzius, ist der Begründer des realistischen Bauernromans. Seinen Schriftstellernamen entnimmt er seinem 1837 erscheinenden Erstlingswerk *Der Bauernspiegel oder Lebensgeschichte des Jeremias Gotthelf. Von ihm selbst geschrieben.*

Christliche Erneuerung

In *Uli, der Knecht* (1846) und *Uli, der Pächter* (1849), zwei Dorfromanen, kritisiert der Dichter menschliche Probleme seiner Zeit aus traditionell christlicher Sicht. Wünsche nach sozialpolitischen Ver-

Jeremias Gotthelf

änderungen bedeuten für Gotthelf vor allem Genusssucht und Eigennutz. Erfolglosigkeit und Armut entspringen nach Meinung des Dichters einer selbst verschuldeten Gottlosigkeit. Dem stellt er ein gläubiges Leben, Bescheidenheit und eine christliche Erneuerung der Gesellschaft gegenüber. Damit nimmt Gotthelf eine eindeutig religiöse Gegenposition zum radikalen, antikirchlichen und zum Teil atheistischen Liberalismus der Vormärzzeit ein.

Als ein Meisterstück der Novellenkunst gilt *Die schwarze Spinne*. Der Rahmen zeigt die heile Welt der Berner Bauern, die Erzählung von der schwarzen Spinne (Binnenhandlung) die von gottlosen Menschen verschuldete Herrschaft des Bösen[4]. Die Novelle zeigt, dass das materielle und das ideelle Glück des Menschen von einer christlichen Bekehrung, die Gottes Segen nach sich zieht, abhängig ist.

Annette von Droste-Hülshoff

Droste-Hülshoffs poetisches Werk findet zu ihren Lebzeiten (1797–1848) wenig Beachtung. Neben Versepen, Natur- und Bekenntnislyrik sowie Balladen schreibt die traditionell katholische Dichterin die kriminalistische Novelle *Die Judenbuche*.

Zu dem Bekenntnis-Gedicht *Im Grase* wird die Dichterin durch ihre erwachende Liebe zu einem 17 Jahre jüngeren Mann angeregt.

Annette von Droste-Hülshoff

---

[4] Der Teufelspakt kann als Symbol für die Ideen der Französischen Revolution gesehen werden.

Im Grase

Süße Ruh, süßer Taumel im Gras,
von des Krautes Arome umhaucht,
tiefe Flut, tief tief trunkne Flut,
wenn die Wolk am Azure verraucht,
5 wenn aufs müde, schwimmende Haupt
süßes Lachen gaukelt herab,
liebe Stimme säuselt und träuft
wie die Lindenblüt auf ein Grab.

Wenn im Busen die Toten dann,
10 jede Leiche sich streckt und regt,
leise, leise den Odem zieht,
die geschloßne Wimper bewegt,
tote Lieb, tote Lust, tote Zeit,
all die Schätze, im Schutt verwühlt,
15 sich berühren mit schüchternem Klang
gleich den Glöckchen, vom Winde umspielt.

Stunden, flüchtger ihr als der Kuß
eines Strahls auf den trauernden See,
als des ziehenden Vogels Lied,
20 das mir nieder perlt aus der Höh,
als des schillernden Käfers Blitz,
wenn den Sonnenpfad er durcheilt,
als der heiße Druck einer Hand,
die zum letzten Male verweilt.

25 Dennoch, Himmel, immer mir nur
dieses eine mir: für das Lied
jedes freien Vogels im Blau
eine Seele, die mit ihm zieht,
nur für jeden kärglichen Strahl
30 meinen farbig schillernden Saum,
jeder warmen Hand meinen Druck,
und für jedes Glück meinen Traum.

- Fassen Sie die ausgedrückten Gefühle in der ersten Strophe in wenigen Worten zusammen! Stellen Sie diese dem Inhalt der zweiten Strophe gegenüber! Wie sind die beiden Strophen miteinander verbunden?
- Neben der zweiten beschreibt auch die vierte Strophe die Innenwelt des lyrischen Ich. In welchem Gegensatz steht die vierte zur dritten Strophe?
- In welcher Stimmung befindet sich das lyrische Ich am Ende dieser dichterischen Selbstdarstellung?

Eduard Mörike

Eduard Mörike (1804–1875), der nie über die Grenzen seiner engeren Heimat Schwaben hinauskommt, ist ein Erzähler und Lyriker im Spannungsfeld zwischen romantischer und realistischer Poesie. Sein Jugendroman *Maler Nolten* (1832) weist spätromantische Züge auf (Künstlerproblematik, Schauerromantik, lyrische Einlagen) und ist den Vorbildern Goethe, Eichendorff, E. T. A. Hoffmann und Jean Paul verpflichtet. 1855 erscheint Mörikes bekannteste Novelle *Mozart auf der Reise nach Prag*, in der der Dichter ein Bild der Persönlichkeit und des Lebens Mozarts zeichnet.

Eduard Mörike

Viele von Mörikes Gedichten gestalten den Übergang von der Nacht zum Morgen, für den Dichter Symbol für Lichtblicke in seinem von Krankheit, Ängsten und Depressionen heimgesuchten Leben.

In der Frühe

Kein Schlaf noch kühlt das Auge mir,
dort gehet schon der Tag herfür
an meinem Kammerfenster.
Es wühlet mein verstörter Sinn
5   noch zwischen Zweifeln her und hin

und schaffet Nachtgespenster.
– Ängste, quäle
dich nicht länger, meine Seele!
Freu' dich! schon sind da und dorten
10   Morgenglocken wach geworden.

> • Was ist die Ausgangssituation (mögliche Erlebnisgrundlage) des Gedichts? Versuchen Sie diese für sich nachzuvollziehen!
> • Was drücken die ersten sechs Zeilen aus, was die Zeilen 7 bis 10? Welche symbolische Bedeutung haben die „Morgenglocken"? Welche symbolhaltigen Bilder finden Sie noch?
> • Beachten Sie neben der inhaltlichen Veränderung auch den Wechsel in Klang, Rhythmus und Lautmalerei! Welche Verbindung zwischen Gehalt und Gestalt können Sie sehen?

Das Junge Deutschland

Als **Junges Deutschland** wird eine lose Vereinigung von politisch engagierten Schriftstellern bezeichnet, denen **Ludolf Wienbarg** (1802–1872) den Namen gibt: „Dem jungen Deutschland, nicht dem alten widme ich dieses Buch."

Programm der Jungdeutschen

Die wichtigsten Vertreter dieser Richtung sind **Karl Gutzkow** (1811–1878), **Heinrich Laube** (1810–1876), **Theodor Mundt** (1808–1861) und **Anastasius Grün**, eigentlich Anton Alexander Graf Auersberg (1806–1876). Die nach Paris emigrierten Dichter **Ludwig Börne** (1786–1837) und **Heinrich Heine** (1797–1856) sind ihre Leitbilder. Die Jungdeutschen haben das gemeinsame Ziel, die Literatur zu erneuern (Überwindung der Klassik und Romantik), das Recht auch der Frauen auf Bildung und Selbstständigkeit und die „Emanzipation des Fleisches" durchzusetzen. Sie schreiben gegen die Zensur und für die Pressefreiheit, gegen die Willkür der absoluten Herrscher und für das Recht auf Freiheit und Gleichheit der Bürger, gegen die Kleinstaaterei und für eine demokratische Verfassung. Sie treten für eine Trennung von Staat und Amtskirche ein.

Literarische Formen

Die Jungdeutschen (ebenso ihre Dichterkollegen im eigentlichen Vormärz nach 1840) verstehen sich als Schriftsteller, deren Kunst weder zweckfrei-idealistisch (wie in der Klassik) noch mystisch-verklärt (wie in der Romantik), sondern eine poetische Verarbeitung und Widerspiegelung politischer und kultureller Ereignisse sein soll. Neben lyrischen Texten, Romanen (z. B. Frauenroman) und Novellen erscheinen literarische Zweckformen wie **Briefe, Reiseberichte, Memoiren, Flugblätter, journalistische Texte** und **Feuilletons**[5].

Rückschlag der Emanzipation

Am 10. Dezember 1835 werden die gesamten Schriften des Jungen Deutschland durch den deutschen Bundestag verboten, womit zum ersten Mal in der deutschen Geschichte eine ge-

---

[5] Feuilleton: kurzer, populär geschriebener, subjektiver journalistischer Beitrag zu aktuellen Fragen des Kultur- und Geisteslebens

samte literarische Richtung von der Zensur betroffen ist. Den jungen Literaten wird vorgeworfen, „die christliche Religion auf die frechste Weise anzugreifen, die bestehenden sozialen Verhältnisse herabzuwürdigen und alle Zucht und Sittlichkeit zu zerstören". Das Verbot und die damit verbundenen Repressionen bewirken, dass die jungdeutschen Autoren den Glauben an Recht und Freiheit verlieren und viele von ihnen die gesellschaftspolitische Arbeit beenden.

Heinrich Heine

Heinrich Heine – Spötter, Zerrissener und Revolutionär

Heines erste Gedichtsammlung, *Buch der Lieder* (1827 veröffentlicht), begründet seinen Ruhm als romantisierender Volksdichter. Die Gedichte, häufig ohne Überschriften, zeigen, dass Heine die romantischen Stimmungs- und Stilmittel beherrscht; Vorbilder sind J. W. Goethe, Achim von Arnim und Joseph von Eichendorff. Gleichzeitig wird in den Gedichten sein jede Illusion zerstörender Zynismus deutlich und damit seine Zerrissenheit zwischen Sentimentalität und kritischer Distanzierung. Heines Werk spiegelt so auch die Brüchigkeit der Konventionen seiner Zeit und seine Rebellion gegen das zweckfreie Stimmungsgedicht wider.

Im folgenden Text aus dem Jahre 1823 gestaltet Heine das von ihm oft gewählte Thema der hoffnungslosen Liebe, das auch ein Gleichnis seiner persönlichen Heimatlosigkeit (Pariser Exilleben) darstellt.

Titelseite des *Buchs der Lieder*

Mein Herz, mein Herz ist traurig,
doch lustig leuchtet der Mai;
ich stehe, gelehnt an der Linde,
hoch auf der alten Bastei.

5 Da drunten fließt der blaue
Stadtgraben in stiller Ruh';
ein Knabe fährt im Kahne,
und angelt und pfeift dazu.

Jenseits erheben sich freundlich,
10 in winziger, bunter Gestalt,
Lusthäuser, und Gärten, und Menschen,
und Ochsen, und Wiesen, und Wald.

Die Mägde bleichen Wäsche,
und springen im Gras herum;
15 das Mühlrad sträubt Diamanten,
ich höre sein fernes Gesumm'.

Am alten grauen Turme
ein Schilderhäuschen steht;
ein rotgeröckter Bursche
20 dort auf und nieder geht.

Er spielt mit seiner Flinte,
die funkelt im Sonnenrot,
er präsentiert und schultert –
ich wollt, er schösse mich tot.

- Formal entspricht das Gedicht einem Volkslied. Weisen Sie das nach (Strophenform, Versmaß, Reim)!
- Welches Grundelement der romantischen Bildlichkeit verwendet Heine?
- Durch welche unerwarteten und auch bestürzenden Wendungen wird die romantische Idylle als unverbindlich und unrealistisch entlarvt und so die romantische Tradition negiert?

Im Pariser Exil (seit 1831) verfasst Heine seine großen Versdichtungen *Atta Troll. Ein Sommernachtstraum* (1843) und *Deutschland. Ein Wintermärchen* (1844).

Deutschland. Ein Wintermärchen

In **Deutschland. Ein Wintermärchen** verarbeitet der Dichter seine erste Deutschlandreise (1843), nachdem er seine Heimat 1831 verlassen hat. Der Text bietet Heine die Gelegenheit, die Auswirkungen der Restauration (Zensur, Militarismus, Staatskirche, geistige Erstarrung des Bürgertums) kritisch zu betrachten und zu beschreiben.

KAPUT 1

Im traurigen Monat November war's,
Die Tage wurden trüber,
Der Wind riß von den Bäumen das Laub,
Da reist' ich nach Deutschland hinüber. […]

5 Ein kleines Harfenmädchen sang.
Sie sang mit wahrem Gefühle
Und falscher Stimme, doch ward ich sehr
Gerühret von ihrem Spiele.

Sie sang von Liebe und Liebesgram,
10 Aufopfrung und Wiederfinden
Dort oben in jener besseren Welt,
Wo alle Leiden schwinden.

Sie sang vom irdischen Jammertal,
Von Freuden, die bald zerronnen,
15 Vom Jenseits, wo die Seele schwelgt
Verklärt in ew'gen Wonnen.

Sie sang das alte Entsagungslied,
Das Eiapopeia vom Himmel,
Womit man einlullt, wenn es greint,
20 Das Volk, den großen Lümmel.

Ich kenne die Weise, ich kenne den Text,
Ich kenn auch die Herren Verfasser;
Ich weiß, sie tranken heimlich Wein
Und predigten öffentlich Wasser.

25 Ein neues Lied, ein besseres Lied,
O Freunde, will ich euch dichten!
Wir wollen hier auf Erden schon
Das Himmelreich errichten.

Wir wollen auf Erden glücklich sein
30 Und wollen nicht mehr darben;
Verschlemmen soll nicht der faule Bauch,
Was fleißige Hände erwarben.

Es wächst hienieden Brot genug
Für alle Menschenkinder,
35 Auch Rosen und Myrten, Schönheit und Lust,
Und Zuckererbsen nicht minder.

Ja, Zuckererbsen für jedermann,
Sobald die Schoten platzen!
Den Himmel überlassen wir
40 Den Engeln und den Spatzen.

Und wachsen euch Flügel nach dem Tod,
So wollen wir euch besuchen
Dort oben, und wir, wir essen mit euch
Die seligsten Torten und Kuchen.

45 Ein neues Lied, ein besseres Lied!
Es klingt wie Flöten und Geigen!
Das Miserere ist vorbei,
Die Sterbeglocken schweigen. […]

Am Anfang des Versepos werden zwei Lieder einander gegenübergestellt. Das Mädchen singt das alte Entsagungslied „mit wahrem Gefühl / und falscher Stimme". Heine meint mit „falsch" romantisch, er versteht unter Romantik die aus der Verherrlichung des Mittelalters tradierte[6] feudale Herrschafts- und Gesellschaftsform. Der Dichter setzt den Worten des Harfenmädchens ein „besseres Lied" entgegen, das seine Idee einer umfassenden Emanzipation anbietet.

---

[6] Tradition: Übernahme und Weitergabe von Konventionen, Bräuchen und Sitten vergangener Epochen

- Was ist das Thema des „alten" Liedes? Wogegen richtet sich Heines Kritik?
- Heine schließt vor der Entstehung des Wintermärchens Bekanntschaft mit dem jungen **Karl Marx** (1818–1883) und übernimmt auch Teile von dessen gesellschafts-politischen Vorstellungen. Welche Inhalte hat Heines „besseres Lied"? Wie kann der Mensch nach Meinung des Dichters im Diesseits glücklich sein?
- Wie urteilen Sie über Heines Religionsauffassung?
- Heine verwendet in seinem Versepos die **Vagantenstrophe** (zwei unterteilte Lang-zeilen, so reimen sich nur jeweils die zweite und die vierte Zeile), die auf ältere Volks-und Kirchenlieder zurückgeht. Untersuchen Sie die Unregelmäßigkeit des Versmaßes und bestimmen Sie die Enjambements[7]!

Romanzero

In seinen letzten Lebensjahren ist Heine durch ein Rückenmarksleiden ans Bett gefesselt, an seine „Matratzengruft". 1854 entsteht der Gedichtband *Romanzero*. Diese „dritte Säule meines lyrischen Ruhms", wie Heine sagt, sprengt traditionelle lyrische Formen. Man findet darin Erzählgedichte und balladenhafte Verse, die sowohl persönliche, allgemein mensch-liche und gesellschaftliche Probleme und Widersprüche beinhalten.

Jammertal

Der Nachtwind durch die Luken pfeift,
Und auf dem Dachstublager
Zwei arme Seelen gebettet sind;
Sie schauen so blaß und mager.

5 Die eine arme Seele spricht:
Umschling mich mit deinen Armen,
An meinen Mund drück fest deinen Mund,
Ich will an dir erwarmen.

Die andere arme Seele spricht:
10 Wenn ich dein Auge sehe,
Verschwindet mein Elend, der Hunger, der Frost
Und all meine Erdenwehe.

Sie küßten sich viel, sie weinten noch mehr,
Sie drückten sich seufzend die Hände,
15 Sie lachten manchmal und sangen sogar,
Und sie verstummten am Ende.

20 Am Morgen kam der Kommissär,
Und mit ihm kam ein braver
Chirurgus, welcher konstatiert
Den Tod der beiden Kadaver.

Die strenge Wittrung, erklärte er,
Mit Magenleere vereinigt,
hat beider Ableben verursacht, sie hat
Zum mindesten solches beschleunigt.

25 Wenn Fröste eintreten, setzt' er hinzu,
Sei höchst notwendig Verwahrung
Durch wollene Decken; er empfahl
Gleichfalls gesunde Nahrung.

- Inwiefern entspricht dieser lyrische Text einer **Ballade**?
- Besprechen Sie in Kleingruppen die menschlichen und gesellschaftspolitischen Widersprüche, die Heine mit diesem Gedicht ausdrücken könnte!
- In welchen Versen drückt Heine die zynische Haltung der Gesellschaft besonders aus?

---

[7] Enjambement, franz.: Zeilensprung, Überschreitung; Satz- und Versende fallen nicht zusammen.

Literatur und Revolution: *Der Hessische Landbote*

Der Literaturbetrieb des Vormärz ist durch Aufklärungs- und Agitationsschriften (Traktate[8], Manifeste[9] und Aufrufe) mitgeprägt.

Die Karlsbader Beschlüsse von 1819 und die nachfolgenden Maßnahmen (zum Beispiel das Vereins- und Versammlungsverbot von 1832) drängen viele Aktivisten der bürgerlichen Verfassungsbewegung, Studenten, Schriftsteller und Intellektuelle in den Untergrund; sie werden unerbittlich verfolgt und eingekerkert oder ins Exil getrieben. Bald, ab den 30er-Jahren, werden missliebige Werke nachträglich verboten und konfisziert, ja sogar ganze Verlage geschlossen und die Struktur der Opposition (Gruppen, Vereine etc.) zerstört.

Der Denker Club. Verspottung der Zensur und Bespitzelung unter Metternich. Der Spruch an der Wand fragt: „Wie lange möchte uns das Denken wohl noch erlaubt bleiben?" (Holzstich, um 1819)

Georg Büchner

Georg Büchner[10] wird 1813 in Goddelau bei Darmstadt geboren und stirbt 1837 in Zürich. Trotz der kurzen Schaffensperiode ist er für die Literatur – nicht nur die deutsche – wegen seiner innovativen[11] Dramen und seines politisch-sozialen Engagements von entscheidender Bedeutung. Viele Autoren bezeichnen ihn als Vorbild, sehen seine Werke in der Gegenwart noch weiterwirken. So sagt **Heinrich Böll** 1967 in seiner Rede zur Verleihung des Büchner-Preises: „Die Unruhe, die Büchner stiftet, ist von überraschender Gegenwärtigkeit, sie ist da, anwesend hier im Saal. Über fünf Geschlechter springt sie einem entgegen." Der Büchnerpreisträger 1991, **Wolf Biermann**, meint gar: „Falls wir es auf dem Jahrmarkt der Eitelkeiten je vergaßen: Gemessen an diesem früh gestorbenen Riesen sind wir alle nur Zwerge."

Georg Büchner

Büchner entstammt einer bürgerlichen Familie. 1831 verlässt er die Schule mit einem „Maturitätsattest" und beginnt anschließend ein Medizinstudium in Straßburg. Ab 1833 studiert er in Gießen weiter und schließt sich der dortigen liberal-demokratischen Opposition unter Führung des Butzbacher Schulrektors **Friedrich Ludwig Weidig** an, mit dem zusammen er 1834 den *Hessischen Landboten* herausgibt.

Nach der Verhaftung eines Gesinnungsfreundes wegen des Besitzes von Exemplaren des *Landboten* wird Büchner von seinem Vater zurückbeordert. 1835 muss er wegen laufender Ermittlungen gegen ihn nach Straßburg fliehen. 1836 erlangt er an der Universität Zürich den Doktorgrad der Philosophischen Fakultät und wird dort als Privatdozent zugelassen.

1837 stirbt Büchner in Zürich an einer Typhusinfektion, der Dichter Georg Herwegh verfasst die Grabinschrift: „Ein unvollendet Lied sinkt er ins Grab / Der Verse schönsten nimmt er mit hinab."

---

8 Traktat: Abhandlung über ein religiöses, moralisches oder wissenschaftliches Problem

9 Manifest: öffentliche Erklärung, Programmschrift einer Strömung in der Kunst und Literatur

10 Eine interessante Biografie Büchners bietet Frederick Hetmann: *Georg B. oder Büchner lief zweimal von Gießen nach Offenbach und wieder zurück.* Beltz & Gelberg, Weinheim 1981

11 Innovation: Erneuerung

Entstehung und Verbreitung des *Hessischen Landboten* (Juli 1834)

Zensur

Im März 1834 gründet Büchner eine Gießener Sektion der „Gesellschaft der Menschenrechte" und verfasst eine Flugschrift mit dem Titel *Der Hessische Landbote*, deren Entstehung und Verbreitung wegen der herrschenden Zensur heimlich geschehen muss. **Friedrich Ludwig Weidig**, selbst anonymer Verfasser der politischen Flugschrift *Leuchter und Beleuchter für Hessen* (1833–35), überarbeitet und redigiert den Text Büchners abschwächend. So ändert er zum Beispiel die Bezeichnung „Reiche" in „Vornehme" und fügt neue Textstellen ein.

Vom *Landboten* werden zwischen 700 und 1000 Exemplare gedruckt. Ein Student wird noch vor der Verbreitung der Flugschrift mit 139 Exemplaren verhaftet. Trotzdem können viele Exemplare in den Dörfern um Butzbach und Gießen verteilt werden.

Steckbrief gegen Georg Büchner vom 13. Juni 1835

Im November 1834 erlebt die Publikation sogar eine Zweitauflage durch Marburger Oppositionelle; die inhaltlichen Veränderungen dieser Auflage hat Georg Büchner jedoch nie zu Gesicht bekommen. 1835 wird Weidig verhaftet und stirbt im Gefängnis an den Folgen der Haft.

Informationen zum Text

Der Name *Hessischer Landbote*

Die Bezeichnung „Bote" lehnt sich an einen beliebten Titel von Nachrichtenorganen an und spricht mit dem Zusatz „Land" den Rezipientenkreis[12] der hessischen Landbevölkerung an, die trotz der Aufhebung der Leibeigenschaft (1812) ein elendes Leben führt.

Der Vorbericht

Der Vorbericht des Texts, von Weidig verfasst, beleuchtet die politisch-gesellschaftliche Situation in Hessen und gibt Ratschläge, wie sich der Leser des *Landboten* schützen soll. Durch den Vorbericht wird die Neugier des Lesers geweckt, er liest weiter, da sie die „Wahrheit" erfahren möchte.

Die Überschrift „Friede den Hütten! Krieg den Palästen!" vermittelt eine deutliche Opposition zwischen Krieg/Frieden und Palästen/Hütten. Das Stilmittel der Verknappung, es fehlt das Prädikat, verstärkt den Aufforderungs- und Parolencharakter.

Bibelzitate

Der Gesamttext ist durchzogen von vielen Bibelzitaten beziehungsweise Anspielungen auf Aussagen der Bibel. Das Lespublikum soll die Richtigkeit der Aussagen selbst überprüfen („siehet es aus ..."; „als hätte der Herr zu diesen gesagt").

---

[12] Rezeption: Überlieferung, Verbreitung und Wirkung von Literatur über Literatur hinaus.
RezipientIn: LeserIn, HörerIn bzw. ZuseherIn

ERSTE BOTSCHAFT

Darmstadt, im Juli 1834

VORBERICHT

5 Dieses Blatt soll dem hessischen Lande die Wahrheit melden, aber wer die Wahrheit sagt, wird gehenkt; ja sogar der, welcher die Wahrheit liest, wird durch meineidige Richter vielleicht gestraft. Darum haben die, welchen dies Blatt zukommt, Folgendes zu beobachten:

1. Sie müssen das Blatt sorgfältig außerhalb ihres Hauses vor der Polizei verwahren;
2. sie dürfen es nur an treue Freunde mitteilen:
3. denen, welchen sie nicht trauen wie sich selbst, dürfen sie es nur heimlich hinlegen;
10 4. würde das Blatt dennoch bei einem gefunden, der es gelesen hat, so muß er gestehen, daß er es eben dem Kreisrat habe bringen wollen;
5. wer das Blatt nicht gelesen hat, wenn man es bei ihm findet, der ist natürlich ohne Schuld.

FRIEDE DEN HÜTTEN! KRIEG DEN PALÄSTEN!

Im Jahre 1834 siehet es aus, als würde die Bibel Lügen gestraft. Es sieht aus, als hätte Gott die
15 Bauern und Handwerker am fünften Tage und die Fürsten und Vornehmen am sechsten gemacht, und als hätte der Herr zu diesen gesagt: „herrschet über alles Getier, das auf Erden
kriecht", und hätte die Bauern und Bürger zum Gewürm gezählt. Das Leben der Vornehmen
ist ein langer Sonntag: sie wohnen in schönen Häusern, sie tragen zierliche Kleider, sie haben
feiste Gesichter und reden eine eigne Sprache; das Volk aber liegt vor ihnen wie Dünger auf
20 dem Acker. Der Bauer geht hinter dem Pflug, treibt ihn mit den Ochsen am Pflug, er nimmt das
Korn und läßt ihm die Stoppeln. Das Leben des Bauern ist ein langer Werktag; Fremde verzeh-
ren seine Äcker vor seinen Augen, sein Leib ist eine Schwiele, sein Schweiß ist das Salz auf dem
Tische des Vornehmen.

Im Großherzogtum Hessen sind 718 373 Einwohner, die geben an den Staat jährlich an
25 6 363 436 Gulden, als

1. Direkte Steuern	2 128 131	Fl.
2. Indirekte Steuern	2 478 264	"
3. Domänen[13]	1 547 394	"
4. Regalien[14]	46 938	"
5. Geldstrafe	98 511	"
6. Verschiedene Quellen	64 198	"
	6 363 436	Fl.

Dies Geld ist der Blutzehnte, der von dem Leib des Volkes genommen wird. An 700 000 Menschen schwitzen, stöhnen und hungern dafür. Im Namen des Staates wird es erpreßt, die Presser
35 berufen sich auf die Regierung, und die Regierung sagt, das sei nötig, die Ordnung im Staat zu
erhalten. […]
Seht nun, was man in dem Großherzogtum aus dem Staat gemacht hat; seht, was es heißt: die
Ordnung im Staate erhalten! 700 000 Menschen bezahlen dafür 6 Millionen, d. h. sie werden
zu Ackergäulen und Pflugstieren gemacht, damit sie in Ordnung leben. In Ordnung leben
40 heißt hungern und geschunden werden. […]

---

[13] Domänen: herrschaftlicher Grundbesitz
[14] Regal: Hoheitsrecht, z. B. Zoll- und Münzrecht

Wann der Herr euch seine Zeichen gibt durch die Männer, durch welche er die Völker aus der Dienstbarkeit zur Freiheit führt, dann erhebet euch, und der ganze Leib wird mit euch aufstehen.

45 Ihr bücktet euch lange Jahre in den Dornäckern der Knechtschaft, dann schwitzt ihr einen Sommer im Weinberge der Freiheit und werdet frei sein bis ins tausendste Glied. Ihr wühltet ein langes Leben die Erde auf, dann wühlt ihr euren Tyrannen ein Grab. Ihr bautet die Zwingburgen, dann stürzt ihr sie und bauet der Freiheit Haus. Dann könnt ihr eure Kinder frei taufen mit dem Wasser des Lebens. Und bis der Herr euch ruft durch seine Boten und Zeichen, wachet und rüstet euch im Geiste und betet ihr selbst und lehrt eure Kinder beten: „Herr zerbrich den

50 Stecken unserer Treiber und laß dein Reich zu uns kommen – das Reich der Gerechtigkeit. Amen."

- Was sagt der Vorbericht über die politische Situation in Hessen aus?
- Welche Argumentationsstrategie wird mit den Bibelzitaten verfolgt, wie benutzt Büchner die Bibel und die religiöse Einstellung seiner LeserInnen?
- Welche Argumentationsstrategie wird mit der Statistik verfolgt? Wie wirkt die Statistik? Welche Informationen und Wertungen werden vermittelt?
- Wo werden die LeserInnen unmittelbar angesprochen und zu welchem Zweck?
- Vergleichen Sie die Situation der „Vornehmen" im Vergleich zu den Lebensbedingungen der „Bauern"! Welche Wirkung wird durch die grammatikalische Konstruktion der asyndetisch parataktischen[15] Aneinanderreihung von parallelen Teilsätzen erzeugt?

Das Drama im Vormärz – Georg Büchner

Neben **Franz Grillparzer, Ferdinand Raimund** und **Johann Nepomuk Nestroy**, die der **österreichischen Klassik** zugeordnet werden, treten in der deutschsprachigen Dramatik in der Zeit von 1815 bis 1848 zwei Autoren hervor, deren Werke bis auf eine Ausnahme[16] zu ihren Lebzeiten nicht aufgeführt werden, aber in unserer Zeit große Beachtung finden: **Christian Dietrich Grabbe** (1801–1836) und **Georg Büchner** (1813–1837). Beide lehnen sich gegen die klassische Dramenästhetik und gegen die in ihren Augen idyllische Scheinwelt der Biedermeierzeit auf.

Georg Büchner schreibt zwei Tragödien – das Revolutionsdrama *Dantons Tod* (1835) und das Außenseiterdrama *Woyzeck* (1836/37) –, das Lustspiel *Leonce und Lena* (1836) und die Novelle *Lenz* (1835). Diese hat das seelische Leiden des Sturm-und-Drang-Dichters Jakob Michael Reinhold Lenz zum Thema.

Gescheiterte Existenzen

Alle Hauptfiguren seiner Werke (Danton, Robespierre, Woyzeck, Marie, Leonce, Lena und Lenz) sind Gescheiterte, Menschen, die ins gesellschaftliche Abseits gedrängt werden.
In *Leonce und Lena* sagt Lena: „Ich glaube, es gibt Menschen, die unglücklich sind, unheilbar, bloß, weil sie sind." Woyzeck meint über seine aussichtslose Situation: „Unsereins ist doch einmal unselig in der und der anderen Welt. Ich glaube, wenn wir in Himmel kämen, so müssten wir donnern helfen."

---

[15] asyndetisch: Reihung gleich geordneter Wörter, Wortgruppen oder Sätze ohne verbindende Konjunktion; Parataxe: Nebeneinanderstellung, Beiordnung
[16] Grabbes *Don Juan und Faust*, 1828

Woyzeck – Ein offenes Drama

Im Mittelpunkt des unvollendeten sozialen Dramas *Woyzeck* steht ein einfacher, macht- und sprachloser Mensch, der in seiner Verzweiflung und Auflehnung zum Mörder an seiner Geliebten und Mutter seines Kindes wird.

Büchners Dramentext basiert auf der Lebensgeschichte des J. Chr. Woyzeck, eines trunksüchtigen Soldaten und Friseurs, der seine Lebensgefährtin Christina Woost 1821 im Streit ersticht. Er wird nach dreijährigem Prozess – das Urteil verzögert sich, weil Zweifel an der Zurechnungsfähigkeit des Täters auftreten – 1824 hingerichtet.

- Besorgen Sie sich den kurzen Dramentext und lesen Sie die erste Szene des Dramas („Zimmer"):
- Mit welchen Themen beschäftigt sich der Hauptmann? Welche Textstellen zeigen seine Ignoranz?
- Wie reagiert Woyzeck in der ersten Hälfte der Szene auf die „monologische Rede" des Hauptmanns?
- Beurteilen Sie Klarheit und Aussagekraft der Äußerungen des Offiziers! Einige Sätze sind Tautologien[17], sie sagen im Prädikat nichts über das Subjekt aus, wie z. B. „Moral, das ist, wenn man moralisch ist." Finden Sie weitere Tautologien!
- Welche Einstellung zeigt Woyzeck gegenüber der Autorität der Amtskirche (Garnisonsprediger), welche gegenüber seinem persönlichen Gott?
- Welchen Zusammenhang sieht Woyzeck zwischen dem für ihn unerreichbaren Ideal der Tugend und den materiellen Lebensgrundlagen, zwischen Sprache und sozialem Status?
- Lesen Sie die Szene „Waldsaum am Teich"!
- Weisen Sie in den Textausschnitten „Waldsaum" und „Zimmer" die für diesen Dramentext und für die offene Form des Dramas typischen Sprachmerkmale nach:
  - Bevorzugung von Parataxen (Satzreihen)
  - Unvollständige Sätze, nicht zu Ende geführte Hypotaxen
  - Unpersönliche Ausdrucksweise (Vermeidung des „Ich")
  - Expressives Stammeln durch Wortwiederholung
  - Assoziative Gedankenketten (Äußerungen ohne logischen Übergang)

Büchners *Woyzeck* gehört ebenso wie *Die Soldaten* von **J. M. R. Lenz**, *Götz von Berlichingen* von **J. W. Goethe** oder *Frühlings Erwachen* von **Frank Wedekind** zum **offenen Dramentyp** (im Gegensatz zum geschlossenen Dramentyp z. B. der Klassik).

Merkmale der offenen Form des Dramas:

- Folge von selbstständigen Szenen, die durch einen Protagonisten verbunden und zusammengehalten sind.
- Die Hauptperson hat keinen Gegenspieler, sondern steht der ganzen Welt oder einer Gesellschaftsschicht gegenüber.

---

[17] Tautologie: sprachliche Fügung, die einen Sachverhalt doppelt wiedergibt

- Einzelne Szenen können in der Reihenfolge umgestellt werden, ohne dass die Verständlichkeit bzw. der Sinn darunter leidet.
- Die Handlung hat keine klar definierte Zeiterstreckung und kein deutlich markiertes Ende; sie spielt an vielen verschiedenen Orten.
- Aus der Fülle von Orten ergibt sich auch eine Vielzahl von Personen, die aus allen Ständen stammen.
- Die wichtigsten Handlungsträger sind fremdbestimmt, sie können den Verlauf der Geschehnisse nicht durch ihren eigenen Willen lenken.
- Das Theatergeschehen stellt auch das Hässliche, Mord, gemeines Verbrechen und Unzucht auf die Bühne.
- Sprachlicher Pluralismus: Die Personen sprechen ihrem Stand entsprechend (in Wortschatz, Wortwahl, Syntax und im Gebrauch von Bildern).

- Lesen Sie den gesamten Dramentext *Woyzeck* und weisen Sie die oben angeführten Merkmale des offenen Dramas nach!
- Der Schluss des Dramas ist nicht eindeutig; drei Versionen sind denkbar: 1. Woyzeck begeht Selbstmord, indem er ins Wasser geht. – 2. Das Geschehen endet mit einer Gerichtsszene. – 3. Das Ende ist offen, Woyzeck lebt weiter in Freiheit. Welches Ende scheint Ihnen am passendsten? Begründen Sie Ihre Meinung!
- Wenn Sie sich näher mit dem Drama beschäftigen wollen, untersuchen Sie, vielleicht in Gruppenarbeit oder schriftlich, folgende Behauptungen:
  - Woyzeck gerät in einen dreifachen Konflikt, mit Marie, mit seiner ihn quälenden gesellschaftlichen Umwelt, mit seinen Wahnvorstellungen (innere Stimmen).
  - Die Grundlage seines Leidens ist seine Armut.
  - Die ZuschauerInnen sollen Mitleid mit dem Verachteten, Zorn auf die Verachtenden bekommen.
  - Mit dem Mord an Marie tötet Woyzeck auch sein eigenes Leben.

Politische Lyrik – Tendenzdichtung nach 1840

Die unmittelbare Vormärzliteratur ist nicht einheitlich, sie reicht von sozialistisch-kommunistischem Gedankengut (wie bei **Georg Weerth**, 1822–1856) über demokratische Vorstellungen (wie bei **Ferdinand Freiligrath**, 1810–1876, oder **Georg Herwegh**, 1817–1875) bis hin zu liberalen Ideen (wie bei **Hoffmann von Fallersleben**, 1798–1874, oder **Robert Prutz**, 1816–1872).

Neue Aufgaben für die Literatur

Die „Tendenzdichter" drücken in ihren Texten (**Pamphlete**[18], **Aufrufe** und vor allem **Agitationsgedichte**[19]), die im Jahrzehnt vor der bürgerlichen Revolution 1848 veröffentlicht werden, ihren Unmut über das politische und kulturelle Klima aus. Bei ihrem Kampf gegen das alte Feudalsystem legen sie auf literarische Kunstfertigkeit wenig Wert, Lyrik soll vor allem Mittel im politischen Emanzipationskampf sein. Prosatexte (**Studien, Satiren, Skizzen**) beschreiben beispielsweise die Verelendung und Verarmung der untersten Schichten. So findet die soziale Situation des Arbeiterstandes zum ersten Mal Eingang in die Literatur.

---

[18] Pamphlet: politische Streit- und Schmähschrift
[19] Agitationsgedicht: lyrischer Text, der zu konkreten politischen Aktionen aufruft

Ernst Dronke (1822–1891), Autor von Romanen mit sozialen Themen, schreibt 1864 über die Situation der Arbeiterkinder in Berlin:

Die Kinder werden, sobald sie im mindesten die Kraft dazu haben, in die Fabriken geschickt. Hier bleiben sie von morgens 5 bis abends 9 Uhr und verdienen die Woche 15 bis 22 1/2 Silbergroschen, also 3 Silbergroschen täglich. Nicht nur, daß sie physisch bei der anstrengenden Ar-
5 beit verkommen, wie solches der bei ihnen einheimische Lungenhusten, die gebückte Körperhaltung und die krummen Beine beweisen; auch moralisch werden sie durch dies Leben in jeder Weise abgestumpft und vernichtet. In den Bleiweißfabriken unter anderen werden sie durch das Einatmen der giftigen Dünste total ruiniert, denn selbst ein kräftiger Mann kann den Aufenthalt kaum einige Jahre ertragen. Und doch senden die Mütter ihre Kinder hierher, obwohl sie wissen, daß die Kinder einem sichern Tod entgegengehen. Vielleicht gerade weil
10 sie es wissen. Die Kinder sind ihnen zur Last und das Elend raubt ihnen jedes menschliche Gefühl; zudem hat ja die wohlanständige Gesellschaft diese Fabriken gegründet und es kann in den Augen derselben wohl kein Verbrechen sein, wenn man Kinder dorthin schickt.

> • Inwiefern zeigt Dronke neben der körperlichen auch die seelische Verelendung des Arbeiterstandes?

Georg Weerth: *Es war ein armer Schneider*

Es war ein armer Schneider
Der nähte sich krumm und dumm
Er nähte dreißig Jahre lang
Und wußte nicht warum.

5 Und als am Samstag wieder
Eine Woche war herum:
Da fing er wohl zu weinen an
Und wußte nicht warum.

Und nahm die blanken Nadeln
10 Und nahm die Schere krumm
Zerbrach so Scheer' und Nadel
Und wußte nicht warum.

Und schlang viel starke Fäden
Um seinen Hals herum;
15 Und hat am Balken sich erhängt
Und wußte nicht warum.

Er wußte nicht – es tönte
Der Abendglocken Gesumm.
Der Schneider starb um halber acht
20 Und Niemand weiß warum.

Der Autor geht mit diesem agitatorisch-lyrischen Text, der dem **Bänkelsang**[20] verpflichtet ist, auf die Tatsache ein, dass am Beginn der industriellen Revolution die Selbstmordrate unter Handwerkern und Arbeitern relativ hoch ist. Der Grund mag (neben der allgemeinen Armut des vierten Standes) einerseits darin liegen, dass ab 1845 Gewerbefreiheit besteht, durch die das Angebot an Arbeitskräften erhöht wird. Andererseits stellt, bezogen auf den Text, die fabriksmäßige Kleiderproduktion ein Problem dar.

---

[20] Bänkelsang: „Um die Aufmerksamkeit der Passanten auf sich zu lenken, treten die Vortragenden auf eine Bank (ein Bänkel – daher der Name) und bedienen sich einer Bilderschautafel. Der Text wird meist mit Musikbegleitung vorgetragen; wichtiges Vortragsutensil ist der Zeigestock, mit dem die Bildtafel – in ihren an den Vortragstext angepassten Segmenten – abgetastet wird. Bild, Sprache und Musik wirken also zusammen, die Gattungsgrenzen zerfließen. Die Liedertexte werden dem Publikum auch auf Druckzetteln oder in schmalen Heftchen zum Kauf angeboten." (Karl Riha)

Georg Weerth ist der Meinung, dass das Nicht-Wissen um die Ursachen seines unerfüllten Lebens, seiner Hoffnungslosigkeit und
Depression den Schneider in den Freitod treibt.

Die Bedeutung von Bildung

Die Wendung des Refrains in der letzten Strophe hebt die Problematik auf eine allgemeine Ebene. Damit bleibt der „Schneider" kein
Einzelschicksal, sondern wird zum Beispiel für eine gesellschaftspolitische Situation, die nur durch Bildung (Wissen) zum Besseren
verändert werden kann. Weerth übernimmt mit diesem Gedanken
politische Forderungen von **Karl Marx** (1818–1883) und **Friedrich
Engels** (1820–1895), die diese im *Kommunistischen Manifest* ver-

Georg Weerth

öffentlichen. Sie meinen, die Veränderung der Gesellschaft müsse nicht nur im wirtschaftlichen und politischen Bereich, sondern auch auf der Bildungsebene erreicht werden.

Österreichische Autoren der Epoche

Franz Grillparzer – Das einsame Ich

Das folgende Gedicht von **Franz Grillparzer** (1791–1872), ein Beispiel für Gedankenlyrik, ist
sowohl Ausdruck der Epoche des österreichischen Biedermeier (österreichische Klassik) als
auch des Lebensgefühls des Autors. Das Gedicht gestaltet das barocke Thema von Schein und
Sein.

Entsagung

Eins ist, was altergraue Zeiten lehren,
Und lehrt die Sonne, die erst heut getagt:
Des Menschen ew'ges Loos, es heißt: Entbehren,
Und kein Besitz, als den du dir versagst.

5   Die Speise, so erquicklich deinem Munde,
Beim frohen Fest genippter Götterwein,
Des Theuren Kuß auf deinem heißen Munde,
Dein wär's? Sieh zu! ob du vielmehr nicht sein.

Denn der Natur alther nothwend'ge Mächte,
10 Sie hassen, was sich freie Bahnen zieht,
Als vorenthalten ihrem ew'gen Rechte,
Und reißen's lauernd in ihr Machtgebiet.

All' was du hältst, davon bist du gehalten,
Und wo du herrschest, bist du auch der Knecht.
15 Es sieht Genuß sich vom Bedarf gespalten,
Und eine Pflicht knüpft sich an jedes Recht.
Nur was du abweist, kann dir wieder kommen,
Was du verschmähst, naht ewig schmeichelnd sich,
Und in dem Abschied, vom Besitz genommen,
20 Erhältst du dir das einzig deine: Dich!

Franz Grillparzer (Druck nach einem Gemälde von Moritz Michael Daffinger, 1827)

- Untersuchen Sie Versmaß, Rhythmus und Sprache des Gedichts! Vergleichen Sie es mit einem Vormärz-Gedicht!
- Was ist die gedankliche Aussage von *Entsagung*?
- Beachten Sie die antithetische Struktur des Textes! Welche inhaltlichen Gegensätze finden Sie?
- Vergleichen Sie das Gedicht mit Ihnen bekannten Barockgedichten! Welche inhaltlichen Gemeinsamkeiten können Sie feststellen? (Im Barock wäre allerdings nicht das Ich, sondern Gott im Mittelpunkt der Betrachtungen.)

Grillparzer als Dramatiker

Grillparzers **dramatisches Schaffen** wurzelt im Josephinismus[21], in der theatralischen Barocktradition, im Humanitätsgedanken der Weimarer Klassik und im spanischen Barockdrama eines **Calderón de la Barca** (1600–1681) oder **Lope de Vega** (1562–1635). Grillparzer schreibt im Gegensatz zu seinen großen österreichischen Dichterkollegen **Ferdinand Raimund** (1790–1836) und **Johann Nepomuk Nestroy** (1801–1862), die für die Vorstadtbühnen arbeiten, von *Sappho* (1817) an für das Burgtheater. ▶ Seite 209 ff.

Joseph Roth (1894–1939), österreichischer Romancier der Zwischenkriegszeit, schreibt in *Das neue Tage-Buch* (1937) über Grillparzer:

Verdrossen, verschlossen, griesgrämig, verbarg er seine Scheu vor der Welt hinter einer scheltbereiten Demut, einer Bescheidenheit, die in Wirklichkeit eine hochmütige Haltung war. Er war kein „liebenswürdiger Österreicher", sondern das Gegenteil: ein höchst unbequemer, sogar ein düsterer. Es war, als fühlte er, kraft seiner Verpflichtung, ein klassischer Repräsentant
5   der Monarchie zu sein, vor allem die Notwendigkeit, die Ansichtskarten-Vorstellung, die sich die anderen deutschen Stämme (noch *vor* der Erfindung der Ansichtskarte) vom „Österreicher" gebildet hatten, zu widerlegen. Zugleich widersprach er auch der in seinem Lande höheren Orts so beliebten Auffassung von dem unbequemen, lebensfreudigen Untertan. Er revoltierte niemals, er rebellierte immer, und zwar aus konservativer Neigung, als Bekenner
10   hierarchischer Ordnung und als Verteidiger traditioneller Werte, die ihm nicht von unten, sondern im Gegenteil von oben her vernachlässigt, angegriffen, verletzt erschienen. […]
Selten ergriff ihn das Fernweh, die Sehnsucht, die Grenzen seines weitläufigen, bunten, Fremde und Heimat zugleich bildenden Vaterlands zu verlassen. […] So, wie er war – und so, wie er sich darstellte –, hätte er geliebt sein wollen: nicht nur als Gramvoller, sondern auch als Gries-
15   grämiger, ein „Raunzer" (auf österreichisch), unbequem und penibel, wissend, daß diese Eigenschaften ein Frauenherz stören. Es war Hochmut, Unsicherheit und Wollust des Verzichts. Er erfüllte, nährte, fütterte das Begehren mit der Entsagung. Also „erkannte" er die Frau nicht, wie es in der Bibel heißt. Und auch Männer wurden nicht seine wirklichen Freunde. Die Liebe berührte ihn zutraulich, körperlich. Er hätte sie greifen können und er schob sie weg; einem
20   seltsamen Wanderer in der Wüste ähnlich, der eine reale Oase als eine Fata Morgana betrachtet und in die unerreichbare Bläue des Horizonts *freiwillig* verlegt. Er „trat" das Glück, wo es sich ihm bot, nicht „mit den Füßen": er schob es mit den Händen weg, er lehnte ab, vermied und wich aus.

---

[21] Josephinismus: österreichische Ausprägung der Aufklärung; benannt nach Joseph II.

- Verfassen Sie ein Charakterbild Franz Grillparzers! Verwenden Sie dabei neben dem Text Roths auch die folgenden Ausschnitte aus Grillparzers Tagebüchern!
- Welche Beziehung könnte der Dichter zur Gesellschaft, zu den Frauen, zu seiner Arbeit und zu sich selbst gehabt haben?

Ich kann nicht länger mehr so fort leben! Dauert dieses unerträgliche, lauwarme Hinschleppen noch länger, so werd ich ein Opfer meiner Verhältnisse. Dieses schlappe geistertötende Einerlei, dieses immerwährende Zweifeln an meinem eigenen Werte, dieses Sehnen meines Herzens nach Nahrung ohne je befriedigt zu werden: ich kann es nicht mehr aushalten. […] Natur,
5 warum ließest du mich gerade in diesem Lande geboren werden! – Doch was beklage ich mich! Wo sind die erträumten Vorzüge anderer Länder? Ist verkannt werden nicht überall das Los des Genies? […] Wollte Gott, Gedrucktes und Geschriebenes hätte so viel Einfluß auf die Menschen, als die Regenten und ihre Zensoren fürchten! Bei den unzähligen guten Schriften, die wir haben, müßte die Welt schon lange besser geworden sein, als sie ist! […] Hätte ich nur den
10 Mut mir selbst treu zu sein, den unnennbaren Schmerz eines verfehlten Daseins in mir fortrollen zu lassen, bis er entweder das Dasein selbst verzehrt oder in höchster Steigerung ein höheres hervorruft. Aber eine törichte Eitelkeit, eine übel angebrachte falsche Scham zwingt mir bei jeder Berührung mit Menschen eine gewisse Lustigkeit auf, die mich nicht froh macht, die mir nicht von Herzen geht, aber für mich das einzige Mittel ist mit Menschen zu kommunizie-
15 ren. Ich muß Scherz treiben oder ganz schweigen und meine innere Seelenmarter, meine Menschenscheu, meinen langweilend gelangweilten Mißmut zur Schau tragen und das mag ich nicht, kann ich nicht, will ich nicht. Allein, fern von den Menschen, so könnte ich mich vielleicht wieder finden und besitzen.
Einer meiner Hauptfehler ist, daß ich nicht den Mut habe, meine Individualität durchzusetzen.
20 Über dem Bestreben, es allen recht zu machen und mich ja im Äußerlichen nicht zu sehr von den andern zu unterscheiden, werde ich endlich wie die andern und die Gewohnheit macht gewöhnlich. Daran ist meine früheste Erziehung schuld. Mein Vater duldete durchaus keine Vorliebe oder Abneigung, selbst der physische Ekel erhielt keine Gnade, und bei Tische durfte z. B. keine Speise unberührt bleiben. Ich führe daher ein eigentliches Philisterleben. Das Büro
25 wird höchst regelmäßig besucht, die vorkommenden geistlosen Geschäfte ebenso geistlos aber aufs pünktlichste besorgt.
[…] Furchtbar ist mein Zustand. Jeder Gedanke an Poesie verschwunden, selbst die Lektüre verleidet. Ich mag nicht denken. Von quälenden Gedanken wie von Hunden angefallen, weiß ich nicht nach welcher Seite mich wenden. Ich bin körperlich häßlich geworden aus einem
30 Nicht-Schönen, der ich immer war, welches Letztere mich übrigens gar nicht kümmerte, Beweis genug, daß mein gegenwärtiger Verdruß über das erstere, nicht aus eigentlicher Eitelkeit herrührt. Aber es ist peinlich einen widerlichen Eindruck zu machen. Auch sonst ist meine Gesundheit zu Rande. Ich muß Flanell auf der bloßen Haut tragen, wenn ich nicht immer von Flüssen geplagt sein will. Meine Zähne, sonst so gut, sind angegangen und drohen unausge-
35 setzt mit Schmerzen. Ich bin 42 Jahre alt und fühle mich als Greis. Ich bin der Steigerung begierig, die das eigentliche Alter mit sich bringen wird. Der Wunsch etwas Poetisches hervorzubringen verfolgt mich allenthalben und ich bins wahrhaftig nicht im Stande. Und doch ists nur die Unlust und deshalb auch die Unfähigkeit anhaltend auf einem Gegenstande zu verweilen, was mich daran hindert, mich, dessen vorzüglichste Eigenschaft in früherer Zeit gerade dieses
40 Verweilen, dieses Ergründen, dieses Durchdenken war. Wird das wieder anders werden? Ich zweifle. In dieser Zerworfenheit habe ich meine Jugend zugebracht, in ihr wird sich mein Alter

erledigen. Ich wüßte wohl sie zu bekämpfen. Sich in irgend einen Wissenszweig vertiefen, ein eigentliches Studium anfangen. Aber das würde mich von der Poesie unwiderruflich abziehen, die doch der Zweck meines Lebens ist. Es ist gleichgiltig ob ich mich abquäle, aber es ist not-
45 wendig, daß etwas verrichtet werde. [...] Es macht mich traurig, daß mir alles im Leben miß-lingt. Lächerlich wäre es, wenn ich das auf eine Art Vorherbestimmung, auf ein unglückliches Schicksal schöbe, ich weiß vielmehr, es kommt daher, daß ich alles ungeschickt anfange, und darüber kann der Mensch wohl traurig sein.

Der Traum ein Leben

Nichtigkeit des menschlichen Strebens nach Macht und Ruhm

Grillparzer entnimmt den Stoff für dieses dramatische Märchen, ein Besserungsstück in der Tradition der Klassik, dem Roman *Der Schwarze und der Weiße* (1764) von Voltaire. Der Titel spielt auf Pedro Calderon de la Barcas Schauspiel *Das Leben ein Traum* (1635) an, mit dem es die Grundidee von der Nichtigkeit des menschlichen Strebens nach Macht und Ruhm und vom Widerspruch von Sein und Schein gemeinsam hat. Die psychologisch nachvollziehbare und detaillierte Darstellung eines Alptraums und dessen Auswirkungen auf das Wachbewusst-sein bzw. weitere Leben des Träumenden und Grillparzers Erkenntnis, dass sich im Traum das Unterbewusste, die Schwächen und geheimen Wünsche des Menschen zeigen, weisen den Dichter als Vorläufer von Sigmund Freud (1856-1939), dem Vater der Psychoanalyse, aus.

In einer ländlichen Gegend leben Massud, seine Tochter Mirza und sein Neffe Rustan, deren Geliebter, auf einem Bauerngut in scheinbar idyllischem Frieden. Denn Rustan träumt, unzufrieden mit dem ruhigen Hirtenleben und auch angestachelt von seinem schwarzem Sklaven Zanga, von Heldentaten und der weiten Welt. Er bittet seinen Oheim um „Urlaub". Da ihn auch seine Geliebte Mirza nicht davon abhalten kann, will ihn Massud am nächsten Morgen ziehen lassen.

In der Nacht träumt Rustan seine Zukunft: Mithilfe von Zanga steigt er durch Lügen und Mord zu Ruhm und Macht empor, muss aber, um sein Leben zu retten, die Flucht ergreifen, bei der er sich in höchster Todesangst von einer Brücke in die Tiefe stürzt – und erwacht.

Nach der Erkenntnis, dass er alles nur geträumt hat, ist er von seiner Abenteuerlust und seinem Fernweh geheilt, er gibt Zanga die von diesem gewünschte Freiheit und hält bei Massud um die Hand Mirzas an.

- Lesen Sie folgende zwei Ausschnitte (der erste bezieht sich auf die Zeit vor dem Traum, der zweite kennzeichnet die „Läuterung" Rustans) und vergleichen Sie die jeweilige Lebensstimmung und die unterschiedlichen Wertvorstellungen des Helden!
- Welche Rolle spielt Zanga im ersten Textbeispiel?
- Diskutieren Sie den biedermeierlichen Schluss des Schauspiels! Soll man die eigenen dunklen Triebe immer unterdrücken und die stille Bescheidenheit als absoluten Wert betrachten?
- Welche Verbindungen können Sie zwischen diesem Theaterstück und der politischen Situation in Österreich zur Zeit des Biedermeier sehen?

Rustan.

Wie so schal dünkt mich dies Leben,	5 Freude, die mich nicht erfreuet,
Wie so schal und jämmerlich!	Leiden, das mich nicht betrübt,
Stets das Heute nur des Gestern	Und der Tag, der stets erneuet,
Und des Morgen flaches Bild.	Nichts doch als sich selber gibt.

Oh, wie anders dacht' ich's mir
10 In entschwundnen, schönern Tagen!
Zanga.
,s ist auch anders, muß ich sagen.
Nur Geduld! es wird schon kommen.
Zeit tut alles, Zeit und Mut.
15 Jener Fürst von Samarkand,
Den Osmin als Herrn genannt,
War, wie Ihr, des Dorfes Sohn,
Jetzt von Macht und Glanz umgüldet;
Ihr seid aus demselben Ton,
20 Aus dem Glück die Männer bildet
Für den Purpur, für den Thron.
Rustan.
Oh, es mag wohl herrlich sein,
So zu stehen in der Welt
25 Voll erhellter, lichter Hügel,
Voll umgrünter Lorbeerhaine,
Schaurig schön, aus deren Zweigen,
Wie Gesang von Wundervögeln,
Alte Heldenlieder tönen,
30 Und vor sich die weite Ebne,
Lichtbestrahlt und reich geschmückt,
Die zu winken scheint, zu rufen:
Starker, nimm dich an der Schwachen!
Kühner, wage! Wagen siegt!
35 Was du nimmst, ist dir gegeben!
Sich hinabzustürzen dann
In das rege, wirre Leben,
An die volle Brust es drücken,
An sich und doch unter sich:
40 Wie ein Gott, an leisen Fäden
Trotzende Gewalten lenken,
Rings zu sammeln alle Quellen,
Die, vergessen, einsam murmeln,
Und in stolzer Einigung,
45 Bald beglückend, bald zerstörend,
Brausend durch die Fluren wälzen.
Neidenswertes Glück der Größe!
Welle kommt und Welle geht,
Doch der Strom allein besteht.
50 **Zanga.**
Recht! Der Strom allein besteht.
Rustan.
Schon mein Vater war ein Krieger,

Meines Vaters Vater auch,
55 Und so fort durch alle Grade.
Ihr Blut pocht in diesen Adern,
Ihre Kraft stählt diese Faust,
Und ich soll hier müßig träumen,
Schauen, wie sich jedermann
60 Lorbeern pflückt vom Feld der Ehre,
Früchte bricht vom Lebensbaum,
Und mich selbst zur Ruh' verdammen?
Zanga.
Ihr sollt nicht! beim Himmel, nicht!
65 Wenn Ihr wollt, ei, Herr, so handelt!
Ja, wenn die da drin nicht wären!
Dieser Oheim, diese Muhme
Hängen Euch wie schwere Fesseln –
Rustan.
70 Laß uns von was anderm sprechen!
Von was anderm, Zanga.
Zanga.
Seht Ihr?
Da kommt Euer weiches Herz,
75 Und der Vorsatz ist zum Henker.
Oh, dass ich Euch draußen hätte,
Draußen aus dem dumpfen Tale,
Auf den Höhen, auf den Gipfeln,
In der unermessnen Welt!
80 Herr, Ihr solltet anders sprechen!
Seht nur erst ein Schlachtgefild',
Hört nur erst Trompeten klingen,
Und es soll Euch Kraft durchdringen,
Wie sie diese Adern füllt.
85 **Rustan** (auf die Knie stürzend).
Sei gegrüßt, du heil'ge Frühe,
Ew'ge Sonne, sel'ges Heut!
Wie dein Strahl das nächt'ge Dunkel
Und der Nebel Schar zerstreut,
90 Dringt er auch in diesen Busen,
Siegend ob der Dunkelheit.
Was verworren war, wird helle,
Was geheim, ist's fürder nicht.
Die Erleuchtung wird zur Wärme,
95 Und die Wärme, sie ist Licht.
Dank dir, Dank! dass jene Schrecken,
Die die Hand mit Blut besäumt,
Dass sie Warnung nur, nicht Wahrheit,

Nicht geschehen, nur geträumt;
100 Dass dein Strahl in seiner Klarheit,
Du Erleuchterin der Welt,
Nicht auf mich, den blut'gen Frevler,
Nein, auf mich, den Reinen fällt.
Breit es aus mit deinen Strahlen,
105 Senk es tief in jede Brust:

Eines nur ist Glück hienieden,
Eins, des Innern stiller Frieden,
Und die schuldbefreite Brust.
Und die Größe ist gefährlich,
110 Und der Ruhm ein leeres Spiel;
Was er gibt, sind nicht'ge Schatten,
Was er nimmt, es ist so viel.

Grillparzer als Erzähler

Grillparzers Prosawerk umfasst neben einer Selbstbiografie, Tagebüchern, Briefen und Studien zur Geschichte und Literatur zwei Erzählungen: 1828 entsteht die Rahmennovelle *Das Kloster bei Sendomir*, die – wie das Trauerspiel *Die Ahnfrau* (1816) – dem Unheimlichen der Spätromantik verpflichtet ist.

Die Novelle erzählt das tragische Schicksal eines polnischen Edelmannes, der aus Eifersucht zum Mörder an seiner Frau wird und die Untat als Mönch in einem von ihm gegründeten Kloster büßt.

Den Hintergrund für seine zweite Novelle, *Der arme Spielmann* (1848), bildet Wien mit seinen Vororten. Die Erzählung besitzt autobiografische Züge, sowohl der Erzähler (Rahmen) als auch der Spielmann besitzen Eigenschaften des Dichters. Die Binnenhandlung konzentriert sich auf den Spielmann, einen Hofratssohn, der infolge familiärer Schicksalsschläge und wegen einer unglücklichen Liebe zum Straßengeiger wird.

- Lesen Sie die Novelle *Der arme Spielmann* und eine Kurzbiografie Grillparzers! Versuchen Sie nun anhand dieser Lektüre und der oben ausgewählten Tagebuchaufzeichnungen, Grillparzers Wesen mit dem des Erzählers und des Spielmanns zu vergleichen! Welche Parallelen können Sie feststellen?

Adalbert Stifter: *Das sanfte Gesetz*

Adalbert Stifter (1805–1868) beginnt als Student in Wien seine literarische Arbeit mit Gedichten im Ton des Rokoko sowie mit Künstler- und Liebesgeschichten, die ihn rasch bekannt machen. Seine heute als wichtig angesehenen epischen Texte finden zu seinen Lebzeiten weniger Gefallen. Erst um 1900 wird Stifter von der Literaturwissenschaft positiv rezipiert und als Vermittler traditioneller Werte gerühmt.

Vor 1848 ist Stifter durchwegs von den liberalen Ideen angetan, die Revolution ändert aber seine Meinung. Er bezeichnet sie später als „Barbarei und Hunnenzug" und erlebt sie als Zeichen dafür, dass das Volk „unmündig sei, dass es der Verantwortlichkeit ungehemmter Selbstregierung nicht gewachsen sei".

In seinen Erzählungen und Novellen dient die liebevoll und genau geschilderte Landschaft als Modell für ein menschliches Leben, das

Adalbert Stifter (1863)

durch Harmonie, leidenschaftslose Zuneigung, Verzicht, Resignation und eine Demut vor der Schöpfung geprägt ist. Damit überdeckt Stifter zwar die Probleme der Gesellschaft in seiner

Zeit, steht aber in der Tradition der mittelhochdeutschen Klassik[22] und der Weimarer Klassik[23], indem er den Menschen nicht so schildert, wie er ist, sondern wie er werden könnte.

Restaurative Utopie

Der Erziehungs-, Bildungs- und Entwicklungsroman *Der Nachsommer* (1857) soll der „Verkommenheit", der „Schlechtigkeit" in der Gesellschaft ein „Vorbild" anbieten. Er schildert die Entwicklung des Wiener Kaufmannssohnes Heinrich Drendorf unter der Anleitung seines väterlichen Freundes Risach, der, abgehoben von der Wirklichkeit, im idyllischen „Rosenhaus" lebt. Heinrich lernt dabei Natur, Kunst, Religion „in ihrer Wesenheit" kennen und gelangt so zu harmonischem Menschsein.

Titelbild des *Nachsommers*

Das sanfte Gesetz

Das sanfte Gesetz ist ein Teil der „Vorrede" zu der 1853 erscheinenden Novellensammlung *Bunte Steine*.

Weil wir aber schon einmal von dem Großen und Kleinen reden, so will ich meine Ansichten darlegen, die wahrscheinlich von de-
5   nen vieler anderer Menschen abweichen. Das Wehen der Luft, das Rieseln des Wassers, das Wachsen der Getreide, das Wogen des Meeres, das Grünen der Erde, das Glänzen des Himmels, das Schimmern der Gestirne halte ich für groß: das prächtig einherziehende Gewitter, den Blitz, welcher Häuser spaltet, den Sturm, der die Brandung treibt, den Feuer speienden Berg, das Erdbeben, welches Länder verschüttet, halte ich nicht für größer als
10   obige Erscheinungen, ja ich halte sie für kleiner, weil sie nur Wirkungen viel höherer Gesetze sind. Sie kommen auf einzelnen Stellen vor und sind die Ergebnisse einseitiger Ursachen. Die Kraft, welche die Milch im Töpfchen der armen Frau empor schwellen und übergehen macht, ist es auch, die die Lava in dem feuerspeienden Berge empor treibt und auf den Flächen der Berge hinab gleiten läßt. Nur augenfälliger sind diese Erscheinungen und reißen den Blick des
15   Unkundigen und Unaufmerksamen mehr an sich, während der Geisteszug des Forschers vorzüglich auf das Ganze und Allgemeine geht und nur in ihm allein Großartigkeit zu erkennen vermag, weil es allein das Welterhaltende ist. [...]
So wie es in der äußeren Natur ist, so ist es auch in der inneren, in der des menschlichen Geschlechtes. Ein ganzes Leben voll Gerechtigkeit, Einfachheit, Bezwingung seiner selbst, Ver-
20   standesgemäßheit, Wirksamkeit in seinem Kreise, Bewunderung des Schönen, verbunden mit einem heiteren, gelassenen Sterben, halte ich für groß: mächtige Bewegungen des Gemütes, furchtbar einherrollenden Zorn, die Begier nach Rache, den entzündeten Geist, der nach Tätigkeit strebt, umreißt, ändert, zerstört, und in der Erregung oft das eigene Leben hinwirft, halte ich nicht für größer, sondern für kleiner, da diese Dinge so gut nur Hervorbringungen
25   einzelner und einseitiger Kräfte sind, wie Stürme, feuerspeiende Berge, Erdbeben. Wir wollen das sanfte Gesetz zu erblicken suchen, wodurch das menschliche Geschlecht geleitet wird. Es gibt Kräfte, die nach dem Bestehen des Einzelnen zielen. Sie nehmen alles und verwenden es, was zum Bestehen und zum Entwickeln desselben notwendig ist. Sie sichern den Bestand des Einen und dadurch den aller. Wenn aber jemand jedes Ding unbedingt an sich reißt, was sein
30   Wesen braucht, wenn er die Bedingungen des Daseins eines anderen zerstört, so ergrimmt etwas Höheres in uns, wir helfen dem Schwachen und Unterdrückten, wir stellen den Stand wieder her, daß er ein Mensch neben dem andern bestehe und seine menschliche Bahn gehen

---

[22] „Maze, staete"
[23] „Entsagung und Selbstbegrenzung"

könne, und wenn wir das getan haben, so fühlen wir uns befriedigt, wir fühlen uns noch viel höher und inniger, als wir uns als Einzelne fühlen, wir fühlen uns als ganze Menschheit. Es
35 gibt daher Kräfte, die nach dem Bestehen der gesamten Menschheit hinwirken, die durch die Einzelkräfte nicht beschränkt werden dürfen, ja im Gegenteile beschränkend auf sie selber einwirken. Es ist das Gesetz dieser Kräfte, das Gesetz der Gerechtigkeit, das Gesetz der Sitte, das Gesetz, das will, daß jeder geachtet, geehrt, ungefährdet neben dem anderen bestehen, daß er seine höhere menschliche Laufbahn gehen könne, sich Liebe und Bewunderung seiner
40 Mitmenschen erwerbe, da er als Kleinod gehütet werde, wie jeder Mensch ein Kleinod für alle andern Menschen ist. Dieses Gesetz liegt überall, wo Menschen neben Menschen wohnen, und es zeigt sich, wenn Menschen gegen Menschen wirken. Es liegt in der Liebe der Ehegatten zueinander, in der Liebe der Eltern zu den Kindern, der Kinder zu den Eltern, in der Liebe der Geschwister, der Freunde zueinander, in der süßen Neigung beider Geschlechter, in der
45 Arbeitsamkeit, wodurch wir erhalten werden, in der Tätigkeit, wodurch man für seinen Kreis, für die Ferne, für die Menschheit wirkt, und endlich in der Ordnung und Gestalt, womit ganze Gesellschaften und Staaten ihr Dasein umgeben und zum Abschlusse bringen.

- Fassen Sie die Gedanken Stifters in eigenen Worten schriftlich zusammen! Vergleichen Sie Ihre Aufzeichnungen mit denen Ihrer MitschülerInnen!
- Stellen Sie die äußere Natur der inneren, der des menschlichen Geschlechts, gegenüber! Welche Analogien finden Sie zwischen den Gesetzen der Natur und den von Stifter geforderten menschlichen Gesetzen?

Nikolaus Lenau – Lyriker des Weltschmerzes und der Melancholie

Nikolaus Franz Niemsch, Edler von Strehlenau (1802–1850), wie Lenaus richtiger Name lautet, lässt sich als Dichter schwer einordnen. Er lehnt die Tendenzdichtung kategorisch ab, begeistert sich jedoch an nationalliberalen Ideen und schreibt Gedichte gegen den Adel und gegen die Untertanenmentalität.

Viele seiner Gedichte sind geprägt von Melancholie, von nihilistischen bis hin zu atheistischen Gedanken. Persönliches Unglück und seine Verzweiflung über die gesellschaftspolitischen Zustände in Europa lassen ihn 1832 nach Nordamerika auswandern, von wo er aber nach einem Jahr enttäuscht zurückkehrt. 1844 zeigen sich erste Ansätze von Wahnsinn; 1850 stirbt Lenau in der Anstalt Oberdöbling bei Wien.

Nikolaus Lenau

Bitte

Weil' auf mir, du dunkles Auge,
Übe deine ganze Macht,
Ernste, milde, träumerische,
Unergründlich süße Nacht!

Nimm mit deinem Zauberdunkel
Diese Welt von hinnen mir,
Dass du über meinem Leben
Einsam schwebest für und für.

- Welche Grundstimmung vermittelt das Gedicht?
- Wie sieht das lyrische Ich die Nacht?
- Inwiefern spiegelt das Naturbild die menschliche Empfindung wider?
- Vergleichen Sie dieses Gedicht mit *In der Frühe* von Eduard Mörike (Seite 187)!

Biedermeier und Vormärz – Literatur zwischen 1815 und 1848

Grundzüge der Epoche

Die Zeit des Biedermeier dauert von der Neuordnung Europas nach Napoleon (1814/15 Wiener Kongress) bis zur bürgerlichen Märzrevolution 1848. Gekennzeichnet ist sie durch den **Widerstreit zwischen restaurativen und revolutionären Tendenzen**.

Der Name Biedermeier geht auf ein Werk von **Ludwig Eichroth** zurück, in dem dieser das Spießertum seiner Zeit verspottet. Der Begriff „Biedermeier", der erst ab 1900 positiv verstanden wird, stammt aus der Kunst- und Kulturgeschichte und wird zur Bezeichnung der gesamten Kulturepoche verwendet.

Im Gegensatz zu den Dichtern des Biedermeier stehen die Autoren der Vormärzdichtung, die Kritik an den politischen und gesellschaftlichen Verhältnissen ihrer Zeit üben.

Biedermeier

Biedermeier steht für den resignierenden Rückzug in die unpolitische, konservativ bestimmte Privatheit (Familie und Freundeskreis), den Weg in die Idylle und für die Nicht- bzw. geringe Auseinandersetzung mit gesellschaftspolitischen Fragen. Es erfolgt ein literarischer Rückgriff auf Klassik und Romantik, auch auf Tendenzen der Aufklärung und Empfindsamkeit. Die biedermeierlichen Autoren suchen Halt in sittlichen Gesetzen und der Ordnung der Vergangenheit, sie resignieren und geben sich auch einem Weltschmerz hin (Lord Byron, Byronismus).

Dichter des Biedermeier

Jeremias Gotthelf nimmt eine vom Christentum geprägte Gegenposition zum antikirchlichen und zum Teil atheistischen Liberalismus der Vormärzzeit ein. Er ist Begründer des realistischen Bauernromans (*Uli, der Knecht; Uli der Pächter*) und Meister der Novellenkunst (*Die schwarze Spinne*).

Annette von Droste-Hülshoff schreibt Natur- und Bekenntnislyrik, Balladen, Novellen (*Die Judenbuche*).

Eduard Mörike steht zwischen Romantik und Realismus. Sein Roman *Maler Nolten* weist spätromantische Züge auf. Daneben schreibt er Novellen (darunter *Mozart auf der Reise nach Prag*) und Gedichte.

Vormärzliteratur

Die Dichtung der Vormärzautoren hat liberale, später sozialpolitische Ziele. Man unterscheidet die **Literatur des Jungen Deutschland** und die eigentliche **Vormärzdichtung (politische Tendenzdichtung)**.

Das Junge Deutschland

Darunter versteht man eine lose Vereinigung politisch engagierter Schriftsteller (**Karl Gutzkow, Heinrich Laube, Theodor Mundt, Anastasius Grün, Ludwig Börne, Heinrich Heine**). Sie sprechen sich für eine Erneuerung der Literatur und die Überwindung der klassischen und romantischen Ästhetik aus, außerdem gegen Zensur und Willkür der Herrscher, gegen Konventionen und Feudalismus, für die Emanzipation der Frauen, für Bürgerrechte, Pressefreiheit und die Trennung von Staat und Amtskirche.

Typische literarische Formen sind lyrische Texte, Romane, Reiseberichte, Briefe, Flugblätter, journalistische Texte, Feuilletons.

Am 10. Dezember 1835 werden die gesamten Schriften des Jungen Deutschland durch den Deutschen Bundestag verboten.

Heinrich Heine steht als Dichter zwischen Romantik und neuem Realismus, zwischen Sentimentalität und kritischer Distanzierung; er rebelliert gegen das zweckfreie Stimmungsgedicht und setzt seine Dichtung als Kritik gegen Zensur, Militarismus, Staatskirche, geistige Erstarrung des Bürgertums und gesellschaftliche Konventionen ein. Zu seinen Werken zählen u.a. *Buch der Lieder*, *Atta Troll*, *Ein Sommernachtstraum, Deutschland. Ein Wintermärchen* und *Romanzero*.

Politische Lyrik – Tendenzdichtung nach 1840

Hierbei wird die Literatur als Medium im politischen Emanzipationskampf verstanden (Pamphlet, Aufruf, Agitationsgedicht …). Die soziale Situation des Arbeiterstandes (Verarmung, Elend, Machtlosigkeit) findet zum ersten Mal Eingang in die Literatur. Bekannte Autoren sind **Georg Weerth, Ferdinand Freiligrath, Georg Herwegh, Hoffmann von Fallersleben, Robert Prutz**.

Literatur und Revolution – Georg Büchner

Georg Büchner wendet sich wie Christian Dietrich Grabbe gegen die klassische Dramenästhetik und gegen die idyllische Scheinwelt der Biedermeierzeit; er ist aufgrund seiner innovativen Dramen und seines politisch-sozialen Engagements von großer Bedeutung. Büchner gibt zusammen mit **Friedrich Ludwig Weidig** die revolutionäre Flugschrift *Hessischer Landbote* heraus. Büchners Werke: *Dantons Tod* (Revolutionsdrama), *Woyzeck* (Außenseiterdrama), *Leonce und Lena* (Komödie), *Lenz* (Novelle, Thema ist das seelische Leiden des Sturm-und-Drang-Dichters Jakob Michael Reinhold Lenz).

Das soziale Drama *Woyzeck*, in dessen Mittelpunkt ein einfacher, macht- und sprachloser Mensch steht, gehört zum **offenen Dramentyp**. Zu dessen Merkmalen zählen u. a. selbstständige Szenen, die durch einen Protagonisten zusammengehalten werden, die Nichteinhaltung der aristotelischen Einheiten von Zeit, Raum und Handlung, die Darstellung von Unmoralischem und Hässlichem und ein sprachlicher Pluralismus.

Österreichische Dichter des Biedermeier („Wiener Klassik")

Das dramatische Werk des für das Wiener Burgtheater schreibenden **Franz Grillparzer** wurzelt in der österreichischen Ausprägung der Aufklärung (Josephinismus), im Vanitas-Empfinden und der barocken Theatertradition, im Humanitätsgedanken der Weimarer-Klassik und in der traditionellen Ordnung der Habsburger-Monarchie.

Wichtige Dramen sind *Die Ahnfrau, Sappho, Das goldene Vließ, König Ottokars Glück und Ende, Ein Bruderzwist in Habsburg, Der Traum ein Leben, Weh dem, der lügt, Des Meeres und der Liebe Wellen, Libussa*.

Das Prosawerk Grillparzers umfasst Tagebücher, Briefe, eine Selbstbiografie, Studien und zwei Novellen.

Der Autor und Schauspieler **Ferdinand Raimund** schreibt Theaterstücke (Zauberpossen, „Originalstücke") in biedermeierlicher Tradition, wonach das wahre Glück, die wirkliche Größe des Menschen in der Selbstbescheidung und im Verzicht liegt: *Der Bauer als Millionär, Der Alpenkönig und der Menschenfeind, Der Verschwender*. **Johann Nepomuk Nestroy**, ein im Gegensatz zu Raimund realistischer, kritischer und illusionsloser Dichter, schreibt 79 dramatische Texte. Diese gliedern sich in Zauberpossen (*Der böse Geist Lumpazivagabundus*), Charakterpossen (*Der Talisman, Der Zerrissene, Einen Jux will er sich machen*) und Revolutionspossen (*Freiheit in Krähwinkel, Zu ebener Erd und erster Stock*). ▶ Seite 208 ff.

Der in Linz wirkende **Adalbert Stifter** ist Vermittler traditioneller Werte, das Leben der „Helden" seiner Prosadichtungen ist geprägt durch Streben nach Harmonie, leidenschaftslose Zuneigung, Verzicht, Resignation und Demut vor der Schöpfung. Zu seinen Werken zählen u. a. *Bunte Steine, Brigitta, Der Nachsommer, Witiko*.

Nikolaus Lenau schreibt in seinen politischen Gedichten gegen die Macht des Adels, gegen die Untertanenmentalität des österreichischen Volkes und für politische und religiöse Freiheit. Die Motive in seinen Natur- und Liebesgedichten sind Schwermut, Melancholie, Verzweiflung, Sehnsucht und Tod. Die wichtigste Gedichtsammlung trägt den Titel *Schilflieder*, er schreibt auch ein *Faust*-Drama.

Das Volksstück von Raimund bis Turrini

Das **Volksstück** ist eine Form des Schauspiels für das Volk und über das Volk (breite Masse der Bevölkerung im Gegensatz zu den „Oberen"). Es ist im Gegensatz zum Theater der Oberschicht (Hoftheater) ein Theater des Volkes. Damit zeigt sich, dass echte Volksdramatik Alternativdramatik zum Bildungstheater ist.

Das Volkstheater im Wien des 18. Jahrhunderts

Theater in der Josefstadt (kolorierter Stich aus der Theaterzeitung, 1844)

Bis circa 1840 können die untersten, einkommensschwachen Bevölkerungsschichten die in den damaligen Vorstädten Wiens liegenden Volkstheater zu günstigen Preisen besuchen (**Theater in der Leopoldstadt**, gegr. 1781, **Theater an der Wieden/Wien**, gegr. 1786, **Theater in der Josefstadt**, gegr. 1788). Ab 1840 wird dann das Volk immer mehr ausgegrenzt: Steigende Preise – diese Theater müssen ihre Ausgaben durch den Kartenverkauf decken – erlauben nur mehr bürgerlichen, später großbürgerlichen Kreisen den Besuch. Diese Entwicklung zeigt sich auch in den großen Städten Deutschlands.

1889 wird in Wien das **Deutsche Volkstheater**, 1890 in Berlin die **Freie Volksbühne** gegründet. Diese Institutionen werden vom intellektuellen Bürgertum getragen und wollen einerseits neue Publikumsschichten für das Theater gewinnen, andererseits die sozialen Probleme und Nöte des Arbeiterstandes aufzeigen. Aufgeführt werden hier u. a. auch Dramen von **Gerhart Hauptmann, Ludwig Anzengruber** oder **Henrik Ibsen**.

Neben diesen Theatern, die ihre Arbeit vorwiegend als **Bildungsauftrag** verstehen, existieren Volkstheater, die anspruchslose, rein unterhaltende Programme spielen und idyllische Heimatklischees transportieren. Damit verkommt das Volksstück zur **Klamotte**[1] oder zum kitschigen Heimat- bzw. Bauerntheater.

- Kennen Sie kitschiges Heimat- bzw. Bauerntheater?
- Was würden Sie in diesem Zusammenhang als Kitsch bezeichnen? Schlagen Sie den Begriff eventuell in einem Literaturlexikon nach!

Die Stücke des engagierten Volkstheaters tragen bis in unsere Zeit die verschiedensten Bezeichnungen. Oft verwendet werden Ausdrücke wie **Zaubermärchen** (bei F. Raimund), **Lustspiel, Posse** (bei J. N. Nestroy), **Schwank** oder auch **Operette**, die in Wien ab 1850 als musikalische Weiterentwicklung des damaligen Volksstückes gilt.

Die Emanzipation des Volksstücks

Um die Mitte des 19. Jahrhunderts emanzipiert sich das Volksstück vom Volkstheater als Institution und wird eine eigenständige literarische Gattung. Die Werke von **Ludwig Anzengruber** (1839–1889), **Ludwig Thoma** (1867–1921), **Georg Kaiser** (1878–1945), **Carl Zuckmayer** (1896–1977), **Ödön von Horváth** (1901–1938), **Bertolt Brecht** (1898–1956) und **Marieluise Fleißer** (1901–1974) sind Stationen auf dem Weg zur Volksdramatik der Gegenwart. Volksstück-

---

[1] Klamotte: derber, anspruchsloser Schwank

hafte Elemente kann man z. B. bei **Frank Wedekind** (1864–1918), **Karl Valentin** (1882–1948), **Gerhart Hauptmann** (1862–1946) und **Friedrich Dürrenmatt** (1921–1990) feststellen.

Das Volksstück nach 1945

Zum Teil an alte Traditionen anknüpfend (Nestroy, Brecht, Horváth, Fleißer), zum Teil neue dramatische Formen (Straßentheater, Dokumentartheater, Fernsehspiel) suchend und ausprobierend, verfassen nach 1945 österreichische Autoren Volksstücke. Diese dienen entweder der Bewältigung der nationalsozialistischen Vergangenheit oder beschreiben die gegenwärtige soziale und politische Realität der unteren Schichten oder von Randgruppen (**Ulrich Becher**, 1901–1961, **Fritz Kortner**, 1892–1970, **Helmut Qualtinger**, 1928–1987, **Wolfgang Bauer**, 1941–2005, **Thomas Baum**, geb. 1954, **Felix Mitterer**, geb. 1948).

Felix Mitterer stammt aus ärmlichen Verhältnissen, besucht die Lehrerbildungsanstalt in Innsbruck, arbeitet dann aber bis 1977 als Zollangestellter. Ab dann lebt er als freier Schriftsteller. Neben Kinderbüchern und Erzählungen schreibt der Autor vor allem Volksstücke, die wegen ihrer unbequemen Themen (Unterdrückung der Sexualität durch die Religion, Verfolgung von Hexen und Juden, Unterdrückung von Alten und Andersdenkenden) vielfach auf Widerstand stoßen und örtliche Skandale entfachen.

In Deutschland schreiben **Rainer Werner Fassbinder** (1946–1982), **Martin Sperr** (geb. 1944) und **Franz Xaver Kroetz** (geb. 1946) Volksstücke, in denen die Außenseiterproblematik und die Auswirkungen ökonomischen und gesellschaftlichen Drucks auf die Kleinfamilien-Beziehungen thematisiert werden.

Wiener Volksstück

Ferdinand Raimund (1790–1836) und **Johann Nepomuk Nestroy** (1801–1862) sind die klassischen Vertreter des Wiener Volksstücks, das sich in der 2. Hälfte des 18. Jahrhunderts und im beginnenden 19. Jahrhundert zu voller Blüte entwickelt. Neben diesen beiden Schauspielerdichtern schreiben zu dieser Zeit noch **Alois Gleich** (1772–1841) und **Karl Meisl** (1775–1853), die die Meister des Alt-Wiener „Besserungsstückes"[2] sind, sowie **Adolf Bäuerle** (1786–1856). **Josef Anton Stranitzky** (1676–1727), der den Hanswurst auf die Wiener Bühne bringt, **Felix von Kurz** (1717–1783) und **Philipp Hafner** (1735–1764) sind vom Barocktheater und der Stegreifbühne (commedia dell'arte) beeinflusst und werden als die Väter des Wiener Volksstückes gesehen.

Ferdinand Raimund

Ferdinand Raimund, der „nichts wissen will von Volkstheater" und immer um Anerkennung als „echter Dichter" ringt, trachtet danach, **„Originalstücke"** zu schreiben und damit die traditionellen und regionalen Grenzen zu sprengen. Er hat selten Probleme mit der Zensur (Metternich), da seine Texte ähnlich wie die anderer österreichischer Autoren des Biedermeier davon sprechen, dass das wahre Glück, die wirkliche Größe des Menschen in der Selbstbescheidung und im Verzicht liegt. Raimund ist somit kein gesellschaftskritischer Dichter wie

---

[2] Besserungsstück: dient den bestehenden gesellschaftspolitischen Verhältnissen und endet meist mit einem Happyend. Ein mit sich bzw. der Gesellschaft Unzufriedener wird mithilfe von Feen oder Geistern von der Vermessenheit seiner Ansprüche überzeugt und dadurch wieder in die bestehenden Verhältnisse eingeordnet.

Nestroy. Dieser wirft Raimund auch vor, das Volksstück zu verraten und das Volkstheater aufzulösen, weil er „ein neues Genre erschaffe: die **Allegorienspiele**"[3]. Andere Kritiker meinen hingegen, Raimund sei Erneuerer und Vollender der Tradition des Wiener Volksstücks, da er Ernst und Komik, sozialen Alltag und märchenhaften Zauber, Possenspiel und humanes Lehrstück, lokalen Dialekt und Hochsprache verbinde. Das macht ihn auch im gesamten deutschen Sprachraum populär.

Ferdinand Raimund

Der Allegorienspiegel

Raimunds erste Stücke, *Der Barometermacher auf der Zauberinsel* (1823) und *Der Diamant des Geisterkönigs* (1824), stehen in der Tradition der alten Wiener Zauberposse. Diese Art von Dramatik ist eine Reaktion der Dichter auf die Zensur. Das Zauberspiel bietet die Möglichkeit, über Gesellschaftliches zu schreiben, ohne dass die Stücke verboten oder zensuriert werden. Im Biedermeier ist es nicht erlaubt, über Angehörige höherer Stände auf der Bühne (und im Leben) Negatives zu sagen. Das Reich der Feen und Zauberer[4] bietet dem Autor aber die Möglichkeit, gesellschaftliche Zustände zu beschreiben – wenn auch verfremdet und damit distanziert –, da es zwischen der Welt und Gott angesiedelt ist und somit außerhalb des Zensurverbots steht. Spätere Stücke Raimunds, *Das Mädchen aus der Feenwelt oder Der Bauer als Millionär* (1826), *Der Alpenkönig und der Menschenfeind* (1828) oder *Der Verschwender* (1834), sprengen die Grenzen des vorwiegend komischen Volkstheaters, sie rücken in die Nähe des Besserungsstückes und versuchen, Lösungen des Konflikts zwischen Wunschbild und Wirklichkeit zu zeigen.

Der Verschwender

Der reiche Edelmann Julius von Flottwell hat seit 17 Jahren eine Liebesbeziehung mit dem Bauernmädchen Minna, das in Wahrheit die Fee Cheristane ist und Flottwell zu seinem Reichtum verholfen hat. Diese klärt ihn nun über den wahren Sachverhalt auf, weil sie in das Feenreich zurückkehren muss. Flottwell verschwendet in glanzvollen Festlichkeiten seinen Reichtum und verliebt sich in Amalie, die Tochter des Präsidenten von Klugheim, der sich aber gegen diese Verbindung ausspricht. So flieht Flottwell mit Amalie nach England, von wo er nach deren und des gemeinsamen Kindes Tod 20 Jahre später verarmt zurückkehrt. Sein ehemaliger Diener, der nunmehrige Tischlermeister Valentin, der mit seiner Frau Rosa und seinen Kindern zufrieden in seiner kleinbürgerlichen Welt lebt, nimmt Flottwell auf. Dieser findet in der Ruine seines alten Schlosses den großen

Der Verschwender

Geldbetrag, den er vor Jahren einem Bettler, der in Wahrheit ein von Cheristane gesandter Schutzgeist Flottwells ist, gegeben hat. Valentin tritt nun wieder in die Dienste seines früheren Herrn, die kurz erscheinende Fee Cheristane verheißt dem nun geläuterten Flottwell ein Wiedersehen „in der Liebe grenzenlosem Reich".

Valentin, die eigentliche Zentralfigur des 3. Aktes, singt, nachdem er die „traurige Geschichte" des heimgekehrten Flottwell gehört hat, das berühmte *Hobellied*.

---

[3] Allegorie: bildliche Darstellung eines Begriffs, z. B. wird bei Raimund die Jugend (oder das Alter) als Person dargestellt.

[4] Die Feen, Zauberer usw. tragen menschliche Züge.

Da streiten sich die Leut herum
Oft um den Wert des Glücks,
Der eine heißt den andern dumm,
Am End weiß keiner nix.
5　Da ist der allerärmste Mann
Dem andern viel zu reich.
Das Schicksal setzt den Hobel an
Und hobelt's alle gleich.

Die Jugend will halt stets mit Gwalt
10　In allen glücklich sein,
Doch wird man nur ein bissel alt,
Da find man sich schon drein.
Oft zankt mein Weib mit mir, o Graus!
Das bringt mich nicht in Wut.
15　Da klopf ich meinen Hobel aus
Und denk, du brummst mir gut.

Zeigt sich der Tod einst mit Verlaub
Und zupft mich: Brüderl, kumm!
Da stell ich mich im Anfang taub
20　Und schau mich gar nicht um.
Doch sagt er: Lieber Valentin!
Mach keine Umständ! Geh!
Da leg ich meinen Hobel hin
Und sag der Welt Adje.

25　Ein Tischler, wenn sein War gefällt,
Hat manche frohe Stund,
Das Glück ist doch nicht in der Welt
Mit Reichtum bloß im Bund.
Seh ich soviel zufriednen Sinn,
30　Da flieht mich alles Weh.
Da leg ich nicht den Hobel hin,
Sag nicht der Kunst Adje!

- Charakterisieren Sie Valentin! Inwiefern entspricht er dem Bild der biedermeierlichen Zufriedenheit?
- Vergleichen Sie das Hobellied mit folgendem Textausschnitt aus Grillparzers *Der Traum ein Leben*! Welche Gemeinsamkeiten können Sie feststellen?

Eines nur ist Glück hienieden,
Eins: des Innern stiller Frieden
Und die schuldbefreite Brust;
Und die Größe ist gefährlich,
5　Und der Ruhm ein leeres Spiel;
Was er gibt, sind nicht'ge Schatten;
Was er nimmt, es ist zu viel!

Johann Nepomuk Nestroy

Ist Raimund der Restaurationszeit nach dem Wiener Kongress zuzurechnen und somit der Barocktradition und dem Ausstattungstheater verpflichtet (grandiose Bühnentechnik, Ballett- und Gesangseinlagen), ist **J. N. Nestroy** ein realistischer, kritischer und illusionsloser Künstler des Vor- und Nachmärz.

Nestroys 79 dramatische Texte[5], vorwiegend vor der bürgerlichen Revolution 1848 geschrieben, gliedern sich in **Zauberpossen**[6], z. B. *Der böse Geist Lumpazivagabundus oder Das liederliche Kleeblatt* (1833), in denen er das Zauberstück der Metternich-Ära mit den Mitteln der Satire und Parodie verspottet, in **Charakterpossen**, z. B. *Der*

Johann Nepomuk Nestroy

---

[5]　Raimund hinterlässt 8 Bühnenwerke.
[6]　Posse: volkstümliches, komisches Theaterstück ohne Anspruch auf Belehrung

Talisman (1840) oder *Einen Jux will er sich machen* (1842), und in **Revolutionspossen**, z. B. *Zu ebener Erd und erster Stock* (1835).

Nestroy nimmt den Stoff zu seinen Stücken meist aus dem Französischen, schreibt also keine „Originalstücke". Er ist ein kritischer Beobachter der gesellschaftlichen Zustände seiner Zeit, die er auf der Bühne öffentlich diskutiert. Er schildert die Menschen so, wie sie seiner Meinung nach wirklich sind, ohne sie moralisierend zu bewerten und bessern zu wollen. Er weiß genau, was die Zensur erlaubt und was sie verbietet. Indem er in seinen Stücken Platz für Improvisationen (z. B. in den **Couplets**[7]) lässt, viele seiner Dramentexte erst während der Proben fertig werden und auch von Aufführung zu Aufführung Veränderungen erfolgen, legt er den staatlichen Zensor geschickt herein. Die Schauspieler in seinen Stücken reden eine gehobene Wiener Umgangssprache, die mit mundartlichen Formeln und Wortneuschöpfungen durchsetzt ist. Dabei verwendet Nestroy gerne französische und italienische Wörter und Wendungen, die sein mittelständisches Publikum aber ohne Weiteres versteht.

Der Talisman

Während Nestroy in *Der böse Geist Lumpazivagabundus* das Handwerksburschenleben seiner Zeit mit sehr differenzierter Charakterzeichnung und auf sehr realistische Art beschreibt, in *Zu ebener Erde und erster Stock oder Die Launen des Glücks* den Alltag einer armen Familie mit dem einer reichen kontrastiert, in der Verwechslungs- und Verwicklungskomödie *Einen Jux will er sich machen* ein Aussteiger-Szenario der Biedermeierzeit inszeniert und in *Freiheit in Krähwinkel* eine literarische Antwort auf die revolutionären Vorgänge in Wien von März bis Mai 1848 versucht, verbindet der Dichter in *Der Talisman* eine generelle Kritik an Vorurteilen und menschenverachtendem Standesdünkel mit einer Satire auf die „bessere Gesellschaft".

Der Barbiergeselle Titus Feuerfuchs, ein Opfer der gegen Rothaarige gerichteten abergläubischen Befürchtungen und so ein geächteter Außenseiter der bürgerlichen Gesellschaft, bekommt durch Zufall eine schwarze Perücke. Auf Grund dieses „Talismanes" verändert sich sein Leben: Er erlebt den Aufstieg vom Vagabunden zum Gärtner, zum Jäger und schließlich zum Sekretär einer adeligen Dame. Jeder Schritt der Karriereleiter ist durch die „Liebe" einer Frau und durch eine andere Kleidung, die er von den jeweils verstorbenen Gatten übernimmt, gekennzeichnet. Als er jedoch als Perückenträger entlarvt wird und so seine echten roten Haare entdeckt werden, jagen ihn die drei Frauen davon. Die Entdeckung mobilisiert gesellschaftliche Vorurteile, Titus steht vor dem Nichts. Eine Erbschaft macht ihn aber schließlich wiederum zu einer „guten Partie" für die drei Witwen. Er schlägt das Erbe mit Ausnahme eines kleinen Barbierladens in Wien jedoch aus und nimmt die ebenfalls rothaarige Gänsehirtin Salome Pockerl zur Frau.

- Lesen Sie folgende zwei Ausschnitte aus der dritten bzw. fünften Szene des ersten Aktes und spüren Sie nach, welche Gemütszustände die Vorurteile gegen Menschen mit roten Haaren bei Salome und Titus auslösen!
- Wie reagieren die beiden darauf?
- Sind Sie schon mit Vorurteilen konfrontiert worden? Erleben Sie sich selbst als vorurteilsfrei? Wenn es möglich ist, diskutieren Sie diese Thematik in der Klasse!

Salome: Ich bleib' halt wieder allein z'ruck! Und warum? Weil ich die rotkopfete Salome bin. Rot ist doch g'wiß a schöne Farb', die schönsten Blumen sein die Rosen, und die Rosen sein rot. Das Schönste in der Natur ist der Morgen, und der kündigt sich an durch das prächtigste Rot.

---

[7] Couplet: kurzes, pointiertes Lied in der Posse, im Singspiel oder Kabarett mit witzig-satirischem Inhalt, das auf aktuelle, politische oder gesellschaftliche Ereignisse anspielt

Die Wolken sind doch g'wiß keine schöne Erfindung, und sogar die Wolken sein schön, wann
5 s' in der Abendsonn' brennrot dastehn au'm Himmel; drum sag' ich: wer gegen die rote Farb'
was hat, der weiß nit, was schön is. Aber was nutzt mich das alles, ich hab' doch kein', der mich
auf'n Kirtag führt! – Ich könnt' allein hingehn – da spotten wieder die Madeln über mich, lachen und schnattern. Ich geh' zu meine Gäns', die schnattern doch nicht aus Bosheit, wann s'
mich sehn, und wann ich ihnen 's Futter bring', schaun s' mir auf d' Händ' und nit auf'n Kopf.
10 *(Sie geht rechts im Vordergrunde ab.)*

Titus Feuerfuchs *(tritt während des Ritornells des folgenden Liedes erzürnt von rechts vorne
auf)*

Lied
1.
15   Der hat weiter nit g'schaut,
            Beinah' hätt' ich'n g'haut;
            Der Spitzbub', 's is wahr,
            Lacht mich aus weg'n die Haar'!
            Wen geht's denn was an,
20   Ich hoff doch, ich kann
            Haar' hab'n, wie ich will,
            Jetzt wird's mir schon z'viel!
Rote Haar' von ein' falschen Gemüt zeig'n soll'n?
's is's Dümmste, wann d' Leut' nach die Haar' urteil'n woll'n.
25 's gibt G'schwufen g'nug mit ein' kohlrab'nschwarzen Haupt
Und jede is ang'schmiert, die ihnen was glaubt;
Manch blondg'lockter Jüngling is beim Tag so still
Und schmachtend – warum? Bei der Nacht lumpt er z' viel!
Und mit eisgraue Haar' schaun die Herrn aus so g'scheit
30 Und sein oft verruckter noch als d' jungen Leut'!
            Drum auf d' Haar' muß man gehn,
            Nachher trifft man's schon schön.

Nicholas Ofczarek (Feuerfuchs)
während der Fotoprobe zu
Nestroys *Der Talisman* im Theater Reichenau, Juni 2004

2.
(Drohend in die Szene blickend, von woher er gekommen.)
35   Mir soll einer traun,
            Der wird sich verschaun,
            Auf Ehr', dem geht's schlecht,
            Denn ich beutl' ihn recht;
            Der Kakadu is verlor'n,
40   Wenn ich in mein' Zorn
            Über d' Haar' ein' kumm,
            Der geht glatzkopfet um.
Die rothaarig'n Madeln, heißt's, betrüg'n d' Männer sehr;
Wie dumm! Das tun d' Madeln von jeder Couleur.
45 Die schwarz'n, heißt's, sein feurig, das tut d' Männer locken,
Derweil is a Schwarze oft d' fadeste Nocken.
Die Blonden sein sanft? O! A Blonde is a Pracht!
Ich kenn' eine Blonde, die rauft Tag und Nacht.

Doch mit graue Haar' sein s' treu, na, da stund man dafur,
50 Nit wahr is, die färb'n sich s' und geb'n auch keine Ruh' –
  Drum auf d' Haar' muß man gehn,
  Nachher trifft man's schon schön.

So kopflos urteilt die Welt über die Köpf', und wann man sich auch den Kopf aufsetzt, es nutzt nix. Das Vorurteil is eine Mauer, von der sich noch alle Köpf', die gegen sie ang'rennt sind,
55 mit blutige Köpf' zurückgezogen haben. Ich hab' meinen Wohnsitz mit der weiten Welt vertauscht, und die weite Welt is viel näher, als man glaubt. Aus dem Dorngebüsch z'widrer Erfahrungen einen Wanderstab geschnitzt, die Chiappa-via-Stiefel angezogen und 's Adje-Kappel in aller Still' geschwungen, so is man mit einem Schritt mitten drin in der weiten Welt. – Glück und Verstand gehen selten Hand in Hand – ich wollt', daß mir jetzt ein recht dummer Kerl
60 begegnet', ich sähet das für eine gute Vorbedeutung an.

- Untersuchen Sie die unterschiedliche Ausdrucksweise von Salome und Titus!
- Welche Stellen in dem Lied, das Titus singt, zeigen besonders den akrobatisch-geschliffenen Wortwitz und die brillante Sprachkunst Nestroys? Beachten Sie auch die Bildhaftigkeit der Sprache!

Ödön von Horváth

Die Stücke **Ödön von Horváths**[8] (1901–1938) spielen im Milieu der verarmten Handwerker, kleinen Beamten und Angestellten, in den Kreisen des Kleinbürgertums in der Zeit vor der nationalsozialistischen Diktatur. Horváth hat im Gegensatz zu Bertolt Brecht kein politisches Programm, er bietet keine Lösungen an, sondern will die ZuschauerInnen mit eher persönlichen „Schandtaten" konfrontieren, indem er die Figuren seiner Dramen sich selbst im Dialog demaskieren lässt.

Ödön von Horváth (1929)

Sprache als soziales Phänomen

Horváth setzt Sprache als soziales Phänomen ein, wichtig ist dabei nicht so sehr, was die Personen sagen, sondern wie sie es sagen. Sprache ist für den Dichter das Medium der Auseinandersetzung zwischen Bewusstsein und Unterbewusstsein. In der und durch die Sprache der handelnden Personen soll der Zuschauer auch die Kluft zwischen „Gut" und „Böse" sehen, die Kluft zwischen dem Menschen als verantwortungsbewusstem Individuum und seinem asozialen und aggressiven Verhalten.

Geschichten aus dem Wienerwald – Ein Anti-Volksstück

Neben *Italienische Nacht* (1931), *Kasimir und Karoline* (1932) und *Glaube, Liebe, Hoffnung* (1932) ist *Geschichten aus dem Wienerwald* (1932) das bekannteste Werk von Horváth.
Es spielt im Wiener Vorstadtmilieu und handelt vom verzweifelten und aussichtslosen Emanzipationsversuch Mariannes (Tochter des Zauberkönigs, eines kleinen Spielwarenladenbesitzers), die mit Oskar, dem benachbarten Fleischhauermeister, verlobt ist. Ihr Ausbruch aus den festgefügten gesellschaftlichen Normen endet mit dem Tod ihres Kindes und ihrem seelischen Zusammenbruch.

---

[8] Er wird in den 1960er-Jahren gemeinsam mit Marieluise Fleißer wiederentdeckt und seine Werke stehen seitdem immer wieder auf den Spielplänen deutschsprachiger Theater.

- Besorgen Sie sich den Gesamttext und lesen Sie die 2. Szene (Stille Straße im achten Bezirk) des ersten Teiles!
- Worin zeigen sich die Lieblosigkeit und die seelische Brutalität Oskars? Welche Ansichten vertritt der Zauberkönig?
- Marianne möchte Oskar mitteilen, dass sie ihn eigentlich nicht liebt. Diese Aussage wird aber nicht durch Sprache, sondern durch Schweigen vermittelt (Regieanweisung: Stille). Weisen Sie das im Text nach!
- Was könnten die entsprechenden Personen bei den anderen Regieanweisungen „Stille" denken?

Gruppenarbeit:
- Spielen Sie die erste Begegnung zwischen Marianne und Alfred (lange Regieanweisung)! Erfinden Sie einen passenden inneren Monolog!
- Eine andere Gruppe schreibt einen Dialog.
- Vergleichen Sie nun inneren Monolog und Dialog! Wodurch unterscheiden sich diese?

- Alfred, ein Wiener Strizzi und Vorstadtcasanova, ist mit Valerie, einer nicht mehr jungen Trafikantin, liiert. Wie sehen Sie die Beziehung zwischen diesen beiden Personen?

Marianne verliebt sich während eines Familienausflugs, bei dem ihre Verlobung mit Oskar gefeiert werden soll, in Alfred, mit dem sie glaubt, ein erfülltes Leben führen zu können.
Der Zauberkönig verstößt seine Tochter, die darauf mit Alfred in ein möbliertes Zimmer zieht. Bald bekommt das Paar ein Kind. Von Alfred alleingelassen und durch wirtschaftliche Umstände gezwungen, muss Marianne in einem Nacktballett arbeiten. Das Kind wird bei der Mutter und der Großmutter Alfreds untergebracht, wo es an Lungenentzündung erkrankt und aus Verschulden der Großmutter stirbt.
Der Zauberkönig und Marianne treffen einander anlässlich seines Besuches im Nachtklub, in dem sie arbeitet.

- Analysieren Sie die erste Szene des dritten Teiles ab: „Marianne: Warum hast du meine Briefe nicht gelesen? ..."
- Was meint Marianne mit dem Satz „Nein, das kann ich mir nicht leisten, dass ich mich schäm"?
- Der Zauberkönig begegnet Mariannes Appell mit Selbstmitleid. Weisen Sie das im Textausschnitt nach! Worin zeigt sich einerseits die seelische Verhärtung und Grausamkeit des Zauberkönigs, andererseits die Verzweiflung seiner Tochter?

Franz Xaver Kroetz

Sprache als Macht

F. X. Kroetz (geb. 1946) war in den 1970er-Jahren der meistgespielte deutsche Dramatiker. Neben **Marieluise Fleißer** und **Bert Brecht** bezeichnet er **Ödön von Horváth** als Vorbild für seine Volksstücke. Ähnlich wie dieser stellt Kroetz die Probleme der kleinen Leute in ihrer eigenen Sprache dar. Diese sollen nicht beredet oder analysiert, sondern durch die Sprache selbst dargestellt werden. Dabei spielt in Kroetz' ersten Stücken (z. B. *Stallerhof*, 1971) die Sprachlosigkeit als Bild für Entfremdung, Beziehungslosigkeit und Stummheit im Arbeitsprozess (z. B. Fließbandarbeit) eine wichtige Rolle. Kroetz will mit seinem literarischen Engagement den sozial Sprachlosen helfen, ihre Sprache wiederzufinden oder zu lernen. „Menschen, die gelernt haben zu reden, können sich verständigen, oder, was wichtiger ist, sie können sich wehren."

Ging es Kroetz am Beginn seiner literarischen Tätigkeit um das Schicksal von Menschen aus sozialen Randgruppen, so will er in einer zweiten Phase seines Schaffens die Probleme der großen Masse der Bevölkerung auf der Bühne beschreiben. Ein Beispiel dafür ist das 1972 erschienene Stück *Oberösterreich*.

F. X. Kroetz (2008)

Ein Ehepaar aus kleinbürgerlichem Milieu – Heinz ist Verkaufsfahrer, Anni Verkäuferin – träumt von der scheinbar weiten Welt des Fernsehens. Ihr kleines „Konsumdasein" wird unterbrochen, als Anni ihrem Mann gesteht, dass sie ein Kind erwartet. Heinz, der glaubt, dass ihre finanzielle Situation ein Kind nicht zulasse, will es abtreiben lassen. Anni möchte das Kind behalten und setzt sich durch. Am Ende des Stücks ist die finanzielle Situation aber noch schlechter, da Heinz durch eigene Schuld (Alkohol) seinen Führerschein verliert und einen beruflichen Rückschlag hinnehmen muss.

Erster Akt
Zweite Szene
In der kleinen Küche am Abend. Anni macht das Abendessen. Heinz schaut einen Prospekt der Gartenfirma Versand GmbH an. Anni schaut Heinz über die Schulter in den Prospekt.

5   *Anni:* Wenn mir jetzt einen Gartn hättn, tät man sich einen schwimming-pool kaufn.
   Heinz: Weil es ein Sonderangebot is.
   Anni: Aber schön. – Das ladet richtig ein zu einem Bad.
   Heinz: Genau. *Liest.* Dieses Schwimmbecken mit einem Durchmesser von vier Meter fünfzig liefern wir Ihnen einschließlich Filteranlage und Steigeleiter zu dem sensationellen Preis von
10   DeMark neunhundertfünfzig. Im Karton verpackt. – Einfachste Selbstmontage nach Anleitung. Die Filteranlage entspricht den deutschen Sicherheitsbestimmungen.
   Anni: Schwimmbeckenheizungen gibt es auch.
   Heinz: Genau. *Liest.* Lieferbar auf Anfrage.
   Anni: Wenn mir uns ein Schwimmbecken kaufn tätn, weil mir einen Gartn habn, tät man
15   auch eine Heizung brauchn.
   Heinz: Die wird aber ned billig sein, die Heizung.
   Anni: Na.
   Heinz: Sonst tät nämlich ned dastehn: auf Anfrage. Sonst tät ein Bild und ein Preis drin sein.
   Anni: Aber wenn es ein kalter Sommer sein tät, tät man angewiesn sein auf eine Heizung.
20   *Heinz:* Dann schon. Es gibt sogar einen Springbrunnen. Schau! *Er blättert um.*
   Anni: Ein schwimming-pool wär mir aber lieber.
   Heinz: Nur als Beweis, was es alles gibt. *Liest.* Heißner-Springbrunnen die Zierde jedes Gartens. Ente aufrecht, einundvierzig Zentimeter siebenunddreißig Mark. Ente gebückt, zweiundvierzig Zentimeter auch siebenunddreißig Mark. Seehund dreiundvierzig mal
25   vierunddreißig Zentimer dreiundneunzig Mark.
   Anni: Einen Seehund tät man vielleicht wolln, aber eine Ente nicht.
   Heinz: Nein. *Lacht.* Keine Ente.

Anni: Jetz tust den Prospekt weg, daß ich anrichtn kann.

Heinz: Genau. Lieber gut gegessn als schlecht geträumt.

30 *Anni:* Ein schwimming-pool ist kein Traum, wo es so viele gibt, die ein habn.

Heinz: Einen Gartn braucht man dazu, das is es.

Anni: Ein Traum tät sein, wenn sich einer eine eigene Insel im Meer ausdenkt.

Heinz: Eine Lagune.

Anni: Genau. *Nimmt ihm den Prospekt weg.* Jetz wird gessn, sonst is kalt und schmeckt

35 nimmer. *Sie richtet an: Lauch, Rindfleisch und Bratkartoffeln.*

Heinz: Bore.

Anni: Schmeckt wie Spargl, wo er viel billiger is.

Heinz probiert: Schmeckt!

Anni: Und nicht teuer.

40 *Heinz:* Weil mir uns keine Spargel leistn können!

Anni: Wenn der Bore genauso schmeckt und billiger is.

Heinz: Weil du kochn kannst.

Anni: Eine gute Köchin spart der Familie Geld und beschert ihr höchste Genüsse.

Heinz: So ein Schmarrn.

45 *Anni:* Wenn es so heißt.

Heinz: Schmarrn.

Anni lacht. Heinz lächelt. Sie essen.

Heinz: Eigenlob stinkt.

Anni: Wenn man was hat, braucht man sich deswegn nicht zum Schämen.

- Betrachten Sie die Diskrepanz zwischen Traum und Wirklichkeit! Wie werden die einzelnen Wunschvorstellungen sprachlich ausgedrückt (grammatische Struktur der Sätze)?

Peter Turrini: *Die Minderleister*

Der mit *Rozznjagd* (1971) und *Sauschlachten* (1972), später mit der Fernsehserie *Alpensaga* (1974–79) bekannt gewordene österreichische Autor **Peter Turrini** (geb. 1944) schreibt 1988 *Die Minderleister*, ein Szenario der Absteiger, der menschlichen Demütigung und Selbstaufgabe.

Hans, mit der fleißigen Anna verheiratet, ein Mann in den besten Jahren, kräftig und arbeitsam, soll freiwillig auf seine Arbeit im Stahlwerk verzichten. Er will aber seinen Beruf nicht aufgeben, auch nicht gegen eine Abfindung. Nach seiner tatsächlichen „Freisetzung" vereinsamt er, betäubt sich mit Alkohol und pornografischen Videos. Als er auf Drängen seiner Frau beim Minister interveniert, wird er wieder eingestellt, aber nicht mehr beim Hochofen, sondern als Kontrolleur der Kollegen, unter denen er die „Minderleister" denunzieren soll. Doch Hans zerbricht an dieser entwürdigenden „Beförderung" und stürzt sich in den Hochofen.

Peter Turrini (1999)

Die Aufgabe des Theaters

Turrini meint, es sei nicht Aufgabe des Theaters, Wirklichkeiten naturalistisch zu schildern und Probleme zu lösen, sondern diese übertrieben aufzuzeigen. Darum bringt er auch in diesem Stück die negativen Seiten der (Arbeits-)Welt in krassester Form auf die Bühne, vielleicht in der Hoffnung, dass die Wirklichkeit hinter der Dramatik des Stückes zurücksteht.

Im Gegensatz zu seinen ersten Stücken (diese sind im Dialekt geschrieben) verwendet Turrini in den *Minderleistern* eine kunstvolle „hohe" Sprache, zum Teil in Reimen.

Anna:

Wenn man	15 Es darf nur nichts passieren.
zu deinem Gehalt	In der Fabrik werden jetzt
zu deinem Weihnachtsgeld	Frauen entlassen.
5 zu deinem Urlaubsgeld	Noch bevor sie Anspruch
mein Gehalt	auf Sozialleistungen haben.
und mein Weihnachtsgeld	20 Die neben mir
und mein Urlaubsgeld	ist einen Tag
dazuzählt	vor Ablauf des dritten Monats
10 dann geht es sich	gekündigt worden. […]
mit den Raten fürs Kinderzimmer	
mit der Rückzahlung vom Baukredit	
und vom Videorecorder	
knapp aus.	

- Was sagt diese Stelle aus der 4. Szene über die Lebenssituation von Anna und Hans aus?

Personalchefin:

Niemand will Sie kündigen.	die etwas im Kopf hat
Wir wollen mit Ihnen reden.	15 von einem betrunkenen Shakespeare
Und wir wollen Sie überzeugen.	von einem bestellten Kinderzimmer
5 Reden wir noch einmal vom Markt.	es erreicht sie nicht
Der Markt steht über den Menschen.	es berührt sie nicht.
Er folgt nicht ihren Gesetzen	Keine Anrufung
er folgt seinen eigenen.	20 keine Geschichte
Er ist wie die Gestirne	kein Schicksal
10 am Firmament.	kann den Weg der Gestirne
Was immer die Menschen den Sternen	verändern.
erzählen	Wir müssen das zur Kenntnis nehmen.
von einer Anna	25 Sie müssen das zur Kenntnis nehmen.

- Wie wird der im Arbeitsprozess stehende Mensch von der Personalchefin gesehen? Was versteht diese unter „Markt"?
- Die berufliche Arbeit ist auch die Basis für eine soziale und gesellschaftliche Integration und die persönliche Identität. Wie wird die Diskrepanz zwischen „Markt" und beruflicher Arbeit bildlich ausgedrückt?

Peter Turrini schreibt anlässlich der Aufführung der *Minderleister* in Linz in der *Theater-Phönix-Zeitung Nr. 31:*

Die Dramatik meines Stücks, die verzweifelten Handlungen meiner Figuren werden bestimmt von der Tatsache, daß sie nicht verstehen können und wollen, warum es das Wenige, das sie vom Leben fordern, für sie nun nicht mehr gibt. Sie flüchten in industrialisierte und kommerzialisierte Träume, in Lottospiele und Videofilme. Wenn das Politische verfällt, wenn der Ver-

5 such auch und besonders in Krisenzeiten, für eine gerechtere Gesellschaft einzutreten, gar nicht mehr unternommen wird, dann bleibt nur noch die Flucht ins Private. Mein Stück zeigt die Fluchtversuche von Arbeitern.

Vieles, was ich in diesem Stück anspreche, habe ich vorgefunden. Ich wollte mich an die Wirklichkeit halten und wollte gleichzeitig meiner Erfindungslust jeglichen Spielraum geben. Aus

10 der Wirklichkeit des Vorgefundenen ist eine andere, theatralische Wirklichkeit entstanden, die uns alle angeht.

Mit dem Wort „Minderleister" verbinde ich den schäbigen Versuch, die Krise der Stahlindustrie auf Kosten der Schwächsten auszutragen. Angesichts der Arbeit, die diese Menschen in den Stahlwerken vollbringen, ist dieser Begriff eine besondere Ironie.

15 Was bedeutet der Verlust eines Arbeitsplatzes in einer Gesellschaft, welche die Arbeit als wichtigsten Ausdruck menschlichen Seins betrachtet? Ein Mensch, der nicht arbeitet, ist kein Mensch. Das Problem wird privatisiert. Jene, die ihre Arbeit verlieren, haben eben Pech und sie empfinden es bis zu einem gewissen Grad auch selbst so. Sie haben das Gefühl, Verlustmaximierer zu sein. Die ökonomischen und seelischen Schwierigkeiten der Arbeitslosigkeit sind

20 ihre Privatsache. Jener Teil, der Arbeit hat, setzt sich von denen, die keine mehr haben, ab. Die ungelösten Probleme einer Gesellschaft werden den Schwächsten aufgebürdet.

Mich hat immer interessiert, was mit jenen Menschen geschieht, die zu den Verlierern einer ökonomischen Krise gehören.

- Wie sieht Turrini die Situation von Menschen, die ihren Arbeitsplatz verlieren?
- Können Sie die Ansichten des Autors teilen?

Die Minderleister im Grazer Schauspielhaus (Uraufführung der Neufassung von Peter Turrini am 20. 4. 2007)

Politische Lyrik

Exkurs: Politische Dichtung – Versuch einer Definition

1. Unter politischer Dichtung versteht man alle Texte, die politische Ideen, Vorgänge, Aspekte oder soziale Stoffe und Probleme thematisieren. Das Politische ist der Stoff, der literarisch gestaltet wird. Dazu gehören z. B. historische und zeitkritische Romane, Erzählungen, Dramen und Balladen.
Diese erste Möglichkeit einer Definition zeigt den sehr weiten Begriff der politischen Dichtung bzw. Literatur.

- Welche Texte, die dieser Definition entsprechen könnten, kennen Sie?

2. Im engeren Sinn[1] gelten als politische Dichtung diejenigen Werke, die politisch-soziale Verhältnisse beeinflussen, diese stabilisieren oder verändern wollen.

Man unterscheidet also:
- Politische Dichtung mit **affirmierender Tendenz**: Diese bejaht und bestätigt bestehende Herrschafts- und Machtverhältnisse bzw. politisch-gesellschaftliche Systeme (z. B. Herrscherlob im Mittelalter oder Barock, faschistische Literatur des Dritten Reiches).
- Politische Dichtung mit **kritischer Tendenz**: Diese kann der Information, Aufklärung und Analyse von politischen und gesellschaftlichen Zuständen dienen, direkt zum politischen Handeln auffordern – wobei der Appell dominiert (Agitprop[2]) –, Bloßstellung oder Entlarvung sein oder Änderungen propagieren (z. B. politische Literatur im Vormärz).

Zur Interpretation politischer Texte

Bei der Analyse und Interpretation politischer Texte im engeren Sinn muss man beachten, dass diese meist aus einem aktuellen Anlass entstehen und dann nur aus diesem historischen Kontext heraus verstanden werden können. Daher darf politische Dichtung nicht nur unter einem zeitlosen, rein ästhetischen[3] Gesichtspunkt betrachtet werden, sie will ja nicht vorwiegend ästhetisch, sondern politisch wirksam sein.

Folgende Fragestellungen sollen bei der Bearbeitung politischer Texte behandelt werden:
- In welchem historisch-politisch-sozialen Kontext steht der Text?
- Wie und mit welchen sprachlichen und poetischen Mitteln wird die historisch-politisch-soziale Realität wiedergegeben?
- Was will die Autorin / der Autor bewirken (z. B. Einsichten, Handlungen ...)?
- Welche Verbindung kann die Leserin / der Leser vom Text zu seiner eigenen politisch-sozialen Realität und zu seinem sozialen Handeln ziehen?
Politische Dichtung kann sich aller literarischen Formen bedienen, am häufigsten findet man lyrische Texte und epische Kleinformen (z. B. Flugblatt, Brief, Essay, Feuilleton), die schnell zu konzipieren und zu rezipieren sind.

---

[1] Hier geht die Definition nicht vom Bereich des Literarischen aus, sondern vom Politischen.
[2] Agitprop: Kurzform aus Agitation und Propaganda
[3] Ästhetik: Lehre von der Kunst und vom Schönen

Einüben ins Lesen politischer Lyrik

In den folgenden vier Texten erkennt man den politischen Gehalt nicht gleich. Trotzdem sind sie entschieden politische Gedichte.

Bertolt Brecht: *Vom Sprengen des Gartens*

O Sprengen des Gartens, das Grün zu ermutigen!
Wässern der durstigen Bäume! Gib mehr als genug. Und
Vergiß nicht das Strauchwerk, auch
Das beerenlose nicht, das ermattete
5 Geizige! Und übersieh mir nicht
Zwischen den Blumen das Unkraut, das auch
Durst hat. Noch gieße nur
Den frischen Rasen oder den versengten nur:
Auch den nackten Boden erfrische du.

Günter Kunert: *Über einige Davongekommene*

Als der Mensch
unter den Trümmern
Seines
Bombardierten Hauses
5 Hervorgezogen wurde,
Schüttelte er sich
Und sagte:
Nie wieder.

Jedenfalls nicht gleich.

Arnfried Astel: *Vorsprung*

Im Winter
fährt der Metzger
die Kuh im offenen Wagen
zum Schlachthaus.
5 Das macht nichts,
sagt er,
sie erkältet sich zwar,
doch bevor sie stirbt,
wird sie geschlachtet.

Volker von Törne: *Amtliche Mitteilung*

Die Suppe ist eingebrockt:
wir werden nicht hungern.

Wasser steht uns am Hals:
wir werden nicht dürsten.

5 Sie spielen mit dem Feuer:
wir werden nicht frieren.

Für uns ist gesorgt.

Günter Kunert (1999)

Weisen Sie folgende Gedanken den entsprechenden Texten zu!
- Kritik am System der absoluten Macht, Mitleid mit dem Opfer, Auflehnung gegen Rohheit
- Kritik an der Konsumgesellschaft und deren politisch Verantwortlichen
- Engagement für das Missachtete, Unterdrückte und Kleine
- Unbelehrbarkeit des Menschen, selbst nach furchtbarsten Ereignissen

Zwei Gedichte im Vergleich

Heinrich Heine: *Die schlesischen Weber*

Im düstern Auge keine Träne,
Sie sitzen am Webstuhl und fletschen die Zähne:
Deutschland, wir weben dein Leichentuch,
Wir weben hinein den dreifachen Fluch –
5　Wir weben, wir weben!

Ein Fluch dem Gotte, zu dem wir gebeten
In Winterskälte und Hungersnöten;
Wir haben vergebens gehofft und geharrt,
Er hat uns geäfft und gefoppt und genarrt –
10　Wir weben, wir weben!

Ein Fluch dem König, dem König der Reichen,
Den unser Elend nicht konnte erweichen,
Der den letzten Groschen von uns erpreßt
Und uns wie Hunde erschießen läßt –
15　Wir weben, wir weben!

Ein Fluch dem falschen Vaterlande,
Wo nur gedeihen Schmach und Schande,
Wo jede Blume früh geknickt,
Wo Fäulnis und Moder den Wurm erquickt –
20　Wir weben, wir weben!

Das Schiffchen fliegt, der Webstuhl kracht,
Wir weben emsig Tag und Nacht –
Altdeutschland, wir weben dein Leichentuch,
Wir weben hinein einen dreifachen Fluch –
25　Wir weben, wir weben!

Clemens Brentano: *Der Spinnerin Lied*

Es sang vor langen Jahren
Wohl auch die Nachtigall;
Das war wohl süßer Schall,
Da wir zusammen waren.

Ich sing und kann nicht weinen
Und spinne so allein
Den Faden klar und rein,
Solang der Mond wird scheinen.

Da wir zusammen waren,
Da sang die Nachtigall;
Nun mahnet mich ihr Schall,
Dass du von mir gefahren.

Sooft der Mond mag scheinen,
Gedenk ich dein allein,
Mein Herz ist klar und rein,
Gott wolle uns vereinen!

Seit du von mir gefahren,
Singt stets die Nachtigall;
Ich denk bei ihrem Schall,
Wie wir zusammen waren.

Gott wolle uns vereinen,
Hier spinn ich so allein,
Der Mond scheint klar und rein,
Ich sing und möchte weinen!

- Schreiben Sie Gemeinsamkeiten und Unterschiede dieser beiden Texte ungeordnet auf!

Heinrich Heines (1797–1856) Gedicht *Die schlesischen Weber* bezieht sich auf ein konkretes historisches Ereignis, auf den Weberaufstand 1844, der am 4. Juni in Peterswaldau beginnt. Etwa 3 000 aufständische Weber ziehen, auch von anderen Arbeitern unterstützt, zu den Häusern der Fabrikanten und zerstören Einrichtungen und Maschinen. Am 6. Juni wird der Aufstand durch das Militär blutig niedergeschlagen, wobei 11 Tote und 24 Schwerverwundete zu beklagen sind (darunter auch Frauen und Kinder).

Die soziale Situation der Weber um 1850

Ernst Abbe schreibt über den Werktag eines Arbeiters um die Mitte des 19. Jahrhunderts:
Mein Vater war Spinnmeister in Eisenach; er hat bis Anfang der fünfziger Jahre jeden Tag, den Gott werden ließ, von morgens 5 Uhr bis abends 7 Uhr bei normalem Geschäftsgang, sechzehn Stunden von morgens 4 Uhr bis abends 8 Uhr bei gutem Geschäftsgang gearbeitet – und zwar ohne jede Unterbrechung, sogar ohne Mittagspause. Ich selber habe als Junge zwischen fünf
5　und neun Jahren […] meinem Vater das Mittagsbrot gebracht. Und ich bin dabeigestanden, wie mein Vater sein Mittagessen, an eine Maschine gelehnt oder auf eine Kiste gekauert, aus

dem Henkeltopf mit aller Hast verzehrte, um mir dann den Topf zurückzugeben und sofort wieder an seine Arbeit zu gehen. Mein Vater war ein Mann von unerschöpflicher Robustheit, aber mit 48 Jahren in Haltung und Aussehen ein Greis.

Kunst und Politik

Heine macht mit seinem **Rollengedicht** den Versuch, dem demokratischen Bürgertum die verzweifelte Lage der Weber nahezubringen und es zum politischen Engagement zu bewegen.

Es ist nicht anzunehmen, dass Heine die Weber selbst errreichen kann, obwohl dieser Text bald in handschriftlichen Versionen und dann als Flugblatt verteilt oder an Häusern

Der Weberzug (Radierung von Käthe Kollwitz, 1897)

angeschlagen wird, was natürlich verboten ist. Noch bis zum Ende des 19. Jahrhunderts wird der öffentliche Abdruck (z. B. in Tageszeitungen) mit einer Haft- oder Geldstrafe geahndet.

Zu Heines *Die schlesischen Weber*:
- Welche Wörter und Bilder sind nach einer klassisch-romantischen Ästhetik eher unlyrisch? Wozu dienen sie?
- Woran erinnern die kehrreimartigen Strophenschlüsse?
- Untersuchen Sie die Komposition des Textes! Beachten Sie die Mittel der Wiederholung!
- Wie stellt Heine das Weberelend dar, welche Bilder verwendet er dazu?
- Erläutern Sie die Begriffe „Deutschland" und „Altdeutschland"!
- Wie sehen die „Weber" Gott, den König, das Vaterland? Wird Gott in Frage gestellt oder geleugnet?

- Versuchen Sie (z. B. in Ihrer Schulbibliothek oder im Internet), die motivgleichen Texte *Die Leinenweber* von Ludwig Pfau (1844) und *Das Blutgericht* (anonym) zu finden, und vergleichen Sie diese inhaltlich und formal mit dem Heine-Text!

Melancholische Harmonisierung

In Kontrast zu *Die schlesischen Weber* steht der volksliedhafte Text *Der Spinnerin Lied* von **Clemens Brentano** (1778–1842), einem Dichter der Romantik. Er vertritt eine im engeren Sinn unpolitische Lyrik.

Zu Brentanos *Der Spinnerin Lied*:
- Untersuchen Sie die Wort- und Bildwahl und vergleichen Sie diese mit der in Heines Gedicht!
- Wie zeigen sich Vergangenheit, Gegenwart und Zukunft des lyrischen Ich?
- Beachten Sie die Naturkulisse: In welcher Beziehung steht diese zu den Zwängen des sozialen Standes bzw. zum Unglück des jungen Mädchens?

- Wo und wie findet das lyrische Ich Trost für seinen Kummer? Welche Bedeutung hat Gott in diesem Gedicht?
- Welche Wertvorstellungen liegen dem Text zugrunde?
- Wie sehen Sie den Inhalt des Textes aus der heutigen Sicht im Sinne der Emanzipation der Frau?
- Schreiben Sie nun eine vergleichende Interpretation beider Texte!

Die Zeit – Auch ein politisches Problem?

Richard Dehmel (1863–1920) schreibt am Ende des 19. Jahrhunderts (Naturalismus) den hymnischen Text *Der Arbeitsmann*, der weniger eine politische Veränderung der bestehenden Verhältnisse fordert, sondern eher eine scheinbare Zufriedenheit des sprechenden „Arbeitsmannes" zeigt. Dieser beklagt nicht einen materiellen Mangel des Arbeiterstandes, sondern die fehlende Zeit, die berufliche Überlastung.

Der Arbeitsmann

Wir haben ein Bett, wir haben ein Kind,
mein Weib!
Wir haben auch Arbeit, und gar zu zweit,
und haben die Sonne und Regen und Wind,
5 und uns fehlt nur eine Kleinigkeit,
um so frei zu sein, wie die Vögel sind:
Nur Zeit.

Wenn wir sonntags durch die Felder gehn,
mein Kind,
10 und über den Ähren weit und breit
das blaue Schwalbenvolk blitzen sehn,
oh, dann fehlt uns nicht das bißchen Kleid,
um so schön zu sein, wie die Vögel sind:
Nur Zeit!

15 Nur Zeit! wir wittern Gewitterwind,
wir Volk.
Nur eine kleine Ewigkeit;
uns fehlt ja nichts, mein Weib, mein Kind,
als all das, was durch uns gedeiht,
20 um so kühn zu sein, wie die Vögel sind.
Nur Zeit!

- Welche Metaphern und Vergleiche nimmt Dehmel aus der Natur? Drücken diese Naturbilder eher Optimismus oder Pessimismus aus?
- Welche Bedürfnisse des arbeitenden Menschen sind in diesem Gedicht bereits erfüllt?
- Wie bewerten Sie in diesem Zusammenhang die Verszeile „Nur eine kleine Ewigkeit" in der 3. Strophe?
- Wie beurteilen Sie folgende Aussage: „Dieser Text bereitet die Ablösung der Lohnabhängigkeit durch die Konsumabhängigkeit vor."

Heute ist die Problematik der langen Arbeitszeit durch Arbeitszeitverkürzung, die Einführung der Fünf-Tage-Woche, Urlaubsregelung, Krankenurlaub usw. weitestgehend gelöst, ja im Gegenteil, die sinnvolle Freizeitgestaltung wird teilweise zum Problem.

- Ist dieses Gedicht nur noch als Dokument einer zeitgebundenen sozialen Dichtung zu sehen?

Politische Lyrik in der Zeit der faschistischen Herrschaft

Ende der 30er-Jahre verfasst **Bertolt Brecht** (1898–1956) im Exil sein programmatisches Gedicht *Schlechte Zeit für Lyrik*. Brecht bespricht darin die Bedingungen, unter denen Lyrik in der Zeit der „Reden des Anstreichers" (gemeint ist Adolf Hitler und die Zeit der nationalsozialistischen Diktatur) entstehen kann, und thematisiert damit die politische Lyrik selbst.

Schlechte Zeit für Lyrik

Ich weiß doch: nur der Glückliche
Ist beliebt. Seine Stimme
Hört man gern. Sein Gesicht ist schön.

Der verkrüppelte Baum im Hof
5   zeigt auf den schlechten Boden, aber
Die Vorübergehenden schimpfen ihn einen Krüppel
Doch mit Recht.

Die grünen Boote und die lustigen Segel des Sundes
Sehe ich nicht. Von allem
10   Sehe ich nur der Fischer rissiges Garnnetz.
Warum rede ich nur davon
Daß die vierzigjährige Häuslerin gekrümmt geht?
Die Brüste der Mädchen
Sind warm wie ehedem.

15   In meinem Lied ein Reim
Käme mir fast vor wie Übermut.

In mir streiten sich
Die Begeisterung über den blühenden Apfelbaum
Und das Entsetzen über die Reden des Anstreichers.
20   Aber nur das zweite
Drängt mich zum Schreibtisch.

- Brecht beklagt die politischen Verhältnisse, unter denen die glückliche Natur nicht wahrgenommen werden kann und darf. In welchen Zeilen werden diese positiven Aspekte des Lebens ausgedrückt? Welche Bedeutung hat die Natur für Brecht?
- Versuchen Sie nun die Kontrastbilder aufzuzeigen! Wofür stehen diese?
- Welche Konsequenzen zieht Brecht aus seinen Überlegungen? Will Brecht die Lyrik „abschaffen"? Welche Aufgabe hat in der Zeit des NS-Regimes die lyrische Dichtung seiner Meinung nach?

Gedichte über den „Führer"

Schon 1933 schreibt **Brecht** *Das Lied vom Anstreicher Hitler*. Darin zeigt er, weit vorausblickend, in zum Teil derben und ordinären Ausdrücken, wie Hitler ganz Deutschland anschmiert. Beachten Sie die Doppelbedeutung von „anschmieren": handwerkliche Tätigkeit und politische Dimension.

Das Lied vom Anstreicher⁴ Hitler

Der Anstreicher Hitler
Sagte: Liebe Leute, laßt mich ran!
Und er nahm einen Kübel frischer Tünche
Und strich das deutsche Haus neu an.
5   Das ganze deutsche Haus neu an.

O Anstreicher Hitler
Warum warst du kein Maurer? Dein Haus
Wenn die Tünche in den Regen kommt
Kommt der Dreck drunter wieder raus.
15   Kommt das ganze Scheißhaus wieder raus.

Der Anstreicher Hitler
Sagte: Diesen Neubau hat's im Nu!
Und die Löcher und die Risse und die Sprünge
Das strich er einfach alles zu.
10   Die ganze Scheiße strich er zu.

Der Anstreicher Hitler
Hatte bis auf Farbe nichts studiert
Und als man ihn nun eben ranließ
Da hat er alles angeschmiert.
20   Ganz Deutschland hat er angeschmiert.

- Wie beurteilen Sie die derbe Sprache? Welche Funktion hat sie? Informieren Sie sich über die politische Situation in Deutschland vor 1933, die es Hitler erlaubte, an die Macht zu kommen!

Während Bertolt Brecht den „Führer" entmystifiziert, ihn seines Glorienscheins entkleidet, feiern regimetreue Nazi-Dichter diesen mit heute makaber anmutenden Gedichten, die zum Teil in damaligen Schulbüchern stehen und von den SchülerInnen auswendig gelernt werden müssen.
Ein derartiges „Machwerk" stammt von **Carl Maria Holzapfel**, sein systemstabilisierendes Gedicht *SA-Weihnacht* erscheint bereits 1934.

SA-Weihnacht

Es ist ein Licht geboren,
Deutsch und von selt'ner Art!
S.A. ist auserkoren,
Zu schirmen seine Fahrt!
5   Es durch die Nacht zu führen,
Daß ihm kein Leid geschieht
Durch Mord vor dunklen Türen,
Wenn es durch Deutschland zieht!

Es klopft an alle Räume,
10 Begehrt in jedes Haus,
Es strahlt durch Weihnachtsbäume
Heute die Botschaft aus:

Es ist ein Licht geboren,
Deutsch und von selt'ner Art!
15 Wacht auf, schlafende Toren!
Auf! um den Baum geschart!
Seht, wie er grünt am Holze,
Trotz Winter und trotz Not,
Wie er im Lichterstolze
20 Nicht Dunkel scheut und Tod!

Es ist ein Licht geboren,
Deutsch und von selt'ner Art!
S.A. ist auserkoren,
S.A. schirmt seine Fahrt!

- Informieren Sie sich genauer über die Aufgaben und die politischen Ziele der SA (Sturmabteilung)!
- Wodurch wird der appellative Charakter des Textes sichtbar?
- Wofür steht im Vers 1 „Licht", im Vers 5 „Nacht", im Vers 15 „Toren" und im Vers 16 „Baum"?

---

⁴ Hitler wollte in Wien Kunstmaler werden, scheiterte jedoch an der Aufnahmsprüfung für die Akademie.

- Welche Textstellen entsprechen den ideologischen Formeln der NS-Zeit (z. B. Deutschtum, Herrenmensch)?
- Inwiefern werden Kirche und christliche Traditionen in den Dienst der NS-Ideologie gestellt? Zeigen Sie das anhand von Textstellen auf!
- Lesen Sie zu dieser Thematik folgende Gedanken von **Heinrich Himmler** über die *„SS-Moral"*!

Ein Grundsatz muß für den SS-Mann absolut gelten: ehrlich, anständig, treu und kamerad-schaftlich haben wir zu Angehörigen unseres eigenen Blutes zu sein und zu sonst niemandem. Wie es den Russen geht, wie es den Tschechen geht, ist mir total gleichgültig. Das, was in den Völkern an gutem Blut unserer Art vorhanden ist, werden wir uns holen, indem wir ihnen,
5 wenn notwendig, die Kinder rauben und sie bei uns großziehen. Ob die anderen Völker in Wohlstand leben oder ob sie verrecken vor Hunger, das interessiert mich nur so weit, als wir sie als Sklaven für unsere Kultur brauchen, anders interessiert mich das nicht. Ob bei dem Bau eines Panzergrabens 10 000 russische Weiber an Entkräftung umfallen oder nicht, interessiert mich nur insoweit, als der Panzergraben für Deutschland fertig wird. Wir werden niemals roh
10 und herzlos sein, wo es nicht sein muß; das ist klar. Wir Deutschen, die wir als einzige auf der Welt eine anständige Einstellung zum Tier haben, werden ja auch zu diesen Menschentieren eine anständige Einstellung einnehmen, aber es ist ein Verbrechen gegen unser eigenes Blut, uns um sie Sorge zu machen und ihnen Ideale zu bringen, damit unsere Söhne und Enkel es noch schwerer haben mit ihnen. Wenn mir einer kommt und sagt: „Ich kann mit den Kindern
15 oder den Frauen den Panzergraben nicht bauen. Das ist unmenschlich, denn dann sterben die daran", – dann muß ich sagen: „Du bist ein Mörder an deinem eigenen Blut, denn wenn der Panzergraben nicht gebaut wird, dann sterben deutsche Soldaten, und das sind Söhne deut-scher Mütter. Das ist unser Blut." Das ist das, was ich dieser SS einimpfen möchte und – wie ich glaube – eingeimpft habe, als eines der heiligsten Gesetze der Zukunft: Unsere Sorge, unsere
20 Pflicht, ist unser Volk und unser Blut; dafür haben wir zu sorgen und zu denken, zu arbeiten und zu kämpfen, und für nichts anderes. Alles andere kann uns gleichgültig sein.

Politische Lyrik nach 1945

Das „Furchtbarste" in Worte gefasst

Paul Celan

Paul Celan (1920–1970) ▶ Seite 505 f. , dessen Gedichttexte oft als „reine Poesie" missver-standen werden, ist ein Überlebender der faschistischen Massenvernichtung, bei der seine Eltern ermordet werden. Er versucht mit dem 1945 entstandenen Gedicht *Todesfuge* die Schre-cken der Konzentrationslager sagbar zu machen. Das Gedicht thematisiert die Vernichtung der Juden im Konzentrationslager Auschwitz. Celan versucht auch damit, die Ermordung seiner Eltern durch die SS und die Vernichtung so vieler seiner jüdischen Glaubensgenossen durch die nationalsozialistische Todesmaschinerie zu verarbeiten.

Todesfuge

Schwarze Milch der Frühe wir trinken sie abends
wir trinken sie mittags und morgens wir trinken sie nachts
wir trinken und trinken
wir schaufeln ein Grab in den Lüften da liegt man nicht eng
5   Ein Mann wohnt im Haus der spielt mit den Schlangen der schreibt
der schreibt wenn es dunkelt nach Deutschland dein goldenes Haar Margarete
er schreibt es und tritt vor das Haus und es blitzen die Sterne er pfeift seine Rüden herbei
er pfeift seine Juden hervor lässt schaufeln ein Grab in der Erde
10 er befiehlt uns spielt auf nun zum Tanz

Schwarze Milch der Frühe wir trinken dich nachts
wir trinken dich morgens und mittags wir trinken dich abends
wir trinken und trinken
Ein Mann wohnt im Haus und spielt mit den Schlangen der schreibt
15 der schreibt wenn es dunkelt nach Deutschland dein goldenes Haar Margarete
Dein aschenes Haar Sulamith wir schaufeln ein Grab in den Lüften da liegt man nicht eng
Er ruft stecht tiefer ins Erdreich ihr einen ihr andern singet und spielt
er greift nach dem Eisen im Gurt er schwingts seine Augen sind blau
20 stecht tiefer die Spaten ihr einen ihr andern spielt weiter zum Tanz auf

Schwarze Milch der Frühe wir trinken dich nachts
wir trinken dich morgens und mittags wir trinken dich abends
wir trinken und trinken
ein Mann wohnt im Haus dein goldenes Haar Margarete
25 dein aschenes Haar Sulamith er spielt mit den Schlangen
Er ruft spielt süßer den Tod der Tod ist ein Meister aus Deutschland
er ruft streicht dunkler die Geigen dann steigt ihr als Rauch in die Luft
dann habt ihr ein Grab in den Wolken da liegt man nicht eng

Schwarze Milch der Frühe wir trinken dich nachts
30 wir trinken dich mittags der Tod ist ein Meister aus Deutschland
wir trinken dich abends und morgens wir trinken und trinken
der Tod ist ein Meister aus Deutschland sein Auge ist blau
er trifft dich mit bleierner Kugel er trifft dich genau
ein Mann wohnt im Haus dein goldenes Haar Margarete
35 er hetzt seine Rüden auf uns er schenkt uns ein Grab in der Luft
er spielt mit den Schlangen und träumet der Tod ist ein Meister aus Deutschland
dein goldenes Haar Margarete
dein aschenes Haar Sulamith

Jede der vier Strophen beginnt mit „Schwarze Milch der Frühe wir trinken sie (dich) …".
Dieses Bild (leitmotivisch[5] verwendet) enthält Gegensätzliches. Mit „Milch" assoziiert man

---

[5] Leitmotiv: formelhaft wiederkehrendes Motiv

das Helle, Lebensspendende, auch „Frühe" enthält Helles, einen Anfang Bezeichnendes. „Schwarz" bezeichnet das Dunkle, den Tod.

Die Juden (das kollektive Wir in diesem Text) trinken diese „Schwarze Milch der Frühe", stehen also immer zwischen Leben und Tod, Hoffnung und Verzweiflung.

Ein im Gegensatz zu „Schwarze Milch" stehendes Leitmotiv ist „Ein Mann wohnt im Haus". Damit ist der KZ-Kommandant, der Deutsche gemeint.

- Inwieweit sind diese beiden Bilder Gegensätze?
- Beschreiben Sie nun den „Mann"! Listen Sie die Widersprüche, das Gegensätzliche dieses Mannes auf, einerseits das „Positive", z. B „seine Augen sind blau", andererseits das Todbringende, z. B. „er spielt mit den Schlangen". Beachten Sie seinen Zynismus über die Vergasung der Juden: „ein Grab in den Lüften da liegt man nicht eng"! Wie oft kehrt dieses Bild wieder? Wie werden die jüdischen Gefangenen noch verhöhnt? Der Widerspruch wird in einem Bild zusammengefasst. Welches könnte das sein?
- Der tödliche Gegensatz von Deutschen und Juden wird in den letzten beiden Zeilen noch einmal thematisiert. Warum wird das Haar Sulamiths als „aschen" bezeichnet? Woran erinnern die Namen „Margarete" und „Sulamith"?

Paul Celans Gedicht ist ein dichterisches Kunstwerk, das das musikalische Prinzip der Fuge sprachlich verwirklicht.

- Informieren Sie sich, was man unter einer „Fuge" versteht!
- Weisen Sie nun die Abfolge und Verzahnung der einzelnen Motive und Gegenmotive nach!

Theodor Kramer

Theodor Kramer (1897–1958) ist einer der bedeutendsten Exillyriker Österreichs. Seine Gedichte – das lyrische Gesamtwerk umfasst weit über 10 000 Texte – widmet er den Außenseitern der Gesellschaft, mit deren Not und Elend er sich solidarisiert. Formal sind seine Texte traditionell und volkstümlich-einfach.

Viele seiner Gedichte entstehen in England, wohin der Dichter 1939 nach dem Einmarsch Hitlers in Österreich emigrieren muss. Seine Mutter kommt im Konzentrationslager Theresienstadt um.

Theodor Kramer

Die unerträgliche Situation jüdischer Mitbürger im Wien nach 1939 (Angst vor dem Abtransport in ein Konzentrationslager durch die Gestapo) schildert Kramer auf ergreifend-schlichte Weise in folgendem **Dialoggedicht**.

Wer läutet draußen an der Tür?

Wer läutet draußen an der Tür,
kaum daß es sich erhellt?
Ich geh schon, Schatz. Der Bub hat nur
die Semmeln hingestellt.

5 Wer läutet draußen an der Tür?
Bleib nur; ich geh, mein Kind.
Es war ein Mann, der fragte an
beim Nachbarn, wer wir sind.

Wer läutet draußen an der Tür?
Laß ruhig die Wanne voll.
10 Die Post ist da; der Brief ist nicht
dabei, der kommen soll.

Wer läutet draußen an der Tür?
Leg die Betten aus.
Der Hausbesorger war's; wir solln
15 am Ersten aus dem Haus.

Wer läutet draußen an der Tür?
Die Fuchsien blühn so nah.
Pack, Liebste, mir mein Waschzeug ein
und wein nicht, sie sind da.

- Jede Strophe besteht aus einer Frage und einer Antwort. Warum stellt die Frau fünf-
  mal dieselbe Frage? Was soll damit verdeutlicht werden?
- Welche Haltung zeigt der Mann, der in ständiger Bedrohung und angsterfüllter
  Erwartung lebt, gegenüber seiner Frau?
- Die Zeile „Die Fuchsien blühn so nah" spricht niemand, sie ist ein Bild für ein mög-
  liches kleines Glück. Versuchen Sie diese Zeile durch einen eigenen Vers zu ersetzen!

Nelly Sachs

Nelly Sachs (1891–1970), Tochter jüdisch-deutscher Eltern, wird 1965 mit dem „Friedenspreis des deutschen Buchhandels" ausgezeichnet und erhält 1966 zusammen mit Samuel Josef Agnon den Nobelpreis für Literatur. 1891 in Berlin geboren, kann sie in letzter Minute 1940 mit ihrer Mutter nach Stockholm emigrieren, wo sie bis zu ihrem Tod 1970 lebt. Viele ihrer nächsten Angehörigen und Freunde (auch ihr Verlobter) kommen in den Vernichtungslagern des Dritten Reiches um. Diese Er- fahrungen des Schmerzes und der Trauer befähigen Nelly Sachs zu lyrischen Texten, die in der deutschen Dichtung einzigartig sind.

Nelly Sachs (1966)

O der weinenden Kinder

O der weinenden Kinder Nacht!
Der zum Tode gezeichneten Kinder Nacht!
Der Schlaf hat keinen Eingang mehr.
Schreckliche Wärterinnen
5 sind an die Stelle der Mütter getreten,
haben den falschen Tod in ihre Handmuskeln gespannt,
säen ihn in die Wände und ins Gebälk –
überall brütet es in den Nestern des Grauens.
Angst säugt die Kleinen statt der Muttermilch.

10 Zog die Mutter noch gestern
wie ein weißer Mond den Schlaf heran,
kam die Puppe mit dem fortgeküssten Wangenrot
in den einen Arm,
kam das ausgestopfte Tier, lebendig
15 in der Liebe schon geworden,
in den andern Arm, –
weht nun der Wind des Sterbens,
bläst die Hemden über die Haare fort,
die niemand mehr kämmen wird.

Auch dieser Text bezieht sich wie Celans Gedicht auf das Grauen der Judenverfolgung und die Unmenschlichkeit in den Konzentrationslagern. Er beschreibt das erschütternde „Leben" der Kinder in dieser Situation.

Das Gedicht erscheint in der Sammlung *In den Wohnungen des Todes*, was hier noch wörtlich zu verstehen ist. In späteren lyrischen Arbeiten, in denen Sachs häufig Chiffren[6] und Zeichen verwendet, liegen die Aussagen nicht so unverschlüsselt offen.

- Versuchen Sie alle Gegensätze in diesem Gedicht herauszuarbeiten!
- Welche Bilder bzw. Textstellen drücken Tod, welche Liebe und Leben aus?

- Sehen Sie die vorangegangenen drei Gedichte „nur als Literatur" im Sinne eines Literaturkanons für die Schule oder haben diese einen direkten Weg in Ihr Innerstes und Ihre Emotionen gefunden?

Ein Gedicht zur Umwelt

Das Gedicht *das ende der eulen* von **Hans Magnus Enzensberger** entsteht 1960. Enzensberger, 1929 geboren, selbst Literaturwissenschaftler, ist Mitglied der „Gruppe 47" und lebt seit 1957 als freier Schriftsteller.

das ende der eulen

ich spreche von euerm nicht,
ich spreche vom ende der eulen.
ich spreche von butt und wal
in ihrem dunkeln haus,
5   dem siebenfältigen meer,
von den gletschern,
sie werden kalben zu früh,
rab und taube, gefiederten zeugen,
von allem was lebt in lüften
10   und wäldern, und den flechten im kies,
vom weglosen selbst, und vom grauen moor
und den leeren gebirgen:

auf radarschirmen leuchtend
zum letzten mal, ausgewertet
15   auf meldetischen, von antennen
tödlich befingert floridas sümpfe
und das sibirische eis, tier
und schilf und schiefer erwürgt
von warnketten, umzingelt
20   vom letzten manöver, arglos
unter schwebenden feuerglocken,
im ticken des ernstfalls.

wir sind schon vergessen.
sorgt euch nicht um die waisen,
25   aus dem sinn schlagt euch
die mündelsichern gefühle,
den ruhm, die rostfreien psalmen.
ich spreche nicht mehr von euch,
planern der spurlosen tat,
30   und von mir nicht, und keinem.
ich spreche von dem was nicht spricht,
von den sprachlosen zeugen,
von ottern und robben,
von den alten eulen der erde.

---

6 Chiffre: Geheimschrift, vieldeutiges Zeichen, Wort oder Wortverbindung

Dieser Text wendet sich gegen Auswüchse unserer technischen Zivilisation, gegen Umweltzerstörung und übersteigertes Profitdenken. Der Begriff „politisch" bzw. „sozial" ist in diesem Gedicht wie in vielen anderen Texten der zweiten Hälfte des 20. Jahrhunderts in weitem Sinne umweltbezogen gemeint.

- Welche Assoziationen löst bei Ihnen der Vogelname Eule aus? Was repräsentiert er in Bezug auf die europäische Kultur? Was bedeutet dann die Überschrift?
- Welche Bereiche der Natur und der Tierwelt werden in der 1. Strophe angesprochen? Diesen wird das Schlüsselwort „auswerten" gegenübergestellt. Was assoziieren Sie mit „auswerten"? Was zeigt diese Gegenüberstellung?
- Welche Wörter und Wendungen beherrschen die 2. Strophe?
- Welche Bedeutung haben Ihrer Meinung nach die Textstellen „schwebende feuerglocken" und „im ticken des ernstfalls"?
- Die Problematik, die in der 2. Strophe thematisiert wird, ist bewusst beschönigt. Was bewirkt der Autor damit?
- Wie wird der Mensch („planer der spurlosen tat") gesehen? Welche Konsequenzen müsste er ziehen?

- Versuchen Sie, selbst ein politisches Gedicht zu schreiben! Es kann Vergangenes oder Gegenwärtiges behandeln, kann aber auch einen in Ihren Augen politisch zeitlosen Inhalt haben. Lassen Sie Ihren lyrischen Text von einem Mitschüler (einer Mitschülerin) interpretieren! (Anleitungen am Beginn des Kapitels!)
- Verfassen Sie eine Interpretation eines der vier „modernen" politischen Gedichte, die am Beginn des Kapitels abgedruckt sind!

Bürgerlicher Realismus (1848–1885)

Bild der Epoche

Diese Literaturepoche beginnt mit dem Scheitern der bürgerlichen Revolution von 1848/49 und endet in den 80er-Jahren mit dem Vormarsch einer neuen Schriftstellergeneration von jungen Intellektuellen. Diese wenden sich gegen das literarische Establishment und zeigen mehr Interesse für die sozialen Probleme des Arbeiterstandes und der Not leidenden Menschen.

Das **gebildete Bürgertum**, das vor 1848 gegen den feudalen Absolutismus auftritt, geht in der zweiten Hälfte des 19. Jahrhunderts zu den Ideen und Idealen der Vormärzzeit auf Distanz, verzichtet weitgehend auf politische Macht und Mitsprache, überlässt dem Adel und Militär die politische Führung und erkauft sich so Wohlstand, soziale Ruhe und Ordnung.

Der Geburtstag der Großmutter
(Carl Schleicher, um 1870)

Wirtschaftlicher Aufschwung

Die Vereinigung Deutschlands im Jahre 1871, die mit militärischen Mitteln herbeigeführt wird, bringt dem Land einen enormen **wirtschaftlichen Aufschwung** und macht aus Deutschland einen hoch entwickelten **Industriestaat**. Während am Beginn des 19. Jahrhunderts noch 80 Prozent der Bevölkerung in der Landwirtschaft tätig sind, sind es um 1900 nur noch circa 30 Prozent. In **Österreich-Ungarn**, 1867 durch den sogenannten „Ausgleich" gegründet, verhindern hingegen vor allem die Angst der Regierungen vor sozialen Unruhen und hohe militärische Ausgaben das industrielle Wachstum. Am Ende des 19. Jahrhunderts leben hier noch zwei Drittel der Bevölkerung von der Landwirtschaft.

Polarisierung von Armen und Reichen

Durch die **sozialen Folgen der Industrialisierung** (Anwachsen der Städte, finanzielle Not und unwürdige Lebensbedingungen der Industriearbeiter) kommt es zu einer immer stärkeren und bedrohlicheren Polarisierung von Industriekapitalismus und Proletariat. Infolge politischen und sozialen Drucks müssen in den Jahren nach der Revolution 1848 Hunderttausende von Arbeitslosen auswandern. Trotzdem verdreifacht sich die Bevölkerung von 1816 bis 1890, u. a. durch die Erfindung neuer antiseptischer Mittel und große Erfolge in der Behandlung des Kindbettfiebers.

Der **vierte Stand** kann weder in politischen noch in literarischen Bereichen entscheidenden Einfluss nehmen; die 1878 in Deutschland erlassenen Sozialistengesetze führen zum Verbot von Gewerkschaften und zur Ausweisung namhafter Arbeiterführer. In den späten 80er-Jahren werden Kinderarbeit, Krankenfürsorge, Arbeitszeit und Arbeitslosenfürsorge gesetzlich geregelt. Trotz dieser Sozialgesetze verarmt die Arbeiterschaft immer mehr, während das Bürgertum zum Großteil in wirtschaftlichem Wohlstand leben kann.

Marxismus

Erst in den 90er-Jahren, zur Zeit des Naturalismus, kommt es zu einer Verbreitung der Theorien von **Karl Marx** (1818–1883) und **Friedrich Engels** (1820–1895), die ihr 1848 anonym veröffentlichtes *Manifest der kommunistischen Partei* mit den Worten schließen:

Mögen die herrschenden Klassen vor einer kommunistischen Revolution zittern. Die Proletarier haben nichts in ihr zu verlieren als ihre Ketten. Sie haben eine Welt zu gewinnen. Proletarier aller Länder, vereinigt Euch!

Die Rolle des Kleinbürgertums

Diesen radikalen Gedanken steht in der Zeit des Realismus das Klassenbewusstsein des kleinbürgerlichen Standes (Handwerker, Kaufleute, Landwirte und Beamte) gegenüber. Dieser Mittelstand fügt sich aus Angst vor dem Marxismus den Interessen der staatlichen Bürokratie, an deren Spitze Adel und Militär stehen, und den wirtschaftlichen Zielen der Industriepolitik.

Das Bürgertum spaltet sich in einen wirtschaftlich orientierten besitzbürgerlichen und in einen intellektuell bestimmten bildungsbürgerlichen Flügel. Der dabei entstehende Konflikt zwischen dem durch die industrielle Revolution geförderten **Pragmatismus**[1] und humanistischen, religiösen und philosophischen Wertvorstellungen schlägt sich in der Literatur nieder.

Rückzug in die apolitische Innerlichkeit

Für viele Dichter und Bildungsbürger bedeutet dieser Konflikt einen **freiwilligen Rückzug** in eine apolitische Innerlichkeit, ein Sich-Abgrenzen von der besitzbürgerlichen Welt und die resignierende Erkenntnis, dass wahre Menschlichkeit in dieser Welt nicht lebbar sei. So richten die Schriftsteller den Blick zurück in ihre Jugend, verweisen auf bestehende Traditionen und vermeiden radikale Darstellungen gesellschaftlicher und politischer Konflikte und Krisen. Die Dichtung soll Versöhnung darstellen und Vermittlung zwischen den individuellen Ansprüchen der einzelnen Menschen und der Gemeinschaft sein. **Humor und Ironie** haben dabei oft die Aufgabe, den Widerspruch zwischen persönlichen Wunschvorstellungen und objektiver Wirklichkeit zu überwinden oder aufzulösen.

Literarisches Leben

In der zweiten Hälfte des 19. Jahrhunderts sind die Voraussetzungen für ein breites Lesepublikum und damit für einen enormen **Aufschwung der Literaturproduktion** geschaffen:
- starker Bevölkerungszuwachs
- Entstehung industrieller Zentren und Großstädte
- drucktechnische Fortschritte
- Verbilligung und Vereinfachung des Literaturversandes durch die rasche Entwicklung des Postwesens
- bessere Schulbildung und Verringerung des Analphabetentums
- Reduzieren der Arbeitszeit und Erhöhung der Einkommen bürgerlicher Schichten
- Lockerung der Zensur

Bibliotheken, Zeitschriften

Wichtig ist auch die wachsende Zahl der **Leihbüchereien** und der **Volksbibliotheken**, wo vor allem Romane ausgeliehen werden. Daneben wird billige **Kolportageliteratur**[2] an der Haustür verkauft und später an Kiosken angeboten. Sehr beliebt sind **Wochen-Zeitschriften**, 1853

---

[1] Pragmatismus: Orientierung auf das Nützliche, Sinn für Tatsachen und praktischen Erfolg
[2] Colportage, frz.: Hausierhandel

erscheint die erste Ausgabe der *Gartenlaube. Illustriertes Familien-blatt* (bis 1890), die als Grundstein für die Massenpresse im deutschen Sprachraum angesehen werden kann. Die Zeitschriften haben einen klar geordneten Aufbau. Auf eine Erzählung, Novelle oder einen Roman in Fortsetzungen folgen länder- und völkerkundliche Aufsätze und Berichte. Den Abschluss bilden Beiträge aus Kunst und Kultur, später Beilagen mit Themen aus aller Welt. Das Ziel dieser sprachlich und inhaltlich allgemein verständlichen und überaus populären Familienblätter ist neben der Unterhaltung auch die **Erziehung der Bürger** zu „Sitte und Moral".

Gegen Ende des Jahrhunderts entwickelt sich die **Illustrierte**, ein Zeitschriftentyp mit aktueller Bildberichterstattung. Heute noch bekannte Zeitschriften wie *Westermanns Monatshefte* werden in dieser Zeit gegründet.

Titelblatt der *Gartenlaube* (Randzeichnung von R. E. Kepler)

Massenproduktion

Viele Autoren müssen sich, wenn sie von ihren literarischen Arbeiten leben wollen, den Zwängen der **Massenproduktion** und des literarischen Marktes anpassen und sich dem Geschmack eines breiten Leserpublikums unterwerfen. Namhafte SchriftstellerInnen, die in den auflagenstärksten Zeitschriften (neben der *Gartenlaube* noch *Daheim* oder *Fliegende Blätter*) schreiben, sind **Karl Gutzkow, Eugenie Marlitt, Paul Heyse, Ludwig Ganghofer**; auch **Wilhelm Raabe, Theodor Fontane, Theodor Storm, Gottfried Keller, Peter Rosegger** oder **Marie von Ebner-Eschenbach** lehnen die Mitarbeit an den neuen Publikumszeitschriften nicht ab, obwohl deren Redaktionen oftmals Eingriffe in ihre Texte vornehmen.

Im Realismus herrscht grundsätzlich ein friedliches Nebeneinander von ästhetisch hochwertiger Literatur und Unterhaltungsliteratur, die vor gesellschaftspolitischen Zeitproblemen flüchtet, auch biedermeierliche Idyllen zeichnet oder exotische Abenteuer zum Thema hat (z. B. die Romane von **Karl May**, 1842–1912).

Programm und Formen des poetischen Realismus

Der bürgerliche Realismus – der Literaturkritiker und Dichter **Otto Ludwig** (1813–1865) gibt ihm den Namen **poetischer Realismus** – wendet sich sowohl gegen die Romantik und Klassik, die die Fantasie bzw. das Typische und Idealistische in den Vordergrund rücken, als auch gegen die tagespolitische Thematik und den Subjektivismus der Tendenzpoesie des Jungen Deutschland und Vormärz.

Theodor Fontane (1819–1898) schreibt 1853 in *Unsere lyrische und epische Poesie seit 1848* über den „echten" Realismus:

Vor allen Dingen verstehen wir nicht darunter das nackte Wiedergeben alltäglichen Lebens, am wenigsten seines Elends und seiner Schattenseiten. Traurig genug, daß es nötig ist, derlei sich von selbst verstehende Dinge noch erst versichern zu müssen. Aber es ist noch nicht allzu lange her, daß man (namentlich in der Malerei) Misere mit Realismus verwechselte und bei 5 Darstellung eines sterbenden Proletariers, den hungernde Kinder umstehen, oder gar bei Produktionen jener sogenannten Tendenzbilder (schlesische Weber, das Jagdrecht u. dgl. m.)

sich einbildete, der Kunst eine glänzende Richtung vorgezeichnet zu haben. Diese Richtung verhält sich zum echten Realismus wie das rohe Erz zum Metall: die Läuterung fehlt. Wohl ist das Motto des Realismus der Goethe'sche Zuruf:

10   Greif nur hinein ins volle Menschenleben,
Wo du es packst, da ist's interessant,

aber freilich, die Hand, die diesen Griff tut, muß eine künstlerische sein.

> • Soll Kunst Ihrer Meinung nach auch die negativen, hässlichen Seiten der Wirklichkeit einbeziehen? Ist es Aufgabe der Kunst, die Wirklichkeit zu idealisieren? Diskutieren Sie diese Fragestellungen!

Novelle

Priorität hat im poetischen Realismus die **erzählende Dichtung**, im Besonderen die **Novelle** und der Roman. Die Novelle soll ein bedeutungsvolles Ereignis aus dem Alltagsleben darstellen und durch das Aufzeigen einer Krisensituation vermitteln, „was Menschenleben überhaupt ist" (Friedrich Theodor Vischer). Das Wort Novelle kommt aus dem Italienischen (novella) und bedeutet „kleine Neuigkeit"[3]. Meist in Prosa geschrieben, gestaltet die Novelle eine tatsächliche oder vorstellbare Einzelbegebenheit mit einem zentralen Konflikt in einer geradlinig auf einen Zielpunkt hinführenden und geschlossenen Form. Das zeigt, dass sie dem Drama näher steht als dem Roman, dessen Handlung verzweigt und vielschichtig ist.

Roman

Der **Gesellschaftsroman** malt einen größeren Ausschnitt aus der Gesellschaft, wobei das gehobene Bürgertum, der niedere und mittlere Adel im Mittelpunkt stehen.
Der **Bildungsroman** beschreibt die Entwicklung einer Einzelgestalt innerhalb der besitzbürgerlichen Welt. Diese zentrale Person muss lernen, sich in die Gesellschaft einzuordnen.

Der **historische Roman** behandelt historisch-authentische Ereignisse und Personen und konfrontiert wichtige Abschnitte aus der Geschichte mit der Gegenwart.

Drama

Das **Drama** erreicht in der Zeit vor dem Naturalismus einen Tiefpunkt. Nur **Friedrich Hebbel** (1813–1863), der das literarische Programm des Realismus ablehnt und die klassisch-idealistische Tradition weiterführt, und der Österreicher **Ludwig Anzengruber** (1839–1889), der das Erbe des Wiener Volksstücks antritt und schon an der Schwelle zum Naturalismus steht, schreiben Dramen, die auch heute noch gespielt werden.

Lyrik

Die **Lyrik** der Epoche knüpft bei der Romantik und Klassik an. Besonders die Erlebnislyrik Goethes, liedhafte Texte Eichendorffs und Volkslieder sind Vorbilder für die Gedichte der Epoche. Diese haben die einfachen Gefühle (Liebe, Natur, Glück, Trauer, Sehnen, Erinnern, Suche nach Geborgenheit) zum Inhalt.

Ballade

Die **Balladendichtung** greift auf geschichtliche Begebenheiten und Heldenstoffe zurück oder setzt sich mit der modernen Technik auseinander.

---

[3] novus, novellus; lat.: neu

Zwei Beispiele epischer Dichtung

Gottfried Keller: *Romeo und Julia auf dem Dorfe*

Diese Novelle von **Gottfried Keller** (1819–1890) erscheint 1856 in der berühmten Sammlung *Die Leute von Seldwyla* und beruht auf einer tatsächlichen Begebenheit: dem freiwilligen Tod zweier junger Menschen, deren Eltern in Feindschaft leben und in eine Verbindung ihrer Kinder nicht einwilligen.

In einer Züricher Tageszeitung steht am 3. September 1847 zu lesen:

Im Dorfe Altsellerhausen, bei Leipzig, liebten sich ein Jüngling von 19 Jahren und ein Mädchen von 17 Jahren, beide Kinder armer Leute, die aber in einer tödlichen Feindschaft lebten und nicht in eine Vereinigung des Paares willigen wollten. Am 15. August begaben

Gottfried Keller

5 sich die Verliebten in eine Wirtschaft, wo sich arme Leute vergnügten, tanzten daselbst bis nachts 1 Uhr und entfernten sich hierauf. Am Morgen fand man die Leichen beider Liebenden auf dem Felde liegen; sie hatten sich durch den Kopf geschossen.

Liebende als Verlorene

Diesem Zeitungsbericht folgt der Inhalt von Kellers Novelle.

Zwei Bauern, Manz und Marti, bringen einen Wandermusikanten, den schwarzen Geiger, um sein Erbe, zerstreiten sich wegen eines Ackerstücks und ruinieren sich gegenseitig durch langwierige Prozesse. Die dadurch aussichtslose Liebe der Kinder (die erzählte Zeit umfasst ungefähr 12 Jahre, am Ende sind Sali und Vrenchen 19 und 17 Jahre alt) endet im Freitod.

An dem schönen Flusse, der eine halbe Stunde entfernt an Seldwyl vorüberzieht, erhebt sich eine weit gedehnte Erdwelle und verliert sich, selber wohlbebaut, in der fruchtbaren Ebene. Fern an ihrem Fuße liegt ein Dorf, welches manche große Bauernhöfe enthält, und über die sanfte Anhöhe lagen vor Jahren drei prächtige lange Äcker weithingestreckt gleich drei rie-

5 sigen Bändern nebeneinander. An einem sonnigen Septembermorgen pflügten zwei Bauern auf zweien dieser Äcker, und zwar auf jedem der beiden äußersten; der mittlere schien seit langen Jahren brach und wüst zu liegen, denn er war mit Steinen und hohem Unkraut bedeckt und eine Welt von geflügelten Tierchen summte ungestört über ihm. Die Bauern aber, welche zu beiden Seiten hinter ihrem Pfluge gingen, waren lange knochige Männer von ungefähr

10 vierzig Jahren und verkündeten auf den ersten Blick den sichern, gut besorgten Bauersmann. Sie trugen kurze Kniehosen von starkem Zwillich, an dem jede Falte ihre unveränderliche Lage hatte und wie in Stein gemeißelt aussah. Wenn sie, auf ein Hindernis stoßend, den Pflug fester faßten, so zitterten die groben Hemdärmel von der leichten Erschütterung, indessen die wohlrasierten Gesichter ruhig und aufmerksam, aber ein wenig blinzelnd in den Sonnenschein vor

15 sich hinschauten, die Furche bemaßen oder auch wohl zuweilen sich umsahen, wenn ein fernes Geräusch die Stille des Landes unterbrach. Langsam und mit einer gewissen natürlichen Zierlichkeit setzten sie einen Fuß um den andern vorwärts und keiner sprach ein Wort, außer wenn er etwa dem Knechte, der die stattlichen Pferde antrieb, eine Anweisung gab. So glichen sie einander vollkommen in einiger Entfernung; denn sie stellten die ursprüngliche Art dieser

20 Gegend dar, und man hätte sie auf den ersten Blick nur daran unterscheiden können, daß der eine den Zipfel seiner weißen Kappe nach vorn trug, der andere aber hinten im Nacken hängen hatte. Aber das wechselte zwischen ihnen ab, indem sie in der entgegengesetzten Rich-

tung pflügten; denn wenn sie oben auf der Höhe zusammentrafen und aneinander vorüber-
kamen, so schlug dem, welcher gegen den frischen Ostwind ging, die Zipfelkappe nach hinten
über, während sie bei dem andern, der den Wind im Rücken hatte, sich nach vorne sträubte.
25 Es gab auch jedes Mal einen mittlern Augenblick, wo die schimmernden Mützen aufrecht in
der Luft schwankten und wie zwei weiße Flammen gen Himmel züngelten. So pflügten beide
ruhevoll, und es war schön anzusehen in der stillen goldenen Septembergegend, wenn sie so
auf der Höhe aneinander vorbeizogen, still und langsam, und sich mählich voneinander ent-
30 fernten, immer weiter auseinander, bis beide wie zwei untergehende Gestirne hinter die
Wölbung des Hügels hinabgingen und verschwanden, um eine gute Weile darauf wieder zu
erscheinen. Wenn sie einen Stein in ihren Furchen fanden, so warfen sie denselben auf den
wüsten Acker in der Mitte mit lässig kräftigem Schwunge, was aber nur selten geschah, da
derselbe schon fast mit allen Steinen belastet war, welche überhaupt auf den Nachbaräckern
35 zu finden gewesen.

- Inwiefern drückt diese Eingangsszene Ruhe, Wohlanständigkeit, Sicherheit und Ordnung aus?
- Und doch gibt es Hinweise auf eine mögliche Bedrohung dieser bäuerlichen Idylle,
  welche können Sie erkennen?

Lesen Sie nun den Ganztext und arbeiten Sie in Gruppen oder schriftlich folgende Fragestellungen aus:
1. Wie werden die Kinder beim ersten Zusammentreffen beschrieben? Wie wirkt auf Sie
   das Spiel der beiden? Inwiefern prägt sich der tragische Konflikt schon deutlich aus?
2. Untersuchen Sie die Umstände, unter denen Sali und Vrenchen nach dem Streit der
   Väter aufwachsen!
3. Beschreiben Sie die Figur des „schwarzen Geigers"! Wie sprechen Manz und Marti in
   der Eingangsszene über ihn? Welche Stellung hat er in der Gesellschaft? Welche Funktion hat er für den Verlauf der Handlung? Welche symbolische Bedeutung verkörpert
   er?
4. Beschreiben Sie die Stationen des letzten Tages der beiden Liebenden! Welche Wünsche und Träume haben Sali und Vrenchen? Was bedeutet ihr Zusammentreffen mit
   den Dorfleuten? Welchen Symbolwert hat das „Paradiesgärtlein"? Vergleichen Sie diesen Ort mit den anderen Gasthäusern, die Sali und Vrenchen kennen!
5. Warum können die Liebenden den Vorschlag, ihr Leben außerhalb der Gesellschaft zu
   verbringen, nicht annehmen, warum sehen sie ihre Lage als aussichtslos an?
6. Was möchte Keller mit dem symbolischen Bild des Flusses am Ende der Novelle ausdrücken? Wie werden die geschlechtliche Vereinigung und der Tod des Paares beschrieben?
7. Hätte es Ihrer Meinung nach eine andere Möglichkeit für Sali und Vrenchen gegeben?
   Haben sie Schuld auf sich geladen?
8. Wie empfinden Sie die Reaktion der Zeitung? Hat der Tod des Liebespaares Auswirkungen auf die Gesellschaft? Suchen Sie entsprechende Berichte in österreichischen
   Boulevardzeitungen! Was geht in Ihnen vor, wenn Sie diese lesen?

Theodor Storm: *Der Schimmelreiter*

Die Novelle *Der Schimmelreiter* (sie entsteht vom Juli 1886 bis zum Februar 1888) wird als die bedeutendste Dichtung der letzten Lebensperiode Theodor Storms (1817–1888) angesehen. Der Dichter, der im Laufe seines Schaffens nahezu 60 Novellen schreibt, sieht eine enge Verwandtschaft zwischen Novelle und Drama (Konzentration auf das Wesentliche, deutlich zugespitzter Konflikt) und bezeichnet diese Textsorte als strengste Form der Prosadichtung. Die Novelle *Der Schimmelreiter* besteht aus zwei Rahmen und aus einer mehrfach unterbrochenen Binnenerzählung. Im **ersten Rahmen**, der 1888 spielt, berichtet der Dichter, was er vor gut 50 Jahren im Haus seiner Urgroßmutter erfahren hat:

> Was ich zu berichten beabsichtige, ist mir vor reichlich einem halben Jahrhundert im Hause meiner Urgroßmutter, der alten Frau Senator Feddersen, kundgeworden, während ich, an ihrem Lehnstuhl sitzend, mich mit dem Lesen eines in blaue Pappe eingebundenen Zeitschriftenheftes beschäftigte; ich vermag mich nicht mehr zu entsinnen, ob von den „Leip-
> 5 ziger" oder von „Pappes Hamburger Lesefrüchten". Noch fühl ich es gleich einem Schauer, wie dabei die linde Hand der über Achtzigjährigen mitunter liebkosend über das Haupthaar ihres Urenkels hinglitt. Sie selbst und jene Zeit sind längst begraben; vergebens auch habe ich seitdem jenen Blättern nachgeforscht, und ich kann daher um so weniger weder die Wahrheit der Tatsachen verbürgen, als, wenn jemand sie bestreiten wollte, dafür aufstehen; nur so viel kann
> 10 ich versichern, daß ich sie seit jener Zeit, obgleich sie durch keinen äußeren Anlaß in mir aufs neue belebt wurden, niemals aus dem Gedächtnis verloren habe.

Als zweiten Rahmen führt Storm einen weiteren Erzähler, einen Reisenden, ein (Zeitebene um 1830). Er reitet bei starkem Unwetter einen Deich in Nordfriesland entlang, wobei ihm mehrmals eine auf hagerem Schimmel mit fliegendem Mantel unheimlich lautlos vorbeihuschende Männergestalt erscheint, die schließlich in einer Bucht verschwindet.

Hauke Haien auf seinem Schimmel (Federzeichnung von Otto Ubbelohde)

> Es war im dritten Jahrzehnt unseres Jahrhunderts, an einem Oktobernachmittag – so begann der damalige Erzähler –, als ich bei starkem Unwetter auf einem nordfriesischen Deich entlangritt. Zur Linken hatte ich jetzt schon seit über einer Stunde die öde, bereits von allem Vieh
> 5 geleerte Marsch, zur Rechten, und zwar in unbehaglichster Nähe, das Wattenmeer der Nordsee; zwar sollte man vom Deiche aus auf Halligen und Inseln sehen können; aber ich sah nichts als die gelbgrauen Wellen, die unaufhörlich wie mit Wutgebrüll an den Deich hinaufschlugen und mitunter mich und das Pferd mit schmutzigem Schaum bespritzten; dahinter wüste Dämmerung, die Himmel und Erde nicht unterscheiden ließ; denn auch der halbe Mond, der jetzt in der Höhe
> 10 stand, war meist von treibendem Wolkendunkel überzogen. Es war eiskalt; meine verklommenen Hände konnten kaum den Zügel halten, und ich verdachte es nicht den Krähen und Möwen, die sich fortwährend krächzend und gackernd vom Sturm ins Land hineintreiben ließen. Die Nachtdämmerung hatte begonnen, und schon konnte ich nicht mehr mit Sicherheit die Hufen meines Pferdes erkennen; keine Menschenseele war mir begegnet, ich hörte nichts als das Geschrei der
> 15 Vögel, wenn sie mich oder meine treue Stute fast mit den langen Flügeln streiften, und das Toben von Wind und Wasser. Ich leugne nicht, ich wünschte mich mitunter in sicheres Quartier.
> Das Wetter dauerte jetzt in den dritten Tag, und ich hatte mich schon über Gebühr von einem mir besonders lieben Verwandten auf seinem Hofe halten lassen, den er in einer der nördlicheren Harden[1] besaß. Heute aber ging es nicht länger; ich hatte Geschäfte in der Stadt, die

---

[1] Harden: Verwaltungsbezirk in Dänemark und Schleswig

20 auch jetzt wohl noch ein paar Stunden weit nach Süden vor mir lag, und trotz aller Überre-
dungskünste des Vetters und seiner lieben Frau, trotz der schönen selbstgezogenen Perinette-
und Grand-Richard-Äpfel, die noch zu probieren waren, am Nachmittag war ich davongerit-
ten. „Wart nur, bis du ans Meer kommst", hatte er noch an seiner Haustür mir nachgerufen;
„du kehrst noch wieder um; dein Zimmer wird dir vorbehalten!"

25 Und wirklich, einen Augenblick, als eine schwarze Wolkenschicht es pechfinster um mich
machte und gleichzeitig die heulenden Böen mich samt meiner Stute vom Deich herabzu-
drängen suchten, fuhr es mir wohl durch den Kopf. ›Sei kein Narr! Kehr um und setz dich zu
deinen Freunden ins warme Nest.‹ Dann aber fiel's mir ein, der Weg zurück war wohl noch
länger als der nach meinem Reiseziel; und so trabte ich weiter, den Kragen meines Mantels
30 um die Ohren ziehend.

Jetzt aber kam auf dem Deiche etwas gegen mich heran; ich hörte nichts; aber immer deutlicher, wenn der halbe Mond ein karges Licht herabließ, glaubte ich eine dunkle Gestalt zu
erkennen, und bald, da sie näher kam, sah ich es, sie saß auf einem Pferde, einem hochbeinigen
hageren Schimmel; ein dunkler Mantel flatterte um ihre Schultern, und im Vorbeifliegen sa-
35 hen mich zwei brennende Augen aus einem bleichen Antlitz an.

Wer war das? Was wollte der? – Und jetzt fiel mir bei, ich hatte keinen Hufschlag, kein Keuchen
des Pferdes vernommen; und Roß und Reiter waren doch hart an mir vorbeigefahren!

In Gedanken darüber ritt ich weiter, aber ich hatte nicht lange Zeit zum Denken, schon fuhr es
von rückwärts wieder an mir vorbei; mir war, als streifte mich der fliegende Mantel, und die
40 Erscheinung war, wie das erste Mal, lautlos an mir vorübergestoben. Dann sah ich sie fern und
ferner vor mir; dann war's, als säh ich plötzlich ihren Schatten an der Binnenseite des Deiches
hinuntergehen.

Etwas zögernd ritt ich hintendrein. Als ich jene Stelle erreicht hatte, sah ich hart am Deich im
Kooge² unten das Wasser einer großen Wehle blinken – so nennen sie dort die Brüche, welche
45 von den Sturmfluten in das Land gerissen werden und die dann meist als kleine, aber tiefgrün-
dige Teiche stehen bleiben.

Das Wasser war, trotz des schützenden Deiches, auffallend bewegt; der Reiter konnte es nicht
getrübt haben; ich sah nichts weiter von ihm. Aber ein anderes sah ich, das ich mit Freuden
jetzt begrüßte: vor mir, von unten aus dem Kooge, schimmerten eine Menge zerstreuter Licht-
50 scheine zu mir herauf, sie schienen aus jenen lang gestreckten friesischen Häusern zu kommen,
die vereinzelt auf mehr oder minder hohen Werften lagen, dicht vor mir aber auf halber Höhe
des Binnendeiches lag ein großes Haus derselben Art; an der Südseite, rechts von der Haustür,
sah ich alle Fenster erleuchtet; dahinter gewahrte ich Menschen und glaubte trotz des Sturmes
sie zu hören. Mein Pferd war schon von selbst auf den Weg am Deich hinabgeschritten, der
55 mich vor die Tür des Hauses führte. Ich sah wohl, daß es ein Wirtshaus war; denn vor den Fenstern gewahrte ich die sogenannten „Ricks", das heißt auf zwei Ständern ruhende Balken mit
großen eisernen Ringen, zum Anbinden des Viehes und der Pferde, die hier haltmachten.
(Fortsetzung und Beginn des zweiten Rahmens)

- Untersuchen Sie genau, wie am Beginn des zweiten Rahmens das Wetter, die Natur
  und das Meer geschildert werden. Mit welchen Worten, Wendungen bzw. Sätzen
  beschwört Storm eine unheimliche Atmosphäre?
- Vergleichen Sie damit die Schilderung des Morgens, an dem der Erzähler dieses zweiten Rahmens „über den Hauke-Haien-Deich zur Stadt hinunterreitet" (letzte Seite der
  Novelle)!

---

² Kooge: flaches Marschland

In einem nahe gelegenen Wirtshaus findet der Mann Schutz vor dem Unwetter; die anwesenden Männer von der Deichwache erklären ihm, die spukhafte Gestalt sei der Unheil verkündende „Schimmelreiter" gewesen. Der Schulmeister jedoch, der gegenüber dem Aberglauben der anderen eine Gegenposition einnimmt, beginnt die Geschichte zu erzählen, die nun das Zentrum der Novelle – die Binnenerzählung – bildet. Hier wird mehrfach vom Erzähler und vom Schulmeister kommentierend und wertend unterbrochen. Die Unterbrechungen gliedern das Geschehen in Sinnabschnitte oder, wie oben angedeutet, in Akte wie ein Drama.

Hauke Haien, Sohn eines Landvermessers und Kleinbauern, setzt sich, anstatt sich mit Gleichaltrigen zu treffen, viel lieber mit der Arbeit seines Vaters auseinander. Er sieht dem Vater zu und hilft ihm beim Ausmessen und Berechnen von Landstücken. So lernt er extra Niederländisch, um ein in dieser Sprache erschienenes Werk Euklids lesen zu können. Fasziniert scheint er besonders von der See und von den Deichen zu sein. Oft sitzt er bis in die späte Nacht am Deich und beobachtet, wie die Wellen an den Damm schlagen. Er überlegt, wie man den Schutz vor Sturmfluten verbessern könnte, indem man die Deiche zur See hin länger anlegen würde. Manchmal nimmt er auch ein bisschen Kleierde mit nach Hause und knetet bei Kerzenschein Deichmodelle, die er dann in einem Wasserbecken testet, indem er künstliche Wellen erzeugt. Dem Vater ist diese Gelehrsamkeit bald zu viel. Wie sehr die Entwicklung des Jungen, einsam in Gesellschaft des wortkargen Vaters, ganz sich selbst überlassen, ohne Mutter und etwas wild aufgewachsen, zum Schlechten geraten droht, zeigt sich, als er in plötzlich aufwallendem Zorn den Angorakater der alten Trin Jens erwürgt.
Der Vater gibt ihn in den Dienst des altersmüden, geistig schwerfälligen Deichgrafen Tede Volkerts als Kleinknecht. Damit ist vor allem dessen Tochter Elke einverstanden, denn die vielen Rechnungen von Amtsgeschäften bereiten dem Vater viele Kopfschmerzen; fortan kann dieser auf die Hilfe des Schulmeisters verzichten und alles dem geschickten Hauke überlassen, der auch bald unentbehrlich wird. Ein Feind fürs Leben erwächst ihm freilich gleichzeitig in Ole Peters, dem Großknecht, als dieser Haukes geistige Überlegenheit verspürt und Elkes Zuneigung für den verhassten Knecht erkennt. Beim winterlichen Eisboseln bemüht er sich vergeblich, Hauke auszuschließen; er muss sogar erleben, wie dieser als gefeierter Sieger aus dem Turnier hervorgeht, und mehr noch, wie Elke beim abendlichen Tanzvergnügen nur mehr Augen für Hauke hat.
Endlich kündigt Ole seinen Dienst und heiratet trotzig die grobe, dicke Vollina, Tochter des Deichbevollmächtigten Jeß Harders. Wachen Sinns überwacht Hauke den Deich und bringt frischen Schwung in die vernachlässigten Geschäfte des Deichgrafen. Zwischen ihm und Elke hat sich aus einer anfänglichen Wertschätzung wahre Liebe entwickelt.

Der äußere Rahmen wird am Ende der Novelle nicht geschlossen, womit am Schluss die Spannung gewissermaßen erhalten bleibt. Storm lässt erst den Binnenerzähler und anschließend den Erzähler des inneren (zweiten) Rahmens verstummen.

Lesen Sie den Gesamttext dieser Novelle, in der Theodor Storm Themen wie „Mensch und Natur", „der Einzelne und die Gemeinschaft", „Reales und Irreales" und „Schuld und Untergang" dichterisch reflektiert, und bearbeiten Sie in Kleingruppen und/oder schriftlich folgende Arbeitsaufgaben bzw. Fragestellungen! Belegen Sie Ihre Aussagen mit passenden Textstellen!
1. Geben Sie einen Überblick über das Leben und Werk Theodor Storms und dessen Beitrag zur Novellentheorie! Welche anderen Dichter des 19. Jahrhunderts äußern sich noch zum Thema bzw. zur Textsorte „Novelle"?

2. Fassen Sie Inhalt und Aufbau der Novelle zusammen und charakterisieren Sie die einzelnen Erzähler, im Besonderen den „Schulmeister"! Wie wird dieser vom Erzähler des zweiten Rahmens beschrieben und charakterisiert? Inwiefern erweist er sich als allwissender (auktorialer) Erzähler?

3. Suchen Sie die Textstellen in der Binnenerzählung (beachten Sie dabei auch die zweite und dritte Unterbrechung), in denen die Natur (Sturm, Wolken, Meer, Sturmflut) geschildert wird! Wie sieht Storm bzw. zeigt sich das Verhältnis zwischen Mensch und Natur? Welche Beziehung hat Hauke Haien zur Natur, zu den Naturgewalten? Inwiefern unterscheidet sich seine Haltung von der seiner Dorfgemeinschaft? Welche Bedeutung hat in diesem Zusammenhang der gewaltige neue Deichbau?

4. In welchen Handlungsteilen bzw. Textstellen tritt das Irrationale, Dämonische, Unheimliche und Unerklärliche besonders zutage? Welche Personen sind dem Irrationalen im großen Maße verbunden, welche denken eher rational? Welche Einstellung haben Sie persönlich zu dieser Thematik?

5. Untersuchen und beschreiben Sie Hauke Haiens Wesen, seine Entwicklung und sein Verhältnis zu wichtigen Personen der Dorfgemeinschaft! Welche Schuld lädt er auf sich? Beschreiben Sie den Untergang des Deichgrafen und seiner Familie!

6. Wie sehen und beurteilen Sie Haukes Beziehung zu seiner Frau und seiner Tochter?

7. Charakterisieren Sie die Männer der Dorfgesellschaft: Tede Haien, Tede Volkerts, Jewe Manners, Ole Peters! Worin unterscheiden sich diese von Hauke Haien?

8. Untersuchen Sie die Gestaltung der drei wichtigen Frauenfiguren der Novelle und ihre Stellung in der Dorfgemeinschaft: Vollina Harders, Trin Jans, Elke Volkerts. Welche Funktion haben diese jeweils für das Verständnis der Leserin/des Lesers für die Entwicklung Hauke Haiens?

9. Der Hauptkonflikt ist das unterschiedliche Verhalten Hauke Haiens und der Dorfgemeinschaft gegenüber der Gefährdung des Lebens und des Lebensraums durch das Meer und die Naturgewalten. Bereiten Sie einen durch passende Textstellen belegten Kurzvortrag zu dieser Hypothese vor!

Beispiele realistischer Lyrik

Im Vorwort der Gedichtanthologie *Hausbuch aus deutschen Dichtern* bekennt sich **Theodor Storm** programmatisch zur Erlebnis- und Stimmungsdichtung.

Von einem Kunstwerk will ich, wie vom Leben, unmittelbar und nicht erst durch die Vermittlung des Denkens berührt werden; am vollendetsten erscheint mir daher das Gedicht, dessen Wirkung zunächst eine sinnliche ist, aus der sich dann die geistige von

5 selbst ergibt, wie aus der Blüte die Frucht. – Der bedeutendste Gedankengehalt aber, und sei er in den wohlgebautesten Versen eingeschlossen, hat in der Poesie keine Berechtigung und wird als toter Schatz am Wege liegen bleiben, wenn er nicht zuvor durch das Gemüt und die Phantasie des Dichters seinen Weg genommen

Theodor Storm

10 und dort Wärme und Farbe und womöglich körperliche Gestalt gewonnen hat. – An solchen toten Schätzen sind wir überreich. […]

Am ärmsten scheint mir unsre patriotische und sogenannte politische Lyrik. So unzweifelhaft es ist, daß das Leben in Staat und Gemeinde ein ebenso berechtigter Gegenstand für die menschliche Empfindung und daher für die Lyrik ist, als das Einzel- oder Familienleben, so ist

15 es hier, wie in der Natur dieser poesis militans liegt, doch weit seltener gelungen, den Stoff von dem Boden der bloßen Wirklichkeit abzulösen und andrerseits sich nicht an rhetorischer Phrase und Bildermacherei genügen zu lassen.

- Welche Aufgabe sieht für Storm die Kunst? Was fordert der Dichter von der Lyrik? Wogegen grenzt Storm seinen Lyrikbegriff ab?
- Vergleichen Sie die Ausführungen Storms mit den sozialgeschichtlichen Aspekten des poetischen Realismus! In welchen Punkten entspricht das Programm Storms dem damaligen „Zeitgeist"?

Das folgende Gedicht ist die lyrische Umsetzung von Storms Liebe zur Natur und zeigt ein Stimmungsbild aus seiner Heimatstadt Husum.

Die Stadt

Am grauen Strand, am grauen Meer
Und seitab liegt die Stadt;
Der Nebel drückt die Dächer schwer,
Und durch die Stille braust das Meer
5 eintönig um die Stadt.

Es rauscht kein Wald, es schlägt im Mai
Kein Vogel ohn Unterlaß;
Die Wandergans mit hartem Schrei
Nur fliegt in Herbstesnacht vorbei,
10 Am Strande weht das Gras.

Doch hängt mein ganzes Herz an dir,
Du graue Stadt am Meer;
Der Jugend Zauber für und für
Ruht lächelnd doch auf dir, auf dir,
15 Du graue Stadt am Meer.

Der Text geht von einem konkreten Bild aus und endet mit einem Erinnern, mit einem Gefühl. Im Mittelpunkt der ersten zwei Strophen steht nicht die Stadt, wie es der Titel vermuten lässt, sondern das Meer und die Küstenlandschaft. (Beachten Sie die Häufigkeit des Wortes „Meer" als Reimwort!)

- Wodurch wird der Eindruck der Monotonie (Eintönigkeit der Landschaft) in den Strophen 1 und 2 erweckt? Untersuchen Sie unter diesem Aspekt Reim, Wortwahl, Klang und Rhythmus!
- Die dritte Strophe beginnt mit einem „doch". Inwiefern drückt sie etwas Gegensätzliches aus?
- Diskutieren Sie, inwiefern das Gedicht dem oben zitierten Lyrikprogramm Storms entspricht!

- Vergleichen Sie den lyrischen Text Storms mit dem Gedicht *Der Gott der Stadt* von Georg Heym im Kapitel *Expressionismus*, Seite 299!
- Welche inhaltlichen und formalen Unterschiede können Sie feststellen?

Die Religionskritik Ludwig Feuerbachs

Gottfried Keller (1819–1890) setzt sich sehr wohl mit den Realitäten seiner Zeit auseinander und ist den neuen liberalen Ideen gegenüber durchaus aufgeschlossen. 1848 lernt er den Philosophen **Ludwig Feuerbach** (1804–1872) kennen, der ihm durch seine Theologie- und Religionskritik (*Wesen der Religion*, 1885) die Augen für die Schönheiten der irdischen Welt öffnet. Feuerbach lehrt, dass die Religion eine Selbstanbetung des Menschen sei, der seine Wünsche und Sehnsüchte auf Gott projiziere. Der Einzelne habe aber die Pflicht, all seine Kräfte und Liebe zum Wohle der ganzen Gesellschaft einzusetzen.

Keller, der die barocke Aufspaltung der Welt und des „Lebens" in Diesseits und Jenseits ablehnt, formuliert seine Verwurzelung im Diesseits so:

Die Welt ist mir unendlich schöner und tiefer geworden, das Leben ist intensiver und wertvoller, der Tod ernster, bedenklicher und fordert mich nun erst mit aller Macht auf, meine Aufga-
5 be zu erfüllen und mein Bewußtsein zu reinigen und zu befriedigen, da ich keine Aussicht habe, das Versäumte in irgendeinem Winkel der Erde nachzuholen.

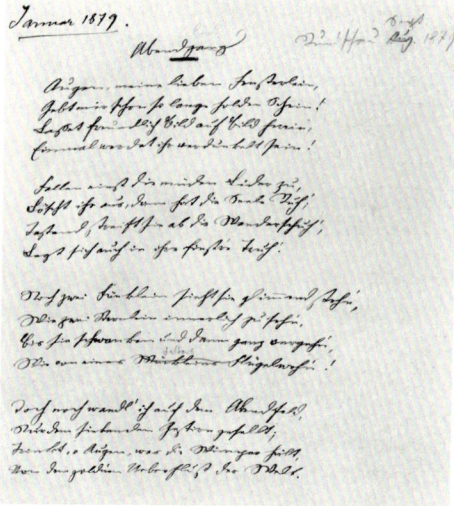

Abendlied von G. Keller in seiner eigenen Handschrift

Abendlied

Augen, meine lieben Fensterlein,
gebt mir schon so lange holden Schein,
lasset freundlich Bild um Bild herein:
einmal werdet ihr verdunkelt sein!

5 Fallen einst die müden Lider zu,
löscht ihr aus, dann hat die Seele Ruh;
tastend streift sie ab die Wanderschuh,
legt sich auch in ihre finstre Truh.

Noch zwei Fünklein sieht sie glimmend stehn
10 wie zwei Sternlein, innerlich zu sehn,
bis sie schwanken und dann auch vergehn
wie von eines Falters Flügelwehn.

Doch noch wandl ich auf dem Abendfeld,
nur dem sinkenden Gestirn gesellt;
15 trinkt, o Augen, was die Wimper hält,
von dem goldnen Überfluss der Welt!

- Das lyrische Ich, ein alter Mann, sieht den kommenden Tod und das Sterben aus der Sicht eines Menschen ohne Jenseitsglauben. Welche Bilder und Ausdrücke weisen darauf hin, dass das lyrische Ich fortgeschrittenen Alters ist?
- Wie empfindet Keller das völlige Auslöschen menschlichen Lebens? Mit welchen Bildern drückt er diese Empfindungen aus?
- Welchen Zusammenhang können Sie zwischen dem friedvoll-harmonischen Inhalt und der sprachlichen Gestaltung (Lautmalerei, Endreim, Alliteration[5]) sehen?
- Diskutieren Sie die Meinung, die Feuerbach und Keller vertreten!
- Inwieweit ist dieses Gedicht noch zeitgemäß, kann es Ihnen persönlich etwas „sagen"?

Österreichische Autorinnen und Autoren der Epoche

Marie von Ebner-Eschenbach

In Österreich kommt es bereits in der Zeit des Realismus zu einer Entwicklung hin zum europäischen Naturalismus.

In Wien hatte der programmatische Naturalismus nicht Fuß gefaßt, vor allem deshalb nicht, weil die österreichischen Realisten, etwa Ludwig Anzengruber, Ferdinand von Saar und Marie von Ebner-Eschenbach – alle drei in den 1830er Jahren geboren, ein Jahrzehnt, das in Deutschland außer Wilhelm Raabe keinen bedeutenden Schriftsteller hervorbrachte – in ihrer Thematik und zum Teil in ihrem Sprachgebrauch ohne Programm das taten, was die deutschen Naturalisten programmatisch forderten. (Ehrhard Bahr)

Kritik an der Aristokratie

Marie von Ebner-Eschenbach (1830–1916) ist eine kritische Beobachterin ihrer aristokratischen Standesgenossen und deren geringen sozialen Verantwortungsgefühls. Ihre Erzählkunst ist von einem sozialen Mitgefühl und Verständnis für die Nöte der Armen und Hilflosen geprägt. („Es gäbe keine soziale Frage, wenn die Reichen von jeher Menschenfreunde gewesen wären.")

Ihr Roman *Das Gemeindekind* und die Erzählungen *Die Spitzin* und *Er lässt die Hand küssen* beschreiben die Ohnmacht der sozial unterdrückten Landbevölkerung.

Die Spitzin (Ausschnitt)

Zigeuner waren gekommen und hatten ihr Lager beim Kirchhof außerhalb des Dorfes aufgeschlagen. Die Weiber und Kinder trieben sich bettelnd in der Umgebung herum, die Männer verrichteten allerlei Flickarbeit an Ketten und Kesseln und bekamen die Erlaubnis, so lange dazubleiben, als sie Beschäftigung finden konnten und einen kleinen Verdienst.

5 Diese Frist war noch nicht um, eines Sommermorgens aber fand man die Stätte, an der die Zigeuner gehaust hatten, leer. Sie waren fortgezogen in ihren mit zerfetzten Plachen überdeckten, von jämmerlichen Mähren geschleppten Leiterwagen. Von dem Aufbruch der Leute hatte niemand etwas gehört noch gesehen; er mußte des Nachts in aller Stille stattgefunden haben. Die Bäuerinnen zählten ihr Geflügel, die Bauern hielten Umschau in den Scheunen und

---

[5] Alliteration: Stabreim; gleicher Anlaut der betonten Silben aufeinanderfolgender Wörter

10 Ställen. Jeder meinte, die Landstreicher hätten sich etwas von seinem Gute angeeignet und dann die Flucht ergriffen. Bald aber zeigte sich, daß die Verdächtigen nicht nur nichts entwendet, sondern sogar etwas dagelassen hatten. Im hohen Grase neben der Kirchhofmauer lag ein splitternacktes Knäblein und schlief. Es konnte kaum zwei Jahre alt sein und hatte eine sehr weiße Haut und spärliche hellblonde Haare. Die Witwe Wagner, die es entdeckte, als sie auf

15 ihren Rübenacker ging, sagte gleich, das sei ein Kind, das die Zigeuner, Gott weiß wann, Gott weiß wo, gestohlen und jetzt weggelegt hatten, weil es elend und erbärmlich war und ihnen niemals nützlich werden konnte.

Sie hob das Bübchen vom Boden auf, drehte und wendete es und erklärte, es müsse gewiß irgendwo ein Merkmal haben, an dem seine Eltern, die ohne Zweifel in Qual und Herzensangst

20 nach ihm suchten, es erkennen würden, „wenn man das Merkmal in die Zeitung setze". Doch ließ sich kein besonderes Merkmal entdecken und auch später trotz aller Nachforschungen, Anzeigen und Kundmachungen weder von den Zigeunern noch von der Herkunft des Kindes eine Spur finden.

Die alte Wagnerin hatte es zu sich genommen und ihre Armut mit ihm geteilt, nicht nur aus

25 Gutmütigkeit, sondern auch in der stillen Hoffnung, daß seine Eltern einmal kommen würden in Glanz und Herrlichkeit, es abzuholen und ihr hundertfach zu ersetzen, was sie für das Kindlein getan hatte. Aber sie starb nach mehreren Jahren, ohne den erwarteten Lohn eingeheimst zu haben, und jetzt wußte niemand, wohin mit ihrer Hinterlassenschaft – dem Findling. Ein Armenhaus gab es im Dorf nicht, und die Barmherzigkeit war dort auch nicht zu Hause. Wen um

30 Gottes willen ging das halb verhungerte Geschöpf etwas an, von dem man nicht einmal wußte, ob es getauft war? „Einen christlichen Namen darf man ihm durchaus nicht geben", hatte der Küster von Anfang an unter allgemeiner Zustimmung erklärt, aber auf die Frage der Wagnerin: „Was denn für einen?" keine Antwort gewußt. „Geben S' ihm halt einen provisorischen", war die Entscheidung gewesen, die endlich der Herr Lehrer getroffen, und die halb taube Alte hatte

35 nur die zwei ersten Silben verstanden und den Jungen Provi und nach seinem Fundorte Kirchhof genannt. Nach ihrem Tode waren alle darüber einig, daß dem Provi Kirchhof nichts Besseres zu wünschen sei als eine recht baldige Erlösung von seinem jämmerlichen Dasein. Der Armselige lebte vom Abhub, kleidete sich in Fetzen – abgelegtes Zeug, ob von kleinen Jungen, ob von kleinen Mädchen, galt gleich –, ging barhäuptig und barfüßig, wurde geprügelt, beschimpft,

40 verachtet und gehaßt und prügelte, beschimpfte, verachtete und haßte wieder. Als für ihn die Zeit kam die Schule zu besuchen, erhielt er dort zu den zwei schönen Namen, die er schon hatte, einen dritten, „der Abschaum", und tat, was in seinen Kräften lag, um ihn zu rechtfertigen.

- Welche Erzählperspektive verwendet die Erzählerin?
- „Zigeuner" gilt heute als abwertende Bezeichnung für die Sinti und Roma und wird in politisch korrektem Sprachgebrauch nicht mehr verwendet, Was wissen Sie über diese Bevölkerungsgruppe? Welches Schicksal erfährt sie in der Zeit der nationalsozialistischen Herrschaft in Deutschland und Österreich? Wie urteilen im Text die Dorfbewohner über die „Zigeuner"?
- Wie verhalten sich die Menschen im Dorf gegenüber dem Findelkind?
- In Zeitungen liest man auch heute noch von weggelegten Säuglingen. Welche Gründe könnten damals bzw. heute für so eine Tat ausschlaggebend sein?

Saars gesellschaftskritischer Ansatz

Ferdinand von Saar (1833–1906), ebenso wie Ebner-Eschenbach aus adeliger Familie, beschreibt in seinen *Novellen aus Österreich* (1876) sowohl Angehörige des Adels als auch Menschen der unteren sozialen Randgruppen. Saar sagt ausdrücklich: „Jede meiner Novellen ist ein Stück österreichischer Zeitgeschichte."

In *Die Steinklopfer* macht Saar die proletarische Arbeitswelt (Bau der Semmeringbahn) zum Thema.

Der ehemalige Soldat und Steinbrucharbeiter Georg erschlägt aus Notwehr einen brutalen und gefühllosen Aufseher. Nach Verbüßung einer milden Haftstrafe findet er mit dessen Ziehtochter Tertschka ein spätes Glück.

Ferdinand von Saar

Georg meldet sich beim Aufseher zur Arbeit.

Der Aufseher – denn er war es – trat mit der ganzen Wucht seines vierschrötigen Wesens vor den Kleinen hin und musterte ihn von oben bis unten. „Zur Arbeit? Der Kerl kann ja kaum auf den Füßen stehen!"

5 „Ich hab' einen weiten Weg gemacht", sagte der andere schüchtern. „Vom Ottertal herüber."

„Das ist auch was!" höhnte der Aufseher, indem er beim Schein des Zwielichtes in den Zettel sah, der ihm mit bebender Hand überreicht wurde. „Huber nennst
10 du dich?" fragte er nach einer Pause, aufblickend.
„Ja; Georg Huber."

Bau der Semmeringbahn (zeitgenössische Lithografie, 1850)

„Wie kommst du zu dem Soldatengewand?"
„Ich bin Urlauber."
„Was? Du hast beim Militär gedient?"
15 „Sieben Jahre; im zwölften Regiment. Jetzt aber haben sie mich heimgeschickt, weil ich das böse Fieber nicht loskriegen kann, das ich mir bei der Belagerung von Venedig geholt."
„So, das Fieber hast du auch? Was die in der Baukanzlei für Leute aufnehmen! Lauter Krüppel, die man nur zum Steineklopfen verwenden kann; und da wundern sie sich, daß es nicht vorwärts geht. Aber merk' dir's, du", fügte er mit einer drohenden Handbewegung bei, „wenn
20 du nicht täglich deine zwei Fuhren Schotter zuwege bringst, so jag' ich dich fort! Hier ist kein Spital." Und damit langte er wieder nach dem Korbe und ging, während die andern folgten, in die Hütte, wo er an der Hinterwand eine mit Eisen beschlagene Tür aufschloß.

- Wie macht der Aufseher Georg zum Außenseiter?
- Spielen Sie die kurze Szene, achten Sie dabei auf Mimik und Gestik der Rollenträger!

Der Schluss zeigt jedoch, dass Saar den gesellschaftskritischen Ansatz in eine biedermeierlich verklärte Idylle umkehrt. Der Dichter sieht die Ohnmacht und das Leiden der Arbeiter nicht gesellschaftsbedingt, sondern als Teil des tragischen Leidens, das die gesamte Menschheit erdulden muss. Er will zeigen, „wie Leid und Lust jedes Menschenherz bewegen und dass sich überall im Kleinen abspielt die große Tragödie der Welt".

Dort, wo die schwärzlichen Schienen längs der rauschenden Mur, an grünen Wiesen und anmutigen Auen vorüber, sich hinziehen, im Umkreise des Schlosses Ehrenhausen, das von einem bewaldeten Hügel freundlich auf den Ort gleichen Namens hinabschaut, steht ein einsames Bahnwächterhaus. Ein winziges Stückchen Feld, mit Mais und Gemüse bepflanzt, liegt dahinter,

5 und vor der Tür, umfriedet von einer dichten Bohnenhecke, blühen rötliche Malven und großhäuptige Sonnenblumen. In diesem kleinen Anwesen, das den Vorüberfahrenden gar still und friedlich anmutet, leben, wie sie es einst kaum zu hoffen gewagt, Georg und Tertschka seit mehr als fünfzehn Jahren als Mann und Frau, und es braucht wohl nicht eigens bemerkt zu werden, daß ihnen der Oberst dazu verholfen hatte. Man merkt kaum, daß sie älter geworden,

10 und sie verrichten gemeinsam den Dienst, der ihnen bei Tag und Nacht schwere Verantwortlichkeit auferlegt. Aber sie finden dennoch nebenher Zeit und Gelegenheit, ihr Streifchen Feld zu bebauen, eine Ziege samt einigen gackernden Hühnern zu halten und zwei flachshaarige Kinder aufzuziehen, die sich als willkommene Spätlinge eingestellt haben und ganz munter hinter dem Bohnenzaune heranwachsen. Auch trauliche Abendstunden sind ihnen vergönnt,

15 wo sie Hand in Hand vor der Türe sitzen, der untergehenden Sonne nachschauen und noch immer den Tag preisen, an welchem sie sich zum ersten Male auf der Höhe des Semmerings begegnet. Und dann zieht die Vergangenheit mit allen Leiden und Freuden an ihnen vorüber – bis zu jenem Augenblicke, wo das Verhängnis schwer und furchtbar über sie hereingebrochen war – und doch ihr Glück begründet hatte. Und wenn dann in die Helle ihrer Brust ein trüber,

20 dunkler Schatten fallen will, dann rufen sie schnell die Kleinen heran, die sich liebkosend in die Arme der Eltern schmiegen und mit den großen Kinderaugen so harmlos in die Welt hineinblicken, als lebten sie nicht den wechselvollen Schicksalen entgegen, die sich forterben von Geschlecht zu Geschlecht, so lange noch Menschen atmen auf der alternden Erde.

- Weisen Sie in diesem Schlussteil der Novelle die sentimental verklärte Idylle nach! Welche Wörter bzw. Sätze scheinen Ihnen besonders biedermeierlich?
- Welche Textstelle ist eine Anspielung auf den von Ferdinand von Saar melancholisch erahnten Untergang der österreichisch-ungarischen Monarchie?

Bürgerlicher Realismus (1848 – 1885)

Bild der Epoche

Diese Epoche beginnt 1848 mit dem Scheitern der bürgerlichen Revolution und endet mit dem Aufkommen des Naturalismus, der das Leben und die sozialen Probleme des Arbeiterstandes und der notleidenden Menschen beschreibt.

Nach der Einigung Deutschlands (1871) kommt es zum wirtschaftlichen Aufschwung und zur Industrialisierung, die im sozialen Bereich vor allem die Verschärfung der Gegensätze zwischen Bürgertum (Industriekapitalismus) und Proletariat (4. Stand) zur Folge hat. **Karl Marx** und **Friedrich Engels** schreiben das *Manifest der kommunistischen Partei*.

Viele Dichter ziehen sich in eine **apolitische Innerlichkeit** zurück und grenzen sich so auch von der radikalen Wirklichkeit ab. **Humor** und **Ironie** in der Dichtung sollen den Widerspruch zwischen persönlicher Wunschvorstellung und objektiver Wirklichkeit auflösen.

Die Literaturproduktion erlebt einen Aufschwung: Leihbüchereien und Volksbibliotheken entstehen, Wochenzeitschriften (*Gartenlaube. Illustriertes Familienblatt*) und Illustrierte werden verlegt. Viele AutorInnen unterwerfen sich den Zwängen der Massenproduktion und dem Geschmack breiter Leserschichten.

Programm und Formen des poetischen Realismus

Der Name **„poetischer Realismus"** stammt von **Otto Ludwig**; er wendet sich gegen die idealisierenden Tendenzen der Romantik und Klassik und auch gegen die Tendenzpoesie des Jungen Deutschland und Vormärz. Im Mittelpunkt der Dichtung steht der Bürger (Gelehrter, Kaufmann, Handwerker) in der Gemeinschaft; der Mensch wird ohne Beziehung zum Metaphysischen gesehen und es werden eher die Sonnenseiten des Lebens beschrieben.

Bevorzugte Gattungen realistischer Dichtung sind neben der Lyrik (auch Balladen), die sich teilweise an klassischen und romantischen Lyrikformen orientiert, und dem Drama (**Friedrich Hebbel, Ludwig Anzengruber**) die Novelle und der Roman (Gesellschaftsroman, Bildungsroman, historischer Roman).

Autoren

Gottfried Keller, einer der bekanntesten Schweizer Erzähler dieser Zeit, schreibt *Die Leute von Seldwyla* (darin enthalten ist *Romeo und Julia auf dem Dorfe*), *Züricher Novellen*, *Der grüne Heinrich* und Lyrik.

Der in Norddeutschland geborene Jurist **Theodor Storm** schreibt vor allem von der Grundstimmung der Vergänglichkeit getragene Gedichte, Erzählungen und Novellen: *Späte Rosen, Viola Tricolor, Aquis submersus, Pole Poppenspäler, Immensee, Der Schimmelreiter*.

Theodor Fontane ist der Schöpfer des deutschen realistischen Gesellschaftsromans, beliebt sind auch seine Balladen: *Archibald Douglas, Die Brücke am Tay, John Maynard, Herr von Ribbeck*. Seine bekanntesten epischen Texte sind *Irrungen Wirrungen, Effi Briest, Der Stechlin, Grete Minde, Schach von Wuthenow* und *Unterm Birnbaum*.

Österreichische Autorinnen und Autoren der Epoche

In der österreichischen Literatur kommt es bereits in der Zeit des späten Realismus zu einer Hinwendung zu naturalistischen Inhalten.

Die aus Mähren stammende Adelige **Marie von Ebner-Eschenbach** beobachtet sehr kritisch ihre adeligen Standesgenossen und die Lebensverhältnisse der unterdrückten ländlichen Bevölkerung. Sie schreibt vor allem Romane (*Bozena, Das Gemeindekind*) und Erzählungen (*Die Spitzin, Krambambuli, Er lässt die Hand küssen*).

Ferdinand von Saar, ein verarmter Adeliger, beschreibt in seinen *Novellen aus Österreich* (*Die Steinklopfer*) das Leben adeliger Menschen, aber auch das der Armen und Hilflosen.

Beispiele deutschsprachiger Liebeslyrik

Das Thema **„Liebe"** beschäftigt und inspiriert wie kein zweites viele Dichter, wobei sie oft in einem Spannungsverhältnis zwischen den Normen der jeweiligen Zeit und ihrer eigenen Subjektivität stehen und auch manchmal die Grenzen des „Erlaubten" überschreiten.

> • Was ist für Sie in einem Liebesgedicht erlaubt, wo setzen Sie Grenzen? Was darf Literatur nicht beschreiben oder ausdrücken?

Liebesgedichte sind nicht immer ein Spiegel der Wirklichkeit, sie können auch Ausdruck von Wünschen, Sehnsüchten oder Träumen sein, die sich nie oder nur selten verwirklichen lassen. In diesem Kapitel sollen Sie verschiedene Liebesauffassungen kennenlernen, z. B. Liebe als tiefes persönliches Empfinden, Liebe als Tändelei, erotische Anziehung und sinnliches Verlangen oder auch Liebe als göttliche Kraft, als Einswerden mit der Natur und der Unendlichkeit.

Entgegen der herkömmlichen literarhistorischen Darstellungsweise, die die Vergangenheit zum Ausgangspunkt der Literaturbetrachtung nimmt, wird in diesem Kapitel von bekannten inhaltlichen und sprachlichen Erscheinungen der Gegenwart ausgegangen und danach „Fremdes" der Vergangenheit erschlossen.

Erich Fried: *Was es ist*

Es ist Unsinn
sagt die Vernunft
Es ist was es ist
sagt die Liebe

Es ist Unglück
sagt die Berechnung
Es ist nichts als Schmerz
sagt die Angst
Es ist aussichtslos
sagt die Einsicht
Es ist was es ist
sagt die Liebe

Es ist lächerlich
sagt der Stolz
Es ist leichtsinnig
sagt die Vorsicht
Es ist unmöglich
sagt die Erfahrung
Es ist was es ist
sagt die Liebe

Das Liebesgedicht in der Gegenwart

„... einfach nur leben / mit dir so gut / es geht ..."

In der Liebeslyrik der Gegenwart ist das lyrische Ich bereit, in verständlicher Sprache über seine Gefühle offen zu sprechen (**„Neue Subjektivität"**). Diese Gefühle haben aber nichts mit „romantisch" (im Sinne von antirealistisch) gemein, sie zeigen sich vielmehr wirklichkeitsnah und drücken auch Angst und Zweifel an der eigenen Liebesfähigkeit und der des Partners aus. Die dadurch keineswegs selten entstehende Resignation zeigt **Karin Kiwus** (geb. 1942) im Gedicht *Lösung*, das ein Ausdruck der Bescheidenheit des heutigen Menschen in seinen Liebessehnsüchten ist.

Die ersten fünf Zeilen dieses unpathetischen Gedichts drücken die unerfüllbare Utopie („Im Traum / nicht einmal mehr") einer glücklichen, alles umfassenden Liebesbeziehung aus. Daher begnügt sich das lyrische Ich mit einer illusionslosen Liebe („mit

Karin Kiwus: *Lösung*

Im Traum
nicht einmal mehr
suche ich
mein verlorenes Paradies
bei dir

ich erfinde es
besser allein
für mich

In Wirklichkeit
will ich
einfach nur leben
mit dir so gut
es geht

dir so gut / es geht"), einer anspruchslosen Partnerschaft, die von Resignation gekennzeichnet ist und deren Ende angedeutet wird.

- Im sprachlichen Kontext bedeutet die siebte Zeile, die formale Zentralachse des Textes, dass das lyrische Ich den Traum der großen Liebe besser für sich behält und nicht davon spricht. Durch die Stellung im Gedicht bekommt dieser Vers noch eine zusätzliche Bedeutung. Welche?
- Wie bewerten Sie im Zusammenhang mit dem Inhalt die eher prosanahe als liedhaft-musikalische Sprache und die Form?

Jörn Pfennig (geb. 1944) „verdichtet" seine subjektiven Erfahrungen von Liebe in eher sachliche, mitunter auch provozierende lyrische Texte, z. B.:

Gesprächstherapie

Als ich dich plötzlich
weniger liebte –
ich weiß nicht warum –
da durfte ich es dir sagen
5   du hast mich verstanden
und meine Liebe wurde größer.

Jörn Pfennig

- Versuchen Sie, einen emotional-subjektiven Text (z. B. Tagebucheintragung, Brief) über diese Thematik zu schreiben!

Im Lyrikband *Herz über Kopf* (1981) von **Ulla Hahn** (geb. 1946) steht das folgende Gedicht. Auch dieses spricht von einer problematischen Ich-Du-Beziehung, von der Selbstaufgabe des eigenen Ich durch die Bindung an einen anderen Menschen.

Mit Haut und Haar

Ich zog dich aus der Senke deiner Jahre
und tauchte dich in meinen Sommer ein
ich leckte dir die Hand und Haut und Haare
und schwor dir ewig mein und dein zu sein.

5   Du wendetest mich um. Du branntest mir dein Zeichen
mit sanftem Feuer in das dünne Fell.
Da ließ ich von dir ab. Und schnell
begann ich vor mir selbst zurückzuweichen

und meinem Schwur. Anfangs blieb noch Erinnern
10   ein schöner Überrest der nach mir rief.
Da aber war ich schon in deinem Innern
vor mir verborgen. Du verbargst mich tief.

Bis ich ganz in dir aufgegangen war:
da spucktest du mich aus mit Haut und Haar.

Ulla Hahn

- Dieser Text lebt vor allem von Gegensätzen. Versuchen Sie diese (im Formalen und Inhaltlichen) aufzuzeigen! Entwickeln Sie daraus die Thematik des Gedichts!
- Beschreiben Sie die Situation und Entwicklung der Frau (des lyrischen Ich)!
- Welche Zeilen zeigen die Unterwerfung der Frau, die in der ersten Strophe durchaus noch Selbstbewusstsein und Aktivität zeigt?

Der Text hat die Form eines **Sonetts**, die besonders geeignet ist, Gegensätze auszudrücken (These, Antithese, Synthese). In der Schlusspointe (4. Strophe) wird der Gegensatz zwischen dem jetzt allmächtigen Du und dem Ich, das sich gänzlich aufgegeben hat, augenscheinlich und klar.

Ulla Hahn verwendet konventionelle Metaphern. Welche können Sie finden? Diesen Bildern stellt sie bewusst eher umgangssprachliche Wendungen gegenüber. Wie beurteilen Sie dies? Untersuchen Sie das Spiel mit den Worten „ich" und „du", besonders in Bezug auf die erste und letzte Zeile!

Liebe nach 1945

Die Kälte der Einsamkeit

Zweifel und Angst

Auch in den Jahren nach dem Zweiten Weltkrieg, nach dem Zusammenbruch Deutschlands, bleibt die Liebe ein zentrales Thema in der Lyrik. Wichtige AutorInnen sind z. B. **Paul Celan** (1920–1970), **Günter Eich** (1907–1972), **Karl Krolow** (1915–1999) und **Ingeborg Bachmann** (1926–1973). Sie zeigen im Gegensatz zu den Dichtern unserer Gegenwart und unmittelbaren Vergangenheit eher Zurückhaltung in den Äußerungen ihrer Gefühle. Karl Krolow meint, die Nachkriegsjahre seien nicht die „Zeit der schlagenden Herzen" und der „stürmischen Erklärungen". Die moderne Massengesellschaft bringe ein „Schwinden des Persönlichen" mit sich, was ein öffentliches und individuelles Bekennen von privaten Gefühlen verhindere.

Viele Liebesgedichte dieser Jahre drücken Zweifel an der Beständigkeit der Liebe, Beziehungs- und Leidenschaftslosigkeit, Einsamkeit, Brüchigkeit und Flüchtigkeit von Liebesbeziehungen oder Verweigerung aus.

Dabei entsteht eine neue Bildersprache, die von dunklen Metaphernkombinationen und schwer entzifferbaren Chiffren geprägt ist. Diese hermetische (verschlossene) Struktur der Texte macht es der Leserin/dem Leser nicht leicht, sie zu verstehen und mitzuerleben.

Ingeborg Bachmann schreibt 1956 das Gedicht *Nebelland*, das eine negative Erfahrung der Liebe gestaltet.

Nebelland

Im Winter ist meine Geliebte
unter den Tieren des Waldes.
Daß ich vor Morgen zurückmuss,
weiß die Füchsin und lacht.
5 Wie die Wolken erzittern! Und mir
auf den Schneekragen fällt
eine Lage von brüchigem Eis.

Im Winter ist meine Geliebe
ein Baum unter Bäumen und lädt
10 die glückverlassenen Krähen
ein in ihr schönes Geäst. Sie weiß,
dass der Wind, wenn es dämmert,
ihr starres, mit Reif besetztes
Abendkleid hebt und mich heimjagt.

15 Im Winter ist meine Geliebte
unter den Fischen und stumm.
Hörig den Wassern, die der Strich
ihrer Flossen von innen bewegt,
steh ich am Ufer und seh,
20 bis mich Schollen vertreiben,
wie sie taucht und sich wendet.

Und wieder vom Jagdruf des Vogels
getroffen, der seine Schwingen
über mir steift, stürz ich
25 auf offenem Feld: sie entfiedert
die Hühner und wirft mir ein weißes
Schlüsselbein zu. Ich nehm's um den Hals
und geh fort durch den bitteren Flaum.

30 Treulos ist meine Geliebte,
ich weiß, sie schwebt manchmal
auf hohen Schuh'n nach der Stadt,
sie küßt in den Bars mit dem Strohhalm
die Gläser tief auf den Mund,
und es kommen ihr Worte für alle.
35 Doch diese Sprache verstehe ich nicht.

Nebelland hab ich gesehen,
Nebelherz hab ich gegessen.

- Die Geliebte (= geliebte Kreatur), die sich dem lyrischen Ich entzieht, wird in verschiedenen Gestalten dargestellt. Weisen Sie diese im Text nach! Wie agiert der geliebte Mensch? Welche Ängste entstehen dadurch im lyrischen Ich?
- „Winter" ist eine Chiffre für Kälte, Verweigerung, Einsamkeit, Bedrohung. Welche Worte bzw. Bilder drücken diese Gefühle noch aus?
- Welche Gedanken und Gefühle verbinden Sie mit „Nebel"? Entsprechen diese dem Inhalt des Gedichts: Lieblosigkeit, Wesenlosigkeit, Beziehungslosigkeit, Fremdheit?
- Versuchen Sie einen Zusammenhang herzustellen zwischen „Nebelland" und „Nebelherz"! Wie bedingen einander diese beiden Vorstellungen?
- Wie wirkt die trotz der zum Teil dunklen Metaphorik nüchterne und stellenweise „lässige" Sprache auf Sie? Was könnte sich hinter dieser scheinbaren Gelassenheit verbergen?

Die Zeit zwischen den Weltkriegen

Unbeständige Liebe

In der Zwischenkriegszeit finden wir eine eher „realistisch" orientierte Lyrik, die eine einfache metaphernlose Sprache verwendet. Dem entspricht auch ein wirklichkeitsbezogener Liebesbegriff, der die Unbeständigkeit und Vergänglichkeit der Liebe nicht verleugnet, eine mögliche sinnliche Leidenschaft und die Intensität des Erlebens aber bejaht. Diese Gedanken illustriert das Gedicht *Sachliche Romanze* von **Erich Kästner** (1899–1974):

Sachliche Romanze

Als sie einander acht Jahre kannten
(und man darf sagen: sie kannten sich gut),
kam ihre Liebe plötzlich abhanden.
Wie andern Leuten ein Stock oder Hut.

Erich Kästner (1962)

5 Sie waren traurig, betrugen sich heiter,
versuchten Küsse, als ob nichts sei,
und sahen sich an und wußten nicht weiter.
Da weinte sie schließlich. Und er stand dabei.

Vom Fenster aus konnte man Schiffen winken.
10 Er sagte, es wäre schon Viertel nach Vier
und Zeit, irgendwo Kaffee zu trinken.
Nebenan übte ein Mensch Klavier.

Sie gingen ins kleinste Café am Ort
und rührten in ihren Tassen.
15 Am Abend saßen sie immer noch dort.
Sie saßen allein, und sie sprachen kein Wort
und konnten es einfach nicht fassen.

- Lesen Sie den Text langsam und genau! Beschreiben Sie die Stimmung, die ausgedrückt wird!
- Fassen Sie den Inhalt in zwei oder drei Sätzen zusammen! Was könnte sich hinter dem vermeintlich unsentimentalen (sachlichen) Bericht verbergen?
- Welche Wendungen finden Sie in der ersten Strophe besonders wichtig bzw. aussagekräftig? (Beachten Sie die Zeitangaben!)
- Wie reagieren die „Liebenden" auf das Abhandenkommen ihrer Liebe?
- Sprachlich wird die Trennung durch die Pronomen „sie" (Plural, II/1) und „er – sie" (II/4) ausgedrückt. Versuchen Sie die anderen Pronomen in diesem Sinne zu deuten!
- Die dritte Strophe drückt die entstandene Gleichgültigkeit aus, folgen Sie dem Blick der zwei Menschen! In welche Richtungen wenden sie sich?
- Warum hat die vierte Strophe fünf Zeilen? Womit stimmt dieses formale Mittel überein?

Liebeslyrik der Jahrhundertwende

Liebe als ästhetisches Geschehen

Die Dichter der Jahrhundertwende, z. B. **Stefan George** (1868–1933), **Hugo von Hofmannsthal** (1874–1929) und **Rainer Maria Rilke** (1875–1926), verwandeln die nüchterne Alltagsliebe in das rein Ästhetische. Dabei wird die Liebe oder der geliebte Mensch erhöht und auch vergöttlicht, die Erlebnisse und Liebesgefühle werden in formal gelungene Kunstwerke gefasst.

Hugo von Hofmannsthal: *Die Beiden*

Sie trug den Becher in der Hand
– Ihr Kinn und Mund glich seinem Rand –,
So leicht und sicher war ihr Gang,
Kein Tropfen aus dem Becher sprang.

5 So leicht und fest war seine Hand:
Er ritt auf einem jungen Pferde,
Und mit nachlässiger Gebärde
Erzwang er, daß es zitternd stand.

Jedoch, wenn er aus ihrer Hand
10 Den leichten Becher nehmen sollte,
So war es beiden allzu schwer:

Denn beide bebten sie so sehr,
Daß keine Hand die andre fand
Und dunkler Wein am Boden rollte.

In diesem Text spricht kein lyrisches Ich. Ein „Beobachter" berichtet aus einer distanzierten Perspektive von einem Geschehen. Dabei werden die Empfindungen und inneren Vorgänge nicht direkt ausgedrückt, sondern erst durch Gebärden und Gesten erschließbar.

- Welche innere Haltung des Mädchens drückt die erste Strophe aus, welche des jungen Reiters die zweite Strophe? Beachten Sie die siebte Zeile, dieser Vers gerät völlig aus dem Takt (der Text ist durchwegs in jambischen Vierhebern geschrieben)! Welcher inhaltliche Widerspruch wird hier auch formal ausgedrückt?
- Welche Wörter sind am wichtigsten? Wodurch werden sie herausgehoben? Beachten Sie ihre Stellung im Reim und in der Strophe!

Hugo von Hofmannsthal

Das erste Terzett[1] beginnt mit „jedoch". Einerseits stellt dieses Wort den Bezug zu den ersten beiden Strophen her, andererseits drückt es eine Einschränkung aus: In der Begegnung ist die Sicherheit der Liebenden erschüttert, das Gefühl wird übermächtig, das Sich-Finden misslingt.

- In welchen Versen werden diese Erschütterung des Gefühls und die Unfähigkeit für eine persönliche Begegnung ausgedrückt?
- Versuchen Sie das Symbol des am Boden rollenden Weines zu deuten! (Vergleichen Sie dagegen die vierte Zeile des ersten Quartetts!)
- Sind Sie, ähnlich wie viele Interpreten des Gedichts, der Meinung, dass Hofmannsthal eine nicht gelungene und aussichtslose Begegnung zweier junger Menschen gestaltet, oder glauben Sie, dass der „dunkle Wein am Boden" ein Zeichen für eine weitere Hingabe und nicht für einen Verlust ist?
- Welche Rolle spielt die Erotik in diesem symbolischen Gedicht?

Liebeslyrik im poetischen Realismus

Kein Geheimnis – keine Abgründe

Liebe als bürgerlicher Wert

Die Liebesgedichte in der zweiten Hälfte des 19. Jahrhunderts stellen zum Großteil eine intakte Welt dar, in welcher der Mensch Geborgenheit sucht und findet. Spannungen, Erschütterungen oder überströmende Gefühle wie Leidenschaft werden zugunsten bürgerlicher Werte zurückgedrängt.
Detlev von Liliencrons (1844–1909) Gedicht *Glückes genug* vermittelt Zufriedenheit und Harmonie.

Detlev von Liliencron

---

[1] Es handelt sich um ein Sonett.

Glückes genug

Wenn sanft du mir im Arme schliefst,
Ich deinen Atem hören konnte,
Im Traum du meinen Namen riefst,
Um deinen Mund ein Lächeln sonnte –
5 Glückes genug.
Und wenn nach heißem, ernstem Tag
Du mir verscheuchtest schwere Sorgen,
Wenn ich an deinem Herzen lag
Und nicht mehr dachte an ein Morgen –
10 Glückes genug.

Karin Kiwus: So oder so

Schön	andererseits
gedultig	
miteinander	allein
langsam alt	geht es natürlich
und verrückt werden	viel schneller

- Beschreiben Sie die Beziehung, die zwischen den zwei Liebenden herrscht, wie kommt diese Harmonie zustande? Wie wird die Zufriedenheit der Menschen mit dem erreichten Glück ausgedrückt?
- Welche Vorstellungen von Liebe sind Ihrer Meinung nach hier ausgeklammert und warum?
- Bestimmen Sie Satzbau, Versmaß und Reimschema des Gedichts! Vergleichen Sie diese formalen Aspekte mit denen im Gedicht von Karin Kiwus!

Auch das bekannte Gedicht *Zwei Segel* von **Conrad Ferdinand Meyer** (1825–1898) ist ein Ausdruck bürgerlicher Wertordnung und Gefühlskultur.

Zwei Segel

Zwei Segel erhellend	Wie eins in den Winden	Begehrt eins zu hasten,
Die tiefblaue Bucht!	Sich wölbt und bewegt,	Das andre geht schnell,
Zwei Segel sich schwellend	Wird auch das Empfinden	Verlangt eins zu rasten,
Zu ruhiger Flucht!	Des andern erregt.	Ruht auch sein Gesell.

Meyer verwendet das Bild der beiden Segel, um die harmonische Beziehung eines Paares auszudrücken, das auch in wechselnden Lebensabschnitten, im Guten und Schlechten, einander treu bleibt.

- Stellen Sie eine Liste der Wörter aus dem Text zusammen, die nicht von Segeln sprechen, sondern von einer Paarbeziehung!
- Ab welcher Zeile wird die Personifizierung ganz deutlich?
- Die erste Strophe drückt Ruhe aus, die zweite Strophe eher Bewegung. In der dritten Strophe werden beide Tendenzen zusammengeführt. Weisen Sie diese Behauptungen im Text nach!
- Auch die lautlich-rhythmische Struktur des Gedichts gibt das harmonische Miteinander der Liebenden wieder. Aus wie viel Versgruppen besteht jede Strophe, wie viel Hebungen hat jede Verszeile? Bestimmen Sie das Reimschema!

Liebesgedichte der Romantik

Der alles umfassende Aspekt der Liebe

Liebe und Religion

Die **Romantik** ist die Epoche der antirealistischen Literatur. **Novalis** sagt: „Die Poesie ist das echt absolut Reelle … Je poetischer, je wahrer." Das Leben (und die Liebe) soll vom Ideal her gesehen und erneuert werden. Die Frau und die Liebe sind die wichtigsten Erlebnisse im Leben der romantischen Dichter. Wenn auch die Ehe der gültige Ausdruck jeder Liebesbeziehung ist, steht der Romantiker doch im Spannungsfeld zwischen der **irdischen Liebe** (Sexualität) und der **geistig-seelischen Liebe** (auch: religiöser Aspekt der Liebe). Dieser oft problematische Gegensatz drückt sich in vielen romantischen Liebesgedichten aus.

Folgende Verse, die **Joseph von Eichendorff** (1788–1857) schreibt, deuten die Liebe im christlichen Sinn. Der Dichter verbindet die Gedanken an die Frau mit Gedanken an das Göttliche, in diesem Falle an die Mutter Gottes.

An Luise

Ich wollt in Liedern oft dich preisen,
Die wunderstille Güte,
Wie du ein halb verwildertes Gemüte
Dir liebend hegst und heilst auf tausend süße Weisen,
5   Des Mannes Unruh und verworrnem Leben
Durch Tränen lächelnd bis zum Tod ergeben.

Doch wie den Blick ich dichtend wende,
So schön in stillem Harme
Sitzt du vor mir, das Kindlein auf dem Arme,
10   Im blauen Auge Treu und Frieden ohne Ende,
Und alles lass ich, wenn ich dich so schaue –
Ach, wen Gott lieb hat, gab er solche Fraue!

Zur ersten Strophe:
- Was preist das lyrische Ich an der geliebten Frau? Was schenkt diese dem Ich?
- Welche Ebenen einer Liebesbeziehung werden angesprochen? Welche Textstellen sind Anspielungen auf die Ebene des Erotischen? In welchem Vers wird die Unauflösbarkeit der Liebe (Ehe) angedeutet?

Zur zweiten Strophe:
- Das „Doch" weist auf einen Gegensatz hin. Nun wird der irdischen Liebe ein göttlicher Liebesbegriff gegenübergestellt. (Das entspricht auch dem Absolutheitsanspruch der Liebe in dieser Epoche.) Die geliebte Frau wird als Mutter Gottes gesehen. Welche sprachlichen Bilder sind eine Anspielung auf die heilige Jungfrau Maria[2]?
- Verstärkt wird diese Hinwendung zur göttliche Liebe durch die vorletzte Zeile. Analysieren Sie diese ganz genau!
- Die Verbindung zwischen irdischer Liebe und dem Transzendenten, Göttlichen wird im letzten Vers abschließend definiert.

---

[2] Die blauen Augen sind bei Eichendorff in vielen Texten ein Bild für die Gottesmutter.

Clemens Brentano (1778–1842) kann in seinen Gedichten diese Spannungen zwischen Sinnen- und Seelenliebe nicht lösen. Im Text *14. Juli 1834* betont er das Erotisch-Sinnliche, die Macht der Verführung und das irdische Liebesglück.

Clemens Brentano

14. Juli 1834

Ich weiß wohl, was dich bannt in mir,
Die Lebensglut in meiner Brust,
Die süße zauberhafte Zier,
Der bangen tief geheimen Lust,
5   Die aus mir strahlet, ruft zu dir,
Schließ mich in einen Felsen ein,
Ruft doch arm Lind durch Mark und Bein:
Komm, lebe, liebe, stirb an mir,
Leg' dir diesen Fels auf deine Brust,
10   Du mußt, mußt.

Ich weiß wohl, was du liebst in mir –
Es ist die Glut in meiner Brust –
Es ist die zauberhafte Zier,
Der tief geheimen innern Lust,
15   die strahlt aus mir und ruft zu dir:
Schließ mich in einen Felsenstein,
So ruf' ich doch durch Mark und Bein!
Komm, lebe, liebe, stirb bei mir
Du mußt, du mußt. –

Titelblatt des ersten Bandes der Liedsammlung *Des Knaben Wunderhorn* (1806)

- Untersuchen Sie genau, wodurch sich die beiden Strophen inhaltlich voneinander unterscheiden!
- Welche Wörter bzw. Wortgruppen drücken die Sehnsucht des Dichters nach dem geliebten Wesen besonders aus?
- Versuchen Sie nachzuweisen, inwiefern die Form diesem Inhalt entspricht!

Zwei Liebesgedichte von Goethe

Maifest

Wie herrlich leuchtet
Mir die Natur!
Wie glänzt die Sonne!
Wie lacht die Flur!

5   Es dringen Blüten
Aus jedem Zweig
Und tausend Stimmen
Aus dem Gesträuch

Und Freud und Wonne
10   Aus jeder Brust
O Erd', o Sonne,
O Glück, o Lust,

O Lieb', o Liebe,
So golden schön
15   Wie Morgenwolken
Auf jenen Höhn,

Du segnest herrlich
Das frische Feld –
Im Blütendampfe
20   Die volle Welt!

O Mädchen, Mädchen,
Wie lieb' ich dich!
Wie blinkt dein Auge,
Wie liebst du mich!

25 So liebt die Lerche	Wie ich dich liebe	Zu neuen Liedern
Gesang und Luft	30 Mit warmen Blut,	Und Tänzen gibst.
Und Morgenblumen	Die du mir Jugend	35 Sei ewig glücklich,
Den Himmelsduft,	Und Freud' und Mut	Wie du mich liebst.

Johann Wolfgang Goethes (1749–1832) lyrisches Schaffen umfasst sechs Jahrzehnte. Sein künstlerischer Weg führt von anakreontischen[3] Gedichten über leidenschaftliche Liebeslyrik im Sturm und Drang bis zu entsagenden und im Sinne der Romantik religiösen Gedichten im Greisenalter. Dabei sind die Entstehung und auch die Interpretationen seiner Liebesgedichte eng mit seiner Biografie verbunden.

Glück und Jubel

1771 entsteht *Maifest*. Es bildet einen Höhepunkt der **Sesenheimer Lyrik** (Goethes Liebe zu Friederike Brion) und zeigt den Durchbruch des Dichters zur **Erlebnisdichtung**[4].
Goethe verwendet in diesem Gedicht des Glücks und Jubels zweihebige Kurzverse, was den Leser zu einem hohen Sprachtempo und zu enthusiastischem Lesen animiert.

- Lesen Sie den Text leise für sich! Versuchen Sie nun, das Gedicht laut vorzutragen!
- Bestimmen Sie das Versmaß genau!
- Welche Satzart herrscht vor? Was drückt diese aus?
- Unterstreichen Sie alle Verben, Substantive und Adjektive! Worauf beziehen sich all diese Wörter?
- Ein Hauptthema des Gedichts ist der Zusammenklang zwischen Mensch und Natur. Die Natur wird durch Farben, Töne und Düfte charakterisiert, sie wird auch personifiziert. Alle Bereiche der Natur (unbelebte Natur, Pflanzenreich, Tierreich, Menschheit) werden als Einheit dargestellt. Weisen Sie das im Text nach!
- Auch in diesem Gedicht wird die Verbindung zwischen der Menschenliebe und der göttlich-allumfassenden Liebe hergestellt. In welchen Zeilen spricht Goethe von der irdischen Liebe, in welchem Vers von der Liebe als göttliche Kraft?

Unverbindliche Liebe

Noch ganz im Sinne des **Rokoko** dichtet Goethe als 18-Jähriger *Das Schreien* (1767). Die Liebesdichtung dieser Epoche gestaltet keine wirklich durchlebten Gefühle, sondern zeigt die Liebe als unverbindliches Spiel in einer arrangierten Situation. Sie soll gesellschaftlich sanktionierte Unterhaltung für ein gebildetes Publikum sein und orientiert sich formal und inhaltlich an literarischen Vorbildern (anakreontische Poesie).

Das Schreien

Jüngst schlich ich meinem Mädchen nach,	Da droht' ich trotzig: „Ha, ich will
Und ohne Hindernis	Den töten, der uns stört!"
Umfaßt' ich sie im Hain; sie sprach:	„Still", winkt sie lispelnd, „Liebster, still!
„Laß mich, ich schrei' gewiß!"	Damit uns niemand hört!"

---

[3] Anakreontik: Dichtung, die die Freude an der Welt und am Leben verherrlicht. (Vorbild: Anakreon, griech. Dichter im 6. Jh. v. Chr.) Dabei wird eine begrenzte Zahl von Themen (Liebe, Wein, Freundschaft u. ä.) formelhaft immer neu variiert; keine Gestaltung von eigenen Erlebnissen.

[4] Erlebnisdichtung: Verbindung von konkreten Erlebnissen mit poetischer Fiktion

• Diskutieren Sie, warum sich das Mädchen zuerst zurückhaltend bzw. ablehnend verhält, dann aber der Verführung erliegt! Denken Sie an die Zeit, in der das Gedicht geschrieben wird, und daran, dass der Autor ein Mann ist!

Ein barockes Liebesgedicht
Zwischen Sinnlichkeit und Sittlichkeit

Moral und Sittlichkeit?

In der Zeit des Barock findet man eine große Anzahl von Gedichten, die die irdische Liebe und die Sexualität sehr direkt und offen behandeln, z. B. von **Christian Hoffmann von Hoffmannswaldau** (1616–1679). Diese Liebesauffassung entspricht jedoch nicht dem damals herrschenden Gebot von Sittlichkeit und Moral. Dieses verlangt von Eheleuten weitgehende sexuelle Enthaltsamkeit und von unverheirateten Paaren absolute Keuschheit. Alle sinnliche Lust gilt auch in der Ehe als „viehische Brunst", als „Seelengift" und „höllische Glut" (Andreas Gryphius).

Man sieht also auch in der Liebeslyrik dieser Epoche den Widerspruch zwischen dem Ausleben irdischer Wünsche (**Carpe-diem-Motiv**[5]) und dem Gedanken an das Jenseits (**Memento-mori-Motiv**[6]), der von christlich-religiösen Forderungen geprägt ist.

Liebe wird im Barock als konventionalisiertes und gesellschaftliches Geschehen[7] gesehen und beschrieben.

Lockere Gesellschaft (Gemälde von Jacob van Loo, 1659)

Daneben schreiben Dichter, z. B. **Paul Fleming** (1609–1640) oder **Johann Christian Günther** (1695–1723), im späteren Barock über reale Erfahrungen unglücklicher Liebe, sie entziehen sich damit der Rollenkonvention des Petrarkismus[8] und ihre Gedichte zeigen Ansätze persönlich gestalteter Liebeslyrik.

Martin Opitz (1597–1639) gibt in dem folgenden nach antikem Vorbild gestalteten Rollengedicht ein poetisches Muster für die Liebeslyrik seiner Epoche. **Johann Gottfried Herder** bezeichnet das Gedicht als eines der schönsten deutschen Lieder und nimmt es 1779 in seine Volksliedsammlung auf.

---

[5] Carpe diem, lat.: „Pflücke den Tag" (wörtlich); genieße heute – angesichts der allgemeinen Vergänglichkeit

[6] Memento mori, lat.: „Gedenke des Todes" (wörtlich); denke daran, dass du sterben musst

[7] ähnlich wie die Minnelyrik

[8] Petrarkismus: Stilrichtung der Liebeslyrik vom 14. bis zum 18. Jahrhundert, die die Dichtung F. Petrarcas (1307–1374) zum Vorbild nimmt. Diese Rollendichtung ist durch Liebesschmerz und Sehnsucht des Mannes nach einer unnahbaren und grausamen Frau geprägt, wobei formal-ästhetischen Kriterien mehr Wichtigkeit zugemessen wird als gedanklichem Tiefgang, Form ist wichtiger als die Aussage.

Ach Liebste / laß uns eilen /
    Wir haben Zeit:
Es schadet das verweilen
    Uns beyderseit.
5 Der edlen Schönheit Gaben
    Fliehn fuß für fuß:
Das alles was wir haben
    Verschwinden muß.
Der Wangen Ziehr verbleichet /
10   Das Haar wird greiß /
Der Augen Fewer weichet /
    Die Brunst wird Eiß.

Das Mündlein von Corallen
    Wird ungestalt /
15 Die Händ' als Schnee verfallen /
    Und du wirst alt.
Drumb laß uns jetzt geniessen
    Der Jugend Frucht /
Eh' als wir folgen müssen
20   Der Jahre Flucht.
Wo du dich selber liebest /
    So liebe mich /
Gieb mir / das / wann du giebest /
    Verlier auch ich.

Die 24 Verse gliedern sich in drei Gruppen zu je acht Zeilen. Der erste Abschnitt enthält die Anrede und Hinweise, die Zeit zu nützen und an die Vergänglichkeit (der Jugend) zu denken. Der Ausdruck „Wir haben Zeit" bedeutet im Barock „es ist an der Zeit". Das zweite Drittel bringt eine Reihe von lehrhaften Beispielen, die einerseits Zeichen des Altwerdens, andererseits die Vorzüge der Geliebten nennen. Dabei verläuft der Gang der Argumentation vom Allgemeinen zur persönlichen Hinwendung, zum Du („Und du wirst alt", Zeile 16).

- Welche positiven Aspekte der Geliebten bzw. der Jugend finden Sie in den Zeilen 9 bis 16?

Der dritte Teil (17. bis 24. Zeile) zieht die logische Konsequenz („drumb", Zeile 17) aus dem vorher Gesagten. Die Gelegenheit zur Liebe soll wahrgenommen werden, bevor es zu spät ist. Die letzten beiden Verse bezeichnen die Gemeinsamkeit und Gegenseitigkeit der Liebe. Was die Liebenden einander geben – Jugend, Schönheit, Gefühl – und aneinander verlieren, erhalten sie wieder voneinander zurück.

- Was wird Opitz mit dem letzten Vers gemeint haben? Was könnten der leidenschaftliche, aber auch leidende Liebende und die Frau in dieser Situation verlieren?
- Das Gedicht hat den Charakter einer Rede, eines Briefes. Die Bilder und auch die Sprache klingen für Sie vielleicht altertümlich. Schreiben Sie einen fingierten Brief, in dem Sie das Thema des Gedichts aus der heutigen Sicht in Ihrer Sprache formulieren! Beachten Sie dabei, dass Opitz kein persönliches Liebesmotiv gestaltet, sondern bekannte und vorgefertigte Motive, Bilder und Topoi[9] verwendet (artistische Liebeslyrik)!

---

[9] Topos: stereotype Redewendung, Gemeinplatz, vorgeprägtes Bild

Naturalismus (1880–1900)

Der Schriftsteller und Kritiker **Maximilian Harden** (1861–1927) beschreibt 1887 die Intentionen des Naturalismus, einer in den 80er-Jahren neu einsetzenden literarischen Bewegung.

Was will der Naturalismus? [...] Er fordert Abwendung von aller Konvention, Umkehr zur rücksichtslosesten Wahrheit ohne jeden Kompromiss, er will ein Stück Natur schildern, wie es sich in seinem Temperament zeigt, ohne das Bild mit dem Firnis der Schönheitsfärberei zu überpinseln. Wie die Wissenschaft zur analytischen Experimentalperiode, die Geschichtsfor-
5 schung zum Quellenstudium zurückkehrt, ebenso soll die Literatur „menschliche Dokumente" sammeln, um den Menschen als Resultat seiner Lebensbedingungen und Umgebung, nicht als Zufallsprodukt schönheitsdurstiger Phantasie erscheinen zu lassen. Menschen von festem Knochenbau, vom Dichter geschaut, in Verhältnisse, Konflikte, Leidenschaften verwickelt, wie sie das tägliche Leben jedes Einzelnen mit sich bringt, das ist der vornehmste Glaubenssatz im
10 naturalistischen Evangelium.

> • Inwiefern grenzt Harden den Naturalismus gegenüber dem Programm des poetischen Realismus ab?

Perspektiven des Begriffs

Die Naturalisten, sie nennen sich in ihren Anfängen die „**Modernen**" oder „**Jüngstdeutsche**", wenden sich gegen die etablierten Schriftsteller der Gründerzeit (z. B. Felix Dahn, Paul Heyse, Emanuel Geibel) und deren Repräsentationskunst. Sie verachten das Wirtschaftswunder der Bismarck-Ära, welches das Großbürgertum vermögend macht, das Proletariat aber verarmen lässt, und kämpfen gegen Philistertum[1] und die in ihren Augen verlogene öffentliche Moral.

Die soziale Frage

Verstädterung

Durch erste Wirtschaftskrisen in den 70er-Jahren wird die „**soziale Frage**" immer brennender. Dies zeigt sich am anschaulichsten in der **Verstädterung** Deutschlands. Um 1870 wohnen 36 % der Deutschen in Städten, 1910 schon 60 %. An der Spitze dieser Entwicklung liegt Berlin; 1870 hat die Stadt rund 800 000, im Jahre 1900 schon etwa drei Millionen EinwohnerInnen. Um die Jahrhundertwende leben in Berlin ca. 250 000 Arbeiter unter dem Existenzminimum, 400 000 Menschen verdienen gerade das Nötigste zum Leben.
Die großen Städte sind gekennzeichnet durch das „getrennte Nebeneinander von Prunkvillenvierteln und Arbeiterkasernen, von rauschhafter Luxuswelt und erzwungener Bedürfnisarmut" (Kurt Sollmann). Das führt einerseits zur Bildung von **Arbeitervereinen** (1875 wird die „Soziale Deutsche Arbeiterpartei" gegründet), andererseits zur Auseinandersetzung von jungen Literaten mit dem Milieu der unteren Schichten. Viele von ihnen ziehen aus der Provinz in die Städte, vornehmlich Berlin und München, wo sie das bisher nicht gekannte Elend in den Arbeitervierteln am eigenen Leibe erfahren, wissenschaftlich studieren und beschreiben wollen.

---

[1] Philister, hier abwertend: kleinbürgerlich-engstirniger Mensch, Spießbürger

Die Schriftsteller, die Themen

Schattenseiten menschlicher Existenz

Berliner Arbeiterwohnung

Die naturalistischen Schriftsteller fühlen sich als Rebellen gegen die bestehende gesellschaftliche Ordnung und beschäftigen sich mit den Schattenseiten menschlicher Existenzen, im Gegensatz zu den Realisten, die eher von den Sonnenseiten des Lebens erzählen. Als konkrete Themen für ihre literarischen Arbeiten wählen die Naturalisten die Darstellung der **Armut**, der **Verwahrlosung**, des **Kinderelends**, **unglücklicher Ehen** und des **Ehebruchs**, der **Situation unehelicher Kinder**, der **Ausbeutung von Arbeitern**, des **Alkoholismus**, der **Brutalität** und des **Verbrechens**. Diese „Rebellion der Literatur" ruft natürlich Gegner auf den Plan, die diese neue Kunst als „Asphaltliteratur", „Rinnsteinkunst", „reinsten Schmutz", „Affentheater" oder „absolut stinkende Schweinerei" bezeichnen. Die „modernen" Schriftsteller, die alles Metaphysische[2] und Transzendente[3] ablehnen (Einfluss der Philosophen Feuerbach und Marx), wollen mit ihrer objektiven Wiedergabe dieser Zeitfragen das Gewissen der Bürgerlichen aufrütteln und so eine Veränderung der sozialen Zustände erreichen.

Fast ausschließlich aus eben diesem bürgerlichen Umfeld kommen die Naturalisten, die sich in den 80er-Jahren in Berlin und München zu literarischen und gesellschaftspolitischen Gruppen zusammenschließen: **Heinrich** (1855–1906) und **Julius Hart** (1859–1930), **Hermann Conradi** (1862–1890), **Arno Holz** (1863–1929), **Johannes Schlaf** (1862–1941), **Gerhart Hauptmann** (1862–1946), der Österreicher **Hermann Bahr** (1863–1934), der später der Sprecher des „Jungen Wien" ist, oder **Michael Georg Conrad** (1846–1927), der ab 1885 die programmatische Münchner Monatsschrift *Die Gesellschaft* herausgibt.

Literarische Vorbilder

Zola, Ibsen, Leo Tolstoi,
eine Welt liegt in den Worten,
eine, die noch nicht verfault,
eine, die noch kerngesund ist!
5   Klammert euch, ihr lieben Leutchen,
Klammert euch nur an die Schürze
einer längst verlotterten,
längst abgetakelten Ästhetik:
unsre Welt ist nicht mehr klassisch
10   unsre Welt ist nicht romantisch,
unsre Welt ist nur modern![4]

> • Wogegen richtet sich dieser lyrische Text von Arno Holz? Welche sprachlichen Mittel setzt er ein? Welches Selbstverständnis wird der Dichter haben?

---

[2] Metaphysik: Bezeichnung für eine philosophische Disziplin, deren Erkenntnisinteresse über die Natur hinausgeht (z. B. Gott, Seele, Unsterblichkeit, Freiheit)

[3] transzendent: übersinnlich, übernatürlich

[4] aus: Arno Holz, Buch der Zeit

Der Naturalismus als literarische Bewegung schafft in Deutschland erst später den Durchbruch als in anderen europäischen Ländern. Daher greifen die jungen Literaten auf literarische Vorbilder im Ausland zurück.

Vererbung und Milieu

Der Franzose **Emile Zola** (1840–1902) legt in seiner literaturtheoretischen Schrift *Le roman experimental (Der Experimentalroman)* dar, dass die Menschen und deren Schicksale durch **Vererbung, Rasse** und **soziales Milieu** determiniert[5] sind.

Besonderen Einfluss auf Zola und die deutschen Naturalisten hat in diesem Zusammenhang der britische Naturforscher **Charles Darwin** (1809–1882) durch seine Studie *Die Abstammung des Menschen und die geschlechtliche Zuchtwahl* (1871). Darwin will nachweisen, dass die Evolution[6] der Lebewesen – also auch des Menschen – einer strengen Auslese der „Besten" unterliege und durch Anpassung an die sich dauernd verändernden Umweltbedingungen erfolge.

Emile Zola (1890)

Wissenschaftliche Grundlagen

Emile Zola verlangt von den Romanautoren, die Wirklichkeit wie ein Forscher zu begreifen, sie **fotografisch genau** und **ohne persönliche Anteilnahme** zu beschreiben. Dies soll mit streng **wissenschaftlichen Methoden** erfolgen, deren Grundlagen die Soziologie, Medizin und die Naturwissenschaften sind. Zolas Roman *Germinal* (1885), in dem er einen Bergarbeiterstreik zum Thema macht, fasziniert die sozial engagierten deutschen Naturalisten nicht zuletzt wegen der ungeschminkten und genauen Schilderung von Armut, Brutalität und Grausamkeit.

Blick auf Europa

Neben Zola übt der Norweger **Henrik Ibsen** (1828–1906) die nachhaltigste Wirkung auf die naturalistische Dichtung Deutschlands aus. Sein Drama *Gespenster* (1881) ist das erste Stück auf dem Spielplan der „Freien Bühne" in Berlin, eines Privattheaters, das aus Opposition gegen den staatlichen und kommerziellen Theaterbetrieb 1889 gegründet wird. Ibsen, der sich zwischen 1868 und 1891 oft in München und Dresden aufhält, zeigt in seinen Theaterstücken *Nora oder Ein Puppenheim* (1879), *Ein Volksfeind* (1882) oder *Die Wildente* (1884) mittels der **analytischen Technik**[7] eine schonungslose Zustandsanalyse der bürgerlichen Gesellschaft und entlarvt so private und öffentliche „Lebenslügen".

Bei **Leo Tolstoj** (1828–1910) und **Fjodor Dostojewskij** (1821–1881) bewundern die deutschen Naturalisten den krassen Realismus und die genaue psychologische Durchleuchtung persönlicher und gesellschaftlicher Konflikte. **Gerhart Hauptmann** lässt sich bei seinem Drama *Vor Sonnenaufgang* von Tolstois Tragödie *Macht der Finsternis* anregen, in der eine ungehemmte, alles zerstörende Sexualität zum beherrschenden Thema wird. In den Romanen Dostojewskijs, *Raskolnikov oder Schuld und Sühne*, *Die Dämonen* und *Der Idiot*, sind unterdrückte und an der Gesellschaft zerbrechende Menschen die Helden.

---

[5] determiniert: vorherbestimmt
[6] Evolution: Entwicklung
[7] analytische Technik: Die eigentliche Handlung und das Problem liegen vor dem Beginn und werden im Laufe des Spiels langsam enthüllt.

Lyrik

In der Lyrik lassen sich Theorie und Programm des Naturalismus schwerer als in epischen oder dramatischen Texten verwirklichen. Die meisten naturalistischen Lyriker schreiben politische Gedichte in der Tradition der Jungdeutschen und Vormärzdichter.

Der lyrische Text *Das bejahrte Freudenmädchen* (1888) von **Karl Henckell** (1864–1929) ist hier in seiner ersten Fassung als Prosatext abgedruckt. Für eine spätere Ausgabe arbeitet ihn der Dichter in Verszeilen um.

Das bejahrte Freudenmädchen

Schleiche auf dunklem Flur. Schleppe grauen Gram. Bin ja, bin ja nur eine alte Hur'; habt mich für Geld. Kenne auf der Welt keine Scham – ein Tier!

War doch auch ein Kind, rein wie ihr, las in dem Angebind, dem Samtbrevier: Herr Gott, dich loben wir. – bin wie ihr gesprungen zu Spiel und Tanz, habe so hell gesungen auf sonniger
5 Heide: Wir winden dir den Jungfernkranz – Jungfernkranz! – mit veilchenblauer Seide ...

Schleiche auf dunklem Flur, häßliche, alte Hur', gehorsamer Diener! gehorsamer Diener! – Gott!! — Mütterchen, was sagt der liebe Gott? „Beten, beten."

Heiße, heiße hopsassa! La la la ... hopsassa! Schöner grüner, schöner grüner Jungfernkranz! —— mir wird schlecht. – Hunger – Brot! Brot! Liebst für'n Lumpengeld, ist doch 'ne elende Welt!
10 O läg' ich tot! ...

- Formen Sie den Text in Versform um, die Reimwörter werden Ihnen dabei helfen!
- Inwiefern entspricht das Gedicht in Sprache und Inhalt dem Programm der Naturalisten?

Lyrische Revolte

Arno Holz versucht eine „Revolution der Lyrik". Für ihn ist der Rhythmus wichtiger als der Reim:

Als formal letztes in jeder Lyrik, das überhaupt uneliminierbar ist, bleibt für alle Ewigkeit der Rhythmus. Reim, Strophe, Parallelismus, Alliteration und Assonanz[8] – man könnte noch beliebig fortfahren – waren nur akzessorisch[9] und mußten daher mit der Zeit als „Systeme" notgedrungen abwirtschaften.

Weiter meint Holz:

Ich schreibe als Prosaiker einen ausgezeichneten Satz nieder, wenn ich schreibe: „Der Mond steigt hinter blühenden Apfelbaumzweigen auf." Aber ich würde über ihn stolpern, wenn man ihn mir für den Anfang eines Gedichtes ausgäbe. Er wird zu einem solchen erst, wenn ich ihn forme: „Hinter blühenden Apfelbaumzweigen steigt der Mond auf." Der erste Satz refe-
5 riert nur, der zweite stellt dar. Erst jetzt, fühle ich, ist der Klang eins mit dem Inhalt. Und um diese Einheit bereits deutlich nach außen zu geben, schreibe ich:
Hinter blühenden Apfelbaumzweigen
steigt der Mond auf.
Das ist meine ganze „Revolution der Lyrik".

---

8 Assonanz: vokalischer Gleichklang im unvollständigen Reim (Halbreim), z.B. klagen – laben
9 akzessorisch: nebensächlich

Diesen Gedanken entsprechen die Gedichte des Großstadtzyklus *Phantasus* (1898), die alle um eine imaginäre Mittelachse angeordnet sind. Die Gestalt des Phantasus ist ein armer Dachstubenpoet, der sich, umgeben vom Elend der Mietskasernen, immer wieder in eine bunte „Traumwelt flüchtet". Damit greift Holz einerseits auf Traditionen der Romantik zurück, seine Gedichte zeigen andererseits deutliche Bezüge zum Symbolismus.

Arno Holz – *Phantasus* (erstes Heft, Titelblatt, 1898)

> Im Thiergarten, auf einer Bank, sitz ich und rauche:
> und freue mich über die schöne Vormittagssonne.
> Vor mir, glitzernd, der Kanal:
> den Himmel spiegelnd, beide Ufer leise schaukelnd.
>
> 5 Über die Brücke, langsam Schritt, reitet ein Leutnant
>
> Unter ihm
> zwischen den dunklen, schwimmenden Kastanienkronen
> propfenzieherartig ins Wasser gedreht,
> — den Kragen siegellackrot —
> 10 sein Spiegelbild.
>
> Ein Kuckuck
> ruft.

- Schreiben Sie diesen lyrischen Text in die Prosaform um! Welche Umstellungen in der Wortfolge unternimmt Holz? Was leisten diese in Bezug auf die „Poetisierung der Welt"? (Beachten Sie Rhythmus, Pausen und formale Gliederung!)
- Geben Sie den Inhalt der fünf Abschnitte wieder!
- Wie wird der Leutnant beschrieben? Welche Assoziationen verbinden Sie mit dieser Figur? Welche Wörter verweisen in diesem Abschnitt auf den Bereich der Erotik?
- Welche symbolische Funktion könnte der „Kuckuck" in diesem Zusammenhang haben?
- Schreiben Sie einen lyrischen Text über ein Ihnen entsprechendes Thema, der um eine gedachte Mittelachse angeordnet ist!

Epik

Arno Holz / Johannes Schlaf: *Papa Hamlet*

Die Freunde **Arno Holz** und **Johannes Schlaf**, beide sind an Romanprojekten gescheitert, schreiben 1889 gemeinsam Prosastücke (Skizzen) im Stil des „konsequenten" Naturalismus, z. B. *Papa Hamlet, Ein Tod* oder *Der erste Schultag*.
*Die Titelfigur in der Erzählung **Papa Hamlet**, Niels Thienwiebel, ist ein alter stellungsloser Schauspieler, der mit seiner Familie in einer Dachwohnung unter ärmlichsten Verhältnissen lebt. Streitereien, Alkoholexzesse und wirt-*

Arno Holz in seiner Wohn- und Arbeitsstube (1910)

schaftliches Elend bestimmen das Leben des Ehepaares. In der Nacht vor der verlangten Räumung der Wohnung erwürgt Niels seinen kleinen Sohn, weil dieser nicht aufhört, vor Schmerz zu schreien. Seiner Frau kommt die Ruhe im Zimmer des Kindes unheimlich vor.

„Ach, nich doch, Niels! Nich doch! Das Kind – ist ja schon wieder auf! Das – Kind schreit ja! Das – Kind, Niels! ... Geh doch mal hin! Um Gottes willen!!" Ihre Ellbogen hinten hatte sie jetzt fest in die Kissen gestemmt, ihre Nachtjacke vorn stand weit auf.

Durch das dumpfe Gegurgel drüben war es jetzt wie ein dünnes, heisres Gebell gebrochen. Aus

5   den Lappen her wühlte es, der ganze Korb war in ein Knacken geraten.

„Sieh doch mal nach!!"

„Natürlich! Das hat auch grade noch gefehlt! Wenn das Balg doch der Deuwel holte! ..."

Er war jetzt wieder in die Pantoffeln gefahren.

„Nicht mal die Nacht mehr hat man Ruhe! Nicht mal die Nacht mehr!!"

10   Das Geschirr auf dem Tisch hatte wieder zu klirren begonnen, die Schatten oben über die Wand hin schaukelten. –

„Na? Du!! Was gibt's denn nu schon wieder? Na? ... Wo ist er denn? ... Ae, Schweinerei!"

Er hatte den Lutschpropfen gefunden und wischte ihn sich nun an den Unterhosen ab.

„So'ne Kälte! Na? Wird's nu bald? Na? Nimm's doch, Kamel! Nimm's doch! Na?!"

15   Der kleine Fortinbras jappte!

Sein Köpfchen hatte sich ihm hinten ins Genick gekrampft, er bohrte es jetzt verzweifelt nach allen Seiten.

„Na? Willst du nu oder nich?! — Bestie!!"

„Aber – Niels! Um Gottes willen! Er hat ja wieder den – Anfall!"

20   „Ach was! Anfall! — Da! Friß!!"

„Herrgott, Niels ..."

„Friß!!!"

„Niels!"

„Na? Bist du – nu still? Na? – Bist du – nu still? Na?! Na?!"

25   „Ach Gott! Ach Gott, Niels, was, was – machst du denn bloß?! Er, er – schreit ja gar nicht mehr! Er ... Niels!!"

Sie war unwillkürlich zurückgeprallt. Seine ganze Gestalt war vornüber geduckt, seine knackenden Finger hatten sich krumm in den Korbrand gekrallt. Er stierte sie an. Sein Gesicht war aschfahl.

30   „Die ... L-ampe! Die ... L-ampe! Die ... L-ampe!"

„Niels!!!"

Sie war rücklings vor ihm gegen die Wand getaumelt.

„Still! Still!! K-lopft da nicht wer?"

Ihre beiden Hände hinten hatten sich platt über die Tapete gespreizt, ihre Knie schlotterten.

35   „K-lopft da nicht wer?"

Er hatte sich jetzt noch tiefer geduckt. Sein Schatten über ihm pendelte, seine Augen sahen jetzt plötzlich weiß aus.

Eine Diele knackte, das Öl knisterte, draußen auf die Dachrinne tropfte das Tauwetter.

Tipp . . . .

40   . . . . .Tipp . . . .

. . . . Tipp. . . . .

. . . . Tipp. .

. . . .

Eine Woche später erfriert der am Leben gescheiterte Thienwiebel betrunken im Hafen, während seine Frau lungenkrank im Bett liegt.

Neben der Thematik schockiert die Zeitgenossen vor allem die Sprache des Textes. Die Autoren setzen Ausrufezeichen, Gedankenstriche und Punkte ganz gezielt ein, versuchen, **Atempausen, Nebengeräusche, Stammeln** oder hervorgestoßene **Satzbrocken** konkret wiederzugeben. Außerdem lösen sie die Prosa durch **szenische Darstellung** und **direkte Rede** auf. (Man kann die Texte von Holz und Schlaf auch als Dialoge mit Regieanweisungen lesen.)

> • Weisen Sie die angeführten stilistischen Merkmale am Text nach!

Gerhart Hauptmann: *Bahnwärter Thiel*
Novellistische Studie

1887 erscheint **Gerhart Hauptmanns** bekanntestes episches Werk, *Bahnwärter Thiel. Novellistische Studie aus dem Märkischen Kiefernforst.* Der Untertitel verweist auf die inhaltliche und formale Zwischenstellung des Textes zwischen der Novellentradition des Realismus und den naturalistischen Studien von Holz und Schlaf.

Bahnwärter Thiel, pflichtbewusst, äußerlich robust und etwas schwerfällig, heiratet nach dem Tod seiner ersten Frau Minna um seines Sohnes Tobias' willen die ihn erotisch beherrschende, derb-sinnliche Lene. In seiner sexuellen Abhängigkeit muss er wehrlos mitansehen, wie Lene sein erstes Kind im Gegensatz zum gemeinsamen Kind seelisch vernachlässigt und körperlich züchtigt. Als Tobias – Lene lässt ihn aus Unachtsamkeit auf die

Gerhart Hauptmann (1930)

Bahngeleise laufen – von einem Schnellzug überfahren wird, erschlägt der Bahnwärter in beginnendem Wahnsinn seine Frau und schneidet dem gemeinsamen Kind die Kehle durch. Thiel wird ins Irrenhaus eingeliefert.

Als Metapher für eine schicksalshafte Übermacht, die in Thiels Leben so grausam eingreift, erscheint die Eisenbahn, die die Ruhe der Natur und damit das kleine und arme Leben sowohl von Tobias als auch von Thiel zerstört. Die folgende Textstelle ist eine Vorwegnahme der persönlichen Katastrophe des Bahnwärters und verweist durch ihre Symbolik bereits auf die Neben- und Gegenströmungen des Naturalismus.

Die Sonne, welche soeben unter dem Rande mächtiger Wolken herabhing, um in das schwarzgrüne Wipfelmeer zu versinken, goss Ströme von Purpur über den Forst. Die Säulenarkaden der Kiefernstämme jenseits des Dammes entzündeten sich gleichsam von innen heraus und glühten wie Eisen.

5 Auch die Geleise begannen zu glühen, feurigen Schlangen gleich, aber sie erloschen zuerst; und nun stieg die Glut langsam vom Erdboden in die Höhe, erst die Schäfte der Kiefern, weiter den größten Teil ihrer Kronen in kaltem Verwesungslichte zurücklassend, zuletzt nur noch den äußersten Rand der Wipfel mit einem rötlichen Schimmer streifend. Lautlos und feierlich vollzog sich das erhabene Schauspiel. Der Wärter stand noch immer regungslos an der Barriere.

10 Endlich trat er einen Schritt vor. Ein dunkler Punkt am Horizonte, da wo die Geleise sich trafen,

vergrößerte sich. Von Sekunde zu Sekunde wachsend, schien er doch auf einer Stelle zu stehen. Plötzlich bekam er Bewegung und näherte sich. Durch die Geleise ging ein Vibrieren und Summen, ein rhythmisches Geklirr, ein dumpfes Getöse, das, lauter und lauter werdend, zuletzt den Hufschlägen eines heranbrausenden Reitergeschwaders nicht unähnlich war.

15 Ein Keuchen und Brausen schwoll stoßweise fernher durch die Luft. Dann plötzlich zerriss die Stille. Ein rasendes Tosen und Toben erfüllte den Raum, die Geleise bogen sich, die Erde zitterte – ein starker Luftdruck – eine Wolke von Staub, Dampf und Qualm, und das schwarze, schnaubende Ungetüm war vorüber. So wie sie anwuchsen, starben nach und nach die Geräusche. Der Dunst verzog sich. Zum Punkte eingeschrumpft, schwand der Zug in der Ferne, und das alte

20 heil'ge Schweigen schlug über dem Waldwinkel zusammen.

- Welche Metaphern und Symbole können Sie erkennen?
- Versuchen Sie, diese auf die Lebenssituation Thiels zu übertragen!
- Welche Bedeutung hat die Eisenbahn am Ende des 19. Jahrhunderts, wie erlebt sie der Bahnwärter?

Drama

Der wichtigste Vorläufer des naturalistischen Dramas ist der Österreicher **Ludwig Anzengruber** (1839–1889), der jedoch im Gegensatz zu den Naturalisten den freien Willen des Menschen nicht leugnet, den Menschen also nicht durch die Verhältnisse determiniert sieht. Mit den „modernen" Dichtern verbindet ihn die Absicht, die Wirklichkeit möglichst genau zu schildern, wobei er eine für seine Zeit ungewöhnliche Offenheit gegenüber erotischen Problemen zeigt. Weiters nimmt er, ebenso wie die späteren naturalistischen Dramatiker, die Personen seiner Stücke aus den unteren Schichten. Anzengruber vertritt schon zu dieser Zeit die Meinung, dass dramatische Texte im Sinn einer gesellschaftspolitischen Änderung erzieherisch wirken sollten. Besonders das Großstadtdrama *Das vierte Gebot* lässt Anzengruber als „kräftigsten Vorkämpfer des Naturalismus" (O. Brahms) erscheinen.

Ludwig Anzengruber

Gerhart Hauptmann: *Vor Sonnenaufgang*

Soziales Drama

Der durch die Novelle *Bahnwärter Thiel* schon sehr bekannte **Gerhart Hauptmann** schreibt 1889 das soziale Drama *Vor Sonnenaufgang* und löst damit bei der Uraufführung, die in einer geschlossenen Matinee der „Freien Bühne" stattfindet, einen Theaterskandal aus.

Das Theaterstück thematisiert neben den sozialen Verhältnissen im Kohlerevier Schlesiens (Spekulantentum, Ausbeutung der Bergarbeiter) den moralischen Verfall einer durch Grundverkauf reich gewordenen Bauernfamilie. Der Bauer Krause, jetzt Millionär, wird zum exzessiven Säufer, der gegenüber seiner Tochter zudringlich wird. Seine zweite Frau betrügt ihn und will die jüngere Tochter, Helene, mit ihrem eigenen Liebhaber verkuppeln. Die andere Tochter Krauses, Martha, ist ebenfalls Alkoholikerin und bringt ein totes Kind zur Welt; ihr Mann, der Ingenieur Hoffmann, ist ein skrupelloser Geschäftemacher und stellt Helene nach.

In diese Familie kommt der Sozialreformer und Gesundheitsfanatiker Alfred Loth als intellektueller Außenseiter und kritisiert – hier im Sinne des Autors – die sozialen Missstände und die moralische Verdorbenheit der Familie Krause. Er verliebt sich in Helene, die als Einzige ihrer Umgebung nicht sittlich verkommen ist und sich gegen die Lasterhaftigkeit ihrer Familie wehrt, und will sie heiraten. Als er jedoch die gesamte Wahrheit über ihre Familie erfährt, verlässt er Helene aus Furcht vor möglichen Erbschäden seiner Nachkommen. Darauf nimmt sich die Verlassene das Leben.

Loth, ein Lebensreformer – er trinkt nicht, raucht nicht, er schwört auf die „Erbgesundheit" –, versagt als Mensch. Der anfängliche Held entlarvt sich im Laufe des Stücks als ein „bloßer Verkünder deterministischer Vererbungstheorie" (Kurt Rothmann).

Programmzettel

ERSTER AKT

Das Zimmer ist niedrig; der Fußboden mit guten Teppichen belegt. Moderner Luxus auf bäuerische Dürftigkeit gepfropft. An der Wand hinter dem Eßtisch ein Gemälde, darstellend einen vierspännigen Frachtwagen, von einem Fuhrknecht in blauer Bluse geleitet.
Miele, eine robuste Bauernmagd mit rotem, etwas stumpfsinnigem Gesicht; sie öffnet die
5 *Mitteltür und läßt Alfred Loth eintreten. Loth ist mittelgroß, breitschultrig, untersetzt, in seinen Bewegungen bestimmt, doch ein wenig ungelenk; er hat blondes Haar, blaue Augen und ein dünnes lichtblondes Schnurrbärtchen, sein ganzes Gesicht ist knochig und hat einen gleichmäßig ernsten Ausdruck. Er ist ordentlich, jedoch nichts weniger als modern gekleidet. Sommerpaletot, Umhängetäschchen, Stock.*

10 **Miele:** Bitte! Ich werde den Herrn Inschinnär glei ruffen. Wollen Sie nich Platz nehmen?!
Die Glastür zum Wintergarten wird heftig aufgestoßen; ein Bauernweib, im Gesicht blaurot vor Wut, stürzt herein. Sie ist nicht viel besser als eine Waschfrau gekleidet. Nackte, rote Arme, blauer Kattunrock und Mieder, rotes punktiertes Brusttuch. Alter Anfang Vierzig – Gesicht hart, sinnlich, bösartig. Die ganze Gestalt sonst gut konserviert.
15 **Frau Krause** *schreit*: Ihr Madel!! ... Richtig!! ... Doas Loster vu Froovulk! ... naus! mir gahn nischt! ... *Halb zu Miele, halb zu Loth*: A koan orbeita, o hoot Oarme. naus! hier gibbt's nischt!
Loth: Aber Frau ... Sie werden doch ... ich ... ich heiße Loth, bin ... wünsche zu ... habe auch nicht die Ab...
Miele: A wull ock a Herr Inschinnär sprechen.
20 **Frau Krause:** Beim Schwiegersuhne batteln: doas kenn mer schunn. – A hoot au nischt, a hoot's au ock vu ins, nischt iis seine! *Die Tür rechts wird aufgemacht. Hoffmann steckt den Kopf heraus.*
Hoffmann: Schwiegermama! – Ich muß doch bitten ... *Er tritt heraus, wendet sich an Loth*: Was steht zu ... Alfred! Kerl! Wahrhaftig'n Gott, du!? Das ist aber mal ... nein das ist doch mal'n
25 Gedanke!
Hoffmann ist etwa dreiunddreißig Jahre alt, schlank, groß, hager. Er kleidet sich nach der neuesten Mode, ist elegant frisiert, trägt kostbare Ringe, Brillantknöpfe im Vorhemd und Berloques[10] an der Uhrkette. Kopfhaar und Schnurrbart schwarz, der Letztere sehr üppig, äußerst sorgfältig gepflegt. Gesicht spitz, vogelartig. Ausdruck verschwommen, Augen schwarz,
30 *lebhaft, zuweilen unruhig.*

---

[10] Berlocke: kleiner Schmuck an (Uhr-)Ketten

Aufgaben der Regieanweisung

Im Naturalismus weicht die knappe Regieanweisung der genauen Beschreibung der Personen und des Handlungsortes. Der Zuschauer kann vom Äußeren der Figuren schon auf deren innere Haltung schließen. Auch die naturalistische Sprechweise dient der Charakterisierung der handelnden Personen. Hauptmann sichert so deren milieugetreues Auftreten.

• Charakterisieren Sie aufgrund der Regieanweisungen, des Sprachverhaltens und des mimischen Spiels Loth, Frau Krause und Hoffmann!

Karikatur anlässlich der Uraufführung von *Vor Sonnenaufgang* (1889)

Szenenfoto: Aufführung in Düsseldorf (1954)

Naturalismus (1880–1900)

Grundzüge der Epoche

Die **Naturalisten** wenden sich gegen alle Konventionen, gegen die bestehende gesellschaftliche Ordnung, gegen das kapitalistische Bürgertum, gegen die etablierten Schriftsteller der Gründerzeit, gegen soziale Missstände und gegen eine idealisierende und poetisierende Darstellung der Wirklichkeit (Ende des Idealismus).

Die soziale Frage

Durch Wirtschaftskrisen und Verstädterung wird die soziale Frage immer brennender. In den städtischen Ballungsgebieten (z. B. Berlin) sind die Einkommensunterschiede besonders groß. Erste Arbeitervereine werden gegründet, und junge Schriftsteller ziehen in die Arbeiterviertel, um das Elend des vierten Standes zu studieren und zu beschreiben.

Die Schriftsteller und ihre Themen

Themen sind die objektive, uneingeschränkte, fotografisch genaue Wiedergabe der Wirklichkeit und die Schattenseiten menschlichen Daseins (Elend des Proletariats …). Alles Metaphysische und Transzendente und die Beschreibung der Sonnenseiten menschlicher Existenz werden abgelehnt.

Beeinflusst sind die Dichter durch die materialistische Philosophie von **Ludwig Feuerbach**, durch die sozialen Theorien von **Karl Marx** und **Friedrich Engels** (*Manifest der kommunistischen Partei*), durch die Abstammungslehre und die Vererbungslehre von **Charles Darwin** bzw. **Gregor Mendel** und durch den Gedanken der Determination (Festlegung) des menschlichen Handelns durch Vererbung, Rasse und soziales Milieu. Weitere Grundlagen des Naturalismus sind die Erkenntnisse der modernen Naturwissenschaften, besonders der Soziologie, und die Gedanken des Positivismus (Philosophie, die ihre Forschung auf das tatsächlich Erlebbare beschränkt).

Wichtige naturalistische Autoren sind Heinrich und Julius Hart, Hermann Conradi, Arno Holz, Johannes Schlaf, Gerhart Hauptmann, Hermann Bahr, Michael Georg Conrad.

Zu den **literarischen Vorbildern** zählen Emile Zola, Henrik Ibsen, Leo Tolstoi und Fjodor Dostojewskij.

Lyrik

Die meisten naturalistischen Lyriker schreiben politisch-revolutionäre Gedichte in einer eher konventionellen Form. Viele Gedichte weisen auch schon auf den Impressionismus hin (Lautmalerei, Ausdrucksbilder). Nur **Arno Holz** versucht eine „Revolution der Lyrik" (*Phantasus*), indem er dem Rhythmus einen wichtigeren Stellenwert zuschreibt als z. B. dem Reim oder der Stropheneinteilung. Bekannte Lyriker neben Arno Holz sind **Detlev von Liliencron** und **Richard Dehmel**.

Epik

Wichtige epische Texte sind *Papa Hamlet* von **Arno Holz** und **Johannes Schlaf** (mit den Prosa-Neuerungen des Sekundenstils und des „Dialogs mit Regieanweisungen") und *Bahnwärter Thiel* von **Gerhart Hauptmann**.

Dramatik

Ein Vorläufer des naturalistischen Dramas ist **Ludwig Anzengruber** mit *Das vierte Gebot, Der Meineidbauer*; der wichtigste Vertreter ist **Gerhart Hauptmann** (*Vor Sonnenaufgang, Die Weber, Der Biberpelz, Fuhrmann Henschel, Die Ratten*).

Gegen- und Parallelströmungen zum Naturalismus (1890–1920)

Um 1890, also zur Blütezeit des Naturalismus, erscheinen die ersten Veröffentlichungen von **Stefan George, Hugo von Hofmannsthal, Arthur Schnitzler** und **Frank Wedekind**, nur etwas später die von **Rainer Maria Rilke**. Diese Schriftsteller vertreten die Gegenströmungen zum Naturalismus – eigentlich sind es zum Großteil Parallelströmungen, die immer zumindest einen Aspekt mit dem Naturalismus gemeinsam haben. Wien und München entwickeln sich neben Berlin zu wichtigen kulturellen Zentren. Die Autoren stammen fast durchwegs aus der gehobenen bürgerlichen Schicht, verurteilen aber deren Lebensstil. Manche leben bewusst als Künstler; aber sie können dies nur aufgrund ihrer finanziellen Absicherung tun, wie George in München oder Hofmannsthal in Wien.

Gegen Naturwissenschaften, Technisierung und Industrialisierung

Die künstlerischen Verfahrensweisen des Naturalismus sind von wissenschaftlichen Grundsätzen geprägt. Die Vertreter der Parallelströmungen sind Gegner der Naturwissenschaften, der fortschreitenden Technisierung und Industrialisierung, sie wenden sich gegen Verstädterung und die damit verbundene Vermassung. Sie wehren sich gegen wirtschaftliche und politische Expansion und fühlen sich eng verbunden mit ihrer Geschichte und Tradition: **Stefan George, Hugo von Hofmannsthal** und **Rainer Maria Rilke** greifen auf antike und romanische Stoffe und Formen zurück; die Romantik wird in der sogenannten Neuromantik wieder belebt.

Die meisten Autoren kritisieren den „Fortschrittsglauben" und reagieren unterschiedlich auf ihn:

- durch den Weltschmerz des „Fin de Siècle"[1] (Hofmannsthal)
- durch die psychische Analyse des Wiener Adels (Schnitzler, beeinflusst von Sigmund Freud)
- durch den Rückzug in das „Innere" (Rilke aufgrund seiner Russlandreise)
- durch Propagierung des herrscherlichen Menschen, der sich bewusst gegen den Massenmenschen wendet (George; Gedanken, die der Nationalsozialismus für sich auszunützen weiß)
- durch den Rückgriff auf die christliche Religiosität des Mittelalters und des Barock, durch Neubelebung des Mysterienspiels und des Welttheaters (später Hofmannsthal)

Sprachskepsis

Zweifel an den Kommunikationsmöglichkeiten der Sprache

Auffallend ist bei vielen Autoren und Philosophen der immer stärker werdende Zweifel an der Fähigkeit, die Wirklichkeit überhaupt zu erkennen und sie mithilfe von Sprache darzustellen; man nennt dieses Phänomen Sprachskepsis. Im Gegensatz zu den Naturalisten meint man, Wahrheit könne nur durch innere Erfahrung erfühlt werden. Die traditionelle Aufgabe der Sprache, wahre Aussagen zu machen und zur Kommunikation zu dienen, wird fragwürdig. Diese Problematik wird besonders bei den Dichtern des Jungen Wien zum Thema vieler

---

[1] Fin de siècle, frz.: Ende des Jahrhunderts

Werke. Rilke und George gehen sogar so weit, dass sie behaupten, allein durch eine poetische Sprache könne eine „höhere Wahrheit" ausgedrückt werden. Der Alltagssprache stehen sie skeptisch gegenüber, sie entziehen sich der Politik, der Geschichte, der sozialen Verantwortung und schaffen sich, isoliert von der Gesellschaft, eine Gegenwelt. George gelingt diese Gegenwelt in seinem Kreis perfekt. Hofmannsthal fühlt sich als reiner Künstler und Ästhet schuldig, da er sich gesellschaftlichen und menschlichen Beziehungen verweigert. Immer wieder formuliert er – in „Zwischentönen" – Kritik am eigenen Ästhetizismus. Seine Skepsis der poetischen Sprache gegenüber führt nach Abfassung des *Lord-Chandos-Briefes* dazu, dass er nach 1899 kein einziges Gedicht mehr schreibt. Der Zweifel bleibt, und er wird in seinem Drama *Der Schwierige* wiederum thematisiert.

> • Welche Folgen hat es für die LeserInnen, wenn sich ein Dichter eine eigene, nur für ihn verständliche poetische Sprache erfindet, eine eigene Welt schafft, wenn er sich von der Gesellschaft isoliert?

Sigmund Freud und die Psychoanalyse

Sigmund Freud

Der Arzt und Psychologe Sigmund Freud (1856–1939) liefert durch die Methode der Psychoanalyse neue Möglichkeiten der Menschendarstellung. Die Vorstellung des Menschen als einheitliche Persönlichkeit gerät ins Wanken. Freud unterscheidet in der menschlichen Psyche das **Es** (Sammelbecken für unbewusste Triebe), das **Über-Ich** (Gebote, Gewissen, Moral, die Kontrollinstanz für das Es) und das **Ich** (die Vermittlerin zwischen beiden). Aus der Diskrepanz des Über-Ichs und des Es ergeben sich psychische Störungen, ja sogar Krankheiten, die sich auch körperlich zeigen, sogenannte **Neurosen**. Mithilfe der Psychoanalyse, des therapeutischen Gesprächs, soll Heilung erzielt werden. Mit dem Gespräch versucht man ins Unbewusste hinabzusteigen, in die Kindheit zurückzugehen und dort die Wurzeln für seelische Krankheiten zu finden. Sehr oft liegen die Gründe im sexuellen Bereich, der tabuisiert wird. Daher werden Freuds bahnbrechende Werke wie die *Traumdeutung* als Angriff auf die herrschende Moral und Ordnung aufgefasst. Suggestion[2], Hypnose, Somnambulismus[3], Traumdeutung werden für Künstler und Wissenschaftler interessant.

Die Krise des Individuums, dessen Geschlossenheit und Einheit auf einmal zu zerfallen drohen, steht in Zusammenhang mit der Krise der Wirklichkeitserfahrung und der Sprache. Sie bekommt noch zusätzlich Impulse aus der „Decadence", einer Strömung, die eine Vorliebe für Geheimnisvolles, Abartiges, Triebhaftes hat, die Unsicherheiten auskostet.

Stilkonglomerat

Um 1900 gibt es ein nahezu unüberschaubares Stilkonglomerat, viele Bezeichnungen, die alle sehr vage und unbestimmt sind. Oft kann man die Grenzen der einzelnen Strömungen gar

---

[2] Suggestion: Beeinflussung des Seelischen unter Ausschaltung der klaren Einsicht
[3] Somnambulismus: Schlafwandeln, Mondsüchtigkeit

nicht ziehen: Symbolismus, Neuromantik, Jung-Wien, Decadence, Satanismus, Fin de Siècle, Jugendstil, Impressionismus, Nervenkunst.

Allen gemeinsam ist, dass die Realität nicht mehr als verbindliches Muster dient, reine Natur- und Wirklichkeitsnachahmung wird abgelehnt. Eine eindeutige Zuweisung eines Autors zu einer der Strömungen ist schwierig. Oft ordnen die Literarhistoriker ein und denselben Dichter verschiedenen Richtungen zu, auch ein und dasselbe Werk wird von unterschiedlichen Strömungen beansprucht. Schlüssige Beweise liegen für jede Zuweisung vor.

Der Symbolismus

Der Symbolismus hat seine Wurzeln in Frankreich, besonders bei **Charles Baudelaire** (1821–1867). Sein Gedicht *Correspondances (Entsprechungen)* gilt als Schlüsselwerk des Symbolismus.

Correspondances

Die Natur ist ein Tempel, wo lebendige Pfeiler
Manchmal wirre Worte aus sich entlassen;
Der Mensch geht dort durch Wälder von Symbolen,
Die ihn mit vertrauten Blicken betrachten.

5 Wie lange Echos, die sich in der Ferne vermischen
In einer dunklen und tiefen Einheit,
Weit wie die Nacht und wie die Helligkeit,
Antworten sich die Düfte, die Farben und die Töne.

Es sind Düfte frisch wie Kinderfleisch,
10 Sanft wie Oboen, grün wie Wiesen,
– Und andere, faulig, reich und triumphierend,

Die die Ausdehnung der unendlichen Dinge haben,
Wie das Ambra, der Moschus, das Benzoe und der Weihrauch,
Die die Verzückungen des Geistes und der Sinne singen.

Charles Baudelaire (1861)

> - Welche Realitätsbruchstücke können Sie entdecken?
> - Was geschieht mit den Kategorien Raum und Zeit?
> - Was halten Sie für Traumbilder? Welchen Eindruck macht das Gedicht auf Sie?

Assoziationen realer Gegenstände werden zum Teil getilgt, es entsteht reine Poesie (poesie pure), Sprachmagie. Selbstverständlich verlieren die Gedichte jede Zweckhaftigkeit, sie sind nicht kritisch in politischer oder moralischer Hinsicht, sie wirken auch nicht appellativ in sozialer oder weltanschaulicher Sicht. Klangliche und rhythmische Mittel werden oft mit mathematischer Genauigkeit eingesetzt: Reim, Assonanzen[4], Lautmalereien, Synästhesie[5], Farb- und Lautsymbolik. Man schafft eine Lyrik der Musikalität. Teils werden strikte Formen beibehalten, teils werden auch sie in freie Rhythmen aufgelöst.

---

[4] Assonanz: Gleichklang zwischen Wörtern, der sich auf die Vokale beschränkt (Halbreim), z. B. *sagen – haben*
[5] Synästhesie (griech. = Zusammenempfindung): Stilmittel, das aus Vermischung von Reizen, die unterschiedlichen Sinneswahrnehmungen oder -organen zugeordnet sind, entsteht, z. B. schreiendes Rot (akustisch-visuell), goldene Töne, klirrende Kälte

Die Autoren ziehen sich bewusst von der Wirklichkeit zurück. Sie schaffen eine Welt der Schönheit, die aus einzelnen Teilen montiert wird. Die magisch-mystischen, nie erklärten Zusammenhänge zwischen den Dingen sollen erfühlbar werden, indem der Dichter Elemente aus der Wirklichkeit in Form von Symbolen ausdrückt.

Im deutschsprachigen Bereich gelten **Stefan George**, **Hugo von Hofmannsthal** und **Rainer Maria Rilke** mit einem Teil ihrer Werke als Symbolisten.

Hugo von Hofmannsthal

Hofmannsthal (1874–1929) schreibt bereits als 17-Jähriger Gedichte von Rang. Er verkörpert die großbürgerliche Luxuswelt, hat aber auch ein starkes Gefühl für dichterische Traditionen und seine Aufnahmefähigkeit für Kunst jeglicher Art ist enorm. Im Gegensatz zu George gibt Hofmannsthal sich keinem grenzenlosen Schönheitskult hin und isoliert sich auch nicht, eine Mitarbeit im George-Kreis lehnt er ab. Den gesellschaftlichen Forderungen fühlt sich Hofmannsthal verpflichtet, und er kann sich menschlichen Beziehungen nicht verweigern. Den zeitgemäßen Schönheitskult nimmt Hofmannsthal auch als Anlass zur Kritik; nur wenige seiner Gedichte lässt er gelten. In kunstvoller Sprache zeichnen sich diese durch eine Bandbreite von Bildern aus, sie kreisen um Fremdes, Rätselhaftes, handeln von der Monotonie des Lebens, schildern meist melancholische Stimmungen.

Hugo von Hofmannsthal

Rainer Maria Rilke

Rilkes (1875–1926) Werk ist stark mit persönlichen Erlebnissen und Problemen verbunden. Auf seinen Russlandreisen, die einen tiefen Eindruck auf ihn machen, befindet er sich auf Identitätssuche. Durch den Aufenthalt in der Künstlerkolonie Worpswede und durch die Tätigkeit als Sekretär bei dem Bildhauer Rodin bekommt er ein inniges Verhältnis zu den Dingen: Alltagserfahrungen werden zu poetischen Impulsen. Sie erhalten Eigenwert, sie werden zu Symbolen, sie stehen als einzelne Gegenstände im Mittelpunkt von Gedichten (z. B. eine Kathedrale, eine antike Statue, die Leichen in der Morgue[6], ein Karussell, Tiere im Käfig). Die Beziehung zu den Dingen wird festgestellt, in Wie-Vergleichen ausgedrückt.

Rainer Maria Rilke (1906)

Nach Rilkes Meinung wendet sich der Dichter ab von der menschlichen Gesellschaft, die für ihn nicht mehr befriedigend ist. Das menschliche Verstehen, seine Fähigkeit nachzuempfinden, die er gegenüber dem Ding und dem Tier gestaltet, soll die emotionale Brücke sein, auf der die Mitmenschen aus ihrer Alltagssituation herausfinden sollen. Rilke gibt sich zwar betont unpolitisch – er ist der Überzeugung, dass jede politische Tätigkeit für einen Dichter nur von Schaden sein kann –, ist sich aber der Probleme durchaus bewusst. So schreibt er in einem Brief aus dem Jahr 1919, der Krieg habe ihn von der Natur als Motiv seiner Dichtung entfernt:

---

[6] Morgue: Leichenschauhaus

Sich auf einen Baum, auf ein Feld, auf die Gnade eines Abends zu beziehen, kam mir eigenmächtig und unwahr vor, denn was wusste der Baum, das Feld, die Abendlandschaft von diesem unseligen, verheerenden, tötenden Menschen?

Dinggedichte

In den **Dinggedichten** zeigt sich Rilkes virtuose Reimkunst:

Blaue Hortensie

So wie das letzte Grün in Farbentiegeln
sind diese Blätter, trocken, stumpf und rau,
hinter den Blütendolden, die ein Blau
nicht auf sich tragen, nur von ferne spiegeln.

5   Sie spiegeln es verweint und ungenau,
als wollten sie es wiederum verlieren,
und wie in alten blauen Briefpapieren
ist Gelb in ihnen, Violett und Grau;

Verwaschnes wie an einer Kinderschürze,
10 Nichtmehrgetragenes, dem nichts mehr geschieht:
wie fühlt man eines kleinen Lebens Kürze.

Doch plötzlich scheint das Blau sich zu verneuen
in einer von den Dolden, und man sieht
ein rührend Blaues sich vor Grünem freuen.

> - Wie erscheint diese an sich eher bescheidene Blume bei Rilke? Welchen Vorgang symbolisiert sie?
> - Welchen menschlichen Bereichen wird sie zugeordnet?
> - Betrachten Sie die Farbabstufungen, welche Intensität haben sie?
> - Welchen Ausblick erlaubt die letzte Strophe?
> - Welche Wirkung haben die Vergleiche?
> - Welches Gefühl hat der Dichter gegenüber der Pflanze? Wo spürt man den Dichter durch?

Die Wiener Moderne

Kulturelles Leben

Wien spielt eine exklusive kulturelle Rolle, baulich geprägt von den Prunkbauten der Ringstraße. Nach 1900 hat es bereits zwei Millionen Einwohner, also mehr als heute; 1914 sind etwa 9 % davon Juden. Kulturelles Leben wäre ohne jüdische Intellektuelle in Wien nur schwer vorstellbar: Kraus, Schnitzler, Freud, Mahler, Schönberg, Polgar und viele andere. Jüdische Intellektuelle und Kaufleute sind liberal gesinnt und assimiliert, sie legen auf die Pflege jüdischer Bräuche kaum Wert. Die „Judenfrage" ergibt sich aus der Hetze repressiver Politik, die Juden werden als Sündenböcke für den Kapitalismus in der Wirtschaft hingestellt.
Das literarische Leben ist in Wien schwierig, die meisten jungen Autoren veröffentlichen in Deutschland. Größere Bedeutung haben die Theater, hier sind die Dichter allerdings oft Eingriffen der Zensur unterworfen.

Das Kaffeehaus

Das Kaffeehaus wird in Wien zur kulturellen Institution. Es erinnert an die Salons der Romantik, nur treffen sich hier Leute aller Klassen, um zu lesen, zu träumen oder Konversation zu betreiben. Darüber hinaus bietet das Kaffeehaus sämtliche Tageszeitungen, Karten- und Schachspiel sowie Wahlveranstaltungen. Die literarische Form, die diesem Leben entspricht, ist das Feuilleton: ein Text über jedes beliebige Thema. Ein Feuilletonist definiert es einmal so: „Über nichts etwas schreiben."

Café Griensteidl

Die Wiener Schriftsteller hängen sehr von ihren Begegnungen im Café Griensteidl und später im Café Central ab. Für fast alle Intellektuellen bedeutet der Kaffeehausbesuch eine Flucht vor dem Müßiggang, zu dem sie vielleicht ihre finanzielle Absicherung geführt hätte. Sich in Gelegenheitskunst zu versuchen ist ein Zeitvertreib, der keine Konsequenzen hat. Mentor der Kaffeehausintellektuellen ist **Hermann Bahr**. Eigentlich Impressionist, versucht er die Werke anderer ins rechte Licht zu rücken.

Einer, der förmlich von der „Kaffeehaussucht" befallen ist, ist **Peter Altenberg** (1859–1919), dessen impressionistische Studien des Wiener Lebens sowohl Karl Kraus als auch Thomas Mann bewundern: flüchtige Begegnungen, kurze Eindrücke, zufällig mitgehörte Gespräche. Die Fragmente Altenbergs, die er als „Extrakte des Lebens" empfindet, zeigen ihn als Bohemien, der die Tage verbringt, indem er von einem Kaffeehaus zum anderen pilgert.

Peter Altenberg im Café Central (1907)

Das Ende der Donaumonarchie

Um 1890 befindet sich die habsburgische Donaumonarchie, die Doppelmonarchie Österreich-Ungarn, in ihrer Endphase, ist in einer Zeit nationalistischer Tendenzen unzeitgemäß. Ihre Grundstruktur ist noch immer feudalistisch; sie besteht hauptsächlich aus Agrarland, adeliger und kirchlicher Grundbesitz überwiegen. Obwohl es in Wien, Linz, in der Steiermark, in Nordböhmen und Mähren Industrie gibt, schreitet die Industrialisierung langsamer fort als im Deutschen Reich. Konzerne bilden sich kaum, der Kleinbetrieb ist die vorherrschende Form; die chemischen Betriebe arbeiten mit deutschem Kapital oder sind überhaupt in deutscher Hand.

Der wirtschaftliche Fortschritt vertieft die Kluft zwischen den einzelnen Ländern noch mehr, so sind etwa die Alpenländer gegenüber Wien und Prag benachteiligt. Besonders die Randgebiete der Monarchie, Galizien, die Bukowina, das kroatische Küstengebiet und Bosnien-Herzegowina, sind von der wirtschaftlichen Entwicklung praktisch ausgeschlossen.

Nationale Spannungen

Die nationalen Spannungen, aber auch die zwischen den Klassen werden größer. Gerade in Wirtschafts- und Verwaltungsfragen spielt das Nationalitätenproblem, das in dem Vielvölkerstaat ungelöst bleibt, eine große Rolle.

Durch den wirtschaftlichen Aufstieg nicht deutscher bürgerlicher Schichten fühlt sich das deutsch-österreichische Bürgertum, das beinahe den gesamten Beamtenapparat stellt, in seiner Stellung bedroht. Einerseits wird zwar durch die Sprachverordnung von Ministerpräsident Kasimir Badeni der Gebrauch der jeweiligen Amtssprache neben dem Deutschen geregelt, andererseits arbeitet man politische Programme gegen die „Überfremdung" aus, die den Deutschnationalen in die Hände spielen. Auch die Idee eines rein deutschen Österreichs wird häufig vertreten. Insbesondere in der nationalen Problematik kann die Sozialdemokratie als Gegenpartei, als einzige übernationale Partei gelten. Victor Adler gründet sie 1888 als „Internationale sozialdemokratische Arbeiterpartei". Ihre politische Wirksamkeit wird durch nationale Spannungen geschmälert. Unter den bürgerlichen Parteien dominiert die christlichsoziale, antiliberale Partei unter dem späteren Wiener Bürgermeister Karl Lueger. Sie spricht krisenanfällige Bevölkerungsschichten an: Kleingewerbe, Kleinhandel, den bürgerlichen Mittelstand, der auch für antisemitische Parolen sehr zugänglich ist.

Hinwendung zur inneren Realität

Die Situation der österreichisch-ungarischen Monarchie bringt keine realistisch engagierte Literatur hervor, sondern eine, die gekennzeichnet ist von einer Hinwendung zur inneren, psychischen Realität. In Wien kann der Naturalismus nie Fuß fassen. Die Wendung der Wiener Schriftsteller zur Kunst als Ersatzwirklichkeit interpretieren viele Literaturwissenschaftler als Resignation des Bürgertums, das ja einziger Produzent und Träger der Literatur der Wiener Moderne ist.

Arthur Schnitzler

Arthur Schnitzler (1862–1931) stammt aus einer jüdischen Familie. Bereits sein Vater ist Arzt, und so steht die Berufswahl für ihn von vornherein fest, denn der Beruf des Arztes genießt hohes soziales Ansehen in der Habsburgermonarchie. Schnitzler fühlt sich in Wien als Jude halb zugehörig, halb fremd; mit dem stärker werdenden Antisemitismus bekommt er allerdings das Gefühl, sogar ein Feind zu sein.

Arthur Schnitzler

Für sein literarisches Werk ist die naturwissenschaftliche Ausbildung ebenso bedeutend wie seine praktische Erfahrung als Arzt. Mit Sigmund Freud teilt er das Interesse für psychische Erkrankungen und die damals gerade aufkommenden unkonventionellen Behandlungsmethoden; der Psychoanalyse steht er positiv gegenüber. So macht er die Hypnose zum Thema in *Die Frage an das Schicksal* aus dem *Anatol*-Zyklus oder die Traumdeutung Freuds in Die *Traumnovelle*. Schnitzler wendet sich später vom Arztberuf ab.

Nach dem Tod des Vaters sucht Schnitzler Anschluss an andere Schriftsteller. Im Café Griensteidl entsteht die Gruppe Jung-Wien, zu deren Mitgliedern Richard Beer-Hofmann und Hugo von Hofmannsthal er engere Beziehungen pflegt.

Problematisch sind zeit seines Lebens die Beziehungen zu Frauen und zur Ehe. Er eilt von einer Beziehung zur anderen, leidet unter extremer Bindungsangst. Erst als 42-Jähriger heiratet er äußerst widerwillig Olga Gussmann. Die Ehe scheint jedoch von Anfang an zum Scheitern verurteilt zu sein, sie wird 1921 geschieden. Die Beziehungen zwischen Mann und Frau sind auch das immer wieder variierte Hauptthema seines Werkes.

Schon früh entwickelt er eine starke Beziehung zur Bühne, zur Welt des Scheins und der Verstellung, der Maske. Schnitzlers Vorliebe für Einakter ist ein Beitrag zur „Zertrümmerung" der traditionellen Dramenformen, sie ebnet den Weg zum epischen und absurden Theater.

Das dramatische Geschehen tritt zurück, der Schwerpunkt liegt nicht auf der Handlung, sondern auf der Situation, die im Wesentlichen durch Konversation gestaltet wird. Die Schilderung von Bewusstseinszuständen, Stimmungen, seelischen Entwicklungen, des Milieus ersetzen die dramatische „Action", das epische Element überwiegt das dramatische. Meist ausgehend von einem Ereignis in der Vergangenheit, geraten die wenigen Protagonisten in Grenzsituationen. Zur Lösung der Konflikte kommt es selten, alles wird in Schwebe und Unsicherheit gelassen.

Neben dem Zyklus *Anatol* (thematisch durch dieselben Hauptpersonen verknüpft) und neben den zehn zu einer Einheit verbundenen Dialogen, dem *Reigen*, gibt es eine Fülle von Einaktern, die sich zu Theaterabenden kombinieren lassen.

Reigen

In einem Brief schreibt Schnitzler:

Geschrieben hab ich den ganzen Winter über nichts als eine Scenenreihe, die vollkommen undruckbar ist, literarisch auch nicht viel heißt, aber, nach ein paar hundert Jahren ausgegraben, einen Theil unsrer Cultur eigentümlich beleuchten würde.

Zunächst ist der *Reigen* gar nicht für die Bühne gedacht. 1900 verschenkt Schnitzler 200 Exemplare an seine Freunde, aber bereits 1903 werden 40 000 Exemplare gedruckt. Nach der Uraufführung 1920 in Berlin müssen Schauspieler wegen Unzucht und Erregung öffentlichen Ärgernisses vor Gericht. Nach organisierten Krawallen deutschnationaler, katholischer und antisemitischer Kreise lässt Schnitzler alle Aufführungen bis zum Tod seiner Erben verbieten.

Die zehn Dialoge sind durch das jeweils gleiche Geschehen verbunden. Zehn Paare finden sich im Geschlechtsakt, der nur durch Gedankenstriche dargestellt wird: Dirne – Soldat, Soldat – Stubenmädchen, Stubenmädchen – junger Herr, junger Herr – junge Frau, junge Frau – Ehemann, Ehemann – süßes Mädel, süßes Mädel – Dichter, Dichter – Schauspielerin, Schauspielerin – Graf, Graf – Dirne.

Titelblatt des *Reigen* (1903; Buchschmuck von Bertold Löffler)

Schnitzler spiegelt den Zustand der Gesellschaft, deren moralische Grundfesten in der Ehe liegen, im Innenleben der Personen. Sie sind keine ausgeprägten Individuen, sondern repräsentative Vertreter ihrer sozialen Schicht, sowohl in ihrem Verhalten als auch in ihrer Sprache. Sie spielen nur Rollen und haben bezeichnenderweise keine Namen. Die Dialoge vor und nach der geschlechtlichen Vereinigung werden vorgeführt. Sie charakterisieren die Unmöglichkeit gemeinsamen Glücks.

Im Moment körperlicher Vereinigung wird die Frau vom Mann, die sozial Schwächere vom Reicheren, der Erfolglose von der Erfolgreicheren ausgenutzt und benutzt. Der Umgang mit Sexualität wird in all seinen Facetten sichtbar.

Das eigentlich Erotische bleibt ausgespart; darum geht es Schnitzler auch nicht in erster Linie. Ihm ist es um die Unsicherheit, die Ängste, die Lügen, die Scheinmoral des Bürgertums und des Adels zu tun, um die Entlarvung der Sexualmoral einer ganzen Gesellschaft.

Hugo von Hofmannsthal: *Der Schwierige*

Im Mittelpunkt dieser Konversationskomödie steht die Beziehungslosigkeit der Menschen untereinander, die sich in Form der üblichen Konversation artikuliert. Eine wirkliche, tiefe Beziehung besteht zwischen den Leuten, die miteinander schweigen können.

Kari, Baron von Bühl, wird durch eine Soiree[7] aus seiner gewollten Einsamkeit gerissen. Ihm, der einmal im Krieg verschüttet worden ist und der seit damals jede hohle und oberflächliche Unterhaltung als widerlich empfindet und der durch dieses Erlebnis eine neue Sichtweise des Lebens gefunden hat, begegnet während des Abends Helene Altenwyl wieder. In ihr findet er eine verwandte Seele; mit ihr will er endlich zu einem erfüllten Leben finden.

Konversation behindert Beziehungen

Die Sprechweise der gehobenen Wiener Kreise, mit eingefügten französischen Sätzen, dient zur Darstellung feinster Regungen menschlicher Beziehungen und zur Charakterisierung der einzelnen Personen. Gerade in dieser Form von Sprache zeigt sich eine seltsame Distanz, etwa wenn das „ich" durch „man" ersetzt wird: „Stört man dich ...", fragt die Schwester Kari. In der Konversation einiger oberflächlicher und egoistischer Personen zeigt sich bereits die Kraftlosigkeit einer Gesellschaft, die unfähig sein wird, ihre Zukunft zu gestalten, die bereits das Ende der Donaumonarchie signalisiert. Im Gegensatz zu ihnen stehen Helene und Kari, für die Schweigen erst Wahrhaftigkeit bedeutet. Sie finden sich daher in einer der stillsten Liebesszenen der Literaturgeschichte.

Im *Schwierigen* spürt man deutlich die Ambivalenz: Hofmannsthal (1874–1929) hängt an der Habsburgermonarchie, ist sich aber klar bewusst, dass ihre Blütezeit bereits vergangen ist. Ein Grundzug der Wiener Moderne, die Beziehung zur Tradition und das Bewusstsein der Endphase, wird hier thematisiert.

- Besorgen Sie sich aus einer Bibliothek eine Ausgabe von *Der Schwierige*!
- Lesen Sie die berühmte Liebesszene: 3. Akt, 8. Szene!
- Wer ist der „aktive" Teil der Liebesszene?
- Wie reagiert Kari auf direkte Fragen? Können Sie sich seine Unsicherheit erklären?
- Charakterisieren Sie Helene! Von welchen Prinzipien lässt sie sich leiten?

Der Impressionismus

Der Begriff Impressionismus ist aus der Malerei entlehnt und wird auf Literatur und Musik übertragen. Der Impressionismus setzt sich zunächst Ende des 19. Jahrhunderts in Frankreich und später in ganz Europa durch. Er verkörpert die ästhetische Grundhaltung, die vom dauernden Wechsel der Perspektiven lebt. Seine wichtigsten Merkmale sind Abkehr vom Naturalismus, Abwendung von der Politik, verbunden mit dem Rückzug auf Subjektivismus und Individualismus. Vom Sekunden-

Impression, aufgehende Sonne (Claude Monet, 1872)

---

[7] Soiree: Abendveranstaltung

stil[8] der Naturalisten übernehmen die Impressionisten die Detailtreue, im Mittelpunkt steht aber der sinnlich-subjektive Eindruck, der einmalig-unverwechselbare Augenblick, der nur flüchtige Reiz. Die äußere Handlung tritt zurück. Die Dichter zeichnen sich durch gesteigerte Sensibilität und verfeinerte Wahrnehmungs- und Reizempfindlichkeit aus.

Der Augenblick zählt

Hermann Bahr glaubt, dass **Ernst Mach** (1838–1916) der Philosoph des Impressionismus sei. Mach meint, dass es das menschliche Ich nicht gebe, dass es nur eine Hypothese sei, ein Komplex, dem relative Beständigkeit zukomme. Das Bewusstsein bestehe aus Empfindungen, Erinnerungen, Stimmungen, Gefühlen und Erfahrungen, die in einem geordneten kontinuierlichen Strom aufträten. Die „Persönlichkeit" eines Menschen sei nur eine scheinbare Einheit, in Wirklichkeit bestehe das Ich aus wechselnden Verbindungen von Merkmalen. Eine Erinnerung bestehe im Wiedererwecken früherer Empfindungskonstellationen. Der Empfindungsapparat verzerre das Wahrgenommene, daher fehle ein Kriterium zur Unterscheidung von Eindruck und Realität. – Ist das, was ich sehe, tatsächlich in Wirklichkeit so oder ist das nur mein Eindruck; man denke daran, dass wechselnde Lichtverhältnisse Dinge ganz anders erscheinen lassen; dass wechselnde Stimmungen Situationen ganz anders einschätzen lassen. – Machs berühmtester Satz „Das Ich ist unrettbar" bedeutet, dass die Geschlossenheit der Persönlichkeit verlorengegangen ist.

Man pflegt in der populären Denk- und Redeweise der *Wirklichkeit* den *Schein* gegenüberzustellen. Einen Bleistift, den wir in der Luft vor uns halten, sehen wir gerade; tauchen wir denselben schief ins Wasser, so sehen wir ihn geknickt. Man sagt nun in letzterem Falle: Der Bleistift *scheint* geknickt, ist aber in Wirklichkeit gerade. Was berechtigt uns aber, eine Tatsache der andern gegenüber für Wirklichkeit zu erklären und die andere zum Schein herabzudrücken?
5 […]
Eine helle Fläche ist neben einer dunklen heller als neben einer noch helleren.

Das beobachtende, empfindende, auf Reize reagierende Ich ist demgemäß auch Wahrnehmungsinstanz für Texte. Dieses punktuelle Daseinsgefühl führt zu Augenblicken besonderer Intensität, die sich in Stimmungen äußert.

Der innere Monolog

Der „innere Monolog" gilt als Errungenschaft des literarischen Impressionismus. Trotz seiner Gegnerschaft zum Naturalismus geht der Impressionismus hier mit ihm konform. Die Sprache wird zum Instrument genauer Nachahmung der Wirklichkeit in Form der Wiedergabe des Bewusstseinsstroms einer Person: Andeutungen, Gedankenfetzen, Zwischentöne, Empfindungen, Gesprächsteile soll die Leserin/der Leser assoziativ verbinden. Der „innere Monolog" ist vielleicht sogar die konsequente Vollendung des Naturalismus.
Zu wahrer Meisterschaft hat Arthur Schnitzler diese Darstellungsform im *Leutnant Gustl* gebracht.

Arthur Schnitzler: *Leutnant Gustl*

Der innere Monolog ist eine der erlebten Rede verwandte Darstellungsform: ein stummer Monolog ohne Hörer, in Ichform und im Präsens. Der Bewusstseinsstrom einer Person wird über eine bestimmte Zeit hin lückenlos wiedergegeben. Die Syntax lockert sich manchmal bis zur

---

[8] Sekundenstil: wirklichkeitskopierende Technik des Naturalismus; Art Vorwegnahme der Zeitlupe – die kleinsten Bewegungen, Gesten usw. werden angeführt.

Auflösung. Fremde Stimmen erscheinen in direkter Rede, als ob sie von außen ans Ohr dringen würden. Der Autor tritt völlig zurück, er zieht sich ins Ich der Person zurück. Er will kein geschlossenes Weltbild entwerfen, sondern die Welt als Reflexion im Innern eines Individuums, seiner Figur. Dieses Eintauchen in eine andere Identität, auch wenn sie vom Autor selbst erfunden ist, hängt zusammen mit dem immer größer werdenden Zweifel an der Geschlossenheit der Persönlichkeit, beeinflusst von der Psychoanalyse Freuds und der Philosophie Machs.

Der k.u.k. Leutnant Gustl glaubt, er müsse Selbstmord begehen, weil der Bäckermeister, der ihn nach einer Theatervorstellung beleidigt hat, nicht satisfaktionsfähig[9] ist. Er irrt nun herum, lässt seine Gedanken schweifen und will noch einmal frühstücken, als er erfährt, dass der Bäckermeister an einem Herzinfarkt gestorben ist. Daraufhin führt er sein Leben wie bisher weiter, die Nähe des Todes hat ihn nicht verändert.

Einbandzeichnung von *Leutnant Gustl* (Illustration von Moritz Coschell)

Der Text ist eine „unendliche Analyse", die der Psychoanalyse nahesteht, die Erforschung einer Psyche, die sich erst im Akt der Analyse ergibt. Leutnant Gustl ist zur Gänze ein Geflecht aus Worten, Gedanken, Verdrängungen, Vorurteilen, die sich die Leserin/der Leser erst zur Person zusammensetzen muss. Wie ein Mosaik oder wie ein Puzzle wird er Stück für Stück zu einem Ganzen.

Die Objektivität, mit der Gustl geschildert wird, gerät zur Anklage. Assoziativ durchwandert er sein bisheriges Leben und entlarvt sein mangelndes Selbstwertgefühl, die persönlichen Hintergründe seines Antisemitismus, die Oberflächlichkeit seiner Beziehungen zu Frauen, seine Unfähigkeit zu lieben.

Die Verwandtschaft des inneren Monologs mit dem psychoanalytischen Diskurs gibt Schnitzler die Möglichkeit, einen hohlen Ehrbegriff, eine oberflächliche Moralvorstellung ohne Einschaltung des Erzählers zu entlarven. Wie ein Analytiker legt Schnitzler das Innenleben des Leutnants frei. Dass ihm das gelungen ist, beweisen die empörten Reaktionen deutschnationaler und antisemitischer Kreise; Schnitzler verliert seinen Reserveoffiziersrang.

Die folgenden Textausschnitte charakterisieren Gustl.

• Äußerungen über Frauen:
Ob ich heuer im Sommer wieder zum Onkel fahren soll auf vierzehn Tag'? Eigentlich langweilt man sich dort zum Sterben ... Wenn ich die ... wie hat sie nur geheißen? ... Es ist merkwürdig, ich kann mir keinen Namen merken! ... Ah, ja: Etelka! ... Kein Wort deutsch hat sie verstanden, aber das war auch nicht notwendig ... hab' gar nichts reden brauchen! ... Ja, es wird ganz gut
5 sein, vierzehn Tage Landluft und vierzehn Nächt' Etelka oder sonstwer ...
Wie kann man überhaupt nur eifersüchtig sein? ... Mein Lebtag hab' ich so was nicht gekannt ... Die Steffi ist jetzt gemütlich in der Gartenbaugesellschaft; dann geht sie mit „ihm" nach Haus ... Nichts liegt mir dran, gar nichts!
Ja, das wär doch was anders gewesen als die Steffi, dieses Mensch ... Ja, so eine anständige
10 Frau, das wär' halt was g'wesen.
Ob so ein Mensch Steffi oder Kunigunde heißt, bleibt sich gleich.

---

[9] Satisfaktion: Genugtuung für eine Beleidigung in Form eines Duells

• Über Beziehungen:

O Gott, o Gott, o Gott! Ich möcht' einen Menschen haben, mit dem ich ein Wort reden könnt vorher!

• Über sich selbst:

Aber was wissen sie denn von mir? ... Daß mich manchmal selber vor mir graust, das hab' ich ihnen ja doch nicht geschrieben – na, mir scheint, ich hab's auch selber gar nicht recht gewußt – ...

• Über den Tod:

Abschied nehmen? – Ja, zum Teufel hinein, das ist doch deutlich genug, wenn man sich totschießt! – ... ist eh' nicht schad um mich ... Und was hab' ich denn vom ganzen Leben gehabt? – Etwas hätt' ich gern noch mitgemacht: einen Krieg – aber da hätt' ich lang' warten können ... Ich glaub' so froh bin ich in meinem ganzen Leben nicht gewesen ... Tot ist er – tot ist er! Keiner weiß was und nichts ist g'scheh'n! – Und das Mordsglück, daß ich in das Kaffeehaus gegangen bin ... sonst hätt' ich mich ja ganz umsonst erschossen – ...

• Über das Militär:

Wenn ich mich so erinner', wie ich das erste Mal den Rock angehabt hab', so was erlebt eben nicht ein jeder ... Im vorigen Jahr bei den Manövern – ich hätt was drum gegeben, wenn's plötzlich Ernst gewesen wär' ...

• Über Juden:

Muß übrigens ein Jud' sein! Freilich, in einer Bank ist er, und der schwarze Schnurrbart ... Reserveleutnant soll er auch sein! Na, in mein Regiment sollt' er nicht zur Waffenübung kommen! Überhaupt, daß sie immer noch so viel Juden zu Offizieren machen – ...

Die da ist nett ... Wie sie mich anschaut! ... O, die Nase! – Jüdin ... noch eine ... Es ist doch fabelhaft, da sind auch die Hälfte Juden ... Nicht einmal ein Oratorium kann man mehr in Ruhe genießen ...

• Verfassen Sie eine Charakteristik Gustls! Verwenden Sie dazu seine Bemerkungen über Menschen und wichtige Lebensbereiche!

Der Jugendstil

Der Begriff ist wie der des Impressionismus der bildenden Kunst entlehnt. Das Ornament steht hier im Vordergrund, überwuchert den Inhalt, der sich dem Ornament unterwirft.

Meist sind florale Motive vorherrschend, trotzdem bedeutet das keine Naturnähe, sondern der Stil ist eher „gegennatürlich", Blumen werden zum Beispiel in ein bereits vorhandenes ornamentales Muster eingepasst. Es gibt im Ganzen nur wenige Motive: Charakteristisch sind die Linie, die Schlangenlinie, alles Fließende, Pflanzen, bewegtes Wasser, Schwan, Haare, die starr, leblos, steril zu einem abstrakten Ornament werden. Es ist eine Flächenkunst, zweidimensional, ohne jede Raumillusion.

Als elitärer und luxuriöser Stil des wohlhabenden Bürgertums vollbringt der Jugendstil die größten Leistungen auf dem Gebiet der angewandten Kunst, des Kunstgewerbes und der Dekoration.

Der literarische Jugendstil bedeutet eine Abkehr von der Eindruckskunst, stimmungsvolle Details und der Zerfall in Teilchen oder Punkte entfallen. Man strebt nach einem kunstvoll gestalteten Ganzen, die Teilchen erhalten wieder Kontur. Der Dichter lässt die Natur nicht mehr auf sich wirken, sondern er greift in sie ein, formt, deformiert sie, die Naturgegenstände werden umstilisiert, bekommen Konturen. Es entsteht keine „natürliche Landschaft", sondern Naturkulissen, schwüle Atmosphäre. Seltenes, Exotisches, Märchenhaftes, Orientalisches, Ungewöhnliches, alles, was fern vom Alltag ist, bedeutet für die Künstler eine Möglichkeit, sich gegen die Angriffe und Anforderungen der Industrialisierung zu wehren.

Adele Bloch-Bauer I (Gustav Klimt, 1907)

Als ein Stil der gesellschaftlichen Umbruchzeit zeigt der Jugendstil Ambivalenz: Einerseits vertritt man einen vitalen Lebensbegriff, ein Programm der Lebensfreude und des Genusses, macht Stimmung gegen Resignation, Endzeitstimmung. Andererseits kultiviert man gerade die Lust am Verfall, genießt den Luxus und auch die Neurosen, Morbides und Dekadentes.

Als Jugendstilautoren gelten (mit einem Teil ihres Werks) **Stefan George, Rainer Maria Rilke, Richard Dehmel, Theodor Däubler, Hugo von Hofmannsthal, Ernst Stadler** und **Gerhart Hauptmann.**

Einer außerhalb der Strömungen: Hermann Hesse

Hermann Hesses (1877–1962) Werke sind auch heute noch in Japan und den USA sehr beliebt. Den Hippies der 1970er-Jahre galten besonders *Siddharta* und *Der Steppenwolf* als Kultbücher. *Peter Camenzind*, das erste größere Werk Hesses, propagiert die Rückkehr aus der Bürgerwelt zur Natur. Die Schweizer Gebirgslandschaft umrahmt den Naturmythos. In Italien findet Camenzind die Harmonie zwischen Kultur und Natur.

Unterm Rad thematisiert das Scheitern eines sensiblen Jugendlichen. Die Schuld am Scheitern liegt in der Umwelt, denn individuelle Begabung wird meist der Norm geopfert. Leistungsdruck, Unverständnis und Teilnahmslosigkeit führen zum Tod.

Hermann Hesse

Der Steppenwolf

In *Der Steppenwolf* sucht der Held Harry Haller verzweifelt nach einem Ausweg aus der Lebenskrise. Er ist schwer identitätsgestört. Er fühlt sich in zwei Hälften aufgespalten – in eine menschliche und eine wölfische –, die den Dualismus zwischen Triebhaftigkeit und Geistigkeit verkörpern. Die Ursachen der Gestörtheit vermutet Haller in der repressiven Erziehung. Ausbrüche, in denen sich seine Wolfsnatur in sinnlichen Exzessen auslebt, bringen auch nicht die ersehnte Alternative zur bürgerlichen Welt, Harry Haller bleibt ein Zerrissener. In *Der Steppenwolf* variiert Hesse eines seiner Grundthemen: Wie kann sich ein Individuum, besonders ein schöpferisches, in einer entpersönlichten Gesellschaft behaupten?

Im Folgenden ein Ausschnitt aus dem *Tractat vom Steppenwolf:*

Der Steppenwolf hatte also zwei Naturen, eine menschliche und eine wölfische, dies war sein Schicksal, und es mag wohl sein, daß dies Schicksal kein so besonderes und seltenes war. Es sollen schon viele Menschen gesehen worden sein, welche viel vom Hund oder vom Fuchs, vom Fisch oder von der Schlange in sich hatten, ohne daß sie darum besondre Schwierigkeiten gehabt hätten. Bei diesen Menschen lebten eben der Mensch und der Fuchs, der Mensch und der Fisch nebeneinander her, und keiner tat dem anderen weh, einer half sogar dem andern, und in manchem Manne, der es weit gebracht hat und der beneidet wird, war es mehr der Fuchs oder der Affe als der Mensch, der sein Glück gemacht hat. Bei Harry hingegen war es anders, in ihm liefen Mensch und Wolf nicht nebeneinander her, und noch viel weniger halfen sie einander, sondern sie lagen in ständiger Todfeindschaft gegeneinander, und einer lebte dem anderen lediglich zu Leide, und wenn Zwei in Einem Blut und Einer Seele miteinander todfeind sind, dann ist das übles Leben. Nun, jeder hat sein Los, und leicht ist keines. [...] Wenn Harry als Mensch einen schönen Gedanken hatte, eine feine, edle Empfindung fühlte oder eine sogenannte gute Tat verrichtete, dann bleckte der Wolf in ihm die Zähne und lachte und zeigte ihm mit blutigem Hohn, wie lächerlich dieses ganze edle Theater einem Steppentier zu Gesicht stehe, einem Wolf, der ja in seinem Herzen ganz genau darüber Bescheid wußte, was ihm behage, nämlich einsam durch Steppen zu traben, zuzeiten Blut zu saufen oder eine Wölfin zu jagen, und, vom Wolf aus gesehen, wurde dann jede menschliche Handlung schauerlich komisch und verlegen, dumm und eitel.

- Welche Bereiche des Lebens würden Sie der menschlichen, welche der wölfischen Natur des Menschen zuordnen?

Gegenströmungen zum Naturalismus (1890–1920)

Bereits zur Blütezeit des Naturalismus gibt es Gegenströmungen. **Wien, München** und **Berlin** entwickeln sich zu **Kulturzentren**. Die Autoren stammen aus dem bürgerlichen Milieu, verurteilen aber dessen Lebensstil. Die Vertreter der Gegenströmungen sind Gegner der Verfahrensweisen des Naturalismus: Sie wehren sich gegen Verstädterung, wirtschaftliche und politische Expansion und fühlen sich eng mit Geschichte und Tradition verbunden. Die Autoren reagieren unterschiedlich auf den „Fortschrittsglauben": mit dem Weltschmerz des „Fin de siècle", mit der Psychoanalyse, mit dem Rückzug aus dem Alltagsleben, mit der Propagierung des Herrenmenschen oder dem Rückgriff auf Traditionen des Mittelalters.

Sprachskepsis

Die Autoren und Philosophen zweifeln immer mehr an der Fähigkeit, die Wirklichkeit zu erkennen und sie mithilfe der Sprache darzustellen. Die traditionelle Aufgabe der Sprache, wahre Aussagen zu machen und zur Kommunikation zu dienen, wird fragwürdig, dies gilt besonders für die Alltagssprache. Dieses Phänomen ist besonders bei Dichtern des Jungen Wien das Thema ihrer Werke (vgl. Hugo von Hofmannsthal *Der Lord-Chandos-Brief* und *Der Schwierige*).

Sigmund Freud und die Psychoanalyse

Durch die Methode der Psychoanalyse gibt es neue Möglichkeiten der Menschendarstellung. Die Vorstellung vom Menschen als einheitliches Wesen wird angezweifelt. Freud unterscheidet in der menschlichen Seele das **Über-Ich** (Gebote, Gewissen, Moral; die Kontrollinstanz des Menschen), das **Es** (Gesamtheit der unbewussten Triebe) und das **Ich** (die Vermittlerin zwischen beiden). Aus der Diskrepanz zwischen Über-Ich und Es ergeben sich psychische Störungen und **Neurosen**. Mithilfe der **Psychoanalyse**, einer Art Gesprächstherapie, die viele Bereiche der menschlichen Psyche zu klären versucht, soll Heilung erzielt werden. Freuds Erkenntnisse werden besonders von Arthur Schnitzler in Literatur umgesetzt.

Der Symbolismus

Diese Strömung hat ihre Wurzeln in Frankreich, besonders bei **Charles Baudelaire**. In seinen Gedichten, die reine Poesie darstellen, werden Assoziationen zu realen Gegenständen und Geschehnissen getilgt. Die Gedichte leben von Rhythmus, Reim, Assonanzen, Farb- und Lautsymbolik. Sie zeigen eine enge Verwandtschaft zur Musik. Die Autoren des Symbolismus ziehen sich bewusst aus der Wirklichkeit zurück.
Vertreter des Symbolismus im deutschsprachigen Bereich sind z. B. **Stefan George**, **Hugo von Hofmannsthal** und **Rainer Maria Rilke**.

Die Wiener Moderne

Wien mit den Prunkbauten der Ringstraße ist **zum kulturellen Zentrum** geworden. 9% der Bevölkerung sind Juden; sie stellen einen Großteil der Intellektuellen. Bereits jetzt werden sie als Sündenböcke für den Kapitalismus in der Wirtschaft hingestellt. Die jungen Autoren veröffentlichen meist in Deutschland.
Das Kaffeehaus (z. B. Café Griensteidl) wird zu einer kulturellen Institution; hier treffen sich Leute aller Klassen, um zu lesen oder Konversation zu treiben. Die Form des **Feuilletons** entspricht dem Leben im Kaffeehaus. Ein Vertreter der sogenannten Kaffeehausliteraten ist **Peter Altenberg**.

Das Ende der Donaumonarchie

Um **1890** befindet sich die Donaumonarchie in ihrer **Endphase**. **Nationale Spannungen** werden größer.

Das deutsch-österreichische Bürgertum fühlt sich durch den wirtschaftlichen Aufstieg nichtdeutscher bürgerlicher Schichten in seiner Stellung bedroht. Programme gegen Überfremdung werden ausgearbeitet.

Arthur Schnitzler

Von Beruf Arzt, fühlt er sich als Jude in Wien nicht ganz heimisch. Seine naturwissenschaftliche Ausbildung und seine praktische Erfahrung als Arzt prägen sein literarisches Werk. Er steht der Psychoanalyse positiv gegenüber und interessiert sich für psychische Erkrankungen und unkonventionelle Behandlungsmethoden.

Schwierig gestalten sich seine Beziehungen zu Frauen, sein **Hauptthema** ist daher auch die **Beziehung zwischen Mann und Frau** in vielen Varianten.

Einakter und **Dramenzyklen** (*Anatol, Der Reigen*) sind die bevorzugten Dramenformen. Das dramatische Geschehen tritt zurück, das Hauptaugenmerk liegt auf der Konversation; Konflikte werden in Schwebe gelassen.

Der Impressionismus

Der Begriff stammt aus der Malerei und wird auf Musik und Literatur übertragen. Er verkörpert die ästhetische Grundhaltung, die vom **Wechsel der Perspektiven** lebt. Im Mittelpunkt steht der **sinnlich-subjektive Eindruck,** der einmalige Augenblick, der flüchtige Reiz.

Der **innere Monolog** gilt als Errungenschaft des literarischen Impressionismus. Der Bewusstseinsstrom einer Person wird wiedergeben, aus Erinnerungen, Hoffnungen, Gedanken, Assoziationen, optischen und akustischen Eindrücken, Fetzen von Gesprächen entsteht das Bild einer Person.

Schnitzler gilt als Meister dieser Darstellungsform (*Leutnant Gustl* und *Fräulein Else*).

Der Jugendstil

Auch dieser Begriff ist der bildenden Kunst entlehnt. Das **Ornament** steht im Vordergrund. Obwohl florale Motive vorherrschen, ist es dennoch **keine realistische Darstellung**.

Literarisch strebt der Jugendstil nach einem kunstvoll gestalteten Ganzen, die Details erhalten Kontur.

Der literarische Jugendstil **vertritt** einerseits einen **vitalen Lebensbegriff**, andererseits **aber auch Lust am Verfall**, an Neurosen, Dekadentem und Morbidem.

Vertreter des Jugendstils mit einem Teil ihres Werkes sind z. B. **Rilke, George, Hofmannsthal, Hauptmann.**

Expressionismus (1910–1920)

Jakob van Hoddis (1887–1942?) wird Opfer der Euthanasie, aus einer Pflegeanstalt deportiert und ermordet.

Weltende

Dem Bürger fliegt vom spitzen Kopf der Hut,
In allen Lüften hallt es wie Geschrei,
Dachdecker stürzen ab und gehn entzwei.
Und an den Küsten – liest man – steigt die Flut.

5   Der Sturm ist da, die wilden Meere hupfen
An Land, um dicke Dämme zu zerdrücken.
Die meisten Menschen haben einen Schnupfen.
Die Eisenbahnen fallen von den Brücken.

Jakob van Hoddis
(Zeichnung von Ludwig
Meidner, 1913)

Sein Gedicht *Weltende* erscheint 1911. Es zeigt den Beginn einer neuen Art, Lyrik zu schreiben, die zunächst unter der Bezeichnung „Aktionslyrik" bekannt wird. Aktion bedeutet Darstellung einer in vielen Einzelhandlungen auseinanderstrebenden Welt. *Weltende* behandelt ein Grundmotiv des Expressionismus, die Apokalypse[1].

- Können Sie sich vorstellen, warum dieses Gedicht eine solche Wirkung auf die ZeitgenossInnen hatte?
- Stellen Sie das Versmaß und die Reimbindung des Gedichts fest! Was fällt Ihnen am Satzbau auf?
- Halten Sie das Formale für revolutionär?
- Welche Erwartungshaltung löst der Titel aus? Werden die Erwartungen erfüllt?
- Wie stellen Sie sich den Weltuntergang vor? Schreiben Sie einige Gedanken dazu auf!
- Welche Befürchtungen haben Sie, woran könnte die Welt Ihrer Meinung nach zugrunde gehen?

Was ist Expressionismus?

Theodor Däubler, selbst ein Expressionist, definiert ihn so:

Der Volksmund sagt: Wenn einer gehängt wird, so erlebt er im letzten Augenblick sein ganzes Leben nochmals. Das kann nur Expressionismus sein! Schnelligkeit, Simultanität, höchste Anspannung um die Ineinandergehörigkeit des Geschauten sind die Vorbedingungen für den Stil. Er selbst ist Ausdruck der Idee.

1905 tritt die expressionistische Malerei in Dresden an die Öffentlichkeit. Der Begriff wird nun oft synonym mit „Moderne" verwendet, vor allem während des Ersten Weltkriegs. Um etwa

---

[1] Apokalypse: biblische Vision vom Weltuntergang

1910 versteht man unter Expressionismus die Art, wie Vincent van Gogh, Henri Matisse und Paul Cézanne ihre Bilder malen. Der französische Maler Julien Auguste Herves bezeichnet bereits 1911 einen Bilderzyklus mit „Expressionismus".

> • Setzen Sie sich – evtl. in Bildnerischer Erziehung – mit Bildern der wichtigsten Expressionisten auseinander!

In Frankreich vertreten seit 1905 die „Fauves"[2] (Henri Matisse, Raoul Dufy, Georges Braque u. a.) die expressionistische Malerei. In Deutschland bezeichnet man Franz Marc, August Macke, Wassily Kandinsky und Ernst Ludwig Kirchner als Expressionisten. Auch die „Kubisten" (Braque, Picasso und Léger) zählen zu dieser Strömung. Sie deformieren Gegenstände, Körper und Gesichter auf ihren Gemälden, zerlegen sie in geometrische Figuren.

Expressionistische Malerei

Sie alle treten auf gegen Tradition, Realismus und Impressionismus: Statt pastellfarbener Tupfen verwenden sie klare, ungemischte, intensive Farben, die oft nicht den natürlichen Eindrücken entsprechen (z. B. rote Bäume, blaues Pferd). Bei diesen Malern wird das Deformierte, das Hässliche, das der Wirklichkeit Widersprechende zum Inhalt und Ausdruck der Kunst. Das Publikum protestiert, ist geschockt; genau das wollen die Künstler bezwecken.

Der „Schrei" wird oft als Motto für den Expressionismus bezeichnet. **Kurt Pinthus** führt in seiner *Rede für die Zukunft* aus:

Der Mensch schreit, – nicht um zu schreien, sondern um sich selbst und seine Mitmenschen zur Hilfe aufzurufen. Er bäumt sich in schrecklicher, verzerrter Gebärde empor.

Er betont, dass expressionistische Kunst den Begriff des Ästhetischen zugunsten des Ethischen „zum Besseren der Menschheit" aufgibt. Daher sei auch die Qualität der Kunst nicht so wichtig wie ihre Intensität.

> • Betrachten Sie das Bild „Der Schrei" von Edvard Munch. Welche Gefühle haben Sie?
> • Stellen Sie eine Verbindung zu Pinthus' Äußerungen her!

Während der Nazizeit sind die Werke der Expressionisten verboten, sie gelten als „entartet". Im Mai 1933 werden die Bücher fast aller bedeutenden deutschsprachigen Expressionisten öffentlich verbrannt. Nach 1945 beschäftigt sich die Forschung intensiv mit expressionistischen Werken und kommt zur Erkenntnis, dass es sich um eine Epoche handelt, die grundlegend für die Literatur der Gegenwart ist, dass die sogenannten Repräsentanten der Strömung ihr nur zeitweise und in Teilaspekten angehören und dass sie auch Wirkung auf das Ausland, besonders auf die surrealistische Literatur hat.

Der Schrei (Edvard Munch, 1893)

---

[2] les fauves, franz.: eigentlich „die wilden Tiere"

Zeitschriften

Seit 1910 bilden Zeitschriften und Verlagsreihen eine Plattform der Gemeinsamkeit. Bahnbrechende Texte werden zuerst hier veröffentlicht. Merkmale der Zeitschriften sind :

- Sie stellen eine Symbiose aus allen Künsten dar.
- Sie mischen Literatur mit aktuellem Journalismus.
- Sie sind oft im Stil einer Tageszeitung, eines Flugblatts gehalten.
- Der Gegensatz zu früheren Kunstzeitschriften, die ein prunkvolles Äußeres hatten, wird herausgestellt, das Layout ist bescheiden, nüchtern und einfach.

Die Zeitschrift *Der Sturm*, 1910 gegründet, erscheint bis 1932. Ihr Herausgeber **Herwarth Walden** sieht sie als Organ der Durchsetzung neuer Richtungen in der Kunst (Fauvismus, Futurismus, Kubismus u. a.). *Der Sturm* nimmt sich besonders um **Else Lasker-Schüler** (sie ist mit Herwarth Walden verheiratet) und **August Stramm** an.

Sphinx und Strohmann
(Oskar Kokoschka,
Illustration in *Der Sturm*)

Die Aktion (1911–1932, ab 1920 nur mehr politisches Organ) übertrifft die anderen Zeitschriften an Aktualität und künstlerischer Bedeutung. Ihr Herausgeber ist Franz Pfemfert. Von Anfang an stehen in dieser Zeitschrift politische Fragen im Vordergrund; auch während des Krieges wird versucht, die pazifistische Einstellung erkennbar zu machen. Die Wirkung ist im Grunde aber eher gering.

Technische Welt und Poesie

Futurismus

Eine Seite des Expressionismus richtet sich gegen alle Errungenschaften des Naturalismus und Positivismus, eine andere Seite hingegen sieht den Entfremdungsprozess durch arbeitsteilige Produktionsweise auch durchaus positiv. Diese Richtung wird durch den **Futurismus** verkörpert. **Filippo Tommaso Marinetti** (1878–1944), Maler, Schriftsteller und Faschist, verkündet in den Grundsätzen für den Futurismus unter anderem:

Bis heute hat die Literatur die gedankenschwere Unbeweglichkeit, die Ekstase und den Schlaf gepriesen. Wir wollen preisen die angriffslustige Bewegung, die fiebrige Schlaflosigkeit, den Laufschritt, den Salto mortale, die Ohrfeige und den Faustschlag.

Futuristische Malerei: *Merkurdurchgang vor der Sonne* (Giacomo Balla, 1914)

Ein anderer Grundsatz preist die Schönheit der Geschwindigkeit: Ein Rennwagen, ein aufheulendes Auto wird zum schönen Gegenstand. Der Ablehnung jeglicher Technik durch die Expressionisten setzen die Futuristen eine blinde Verherrlichung jeglichen technischen Fortschritts entgegen. Die Bewunderung für Geschwindigkeit und Maschine birgt aber auch den Glauben daran in sich, dass der Mensch etwas Neues schaffen kann. Man ist der Überzeugung, dass der Mensch Möglichkeiten hat, die Gesetze der Natur, die man im 19. Jahrhundert für gegeben ansieht, zu durchbrechen: Das Flugzeug hebt die Schwerkraft auf, das Auto überwindet die Trägheit der Masse, der Film hebt die Bindung an die Zeit auf, man verwendet Rückblenden,

Vorblenden, Überblendungen und Einblendungen, die Chronologie als Erzählprinzip wird aufgehoben.

Kann man die Verherrlichung von Schnelligkeit und Bewegung und die Begeisterung für Technik als positiv ansehen, so wirken der Patriotismus, Militarismus, die Begeisterung für Krieg und die Verachtung von Frauen eher bedenklich und reaktionär. So wichtig Marinettis Impulse für die Kunst sind, so muss man sich doch seine Wendung zum Faschismus vergegenwärtigen.

Der futuristische Literaturbegriff betont die Zerstörung der traditionellen Gebrauchs- und Dichtersprache. Marinetti verlangt: „Destruktion der Syntax, drahtlose Imagination, Befreiung des Wortes." Grammatik und andere sprachliche Regeln behindern nur die Kreativität, daher fordert man Wortmontagen, Wortneubildungen, Lautgedichte, freie Assoziationen, Wortspiele. Auch die Forderung, der Dichter möge aus seinem Gedicht verschwinden, wird gestellt.

Die Autoren: Konflikte nur auf dem Papier

Positionen expressionistischer Schriftsteller zur Politik

Zeitschriften und Verlage geben den jungen Schriftstellern zwar Rückhalt, aber die bedeutenden Autoren, wie **Georg Heym, Georg Trakl** oder **Gottfried Benn**, bleiben Einzelgänger.

Gemeinsam ist den Autoren eine naive und wirklichkeitsfremde Einstellung zur Politik, sie stellen utopische und irrationale Forderungen. Georg Lukács, ein Literaturwissenschaftler, kritisiert, dass die Expressionisten zwar in ihrer Dichtung kritische Tendenzen zeigen, sie aber nicht in die Realität umsetzen, sie tragen Konflikte lite-

Holzschnitt eines Gedichts aus Georg Heyms *Umbra vitae* (Ernst Ludwig Kirchner, 1924)

rarisch aus. Die Ohnmacht der intellektuellen Autoren zeigt sich besonders bei Ausbruch des Ersten Weltkriegs, der nicht nur als politische Katastrophe, sondern als Zusammenbruch der Humanität überhaupt empfunden wird.

Man hat den Expressionismus manchmal mit dem Sturm und Drang verglichen. Beiden gehen große, historische Umwälzungen voran (Französische und Russische Revolution), ohne direkte politische Wirkung zu erreichen. Die Protagonisten scheinen die Regeln und Ursachen der dargestellten Krise nicht zu begreifen, sie beschränken sich auf die Revolutionierung von literarischen Formen und Inhalten. Bei Kriegsende (1918/19) fehlt den Dichtern, sofern sie überlebt haben, die Orientierung. Nur wenige Literaten greifen aktiv in die Auseinandersetzungen der Revolution 1918/19 ein (etwa **Ernst Toller**), viele gehen zugrunde, andere entwickeln sich in die unterschiedlichsten Richtungen: **Gottfried Benn** wendet sich teilweise dem Faschismus zu, **Johannes Robert Becher** dem Sozialismus, **Alfred Döblin** dem Christentum, **Else Lasker-Schüler** emigriert, **Franz Werfel** wird ein erfolgreicher Bestsellerautor.

Hintergründe

Die expressionistischen AutorInnen wachsen in einer Umbruchsituation auf, eine Nation wandelt sich aus einer agrarisch dominierten zur Industrienation. Die Künstler, Maler und Literaten reagieren auf die Veränderungen: In Italien mit Marinettis „Futurismus", in Deutschland mit Skepsis. Man sieht hier Industrie und technische Errungenschaften nicht nur positiv, sondern kritisch. Großstadt und Technik bedeuten für die Expressionisten eine Bedrohung der Menschheit, den Aufstand der Maschinen gegen den Menschen, den Ich-Verlust des Individuums. Einige Dichter scheinen den Krieg zu ahnen, ihre Werke sind Ausdruck einer kollektiven Kriegsstimmung (**Hoddis, Trakl, Heym**). Bei ihnen trifft sich die Kritik am Krieg mit der an der modernen Zivilisation, die ja die grausame Kriegsmaschinerie erst ermöglicht.

Die Autoren stammen zumeist aus bürgerlich-intellektuellen Kreisen, sie besuchen Gymnasium und Universität. Dort werden sie mit konventionellen und traditionellen Bildungsinhalten konfrontiert, die im Gegensatz zur sozialen Realität stehen. Ihre zunächst bürgerlichen Wertvorstellungen werden erschüttert. Der Beruf auf der Basis eines akademischen Studiums scheint zwar nicht mehr erstrebenswert, er bedeutet allerdings die Existenzsicherung für die Autoren, da sie ihre Leser auch nur im bürgerlichen Milieu finden.

Leiden am normalen Leben

Die frühen Expressionisten leiden an der Verlogenheit, an der Sinnlosigkeit des „modernen Lebens", das sie immer im Zusammenhang mit den naturwissenschaftlichen Errungenschaften des 19. Jahrhunderts sehen, die sie total ablehnen. Naturalismus, Realismus, Logik, Psychologie, Staat, Bürgertum, Technik, die ältere Generation (besonders die Väter), die als Repräsentanten des positivistischen[3] Weltbildes angesehen werden, sind die feindlichen Mächte. Diese allgemeine Unzufriedenheit führt auch zu negativen Auswirkungen im menschlichen Gefühlsleben, bei vielen Autoren zu einer tiefen Beziehung, ja Neigung zum Tod. Unter dem Einfluss der Weltkrise, bereits 1911 droht der Erste Weltkrieg, lehnt die jüngere Generation einerseits alles „Moderne" ab, andererseits glaubt sie aber auch an eine grundlegende Besserung. Individuelles, privates, einmaliges Erleben und Erleiden wird umgesetzt in das Leiden der Menschheit überhaupt. In den Dichtungen geht es weniger um subjektives Erleben, sondern um ein Wissen um Leid und Not, um Mitleid mit allen, die in Bedrängnis sind. Schlagworte wie „Wandlung", „Erneuerung" signalisieren eine Weltveränderung mit dem Ziel, einen neuen Menschen, eine neue Generation zu schaffen, deren Absichten mit denen der alten Generation in Widerspruch stehen. Viele Werke sind daher Appelle an Menschlichkeit, Friede und Versöhnung. Daraus ergeben sich Themen wie Weltuntergang und Wiedergeburt (*Menschheitsdämmerung* heißt eine Gedichtsammlung), Generationskonflikt und die Darstellung des „Menschen" schlechthin.

Expressionistische Prosa

Die künstlerischen Intentionen des Expressionismus werden vor allem in der Lyrik und im Drama verwirklicht. Es gibt nur wenige Werke expressionistischer Prosa. Einer, der Prosa schreibt, ist **Kasimir Edschmid** (1890–1966); er verfasst *Die sechs Mündungen*. Im Mittelpunkt dieser Erzählungen steht übersteigertes Lebensgefühl. Die Figuren sind Abenteurer, Kraftmenschen, die der Zivilisation überdrüssig sind und in der Exotik das neue, unverfälschte Leben finden wollen.

---

[3] Positivismus: Philosophie, die ihre Forschung auf das Positive, Tatsächliche, Wirkliche und Zweifellose beschränkt, sich nur auf die Erfahrung beruft und Metaphysik ablehnt

Expressionistische Lyrik

Weltfreund und *Weltende*

1911 nennt **Franz Werfel** eine Gedichtsammlung *Weltfreund*, **Kurt Pinthus** beginnt 1920 seine Lyrikanthologie *Menschheitsdämmerung* mit dem Gedicht *Weltende* von **Jakob van Hoddis**. *Weltfreund* und *Weltende* verdeutlichen das Widerspruchsvolle in der expressionistischen Lyrik: auf der einen Seite „Weltverbesserungsfanatismus", auf der anderen Seite das immer wiederkehrende Motiv des Weltuntergangs. Der Weltverbesserungsfanatismus versinnbildlicht den Glauben an eine bessere Welt, bedeutet Aufbruch, rauschhafte Grenzenlosigkeit, Pathos. Das Weltuntergangsmotiv sagt aus, dass die bestehende Welt unter unsäglichen Leiden der Menschen zugrunde gehen muss, bevor eine neue entstehen kann, es ruft Gefühle der Beklemmung, Angst, Grauen hervor und ist Ausdruck bedrückender Lebensverhältnisse.

Kontrast im Formalen

Einen ebensolchen Kontrast kann man auch im Formalen feststellen: Festhalten an alten Formen, wie Sonett und Volksliedstrophe, und „Zertrümmerung" der Satzgebilde unter Einfluss des Futurismus. Allgemeine Merkmale sind Auflösung der Syntax, Aufgabe der traditionellen Formen, Vorrang des Ausdrucks ohne Rücksicht auf Kommunikation, Betonung des Rhythmus, oft überraschende Wortneubildungen. Grammatik schränke die Kreativität nur ein, erst in freier Verwendung der Wörter könne der Dichter wahrhaft poetische Bilder schaffen.

Motivkreise

Bestimmte Motivkreise tauchen immer wieder auf:

- Auseinandersetzung mit aktuellen Problemen: Großstadt und Technik, Proletariat und Kapital, Staat und Militarismus. Allerdings werden diese Themen weniger politisch und kritisch als existentiell und irrational behandelt. Es handelt sich oft um Visionen und Utopien.
- Kunst der **Deformation**: Der Mensch wird zum Körper verdinglicht, er wird reduziert auf seine Physis. Hässlichkeit, Grausiges, gänzlich Unlyrisches wie Krankenhäuser, Leichenschauhäuser, Ertrunkene oder Verkörperungen von schwachen Existenzen (Kinder, Krüppel, Blinde) werden zu Motiven.
- Der Krieg als Weltende, als Katastrophe: Man hat oft festgestellt, dass expressionistische Lyriker den Krieg geahnt haben, denn schon Jahre vorher entstehen Gedichte, die entsetzliche, grauenerregende Visionen der kommenden kriegerischen Auseinandersetzungen sind. Viele der Autoren kommen in diesem Krieg auch um (Stadler, Stramm, Trakl). Bei **Georg Trakl** verbinden sich die Visionen schließlich mit der Realität, seine letzten Gedichte verarbeiten tatsächliche Erlebnisse. Bei **August Stramm** geht die Zerstörung der Realität mit der Zerstörung der Sprache einher.
- **Chiffren von Leben und Tod**: Georg Heym und **Georg Trakl** schaffen sich in eindrucksvoller Weise eine eigene Bild- und Sprachwelt.
- **Gefühlsexpressionismus**: Else Lasker-Schüler lebt „expressiv" in ihrer Dichtung und in ihrem Leben.
- **Großstadt**: Moderne Lebensformen werden mythisch erhöht, die Stadt erscheint als Moloch, als orientalische Gottheit.

Georg Trakl

Trakl (1887–1914) wird in Salzburg geboren. Zu seinem Vater hat er eine gute Beziehung, in den Gedichten schreibt Trakl ihm die Eigenschaften Stille und Härte zu, die Geborgenheit und Überlegenheit bedeuten. Sein Vater ist für Trakl ein guter Gott, eine Schutzgottheit. Seine

Mutter, eine Tschechin, zieht sich in ihr Zimmer zurück, das Trakl und seine Geschwister nicht betreten dürfen. Sie nimmt Rauschgift und prägt wahrscheinlich auf diese Weise Trakl und seine Schwester Grete, die beide später Drogen nehmen.

Von der Mutter im Stich gelassen[4], sucht er das Mütterliche bei der Gouvernante, bei Kellnerinnen und Dirnen. Viel geschrieben wurde über die innige Beziehung zu seiner Schwester Grete, aus manchen Gedichten will man ein schlechtes Gewissen wegen einer Inzestbeziehung herauslesen.

Trakl verlässt das Gymnasium, wo er sich immer deklassiert fühlt, vor Beendigung der 7. Klasse und beginnt 1905 eine Apothekerlehre, wohl

Georg Trakl

auch, um leichter an Drogen heranzukommen. Zu dieser Zeit wird er vertraut mit starken Rauschmitteln wie Morphium, Opium und Veronal. 1908 beginnt er in Wien das Pharmaziestudium, wo er auch Werke der französischen Symbolisten, Charles Baudelaire und Arthur Rimbaud, Fjodor Dostojewskijs und Friedrich Nietzsches kennenlernt. Trakl wird 1910 Magister der Pharmazie und lebt dann abwechselnd in Wien und Innsbruck. 1913 spricht er von einer „Kette von Krankheit und Verzweiflung", er ist deprimiert und dem Alkohol verfallen. In diesem Jahr erscheint auch sein erster Gedichtband. Seelisch total zerrüttet, rückt er 1914 als Sanitäter ein, kommt an die Ostfront nach Galizien, macht dort die Schlacht von Grodek mit. Er muss 90 Schwerverwundete allein versorgen und erleidet einen Nervenzusammenbruch, dem ein Selbstmordversuch folgt. Im November stirbt er in einem Krakauer Garnisonsspital an einer Überdosis Kokain.

Gedichte als Leidensprotokolle

Trakls Gedichte sind zum Großteil Leidensprotokolle, sie sind die Biografie seiner inneren Existenz: Untergangsstimmung, Abbröckeln einer Epoche (der Zustand der zerfallenden Donaumonarchie wird reflektiert), Depressionen, Resignation. Außerdem ist sein Werk gekennzeichnet von Gottessehnsucht und -suche, andererseits aber auch von Gottferne, die einem Schuldgefühl, einem Erlebnis von Grauen und Verfall entspringt. Die persönlichen Schuldgefühle korrespondieren mit der allgemeinen Schuldhaftigkeit der Menschheit überhaupt. Der Zustand der Welt wird identisch mit dem Zustand des Individuums, persönliche Erfahrungen werden zu Menschheitserfahrungen stilisiert.

Die Darstellung von Natur ist schwermütig, wehmütig und ambivalent: Schönes und Hässliches, Gutes und Böses werden miteinander kombiniert, ein schönes Bild schlägt um in ein grausiges. Oder sie sind eins, wie in *Grodek*, wo die persönliche, poetische Traumwelt mit dem Erlebnis des Krieges zusammenprallt und sich Bilder konkreter Wahrnehmung des Tötens und Sterbens mit traumhaften Visionen mischen.

Chiffren

Auffallend an den Gedichten Trakls ist die ausdrucksvolle Farbensprache. Einzelne Farben sind Chiffren, Geheimzeichen, verschlüsselte Bilder, die immer etwas ganz Bestimmtes bezeichnen: Blau steht in Beziehung zum Göttlichen, zum Jenseitigen; Weiß bedeutet Grausamkeit.

Auch bestimmte Nomen, die immer wiederkehren, sind Chiffren: Vögel, seien es nun Amseln, Raben oder Krähen, sind Boten des Todes und der Klage; Metall, oft mit dem Attribut „silbern" verbunden, bedeutet Sterben. Das Tier steht für das Schuldlose, das vom Menschen Geopferte.

---

[4] In einem Gedicht heißt es: „die frierende Hand der Mutter".

In seiner Anfangsphase ist Trakl noch dem Impressionismus verpflichtet, erst später wird er zu einem echten Expressionisten.

Grodek (2. Fassung)

Am Abend tönen die herbstlichen Wälder
Von tödlichen Waffen, die goldnen Ebenen
Und blauen Seen, darüber die Sonne
Düstrer hinrollt; umfängt die Nacht
5   Sterbende Krieger, die wilde Klage
Ihrer zerbrochenen Münder.
Doch stille sammelt im Weidengrund
Rotes Gewölk, darin ein zürnender Gott wohnt
Das vergoßne Blut sich, mondne Kühle;
10   Alle Straßen münden in schwarze Verwesung.
Unter goldnem Gezweig der Nacht und Sternen
Es schwankt der Schwester Schatten durch den schweigenden Hain,
Zu grüßen die Geister der Helden, die blutenden Häupter;
Und leise tönen im Rohr die dunkeln Flöten des Herbstes.
15   O stolzere Trauer! ihr ehernen Altäre
die heiße Flamme des Geistes nährt heute ein gewaltiger Schmerz,
Die ungebornen Enkel.

- *Grodek* ist eines der bekanntesten Gedichte Trakls, er schrieb es während der Schlacht von Grodek in Galizien.
- Welche realen Bilder des Krieges können Sie erkennen?
- Welche Bilder sind Trakls „Traumwelt" zuzuordnen?
- Welche Stimmung erzeugen die Farben?
- Stellen Sie fest, wo die Syntax nicht eindeutig festgelegt ist! Welche Wirkung haben die Stellen?

Else Lasker-Schüler

Eine heimatlose Schriftstellerin

Else Lasker-Schüler (1869–1945) ist eine heimatlose Frau, ihre Eltern sind in Wuppertal beerdigt, ihr Sohn in Berlin, sie selbst in Jerusalem, wo sie 1945 auf dem Ölberg beigesetzt wird.

Sie wird 1869 in Wuppertal geboren, heiratet den Arzt Lasker, von dem sie sich nach ein paar Jahren scheiden lässt. 1901 heiratet sie Herwarth Walden und wird Mitbegründerin des *Sturm*. Freundschaften verbinden sie mit **Karl Kraus, Franz Werfel, Gottfried Benn** und **Franz Marc**. Sie baut sich eine Lebenslegende auf, in der sie als Mann existiert: „In der Nacht meiner tiefsten Not erhob ich mich zum Prinzen von Theben", und ihre engsten Freunde spielen mit. Franz Marc schreibt ihr illustrierte Postkarten, die „Botschaften an den Prinzen Jussuf". Nach ihrer Trennung von Walden lebt sie in

Elke Lasker-Schüler

äußerst schwieriger finanzieller Lage. 1933 flieht sie in die Schweiz, reist nach Ägypten und Palästina und stirbt in Jerusalem.

Ein alter Tibetteppich

Deine Seele, die die meine liebet,
Ist verwirkt mit ihr im Teppichtibet.

Strahl in Strahl, verliebte Farben,
Sterne, die sich himmellang umwarben.

5 Unsere Füße ruhen auf der Kostbarkeit,
Maschentausendabertausendweit.

Süßer Lamasohn auf Moschuspflanzenthron,
Wie lange küßt dein Mund den meinen wohl
Und Wang die Wange buntgeknüpfte Zeiten schon?

Dieses Gedicht erregt sofort nach seinem Erscheinen 1910 im *Sturm* Aufsehen, Karl Kraus druckt es im selben Jahr in der *Fackel* ab.

> • Was halten Sie von dem Gedicht? Es gilt als eines der schönsten Liebesgedichte der deutschen Literatur.

Das Gedicht *Mein blaues Klavier* stammt aus dem gleichnamigen Gedichtzyklus, der 1943 in Jerusalem erscheint. Die Widmung lautet: „Unvergesslichen Freunden und Freundinnen in den Städten Deutschlands und denen, die wie ich vertrieben und zerstreut in der Welt sind. In Treue." Trauer und Resignation überwiegen, da die Dichterin auch in Jerusalem keine Heimat findet. Die Dichtung, die bis jetzt ihr Trost und ihre Zuflucht ist, bringt keine Erfüllung mehr. Das Gefühl der Einsamkeit, der Entfremdung, Sehnsucht nach dem Tod und nach Gott prägen die Bilder und die Sprache der letzten Gedichte Else Lasker-Schülers. Ihr früheres Leben als Dichterin erscheint ihr als verlorenes Paradies. *Mein blaues Klavier* zeugt von geistiger Auseinandersetzung mit dem Hitler-Regime ebenso wie vom inneren Zugrundegehen eines Menschen, einer Dichterexistenz.

Mein blaues Klavier

Ich habe zu Hause ein blaues Klavier
Und kenne doch keine Note.

Es steht im Dunkel der Kellertür,
Seitdem die Welt verrohte.

5 Es spielen Sternenhände vier
– Die Mondfrau sang im Boote –
Nun tanzen die Ratten im Geklirr.

Zerbrochen ist die Klaviatür ...
Ich beweine die blaue Tote.

10 Ach liebe Engel öffnet mir
– Ich aß vom bitteren Brote –
Mir lebend schon die Himmelstür –
Auch wider dem Verbote.

> • Sie kennen nun in groben Zügen die Biografie der Dichterin. Suchen Sie im Gedicht diejenigen Stellen, die Hinweise auf das persönliche Schicksal Lasker-Schülers und das Schicksal der Juden in der Welt sein könnten!

- Erklären Sie den auffälligen Gebrauch von Zeitadverbien und den Tempuswechsel! Stellen Sie die Zeitadverbien gegenüber! Was können Sie feststellen?
- Die Dichterin arbeitet mit Gegensatzpaaren, schreiben Sie sie heraus: besitzt ein blaues Klavier / kennt doch keine Noten ...
- An „blaues Klavier" und „blaue Tote" können Sie feststellen, dass hier zu einer Bildeinheit verbunden wird, was in der Realität unvereinbar ist (Klaviere und Tote sind nicht blau). Dinge in anderen Farben als realitätsgetreu zu sehen ist typisch für expressionistische Kunst. Die Farbe „Blau" deutet auf den Zusammenhang mit Göttlichem, Sakralem hin.
- Suchen Sie noch andere Metaphern (Wörter mit übertragener Bedeutung)!
- Was hat das blaue Klavier im früheren Leben der Dichterin bedeutet?
- Wie wandelt sich ihre Einstellung zum blauen Klavier?
- Warum ist es jetzt eine „blaue Tote"?
- Welchem Vorstellungsbereich sind die vier Sternenhände und die singende Mondfrau entnommen?
- Welche Wirkung hat das Bild von den Ratten?
- Aus welchem Bereich stammen die Bilder in den Versen 10–14?
- Können Sie sich denken, warum sich die Dichterin den Tod wünscht?

Georg Heym

Im Naturalismus interessiert man sich für die sozialen und wirtschaftlichen Probleme der Großstadt. Im Expressionismus erscheint diese unter dem Aspekt der Existenzbedrohung, der Einsamkeit und Gefährdung des Menschlichen. Die Stadt wird zum Symbol der neuen Zeit, des Maschinen- und Massenzeitalters, sie wird als menschenfressendes Ungeheuer und Monster dargestellt. Nichts Lebensfrohes, Lautes, Lebendiges kennzeichnet sie, sondern eine Endzeitstimmung, die Verdüsterung des bevorstehenden Weltuntergangs.

Es gehört zu Georg Heyms (1887–1912) Technik, Empfindungen und Gedanken in allegorische Gestalten zu kleiden. Das „Erlebnis" Großstadt, von ihm als negativ empfunden, wird zum Dämon, der das Wesen der Stadt verkörpert. Die Verkörperung geht so weit, dass der Gott (Baal, Moloch) im Mittelpunkt steht, während die Stadt nur angedeutet wird. Erinnerungen an alte Mythen[5] stilisieren das Wesen der Stadt. Anleihen bei Messen verdeutlichen das Gottähnliche des Ungeheuers.

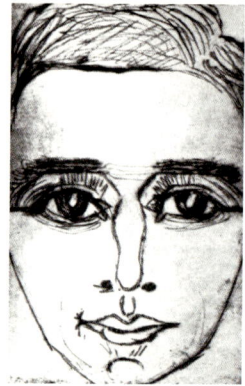

Georg Heym (Radierung von E. L. Kirchner, 1923)

Die Bestandteile der Stadt wirken irreal, nur bruchstückhaft und sind aus der Realität gerissen. Was entsteht, ist keine realistische Darstellung einer Stadt.

---

[5] Baal ist ursprünglich ein Sturm- und Fruchtbarkeitsgott, Moloch ist eine semitische Gottheit, der Menschen im Feuer geopfert werden.

Der Gott der Stadt

Auf einem Häuserblocke sitzt er breit.
Die Winde lagern schwarz um seine Stirn.
Er schaut voll Wut, wo fern in Einsamkeit
Die letzten Häuser in das Land verirrn.

5 Vom Abend glänzt der rote Bauch dem Baal,
Die großen Städte knien um ihn her.
Der Kirchenglocken ungeheure Zahl
Wogt auf zu ihm aus schwarzer Türme Meer.

Wie Korybanten-Tanz dröhnt die Musik
10 Der Millionen durch die Straßen laut.
Der Schlote Rauch, die Wolken der Fabrik
Ziehn auf zu ihm, wie Dunst von Weihrauch blaut.

Das Wetter schwält in seinen Augenbrauen.
Der dunkle Abend wird in Nacht betäubt.
15 Die Stürme flattern, die wie Geier schauen
Von seinem Haupthaar, das im Zorne sträubt.

Er streckt ins Dunkel seine Fleischersfaust.
Er schüttelt sie. Ein Meer von Feuer jagt
Durch eine Straße. Und der Glutqualm braust
20 Und frißt sie auf, bis spät der Morgen tagt.

- Geht es in diesem Gedicht um Baal oder Moloch?
- Wo befindet sich die Gottheit? Wie ist die Stimmung des Gottes, welche Gründe gibt es dafür, dass er dauernd nur vernichtet?
- Wie stellt Heym die Menschen dar?
- Welche Stimmung löst die Nennung von Tageszeiten aus?
- Heym ist bekannt dafür, dass er die Handlung seiner Gedichte in Bewegung auflöst. Weisen Sie das nach!
- Welche Funktion haben die Farben, die gar nicht der Realität entsprechen? Welche Empfindungen lösen sie aus?

Gottfried Benn

Benn (1886–1956) überwindet als einer der wenigen expressionistischen Dichter diese Strömung. Die Wurzeln seiner Kunstauffassung liegen allerdings im Expressionismus.

Das Verhältnis des Dichters zu seiner Umwelt ändert sich im Laufe der Zeit grundlegend. Ist Goethe mit seiner Umwelt noch in Harmonie und Gleichklang, so kehrt sich Benn gänzlich von der Realität ab. Die Wirklichkeit erfährt tiefgreifende Veränderungen: Der technische Fortschritt, das rasante Wachstum der Städte, die neuen Erkenntnisse der Psychologie und der Naturwissenschaften lassen das Individuum zu einem winzigen Bestandteil eines riesigen Ganzen werden. Der Mensch verliert das Gefühl für Identität mit sich selbst

Gottfried Benn (1952)

und der Umwelt. Kunst und Wirklichkeit haben nichts mehr miteinander zu tun. Die Lyrik hat nichts mehr gemeinsam mit Erlebnis, die Welt entsteht im Gehirn des Dichters, vor seinem geistigen Auge. Die Bilder verlieren ihren Realitätsgehalt, sie sind mit herkömmlichen Methoden nicht mehr zu entschlüsseln. Man muss von Motivkomplexen und Assoziationen ausgehen, die Bilder werden zu Geheimzeichen, zu Chiffren.

Benn empfindet die Abgegriffenheit der herkömmlichen sprachlichen Bilder stark, trotzdem muss er sich aber in ihnen ausdrücken, ohne sie kann er künstlerisch nicht existieren. Er nimmt ihnen ihre Bedeutung, schafft neue Kombinationen aus den zerbrochenen Teilen der Wirklichkeit, zu der er die Verbindung ablehnt. Diese Kombinationen werden Chiffren genannt, Geheimzeichen, die nicht entschlüsselt werden können, da sie völlig aus ihrem ursprünglichen Bedeutungszusammenhang gerissen sind.

Kunst der „Deformation"

Bei den frühen Gedichten Benns handelt es sich um Kunst der „Deformation", d. h., der Mensch wird zum Gegenstand, er wird in seine Teile „zerlegt", die Desillusionierung wird bis zum Ekel getrieben, das blanke Entsetzen über die Vergänglichkeit des Menschen tritt zutage. Bezeichnenderweise heißt der Gedichtzyklus *Morgue*, Leichenschauhaus.

Benn ist Arzt und hat somit Zugang zur Naturwissenschaft, sie ist Grundlage für seinen Beruf. Daneben ist Benn auch Künstler, er fühlt dieses Dilemma stark und artikuliert es immer wieder. Er führt ein „Doppelleben", steht an der Schnittstelle von naturwissenschaftlicher Aufklärung und dem Widerstand gegen sie. In seinen Essays weist Benn immer wieder darauf hin, dass das Schöpferische zentral ist, dass es jedem politischen Konflikt entzogen ist, dass er politische Geschichte für eine „Krankengeschichte von Irren" hält: „Ich lege auf die ganze Entwicklungsgeschichte keinen Wert. Das Gehirn ist ein Irrweg. Ein Bluff für den Mittelstand." Benn löst sich damit aus gesellschaftlichen und politischen Bindungen und dient den herrschenden Mächten. Seine Ansichten machen es auch möglich, dass er für kurze Zeit nationalsozialistischen Ideologien anhängt, von denen er sich allerdings 1934 distanziert. Seine Werke werden von den Nationalsozialisten verboten.

- Schreiben Sie auf, was für ein Gedicht Sie unter dem Titel *Kleine Aster* erwarten! Welche Assoziationen haben Sie?

Eiter- und Aaspoesie

Kleine Aster

Ein ersoffener Bierfahrer wurde auf den Tisch gestemmt.
Irgendeiner hatte ihm eine dunkelhellila Aster
zwischen die Zähne geklemmt.
Als ich von der Brust aus
5   unter der Haut
mit einem langen Messer
Zunge und Gaumen herausschnitt,
muß ich sie angestoßen haben, denn sie glitt
in das nebenliegende Gehirn.
10   Ich packte sie ihm in die Brusthöhle
zwischen die Holzwolle,
als man zunähte.
Trinke dich satt in deiner Vase!
Ruhe sanft,
15   kleine Aster!

- Was meinen Sie? Darf man dieses Gedicht Poesie nennen?
- Welche Atmosphäre herrscht? Wie wird der Mensch (das, was von ihm übrig ist) behandelt? Wie wird er üblicherweise in diesem „Zustand" behandelt?
- Welche Gründe kann jemand haben, derlei Scherze mit einem Toten zu treiben?
- Wie empfinden Sie den Gegensatz zwischen dem Leichnam (nackte Realität) und der Blume (das Poetische)?

Expressionistisches Drama

Man darf nicht vergessen, dass das, was man als typisch expressionistisches Drama bezeichnet, neben dem Illusionstheater Max Reinhardts – der Hofmannsthals Stücke zur Aufführung bringt – und dem naturalistischen Drama Gerhart Hauptmanns existiert. Das expressionistische Drama kommt spät zur Geltung, die meisten Theaterstücke werden erst in den ersten Jahren der Weimarer Republik aufgeführt. Sie sind Ausdruck einer neuen Weltanschauung und Abrechnung mit der „alten Welt".

Das expressionistische Drama steht in ausgesprochenem Gegensatz zum naturalistischen, das mit Bühne, Personen und Geschehen die Wirklichkeit minutiös abbilden möchte. Da man im Expressionismus am sinnvollen Zusammenhang der Wirklichkeit zweifelt, kann man sie auch nicht abbilden wollen. Die Wirklichkeit wird verfremdet.

Strindberg als Vorbild für expressionistische Dramatiker

Vorbilder sind **Christian Dietrich Grabbe** und **Georg Büchner**, die grotesken Dramen **Frank Wedekinds**, die „statischen" Dramen des Belgiers **Maurice Maeterlinck** (1862–1949) und vor allem der Schwede **August Strindberg** (1849–1912). Strindberg selbst äußerst sich so:

August Strindberg
(Lithografie von Edvard Munch, 1896)

(Es geht darum,) die unzusammenhängende, aber scheinbar logische Form des Traumes nachzuahmen. Alles kann geschehen, alles ist möglich und wahrscheinlich. Zeit und Raum existieren nicht; auf einem unbedeutenden wirklichen Grunde spinnt die Einbildung weiter und
5 webt neue Muster: eine Mischung von Erinnerungen, Erlebnissen, freien Einfällen, Ungereimtheiten und Improvisationen. Die Personen teilen sich, verdoppeln sich, doublieren sich, verdunsten, verdichten sich, zerfließen, sammeln sich. Aber ein Bewußtsein steht über allen, das ist das des Träumers; für das gibt es keine Geheimnisse, keine Inkonse-
10 quenz, keine Skrupel, kein Gesetz.

Die frühen Dramen Strindbergs behandeln Probleme der Beziehung zwischen Mann und Frau. Später orientiert er sich an alten religiösen Dichtungen, wie Legenden und Mysterienspielen, und mit ihnen wird Strindberg wesentlich für das expressionistische Theater. *Nach Damaskus* gilt als „Mutterzelle" des expressionistischen Dramas. Es ist ein „Stationendrama", d. h., in symbolischen Einzelbildern wird der Lebensweg der Hauptfigur in Kreisen gezeigt, die immer wieder zu ihr selbst und ihrem Unglück hinführen. Die Passion eines Menschen, eigentlich des Menschen schlechthin, wird vorgeführt. Balladenhaft werden Visionen aneinandergereiht.

Wegbereiter des Expressionismus: Frank Wedekind

Frank Wedekind (1864–1918) wird für einen Wegbereiter des Expressionismus gehalten. In seinem ersten Drama *Frühlings Erwachen*[6] werden Verständnislosigkeit, Heuchelei und Scheinmoral angeprangert, die zwei junge Leute in den Tod treiben. Die Mischung aus lyrisch-zarten, grotesk-zynischen Szenen und Gesellschaftskritik erinnern an die Dramen von Lenz und Büchner.

Frank Wedekind (Karikatur von Bruno Paul)

In den Lulu-Tragödien *Erdgeist* und *Die Büchse der Pandora* steht die Macht des Sexus, verkörpert durch eine naiv-dämonische Frau, im Mittelpunkt.

Antibürgerlichkeit, Pantomime und ein typisierendes Menschenbild sind auch Elemente des expressionistischen Dramas.

---

[6] 1906 von Max Reinhardt uraufgeführt, dann bis 1912 verboten

Expressionismus (1910–1920)

Die Bezeichnung „Expressionismus" wird in Anlehnung an die bildende Kunst (Van Gogh, Matisse, Cézanne) verwendet. In Deutschland bezeichnet man Franz Marc, August Macke, Wassily Kandinsky und Ernst Ludwig Kirchner als Expressionisten.
Sie treten **gegen Tradition und Realismus** auf, die ästhetische Komponente der Kunst wird durch die „ethische" ersetzt. Wesentlich ist die **Intensität**.
Während der Nazizeit sind die Werke der Expressionisten als „entartet" verboten. Nach 1945 kommt es zu einer neuen positiven Bewertung der Epoche.

Zeitschriften

Expressionistische Texte werden zuerst in Zeitschriften veröffentlicht, in denen alle Künste behandelt werden. Der Stil ist ähnlich einer Tageszeitung, das Layout nüchtern und einfach.
Beispiele für Zeitschriften:
Der Sturm (1910) nimmt sich besonders um Else Lasker-Schüler und August Stramm an.
Die Aktion (1911-1932) ist das wichtigste Organ des Expressionismus.

Technische Welt und Poesie

Einerseits richtet sich der Expressionismus gegen alle Errungenschaften des Naturalismus und Positivismus, andererseits bewertet er die **technischen Erneuerungen** durchaus **positiv**. Diese Meinung wird vor allem vom **Futurismus** verkörpert (Vertreter: **Filippo Tommaso Marinetti**). Die Schönheit der Geschwindigkeit wird gepriesen, das Auto und das Flugzeug verherrlicht. Hinter dieser Bewunderung steckt der Glaube daran, dass der Mensch etwas Neues schaffen und die Gesetze der Natur durchbrechen kann.
Der futuristische **Literaturbegriff** betont die **Zerstörung der traditionellen Dichtersprache**. Syntax und Grammatik werden „zertrümmert", es entstehen Lautmontagen, Wortspiele oder freie Assoziationen.

AutorInnen

Die bedeutenden AutorInnen bleiben Einzelgänger, die eine **wirklichkeitsfremde Einstellung zur Politik** haben. Sie stellen unrealistische und illusorische Forderungen. Ihre Ohnmacht zeigt sich besonders bei Ausbruch des Ersten Weltkriegs, der als Zusammenbruch jeglicher Menschlichkeit angesehen wird.
Die AutorInnen stammen aus **bürgerlich-intellektuellen Kreisen**, wenden sich aber **gegen die traditionellen Bildungsinhalte** und **bürgerlichen Wertvorstellungen**. In den Werken geht es um Leid, Not, Mitleid mit Unterdrückten und Bedrängten, Weltverbesserung, Schaffung eines „neuen" Menschen, Appelle an Menschlichkeit, Friede und Versöhnung. Gedichtsammlungen wie *Menschheitsdämmerung* verdeutlichen diese Inhalte.

Prosa

Die künstlerischen Intentionen des Expressionismus lassen sich in der Prosa nur schwer verwirklichen. Ein Vertreter ist **Kasimir Edschmid**. Die Hauptfiguren seiner Erzählungen sind Kraftmenschen, Abenteurer, die die moderne Zivilisation ablehnen.

Lyrik

Gedichtsammlungen wie *Weltfreund* und *Menschheitsdämmerung* verdeutlichen das Widerspruchsvolle der Lyrik: Weltverbesserungsfanatismus und Motiv des Weltuntergangs markieren einerseits den Glauben an eine bessere Welt, andererseits existiert die Gewissheit, dass die gegenwärtige Welt zugrunde gehen muss.

Kontraste finden sich auch im Formalen: Neben Festhalten an alten Formen wie dem Sonett entstehen Gedichte, die dem Futurismus verpflichtet sind.

VertreterInnen der expressionistischen Lyrik sind **Trakl, Lasker-Schüler, Heym** und **Benn**.

Drama

Das Drama kommt erst spät zur Wirkung; die meisten Theaterstücke werden erst in den ersten Jahren der Weimarer Republik aufgeführt. Sie sind Ausdruck der Abrechnung mit der „alten" Welt und Darstellung der neuen Weltanschauung. Das expressionistische Drama steht im starken Gegensatz zum naturalistischen Drama. **Vorbilder** sind u. a. **Strindberg** und **Wedekind**.

Bürgerliche Literatur vor dem Ersten Weltkrieg

Einordnung

Die Zeit von 1890 bis zum Ersten Weltkrieg bildet keine literaturgeschichtliche Einheit, sie kann in formal und inhaltlich gegensätzliche Abschnitte wie zum Beispiel den Naturalismus, den Symbolismus, den Impressionismus oder den Expressionismus eingeteilt werden, die zeitlich parallel verlaufen oder sich überschneiden.

Heinrich und Thomas Mann

Die Brüder **Heinrich** und **Thomas Mann** sowie der Dramatiker **Carl Sternheim** (1878–1942) sind in der Zeit vor dem Ersten Weltkrieg Autoren, die sich nur schwer oder kaum einer literarischen Bewegung oder Strömung zuordnen lassen. Dazu kommt, dass die Brüder Mann bis in die Mitte des 20. Jahrhunderts hinein literarisch tätig sind und die deutsche Literatur mitprägen. Gemeinsam ist den drei genannten Schriftstellern jedenfalls eine mehr oder weniger stark ausgeprägte kritische Sicht der bürgerlichen Gesellschaft und die Opposition gegen reaktionäre Politik und kulturelle Bevormundung, wie sie zum Beispiel in der Rede Kaiser Wilhelms II. zur Einweihung der Berliner Siegesallee 1901 sehr deutlich zum Ausdruck kommt:

Kulturelle Bevormundung

Wenn nun die Kunst, wie es jetzt vielfach geschieht, weiter nichts tut, als das Elend noch scheußlicher hinzustellen, als es schon ist, dann versündigt sie sich damit am deutschen Volke. Die Pflege der Ideale ist zugleich die größte Kulturarbeit, und wenn wir hierin den anderen Völkern ein Muster sein und bleiben wollen, so muß das ganze Volk daran mitarbeiten, und
5 soll die Kultur ihre Aufgabe voll erfüllen, dann muß sie bis in die untersten Schichten des Volkes hindurchgedrungen sein. Das kann sie nur, wenn die Kunst die Hand dazu bietet, wenn sie erhebt, statt daß sie in den Rinnstein niedersteigt.

- Was kritisiert Kaiser Wilhelm II. an der Kunst? Welche literarischen Strömungen könnten damit gemeint sein?
- Wie sollte Literatur nach offizieller Meinung aussehen?

Was wird gelesen?

Es verwundert nicht, dass Wilhelm II. den Dichter **Ludwig Ganghofer** (1855–1920) besonders schätzt. Ganghofer ist ein Produzent von Romanen, die allesamt in den bayrischen Alpen spielen und den gesunden positiven Menschen der Hochtäler und -wälder darstellen – im Gegensatz zum negativ gezeichneten Intellektuellen der Großstadt, zur Technik und Industrie. Wilhelm II. steht mit dieser Hochschätzung nicht allein da, denn Ganghofers Romane erreichen damals Millionenauflagen.

Heimatkunstbewegung

Die sogenannte **Heimatkunst** (1890–1918), Ganghofer ist einer ihrer bekanntesten Vertreter, hat als Programm Zivilisationsfeindlichkeit, Antiintellektualismus und Antikapitalismus. Sie möchte eine „Gesundung des Volkes von innen her", eine „schöne und unterhaltende Literatur", die den heimatbezogenen, bodenständigen und gesunden Menschen der ländlichen Gesellschaft darstellen soll. Die Heimatkunst verklärt die Provinz, richtet sich gegen die verkommene Großstadt und gegen die moderne Technik, die als Wurzel allen Übels gesehen wird. Literarische Strömungen wie den Naturalismus und die politische Literatur lehnt die Heimatkunstbewegung vehement ab.

Peter Rosegger (1843–1918), ein österreichischer Dichter, stellt in seinen Dorfgeschichten und -romanen wie *Die Schriften des Waldschulmeisters* (1875) und *Jakob der Letzte* (1888) die bäuerliche Welt als Idylle, die Großstadt hingegen negativ dar.

Trivialliteratur

Die **Trivialliteratur** verbreitet sich in der 2. Hälfte des 19. Jahrhunderts massenhaft, da aufgrund der allgemeinen Schulbildung 1890 ungefähr 90 % der Bevölkerung lesen können. Durch technische Neuerungen wie die Rotationsdruck- und Setzmaschine ist auch eine quantitativ hohe Produktion möglich.[1] Diese Art von Literatur vermittelt Volksbildung im Sinne der Regierenden, zeichnet eine Traumwelt, die die triste Wirklichkeit vergessen lassen soll. AutorInnen wie **Karl May** (1842–1912) und **Eugenie Marlitt** (1825–1887), deren Werke sich in Millionenauflage verkaufen, vermitteln Illusionen: Marlitts Heldinnen (oft Aschenputtelfiguren) sind fleißig, bescheiden, sparsam und erleben immer ein Happyend mit Männern aus dem Bürgertum (Arzt, Unternehmer …). Mays edle Indianer und vorbildliche Deutsche bieten Identifikationsangebote, entführen in ferne unbekannte Länder.

Volker Meid schreibt im Sachwörterbuch zur deutschen Literatur zum Begriff „Trivialliteratur" unter anderem Folgendes: „Die Bezeichnung T. wurde wie verwandte Begriffe (Unterhaltungsliteratur, → Kitsch, Schund usw.) lange explizit oder implizit wertend – genauer: abwertend – für den umfangreichen Bereich fiktionaler Literatur gebraucht, der den ästhetischen Vorstellungen der ‚Hoch-' oder ‚Höhenkammliteratur' nicht entsprach."

- Überlegen Sie, was für Sie Trivialliteratur ist und wodurch sie Ihrer Meinung nach gekennzeichnet ist! Welche Ihnen bekannten Texte würden Sie der Trivialliteratur zuordnen?
- Beschreiben Sie, was Trivialliteratur Ihnen gegeben hat bzw. noch gibt, worin ihr Reiz für Sie liegt!

Thomas Mann

Vor 1914 schreibt Thomas Mann (1875–1955) vier Werke – *Königliche Hoheit* (1909), *Tristan* (1903), *Der Tod in Venedig* (1912), *Tonio Kröger* (1903) –, deren Hauptfiguren Künstler sind, die ein gespanntes Verhältnis zur Gesellschaft haben und scheitern. Die Erzählungen und Romane sind allesamt „unpolitisch", soziale Ursachen für Entwicklungen und soziale Spannungen werden kaum berücksichtigt. Was Thomas Mann interessiert, ist das bürgerliche Milieu, das Verhältnis von bürgerlichem Leben und Kunst. Deshalb ist die Zeitgeschichte im engeren Sinn für Thomas Manns Frühwerk eher unwichtig. Wichtig ist jedoch die Gründerzeit[2] als Epoche wirtschaftlichen Wohlstands, als Zeit der bürgerlichen „Sicherheit" und des Friedens.

---

[1] Buchproduktion: 1890: 18 875 Titel, 1900: 24 792 und 1913: 35 078, davon 5 319 Belletristik
[2] Gründerzeit: Phase nach dem Sieg Preußens im Deutsch-Französischen Krieg 1870/71; Gründung des Deutschen Reichs

Biografie

Thomas Mann beschreibt in *Lebensabriß* (1930) seine Herkunft:

Ich wurde geboren im Jahre 1875 in Lübeck als zweiter Sohn des Kaufmanns und Senators der Freien Stadt Johann Heinrich Mann und seiner Frau Julia da Silva-Bruhns. Während mein Vater Enkel und Urenkel Lübecker Bürger war, hatte meine Mutter in Rio de
5 Janeiro als Tochter eines deutschen Plantagenbesitzers und einer portugiesisch-kreolischen Brasilianerin das Licht der Welt erblickt und war mit sieben Jahren nach Deutschland verpflanzt worden. Sie war von ausgesprochen romanischem Typus, in ihrer Jugend eine vielbewunderte Schönheit und außerordentlich musikalisch. Frage
10 ich mich nach der erblichen Herkunft meiner Anlagen, so muß ich an Goethe's berühmtes Verschen denken und feststellen, daß auch ich „des Lebens ernstes Führen" vom Vater, die „Frohnatur" aber, das ist die künstlerisch-sinnliche Richtung und – im weitesten Sinne des Wortes – die „Lust zu fabulieren", von der Mutter habe.

Heinrich und Thomas Mann

Nach einem kurzen Intermezzo als Angestellter einer Feuerversicherung und als Redakteur der Zeitschrift *Simplicissimus* wird Thomas Mann freier Schriftsteller, der vorerst von einer Rente seiner Mutter in sozialer Sicherheit leben kann. 1902 ist er mit seinem Roman *Buddenbrooks*, für den er 1929 auch den Nobelpreis erhält, gleich auf Anhieb national und international erfolgreich – bis 1911 erscheinen 60 000 Exemplare. So bleiben ihm Anfangsschwierigkeiten, wie sie viele Schriftsteller erleben müssen, erspart. 1905 heiratet er Katja, die Tochter der reichen Familie Pringsheim. Damit wird er endgültig zum Großbürger und etablierten Autor, der 1904 in einem Brief an seinen Bruder Heinrich meint: „Für politische Freiheit habe ich gar kein Interesse."

Doch zu Beginn des Ersten Weltkriegs tritt Thomas Mann, in Gemeinschaft mit Hauptmann, Hofmannsthal, Musil etc., als Exponent des kriegsbegeisterten deutschen Bürgertums auf, verteidigt seinem Bruder Heinrich gegenüber „diesen großen, grundanständigen, ja feierlichen Volkskrieg". Das bringt ihn in Gegensatz zu seinem Bruder, einem frankophilen Pazifisten, den er als politischen „Zivilisationsliteraten" abqualifiziert. Der Kontakt zwischen den Brüdern bricht bis 1922 ab. In der Schrift *Betrachtungen eines Unpolitischen* (erscheint 1918) wendet sich Thomas Mann gegen die Demokratie, die er als „Fortschrittsradikalismus" bezeichnet, und spricht sich für eine „konservative Revolution" aus. Große Überraschung löst daher sein in der Rede *Von deutscher Republik* (1922) abgegebenes Bekenntnis zur Demokratie aus: „Es lebe die Republik!"

Das Gesicht der Demokratie

Thomas Mann
Entdecker des Zivilisationsliteraten und bekannter Wanderredner gegen den Antisemitismus

1924 kommt Thomas Manns großer Roman *Der Zauberberg* heraus, der seinen Ruhm festigt. Am 11. 2. 1933 verlässt Thomas Mann Deutschland, um Vorträge in Amsterdam, Brüssel und Paris zu halten. Auf Anraten seiner Kinder kehrt er nicht mehr zurück und geht in die Schweiz (bis 1938). 1936 wird er aus Deutschland ausgebürgert und exiliert später in die USA, wo er 1944 amerikanischer Staatsbürger wird. Er stirbt 1955 in Zürich.

Karikatur Thomas Manns in der NS-Zeitschrift *Die Brennessel*

Thomas Mann, einer der bedeutendsten Erzähler des 20. Jahrhunderts, sieht sich als Vertreter der europäischen humanistischen Kultur, sagt selbst: „Wo ich bin, ist die deutsche Kultur."

Im amerikanischen Exil verfasst er viele Reden und Aufsätze, die die deutsche Kultur gegen deutsche politische Verbrechen abwägen. Ab 1940 wendet er sich in einer Radioserie der BBC an die Deutschen gegen den Nationalsozialismus.

Doktor Faustus – Verarbeitung des deutschen Faschismus

Der Roman *Doktor Faustus. Das Leben des deutschen Tonsetzers Adrian Leverkühn, erzählt von seinem Freunde* (1947), eine Künstlerbiografie, ist Manns Verarbeitung des deutschen Faschismus. Die Biografie zeigt symbolisch Parallelen zum Aufkommen des Nationalsozialismus, die Erzählerkommentare zum Kriegsgeschehen verbinden sich mit Leverkühns Lebensgeschichte und der Schilderung des Zeitraums vor 1933. Auf zwei Zeitebenen wird die Vorgeschichte des Nationalsozialismus und die Niederlage Deutschlands gezeigt.

Dr. Serenus Zeitblom schreibt von 1943 bis 1945 die Lebensgeschichte seines Freundes, des Komponisten Adrian Leverkühn (1940 verstorben). Zeitblom erzählt nach den hinterlassenen Schriften Leverkühns und nach seinen eigenen Erinnerungen. Adrian Leverkühn schließt einen Pakt mit dem Teufel, der ihm noch 24 Jahre großen Schaffens als Komponist verheißt, wenn er jeglicher Liebe entsage, was den Verlust der Menschlichkeit bedeutet.

Leverkühn, der vereinsamt, erneuert die Musik und schreibt einige große Orchesterwerke im Zwölftonsystem, Kammermusikwerke und das große Oratorium „Dr. Fausti Wehklag". Freunden, denen er vorher vom Teufelspakt erzählt, spielt er aus dem Oratorium vor und bricht schließlich geistig umnachtet zusammen.

Ende 1949 besucht Thomas Mann zum 200. Geburtstag Goethes wieder Deutschland und bezeichnet sich in zwei Gedenkreden in Frankfurt (BRD) und Weimar (DDR) als „unabhängigen Schriftsteller, dessen wahre Heimat die freie, von Besatzungstruppen unberührte deutsche Sprache" sei.

Äußeres Zeichen der weltliterarischen Bedeutung Thomas Manns sind die Ehrungen zu seinem 80. Geburtstag, die aus vielen Staaten kommen.

Buddenbrooks – Verfall einer Großbürgerfamilie

Der Untertitel, *Verfall einer Familie*, ist Programm eines psychologischen Romans, der vier Generationen, aber nur einen Zeitraum von vierzig Jahren vorführt. Am Beispiel einer großbürgerlichen Lübecker Kaufmannsfamilie des 19. Jahrhunderts beschreibt Mann den „biologischen Verfall bei gleichzeitig geistig-ästhetischer Sublimierung[3]" (V. Žmegač).

Wirklichkeits-Montage

Mit einer Technik, die er selbst als **Wirklichkeits-Montage** bezeichnet, überträgt Thomas Mann dokumentarisches Material in die fiktive Handlung. Dadurch – es fließt auch viel Autobiografisches der Groß-

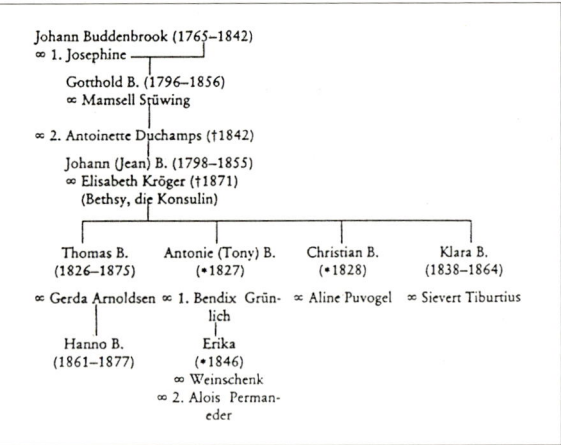

Genealogie der Familie Buddenbrook

---

[3] Sublimierung: Umsetzung von Trieben in geistige Leistung

bürgerfamilie Mann ins Geschehen ein – soll die gesellschaftlich-historische Authentizität des Geschehens garantiert werden. Dass ihm das gelungen ist, zeigt die Tatsache, dass viele Lübecker Familien sich und ihre Geschichte in den *Buddenbrooks* wiedererkennen, was einen Skandal auslöst. Mann will allerdings mit dieser Technik kein Wiedererkennen von Personen, Handlungen oder Ähnlichem beim Leser auslösen, sondern das Dokumentarische „beseelen", da gute Literatur nicht allein aufgrund der „Gabe der Erfindung" entstehe.

Thomas Mann beschreibt bürgerliches Bewusstsein, das sich in politischem Konservativismus, einer Leistungsethik und in Werten wie Ehrbarkeit, Fleiß und Ehrlichkeit manifestiert. Der letzte männliche Buddenbrook, Hanno, ist kein Bürger mehr, sondern Künstler, ihm gehört die Sympathie des Autors. Er wird auch als Einziger nicht ironisch dargestellt. Hanno, der Musik Wagners verfallen, ist übersensibel und lebensuntüchtig; mit ihm ist der Untergang der Familie besiegelt.

Die Hagenströms sind im Roman die wirtschaftlichen Aufsteiger, Neubürger – sie kaufen am Schluss des Romans auch das Haus der Buddenbrooks –, denen gegenüber sich die Buddenbrooks als überlegene Aristokraten fühlen. Mit einem wichtigen Stilmittel Manns, der **direkten und indirekten Charakterisierung**, wird Hermann Hagenström beschrieben:

Direkte und indirekte Charakterisierung

Hermann Hagenström, in einem fußlangen, dicken und schweren Pelze, der vorne offenstand und einen grüngelben, faserigen und durablen englischen Winteranzug sehen ließ, war eine großstädtische Figur, ein imposanter Börsentypus. Er war so außerordentlich fett, daß nicht nur sein Kinn, sondern sein ganzes Untergesicht doppelt war, was der kurz gehaltene, blonde
5   Vollbart nicht verhüllte, ja, daß die geschorene Haut seiner Schädeldecke bei gewissen Bewegungen der Stirn und der Augenbrauen dicke Falten warf. Seine Nase lag platter als jemals auf der Oberlippe und atmete mühsam in den Schnurrbart hinein; dann und wann aber mußte der Mund ihr zur Hilfe kommen, indem er sich zu einem ergiebigen Atemzuge öffnete. Und das war noch immer mit einem gelinde schmatzenden Geräusch verbunden, hervorgerufen durch
10   ein allmähliches Loslösen der Zunge vom Oberkiefer und vom Schlunde.

- Wie wird Hagenström gezeichnet, und auf welchen Charakter soll daraus der Leser schließen?
- Vergleichen Sie dazu die Beschreibung des Konsuls Johann Buddenbrook im nachfolgenden Text! Wie wird er dargestellt?

Der Konsul beugte sich mit einer etwas nervösen Bewegung im Sessel vornüber. Er trug einen zimmetfarbenen Rock mit breiten Aufschlägen und keulenförmigen Ärmeln, die sich erst unterhalb des Gelenkes eng um die Hand schlossen. Seine anschließenden Beinkleider bestanden aus einem weißen, waschbaren Stoff und waren an den Außenseiten mit schwarzen Streifen
5   versehen. Um die steifen Vatermörder, in die sich sein Kinn schmiegte, war die seidene Krawatte geschlungen, die dick und breit den ganzen Ausschnitt der buntfarbigen Weste ausfüllte. […] Er hatte die ein wenig tiefliegenden, blauen und aufmerksamen Augen seines Vaters, wenn ihr Ausdruck auch vielleicht träumerischer war; aber seine Gesichtszüge waren ernster und schärfer, seine Nase sprang stark und gebogen hervor, und die Wangen, bis zu deren Mit-
10   te blonde, lockige Bartstreifen liefen, waren viel weniger voll als die des Alten.

Ironie

Der Körper bzw. das Verhalten der Menschen zeigt ihren Geist, der **ironisch**[4] **demaskiert** wird. Der Heiratsschwindler Bendix Grünlich sagt immer dann „häähm", wenn er lügt oder leere Schmeicheleien von sich gibt, während der radikale Burschenschaftler Morten Schwarzkopf errötet, wenn er verbal radikal wird. Das Gesagte ist das Vordergründige, und die Leserin/ der Leser muss die eigentliche Wahrheit, die dahinterliegt, suchen.

Der bürgerliche gute Ton

Der „bürgerliche gute Ton" verdrängt vieles bewusst und unbewusst. Die ideale bürgerliche Welt (Ausfüllen einer zugewiesenen Rolle, Selbstbeherrschung, Familie, Gesundheit, Fleiß, Sparsamkeit, Nützlichkeit) ist mit Gegenmächten konfrontiert, die durch den Text benannt werden:
- narzisstische[5] Gefühlsbeschreibung des eigenen Ichs, Liebe, Musik,
- Sexualität,
- Krankheit und Tod,
- Körperlichkeit und Metaphysik.

Die Musik Wagners

Der eigentliche Lebenszweck ist der wirtschaftliche Ertrag, den man mit Fleiß, Leistung, Produktivität und Sparsamkeit erzielen kann. Gefährdet wird dieser Ertrag durch so unproduktive Dinge wie die Liebe, die Musik und die Religion. Gerda (Arnoldsen) Buddenbrook, die Mutter Hannos, eine „ein wenig morbide und rätselhafte Schönheit", liebt die Musik, besonders Wagner. Der Organist Pfühl kommentiert die Klavierauszüge aus Wagners *Tristan und Isolde* Gerda Buddenbrook gegenüber so:

Das ist keine Musik … glauben Sie mir doch … und ich habe mir immer eingebildet, ein wenig von Musik zu verstehen! Dies ist das Chaos! Dies ist Demagogie, Blasphemie und Wahnwitz! Dies ist ein parfümierter Qualm, in dem es blitzt! Dies ist das Ende aller Moral in der Kunst! Ich spiele es nicht! […]

Schutzumschlag der Erst- ausgabe (1901)

- Informieren Sie sich über Richard Wagner und seine Musik!
- Inwiefern erscheint die Musik Wagners in den *Buddenbrooks* als Gefährdung für das bürgerliche Selbstverständnis, wie es die Buddenbrooks vertreten?
- Es gibt auch in der heutigen Zeit immer wieder Musikströmungen, die von Menschen als Gefährdung der Moral und Ordnung empfunden werden. Was könnten die Gründe für diese Ängste sein?

Die Liebe zu dieser Art von Musik symbolisiert den beginnenden Untergang der Familie, die bis zu diesem Zeitpunkt unmusikalisch und gesund ist. Mit dem kränkelnden und lebens- untüchtigen Träumer Hanno, der die Musik als (unbürgerlichen) Rausch erlebt, endet die

---

[4] „Bei Th. Mann wird Ironie als durchgehendes Mittel einer artifiziellen Distanzierung eingesetzt, die es dem Autor erst ermöglicht, den auch ihn betreffenden Gegenstand von Geist und Leben in der schrift- stellerischen Darstellung zu bewältigen." (Metzler Literaturlexikon)
[5] Narziss: jemand, der sich selbst bewundert

Geschichte der Buddenbrooks. Hanno findet Erfüllung nur in der Musik, in der er aufgeht. Die Beschreibung eines von Hanno improvisierten Stücks endet so:

> Die Lösung, die Auflösung, die Erfüllung, die vollkommene Befriedigung brach herein, und mit entzücktem Aufjauchzen entwirrte sich alles zu einem Wohlklang, der in einem süßen und sehnsüchtigen Ritardando[6] sogleich in einen anderen hinübersank. […] etwas Lasterhaftes in der Maßlosigkeit und Unersättlichkeit, mit der sie genossen und ausgebeutet wurde, und et-
> 5 was zynisch Verzweifeltes, etwas wie Wille und Wonne und Untergang in der Gier, mit der die letzte Süßigkeit aus ihr gesogen wurde, bis zur Erschöpfung, bis zum Ekel und Überdruß, bis endlich, endlich in Ermattung nach allen Ausschweifungen ein langes leises Arpeggio[7] in Moll hinrieselte, um einen Ton emporstieg, sich in Dur auflöste und mit einem wehmütigen Zögern erstarb.

Hanno, der alles durchschaut und überall das Gemeine und Hässliche sieht, entbehrt völlig der naiven Vitalität des erfolgreichen alten Johann Buddenbrook. Nur einmal verstehen sich er und sein Vater Thomas Buddenbrook, der die Bürgerrolle mit äußerster Selbstdisziplin illusionslos spielt:

> Und dann, plötzlich, vernahm Hanno über sich etwas, was in gar keinem Zusammenhange mit dem eigentlichen Gespräche stand, eine leise angstvoll bewegte und beinahe beschwörende Stimme, die er noch nie gehört, die Stimme seines Vaters dennoch, welche sagte: „nun ist der Leutnant schon zwei Stunden bei Mama … Hanno …"
> 5 Und siehe da, bei diesem Klange schlug der kleine Johann seine goldbraunen Augen auf und richtete sie so groß, klar und liebevoll wie noch niemals auf seines Vaters Gesicht, dieses Gesicht mit den geröteten Lidern unter den hellen Brauen und den weißen, ein wenig gedunsenen Wangen, die von den lang ausgezogenen Spitzen des Schnurrbartes starr überragt wurden. Gott weiß, wieviel er begriff. Das eine aber war sicher, und sie fühlten es beide, daß in diesen
> 10 Sekunden, während ihre Blicke ineinander ruhten, jede Fremdheit und Kälte, jeder Zwang und jedes Mißverständnis zwischen ihnen dahinsank, daß Thomas Buddenbrook, wie hier, so überall, wo es sich nicht um Energie, Tüchtigkeit und helläugige Frische, sondern um Furcht und Leiden handelte, des Vertrauens und der Hingabe seines Sohnes gewiß sein konnte.

Heinrich Mann

Biografie Heinrich Manns

Das Frühwerk Heinrich Manns (1871–1950) ist genauso wie das seines Bruders vom Fin de siècle geprägt. Auch Tendenzen zum Konservativismus lassen sich erkennen. Im Gegensatz zu seinem jüngeren Bruder Thomas wandelt sich Heinrich ab 1904 zum engagierten politischen Schriftsteller, der sich 1915 im Essay *Zola* gegen Militarismus und Chauvinismus wendet. In der Romantrilogie *Das Kaiserreich*, bestehend aus den Romanen *Der Untertan* (1916), *Die Armen* (1917) und *Der Kopf* (1925), beschreibt und kritisiert er politische und gesellschaftliche Zustände des wilhelminischen Kaiserreichs.
1933 muss Heinrich Mann nach Frankreich fliehen, wo von 1937 bis 1939 die beiden Romane *Die Jugend des Königs Henri Quatre* und *Die Vollendung des Königs Henri Quatre*, ein Gleichnis vom guten König, entstehen. 1940 emigriert er in die USA, wo er als Scriptwriter (Drehbuchautor) bei Metro-Goldwyn-Mayer bis zu seinem Tod ein ärmliches Leben führt.

---

6 Ritardando: langsamer werdend
7 Arpeggio: in Form eines gebrochenen Akkords

Diederich Heßling – Der autoritäre Charakter

Sozialer Zeitroman

Der Untertan, ob seiner kritischen Zeitbezogenheit auch als „sozialer Zeitroman" apostrophiert, trägt im Manuskript den Untertitel *Geschichte der öffentlichen Seele unter Wilhelm II*. Und genau das wollte Heinrich Mann auch: anhand von Beispielen die Gesamtheit der wilhelminischen Gesellschaft darstellen, einen Querschnitt der deutschen Gesellschaft und ihrer politischen, sozialen und ökonomischen Kräfte zeigen. Zeitgenössische Ereignisse und Zustände wie Streiks, die Februarkrawalle 1892 in Berlin, die sozialen Verhältnisse, das Auftreten Kaiser Wilhelms usw. hat Heinrich Mann sorgfältig recherchiert und in seinen Roman eingebaut.

Entwicklungsroman

Heinrich Manns Roman *Der Untertan*, der erst 1918 erscheinen kann, steht in der Tradition des Entwicklungsromans, der formal aber parodiert wird. Beschrieben wird der Typus des autoritären Charakters – Diederich Heßling –, der nach oben buckelt und nach unten tritt, ganz so agiert, wie es ihm vorteilhaft erscheint. Dieses Verhalten begünstigt seinen äußeren Aufstieg, der mit seinem moralischen Niedergang einhergeht. Sein autoritärer Untertanencharakter, der sich von Kindheit an stufenweise entwickelt, ist ihm nicht hinderlich, im Gegenteil: Für den Anpassungswilligen ist er Voraussetzung für seinen unaufhaltsamen Aufstieg vom Korpsstudenten zum Großfabrikanten.

Die Sozialisationsinstanzen[8], die Heßlings Machtorientierung und seine autoritäre Charakterbildung entwickeln, sind die Familie, Schule, Universität, die Studentenverbindung „Neuteutonen" und das Militär:

Fürchterlicher als Gnom und Kröte war der Vater, und obendrein sollte man ihn lieben. Diederich liebte ihn. Wenn er genascht oder gelogen hatte, drückte er sich so lange schmatzend und scheu wedelnd am Schreibtischpult umher, bis Herr Heßling etwas merkte und den Stock von der Wand nahm. Jede nicht herausgekommene Untat mischte in Diederichs Ergebenheit und Vertrauen einen Zweifel.

Diederich Heßling, der „ein weiches Kind (war), das am liebsten träumte, sich vor allem fürchtete und viel an den Ohren litt", hat ein ambivalentes Verhältnis zu seiner Mutter:

Ihre zärtlichen Stunden nützte er aus; aber er fühlte gar keine Achtung vor seiner Mutter. Ihre Ähnlichkeit mit ihm selbst verbot es ihm. Denn er achtete sich selbst nicht, dafür ging er mit einem zu schlechten Gewissen durch sein Leben, das vor den Augen des Herrn nicht hätte bestehen können.

5   **[Schule:]**
Allmählich lernte er den Drang zum Weinen gerade dann auszunutzen, wenn er nicht gelernt hatte, […] und vermied so, bis die Lehrer sein System durchschaut hatten, manche üblen Folgen. Dem ersten, der es durchschaute, schenkte er seine ganze Achtung; er war plötzlich still und sah ihn, über den gekrümmten und vors Gesicht gehaltenen Arm hinweg, mit scheuer
10   Hingabe an. Immer blieb er den scharfen Lehrern ergeben und willfährig. Den gutmütigen spielte er kleine, schwer nachweisbare Streiche, deren er sich rühmte. […] Denn Diederich war so beschaffen, daß die Zugehörigkeit zu seinem unpersönlichen Ganzen, zu diesem unerbittlichen, menschenverachtenden, maschinellen Organismus, der das Gymnasium war, ihn beglückte, daß die Macht, die kalte Macht, an der er selbst, wenn auch nur leidend, teilhatte, sein
15   Stolz war.

---

[8] Sozialisation: das Hineinwachsen des Jugendlichen in eine Gesellschaftsordnung

Er war gut Freund mit allen, lachte, wenn sie ihre Streiche ausplauderten, ein ungetrübtes, aber herzliches Lachen, als ernster junger Mensch, der Nachsicht hat mit dem Leichtsinn – und dann in der Pause, wenn er dem Professor das Klassenbuch vorlegte, berichtete er. Auch hinterbrachte er die Spitznamen der Lehrer und die aufrührerischen Reden, die gegen sie geführt
20 worden waren.

[Studentenverbindung:]

Diederich war Konkneipant[9] geworden. Und für diesen Posten fühlte er sich bestimmt. Er sah sich in einen großen Kreis von Menschen versetzt, deren keiner ihm etwas tat oder etwas anderes von ihm verlangte, als daß er trinke. […] Das Trinken und Nichttrinken, das Sitzen, Ste-
25 hen, Sprechen oder Singen hing meistens nicht von ihm selbst ab. Alles ward laut kommandiert, und wenn man es richtig befolgte, lebte man mit sich und der Welt in Frieden. […] Ihm war, wenn es spät ward, als schwitze er mit ihnen allen aus demselben Körper. Er war untergegangen in der Korporation[10], die für ihn dachte und wollte.

[Militär:]

30 Ja, Diederich fühlte wohl, daß alles hier, die Behandlung, die geläufigen Ausdrücke, die ganze militärische Tätigkeit vor allem darauf hinzielte, die persönliche Würde auf ein Mindestmaß herabzusetzen. Und das imponierte ihm; es gab ihm, so elend er sich befand, und gerade dann, eine tiefe Achtung ein und etwas wie selbstmörderische Begeisterung. […] Jäh und unabänderlich sank man zur Laus herab, zum Bestandteil, zum Rohstoff, an dem ein unermeßlicher
35 Wille knetete. Wahnsinn und Verderben wäre es gewesen, auch nur im geheimsten Herzen sich aufzulehnen.

- Wie ist Heßlings Einstellung und Position zu den Sozialisationsinstanzen? Beschreiben Sie in diesem Zusammenhang sein ambivalentes (doppelwertiges) Verhältnis zur Macht!
- Welche Funktion haben die Instanzen und wie ist das Sozialisationsergebnis? Lesen Sie auch den folgenden Textauszug über die Gerichtsverhandlung!
- Beschreiben Sie Heßlings Verhältnis zu Vater und Mutter! Wem fühlt er sich gefühlsmäßig zugehörig? Akzeptiert er das?
- Beschreiben Sie Heßlings Beziehung zur Masse! Warum sucht er ihre Nähe?

Charakterzüge Heßlings

Im folgenden Textauszug, kurz vor einer Gerichtsverhandlung wegen Majestätsbeleidigung, die Heßling um seines eigenen Vorteils willen provoziert hat, werden ein paar seiner Charakterzüge deutlich. Anfänglich fühlt sich Heßling in der Defensive:

In der Nacht hatte er sich fest vorgenommen, mit einiger Verspätung bei Gericht einzutreffen und durch sein ganzes Auftreten zu zeigen, wie wenig die Geschichte ihn angehe. […] Diederichs Inneres zog sich noch mehr zusammen unter dem Gefühl eines schaudererregenden Abgrundes, wie er sich auftat zwischen Jadassohn (= Staatsanwalt), der hier die Macht vertrat,
5 und ihm selbst, der sich zu nahe ihrem Räderwerk gewagt hatte. Es war aus frommer Absicht geschehen, in übergroßer Verehrung der Macht: gleichviel, jetzt hieß es sich besonnen verhalten, damit sie einen nicht ergriff und zermalmte; sich ducken und ganz klein machen, bis man

---

9 Konkneipant: Nichtmitglied einer Studentenverbindung, das an ihren Zusammenkünften teilnimmt
10 Korporation: Studentenverbindung

ihr vielleicht doch noch entrann. Wer erst wieder dem Privatleben gehörte! [...] Vergebens suchte Diederich jemand, an den er sich hätte halten können.

Als Heßling erkennt, dass der Prozess zu seinen Gunsten verläuft, greift er aktiv ein, um den Angeklagten endgültig zu vernichten:

Denn, meine Herren Richter, ich leugne es nicht länger, ich habe ihn herausgefordert! [...] Meine Herren Richter, ich habe ihn gepackt und habe damit nur meine Pflicht erfüllt und würde sie auch heute wieder erfüllen, mögen mir daraus in gesellschaftlicher und geschäftlicher Beziehung selbst noch mehr Nachteile erwachsen [...]. Als ich vorhin mit meiner Aussage noch
5   zögerte, war es nicht nur, wie der Untersuchungsrichter mir gütigst zubilligte, eine Verwirrung des Gedächtnisses: es war [...] ein vielleicht begreifliches Zurückweichen vor der Schwere des Kampfes.

- Beschreiben Sie die psychische Struktur Diederich Heßlings! Inwieweit kann man von „Untertanenmentalität" und „Autoritätshörigkeit" sprechen?
- Analysieren Sie, inwieweit gewisse „Grundmuster der Untertanenmentalität" und des „autoritären Verhaltens" autoritäre Systeme ermöglicht haben und ermöglichen!

Heßling duckt sich nicht nur vor der Macht, er übt sie Schwächeren gegenüber in der Provinzstadt Netzig skrupellos aus, wenn es privat, geschäftlich oder politisch zu seinem Vorteil ist. Mit zunehmender Machtfülle braucht Heßling auch immer weniger Rücksicht auf seine Umwelt zu nehmen.
Die meisten Personen des Romans sind durch bestimmte Eigenschaften, widersprüchliche Verhaltensweisen, Übertreibung, Verzerrung, Satire, Ironie und Karikatur[11] negativ gekennzeichnet. Neben dem nationalliberalen Bürgertum und dem Adel erscheint auch die Sozialdemokratie in der Gestalt des Funktionärs Napoleon (!) Fischer als opportunistisch und machtlüstern.

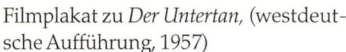

Filmplakat zu *Der Untertan,* (westdeutsche Aufführung, 1957)

Filmszene (1951)

---

[11] Karikatur: Spottbild, das Charaktermerkmale von Menschen übertrieben wiedergibt

Bürgerliche Literatur vor dem Ersten Weltkrieg

Die Zeit von 1890 bis zum Ersten Weltkrieg bildet keine literaturgeschichtliche Einheit. Es gibt **unterschiedliche Epochen** wie z. B. den Naturalismus, den Symbolismus, den Impressionismus oder den Expressionismus.

Heinrich und **Thomas Mann** sowie **Carl Sternheim** lassen sich keiner dieser literarischen Bewegungen zuordnen. Gemeinsam ist den drei Autoren eine kritische Sicht der bürgerlichen Gesellschaft.

Was wird gelesen?

Die **Heimatkunst** steht für Zivilisationsfeindlichkeit, Antiintellektualismus, Antikapitalismus und verherrlicht den heimatbezogenen, bodenständigen und gesunden Menschen der ländlichen Gesellschaft. Die Heimatkunst verklärt die Provinz, richtet sich gegen die „verkommene Großstadt" und gegen die moderne Technik. Sie lehnt literarische Strömungen wie den Naturalismus oder die politische Literatur ab. Erfolgreiche Vertreter dieser Literatur sind z. B. **Ludwig Ganghofer** und **Peter Rosegger**.

Auch Dichter wie **Karl May** oder **Eugenie Marlitt** verkaufen Millionenauflagen.

Thomas Mann (1875–1955)

Die Hauptfiguren der frühen Werke bis 1914 (*Königliche Hoheit, Tristan, Der Tod in Venedig, Tonio Kröger*) sind allesamt Künstler, die ein gespanntes Verhältnis zur Gesellschaft haben und scheitern. Die Romane und Erzählungen sind unpolitisch, soziale Themen werden kaum berücksichtigt. Thomas Mann beschreibt die bürgerliche Welt, die Welt der Gründerzeit, als Zeit der bürgerlichen „Sicherheit" und des Friedens.

Mit seinem Roman *Buddenbrooks* (1902) ist er erfolgreich, für ihn bekommt er auch 1929 den Nobelpreis.

Den Ersten Weltkrieg begrüßt Thomas Mann als Exponent des kriegsbegeisterten deutschen Bürgertums. 1918 wendet er sich in seiner Schrift *Betrachtung eines Unpolitischen* gegen die Demokratie, die er als „Fortschrittsradikalismus" bezeichnet. Thomas Mann spricht sich für eine „konservative Revolution" aus. 1922 votiert er aber überraschend in seiner Rede *Von deutscher Republik* für die Demokratie.

1933 muss Thomas Mann in die Schweiz und später in die USA emigrieren.

Wichtige Werke: *Buddenbrooks. Verfall einer Familie (1902), Der Zauberberg (1924), Die Geschichten Jakobs, Joseph und seiner Brüder (1933), Der junge Joseph, Joseph und seine Brüder (1934), Joseph in Ägypten, Joseph und seine Brüder (1936), Joseph der Ernährer, Joseph und seine Brüder (1943), Doktor Faustus. Das Leben des deutschen Tonsetzers Adrian Leverkühn, erzählt von einem Freunde (1947), Bekenntnisse des Hochstaplers Felix Krull (1954);* viele Erzählungen, Novellen und Essays.

Heinrich Mann (1871–1950)

Das Frühwerk Heinrich Manns ist vom „Fin de siècle" und von Tendenzen zum Konservativismus geprägt. Ab 1904 wird er aber zum engagierten politischen Schriftsteller, der sich gegen Militarismus und Chauvinismus wendet. 1933 flieht Heinrich Mann nach Frankreich, 1940 emigriert er in die USA.

Wichtige Romane: *Professor Unrat oder Das Ende eines Tyrannen (1905), Der Untertan (1918), Die Jugend des Königs Henri Quatre, Die Vollendung des Königs Henri Quatre (1938).*

Die Literatur der Weimarer Republik (1918–1933)

Die politische und wirtschaftliche Situation

Krisen

Die Weimarer Republik, nach der Niederlage im Ersten Weltkrieg entstanden, ist die erste demokratische Republik auf deutschem Boden. Sie ist von vielen Krisen, Widersprüchen und politischen Kämpfen gekennzeichnet, von denen die wichtigsten hier nur summarisch aufgelistet werden können: gescheiterte Revolution 1918/19, Dolchstoßlegende, Links- und Rechtsextremismus, Kapp-Putsch 1920, Hitler-Ludendorff-Putsch 1923, Inflation 1924, Weltwirtschaftskrise 1929 und die darauf folgende Massenarbeitslosigkeit. Die Hauptperson in Erich Kästners *Fabian. Die Geschichte eines Moralisten* (1931) meint über die Zeit: „Wir leben provisorisch, die Krise nimmt kein Ende."

Friedrichstraße (George Grosz, 1918)

Die wirtschaftliche Stabilisierungsphase von 1924 bis 1929, nachträglich romantisierend oft als die „Goldenen Zwanzigerjahre" bezeichnet, erweist sich nur als Episode, als eine mit amerikanischen Krediten finanzierte wirtschaftliche Scheinblüte. Als diese Kredite aufgrund der Wirtschaftskrise in den USA gekündigt werden, bricht das wirtschaftliche System zusammen.

Antidemokratisches Bewusstsein

In Wahrheit glauben die wenigsten Menschen an diese demokratische Republik, ja viele politische Parteien sowohl von rechts als auch von links sind ganz offen gegen die Weimarer Verfassung. Wichtige Kräfte der Industrie, der Justiz und des Militärs sind antirepublikanisch eingestellt. Menschen wie Thomas Mann, der sich selbst als „Vernunftrepublikaner" bezeichnet, sind in der Minderheit. Auch die demokratischen Parteien haben das Gefühl, die Weimarer Republik hätte versagt und sei nicht funktionsfähig.

Triptychon Großstadt (Otto Dix, 1927/28)

Dem gegenüber steht die neue dynamische nationalsozialistische „Bewegung", zu allem fähig, der nach eigenem Verständnis und dem großer Bevölkerungskreise die Zukunft gehört. Das ganze politische System der Weimarer Republik ist instabil, was sich schon allein darin zeigt, dass sich von Ende 1923 bis zum Frühjahr 1930 sieben Regierungen abwechseln. Die letzten Jahre der Weimarer Republik sind von politischem Terror und Mord, von Straßenkämpfen und Saalschlachten zwischen nationalsozialistischen Schlägertrupps und politisch Andersdenkenden geprägt. Die Arbeiterbewegung ist in Sozialdemokraten und Kommunisten aufgespalten, diese sind untereinander verfeindet, beschimpfen sich gegenseitig als „Sozialfaschisten" und „antidemokratisch" und können keine gemeinsame Front gegen die NSDAP bilden.

Die Reparationszahlungen, im Versailler Vertrag grundsätzlich festgelegt und in Bezug auf ihre Höhe mehrfach verhandelt[1], stellen eine schwere zusätzliche Belastung dar und verschärfen die wirtschaftliche Situation. Politisch benutzen die Nationalsozialisten den Versailler Vertrag in den 20er-Jahren als Hauptargument gegen die „Erfüllungspolitiker" der Weimarer Koalition, die Deutschland in den Untergang treiben würden.

Massenarbeitslosigkeit

Die Massenarbeitslosigkeit in der Zeit von 1928 bis 1937, mit dem Höhepunkt von 1931 bis 1933[2], radikalisiert die Massen, verschärft die politischen Polarisierungen und macht es den Nationalsozialisten leicht, das demokratische System zu unterminieren.

NSDAP auf dem Weg zur Macht

Alle diese Faktoren erzeugen ein politisches und wirtschaftliches Klima, das das Aufkommen des Faschismus begünstigt, diesem antidemokratischen System den Weg zur Macht ebnet, der geradewegs in die Diktatur führt.

Bereits bei der Reichspräsidentenwahl 1932 erhält Hitler im zweiten Wahlgang 13,41 Millionen Stimmen, der ehemalige kaiserliche Gerneralfeldmarschall Paul von Hindenburg 19,36 Millionen und Ernst Thälmann (KPD) 3,7 Millionen. Am 30. Jänner 1933 wird Hitler Reichskanzler, am 28. Februar 1933 werden die demokratischen Grundrechte aufgehoben, und ab dem 14. Juli darf es keine politische Partei außer der NSDAP mehr geben. Nach dem Tod Hindenburgs übernimmt Hitler am 2. August 1934 auch das Reichspräsidentenamt.

Die Bedingungen für Literatur verändern sich

Zensur

Obwohl die Freiheit der Kunst formal gewährleistet scheint und es laut Verfassung keine **Zensur** gibt, findet diese doch statt, besonders in den letzten Jahren der Weimarer Republik. Zwei Sondergesetze, das „Gesetz zum Schutz der Republik" (1922) und das „Gesetz zur Bewahrung der Jugend vor Schund- und Schmutzschriften" (1924), und Notverordnungen bilden die Grundlage, um missliebige kritische AutorInnen anzuklagen. Es kommt zu Lite-

---

[1] Im Endeffekt werden fast 68 Milliarden Reichsmark an Reparationen und besatzungsbedingten Kosten bezahlt.

[2] Jahresdurchschnitte an Arbeitslosen:
  1930: 3,07 Millionen Arbeitslose (= 15,7 % der Arbeitnehmer)
  1931: 4,52 Millionen Arbeitslose (= 23,9 % der Arbeitnehmer)
  1932: 5,57 Millionen Arbeitslose (= 30,8 % der Arbeitnehmer)
  1933: 4,50 Millionen Arbeitslose (= 26,3 % der Arbeitnehmer)
  1934: 2,71 Millionen Arbeitslose (= 14,9 % der Arbeitnehmer)

raturprozessen (u. a. gegen **Johannes R. Becher**), zur Beschlagnahme von Büchern und zum Verbot von Filmen. Auch Verleger und Buchhändler werden juristisch verfolgt. 1931 wird der spätere Friedensnobelpreisträger **Carl von Ossietzky** (1938 im Konzentrationslager ermordet) in einem Hochverratsprozess zu eineinhalb Jahren Gefängnis verurteilt. Sein Verbrechen ist es, einen Artikel über die verbotene Aufrüstung der Luftwaffe verfasst zu haben.

Der literarische Markt

Der kommerzielle Gesichtspunkt von Literatur (Schlagwort: „Literatur als Ware") dringt, obwohl diese Entwicklung nicht erst im 20. Jahrhundert, sondern bereits während der Aufklärung beginnt, jetzt immer mehr ins Bewusstsein der AutorInnen ein. Da die meisten Verleger das Buch nicht nur als künstlerisches geistiges Produkt begreifen, sondern als Artikel, der genauso wie zum Beispiel ein Stück Seife verkauft werden soll und Gewinne erzielen muss, zählt in erster Linie einmal der wirtschaftliche Erfolg eines Buches. Das „Produkt Buch" wird nach den Gesetzen des Marktes behandelt, oft nur unter dem Gesichtspunkt der Verwertung gesehen.

Eine Folge dieser Entwicklung ist es, dass viele Verlage – und natürlich Autoren – Bücher verlegen, die in eine Modetendenz hineinpassen, Bücher, von denen man annimmt, dass sie das Käuferpublikum interessieren. Die (versuchte) Einflussnahme des Verlegers auf den Autor beschreibt der Schriftsteller **Carl von Ossietzky** drastisch:

Der bedrängte Verleger aber braucht Erfolg um jeden Preis. Er bestellt, impft Ideen ein oder was er dafür hält, zwingt einen Autor, der zu Dunkel neigt, hell zu schreiben, er verwirrt ihn, nimmt ihm den persönlichen Zug. Oder er ermutigt einen Autor, den ein Zufallserfolg hochgehoben hat, nun weiter auf gleichem Feld zu ackern, er lehnt andere Vorschläge als nicht zugkräftig ab. Er raubt seinen Leuten damit das Recht auf die Entwicklung, nimmt der Literatur den Reiz der Vielfältigkeit.

Das heißt nicht, dass sich die meisten Autoren so stark beeinflussen lassen, dass sie modischleichtgängige Bücher schreiben. Tatsache ist aber, dass eine gewisse Tendenz zur Nivellierung in Richtung „Bestsellerliteratur" festzustellen ist. Andererseits produziert der literarische Markt in Deutschland verblüffenderweise revolutionäre und avantgardistische Texte (z. B. Werke des Expressionismus und des Dadaismus), kann sie sogar gut vermarkten, weil es eben auch für diese Art von Literatur KäuferInnen gibt.

Neue Medien

Die neuen Medien, sie sind wie das Automobil Symbole der neuen Zeit, kommen aus Amerika und vermitteln besonders der großstädtischen Bevölkerung ein vordergründig optimistisches Lebensgefühl. Sie verändern mit ihren neuen Gestaltungsmitteln (besonders der Film) die Wahrnehmungsgewohnheiten der Menschen und das kulturelle Leben insgesamt.

In Deutschland vollzieht sich zwischen dem Ersten und Zweiten Weltkrieg die Strukturbildung der modernen Massenmedien Presse, Film, Fernsehen (noch unbedeutend) und Rundfunk, die anfänglich als Konkurrenz für das Buch empfunden werden. Bald erkennen jedoch manche SchriftstellerInnen, dass sich hier neue Ausdrucks- und Verdienstmöglichkeiten eröffnen.

Presse

Die **Presse** entsteht schon im 19. Jahrhundert, Anfang des 20. Jahrhunderts wird ihre enorme wirtschaftliche und politische Macht erkannt. **Alfred Hugenberg**, Generaldirektor der Krupp AG, baut einen mächtigen und einflussreichen Medienkonzern auf, zu dem neben Zeitungen und Zeitschriften auch Druckereien und eine eigene Nachrichtenagentur gehören. Durch eine neue Fotodrucktechnik ist es möglich, „Illustrierte Zeitungen" mit vielen Bildern in hoher Auflage und mit geringen Kosten zu erzeugen. Das Fotomagazin, zuerst in den USA entstanden, ist das neue Medium am Pressemarkt.

Da das politische Bekenntnis Hugenbergs deutschnational, antisemitisch und antidemokratisch ist, können kritische AutorInnen, die natürlich auf Nebenerwerb angewiesen sind, dort nicht publizieren.

Film

Während der Expressionist **Franz Pfemfert** den **Film** als Symptom für den „Kulturniedergang" geißelt, bezeichnet ihn **Alfred Döblin** als „Theater der kleinen Leute", sieht die Möglichkeit, Literatur in breitere Schichten zu bringen. Tatsächlich ist es so, dass die Produzenten nicht Volksbildung anstreben, sondern primär Geld mit dem sich ausbreitenden Medium Film verdienen wollen, was ihnen durch den Massenbesuch der Kinos auch gelingt. Das Publikum der Filmpaläste in den Großstädten kommt vor allem aus der Schicht der Angestellten. Dieser neue Mittelstand, wirtschaftlich stark bedroht, sieht im Film oft ein Fluchtvehikel aus der tristen wirtschaftlichen und sozialen Realität der Weimarer Republik. Der Film ist DER Konkurrent des Buchs, da er ein wesentlich breiteres Publikum ansprechen kann, „das sich massenhaft begeistert oder entrüstet wie sonst allenfalls gelegentlich im Theater […]. Und es tritt ein Konkurrent auf, der sich mit ganz anderer Intensität auf die großstädtisch erzeugten, veränderten Wahrnehmungsweisen einlassen kann, ja, der sie zu nutzen und zu entwickeln versteht" (Erhard Schütz). Trotz der Kritik am Film („Zerstreuungskultur") arbeiten angesehene Schauspieler für den Film, geben Schriftsteller wie **Hauptmann, Hofmannsthal** und **Schnitzler** einzelne ihrer Werke zur Verfilmung frei, schreiben AutorInnen Filmdrehbücher.

Radio

Das **Radio** entwickelt sich in der Weimarer Republik sehr schnell zum einflussreichsten Medium. Während es Anfang 1924 erst 1 500 TeilnehmerInnen gibt, sind es Ende 1924 bereits 500 000, 1926 eine Million, 1928 zwei Millionen, 1937 acht Millionen und 1943 sechzehn Millionen. Der politische Stellenwert des Mediums wird bald erkannt, es wird zum Objekt politischer Kämpfe. Die Nationalsozialisten nutzen es während des Dritten Reichs exzessiv für Propaganda. **Alfred Döblin**, der die Möglichkeiten des Radios erkennt („Es heißt jetzt Dinge machen, die gesprochen werden, die tönen. Jeder, der schreibt, weiß, dass dies Veränderungen bis in die Substanz des Werkes hinein zur Folge hat"), schreibt eine Radiofassung seines Romans *Berlin Alexanderplatz*. Eine neue Kunstgattung, das **Hörspiel**, entwickelt sich aus Dramenbearbeitungen für das Radio und erlebt seine Blüte in Deutschland nach 1945.

Massenlektüre

Serien- und Illustriertenromane, Heftchenliteratur, schnell produziert und billig unters Volk gebracht, kurz gesagt jegliche Art von Trivialliteratur: Das ist die Lektüre, die tatsächlich von der großen Masse der Bevölkerung konsumiert wird. Alfred Döblin macht sich über die Akzeptanz der „höheren Literatur" in einer Rede in der Berliner Dichter-Akademie (1929) auch keine Illusionen:

Es kann als notorisch unterstellt werden, daß die gesamte höhere deutsche Literatur für noch nicht 10 bis 20 Prozent des deutschen Volkes geschrieben wird […]. Aus dem Bildungskäfig, in dem unsere heutige Literatur steckt, in dem sie von breiten Volksmassen nur als Attribut der feinen Leute gesehen wird, muß sie heraus.

- Warum, glauben Sie, wird in der Weimarer Republik so viel Unterhaltungsliteratur gelesen, so viel ins Kino gegangen? Beachten Sie die sozialen und ökonomischen Hintergründe der Zeit!
- Was kritisiert Alfred Döblin an der „höheren deutschen Literatur"? Halten Sie diese Kritik für sinnvoll und produktiv? Sehen Sie Möglichkeiten, Literatur für breitere Schichten zu schreiben, und wie könnte/sollte diese aussehen?
- Könnte man diese These, so allgemein sie ist, auch auf die moderne österreichische und deutsche Literatur anwenden, soweit Sie sie kennen bzw. in der Schule kennengelernt haben?

Die Werke von AutorInnen wie **Hedwig Courths-Mahler, Ludwig Ganghofer** und **Karl May** finden nach wie vor sehr viele LeserInnen, genauso wie die Werke der „völkischen Dichtung" (**Hans Carossa, Clara Viebig**).

Ungemein beliebt sind auch die technischen Zukunftsromane von **Hans Dominik** und die Romane von **Vicki Baum**: Diese transferiert den traditionellen Frauenroman – Aufstieg aus der Armut in eine höhere Gesellschaftsschicht, Ehe mit einem Chefarzt, Professor u. Ä. – in die technisierte Welt der 20er-Jahre, liefert dabei eine recht genaue Beschreibung der Großstadt und ihrer flüchtigen menschlichen Beziehungen. Vicki Baum gibt eines der ersten Beispiele, wie man ein Buch in vielen Medien verwerten kann: *Menschen im Hotel* erscheint zuerst in der *Berliner Illustrirten Zeitung*, dann als Buch, wird später für das Theater dramatisiert und schlussendlich mit Greta Garbo verfilmt (1932).

Echte Bucherfolge republikanischer Autoren sind dagegen recht dünn gesät: **Thomas Manns** *Buddenbrooks*, bereits 1901 erschienen, **Erich Kästners** *Emil und die Detektive* und **Erich Maria Remarques** *Im Westen nichts Neues* (Zeitungsvorabdruck, Verfilmung). Der demokratische Pazifist **Stefan Zweig** hat mit seinen „Novellen der Leidenschaft" (*Amok, Verwirrung der Gefühle*) und Romanen großen Erfolg.

Literarische Öffentlichkeit und Literaturtheorien

In einer gesellschaftlich und kulturell unübersichtlichen Situation existieren nebeneinander unterschiedliche, ja zum Teil gegensätzliche literarische Programme und Richtungen (z. B. Expressionismus ▶ Seite 289 ff. , Dadaismus ▶ Seite 62 f. , Neue Sachlichkeit). Die Autoren haben verschiedene politische Einstellungen, die in ihren Texten mehr oder minder stark zum Ausdruck kommen.

Appellcharakter der Literatur

Literatur wird politisiert und hat Appellcharakter. Die AutorInnen treten verstärkt an die Öffentlichkeit, was sich in vielen Manifesten und politischen Erklärungen ausdrückt. Die Bandbreite des literarischen Appells reicht von der dadaistischen Antikunst über die Propagierung des „neuen Menschen" der Expressionisten bis hin zur politischen Propagandaliteratur.

Kommunistische Agitationsliteratur

Kommunistische SchriftstellerInnen wie **Johannes R. Becher, Anna Seghers, Friedrich Wolf, Willi Bredel** und andere, seit 1928 im „Bund proletarisch-revolutionärer Schriftsteller" organisiert, sehen die Kunst als „Waffe der Klassen im Klassenkampf". Die „**proletarisch-revolutionäre Dichtung**" sei „die Waffe des Proletariats in seinem Kampf gegen die

Bourgeoisie[3]" (J. R. Becher). Dichtung wird explizit zur „Agitationsliteratur" funktionalisiert, die parteilich sein muss und den Klassenstandpunkt des Proletariats zu vertreten hat. Eine Sonderstellung nimmt dabei **Bertolt Brecht** ein, der die politisch-gesellschaftliche Aufgabe seiner Texte immer in Verbindung mit den künstlerischen Anforderungen sieht.

Die Polarisierung in proletarische und bürgerliche Literatur führt so weit, dass gegen „linksbürgerliche" Autoren wie **Alfred Döblin, Ernst Toller** oder **Kurt Tucholsky** polemisiert wird, da sich diese weigern, der KPD beizutreten. Alfred Döblins Roman *Berlin Alexanderplatz* sei schlecht, da keine positiven kämpferischen, sondern nur unaufgeklärte und unorganisierte Arbeiter (= Nichtparteimitglieder) vorkommen würden.

Völkische Literatur

Die sogenannte **völkische Literatur** legt mit ihrer Grundeinstellung – Kriegsverherrlichung, Demokratieverachtung, Blut-und-Boden-Ideologie, Verherrlichung des deutschen Volkstums – die Saat für die faschistische Kulturpolitik. Die Literatur des Nationalsozialismus hat ihre Wurzeln in der Weimarer Republik und ist in der 1927 von **Alfred Rosenberg** gegründeten „Nationalsozialistischen Gesellschaft für deutsche Kultur" organisiert.

Bürgerliche Literatur

Der Begriff **bürgerliche Literatur** umfasst konservative Autoren genauso wie sogenannte linksbürgerliche (**Heinrich Mann, Alfred Döblin, Kurt Tucholsky …**) oder heute bereits zu Klassikern gewordene (**Thomas Mann, Hermann Hesse, Gottfried Benn …**).

Viele künstlerische Neuerungen wie das Hörspiel, die Reportage, das Parabelstück, die Dokumentarliteratur, die Dialektdichtung, das Volksstück, die politische Agitation und die konkrete Lyrik, die sich in der Zeit der Weimarer Republik beim Publikum durchsetzen, wirken nach 1945 weiter.

Die hier dargestellte „Gliederung" kann natürlich nur als grober schematischer Orientierungsraster dienen. In der Realität überlagern sich die Literaturströmungen, ist das Bild der Literatur der Weimarer Republik nicht so klar. Es gibt Strömungen wie die Neue Sachlichkeit, den Expressionismus, den Dadaismus, AutorInnen, die sich von der literarischen Bühne vollständig fernhalten (**Franz Kafka**), solche, die zu Nationalsozialisten werden, andere, die die enge Welt der Provinz beschreiben (**Marieluise Fleißer, Oskar Maria Graf, Lion Feuchtwanger**). Ganz zu schweigen von den österreichischen AutorInnen der Zwischenkriegszeit, deren Schreiben sich natürlich nicht von den Entwicklungen in Deutschland loslösen lässt.

Der Zeitroman der Neuen Sachlichkeit

Neue Sachlichkeit

Der Zeitroman erlebt seine Blüte gegen Ende der Weimarer Republik und ist prinzipiell nur aus der damaligen sozialen, wirtschaftlichen und politischen Situation verstehbar. Er wird der **Neuen Sachlichkeit**[4] zugerechnet, einer literarischen Bewegung, die die „objektive" Wirklichkeit sachlich, fast dokumentarisch und reportagehaft darstellen will, indem sie die gesellschaftlich-soziale Realität, den Alltag, beschreibt.

In einigen Abschnitten des Romans *O{ber}.S{chlesien}.* (1929) von **Arnolt Bronnen** wird eine Figur folgendermaßen beschrieben:

---

[3] Bourgeoisie, frz.: Bürgertum im abwertenden Sinn
[4] Titel einer Bilderausstellung in Mannheim 1925

Wenn Sie sich diesen Krenek so vorstellen, wie er wirklich war, BEWAG-Monteur, 1,81, 70 kg, 19,4 Papiermark die Stunde wert, segelnd im blauen Überzug und wohnhaft im Norden, so werden Sie über das Folgende nur wenig erstaunt sein. Es war Punkt elf Uhr, 29. April 1929, Linden Ecke Charlotten in Berlin, wo er am Schaltkasten der Bogenlampen pfeifend und träu-
5 merisch die rötlichen Lichtreihen unter der noch steifen Sonne ausprobierte, als ein eiliges Taxi Kurven schneidend über seinen linken Fuß hinglitt.
Krenek sprang in hohem Bogen brüllend auf das Trittbrett dieses IA 8444, der den Viadukten zu knirschte, und riß den Fahrer am Ärmel.

> • Versuchen Sie einige, wenn auch übertriebene, Stilelemente der Neuen Sachlichkeit zu lokalisieren!

Die Kritik wirft der Neuen Sachlichkeit eine Idealisierung der modernen Technologie, übersteigerte Amerikabegeisterung und die fehlende Fähigkeit zur Analyse vor. Besonders in den Dokumentar- und Reportageromanen, die den Anspruch der Objektivität und Authentizität erheben, würde die Deutung der dargestellten „Wirklichkeit" völlig fehlen, ohne die diese Art von Literatur keinen Sinn ergeben würde:

Hundert Berichte aus einer Fabrik lassen sich nicht zur Wirklichkeit der Fabrik addieren, sondern bleiben bis in alle Ewigkeit hundert Fabrikansichten. Die Wirklichkeit ist eine Konstruktion. Gewiß muss das Leben beobachtet werden, damit sie erstehe. Keineswegs jedoch ist sie in der mehr oder weniger zufälligen Beobachtungsfolge der Reportage enthalten, vielmehr
5 steckt sie einzig und allein in dem Mosaik, das aus den einzelnen Beobachtungen auf Grund der Erkenntnis ihres Gehalts zusammengestiftet wird. Die Reportage photografiert das Leben; ein solches Mosaik wäre sein Bild. (Siegfried Kracauer, *Die Angestellten*, 1929)

> Wenn Sie die Wirklichkeit Ihrer Schule, mit welchem Medium auch immer, dokumentarisch darzustellen hätten:
> • Würden Sie mit dem Endprodukt den Anspruch auf Objektivität erheben?
> • Würden Sie meinen, dass nur Genres wie Dokumentation, Reportage oder Ähnliches dafür geeignet sind?
> • Könnten Sie sich auch Gattungen wie einen Spielfilm, ein empfindsames Gedicht, ein expressionistisches Theaterstück vorstellen?

Die herrschende Untergangsstimmung zeigt auch **Irmgard Keun** an jungen Mädchen, die aus der Provinz in die Großstadt kommen. ► Seite 171 f.

Ein experimenteller Großstadtroman: *Berlin Alexanderplatz*

Der Prolog als Inhaltsangabe

Der Prolog des Romans *Berlin Alexanderplatz* (1929) von **Alfred Döblin** (1878–1957) bietet eine Art Inhaltsangabe. Er zeigt, wie ein Lebensabschnitt der Hauptperson im Berlin der späten 20er-Jahre verlaufen wird. Diese Hauptperson ist Franz Biberkopf, ein aus der Haft Entlassener, der anständig werden will.

Dies Buch berichtet von einem ehemaligen Zement- und Transportarbeiter Franz Biberkopf in Berlin. Er ist aus dem Gefängnis, wo er wegen älterer Vorfälle saß, entlassen und steht nun wieder in Berlin und will anständig sein. Das gelingt ihm auch anfangs. Dann aber wird er, obwohl

es ihm wirtschaftlich leidlich geht, in einen regelrechten Kampf ver-
5   wickelt mit etwas, das von außen kommt, das unberechenbar ist
und wie ein Schicksal aussieht. Dreimal fährt dies gegen den Mann
und stört ihn in seinem Lebensplan. Es rennt gegen ihn mit einem
Schwindel und Betrug. Der Mann kann sich wieder aufrappeln, er
steht noch fest. Es stößt und schlägt ihn mit einer Gemeinheit. Er
10   kann sich schon schwer erheben, er wird schon fast ausgezählt. Zuletzt torpediert es ihn mit einer ungeheuerlichen äußersten Roheit.
Damit ist unser guter Mann, der sich bis zuletzt stramm gehalten
hat, zur Strecke gebracht. Er gibt die Partie verloren, er weiß nicht
weiter und scheint erledigt. Bevor er aber ein radikales Ende mit
15   sich macht, wird ihm auf eine Weise, die ich hier nicht bezeich-
ne, der Star gestochen. Es wird ihm aufs deutlichste klargemacht,
woran alles lag. Und zwar an ihm selbst, man sieht es schon, an
seinem Lebensplan, der wie nichts aussah, aber jetzt plötzlich ganz
anders aussieht, nicht einfach und fast selbstverständlich, sondern
20   hochmütig und ahnungslos, frech, dabei feige und voller Schwäche.
Das furchtbare Ding, das sein Leben war, bekommt einen Sinn. Es
ist eine Gewaltkur mit Franz Biberkopf vollzogen. Wir sehen am
Schluss den Mann wieder am Alexanderplatz stehen, sehr verändert, ramponiert, aber doch zurechtgebogen. Dies zu betrachten
25   und zu hören wird sich für viele lohnen, die wie Franz Biberkopf
in einer Menschenhaut wohnen und denen es passiert wie diesem
Franz Biberkopf, nämlich vom Leben mehr zu verlangen als das
Butterbrot.

Alfred Döblin

Heinrich George als Franz
Biberkopf (1931)

Lebend, aber ramponiert

Der Held muss durch die „Hölle", muss die Katastrophe erleiden. Am Ende wird er, eine Art
Wiedergeburt, Hilfsportier in einer Fabrik, „er steht, wie es am Schluss heißt, als Fabrikportier
da, lebend aber ramponiert, das Leben hat ihn mächtig angefasst" (Alfred Döblin). Der Roman
endet so:

Er geht in die Freiheit, die Freiheit hinein, die alte Welt muß stürzen, wach auf, die Morgenluft.
Und Schritt gefaßt und rechts und links und rechts und links, marschieren, marschieren, wir
ziehen in den Krieg, es ziehen mit uns hundert Spielleute mit, sie trommeln und pfeifen, widebum widebum, dem einen gehts grade, dem andern gehts krumm, der eine bleibt stehen, der
andere fällt um, der eine rennt weiter, der andere liegt stumm, widebum widebum.

- Wie würden Sie, nur aufgrund dieser Textstelle, die „Lehre" des Romans beschreiben?

Montagetechnik

Das wichtigste Strukturmerkmal des Romans ist die **Montage** von Sprache, Form und Erzählgegenständen; eine neuartige Erzählweise, die den gesamten Roman bestimmt und die Texte
unterschiedlicher Provenienz[7] – sei es sprachlich, stilistisch oder inhaltlich – zusammenfügt:
Lieder, Reklame, Formeln, Statistiken, Wettervorhersagen, Fahrpläne, Wirtshausdialoge …,
Elemente der Wirklichkeit.

---

[7] Provenienz: Herkunft

Stilprinzip dieses Buches ist die Montage. Kleinbürgerliche Drucksachen, Skandalgeschichten, Unglücksfälle, Sensationen von 28, Volkslieder, Inserate schneien in diesen Text. Die Montage sprengt den „Roman", sprengt ihn im Aufbau wie auch stilistisch, und eröffnet neue, sehr epische Möglichkeiten. Im Formalen vor allem. Das Material der Montage ist durchaus kein Beliebiges. Echte Montage beruht auf dem Dokument. [...] Die Bibelverse, Statistiken, Schlagertexte sind es, kraft deren Döblin dem epischen Vorgang Autorität verleiht. Sie entsprechen den formelhaften Versen der alten Epik. (Walter Benjamin, *Krisis des Romans*, 1930)

Stream of Consciousness

Ziel des Romans ist es, die Realität möglichst genau abzubilden, ein Bild der modernen Großstadt Berlin in ihrer Gesamtheit zu zeichnen, das Bild eines Molochs, der schmutzig und widersprüchlich ist. Verbunden damit ist eine Vielfalt der Stile, bei der die Technik des **Stream of Consciousness**[8], der innere Monolog, Parodie, Erzählerkommentare, leitmotivische Lieder und andere Erzähltechniken miteinander vermischt werden.

Erzählstruktur

Die **Montagetechnik** Döblins findet bereits im *Ulysses* (1922) von **James Joyce** und in *Manhattan Transfer* (1925) von **John Dos Passos** Verwendung. Sie hat mit ihrer Erhöhung des Erzähltempos, Schnitten, Vor- und Rückblenden und vielen Perspektiven große Nähe zum Film. Die herkömmliche Erzählstruktur wird aufgelöst, Haupt- und Nebenhandlungen werden einander angeglichen, eine Simultanität des Geschehens wird erreicht. Trotz aller Radikalität in der Romantechnik gibt es aber noch eine Handlung und einen Erzähler, was im modernen Roman nicht immer selbstverständlich ist.

Der Kriegsroman der Weimarer Republik

Der Kriegsroman ist epochenspezifisch für die Literatur der Weimarer Republik. Der Erste Weltkrieg ist der in dieser Zeit am meisten behandelte Stoff, die Werke über ihn erreichen die höchsten Auflagenzahlen. Von 1928 bis 1933 erscheinen ungefähr 200 Romane über die Zeit des Ersten Weltkriegs, zuvor waren es an die 100, die meisten davon nationalistisch ausgerichtet. **Erich Maria Remarques** Roman *Im Westen nichts Neues*, der den Krieg nicht verherrlicht, die „Dolchstoßlegende"[9] über die „im Felde unbesiegte deutsche Armee" nicht literarisch verbrämt, löst heftigste politische Diskussionen und publizistische Anfeindungen oder Lobpreisungen aus. Es erscheinen sogar dezidierte „Gegenromane", bei der Aufführung der Verfilmung von Remarques Roman kommt es zu Saalschlachten.

Die Kriegsromane werden zumeist aus der autobiografischen Ich-Perspektive erzählt, da damit eine wahrheitsgetreue Darstellung der Geschehnisse beansprucht wird. Die Werke haben Episodenstruktur, zeichnen Momentaufnahmen der Kriegsereignisse.

---

[8] Stream of Consciousness: Bewusstseinsstrom; „komplexe Folge von assoziativ ausströmenden Bewusstseinsinhalten (einer literar. Gestalt), in denen Empfindungen, Ressentiments [gefühlsmäßige Ablehnung], Erinnerungen, sich überlagernde Reflexionen, Wahrnehmungen und subjektive Reaktionen auf Umwelteindrücke [...] durcheinandergleiten" (*Metzler Literaturlexikon*)

[9] Dolchstoßlegende: von deutschen Militaristen (besonders Ludendorff) und Rechtsparteien vertretene Behauptung, dass die deutsche Armee, im Felde unbesiegt, von Kriegsmüden und Defaitisten hinterrücks „erdolcht" worden sei

Erich Maria Remarque: *Im Westen nichts Neues*

Das Werk, dem Nähe zur Trivialliteratur nachgesagt wird, erreicht in Kürze weltweit Millionenauflagen, ist in über 30 Sprachen übersetzt und wurde in den USA verfilmt. Erich Maria Remarque (eigentlich Erich Paul Remark, 1898–1970) schreibt im Geleitwort:

Dieses Buch soll weder eine Anklage noch ein Bekenntnis sein. Es soll nur den Versuch machen, über eine Generation zu berichten, die vom Kriege zerstört wurde – auch wenn sie seinen Granaten entkam.

E. M. Remarque

Ernüchterung

Der Icherzähler Paul Bäumer schildert, wie er und seine Schulkameraden von ihrem Lehrer Kantorek überzeugt werden, sich freiwillig zu melden. Die Ernüchterung folgt bald:

Sie (*die Erwachsenen; die Verf.*) sollten uns Achtzehnjährigen Vermittler und Führer zur Welt des Erwachsenseins werden, zur Welt der Arbeit, der Pflicht, der Kultur und des Fortschritts, zur Zukunft. Wir verspotteten sie manchmal und spielten ihnen kleine Streiche, aber im Grunde glaubten wir ihnen. Mit dem Begriff der Autorität, dessen Träger sie waren, verband sich
5 in unseren Gedanken größere Einsicht und menschlicheres Wissen. Doch der erste Tote, den wir sahen, zertrümmerte diese Überzeugung. Wir mußten erkennen, daß unser Alter ehrlicher war als das ihre; sie hatten vor uns nur die Phrase und die Geschicklichkeit voraus. Das erste Trommelfeuer zeigte uns unseren Irrtum und unter ihm stürzte die Weltanschauung zusammen, die sie uns gelehrt hatten. Während sie noch schrieben und redeten, sahen wir Lazarette
10 und Sterbende; – während sie den Dienst am Staat als das Größte bezeichneten, wußten wir bereits, daß die Todesangst stärker ist. Wir wurden darum keine Meuterer, keine Deserteure, keine Feiglinge – alle diese Ausdrücke waren ihnen ja so leicht zur Hand –, wir liebten unsere Heimat genauso wie sie, und wir gingen bei jedem Angriff mutig vor; – aber wir unterschieden jetzt, wir hatten mit einem Male sehen gelernt. Und wir sahen, daß nichts von ihrer Welt übrig
15 blieb. Wir waren plötzlich auf furchtbare Weise allein; – und wir mußten allein damit fertig werden.

Zentrale Motive sind Gefühle des Verlorenseins und der Verrohung. Eine Rückkehr zur unbeschwerten Jugend ist unmöglich, alles hat seinen Sinn verloren:

Wären wir 1916 heimgekommen, wir hätten aus dem Schmerz und der Stärke unserer Erlebnisse einen Sturm entfesselt. Wenn wir jetzt zurückkehren, sind wir müde, zerfallen, ausgebrannt, wurzellos und ohne Hoffnung. […] Ich bin sehr ruhig. Mögen die Monate und Jahre kommen, sie nehmen mir nichts mehr, sie können mir nichts mehr nehmen. Ich bin so allein und so ohne Erwartung, daß ich ihnen entgegensehen kann ohne Furcht.

Der Roman endet damit, dass Paul Bäumer am 14. Oktober 1918 fällt, „an einem Tag, der so ruhig und still war an der ganzen Front, dass der Heeresbericht sich nur auf den Satz beschränkte, im Westen sei nichts Neues zu melden".

Reaktionen auf den Roman

Wie bereits angesprochen, löst das Buch heftige und widersprüchliche Reaktionen aus. Zwei gegensätzliche Textausschnitte sollen das verdeutlichen. Der Schriftsteller **Hans Zöberlein**, selbst drei Jahre an der Westfront, wirft am 14. August 1929 im *Völkischen Beobachter* Remarque Geschichtsfälschung vor:

> Es (*Remarques Buch; die Verf.*) ist eine jauchzende Entschuldigung der Deserteure, Überläufer, Meuterer und Drückeberger und somit ein zweiter Dolchstoß an der Front, an den Gefallenen aber eine Leichenschändung. […] Woanders hinge ein solcher Schmierfink längst von Staats wegen an einer Laterne auf einem öffentlichen Platz der Hauptstadt zur öffentlichen Abschreckung. Oder er wäre von den Frontsoldaten in seinem Element, einer Latrine, ersäuft worden.

Carl Zuckmayer schreibt in einer Rezension der *Berliner Illustrierten Zeitung* (1929):

> Es gibt jetzt ein Buch, geschrieben von einem Mann namens Erich Maria Remarque, gelebt von Millionen, es wird auch von Millionen gelesen werden, jetzt und zu allen Zeiten, und nicht gelesen, wie man Bücher liest: sondern wie man seinem Schicksal unterliegt, dem Unentrinn-
> 5 baren seiner Zeit und seines Daseins, wie man es packt und wie man gepackt wird, wie man blutet, wie man kämpft, wie man stirbt. […] Es reißt alle Menschen in das Schicksal dieser Generation hinein. Es zeigt, ohne es mit einem Wort zu sagen, wie dieses Geschlecht lebt, lebt, mitsamt seinen Toten, wie es den Kopf erhebt, die zerschmetterten Glieder sammelt, langsam, wankend, stürzend, Schritt vor Schritt, unaufhaltsam, unbrechbar, zu marschieren beginnt. Wie es aus Schatten, irren Lichtern, Nebeln, Masken sein Gesicht wiederfindet, seine Stirn,
> 10 seinen Willen, den es dem Jahrhundert aufzwingen wird.

> - Welcher Partei würden Sie H. Zöberlein zurechnen? Wie würde er politische und literarische Meinungsverschiedenheiten wohl am liebsten austragen?
> - Warum empfindet Zuckmayer das Buch als wichtig, wen betrifft es besonders?

NS-Störaktionen

Am 4. Dezember 1930 wird die deutsche Fassung des Films in Berlin uraufgeführt, bereits am darauffolgenden Tag beginnen die Berliner Nazis, die Filmaufführungen durch Krawalle zu stören bzw. zu verhindern. Nach tagelangen Störaktionen wird absurderweise der Film verboten, da er angeblich „deutsches Ansehen gefährde" und die „deutsche Wehrmacht herabsetze" (Film-Oberprüfstelle). Die rechtsradikalen Kräfte haben also die Oberhand gewonnen, die Demokratie hat wieder nachgegeben, ihre „Schwäche" gezeigt.

Ernst Jünger: *In Stahlgewittern*

Sachliche Beschreibung

Ernst Jünger (1895–1998) schildert in seinem Roman *In Stahlgewittern. Aus dem Tagebuch eines Stoßtruppführers*[10] nach seinen Kriegstagebüchern typische militärische Aktionen wie Stoßtrupps, Patrouillen und den für die Westfront bezeichnenden Stellungskrieg. Der Aufbau ist

---

[10] Titel der ersten Fassung von 1920, insgesamt gibt es sieben Fassungen.

episodenhaft chronologisch, der Erzählstil selbst sachlich-beschreibend. Auch die Kriegsgräuel werden durchaus realistisch beschrieben:

Ernst Jünger

7. Oktober 1915. Stand in der Morgendämmerung neben dem Posten meiner Gruppe auf dem Schützenauftritt bei unserem Unterstand, als ein Gewehrgeschoß dem Mann die Feldmütze von vorn bis hinten aufriß, ohne ihn zu verletzen. Zur selben Stunde wurden am Draht zwei Pioniere verwundet. Der eine Querschläger durch beide Beine, der andere Schuß durchs Ohr.

Am Vormittag erhielt der linke Flügelposten einen Schuß durch beide Backenknochen. Das Blut sprudelte in dicken Strahlen aus der Wunde.

Zu allem Unglück kam heute auch noch der Leutnant von Ewald in unseren Abschnitt, um die nur fünfzig Meter vom Graben entfernt liegende Sappe[11] aufzunehmen. Als er sich umdrehte, um wieder vom Postenstand herunterzusteigen, zerschmetterte ihm ein Geschoß den Hinterkopf. Er starb augenblicklich. Auf dem Postenstand lagen große Stücke des Schädelbeins. Ferner bekam ein Mann einen leichten Schulterschuß. […]

30. Oktober. In der Nacht stürzten nach einem Wolkenbruch sämtliche Schulterwehren ein und verbanden sich mit dem Regenwasser zu zähem Brei, der den Graben in einen tiefen Sumpf verwandelte. Der einzige Trost war, daß es dem Engländer auch nicht besser ging, denn man sah, wie aus seinen Gräben eifrig Wasser geschöpft wurde. Da wir etwas erhöht liegen, pumpten wir ihm auch unseren Überfluß noch hinunter. Auch setzten wir die Fernrohrbüchsen in Tätigkeit.

Die herabstürzenden Grabenwände legten eine Reihe von Leichen aus den Kämpfen des vorigen Herbstes bloß.

- Mit welchen Mitteln erreicht der Autor Authentizität?

Krieg als Sport

Die Interpretation des Krieges, seine Funktion für die Soldaten, die hinter dem sachlichen Stil zum Vorschein kommt, liest sich dann folgendermaßen:

Da das erste Bataillon während der verflossenen Kampftage nur wenig gelitten hatte, war die Stimmung recht heiter, als wir zum Bahnhof Douai marschierten. Unser Ziel war das Dorf Sérain, wo wir uns einige Tage erholen sollten. Wir fanden bei der freundlichen Bevölkerung gute Unterkunft und schon am ersten Abend drang aus vielen Häusern der fröhliche Lärm kameradschaftlicher Wiedersehensfeiern.

Dieses Trankopfer nach glücklich bestandener Schlacht zählt zu den schönsten Erinnerungen alter Krieger. Und wenn zehn vom Dutzend gefallen waren, die letzten zwei trafen sich mit Sicherheit am ersten Ruheabend beim Becher, brachten den toten Kameraden ein stilles Glas und besprachen scherzend die gemeinsamen Erlebnisse. In diesen Männern war ein Element lebendig, das die Wüstheit des Krieges unterstrich und doch vergeistigte, die sachliche Freude an der Gefahr, der ritterliche Drang zum Bestehen eines Kampfes. Im Laufe von vier Jahren schmolz das Feuer ein immer reineres, ein immer kühneres Kriegertum heraus.

Ernst Jüngers Ansicht über den Kampf und die feindlichen Soldaten scheint in vielen Textabschnitten durch, so auch in dem folgenden:

---

[11] Sappe: Lauf- und Annäherungsgraben für Vor- und Horchposten

Unvergeßlich sind solche Augenblicke auf nächtlicher Schleiche. Auge und Ohr sind bis zum äußersten gespannt, das näherkommende Rauschen der fremden Füße im hohen Gras nimmt eine unheildrohende Stärke an. Der Atem geht stoßweise; man muß sich zwingen, sein keuchendes Wehen zu dämpfen. Mit kleinem, metallischem Knacks springt die Sicherung der Pistole zurück; ein Ton, der wie ein Messer durch die Nerven geht. Die Zähne knirschen auf der Zündschnur der Handgranate. Der Zusammenprall wird kurz und mörderisch sein. Man zittert unter zwei gewaltigen Gefühlen: der gesteigerten Aufregung des Jägers und der Angst des Wildes. Man ist eine Welt für sich, vollgesogen von der dunklen, entsetzlichen Stimmung, die über dem wüsten Gelände lastet.

- Welche Motive Jüngers für den Kampf/Krieg können Sie aus den Textstellen herauslesen? Wie interpretiert er den Krieg? Wie empfinden Sie diese Interpretation?
- Ernst Jünger beschreibt in *In Stahlgewittern* seine Gedanken, als er mit einem Verwundetentransport nach Deutschland zurückfährt: „Wie schön war doch das Land, wohl wert, dafür zu bluten und zu sterben. So hatte ich seinen Zauber noch niemals gespürt. Gute und ernste Gedanken kamen mir in den Sinn und ich ahnte zum ersten Male, dass dieser Krieg mehr als ein großes Abenteuer bedeutete."
- Kommentieren Sie diese Position Ernst Jüngers.

Ernst Jünger muss erkennen, dass seine sportliche und abenteuerliche Auffassung vom Krieg – der Bessere überlebt, der Verlierer stirbt – in der Wirklichkeit der Materialschlachten keine Gültigkeit hat. Er vergleicht den „Maschinenkrieg", der die Menschen frisst, mit Naturelementen wie Gewitter oder Vulkanausbrüchen, suggeriert damit, dass er schicksalshaft und unvermeidbar, von Menschen nicht beeinflussbar sei.

Im Offizier sieht Jünger den Führer, der den „gemeinen Mann" und seine Ängste beherrscht. Deswegen glaubt er auch, sich in den verheerenden Materialschlachten als Einzelperson behaupten zu können.

Politik, Werk und Biografie

Über die Person Ernst Jüngers und die Qualität seines sehr umfangreichen Werks gehen die Ansichten, von Bewunderung bis zu offener Feindschaft reichend, quer durch alle politischen Lager. **Thomas Mann** meint hinsichtlich Jüngers Nähe zum Nationalsozialismus, „Jünger habe an der Tafel der Mörder mitgegessen und dürfe nun nichts mehr veröffentlichen". **Bertolt Brecht** bewundert seinen Stil, **Klaus Mann** meint, seine Schreibkunst mache ihn erst gefährlich.

Wegen Jüngers Nähe zu den Nationalsozialisten und seiner elitären Einstellung ist es nicht verwunderlich, dass es 1982 bei der Verleihung des „Goethe-Preises" zu einem Skandal kommt, sich „Jünger-Jünger" und „Jünger-Kritiker" ob der Preiswürdigkeit des damals 87-Jährigen wüst „bekriegen".

- Henri Plard meint im *Kritischen Lexikon zur deutschsprachigen Gegenwartsliteratur*: „Die an sich legitime Kritik an Jünger sollte das Politische ausklammern und […] bei der Sprache […] ansetzen."
- Glauben Sie, dass man das Werk eines Dichters von seiner Persönlichkeit, seiner politischen Anschauung, seiner Biografie … trennen sollte oder nicht? Suchen Sie sowohl Pro- als auch Kontraargumente!

Drama und Lyrik – Eine Orientierungshilfe

Das Zeitstück

Das **Drama** erfährt während der Weimarer Republik durch **Erwin Piscators** und **Bertolt Brechts** ▶ Seite 334 ff. Theatertheorien, durch das sozialkritische Theater **Ödön von Horváths** ▶ Seite 214 f. und **Marieluise Fleißers** eine tiefgreifende Veränderung. Die idealistischen Stücke der Expressionisten werden von **Zeitstücken** abgelöst, die die Alltagsverhältnisse wie Inflation, Revolution, Gleichberechtigung der Frau, Kleinbürgertum, politische Kämpfe zum Thema haben.[12] Das Zeitstück will die Zuschauer aktivieren, zum Nachdenken und zum politischen Handeln motivieren.

Lyrik

Die Lyriker der Zwischenkriegszeit lösen sich von der expressionistischen Pathetik, ihre Vorstellungen von Lyrik sind sehr oft von politischen Positionen geprägt. Während Ulrich Becher Mitglied der Kommunistischen Partei wird und sagt, „auch als Dichter dem Befreiungskampf des Proletariats" zu dienen, sieht **Gottfried Benn**, nach vorübergehender Sympathie für den Faschismus, die Dichtung als unpolitisch an, will mit der Lyrik nicht in die Politik eingreifen. **Erich Kästner** und **Kurt Tucholsky** verfassen gesellschaftskritische Lyrik, schreiben gegen den Militarismus, den aufkommenden Faschismus und die zensurierende Weimarer Justiz an, sind parteipolitisch aber nicht festgelegt. **Hugo von Hofmannsthal, Stefan George** und **Rainer Maria Rilke** arbeiten primär mit der Form, sehen das Gedicht als artistisches Ereignis an. ▶ Seite 276 f.

Gottfried Benn (1886–1956) will mit der dichterischen Form, vor allem mit der Montage von Versatzstücken[13] der Wirklichkeit, das Chaos ordnen, die Wirklichkeit begreifbar machen. Sein Bild von der Zivilisation, vom Fortschritt und vom Menschen ist skeptisch und pessimistisch. Zentrum seiner Dichtung ist das lyrische Ich.

Erich Kästner (1899–1974), seit 1927 freier Schriftsteller, ist Antimilitarist, Republikaner und Antifaschist. Seine Werke, die einen aufklärerisch-moralischen, oft satirischen Grundton haben, zeichnen sich durch eine leicht verständliche Alltagssprache aus. Berühmt ist er auch als Verfasser von Kinderbüchern wie *Emil und die Detektive* (1929), *Das fliegende Klassenzimmer* (1933) und *Das doppelte Lottchen* (1949).

1933 werden seine Bücher verboten und verbrannt, er kann bis 1942 nur im Ausland publizieren. 1942 erhält er totales Schreib- und Publikationsverbot. Im folgenden Gedicht, 1932 entstanden, greift er die Monarchisten an, die das alte Kaiserreich wieder installieren möchten. Dass Kästner nicht die gefährlicheren Nationalsozialisten meint, scheint für viele Intellektuelle der Weimarer Republik kennzeichnend.

Erich Kästner

Marschliedchen

Ihr und die Dummheit zieht in Viererreihen
in die Kasernen der Vergangenheit.
Glaubt nicht, daß wir uns wundern, wenn ihr schreit.
Denn was ihr denkt und tut, das ist zum Schreien.

---

[12] Aufgrund dieser Inhalte hat sich auch die Bezeichnung Zeitstück durchgesetzt.
[13] Versatzstück: vorgefertigtes Wortmaterial

5   Ihr kommt daher und laßt die Seele kochen.
      Die Seele kocht und die Vernunft erfriert.
      Ihr liebt das Leben erst, wenn ihr marschiert,
      weil dann gesungen wird und nicht gesprochen.

      Marschiert vor Prinzen, die erschüttert weinen:
10 Ihr findet doch nur als Parade statt!
      Es heißt ja: Was man nicht im Kopfe hat,
      hat man gerechterweise in den Beinen.

      Ihr liebt den Haß und wollt die Welt dran messen.
      Ihr werft dem Tier im Menschen Futter hin,
15 damit es wächst, das Tier tief in euch drin!
      Das Tier im Menschen soll den Menschen fressen.

      Ihr möchtet auf den Trümmern Rüben bauen
      und Kirchen und Kasernen wie noch nie.
      Ihr sehnt euch heim zur alten Dynastie
20 und möchtet Fideikommißbrot kauen.

      Ihr wollt die Uhrenzeiger rückwärts drehen
      und glaubt, das ändere der Zeiten Lauf.
      Dreht an der Uhr! Die Zeit hält niemand auf!
      Nur eure Uhr wird nicht mehr richtig gehen.

25 Wie ihr's euch träumt, wird Deutschland nicht erwachen.
      Denn ihr seid dumm, und seid nicht auserwählt.
      Die Zeit wird kommen, da man sich erzählt:
      Mit diesen Leuten war kein Staat zu machen!

Titelblatt vom 2. Dezember 1930

Kurt Tucholsky (1890–1935), Herausgeber der berühmten Zeitschrift *Die Weltbühne*, engagiert sich politisch sowohl als Publizist als auch als Lyriker und beschäftigt sich mit aktuellen Zeitproblemen. In seinem Gedicht *Monolog mit Chören* (1925) sinniert der Dichter (unter seinem Pseudonym „Tiger") vor sich hin:

Monolog mit Chören

Ich bin so menschenmüde und wie ohne Haut.
Die andern mag ich nicht – sie tun mir wehe.
Wenn ich nur fremde Menschen sehe,
lauf ich davon – wie sind sie derb und laut!
5 Ich bin so müde und wie ohne Haut!
      (Chor der Arbeitslosen): Das ist ja kolossal interessant, Herr Tiger!

Ich spinn mich selig in die Schönheit ein.
Schönheit ist Einsamkeit. Ein stiller Morgen
im feuchten Park, allein und ohne Sorgen,
10 durchs Blattgrün schimmert eine Mauer, grau im Stein.
      Ich spinn mich selig in die Schönheit ein.
      (Chor der Proletariermütter): Wir wüßten nicht, was uns mehr zu Herzen ginge, Herr Tiger!

Ich dichte leis und sachte vor mich hin.
Wie fein analysier ich Seelenfäden,

15 zart psychologisch schildere ich jeden
und leg in die Nuance letzten Sinn …
(Chor der Tuberkulösen): Sie glauben nicht, wie wohl sie uns damit tun, Herr Tiger!

Ich dichte leis und sachte vor mich hin …

(Alle Chöre): Wir haben keine Zeit, Nuancen zu betrachten!
20 Wir müssen in muffigen Löchern und Gasröhren übernachten!
Wir haben keine Lust, zu warten und immer zu warten!
Unsre Not schafft erst deine Einsamkeit, deine Stille und den Garten!
Wir, Arbeitslose, welke Mütter, Tuberkelkranke wollen heraus
aus euerm Dreck in unser neues Haus!
25 Wir singen auch ein Lied. Das ist nicht fein.
Drauf kommts auch gar nicht an. Wir stampfen es euch in die Ohren hinein:

Völker, hört die Signale!
Auf zum letzten Gefecht!
Die Internationale
30 Erkämpft das Menschenrecht –!

> • Können Sie in dem Gedicht satirische Elemente orten?
> • Welche gegensätzlichen literarischen Einstellungen werden in diesem Gedicht ange-
> sprochen? Welche Position nimmt der Dichter wohl ein?

Tucholsky arbeitet mit satirischen Mitteln, hält der Gesellschaft in der Person der Leserin/des Lesers einen Spiegel
vor. Mit der zunehmenden Stärke der Nationalsozialisten
wird seine Lyrik immer melancholischer und resignativer.
Tucholsky bleibt selbst als Satiriker nicht mehr viel zu sagen: „Satire hat auch eine Grenze nach unten. In Deutschland etwa die herrschenden faschistischen Mächte. Es
lohnt nicht – so tief kann man nicht schießen."

Kurt Tucholsky

Bertolt Brecht

Bertolt Brecht schafft mit *Bertolt Brechts Hauspostille mit Anleitungen, Gesangsnoten und einem
Anhange* (1927) – der Titel ist ironisch gemeint –, einem „modernen Erbauungsbuch", einen
neuen Gedichttypus. Er verwendet verschiedenste lyrische Formen wie die Ballade, Song,
Chronik … und verarbeitet in den Gedichten seine persönlichen und politischen Erfahrungen,
die sehr verschlüsselt darin enthalten sind. Es gibt aber keine aktuellen politischen Bezüge,
da für Brecht der Gebrauchswert der Gedichte, obwohl er an ästhetischen Prinzipien festhält,
wichtig ist.

Die Literatur der Weimarer Republik (1918–1933)

Die politische und wirtschaftliche Situation

Die Weimarer Republik, die **erste demokratische Republik** auf deutschem Boden, ist von vielen Krisen, Widersprüchen und politischen Kämpfen gekennzeichnet.

Die wirtschaftliche Stabilisierungsphase von 1924 bis 1929, als die **„Goldenen Zwanzigerjahre"** bezeichnet, dauert nur kurz, sie wird von amerikanischen Krediten finanziert. Durch die Kündigung der Kredite bricht das wirtschaftliche System zusammen.

Viele Menschen, viele politische Parteien glauben nicht an die Weimarer Verfassung. Wichtige Kräfte der Industrie, der Justiz und des Militärs sind anti-republikanisch eingestellt. Auch die demokratischen Parteien empfinden die Weimarer Republik nicht als funktionsfähig.

Dem gegenüber steht die **neue nationalsozialistische Bewegung**, ihr gehört nach eigenem Verständnis und dem großer Bevölkerungskreise die Zukunft.

Das **politische System** der Weimarer Republik ist **instabil**, von Ende 1923 bis Frühjahr 1930 wechseln sich sieben Regierungen ab. Die letzten Jahre der Weimarer Republik sind von politischem **Terror und Mord**, von Straßenschlachten zwischen nationalsozialistischen Schlägertrupps und politisch Andersdenkenden geprägt. Die **Arbeiterbewegung** ist in **Sozialdemokraten** und **Kommunisten** aufgespaltet, die untereinander **verfeindet** sind. Sie können gegen die NSDAP keine gemeinsame Front bilden.

Die **Reparationszahlungen** sind eine zusätzliche **Belastung** und verschärfen die wirtschaftliche Situation. Politisch benutzen die Nationalsozialisten den Versailler Vertrag als Hauptargument gegen die Weimarer Koalition, die Deutschland in den Untergang treiben würde.

Die **Massenarbeitslosigkeit** radikalisiert die Bevölkerung, verschärft die politischen Gegensätze und **erleichtert** den **Nationalsozialisten** den **Weg an die Macht**.

Literarische Öffentlichkeit und Literaturtheorien

In einer gesellschaftlich und kulturell unübersichtlichen Situation existieren **unterschiedlichste literarische Programme und Richtungen.**

Literatur wird politisiert und hat **Appellcharakter**. **Kommunistische Schriftsteller** sehen die Kunst als **„Waffe der Klassen im Klassenkampf"**. Dichtung wird zur „Agitationsliteratur". Eine Sonderstellung nimmt dabei **Bertolt Brecht** ein, der die **politisch-soziale Aufgabe** immer in **Verbindung mit künstlerischen Anforderungen** sieht.

Die Polarisierung in proletarische und bürgerliche Literatur führt so weit, dass gegen „linksbürgerliche" Autoren wie Alfred Döblin, Ernst Toller oder Kurt Tucholsky polemisiert wird.

Die sogenannte **völkische Literatur** fördert die faschistische Kulturpolitik. Die Literatur des Nationalsozialismus hat ihre Wurzeln in der Weimarer Republik und ist in der 1927 gegründeten „Nationalsozialistischen Gesellschaft für deutsche Kultur" organisiert.

Der Begriff **bürgerliche Literatur** umfasst **konservative** und sogenannte **linksbürgerliche** (Heinrich Mann, Alfred Döblin, Kurt Tucholsky) oder heute bereits zu **Klassikern** gewordene Autoren (Thomas Mann, Hermann Hesse, Gottfried Benn).

Der Zeitroman der Neuen Sachlichkeit

Der **Zeitroman** erlebt seine Blüte gegen Ende der Weimarer Republik und ist prinzipiell nur aus der wirtschaftlichen, sozialen und politischen Situation verstehbar. Er gehört in die literarische Bewegung der **Neuen Sachlichkeit**, die die „objektive" Wirklichkeit sachlich, fast dokumentarisch und reportagenhaft darstellen will, indem sie die gesellschaftlich-soziale Realität, den Alltag, beschreibt.

Ein experimenteller Großstadtroman: *Berlin Alexanderplatz*

Der Held in Alfred Döblins *Berlin Alexanderplatz* ist der Arbeiter Franz Biberkopf, der ein hartes Schicksal erleidet und am Ende als Fabrikportier arbeitet.

Das wichtigste Strukturmerkmal ist die **Montage** von Sprache, Form und Erzählgegenständen. Diese neuartige Erzählweise fügt Lieder, Reklame, Formeln, Statistiken, Wettervorhersagen, Fahrpläne und anderes zu einem **Mosaik der Wirklichkeit** zusammen. Eine Vielfalt der Stile, bei der die Technik des „Stream of Conciousness", der innere Monolog, Parodie, Erzählerkommentare, Lieder miteinander vermischt werden, kommt zur Anwendung.

Der Kriegsroman der Weimarer Republik

Diese Gattung ist epochenspezifisch für die Literatur der Weimarer Republik. 200 Romane über den Ersten Weltkrieg erscheinen. **Erich Maria Remarques** Roman *Im Westen nichts Neues*, der den Krieg nicht verherrlicht, löst heftige politische Diskussionen aus.

Die Kriegsromane werden meist aus autobiografischer Ich-Perspektive erzählt. **Ernst Jüngers** *In Stahlgewittern* schildert in Form von Kriegstagebüchern typische militärische Aktionen wie Stoßtrupps, Patrouillen und den Stellungskrieg. Jüngers Interpretation des Krieges, seine Funktion für die Soldaten sind streckenweise **kriegsverherrlichend**.

Seine **Nähe zu den Nationalsozialisten** und seine elitäre Einstellung führen 1982 bei der Verleihung des Goethe-Preises zu einem Skandal.

Drama und Lyrik

Das **Drama** erfährt durch die Theatertheorien von **Erwin Piscator** und **Bertolt Brecht** und durch das **sozialkritische Theater Ödön von Horvaths** und **Marieluise Fleißers** eine tiefgreifende Veränderung. Zeitstücke lösen die idealistischen Stücke der Expressionisten ab. Themen sind Alltagsverhältnisse wie Inflation, Revolution, Gleichberechtigung der Frau, Kleinbürgertum, politische Kämpfe. Die Zeitstücke wollen den **Zuschauer** aktivieren, zum **Nachdenken** und zum **politischen Handeln** motivieren.

Die Vorstellungen der Schriftsteller von **Lyrik** sind sehr oft von politischen Positionen geprägt. **Gottfried Benn** sieht allerdings Dichtung als **unpolitisch** an. **Erich Kästner** und **Kurt Tucholsky** verfassen **gesellschaftskritische Lyrik**. Sie wenden sich gegen Militarismus, gegen den aufkommenden Faschismus und die zensurierende Weimarer Justiz, sind aber parteipolitisch nicht festgelegt. **Hugo von Hofmannsthal**, **Stefan George** und **Rainer Maria Rilke** sehen **Lyrik** als ein **artistisches Ereignis** an.

Bertolt Brecht und das epische Theater

Erste Schaffensperiode: Anarchistischer Protest

Als 24-Jähriger schreibt **Bertolt Eugen Friedrich Brecht** (1898–1956), Sohn eines Augsburger Fabrikdirektors, das Gedicht *Vom armen B. B.* In dieser **ersten Schaffensperiode**, die noch vom Expressionismus beeinflusst ist, zeigt sich Brecht als schonungsloser Ankläger der bürgerlichen Gesellschaft.

Bertolt Brecht

Vom armen B. B.

Ich, Bertolt Brecht, bin aus den schwarzen Wäldern.
Meine Mutter trug mich in die Städte hinein
als ich in ihrem Leibe lag. Und die Kälte der Wälder
wird in mir bis zu meinem Absterben sein.

5 In der Asphaltstadt bin ich daheim. Von allem Anfang
versehen mit jedem Sterbsakrament:
mit Zeitungen. Und Tabak. Und Branntwein.
Mißtrauisch und faul und zufrieden am End.

Ich bin zu den Leuten freundlich. Ich setze
10 einen steifen Hut auf nach ihrem Brauch.
Ich sage: Es sind ganz besonders riechende Tiere
und ich sage: Es macht nichts, ich bin es auch.

In meine leeren Schaukelstühle vormittags
setze ich mir mitunter ein paar Frauen
15 und ich betrachte sie sorglos und sage ihnen:
In mir habt ihr einen, auf den könnt ihr nicht bauen.

Gegen Abend versammle ich um mich Männer
wir reden uns da mit „Gentlemen" an.
Sie haben ihre Füße auf meinen Tischen
20 und sagen: Es wird besser mit uns. Und ich frage nicht: Wann?

Gegen Morgen in der grauen Frühe pissen die Tannen
und ihr Ungeziefer, die Vögel, fängt an zu schrein.
Um die Stunde trink ich mein Glas in der Stadt aus und schmeiße
den Tabakstummel weg und schlafe beruhigt ein.

25 Wir sind gesessen, ein leichtes Geschlechte
in Häusern, die für unzerstörbare galten
(so haben wir gebaut die langen Gehäuse des Eilands Manhattan
und die dünnen Antennen, die das Atlantische Meer unterhalten).

Von diesen Städten wird bleiben: der durch sie hindurchging, der Wind!
30 Fröhlich machet das Haus den Esser: er leert es.
Wir wissen, daß wir Vorläufige sind
und nach uns wird kommen: nichts Nennenswertes.

Bei den Erdbeben, die kommen werden, werde ich hoffentlich
meine Virginia nicht ausgehen lassen durch Bitterkeit
35 ich, Bertolt Brecht, in die Asphaltstädte verschlagen
aus den schwarzen Wäldern in meiner Mutter in früher Zeit.

Den Grundgedanken in diesem autobiografischen Gedicht, einer Art Bänkellied, formuliert Brecht in der achten Strophe:

Wir wissen, daß wir Vorläufige sind / und nach uns wird kommen: nichts Nennenswertes.

Mit diesen Worten drückt der Autor seine Hoffnungslosigkeit und die Fragwürdigkeit zukünftiger Perspektiven aus.

- Welche Textstellen zeigen noch Brechts negative Haltung gegenüber seiner Zeit und der Gesellschaft, in welchen Versen übt Brecht auch Selbstkritik?
- Was könnte der Autor mit „wir Vorläufige" ausdrücken wollen?

Diese bittere Ablehnung und Verneinung des Fortschritts zeigt in noch stärkerem Maße der folgende, 1920 entstandene Text:

Der Nachgeborene

Ich gestehe es: ich
Habe keine Hoffnung.
Die Blinden reden von einem Ausweg. Ich
Sehe.

Wenn die Irrtümer verbraucht sind
Sitzt als letzter Gesellschafter
Uns das Nichts gegenüber.

- Schreiben Sie dieses zutiefst desillusionierende und zynisch-nihilistische Gedicht in Prosaform um! Vergleichen Sie nun Ihren Text mit dem von Brecht! Was leisten die freien Rhythmen Brechts?

Das Gedicht *Vom armen B. B.* steht zwischen Vers- und Prosaform und jede Strophe bringt ein neues Thema mit einer neuen Bildvorstellung (Prinzip der Reihung).

- Welche Themen werden in den einzelnen Strophen angeschnitten?

Als Gegner bekannter, für ihn überkommener Bilder findet Brecht neue unkonventionelle (z. B. 6. Strophe, 1. und 2. Zeile).

- Welche bildhaften Ausdrücke in diesem Brecht-Text könnte man als unkonventionell bezeichnen? Was drücken sie aus?

Brechts lyrische Formen (Ballade, Bänkelsang, Chor, Song) in den 20er- und 30er-Jahren werden als **Gebrauchslyrik** bezeichnet. Der Autor meint in *Kurzer Bericht über 400 (vierhundert) Lyriker* 1927: „Und gerade Lyrik muss zweifellos etwas sein, was man ohne Weiteres auf den Gebrauchswert untersuchen können muss." Er möchte nicht „das Publikum in beglücktes Schauen versetzen", sondern aktivieren und politisieren.

- Welche Gedichte können Sie nennen, die den absoluten Gegensatz zur Gebrauchslyrik ausdrücken?

Erste Dramen

In dieser Zeit entstehen die ersten Dramen: *Baal* (1917/18), *Trommeln in der Nacht* (1919), *Im Dickicht der Städte* (1923) und *Mann ist Mann* (1925/26). Diese dramatischen Texte beschreiben die Vereinsamung und Hoffnungslosigkeit, denen der Mensch in dem allgemeinen Zusammenbruch aller festen Werte nach dem Ersten Weltkrieg ausgeliefert ist.

Zweite Schaffensperiode: der Marxist Brecht

Ab 1926 beschäftigt sich Brecht mit der marxistischen Ideologie. Das leitet seine **zweite Schaffensperiode** ein, in deren Mittelpunkt nicht mehr das Zusammenbrechen des bürgerlichen Weltbildes steht, sondern der Kampf gegen die gesellschaftlich-politischen Zustände auf der Grundlage marxistischer Gedanken.

In seinen zwei „Opern", *Die Dreigroschenoper* (1928) und *Aufstieg und Fall der Stadt Mahagonny* (1927/30), beide in Zusammenarbeit mit dem Komponisten **Kurt Weill** (1900–1950) entstanden, und in seinen Lehrstücken, z. B. *Der Jasager und der Neinsager* (1929/30), *Die Maßnahme* (1930) oder *Die Ausnahme und die Regel* (1930), probiert Brecht jene neuen dramatischen Mittel, die später von ihm mit dem Schlagwort „Episches Theater" zusammengefasst werden. Brecht sagt, dass „es nicht nur darauf ankommt, die Welt zu interpretieren, sondern sie zu verändern".

Der Komponist Kurt Weill

Die *Dreigroschenoper*, eine Auftragsarbeit, bringt Brecht zwar literarischen Ruhm, sie wird ein weltweit durchschlagender Publikumserfolg, doch die bürgerlichen Rezipienten missverstehen die satirisch-kritische Lehre als Bild einer frivolen Gesellschaft der 20er-Jahre. Dazu trägt auch die zündende und gleichzeitig sentimentale Musik **Kurt Weills** bei.

Die soziale Anklage wird jedoch in den lehrhaften Songs sehr deutlich: „Erst kommt das Fressen, dann die Moral.", „Die getreten werden, treten immer wieder."

1932 schreibt Brecht dieses sein erfolgreichstes Stück in eine Prosafassung um (*Dreigroschenroman*).

Erwin Piscator: Politisches Theater

Neben Brecht bemüht sich besonders **Erwin Piscator** (1893–1966) um die Überwindung des bürgerlichen Theaterbetriebs. Er will einen Ausgleich zwischen Theater und politischer Versammlung finden, was er „**politisches Theater**" nennt. Dieses spielt auch in Vereinslokalen und Gasthäusern und baut die neuen Medien Film, Projektionen etc. in die Theaterarbeit ein. Damit ist Piscator wegweisend für einen neuen Inszenierungsstil (Regietheater) und für ein Theater als Stätte einer gesellschaftspolitischen Arbeit.

Theorie und Praxis des epischen Theaters

Episches Theater

Der **Begriff „episches Theater"** bezeichnet einerseits dramatische Werke, die von Brecht (und auch von anderen modernen Dramatikern) verfasst werden, andererseits eine Inszenierungspraxis am Theater, die sich von der klassischen Dramaturgie in ihren Zielen und Methoden unterscheidet.

Brecht lernt als Dramaturg unter **Max Reinhardt** am Deutschen Theater in Berlin ein Theater kennen, das formal und in seinen Darstellungsmitteln auf eine Zeit zurückgeht, in der das Bürgertum versucht, die Dichtung in den Dienst seiner Emanzipation gegenüber der absolutistischen Herrschaft des Adels zu stellen.

Max Reinhardt (1925)

Seit der Mitte des 19. Jahrhunderts verändern sich die politischen Verhältnisse (Entfaltung des Kapitalismus, Imperialismus, Entstehung des 4. Standes), und damit besteht keine Übereinstimmung mehr zwischen wichtigen politischen Forderungen der Gesellschaft und Dramentheorie und Theaterpraxis. Daher sucht Brecht neue Methoden und theatralische Mittel, um den geänderten politischen Gegebenheiten gerecht zu werden. Er will mit seinem dramatischen Werk entweder auf tagespolitische Geschehnisse direkt Einfluss nehmen (z. B. *Furcht und Elend des Dritten Reiches*, 1938) oder mit seinen Parabelstücken für eine revolutionäre Weltveränderung im Sinne des Marxismus kämpfen (*Die heilige Johanna der Schlachthöfe*, 1930; *Das Leben des Galilei*, 1938; *Mutter Courage und ihre Kinder*, 1939; *Herr Puntila und sein Knecht Matti*, 1940; *Der gute Mensch von Sezuan*, 1942; *Der kaukasische Kreidekreis*, 1944/45).

Schon 1926 beginnt Brecht, die ersten Grundsätze des epischen Theaters zu formulieren. Wichtigstes Anliegen seiner Theorie ist die Aktivierung des nur konsumierenden, passiven Theaterzuschauers.

Artistoteles

Nach **Aristoteles** soll das Ziel der Tragödie die **Katharsis**[1] des Zuschauers sein, und zwar mithilfe von Furcht und Mitleid durch die Identifizierung mit den handelnden Personen. Dem stellt Brecht sein Theater des Verstandes und der Distanzierung gegenüber. In den „Anmerkungen" zur Oper *Aufstieg und Fall der Stadt Mahagonny* beschreibt er den Unterschied zwischen dem traditionellen „dramatischen" und dem epischen Theater. Dabei handle es sich, wie Brecht betont, jedoch nicht um Gegenpositionen, sondern um Gewichtsverschiebungen.

Dramatische Form des Theaters	*Epische Form des Theaters*
Die Bühne verkörpert einen Vorgang;	sie erzählt einen Vorgang;
verwickelt den Zuschauer in eine Aktion und	macht ihn zum Betrachter, aber
5 verbraucht seine Aktivität;	weckt seine Aktivität;
ermöglicht ihm Gefühle;	erzwingt von ihm Entscheidungen;
vermittelt ihm Erlebnisse;	vermittelt ihm Kenntnisse;
der Zuschauer wird in eine Handlung hineinversetzt;	er wird ihr gegenübergesetzt;
10 es wird mit Suggestion gearbeitet;	es wird mit Argumenten gearbeitet;
die Empfindungen werden konserviert;	bis zu Erkenntnissen getrieben;
der Mensch wird als bekannt vorausgesetzt;	der Mensch ist Gegenstand der Untersuchung;
15 der unveränderliche Mensch;	der veränderliche und verändernde Mensch;

---

[1] Katharsis: Reinigung

Spannung auf den Ausgang;	Spannung auf den Gang;
eine Szene für die andere;	jede Szene für sich;
die Geschehnisse	in Kurven;
20 verlaufen linear;	
die Welt, wie sie ist;	die Welt, wie sie wird;
was der Mensch soll;	was der Mensch muß;
seine Triebe;	seine Beweggründe;
das Denken bestimmt	das gesellschaftliche Sein
25 das Sein.	bestimmt das Denken.

Nach Meinung Brechts reagieren die ZuschauerInnen des dramatischen Theaters anders als die des epischen Theaters.

Der Zuschauer des dramatischen Theaters sagt: Ja, das habe ich auch schon gefühlt. – So bin ich. – Das ist nur natürlich. – Das wird immer so sein. – Das Leid dieses Menschen erschüttert mich, weil es keinen Ausweg für ihn gibt. – Das ist große Kunst: da ist alles selbstverständlich. – Ich weine mit den Weinenden, ich lache mit den Lachenden.

5 **Der Zuschauer des epischen Theaters sagt:** Das hätte ich nicht gedacht. – So darf man es nicht machen. – Das ist höchst auffällig, fast nicht zu glauben. – Das muß aufhören. – Das Leid dieses Menschen erschüttert mich, weil es doch einen Ausweg für ihn gäbe. – Das ist große Kunst: da ist nichts selbstverständlich. – Ich lache über den Weinenden, ich weine über den Lachenden.

- Fassen Sie die wichtigsten Unterschiede zwischen beiden Formen des Theaters schriftlich zusammen!

Verfremdung

Dieser dramatischen Theorie entspricht die **Verfremdungstechnik**, d. h., alltägliche und selbstverständliche Situationen werden auf eine alternative und damit ungewohnte Weise dargestellt, die Wirklichkeit wird auf dem Theater „verfremdet". Dadurch soll der an das klassische Drama gewöhnte Zuschauer, der sich mit dem auf der Bühne Dargestellten identifiziert, aus der Illusion und aus seiner konsumierenden Haltung herausgerissen, zum kritischen Mitdenken angeregt und für eine Problemlösung motiviert werden. Er verwandelt sich dadurch in einen Erzähler, in einen „Mit-Fabulierer" (auch daher: episches Theater), er soll alternative Verhaltensweisen zu dem finden, was auf der Bühne dargestellt wird. Voraussetzung für diese Form des Dramas und seine Ziele ist der Glaube an eine veränderbare Welt mit veränderbaren Menschen (*Kleines Organon für das Theater,* 1948).

Verfremdungseffekte

Die **Verfremdungseffekte** sind das Zusammenspiel von textinternen, dramaturgischen, schauspielerischen und bühnentechnischen Effekten. Sie sollen eine emotionale Verwicklung des Zuschauers in das Bühnengeschehen verhindern, eine kritische Betrachtung der Thematik hingegen hervorrufen. Zu diesen Verfremdungseffekten zählen:
- Anrede des Publikums durch einen Erzähler oder Rollenträger
- Eingeschobene Lieder, Songs und Zitate in neuem Zusammenhang (z. B. Neugestaltungen bestehender und bekannter Theaterstücke: *Die heilige Johanna der Schlachthöfe*)
- Prologe oder Projektionen von Überschriften und kurzen Inhaltsangaben am Beginn einzelner Szenen

- Selbsteinführung von Personen
- Sichtbare Bühnentechnik, Verzicht auf Interieur und Atmosphäre
- Einsatz von Medien (Film, Rundfunk)
- Gestische Darstellung: Die SchauspielerInnen dürfen sich mit der Rolle nicht identifizieren, sondern müssen diese demonstrieren, erläutern, zeigen. Sie sollen die dargestellten Personen fremd und kritisierbar erscheinen lassen.

Mutter Courage und ihre Kinder

Die Titelfigur Anna Fierling, genannt Mutter Courage, ist nicht frei erfunden, sondern historisch. Brecht entnimmt sie **Grimmelshausens** Roman *Ausführliche und wunderseltsame Lebensbeschreibung der Erzbetrügerin und Landstörzerin Courage* (1670). In Brechts *Courage* reicht die Handlung vom Frühjahr 1624 bis zum Winter 1641; Schweden, Polen, Sachsen und Bayern sind die Schauplätze.

Maria Bill als *Mutter Courage* (Wiener Volkstheater, 2004)

Die Marketenderin Anna Fierling zieht mit ihren Söhnen Eilif und Schweizerkas und ihrer Tochter Kattrin durch die vom Krieg heimgesuchten Länder. Dabei achtet sie darauf, ihre Kinder aus den Kriegshandlungen herauszuhalten, aber auch darauf, am Krieg zu verdienen (ihren „Schnitt zu machen"). Am Ende des Stückes sind ihre Kinder tot, die Courage hat nichts gelernt, sie zieht allein weiter („Hoffentlich zieh ich den Wagen allein. Es wird schon gehen, es ist nicht viel drinnen. Ich muss wieder in'n Handel kommen.").

Mutter Courage verliert ihre Kinder durch einen Krieg, den sie nicht abschaffen möchte, weil er ihr ihren Lebensunterhalt bietet. Brecht zeigt damit den entsetzlichen Widerspruch zwischen liebender Mutter und geschäftstüchtiger Händlerin. Die Ursache dafür liegt seiner Meinung nach nicht in der Person der Hauptfigur, sondern in der kapitalistischen Gesellschaftsordnung. Die Courage wird trotz der grauenvollen Kriegsereignisse und des Verlusts ihrer Kinder nicht „sehend". Der Zuschauer, der die tragische Handlung distanziert betrachtet und nachdenkt, kann und soll gerade daraus lernen, dass Kriege und historisches Geschehen gesellschaftlich bedingt und daher vermeidbar bzw. veränderbar sind.

Vor jeder Szene gibt es eine Zusammenfassung und eine Art Kommentar, die meist an die Bühnenwand projiziert werden. Dadurch fragt der Zuschauer nicht mehr nach dem „Was", sondern kann sich auf das „Wie" der Handlung konzentrieren und das Vorgeführte aus kritischer Distanz ansehen.

- Besorgen Sie sich den Theatertext und lesen Sie die erste Szene!
- Verfassen Sie eine Inhaltsangabe dieser ersten Szene!
- Welche Verfremdungseffekte können Sie feststellen?
- Wie verteidigt Mutter Courage ihren Sohn Eilif, auf den es die Offiziere abgesehen haben?
- Wie gelingt es dem Werber, Eilif trotzdem zum Mitgehen zu überreden?
- Welches Verhältnis hat die Courage zum Krieg, wodurch sind ihre Beziehungen zu anderen Menschen bestimmt?

Funktion der Songs

In vielen Stücken Brechts, so auch in *Mutter Courage*, sind als Mittel der Verfremdung **Songs** eingestreut. Diese wenden sich an das Publikum; der Schauspieler, der singt, tritt meist aus seiner Rolle heraus. Die Songs sollen die Zuschauer aus einer möglichen Identifizierung mit den Personen der Handlung herausreißen und zu einer kritischen Reflexion über das Vorgeführte anregen.

Nachdem Mutter Courage auch ihren zweiten Sohn, Schweizerkas, verloren hat (sie hätte ihre wirtschaftliche Existenzgrundlage für das Leben des Sohnes eintauschen müssen), singt sie das *Lied von der großen Kapitulation*.

- Suchen Sie den Liedtext in Ihrer Dramenausgabe!

Das Lied hat drei Strophen, an die jeweils ein neunzeiliger Refrain anschließt. Die Texte in den Klammern sind Redewendungen und Volksweisheiten, die den Inhalt kommentierend begleiten.

- Wie wird die Courage in der ersten Strophe geschildert? Welche Erfahrungen macht sie in der zweiten Strophe? Die dritte Strophe umfasst beide Antithesen, die in den zwei vorhergehenden Strophen einander gegenüberstehen. Zu welchem Entschluss kommt Mutter Courage? Wie werten Sie ihre Haltung?
- Der Refrain zeigt die Kapitulation. Durch welches Bild wird diese ausgedrückt? Welche anderen Bilder könnten Sie sich für eine verlorene Identität vorstellen?
- Untersuchen Sie genau, wodurch sich die Refrains der drei Strophen voneinander unterscheiden! Was bedeuten diese Unterschiede?
- Am Ende jedes Refrains steht: „Der Mensch denkt: Gott lenkt. / Keine Red davon!" Inwiefern unterscheiden sich die Verse Brechts von der bekannten Wendung „Der Mensch denkt, Gott lenkt!"?

Zwei Gedichte von Brecht

Der folgende Text gehört zu den *Svendborger Gedichten* (1939), die Brecht im dänischen Exil schreibt. Neben Gedichten wie diesem, die grundsätzliche Probleme behandeln, enthält die Sammlung auch Gedichttexte, die tagespolitische Ziele verfolgen (z. B. Anti-Hitler-Gedichte). ▶ Seite 225 f.

Fragen eines lesenden Arbeiters

Wer baute das siebentorige Theben?
In den Büchern stehen die Namen von Königen.
Haben die Könige die Felsbrocken herbeigeschleppt?
Und das mehrmals zerstörte Babylon –
5 wer baute es so viele Male auf? In welchen Häusern
des goldstrahlenden Lima wohnten die Bauleute?
Wohin gingen an dem Abend, wo die chinesische Mauer fertig war
die Maurer? Das große Rom
ist voll von Triumphbögen. Wer errichtete sie? Über wen
10 triumphierten die Cäsaren? Hatte das viel besungene Byzanz
nur Paläste für seine Bewohner? Selbst in dem sagenhaften Atlantis
brüllten in der Nacht, wo das Meer es verschlang
die Ersaufenden nach ihren Sklaven.

Der junge Alexander eroberte Indien.
15 Er allein?
Cäsar schlug die Gallier.
Hatte er nicht wenigstens einen Koch bei sich?
Philipp von Spanien weinte, als seine Flotte
untergegangen war. Weinte sonst niemand?
20 Friedrich der Zweite siegte im Siebenjährigen Krieg. Wer
siegte außer ihm?
Jede Seite ein Sieg.
Wer kochte den Siegesschmaus?
Alle zehn Jahre ein großer Mann.
25 Wer bezahlte die Spesen?

So viele Berichte.
So viele Fragen.

- Der Text richtet sich gegen den Mythos der großen Könige und Feldherren (Führer), gegen die Heldenverehrung und Geschichtsverfälschung durch die damalige bürgerliche Geschichtsschreibung.
- Wodurch unterscheiden sich die Fragen in Teil 1 und 2, was ist ihnen gemeinsam?
- Versuchen Sie, ausgehend vom Text, auf die Frage „Wer bezahlte die Spesen?" möglichst viele Antworten zu geben!
- Was soll der „lesende Arbeiter" und somit die Leserin/der Leser nach der Rezeption des Gedichts erkennen?
- Brecht vermischt einen höheren mit einem niedrigeren Sprachstil. Inwiefern entspricht das dem Inhalt?
- Die offene Form und die These vom kleinen Mann, der die „Spesen zahlt", entsprechen der Form und Thematik von *Mutter Courage*. Diskutieren Sie diese Behauptung!

Dritte Schaffensperiode: Regisseur und Warner

Nach fünfzehn Jahren Exil kehrt Brecht 1948 nach Deutschland zurück. Damit beginnt seine **dritte Schaffensperiode**. In Ostberlin leitet er eine eigene Theatergruppe, das „**Berliner Ensemble**", kommt aber auch in Konflikt mit dem kommunistischen Regime in der DDR. Nach dem Aufstand der Ostberliner Arbeiter gegen die Regierung am 17. Juni 1953 erscheinen die *Bukover Elegien*, in denen er vor den Gefahren des Krieges, dem Faschismus und der Bürokratie in seinem Staat warnt. Die in der Sammlung enthaltenen epigrammatischen Gedichte zeigen meist eine resignative, melancholische und nachdenkliche Grundstimmung.

Arbeiter aus Ostberlin marschieren durch das Brandenburger Tor nach Westberlin.

Der Rauch

Das kleine Haus unter Bäumen am See.
Vom Dach steigt Rauch.
Fehlte er
wie trostlos dann wären
Haus, Bäume und See.

- Welche Bereiche der Natur und des menschlichen Lebens werden in den beiden ersten Zeilen angesprochen? Wofür ist der „Rauch" ein Zeichen? Welche Assoziationen haben Sie dazu?
- „Fehlte er" ist der formale und inhaltliche Mittelpunkt des Gedichts. Beachten Sie die Entsprechungen in der ersten und letzten Zeile, aber auch die Unstimmigkeit! Zu welcher Erkenntnis bzw. Lösung führt der Text hin?
- Vermittelt das Gedicht für Sie ein Bild der Trostlosigkeit oder ein Bild der Harmonie?
- Könnte man diesen Text als sozialpolitisches Gedicht bezeichnen?

Literatur in den Medien (Hörbuch und Film)

Hörbücher

Ursprünglich war gesprochene Literatur dazu gedacht, blinden Menschen den Zugang zu Literatur zu ermöglichen. Wie sehr Hörfassungen die Menschen beeinflussen können, beweist aber bereits 1938 Orson Welles mit seinem Hörspiel „Krieg der Welten" – einer Science-Fiction-Geschichte, in der Marsianer mit dreibeinigen Kampfmaschinen die Erde angreifen. Laut Zeitungsberichten hielten viele Menschen das Hörspiel für eine authentische Reportage und gerieten in Panik.

Schallplatten und Kassetten

Schallplatten und Kassetten mit gesprochener Literatur sind die Vorgänger der Hör-CDs. So gibt es „Klassiker" von ihren Autoren gesprochen, z.B. von Thomas Mann oder Erich Kästner.

Die Kassette löst die Schallplatte ab, weil sie kleiner und leichter zu handhaben ist. Als 1979 der erste Walkman auf den Markt kommt, wird mobiles Hören möglich, man kann stundenlang an beliebigen Orten Musik und natürlich auch Literatur hören.

Hörbücher

Seit 1987 gibt es sogenannte Hörbücher, d.h. gedruckte Bücher werden fast ungekürzt von bekannten SchauspielerInnen oder den AutorInnen selbst vorgelesen.

Zunächst herrscht Skepsis, denn manche sehen das Hörbuch als Medium für Lesefaule, Dumme oder Analphabeten. Mit diesem Vorurteil wird rasch aufgeräumt, da man gerade Klassiker der Weltliteratur auf Hörbücher spricht.

Literaturkonsum ist damit neben anderen Tätigkeiten möglich, z. B. beim Autofahren oder im Flugzeug[1].

Durch die Interpretation durch „gute" Stimmen bekommt der Text eine zusätzliche Komponente. Wolfgang Popp meint z. B.: „ Aber ich bin draufgekommen, dass man für manche Bücher selbst nicht die richtige Stimme hat. Man findet einfach nicht hinein, in den Rhythmus der Sprache. Die Russen, egal ob Dostojewskij, Tolstoi, Gogol oder Tschechow. Ich habe sie allesamt nach wenigen Seiten weggelegt. Aber seit ich sie mir vorlesen lasse, liebe ich sie heiß."

Der wirkliche Durchbruch gelang dem Hörbuch in den 90er-Jahren vor allem auf dem Gebiet der Kinder- und Jugendliteratur.

Audiobook

Sind Hörbücher zunächst nur Nebenprodukte für die gedruckte Version eines Werkes, boomt die Hör-CD, das so genannte „Audiobook", seit 1995: So werden z. B. von Jostein Gardners „Sofies Welt" innerhalb eines Jahres 25 000 Exemplare verkauft, von den ersten fünf Teilen „Harry Potter" gar zwei Millionen.

Die Autorin des Bestsellers für Kinder „Tintenherz", Cornelia Funke, bricht eine Lanze für akustische Versionen eines Buches: „Ich bin ein ganz großer Fan des […] gesprochenen Vorlesens, weil ich finde, das ist eigentlich so die ursprünglichste Art des Erzählens."

---

[1] So kann man z. B. während des 12-stündigen Fluges von Frankfurt nach Hongkong Alfred Döblins „Berlin Alexanderplatz" vorgelesen bekommen.

Der „Hörverlag" (1993 im München gegründet) gibt 200 Audiobooks im Jahr heraus, auch populäre und moderne Bücher. Er verpflichtet v. a. TheaterschauspielerInnen wegen der Sprechausbildung. Umfangreiche Bücher wie die Bibel oder Harry Potter gibt es im MP3-Format.

Mit dem Hörbuch werden neue Zielgruppen für Literatur gewonnen. So geben z. B. Frauenzeitschriften Kassetten mit Hörbüchern heraus, auf denen bekannte Filmschauspielerinnen Literatur vorlesen, die man im weitesten Sinne als Frauenliteratur bezeichnen kann.
Das Audiobook bietet insgesamt einen neuen Zugang zur Literatur und kann als reizvolle Ergänzung zur Lektüre gesehen werden.

- Lassen Sie sich ein Buch, das Sie sehr mögen, vorlesen (Voraussetzung ist natürlich, dass es als Audiobuch zu haben ist) und schildern Sie Ihre Eindrücke. Was fesselt Sie mehr, zuhören oder selbst lesen? Begründen Sie Ihre Entscheidung.

Spielfilm

Andrea: Aber ich sehe doch, dass die Sonne abends woanders hält als morgens. Da kann sie doch gar nicht stillstehen. Nie und nimmer.
Galilei: Du siehst! Was siehst du? Du siehst gar nichts. Du glotzt nur. Glotzen ist nicht sehen.
(B. Brecht *Leben des Galilei*)

- Können Sie einen Unterschied zwischen Glotzen und Sehen feststellen?

Bei Brecht muss Andrea den Zustand des Glotzens verlassen, dazu muss er erkennen, dass Wahrnehmen und Denken nicht unbedingt übereinstimmen müssen. Um richtig zu sehen, um beurteilen zu können, was man sieht, um beschreiben zu können, was man sieht, braucht man präzise Anweisungen.

Bei der Filmanalyse geht man der Frage auf den Grund, warum ein Film gefällt oder nicht. Was stellen Regisseurin/Regisseur, SchauspielerInnen und Produktionsteam mit mir an? Wie wird Spannung erzeugt, womit emotionale Betroffenheit, was bringt mich zum Lachen?
Filme vermitteln Inhalte, transportieren Bedeutungen, machen Aussagen, werden vom Publikum aufgenommen und auf spezifische Weise verstanden. Filme haben so gesehen Ähnlichkeit mit Sprache. Und nicht von ungefähr gibt es den Ausdruck Filmsprache.
Wenn man die Filmsprache versteht, kann man auch Beeinflussungs- und Manipulationsabsichten entgegenarbeiten. Verschiedene Elemente steuern die Rezeption: Wird dem Bild Herzklopfen unterlegt, so signalisiert die Tonebene Spannung, Angst, Verkrampfung. Musik kann ähnlich eingesetzt werden. Auf der Bildebene sorgen Einsatz von Beleuchtung, Schärfentiefe, Großaufnahmen von Details für Spannung und Neugierde. Durch harte Schnitte werden Gleichzeitiges, Vorzeitiges, Vergangenes signalisiert. Vor Schreck geweitete Augen der Darstellerin/des Darstellers machen neugierig darauf, was die Person im Film den ZuschauerInnen voraushat.
Wenn man auch behauptet, dass von allen Medien der Film den besten Zugang zur Realität bietet, dass er die Realität am genauesten abbildet, so wählt die Kamera doch nur einen Teil der Realität aus. Es ist also nicht die „echte", sondern eine bewusst arrangierte künstliche Realität. Die Kamera akzentuiert.

Instrumentarium der Filmanalyse

Einstellung

das kleinste filmische Element; eine Aufnahme, ein Bildausschnitt, der durch zwei Schnitte[2] begrenzt wird. Die Einstellung wird durch die bildliche Ebene (vor Schreck aufgerissene Augen), die sprachliche Information (Hilfeschrei) und Musik oder Geräusch (drohende Melodie, Schuss) bestimmt.

Einstellungsgrößen

Durch die verschiedenen Einstellungsgrößen werden unterschiedliche Grade von emotionaler Ansprache erreicht.

Weit: Panorama, Landschaftsaufnahmen, Sonnenauf- und Sonnenuntergänge. Sie werden oft am Anfang oder am Ende des Films gezeigt und haben meist symbolische Bedeutung (der Held hat verzichtet und reitet in den Sonnenuntergang hinein; am Anfang wird die Skyline einer Großstadt gezeigt).

Totale: Sie gibt Orientierung über einen Handlungsort.

Halbtotale: Die Kamera geht näher an das Geschehen heran, man sieht eine Häuserfront, einen Menschen von Kopf bis Fuß, die Körpersprache dominiert, nicht der Dialog.

Halbnah: Sie zeigt Menschen vom Knie aufwärts und wird in Gesprächssituationen verwendet.

Amerikanische Einstellung: Eine Figur ist bis zur Hüfte zu sehen, wo sie den Colt trägt; diese Einstellung ermöglicht es, auch den schussbereiten Gegner bei einem Duell zu zeigen.

Nah: Brustbild, bietet Konzentration auf Mimik und Gestik, aus dem Gesichtsausdruck kann man z. B. Konfrontationen ablesen; wird häufig bei Dialogen verwendet.

Groß: Porträt, hier kann man Lidschlag oder Zucken des Mundes erkennen.

Detail: Mund, Auge, signalisiert emotionalen Höhepunkt, z. B. beim Showdown in einem Western.

- Wählen Sie aus einem Film (Video, DVD) eine spannende Sequenz (eine Verfolgungsjagd, einen Mord o. Ä.), lassen Sie sie in Zeitlupe ablaufen und stellen Sie fest, welche Einstellungsgrößen verwendet werden!

Kameraperspektive

Normalsicht: Augenhöhe, auf einen etwa 1,80 m großen Menschen abgestimmt, bei einem Kinderfilm entsprechend kleiner.

Untersicht: Das Objekt wird von unten gefilmt, was zu Verzerrungen führt.

Obersicht: Das Objekt wird aus der Vogelperspektive gezeigt.

- Welche Wirkung können Ober- und Untersicht erzeugen? Stellen Sie sich diese Kameraperspektiven bei einem Hochhaus, einer Schlucht, einem Stiegenhaus oder einem Menschen vor!

Kamerabewegungen

Schwenk: Die Kamera macht eine Bewegung, als bewege das Publikum den Kopf.

Kamerafahrt: Die Kamera bewegt sich auf einem Wagen auf das Objekt zu oder von ihm weg. Bei beiden Bewegungen kommt es auf das Tempo an: Ist es sehr schnell, fährt die Zuseherin/der Zuseher mit, wie z. B. bei Rennfahrerfilmen.

Zoom: Hier wird eine Kamerafahrt durch die Veränderung der Brennweite vorgetäuscht, die

---

[2] Schnitt: harter Schnitt = zwei Einstellungen werden unvermittelt aneinandergereiht; weicher Schnitt = das eine Bild wird unscharf und dunkel, das nächste wird hell, die Konturen werden scharf

stufenlose Verkleinerung und Vergrößerung ist möglich. Das Weitwinkelobjektiv ermöglicht eine größere Tiefenwahrnehmung, dehnt die Perspektive, lässt die Räume flächig erscheinen. Das Teleobjektiv komprimiert die Perspektive, Räume wirken eng, Nahaufnahmen entfernter Personen sind möglich.

Licht und Beleuchtung

Warmes oder fahles Licht, Helldunkelkontrastierung, Ausleuchtung einer Szene beeinflussen die Stimmung. Ein und dieselbe Szene wirkt in unterschiedlicher Beleuchtung unterschiedlich.

- Bei welchen Szenen würden Sie einen warmen Lichtton, bei welchen ein kaltes Licht verwenden? Welche Wirkung hat es, wenn ein Gesicht hell ausgeleuchtet wird, der Hintergrund aber schwarz bleibt?

Montage

Nach Fertigstellung der Dreharbeiten werden einzelne Einstellungen zu größeren Sequenzen montiert. Bei dieser Arbeit am Schneidetisch werden Akzente gesetzt. Die Einstellungen werden nicht nur addiert, sondern sie sollen durch ihre Kombination Assoziationen auslösen. So ist es möglich, bei einem Mord zunächst nur das Messer und dann die Leiche zu zeigen, der Mord selbst läuft im Kopf der Zuseherin/des Zusehers ab, Gewalt wird nicht „gezeigt". Man sieht ein Kind in der Wiege, in der nächsten Einstellung die weinende Mutter, und assoziiert: Mit dem Kind ist etwas geschehen.

Parallelmontage: Zwei oder mehr Handlungsstränge, die gleichzeitig ablaufen, werden ineinander montiert; Beschleunigung und Spannung werden bewirkt.

Schuss-Gegenschuss-Verfahren: Es ist ein Hilfsmittel, die Zuseherin/den Zuseher ins Geschehen miteinzubeziehen. Bei einem Dialog ist die/der jeweils Sprechende im Bild zu sehen und spricht somit zu Kamera und Zuschauer.

Ton

Zum fertigen Film muss ein Text synchronisiert werden, es gibt auch den Erzähler als Off-Sprecher, d. h., er ist nicht zu sehen. Dies ist ein Hilfsmittel, um nicht Verfilmbares zu zeigen bzw. um zusammenzufassen oder zu kommentieren.

Musik

Sie kann kontrapunktisch[3] eingesetzt werden, sie kann Stimmung machen. Filmmusik kann Filme prägen, sie kann leitmotivisch eingesetzt werden, um der Zuseherin/dem Zuseher einen Vorsprung gegenüber den Figuren zu geben. So weiß sie/er schon vor den Figuren, wann der weiße Hai erscheinen wird, da ihn eine bestimmte Musik ankündigt.

SchauspielerInnen

Welche Schauspielerin/Welcher Schauspieler für welche Rolle gewählt wird, ist für den Erfolg eines Filmes wesentlich. Bei der Analyse von Filmen kann man sich fragen, ob die SchauspielerInnen rollendeckend sind, welchen Typus sie verkörpern, ob sie eine Identifikationsfigur sind.

- Welche Voraussetzungen müssen Ihrer Meinung nach SchauspielerInnen erfüllen, von denen man sagt, sie spielten ausgezeichnet?
- Sehen Sie sich mit Ihrer Klasse einen beliebigen Film an.
- Äußern Sie sich zunächst spontan! Was hat Ihnen gefallen, was nicht?

---

[3] kontrapunktisch: als „Gegenstimme"

- Teilen Sie sich in Gruppen und vereinbaren Sie, zu welchem Themenaspekt Sie den Film näher analysieren wollen:
- **Gruppe Handlung:** Wie verläuft sie? Wie werden die einzelnen Handlungsstränge miteinander verknüpft? Wie sind Höhepunkte gestaltet? Ist die Handlung logisch entwickelt? Gibt es Widersprüche? Sind alle Geschehnisse begründet? Ist das Ende folgerichtig?
- **Gruppe Figuren:** Welche gibt es? Wie werden sie eingeführt? Wie häufig treten sie auf? Haben sie einen besonderen Auftritt? Welche Entwicklungen machen sie durch? In welcher Beziehung stehen sie zueinander? Wie ändert sich die Beziehung im Laufe des Films?
- **Gruppe Kamera-Geräusche-Musik:** Wählen Sie Ihrer Meinung nach charakteristische Sequenzen aus, die Sie dann bearbeiten! Welche Kameraeinstellungen dominieren? Wie wird die Musik eingesetzt? Was bewirken bestimmte Geräusche?
- **Gruppe Werte-Normen-Ideologie:** Welche Werte vermittelt der Film? Welche Weltsicht legt er nahe (zum Beispiel Einstellung zu Gewalt)?

Verfilmte Literatur

Literaturverfilmungen

Von Anfang an haben SchriftstellerInnen zum Film ein zwiespältiges Verhältnis, da er ihre Domäne bedroht. Lange Zeit glaubt man, der Film werde das Buch verdrängen. Andererseits stellt er ein Massenpublikum in Aussicht, von dem eine Autorin/ein Autor nur träumt, wobei die Befriedigung des Massenpublikums allerdings mit Trivialisierung verbunden sein kann. Auch sind die Honorare für ein Drehbuch wesentlich höher als für ein Buch.

Verfilmte Literatur kann man grundsätzlich nach den oben erwähnten Kriterien analysieren. Hinzu kommt natürlich der interessante Aspekt, dass das Drehbuch, oder zumindest die Vorlage, von einem anerkannten Schriftsteller stammt. Einige AutorInnen arbeiten selbst als DrehbuchautorInnen, manche sind sogar ihre eigenen RegisseurInnen. Einige schreiben ihre Texte in Absprache mit Filmsachverständigen, damit die spätere Verfilmung keine Probleme macht.

Bei einer Literaturverfilmung stellt sich die Frage, wie der literarische Text schließlich im Film realisiert wird. Hier gibt es verschiedene Möglichkeiten: Man hält sich eng an den Text, verwendet originales Textmaterial oder man modernisiert einen Text, verlegt ihn in eine andere Zeit, in eine andere Gegend oder setzt die Textaussagen in Filmsprache um.

Nicht vergessen werden darf, dass es auch den umgekehrten Weg gibt, dass sich Literatur filmischer Sprache bedient, z. B. **Alfred Döblin** in *Berlin Alexanderplatz*. ►Seite 322 ff.

Rainer Werner Fassbinder (1946–1982) äußert sich zum Problem Literaturverfilmung:

Die Verfilmung von Literatur legitimiert sich, im Gegensatz zur landläufigen Meinung, keinesfalls durch eine möglichst kongeniale Übersetzung eines Mediums (Literatur) in ein anderes (Film). Die filmische Beschäftigung mit einem literarischen Werk darf also nicht ihren Sinn darin sehen, etwa die Bilder, die Literatur beim Leser entstehen läßt, maximal zu erfüllen.
5 Dieser Anspruch wäre ohnehin in sich absurd, da jeder Leser jedes Buch mit seiner eigenen Wirklichkeit liest und somit jedes Buch so viele verschiedene Phantasien und Bilder provoziert, wie es Leser gibt.

Volker Schlöndorff (geb. 1939), gefragt, wo denn die Grenzen einer Literaturverfilmung lägen, sagt:

Man kann deshalb jede Literatur verfilmen, wenn man zurückgeht auf das, was Literatur ausgelöst hat. Literatur ist ja eine Art, Welt darzustellen, und was jemand in einem Buch versucht hat, kann man auch wieder versuchen, in einem Film darzustellen.

Die Verfilmung eines Bestsellers: Patrick Süskind: *Das Parfum*

Volker Schlöndorff (2007)

Volker Schlöndorff, der einige literarische Werke verfilmt hat (*Ansichten eines Clowns* und *Die verlorene Ehre der Katharina Blum* nach Heinrich Böll, *Die Fälschung* nach Nicolas Born oder *Homo Faber* nach Max Frisch) sagt in einem Interview auf die Frage, wie eine Handlung filmisch umgesetzt wurde:

Ich finde es immer etwas merkwürdig, wenn man einen Film mit dem Buch vergleicht. In der Musikkritik käme auch niemand auf die Idee, Verdis Otello mit der Vorlage von Shakespeare zu vergleichen, sondern würde Verdis Oper mit einer anderen Oper [...] vergleichen.

- Glauben Sie, dass es berechtigt ist, Vergleiche zwischen Buch und Film herzustellen?

1984 erscheint Patrick Süskinds Roman *Das Parfum* und wird von Kritik und Publikum gleichermaßen geschätzt. Er wird zum Bestseller.

Geschildert wird die Lebensgeschichte des hochbegabten Parfumeurs Grenouille, der selbst ohne Identität ist: Niemand kann ihn riechen, niemand nimmt ihn also wahr. Er ist geprägt von unmenschlichem Egoismus und übermenschlichem Geruchsvermögen. Um das Parfum aller Parfums zu kreieren, ermordet er 25 junge Frauen und raubt ihnen ihren Duft. Sein Versuch scheitert aber.

- Informieren Sie sich, z. B. im Internet, wie Parfums hergestellt werden!

2006 kommt die Verfilmung *Das Parfum. Die Geschichte eines Mörders* von Tom Tykwer, produziert von Bernd Eichinger, in die Kinos. Die KritikerInnen sind über das Gelingen der Verfilmung geteilter Meinung.
Die Hauptrolle übernimmt ein relativ unbekannter Schauspieler, Ben Whishaw, es wurden aber auch berühmte Schauspieler wie Alan Rickman und Dustin Hoffmann verpflichtet.

Lesen Sie, wenn möglich den Roman, bevor Sie den Film ansehen. Bearbeiten Sie während und nach der Lektüre folgende Aufgaben. Arbeiten Sie in Gruppen:
- Welche Assoziationen hatten Sie beim Titel?
- Erstellen Sie eine Charakteristik der Hauptfigur! Berücksichtigen Sie Textstellen, die Informationen über Grenouilles Äußeres, seine Gefühle, Handlungsweisen, Gestik, Mimik und Gedanken geben. (Falls Sie ein Lesetagebuch führen, haben Sie am Ende eine vollständige Charakteristik zur Hand.)
- Welche unterschiedlichen Gerüche kann man dem Buch entnehmen?

- Welche Elemente könnten den Roman zum Bestseller gemacht haben?
  Vervollständigen und erläutern Sie in diesem Zusammenhang folgende Stichworte:
  - unkomplizierte Erzählweise
  - historischer Hintergrund, Horror und Gewalt
  - Kriminalhandlung
  - Verbrechen / Darstellung von Gewalt
  - Erotik
  - besondere Hauptfigur
  - Nähe zu Fantasy-Geschichten

Beachten Sie folgende Punkte, während Sie den Film ansehen, d. h. Sie müssen Sie nachher notieren!

- Beobachten Sie die Figur des Grenouille, wie drückt er sich nonverbal aus?
- Welche Merkmale Grenouilles, die im Buch vorkommen, werden in der Filmfassung ignoriert?
- Wie kommt der Vergleich mit dem Zeck in der Darstellung der Rolle zum Tragen?
- Wie empfinden Sie die Momentaufnahme aus dem 18. Jahrhundert? Ist sie zutreffend?
- Welche Metaphern erleichtern es dem Publikum, Gerüche zu erleben (fliegendes Tüchlein auf dem Hinrichtungsplatz ...)?
- Wie haben sich Ihre Erwartungen bezüglich der Hauptfigur erfüllt? Nimmt man dem Schauspieler sowohl den Teufel als auch die Gottähnlichkeit ab? Trifft er die Vielschichtigkeit der Romanfigur?
- Wie kann man Gerüche in Bilder umsetzen? Reicht es, die Nase in Nahaufnahme zu zeigen oder Schnüffelgeräusche in der Tonspur zu präsentieren? Sehen Sie sich gewisse Sequenzen, in denen es um Gerüche geht, noch einmal an und versuchen Sie herauszufinden, wie der Film die Wirkung der Gerüche bzw. des Gestanks umzusetzen versucht.
- Im Roman erzählt ein allwissender objektiver Erzähler: Wie ist das im Film?
- Wie wirken sich die Kameraführung bzw. die Kameraeinstellungen auf die Darstellung der Nase aus (Groß-, Nah- und Detailaufnahmen, Untersicht)? Was versucht die Kamerafahrt zu simulieren (z. B. wenn Grenouille Richis mit seiner Tochter folgt oder bei der Massenszene in Grasse)?
- Wie wird die Wirkung des Parfums auf Grenouille bildlich dargestellt? Wie nimmt er die Umwelt wahr?
- Das Mirabellenmädchen erscheint im Film dreimal. Was bedeutet sein Erscheinen jeweils für Grenouille?
- Beschreiben Sie die Bedeutung der Filmmusik. Dazu müssten Sie sich manche Szenen zuerst ohne Ton und dann mit ansehen!
- Beschreiben Sie den Kontrast zwischen Hässlichkeit und Schönheit der Körper! Welche Wirkung hat er?
- Welche Wirkung haben Geräusche (Knirschen beim Abschneiden der Haare, Klirren der Glasutensilien)?
- Welche Funktion haben die Farben? Welche Farben werden bevorzugt verwendet? Wie beeinflussen die Farben den Schauplatz?

Nach dem Film:

- Wie sind Sie mit der Verfilmung zufrieden? Welche Ihrer Erwartungen wurden erfüllt? Was hätten Sie anders verfilmt? Welche Elemente fehlen Ihnen?
- Was gefällt Ihnen besser, das Buch oder die Verfilmung?

Österreichische Literatur zwischen 1918 und 1938

Politisches, soziales und wirtschaftliches Umfeld

Mit dem Kriegsende 1918 entstehen aus dem Vielvölkerstaat der österreichisch-ungarischen Monarchie mehrere Nachfolgestaaten, darunter die demokratische Republik Deutsch-Österreich, die den Anschluss an Deutschland erreichen will. Dies wird aber 1919 im Vertrag von St. Germain verboten – genauso wie der Name „Deutsch-Österreich". Der **Anschlussgedanke** ist vor allem deshalb so dominant, weil niemand glaubt, dass das kleine „Restösterreich" wirtschaftlich lebensfähig sei. Doch obwohl der Zerfall der Donaumonarchie das Ende eines großen Wirtschaftsgebiets bedeutet, verbleiben bei Österreich doch circa ein Drittel aller Fabriken und Industriearbeiter der ehemaligen Monarchie. Dadurch werden Nachteile (Verlust von Absatzmärkten, zu wenig mineralische Brennstoffe, „Wasserkopf" Wien, eine überdimensionierte Rüstungs- und Metallindustrie etc.) zumindest ausgeglichen.

Anschlusspropaganda

Inflation

In den Jahren von 1918 bis 1924 kommt es zu einer **Inflation** großen Ausmaßes, wobei die Kaufkraft des Geldes auf 1/15 000 des Vorkriegswertes fällt. Dadurch, dass die Lohnsteigerungen hinter den Preissteigerungen zurückbleiben, verelenden große Teile der österreichischen Bevölkerung. Die totale Entwertung der Staatspapiere (z. B. Kriegsanleihen) führt auch zu einer weitgehenden Verarmung des Mittelstandes. 1924 wird mit der Währungsreform (10 000 Kronen = 1 Schilling) die Inflation gestoppt.

Arbeitslosigkeit

Bereits in den 20er-Jahren gibt es in Österreich eine **Arbeitslosenrate** von circa 10 %, wobei aber zumindest von fünf Arbeitslosen vier eine staatliche Unterstützung erhalten. Während der Weltwirtschaftskrise, die 1929 einsetzt, steigt die Zahl der Arbeitslosen zeitweise auf über eine halbe Million (= ca. 25 %). Von 1930 bis 1935 kommt auf drei Beschäftigte ein Arbeitsloser, aber 50 % der Arbeitslosen erhalten keine Unterstützung mehr.
Zwischen 1918 und 1938 ist fast immer ein großer Teil der Bevölkerung arbeitslos, was das größte gesellschaftliche Problem dieser Zeit darstellt. Die Folgen sind die Suche nach „Schuldigen" und eine politische Radikalisierung der Menschen.

Politische Kämpfe

Der **latente Bürgerkrieg** in Österreich spiegelt sich in den drei bewaffneten Wehrverbänden:
Frontkämpfervereinigung: 1920 gegründet; antisemitisch und antimarxistisch; für einen autoritären Ständestaat; 1935 aufgelöst, ein Teil der Mitglieder geht zu den illegalen Nationalsozialisten über.
Republikanischer Schutzbund: 1923 gegründet; sozialdemokratisch; 1933 verboten; unterliegt in den Februarkämpfen des Jahres 1934.

Heimwehr: Kampfbewegung gegen die Sozialdemokraten; Ende der 20er-Jahre Hinwendung zum italienischen Faschismus; für autoritäres Regime; Unterstützung der Regierung Dollfuß; 1936 in die Frontmiliz überführt.

Im Juli 1927 erreichen die Unruhen mit den Ereignissen in Schattendorf und dem Justizpalastbrand einen ersten Höhepunkt. Am Ende der gewalttätigen politischen Kämpfe steht der Februar 1934: Es kommt zum Bürgerkrieg, bei dem die Sozialdemokraten unterliegen. 1934 wird der **autoritäre Ständestaat** des Austrofaschismus gegründet.

Im Verlauf der Ersten Republik werden die Nationalsozialisten immer stärker. 1933 wird die NSDAP in Österreich jedoch verboten. Im Juliputsch 1934 versuchen die Nationalsozialisten dann, die Regierung gefangen zu setzen. Bundeskanzler Dollfuß stirbt

Der brennende Justizpalast (15. Juli 1927)

dabei, der Putsch in Wien und Erhebungen in Kärnten, der Steiermark und Oberösterreich scheitern aber, viele Nationalsozialisten fliehen ins „Reich". Am 11. und 12. 3. 1938 wird Österreich von deutschen Truppen besetzt und an das großdeutsche Reich angeschlossen.

Literarische Tendenzen

In der Ersten Republik gibt es wenige politische SchriftstellerInnen, sondern eher solche mit einem radikal ethischen Anspruch wie **Karl Kraus, Robert Musil, Hermann Broch** und **Johannes Freumbichler**.

Ab 1927 werden Werke geschrieben, die aus verschiedenen Positionen eine „Rückschau" auf Österreich-Ungarn bieten: **Franz Werfel** *Barbara oder die Frömmigkeit* (1929), **Joseph Roth** *Radetzkymarsch*, **Alexander Lernet-Holenia** *Die Standarte* (1934) und **Franz Theodor Csokors** Drama *Dritter November 1918. Ende der Armee Österreichs* (1936 uraufgeführt).

Der Ständestaat

Der Ständestaat (1933/34–1938) bringt keine eigenständige Literatur hervor. Die Dichtung, die in dieser Zeit gefördert wird, unterscheidet sich von der faschistischen Literatur dadurch, dass sie nicht antisemitisch ist und katholische Standpunkte forciert. Gemeinsam haben die faschistische Literatur und die Literatur des Ständestaats die Feindbilder (Stadt, Intellektualismus, Wurzellosigkeit …) und Vorbilder (ländliches Leben, Bauerntum, Bodenständigkeit …). Deshalb ist der Übergang in den NS-Kulturbetrieb 1938 für viele vom Ständestaat geförderte AutorInnen kein Problem: Das zeigt auch das *Bekenntnisbuch österreichischer Dichter* (1938), in dem SchriftstellerInnen wie **Richard Billinger, Paula Grogger, Max Mell, Friedrich Schreyvogl, Franz Tumler, Karl Heinrich Waggerl** und **Josef Weinheber** für das „Ja zu Hitler" bei der Volksabstimmung am 10. April 1938 werben, wo es um den Anschluss Österreichs an das Deutsche Reich geht.

Zwei Schriftsteller, die sich nicht in die offizielle Kulturpolitik des Ständestaats einfügen, sind **Theodor Kramer** (1897–1958) und **Johannes Freumbichler** (1881–1949). Letzterer beschreibt im Roman *Philomena Ellenhub* (1937) ein Bild der bäuerlichen Welt, das der offiziellen Sichtweise widerspricht, nicht die offizielle Idyllenstimmung verbreitet.

Hermann Broch (1886–1951), einer der großen Erzähler des 20. Jahrhunderts, beschreibt in seiner Trilogie *Die Schlafwandler* (*Pasenow oder die Romantik*, 1931, *Esch oder die Anarchie*, 1931, und *Huguenau oder die Sachlichkeit*, 1964 posthum erschienen) in 30 Jahren dargestellter Romanwirklichkeit (1888–1918) den Zerfall der deutschen bürgerlichen Gesellschaft. Drei Zeitabschnitte (1888, 1903 und 1918) entsprechen den drei Romanteilen. Der preußische Offizier Pasenow, der rheinische Kleinbürger und Buchhalter Esch und der skrupellose elsässische Geschäftsmann Huguenau sind die Hauptpersonen der Trilogie. Der Opportunist Huguenau, ein Mensch ohne Moral, verkörpert zwar als „Tiefpunkt" die neue Epoche, in der es kein verbindliches Wertesystem mehr gibt, doch der Werteverlust manifestiert sich in allen Personen. „Der soziale Querschnitt, der in den drei Bänden gezogen ist, offenbart fast in allen Charakteren sich als Nazi-Nährboden." (Hermann Broch)

Hermann Broch

Während die ersten zwei Romane noch traditionell erzählt sind, zerstört Broch im dritten Roman die epische Form. Er ersetzt Abfolge durch Gleichzeitigkeit und montiert parallel verlaufende Einzelgeschichten, lyrische Teile, dramatische Passagen und einen geschichtsphilosophischen Exkurs („Der Zerfall der Werte") zusammen. Dieses **offene Erzählsystem**, in dem Handlungs-, Reflexions- und Kommentarebene den Roman ergeben, ist das erste Beispiel für Brochs Poetik des **polyhistorischen Romans**.

Brochs Hauptthemen sind Zeitanalysen (der Zerfall aller Werte) und die Frage der Wirkung von Kunst in der Krisenzeit. Der im Exil 1944 in der fünften Fassung abgeschlossene historische Roman *Der Tod des Vergil* zeigt den antiken Dichter am Ende einer Kulturepoche. Der todkranke Vergil will die „Äneis", sein Hauptwerk, vernichten, weil er von der Nutzlosigkeit von Dichtung überzeugt ist. In einem großen inneren Monolog beschreibt Hermann Broch die Reflexionen und Traumvisionen des fieberkranken Vergil, seine letzte Nacht und den darauffolgenden Tag bis zu seinem Tod. Im letzten Teil des Romans, einem Gespräch zwischen Vergil und Kaiser Augustus, übergibt Vergil diesem sein Manuskript.

Franz Werfel

Verdächtig ist vieles an diesem Autor. Verdächtig ist sein Erfolg zu Lebzeiten und nach seinem Tode, verdächtig sein Hang zum Katholizismus, wo er doch Jude war, verdächtig sein Idealismus, der zwischen kindlicher Ernsthaftigkeit und ernsthaftem Pathos schwankt, verdächtig seine allzu glatte, gefällige Art zu schreiben. Franz Werfel wählte mit enormer Unbekümmertheit seine Themen zur Unzeit, ohne sich allzu sehr um hehre Fragen der Theorie und der dichterischen Integrität zu kümmern.

Diese Bemerkung von Silvia Matras zum Werfel-Symposion 1990 in Wien beleuchtet schlaglichtartig Werfels literarisches Werk. Einerseits ist er höchst erfolgreich und beim Publikum beliebt, auch heute noch, andererseits ist er bei Schriftstellerkollegen seiner Zeit wegen seiner pathetischen und gefühlsgeladenen Sprache umstritten. Karl Kraus' vernichtende Bemerkung zur Lyrik Werfels der 20er-Jahre „Und die Gefühle gehen wie geschmiert" ist nur eine gehässige Variante der Kritik.

Franz Werfel (1920)

Franz Werfel (1890–1945) beginnt als expressionistischer Lyriker und schreibt dann Dramen und Romane. Ihn interessieren historische Ereignisse und Charaktere, Glaubensprobleme und Taten gegen den Wertezerfall. Teilweise entstehen Werke unter dem Einfluss der Psychoanalyse: *Nicht der Mörder, der Ermordete ist schuldig* (1920), *Der Tod des Kleinbürgers* (1926), *Der Abituriententag* (1928). Der Roman *Die vierzig Tage des Musa Dagh* (1933), der den Freiheitskampf der Armenier beschreibt, begründet Werfels Ruhm in Amerika. Der Legendenroman *Das Lied von Bernadette* (1941) erzählt sachlich und wirklichkeitsgetreu im Wesentlichen nach vorhandenen Quellen die Geschichte des Bauernmädchens Bernadette Soubirous, der Heiligen von Lourdes, und wird ein Welterfolg. Werfel verfasst den Roman, weil er in Lourdes ein Gelübde abgelegt hat, ein Buch über Bernadette zu schreiben, wenn er den Nazis entkäme.

Werfel ist ein ungemein produktiver Schriftsteller: Sein Gesamtwerk umfasst 15 Dramen, sehr viele Novellen und Essays sowie elf Romane (davon zwei unvollendet). Er stirbt 1945 im Exil in Beverly Hills (Kalifornien).

Stefan Zweig

Novellen, die psychisch-emotionale Prozesse beschreiben, und viele biografische Essays kennzeichnen das Hauptwerk **Stefan Zweigs** (1881–1942); hervorzuheben ist die *Schachnovelle* (1942). Das pazifistische Drama *Jeremias* (uraufgeführt 1918) begründet seinen Ruf als humanistischer Europäer.

Stefan Zweig (1931)

1934 emigriert er nach England, später nach Brasilien. In seinem letzten Werk, der Autobiografie *Die Welt von Gestern* (1942), beschreibt Zweig in einer teilweise etwas verklärenden Tendenz das alte Europa, das er kannte. Trotz großer ökonomischer Erfolge zerbricht er am Exil und an seinen Depressionen. Er begeht zusammen mit seiner Frau Lotte in Petropolis bei Rio de Janeiro Selbstmord.

Ödön von Horváth

Die Volksstücke **Ödön von Horváths** (1901–1938) stellen das Kleinbürgertum dar, dessen Mentalität durch seine Sprache (Phrasen, Klischees, Sprüche ...) ▶ Seite 214 f. entlarvt wird. Das Elend des Kleinbürgertums in der Zwischenkriegszeit, ein idealer Nährboden für den Faschismus, wird in Horváths letztem Roman *Ein Kind unserer Zeit* (geschrieben 1937) dargestellt. Horváth lässt einen Soldaten arglos monologisieren; seine dummen Phrasen und menschenverachtenden Parolen entlarven parodistisch einen militanten Nationalismus. Im Roman *Jugend ohne Gott* (1937) sagt der Altphilologe Julius Caesar: „Es kommen kalte Zeiten, das Zeitalter der Fische. [...] Die Erde dreht sich in das Zeichen der Fische hinein. Da wird die Seele des Menschen unbeweglich wie das Antlitz eines Fisches." Ein emotionsloser kalter Mensch mit „Fischaugen" ist auch der Schüler T., der seinen Mitschüler N. auf einem Wehrertüchtigungslager ermordet. Vom Lehrer in die Enge getrieben, begeht T. schließlich Selbstmord. Schuld an der Verrohung der Jugendlichen ist der Staat, der Erziehung zu absoluter Disziplin, zu Gewalt und Rassismus – nationalsozialistischen Idealen – verordnet.

Jura Soyfer

Gedichte, Lieder und Stücke für Wiener Kleinkunstbühnen schreibt der im KZ Buchenwald ermordete **Jura Soyfer** (1912–1939). In seinen „Mittelstücken" (kürzere Theaterstücke) verwendet er Elemente des Wiener Volkstheaters für politische Satire und versucht, die Zensur zu umgehen. Im Stück *Der Lechner Edi schaut ins Paradies* (1936) knüpft er an die Raimundsche Zauberposse an. Durch Zauberei macht der arbeitslose Edi Lechner eine Zeitreise bis zu seiner „Wiedererschaffung" im Paradies. Der Titel des Stücks *Der Weltuntergang oder Die Welt steht auf keinen Fall mehr lang* (1936) spielt auf Nestroy an.

Literarische Kontinuität

Arthur Schnitzler (1862–1931), **Hugo von Hofmannsthal** (1874–1929) ▸ Seite 276 ff. , **Robert Musil** (1880–1942) und **Karl Kraus** (1874–1936) sind Autoren, die aus der Zeit der Monarchie in die Republik hinein literarische Kontinuität verkörpern.

Arthur Schnitzler beschreibt auch nach 1918 psychologisch genau Einzelschicksale (*Traumnovelle*, 1926), zeichnet im Roman *Therese. Chronik eines Frauenlebens* (1928) vor einem zeitgeschichtlichen Hintergrund den gesellschaftlichen Abstieg einer unverheirateten Mutter.

Hugo von Hofmannsthals Hauptwerke der 20er-Jahre sind die Mysterienspiele *Das Salzburger große Welttheater* (1922) und *Der Turm* (2. Fassung, Druck 1927). 1920 werden die Salzburger Festspiele eröffnet, die Hugo von Hofmannsthal gemeinsam mit Max Reinhardt, Richard Strauss und anderen vorbereitet.

Karl Kraus

Die Fackel

Karl Kraus (1874–1936) gründet 1899 die Zeitschrift *Die Fackel*, die mit Unterbrechungen bis 1936 in 415 Heften mit einem Gesamtumfang von ca. 30 000 Seiten erscheint und fast völlig von ihm allein geschrieben wird. „Kein tönendes ‚Was wir bringen‘, aber ein ehrliches ‚Was wir umbringen‘, […] Trockenlegung des Phrasensumpfes" (*Die Fackel*, Nr. 1) ist Programm der Zeitschrift, die sich gesellschafts- und pressekritischer Themen annimmt. Karl Kraus will aufklären, besonders der Presse gegenüber ein kritisches Bewusstsein schaffen:

Karl Kraus

Werde mißtrauisch, und einer von der Druckerschwärze fast schon zerfressenen Cultur winkt die Errettung. Lasse den Zeitungsmenschen als Nachrichtenbringer und commerciellen Vermittler sich ausleben, aber peitsche ihm den frechen Wahn aus, daß er von einer Kanzel aus zu versammeltem Volke spreche und berufen sei, geistigen Werthen die Sanction zu ertheilen. Nimm das gedruckte Wort nicht ehrfürchtig für baare Münze! Denn deine Heiligen haben zuvor für das gedruckte Wort baare Münze genommen. (*Die Fackel*, Nr. 98)

• Wozu fordert Karl Kraus die LeserInnen auf? Was kritisiert er an der Presse?

Kraus' Arbeitsweise ist satirisch: Er übernimmt zum Beispiel Phrasen aus Zeitungen und kommentiert sie nur durch eine Überschrift, ein Ausrufe- oder Fragezeichen, hebt Einzelnes heraus. Die Phrasen entlarven sich dadurch selbst.

Antikriegsdrama *Die letzten Tage der Menschheit*

Dieses Antikriegsdrama, ein früher Vorläufer des Dokumentarstücks, erscheint in der Erstfassung 1918/19 in Sonderheften der *Fackel*, 1922 als erweiterte Buchfassung. Es stellt die Gesellschaft des Ersten Weltkriegs mit Techniken wie der Collage[1], des Filmschnitts, des Dokumentarismus, der Satire und der Allegorie dar:

Die unwahrscheinlichsten Taten, die hier gemeldet werden, sind wirklich geschehen; ich habe gemalt, was sie nur taten. Die unwahrscheinlichsten Gespräche, die hier geführt werden, sind

---

[1] Collage: Eine literarische Collage (frz. = Aufkleber) montiert Fremdtexte zu einem neuen Text zusammen. Das zitierte sprachliche Material ergibt in der Textmontage den neuen Text.

wörtlich gesprochen worden; die grellsten Erfindungen sind Zitate. Sätze, deren Wahnwitz unverlierbar dem Ohr eingeschrieben ist, wachsen zur Lebensmusik. Das Dokument ist Figur, Berichte erstehen als Gestalten, Gestalten verenden als Leitartikel; das Feuilleton bekam einen Mund, der es monologisch von sich gibt: Phrasen stehen auf zwei Beinen – Menschen behielten nur eines.

„Die Aufführung des Dramas, dessen Umfang nach irdischem Zeitmaß etwa zehn Abende umfassen würde, ist einem Marstheater zugedacht. Theatergänger dieser Welt vermöchten ihm nicht standzuhalten", schreibt Karl Kraus im Vorwort des Stücks. Über 1 000 Personen, viele aus der Zeitgeschichte (Wilhelm II., Kaiser Franz Joseph, Minister, Militärs, Dichter wie Ganghofer und Hofmannsthal), treten in 220 Szenen auf. Sie sprechen in Monologen, Dialogen, Telefongesprächen, Gedichten etc. Kraus montiert Texte

Die erste Nummer der *Fackel* (April 1899)

aus Dokumenten (Zeitungsberichte, Tagesmeldungen, Gerichtsurteile ...), die sich dadurch in ihrer Dummheit und Brutalität selbst entlarven.

Es gibt keine kontinuierliche Handlung, sondern nur Szenenfolgen, die aneinandergereiht werden und die die Wirklichkeit des Krieges verdeutlichen, den Untergang des Abendlands zeigen.

ReporterInnen und DichterInnen, die für die Presse arbeiten, stehen im Zentrum der krausschen Kritik. Sie macht er auch für den Kriegsausbruch bzw. für die Verlängerung des Kriegs mitverantwortlich. Die Journalisten betreiben reine Propaganda, die Wirklichkeit wird für die eigenen Zwecke verändert und schöngefärbt. Im folgenden Szenenausschnitt wird die Diktion der berüchtigten Kriegsberichterstatterin Alice Schalek beschrieben, die eine Stellung der Dolomitenfront besucht:

26. Szene
Südwestfront. Ein Stützpunkt auf einer Höhe von mehr als dritthalbtausend Meter. Der Tisch ist mit Blumen und Trophäen geschmückt.
[...]
(Man hört das Sausen von Geschoßen: Ssss – – –)
Die Schalek: Sss –! Das war eine Granate.
Der Offizier: Nein, das war ein Schrapnell. Das wissen Sie nicht?
Die Schalek: Es fällt Ihnen offenbar schwer, zu begreifen, daß für mich die Tonfarben noch nicht auseinanderstreben. Aber ich habe in der Zeit, die ich draußen bin, schon viel gelernt, ich werde auch das noch lernen. – Mir scheint, die Vorstellung ist zu Ende, Wie schade! Es war erstklassig.
Der Offizier: Sind Sie zufrieden?
Die Schalek: Wieso zufrieden? Zufrieden ist gar kein Wort! Nennt es Vaterlandsliebe, ihr Idealisten; Feindeshaß, ihr Nationalisten; nennt es Sport, ihr Modernen; Abenteuer, ihr Romantiker; nennt es Wonne der Kraft ihr Seelenkenner – i c h nenne es frei gewordenes Menschentum.
Der Offizier: Wie nennen Sie es?
Die Schalek: Frei gewordenes Menschentum.
Der Offizier: Ja wissen Sie, wenn man nur wenigstens alle heiligen Zeiten einmal Urlaub bekäme!
Die Schalek: Aber dafür sind Sie doch durch die stündliche Todesgefahr entschädigt, da erlebt

man doch was! Wissen Sie, was mich am meisten interessiert? Was denken Sie sich, was für Empfindungen haben Sie? Es ist erstaunlich, wie leicht die Männer auf dritthalbtausend Meter
25 nicht nur ohne die Hilfe von uns Frauen, sondern auch ohne uns selbst fertig werden.
Eine Ordonnanz (kommt): Melde gehorsamst, Herr Leutnant, Zugsführer Hofer ist tot.
Die Schalek: Wie einfach der einfache Mann das meldet! Er ist blaß wie ein weißes Tuch. Nennt es Vaterlandsliebe, Feindeshaß, Sport, Abenteuer oder Wonne der Kraft – i c h nenne es frei gewordenes Menschentum. Ich bin vom Fieber des Erlebens gepackt. Herr Leutnant, also sa-
30 gen Sie, was denken Sie sich jetzt, was für Empfindungen haben Sie?
(Verwandlung.)

- Formulieren Sie, mit welchen Mitteln Karl Kraus die Kriegsberichterstatterin kritisiert!

Robert Musil

Biografie

Zu Lebzeiten wird Robert Musil (1880–1942) die Anerkennung verweigert, sieht man von dem Achtungserfolg der Novelle *Die Verwirrungen des Zöglings Törleß* ab. Nach Kriegsende kommt er, der im Schweizer Exil vom Existenzminimum leben muss, posthum zu Ehren. Seine Werke werden in großen Auflagen gedruckt, es findet eine spektakuläre Rezeption seiner Werke statt, die durch die Neuausgabe des Romans *Der Mann ohne Eigenschaften* ausgelöst wird. Dieser Roman wird nun oft zitiert, wiewohl auch wenig gelesen, da sich die 1 500 Seiten einem schnellen Konsum widersetzen.

Robert Musil

Musil, er ist studierter Maschinenbauer und promovierter Philosoph, schlägt die Sicherheit eines bürgerlichen Berufs aus, entscheidet sich für die Karriere als freier Schriftsteller und damit für lebenslängliche finanzielle Schwierigkeiten. Sein zweites Buch *Vereinigungen* erweist sich bereits als Misserfolg, sowohl finanziell als auch bei der Kritik, die vom *Törleß* begeistert gewesen ist. Nach 1923 gilt Musils ganze Kraft seinem neuen Roman **Der Mann ohne Eigenschaften**, der trotz der 20 Jahre dauernden Arbeit ein Fragment bleibt.

Es ist fast unmöglich, die Handlung dieses Romans zusammenzufassen, sie ist auch nur Ausgangspunkt für ein riesiges Panorama einer Verfallszeit. Musil meint selbst: „Die Geschichte dieses Romans kommt darauf hinaus, dass die Geschichte, die in ihm erzählt werden sollte, nicht erzählt wird." Der Roman ist gleichzeitig Stoff, ironisch-ernster Kommentar und subtile Analyse.

*Ulrich, der Mann ohne Eigenschaften, gibt seinen Beruf auf, nachdem er als Offizier, Ingenieur und Mathematiker gescheitert ist. Er versucht sich nun für die geistig-politische Führung Österreich-Ungarns einzusetzen. Dieser Versuch ist mitbestimmt von der „Parallelaktion", in der sich die führenden Kreise in Wien um die Vorbereitung einer großen Volksfeier zum Kaiserjubiläum 1918 bemühen und vergeblich nach leitenden Ideen suchen. Dem bevorstehenden 30. Regierungsjubiläum Kaiser Wilhelms II. soll in Österreich etwas entgegengesetzt werden, aber im Komitee herrscht totale Konfusion.
Als Mitarbeiter dieses Unternehmens kommt Ulrich mit allen wichtigen Persönlichkeiten, Ideen und*

Institutionen dieser Zeit in Wien zusammen. Sowie sich das Unternehmen als sinnlos und wenig erfolgversprechend herausstellt, zieht Ulrich sich zurück. Schließlich glaubt er, sein Leben in der Liebe zu seiner unglücklich verheirateten Schwester Agathe neu ordnen zu können. Aber auch diese Form eines „anderen Zustands", der Versuch, alle herrschenden sozialen Normen zu negieren, scheitert, und er zieht in den Krieg.

Schauplatz des Romans ist die k. u. k. Monarchie, Musil nennt sie „Kakanien", die nach dem Ersten Weltkrieg aufhört zu existieren. Auch Erscheinungen der Ersten Republik, des Austrofaschismus, des deutschen Nationalsozialismus und des Zweiten Weltkrieges werden verarbeitet.

Die Figuren des Romans verkörpern verschiedene Machtgruppen, Denkweisen, Ideologien oder Weltanschauungen. Mann „ohne Eigenschaften" bedeutet, dass die Identifikation mit sich selbst fehlt. Darum versucht Ulrich auch verschiedene Utopien, um einen „anderen Zustand" zu erreichen, in dem er sich akzeptieren kann:

In wundervoller Schärfe sah er, mit Ausnahme des Geldverdienens, das er nicht nötig hatte, alle von seiner Zeit begünstigten Fähigkeiten und Eigenschaften in sich, aber die Möglichkeit ihrer Anwendung war ihm abhanden gekommen.

Um diese Anwendungsmöglichkeiten ringt er nun, und Musil ringt mit ihm. Als er 1942 stirbt, arbeitet er immer noch am *Mann ohne Eigenschaften*. Der Romananfang soll einen Aspekt von Musils Erzählweise zeigen:

Über dem Atlantik befand sich ein barometrisches Minimum; es wanderte ostwärts, einem über Russland lagernden Maximum zu, und verriet noch nicht die Neigung, diesem nördlich auszuweichen. Die Isothermen und Isotheren[2] taten ihre Schuldigkeit. Die Lufttemperatur stand in einem ordnungsgemäßen Verhältnis zur mittleren Jahrestemperatur, zur Temperatur
5   des kältesten wie des wärmsten Monats und zur aperiodischen monatlichen Temperaturschwankung. Der Auf- und Untergang der Sonne, des Mondes, der Lichtwechsel des Mondes, der Venus, des Saturnringes und viele andere bedeutsame Erscheinungen entsprachen ihrer Voraussage in den astronomischen Jahrbüchern. Der Wasserdampf in der Luft hatte seine höchste Spannkraft, und die Feuchtigkeit der Luft war gering. Mit einem Wort, das das Tat-
10. sächliche recht gut bezeichnet, wenn es auch etwas altmodisch ist: Es war ein schöner Augusttag des Jahres 1913.

• Welche zwei Sichtweisen werden gegenübergestellt?

Nicht nur die Zeit, auch Personen werden ironisch vorgestellt:

Sie gehörten ersichtlich einer bevorzugten Gesellschaftsschicht an, waren vornehm in Kleidung, Haltung und in ihrer Art, wie sie miteinander sprachen, trugen die Anfangsbuchstaben ihrer Namen bedeutsam auf ihre Wäsche gestickt, und ebenso, das heißt nicht nach außen gekehrt, wohl aber in der feinen Unterwäsche ihres Bewußtseins, wußten sie, wer sie seien
5   und daß sie sich in einer Haupt- und Residenzstadt auf ihrem Platze befanden. Angenommen, sie würden Arnheim und Ermelinda Tuzzi heißen, was aber nicht stimmt, denn Frau Tuzzi be-

---

[2] Isothermen, Isotheren: Verbindungslinie zwischen Orten gleicher Temperaturen (auf Wetterkarten); Verbindungslinie von Punkten gleicher mittlerer Sonnenwärme

fand sich im August in Begleitung ihres Gatten in Bad Aussee und Dr. Arnheim noch in Konstantinopel, so steht man vor dem Rätsel, wer sie seien.

- Arnheim und Tuzzi sind wichtige Personen in dem Roman. Wie werden sie eingeführt?
- Wie empfinden Sie die „Vorstellung"? Welche Lesererwartung erfüllt Musil nicht?

Joseph Roth

Biografie

Joseph Roth (1894–1939) wird in Brody (Galizien) als Sohn jüdischer Eltern geboren. Seine galizische Heimat bildet auch den Hintergrund in den Romanen *Radetzkymarsch* und *Juden auf Wanderschaft*. Trotzdem meint er: „Mein stärkstes Erlebnis war der Krieg und der Untergang meines Heimatlands, des Einzigen, das ich je besessen: der österreichisch-ungarischen Monarchie." Aus dieser Bemerkung kann man die Orientierungslosigkeit erkennen, die sein Leben und sein Werk kennzeichnet. Seine Familienverhältnisse sind schwierig, der Vater verlässt die Familie und stirbt in geistiger Umnachtung. Roth kommt unter die Vormundschaft seines Onkels, unter dieser Abhängigkeit leidet er sehr. Zu seiner Mutter hat er ein ambivalentes Verhältnis, sie versucht ihn vor den Schwierigkeiten des Lebens zu bewahren. Auf diese Familiensituation reagiert Roth mit komplizierten Beziehungen zu Frauen, Depressionen und Alkoholismus.

Joseph Roth

Nach dem Gymnasium in Brody studiert er in Wien, bricht 1916 das Studium ab und wird Freiwilliger in der k. u. k. Armee. Der Tod Kaiser Franz Josephs und dessen Begräbnis hinterlassen bei Roth unauslöschliche Eindrücke, die er in *Radetzkymarsch* und *Die Kapuzinergruft* verarbeitet.

Als Korrespondent unterwegs

Ab 1919 ist er Journalist in Wien und Berlin; Feuilletons, Glossen[3] und Berichte bestimmen seine literarische Tätigkeit. Roth ist ab nun jahrelang als Korrespondent unterwegs. Er ist linksorientiert, wobei seine Triebfeder das Mitleid ist, er sucht Ordnung, Humanität und Geborgenheit. 1922 arbeitet er für die Zeitschrift *Vorwärts*, er nimmt Partei für das Proletariat, unterschreibt seine Artikel mit „roter Joseph".

1923 erscheint *Das Spinnennetz*, es gehört zu den ersten literarisch bemerkenswerten Werken, in denen Hitler als Leit- und Vorbild der Hauptfigur vorkommt, die dementsprechend negativ gestaltet ist. Im nächsten Jahr wird *Hotel Savoy* in der *Frankfurter Zeitung* abgedruckt, ein Ichroman aus der Sicht eines nach dem Westen wandernden Ostjuden, eines Entwurzelten, eines „Hotelnomaden", für den Roth selbst das Vorbild ist. Als Leitmotiv gilt: „Mit einem Hemd konnte man im Hotel Savoy anlangen und es verlassen als Gebieter von zwanzig Koffern."

1925 bricht Roth seine Tätigkeit bei *Vorwärts* aus Enttäuschung über die deutsche Sozialdemokratie ab und schreibt für die *Frankfurter Zeitung* unpolitische Beiträge, hauptsäch-

---

[3] Glosse: journalistische Textsorte, bei der ein Ereignis in aller Kürze kritisch und hart kommentiert wird, bei der Spott und Häme dominieren können

lich Filmbesprechungen und Reisebilder. Als Reisekorrespondent lernt er Frankreich und Russland kennen. Von Russland ist er enttäuscht, die Proletarier haben sich zu spießigen Kleinbürgern entwickelt. Er kommt zur Erkenntnis, dass die Veränderung der ökonomischen Grundlagen nicht unbedingt auch eine Erneuerung im geistigen Leben garantiert. Aus dem engagierten, optimistischen Sozialisten wird ein Mann von Resignation.

Durch die Geisteskrankheit seiner Frau entstehen finanzielle Schwierigkeiten, Roth vereinsamt zusehends, gibt sich dem Alkohol hin. Er nimmt eine Stelle bei der national gesinnten *Münchner Zeitung* an.

Emigration

1933 emigriert Roth nach Paris, er ist sich der Gefahr, die nicht nur ihm droht, völlig bewusst. In einem Brief an Stefan Zweig schreibt er:

> Inzwischen wird Ihnen klar sein, daß wir großen Katastrophen zutreiben. Abgesehen von den privaten – unsere literarische und materielle Existenz ist ja vernichtet – führt das Ganze zum neuen Krieg. […] Machen Sie sich keine Illusionen. Die Hölle regiert.

Er arbeitet als Journalist verstärkt gegen den Nationalsozialismus.

Inzwischen ist Roth ein menschliches Wrack, immer mehr dem Alkohol verfallen, und sucht Halt im intakten System des Katholizismus. Er sieht eine Rettungsmöglichkeit Österreichs vor dem Faschismus in der Wiedereinführung der Habsburgermonarchie.

Die Annexion Österreichs ist für Roth ein schwerer Schlag, er organisiert Hilfsaktionen für österreichische Flüchtlinge.

1939 stirbt Roth in einem Pariser Armenspital.

Radetzkymarsch

In diesem Roman wird das Schicksal der Familie Trotta parallel zum Untergang der Habsburgermonarchie gestaltet. Roth beschreibt das Leben dreier Generationen im Zeitraum von 1859 bis 1916; im Vertreter der letzten Generation kündigt sich der innere und äußere Zerfall der Monarchie an. Der Roman ist eine verklärende Darstellung des Kaiserreichs, in dem aber auch die Notwendigkeit des Endes sichtbar wird.

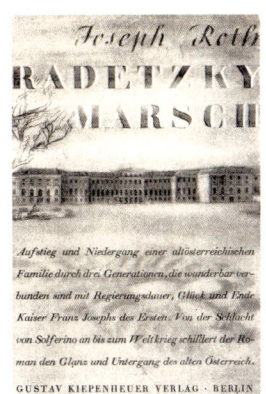

Umschlag des Romans
Radetzkymarsch (1932)

In der Schlacht bei Solferino 1859 rettet Leutnant Trotta dem jungen Kaiser das Leben und wird deshalb befördert, ausgezeichnet und geadelt. Trotta entfremdet sich damit der bäuerlichen Umgebung, der er entstammt. Als er später in einem Lesebuch eine verfälschte Darstellung seiner Heldentat liest, wehrt er sich gegen die Verzerrung der Wahrheit, beschwert sich und nimmt seinen Abschied, als seine Beschwerde erfolglos bleibt. Nur der Kaiser zeigt bei einer Audienz Verständnis.

Der Sohn des Leutnants wird Beamter und Bezirkshauptmann in Mähren. Durch sein Pflichtbewusstsein und seine spartanische Haltung wird er zum eigentlichen Helden des Romans. Sein Vorbild ist der Kaiser, dem er nachzueifern versucht. Er verbraucht sein Leben in der Reproduktion des Herrscherlebens, er sieht dem Kaiser sogar ähnlich. Seine ganze Liebe gilt seinem Sohn Carl Joseph, der zunächst in der Kavallerie dient und der mit einer sicheren Karriere rechnen könnte, da der Kaiser über ihn wacht. Aber der junge Trotta fühlt sich der Erwartungshaltung seines Vaters nicht gewachsen.

Der polnische Graf Chojnicki sieht die Situation der Monarchie klar:

Mit großer Anstrengung brachte Herr von Trotta noch die Frage zustande: „Ich verstehe nicht! Wie sollte die Monarchie nicht mehr dasein?"

„Natürlich!" erwiderte Chojnicki, „wörtlich genommen, besteht sie noch. Wir haben noch eine Armee […] und Beamte. […] Aber sie zerfällt bei lebendigem Leibe. Sie zerfällt, sie ist schon

5 verfallen! Ein Greis, dem Tode geweiht, von jedem Schnupfen gefährdet, hält den alten Thron, einfach durch das Wunder, daß er auf ihm noch sitzen kann. Wie lange noch, wie lange noch? Die Zeit will uns nicht mehr! Diese Zeit will sich erst selbständige Nationalstaaten schaffen! Man glaubt nicht mehr an Gott. Die neue Religion ist der Nationalismus. Die Völker gehen nicht mehr in die Kirchen. Sie gehn in nationale Vereine. Die Monarchie, unsere Monarchie

10 ist gegründet auf der Frömmigkeit: auf dem Glauben, daß Gott die Habsburger gewählt hat, über so und so viel christliche Völker zu regieren. Unser Kaiser ist ein weltlicher Bruder des Papstes […], keine andere Majestät in Europa so abhängig von der Gnade Gottes. […] Der deutsche Kaiser regiert, wenn Gott ihn verläßt, immer noch; eventuell von der Gnade der Nation. Der Kaiser von Österreich-Ungarn darf nicht von Gott verlassen werden. Nun aber hat

15 ihn Gott verlassen!"

- Warum ist Choijnicki vom Untergang der Monarchie überzeugt?

Carl Joseph findet nach außen hin nur mehr Halt in der Uniform. Seine Beziehungen zu Frauen enden in Konflikten und Schuldgefühlen. Traurig als Liebhaber, Soldat, Spieler und Trinker, fällt er 1914 zu Beginn des galizischen Feldzugs. Der Bezirkshauptmann kann den Tod seines Sohnes nie überwinden und stirbt fast gleichzeitig mit dem Kaiser: „… sie konnten beide Österreich nicht überleben."

Der *Radetzkymarsch* ist keine Darstellung von historischer und gesellschaftlicher Wirklichkeit, vielmehr wird ein verlorenes Paradies betrauert, das nicht existiert hat. In diesem Roman, wie auch im Leben Roths, zeigt sich seine emotionale Art, mit Politik umzugehen.

Franz Kafka

Biografie

Franz Kafka (1883–1924) wird in der Prager Altstadt als Sohn des jüdischen Kaufmanns Hermann Kafka geboren. Die Stadt Prag bleibt für sein Leben und sein Werk prägend. In der Hauptstadt Böhmens leben drei Gruppierungen nebeneinander: Tschechen, Deutsche und Juden. Die Deutschen nehmen eine gesellschaftlich wichtige Position ein, bei ihnen sammelt sich das Kapital, in ihren Händen befinden sich die kulturellen Einrichtungen, obwohl sie nur eine Minderheit von 7% der Gesamtbevölkerung Prags stellen. Die Juden leben zunächst im Getto, das dann geschleift wird. Hartmut Binder, ein Kafkaforscher, stellt fest, dass Kafka in einem dreifachen Getto lebt:

Franz Kafka

Als Prager war er auf dieser deutschen Sprachinsel vom lebendigen Strom seiner Muttersprache abgeschnitten, als Deutschsprechender vom ihn umgebenden tschechischen Volkstum und seiner Kultur isoliert und als Jude wiederum von den in dieser Stadt lebenden nichtjüdischen Österreichern und ihrer Lebensart distanziert, die dort die Oberschicht bildeten.

Kafka besucht ein deutsches Gymnasium, studiert auf Wunsch des Vaters Jus und promoviert 1906. Er arbeitet sehr erfolgreich, aber todunglücklich als Beamter in einer Versicherungsanstalt. („Mein Posten ist mir unerträglich, weil er meinem einzigen Verlangen und meinem einzigen Beruf, das ist der Literatur, widerspricht.") Zeit seines Lebens leidet er unter dem Zwiespalt zwischen Beruf und Familie einerseits und dem Schreiben andererseits, was einen stetigen Kampf um die Selbsterhaltung bedeutet. Am Tag arbeitet er, in der Nacht, in Zuständen zwischen Schlafen und Wachen, schreibt er.

Eine starke Bindung an seinen „übermächtigen" Vater beeinflusst Kafka sein ganzes Leben lang. Der Vater, selbst vital, selbstbewusst und tyrannisch, bringt für seinen kränklichen und schwächlichen Sohn wenig Verständnis auf. Die „Hassliebe" zu seinem Vater spiegelt sich in vielen seiner Werke wider, in denen dieser in unterschiedlicher Gestalt (als Türhüter, Wächter, Polizist oder grausamer Vater) auftritt.

Kafkas Beziehungen zu Frauen gestalten sich schwierig. Dreimal ver- und entlobt er sich. Eine tiefe Freundschaft verbindet ihn mit Milena Jesenská, die seine Werke ins Tschechische übersetzt. Die Darstellung von Frauen in seinen Werken entspricht den Problemen, die Kafka im Leben mit ihnen hat. Sie werden als Mittel benutzt, um ans Ziel zu kommen, sie sind selbstsüchtige, unfrauliche Geschöpfe, die Vermittlerinnen zur Welt des Bösen darstellen. Von Liebe ist nie die Rede.

An seinem 34. Geburtstag erleidet Kafka einen Blutsturz. Es stellt sich heraus, dass er an Lungentuberkulose leidet, an der er nach einigen Kuren auf dem Land schließlich in einem Sanatorium bei Wien stirbt.

Milena Jesenská

Nur ein kleiner Teil seines Werks wird zu Kafkas Lebzeiten veröffentlicht, weil er dagegen ist. Erst nach seinem Tod besorgt sein Freund **Max Brod** die Herausgabe der Werke.

Themen, die Kafka immer wieder behandelt, sind:

- Auseinandersetzung mit dem Vaterbild: Sie wird zum Teil offen, zum Teil verdeckt geführt.
- Das Labyrinthische: Die „Helden" seiner oft sehr kurzen Texte verirren, verstricken sich in Gängen, in Gestrüppen, Dachböden und finden nicht mehr hinaus.
- Das Bedrohliche im Alltagsleben: Unvermittelt erscheinen vertraute Dinge unheimlich, etwa eine Wohnung, ein Zimmer, ein Garten.
- Die „Helden" gelangen nie ans Ziel: Es gibt eine Hierarchie von Instanzen, die man zu Lebzeiten gar nicht durchlaufen kann. Sie hindert die Protagonisten, zu denjenigen Stellen vorzudringen, die für sie zuständig zu sein scheinen.
- Das Irrationale bricht unvermittelt, unbestaunt und unreflektiert ins normale Leben ein: Verwandlungen in einen Käfer oder eine Brücke werden als selbstverständlich hingenommen.

Gibs auf

Es war früh am Morgen, die Straßen rein und leer, ich ging zum Bahnhof. Als ich eine Turmuhr mit meiner Uhr verglich, sah ich, daß es schon viel später war, als ich geglaubt hatte, ich mußte mich sehr beeilen, der Schrecken über diese Entdeckung ließ mich im Weg unsicher werden, ich kannte mich in dieser Stadt noch nicht sehr gut aus, glücklicherweise war ein Schutzmann 5 in der Nähe, ich lief zu ihm und fragte ihn atemlos nach dem Weg. Er lächelte und sagte: „Von mir willst du den Weg erfahren?" „Ja", sagte ich, „da ich ihn selbst nicht finden kann." „Gibs auf, gibs auf", sagte er und wandte sich mit einem großen Schwunge ab, so wie Leute, die mit ihrem Lachen allein sein wollen.

- Beschreiben Sie das Gefühl, das Sie beim Lesen des Textes haben!
- Welche Erwartungshaltung wird in diesem Text vom Schutzmann nicht erfüllt? Welches Wort unterstreicht die Erwartungshaltung noch?
- Welche Themen, die oben angeführt werden, können Sie in diesem kurzen Text entdecken?

Die Verwandlung (Textausschnitt)

Als Gregor Samsa eines Morgens aus unruhigen Träumen erwachte, fand er sich in seinem Bett zu einem ungeheuren Ungeziefer verwandelt. Er lag auf seinem panzerartig harten Rücken und sah, wenn er den Kopf ein wenig hob, seinen
5   gewölbten, braunen, von bogenförmigen Versteifungen geteilten Bauch, auf dessen Höhe sich die Bettdecke, zum gänzlichen Niedergleiten bereit, kaum noch erhalten konnte. Seine vielen, im Vergleich zu seinem sonstigen Umfang kläglich dünnen Beine flimmerten ihm hilflos vor den Augen.
10 „Was ist mit mir geschehen?" dachte er. Es war kein Traum.

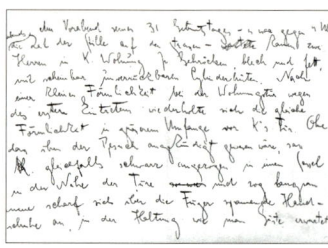

Autograph Franz Kafkas: Schlusskapitel seines Romans *Der Prozeß*

Die Brücke (Textausschnitt)

Ich war steif und kalt, ich war eine Brücke, über einem Abgrund lag ich. Diesseits waren die Fußspitzen, jenseits die Hände eingebohrt, in bröckelndem Lehm habe ich mich festgebissen. [...] Gegen Abend im Sommer, [...] da hörte ich einen Mannesschritt! Zu mir, zu mir. – [...] Er kam, mit der Eisenspitze seines Stockes beklopfte er mich, dann hob er mit ihr meine Rockschö-
5   ße und ordnete sie auf mir. In mein buschiges Haar fuhr er mit der Spitze und ließ sie, wahrscheinlich wild umherblickend, lange darin liegen. Dann aber – gerade träumte ich ihm nach über Berg und Tal – sprang er mit beiden Füßen mir mitten auf den Leib. [...] Wer war es? Ein Kind? Ein Traum? [...] Und ich drehte mich um, ihn zu sehen. – Brücke dreht sich um! Ich war noch nicht umgedreht, da stürzte ich schon, ich stürzte und schon war ich zerrissen und aufge-
10 spießt von den zugespitzten Kieseln, die mich immer so friedlich aus dem rasenden Wasser angestarrt hatten.

- Was überrascht Sie an den beiden Textausschnitten? Welche Ähnlichkeiten können Sie mit *Gibs auf* feststellen?

Brief an den Vater (Textausschnitt)

Liebster Vater,
du hast mich letzthin einmal gefragt, warum ich behaupte, ich hätte Furcht vor Dir. Ich wußte, wie gewöhnlich, nichts zu antworten, zum Teil eben aus der Furcht, die ich vor Dir habe, zum Teil deshalb, weil zur Begründung dieser Furcht zu viele Einzelheiten gehören, als daß ich sie
5   im Reden halbwegs zusammenhalten könnte. Und wenn ich hier versuche, Dir schriftlich zu antworten, so wird es doch nur sehr unvollständig sein, weil auch im Schreiben die Furcht und die Folgen mich dir gegenüber behindern. [...]
Dir hat sich die Sache immer sehr einfach dargestellt, wenigstens soweit Du vor mir und, ohne Auswahl, vor vielen andern davon gesprochen hast. Es schien Dir etwa so zu sein: Du hast Dein
10 ganzes Leben lang schwer gearbeitet, alles für Deine Kinder, vor allem für mich geopfert, ich habe infolgedessen „in Saus und Braus" gelebt, habe vollständige Freiheit gehabt zu lernen,

was ich wollte, habe keinen Anlaß zu Nahrungssorgen, also zu Sorgen überhaupt gehabt; Du hast dafür keine Dankbarkeit verlangt, Du kennst „die Dankbarkeit der Kinder", aber doch wenigstens irgendein Entgegenkommen, Zeichen eines Mitgefühls; statt dessen
15 habe ich mich seit jeher vor Dir verkrochen, in mein Zimmer, zu Büchern, zu verrückten Freunden, zu überspannten Ideen. [...]
Ich war ein ängstliches Kind; trotzdem war ich gewiß auch störrisch, wie Kinder sind; gewiß verwöhnte mich die Mutter auch, aber ich
20 kann nicht glauben, daß ich schwer lenkbar war, ich kann nicht glauben, daß ein freundliches Wort, ein stilles Bei-der-Hand-Nehmen, ein guter Blick mir nicht alles hätten abfordern können, was man wollte. Du bist ja im Grunde ein gütiger und weicher Mensch, [...] ich rede ja nur von der Erscheinung, in der Du auf das Kind wirktest, aber

Die Eltern: Hermann und Julie Kafka

25 nicht jedes Kind hat die Ausdauer und Unerschrockenheit, so lange zu suchen, bis es zur Güte kommt. Du kannst ein Kind nur behandeln, wie Du eben selbst geschaffen bist, mit Kraft, Lärm und Jähzorn, und in diesem Fall schien Dir das auch noch überdies deshalb sehr gut geeignet, weil Du einen kräftigen mutigen Jungen in mir aufziehen wolltest. [...]
Das war damals ein kleiner Anfang nur, aber dieses mich oft beherrschende Gefühl der Nich-
30 tigkeit stammt vielfach von Deinem Einfluß. Ich hätte ein wenig Aufmunterung, ein wenig Freundlichkeit, ein wenig Offenhalten meines Weges gebraucht, statt dessen verstelltest Du mir ihn in der guten Absicht freilich, daß ich einen anderen Weg gehen sollte. Aber dazu taugte ich nicht. [...]
Damals und damals überall hätte ich die Ermunterung gebraucht. Ich war ja schon niederge-
35 drückt durch Deine bloße Körperlichkeit. Ich erinnere mich zum Beispiel daran, wie wir uns öfters zusammen in einer Kabine auszogen. Ich mager, schwach, schmal, Du stark, groß, breit. Schon in der Kabine kam ich mir jämmerlich vor, und zwar nicht vor Dir, sondern vor der ganzen Welt, denn Du warst für mich das Maß aller Dinge. Traten wir dann aber aus der Kabine vor die Leute hinaus, ich an Deiner Hand, ein kleines Gerippe, unsicher, bloßfüßig auf den Planken,
40 in Angst vor dem Wasser.

- Wie würden Sie Kafkas Beziehung zu seinem Vater beschreiben? Worin liegen die Gründe für die Minderwertigkeitsgefühle des Sohnes? Zitieren Sie entsprechende Textstellen.
- Was hat Hermann Kafka aus der Sicht des Sohnes in der Erziehung falsch gemacht?

Kafkas drei Romanfragmente *Der Prozess* (1912–14), *Amerika* (1911/12) und *Das Schloss* (1922) haben ähnliche Handlungsschemata. Die Hauptperson versucht an ein Ziel zu gelangen, scheitert aber, zum Teil an eigenen Unzulänglichkeiten, zum Teil an der Bürokratie, an einem „System von Abhängigkeiten", das nicht zu durchschauen ist.

Elias Canetti: *Die Blendung*

Bereits 1931 als Manuskript abgeschlossen, wird der Roman 1935 publiziert. 1948/49 gibt es eine Neuausgabe, aber erst die 3. Ausgabe 1963 findet breite Aufmerksamkeit.

Im Mittelpunkt steht der „reine Büchermensch" Kien, ein Sinologe (Chinaforscher) und Besitzer einer Bibliothek von 25 000 Werken. Die drei Teile des Romans zeigen die allmähliche Verwandlung Kiens in einen von Wahnideen besessenen Selbstmörder.

Im ersten Teil „Ein Kopf ohne Welt" schleicht sich die Außenwelt in der Gestalt der dummdreisten Haushälterin Therese allmählich in die geordnete Welt des Gelehrten ein. Teil 2 – „Kopflose Welt" – zeigt Kien in der Gesellschaft der Wiener Unterwelt. Der letzte Teil mit dem Titel „Welt im Kopf" bringt Kiens Bruder Georges als humane Gegenfigur ins Spiel, einen in Paris lebenden Psychiater, der den Wahnsinnigen retten will. Georges scheitert jedoch, Kien verbrennt sich und seine Bibliothek.

Elias Canetti (1972)

Die Figuren des Romans werden genau charakterisiert, ihre Sprache hat der aufmerksame Zuhörer Canetti (1905–1994) in Wiener Wirtshäusern und auf den Straßen eingefangen. Sprachkritik ist auch ein Thema des Romans. Die Kommunikation zwischen den Personen funktioniert nicht, sie monologisieren, wenn sie miteinander reden, was zu grotesken Missverständnissen führt. Jeder bleibt in seiner Sprachwelt eingeschlossen, Sprache bedeutet nicht mehr Mitteilung, sondern dient dazu, dass eigene Wünsche und Vorstellungen die Realität ersetzen. Daraus entspringen die Verwicklungen und Irrtümer des Romans.

Die Romanfiguren sind übertrieben und verallgemeinernd dargestellt, Kunstfiguren also. Der Hausbesorger des Hauses, in dem Kien wohnt, wird so beschrieben:

Von Bettlern und Hausierern blieb das Haus Ehrlichstraße 24 seit Jahren verschont. Der Hausbesorger lag in seinem Kabinett, gleich beim Flur, Tag für Tag auf der Lauer und fing verkommene Existenzen ab. Menschen, die in diesem Haus auf Mitleid rechneten, flößte das ovale Guckloch in normaler Höhe, unter dem *Portier* stand, eine Heidenangst ein. […] Doch ihre

5 Vorsicht war umsonst. […] Er hatte seine eigene, erprobte Methode. Als Polizeibeamter in Pension war er schlau und unentbehrlich. Wohl bekam er sie durch ein Guckloch zu Gesicht, aber nicht durch jenes, vor dem sie sich in acht nahmen.

Fünfzig Zentimeter über dem Boden hatte er die Mauer seines Kabinetts mit einem zweiten Guckloch durchbohrt. Hier, wo ihn niemand vermutete, kniete er und wachte. Die Welt be-

10 stand für ihn aus Hosen und Röcken. Die im Haus getragenen waren ihm wohl vertraut, fremde beurteilte er nach Fasson, Wert und Würde. Er hatte darin so viel Sicherheit erlangt wie früher im Verhaften. Selten irrte er sich. Tauchte ein Subjekt auf, so langte er, noch während er kniete, mit dem kurzen, stämmigen Arm nach der Türschnalle, welche, auch eine Erfindung von ihm, verkehrt eingesetzt war. Die Wucht, mit der er aufsprang, öffnete sie. Dann brüllte er das

15 Subjekt an und prügelte es halb tot. […]

Kien hatte nach einem kleinen Erlebnis mit ihm Freundschaft geschlossen. Er kehrte eines Abends von einem außergewöhnlichen Spaziergang zurück, im Hausflur war es schon dunkel. Plötzlich brüllte ihn jemand an:

„Scheißgfrieß, dreckiges, ich schleif' dich aufs Kommissariat!" Aus dem Kabinett stürzte der

20 Hausbesorger und sprang ihm an die Kehle. Sie lag sehr hoch und war schwer zu erreichen. Der Mann wurde seines groben Mißgriffs gewahr. Er schämte sich, es ging um sein Hosenprestige. Katzenfreundlich zerrte er Kien ins Kabinett, machte ihn mit der geheimen Erfindung vertraut und befahl seinen Kanarienvögeln zu singen. Sie wollten aber nicht. Kien begann zu begreifen, wem er seine Ruhe verdanke. (Einige Jahre war es her, da hatten alle Bettler aufge-

25 hört, bei ihm anzuläuten.) […] Er versprach dem in seiner Art tüchtigen Mann ein monatliches „Douceur"[4]. Die genannte Summe war größer als das Trinkgeld von allen übrigen Parteien zusammengenommen. In der ersten Glücksaufwallung hatte der Hausbesorger Lust, die Mauern des Kabinetts mit seinen rothaarigen Fäusten zu zerdreschen. So hätte er dem Gönner gezeigt, wie sehr er seine Anerkennung verdiente.

---

[4] Douceur : Trinkgeld

- Charakterisieren Sie den Hausbesorger.

Die Haushälterin verkörpert dümmliche kleinbürgerliche Besitzgier und am Zuhälter Fischerle und an den Personen seiner Umgebung zeigt sich die Welt des Lumpenproletariats. Insgesamt schreibt Elias Canetti eine Analyse der gesellschaftlichen Zustände und der durch sie heraufbeschworenen politischen Gefahren.

ÖSTERREICHISCHE LITERATUR 1918/1938 ZUSAMMENFASSUNG

Österreichische Literatur zwischen 1918 und 1938

Politisches, soziales und wirtschaftliches Umfeld

1918 entstehen aus dem Vielvölkerstaat der österreichisch-ungarischen Monarchie mehrere Nachfolgestaaten, darunter **Deutsch-Österreich**, das den Anschluss an Deutschland erreichen will. Dies wird aber 1919 im Vertrag von St. Germain verboten – genauso wie der Name „Deutsch-Österreich".

Von 1918 bis 1924 kommt es zu einer großen **Inflation**. Die Folge davon ist eine **Verelendung** großer Teile der österreichischen Bevölkerung. Die totale Entwertung der Staatspapiere (etwa der Kriegsanleihen) führt zur Verarmung des Mittelstandes, der späteren potenziellen Wählerschaft der Nationalsozialisten.

Zwischen 1918 und 1938 stellt die **Arbeitslosigkeit** das größte gesellschaftliche Problem dar. Eine **politische Radikalisierung** der Menschen ist die Folge.

In Österreich herrscht ein latenter Bürgerkrieg; es gibt drei bewaffnete Wehrverbände: die **Frontkämpfervereinigung**, den **Republikanischen Schutzbund** und die **Heimwehr**.

1927 erreichen die Unruhen ihren ersten Höhepunkt. Im Februar 1934 kommt es zum **Bürgerkrieg**, den die Sozialdemokraten verlieren. Der autoritäre **Ständestaat** des Austrofaschismus wird gegründet. Am 11. und 12. März **1938** wird **Österreich** von deutschen Truppen besetzt und **an das großdeutsche Reich angeschlossen**.

Literarische Tendenzen

In der Ersten Republik gibt es wenige politische AutorInnen, aber solche mit **radikal ethischem Anspruch**, z. B. **Karl Kraus, Robert Musil, Hermann Broch** und **Johannes Freumbichler**.

Ab 1927 werden Werke geschrieben, die eine Rückschau auf **Österreich-Ungarn** bieten: **Franz Werfel** *Barbara oder die Frömmigkeit*, **Joseph Roth** *Radetzkymarsch*, **Alexander Lernet-Holenia** *Die Standarte* oder **Franz Theodor Csokor** *Dritter November 1918*.

Der Ständestaat bringt keine eigenständige Literatur hervor. Die Dichtung, die gefördert wird, ist **nicht antisemitisch** und **katholisch** orientiert. **Mit der faschistischen Literatur gemeinsam** hat sie **Feindbilder** (Stadt, Intellektualismus, Wurzellosigkeit) und **Vorbilder** (ländliches Leben, Bauerntum, Bodenständigkeit). Deshalb ist der Übergang in den NS-Kulturbetrieb 1938 für viele im Ständestaat geförderte AutorInnen nicht schwierig.

Autoren

- **Theodor Kramer** und **Johannes Freumbichler** lassen sich nicht in die offizielle Kulturpolitik des Ständestaats einfügen.

- **Hermann Broch** beschreibt in seiner Trilogie *Der Schlafwandler* in 30 Jahren dargestellter Romanwirklichkeit den Zerfall der deutschen bürgerlichen Gesellschaft.
- **Franz Werfel** ist beim Publikum äußerst beliebt, seine Kollegen kritisieren seine pathetische und gefühlsgeladene Sprache.
- **Stefan Zweig** schreibt Novellen, die psychisch-emotionale Prozesse beschreiben, und viele biografische Essays. Besonders bekannt ist die *Schachnovelle*.
- **Ödön von Horvath**s Volksstücke und Romane kritisieren das Kleinbürgertum und dessen Mentalität durch die Sprache.
- **Jura Soyfer** schreibt Gedichte, Lieder und Stücke für Wiener Kleinkunstbühnen, er verwendet Elemente des Volkstheaters und der politischen Satire.
- **Arthur Schnitzler, Hugo von Hofmannsthal, Robert Musil** und **Karl Kraus** stellen Autoren dar, die aus der Monarchie in die Republik literarische Kontinuität verkörpern.
- **Karl Kraus** gründet 1899 die Zeitschrift *Die Fackel*, die er fast völlig allein schreibt. Sie behandelt hauptsächlich gesellschafts- und pressekritische Themen. Sein Antikriegsdrama *Die letzten Tage der Menschheit* ist ein früher Vorläufer des Dokumentarstücks. Es stellt die Gesellschaft des Ersten Weltkriegs mit Techniken der Collage, des Filmschnitts, des Dokumentarismus, der Satire und der Allegorie dar.
- Zu **Robert Musils** Lebzeiten findet nur seine Novelle *Die Verwirrungen des Zöglings Törleß* Anerkennung. Erst nach seinem Tod löst sein Roman *Der Mann ohne Eigenschaften* eine spektakuläre Rezeption aus. Schauplatz des Romans ist die k.u.k. Monarchie. Auch Elemente der Ersten Republik, des Austrofaschismus, des deutschen Nationalsozialismus und des Zweiten Weltkriegs werden verarbeitet. Die Figuren verkörpern verschiedene Machtgruppen, Denkweisen, Ideologien oder Weltanschauungen. „Ohne Eigenschaften" bedeutet, dass die Identifikation mit sich selbst fehlt. Darum „lebt" der Held Ulrich verschiedene Utopien, um in einen Zustand zu kommen, in dem er sich akzeptieren kann.
- **Joseph Roth** stammt aus Galizien[1], das auch den Hintergrund für seine Romane *Radetzkymarsch* und *Juden auf der Wanderschaft* bildet. **Glossen, Feuilletons** und **Berichte** bestimmen seine literarische Tätigkeit. 1923 erscheint *Das Spinnennetz*, in dem Hitler als Vorbild der Hauptfigur negativ gezeichnet wird. 1933 emigriert Roth nach Paris und arbeitet verstärkt gegen den Nationalsozialismus. Er sieht die Rettung Österreichs vor dem Faschismus in der Wiedereinführung der Habsburgermonarchie. Sein Roman *Die Kapuzinergruft* verarbeitet den Anschluss Österreichs.
- **Franz Kafka** stammt aus **Prag**. Diese Stadt prägt sein Leben und Werk. Dort leben drei Gruppierungen nebeneinander: **Tschechen, Deutsche** und **Juden.** Kafka hat Anteil an allen drei Gruppierungen, er schreibt Deutsch, ist Jude und umgeben von tschechischem Volkstum. Auf Wunsch des Vaters studiert er Jus, er arbeitet erfolgreich, aber todunglücklich in einer Versicherungsanstalt. Unter dem Zwiespalt zwischen Beruf und Familie einerseits und seiner Berufung als Schriftsteller, die einen dauernden Kampf um die Selbsterhaltung bedeutet, leidet er besonders. Problematisch ist das **Verhältnis zu seinem Vater**, der sich einen „starken" Sohn erwartet, ein Bild, dem Kafka nicht entsprechen kann. Auch seine Beziehungen zu Frauen gestalten sich problematisch.
  Mit 34 erleidet Kafka einen Blutsturz. Die Krankheit stellt sich als Lungentuberkulose heraus, an der er schließlich stirbt.
  Wichtige Werke sind die Romane *Der Prozess, Das Schloss* und *Amerika* und die Erzählungen *Die Verwandlung* und *Das Urteil*.
- Ein zentrales Thema von **Elias Canettis** Roman *Die Blendung* (1935) ist Sprachkritik und das Nicht-Funktionieren der Kommunikation zwischen den Personen, die monologisieren. Wenn sie miteinander reden, führt das nur zu Missverständnissen.

---

[1] Galizien: Landschaft im Westen der Ukraine (Ostgalizien) und im Süden Polens (Westgalizien)

Literatur im deutschen Faschismus 1933–1945

Der Faschismus erlangt die absolute Macht

Am 30. 1. 1933 wird Adolf Hitler vom greisen Präsidenten des Deutschen Reiches, Paul von Hindenburg, zum Reichskanzler ernannt. Dann geht alles sehr schnell: Im Februar 1933 wird, unter skrupelloser propagandistischer Ausnutzung des Reichstagsbrandes vom 27. 2. 1933, die KPD verboten, werden aufgrund der *Notverordnung* politische Gegner, vor allem Kommunisten und Sozialdemokraten, verhaftet.

Die Neuwahlen vom 5. 3. 1933 bringen einer Koalition, bestehend aus der NSDAP und der deutschnationalen DNVP, nach einem von antisemitischer und antikommunistischer Hetze gekennzeichneten Wahlkampf 51,9 %[1] der Stimmen. Damit steht die nationalsozialistische „Bewegung" vor der endgültigen Machtübernahme. Die folgenden politischen Schachzüge dienen einzig und allein dazu, jegliche vorhandene reale, aber auch die potenzielle Opposition auszuschalten und ein totalitäres faschistisches Herrschaftssystem zu installieren, in dem es nur eine Partei und nur einen Führer gibt: die NSDAP und Adolf Hitler.

Mit Hilfe des *Ermächtigungsgesetzes* vom 23. 3. 1933 wird die Weimarer Verfassung außer Kraft gesetzt. Darauf folgt im Mai 1933 das Verbot der Gewerkschaften; sie werden durch eine faschistische Einheitsgewerkschaft ersetzt. Im Juni 1933 wird die SPD verboten, die restlichen politischen Parteien „lösen sich selbst auf", sodass schon im Dezember 1933 die NSDAP per Gesetz zur staatstragenden Partei erklärt werden kann. Die innerparteiliche Opposition und konservative Gegenspieler werden beim sogenannten Röhmputsch[2] liquidiert. Damit scheint jeglicher Widerstand für lange Zeit ausgeschaltet: „In den nächsten tausend Jahren findet in Deutschland keine Revolution mehr statt", verkündet Hitler auf dem Reichsparteitag im September 1934.

Der Kulturkampf beginnt

Die polizeiliche und gerichtliche Verfolgung politisch missliebiger SchriftstellerInnen beginnt bereits in der Weimarer Republik, AutorInnen werden verurteilt oder mit Publikationsbeschränkungen belegt.

Bücherverbrennung

Was aber der Nationalsozialismus von der oppositionellen und „nichtarischen" Kultur hält, zeigt er unmissverständlich mit der Bücherverbrennung vom 10. Mai 1933. Werke von politisch missliebigen und „nichtarischen" AutorInnen und WissenschaftlerInnen werden an vielen deutschen Universitäten unter Beteiligung der StudentInnen und ProfessorInnen öffentlich verbrannt. „Feuersprüche" unterstreichen diese bewusst „kultisch" inszenierten Geschehnisse:

---

[1] Die NSDAP erhält davon 43,9 %, einen enormen Anteil, wenn man bedenkt, dass sie bei den Wahlen 1928 2,6 %, 1930 18,3 % und im Juli 1932 37,8 % der Stimmen bekommen hat.

[2] Röhmputsch: Am 1. Juli 1934 wird die Parteiopposition der SA um Ernst Röhm unter dem Vorwand umgebracht, sie plane einen Putsch. Außerdem wird ihnen vorgeworfen, es handle sich bei ihnen um „sexuell Abartige".

Gegen Dekadenz und moralischen Verfall! Für Zucht und Sitte in Familie und Staat! Ich übergebe der Flamme die Schriften von Heinrich Mann, Ernst Glaeser und Erich Kästner. *(2. Feuerspruch)*

Im Auditorium Maximum der Universität Göttingen zeigt der Germanist Gerhard Fricke die kulturell-ideologische Stoßrichtung:

Das Ziel der Zivilisationsliteratur war es, den deutschen Geist hemmungslos dem Franzosentum und Amerikanismus einzugliedern. Die Einheitsproduktion der Remarque, Zweig, Tucholsky und Emil Ludwig hat mit Kultur nichts zu tun. Überall im deutschen Volk zeigt sich dagegen neue Kraft. (*Göttinger Zeitung* vom 11. 5. 1933)

Bücherverbrennung in Berlin (1933)

Schwarze Listen „verbrennungswürdiger" Bücher folgen der Bücherverbrennung.

- Mit welchen Begriffen wird die missliebige Literatur belegt und was bedeuten sie?
- Welche Werte werden demgegenüber als positiv apostrophiert? Welche Ideologie (Einstellung) transportieren sie?
- „Wo man Bücher verbrennt, verbrennt man am Ende gar auch Menschen" (Heinrich Heine). – Interpretieren Sie diese „hellseherische" Aussage!

NS-Kulturpolitik

Der faschistische Kulturkampf wird in die Kulturinstitutionen getragen, unerwünschte Funktionäre müssen zurücktreten: **Heinrich Mann** legt den Vorsitz der Sektion Dichtkunst der Preußischen Akademie der Künste zurück. Auf Initiative **Gottfried Benns** wird von den Mitgliedern eine Loyalitätserklärung für den faschistischen Staat gefordert:

Sind Sie bereit, unter Anerkennung der veränderten geschichtlichen Lage weiter Ihre Person der Preußischen Akademie der Künste zur Verfügung zu stellen? Eine Bejahung dieser Frage schließt die öffentliche politische Betätigung gegen die Regierung aus und verpflichtet Sie zu einer loyalen Mitarbeit an den satzungsgemäß der Akademie zufallenden kulturellen Aufgaben im Sinne der veränderten geschichtlichen Lage.

5

Ja   Nein

Ausstellungsplakat Entartete Kunst (1936; Entwurf von Vierthaler). Präsentation der von den Nazis verfemten Kunst

- Erklären Sie, was diese Erklärung in ihrer letzten Konsequenz, auch für das künstlerische Schaffen, bedeutet!
- Überlegen Sie sich, ob Sie als Künstlerin oder Künstler diese Erklärung unterschrieben hätten, und führen Sie Ihre Gründe an! Bedenken Sie aber vor einer Entscheidung die Folgen, die eine Weigerung nach sich gezogen hat/hätte ziehen können!

Eine Ablehnung dieser Erklärung hat automatisch den Ausschluss zur Folge, genauso wie „nichtarische" Abstammung oder politische Gegnerschaft zum NS-Staat. **Alfons Paquet, Thomas Mann, Alfred Döblin** und **Ricarda Huch** treten aus der Preußischen Akademie der Künste aus.

Kunst als Propaganda

Was im NS-Staat die Aufgaben der Kunst sein sollen, zeigt Hitlers Rede vom 23. 3. 1933 vor dem Reichstag:

> Die Welt bürgerlicher Beschausamkeit ist in raschem Schwinden begriffen. Der Heroismus erhebt sich leidenschaftlich als kommender Gestalter und Führer der Völkerschicksale. Es ist die Aufgabe der Kunst, Ausdruck dieses bestimmenden Zeitgeistes zu sein. [...]
> Blut und Rasse werden wieder zur Quelle der künstlerischen Intuition. Es wird dabei die Auf-
> 5 gabe der Regierung der Nationalen Erhebung sein, dafür zu sorgen, daß gerade in einer Zeit beschränkter politischer Macht der innere Lebenswert und Lebenswille der Nation einen umso gewaltigeren kulturellen Ausdruck findet.

Goebbels erfindet das Schlagwort von der „stählernen Romantik":

> Die deutsche Kunst des nächsten Jahrzehnts wird heroisch, sie wird stählern romantisch, sie wird sentimentalitätslos sachlich, sie wird national mit großem Pathos, und sie wird gemeinsam verpflichtend und bindend sein, oder sie wird nicht sein.

- Welche Aufgaben werden der Kunst von Hitler und Goebbels zugewiesen? Welche „Alternative" gibt es dazu?

Ziel dieser Kulturpolitik ist es, Kunst und Literatur für die nationalsozialistische Propaganda einzusetzen. Die Unterhaltungsfunktion ist „staatspolitisch wichtig", ab dem Winter 1939/40 wird sie „kriegswichtig": „Je dunkler die Straßen sind, desto heller (sollen) unsere Theater und Kinosäle im Lichterglanz erstrahlen. [...] Je schwerer die Zeit ist, desto leuchtender muss sich über ihr die Kunst als Trösterin der Menschenseele erheben." (Joseph Goebbels, *Die Zeit ohne Beispiel. Reden und Aufsätze aus den Jahren 1939–1941*)

- 1942/43 werden 60 Filme produziert, davon sind 56 im weiteren Sinne „unpolitisch" (Operetten, Revuen). Was könnte der Grund für den großen Anteil an Unterhaltungsfilmen sein?

Nach der Machtergreifung 1933 kommt es zu einer Gleichschaltung („Säuberung des deutschen Schrifttums", „geistige Erneuerung Deutschlands") des kulturellen Sektors. In allen

Kulturinstitutionen und Schriftstellerverbänden werden Nationalsozialisten in leitende Positionen gehievt.

NS-Institutionen wie das von Joseph Goebbels geleitete **Reichsministerium für Volksaufklärung und Propaganda** bestimmen die Literaturpolitik und kontrollieren und zensieren Literatur. Die Mitgliedschaft in der **Reichsschrifttumskammer**[3] ist Voraussetzung, um überhaupt publizieren zu können. Ein „arisches Gutachten" und eine schriftliche Loyalitätserklärung für den NS-Staat sind weitere Kriterien für die Mitgliedschaft. Als dritte Institution zur Lenkung der Literatur fungiert mit 1 400 LektorInnen/ZensorInnen Alfred Rosenbergs **Reichsstelle zur Förderung der deutschen Literatur.**

Die NS-Literatur wird mit vielen gut dotierten Preisen, Autorenlesungen, positiven Rezensionen und der Publikation in parteieigenen Verlagen massiv unterstützt.

NS-Kunst: *Kahlenberger Bauernfamilie* (Adolf Wissel, 1939)

Die nationalsozialistische Literatur

- Welchen Wert könnte es haben, sich überhaupt mit nationalsozialistischer Literatur zu befassen, obwohl sie von der Literaturgeschichtsschreibung einhellig als qualitativ minderwertig bezeichnet wird?

Vorläufer der NS-Literatur

Das Jahr 1933 bedeutet für die Literatur, von der Exilliteratur abgesehen, keine Zäsur; Tendenzen in Richtung NS-Literatur gibt es schon lange. Das Einzige, was sich nach der Machtergreifung der NSDAP ändert, ist, dass durch harte Kulturpolitik und Zensur die doch vorhandene Bandbreite der völkisch-nationalen Literatur „auf Linie" gebracht wird.

Vorläufer und Vorbilder der „**Blut-und-Boden-Literatur**"[4] des Dritten Reiches finden sich bereits in der **Heimatkunstbewegung** des 19. Jahrhunderts, die das Landleben vergöttert und die Stadtkultur verdammt. Nationalsozialistische Theoretiker wie Alfred Rosenberg nehmen diese Gedanken auf. Sie finden in der Großstadt „[…] naturlose, willenlose, feige Geistigkeit […], (verbunden) mit brutaler, typenloser Empörungssucht bastardischer Sklaven oder geknechteter, dabei aber doch gutrassischer Volksschichten" (*Mythus des 20. Jahrhunderts*). Dazu denunzieren sie die Weimarer Moderne[5] der 20er- und 30er-Jahre (z. B. die Expressionisten,

Schulungsbrief der NSDAP mit dem Thema *Um Blut und Boden*

---

[3] 1941: 35 000 Mitglieder, davon 5 000 Schriftsteller

[4] Blut- und Boden-Literatur: Sammelbegriff für die vom Nationalsozialismus geförderte Literatur. Hauptthemen sind Treue zum Boden (= Heimaterde) und zum Blut (= Sippe, Rasse).

[5] Weimarer Moderne: Bezeichnung für die neuere literarische Entwicklung in der Weimarer Republik

Dadaisten und Romanciers wie Alfred Döblin), die sich in ihrer Dichtung mit den Entfremdungserfahrungen der modernen Großstadt beschäftigen. Dem setzen die Nationalsozialisten das Ideal einer konfliktfreien „Volksgemeinschaft" entgegen, in der die Bauern als Grundlage und Repräsentanten des Staates erscheinen und für die „Reinheit des Blutes" garantieren. Die komplexe Welt des 20. Jahrhunderts wird in der Literatur auf diese Weise undifferenziert und vereinfachend dargestellt.

Ein weiterer Vorreiter der NS-Literatur ist die **völkisch-konservative Dichtung** der Weimarer Republik, bereits damals quantitativ vorherrschend und beeinflusst von der Heimatkunstbewegung. Die Bewegung der **„Konservativen Revolution"**[6] opponiert gegen die „Asphaltliteratur" und den „Kulturbolschewismus" der Weimarer Republik, grenzt sich also ideologisch und poetologisch scharf von der „Weimarer Moderne" ab.

Die völkisch-konservative Dichtung ist eine Literatur des Bildungs- und Kleinbürgertums, dessen wirtschaftliche Situation sich in den 30er-Jahren immer mehr verschlechtert. Dadurch wächst das Bedürfnis nach irrationalen Erklärungsangeboten und es wird von dieser Literatur auch befriedigt. Mit poetologischen Mitteln des 18. Jahrhunderts („Die Kunst leben") wird vorgetäuscht, die komplexe Gegenwart sei noch künstlerisch darstellbar und „erlebbar".

Beliebt ist der Entwicklungsroman, der dem Leser Identifikationsangebote macht, Authentizität wird vortäuscht. Es gibt keine Brüche wie in der modernen Erzählliteratur des 20. Jahrhunderts (Döblin, Kafka, Musil ...):

Die Nazis hatten die „extreme Formzertrümmerung" durch die Weimarer Moderne nicht als Kritik der bürgerlichen Gesellschaft verstanden, sondern eben als Ausdruck ihrer Krise, ihrer „Entartung" und ihres Verfalls.

Buchumschläge von Hans Grimms Kolonialroman *Volk ohne Raum* (1926)

Phrasen und Mythen

Sozialdarwinistisch[7] gehen die NS-Schriftsteller (und nicht nur sie) davon aus, dass das stärkste Volk überlebt und in diesem die besten Menschen. Ist das nicht der Fall, wird „biologisch" eine Krankheit des „Volkskörpers" angenommen, die es zu heilen gilt, um die „Volksgemeinschaft" und die biologisch „guten Kräfte" zu retten. Der Volksbegriff wird von der völkisch-nationalistischen Literatur mythisiert:

(Volk) ist nirgend […] und überall. Es ist im Rauschen meines Waldes und im Atem meiner Mutter, es ist im Glanz der Sterne und im Licht meines Vaterhauses. Es ist im Kinderlallen und in Goethes Gedicht.

---

[6] Konservative Revolution: ein Sammelbegriff, der ein breites Spektrum aus jungkonservativen, völkisch-rassistischen und national-revolutionären Schriftstellern umfasst. Diese Autoren formulieren mit ihren Werken faschistisches Gedankengut, z. B. Oswald Spengler *Neubau des Deutschen Reiches* (1924), Hans Grimm *Volk ohne Raum* (1926) und Arthur Moeller van den Bruck Das *Dritte Reich* (1923).

[7] Sozialdarwinismus: Umlegung der Lehre Darwins, nach der die Entstehung neuer Arten durch ein natürliches Ausleseprinzip beim „Kampf ums Dasein" erklärt wird, auf den gesellschaftlich-menschlichen Bereich

Die völkisch-nationale Literatur verwendet Begriffe aus dem religiösen Bereich (Gott, Schicksal, Vorsehung), die alles erklären sollen, was nicht oder nur sehr schwer erklärbar ist.
Nach 1933 dient die Literatur genauso wie die Medien Film und Radio der Propaganda: „Die
faschistische Kunst ist Propagandakunst. Sie wird also für die Massen exekutiert." (Walter
Benjamin) Und die Massen lassen sich beeindrucken, sind fasziniert.
Ziel – auch der Literatur – ist es, die Emotionen der Menschen zu mobilisieren. Sprachlich geschieht das mit sakralen und archaisierenden Metaphern und Phrasen, mit Schlüsselwörtern
wie: Volksgemeinschaft, Rasse, Blut, arteigen, artfremd, heroisch, heldisch … Topoi wie die
Herosgestalt, der Wille (= Selbstaufgabe für das System), das Schicksal, das Verhängnis, das
Opfer, der ideelle Lohn, die Schicksalsgemeinschaft usw. bestimmen das Bild dieser Literatur.

Das Drama als Beispiel für faschistische Literatur

Das Drama dient natürlich auch der Propaganda und wird durch den Staat kontrolliert und
massiv gefördert.

Der nationalsozialistische Held

Hanns Johst (1890–1978), vorher Expressionist, beschreibt mit *Schlageter* (Uraufführung 1933)
den Idealtyp des nationalsozialistischen Helden:
*Nach langem Zögern entschließt sich der ehemalige Frontoffizier und Freikorpsmann Schlageter, der
nach dem Krieg als Student versucht hat, ein bürgerliches Leben zu führen, im Ruhrkampf gegen die
Franzosen doch eine aktive Rolle zu spielen. Er wird gefasst und zum Tode verurteilt. Noch im Tode ruft
er zur Gefolgschaft im Kampf um ein neues deutsches Reich auf.*
Schlageter besitzt die typischen nationalsozialistischen Tugenden: Willens- und Entschlusskraft, Opferbereitschaft und soldatischen Gehorsam. („Mein Gewissen will ein Gesetz. Und
mein Gefühl braucht einen Befehl.") Er ist auf sich allein gestellt und einsam, kennt aber cha-
rakteristischerweise keine Zweifel bzw. Selbstzweifel. Seine Gegenspieler sind zwei Sozialdemokraten, natürlich volksfremde Bonzen und Materialisten ohne Ideale. Thema der Dialoge ist das nationalrevolutionäre Bekenntnis.
In der Schlussszene, vor dem französischen Erschießungskommando, wird Schlageter als
unbeugsamer Held präsentiert:

Schlageter (wendet sein Gesicht nach links): Deutschland!
Ein letztes Wort! Ein Wunsch! Befehl!!
Deutschland!!!
Erwache! Entflamme!!
Entbrenne! Brenn ungeheuer!!
5   *(Nach dem Hintergrund, befehlend:)*
Und ihr … Gebt Feuer!

Die Regieanweisungen zur eigentlichen Erschießungsszene lauten folgendermaßen:

Vorher werden die Scheinwerfer langsam eingezogen, so daß die Feuergarbe der Salve wie
greller Blitz durch Schlageters Herz in das Dunkel des Zuschauerraums fetzt. (S. steht mit dem

Rücken zum Publikum.) Alles Licht erlöscht jäh. Vorhang stürzt herab. Die Motoren donnern, die Clairons[8] (der Franzosen) gellen Triumph. Einen Augenblick lang, dann jähe und unbedingte Stille ... Totenstille. Licht im Zuschauerraum.

> • Welchen Effekt soll diese Licht- und Tonregie beim Publikum erzielen? In welcher literarischen Bewegung wird eine solche Regietechnik noch eingesetzt?
> • Woran erinnert Sie die Sprache des ersten Textausschnitts, wie erscheint Schlageter?

Das NS-Frauenbild

Frauen spielen selten eine Hauptrolle im NS-Drama. Wenn eine Frau vorkommt, dann als schicksalsbewusste Seherin, als zarte Frau oder als Mutter. Folgender Dialog zwischen zwei Schwestern stammt aus **Hellmuth Ungers** *Opferstunde* (1934):

Hilde: [...] Du müßtest selbst Kinder haben, Gerda!

Gerda: Wenn alles so viel Zeit hätte wie das!

Hilde: Weshalb hast du denn geheiratet?

Gerda: Na erlaube mal, du bist köstlich! Kinder! Fred kann Geschrei überhaupt nicht vertragen
5 und wenn er aus seiner Office nach Hause kommt, will er ausspannen und mit mir vergnügt sein, ausgehen, Gäste haben, aber nicht den Familienvater spielen. [...]

Hilde: Ich habe eine andere Vorstellung von Ehe. Eine glückliche Ehe ohne Kinder! ... Es fehlt doch das Beste darin.

Gerda: Denkt dein Bräutigam auch so?

10 *Hilde:* Selbstverständlich.

Gerda: Man macht in Deutschland den Frauen das Kinderkriegen jetzt ja schmackhaft genug. Daß nur die Wiege nicht leer steht!

Hilde: Dein Instinkt als Frau müßte dir doch sagen ...

Gerda: Ich begreife nur, daß die Frau bei euch keinerlei Recht mehr besitzen soll, ausgenom-
15 men die Mutterschaft.

Hilde: Also das schönste.

Gerda: Lächerlich. Hinter dem Kochtopf stehen, Kinder großzuziehen und die Dienerin des Mannes zu sein. Das wünscht ihr euch doch nicht im Ernst!

Hilde: Du siehst alles verzerrt. Nicht die Dienerin, die Kameradin des Mannes möchte sie sein.

> • Welche Argumente bringen die Schwestern für und gegen das Mutter- und Hausfrausein vor? Wie sieht das faschistische Idealbild der Frau demnach aus?

Die negativen Figuren im Drama sind in wenigen Grundmustern typisiert. Sie sind der ideologische Gegner, der „dunkle Hintergrund" für den „positiven Helden". Oft sind es „Rassenfeinde", Slawen und Juden, biologisch „minderwertig"; sie besitzen ein ekelhaftes Äußeres und werden als Mörder, Plünderer und feige dargestellt. Der Held dagegen ist äußerst „lichtvoll", seine erste Qualität ist das „unbedingte Wollen". Die Realität ist nicht das Maß seines Handelns, er setzt sich über sie hinweg und handelt „heroisch".

---

[8] Clairon: helles Signalhorn, Trompete

Das Thingspiel

Eine „originäre" Errungenschaft der Nazis ist das **Thingspiel**[9]. Die Vorbilder dieses damals beliebten Spiels sind die mittelalterlichen Mysterienspiele, die antike griechische Tragödie, Festspiele, expressives und proletarisches Theater der Weimarer Republik.

Diese faschistischen Weihe- und Kultspiele werden in riesigen kreisförmigen oder ovalen Freianlagen (geteilt in Vorder-, Mittel- und Oberbühne) aufgeführt. Die fehlende Trennung zwischen Agierenden und Publikum soll das Gemeinschaftserlebnis noch verstärken. Charakteristisch ist die Massenhaftigkeit: Tausende Akteure und ZuschauerInnen, Massenchöre, Aufmärsche und Orchester[10]. Dieses Monumentale und Ornamentale ist ein Kennzeichen faschistischer Kunst. Im Mittelpunkt der Darstellung steht immer das „Volk", so wie z. B. in **J. G. Schlossers** Thingspiel *Ich rief das Volk! (Die Befreiung). Ein chorisches Spiel von der deutschen Schicksalsgemeinschaft* (1935).

Die Jugend (aufbrausend): Deutschland!

Bei dem Ruf ‚Deutschland', der von allen aufgenommen wird, wird die Fahne der nationalsozialistischen Bewegung entrollt. Dann marschiert die Jugend, der Führer voran, in Sturmhaltung über das Spielfeld. Während dieses Vorgangs verdunkelt sich der Raum. Dann hört
5 *man fernher Trompetensignale und abermals die Rufe ‚Deutschland erwacht', bis aus diesen Rufen organisch ein Marschlied der Erhebung wird, das näher und näher kommt. In einem großen Zuge marschieren nun die Ständegruppen, möglichst durch den Zuschauerraum, auf dem Spielfeld auf. Sobald der Zug dort angekommen, wird dieses hell. Stufenbühne. Auf der obersten Stufe steht der Führer in hellstem Licht und von vielen Fahnen umgeben.*

10 *[...]*

Der Führer: Volk!
Die flammenerfüllende Stunde verbrannte
Die Schlacken der Zwietracht im Feuer des Leids.
Noch lodert die Seele dir auf, die Zerquälte,
15 In jauchzender Freude nach Jahren einsamer Trauer.
Doch fordert die Stunde von uns auch ernste Besinnung.
Noch lauert der Feind dir im Busen, Volk! [...]
Verteidigt in starker Gemeinschaft,
Was ihr euch opfernd erkämpft!
20 Auf steilen Stufen nur führt uns der Weg aus der Not!
In Treue verbunden vollbringt aus geeinter Kraft
Gemeinsam das Werk der Errettung!

- Besprechen Sie die Dramaturgie dieses Thingspiels! Welche Begriffe stehen im Zentrum? Wie wird das Volk dargestellt? Welche Funktion nimmt es in der NS-Ideologie ein?

Wegen seiner auf Massenwirkung (und Massenmitwirkung) ausgerichteten Inszenierung wird das Thingspiel oft mit den Ritualen und Massenkundgebungen der nationalsozialistischen Reichsparteitage[11], „der eigentlichen, politischen Thingspiele", verglichen.

---

[9] Thing, altgerman.: Gerichtsverhandlung; das Thingspiel hat oft Gerichtscharakter in Bezug auf Geschichtsereignisse.

[10] Im Oktober 1933 wird z. B. im Berliner Grunewald vor 60 000 Zuschauern und mit 17 000 mitwirkenden SA-Leuten ein Thingspiel aufgeführt.

[11] Vgl. Sie dazu Leni Riefenstahls Film „Triumph des Willens" über den Nürnberger Parteitag 1934.

Faschistische Prosa

Der Geschichtsfälschung für eigene ideologische Propagandazwecke dient der **faschistische Geschichtsroman**. Deutsche Geschichte erscheint hier als eine Abfolge von heroischen deutschen Herrscher- und Heldengestalten, die sich oft für die deutsche „Volksgemeinschaft" aufopfern.

Eine recht kurzlebige Gattung ist der sogenannte **SA-Roman**, der das Selbstbewusstsein der SA ausdrücken soll und den Alltag der kleinen Nazis darstellt.

Der **affirmative**[12] **Kriegsroman,** bereits vor 1933 stark verbreitet, transportiert Einstellungen wie das Führerprinzip, Kampf und Opfer, die auch mit denen der Nationalsozialisten übereinstimmen. Die Romane über den Zweiten Weltkrieg transportieren reine Ideologie und sollen die Kampfbereitschaft stärken.

Von den Nationalsozialisten ebenfalls sehr stark gefördert wird der **Bauernroman**, der wie der Weltkriegsroman Muster des kollektiven Verhaltens verstärkt.

Wie tief nationalsozialistische Autoren sinken können und sich via Schreibtisch zu Handlangern der Mörder machen, zeigt der folgende Ausschnitt aus **Hans Zöberleins** Machwerk *Der Befehl des Gewissens. Ein Roman von den Wirren der Nachkriegszeit und der ersten Erhebung.*

Ein heißer Tag trieb sie wieder einmal an einen See zum Baden. Hans schwimmt weit draußen und Berta sieht ihm vom Ufer nach. Da fühlt sie, wie die Blicke der herumliegenden Männer auf ihr ruhen, und als sie stolz abweisend

5 umhersieht, grinsen ihr lauter feixende Judengesichter entgegen, daß sie vor Ekel leise schaudert und bange sehnt, Hans möchte bei ihr sein. Sie spürt, daß ihr Blicke folgen, als sie weggeht, und hört, daß hinter ihr her dreckig gelacht wird. Sie schämt sich ja so. Plötzlich

10 springt vor ihr ein schwarz gebräunter Judenbengel auf und tritt ihr in den Weg: „Darf ich das gnädige Fräulein zum Kaffee einladen – oder zum Eis? Bitt' schön! Sehen bezaubernd aus, die Gestalt von einer Venus."

„Lassen Sie mich in Ruhe!"

15 „Aber warum denn? Ein Mädel allein? Allein ist's doch nicht schön hier." Dazu grinst er hinter seiner Hornbrille wie ein Satan und kommt näher. […] Geile Pfoten tappen sie an und schieben und ziehen an ihr. […]

„Was ist da los?" Hans ist auf einmal da, triefnaß und atemlos. Er sieht Berta an, sieht die Aus-

20 lese des Satans umherstehen und wird bleich wie eine Wand. Seine Augen werden ganz starr und grünleuchtend, da taumelt der vorderste Jude, der zweite und dritte, so blitzschnell trifft seine Faust. Die anderen laufen davon.

Judenhetze in der Zeitung *Der Stürmer* (1934, Fips)

- Mit welchen Mitteln werden die Personen des Textes typisiert bzw. diffamiert? Ist der Vorwurf der Mithilfe an den Judenverfolgungen und Massenmorden gegen Autoren wie Hans Zöberlein gerechtfertigt oder erscheint Ihnen das als übertrieben?

---

[12] Affirmation: Bejahung, Bekräftigung, Bestätigung

Die „innere Emigration"

Thomas Mann schreibt in einem *Brief an Walter von Molo*, datiert vom 7. 9. 1945:

Es mag Aberglaube sein, aber in meinen Augen sind Bücher, die von 1933 bis 1945 in Deutschland überhaupt gedruckt werden konnten, weniger als wertlos und nicht gut, in die Hand zu nehmen. Ein Geruch von Blut und Schande haftet ihnen an. Sie sollten alle eingestampft werden.

Diejenigen „daheim gebliebenen SchriftstellerInnen", die sich selbst als „innere Emigranten" bezeichnen – wie eben der von Thomas Mann angesprochene **Walter von Molo** (1880–1958) oder **Frank Thieß** (1890–1977) –, stilisieren sich selbst als AutorInnen hoch, die „ausgeharrt" hätten, was schwieriger gewesen sei, als aus der sicheren Emigration heraus zu sprechen. Frank Thieß ist so selbstlos, „dafür keine Belohnung zu erwarten, dass wir Deutschland nicht verließen", und gönnerhaft genug, dass er „niemanden tadeln (will), der hinausging". Dass solche zynischen Sprüche bei den Emigranten böses Blut machen, verwundert nicht.

Der Begriff „innere Emigration"

Unter dem Begriff „innere Emigration" werden alle SchriftstellerInnen subsumiert, die im faschistischen Deutschland bleiben, zwar nicht unbedingt aktiven Widerstand leisten, aber sich in vielfältiger Weise vom Nationalsozialismus distanzieren und damit passiven Widerstand leisten.

In den Geruch der Unehrlichkeit oder eines illegitimen Rechtfertigungsversuchs kommt die „innere Emigration" deshalb, weil viele dem System angepasste SchriftstellerInnen versuchen, sich selbst damit nachträglich einen „Persilschein"[13] auszustellen. Reinhold Grimm und Jost Hermand vertreten in ihrem Buch *Exil und innere Emigration* folgende Auffassung:

Wer lediglich schwieg und sich abkehrte, leistete noch keinen Widerstand; und wer nicht faschistisch schrieb, schrieb damit noch keineswegs nichtfaschistisch oder gar antifaschistisch. Nur eine Gegenhaltung, die erkennbar war, verdient den Namen „innere Emigration".

- Was könnten Grimm und Hermand mit „Gegenhaltung, die erkennbar war" meinen? Versuchen Sie, das mit konkreten Beispielen, die Sie sich vorstellen können, zu illustrieren!
- Ist die Forderung, die von den AutorInnen gestellt wird, gerechtfertigt oder nicht? Wo würden Sie die Grenze zwischen „Arrangement mit der Macht" und „akzeptablem Widerstand" setzen?

AutorInnen der „inneren Emigration"

Sicher ist, dass auch AutorInnen, die nicht unbedingt Nationalsozialisten sind, die Diktatur mit Loyalitätserklärungen, Treuegelöbnissen und Ähnlichem stützen. Ob die Naturlyrik verfassenden Schriftsteller, wie **Oskar Loerke, Peter Huchel** und **Wilhelm Lehmann**, Widerstand leisten oder sich in die Innerlichkeit zurückziehen, ist umstritten. Der Freund Oskar Loerkes, **Hermann Kasack**, meint aber zum Beispiel, dass man, „wenn man nach einer Widerstandsliteratur in Deutschland fragt [...], Loerkes Gedichte aus jenen Tagen heranziehen (muss)". Es gibt aber dennoch SchriftstellerInnen, die im gleichgeschalteten Deutschland Widerstand

---

[13] Persilschein: entlastende Bescheinigung

leisten und die dadurch die Repressionen des Systems zu spüren bekommen; zum Beispiel **Ernst Wiechert** (mehrere Monate im KZ), **Jochen Klepper** (1942 Selbstmord mit seiner jüdischen Frau und seinen Töchtern) und **Werner Bergengruen** (1937 Ausschluss aus der Reichsschrifttumskammer). **Ricarda Huch** tritt 1933 freiwillig aus der Preußischen Akademie der Künste aus und äußert während der ganzen dunklen Jahre des Faschismus unzweideutig ihre Meinung. Sie publiziert ihre Werke vornehmlich in Schweizer Verlagen. **Ernst Barlach**, Künstler und Schriftsteller, ist ebenfalls ein offener Gegner des Nationalsozialismus. Die Bücher, die er in den Jahren von 1933 bis 1945 schreibt, vergräbt er in seinem Garten.

AutorInnen wie **Werner Bergengruen, Georg Britting, Hans Carossa, Wilhelm Lehmann, Oskar Loerke, Alfons Petzoldt, Rudolf Alexander Schröder** und **Ina Seidel** werden zwar von den Nationalsozialisten nicht gefördert, sondern nur geduldet. Aber „eine Gefahr bedeuten sie nicht. Im Gegenteil. Sie befriedigten den Eskapismus[14] und das Bedürfnis nach Erbaulichkeit eines bürgerlichen Lesepublikums". Junge deutsche AutorInnen wie **Günter Eich, Peter Huchel, Marie Luise Kaschnitz, Wolfgang Koeppen, Karl Krolow** und **Hermann Lenz** beginnen in den 30er-Jahren zu schreiben und zu publizieren. Sie verweigern sich dem System und ziehen sich in eine private Welt zurück.

Das einfache Leben

Ernst Wiechert beschreibt in seinem Buch *Das einfache Leben* (1939), einem viel gelesenen Werk jener Zeit[15], wie der Korvettenkapitän a. D. Thomas von Orla sich um 1923 aus der Gesellschaft der 20er-Jahre in die Einsamkeit der ostpreußischen Wälder zurückzieht, um dort als Jäger und Fischer zu leben. Der Held will eine neue Identität finden, sucht nach einer einfachen Lebensweise, die die Welt in überschaubaren Grenzen hält, in der man nicht von politischen und gesellschaftlichen Entwicklungen belästigt wird.

Sich abends mit frohem Herzen niederlegen können, das war vielleicht das ganze Geheimnis. Froh, wenn man an den gewesenen Tag dachte. Keine Erlebnisse, keine Heldenrolle, kein Glanz um die Stirn. Die Netze auslegen und wieder einziehen, Haus und Insel sauber halten, ein paar Seiten lesen und abends am Wasser sitzen und die Sterne sehen. Den Vertrag erfüllen, den man unterschrieben hatte.

Das Schlussbild des Romans zeigt den Helden zufrieden und zukunftsgewiss inmitten einer paradiesischen Natur:

Und manchmal konnte man es in den Nächten über das Wasser blitzen sehen, einen stillen, rötlichen Schein, und konnte meinen, daß er von der goldenen Krone herrühre, die auf dem Grunde lag.
Und einmal auch, viel später, würde man vielleicht meinen können, daß man ein fröhliches
5 Herz besitze.
Ein paar Tropfen fielen und schlugen in das junge Laub der Eichen, aber er blieb noch sitzen, den Kopf an die harte, rissige Rinde gelehnt, und sah den Blitzen zu, die immer höher über die Wälder stiegen.

- Welche Art des „Widerstands" wird in dem Ausschnitt aus dem Roman Wiecherts propagiert? Würden Sie eine solche Haltung als Opposition zum Gleichschaltungs-Anspruch der Hitlerdiktatur akzeptieren?

---

[14] Eskapismus: Flucht vor der Wirklichkeit
[15] von 1939 bis 1942 eine Auflage von 2 500 000

Dass nationalsozialistische Kritiker über Wiecherts Romane ein positives ästhetisches Urteil abgeben, hat er genauso wenig geschätzt wie **Werner Bergengruen** die Tatsache, dass sein regimekritisch gemeinter Roman *Der Großtyrann und das Gericht* (1935) von der NS-Kritik als „Führerroman der Renaissancezeit" bejubelt wird.

Naturlyrik

In der **Naturlyrik** der Zeit finden sich zwar in einzelnen Gedichten Motive des Protests, des Verfolgtseins und der Angst, dennoch wird heute ihre Realitätsferne kritisiert, das „anakreontische[16] Tändeln mit Blumen und Blümchen über dem scheußlichen, weit geöffneten, aber eben mit diesen Blümchen überdeckten Abgrund der Massengräber" (Elisabeth Langgässer). Ausdrücklich schließt Elisabeth Langgässer die beiden Lyriker **Oskar Loerke** und **Wilhelm Lehmann** aus, die sie als „die beiden großen […] um das metaphysische Element der Naturdichtung wissenden Lyriker dieser barbarischen Jahre" bezeichnet.

Ernst Jünger und Gottfried Benn

Keine Autoren der „inneren Emigration", obwohl oft dazu erklärt, sind Autoren wie **Ernst Jünger** oder **Gottfried Benn**, deren Nähe zum Nationalsozialismus zu offensichtlich ist. Ernst Jünger vertritt unter anderem die These, dass die Gesellschaft von Zeit zu Zeit, „um sich von neuem zu gebären, ins Feuer tauchen muss". Er gehört zu denen, die den Nationalsozialismus in der Zeit der Weimarer Republik geistig aufrüsten, gerät mit seinem elitären Denken zwar in Gegensatz zur NSDAP, leistet aber keinen aktiven Widerstand.

Gottfried Benn, der die deutsche Literatur des 20. Jahrhunderts stark beeinflusst, unterstützt anfangs den NS-Staat, flieht aber nach 1934 in die „innere Emigration". Er tritt in den Sanitätsdienst der Wehrmacht ein, verbittert, aber ohne politische Einsicht: „Das Ausland verhöhnt mich, weil ich Nazi und Rassist bin, und Nazis, weil ich undeutsch, formalistisch und intellektuell bin."

Literatur des Widerstands

1937 beschreibt ein Artikel in der Exilzeitschrift *Das Wort, Heft 4/5*, offizielle Literatur und Untergrundliteratur:

Jeder kleinste Handzettel, jedes noch so primitive Flugblatt, das unter Todesgefahr gegen Hitler geschrieben wird, offenbart mehr von der Macht des Wortes als die anspruchsvollsten Elaborate jener pseudoliterarischen Parasiten, die ihre Feder nach dem Machtwort der Goebbels und seiner Unterfeldwebel kommandieren.

- Was ist die Funktion der Literatur des Widerstands? Kann ihre Qualität mit ästhetischen und poetologischen Kriterien gemessen werden?

Jan Petersen

Die Schriftsteller des Widerstands gegen das Naziregime sind existentiell bedroht, auf sie warten Verfolgung, Gefängnis und Tod. Die Angst beim Schreiben schildert **Jan Petersen** in seinem Roman *Unsere Straße*, entstanden „im Herzen des faschistischen Deutschland 1933/34", wie es im Untertitel heißt:

---

[16] anakreontisch: lebensfreudig

Ich weiß, was mir geschieht, wenn ich mit diesen Aufzeichnungen in die Hände der Nazis falle. Die ganze vorige Woche schrieb ich nicht. Ich war nahe daran, alles zu verbrennen. Die Schwierigkeiten schienen mir zu groß. Ich habe versucht, mir zum Schreiben eine andere Wohnung zu besorgen. Doch es könnte nur bei Genossen sein. Sie stehen aber wie ich in der illegalen
5   Arbeit. Auch bei ihnen kann eine plötzliche Hausdurchsuchung gemacht werden. Mein Platz, an dem ich die geschriebenen Seiten aufbewahre, ist auch nicht unbedingt sicher. – Aber in dieser Woche, in der ich nicht schrieb, kam ich innerlich auch nicht zur Ruhe. Ein seelischer Druck lastete auf mir, zwang mich, jetzt weiterzuschreiben. – Ich muß das alles aufschreiben! Es muß uns gelingen, dieses Manuskript ins Ausland zu bringen. Es muß helfen, das Gewissen
10   der Menschen wachzurütteln.

Das Manuskript wird, in zwei Kuchen versteckt, aus Deutschland herausgeschmuggelt und erstmals 1935 in Paris auszugsweise veröffentlicht.

DEUTSCHER FASCHISMUS ZUSAMMENFASSUNG

Literatur im deutschen Faschismus 1933–1945

Der Kulturkampf

Nach der Machtübernahme der Nationalsozialisten werden am 10. Mai 1933 an vielen deutschen Universitäten die Bücher von politisch missliebigen und „nicht-arischen" Autoren verbrannt. Diesen **Bücherverbrennungen** folgen **schwarze Listen** „verbrennungswürdiger" Bücher.

In den Kulturinstitutionen besetzen Nationalsozialisten alle wichtigen Positionen. Es kommt zu einer **Gleichschaltung** des kulturellen Sektors. **NS-Institutionen** wie z. B. das Reichsministerium für Volksaufklärung und Propaganda bestimmen die Literaturpolitik, die Mitgliedschaft in der Reichsschrifttumskammer ist Voraussetzung, um publizieren zu können.

Das Ziel der **nationalsozialistischen Kulturpolitik** ist es, Kunst und Literatur für die nationalsozialistische Propaganda einzusetzen.

Die nationalsozialistische Literatur

Vorläufer und Vorbilder der „**Blut-und-Boden-Literatur**" des Dritten Reichs finden sich bereits in der **Heimatkunstbewegung** des 19. Jahrhunderts. Ein weiterer Vorreiter der NS-Literatur ist die **völkisch-konservative Dichtung** der Weimarer Republik.

Wie die Heimatkunstbewegung verdammen auch die Nationalsozialisten die Stadtkultur und idealisieren im Gegenzug das Landleben. Die „Weimarer Moderne" (Expressionismus, Dadaisten …), die sich mit den Entfremdungserfahrungen der Großstadt auseinandersetzt, wird denunziert, während die „**Volksgemeinschaft**" idealisiert wird. In dieser „Volksgemeinschaft" erscheint der Bauer als Grundlage des Staates, er garantiert die „Reinheit des Blutes". Die komplexe Welt des 20. Jahrhunderts wird in der nationalsozialistischen Literatur undifferenziert und vereinfachend dargestellt.

Die völkisch-konservative Dichtung befriedigt das Bedürfnis großer Teile des Bildungs- und Kleinbürgertums nach irrationalen Erklärungsmustern für die schlechte wirtschaftliche Situation in den 20er- und 30er-Jahren.

Die NS-Schriftsteller gehen **sozialdarwinistisch** davon aus, dass das stärkste Volk überlebt. Eine „Krankheit des Volkskörpers" gelte es zu heilen, um die biologisch „guten Kräfte" zu retten. Der Volksbegriff wird von der völkisch-nationalistischen Literatur mythisiert.

Nationalsozialistische Literatur ist **Propagandakunst**, ihr Ziel ist es auch, die **Emotionen** der Menschen zu mobilisieren. **Sprachlich** geschieht das mit sakralen und archaisierenden Metaphern und Phrasen, mit Schlüsselwörtern wie Volksgemeinschaft, Rasse, Blut, arteigen, artfremd, heroisch, heldisch.

Das Drama als Beispiel für faschistische Literatur

Im Zentrum des NS-Dramas steht meist der **Idealtyp des nationalsozialistischen Helden** mit Tugenden wie Willens- und Entschlusskraft, Opferbereitschaft und soldatischem Gehorsam. **Frauen** spielen selten eine tragende Rolle im NS-Drama. Wenn sie vorkommen, sind sie zarte Frau und / oder Mutter, deren Platz der heimische Herd ist.

Die **negativen Figuren** im Drama sind der ideologische Gegner, der „dunkle Hintergrund" für den „positiven Helden". Oft sind es „Rassenfeinde", Slawen und Juden, „biologisch Minderwertige"; sie besitzen ein ekelhaftes Äußeres, sie werden als Mörder, Plünderer und Feiglinge dargestellt.

Das **Thingspiel** ist eine Erfindung der Nazis. Diese faschistischen „Weihe- und Kultspiele" werden in riesigen Freianlagen durchgeführt, wobei das Gemeinschaftserlebnis im Vordergrund steht. Charakteristisch ist die **Massenhaftigkeit**.

Faschistische Prosa

Der **faschistische Geschichtsroman** dient natürlich der Propaganda. Deutsche Geschichte – ver- und gefälscht – erscheint hier als eine Abfolge von heroischen deutschen Herrscher- und Heldengestalten, die sich oft für die deutsche „Volksgemeinschaft" aufopfern.

Neben dem sogenannten **SA-Roman**, einer kurzlebigen Gattung, sind noch der **affirmative Kriegsroman** (Führerprinzip, Kampf und Opfer) und der **Bauernroman** weit verbreitet.

Die „innere Emigration"

Als „innere Emigranten" bezeichnen sich SchriftstellerInnen, die nicht emigrierten, aber auch nicht mit dem Regime zusammenarbeiteten, z. B. **Ernst Wiechert, Jochen Klepper, Werner Bergengruen, Ricarda Huch** und **Ernst Barlach**.

In den Geruch eines **illegitimen Rechtfertigungsversuchs** kommt die „innere Emigration" deshalb, weil viele dem System angepasste SchriftstellerInnen versuchten, sich damit nachträglich als eine Art Widerstandskämpfer hochzustilisieren.

Umstritten ist zum Beispiel, ob die **Naturlyrik** verfassenden SchriftstellerInnen wie Oskar Loerke, Peter Huchel oder Wilhelm Lehmann Widerstand leisten oder sich in die Innerlichkeit zurückziehen.

Junge deutsche AutorInnen wie Günter Eich, Marie Luise Kaschnitz, Wolfgang Koeppen, Karl Krolow und Hermann Lenz verweigern sich dem System und ziehen sich in eine private Welt zurück.

Ernst Jünger und Gottfried Benn zeigen dagegen offensichtliche Nähe zum Nationalsozialismus.

Literatur des Exils

Flucht und Emigration

Der Begriff „Emigration"

Bertolt Brecht schreibt in den im Exil entstandenen *Svendborger Gedichten* (1939) über das Thema Emigration:

Über die Bezeichnung Emigranten

Immer fand ich den Namen falsch, den man uns gab: Emigranten.
Das heißt doch Auswanderer. Aber wir
Wanderten doch nicht aus, nach freiem Entschluß
Wählend ein anderes Land. Wanderten wir doch auch nicht
5   Ein in ein Land, dort zu bleiben, womöglich für immer.
Sondern wir flohen. Vertriebene sind wir, Verbannte
Und kein Heim, ein Exil soll das Land sein, das uns da aufnahm.
Unruhig sitzen wir so, möglichst nahe den Grenzen
Wartend des Tags der Rückkehr, jede kleinste Veränderung
10   Jenseits der Grenze beobachtend, jeden Ankömmling
Eifrig befragend, nichts vergessend und nichts aufgebend
Und auch verzeihend nichts, was geschah, nichts verzeihend.
Ach, die Stille der Stunde täuscht uns nicht! Wir hören die Schreie
Aus ihren Lagern bis hierher. Sind wir doch selber
15   Fast wie Gerüchte von Untaten, die da entkamen
Über die Grenzen. Jeder von uns
Der mit zerrissenen Schuhen durch die Menge geht
Zeugt von der Schande, die jetzt unser Land befleckt.
Aber keiner von uns
20   Wird hier bleiben. Das letzte Wort
Ist noch nicht gesprochen.

- Warum ist Brecht mit der Bezeichnung „Emigranten" für sich und seine Schriftstellerkollegen nicht einverstanden?
- Welchen Stellenwert hat das jeweilige Asylland für die Geflüchteten? Wie richten sie ihr Leben dort ein und worauf warten sie? Was ist schließlich das Ziel all ihrer Bemühungen?

Massenflucht

1933 erfasst Deutschland eine Emigrationswelle wie noch nie zuvor in der (Literatur-)Geschichte: Zwischen Frühjahr 1933 und 1941 müssen über 500 000 Menschen, davon an die 2 500 SchriftstellerInnen und Tausende KünstlerInnen und AkademikerInnen, aus politischen und/oder rassischen Gründen flüchten. Diese Massenflucht begleitet bereits am 23. August 1933 eine erste offizielle Ausbürgerungsliste, weiteren missliebigen Kulturschaffenden wird in den nächsten Monaten die deutsche Staatsbürgerschaft aberkannt.
Die Flüchtlinge bilden keine homogene Gruppe, sondern diese ist zersplittert und uneinheit-

lich. Auch sind die Motive für die Flucht vielfältig: politisch, humanitär, kulturell, aus Rassegründen gefährdet usw. Je nach ideologischer Einstellung oder auch Nichtinteresse für Politik bilden die Flüchtlinge verschiedene Exilfraktionen, wobei es nicht an Einigungsversuchen fehlt. Die Gegnerschaft zum Nationalsozialismus ist als Solidarisierungsbasis zu wenig, da die politische Bandbreite der SchriftstellerInnen von „unpolitisch" bis zu „parteigebunden" reicht. So werden die Nazis von vielen Emigranten sehr vereinfachend als dämonisch, krankhaft und wahnsinnig beschrieben. Der Philosoph **Ernst Cassirer** meint: „This Hitler is an error of history, he does not belong in German history at all." Viele Schriftsteller kritisieren primär den Ungeist der Nazis, ihren Verrat am bürgerlichen Humanismus.

Selbstbildnis mit Judenpass (Felix Nussbaum, 1943)

Illusionen

Die Illusion, man könne bald wieder zurückkehren, der Spuk könne ja höchstens ein paar Wochen, vielleicht Monate dauern, verleitet viele Flüchtlinge dazu, Länder an den Grenzen Deutschlands als Asylländer zu wählen, wie z. B. Frankreich, die Tschechoslowakei, Österreich, die Niederlande. In die Sowjetunion können nur linientreue Kommunisten oder ihnen Nahestehende flüchten. In der UdSSR müssen sich die Emigranten an die offizielle stalinistische Parteilinie halten und sind selbst vom stalinistischen Terror bedroht.

Die anfangs optimistische Stimmung schlägt mit den Erfolgen Hitlers (Konkordat[1], Berliner Olympiade 1936, Spanischer Bürgerkrieg, Münchner Abkommen mit England, Anschluss Österreichs, Besetzung des Sudetenlandes) bei vielen Flüchtlingen in das Gefühl um, dass Hitler nicht aufgehalten werden könne.

Emigration nach Übersee

Als die deutschen Truppen in fast alle der damaligen europäischen Emigrationsländer einmarschieren, erreicht die Massenflucht ihren Höhepunkt. Die meisten Schriftsteller werden aus ihrem Exil in Österreich, der Tschechoslowakei, Frankreich, den Niederlanden und Dänemark in ein neues Exil getrieben. Da nur wenige europäische Ausweichländer für Exilanten offen sind – besonders die Schweiz ist in dieser Hinsicht sehr restriktiv –, flüchten die meisten nach Übersee, nach Nord- und Südamerika, ja sogar nach Shanghai[2]. Besonders in den USA sind sie dem Druck ausgesetzt, sich in eine völlig neue Kultur einzuleben, die Sprache zu erlernen und damit ihr bis dato vorübergehendes Warten im Exil endgültig zu beenden, „Einwanderer" zu werden. Nach 1945 kommen nur manche Exilanten sofort nach Deutschland zurück, andere nach einigen Jahren, ein großer Teil bleibt im Ausland.

Besonders in den USA geben viele deutsche ExilantInnen aus Enttäuschung und unter dem Eindruck der grauenvollen Kriegsverbrechen der Nazis ihre Vorstellungen von einem existierenden „anderen (und besseren) Deutschland" auf. Sie übernehmen emotionale Vorurteile wie das vom schlechten „deutschen Wesen" und dem „Deutschen an sich". Diese Einstellung mündet in die These von der „Kollektivschuld" des deutschen Volkes, vertreten unter anderem von **Thomas Mann**, der sich aber **Bertolt Brecht** und **Hannah Arendt** entgegenstellen.

---

[1] Konkordat: Vertrag zwischen einem Staat und dem Vatikan
[2] Bis Ende 1941 benötigt man für dieses internationale Gebiet kein Visum.

- Obwohl Sie im folgenden Abschnitt darüber informiert werden, überlegen Sie sich vorher einmal, mit welchen alltäglichen, bürokratischen und künstlerischen Problemen ein exilierter Schriftsteller – nicht ein wohlhabender und weltbekannter wie Thomas Mann – wohl konfrontiert gewesen ist! Lesen Sie dazu den nachfolgenden Text von Alfred Döblin! Vergleichen Sie, wie politische Flüchtlinge heutzutage in vielen westeuropäischen Ländern behandelt werden! Können Sie Parallelen (in Bezug auf Anerkennung als Asylant, Arbeitsgenehmigung ...) erkennen? Gibt es Unterschiede?

Leben und Schreiben im Exil

In die tiefste Einsamkeit nimmt jeder Künstler, jeder Schriftsteller die Gesellschaft, in der er lebt, mit. Sie ist es, die mit ihm zusammen dichtet und formt, in der Sprache, in den Urteilen, Bildern und Begriffen, die er mitgenommen hat. Nicht stumm ist der Schriftsteller in der Einsamkeit. Ein tausendfaches Gespräch führt er nach allen Seiten und trägt in dieses Gespräch seine Eingebung ein. (Alfred Döblin, 1938)

Bürokratie

Die EmigrantInnen, oft illegal ins Land gekommen, werden nur anfangs in den Gastländern relativ freundlich aufgenommen. Als sie immer mehr werden, ändert sich das bald. Die Behörden machen ihnen Schwierigkeiten, besonders die in der Schweiz, und verlangen Aufenthaltsgenehmigungen, Dokumente und Pässe (die diese Menschen oft in der Heimat zurücklassen mussten), Visa, Transitvisa und ähnliche Papiere. Der Schriftsteller und Dramaturg **Otto Zoff** beschreibt den Teufelskreis Bürokratie in seinem Exilort Nizza:

Ich bekomme ein amerikanisches Papier, in das das Visum eingetragen wird, weil der tschechische Paß von Spanien nicht anerkannt wird – denn das faschistische Spanien anerkennt die Eingliederung der Tschechoslowakei in das Deutsche Reich. Dieses amerikanische Papier hat zwar für Frankreich keine Tragweite, gilt aber in allen anderen Ländern. Wie ich freilich aus Frankreich hinauskomme, soll meine Sorge bleiben – ein permis de sortie[3] wird nicht gegeben und das amerikanische Konsulat behauptet, in dieser Sache nichts machen zu können. [...] Man kann nicht gut mit einem zweijährigen Kind über die Pyrenäen klettern.

Die Arbeitsbedingungen werden durch die Bürokratie zumindest erschwert, zumeist wird das (bezahlte) Arbeiten gar unmöglich gemacht, da keine Arbeitsgenehmigungen erteilt werden. In manchen Ländern (etwa der Schweiz) ist die – oft nur befristete – Aufenthaltsgenehmigung an ein politisches und publizistisches Betätigungsverbot gekoppelt. **Goebbels**, der Reichspropagandaminister, verhöhnt die Geflohenen, droht unmissverständlich denen, die aus dem Ausland gegen das nationalsozialistische Regime anschreiben: „Mögen sie noch eine Weile weiter geifern, die Herrschaften in den Pariser und Prager Emigrantencafés, ihr Lebensfaden ist abgeschnitten, sie sind Kadaver auf Urlaub."

---

[3] permis de sortie, franz.: Ausreiseerlaubnis

Mittellosigkeit

Zu den rechtlichen Problemen kommen finanzielle: Nur einige wenige erfolgreiche Autoren wie **Thomas Mann** oder **Lion Feuchtwanger** können im Exil komfortabel leben, sie werden überall mit offenen Armen aufgenommen, bewundert und haben keine materiellen Sorgen. Der überwiegende Teil der Flüchtlinge muss von Unterstützungszahlungen an der Grenze zum Existenzminimum leben. Einige wenige können in Exilverlagen und -zeitschriften publizieren, so zum Beispiel **Heinrich Mann**, **Alfred Döblin**, **Arnold Zweig**, **Lion Feuchtwanger** und **Joseph Roth** im Amsterdamer Querido-Verlag.

Thomas Mann mit seiner Frau im Hotelzimmer in New York

... ein deutscher Dichter bin ich einst gewesen ...

Woran viele ExilantInnen psychisch leiden, ist die neue, fremde Lebensumgebung, das Abgeschnittensein von der eigenen Sprache und Kultur, vom angestammten Leserpublikum. Zuhause oft angesehen und anerkannt, können sie in Deutschland weder verlegen noch verkaufen, verlieren ihr Publikum. Im Ausland haben deutschsprachige Werke geringe Absatzchancen, die durchschnittlichen Auflagen von Exilliteratur bewegen sich in Westeuropa zwischen 2 000 und 4 000 Stück. **Max Hermann-Neiße** macht sich keine Illusionen:

Hier wird niemand meine Verse lesen,
ist nichts, was meiner Seele Sprache spricht;
ein deutscher Dichter bin ich einst gewesen;
jetzt ist mein Leben Spuk wie mein Gedicht.

Lion Feuchtwanger im Flugzeug über New York (um 1932)

Einige Schriftsteller scheitern aus unterschiedlichen Gründen endgültig am Exil und begehen Selbstmord: **Walter Benjamin**, **Franz Blei**, **Carl Einstein**, **Egon Friedell** (beim Einmarsch der Deutschen in Wien), **Walter Hasenclever**, **Ernst Toller**, **Kurt Tucholsky**, **Ernst Weiss**, **Alfred Wolfenstein**, **Stefan Zweig** ... Andere Autoren werden aus dem Exil in Lager der Faschisten verbracht und dort ermordet oder werden in der UdSSR Opfer der stalinistischen „Säuberungen" und Verfolgungen.

Österreichische SchriftstellerInnen im Exil

Emigranten-Schicksal: Die Fremde ist nicht Heimat geworden. Aber die Heimat Fremde. (Alfred Polgar)

Bereits nach dem Bürgerkrieg im Februar 1934 emigrieren führende Sozialdemokraten und Kommunisten; das politische System des Ständestaats vertreibt SchriftstellerInnen wie z. B. **Stefan Zweig** und **Hilde Spiel**. Der Anschluss an das Dritte Reich bedeutet für mehr als 100 000 Menschen und die namhaftesten Literaten Österreichs (etwa **Robert Musil**, **Franz Werfel**, **Stefan Zweig**, **Joseph Roth**, **Hermann Broch**, **Alfred Polgar**) das Exil. Viele sterben in der Emigration bzw. an ihr.

Uneinigkeit

Die Gruppe der österreichischen Exilanten ist zersplittert; man ist sich über grundsätzliche Fragen gänzlich uneinig, etwa welches politische System nach Hitler kommen solle oder ob Österreich überhaupt eine eigene Nation sei. **Alfred Polgar**, der die österreichischen Emigranten aus den verschiedenen politischen Lagern einigen will, meint in der Zeitschrift *La libre Autriche* (Paris 1940):

Die geteilte Auffassung darüber, welche Gestaltung einem befreiten Österreich zu wünschen wäre, vereitelte bisher alle Bemühungen um eine einheitliche Vertretung der österreichischen Interessen im Exil. Es ist etwa so, als ob Schiffbrüchige, auf schwankstem Boden im Ozean treibend, das parallele Rudern einstellen, weil sie darüber, was nach erhoffter glücklicher Landung zu geschehen hätte, verschiedener Meinung sind.

Als Sprecher der österreichischen Emigranten schreibt **Joseph Roth**, der 1939 in Paris als verzweifelter Mensch den Trinkertod stirbt, in der Zeitschrift *Das Neue Tage-Buch* (Paris 1938) dem untergegangenen Österreich einen Grabgesang:

Eine Welt ist dahingeschieden, und die überlebende Welt gewährt der toten nicht einmal eine würdige Leichenfeier. Keine Messe und kein Kaddisch [jüdisches Totengebet] wird Österreich zugebilligt. [...] Die europäische Kulturwelt müßte sozusagen ein Begräbnis erster Klasse veranstalten, im wahrsten Sinne des Wortes: ein „Staatsbegräbnis", aber sie gleicht einem Ge-
5 lähmten, der im Rollstuhl Totenwache neben einem Katafalk halten soll. Der preußische Stie fel stampft über älteste europäische Saat. [...] Eine Welt ist Preußen übergeben worden: auf Gedeih und Verderb.

Themen der Exilliteratur

In **Bertolt Brechts** Gedicht *Besuch bei den verbannten Dichtern* sprechen in der Hütte der verbannten Dichter Ovid, Villon, Dante, Voltaire, Heine, Shakespeare, Euripides, Po Chü-yi und Tu-fu über das Leben und Schreiben im Exil. In das Gelächter der anwesenden Schriftsteller hinein unterbricht ein Ruf das Gespräch:

„Du, wissen sie auch
Deine Verse auswendig? Und die sie wissen
Werden sie der Verfolgung entrinnen?" – „Das
Sind die Vergessenen", sagte der Dante leise
5 „Ihnen wurden nicht nur die Körper, auch die Werke vernichtet."
Das Gelächter brach ab. Keiner wagte hinüberzublicken. Der Ankömmling
War erblaßt.

> • Welches grundsätzliche Problem der Exilliteratur wird in diesem Gespräch behandelt? Warum erblasst der Ankömmling?

Je nach politischer Richtung und Weltsicht behandeln die Schriftsteller verschiedenste Themen und verwenden die verschiedensten Gattungen, von politischen Schriften bis hin zum historischen Roman. Schriftsteller, die sich bereits vor 1933 mit Stoffen wie der Beschreibung der untergegangenen Monarchie oder zwischenmenschlicher Beziehungen beschäftigt haben, etwa **Joseph Roth, Robert Musil, Hermann Broch** oder **Stefan Zweig**, gehen auch nach der

Machtergreifung des Faschismus kaum von ihren Themen weg. Andere Autoren wenden sich dagegen mit ihrer Literatur ganz dem Kampf gegen den Nationalsozialismus zu.

Nach der zweiten Fluchtwelle nach Übersee wird es sehr schwer, glaubwürdige Literatur über Deutschland zu verfassen, da die räumliche und zeitliche Distanz einfach zu groß ist. Die neue und unbekannte Umgebung wird kaum thematisiert, obwohl deutschsprachige Literatur über Deutschland in den USA sehr wenige Leser und Rezensenten[4] hat:

Joseph Roth und Stefan Zweig im Exil (Ostende 1936)

Niemand mutet Autoren zu, daß sie ein Handwerk, worin sie zulänglich oder mit Gewinn für alle gearbeitet haben, aufgeben, um gefälschte Amerikaware hervorzubringen. Aber eine Enklave mit extrem deutscher, gar gewollt abgekehrter Problemstellung ist erst recht nicht haltbar. Diese Art Produktion würde sich, von der Absatzlosigkeit abgesehen, sehr rasch monotonisieren und am Inzest zugrunde gehen. (Ernst Bloch: *Zerstörte Sprache – zerstörte Kultur*)

Der historische Roman

Der **historische Roman** ist als Gattung sehr beliebt, die Autoren kommen aus allen politischen Lagern. Im Exil und in der Literaturgeschichtsschreibung werden Diskussionen geführt, ob der historische Roman Flucht vor den Problemen der Zeit oder Zeitbezogenheit bedeute; und zwar Zeitbezogenheit in dem Sinn, dass an geschichtlichen Beispielen die Gegenwart reflektiert werde. Eine Antwort auf diese Frage kann wohl nur anhand konkreter Werke gegeben werden, z. B. **Heinrich Mann** *Henri Quatre* (1935/38), **Lion Feuchtwanger** *Der falsche Nero* (1936), **Bertolt Brecht** *Die Geschäfte des Herrn Julius Cäsar* (arbeitet daran ab 1938).

Exilpublizistik

Wichtig ist die **Exilpublizistik**: Während des 12-jährigen Exils erblicken über 400 Zeitschriften das Licht der Welt. Diese hohe Zahl illustriert auch die politische Zerrissenheit der SchriftstellerInnen, ihre Uneinigkeit. Trotzdem sind sie das „beinahe einzige geeignete Mittel, dem Auseinanderbrechen von politischen Gruppen wie der Isolation von Einzelnen entgegenzuwirken. […] Sie (die Zeitschriften) waren nicht nur Ausdruck des Wollens der Herausgeber, sondern […] Instrumente der Selbstverständigung und der Willensbildung unter den Lesern. […] Sie wirkten als stabilisierendes Element, als geistige Klammer, und sind zum Teil selbst zu ,imaginären' Zentren geworden." (H. A. Walter *Bedrohung und Verfolgung bis 1933. Deutsche Exilliteratur 1933–1950*) Das Ziel der Exilpresse ist zwar in erster Linie die Aufklärung der Öffentlichkeit über das Wesen des Faschismus, der Erfolg ist allerdings nicht sehr groß.

Antifaschistische Gesellschafts- und Zeitromane

Einen eigenen Bereich bilden die **antifaschistischen Gesellschafts- und Zeitromane** wie zum Beispiel **Anna Seghers'** *Das siebte Kreuz* ▶ Seite 440 f., *Transit* oder **Lion Feuchtwangers** *Exil*.

---

[4] Rezensent: Kritiker; rezensieren: ein Buch kritisch besprechen

Anna Seghers: *Transit*

Anna Seghers

Ein Monteur, aus einem deutschen KZ geflohen, erzählt 1940 in Marseille einem anonym bleibenden Gesprächspartner von seinen Erfahrungen in Frankreich. Er schildert die Situation der hier festsitzenden Flüchtlinge, die durch das Näherrücken der deutschen Truppen bedroht sind. Sie werden nur ungern von der mit den Deutschen kollaborierenden Vichy-Regierung geduldet und erhalten nur dann befristete Aufenthaltsgenehmigungen, wenn sie ihre Ausreise aktiv betreiben. Wenn nicht, kommen sie in ein Arbeitslager.

Der Erzähler, der dem Geschehen zunächst distanziert gegenübersteht, wird durch eine Verwechslung mit dem Schriftsteller Weidel, der Selbstmord begangen hat, in das Geschehen eingebunden, indem er sich in dessen Frau Marie verliebt. Als er sich von ihr gelöst hat, ist er bereit für eine neue Existenz, für eine neue Identität. Marie, von ihm nicht über das Schicksal ihres Mannes aufgeklärt, besteigt ein Schiff nach Amerika, das dann untergeht.

„Transit" bezeichnet ein zur Ausreise notwendiges Dokument, das Durchreisevisum für die auf dem Fluchtweg berührten Länder. Weiters benötigt man ein Einreisevisum ins Zielland, eine Ausreisegenehmigung der Fremdenpolizei, eine Aufenthaltsgenehmigung für Frankreich, ein Überfahrtsbillet. Jedes dieser Dokumente bedingt ein anderes, und alle sind sie nur zeitlich befristet gültig. So geschieht es oft, dass eines der Dokumente abläuft, noch bevor das andere genehmigt wird: Der Kampf mit der Bürokratie beginnt von Neuem.

Transit symbolisiert die „vorläufige" Existenzform des Exils, den drohenden Sinnverlust des Lebens zwischen verschiedenen Fluchtwegen, die Gefährdung der Identität. „Für Abgeschiedene hielt ich sie, die ihre wirklichen Leben in ihren verlorenen Ländern gelassen hatten."

Die Hoffnung der Flüchtlinge, durch Ausreisepapiere zu einem besseren Leben zu gelangen, erweist sich als Illusion: „Unsinn, Unsinn, Unsinn war dieser Kraftaufwand, eine brennende Stadt mit einer anderen brennenden Stadt zu vertauschen, das Umsteigen von einem Rettungsboot auf das andere, auf dem bodenlosen Meer." In *Transit* verarbeitet Anna Seghers auch ihre eigenen Erfahrungen, sie geht zunächst ins Exil nach Frankreich und dann nach Mexiko.

Literatur des Exils

Flucht und Emigration

1933 müssen Tausende Schriftsteller, Künstler und Akademiker aus politischen und rassischen Gründen flüchten. Vielen missliebigen Kulturschaffenden wird die deutsche Staatsbürgerschaft aberkannt.

Die **Massenflucht** erreicht ihren Höhepunkt, als die deutschen Truppen in fast alle der europäischen Emigrationsländer einmarschieren. Da nur wenige europäische Länder als Exil infrage kommen, flüchten viele nach **Nord- und Südamerika** oder **Shanghai**. Nach 1945 kommen nur wenige Exilanten sofort nach Deutschland zurück, ein Großteil von ihnen bleibt im Ausland.

Lesen und Schreiben im Exil

Die EmigrantInnen werden nur anfangs freundlich aufgenommen, später machen ihnen die Behörden Schwierigkeiten: Es werden Aufenthaltsgenehmigungen, Dokumente, Pässe, Visa, Transitvisa und ähnliche Papiere verlangt. Die **Arbeitsbedingungen** werden durch die Bürokratie **erschwert,** oft unmöglich gemacht.

Zu den **rechtlichen Problemen** kommen noch **finanzielle.** Der überwiegende Teil der EmigrantInnen muss an der Grenze zum Existenzminimum leben. Einige wenige können in Exilverlagen und -zeitschriften publizieren.

Österreichische SchriftstellerInnen im Exil

Bereits 1934 emigrieren führende Sozialdemokraten und Kommunisten; das System des Ständestaats vertreibt z. B. **Stefan Zweig** und **Hilde Spiel**. Der Anschluss bedeutet für angesehene Literaten Österreichs das Exil: **Robert Musil, Franz Werfel, Joseph Roth, Hermann Broch, Alfred Polgar.**

Themen der Exilliteratur

Je nach politischer Einstellung und Weltsicht behandeln die Schriftsteller verschiedenste Themen und verwenden verschiedenste Gattungen. Autoren, die sich vor 1933 mit dem Untergang der Donaumonarchie beschäftigten – wie **Joseph Roth, Robert Musil, Hermann Broch oder Stefan Zweig** – arbeiten auch nach der faschistischen Machtergreifung an diesen Themen weiter. Andere widmen sich in ihrer Literatur dem Kampf gegen den Faschismus.

Eine wichtige Gattung stellt der **historische Roman** dar. Die Autoren kommen aus den verschiedensten Lagern, z. B. **Heinrich Mann** *Henri Quatre,* **Lion Feuchtwanger** *Der falsche Nero,* **Bertolt Brecht** *Die Geschäfte des Herrn Julius Cäsar.*

Einen eigenen Bereich bilden die **antifaschistischen Gesellschafts-** und **Zeitromane,** z. B. **Anna Seghers** *Das siebte Kreuz, Transit* oder **Lion Feuchtwangers** *Exil.*

Die Literatur der BRD nach 1945

Nachkriegsliteratur 1945–1949

Mit der bedingungslosen Kapitulation des Dritten Reichs am 8. Mai 1945 bricht das nationalsozialistische System und mit ihm der Staat zusammen. Die Bilanz des Zweiten Weltkriegs in Europa sieht so aus: über 40 Millionen Tote; allein in Deutschland ist die Hälfte aller Städte zerstört und 10 Millionen Flüchtlinge und Vertriebene kämpfen hier ums Überleben. Existentielle Probleme wie Beschaffung von Essen, Unterkunft und Brennmaterial sowie die Suche nach vermissten Familienangehörigen bestimmen das Elend der Nachkriegsjahre.

Zerbombte Städte

Umerziehung und Restauration

Die anfangs von den Alliierten angestrebte „Umerziehung" (Re-education) der Deutschen weicht bald nach den Nürnberger Kriegsverbrecher-Prozessen, bei denen führende Nationalsozialisten verurteilt werden, wirtschaftlichen und politischen Zielen und endet in der Restauration[1]. Westdeutschland wird im „Kalten Krieg", von dem man seit 1947 spricht, als Bollwerk und Vorposten gegen den Kommunismus aufgebaut. Die USA sind deshalb an der wirtschaftlichen Gesundung Westdeutschlands interessiert und vergeben mit dem „Marshallplan"[2] Kapital in Form von Krediten zum wirtschaftlichen Wiederaufbau nach Westeuropa. Mit der Währungsreform 1948 in der alliierten Westzone, der Staatsgründung der BRD und der DDR 1949 wird die Spaltung Deutschlands in zwei ideologisch völlig verschiedene Staaten eine politische Tatsache.

Politik und Wirtschaft der BRD haben sich Ende der 40er-Jahre endgültig konsolidiert. 1949 wird das Grundgesetz beschlossen, Kanzler- und Präsidentenwahlen werden abgehalten. 1950 erreicht die industrielle Produktion bereits ihren Vorkriegsstand, 1960 ist sie schon doppelt so hoch. Das deutsche „Wirtschaftswunder" beginnt. Zu diesem Aufschwung trägt neben dem Marshallplan sicher auch bei, dass die westlichen Siegerstaaten auf Reparationen verzichten.

Entnazifizierung

Die „Entnazifizierung" mithilfe von Fragebögen – dadurch sollen politisch stark Belastete von weniger bis gar nicht Schuldigen getrennt werden – wird nach kurzer Zeit relativ oberflächlich betrieben. Viele ehemalige Nationalsozialisten können sich aus der Verantwortung herausschwindeln. Genauso wird die Frage nach Widerstand, Schuld und moralischer Verantwortung bewusst oder unbewusst verdrängt bzw. nur in intellektuellen Kreisen ernsthaft diskutiert. Die Sozialpsychologen Alexander und Margarete Mitscherlich stellen in ihrem gleichnamigen Werk (1967) die *Unfähigkeit zu trauern* fest. **Alfred Döblin** meint 1951 in einem Brief deprimiert: „Man hat nichts gelernt und es ist alles, bis auf die Vertreibung von Hitler, gleich geblieben." Er geht 1951 ins Pariser Exil.

Bis Mai 1949 vergeben die Alliierten Lizenzen für Zeitungen, Zeitschriften, Bücher und kulturelle Ereignisse wie Theater und Konzert. Sie lizenzieren und zensurieren, üben die Kontrolle über die deutsche Kulturproduktion aus und nehmen Einfluss.

---

[1] Restauration: Wiederherstellung der früheren politischen Ordnung

[2] verkündet im Juni 1947

1945/46: Eine „Stunde Null" für die deutsche Literatur?

Die Literaturgeschichtsschreibung ist sich darin einig, dass es wegen der Kontinuität von Literatur und Geschichte keine „Stunde Null" gibt:

Geschichte aber – auch die der Literatur – ist ein Prozeß, ein Fortschreiten ohne Anfang und Ende, wenngleich mit Einschnitten, durch die Entwicklungen gehemmt, womöglich unterbrochen werden.

> • Interpretieren Sie diese Aussage für die Geschichte der Literatur so, wie Sie sie bisher kennengelernt haben! Wo können Sie „Einschnitte" und „Entwicklungen" (auch „unterbrochene") feststellen? Kennen Sie „Strömungen", die bis in die Gegenwart weiterwirken? Inwiefern?

Ein radikaler Neubeginn?

Obwohl mit Kriegsende die offizielle, von oben verordnete Kultur nicht mehr gilt, stellt das Jahr 1945 keinen radikalen Neubeginn und grundsätzlichen Wandel dar, so wie sich das vor allem die jungen SchriftstellerInnen erhofft hätten. Vielmehr prägen AutorInnen, Strömungen und ästhetische Positionen aus der Zeit der Weimarer Republik und des Nationalsozialismus das literarische Bild der Nachkriegsjahre. Viele nationalkonservative oder von den Nazis geförderte SchriftstellerInnen (z. B. **Hans Friedrich Blunck, Hans Grimm, Agnes Miegel**) publizieren bald nach 1945 wieder – so, als ob nichts geschehen wäre. Dagegen wird die Exilliteratur in Westdeutschland kaum verlegt, die AutorInnen werden nicht zurückgeholt, sind nicht willkommen.

Autorengenerationen

Prinzipiell schreiben drei verschiedene „Autorengenerationen":
- Die vor 1900 Geborenen; z. B. **Ulrich Becher** (in der Ostzone), **Alfred Döblin, Werner Bergengruen, Ernst Wiechert** und **Thomas Mann**, der im Exil bleibt.
- Autoren, die bereits vor 1933 publizieren; z. B. **Alfred Andersch, Hans Werner Richter, Günter Eich, Wolfgang Koeppen, Walter Kolbenhoff, Hans Erich Nossack, Günther Weisenborn** und **Wolfgang Weyrauch**.
- Die jungen Schriftsteller, die 1945/46 erstmals an die Öffentlichkeit treten; z. B. **Heinrich Böll** und **Wolfgang Borchert**.

Besonders die AutorInnen um die Literaturzeitschrift *Der Ruf*, herausgegeben von **Hans Werner Richter** und **Alfred Andersch**, und die der „**Gruppe 47**" sind enttäuscht, dass sich nicht viel verändert. Sie wollen einen radikalen Neubeginn, mit den Denkmustern und Ordnungsbegriffen der „Älteren" brechen. Das Gegenteil passiert: **Hans Carossa** (1878–1956), **Georg Britting** (1891–1964), **Stefan Andres** (1906–1970), **Werner Bergengruen** (1892–1964), **Ernst Wiechert** (1887–1950) und andere Autoren, die bereits vor 1933 publizieren, schreiben Literatur, die sich in Besinnlichkeit und „in sich selbst ruhender Heiterkeit und Gelassenheit" (Ralf Schnell) übt, eine heile Welt vorspiegelt.

> • Warum wird diese Art von Dichtung von jungen AutorInnen abgelehnt worden sein?

Ausländische Einflüsse

Viele LeserInnen und SchriftstellerInnen holen sich Anregungen aus der ausländischen Literatur, die seit 1933 nicht zugänglich war. Autoren des **amerikanischen Realismus** wie **Ernest**

Hemingway („Shortstory") und **Thornton Wilder** (Drama) beeinflussen das literarische Geschehen genauso wie die **französischen Existenzialisten** (**Albert Camus, Jean-Paul Sartre**), die über die Krisenerfahrung des Menschen und seine Vereinsamung in der Welt schreiben. Anfang der 50er-Jahre wächst der Einfluss der pessimistischen historischen und politischen Weltsicht **Albert Camus'**, der von der Sinnlosigkeit der menschlichen Existenz überzeugt ist. Im Gefolge dieser existenzialistischen Weltsicht wird das literarische Werk **Franz Kafkas** wieder „modern". ▶ Seite 360 ff.

Die „Poesie des Kahlschlags" und die „Gruppe 47"

H. W. Richter schreibt im Vorwort zur Lyrikanthologie *Deine Söhne Europa* (1947):

Die Apokalypse hat die Lebenden verändert. Was vor dieser Zeit war, ist nicht mehr fassbar, erscheint wie ein Märchen, das versunken und verklungen ist. Ein anderer Ton bestimmt das Leben, ein Ton, der aus der Welt der Trümmer geboren wurde. Er ist näher der Wirklichkeit und näher dem Leben denn je.

Er präzisiert in der Zeitschrift *Der Ruf* (1. Jahrgang) seine Forderung nach einer anderen Literatur:

Das Kennzeichen unserer Zeit ist die Ruine. Sie umgibt unser Leben. [...] Sie ist unsere Wirklichkeit. In ihren ausgebrannten Fassaden blüht nicht die blaue Blume der Romantik, sondern der dämonische Geist der Zerstörung, des Verfalls und der Apokalypse. Sie ist das äußere Wahrzeichen der inneren Unsicherheit des Menschen unserer Zeit. Die Ruine lebt in uns wie wir in ihr.
5 [...] Um diesen Menschen zu erfassen, bedarf es neuer Methoden der Gestaltung, neuer Stilmittel, ja einer neuen Literatur.

Das Gedicht *Inventur* von **Günter Eich**, das allerdings nicht typisch für sein lyrisches Werk ist, steht für die Forderung nach einem neuen Ton, nach „Kahlschlag".

Inventur

Dies ist meine Mütze,
Dies ist mein Mantel,
Hier ist mein Rasierzeug
Im Beutel aus Leinen.

5 Konservenbüchse:
Mein Teller, mein Becher,
Ich hab in das Weißblech
Den Namen geritzt.

Geritzt hier mit diesem
10 Kostbaren Nagel,
Den vor begehrlichen
Augen ich berge.

Im Brotbeutel sind
Ein Paar wollene Socken
15 Und einiges, was ich
Niemand verrate,

So dient es als Kissen
Nachts meinem Kopf.
Die Pappe hier liegt
20 Zwischen mir und Erde.

Die Bleistiftmine
Lieb ich am meisten:
Tags schreibt sie mir Verse,
Die nachts ich erdacht.

25 Dies ist mein Notizbuch,
Dies ist meine Zeltbahn,
Dies ist mein Handtuch,
Dies ist mein Zwirn.

- Was bedeutet der Titel des Gedichts, wer macht Inventur? Wie wird diese „Inventur" auf der sprachlichen (Wortwahl) und formalen (Metaphorik, Rhythmus, Metrik) Ebene durchgeführt?
- Inwiefern „passt" Eichs Gedicht in die Zeit nach 1945? Kann man es zeitgeschichtlich interpretieren (beachten Sie die Texte H. W. Richters)?
- Wie interpretieren Sie die Forderung nach „Kahlschlag" in der Literatur?
- Machen Sie Inventur in Form eines Gedichts! Welche formalen Mittel würden Sie benutzen, um die Inhalte, die Sie beschreiben wollen, zu symbolisieren?

Gruppe 47

1947 gründet **Hans Werner Richter** die „**Gruppe 47**", nachdem seine Zeitschrift *Der Ruf* von der alliierten Zensur wegen Nihilismus[3] verboten wird. Diese vorerst lose Vereinigung von anfangs kaum bekannten AutorInnen wendet sich gegen die Abstraktion in der Literatur, gegen Pathos und Innerlichkeit, hat aber kein festes literarisches Programm.

Die „Gruppe 47" sieht sich als „unpolitisch" im Sinne von Parteien und Systemen. In ihren Sitzungen steht nur der vorgelesene Text des/der Vortragenden und nicht seine politische Einstellung zur Diskussion. Wird die vorlesende Autorin/der vorlesende Autor von den anderen Mitgliedern akzeptiert, ist sie/er Mitglied der Gruppe.

Treffen der „Gruppe 47" (1955): H. Böll, I. Bachmann und I. Aichinger

Die Literatur der „Gruppe 47" hat moralische Ziele: Sie will die Einzelnen verändern, sie sollen in Eigenverantwortung ihre Rolle im Faschismus überdenken. Hans Werner Richter nennt die Ziele der „Gruppe 47" anlässlich ihres 15-jährigen Bestehens:

a) demokratische Elitenbildung auf dem Gebiet der Literatur und der Publizistik;
b) die praktisch-angewandte Methode der Demokratie in einem Kreis von Individualisten immer wieder zu demonstrieren mit der Hoffnung der Fernwirkung und der vielleicht sehr viel späteren Breiten- und Massenwirkung:
5 c) beide Ziele zu erreichen ohne Programm, ohne Verein, ohne Organisation und ohne irgendeinem kollektiven Denken Vorschub zu leisten.

Relativ bald wird die „Gruppe 47", an deren Sitzungen[4] auch namhafte Verleger, Lektoren und einflussreiche Kritiker teilnehmen, ziemlich einflussreich. AutorInnen wie **Heinrich Böll, Ingeborg Bachmann, Günter Grass** und **Martin Walser** verdanken ihr den literarischen Durchbruch.

Diese wichtigste literarische Institution Nachkriegsdeutschlands wird von Gegnern heftig kritisiert. Worte wie „Clique", „demagogischer Clan" und „Meinungsterror" fallen. Nach-

---

[3] Nihilismus: Verneinung aller Normen und Werte
[4] zweimal pro Jahr, im Frühjahr und Herbst

folgende Generationen kritisieren die unpolitische Struktur der Vereinigung und sehen in ihr das verhasste „Establishment". Diese Faktoren bedingen 1967 auch das durch Richter offiziell verkündete Ende der „Gruppe 47".

„Trümmerliteratur"

Die ersten schriftstellerischen Versuche unserer Generation nach 1945 hat man als Trümmerliteratur bezeichnet, man hat sie damit abzutun versucht. Wir haben uns gegen diese Bezeichnung nicht ge-
5   wehrt, weil sie zu Recht bestand: tatsächlich, die Menschen, von de-
nen wir schrieben, lebten in Trümmern, sie kamen aus dem Kriege, Männer und Frauen im gleichen Maße verletzt, auch Kinder. Und sie waren scharfäugig: sie sahen. Sie lebten keineswegs in völligem Frieden, ihre Umgebung, ihr Befinden, nichts an ihnen und um sie herum war idyllisch, und wir als Schreibende fühlten uns ihnen so
10   nahe, daß wir uns mit ihnen identifizierten. Mit Schwarzhändlern   Heinrich Böll (1981)
und den Opfern der Schwarzhändler, mit Flüchtlingen und allen
denen, die auf andere Weise heimatlos geworden waren, vor allem natürlich mit der Genera-
tion, der wir angehörten und die sich zu einem großen Teil in einer merk- und denkwürdigen Situation befand: sie kehrte heim. Es war die Heimkehr aus einem Krieg, an dessen Ende kaum
15   noch jemand hatte glauben können.
Wir schrieben also vom Krieg, von der Heimkehr und dem, was wir im Krieg gesehen hatten und bei der Heimkehr vorfanden: von Trümmern; das ergab drei Schlagwörter, die der jungen Literatur angehängt wurden. Kriegs-, Heimkehrer- und Trümmerliteratur.
Die Bezeichnungen als solche sind berechtigt: es war Krieg gewesen, sechs Jahre lang, wir
20   kehrten heim aus diesem Krieg, wir fanden Trümmer und schrieben darüber. […]
Die Zeitgenossen in die Idylle zu entführen würde uns allzu grausam erscheinen, das Erwachen daraus wäre schrecklich, oder sollen wir wirklich Blindekuh miteinander spielen?
(Heinrich Böll *Bekenntnis zur Trümmerliteratur*, erschienen 1952)

> • Fassen Sie zusammen, was Heinrich Böll unter dem Begriff „Trümmerliteratur" ver-
> steht!
> • Was „will" diese Literatur, was sind ihre Personen, was ihre Themen und ihre Anlie-
> gen?

Keine Zeit für Semikolons

Autoren wie **Heinrich Böll, Wolfdietrich Schnurre** und **Wolfgang Borchert** wenden sich gegen eine pathetische und symbolüberfrachtete Sprache. Ihre Dichtung handelt von der schrecklichen Kriegserfahrung, der Zeit des Nationalsozialismus, von Gefangenschaft und Rückkehr in die Wirklichkeit der zerstörten deutschen Städte. Diese Themen behandeln sie bewusst in einer einfachen und unprätentiösen Sprache.

Wer unter uns […] weiß einen Reim auf das Röcheln einer zerschossenen Lunge, einen Reim auf einen Hinrichtungsschrei, wer kennt das Versmaß, das rhythmische, für eine Vergewaltigung, wer weiß ein Versmaß für das Gebell der Maschinengewehre, eine Vokabel für den frisch verstummten Schrei eines toten Pferdeauges?
5   (Wolfgang Borchert *Im Mai, im Mai schrie der Kuckuck*)

Wir brauchen keine Dichter mit guter Grammatik. Zu guter Grammatik fehlt uns Geduld. Wir brauchen die mit dem heißen heiser geschluchzten Gefühle. Die zu Baum Baum und zu Weib Weib sagen und Ja sagen und Nein sagen: Laut und deutlich und dreifach und ohne Konjunktiv.

10 Für Semikolons haben wir keine Zeit und Harmonien machen uns weich und die Stilleben überwältigen uns: Denn lila sind nachts unsere Himmel. Und das Lila gibt keine Zeit für Grammatik, das Lila ist schrill und ununterbrochen und toll. Über den Schornsteinen, über den Dächern: Die Welt: lila. Über unseren hingeworfenen Leibern die schattigen Mulden: die blau beschneiten Augenhöhlen der Toten im Eissturm, die violettwütigen Schlünde der kalten Ka-
15 nonen – und die lilane Haut unserer Mädchen am Hals und etwas unter der Brust. Lila ist nachts das Gestöhn der Verhungernden und das Gestammel der Küssenden. Und die Stadt steht so lila am nächtlich lilanen Strom.
(Wolfgang Borchert *Das ist unser Manifest*, 1947)

> • Mit welcher Begründung lehnt Borchert formalistische und poetische Spitzfindigkeiten ab?
> • Was bedeutet das Wort „lila"? Welche literarische Strömung hat Borchert wohl als Vorbild?

Vorbilder der „Trümmerliteraten" sind die amerikanischen Autoren der „Shortstory" (**Ernest Hemingway, Thomas Wolfe** und **William Faulkner**). Sie verwenden in ihren Geschichten eine alltagsnahe Sprache, der Schluss ist meist offen und sie erzählen einen Ausschnitt aus dem Leben eines Menschen.

Aus der Uraufführung von *Draußen vor der Tür* in den Hamburger Kammerspielen (1947)

Wolfgang Borchert

Wolfgang Borchert (1921–1947), wird 1941 wegen Selbstverstümmelung vor ein Kriegsgericht gestellt und muss nach drei Monaten Gefängnis an die Front. Bis 1945 verbüßt er wegen Erzählens von politischen Witzen und „Wehrkraftzersetzung" mehrmals Gefängnisstrafen und muss Dienst in Strafbataillonen ableisten. 1946 markiert der Ausbruch einer kriegsbedingten Krankheit das Ende eines kurzen Schaffens: in erster Linie die Kurzgeschichten-Sammlungen *Die Hundeblume* und *An diesem Dienstag* sowie das Drama *Draußen vor der Tür*.

Borcherts Werk beschäftigt sich mit Emotionen, erinnert schmerzhaft an die jüngste deutsche Vergangenheit, stellt Fragen nach Schuld und Kriegsverantwortung, beschreibt die Gefühle der von ihm so genannten „Generation ohne Abschied".

Heinrich Böll

Kriegserlebnisse und die gesellschaftlichen Probleme der Nachkriegszeit (Hunger, Schwarzmarkt, Wohnungsnot etc.) sind die dominierenden Themen in **Heinrich Bölls** (1917–1985) frühem Werk, das von der realistischen amerikanischen Shortstory beeinflusst ist. Bölls Helden sind meist Außenseiter, Menschen, die sich verweigern und sich von der Macht bedroht sehen. Sie verhalten sich den Geschlagenen und Armen gegenüber solidarisch.

Das meistgespielte Theaterstück der ersten Nachkriegsjahre (ungefähr 3 200 Aufführungen bis 1950) ist **Carl Zuckmayers** (1896–1977) Stück *Des Teufels General*. Entstanden ist es bereits

1942 im amerikanischen Exil, uraufgeführt wird es 1946 in Zürich. Der Erfolg des Stücks ist sicher auch durch die Identifikationsmöglichkeit mit dem Helden bedingt, der in eine klassische tragische Situation gerät, in der nur mehr Tod oder Schuldigwerden möglich ist. Diese Hauptperson General Harras ist des Teufels (= Hitlers) General; gestaltet ist die Figur nach dem Vorbild des heldenhaften Fliegergenerals Ernst Udet.

Carl Zuckmayer

Harras, ein begeisterter Flieger und humorvoller Haudegen, entwickelt für die Nazis neue Flugzeuge, obwohl er die politische Elite des Dritten Reiches verabscheut. Er dient dem System, weil er fliegen darf, was seine größte Leidenschaft ist. Der Führer einer Widerstandsgruppe, die Flugzeuge sabotiert, an deren Konstruktion Harras mitarbeitet, ist Harras' Freund. Um seinen Freund nicht der Gestapo verraten zu müssen und da er auch nicht fliehen will, fliegt Harras mit einer defekten Maschine selbstmörderisch in den Tod.

Bühnenwirksame Stücke schreibt Zuckmayer bereits in den 20er-Jahren: *Der fröhliche Weinberg* (1925) und *Der Hauptmann von Köpenick* (1931). *Der Gesang im Feuerofen* (1950) ist ein weiteres Zeitstück.

Die 50er-Jahre

Gegen die atomare Aufrüstung

Die 50er-Jahre gehen als Phase der Adenauer-Restauration[5] in die Geschichte ein. Sie sind eine Zeit, die gekennzeichnet ist von antikommunistischem Klima, von der Wiederaufrüstung der BRD und ihrem Eintritt in die NATO sowie weltweiter atomarer Aufrüstung. Viele AutorInnen wenden sich in Aufrufen, Appellen, Manifesten und Erklärungen gegen die Wiederbewaffnung der BRD, die weltweite Rüstung mit Atombomben und politische Entscheidungen der deutschen Regierung. Sie verstehen sich als „öffentliche Mahner" und engagieren sich, nehmen an Demonstrationen teil und machen ihren Widerstand öffentlich:

Wir protestieren gegen die atomare Bewaffnung der Bundeswehr, weil sie jede weitere Verständigung zwischen Ost und West unmöglich zu machen droht, die Gefahr einer dritten Katastrophe für das deutsche Volk heraufbeschwört und die Wiedervereinigung verhindern kann. Die Anwendung atomarer Waffen ist Selbstmord. Eine zusätzliche deutsche Atomauf-
5   rüstung schreckt den Kommunismus nicht ab, sondern dient seiner Argumentation und Propaganda. Wir appellieren deshalb an alle, die sich in dieser Stunde ihrer persönlichen Verantwortung bewußt sind, gegen den folgenschweren Beschluß des Bundestages demonstrativ Stellung zu nehmen. Wir schließen uns damit allen gleichgerichteten Aktionen an.
(Manifest an den Bundestag vom 15. 4. 1958, unterzeichnet von vielen bedeutenden deut-
10   schen Schriftstellern, Wissenschaftlern und Künstlern)

Militärische Aktionen wie die Unterdrückung der Aufstände in Polen und Ungarn 1956, Kolonialkriege in Algerien (1954–59) und dem Kongo (1960) sowie der Koreakrieg (1950–53) machen deutlich, dass aus dem „Kalten Krieg" schnell ein „heißer" entstehen kann. Die deutsche Gesellschaft der „Wirtschaftswunderzeit" übt sich im Nachholen entgangener Konsumgenüsse und verdrängt die Nazizeit.

---

[5] Konrad Adenauer (1876–1967): deutscher Bundeskanzler der Nachkriegszeit; Restauration: Wiederherstellung der früheren politischen Ordnung

Deutsche SchriftstellerInnen müssen sich wegen ihres Engagements herbe Kritik und Beschimpfungen von Politikern gefallen lassen, sie haben einen „Außenseiterstatus". Die Mehrheit der Deutschen ist nämlich mit der politischen Situation in der BRD einverstanden, weil die Menschen in Ruhe wiederaufbauen und konsumieren wollen. Die lang anhaltende Konjunktur bringt politische Stabilität (Vollbeschäftigung, keine Streiks ...) und eine moderne Überflussgesellschaft.

Der Roman

Auf dem Teppich bleiben! (Karikatur von Bodo Gerstenberg auf Ludwig Erhard, den „Vater des deutschen Wirtschaftswunders")

Realität und Roman

Themen des Romans sind der Krieg und der Nationalsozialismus, die Nachkriegszeit und die deutsche Gegenwart (Schlagwort „erzählte Zeitgeschichte"). Die meisten Autoren (z. B. **Heinrich Böll, Martin Walser** und **Alfred Andersch**) verwenden eine sozialkritisch-realistische Erzählweise und glauben an die Wirksamkeit von Literatur insofern, als sie der Meinung sind, dass man die „Realität" und ein „beschädigtes Leben" erzählen könne:

Ein solches Erzählen setzt die Überzeugung voraus, daß Gegenwartsprozesse und Vergangenheitserfahrungen, daß Beschädigungen und Leiden, Erschütterungen und Entstellungen überhaupt mitteilbar sind, daß sie sich in Handlungen, in Personenentwicklungen, in sukzessiven Erzählverläufen organisieren lassen, daß sie, womöglich, Konsequenzen, gewiß aber
5 Bedeutung haben für Zeitgenossen, für kritische Leser. Und umgekehrt setzt solche Literatur bei ihren Lesern voraus, daß diese ihre Stimmungen, Erfahrungen, Emotionen und Reflexionen im literarischen Medium zu identifizieren und zu distanzieren, daß sie im Fremden Eigenes zu erkennen und das eigene Erleben im fremden zu transzendieren vermögen.

- Analysieren Sie die obige Aussage hinsichtlich der Frage, was die zitierten Autoren von der Umsetzbarkeit von Wirklichkeit im Roman halten und welche Art von LeserInnen diese Literatur benötigt!
- Wie würden Sie sich im Vergleich dazu selbst als LeserIn einstufen? Wollen Sie zum Beispiel „im Fremden Eigenes" erkennen und „das eigene Erleben im fremden transzendieren[6]"?

Erwartungen anderer Art erfüllen die Trivialromane von **Hans Hellmut Kirst, Josef Martin Bauer** und **Heinz G. Konsalik**, die sich massenhaft verkaufen: Sie wollen unterhalten.

Wolfgang Koeppen: *Tauben im Gras*

Wolfgang Koeppen (1906–1996), der sich bewusst vom Literaturbetrieb fernhält, gilt wegen seiner fortschrittlichen erzählerischen Mittel und wegen seiner unbequemen Kritik als „schwieriger Autor". Einerseits ist seine literarische Bedeutung unumstritten, andererseits sind die Auflagen seiner Werke sehr niedrig.

---

[6] transzendieren: überwechseln von einem Bereich in einen anderen, über etwas hinausgehen

Koeppens Vorbilder sind die Romane von **James Joyce** (*Ulysses*, 1922), **John Dos Passos** (*Manhattan Transfer*, 1925) und **Alfred Döblin** (*Berlin Alexanderplatz*, 1929). Seine kritischen Romane *Tauben im Gras* (1951), *Das Treibhaus* (1953) und *Der Tod in Rom* (1954) wenden sich gegen die Restauration in der BRD und ihre Folgeerscheinungen.

Im Roman *Tauben im Gras* wird ein Tag, der 20. 02. 51, erzählt. Das Zeitbild einer deutschen Stadt, offensichtlich München, wird in einem dem Filmschnitt ähnlichen Verfahren vielperspektivisch (aus der Perspektive von ungefähr 30 Personen) in ca. 100 Abschnitten porträtiert. Der Roman spielt vor allem an öffentlichen Schauplätzen (Straßen, Kaffeehäuser, Gasthäuser, Geschäfte ...), in einer „Atempause" zwischen dem Zweiten Weltkrieg und dem Koreakrieg. Personen und Schauplätze sind oft nur assoziativ miteinander verknüpft.

Wolfgang Koeppen (1991)

Die Entstehung des Romans

Wolfgang Koeppen schreibt 1972 über die Entstehung des Romans:

Tauben im Gras wurde kurz nach der Währungsreform geschrieben, als das deutsche Wirtschaftswunder im Westen aufging, als die ersten neuen Kinos, die ersten neuen Versicherungspaläste die Trümmer und die Behelfsläden überragten, zur hohen Zeit der Besatzungsmächte, als Korea und Persien die Welt ängstigten und die Wirtschaftswundersonne vielleicht gleich wieder im
5 Osten blutig untergehen würde. […] Und viel Bedarf war nachzuholen, der Bauch war endlich zu füllen, der Kopf war von Hunger und Bombenknall noch etwas wirr und alle Sinne suchten Lust, bevor vielleicht der dritte Weltkrieg kam. Diese Zeit, den Urgrund unseres Heute, habe ich geschildert, und ich möchte nur annehmen, sie allgemein gültig beschrieben zu haben.

Günter Grass: *Die Blechtrommel*   ▶ Seite 474 f.

Zugegeben: ich bin Insasse einer Heil- und Pflegeanstalt, mein Pfleger beobachtet mich, läßt mich kaum aus dem Auge; denn in der Tür ist ein Guckloch und meines Pflegers Auge ist von jenem Braun, welches mich, den Blauäugigen, nicht durchschauen kann.

> • Der Einleitungssatz des Romans legt die Erzählposition fest. Inwiefern stellt sie sich gleichzeitig auch infrage? Aus welcher Perspektive wird erzählt?

Die Blechtrommel (1959) bildet zusammen mit der Novelle *Katz und Maus* (1961) und dem Roman *Hundejahre* (1963) die Danziger Trilogie. Der Held dieser Geschichte von barocker Stofffülle[7] ist Oskar Matzerath, ein Zwerg und Außenseiter, der vor der politischen Restauration in der BRD in eine Anstalt flüchtet. 1952–54 schreibt Oskar rückblickend die Geschichte des Danziger Kleinbürgertums.

Das Romankonzept

Man kann eine Geschichte in der Mitte beginnen und vorwärts wie rückwärts kühn ausschreitend Verwirrung anstiften. Man kann sich modern geben, alle Zeiten, Entfernungen wegstreichen und hinterher verkünden oder verkünden lassen, man habe endlich und in letzter Stunde

---

[7] viele Personen und Episoden

das Raum-Zeit-Problem gelöst. Man kann auch ganz zu Anfang be-
5 haupten, es sei heutzutage unmöglich einen Roman zu schreiben,
dann aber, sozusagen hinter dem eigenen Rücken, einen kräftigen
Knüller hinlegen, um schließlich als letztmöglicher Romanschreiber
dazustehn. Auch habe ich mir sagen lassen, daß es sich gut und bescheiden ausnimmt, wenn man anfangs beteuert: Es gibt keine Ro-
10 manhelden mehr, weil es keine Individualisten mehr gibt, weil die
Individualität verloren gegangen, weil der Mensch einsam ist, jeder
Mensch gleich einsam, ohne individuelle Einsamkeit ist und eine
namen- und heldenlose einsame Masse bildet. Das mag alles so sein
und seine Richtigkeit haben. Für mich, Oskar (*die Hauptperson des*
15 *Romans, die Verf.*), und meinen Pfleger Bruno möchte ich jedoch
feststellen: Wir beide sind Helden, ganz verschiedene Helden, er
hinter dem Guckloch, ich vor dem Guckloch; und wenn er die Tür aufmacht, sind wir beide, bei
aller Freundschaft und Einsamkeit, noch immer keine namen- und heldenlose Masse.

Günter Grass

- Grass formuliert in diesem Textausschnitt aus dem Anfang der *Blechtrommel* seine
  Position zum modernen Roman und sein Romankonzept. Fassen Sie seine Ansichten
  zusammen!

Der Roman ist stark von autobiografischen Elementen durchsetzt: Grass ist 1927 in Danzig,
dem Hauptschauplatz der *Blechtrommel,* geboren und lebt dort in kleinbürgerlichem Milieu
bis 1945, dem historischen Ende der Stadt Danzig (heute Gdánsk).

Verweigerung

Die Hauptperson Oskar Matzerath stellt als Dreijähriger das Wachstum ein, die Blechtrommel
dient als Kommunikationsinstrument mit der Erwachsenenwelt:

Ich blieb der Dreijährige, der Gnom, der Däumling, der nicht auf-
zustockende Dreikäsehoch blieb ich, um Unterscheidungen wie
kleiner und großer Katechismus enthoben zu sein, um nicht als
einszweiundsiebzig großer, sogenannter Erwachsener, einem
5 Mann, der sich selbst vor dem Spiegel beim Rasieren, mein Vater
nannte, ausgeliefert und einem Geschäft verpflichtet zu sein, das,
nach Matzeraths Wunsch, als Kolonialwarengeschäft einem ein-
undzwanzigjährigen Oskar die Welt der Erwachsenen bedeuten
sollte. Um nicht mit einer Kasse klappern zu müssen, hielt ich mich
10 an die Trommel und wuchs seit meinem dritten Geburtstag keine
Fingerbreit mehr, blieb der Dreijährige, aber auch Dreimalkluge,
den die Erwachsenen alle überragten, der den Erwachsenen so
überlegen sein sollte, der seinen Schatten nicht mit ihrem Schatten messen wollte, der innerlich und äußerlich vollkommen fertig
15 war, während jene noch bis ins Greisenalter von der Entwicklung faseln mussten.

- Welche Gründe hat Oskar, sein Wachstum einzustellen? Wie sieht es mit seiner geistigen Entwicklung aus?
- 1945 beginnt Oskar Matzerath wieder zu wachsen. Was könnte der Grund dafür sein?

Zeitgeschichte und private Geschichte

Die Blechtrommel erzählt Zeitgeschichte von 1900 bis 1954 parallel zu privater Geschichte des Kleinbürgertums, das als Nährboden für den Nationalsozialismus dargestellt wird. Oskars vermeintlicher Vater Alfred Matzerath zum Beispiel wird aus einem ganz banalen Grund Nationalsozialist:

Aber das war so seine Angewohnheit, immer wieder zu winken, wenn andere winkten, immer zu schreien, zu lachen und zu klatschen, wenn andere schrien, lachten oder klatschten. Deshalb ist er auch verhältnismäßig früh in die Partei eingetreten, als das noch gar nicht nötig war, nichts einbrachte und nur seine Sonntagvormittage beanspruchte.

Hans Magnus Enzensberger meint zur Darstellung des gewöhnlichen Faschismus in der *Blechtrommel*:

Dieser Autor greift nichts an, beweist nichts, demonstriert nichts, er hat keine andere Absicht, als seine Geschichte mit der größten Genauigkeit zu erzählen. […] Ich kenne keine epische Darstellung des Hitlerregimes, das sich an Prägnanz und Triftigkeit mit der vergleichen ließe, welche Grass, gleichsam nebenbei und ohne das mindeste antifaschistische Aufheben zu ma-
5   chen, in der Blechtrommel liefert. […] Seine Blindheit gegen alles Ideologische feit ihn vor einer Versuchung, der so viele Schriftsteller erliegen, der nämlich, die Nazis zu dämonisieren. Grass stellt sie in ihrer wahren Aura dar, die nichts Luziferisches hat: in der Aura des Miefs.

Im Roman werden viele zeitgeschichtliche Details angeführt:

Im Juli vierzig, kurz nachdem Sondermeldungen den hastig erfolgreichen Verlauf des Frankreichfeldzuges gemeldet hatten, begann die Badesaison an der Ostsee. […]
So lernte ich also im Januar dreiundvierzig, daß die Stadt Stalingrad an der Wolga liegt, sorgte ich mich aber weniger um die sechste Armee, vielmehr um Maria, die zu jener Zeit eine leichte
5   Grippe hatte. […]
Ende Juni bekam Mutter Truczinski einen leichten Schlaganfall, weil die Post ihr schlechte Nachricht gebracht hatte. Der Unteroffizier Fritz Truczinski war für drei Dinge gleichzeitig gefallen: für Führer, Volk und Vaterland. Das geschah im Mittelabschnitt und Fritzens Brieftasche mit den Fotos hübscher, zumeist lachender Mädchen aus Heidelberg, Brest, Paris, Bad Kreuz-
10 nach und Saloniki, sowie die Eisernen Kreuze erster und zweiter Klasse, ich weiß nicht mehr, welches Verwundetenabzeichen, die bronzene Nahkampfspange und die zwei abgetrennten Panzerknackerläppchen, auch einige Briefe schickte ein Hauptmann, namens Kanauer, vom Mittelabschnitt direkt nach Langfuhr in den Labesweg.
Matzerath half, so gut er konnte, und Mutter Truczinski ging es bald besser, wenn auch nie
15 mehr gut. Sie saß fest im Stuhl am Fenster, wollte von mir und Matzerath, der zwei- bis dreimal am Tag herauf kam und etwas mitbrachte, wissen, wo das nun eigentlich liege: „Mittelabschnitt?" ob das weit sei und ob man da mit der Bahn über Sonntag hinfahren könne.

- Wie erscheint Weltgeschichte in diesen Ausschnitten? Betrifft die Zeitgeschichte die „Kleinbürger" bzw. fühlen sie sich von ihr betroffen?
- Glauben Sie, dass man sich der Geschichte/Politik entziehen kann, wenn man das möchte?

Lyrik der 50er-Jahre

Keine Lyrik nach Auschwitz?

Theodor W. Adorno schreibt 1949 in seinem Aufsatz *Kulturkritik und Gesellschaft*: „Nach Auschwitz ein Gedicht zu schreiben ist barbarisch, und das frisst auch die Erkenntnis an, die ausspricht, warum es unmöglich ward, heute Gedichte zu schreiben." Diese Feststellung ist nicht pauschal gemeint, heißt nicht, dass es grundsätzlich unmöglich sei, Lyrik zu schreiben. Adorno erteilt mit seiner Kritik der traditionellen formal „schönen" und „wirklichkeitsfernen" Lyrik eine deutliche Absage, einer Lyrik, die sich den Themen Auschwitz, Faschismus und Krieg entzieht und in wirklichkeitsfernen Sphären (Natur, Innerlichkeit …) verharrt, in der sie sich selbst genug ist.

Hermetische Lyrik

Die Lyrik der „Moderne" ist nicht leicht verständlich, sie ist „verschlossen" (hermetisch) und „dunkel" (in dem Sinn, dass man schwer etwas erkennen kann), wie ein Rätsel. Die Dichter dieser Lyrik misstrauen der Sprache, die sie als von der faschistischen Politik missbraucht empfinden, sie mussten erfahren, dass man auch mit vielen Worten lügen kann. Sie versuchen, mithilfe der „schönen poetischen Sprache" vor der hässlichen Realität zu flüchten.
Und genau das wird am Schluss der Entwicklung des hermetischen Gedichts kritisiert, wenn **Walter Höllerer** 1965 in den *Thesen zum langen Gedicht* fordert:

Das Schweigen als Theorie einer Kunstgattung, deren Medium die Sprache ist, führt schließlich zu immer kürzeren, verschlüsselteren Gedichten; die Entscheidung für ganze Sätze und längere Zeilen bedeutet Antriebskraft für Bewegliches.
Das lange Gedicht löst durch Bewegung die Gefahr des Hinstarrens und Starrwerdens im eng gezogenen Kreis, […] stellt sich einer weiteren Sicht.

- Was fordert Walter Höllerer? Was bringt „die Entscheidung für ganze Sätze und längere Zeilen"?

Gottfried Benn

Am konsequentesten vertritt **Gottfried Benn** (1896–1956), als Expressionist berühmt ▶ 299 ff. und von 1933–1935 Anhänger des Nationalsozialismus, die Richtung der „reinen Lyrik", die Poetik und Leben voneinander trennt. In der 1948 erscheinenden Sammlung *Statische Gedichte* (entstanden 1937–1947) schreibt er, nur die Kunst könne für einen Augenblick einen Sinn des Lebens in einer sinnleeren Welt einfangen. Unter „Statik" versteht er „Rückzug auf Maß und Form, es heißt natürlich auch ein gewisser Zweifel an Entwicklung und es heißt auch Resignation".

Ein Wort (1941/1948)

Ein Wort, ein Satz –: aus Chiffren steigen
erkanntes Leben, jäher Sinn,
die Sonne steht, die Sphären schweigen
und alles ballt sich zu ihm hin.

5   Ein Wort – ein Glanz, ein Flug, ein Feuer,
ein Flammenwurf, ein Sternenstrich –
und wieder Dunkel, ungeheuer,
im leeren Raum um Welt und Ich.

Die Chiffre

- Der Begriff „Chiffre" ist ein Zentralbegriff der modernen Lyrik. Welche Aufgabe, welche Funktion und welche Wirkung hat die Chiffre?
- Betrachten Sie, was mit den Faktoren geschieht, die das menschliche Leben bestimmen!
- Durch welche Bilder wird die Wirkung der Chiffre deutlich?
- Welche Haltung nimmt das lyrische Ich gegenüber Leben und Welt ein? Was bedeutet „leerer Raum um Welt und Ich"?
- Wie lange hält die Macht des dichterischen Worts, der Chiffre an?
- Welche Gefühle, glauben Sie, will der Dichter ausdrücken?

Benn „baut" sich mit dem „absoluten Gedicht" eine eigene Welt. Seine Lyrik beeinflusst viele Dichter und findet auch bei den Leserinnen und Lesern großen Zuspruch.

Günter Eich

Günter Eich sagt in seiner Rede zum „Büchner-Preis" 1959, der Schriftsteller müsse an der Seite derer sein, „die sich nicht einordnen lassen, die Einzelgänger und Außenseiter, die Ketzer in Politik und Religion, die Unzufriedenen, die Unweisen, die Kämpfer auf verlorenem Posten, die Narren, die Untüchtigen, die glücklosen Träumer, die Störenfriede, alle, die das Elend der Welt nicht vergessen können, wenn sie glücklich sind".
Das Gedicht *Wildwechsel* (1961), geschrieben zum 70. Geburtstag der Dichterin **Nelly Sachs** ▶ Seite 207 f. , spricht von Verweigerung einer intoleranten Welt gegenüber.

Wildwechsel *(für Nelly Sachs)*

Schweigt still von den Jägern!
Ich habe an ihren Feuern gesessen,
ich verstand ihre Sprache.
Sie kennen die Welt von Anfang her
5 und zweifeln nicht an den Wäldern.
Zu ihren Antworten nickt man,
auch der Rauch ihres Feuers hat Recht,
und geübt sind sie,

den Schrei nicht zu hören,
10 der die Ordnungen aufhebt.

Nein, wir wollen fremd sein
und erstaunen über den Tod,
die ungetrösteten Atemzüge sammeln,
quer durch die Fährten gehn
und an die Läufe der Flinten rühren.

Für das Verständnis des Gedichts ist es nötig, dass man die Biografie Nelly Sachs' kennt: Sie – jüdischer Abstammung – entgeht der Vernichtung 1940 durch die Flucht nach Schweden; ihre Lyrik beschäftigt sich mit den Opfern des Holocaust.

- Was ist ein „Wildwechsel"? Wer lauert dort und warum?
- Wie ist das Selbstverständnis der Jäger?
- Was will das lyrische Ich, auf welche Seite stellt es sich? Beziehen Sie die historische Dimension des Gedichts mit ein!
- Warum kann man von „Verweigerung" sprechen?

Ingeborg Bachmann und **Hans Magnus Enzensberger** prägen die Lyrik der 50er-Jahre entscheidend mit. Vergleichen Sie dazu die Kapitel *Liebeslyrik*, Seite 250 ff., *Politische Lyrik*, Seite 220 f., und *Frauenliteratur*, Seite 162 ff.!

Seit Mitte der 50er-Jahre experimentieren die Schriftsteller der **konkreten Lyrik** mit dem Gedicht. Verschaffen Sie sich dazu einen Überblick im Kapitel *Visuelle Lyrik und konkrete Poesie*, Seite 59 ff.!

Drama der 50er-Jahre

Das deutsche Drama dieser Zeit weist wenig Eigenständiges auf. Ein Grund dafür ist sicher auch die literarische Dominanz Brechts, ein weiterer der, dass das deutsche Publikum einen Nachholbedarf an ausländischen Stücken hat.

Was wird gespielt?

Bedeutende deutschsprachige Dramatiker der 50er-Jahre sind, neben **Bertolt Brecht**, die Schweizer **Max Frisch** und **Friedrich Dürrenmatt**. Gespielt werden die **französischen Existenzialisten** (**Jean-Paul Sartre** und **Albert Camus**) und die Stücke des französischen absurden Theaters (**Samuel Beckett, Eugène Ionesco**). Das „Absurde" nimmt eine zentrale Stellung in den geistigen Strömungen der 50er-Jahre ein, denen die Erfahrungen der Ohnmacht und die Distanz zu totalitären Systemen gemeinsam ist: Ohnmacht gegenüber der Vernichtung der Welt.

Albert Camus beschreibt in seinem Essay *Der Mythos von Sisyphos* (1943, übersetzt 1956) die Sinnlosigkeit der menschlichen Existenz. Wie der Sisyphos aus der antiken griechischen Mythologie[8] ist der moderne Mensch dazu verdammt, absurderweise Sinnloses und Vergebliches zu tun. Laut **Albert Camus** entsteht das Absurde „aus der Gegenüberstellung des Menschen, der fragt, mit der Welt, die vernunftwidrig schweigt". Der Mensch finde zu seiner Verwirklichung, indem er „ohne eine höhere Bestimmung gegen die Absurdität des Daseins" revoltiere. Das ist eine Absage an jede Art von Ideologie, jede Art von Heilsversprechung.

Einmischung oder: Die Literatur politisiert sich (1960–1968)

Die 60er-Jahre sind davon geprägt, dass viele SchriftstellerInnen politisch-gesellschaftliche Veränderungen bewirken wollen.

Während die restaurative Phase der 50er-Jahre von einem großen Wirtschaftswachstum mit all seinen Erscheinungen wie Vollbeschäftigung, keine Streiks usw. gekennzeichnet ist, kommt es in den 60er-Jahren zu einem Rückgang des Bruttosozialprodukts und zu ersten Streiks. Die Jahre 1966 und 1967 sind von einer Rezession geprägt, in deren Gefolge es Massenentlassungen und Arbeitslosigkeit gibt.

Der Beginn des Baus der Berliner Mauer am 13. August 1961, damit will die DDR-Regierung den konstanten Flüchtlingsstrom von Ost nach West verhindern, vertieft die Spaltung Deutschlands in zwei Teile. Die Errichtung des „antifaschistischen Schutzwalls" (DDR-Diktion) zeigt auch deutlich auf, wie sehr die Polarisierung der beiden Machtblöcke fortgeschritten und wie nahe man einer bewaffneten Konfrontation in Europa ist.

Die Studentenbewegung

Die Studentenbewegung (APO[9]) bewirkt eine teilweise Veränderung der gesellschaftlichen Strukturen. Die AktivistInnen und AnhängerInnen der APO rekrutieren sich aber vor allem

---

[8] Sisyphos ist von den Göttern dazu verdammt, einen Felsblock einen Berg hinaufzurollen. Kurz vor dem Erreichen des Ziels rollt der Block immer wieder herunter, und Sisyphos muss von vorne beginnen.

[9] APO: Außerparlamentarische Opposition

aus dem Kreis der Studentenschaft – einer Minderheit der bundesdeutschen Gesellschaft. Politisch scheitert die Studentenbewegung, weil sie untereinander zerstritten ist, den Staat gegen sich aufbringt und in der Bevölkerung keine Mehrheit gewinnen kann. Randgruppen gleiten in den Terrorismus ab.

Im Jahr 1968 (und auch 1969) kommt es zu tief greifenden politischen und sozialen Auseinandersetzungen. Zentrale Themen der antiautoritären Revolte sind der Krieg der USA in Vietnam, die Probleme der Dritten Welt und die Politik der Ausbeutung dieser Entwicklungsländer seitens der Industriestaaten bzw. deren Unterstützung von Feudalregimen (z. B. im Iran) und die Beibehaltung von Kolonien (z. B. Portugal in Angola). Innenpolitisch rebellieren die StudentInnen gegen die Nichtaufarbeitung der deutschen Geschichte, auch gegen die Beteiligung der Universitäten am „Tau-

Der Studentenführer Rudi Dutschke (1979)

sendjährigen Reich"[10] und gegen erstarrte autoritäre Strukturen. Das gesamte kulturelle „Establishment" – Universitäten, Verlage, Frankfurter Buchmesse, „Gruppe 47" etc. – wird einer generellen und radikalen Kritik unterzogen.

Die deutsche Studentenbewegung ist Teil einer internationalen Bewegung, die es in den USA (Berkeley) genauso wie in Japan oder Italien gibt. Der „Pariser Mai" des Jahres 1968 bringt sogar das gesamte gesellschaftliche System der Regierung de Gaulle ins Wanken.

Äußere Elemente und Zeichen der antiautoritären Revolte der Jugendlichen sind lange Haare, unkonventionelle bunte Kleidung und Rockmusik (Jimi Hendrix, Rolling Stones, The Doors, Janis Joplin ...) bzw. ein neuer Kulturbegriff, der sich in Parolen wie „Die Fantasie an die Macht" und in der „Popkultur" (Subkultur) äußert.

Der „Tod der Literatur"

Von diesen Ereignissen kann die Literatur nicht unberührt bleiben, vor allem deshalb, weil sich viele Schriftsteller politisch engagieren. **Hans Magnus Enzensberger** postuliert 1968 im *Kursbuch 15* sogar den „Tod der Literatur":

> Für literarische Kunstwerke läßt sich eine wesentliche gesellschaftliche Funktion in unserer Lage nicht angeben. […]
> Logisch gesehen stellt uns der Satz, eine triftige soziale Funktion lasse sich ihr nicht zuschreiben, keine neuen Gewißheiten zur Verfügung. Er negiert, daß es solche Gewißheiten gibt.
> 5 Wenn er zutrifft, so zeigt er auf ein Risiko, das fortan zum Schreiben von Gedichten, Erzählungen und Dramen gehört: das Risiko, daß solche Arbeiten von vornherein, unabhängig von ihrem Scheitern und Gelingen, nutz- und aussichtslos sind.

- Was versteht Enzensberger unter dem Begriff „Tod der Literatur"? Für welche Art von Literatur wird ihr „Tod" proklamiert? Heißt das in weiterer Folge, dass es keine Literatur mehr geben kann?

Parteipolitisches Engagement

Bemerkenswert ist das parteipolitische Engagement für die SPD von Schriftstellern wie **Günter Grass, Heinrich Böll, Siegfried Lenz** und **Peter Härtling** bereits im Jahr 1961. 1965

---

[10] Slogan: „Unter den Talaren / Der Muff von 1 000 Jahren."

sprechen sich 25 Schriftsteller für die SPD aus, Günter Grass hält Wahlreden. „Der Ort des Schriftstellers ist inmitten der Gesellschaft. […] Tretet vor die Tür! Stoßt euch Knie und Stirn wund an unserer Realität! […] Kein Anlass besteht, den antiquierten Gegensatz zwischen Geist und Macht neu zu konstruieren." (*Des Kaisers neue Kleider*, 1965)

Ralf Schnell meint zum politischen Engagement von Autoren:

Noch einmal gefragt: Sind nicht auch Schriftsteller schlichte Bürger, die gewiß zu allen wichtigen Dingen ihre Privatmeinung haben dürfen – aber doch nicht mit einem höheren Maß an Triftigkeit und Ausweisbarkeit als andere Bürger? Beanspruchen sie nicht in Wahrheit eine Art intellektuelles Richteramt, das sie sogar über die professionellen Politiker erhebt, von deren
5 Metier nichts zu verstehen sie doch häufig genug mit nachdrücklicher Koketterie bekennen? Wodurch also sehen sie sich imstande, Stellung zu beziehen, wo immer Verantwortung in Frage steht? Wer oder was verleiht ihnen den Rang, ‚Gewissen der Nation' zu sein? Nur die eigene Eitelkeit?

> • Fassen Sie stichwortartig die Aussage des Textes zusammen und diskutieren Sie die Frage, ob sich eine Schriftstellerin/ein Schriftsteller öffentlich über Politik/Parteipolitik äußern sollte/darf/muss …!

Viele AutorInnen tätigen jedoch – aus unterschiedlichen Motiven – öffentlich keine politischen Aussagen. Die Politisierung der Literatur hält bis in die frühen 70er-Jahre an, dann kommt es zu Gegenbewegungen.

Das Theater als Instrument der Politik

Im Vergleich zu den 50er-Jahren entwickelt sich das deutschsprachige Theater der 60er- und frühen 70er-Jahre weiter, sich einerseits auf Brecht berufend, ihn andererseits ablehnend. Es entstehen viele Bühnenstücke, teilweise mit politischen und zeitgeschichtlichen Themen. Das absurde Theater der 50er-Jahre verliert seine Bedeutung, weil sich Inhalte und Formen wiederholen, während sich ein breites Spektrum an theatralischen Darbietungsweisen auftut, z. B. Dokumentartheater, Agitations- und Propagandatheater (auch im Freien und in Fabriken), Volks- und Zeitstück, politisches Schul- und Kindertheater, das „rein ästhetische" Theater.

Im Verlauf der 70er-Jahre kommt es auch in der Dramatik zu einer Gegenbewegung. Die politischen Stoffe und Themen verschwinden, Autoren wie **Thomas Bernhard** und **Botho Strauß** beschäftigen sich mit dem Innenleben ihrer Personen und ihren privaten Problemen.

Das politische Theater (**Volksstück** und **Zeitstück**) beruft sich auf Brecht, Piscator und das sozialkritisch-realistische Volksstück ▶ Seite 208 f. . Ziel des Zeitstücks ist die Kritik und Veränderung der Gesellschaft, die Aufklärung und Provokation des Publikums. Die Ästhetik ist weniger wichtig als die Wirkung eines Stücks auf die Zuschauer. Das trägt Autoren wie **Rainer Werner Fassbinder, Martin Sperr** und **Franz Xaver Kroetz** den Vorwurf ein, reine Agitation zu betreiben, die mit Kunst nichts zu tun habe.

Das **Dokumentartheater** (**Heinar Kipphardt, Rolf Hochhuth, Peter Weiss** …) verarbeitet authentisches Material, um die Wirklichkeit darzustellen. **Peter Weiss** schreibt 1968:

Das dokumentarische Theater ist ein Theater der Berichterstattung. Protokolle, Akten, Briefe, statistische Tabellen, Börsenberichte, Abschlußberichte von Bankunternehmen und Industrie-

gesellschaften, Regierungserklärungen, Ansprachen, Interviews, Äußerungen bekannter Persönlichkeiten, Zeitungs- und Rundfunkreportagen, Fotos, Journalfilme und andere Zeugnisse
5   der Gegenwart bilden die Grundlage der Aufführung. Das dokumentarische Theater enthält sich jeder Erfindung, es übernimmt authentisches Material und gibt dies, im Inhalt unverändert, in der Form bearbeitet, von der Bühne aus wieder. Im Unterschied zum ungeordneten Charakter des Nachrichtenmaterials, das täglich von allen Seiten auf uns eindringt, wird auf der Bühne eine Auswahl gezeigt, die sich auf ein bestimmtes, zumeist soziales oder politisches
10   Thema konzentriert. Diese kritische Auswahl und das Prinzip, nach dem die Ausschnitte der Realität montiert werden, ergeben die Qualität der dokumentarischen Dramatik. [...]
Das dokumentarische Theater legt Fakten zur Begutachtung vor. [...] Authentische Personen werden als Repräsentanten bestimmter gesellschaftlicher Interessen gekennzeichnet. Nicht individuelle Konflikte werden dargestellt, sondern sozial-ökonomisch bedingte Verhaltens-
15   weisen. Das dokumentarische Theater, dem es, im Gegensatz zur schnell verbrauchten äußeren Konstellation, um das Beispielhafte geht, arbeitet nicht mit Bühnencharakteren und Milieuzeichnungen, sondern mit Gruppen, Kraftfeldern, Tendenzen.

- Fassen Sie zusammen, mit welchen Mitteln das dokumentarische Theater arbeitet und was seine Ziele sind!

Folgende Probleme des dokumentarischen Theaters ergeben sich:
- Erstens stellt sich die Frage, ob nicht zugunsten der Wirkung auf die ästhetische Qualität verzichtet wird. Oft wird der Dichter auf den „Arrangeur" des vorliegenden Materials reduziert, er ordnet – extrem gesehen – vorliegende Dokumente nur mehr, ist kreativ kaum tätig.
- Zweitens ist durch die Verwendung von „Originaldokumenten" noch lange keine „Objektivität" gesichert.

- Versuchen Sie, für die zweite Behauptung Argumente zu finden!

Peter Weiss: *Die Ermittlung* (1965)

Peter Weiss (1916–1982) ist einer der bedeutendsten Vertreter des politisch-dokumentarischen Theaters. Ihm gelingt es, das eigentlich Undarstellbare und Unfassbare, den faschistischen Massenmord an den Juden, darzustellen. Sein *Oratorium in 11 Gesängen. Die Ermittlung* stellt einen Höhepunkt des Dokumentartheaters dar; es entsteht aufgrund des Frankfurter Auschwitz-Prozesses (Dezember 1963 bis August 1965), der gegen SS-Männer des Vernichtungslagers Auschwitz geführt wird.
Weiss' Ziel ist es, die Verbrechen der Nazis, die im öffentlichen Bewusstsein verdrängt werden, dem Vergessen zu entreißen. Moralische Appelle an das Publikum fehlen im Stück fast ganz – genauso wie ideologisch beeinflusste Interpretationen des Materials. Die vorliegenden Dokumente sollen für sich selbst sprechen.

Peter Weiss

Peter Weiss präsentiert den ZuschauerInnen collageartig in Form einer „Gerichtsszene" authentische Prozessdokumente (eigene Notizen, Presseberichte) zur Bewertung und Beurteilung der Vernichtungsindustrie des KZ Auschwitz.

Richter: Angeklagter Stark
Haben Sie nie bei Vergasungen mitgewirkt
Angeklagter 12: Einmal mußte ich da mittun
Richter: Um wie viel Menschen handelte es sich
5   *Angeklager 12:* Es können 150 gewesen sein
Immerhin 4 Lastwagen voll
Richter: Was für Häftlinge waren es
Angeklagter 12: Es war ein gemischter Transport
Richter: Was hatten Sie zu tun
10   *Angeklagter 12:* Ich stand draußen vor der Treppe nachdem ich die Leute
ins Krematorium geführt hatte
Die Sanitäter die für die Vergasung zuständig waren
hatten die Türe zugeschlossen
und trafen ihre Vorbereitungen
15   *Richter:* Woraus bestanden diese Vorbereitungen
Angeklagter 12: Sie stellten die Büchsen bereit
und setzten sich Gasmasken auf
dann gingen sie die Böschung
hinauf zum flachen Dach
20   Im allgemeinen waren 4 Leute erforderlich
Diesmal fehlte einer
und sie riefen
daß sie noch jemanden brauchten
Weil ich der Einzige war der hier rumstand
25   sagte Grabner
Los
hier helfen
Ich bin aber nicht gleich gegangen
Da kam der Schutzhaftlagerführer und sagte
30   Etwas plötzlich
Wenn Sie nicht raufgehn
werden Sie mit rein geschickt
Da mußte ich hinauf
und beim Einfüllen helfen
35   *Richter:* Wo wurde das Gas eingeworfen
Angeklagter 12: Durch Luken in der Decke
Richter: Was haben denn die Menschen da unten gemacht in diesem Raum
Angeklagter 12: Das weiß ich nicht
Richter: Haben Sie nichts gehört von dem
40   was sich da unten abspielte
Angeklagter 12: Die haben geschrien
Richter: Wie lange
Angeklagter 12: So 10 bis 15 Minuten
Richter: Wer hat den Raum geöffnet
45   *Angeklagter 12:* Ein Sanitäter
Richter: Was haben Sie da gesehn
Angeklagter 12: Ich habe nicht genau hingesehen

Richter: Hielten Sie das was sich Ihnen zeigte
für unrecht
50 *Angeklagter 12:* Nein durchaus nicht
Nur die Art
Richter: Was für eine Art
Angeklagter 12: Wenn jemand erschossen wurde
das war etwas anderes
55 Aber die Anwendung von Gas
das war unmännlich und feige
Richter: Angeklagter Stark
Während Ihrer Studien zur Reifeprüfung
kam Ihnen da niemals ein Zweifel
60 an Ihren Handlungen
Angeklagter 12: Herr Vorsitzender
ich möchte das einmal erklären
Jedes dritte Wort schon in unserer Schulzeit
handelte doch von denen
65 die an allem schuld waren
und die ausgemerzt werden mußten
Es wurde uns eingehämmert
daß dies nur zum besten
des eigenen Volkes sei
70 In den Führerschulen lernten wir vor allem
alles stillschweigend entgegenzunehmen
Wenn einer noch etwas fragte
dann wurde gesagt
Was getan wird geschieht nach dem Gesetz
75 Da hilft es nichts
daß heute die Gesetze anders sind
Man sagt uns
Ihr habt zu lernen
ihr habt die Schulung nötiger als Brot
80 Herr Vorsitzender
Uns wurde das Denken abgenommen
Das taten ja andere für uns
Zustimmendes Lachen der Angeklagten

Aufführung der Freien Volksbühne, Berlin 1965

- Warum fehlt jegliche Interpunktion?
- Fühlt sich der Angeklagte schuldig? Wie rechtfertigt er sich?
- Wenn Sie das ganze Stück kennen: Zeigen Sie die Unterschiede in der Sprache der Zeugen und der des Angeklagten Stark! Was will Peter Weiss mit der Sprache der Angeklagten ausdrücken?
- Glauben Sie, dass sich mit diesem Stück die Wirklichkeit der Vernichtungslager darstellen lässt?
- Würden Sie sich so ein Stück ansehen? Begründen Sie Ihre Position.

Das Drama zeigt in 11 Gesängen, die in insgesamt 33 Abschnitte unterteilt sind, das Frage- und Antwortspiel einer Gerichtsverhandlung, an der ein Richter, ein Ankläger, ein Verteidiger, 9 Zeugen und 18 Angeklagte (reduziert im Vergleich zum tatsächlichen Prozess) beteiligt sind. Die Struktur des Stücks folgt dem tatsächlichen Ablauf der Vernichtungsmaschinerie in den Todeslagern: von der Selektion der Opfer auf der Bahnhofsrampe bis hin zur Verbrennung der Ermordeten.

Das Stück hat keine „Fabel"[11], keine Aktionen und keine Heldenfigur, Täter und Opfer sind im monotonen und anonymen Geschehen gesichtslose Wesen. Nur die Täter haben Namen, um das Verbrechen zu benennen, es für spätere Generationen erinnerbar zu machen, sie sind Handlanger eines Systems, das von Staat, Wirtschaft und Gesellschaft getragen wird.[12]

Politische Lyrik der 60er-Jahre

Gebrauchswert der Lyrik

Die gesellschaftlichen Veränderungen, durch die die Literatur politisiert wird, wirken sich natürlich auch auf die Lyrik aus. Politische Themen und Inhalte werden bestimmend.

Bereits Ende der 50er-Jahre definiert **Hans Magnus Enzensberger** in seinem zweiten Gedichtband *landessprache* (1960) seine Lyrik als etwas, was (nach Brecht) Gebrauchswert hat. Das heißt nach Enzensberger nicht unbedingt, dass sie direkt politisch sein soll, er meint, „dass die politische Poesie ihr Ziel verfehlt, wenn sie es direkt ansteuert. Die Politik muss gleichsam durch die Ritzen zwischen den Wörtern eindringen, hinter dem Rücken des Autors, von selbst." (*Die Entstehung eines Gedichts*)

küchenzettel (1964)

```
    an einem müßigen nachmittag, heute        15   in einem sommerhaus an der moskwa
    seh ich in meinem haus                         sah ich vor wenigen wochen
    durch die offene küchentür                     durch die offene küchentür
    eine milchkanne ein zwiebelbrett              einen brotkorb ein zwiebelbrett
5   einen katzenteller.                            einen katzenteller.
    auf dem tisch liegt ein telegramm.       20   auf dem tisch lag die zeitung
    ich habe es nicht gelesen.                     ich habe sie nicht gelesen.

    in einem museum zu amsterdam                   durch die offene küchentür
    sah ich auf einem alten bild                   seh ich die vergossene milch
10  durch die offene küchentür                     dreißigjährige kriege
    eine milchkanne einen brotkorb           25   tränen auf zwiebelbrettern
    einen katzenteller.                            anti-raketen-raketen
    auf dem tisch lag ein brief.                   brotkörbe
    ich habe ihn nicht gelesen.                    klassenkämpfe.

                                                   links unten ganz in der ecke
                                             30    seh ich einen katzenteller
```

---

[11] Fabel: das einem literarischen Werk zugrunde liegende Handlungs- und Stoffgerüst

[12] Peter Weiss meint, es sollen „die Träger dieser Namen nicht noch einmal angeklagt werden. Sie leihen dem Schreiber des Dramas nur ihre Namen, die hier als Symbole stehen für ein System, das viele andere schuldig werden ließ, die vor diesem Gericht nie erscheinen."

- Ein Stillleben ist ein Bild, das künstlerisch angeordnete leblose Gegenstände (z. B. Blumen, Früchte) zeigt. Stellen Sie den Bezug zum Gedicht her! Wie ist die Sichtweise/Beobachtungsposition des Dichters?
- Welche „Bilder" werden „gezeichnet"? Erarbeiten Sie die Ähnlichkeit der Bilder (inhaltlich, sprachlich und formal)!
- Erklären Sie den Begriff „Küchenzettel" und setzen Sie ihn in Beziehung zum Inhalt des Gedichts!
- Inwiefern ergibt sich überhaupt eine politische Aussage?

Einer der bekanntesten deutschsprachigen Lyriker, die politische Inhalte vermitteln wollen, ist der gebürtige Österreicher **Erich Fried**, der bis zu seinem Tod in London lebt. Fried beeinflusste viele deutsche Lyriker. ▶ Seite 505 ff.

Günter Grass, der seine literarische Laufbahn als Lyriker (*Die Vorzüge der Windhühner*, 1956) beginnt und seit 1958 höchst erfolgreich erzählende Prosa schreibt, engagiert sich bereits 1961 in Bundestagswahlkämpfen für die SPD. Im Gedichtband *Ausgefragt* (1967) sind einzelne Gedichte sehr stark von politischem Engagement geprägt. 1971 wendet Grass sich in seinem Gedicht-Zyklus *Zorn Ärger Wut* gegen die Inflation von politisch wirkungsloser Protest- und Appelllyrik, deren „Herstellungskosten" gering seien, da dafür nur ein Achtel gerechter Zorn, zwei Achtel alltäglicher Ärger und fünf Achtel ohnmächtige Wut gebraucht würden. Er fordert, den Wortradikalismus bleiben zu lassen, solange man das Geforderte nicht einlösen könne, man dafür die in der Demokratie benötigten politischen Mehrheiten nicht zustande bringe.

Auch in den Werken bereits bekannter Lyriker wie **Peter Rühmkorf** (*Kunststücke*, 1962), **Horst Bingel** (*Wir suchen Hitler*, 1965), **Günter Bruno Fuchs** (*Blätter eines Hofpoeten und andere Gedichte*, 1967) und **Christoph Meckel** (*Die Dummheit liefert uns ans Messer*, 1967, gemeinsam mit **Volker von Törne**) lässt sich die zunehmende Politisierung ablesen. Jüngere Lyriker, die von der Revolte des Jahres 1968 und der Politisierung der Literatur geprägt sind, sind **Friedrich Christian Delius, Ludwig Fels, Peter Schneider** und **Yaak Karsunke**.

Gegentendenzen

Gegentendenzen (weg von der Politisierung, hin zu Privatem, Innerlichem) sind schon Ende der 60er-Jahre auszumachen. **Rolf Dieter Brinkmanns** Gedicht *Einen jener klassischen* ist dafür ein Beispiel. Es entsteht gegen Ende der 60er-Jahre und wird 1975 in der Sammlung *Westwärts 1 und 2* abgedruckt.

Rolf Dieter Brinkmann

Einen jener klassischen

schwarzen Tangos in Köln, Ende des
Monats August, da der Sommer schon

ganz verstaubt ist, kurz nach Laden-
Schluß aus der offenen Tür einer

5 dunklen Wirtschaft, die einem
Griechen gehört, hören, ist beinahe

ein Wunder: für einen Moment eine
Überraschung, für einen Moment

10 Aufatmen, für einen Moment
eine Pause in dieser Straße,

die niemand liebt und atemlos
macht, beim Hindurchgehen. Ich

schreib das schnell auf, bevor
der Moment in der verfluchten

15 dunstigen Abgestorbenheit Kölns
wieder erlosch.

- Welche subjektive Empfindung wird vermittelt? Was wird beschrieben und wie? Ergibt das Gedicht einen höheren Sinn?

Die Literatur der Arbeitswelt

In der Literaturgeschichte gibt es viele Texte, die sich mit der Industrialisierung und sozialen Problemen auseinandersetzen, zum Beispiel Heines *Die schlesischen Weber* ▶ Seite 222, die Literatur des Vormärz (Georg Herwegh, Ferdinand Freiligrath, Georg Weerth) oder die proletarisch-revolutionäre Literatur (Willi Bredel, Johannes R. Becher) der Weimarer Republik. Von 1945 bis 1960 gibt es jedoch fast keine Literatur, die sich mit der Arbeitswelt in Fabriken und Betrieben beschäftigt.

Gruppierungen

Als Reaktion darauf gründen Dichter um **Max von der Grün** und **Fritz Hüser** 1961 die *Dortmunder Gruppe 61*, als deren Ziel sie „die literarisch-künstlerische Auseinandersetzung mit der industriellen Arbeitswelt und ihren sozialen Folgen" sehen. Bald gibt es heftige Diskussionen darüber, ob die Autoren ihrer Herkunft nach selbst Arbeiter sein müssten, um die Arbeitswelt beschreiben zu können, was 1969 schließlich zur Gründung des *Werkkreises Literatur der Arbeitswelt* führt.

Reportagen

Günter Wallraffs (geb. 1942) Bücher – der Autor ist Mitglied dieses Werkkreises – sind Beispiele für die politische **Reportage-** und **Dokumentarliteratur**. Seine Recherchemethode wird später oft nachgeahmt: Er geht unter falschem Namen und mit geänderten Angaben zur Person ein Arbeitsverhältnis ein und sammelt direkt am Arbeitsplatz Erfahrungen und Fakten für seine literarischen Dokumentationen. Dieses authentische Material bearbeitet Wallraff dann und es entstehen Reportagen-Sammlungen, die seine Erlebnisse in Stahlwerken, Werften, als Arbeiter im Akkord etc. beschreiben. Wallraff baut sein „Einschleichverfahren" aus, er gibt sich als obdachloser Asylsuchender, als Ministerialrat, Chemieunternehmer, türkischer Gastarbeiter (*Ganz unten*, 1985) usw. aus. 1977 verwertet er seine Erfahrungen als Reporter bei der BILD-Zeitung in *Der Aufmacher*. Die Folgen dieser Methode sind viele Strafanzeigen und Prozesse.

Günter Wallraff in seiner Bibliothek (2000)

- Finden Sie die „Einschleichmethode", die Günter Wallraff für seine Untersuchungen verwendet, gerechtfertigt und moralisch richtig?

Der Roman in den 60er- und frühen 70er-Jahren

Schriftsteller wie **Wolfgang Koeppen, Heinrich Böll, Günter Grass** und **Martin Walser** schreiben schon seit den 50er-Jahren über mehr oder minder politische Themen der (nationalsozialistischen) Vergangenheit und der Gegenwart. Ihr Stil ist nicht der der Propaganda und Agitation. Ende der 60er-/Anfang der 70er-Jahre ändert sich das unter dem Eindruck der allgemeinen Politisierung teilweise.

Siegfried Lenz: *Deutschstunde*

Zu den Autoren, die ihren Stil der 50er-Jahre prinzipiell beibehalten und ruhig weiterentwickeln, gehört **Siegfried Lenz** (geb. 1926), der 1968 mit dem Roman *Deutschstunde* einen großen Publikumserfolg hat. Die Romanhandlung wird von dem Jugendhäftling Siggi Jepsen erzählt, der, es ist das Jahr 1954, eine Strafarbeit schreiben soll, weil er keinen Aufsatz zum Thema „Die Freuden der Pflicht" verfassen will.

„Die Freuden der Pflicht"

Thema des Romans (der Strafarbeit) ist die besessene paranoide Pflichttreue, mit der der Polizeihauptwachtmeister Jens Ole Jepsen, der Vater des damals 10-jährigen Siggi Jepsen, das von den Nazis gegen den Maler Max Ludwig Nansen verhängte Malverbot überwacht. Das folgende Gespräch zwischen dem Postboten und dem Polizisten findet auf dem Polizeiposten Rugbüll statt:

So näherten sie sich einander, bis der alte Postbote sich berechtigt glaubte, über den Grund seiner Anwesenheit deutlich zu sprechen. Er sagte: Du sollst ihn in Ruhe lassen, Jens, und mein Vater, der nichts anderes als dies erwartet zu haben schien: Jetzt fängst du auch an,
5 jetzt redest du wie der alte Holmsen, der gestern Abend hier reinsah und mir nichts anderes sagen konnte als: laß ihn in Ruhe. Aber was ist denn groß geschehen bisher? Das Malverbot is in Berlin beschlossen, das hab ich mir nich ausgedacht, und auch die Beschlagnahme der Bilder is in Berlin verfügt worden. Ich hab für alles meine Anwei-
10 sungen und darüber bin ich nich hinausgegangen.
Es wird erzählt, daß du hinter ihm her bist, sagte der Postbote. Hinter ihm her, sagte mein Vater, was heißt hier: hinter ihm her? Einer
muß ihm doch beibringen, was gegen ihn verfügt worden ist, na,

Siegfried Lenz

und das is eben meine Aufgabe hier. – Es wird erzählt, sagte der Postbote, daß du ihn im Auge
15 behältst abends und morgens, und sogar in der Dunkelheit. – Das Malverbot hat überwacht zu werden, sagte mein Vater kurz, und Okko Brodersen, der auf diese Antwort gefaßt war: Es wird erzählt, daß du mehr tust als einer tun sollte, jedenfalls mehr, als die Pflicht verlangt. – […] Ich hab meinen Auftrag, er gibt sich selbst seinen Auftrag. Ich hab ihm erklärt, was er nich tun soll, und er hat mir erklärt, was er auch weiter tun wird. Ich kann keine Ausnahme zulassen,
20 aber er möchte die Ausnahme sein: Bring das mal denen bei, die soviel zu erzählen haben. Geh ruhig zu ihnen und bring ihnen bei, daß jeder von uns nur das Seine tut: er und ich – wir haben uns gesagt, was zu sagen war, jeder kennt die Folgen.

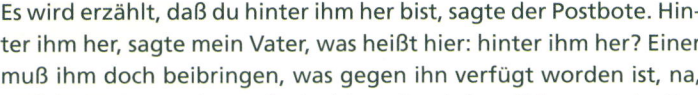

- Welche Anschauungen von „Pflichterfüllung" stehen sich gegenüber? Welcher würden Sie beipflichten und warum? Wo sehen Sie den Grenzbereich zwischen richtigem und falschem Pflichtbewusstsein?

Der Maler meint:

Gut, wenn du glaubst, daß man seine Pflicht tun muß, dann sage ich dir das Gegenteil: man muß etwas tun, das gegen die Pflicht verstößt. Pflicht, das ist für mich nur eine blinde Anmaßung. Es ist unvermeidlich, daß man etwas tut, was sie nicht verlangt.

> • Unter welchen Bedingungen wäre es für Sie gerechtfertigt, bestimmte staatsbürgerliche Pflichten hintanzustellen – also passiven Widerstand zu leisten? Wie könnte dieser passive/aktive Widerstand für Sie aussehen?

Siggi Jepsen warnt den Maler, rettet Bilder und tritt damit in Gegensatz zum Vater, eine Konstellation, die auch nach Ende der Herrschaft des Nationalsozialismus nicht mehr aufzubrechen ist. Der Grund für die Inhaftierung des Sohnes ist in dieser Vater-Sohn-Beziehung zu suchen: Der Vater tritt nach einer Internierung seinen Dienst wieder an, während Siggi ein Bild des Malers Nansen aus einer Ausstellung entwendet, um es zu retten.

Heinrich Böll: *Ansichten eines Clowns*

Gebundenheit und Fortschreibung

Heinrich Böll (1917–1985), späterer Literaturnobelpreisträger und Präsident des PEN-Clubs, das „Gewissen der Deutschen", erfolgreich und geachtet, schreibt an einem Werk, das „ein fortlaufender Kommentar zur Geschichte Nachkriegsdeutschlands, der BRD und speziell ihrer rheinisch-katholischen Provinzen" (W. Schütte) ist. „Gebundenheit"[13] und „Fortschreibung"[14] sind zwei Zentralbegriffe, die sein Gesamtwerk beschreiben.

Carl Gustav von Schweden überreicht Heinrich Böll den Literaturnobelpreis 1972

Der Roman *Ansichten eines Clowns* (1963) zeigt wenige Stunden einer Existenzkrise. Die Hauptperson schwankt zwischen Aggressivität und Resignation, spricht über ihre Distanzierung von der Gesellschaft der Adenauer-Zeit und ihren Institutionen wie Ehe, Familie und Kirche, geißelt die Scheinmoral.

Böll verwendet in seinem Roman eine subjektive Erzählform, die von den Monologen, Erinnerungen und Telefonaten des Icherzählers Hans Schnier, seinen Versuchen, seine ehemalige Freundin Marie zurückzubekommen, bestimmt wird. Der Großindustriellensohn Hans Schnier beschreibt sich selbst als „Clown, offizielle Berufsbezeichnung: Komiker, keiner Kirche steuerpflichtig, siebenundzwanzig Jahre alt". Nach einem Berufsunfall – er kann seinen Clownberuf wahrscheinlich länger nicht ausüben – ist Hans Schnier deprimiert, weil ihn seine Freundin Marie verlassen und einen katholischen Funktionär geheiratet hat. Ein Grund dafür ist seine anfängliche Weigerung, Marie zu heiraten, und dann, als er sich dazu überreden lässt, seine Ablehnung, die Kinder katholisch zu erziehen.

Öffentliche und private Moral

Der Clown unterscheidet scharf zwischen öffentlicher und privater (seiner) Moral. In einem Gespräch mit dem katholischen Prälaten Sommerwild geht es um die Institution der Ehe:

---

[13] Gebundenheit: ein enger Bezug zur Zeitgeschichte

[14] Fortschreibung: Bestimmte Themen, Stoffe und Erzähltechniken werden kontinuierlich weiterverwendet und variiert.

‚Schnier', sagte er ärgerlich, ‚ich glaube trotz allem, daß Sie ein guter Clown sind – aber von
Theologie verstehen Sie nichts.'
‚Soviel verstehe ich aber davon', sagte ich, ‚daß ihr Katholiken einem Ungläubigen wie mir
gegenüber so hart seid wie die Juden gegenüber den Christen, die Christen gegenüber den
5 Heiden. Ich höre immer nur: Gesetz, Theologie – und das alles im Grunde genommen nur we-
gen eines idiotischen Fetzens Papier, den der Staat – der Staat ausstellen muß.'
‚Sie verstehen gar nichts', sagte ich, und ‚die Folge wird ein doppelter Ehebruch sein. Der, den
Marie begeht, indem sie euren Heribert heiratet, dann den zweiten, den sie begeht, indem sie
eines Tages mit mir wieder von dannen zieht.' […]
10 ‚Ich war bereit zu unterschreiben', sagte ich, ‚sogar zu konvertieren.'
‚Auf eine verächtliche Weise bereit.'
‚Soll ich Gefühle, einen Glauben heucheln, die ich nicht habe? Wenn Sie auf Recht und Gesetz
bestehen – lauter formalen Dingen – warum werfen Sie mir fehlende Gefühle vor?'

Bereits in einer vorhergehenden Stelle meint der Clown zu einem katholischen Funktionär:

Wenn sie *(Marie, die Verf.)* mit Züpfner verheiratet ist, wird sie erst richtig sündig. Soviel habe
ich von eurer Metaphysik kapiert: Es ist Unzucht und Ehebruch, was sie begeht, und Prälat
Sommerwild spielt dabei die Rolle des Kupplers.

Wählen Sie eine Aufgabenstellung aus:
• Verfassen Sie ein Streitgespräch, in dem über die Institution der Ehe diskutiert wird!
  Lassen Sie Ihre Position von einem der Diskutanten vertreten!
• Schreiben Sie dem Clown und kommentieren Sie seine Ansichten!

Vergangenheitsbewältigung

Ein weiterer großer Themenkomplex des Romans ist die Vergangenheitsbewältigung, die
Hans Schnier betreibt: Er ist lästig, isoliert sich, sein Nicht-vergessen-Können provoziert.
Hans Schnier stört das selbstzufriedene Erfolgsbild der Restaurationsgesellschaft der Aufsteiger, Etablierten und Angepassten. Er erinnert konstant an die Vergangenheit. Schniers Mutter
zum Beispiel predigt im Nachkriegsdeutschland Versöhnung, schickt
aber noch 1945 ihre eigene Tochter mit Durchhalteparolen in den Tod.
Bei einem Telefonat kann sich Hans Schnier nicht beherrschen:

Meine Mutter meldete sich geschäftsmäßig an ihrem schwarzen Ap-
parat: ‚Zentralkomitee der Gesellschaften zur Versöhnung rassischer
Gegensätze.'
Ich war sprachlos. Hätte sie gesagt: ‚Hier Frau Schnier', hätte ich wahr-
5 scheinlich gesagt: ‚Hier Hans, wie geht's, Mama?' Statt dessen sagte
ich: ‚Hier spricht ein durchreisender Delegierter des Zentralkomitees
jüdischer Yankees[15], verbinden Sie mich bitte mit Ihrer Tochter.' Ich
war selbst erschrocken. […] Sie sagte: ‚Das kannst du wohl nie vergessen, wie?' Ich war selbst nahe am Weinen und sagte leise: ‚Vergessen?
10 Sollte ich das Mama?'

Helmut Griem als Hans
Schnier in der Verfilmung
von Volker Schlöndorff

[15] Eine Anspielung darauf, dass Schniers Mutter noch kurz vor Kriegsende verkündet, dass jeder „das
Seinige tun muss, um die jüdischen Yankees von unserer heiligen deutschen Erde wieder zu vertreiben".

- Warum ist Hans Schnier den Menschen mit seinen „Erinnerungen" lästig? Versuchen Sie, Motive der Menschen zu finden, die nicht erinnert werden wollen!
- Ziel des Romans ist es, die LeserInnen durch gezielte Provokationen aus ihrer Passivität zu holen. Wollen Sie das als LeserIn? Was erwarten Sie von Literatur?

Schreibstrategien

Im Gefolge der 68er-Revolte werden die Schreibstrategien insofern immer radikaler, als die LeserInnen zum eigenständigen Mitdenken animiert werden. **Günter Grass** schreibt in seiner Sammlung von Aphorismen, Eindrücken, Selbstreflexionen, Reden etc. *Aus dem Tagebuch einer Schnecke* (1972):

Ich will auf Umwegen (Abwegen) zu euch sprechen: manchmal außer mir und verletzt, oft zurückgenommen und nicht zu belangen, zwischendrin reich an Lügen, bis alles wahrscheinlich wird. Manches möchte ich umständlich verschweigen. Einen Teil vom Teil nehme ich vorweg, während ein anderer Teil erst später und auch nur teilweise vorkommen wird. Wenn sich also mein Satz windet, sich nur allmählich verjüngt, dann zappelt nicht und kaut keine Nägel. Wenig, glaubt mir, ist bedrückender, als schnurstracks das Ziel zu erreichen. Wir haben ja Zeit. Die haben wir: ziemlich viel Zeit.

- Wie wird die Strategie beschrieben, mit der die Leserin/der Leser zum selbstständigen Denken, zu einem eigenen Urteil, gebracht werden soll?
- Wie sieht Günter Grass den (gesellschaftlichen) Fortschritt?

„Poesie des Authentischen"

Der Roman *Die Insel* (1968) von **Peter O. Chotjewitz** will eine „neue Poesie des Authentischen", beschreibt das Leben in der Großstadt Berlin in einem aggressiven, gesellschaftskritischen Stil. Der Autor meint, sein Buch habe „gar keine durchgängige Handlung", der Leser/ die Leserin könne ruhig „ein paar Kapitel […] überspringen", und gibt noch einen weiteren guten Tipp:

Spielen auch Sie mit diesem Buch! Streichen Sie Abschnitte und ganze Kapitel, die Ihnen nicht gefallen, einfach durch oder reißen Sie die Seiten heraus. Wenn Ihnen die Anordnung einzelner Texte nicht gefällt, ändern Sie sie. Der nächste Leser des Buches wird es Ihnen danken.

Sollten Sie als Leserin oder Leser noch immer unzufrieden sein:

Gegen dieses Buch hilft keine Literaturkritik und keine eigene Lektüre, sondern nur ein Kanister Benzin und eine Schachtel Zünder.

- Notieren Sie spontan, was Sie bei den Äußerungen des Autors empfinden!
- Sind Sie mit seiner „Gebrauchsanleitung" einverstanden oder nicht? Werden vielleicht Grenzen des „guten Geschmacks" überschritten, Tabus gebrochen? Wenn ja, aus welchen Gründen?

Texte, die die Lebensformen der Studentenbewegung und der Nachstudentenbewegung beschreiben, sind zum Beispiel **Hubert Fichtes** *Palette* (1968), **Bernward Vespers** *Die Reise* (1977) oder die Gedichte und Prosa von **Wolf Wondratschek**.

Ein Autor, der sich allen „literarischen Moden" konsequent verweigert, sich selbst vom Literaturmarkt ausschließt, ist **Arno Schmidt** (1914–1979). 1963 beginnt er die Arbeit an einem Werk, das 1970 bei seiner Vorstellung 9 kg wiegt und 1 334 Druckseiten im DIN-A3-Format (5 336 normal gesetzte Buchseiten) hat: *Zettels Traum*, ein Buch, das eigentlich unlesbar ist, ein Spiel mit Buchstaben, Wörtern, Sätzen, Seitenspalten, mit der Literatur selbst. Die Handlung des Romans besteht aus den Spaziergängen, Unterhaltungen und Tätigkeiten von vier Personen an einem Tag:

Arno Schmidt
(1964)

In drei parallel verlaufenden Gliederungssträngen – der Erzählungs-Hauptstrang in der Mitte, links davon eine schmale Spalte für Kommentare und Zitate, rechts eine weitere für Reflexionen und Exkurse des Erzählers Pagenstecher – verfolgt das 1 330 „Zettel" umfassende Werk die Beziehungen, die sich zwi-
5 schen diesen Personen entwickeln: assoziationsreiche Gespräche, Reflexionen und Imaginationen über die Literatur, die aufgeladen sind mit sexuellen Anspielungen und Verweisen. […] Auf seine Leser freilich setzte Arno Schmidt keine allzu großen Hoffnungen: *Zettels Traum* ernsthaft zur Kenntnis zu nehmen, mochte der Autor, wie die Anekdote berichtet, nicht einmal dreihundert Lesern zutrauen.

- Hat eine Literatur, die nach Einschätzung des Autors höchstens 300 LeserInnen verstehen, ihre Berechtigung?

Die neue Frauenliteratur entwickelt sich aus der Studentenbewegung kontinuierlich weiter. Sie wendet sich gegen die Unterdrückung der Frau, sucht nach einer eigenen weiblichen Identität.

Ernüchterung und „Tendenzwende" – Die 70er- und frühen 80er-Jahre

Auf die Aufbruchstimmung 1968 folgt bald die Ernüchterung. Folgender Textausschnitt aus dem Literaturjahrbuch *Tintenfisch* illustriert das sehr deutlich:

Ein Gespenst geht um in Deutschland: die Langeweile. Die ehemals radikalen Schüler sitzen schwitzend über Bonus- und Malus-Werten und denken über die Höhe ihrer Pension nach; die ehemals radikalen Studenten sitzen frisch rasiert und gerade an ihren sauberen Schreibtischen und entdecken die alte oder die neue Ordnung, auf jeden Fall eine Ordnung; die ehemals ra-
5 dikalen Schriftsteller liegen in den warmen Armen der Gewerkschaft, seitdem sind sie ruhig; der Rest der Bevölkerung scheint, aus Angst vor Entlassung, regelmäßig und unauffällig zu leben.

Tendenzwende?

Ungefähr Mitte der 70er-Jahre wird eine **Tendenzwende** propagiert, die mit Begriffen wie „**Rückzug ins Private**", „**neue Sensibilität**", „**neue Subjektivität**" oder „**neue Innerlichkeit**" beschrieben wird. Das heißt aber nicht, dass sich die AutorInnen nun völlig aus der (politischen) Öffentlichkeit zurückziehen, es plötzlich überhaupt keine politisierte Literatur mehr gibt. Der Germanist Hans Mayer schreibt in der *Frankfurter Allgemeinen Zeitung* vom 16. Juni 1979:

Hinter dem Gerede über die Tendenzwende und neue Subjektivität verbirgt sich die richtige Erkenntnis, daß eine Literatur, die das leidende und schaffende Subjekt negiert, um es auf dem Altar irgendeiner Gemeinschaft zu opfern, objektiv unmenschlich wirkt, und hohl-großsprecherisch dazu. Umgekehrt bedeutet, wofür ganze Provinzen der Literatur einstehen können,
5   eine Literatur der Privatheit, also nicht der wirklichen Subjektivität, den Verzicht auf alle Kommunikation zwischen Autor und Leser. Was bloß privat ist, kann nicht erhellen und nichts erklären. Es wirkt peinlich durch Indiskretion.

- Versuchen Sie die Thesen Hans Mayers zusammenzufassen!
- Wo liegen die Gefahren einer „bloß privaten Literatur"? (Versuchen Sie zuerst, den Begriff zu erklären!)

Biografien und persönliche Probleme

Die eigene Biografie, persönliche Probleme, Krankheitsabläufe, Emotionen, Empfindungen und sinnliche Wahrnehmungen werden wieder zu Themen der Literatur. Das kann als Reaktion auf die Studentenbewegung und die Literatur in ihrem Umkreis interpretiert werden. Nach dem politischen Engagement besinnen sich viele AutorInnen auf die eigene Persönlichkeit, auf eigene Gefühle, auf die eigene Geschichte und Entwicklung. Biografische Romane dieser Zeit sind: **Peter Rühmkorf** *Die Jahre, die ihr kennt* (1972), **Jakov Lind** *Selbstporträt* (1973), **Günter Grass** *Aus dem Tagebuch einer Schnecke* (1972), **Walter Kempowski** *Tadellöser & Wolff* (1971), *Uns geht's ja noch gold* (1972), **Wolfgang Hildesheimer** *Zeiten in Cornwall* (1971), **Wolfgang Koeppen** *Jugend* (1976) und **Elisabeth Plessen** *Mitteilung an den Adel* (1976).

Krisenbewusstsein

Die 80er-Jahre sind in der BRD von wachsender Arbeitslosigkeit, Umwelt- und politischen Skandalen, der Diskussion und dem Kampf um Atomkraftwerke, von Umweltschutzdiskussionen und der Friedensbewegung gekennzeichnet. Und die SchriftstellerInnen engagieren sich: 1981 und 1982 treffen sich SchriftstellerInnen aus der DDR und aus der BRD und wenden sich gemeinsam gegen den Rüstungswettlauf, gegen die atomare und chemische Bedrohung. 1983 sprechen sich BRD-AutorInnen in der „Heilbronner Erklärung" gegen die Stationierung von Massenvernichtungswaffen in der BRD aus und rufen zu Widerstand auf. Der Literaturwissenschaftler Hans Mayer drückt die Angst um die Vernichtung der Welt in einem globalen Atomkrieg bei der Eröffnung der „Frankfurter Buchmesse 1983" aus:

Dies ist vielleicht der tiefste Widerspruch in aller heutigen Literatur: daß sie nicht mehr weiß, ob es das in der Zukunft noch geben wird: ein Schreiben, das hoffen möchte, etwas aus der Sterblichkeit ins Überleben zu transportieren.

Das Bewusstsein der Krise bestimmt bei vielen SchriftstellerInnen das Schreiben, kennzeichnet ihre Werke.

Lyrik

Lyrik des Alltags

Für die in den 70er-Jahren geschriebene Lyrik – und es wird sehr viel geschrieben – zählt die Beschreibung des Alltags. Alltägliche Dinge wie Glück, Freude, Trauer und Emotionen sind ihre Themen. Etikettiert wird diese Lyrik mit Begriffen wie „Alltagslyrik", „neue Innerlichkeit", „neuer Realismus" oder „Neosubjektivismus".

Trotzdem darf man die Alltagslyrik nicht als Rückzug ins Innere, in die Isolation, missverstehen: „Was wir formulieren, denken wir nicht allein. Was wir fühlen und was uns schmerzt, ist zugespitzter Ausdruck des Verlangens vieler" (**Günter Herburger**). Bezeichnend ist die Distanzierung von der schwer verständlichen hermetischen Lyrik der 50er-Jahre, die die Wirklichkeit nicht darstellen könne. Günter Herburger sagt das ziemlich deutlich: „Diese Saisonelegiker, die im Frühjahr die Blüten und im Herbst die Kartoffelfeuer riechen, sollen endlich ihre Autos, in denen sie sitzen, auch mit ins Spiel bringen, dann werden sie vielleicht wieder lesbar." (*Dogmatisches über Gedichte*, 1967)

Formal, stilistisch und inhaltlich sind die 70er-Jahre von einer großen Bandbreite gekennzeichnet, alles scheint möglich zu sein; auch die Umgangssprache wird bewusst verwendet.

Jürgen Theobaldy

Jürgen Theobaldy (geb. 1944) gilt als DER Repräsentant der „Alltagslyrik", viel gelobt und viel gescholten. Er ist von Bertolt Brecht, Pablo Neruda und der amerikanischen Underground- und Poplyrik (**Charles Bukowski, Jim Burns, Frank O'Hara**) beeinflusst. Theobaldy meint im *Literaturmagazin* (1975), dass es wichtig sei, „dem Gedicht so viel wie nur irgend möglich vom wirklichen Leben mitzugeben, dem es letztlich entstammt. Es kommt darauf an, in die Gedichte alle unsere unreinen Träume und Ängste einzulassen, unsere alltäglichen Gedanken und Erfahrungen, Stimmungen und Gefühle."

Bretterzäune

Abendliches Rot am Himmel über der Landstraße,
ein Warnschild mit schwarzen Balken,
dahinter versinkt die Ebene im Regen.
Feuchte, schwere Wälder sinken in ihr Grün.

5   Das ist so ein Bild von den Bretterzäunen.
Es kommt lebensgroß über dich hinweg.
Ogott, gehn wir. So ein Leben soll größer sein als wir.
Ja, Schilder warnen vor schöneren Aussichten

- Womit kollidiert in diesem Gedicht die Naturbeschreibung, wird die Fantasie „eingebremst"?
- Übersetzen Sie die Metaphern von den „Bretterzäunen" und „Schildern"!

Eiszeit

Die deutsche Lyrik der 80er-Jahre sieht eine „beschädigte Welt". Technik erweist sich als Bedrohung, der naive Fortschrittsglaube der vorangegangenen Jahrzehnte ist unhaltbar, der Politik steht man ohnmächtig gegenüber, nichts ist mehr sicher, Gewissheiten sind verloren. Mit der Alltagslyrik der 70er-Jahre hat diese Lyrik nicht mehr viel zu tun. Bedeutende Vertreter sind **Sarah Kirsch, Michael Krüger, Guntram Vesper, Hans Magnus Enzensberger** und **Günter Kunert**.

„Wenn ich Gedichte schreibe, kann ich am genauesten denken, am tiefsten fühlen und über beides am freiesten sprechen. Oder am tiefsten denken, am freiesten fühlen, am genauesten sprechen", sagt **Guntram Vesper** (geb. 1941). Vesper schreibt über seine Gefühle, Ängste, Träume und Sehnsüchte, will nicht resignieren, sondern durch Reflexion seiner Gedanken und Gefühle Widerstand leisten.

Landmeer (1984)

Wir dürfen unser
Leben
nicht beschreiben, wie wir es
gelebt haben
5   sondern müssen es
so leben
wie wir es erzählen werden:
Mitleid
Trauer und Empörung

Guntram Vesper
(2004)

> • Welche „Lebenseinstellung" können Sie dem Gedicht entnehmen?

Herz über Kopf

Von **Ulla Hahns** (geb. 1946) erstem Gedichtband *Herz über Kopf* (1981) wurden bis 1985 35 000 Exemplare aufgelegt. Die Autorin behandelt vor allem ein Thema: Liebe.

Auf und davon (1981)

Hab gesponnen das Gold
zu Stroh bin weil ich
so traurig bin froh
nicht so traurig wie gestern
5   zu sein mein Herz
allerliebster ist auf
und davon

Ließ mein Haar hinunter
zur Nacht. Nicht die Alte
10   er war's der mir sacht

die Flechten zerschnitten dann
ist er geritten auf meinem
Herzen
auf und davon

15   Tropf mir kühlen Schnee in
mein Blut. Komm
zurück und sei wieder
gut genug für mich
scher dich mein Herz
20   zum Allerliebsten auf
und davon

> • Die Frau spricht als Rapunzel, eine Märchengestalt der Brüder Grimm. Finden Sie Wörter und Formulierungen, die die naive und metaphorische Sprechweise des Märchens wiedergeben!
> • Schreiben Sie das Gedicht in Prosa um (Interpunktion und Satzgrenzen beachten)! Wie wirkt es nun auf Sie? Wovon geht die Wirkung des Gedichts also aus?

Drama: Leiden an der Welt – Botho Strauß ▶ Seite 453 ff.

Drei Namen sind es, die das deutschsprachige Drama der 70er-Jahre in erster Linie bestimmen: **Botho Strauß, Heiner Müller** und **Thomas Bernhard**. ▶ Seite 523 ff.
Botho Strauß (geb. 1944), geprägt von der Erfahrung der Studentenbewegung, ist der Jüngste dieser Dramatiker. Er stellt in seinen Stücken die Gefühlskälte einer Gesellschaft dar, in der bleibende Beziehungen unmöglich sind, obwohl die Menschen konstant von Gefühlen sprechen, sich jedoch nur selbst beobachten, in ihrer Innenwelt gefangen sind. Die Figuren von Strauß sind zum Großteil

Botho Strauß (1997)

ganz bewusst aus ihrem sozialen Kontext herausgestellt, bewegen sich in einer künstlichen Welt, sind entfremdet, sie leiden an Kommunikationsverlust und an der Welt.

Stationendrama

In dem Stationendrama (10 Szenen) *Groß und klein. Szenen* (1978) zieht Lotte, eine Frau Mitte dreißig, ehemals Grafikerin, aus, um einen „Menschen" zu finden. Nach dem Verlust ihres Mannes an eine andere Frau bewegt sie sich durch eine Gesellschaft der BRD, in der alle isoliert sind, sich in zynische Reden oder Ersatzhandlungen (Alkohol, Drogen, Erinnerungen) flüchten, niemand Zugang zum anderen findet. Lotte, eine selbstlose Frau, bietet allen ihre Hilfe an, erfährt jedoch nur Zurückweisung und verliert im Verlaufe des Stücks immer mehr Beziehungen. In der letzten Szene, der Endstation ihrer Reise und Suche (nach Liebe), sitzt Lotte scheinbar sinn- und zwecklos, unbeachtet, im Wartezimmer eines Internisten. Die Szene heißt sinnigerweise *In Gesellschaft*:

Lotte
Arzt
Patienten

5 *Wartezimmer eines Internisten. An den Wänden schockierende Antiraucher-Plakate. Lotte wartet mit sechs weiteren Patienten. Sie blättern in Illustrierten, lösen Kreuzworträtsel, starren vor sich hin. Eine dicke Frau strickt, ein Türke bewegt sich unruhig auf seinem Stuhl. […] Nach dem dritten Aufruf – Frau Doktor Melchior, bei der es etwas länger dauert – betritt eine alte Frau den Raum und grüßt höflich. Die Wartenden antworten mit undeutlichem Gemurmel. Auf einmal spricht Lotte laut in die Runde der schweigenden Leute. …*

10 *Lotte:* Vielleicht interessiert es Sie, daß mein Mann vor kurzem eine hohe Auszeichnung erhielt …
Mein Mann ist der Publizist Paul Liga.
Schreibt auch unter dem Namen Smoky.
Er –

15 *Alle Patienten sehen Lotte verwundert an. Sie verstummt und starrt auf den Boden. Frau Doktor Melchior kommt aus der Ordination zurück und holt einen Sommermantel von der Garderobe. Sie sagt laut und deutlich auf Wiedersehen beim Rausgehen. Alle erwidern. Der Name „Herr Üranüz, bitte" wird aufgerufen. Der Türke steht eilig auf und geht ins Sprechzimmer. Eine junge Frau kommt herein, sagt so leise guten Tag, daß niemand antwortet. Alle mustern sie. Der Name*
20 *„Frau Pentowski, bitte" wird aufgerufen. Die dicke Frau steht auf, läßt ihr Strickzeug auf dem Stuhl liegen, geht zur Tür, kehrt um, nimmt ihre Handtasche mit, geht ins Sprechzimmer. …
Es wird dunkel und gleich darauf wieder hell. Lotte sitzt allein im Wartezimmer. Der Arzt kommt herein, wirft die neueste Ausgabe des ‚Spiegels' auf den Lesetisch. Er sieht Lotte …*
Arzt: Sind Sie nicht aufgerufen worden?

25 *Lotte:* Nein.
Ich bin nur so hier.
Arzt: Sie waren angemeldet für heut vormittag?
Lotte: Nein. Ich bin hier nur so.
Mir fehlt ja nichts.
30 *Arzt:* Gehen Sie bitte.
Lotte: Ja.
Lotte geht langsam hinaus. Der Arzt schließt hinter ihr die Tür. Geht ins Sprechzimmer, schließt die Tür.
Dunkel

> - Wie wirkt diese Szene auf Sie? Notieren Sie Stichworte, die Ihnen spontan dazu einfallen, und schreiben Sie anschließend einen „Bericht"!
> - Wie würden Sie den Satz „Mir fehlt ja nichts" interpretieren?

Lotte hat die BRD durchwandert, Stationen wie eine luxuriöse Wohnung, ein Büro, eine Wohngemeinschaft, ein Mietshaus oder einen Garten auf Sylt passiert, einen „Menschen" hat sie jedoch nicht gefunden.

Väter, Mütter, Lehrer – Autobiografische Literatur

Christoph Meckel

In meinem erwachsenen Vater steckte ein Kind, das mit den Kindern Himmel auf Erden spielte. Es klebte in ihm eine Sorte Offizier, die bestrafen wollte im Namen der Disziplin. […] Der hielt für seine Kinder Strafen bereit. Der beherrschte so
5 etwas wie ein System von Strafen, ein ganzes Register. Zu Anfang gab es Schelte und Wutausbruch – das war erträglich und ging wie der Donner vorbei. Dann kam das Ziehen, Drehen und Kneifen am Ohr, die Ohrfeige und der berühmte Katzenkopf. Es folgte die Verbannung aus dem Zimmer,
10 danach das Fortgesperrtsein ins Kellerloch. Und weiter: die Kindsperson wurde ignoriert, durch strafendes Schweigen gedemütigt und beschämt. Es wurde zu Besorgungen mißbraucht, ins Bett verurteilt oder zum Kohleschleppen abkommandiert. Zum Schluß, als Mahnmal und Höhepunkt,
15 erfolgte die Strafe, die Strafe schlechthin, die exemplarische Bestrafung. Das war die Strafe des Vaters, die ihm vorbehaltene, eisern gehandhabte Maßnahme. Im Sinn von Ordnung, Gehorsam und Menschlichkeit, damit Recht geschähe und das Recht sich dem Kind einpräge, wurde die Prügelstrafe angesetzt. Die Sorte Offizier griff
20 zum Tatzenstock und ging schon mal in den Keller voraus. Ihm folgte, wenig schuldbewußt, das Kind. Es hatte die Hände auszustrecken (Handflächen nach oben) oder sich über die Knie des Vaters zu beugen. Die Prügel erfolgten gnadenlos und präzis, laut oder leise gezählt, und ohne Bewährung. Die Sorte Offizier äußerte ihr Bedauern, zu dieser Maßnahme gezwungen zu sein, behauptete, darunter zu leiden, und litt darunter. Auf den Schock der Maßnahme folgte das
25 lange Entsetzen: der Offizier verordnete Heiterkeit. […] Die Heiterkeit der Kinder blieb aus. Kalkweiß, sprachlos oder heimlich weinend, tapfer, trübe, verbissen und bitter ratlos steckten sie – nachts noch – in der Gerechtigkeit fest. Die prasselte nieder und hatte den letzten Schlag, die hatte das letzte Wort aus dem Mund des Vaters. […] Kinder sind Sauigel, Ferkel und kleine Verbrecher. Sie sind dickköpfig, heimtückisch, böse und
30 raffiniert und schlimme Steine auf den Herzen der Eltern. Sie setzen sich mit Absicht in den Dreck, zerschlagen Töpfe, drehn unerlaubt an Radioknöpfen und ruinieren eine Autoheizung. Sie sind zuzeiten wie das Gesindel selbst, sie spielen im Reich der Erwachsenen auf eigene Gefahr. […] Sie konnten aus Fehlern noch lernen und mußten es tun. Die Strafe half auf den richtigen Weg.
(Christoph Meckel *Suchbild. Über meinen Vater*, 1980)

Helga M. Novak

Helga M. Novak (1995)

       aufessen
       aufessen
       der Teller wird leergegessen bis zum letzten Happen
       rein in den Mund und schlucken
5   schlucken
       schlucken nicht vergessen
       kau nicht ewig auf derselben Kartoffel herum
       bitte
       nimm den Schieber nicht in den Mund
10   zum Essen ist der Löffel da
       mit dem Schieber wird das Essen auf den Löffel geschoben
       rein in den Mund
       kauen
       schlucken
15   ich bleib so lange neben dir sitzen bis der Teller leer ist [...]
       aus dir wird nie was
       in deinem Alter mußte ich mir schon überlegen was ich
       werden soll
       mit vierzehn sind wir früher in die Lehre gegangen
20   da war nichts mit dauernd Bücher lesen
       da hieß es fleißig sein und dienen lernen
       mit deinen Kritzeleien kommst du nicht weit
       reine Papierverschwendung
       wenn du dich nicht endlich für was Vernünftiges interessierst
25   wirst du eines Tages Straßenkehrer
       oder endest überhaupt auf der Straße [...]
       (Helga M. Novak *Die Eisheiligen*, 1989)

Alfred Andersch

       Er (*der Schuldirektor Himmler, die Verf.*) kam jetzt den Gang entlang, an dessen Innenseite
       Franz Kien saß, und blieb neben ihm stehen. Franz wagte nicht, zu ihm aufzublicken, er hielt
       den Kopf gesenkt, nahm nur den mit dem weißen Hemd bespannten Bauch neben sich wahr,
       und eine Hand, auf der weiße, – oder waren es blonde? –, Altersflecken schimmerten, der Rex
5   trug einen breiten goldenen Ehering an dem Ringfinger seiner rechten Hand, alle diese Be-
       obachtungen stellte Franz nur an, in der verzweifelten Hoffnung, der Rex möge es vielleicht
       doch nicht auf ihn abgesehen haben, obwohl er doch bei seinem Pirschgang neben Franz
       innegehalten hatte, ein Jäger, der ein Knacken im Unterholz gehört hat.
       Und wirklich schien das Stoßgebet, das sich in Franz' starrem Wegblicken von dem Gesicht des
10   Rex ausdrückte, etwas genützt zu haben, denn der Rex wandte sich nicht an Franz, sondern an
       den neben Franz sitzenden Hugo Aletter. [...]
       Aber dann hörten Franz Kiens Gedanken ganz plötzlich auf, sich weiterzubewegen, denn der
       Rex ließ die Hand, die soeben noch auf Hugo Aletter gedeutet hatte, auf Franz' Schulter sinken
       und fragte: „Nun, Kien, wie sieht es denn mit deinem Griechisch aus?" Er legte die Betonung
15   auf das Wort ‚deinem'.
       Ausgeschlossen, dachte Franz. Das konnte es nicht geben. Aber dann gleich: es hat stattgefun-
       den. Es findet statt. Der Rex wird mich in Griechisch prüfen. Herrgottsakrament. Himmelherr-

gottsakrament. Ein Unglück. Ein Unglück ist geschehen. So muß es sein, wenn man von einem Auto überfahren wird. Unvermutet stößt einen etwas Eisernes an, schmettert einen auf die
20 Straße.
(Alfred Andersch *Der Vater eines Mörders*, 1980)

- In allen drei Textausschnitten ist von Autorität die Rede. Wie äußert sie sich, wie wird sie von den betroffenen Kindern empfunden und wie reagieren sie darauf?
- Wie ist Ihre Position dazu? Wie stellen Sie sich die Erziehung Ihrer Kinder vor? Welche Regeln würden Sie für sich selbst aufstellen? Was sollte im Mittelpunkt Ihrer Kindererziehung stehen?

Schreibanlass

Christoph Meckel (geb. 1935) erzählt in *Suchbild*. *Über meinen Vater* auf über hundert Seiten schonungslos die Biografie seines Vaters, ausgehend von dessen Kriegstagebüchern, aus denen er Zitate gezielt in den Text einfügt, bis hin zu persönlichen Erinnerungen und Erlebnissen. Das Buch schildert Eberhard Meckel nicht als Nationalsozialisten, sondern als einen, der nicht erkennt, wie er durch seine politische Indifferenz, durch sein Soldatsein (Begriffe wie „Ehre", „Heimat" und „Pflicht" werden als Rechtfertigung angeführt) das NS-Regime unwillentlich stützt.

Verstehenwollen

Doch Meckels Buch ist auch Trauer über verpasste Chancen des Verstehens, des menschlichen Zusammenkommens.

In **Helga M. Novaks** (geb. 1935) biografischen Erinnerungen *Die Eisheiligen* reflektiert Katharina an einer Stelle über ihre Schwester, die verhasste Mutter der Erzählerin:

Ich verstehe dich und weiß, was sie für ein Biest ist, denn das ist sie immer gewesen, meine ältere Schwester Sophie, wen denn hat sie tyrannisiert, als ich noch ein Kind war, mich doch, also mir braucht keiner was über meine Schwester Sophie zu erzählen. Trotzdem kann ich nicht länger hören, wie du über sie herziehst, keinen guten Faden an ihr dranläßt. Vielleicht hast du nie da-
5 ran gedacht, daß kein Mensch schlecht geboren wird, auch Sophie war mit Sicherheit ein Kind mit guten Anlagen, wenn sie auch von klein an gern befohlen und gestraft hat. Ich vergesse aber nicht, daß sie schon mit zehn Jahren hinterm Ladentisch helfen mußte. Was sie als Kind von Kindheit wußte, war wenig und hatte mit Fröhlichkeit nichts zu tun, unser Vater hatte weiß Gott eine lockere Hand, die hat Sophie als die Älteste am meisten zu spüren gekriegt, und in der
10 Schule war sie kein großes Licht, wirklich nicht, sie verstand von vornherein Bahnhof, und zu Hause gleich wieder in den Laden, mit Bücherlesen war bei unserem Vater nicht viel drin. Als sie endlich achtzehn war, meine große böse Schwester, hat sie sich verlobt. Wir waren herzlich froh, daß sie aus dem Hause gehen würde, und was passiert ihr, wo sie doch immer so gut auf sich und alle aufpassen konnte: der Verlobte haut ab und ward nicht mehr gesehen. Der Vater voll Spott,
15 wir Geschwister konnten uns vor Lachen nicht halten, arme Sophie kann ich nur sagen.

Gefühlskälte

In *Die Eisheiligen*[16] erzählt Helga M. Novak aus der Perspektive des Kindes und der Jugendlichen die Geschichte ihrer Kindheit und Jugend, die geprägt ist von Gefühlskälte und Lieblosigkeit.

---

[16] Die Eisheiligen sind im alten Bauernkalender Frühlingstage, an denen es noch einmal Frost geben kann.

Nicht von ungefähr kommt ihre Ziehmutter – die Hauptperson erfährt schließlich, dass sie ein adoptiertes Kind ist – wegen ihres harten preußischen Erzählstils nur unter dem Namen „Kaltesophie"[17] vor. Die psychischen Qualen der Autorin äußern sich in physischen Beschwerden wie Bettnässen und Sprachstörungen. Die Reaktion von „Kaltesophie" darauf ist rigide:

> Patsch – eine Backpfeife.
> Zu faul, nachts aufzustehen, was?
> Patsch – ein Katzenkopf.
> Ist dir wohl zu weit zum Nachttopf?
> 5 Patsch – eine Kopfnuß.
> Wenn du noch einmal das Bett naß machst!
> Pengpeng – rechts und links eine geklebt.
> Alles nur aus Gemeinheit gegen mich!
> Ritsch – noch ein Backenstreich.
> 10 Verschwinde in deinem Zimmer, verdammte Pißjule!
> Drrr – an den Zöpfen hin und her.
> Willst du mich vor allen Leuten unmöglich machen!

- Wo liegen die eigentlichen Ursachen für das Bettnässen? Wie reagiert die Mutter darauf? Wird sie mit ihren „Maßnahmen" Erfolg haben?
- Wie ist der letzte Satz zu verstehen?

Der Zeitraum der Erzählung reicht von Faschismus und Weltkrieg bis hin zur Nachkriegszeit in der DDR. Der Roman ist in viele zusammenhängende Situationen aufgeteilt, die aus inneren Monologen, Gesprächen, politischen Parolen und Wahrnehmungen des Kindes und der Jugendlichen bestehen. Die sprachliche Form entspricht dem jeweiligen Bewusstseins- und Entwicklungsstand der Hauptperson.

- Wie würden Sie das Alter des Kindes im Textausschnitt aus Helga M. Novaks *Die Eisheiligen* am Anfang dieses Kapitels (Seite 421) einschätzen? Begründen Sie Ihre Entscheidung!

Das Mädchen wehrt sich trickreich gegen die autoritären Erziehungsmethoden, flüchtet in das Schreiben von Gedichten und hofft, indem sie sich als 16-Jährige der SED[18] anschließt und in ein Internat geht, sich endgültig den Adoptiveltern entziehen zu können.

Eine Schulgeschichte anderer Art

Alfred Anderschs *Der Vater eines Mörders. Eine Schulgeschichte* ist eine Schulgeschichte anderer Art. Der Autor erzählt autobiografisch in der dritten Person von einer Griechischstunde im Mai 1928, als ihn der autoritäre Studiendirektor des Wittelsbacher Gymnasiums in München, Himmler, prüft und auf gemeine Art und Weise „niedermacht". Der Direktor ist der Vater des späteren Reichsführers SS und Massenmörders Heinrich Himmler. Franz Kien, das Alter Ego von Andersch, kann das natürlich nicht wissen. Er scheitert schließlich an der Prüfung und wird aus dem Gymnasium entlassen.

---

[17] Kaltesophie: eine der drei „Eisheiligen"
[18] SED: Sozialistische Einheitspartei Deutschlands

Der Vater eines Mörders zeigt die psychologischen und pädagogischen Voraussetzungen des Faschismus, zeigt den autoritären Stil des Pädagogen Himmler, der den Schülern Untertanenmentalität und bedingungslosen Gehorsam einbläuen möchte.

Romane zum Thema

Einige der vielen Romane der Jahre 1979 und 1980, die Kind-Eltern-Beziehungen, auch im Umkreis des Faschismus, zum Thema haben, sind: **Peter Härtling** *Nachgetragene Liebe* (1980), **Ruth Rehmann** *Der Mann auf der Kanzel – Fragen an einen Vater* (1979), **Brigitte Schwaiger** *Lange Abwesenheit* (1980), **Barbara Bronnen** *Die Tochter* (1980), **Siegfried Gauch** *Vaterspuren* (1979) und **Julian Schutting** *Der Vater* (1980).

Streiflichter

Neben den Werken jüngerer AutorInnen beeinflussen auch erfolgreiche Autoren der Nachkriegszeit (**Max Frisch, Martin Walser, Heinrich Böll, Günter Grass** usw.) die literarische Szene. Dominant sind autobiografische Formen und Erlebnisprotokolle (Tagebuch, Briefsammlung …). Doch der Generationswechsel wird erst so richtig durch den Tod prominenter Schriftsteller bewusst: **Arno Schmidt** (1979), **Alfred Andersch** (1980), **Peter Weiss** (1982), **Uwe Johnson** (1984), **Heinrich Böll** (1985), **Friedrich Dürrenmatt** (1990) und **Max Frisch** (1991).

Frauen

Besonders Frauen tragen die Tendenz der autobiografischen Prosa als Suche nach der eigenen Identität mit: **Ingeborg Bachmann** *Malina* (erschienen 1971) ▶ vgl. Seite 508 f., **Christa Wolf** *Kindheitsmuster* (1976), **Verena Stefan** *Häutungen* (1975), **Brigitte Schwaiger** *Wie kommt das Salz ins Meer* (1977), **Helga M. Novak** *Die Eisheiligen* (1979) und *Vogel federlos* (1982).
Sozialkritische Autobiografien verfassen die österreichischen Schriftsteller **Franz Innerhofer** und **Gernot Wolfgruber**. ▶ vgl. Seite 531 ff.

Peter Weiss

Peter Weiss' dreibändige *Ästhetik des Widerstands* (1975, 1978, 1981) erzählt aus der Sicht eines fiktiven Icherzählers die Geschichte der europäischen Arbeiterbewegung von 1937 bis 1945. „Die Gattungsbezeichnung ‚Roman' wird diesem nicht gerecht, handelt es sich doch kaum um Handlung, Figurenpsychologie, Charakterentwicklung, sondern eher um Abhandlung, Essay, Traktat, um kunsttheoretische, politische und wissenschaftliche Überlegungen mehr als um erzählerische Entwicklung eines Gesellschaftspanoramas oder eines individuellen Konflikts."

Uwe Johnson

Uwe Johnsons (1934–1984) Tetralogie *Jahrestage. Aus dem Leben von Gesine Cresspahl* (1970, 1971, 1973, 1983) verbindet die Lebensbeschreibung der 35-jährigen Hauptperson Gesine Cresspahl (Gegenwart), die mit ihrer Tochter Maria in New York lebt, mit der Erinnerung an die Geschichte der Familie Cresspahl (Vergangenheit), dem Erzählen über die eigene Kindheit und Jugend. Gegenwart ist die Stadt New York, Vergangenheit (Faschismus, Krieg, Nachkriegszeit) die Kleinstadt Jerichow in Mecklenburg-Schwerin.
Gesines Erinnerungen werden durch teilweise wörtliche Übersetzungen von Tagesmeldungen der New York Times kommentiert (Vietnam-Krieg, Rassenunruhen, die Ermordung Martin Luther Kings etc.), eine zeitkritische Betrachtung des Jahres 1967/68. Die Erzählzeit beträgt ein Jahr, vom 20. August 1967 bis zum 20. August 1968.

Die Literatur der 80er-Jahre

Die zeitgenössische Literatur der 80er- und 90er-Jahre präsentiert sich den BetrachterInnen in einer Vielzahl von Formen und Inhalten bzw. vielen Sub- und Parallelthemen. Deshalb ist auch eine exakte Differenzierung z. B. nach Themen kaum möglich, wenn sich Literaturgeschichtsschreibung nicht in einer bloßen Aufzählung erschöpfen soll.

Grundstimmungen in den 80er-Jahren

„Postmoderne" und „Neue Beliebigkeit"

Der Philosoph **Jürgen Habermas** spricht von den 80er-Jahren als einer Zeit der „Neuen Unübersichtlichkeit". Schlagwörter wie „Neue Beliebigkeit" bzw. „Anything goes" bezeichnen die Grundstimmung deutlich. KulturkritikerInnen und LiteraturwissenschaftlerInnen sprechen zwar von „Posthistorie" und „Postmoderne", meinen aber eigentlich dasselbe.

Orientierungslosigkeit und Endzeitstimmung prägen das Bild, ein populärer Jugendslogan spricht von „No future". Zu dieser Stimmung tragen die Atomkatastrophe von Tschernobyl 1986 (von Günther Grass in *Die Rättin* bereits beschworen), die militärische Aufrüstung, die Atomwaffen, eine ausufernde Umweltzerstörung, gepaart mit rücksichtsloser Energie- und Rohstoffverschwendung, bei.

Zu konstatieren ist auch ein zumindest teilweiser Rückzug vormals engagierter Menschen aus der Solidarität mit Schwächeren. Nützlichkeitsdenken – im Sinne von Gewinn und forciertem Eigeninteresse – bekommt die Oberhand, das Streben nach Lebensgenuss und Egoismus dominiert. Was die einen als „Verabschiedung der 68er-Werte" beklagen, ist aber für andere der völlig normale „Lauf der Welt": Die Nachkriegsgeneration etabliert sich schlicht und einfach.

Parallel dazu existiert eine „Szene der Bewegungen": Ökologiebewegung, Frauenbewegung, Friedensbewegung … Diese finden alle Platz unter dem Mantel der 1980 gegründeten Partei der Grünen.

Die Literatur der 80er-Jahre

Die erste Hälfte der 80er-Jahre wird literarisch durch die Selbstbeobachtung, Selbstfindung und Selbsterforschung bestimmt. Authentizität ist gefragt, weshalb die AutorInnen Textsorten verwenden, die unmittelbares Erleben suggerieren: z. B. dokumentarischer Bericht, Autobiografie, Tagebuch, Protokoll. Leben und Schreiben sollen miteinander im Einklang stehen. Wichtige Themen der Literatur sind oft quälende Vater-, Mutter- und Kindheitssuche, kritische Stimmen sprechen gar von „monologischer Ichbesessenheit", konstatieren bekannte Grundstimmungen:

Als Schlüsselwörter des Dezenniums gelten, nicht eben neu, „Angst", „Aussteigen", „Sinnverlust" oder „Wertezerfall" (Hartmut von Hentig). Irritation, Verletzung, Verstörung: Krisenbewusstsein – Endzeitgefühle, die zugleich den Blick auf das Individuelle, „Ichhafte" lenken.

Andere Kritiker nehmen sich kein Blatt vor den Mund, sprechen gar von fast „biedermeierlicher Selbstzufriedenheit":

Vielerlei Produkte entstanden, kamen aus der Szene, der ihre Verfasser angehörten: gesinnungsbrav, meist schlecht gedacht und noch schlechter geschrieben. Sinnliche Unmittelbarkeit triumphierte; und das individuelle Gefühl konnte einem niemand streitig machen. Eine privatisierte Authentizität vermittelte das Bewusstsein, mit sich im Reinen und im Recht zu sein.

Novellen und Romane

Die Vielfalt der Formen und Themen der erzählenden Literatur der 80er- und 90er-Jahre zeigt unter anderem die „Wiederkehr" der Novellenform und eine Welle von kulturgeschichtlichen Romanen wie z. B. **Dieter Kühns** *Ich Wolkenstein. Eine Biografie* (1977) oder **Karin Reschkes** *Verfolgte des Glücks* (1982).

Untergang des DDR-Regimes

Umbruch

Eine Parabel auf den sterbenden DDR-Staat ist **Christoph Heins** 1989 in Dresden uraufgeführtes Drama *Die Ritter der Tafelrunde*:

Die aus der Artussage ▶ Seite 24 *bekannten und berühmten Ritter der Tafelrunde – Lanzelot, Parzival, Keie und Mordred –, ihre Frauen und König Artus stehen stellvertretend für die DDR-Führung in einer Umbruchsituation, Geschichte vermischt sich mit Gegenwart.*
Die Ziele sind nicht erreicht worden, selbst die Ritter der Artus-Runde wollen nichts mehr von der (kommunistischen) Gralssuche hören. Der „real existierende Sozialismus" ist gescheitert. Eine traurige Tafelrunde trifft sich zu Gesprächen und Reflexionen, zu Meinungsaustausch und Streit.

Artus: Es hat sich viel geändert, Lancelot.
Lancelot: Ja. Erschreckend viel.
Artus: Sei unbesorgt. Auch ich war unruhig und verzweifelt, aber das ist jetzt vorbei. Alles verändert sich. Es wird anders werden, als wir es uns dachten, anders, als wir hofften. Viel-
5   leicht so, daß wir froh sein können, es nicht mehr zu erleben. […]
Lancelot: Ach, Artus, weißt du denn, daß die Leute da draußen nichts mehr vom Gral und der Tafelrunde wissen wollen? Früher haben sie uns geachtet, sie haben nach unserem Rat gefragt, und jeder Bürger war stolz, wenn wir ihn um Quartier baten. Heute lachen sie nur noch, wenn sie einen Ritter von der Tafelrunde sehen. Wenn ich ihnen vom Gral erzählen
10   wollte, spuckten sie aus.Wenn ich vom Artusreich sprach, beschimpften sie mich und warfen mit Steinen nach mir. Sie glauben nicht mehr an unsere Gerechtigkeit und unseren Traum. Verschwinde, riefen sie nur, wir wollen nichts mehr davon hören, das Leben ist schwer genug. Für das Volk sind die Ritter der Tafelrunde ein Haufen von Narren, Idioten und Verbrechern. Weißt du das, Artus?
15   *Artus:* Ich weiß es, Lancelot.
Keie: Wir haben ihnen ein Paradies auf Erden geschaffen.
Mordred: Und wollten sie in dieses Paradies hineinprügeln.
[…]
Lancelot: Es ist wirklich schwer erträglich. Seit ich zurück bin, höre ich nichts als Klagen,
20   Streit, Gezänk. An diesem Tisch haben wir einst gesessen und Pläne geschmiedet. Wir waren heiter und vertrauten auf die Zukunft. Wir hatten uns so viel vorgenommen.
Artus: Ja, damals war alles klar und einfach. Wir wußten, was zu tun war. Es war eine Zeit großer und schwerer Kämpfe, in denen viele Ritter ihr Leben ließen. Und doch hat keiner unserer Toten uns irre gemacht, wir waren unserer Sache sicher. Die unsterblichen Toten

25 machten uns unverletzlich. So viele Schlachten wir auch zu schlagen, wie viele Entbehrungen wir auf uns zu nehmen hatten, keinen Moment quälte uns ein Zweifel. Der Schatten eines Traumes nahm Gestalt an, und das Artusreich begann und krönte unsere unbeirrbaren Mühen.

Parzival: Das ist aber lange her, Artus.

30 *Artus:* Gewiß, aber darum ist es nicht weniger wahr.

Parzival: Was hilft uns das heute?

Keie: Es würde uns allen viel helfen, wenn wir uns auf die Tafelrunde besinnen würden.

Artus: Gewiß, Keie, die Vergangenheit ist unser einziger fester Halt, aber sie allein wird uns keinen Weg zeigen. Alles hat sich verändert. Und das ist gut so. Es muß etwas Neues entste-

35 hen. Dann werden wir dem Gral zum Greifen nahe sein. Und wir werden über uns lachen, über unsere Verzweiflung, über unsere Blindheit. Wir werden nicht verstehen können, warum wir heute ratlos beieinander saßen. […]

Parzival: Ja, es klingt beruhigend. Leider werden uns schöne Worte nicht helfen, Artus. Du solltest zuallererst einsehen, daß wir gescheitert sind. Daß die Tafelrunde zerbrochen ist.

40 Gute Nacht. *(Er geht ab.)*

Artus: *(Nachdem Parzival gegangen ist.)* Ja, Parzival, wir sind gescheitert. Aber wenn der Gral für uns unerreichbar wurde, müssen wir nach anderen, nie gesehenen Wegen suchen, um zu ihm zu gelangen. Und wenn wir es nicht schaffen, wird Mordred es tun.

In der mittelalterlichen Dichtung ist der Gral ein geheimnisvoller, unterschiedlich beschriebener heiliger Gegenstand, der seinem Besitzer irdisches und himmlisches Glück verleiht, den aber nur der Reine finden kann.

- Wer könnten die Ritter der Tafelrunde in der DDR-Zeitgeschichte sein, wer König Artus? (Es geht dabei um Staatsfunktionen, nicht um Namen.)
- Beschreiben Sie die Grundstimmung der Artusritter. Vor welcher Situation stehen sie? Wie sieht Lancelot die Situation? Wie ist die Position Artus'?
- Was könnte der Gral in der Komödie von Christoph Hein sein? Was hält das Volk („die Leute da draußen") vom Gral? Wie reagiert es – nach Lancelots Bericht – auf Erzählungen über ihn? Wie steht das Volk zur Tafelrunde?
- Wie sieht Lancelot die Vergangenheit? Wie sehen Artus und Keie sie?
- Welche Perspektiven bezüglich der Gralssuche bzw. bezüglich der Zukunft hat König Artus?

Am Ende des Stücks steht die Gewissheit, dass alle Dogmen und Heilsversprechungen, in deren Namen Menschen verfolgt, eingekerkert und getötet worden sind, gescheitert sind. Das Ende bedeutet neue Hoffnung auf ein freieres Leben, einen neuen Anfang.

Die Literatur der BRD nach 1945

Nachkriegsliteratur 1945–1949

Die Alliierten streben nach Kriegsende die politische Umerziehung („re-education") der Deutschen an; bei den Nürnberger Kriegsverbrecher-Prozessen werden führende National-sozialisten verurteilt. Da Westdeutschland im „Kalten Krieg" als wichtiger Vorposten gegen den kommunistischen Block gebraucht wird, enden diese Bestrebungen relativ bald. Aus diesem Grund fördern die USA den wirtschaftlichen Wiederaufbau Westdeutschlands („Marshallplan"), auch auf Reparationen wird verzichtet. Der Wiederaufbau gelingt, das deutsche „Wirtschaftswunder" beginnt.

Die Spaltung Deutschlands wird mit der Währungsreform im Westen (1948) und der Gründung der BRD und der DDR (1949) besiegelt.

Die Auseinandersetzung mit der NS-Vergangenheit wird verdrängt, findet in der öffentlichen Diskussion – außer in Intellektuellenkreisen – nicht statt.

Bis Mai 1949 werden alle Publikationen und Veranstaltungen von den Alliierten geregelt und zum Teil auch zensiert.

1945/1946: Eine „Stunde Null" für die deutsche Literatur?

Das Jahr 1945 stellt nicht – wie immer wieder behauptet wird – einen radikalen Neubeginn in der Literatur dar, denn viele AutorInnen bzw. ihre Strömungen und ästhetischen Positionen prägen das Bild der Literatur, die bereits in der Weimarer Republik und in der Zeit des Nationalsozialismus Einfluss hatten. Die meisten dieser AutorInnen (z. B. Agnes Miegel, Hans Grimm) publizieren bald nach 1945 wieder so, als ob nichts geschehen wäre.

Besonders junge AutorInnen wie z. B. die der „Gruppe 47" (Alfred Andersch, Hans Werner Richter ...) sind enttäuscht, da sich ihrer Meinung nach nicht viel verändert hat. Sie wollen einen radikalen Neubeginn, der so aber nicht stattfindet. Im Gegenteil: Autoren, die bereits vor 1933 publizierten (Hans Carossa, Georg Britting, Stefan Andres, Werner Bergengruen, Ernst Wiechert ...) schreiben besinnliche Literatur, die eine heile Welt vorspiegelt.

Die „Poesie des Kahlschlags" und die „Gruppe 47"

Schriftsteller wie **Günter Eich** verlangen einen neuen Ton in der Literatur, einen „Kahlschlag".

Die „Gruppe 47", von **Hans Werner Richter** gegründet, ist anfangs nur eine lose Vereinigung von SchriftstellerInnen, die sich – ohne festes Programm – gegen die Abstraktion in der Literatur und gegen Pathos und Innerlichkeit wenden. Die Literatur der „Gruppe 47" will den Einzelnen verändern, so soll z. B. jeder eigenverantwortlich seine Rolle im Nationalsozialismus überdenken.

Die „Gruppe 47" wird im Literaturbetrieb bald sehr einflussreich: Wichtige Verleger, Kritiker und Lektoren nehmen an ihren Sitzungen teil, die Gruppe zählt SchriftstellerInnen wie **Heinrich Böll**, **Ingeborg Bachmann**, **Günter Grass** und **Martin Walser** zu ihren Mitgliedern. Sie wird aber auch als „demagogischer Clan" und als unpolitischer Vertreter des „Establishment" kritisiert. 1967 verkündet Hans Werner Richter offiziell das Ende der „Gruppe 47".

Trümmerliteratur

Heinrich Böll, **Wolfdietrich Schnurre** und **Wolfgang Borchert** erteilen einer pathetischen und symbolüberfrachteten Sprache eine Absage. Sie schreiben von schrecklichen Kriegser-fahrungen, den zerbombten deutschen Städten, von der Zeit des Nationalsozialismus, von Gefangenschaft, von der Wirklichkeit einer zerstörten Welt. Die Sprache ihrer Literatur ist einfach, alltagsnah, ohne Schnörkel. Entsprechend sowohl der fiktiven Umwelt der Protago-nisten ihrer Werke als auch der tatsächlichen Umgebung der SchriftstellerInnen wird diese Literatur „Trümmerliteratur" genannt.

Die 50er-Jahre (1950-1959)

Die Phase der sogenannten Adenauer-Restauration ist von antikommunistischem Klima, der Wiederaufrüstung der BRD, ihrem Eintritt in die NATO und weltweiter atomarer **Aufrüstung** gekennzeichnet.

Militärische Konflikte wie z.B. in Algerien und Korea und Aufstände in Polen und Ungarn machen deutlich, dass aus dem „Kalten Krieg" jederzeit ein heißer werden könnte.

Die Literatur beschäftigt sich mit diesen Themen, engagiert sich in Aufrufen und Appellen, wendet sich gegen die Wiederbewaffnung der BRD, gegen die weltweite atomare Aufrüstung.

Große Teile der deutschen Öffentlichkeit der „**Wirtschaftswunderzeit**" beschäftigen sich allerdings lieber mit dem Nachholen jahrzehntelang versäumter Konsumgenüsse; eine moderne **Überflussgesellschaft** entsteht. Die Nazi-Zeit und aktuelle politische Themen werden verdrängt. Die Wirtschaftslage in der BRD ist von Konjunktur und Vollbeschäftigung gekennzeichnet.

Der Roman

Häufige Themen sind Krieg, Nationalsozialismus, Nachkriegszeit und deutsche Gegenwart. Autoren wie **Heinrich Böll**, **Günter Grass** (*Die Blechtrommel, Katz und Maus, Hundejahre*), **Martin Walser**, **Wolfgang Koeppen** (*Tauben im Gras, Das Treibhaus, Der Tod in Rom*) und **Alfred Andersch** setzen sich kritisch damit auseinander. Die Erzählweise ihrer Romane ist sozialkritisch-realistisch. Sie glauben daran, dass Literatur die „Realität" und ein „beschädigtes Leben" erzählen könne.

Lyrik

Die Lyrik dieser Zeit ist schwer verständlich, verschlossen („hermetisch"), wie ein Rätsel, „chiffriert".

Die DichterInnen misstrauen der vom Nationalsozialismus missbrauchten Sprache, sie versuchen mithilfe der „schönen poetischen Sprache" aus der Realität zu flüchten.

Wichtige LyrikerInnen sind **Gottfried Benn**, **Günter Eich**, **Ingeborg Bachmann**, **Hans Magnus Enzensberger**.

Die Literatur politisiert sich (1960-1968)

In den 60er-Jahren kommt es zu einer Rezession, Massenentlassungen und Arbeitslosigkeit und in der Folge zu ersten Streiks.

Der Bau der Berliner Mauer 1961 zeigt die fortschreitende Polarisierung der beiden Machtblöcke, eine militärische Konfrontation in Europa droht.

Die APO, die Studentenbewegung in der BRD (als Teil einer internationalen Bewegung), will gesellschaftliche Veränderungen. Es kommt zu Massendemonstrationen und Auseinandersetzungen, besonders in den Jahren 1968 und 1969. Zentrale Themen der „antiautoritären Revolte" sind der Vietnamkrieg, die Probleme der Dritten Welt und die Ausbeutung der Entwicklungsländer sowie die Unterstützung von Feudal-Regimen. Innenpolitisch geht es um die Nichtaufarbeitung der jüngsten deutschen Geschichte, es wird gegen „erstarrte autoritäre Strukturen" angekämpft. Kritisiert wird das gesamte kulturelle „Establishment".

Viele SchriftstellerInnen engagieren sich politisch. Die Politisierung der Literatur hält bis in die frühen 70er-Jahre an, dann kommt es zu Gegenbewegungen.

Das Theater als Instrument der Politik

In den 60er- und frühen 70er-Jahren entstehen viele Bühnenstücke, teilweise mit politischen und zeitgeschichtlichen Themen. Das politische Theater mit dem **Zeit- und Volksstück** von **Rainer Werner Fassbinder**, **Martin Sperr** und **Franz Xaver Kroetz** beruft sich auf Brecht und das sozial-realistische Volksstück. Ziel ist die Kritik und Veränderung der Gesellschaft, wichtig ist weniger die Ästhetik als die Wirkung eines Stückes auf das Publikum. Das bringt den AutorInnen den Vorwurf der reinen Agitation ein, die mit Kunst nichts zu tun habe.

Die Vertreter des **Dokumentartheaters**, etwa **Heiner Kipphardt**, **Rolf Hochhuth** und **Peter Weiss**, verarbeiten authentisches Material (Dokumente, Zeugenaussagen, Fotos, Filme ...), um die Wirklichkeit darzustellen.

Politische Lyrik der 60er-Jahre

Politische Themen sind bestimmend, aber Gegentendenzen – weg vom Politischen, hin zu Privatem, Innerlichem – sind schon Ende der 60er-Jahre auszumachen.

Wichtige Lyriker sind **Hans Magnus Enzensberger**, **Erich Fried**, **Güter Grass**, **Peter Rühmkopf**, **Friedrich Christian Delius**, **Ludwig Fels**, **Peter Schneider**, **Yaak Karsunke**, **Christoph Meckel**.

Die Literatur der Arbeitswelt

1962 gründen die Schriftsteller **Max von der Grün** und **Fritz Hüser** die *Dortmunder Gruppe 61*, als deren Ziel sie die Darstellung der industriellen Arbeitswelt und ihre sozialen Folgen sehen.

1969 wird der *Werkkreis Literatur der Arbeitswelt* gegründet. **Günter Wallraff**, Mitglied des *Werkkreises*, setzt Beispiele der Reportage- und Dokumentarliteratur.

Der Roman der 60er- und frühen 70er-Jahre

Wichtige Vertreter des Romans der 60er und 70er wie **Heinrich Böll**, **Günter Grass** und **Martin Walser** schreiben schon in den 50er-Jahren über gesellschaftspolitische Themen. Propaganda und Agitation ist aber nicht ihr Stil, was sich Ende der 60er- und Anfang der 70er-Jahre unter dem Eindruck der Politisierung teilweise ändert.

Ernüchterung und „Tendenzwende" – Die 70er-Jahre

Die Mitte der 70er-Jahre propagierte „Tendenzwende" lässt sich mit Begriffen wie „Rückzug ins Private", „neue Sensibilität", „neue Subjektivität" oder „neue Innerlichkeit" beschreiben. Viele AutorInnen beschäftigen sich nun mit der eigenen Biografie. Persönliche Probleme, Krankheitsabläufe, Emotionen und Empfindungen sind ihre vorrangigen Themen.

Lyrik

Wichtig ist die Beschreibung des Alltags: Glück, Freude, Trauer und Emotionen. Beschreibende Schlagworte dieser Lyrik sind Begriffe wie „**Alltagslyrik**", „neue Innerlichkeit", „neuer Realismus" oder „Neosubjektivismus".

Die AutorInnen distanzieren sich von der „hermetischen Lyrik" der 50er-Jahre, die die Wirklichkeit nicht darstellen könne. Formal, stilistisch und inhaltlich sind die 70er-Jahre von einer großen Bandbreite gekennzeichnet, alles scheint möglich zu sein; auch die Umgangssprache wird bewusst verwendet.

Wichtige LyrikerInnen sind **Jürgen Theobaldy**, **Guntram Vesper**, **Hans Magnus Enzensberger**, **Günter Kunert**, **Ulla Hahn**.

Drama

Botho Strauß, **Heiner Müller** und **Thomas Bernhard** prägen das Drama der 70er-Jahre. Botho Strauß beschreibt die Gefühlskälte einer Gesellschaft, in der bleibende Beziehungen unmöglich sind, da sich die Menschen nur auf sich selbst und ihre eigenen Gefühle konzentrieren. Die Figuren von Botho Strauß leben in einer künstlichen Welt, sind entfremdet, sie leiden an Kommunikationsverlust und an der Welt.

Die Literatur der 80er-Jahre

Die 80er-Jahre erscheinen vielen Beobachtern als eine Zeit der „Neuen Unübersichtlichkeit", in der eine „Neue Beliebigkeit" dominiert.

Kennzeichnend für die 80er-Jahre ist eine gewisse Orientierungslosigkeit und eine Endzeitstimmung, ausgelöst bzw. verstärkt durch Ereignisse wie die Atomkatastrophe von Tschernobyl 1986, die militärische Aufrüstung, die Umweltzerstörung und die massive Energie- und Rohstoffverschwendung.

Zu konstatieren ist weiters der Vormarsch von Nützlichkeitsdenken und – damit verbunden – das forcierte Streben nach Lebensgenuss und Egoismus.

Themen der Literatur

Selbstbeobachtung, Selbstfindung und Selbsterforschung dominieren viele Texte der 80er-Jahre. Die AutorInnen verwenden deshalb auch Textsorten wie Autobiografie, Tagebuch oder Protokoll, womit Authentizität vermittelt werden soll.

Wichtiges Thema der Literatur ist die Auseinandersetzung mit der eigenen Kindheit und damit natürlich mit Vater- und Mutterbildern.

Literatur in der ehemaligen DDR

Zwei deutsche Literaturen?

Auf dem ersten, noch gesamtdeutschen Schriftstellerkongress im Jahr 1947 wehrt sich **Johannes R. Becher** dagegen, deutsch geschriebene Literatur nach Zugehörigkeit zu einer Partei oder nach dem Wohnort der SchriftstellerInnen zu unterscheiden, und bekennt sich zur These von nur einer deutschen Literatur. 1956, auf dem vierten Schriftstellerkongress, vertritt Walter Ulbricht[1] die These von zwei deutschen Literaturen, was ja seit der Gründung der DDR 1949 der politischen Lage entspricht.

1986 belebt **Christoph Hein** die These der zwei Literaturen neu. Er meint, ab seiner Generation gebe es sie; Anna Seghers und Heinrich Böll hätte noch die Kriegserfahrung verbunden, hingegen seien die Schriftstellerbiografien von Botho Strauß oder Franz Xaver Kroetz in der DDR undenkbar.

Staatlich gelenkte Literatur

Da die Literatur in der DDR staatlich gelenkt wird, erfolgt mit politischen Veränderungen fast immer auch eine Änderung der Kulturpolitik und des Kulturprogramms.

1945–1949: Phase der „antifaschistisch-demokratischen Erneuerung"

Gründung der DDR

Nach der Niederlage Deutschlands wird 1945 die „Gruppe Ulbricht" aus der UdSSR nach Berlin geschickt. Das Ziel der KPD unter Ulbrichts Führung ist die „Einrichtung einer Diktatur der Partei des Proletariats". 1946 wird die KPD zur SED (Sozialistische Einheitspartei Deutschlands) mit einem ZK (Zentralkomitee), der allein bestimmenden Instanz, einem Politbüro und einem Sekretariat. Diese Institutionen beherrschen bald auch das kulturelle Leben. Für den Bereich Kunst ist zunächst die SMAD (die sowjetische Militäradministration) zuständig; sie erteilt Druckgenehmigungen und verbreitet im eigenen Verlag sowjetische Literatur. Die Buchproduktion besteht zunächst aus Neuausgaben klassischer Werke und der Veröffentlichung antifaschistischer Exilliteratur. Die Kulturpolitik, die man betreibt, ist widersprüchlich: Einerseits wirbt man um große „bürgerliche" Schriftsteller wie **Thomas** und **Heinrich Mann** oder **Arnold Zweig**. Andererseits ist man sich im Klaren darüber, dass so der Anfang einer „Literatur des sozialistischen Aufbaus", eine Förderung der Literatur der Arbeitswelt, der Beginn einer Arbeiterliteratur nur erschwert wird. Diese Zwiespältigkeit in der Kulturpolitik zwischen „repräsentativer" und „sozialistischer" Kultur hält noch einige Jahre an. Herausragende Autorin dieser Zeit ist **Anna Seghers**. ▶ Seite 440 f.

1950–1957: Phase des „sozialistischen Aufbaus"

1949 wird die DDR gegründet. Unter der Führung der SED strebt man eine Umgestaltung der gesellschaftlichen und ökonomischen Verhältnisse durch den Übergang zu einer Planwirt-

---

[1] Parteivorsitzender der SED

schaft nach sowjetischem Vorbild an. Die Veränderung geht allerdings nicht vom Volk aus, sondern wird von oben diktiert, selbstständige Initiativen werden abgewürgt.

Staatlich gelenkte Kultur

Die Kultur gerät unter gesamtstaatliche Planung und Leitung. Auf der Basis des Marxismus-Leninismus werden ästhetische Richtlinien ausgearbeitet, die in Form von Beschlüssen und Verordnungen dazu führen, dass KünstlerInnen eingeschränkt werden: „Die Werke der Wissenschaftler, Schriftsteller und Künstler müssen die gesellschaftliche Realität widerspiegeln, sie müssen dem Volke verständlich sein und eine friedliche Aufbaumoral festigen."
Seit 1950 besteht der Schriftstellerverband, von dem ebenfalls Richtlinien festgelegt werden und der neben dem Nationalpreis zahlreiche weitere Preise für Schriftsteller vergibt. **Johannes R. Becher** gründet das „Institut für Literatur", an dem SchriftstellerInnen in einem zweijährigen Studium künstlerisch und im Marxismus-Leninismus ausgebildet werden.

> • Welche Konsequenzen hat es für die Literatur, wenn sich AutorInnen der politischen Linie der Regierung fügen müssen?

1952 ergeben sich Schwierigkeiten im Versorgungssystem, die Bevölkerung ist mit der Politik der Regierung unzufrieden. Diese Unzufriedenheit mündet 1953 zunächst in Proteste und Streiks und dann im Juni in den Aufstand in Ostberlin. Dessen Niederwerfung stärkt die Position Ulbrichts. Danach kommt es zu einer Liberalisierung der Kulturpolitik, es gibt sogar eine Reihe von gesamtdeutschen Kulturveranstaltungen. Das „Tauwetter" geht so weit, dass SchriftstellerInnen am 4. Schriftstellerkongress 1956 größere Freiheiten fordern. Ende 1956 ist das Tauwetter zu Ende; jüngere, „aufmüpfige" KünstlerInnen werden wieder auf die führende Rolle der Sowjetkunst hingewiesen.

Ulbricht lässt abzählen (Karikatur von Bodo Gerstenberg auf die Wahlen in der DDR)

Da es zu dieser Zeit um die Schaffung der Grundlagen des Sozialismus geht, beschäftigt sich auch die Literatur mit der Produktionsweise in Landwirtschaft und Industrie. Im Mittelpunkt stehen „positive Helden", die als Vorbilder die LeserInnen zu sozialistischen Menschen erziehen sollen, der Lebensbereich von Bauern und Arbeitern bildet den Hintergrund.

1957–1961: Bitterfelder Weg und Mauerbau

Der „Bitterfelder Weg"

1959 findet die 1. Bitterfelder Konferenz[2] statt, die unter dem Motto „Dichter in die Produktion" steht. SchriftstellerInnen sollen sich mit der Arbeitswelt vertraut machen, indem sie in Betrieben, in Fabriken oder in der Landwirtschaft mitarbeiten. Eine Resolution der Konferenz empfiehlt, die „Bewegung des lesenden Arbeiters weiterzuentwickeln und sie zu ergänzen durch die Bewegung des schreibenden Arbeiters". Ein Appell lautet: „Greif zur Feder Kumpel – die sozialistische Nationalliteratur braucht dich!" Der sogenannte „Bitterfelder Weg"

---

2 Eine zweite Konferenz in Bitterfeld folgt 1964.

wird später abgebrochen, da er die Erwartungen nicht erfüllt. Nur wenige SchriftstellerInnen gehen tatsächlich in die Produktion.

Beispiele für Werke, die sich aus der Konfrontation mit der Arbeitswelt ergeben, sind **Christa Wolfs** *Der geteilte Himmel* und **Erwin Strittmatters** *Ole Bienkopp*.

Bau der Mauer 1961

1961 wird eine Sperrmauer zwischen Berlin/Ost und Berlin/West errichtet, die die halbwegs offene Grenze zwischen den beiden Teilen der Stadt beseitigt. Der Grund für den Mauerbau liegt in dem Massenexodus von Ost nach West (2,5 Millionen zwischen 1949 und 1961), der die DDR in wirtschaftliche Schwierigkeiten stürzt.

1962–1970: Das „entwickelte sozialistische System"

Mit dem Mauerbau findet eine staatliche und kulturelle Ab- und Ausgrenzung gegen die BRD statt. Um Kontakte zum Westen zu vermeiden, treten entspannungsfeindliche Maßnahmen in Kraft: zwangsweiser DM-Umtausch für DDR-Reisende, Geldforderungen, Störungen des Verkehrs nach Westberlin u. a.

Nach einer teilweisen Lockerung hält man an dem harten Kulturkonzept fest. 1965 sorgen einige kulturelle Ereignisse für Unruhe, im Bericht des Politbüros heißt es, dass in vielen Kunstwerken „dem Sozialismus fremde, schädliche Tendenzen und Auffassungen" zu finden sind.

Die gewaltsame Niederschlagung des „Prager Frühlings" 1968 hat auch Folgen für die DDR; man will keine Literatur zulassen, die den Prager Ideen nahesteht.

Der „subjektive" Faktor

Die Literatur der 60er-Jahre ist gekennzeichnet vom Überdruss der SchriftstellerInnen an den präzisen Aufgabenstellungen, die sie als Einengung ihrer Kreativität empfinden. Sie wenden sich dem Alltäglichen, Privaten zu, sie artikulieren zum Teil auch Unbehagen am System. Im Rahmen des Rückzugs kommt es zu einer „Lyrikwelle", da ja Lyrik weniger den gesellschaftlichen Anforderungen unterworfen werden kann. Wegen der Betonung des subjektiven Faktors müssen sich **Christa Wolf** (*Nachdenken über Christa T.*) und **Reiner Kunze** (*Sensible Wege*) Kritik gefallen lassen.

1971–1980: Heiß-kalt unter Erich Honecker

1971 löst Erich Honecker Ulbricht ab. Ein relativ freies, auf Zusammenarbeit zwischen SchriftstellerInnen und Partei zielendes Programm scheint sich abzuzeichnen: „Wenn man von der festen Position des Sozialismus ausgeht, kann es meines Erachtens auf dem Gebiet von Kunst und Literatur keine Tabus geben. Das betrifft sowohl die Fragen inhaltlicher Gestaltung als auch des Stils." Bücher mit subjektiver Sehweise oder solche mit Figuren, die distanziert zur Gesellschaft stehen, dürfen erscheinen: **Hermann Kant** darf sein 1969 abgelehntes *Impressum* veröffentlichen, **Christa Wolfs** *Nachdenken über Christa T.* erscheint als Taschenbuch, **Volker Brauns** für zehn Jahre kaltgestelltes Drama *Die Kipper* darf aufgeführt werden. **Ulrich Plenzdorfs** *Die neuen Leiden des jungen W.* stößt allerdings schon auf Kritik.

Ausbürgerung Wolf Biermanns

1976 wird die Hoffnung auf eine liberalere Kulturpolitik mit der Ausbürgerung **Wolf Biermanns** enttäuscht, der eine wahre Flut von Auswanderern folgt, die DDR verliert einen hohen Prozentsatz ihrer Schriftstellerintelligenz.

1980 – Die letzten Jahre

Die DDR-Literatur der 70er-Jahre erobert den Markt der BRD, z. T. auch deswegen, weil es sich um DDR-Literatur handelt und diese als oppositionell und regimefeindlich gilt. **Stephan Hermlin** kann, wenn auch unter „staatlicher Bevormundung", zur Tagung über „Fragen der Friedenssicherung" 1981 einladen, an der viele europäische SchriftstellerInnen teilnehmen. Allerdings zeigt sich 1983 auf einer weiteren Tagung in Berlin, dass sich die beiden Blöcke noch immer unversöhnlich gegenüberstehen.

Fall der Mauer und vereintes Deutschland

Im November 1989 fällt die Berliner Mauer und damit ändert sich die gesamte Situation schlagartig.

Der Begriff „sozialistischer Realismus"

Die Literatur des „sozialistischen Realismus" hat grob gesagt drei Merkmale: **Realismus, Parteilichkeit** und **Volksverbundenheit**.

Realismus

Der sozialistische Realismusbegriff wird als höchste Ausprägung der realistischen Kunstentwicklung angesehen. Er schließt an den bürgerlichen „kritischen Realismus" des 19. Jahrhunderts an (Balzac, Tolstoj), wird allerdings um die sozialistische Perspektive erweitert. Es geht um die Darstellung der konkreten Wirklichkeit.

Realistische Werke müssen einen „Beitrag zur Erkenntnis und zur Aktivierung der progressiven Kräfte der Menschheit" liefern, dies ist die sozialistische Komponente. Außerdem verlangt man von realistischer Literatur, dass sie „Klassenbeziehungen als Triebkräfte menschlichen Verhaltens" aufdeckt. Indem man materielle Verhältnisse und die soziale Stellung als Ursache menschlichen Verhaltens darstellt und die Beziehung Individuum–Gesellschaft herausarbeitet, zeigt man Klassenbeziehungen.

Parteilichkeit

1905 verlangt Lenin in „Parteiorganisation und Parteiliteratur" von der Literatur das Prinzip der Parteilichkeit. Das heißt, ein Literat muss Sozialist sein, offen den Standpunkt der Arbeiterklasse vertreten, er muss diesen Standpunkt in seinen Werken deutlich machen. Parteilichkeit kommt in der Themenwahl, der Auswahl des Konflikts und in den dargestellten Charakteren und ihrer Bewertung zum Ausdruck. Die parteiliche Darstellung der Realität hat eine wichtige erzieherische und bewusstseinsbildende Aufgabe.

Volksverbundenheit

Literatur soll sich für die „objektiven Interessen des Volkes" einsetzen, sie soll helfen, die Kluft zwischen Kunst und Volk bzw. zwischen Kunst und Unterhaltung zu überbrücken. Man verlangt „anspruchsvolle Verständlichkeit", was aber nicht mühelose Aneignung bedeutet. Dieser Anspruch gilt für Kabarett, Schlager- und Rockmusik genauso wie für Theater, Kinder- und Jugendliteratur.

Drama in der DDR

Im Drama kann man ein Kontinuum von 1949 bis 1961 feststellen. Es ist in Dramaturgie und Schreibweise von Bertolt Brecht beeinflusst und besteht eigentlich aus der Auseinandersetzung von Autoren und Regisseuren mit Brecht, dessen Theatertheorie und Inszenierungen.

Heiner Müller, Peter Hacks, Volker Braun: die ältere Generation

Das Theater der 60er-Jahre hat wenig Resonanz, denn die wichtigsten Stücke wie **Peter Hacks'** *Die Sorgen und die Macht* oder **Heiner Müllers** *Der Bau* und *Philoktet* sowie **Volker Brauns** *Kipper Paul Bauch* dürfen nur unter Ausschluss der Öffentlichkeit aufgeführt werden, da sie Kritik an den politischen und gesellschaftlichen Verhältnissen üben. Die breite Rezeption bleibt aus. Unkritische und affirmative Zeitstücke, die im Zeichen des „neuen ökonomischen Systems" stehen, erfreuen sich gewisser Beliebtheit.

Im Drama der 70er-Jahre kristallisieren sich drei Autoren als besonders wichtig heraus, die auch schon in den Jahren davor geschrieben haben: **Heiner Müller, Peter Hacks** und **Volker Braun**, der zunächst als Lyriker in Erscheinung tritt. Alle drei setzen sich intensiv mit Brecht auseinander. In der Fortsetzung seiner Theaterarbeit gehen sie aber eigene Wege und distanzieren sich zum Teil von ihm.

Hacks hat offensichtlich Schwierigkeiten, den Alltag in der DDR zu poetisieren, er wendet sich daher immer mehr antiken und mythischen Stoffen zu, er wird zum Dichter des „Allgemeinmenschlichen".

Auch **Müller** entnimmt seine Themen nach dem Drama *Der Bau* nicht mehr dem Alltag der DDR. Er schreibt nun Dramen, die sich mit der deutschen bzw. preußischen Geschichte aus subjektiver und aktueller Sicht beschäftigen. Dabei tritt er als Autor immer mehr in den Mittelpunkt der Reflexion. Müller empfindet den Zustand der DDR als Stillstand, Restauration. **Braun** nimmt zwischen Müller und Hacks die Mittelposition ein. Für ihn ist die gesellschaftliche Entwicklung nicht abgeschlossen, auch die Revolution noch nicht, die Spannungen zwischen Individuum und den noch ungelösten Widersprüchen in der Gesellschaft müssen dargestellt werden.

Christoph Hein, Thomas Brasch: die jüngere Generation

In den 80er-Jahren schreibt die ältere Generation – **Hacks** und **Müller**, der nun zum Lehrer der jüngeren Dramatiker geworden ist – und eine jüngere, wie **Christoph Hein** oder **Thomas Brasch**. Sie wenden sich der Rekonstruktion ihrer Entwicklungsgeschichte zu: Themen wie Faschismus, preußisch-deutsche Geschichte, aber auch Mythologie werden behandelt.

Subjektivität oder Politik: Lyrik in der DDR

Lyrik im Dienst der Politik und als Ausdruck subjektiven Empfindens

Lyrik entsteht nicht im leeren Raum, sie hängt auch vom gesellschaftlichen und kulturpolitischen Umfeld ab. Allerdings unterliegt sie aufgrund ihres Wesens nicht so sehr politischen Programmen wie die Dramatik oder Prosa.

- Warum ist Lyrik nicht so sehr politischen Programmen unterworfen?

Junge Dichter schreiben unter Einfluss des J.-R.-Becher-Instituts politisch und ästhetisch angepasste Lyrik, die auch in der DDR kritisiert wird. Allerdings stellt **Peter Huchel** in dem Jahrbuch *Das Gedicht* „junge Lyriker aus der DDR" vor, deren Werke neben Gedichten westdeutscher Autoren erscheinen. Auch die *Anthologie 56*, die Gedichte aus West und Ost enthält, beschäftigt sich „mit der menschlichen Existenz". Die jungen Lyriker werden allerdings schon bald kritisiert: „Die Verneinung unserer […] Gegenwart führt […] zur Verhinderung des Kampfes für den Aufbau des Sozialismus und die Erhaltung des Friedens."

Die „Bitterfelder" Dichtung unterscheidet sich von der frühen DDR-Lyrik dadurch, dass Arbeit nicht verherrlicht, sondern ihre Mühseligkeit betont wird. Die zunehmende Politisierung der Kunst führt dazu, dass auch Lyrik in den Dienst der Politik gestellt wird. Dabei dominieren Aggression und Abgrenzung gegen den Westen. Ebenso wird die westliche Kernwaffenpolitik kritisiert, während der russische Weltraumflug als Symbol für das „kosmische Denken des sozialistischen Menschen" gedeutet wird. Bei den bedeutenden Lyrikern wie **Peter Huchel** lässt sich eine intensivere Aufarbeitung der Vergangenheit feststellen, wie z. B. im Lyrikband *Chausseen, Chausseen*.

Zu Anfang der 60er-Jahre erlebt die DDR eine wahre Lyrik-Welle, die allerdings bald wieder verebben muss, da die Werke den Vorstellungen der Regierung nicht entsprechen. Viele der neuen Gedichte bedürfen einer Interpretation und verstoßen damit gegen das Postulat der Volkstümlichkeit. Die AutorInnen verarbeiten die Spannungen und Widersprüche in der Gesellschaft und versuchen das Verhältnis von Individuum und Gesellschaft neu zu definieren. Die Gedichte der neuen Lyrikergeneration dürfen nicht erscheinen; sie ersetzen die von oben diktierte Heiterkeit und den Optimismus durch Zweifel, Skepsis, Traurigkeit und Einsamkeit. Die Kritik der Obrigkeit lässt die kommenden Ereignisse ahnen. 1976 wird **Reiner Kunze** aus dem Schriftstellerverband ausgeschlossen und **Wolf Biermann** ausgebürgert.

Die Lyrikszene in der DDR ist wegen der Auswanderungswelle sichtlich ärmer geworden. Die Lyrik kurz vor dem Fall der Mauer zeigt ein gewandeltes Selbstverständnis, sie lässt sich nicht reglementieren, das „Prinzip Hoffnung" ist so ziemlich ausgeträumt, man befindet sich im Zustand der Unsicherheit.

Sarah Kirsch

Unter dem Eindruck der Lektüre Stifters studiert Sarah Kirsch (geb. 1935) Forstwirtschaft, ein Studium, das sie bald abbricht. Sie arbeitet in einer Tuchfabrik und studiert Biologie. Die Eindrücke, die sie während dieser Zeit sammelt, verarbeitet sie später in Gedichten, beliebte Motive sind „See", „Schnee" und „Vögel". Ihr erster Gedichtband, den sie gemeinsam mit ihrem Mann **Rainer Kirsch** 1965 herausgibt, ist in kürzester Zeit vergriffen. Seitdem lebt sie als freie Schriftstellerin in Halle. Sie unterschreibt die Petition für Biermann, wird aus der Partei ausgeschlossen und verliert ihren Sitz im Vorstand des Schriftstellerverbandes. Daraufhin entschließt sie sich, ihren Wohnsitz in Westberlin zu nehmen.

Der Himmel schuppt sich

Ach Schnee, sag ich, hier siehst du Eine vor dir
die kalte Füße hat und es satt, hilf Winter-Uhr
Gleichmacher, weißer Fliegentanz, kommst
auf Gerechte und Ungerechte Jahr für Jahr

5 Schnei ihn ein, Schnee, fall aus allen Wolken
bring Nacht, Mauern aus Eis, teil
deine Flocken ohn Unterlaß, roll ihn in Hochlandlawinen
Er hat was nicht schlägt als Herz in der Brust

Hat schöne gläserne Augen, mit denen sieht er nicht
10 Hat zwei Ohren, mit denen hört er nicht
Hat einen Mund den kenn ich nicht

Du Schnee, sag ich, weiße Federtiere, Reimwort auf Weh
du bist Lava, kochender Stahl verglichen mit ihm
Tau ihn auf. Er magert mich ab.

Sarah Kirsch (2006)

- Das Sonett ist von seinem Ursprung her Liebesdichtung, meist gerichtet an die geliebte Person. An wen wendet sich Kirschs Gedicht?
- Welche Gemeinsamkeiten haben Schnee und der Geliebte?
- Womit assoziiert man den Titel?
- Wie sieht sich die liebende Frau selbst?
- Wie würden Sie die Beziehung beschreiben, die in diesem Gedicht dargestellt wird?

Wolf Biermann

1936 in Hamburg geboren, wächst er zur Zeit des Nationalsozialismus auf. Seine Eltern sind aktive Kommunisten, sein Vater ist Jude, druckt illegal Flugblätter und sabotiert als Werftarbeiter getarnte Waffenschiffe. Er wird deshalb verhaftet und kommt 1943 in Auschwitz um.

Die Idee des Kommunismus, mit der Biermann seit seiner Kindheit vertraut ist, lässt ihn 1953 in die DDR umsiedeln. Als Liedermacher steht er in der Tradition von Brecht, Heine und Villon. Die Musik ist auch für Biermann nicht Begleitung des Texts, sie schafft Distanz zu ihm, widerspricht ihm, setzt bestimmte Akzente. Wie seine Vorbilder scheut er sich nicht, gesellschaftliche Missstände anzuprangern, und zeigt vor allem den Widerspruch zwischen Theorie und Praxis des Alltags in der DDR auf. Bei seinem ersten öffentlichen Auftritt, den ihm Stephan Hermlin ermöglicht, trägt er auch das Gedicht *An die alten Genossen* vor. In ihm heißt es unter anderem:

Seht mich an, Genossen
Mit euren müden Augen
Mit euren verhärteten Augen
[...]
5   Ihr sprecht mit alten Worten
Von den blutigen Siegen unsrer Klasse
Ihr zeigt mit alten Händen auf das Arsenal
Der blutigen Schlachten ...
Setzt eurem Werk ein gutes Ende
10 Indem ihr uns
Den neuen Anfang laßt!

Wolf Biermann (2008)

- Wozu fordert Biermann die „alten Genossen" auf? Warum haben DDR-Kulturpolitiker darin wohl einen Angriff auf das System gesehen?

Biermann darf nicht mehr auftreten und wird aus der SED ausgeschlossen. 1963, nach der Aufhebung des Auftrittsverbots, gibt er wieder Konzerte. 1964 macht er eine Tournee in die BRD, deren Impressionen er in dem Gedichtband *Deutschland. Ein Wintermärchen* verarbeitet. Erneut verärgert er die SED-Führung mit der *Drahtharfe*.

In den Medien beginnt eine Verleumdungskampagne gegen ihn. In der BRD erklären sich Heinrich Böll und Peter Weiss mit ihm solidarisch, die Repressalien machen ihn noch populärer. Obwohl er ab jetzt in der DDR totgeschwiegen wird, schreibt Biermann weiter. 1974 wird ihm von den Behörden das Angebot gemacht, die DDR zu verlassen. Er fürchtet aber, dann nicht mehr zurückkehren zu können. 1976 tritt er nach 11 Jahren wieder in der DDR auf, es wird ihm eine Reise in die BRD genehmigt; danach wird Biermann die Staatsbürgerschaft entzogen. In der DDR wenden sich Intellektuelle in einem offenen Brief gegen diese Ausbürgerung. In der BRD fühlt sich Biermann nicht wohl.

Als sich 1989 die „sanfte Revolution" abzuzeichnen beginnt, ist Biermann von der Entwicklung begeistert. Er identifiziert sich mit dem Volk, er sieht die Möglichkeit zu einem neuen, eigenständigen Beginn für die DDR. Seine Einstellung kommt in dem Lied *Ich hatte es auch halb vergessen* zum Ausdruck. Im Refrain heißt es:

Nun atmen wir wieder, wir weinen und lachen
die faule Traurigkeit raus aus der Brust
Mensch, wir sind stärker als Ratten und Drachen
– und hattens vergessen und immer gewußt.

1990 revidiert Biermann seine Haltung, die Begeisterung weicht der Erkenntnis der Selbsttäuschung. Er merkt, dass es „eigne Wege" nicht mehr geben wird und dass an einem Sozialismus mit „menschlichem Antlitz" niemand mehr so recht interessiert ist. In der Wochenzeitung *Die Zeit* formuliert er:

Sogar der ordinärste Anschluß an die Bundesrepublik ist immer noch besser als alles, was vorher war. Ich hatte freilich andres im Sinn. Aber es ist ja auch nicht Aufgabe der Weltgeschichte, den kleinen Biermann zu beglücken. Ich wollte das offenbar Unmögliche: ein deutsches Land, das nicht nur seine kurzsichtigen Bedürfnisse befriedigt, sondern mit all seiner bewiesenen
5 Schöpferkraft einen Weg sucht, der die friedliche Selbstvernichtung der menschlichen Gattung umgeht. […] Bis ans Ende des wunderbaren Jahres '89 reichte meine politische Fantasie grad noch: die Bonzen verjagen, ja! Die Stasi entmachten, aber ja! Die Mauer muß weg, na klar! […] Nun hat die Wirklichkeit unseren Traum ausgebrütet. Aber aus den Eierschalen kriechen andere Tiere, als ich mir träumen ließ – mehr Krokodile als Nachtigallen.

1991 verfasst er zur Situation das Lied **Dideldumm**, aus dem der folgende Ausschnitt stammt:

Nun endlich ist mein Land wieder eins
Und blieb doch elend zerrissen
aus Geiz und Neid. Kein Aas will im Grund
Vom andern da drüben was wissen
5 Der Todesstreifen, man sieht kaum noch
Wo gestern die Wachtürme standen
Wir Deutschen, wir haben uns wieder verloren
Noch eh wir einander fanden
     dideldumm dumm dumm
10   dideldumm schrumm schrumm

Vier Meter hoch, die Mauer hat uns
Den Himmel zerschnitten. Wir haben
Nun vier Meter tief durch die Erde ein' Riß
Ein deutschdeutscher Raubtier-Graben
15 Ein Graben teilt unser schönes Land
Darin ist schon mancher ersoffen
Er fiel in die Kotze aus Resignation und
In die Jauche aus falschem Hoffen
     dideldumm […]

- Welche Veränderung in der Einstellung zur politischen Situation können Sie in den Textausschnitten feststellen?

Epik in der DDR: Themen

Konzentrationslager – Anna Seghers: *Das siebte Kreuz* ▶ Seite 386 f.

Anna Seghers (1900–1983), eine marxistische Autorin, die vor 1933 dem Bund proletarisch-revolutionärer Schriftsteller angehört, schreibt *Das siebte Kreuz* im französischen Exil 1937–1939. Es ist ein Teil des Deutschlandzyklus, dem auch *Die Rettung* (1937), *Transit* (1944) und *Die Toten bleiben jung* (1949) angehören.

Umschlag der Erstausgabe

Der Roman *Das siebte Kreuz* handelt von der Flucht von sieben Häftlingen des KZ Westhofen, von denen sich nur Georg Heisler auf ein Rheinschiff nach Holland retten kann. Im Mittelpunkt steht das Ereignis der Flucht, das Seghers zum Anlass nimmt, die politisch-soziale Situation in Deutschland und die Reaktionen der Menschen aufzurollen. Sie versucht die Frage zu beantworten, bis zu welchem Ausmaß das Regime Macht über das alltägliche Denken und Handeln eines Menschen hat und dies für seine Zwecke missbrauchen kann. Menschen, die mit dem Flüchtling Heisler in Berührung kommen, müssen sich gegen ihre Angst entscheiden, nur in einer solidarischen Aktion kann die Flucht gelingen. Und es zeigt sich, dass in vielen Leuten noch antifaschistisches Potenzial steckt. In der Dauerhaftigkeit des „gewöhnlichen Lebens" liegt auch die Hinfälligkeit des Machtanspruches der Nazis. Die Entscheidung für den aktiven Widerstand ist für Seghers nicht an die kommunistische Überzeugung gebunden. Seghers vertraut auf das „Unzerstörbare" im Menschen. Wenn von sieben Leuten nur einem die Flucht gelingt, so ist die Einschätzung der Chancen realistisch und illusionslos, aber dennoch bedeutet diese Flucht Hoffnung, auch für die Lagerinsassen:

Wir fühlten alle, wie tief und furchtbar die äußeren Mächte in den Menschen hineingreifen können, bis in sein Innerstes, aber wir fühlten auch, daß es im Innersten etwas gab, was unangreifbar war und unverletzbar. […]

In dieser Nacht saßen Paul und Liesel auf ihrem Küchensofa zusammen und er streichelte ihr
5 den Kopf und ihren runden Arm, als versuche er's ungeschickt, wie in den ersten Liebestagen, und er küßte sogar ihr Gesicht, das vom Weinen naß war. Dabei hatte ihr Paul erst einen Teil der Wahrheit erzählt. Hinter dem Georg sei die Gestapo her wegen der alten Sachen. Darauf stünden jetzt furchtbare Strafen nach dem neuen Gesetz. Hätte er wohl den Georg wegschicken können?
10 „Warum hat er mir nicht die Wahrheit gesagt? Ißt und trinkt an meinem Tisch!"
Liesel hatte zuerst geschimpft, ja getobt, war in der Küche herumgestampft, rot vor Wut. Dann hat sie begonnen, zu jammern, dann zu weinen, das war alles jetzt auch vorbei. Mitternacht war schon vorbei. Liesel hatte sich ausgeweint. Alle zehn Minuten fragte sie noch, als sei das der Schwerpunkt der Sache: „Warum habt ihr mir nicht die Wahrheit gesagt?"
15 Da erwiderte Paul in verändertem, trockenem Ton: „Weil ich nicht wußte, wie du die Wahrheit verträgst." Liesel zog ihren Arm aus seinen Händen weg, sie schwieg. Paul fuhr fort: „Wenn

wir dir alles gesagt hätten, wenn wir dich vorher gefragt hätten, ob er bleiben kann, hättest du ja oder nein gesagt?" – Liesel erwiderte heftig: „Da hätt ich sicher nein gesagt. Wie? Er ist nur einer! Und wir sind vier – fünf. Ja, sechs, mit dem was wir erwarten. Was wir dem Georg

20 gar nicht gesagt haben, weil er sich schon lustig gemacht hat über die, die da sind. Und das hättest du ihm auch sagen müssen: Lieber Georg, du bist einer und wir sind sechs …" „Liesel, es ist um sein Leben gegangen …" – „Ja, aber auch um unseres."

Paul schwieg. Er fühlte sich elend. Er war zum erstenmal mutterseelenallein. Nie mehr kann es so werden, wie es gewesen ist. Diese vier Wände, wozu? Dieses Durcheinandergepurzel von

25 Kindern – wozu? Er sagte: „Da verlangst du noch, daß man dir alles erzählt! Dir die Wahrheit! Wenn du ihm nun die Tür vor der Nase zugemacht hast, und ich geb dir die Zeitung zwei Tage später und du findest ihn – den Georg Heisler – unter ‚Volksgerichtshof‘ und unter ‚Urteil sofort vollstreckt‘, hättest du dann keine Reue? Tätst du ihm dann die Tür nochmals zumachen vor der Nase, wenn du das vorher wissen könntest?"

30 Er war ein Stück von ihr abgerückt. Sie weinte von neuem vor sich hin in die zusammengelegten Hände. Dann sagte sie heftig weinend: „Jetzt denkst du schlecht von mir. Schlecht, schlecht. So schlecht hast du noch nie von mir gedacht. Und du möchtest das schlechte Stück los sein – deine Liesel. Ja, das denkst du, und daß du jetzt ganz allein bist und daß wir dich einen Dreck angehn. Nur der Georg geht dich noch was an. Ja, gewiß, wenn ich's vorher gewußt

35 hätte, daß das alles so mit ihm kommen wird, daß das alles so kommen wird mit dem ‚Urteil vollstreckt‘, ja – dann hätt ich ihn aufgenommen. Und vielleicht hätt ich ihn überhaupt aufgenommen. Ich weiß es jetzt nicht. Das hängt alles an einem Haar. Ja, ich glaube auf einmal, ich hätte ihn doch aufgenommen." Paul sagte ruhiger: „Siehst du, Liesel, und deshalb hab ich dir nichts gesagt, denn du hättest ihn vielleicht zuerst nicht aufgenommen, aber nachher, wenn

40 man dir alles erklärt hätte, wär's dir leid gewesen."

- Wie hätten Sie in der Situation Liesels reagiert?
- Stellen Sie sich vor, Liesel begreift, dass Georg der KZ-Flüchtling ist, und sie muss sich entscheiden! Schreiben Sie einen inneren Monolog, in dem sie zur Entscheidung kommt!

Im Widerspruch mit dem System –
Christa Wolf: *Nachdenken über Christa T.*

In diesem Roman stehen sich zwei gegensätzliche Frauen gegenüber: eine Erfolgreiche, die sich zu sehr der Arbeit hingegeben hat und versucht sich wiederzufinden, indem sie über die andere, die Erfolglose, nachdenkt.

Die Erzählerin weiß viel über Christa T.: Sie hat Schriftliches aus deren Hand, wie Skizzen über die Kindheit, Tagebücher, Gedichte, Geschichten, Briefe und die Prüfungsarbeit über Theodor Storm. Sie hat eigene Erfahrungen von der Schulzeit bis zu Christa T.s Tod. Die Erzählerin kennt Christa T.s Äußerungen über Bekannte und umgekehrt; außerdem flicht sie ihre Erfahrungen mit der DDR und ihre Wünsche ein. All das ermöglicht ein vielschichtiges Erzählen, mosaikartig wird Material zusammengetragen.

Christa T. muss feststellen, dass die Gesellschaft wohlangepasste, lebenstüchtige, fantasielose „Tatsachenmenschen" braucht. Diesen Ansprüchen kann sie nicht genügen, weil sie sich Selbstfindung und Vollkommenheit und damit eine neue Identität wünscht. Als sie merkt, dass ihr nur „Halbheiten" gelingen, wird sie krank und stirbt schließlich an Leukämie.

Sie hielt viel auf Wirklichkeit, darum liebte sie die Zeit der wirklichen Veränderungen. Sie liebte es, neue Sinne zu öffnen für den Sinn einer neuen Sache: Ihren Schülern wollte sie beibringen, sich selbst wertvoll zu werden. Ich weiß, sie geriet einmal aus der Fassung, als einer sie groß ansah und unschuldig fragte: Warum? Darauf kam sie immer wieder zurück, es quälte

5 sie lange, daß sie verstummt war. Ob sie daran denken mußte, als sie an jenem Morgen, da ich schlief, auf ihren Zettel schrieb: Das Ziel – Fülle. Freude. Schwer zu benennen.

Nichts könnte unpassender sein als Mitleid, Bedauern. Sie hat ja gelebt. Sie war ganz da. Sie hat immer Angst davor gehabt, steckenzubleiben, ihre Scheu war die andere Seite ihrer Leidenschaft, zu wünschen. Jetzt tritt sie hervor, gelassen auch vor der Nichterfüllung, denn sie

10 hatte die Kraft zu sagen: Noch nicht. Wie sie viele Leben mit sich führte, in ihrem Innern aufbewahrte, aufhob, so führte sie mehrere Zeiten mit sich, in denen sie, wie in der „wirklichen", teilweise unerkannt lebte, und was in der einen unmöglich ist, gelingt in der anderen. Von ihren verschiedenen Zeiten aber sagte sie heiter: Unsere Zeit.

Schreiben ist groß machen. Nehmen wir uns zusammen, sehen wir sie groß. Man wünscht nur,

15 was man kann. So bürgt ihr tiefer und dauerhafter Wunsch für die geheime Existenz ihres Werkes: *Dieser lange, nicht enden wollende Weg zu sich selbst.*

Die Schwierigkeit, „ich" zu sagen.

Wenn ich sie erfinden müßte – verändern würde ich sie nicht. Ich würde sie leben lassen, unter uns, die sie, bewußt wie wenige, zu Mitlebenden gewählt hatte. Würde sie an dem Schreib-

20 pult sitzen lassen, eines Morgens in der Dämmerung, die Erfahrungen aufzeichnend, die die Tatsachen des wirklichen Lebens in ihr hinterlassen haben.

> • Wie denkt die Icherzählerin über ihre tote Freundin? Was schätzt sie an ihr?

Das „Prinzip Hoffnung" – Jurek Becker: *Jakob der Lügner*

Jurek Becker (1937–1997) ist selbst im Getto und den Konzentrationslagern Ravensbrück und Sachsenhausen aufgewachsen. Mit verfremdender Ironie beschreibt er die Leidensgeschichte einer verfolgten Minderheit in ihrer tragischen Alltäglichkeit.

Im Mittelpunkt steht der jüdische Eismann und Kartoffelpufferbäcker Jakob Heym, ein stiller und unauffälliger Held, der aus Menschlichkeit lügt. Nachdem er in dem von den Deutschen besetzten Getto die Nachricht verbreitet hat, die Rote Armee sei im Vormarsch und werde die Stadt befreien, muss er immer neue positive Nachrichten erfinden, als deren Quelle er ein Radio angibt, das gar nicht existiert.

Jurek Becker (1992)

Jakob weckt Mut, Zuversicht, Hoffnung und Lebenswillen, ohne dass er sie erfüllen kann, denn am Ende steht die Fahrt ins Todeslager, von der der Erzähler als Überlebender heiter, ironisch und witzig erzählt. Ein Ton, bei dem man streiten kann, ob er dem grausigen Thema überhaupt angemessen ist oder ob er vielleicht die einzige Möglichkeit ist, das Grauen einsichtig zu machen.

Jakob der Lügner (erschienen 1969) ist wohl eines der wenigen Bücher zum Thema Judenvernichtung, das es ohne die furchtbaren Mittel des Schreckens (Berge von Leichen, Schilderungen der Zustände auf Transporten oder in Lagern) behandelt. Die erzählerische Verfahrensweise Beckers lässt sich wohl auch aus seiner Biografie erklären: „Ich kann mir keine wirkungsvollere Methode denken, mit seinen Ängsten fertigzuwerden, als ein Buch über Hoffnung zu schreiben."

Jakob kann tausendmal wiederfinden, berichten, Schlachten ersinnen und in Umlauf setzen, eins kann er nicht verhindern, zuverlässig nähert sich die Geschichte ihrem nichtswürdigen Ende. Das heißt, sie hat zwei Enden, im Grunde natürlich nur eins, das von Jakob und uns allen erlebte, aber für mich hat sie noch ein anderes. Bei aller Bescheidenheit, ich weiß ein
5   Ende, bei dem man blaß werden könnte vor Neid, nicht eben glücklich, ein wenig auf Kosten Jakobs, dennoch unvergleichlich gelungener als das wirkliche Ende, ich habe es mir in Jahren zusammengezimmert. Ich habe mir gesagt, eigentlich jammerschade um eine so schöne Geschichte, daß sie so armselig im Sande verläuft, erfinde ihr ein Ende, mit dem man halbwegs zufrieden sein kann, eins mit Hand und Fuß, ein ordentliches Ende läßt manche Schwäche ver-
10 gessen. Außerdem haben sie alle ein besseres Ende verdient, nicht nur Jakob, das wird deine Rechtfertigung sein, falls du eine brauchst, habe ich mir gesagt und mir also Mühe gegeben, wie ich meine mit Erfolg. Aber dann sind mir doch starke Bedenken gekommen betreffs der Wahrhaftigkeit, es klang im Vergleich einfach zu schön, ich habe mich gefragt, ob es gut gehen kann, wenn man irgendeinem traurigen Tier aus Liebe den prächtigen Schwanz eines Pfauen
15 anhängt. Ob man es dann nicht verunstaltet, dann fand ich doch, daß der Vergleich hinkte, aber einig geworden bin ich mir nie. Und jetzt stehe ich da mit den zwei Enden und weiß nicht, welches ich erzählen soll, meins oder das häßliche. Bis mir einfällt, alle beide loszuwerden, nicht etwa aus fehlender Entscheidungsfreudigkeit, sondern ich denke nur, daß wir auf diese Art beide zu unserem Recht kommen. Die von mir unabhängige Geschichte einerseits, und an-
20 dererseits ich mit meiner Mühe, die ich mir nicht umsonst gemacht haben möchte. Also zuerst ein Ende, das sich nie ergeben hat.

- Warum, glauben Sie, schreibt Jurek Becker zwei Enden für seine Geschichte, ein positives und ein reales, die Fahrt ins Vernichtungslager?
- Glauben Sie, dass man „das Prinzip der Lüge" als Lebenshilfe auf das normale Leben übertragen kann?

„Wie sind wir so geworden, wie wir heute sind?" Aufarbeitung der Vergangenheit – Christa Wolf: *Kindheitsmuster*

Der alltägliche Faschismus

In ihrem 1976 geschriebenen Buch stellt Christa Wolf die Frage nach dem alltäglichen Faschismus, der von Massen getragen und nicht bekämpft wird. Es geht also um die Millionen Mitläufer, die die Erzählerin auch in ihrer eigenen Familie findet. Der Titel meint Muster des Verhaltens, die die Hauptfigur Nelly Jordan in ihrer Kindheit, in der Familie, in der Schule und im BdM[3] bekommen hat: Ängste, Hass, Härte, Verstellung, Scheinheiligkeit, Hörigkeit, Pflichterfüllung.

Anhand von Nelly Jordan, einem „Produkt" der kleinbürgerlichen Umgebung, wird vorgeführt, wie schnell sich der Faschismus ausbreiten konnte. Eine Reise wird von der erwachsenen Nelly in der Hoffnung unternommen, dass sie ihr Selbst findet.

Drei Erzählungen werden ineinander verwoben:
- Die Ebene der fiktiven Erzählerin, die in der DDR-Gegenwart lebt und schreibt und „Schwierigkeiten beim Schreiben der Wahrheit" hat.

---

[3] BdM: Bund deutscher Mädchen

- Die Kindheit und Jugend von Nelly Jordan im Hitlerfaschismus.
- Als vermittelnde Zeitebene eine Reise der Erzählerin mit Mann, Bruder und Tochter nach Landsberg/Warthe, das nun in Polen liegt.

Die Geschichte ist für eine Jugend gedacht, der das Vergessen schwer gemacht werden soll, um künftig Mechanismen des Faschismus zu verhindern.

Nelly fragt plötzlich, ob sie, Maria Kranhold, wirklich glaube, Menschen wie ihre Lehrerin Julia Strauch hätten sie all die Jahre über wissentlich belogen. Sie ärgert sich sofort über ihre Frage.

Maria Kranhold ließ sich mit der Antwort Zeit. Sie mag sich innerlich zu höchster Vorsicht

5 ermahnt haben. Vorsichtig wiederholte sie zuerst einmal das Wort „belogen", mit fragender Betonung: Belogen? Das wäre wohl zu einfach gedacht, sagte sie dann. Belügt man denn andere, wenn man selbst – wenigstens teilweise, was sie für das Wahrscheinlichste halte – an Lügen glaubt?

Nun sei allerdings Glauben keine Entschuldigung, sagte die Kranhold dann. Man müsse sich

10 schon ansehn, woran man glaube. Über die wichtigsten Dinge sei ja niemand belogen worden. Habe Hitler nicht von Anfang an mehr Lebensraum für das deutsche Volk gefordert? Das sei für jeden denkenden Menschen der Krieg gewesen. Habe er nicht oft und oft gesagt, er wolle die Juden ausrotten? Er hat es, soweit er konnte, getan. Er hat die Russen zu Untermenschen erklärt: Als solche wurden sie dann behandelt, von Leuten, die glauben wollten, daß es Un-

15 termenschen waren. Und Leute vom Schlage ihrer alten Lehrerin Juliane Strauch sind sich mit ihrem Daran-Glauben selbst in die Falle gegangen. Wer soll sie dafür freisprechen, daß sie ihr Denken in Urlaub geschickt haben?

Julia, sagte Nelly, hätte keinen Menschen umbringen können, da sei sie sicher.

Möglich, sagte die Kranhold. Aber sie hat Ihnen ein schlechtes Gewissen gemacht, wenn Sie

20 sich sagen mußten, daß sie keinen umbringen könnte.

Nelly schwieg.

Sie hat gemacht, sagte die Kranhold, daß Ihr Gewissen sich umgekehrt hat, gegen Sie selbst. Daß Sie nicht gut sein können, nicht einmal gut denken können ohne ein Gefühl der Schuld. Denn wie sollten Sie das Gebot: Du sollst nicht töten, oder die Forderung: Liebe deinen Näch-

25 sten wie dich selbst! vereinbaren mit der Lehre von der Minderwertigkeit des anderen?

Und Sie? fragte Nelly. Wie haben Sie das denn vereinbart? Schlecht, sagte Maria Kranhold. Sehr schlecht. Immer am Rande des Zuchthauses, immer am Rande des Verrats an Gott und den Menschen, die mir anvertraut waren. Aber angebetet habe ich die fremden Götter nicht: So habe ich allerdings auch nicht die Entschuldigung, daß ich an sie geglaubt habe.

- Wie stehen Sie zu diesem Problem? Müssen Jugendliche heute noch Schuldgefühle haben für die Verbrechen, die ihre Ahnen begangen haben? Ist es Zeit, sie zu vergessen?
- Was sagen Sie zur Verhaltensweise von Maria Kranhold?

Gefühllosigkeit als Schutz – Christoph Hein: *Drachenblut*

Eine „eiskalte" Frau

Erzählt wird ein scheinbar normales Frauenleben. Die Hauptfigur, eine 40-jährige, recht erfolgreiche Ärztin, erzählt kalt, ja eisig, ihr bisheriges Leben.

Sie wohnt in einem der Ostberliner Hochhäuser, die die Anonymität fördern. Ihre Arbeit und ihre

Bekanntschaften lösen in ihr kaum Gefühle aus, besondere, bahnbrechende Veränderungen erwartet sie nicht mehr. Ihre einjährige Beziehung zu Henry, einem verheirateten Architekten, der wenigstens noch beim Schnellfahren merkt, dass er lebt, will sie möglichst schnell vergessen: „Mir fiel ein, dass ich den ganzen Tag nicht an Henry gedacht hatte. Trotzdem konnte ich auch jetzt nur das eine denken: dass ich mich seiner erinnern sollte. […] Ich hatte einen freien Nachmittag und Henry erwartete sicher nicht, dass ich ihm ‚das letzte Geleit' gebe." Henry ist nämlich so „beiläufig" bei einer Schlägerei ums Leben gekommen.

Christoph Hein (2004)

In komplizierter Rückblendetechnik[4] erfährt man oberflächlich von ihrer Einstellung zu Politik, zu ihren Eltern, Kollegen, von ihrem Hobby, dem Fotografieren. Nichts von all dem geht ihr besonders nahe. Sie bemüht sich um Kälte, Gefühllosigkeit, Gleichgültigkeit und Lieblosigkeit, weil sie sich nur so schützen kann:

Ich habe in Drachenblut gebadet und kein Lindenblatt ließ mich irgendwo schutzlos. […] Offenbar erfordert das Zusammenleben von Individuen einige Gitterstäbe in eben diesen Individuen. Die dunklen Kerker unserer Seelen, in die wir einschließen, was die dünne Schale unseres Menschseins bedroht. Ich verdränge täglich eine Flut von Ereignissen und Gefühlen, die mich demütigen und verletzen. Ohne diese Verdrängungen wäre ich nicht fähig, am Morgen aus dem Bett aufzustehen.

Am Ende der Novelle ist die Ärztin zufrieden:

Es geht mir gut. […] Ich bin ausgeglichen. […] Ich wüßte nicht, was mir fehlt. Ich habe es geschafft. Mir geht es gut.

Diese Zufriedenheit kann die Leserin/der Leser bezweifeln, wenn sie/er damit den Traum vergleicht, mit dem die Novelle beginnt: In ihm wird sie von Abgründen verschlungen.
In der DDR stößt dieses Buch auf Ablehnung: Einen Menschen, der so wenig Optimismus zeigt, der eigentlich nur dahinlebt, kann man nicht gutheißen.

Enthüllung von Verdrängtem – Christoph Hein: *Horns Ende*

Christoph Heins Roman *Horns Ende* (1985) spielt in der ehemaligen DDR und ist ein Enthüllungsroman.

Die Bewohner eines Ortes „ermorden" einen ihrer Mitbürger

Die Bürger des heruntergekommenen Kurortes Guldenberg sind vorübergehend beunruhigt, denn ein Bürger aus ihrer Mitte, Horn, ist tot, und fast alle Beteiligten sind mitschuldig an seinem Ende. Die unbegreiflichen Ereignisse werden aber schnell verdrängt, man geht zur Tagesordnung über. Nur Horns Stimme aus dem Jenseits weckt die Erinnerung, alle müssen Stellung nehmen. Sie tun es auf unterschiedliche Weise: Bei dem einen gerät es zur Rechtfertigung, bei dem anderen zur Abrechnung, bei wieder einer anderen zum Resümee ihres verpatzten Lebens, zur Verdrängung oder Verständnislosigkeit.
Horns Stimme will die Bürger aufrütteln: „Wenn ihr schweigt, werden die Steine reden." Es geht ganz allgemein um die Wahrheit, die sie nicht sehen wollen, um alltägliche Grausamkeit und Unmenschlichkeit. Jeder hat sich Strategien zurechtgelegt, mit denen er sich mit der Welt arrangiert; Strategien, getragen von Zynismus, Arroganz, Sturheit, Unmenschlichkeit, Vorur-

---

[4] Rückblendetechnik: Einblendung von Teilen, die in der Vergangenheit der laufenden Handlung spielen

teilen und Resignation. Horns Ende stellt den Anfang des Erinnerns dar und vielleicht auch den der Vergangenheitsbewältigung. Die Handlung spielt sich auf drei Zeitebenen ab: in der „Tatzeit" 1957, in den 80er-Jahren und in der verdrängten Zeit vor 1945. In Erinnerungsmonologen von fünf Chronisten ersteht das „Bild" Horns, gleichzeitig rekapitulieren diese ihren Lebenslauf bzw. ihren Werdegang. Jedem Kapitel ist die Stimme Horns vorangestellt, die auf Erinnern, auf Nicht-Vergessen, auf Erwachen aus den Träumen pocht.

- Lesen Sie den Roman! Verfassen Sie eine Inhaltsangabe!

Arbeiten Sie bei den nächsten Aufgaben arbeitsteilig, jeder Chronisten-Monolog soll von einer Gruppe bearbeitet werden!

- Verfassen Sie Verteidigungsreden der einzelnen Figuren, warum sie an Horns Ende nicht schuldig sein können! Erstellen Sie ein Gutachten für jeden der Chronisten, das „objektiv" seine Schuld an Horns Ende feststellt!
- Analysieren Sie anhand von Textstellen, wie die einzelnen Personen Horn sehen, erstellen Sie das „Bild" Horns! Erscheint er als Opfer?
- Charakterisieren Sie die Chronisten aufgrund der von ihnen am häufigsten gebrauchten Wörter, Redefiguren, Bilder, Symbole oder Sätze, und schreiben Sie ihre Lebensläufe!
- Erstellen Sie ein Soziogramm der Figuren, eine Skizze, die die Beziehungen der einzelnen Personen zueinander verdeutlicht! Machen Sie kenntlich, welche Beziehungen stärker, welche schwächer sind!
- Welche Funktion haben die Zigeuner in diesem Roman?
- Schreiben Sie die Geschehnisse aus der Sicht einer der Nebenfiguren (Christine, Paul, Jule, Irene Kruschkatz)!
- Überlegen Sie sich, wie Sie die Ergebnisse Ihrer Analysen visualisieren können (in Form einer Broschüre, eines Plakats ...)!
- Schreiben Sie eine Kritik des Buches!

Literatur in der ehemaligen DDR

Die Frage, ob es **zwei deutsche Literaturen** gebe, beantwortet der vierte Schriftstellerkongress 1956 positiv, was seit 1949 auch der politischen Lage entspricht. 1986 vertritt Christoph Hein dieselbe Ansicht, für ihn gibt es kaum Verbindendes zwischen Ost- und Westdeutschland.

Entwicklung der staatlich gelenkten Literatur

- Phase der „antifaschistisch-demokratischen Erneuerung" (1945 – Gründung der DDR)
- Phase des „sozialistischen Aufbaus" (1950–1957)
- „Bitterfelder Weg" und Bau der Berliner Mauer (1957–1961)
- Das „entwickelte sozialistische System" (1962–1970)
- Heiß-kalt unter Erich Honecker (1971–1989)
- Die letzten Jahre (Fall der Mauer – heute)

„Sozialistischer Realismus"

Der Begriff schließt an den „kritischen" **Realismus** des 19. Jahrhundert an. Es geht um die **Darstellung der konkreten Wahrheit**. Wichtig ist, dass Klassenbeziehungen dargestellt werden, indem materielle Verhältnisse und soziale Stellung als Triebfeder menschlichen Verhaltens bezeichnet werden.

Aufgrund der **Parteilichkeit** muss der Literat **Sozialist** sein und offen den **Standpunkt der Arbeiterklasse** vertreten, der durch die Themenwahl, die Wahl des Konflikts und die dargestellten Charaktere ersichtlich wird.

Die Literatur soll sich durch **Volksverbundenheit** auszeichnen und so die Kluft zwischen Kunst und Volk überbrücken. **„Anspruchsvolle Verständlichkeit"** wird verlangt.

Drama in der DDR

Von 1949 bis 1961 wird das Theater in der DDR von **Brecht** beeinflusst. Das Theater der 60er-Jahre hat wenig Resonanz, da die wichtigsten Stücke nur unter Ausschluss der Öffentlichkeit aufgeführt werden, weil sie Kritik am Regime üben.

Das Drama der **70er-Jahre** steht im Zeichen dreier Dramatiker: **Heiner Müller, Peter Hacks** und **Volker Braun**. Alle drei stehen unter dem Einfluss Brechts, distanzieren sich aber später von ihm. In den **80er-Jahren** schreiben neben Hacks und Müller auch **Christoph Hein** und **Thomas Brasch** Dramen. Sie behandeln die Rekonstruktion ihrer Entwicklungsgeschichte.

Lyrik in der DDR

Lyrik unterliegt aufgrund ihres Wesens nicht so sehr politischen Programmen. Zunächst schreibt man angepasste Lyrik, aber die „Bitterfelder" Dichtung verherrlicht Arbeit nicht nur, sondern betont auch die Mühe. Die zunehmende Politisierung der Kunst führt dazu, dass Lyrik in den Dienst der Politik gestellt wird: Es dominieren Aggression und Abgrenzung gegen den Westen. Bei **Peter Huchel** kann man eine intensive Aufarbeitung der Vergangenheit feststellen.

Anfang der **60er-Jahre** erlebt die DDR eine wahre **„Lyrikwelle"**, die schnell verebbt, da die Werke nicht den Vorstellungen des Regimes entsprechen.

1976 wird **Reiner Kunze** aus dem Schriftstellerverband **ausgeschlossen**, Wolf Biermann **ausgebürgert**. VertreterInnen der Lyrik in der DDR sind unter anderem **Sarah Kirsch** und **Wolf Biermann**.

Epik in der DDR

Wichtige Themen sind Konzentrationslager (z. B. **Anna Seghers** *Das siebte Kreuz*, **Jurek Becker** *Jakob der Lügner*), Widerspruch zum System (**Christa Wolf** *Nachdenken über Christa T.*) und Aufarbeitung der Vergangenheit (**Christa Wolf** *Kindheitsmuster*, **Christoph Hein** *Horns Ende*).

Deutsche Literatur nach 1989 – Tendenzen und Strömungen

Der Fall der Berliner Mauer 1989 und die Folgen

Politische und kulturelle Zäsur

Am 9.11.1989 endet nicht nur eine politische Epoche, nämlich die der DDR und des Ostblocks, auch ein Abschnitt der deutschen Nachkriegsliteratur geht zu Ende. Das Jahr 1989 stellt also eine politische und kulturelle Zäsur dar, die mit der Vereinigung der beiden deutschen Staaten am 3.10.1990 formal besiegelt wird.

Auf einer großen Demonstration am Ostberliner Alexanderplatz, an der an die 500 000 Menschen teilnehmen, sprechen am 4.11.1989 wichtige Schriftsteller aus der zu diesem Zeitpunkt schon fast zur Geschichte gewordenen DDR wie z. B. Stefan Heym, Christa Wolf, Christoph Hein und Heiner Müller. Sie glauben noch daran, dass man den Sozialismus ostdeutscher Prägung zum „Guten" verändern, also grundlegend reformieren könne. „Sie hatten eine tief greifende Reform der DDR als eines sozialistischen Staats im Sinn, nicht etwa seine Abschaffung", schreibt der Literaturwissenschaftler Karl Otto Conrady. Die Realität ist allerdings anders, als die SchriftstellerInnen sich das wünschen: Die Ergebnisse der freien Wahlen zur Volkskammer der DDR am 18. März 1990 sprechen eine deutliche Sprache:

Das Ergebnis der Wahlen überraschte viele durch seine Eindeutigkeit. Die konservative „Allianz für Deutschland", in der sich die CDU, der DA (Demokratischer Aufbruch) und die DSU (Deutsche Soziale Union) zusammengefunden hatten, erhielt nicht weniger als 48,15 % der abgegebenen Stimmen, während die SPD nur 21,84 % für sich verbuchen konnte. Das war ein klares Votum für die zügige Einführung der Marktwirtschaft und für die deutsche Einheit. So wurde es jedenfalls fast einhellig interpretiert.

Die Wunschvorstellungen der Intellektuellen unterscheiden sich zu offensichtlich von denen der Bevölkerung. Der Literaturwissenschaftler Ralf Schnell kommentiert die Enttäuschung des DDR-Schriftstellers Stefan Heym, der die Konsumlust der Ex-DDR-Bürger mit dem Wort „Entwürdigung" abtut, lakonisch:

„Vergierte" nannte der vom Volk Enttäuschte jene, die nun den Privilegien zustrebten, die verachten zu können prominente Autoren von seinem Schlag in der Vergangenheit privilegiert genug waren – denn sie verfügten darüber.

Lebensentwürfe – in Frage gestellt

Damit sind natürlich Lebensentwürfe von SchriftstellerInnen der ehemaligen DDR mehr als infrage gestellt. Der wesentliche Dramatiker der DDR, Heiner Müller, schreibt in einem Gedicht:

Selbstkritik

Meine Herausgeber wühlen in alten Texten
Manchmal wenn ich sie lese überläuft es mich kalt Das
Habe ich geschrieben IM BESITZ DER WAHRHEIT
Sechzig Jahre vor meinem mutmaßlichen Tod
5   Auf dem Bildschirm sehe ich meine Landsleute

Mit Händen und Füßen abstimmen gegen die Wahrheit
Die vor vierzig Jahren mein Besitz war
Welches Grab schützt mich vor meiner Jugend

- Definieren Sie den Begriff „Selbstkritik", mit dem das Gedicht übertitelt ist.
- Erklären Sie, inwiefern Heiner Müller Selbstkritik übt. Was hat ihn dazu bewogen? Führen Sie in diesem Zusammenhang auch aus, warum ein Teil des Textes in Großbuchstaben geschrieben ist.
- Wie würden Sie die letzte Verszeile verstehen? Stellen Sie einen Bezug zu den Meinungen, die Sie als junger Mensch haben bzw. schon hatten, her. Glauben Sie, dass Ihre Überzeugungen die Jahrzehnte überdauern werden?
- Wie wirken die Auflösung der Syntax und die Negierung der Regeln der Zeichensetzung auf Sie als Leserin/Leser?

1990 veröffentlicht Christa Wolf, eine wichtige und kritische Schriftstellerin der DDR ▸ Seite 441, 443, eine autobiografische Erzählung mit dem Titel *Was bleibt*, in der sie von einem Tag im Leben einer gegen Ende der 70er-Jahre von der Stasi bespitzelten und überwachten Schriftstellerin erzählt. Was folgt, ist eine mediale und damit öffentliche Diskussion, in der ihr – offenbar stellvertretend für andere SchriftstellerInnen der ehemaligen DDR –

„eine Anbiederung an den neuen Zeitgeist und die Absicht unterstellt [wird], sich nachträglich zum Opfer eines Systems zu stilisieren, dessen Profiteurin und Repräsentantin sie gewesen sei."

Es gibt unterschiedliche Schriftstellergenerationen, die sich auch mit unterschiedlichen Themen beschäftigen und dazu unterschiedliche Schreibtechniken und -stile verwenden. Der Literaturkritiker Volker Hage schreibt in der Wochenzeitschrift *Der Spiegel* im März 1999 sogar von einem „**Generationswechsel**":

Ganz schön abgedreht

Die deutsche Literatur ist wieder im Gespräch und im Geschäft: Neue Autoren und vor allem Autorinnen fabulieren ohne Skrupel. Sie haben Spaß an guten Geschichten – und keine Angst vor Klischees und großen Gefühlen. […]
Ist es Zufall, dass die weiblichen Debütanten zumeist weniger verzagt und umstandskräme-
5   risch als ihre männlichen Kollegen daherkommen – ohne die erzähltechnischen Absicherungs-
strategien, die doch längst geläufig und in diesem Jahrhundert beliebig verfügbar sind?
Das literarische Fräuleinwunder ist jedenfalls augenfällig. Plötzlich gibt es in deutscher Prosa wieder ganz hinreißende Kurzgeschichten […].
Bei den Debüts dieses Frühjahrs dagegen spielt die deutsche Vergangenheit kaum noch eine
10 Rolle. Während in dem Roman „Faserland" (1995) des 1966 geborenen Christian Kracht dem Erzähler einige ältere Zeitgenossen noch wie KZ-Aufseher oder „komplette Nazis" erscheinen wollten, hat der Held des jetzt gefeierten 17-jährigen Jungautors Benjamin Lebert in dem autobiographischen Roman „Crazy" vor allem Probleme mit sich und der Ehekrise seiner Eltern. Die Enkelgeneration tritt an. Während die vor und während des Krieges geborenen deutschen
15 Schriftsteller – wie Monika Maron, Martin Walser oder Christa Wolf – derzeit ihre Rückschaube-
findlichkeit, ihr Nachdenken über deutsche Befindlichkeiten eher noch intensivieren, scheinen viele der nach 1960 geborenen Autoren diese Beschwernis abschütteln zu können.

Die 90er-Jahre in Deutschland

Die wirtschaftspolitischen Fragen und Probleme der 70er- und 80er-Jahre – Arbeitslosigkeit, Staatsdefizit, die Folgen der wirtschaftlichen Globalisierung, Rationalisierung und Umstrukturierung – bestimmen auch die 90er-Jahre.

Das innerdeutsche Problem, die „äußere Vereinigung" auch nach innen zu vollziehen, dominiert die politische Debatte, in der sich auch immer wieder SchriftstellerInnen zu Wort melden. Klar ist allen, dass die Trennung wegen politischer, gesellschaftlicher, wirtschaftlicher und kultureller Unterschiede nicht so einfach überwunden werden kann. In der deutschen Literatur nach 1989 lassen sich zwar übergreifende Gemeinsamkeiten finden, dem stehen aber eine **große Vielfalt an verschiedenen ästhetischen Konzepten, Sujets und Schreibhaltungen** bzw. unterschiedliche politische Grundhaltungen und weiters eine Vielzahl von literarischen Strömungen und Entwicklungen, die nebeneinander existieren, gegenüber.

„Wiedervereinigung" am Brandenburger Tor (10. 11. 1989)

Hans-Ulrich Treichels Gedicht vermittelt einen Eindruck davon:

Am Brandenburger Tor (1990)

Alles eines nur ich gespalten
Dies mein Herz und das mein Hirn
Deutschland Deutschland unter anderem

Bröckelt deine Denkerstirn
5 Alles glühte nur ich rußte
Still zerbiß ich mir die Lippe
Herr im Himmel hilf den Schwachen
Flick mir die zerdrückte Rippe

Alles schrie die Raben krächzten
10 Deutschland einig Vaterland
Hab dann meinen Vers geflüstert

So daß niemand ihn verstand

- Das Brandenburger Tor in Berlin ist ein Symbol der Wiedervereinigung, wo auch die entsprechenden Feiern stattfanden.
- Wie steht das lyrische Ich zu den Feiern zur Wiedervereinigung? Wie fühlt es sich?
- Welche Parolen werden (indirekt) zitiert? Wie reagiert das lyrische Ich darauf? Traut es sich, die eigene Meinung – gegen den Strom – laut kundzutun?

Günter de Bruyn meint in *Jubelschreie, Trauergesänge* (1990):

Das Gespräch zwischen Ost und West, das mit einem Mißklang begann, muß fortgesetzt werden, damit die abgerissene Mauer nicht in den Köpfen noch fortbesteht.

Christoph Hein ▶ vgl. Seite 444 ff. sagt in einem Interview 1989 sinngemäß, dass Literatur nun schlicht Literatur sein könne. Was ihr zuvor an außerliterarischen Aufgaben aufgebürdet worden sei (als Gesinnungsträgerin, Waffe etc.), entfalle nun. **Jurek Becker** ▶ vgl. Seite 442 f. meint rückblickend über die DDR-Literatur:

Die Erwartungen an diese Literatur waren eher politische als ästhetische. Es ist ein Unterschied zwischen der Arbeit eines Autors und der eines Widerstandskämpfers, aber im Kampfgetümmel DDR neigte man wohl dazu, beide miteinander zu verwechseln.

Der Liedermacher und Lyriker **Wolf Biermann** ▶ vgl. Seite 438 f. – als kritischer Geist 1976 vom DDR-Regime ausgebürgert – geht mit seinen Schriftsteller-KollegInnen, die in der DDR blieben, wesentlich härter ins Gericht:

Einige von diesen selbstlosen Kostgängern des Stalinismus kenne ich: halbherzige Aufrührer, die nun von Existenzängsten geschüttelt sind. Alles Luxusleiden. Parteipoeten, die gelähmt feststellen, daß ihre Villa ein Westgrundstück ist. Staatskünstler, die mit ansehen müssen, wie ihr Staat untergeht. Wahrheitsfanatiker mit all ihren gehäkelten Lebenslügen. Wider-den-Stachel-Löcker[1] mit storniertem Pensionsanspruch. Gleichheitsprediger mit bedrohten Privilegien. Untergrundkämpfer ohne lukrative Staatsaufträge. Freigeister, mühselig beladen mit Nationalpreisen.

Das Dilemma der Literaturgeschichtsschreibung

Die Schwierigkeit der „Periodisierung" bzw. der „Epochengliederung" von Literatur spitzt sich zu, wenn die Zeitspanne zwischen der Entstehung literarischer Werke und der Gegenwart sehr kurz ist.

Der Wunsch vieler Menschen nach Kategorisierung, Einordnung, Bewertung und Auswahl ist ungebrochen. So hat die Wochenzeitung *Die Zeit* 1999 verschiedene Schriftsteller nach ihrem „Jahrhundertbuch" gefragt. **Iris Radisch** schreibt in einem Artikel zum Abschluss dieser Serie:

Was bleibt?

Zum Abschluss der Serie „Mein Jahrhundertbuch"

Alles vorbei. Jahrhundert rum und die Sternlein noch immer nicht gezählt, die am Bücherhimmel stehn, die Ernte nicht eingeholt, so vieles ohnehin vergessen, auf halber Strecke verloren, liegen gelassen oder begraben. Eine Bilanz der Verluste, der unbekannten Kostbarkeiten ist
5 nicht zu erstellen. Niemand wird je erfahren, welche Bücher mit diesem Jahrhundert untergegangen sind, welche nie geschrieben, nie verlegt wurden, nicht mehr auffindbar sind. Aber selbst eine abschließende Sicherung der Bestände, eine Inventarliste der Literatur des 20. Jahrhunderts, bleibt ein schöner, doch frommer Wunsch. Trotzdem wird man fragen: Was bleibt übrig von der Literatur? Welche Bücher möchten wir hinüberretten ins nächste Jahrtausend?
10 Und lassen sie sich überhaupt hinüberretten? Oder gleichen die Bücher Fischen, die nur im Wasser des 20. Jahrhunderts schwimmen konnten?
[...]
Der Weg, den diese Serie zurückgelegt hat, gleicht vielmehr einem Irrgarten der sehr per-

---

[1] wider den Stachel löcken: sich sträuben, widerspenstig sein (biblische Redewendung)

15 sönlichen Art. Er begann im Januar zwar mit Franz Kafka, bog selbstverständlich sofort ab zu Joyce, lief zielgerade zu auf Robert Musil, landete weich bei Thomas Mann, machte zweimal Rast bei Albert Camus, tauchte ein in den Strom der verlorenen Zeit des Marcel Proust, kehrte immer wieder zu Kafka zurück und bildete so Knotenpunkte, Verdichtungen auf einer imaginären Landkarte des Lesens, die Europa, insbesondere Deutschland, Frankreich, Russland und Italien, kaum überschritten hat.

20 Gleichwohl herrschte im Inneren dieses Kernlandes der Literatur die Anarchie des Herzens. Kindheitsbücher, Wörterbücher, Bücher von Freunden und Vorbildern, Bücher, die das Leben in wichtigen Jahren begleitet haben, Bücher von großer regionaler Bedeutung standen neben den anerkannten Wackersteinen der Weltliteratur. Was ein Jahrhundertbuch ausmacht, so schien es, entscheiden nicht die Experten, sondern entscheidet der Wind der Geschichte und
25 des privaten Lebens. […]

- Welche Schwierigkeiten sieht die Autorin Iris Radisch im Unterfangen, ein „Jahrhundertbuch" zu bestimmen? Welche Schwierigkeiten würden Sie sehen, wenn Sie dazu aufgefordert würden?
- Suchen Sie Ihr „Jahrhundertbuch", und begründen Sie Ihre Auswahl. Bedenken Sie dabei, um eine Anregungen des Artikels zu zitieren, dass Kindheitsbücher, Wörterbücher, Bücher von Freunden und Vorbildern, Bücher, die das Leben in wichtigen Jahren begleitet haben, usw. in Ihre nähere Auswahl kommen können.

Das Theater: Ende und Neubeginn

Das Ende der DDR 1989/90 bedeutet für viele Kulturschaffende, die im Theater tätig sind, einerseits Angst vor Existenzverlust, andererseits eine Chance auf einen Neubeginn.

Zuschauerzahlen

Das Theater der 90er-Jahre ist politisches Theater. Das dürfte allerdings vom Publikum nicht wirklich angenommen worden sein, wie der Rückgang der Zuschauerzahlen signalisiert:

Liest man diese Statistik, die von der Zeitschrift *Theater heute* (10/1996) veröffentlicht wurde, mit kritischem Blick, so ergibt sich von der Spielzeit 1989/90 bis zum Zeitpunkt des Berichts ein Rückgang der Besucherzahlen um 11,1 Prozent, seit 1984/85 sogar um 22,9 Prozent. […] Ein insgesamt deprimierendes Bild, das sich weiter verdüstert, wenn man sich die Schwundquote von etwa 40 Prozent der Besucher in den 20 Jahren zuvor vergegenwärtigt. […]

Kommentieren Sie diesen insgesamt doch etwas ernüchternden Befund für das Gegenwartstheater, indem Sie folgende Fragen beantworten und das Ergebnis anschließend in Form eines Kommentars darstellen.
- Wie oft sind Sie in den letzten zwölf Monaten ins Theater gegangen?
- Welche der Stücke, die Sie in diesem Zeitraum gesehen haben, sind dem Begriff „zeitgenössisches deutschsprachiges Theater" (= Stücke, die in den letzten zehn Jahren entstanden sind) zuzuordnen?
- Wie schätzen Sie Ihr Interesse am zeitgenössischen Theater ein?
- Was hält Sie davon ab, öfter ins Theater zu gehen? Was würde Sie dazu animieren, Ihre Besuchsfrequenz zu erhöhen?

Zäsur in der Theaterlandschaft

Die Tatsache, dass die das deutschsprachige Theater von den 60er- bis in die 80er-Jahre prägenden Dramatiker Thomas Bernhard († 1989), Friedrich Dürrenmatt († 1990), Max Frisch († 1991) und Heiner Müller († 1995) innerhalb weniger Jahre verstorben sind, begründet eine Zäsur in der Theaterlandschaft. Auch Heiner Müller schreibt nach 1989 nur mehr einen Text für das Theater: *Germania 3. Gespenster am Toten Mann* (1996 erschienen). Ansonsten ist er eifrig im Kulturbetrieb tätig und führt Regie.

Botho Strauß, bereits in den 70er-Jahren als Dramatiker in der BRD aktiv, gilt nach der Wende als der wichtigste deutsche Dramatiker. Er geht mit *Schlusschor* (1991) der „[…] Frage nach der historischen, nach der politischen und gesellschaftlichen Substanz der jüngsten Entwicklung in Deutschland […]" nach.

Mit *Ithaka. Schauspiel nach den Heimkehr-Gesängen der Odyssee* (1996), einer **Prosa-Adaption** der homerschen Verse des Odyssee-Stoffes, die sich sprachlich eng an die Vorlage hält, hat sich Botho Strauß den Vorwurf der „Antimoderne" eingehandelt.

Odysseus, der abgerissen und müde nach zwanzigjähriger Abwesenheit von seinen Irrfahrten aus dem Trojanischen Krieg zurückkommt, massakriert als Bettler verkleidet gemeinsam mit seinem Sohn Telemach die schmarotzenden Freier seiner Gattin Penelope, die die Staatskasse plündern und die Sitten verderben. Ein Bogenkampf mit dem Bogen des Odysseus, bei dem der Gewinner Penelope zur Frau bekommen soll, wird zum Rachefeldzug, in dem Odysseus die Freier, verweichlichte Fürstensöhne, abschlachtet:

ODYSSEUS Hört , ihr Freier, der Wettkampf ist schon entschieden. Jetzt wähle ich ein anderes Ziel, das noch keiner getroffen.
Sein Pfeil – wieder mit hohem Sirren und im verlangsamten Flug – durchbohrt die Kehle des Antinoos. Die Freier stehen von Entsetzen gelähmt.
5 **VERSCHIEDENE FREIER** Fremder: bist du von Sinnen?!
Das Schießen auf Männer ist hier verboten.
Er hat wirklich den Antinoos getroffen!
Er hat doch mit Absicht geschossen.
Er hat nicht mit Absicht geschossen.
10 *Sie untersuchen den gestürzten Antinoos.*
Ein dicker Blutstrahl strömt aus der Nase.
Der Pfeil traf seine Gurgel. Die Spitze steht hinten beim Nacken heraus.
Zu den Waffen! Zu den Waffen! Dich wird es jetzt treffen!
Dich fressen die Geier. Erschießt unseren Besten, nur aus reinem Vergnügen! Wo sind die Waf-
15 fen? Die Waffen, die rings an den Wänden der Halle hingen? Die Waffen des Odysseus, wo sind sie? Bogen, Schwerter und Schilde … Waffen! Waffen! Gebt uns die Waffen heraus!
ODYSSEUS Ihr Hunde. Ihr glaubtet, ich kehrte niemals von Troja zurück in mein Haus. Ihr habt es scheußlich geplündert. Um mein Weib habt ihr gebuhlt und von ihrem Fenster mit schmutzigen Mägden gehurt. Hirten und Bauern habt ihr um ihre Erträge geprellt. Meinen
20 Sohn wolltet ihr morden und tilgen das ganze Herrschergeschlecht. Euch droht jetzt die schiere Vernichtung.
[…]
AMPHINOMOS Nur zu, alter Irrfahrer, vor Troja warst du besser, hört' ich. Als es um Helena ging, fielen dir klügere Listen ein. Um deine eigene Frau kämpfst du wie ein Ochs. Deine Gat-

25 tin hätte es wohl verdient, daß du dein Haus mit sorgfältigem Kriegsplan wiedergewinnst statt mit Raserei und blinder Wut. So einer wie Odysseus sollte seinen Ruhm nicht überleben. *Amphinomos stürzt sich mit dem Schwert auf Odysseus. Telemach ist von hinten gefolgt und stößt ihm die Lanze zwischen die Rippen. Der Sterbende fällt dem Odysseus in die Hände und besudelt ihn mit Blut.*

30 **ODYSSEUS** Mein Lieber ... ich wünschte, das Schicksal hätte dir ein wenig Ruhm gegönnt. So ging dir alles schief in deinem kurzen Leben.

Zu Telemach Einpferchen. Abschlachten.

Ein Viereck aus Segeltuchwänden sinkt herab und schließt die Freier ein. Gleichzeitig flüchten Odysseus und Telemach zu Eumaios in das obere Stockwerk, über dessen Brüstung sie alle drei

35 *anlegen und die Freier mit Pfeilen hinrichten. Das Segeltuch wird an etlichen Stellen mit Blut durchtränkt.*

[...]

ODYSSEUS [...] Befiehl den schlechten Mägden die Halle zu putzen. Dann führt sie versammelt nach draußen. Stellt sie vor die Mauer und schlagt sie mit Stöcken. Jagt ihnen die Seele

40 aus dem lüsternen Leib. Aphrodite sollen sie gründlich vergessen. Später erhängt sie an den Waffenhaken dort an den Wänden.

> • Beschreiben Sie, wie Odysseus im Textauszug dargestellt wird. Wie korrespondiert diese Darstellung mit seiner Sprache?

In einem harmonisierenden Schluss, der bei Homer fehlt, macht die Göttin Pallas Athene Odysseus wieder zum König:

ATHENE Nichts mehr vom schrecklichen Krieg! Männer von Ithaka, steht still! Bleibt, wo ihr seid, und spart euer Blut!

Durch euer Verschulden ist der ausweglose Streit entstanden. Mir gehorchtet ihr nicht, als ich euch warnte, und brachtet eure Söhne nicht ab vom gesetzlosen Müßiggang. Darin schritten

5 sie vor zu abscheulichem Frevel, raubten das Hab und Gut eines fürstlichen Manns. Schändeten das Ansehen seines hochherzigen Weibs. Dafür haben sie die gerechte Strafe erhalten. Denn es kehrte zurück der große Odysseus und säuberte gründlich sein Haus.

ODYSSEUS Ihr Lumpenpack, ihr dreckigen Hunde! Euch durchstoß ich die Kehle! Ihr Thronräuber! Ihr Abschaum! Euch zerreiße ich die Gedärme! Gleich liegt ihr zerstückelt am Boden

10 wie vorher eure Schlangenbrut.

Ein blitzförmiger Speer fällt vom Himmel.

ATHENE Lieber Odysseus, halt ein! Der Streit ist vorbei. Zeus Kronion hat es beschlossen, der oberste Herrscher im Himmel. Brüll nicht mehr wie ein blutrünstiger Krieger. König bist du von Ithaka und einem weit größeren Reich ... *zu den Ithakesiern* Da nun wiedervereint ist

15 das Paar, tritt durch sie beide die heilige Ordnung wieder in Kraft. Odysseus gebietet über die Insel und alle Städte und Stämme, die um die kluge Penelope warben. Eide der Treue schwören ihm Festland und Inseln. Wir aber verfügen, was recht ist: aus dem Gedächtnis des Volkes wird Mord und Verbrechen des Königs getilgt. Herrscher und Untertanen lieben einander wie früher. Daraus erwachsen Wohlstand und Fülle des Friedens den Menschen. Aus

20 göttlichem Spruch entstand der Vertrag. Wer ihn nicht einhält oder vergißt, der fürchte den Zorn und die Strafe des Vaters, der weit in die Welt schaut. [...]

- Wie bewerten Sie das Ende? Welche politische Aussage wird getroffen? Wie sehen Sie in diesem Zusammenhang das, was Odysseus den Männern von Ithaka förmlich entgegenschleudert?

Postdramatisches Theater

Das Konzept von **Christof Schlingensief**, vom Literaturwissenschafter Ralf Schnell als „Post-dramatisches Theater" bezeichnet, hat seine Ursprünge in den Happenings der 60er-Jahre und in der Aktionskunst. In seinen Performances, die von Laien und SchauspielerInnen umgesetzt werden, fordert er die Öffentlichkeit mit seinem Konzept der „Selbstprovokation" heraus. Schlingensief bezeichnet seine Inszenierungen als Aktionen. 2000 sorgt Schlingensief in Wien mit einer Adaption der TV-Serie Big Brother für Furore und große Aufregung, insbesondere bei der österreichischen Boulevard-Presse: In der Aktion „Bitte liebt Österreich" vor der Wiener Staatsoper, die Schlingensief mit zwölf Asylbewerbern sechs Tage lang inszeniert, thematisiert er Populismus und Ausländerverachtung und menschenverachtende Quotengeilheit:

[…] Unter Bezugnahme auf das RTL2-Spektakel BIG BROTHER ist die österreichische Bevölkerung dazu aufgerufen, per Telefon täglich die zwei ungeliebtesten Insassen aus dem Container herauszuwählen. Auch via Internet kann abgestimmt werden. Dort überträgt die Firma Webfreetv sechs Tage lang rund um die Uhr live die Ereignisse im Container. […]

5   Allabendlich um 20.00 Uhr müssen zwei Bewohner den Container verlassen, um in ihr Heimatland abgeschoben zu werden. Dem Sieger winkt ein Geldgewinn und eventuell, so sich Freiwillige finden, die Einheirat in die österreichische Wahlheimat. […]".

- Wie würden Sie die Sinnhaftigkeit einer solchen Aktion/Inszenierung, die Provokationen Schlingensiefs bewerten?
- Wo liegt, Ihrer Meinung nach, die künstlerische Bedeutung bzw. Qualität einer Aktion wie der oben beschriebenen? Ist das für Sie „zeitgenössissches Theater"?

Prosaliteratur: eine große Vielfalt

Die Prosaliteratur seit 1989/90 ist insgesamt von einer so großen Fülle und Vielfalt an Themen, Schreibweisen und –motivationen gekennzeichnet, dass sich zwar einzelne „Gruppierungen" feststellen lassen, eine halbwegs plausible Systematik aber kaum möglich ist. So wird im Folgenden versucht, diese Gruppierungen an konkreten Beispielen festzumachen und zumindest eine kleine Auswahl an Autorinnen und Autoren vorzustellen.

„Wende-Literatur"

Wichtiges Thema der Prosaliteratur nach 1989 ist natürlich die deutsche Einheit, die politisch überwundene Teilung Deutschlands. Diese Einheit wird allerdings im Osten der Republik auch noch nach zwei Jahrzehnten nicht immer unbedingt als solche empfunden; zu groß sind offensichtlich nach wie vor die sozialen Unterschiede.

Kennzeichnend für die sogenannte „Wende-Literatur" ist die Vielfalt von Formen, die vom Comic über autobiografische Texte, Interviews, Prosatexte und verschiedene Anthologien bis hin zu Polemiken und Pamphleten reicht.

Abrechnung mit dem DDR-Regime – Monika Maron: *Stille Zeile sechs*

Die ersten drei Romane von Monika Maron, 1941 geboren, können nur in der Bundesrepublik erscheinen. Als sie sich im ZEIT-Magazin kritisch über das DDR-System äußert, wird die Zusage, ihr Buch *Flugasche* könne in der DDR erscheinen, zurückgenommen. Daraufhin entschließt sie sich 1988, in der Bundesrepublik zu leben.

Eine schonungslose Abrechnung mit dem Ex-Regime der DDR schreibt sie mit dem Roman *Stille Zeile sechs*, der 1991, also nach der Wiedervereinigung, veröffentlicht wird.

Monika Maron (2004)

Die Protagonistin des Romans, Rosalind Polkowski, beschließt, ihren Beruf als Historikerin aufzugeben und ihre geistigen Fähigkeiten nur für Tätigkeiten zu benutzen, die sie interessieren:

Ich hätte in diesem Sinne keinen Beruf mehr, sondern lebte von Schreibarbeiten und anderen Dienstleistungen, die ich ausführen könnte, ohne von meinem Kopf spezielle Denkarbeit zu verlangen. […] Bestimmte Ereignisse in meinem Leben, sagte ich, haben mich davon überzeugt, daß es eine Schande ist, für Geld zu denken, und in einem höheren Sinne ist es sogar verboten.

In einem Kaffeehaus lernt sie Herbert Beerenbaum, einen ehemals mächtigen SED-Funktionär und Professor, kennen. Er wohnt in Stille Zeile sechs, einer ruhigen Gegend für Begüterte. Beerenbaum bietet ihr eine Arbeit an, bei der sie ihren Kopf nicht mehr zu nutzen braucht: Sie ersetzt ihm die rechte Hand, die seit einem Schlaganfall gelähmt ist, und schreibt Beerenbaums Memoiren. Obwohl Rosalind sich vorgenommen hat, nur ihre Hand einzusetzen, nicht aber den Kopf in den Dienst des Mannes zu stellen, kommt es zwischen beiden zu einem Kampf um ein Stück Geschichte, das ihr Leben ausgemacht hat, in dem sich Rosalind als Opfer fühlt und in dem sie Beerenbaum als Täter ansieht.

Sie merkt bald, dass Beerenbaum doch ihren Kopf benutzt. Immer mehr fühlt sie, erfährt sie, bemerkt sie, dass Beerenbaum ein Verbrecher ist. Rosalind rechnet mit ihm und gleichzeitig mit ihrem Vater ab, der zur selben Generation wie Beerenbaum gehört. Sie fragt ihn aus, treibt ihn in die Enge, sie wehrt sich dagegen, dass dunkle Punkte in der sozialistischen Vergangenheit verschwiegen werden, wie das Hotel Lux[2], der Archipel Gulag[3], die Mauer, ein Stück Geschichte, das Beerenbaum in seinen Memoiren verherrlichen will. Rosalind merkt, dass Beerenbaum dieselben Phrasen wie ihr Vater benutzt, und wünscht ihm den Tod.

In dieser Minute begriff ich, daß alles von Beerenbaums Tod abhing, von seinem und dem seiner Generation. Erst wenn ihr Werk niemandem mehr heilig war, wenn nur noch seine Brauchbarkeit entscheiden würde über deren Bestand oder Untergang, würde ich herausfinden, was ich im Leben gern getan hätte.

Im Laufe des Kampfes werden Rosalind die eigenen Abgründe bewusst, sie fühlt, dass sie unter Umständen fähig wäre zu morden. Als sie dann noch daraufkommt, dass Beerenbaum für die dreijährige Haftzeit des Grafen, eines Sinologen und Freundes, verantwortlich ist, fühlt sie, wie sehr ihr Schicksal mit dem Beerenbaums verknüpft ist. Als sie ihn gezielt nach dem Grafen fragt und ihm Vorwürfe macht, erleidet der Schwerkranke einen Schlaganfall, an dessen Folgen er stirbt.

Ich hörte Rosalind kreischen, sah, wie sie dabei den Speichel in einem breiten Kegel versprühte und mit den Fäusten auf die Schreibmaschine einschlug. Das Schlimmste sah ich in ihren Au-

---

[2] Hotel in Moskau, in dem Emigranten wohnen, die sich zum Teil gegenseitig denunzieren
[3] Arbeitslager in Sibirien

gen, wo sich spiegelte, was sie nicht tat: Rosalind stehend vor Beerenbaum, die Faust erhoben zum Schlag, die andere Hand an Beerenbaums Hals zwischen Kinn und Kehlkopf. Die Faust traf

5 sein Gesicht. […] Er rührte sich nicht. Als das Blut aus seinem Ohr lief, gab sie erschöpft auf. […] Obwohl sie nun schwiegen, hing noch immer Bedrohliches zwischen den beiden. Nur Rosalind schien zu wissen, was geschehen würde. Gebannt fixierte sie den geschlagenen Beerenbaum. Langsam hob er den Kopf und dann erkannte auch ich den Todesschrecken auf seinem Gesicht. Durch den halboffenen Mund sog er keuchend die Luft. Die gesunde Hand verkrampfte

10 sich über der Brust, da wo der Atem in einem Röcheln verendete. Die andere Hand griff, Halt suchend, ins Leere. Rosalind sah die ihr entgegengestreckte Hand, sah den sterbenden Beerenbaum und wartete auf seinen Tod. Als ich endlich verstand, daß sie nichts tun würde, um ihn zu retten, fand ich meine Stimme wieder. Die Haushälterin wußte, wo die Schachtel Nitranginkapseln lag. Ich rief den Notarzt. Man

15 brachte Beerenbaum ins Krankenhaus. Danach habe ich ihn nur noch einmal gesehen.

- Der Roman ist fast durchgängig in der Ichform geschrieben. Welche Perspektive können Sie in diesem Textausschnitt feststellen? Warum, glauben Sie, hat die Autorin hier nicht die Ichform beibehalten?
- Es handelt sich um die „Mordszene", findet sie in der Realität statt?

Eine idyllische Gegenwelt zur Beziehung Rosalind–Beerenbaum stellt die Freundschaft zu der Klavierlehrerin Thekla dar. Sie spricht Rosalind, die erschrocken ist über ihre Fähigkeit zum Mord, von ihrer Schuld frei:

Wenn jemand in seinem Leben Dinge tut, […] wenn jemand so schreckliche Dinge tut, daß er stirbt, weil man ihn danach fragt, ist er selbst schuld …

Nach der Beerdigung Beerenbaums erhält Rosalind von dessen Sohn die Manuskripte:

Ich weiß, was in dem Paket ist. Ich will es nicht haben. Ich will damit nichts mehr zu tun haben. Trotzdem greife ich danach. […] Ich werde es auf keinen Fall öffnen.

Kommerzielle Bucherfolge

Große kommerzielle Bucherfolge sind **Thomas Brussigs** *Helden wie wir* (1995) und sein Roman *Am kürzeren Ende der Sonnenallee* (2000). Als der Roman entsteht, sind bereits **10 Jahre seit der Wende** vergangen. Er ist aus der Sicht eines Autors geschrieben, der 1965 in der ehemaligen DDR geboren wurde und die Wende bewusst miterlebt hat. Thomas Brussig schrieb 2000 in Zusammenarbeit mit dem Regisseur Leander Haussmann ein Drehbuch für den gleichnamigen Film, aus dem sich der Roman entwickelte. Die Sprache des Romans ist einfach, der Erzählstil ist lakonisch, locker und witzig, gepaart mit freundlicher Ironie.

Thomas Brussig (2007)

Die Sonnenallee, die vor 1918 Kaiser-Friedrich-Straße und im Dritten Reich Braunauer Straße hieß, ist etwa fünf Kilometer lang und führt durch die Berliner Bezirke Neukölln und Treptow-Köpenick. Das längere Ende der Sonnenallee liegt im Westen, das kürzere (nur etwa 300 Meter) im Osten. Die Sonnenallee endet in Neukölln in einer Aussichtsterrasse, von der man auf die „Zonis" hinunterschauen kann. Die Grenzübergangsstelle Sonnenallee gibt es von 1961 bis 1989.

Die 300 Meter sind Schauplatz von Thomas Brussigs Roman *Am kürzeren Ende der Sonnenallee*, die Handlung spielt im Jahr 1978. Der Episodenroman ist zugleich eine Liebesgeschichte, ein Jugendroman, ein Zeitporträt und ein sogenanntes Ostalgie-Produkt.[4] Brussig beschreibt humorvoll die Zeit, die er selbst erlebt hat:

Über Wochen und Monate brachte er es nie fertig, Miriam anzusprechen, und wenn sich die Gelegenheit hätte ergeben können, zum Beispiel bei der Schulspeisung, wenn sie plötzlich vor ihm in der Schlange stand, dann verkrümelte er sich wieder. [...]

Einmal, in einer echten Zwangslage, hat Micha dann doch versucht, Miriams Aufmerksamkeit auf
5   sich zu lenken. Die „Zwangslage" bestand darin, daß er zu einem Diskussionsbeitrag verdonnert worden war. Sein Freund Mario hatte die Parole DIE PARTEI IST DIE VORHUT DER ARBEITERKLAS-SE!, die in großen Lettern im Foyer der Schule prangte, an der richtigen Stelle um ein A bereichert. Mario wurde dafür verpetzt; eine Petze, die jeden verpetzte, fand sich immer. Leider stand Mario auf so einer Art Abschußliste. „Noch so 'n Ding, und du bist fällig", hieß es beim letztenmal, und
10   da wurde er nur beim Rauchen erwischt. Und jetzt war er fällig – was immer das heißen sollte. Mario wollte Abitur oder mindestens eine Lehrstelle als Kfz-Mechaniker, aber plötzlich blühte ihm eine Karriere als Betonbauer, Zerspaner oder Facharbeiter für Umformtechnik. Doch als Marios Freund hat nun Micha das mit dem A auf sich genommen; vielleicht spielte dabei auch eine Rolle, daß sie gerade Schillers *Bürgschaft* durchgenommen hatten. Ganz sicher jedoch hätte
15   Micha gern in dem Ruf gestanden, verwegene Taten zu vollbringen. Und ein A an der richtigen Stelle in einer roten Parole anzubringen war eine verwegene Tat. Leider wußte weder Mario noch Micha, daß die Parole auf Lenin zurückging. Der Strick, der einem Übeltäter um den Hals gelegt werden sollte, wurde wie folgt gedreht: Wer Lenin beleidigt, beleidigt die Partei. Wer die Partei beleidigt, beleidigt die DDR. Wer die DDR beleidigt, ist gegen den Frieden. Wer gegen den
20   Frieden ist, muß bekämpft werden – und wie es aussah, hatte Micha Lenin beleidigt. Deshalb wurde er von seiner Direktorin, die mit dem Namen Erdmute Löffeling gestraft war, zu einem Diskussionsbeitrag verdonnert.
Diskussionsbeiträge waren eine echte Strafe, obwohl sie eigentlich eine echte Ehre waren. Niemand wollte einen Diskussionsbeitrag halten. Jeder redete sich heraus. Dabei mußte durchklin-
25   gen, daß man wirklich gern würde, aber leider, leider durch widrige Umstände daran gehindert sei. „Ich habe Hemmungen vor so vielen Menschen." „Es gibt bestimmt Bessere." „Mir fällt nichts ein, was würdig genug wäre." „Ich bin kein guter Redner." „Ich hab keine Zeit, um mich vorzu-bereiten, meine Mutter ist krank." „Ich durfte schon im letzten Jahr." „Ich bin bestimmt heiser." Micha allerdings konnte sich nicht herausreden. Er hatte gesündigt und mußte Reue zeigen. Sein
30   Diskussionsbeitrag sollte heißen „Was uns die Zitate der Klassiker des Marxismus-Leninismus heu-te sagen". Miriam hatte noch nie mit Micha zu tun gehabt. Er befürchtete, für Miriam „der mit der roten Rede" zu werden, wenn sie ihn ausgerechnet mit dieser Rede das erstemal wahrnimmt. Micha mußte sich noch vorher bei Miriam in Szene setzen. Darin bestand die Zwangslage.

- Worin liegt für Sie der ironisch-humorvolle Aspekt des vorliegenden Textausschnitts aus *Am kürzeren Ende der Sonnenallee*?
- Welche Ausdrücke würden Sie als spezifisch jugendsprachlich ansehen? Markieren Sie die entsprechenden Wörter bzw. Textteile.
- Was erfahren Sie als Leserin/Leser von den politischen Verhältnissen in der ehemaligen DDR? Machen Sie Ihre Einschätzungen auch am Begriff „Diskussionsbeitrag" fest.

---

4   Ostalgie: angelehnt an Nostalgie: geschönte Erinnerung an die Zeit der DDR/Ostdeutschlands

Die Mauer, Wachtürme, Stacheldraht und Gewehre, die Unterdrückung durch die Diktatur sind allgegenwärtig, aber auch die Angst des Systems vor jugendlichen Freaks und Aussteigern, die Helden im Roman sind, wird gezeigt.

Das Merkwürdige an der Mauer war, daß die, die dort wohnten, die Mauer gar nicht als außergewöhnlich empfanden. Sie gehörte so sehr zu ihrem Alltag, daß sie sie kaum bemerkten, und wenn in aller Heimlichkeit die Mauer geöffnet worden wäre, hätten die, die dort wohnten, es als allerletzte bemerkt.

Ein wichtiges Thema ist die Musik. So spielt der Song „Moscow" von der Gruppe „Wonderland", „der verbotenste aller verbotenen Songs", eine große Rolle.

Moscow, Moscow wurde immer in einer Art autistischer Blues-Exstase gehört – also in wiegenden Bewegungen und mit zusammengekniffenen Augen, die Zähne in die Unterlippe gekrallt. Es ging darum das ultimative Bluesfeeling zu ergründen und auch nicht zu verbergen, wie weit man es darin schon gebracht hat. Außer der Musik und den eigenen Bewegungen gab es nichts, und so bemerkten die vom Platz erst viel zu spät, daß der ABV[5] plötzlich neben ihnen stand, und zwar in dem Moment, als Michas Freund Mario inbrünstig rief: „O Mann, ist das verboten! total verboten!" und der ABV den Recorder ausschaltete, um triumphierend zu fragen: „Was ist verboten?"

Der Protagonist des Romans, Micha Kuppisch, ist ein „echter Zoni", trotzdem dreht sich auch bei ihm wie bei den Jugendlichen im Westen das Leben um Musik, Zukunftspläne und Liebe.

Nach dem Fall der Mauer, dem Ende der DDR, schreibt Micha:

Mensch, was haben wir die Luft bewegt, […] Es wäre ewig so weitergegangen. Es war von vorn bis hinten zum Kotzen, aber wir haben uns prächtig amüsiert. Wir waren alle so klug, so belesen, so interessiert, aber unterm Strich war's idiotisch. Wir stürmten in die Zukunft, aber wir waren so was von gestern. Mein Gott, waren wir komisch, und wir haben es nicht einmal bemerkt.

Ingo Schulze

Ingo Schulze erzählt in *Simple Storys. Roman aus der ostdeutschen Provinz* (1998) in knappen Prosatexten – 29 Episoden, die formal voneinander getrennt sind – von den Bewohnern der ostthüringischen Kleinstadt Altenburg, von Alltagsbegebenheiten, vom Zusammenbruch einer „ganzen Welt" nach 1990, von ostdeutschen Biografien. Die Handlung umfasst die Jahre zwischen 1990 und 1993/94. Circa 40 Haupt- und Nebenfiguren, die vor allem im Distributions- und Dienstleistungssektor arbeiten, bevölkern die Szenerie und verkörpern alltägliche ostdeutsche Lebensmuster der 90er-Jahre. Die Probleme mit Rechtsradikalen sind bereits Tatsache:

KAPITEL 3 – Mal eine wirklich gute Story

Danny erzählt von Krokodilsaugen. Sie schreibt zuwenig für Anzeigenkunden und zuviel über Schlägereien. Christian Beyer, ihr Chef, ist unzufrieden. Peter Bertrams Geschichte. Zum Schluß muß sich Danny etwas ausdenken.

5   Es ist Februar 91. Ich arbeite bei einer Wochenzeitung. Überall wartet man auf den großen

---

5   ABV: Abschnittsbevollmächtigter, Angehöriger der Volkspolizei, der für einen Wohnbezirk die Verantwortung trug und für Ordnung und Sicherheit sorgte

Aufschwung. Supermärkte und Tankstellen werden gebaut, Restaurants eröffnet und die ersten Häuser saniert. Sonst gibt es aber nur Entlassungen und Schlägereien zwischen Faschos und Punks, Skins und Redskins, Punks und Skins. An den Wochenenden rückt Verstärkung an, aus Gera, Halle oder Leipzig-Connewitz. Es geht immer um Vergeltung. Die Stadtverordneten
10 und der Kreistag fordern Polizei und Justiz zu energischen Schritten auf.
Anfang Januar schrieb ich eine ganze Seite über das, was sich regelmäßig freitags auf dem Bahnhof abspielt. Von Patrick stammten die Photos. Eine Woche später sorgte ein anderer Artikel von mir für Wirbel. Nach Zeugenaussagen berichtete ich, daß Unbekannte nachts in Altenburg-Nord eine Wohnung aufgebrochen und den fünfzehnjährigen Punk Mike P. fast
15 erschlagen hatten. Nach zwei Tagen war er aus dem Koma erwacht. […]
Beyer, unser Chef, untersagte mir, die Beiträge zu unterzeichnen. Auch Patricks Name durfte nicht erscheinen. […] Beyer erwog ernsthaft, einen Schäferhund für die Redaktion anzuschaffen. „Gegen Vandalismus", sagte er, „versichert einen niemand." […]
Außerdem werde ich mal wieder in Beyers Zimmer zitiert, weil ich den Artikel über Nelson-
20 Immobilien noch nicht fertig habe. Harry Nelson ist Anzeigenkunde, wöchentliche Schaltung, dreispaltig, hundert Millimeter, trotz Prozent Rabatt immer noch DM 336,– plus Mehrwertsteuer, ergibt im Jahr 17.472,– plus Mehrwertsteuer. „Haben oder nicht haben", sagt Beyer. […]

- In welcher „Zwangslage" befindet sich die Zeitung, für die die Protagonistin arbeitet, offenbar? Welche Interessenkonflikte liegen vor? Warum darf sie ihre Beiträge nicht namentlich kennzeichnen?
- Wann würde für Sie eine saubere Trennung zwischen redaktionellem Teil und Werbung vorliegen? Welche Tageszeitungen erfüllen Ihrer Meinung nach diese Ihre „Vorgaben" und welche nicht? Belegen Sie Ihre Behauptungen mit Argumenten und Beispielen.

Migrationsliteratur

Eine Bereicherung für die deutsche Literatur stellen die Texte von Autorinnen und Autoren dar, die nicht deutschstämmig sind. Gemeinsam ist diesen Texten, dass ihre Autorinnen und Autoren im Austausch mit der ihnen „fremden" Kultur einen Prozess der kulturellen Transformation[6] durchlaufen, aus dem „eine ästhetisch eigenständige, deutschsprachige Literatur an der Grenze – oder an den Grenzen – zweier Kulturen" (Ralf Schnell) entsteht.
Als Beispiele für diese Literatur an der Grenze zweier Kulturen seien an dieser Stelle **Wladimir Kaminer**, **Feridun Zaimoğlu** und **Ilija Trojanow** angeführt.
Wladimir Kaminer wurde 1967 in Moskau geboren und wanderte 1990 nach Deutschland aus. Heute veröffentlicht er regelmäßig Texte in der *FAZ*, in der *Frankfurter Rundschau* und in der *taz*. Mit der Erzählsammlung *Russendisco* (2000), in der er humorvoll mit dem „fremden" Blick des russischen Emigranten die Absonderlichkeiten des deutschen Alltags beschreibt, landete Kaminer einen Bestseller.

Feridun Zaimoğlu

Feridun Zaimoğlu, 1964 im anatolischen Bolu geboren, lebt seit über 35 Jahren in Deutschland. 2007 bekommt er für seinen Roman *Leyla* (2006) den Grimmelshausen-Preis. Darin beschreibt Zaimoğlu den Lebensweg von Leyla, die mit fünf Geschwistern in einer anatolischen Kleinstadt aufwächst, ihr Erwachsenenwerden in der Türkei und ihren Weg ins ihr fremde reiche Deutsch-

---

[6] Transformation: Umwandlung, Umformung

land. In *Kanak Sprak. 24 Misstöne vom Rande der Gesellschaft* (1995) transferiert Feridun Zaimoğlu die mündliche Sprache zorniger junger Männer türkischer Abstammung, sogenannte „Kanakster", in eine Mischung aus heimatlichen Dialekten und krassem Straßendeutsch.

Längst haben sie einen Untergrund-Kodex entwickelt und sprechen einen eigenen Jargon: Die „Kanak-Sprak", eine Art Creol oder Rotwelsch mit geheimen Codes und Zeichen. Ihr Reden ist dem Free-Style-Sermon im Rap verwandt, dort wie hier spricht man aus einer Pose heraus. Diese Sprache entscheidet über die Existenz. Man gibt eine ganz und gar private Vorstellung
5 in Worten.
Die Wortgewalt des Kanaken drückt sich aus in einem herausgepressten, kurzatmigen und hybriden[7] Gestammel ohne Punkt und Komma, mit willkürlich gesetzten Pausen und improvisierten Wendungen. Der Kanake spricht seine Muttersprache nur fehlerhaft, auch das „Alemannisch" ist ihm nur bedingt geläufig. Sein Sprachschatz setzt sich aus „verkauderwelschten"
10 Vokabeln und Redewendungen zusammen, die so in keiner der beiden Sprachen vorkommen. […] Er unterstreicht und begleitet seinen freien Vortrag mimisch und gestisch.

Akay, 29, beschreibt im Kapitel „Den Fremdländer kannst du nimmer aus der Fresse wischen" seine Identität in Deutschland:

Honey, ich liefer dir den rechten zusammenhang, du willst es wissen, ich geb dir das verschissene wissen: wir sind hier allesamt nigger, wir haben unser ghetto, wir schleppen´s überall hin, wir dampfen fremdländisch, unser schweiß ist nigger, unser leben ist nigger, die goldketten sind nigger, unsere zinken und unsere fressen und unser eigner stil ist so verdammt nigger, daß
5 wir wie blöde an unsrer haut kratzen, und dabei kapieren wir, daß zum nigger nicht die olle pechhaut gehört, aber zum nigger gehört ne ganze menge anderssein und andres leben. Die haben schon unsre heimat prächtig erfunden: kanake da, kanake dort, wo du auch hingerätst, kanake blinkt dir in oberfetten lettern sogar im traum, wenn du pennst. […], und ich sage, mann, das ist obergroße etikette mit deinem eigentlichen elenden hundescheißenamen
10 drauf.. […] Das ist die niggernummer, kumpel, es gibt die saubere kanakentour und die schmutzige, was auch immer du anstellen magst, den fremdländer kannst du nimmer aus der fresse wischen.

> • Analysieren Sie, inwiefern Feridun Zaimoğlu in *Kanak Sprak* Syntax, Semantik und Sprachordnung auflöst. Zitieren Sie entsprechende Beispiele aus dem Textauszug. Können Sie selbst Beispiele aus Ihrer „Lebenswelt" für das zitieren, was Feridun Zaimoğlu als „Kanak Sprak" bezeichnet?

Feridun Zaimoğlus Roman *Abschaum. Die wahre Geschichte des Ertan Ongun* (1997) wurde 2000 unter dem Titel *Kanak Attack* verfilmt.

Ilija Trojanow

Ilija Trojanow, 1965 in Sofia geboren, erhielt 1971 politisches Asyl in Deutschland. Für seinen Roman *Der Weltensammler* (2006) wurde er mit dem Preis der Leipziger Buchmesse 2006 ausgezeichnet. Für die Recherchen zu *Der Weltensammler,* einem Abenteuerroman über den englischen Schriftsteller und Abenteurer Richard Francis Burton, einen Lebemann des 19. Jahrhunderts, ist Trojanow sieben Jahre durch Asien, Afrika und Nordamerika gereist. Der Vorspann zum Roman lautet:

---

[7] hybrid: von zweierlei Herkunft, zwitterhaft

Dieser Roman ist inspiriert vom Leben und Werk des Richard Francis Burton (1821–1890). Die Handlung folgt der Biographie seiner jungen Jahre manchmal bis ins Detail, manchmal entfernt sie sich weit von dem Überlieferten. Obwohl einige Äußerungen und Formulierungen von
5 Burton in den Text eingeflochten wurden, sind die Romanfiguren sowie die Handlung überwiegend ein Produkt der Phantasie des Autors und erheben keinen Anspruch, an den biographischen Realitäten gemessen zu werden. Jeder Mensch ist ein Geheimnis; dies gilt umso mehr für einen Menschen, dem man nie begegnet ist. Dieser Roman ist eine persönliche Annäherung an ein Geheimnis, ohne es lüften zu wollen.

Ilija Trojanow (2007)

• Was „verrät" Ilija Trojanow der Leserin/dem Leser über seine Erzählstrategie, über seine Methode, die Geschichte von Richard Francis Burton zu erzählen? Welche Ansprüche stellt er an sich selbst als Autor? Wie geht er mit „Realität" um?

Hans Christoph Buch

Reportagen von den Rändern der Welt, aus den Krisengebieten, schreibt der deutsche Schriftsteller Hans Christoph Buch. In seinen Berichten und Essays aus der Dritten Welt, aber auch von den Rändern Europas, beschreibt er die Schrecken, schreibt über „Schlächter und Voyeure an den Fronten des Weltbürgerkriegs".

„Warum machen Sie das? Warum begeben Sie sich freiwillig in Gefahr, Herr Buch?!" Auf die mir immer wieder gestellte Frage habe ich außer einem verlegenen Lächeln keine Antwort parat, weil ich es nicht genau weiß – das Motiv meines Handelns ist mir selbst nicht klar. […] Abenteuerlust gehört sicher dazu, aber Neugier ist das bessere Wort dafür: Neugier auf die
5 *condition humaine*[8] nach dem Ende des Kalten Krieges – ich will wissen, wie meine Mitmenschen zu Beginn des 21. Jahrhunderts leben und woran sie sterben – aber auch Neugier auf mich selbst. Indem ich mich in Extremsituationen begebe, versuche ich, etwas in Erfahrung zu bringen über mich selbst.
Was mich weit weniger interessiert, ist das, was als veröffentlichte Meinung in den Zeitungen
10 steht und, bis zum Erbrechen wiedergekäut, aus allen Fernsehkanälen schwappt. (…) Die Wirklichkeit ist barbarischer, als das Fernsehen sie zeigt (die schlimmsten Bildern bleiben den Zuschauern erspart), und zugleich weniger schlimm, weil nicht überall gleichzeitig getötet und gestorben wird. Materialschlachten wie im Ersten oder Zweiten Weltkrieg (oder am Persischen Golf) habe ich ohnehin nicht erlebt, nur den so genannten *low intensity war*, der Märk-
15 te zerstört statt Fabriken und Hütten an Stelle von Palästen. Ausnahme: die tschetschenische Hauptstadt Grosny […]. Zensur und Manipulation finden nicht nur bei der Kommentierung statt, sondern schon im Vorfeld, bei der Frage nämlich, über welchen Teil der Welt wo und wie ausführlich berichtet wird.

• Was ist das Interesse von Hans Christoph Buch an den „kleinen" Krisenherden dieser Welt? Er bezeichnet diese Konflikte als *low intensity war*.
• Was kritisiert er an der medialen Berichterstattung?
• Auf welchen Dichter bzw. welches Zitat spielt Hans Christoph Buch mit dem Krieg, der „Märkte zerstört statt Fabriken und Hütten an Stelle von Palästen" an?

---

[8] condition humaine: die Bedingungen der menschlichen Existenz

Popliteratur

Tristesse Royale

„Gibt es denn gar keine bleibenden Werte mehr? […] Doch, eine Uhr von IWC[9]", räsonieren Popautoren in *Tristesse Royale*. Das Buch *Tristesse Royale. Das Popkulturelle Quintett* (1999) ist das Extrakt aus Gesprächen, das die Autoren der sogenannten Popliteratur (**Joachim Bessing, Christian Kracht, Eckhart Nickel, Alexander von Schönburg, Benjamin von Stuckrad-Barre**) an einem Wochenende im Berliner Luxushotel Adlon über „Gott und die Welt" geführt haben. Es wird auch als „Gründungsmanifest" der Popliteratur bezeichnet.

Die Popliteraten bieten keine gesellschaftlichen Gegenentwürfe an. Sie ironisieren das eigene Leben; besonders ihre Reaktion auf die Medienkultur ist ironisch, zynisch und provokativ. Sie sehen das Leben als einziges Zitat, die Kultur als Zitat der (Film-)Kultur. Christian Kracht meint:

Was wir bei „Pulp-Fiction" erlebten – die Wiederbelebung des John Travolta, die Verbreitung des Tanzstils John Travoltas aus dem Film „Pulp Fiction" durch Menschen auf beliebigen Partys und so weiter – können wir in allen Lebensbereichen finden. Es ist die Durchdringung des Lebens durch einen Film oder eine Schallplatte. Ein Lebensgefühl entsteht.

Im folgenden Ausschnitt geht es um die emotionale Besetzung von Begriffen, um das Entstehen von Lebensgefühlen durch eine Sprache, die von der Werbeindustrie in die Köpfe der Menschen gepflanzt wurde, und deren Wahrnehmungen und Gefühle steuert:

Stuckrad-Barre: Anhand des Wortes Fun-Sport sollten wir jetzt eine Liste von neuen Begriffen anfertigen, die mit emotionalem Terror schon innerhalb des Wortes vorgeben, was man von den bezeichneten Dingen zu erwarten hat, wie man sich fühlen wird. Es fängt an mit
1. Der Kuschelrock.
5   2. Der Fun-Sport –
Christian Kracht: Das nächste Wort wäre dann 3. Die Kids –
Stuckrad-Barre: 4. Der Wohlfühlpulli –
Joachim Bessing: 5. Die Loveparade.
Stuckrad-Barre: Was ich vorhin mit diesen Begriffen meinte, war das Phänomen der Jürgen-
10   Fliegeisierung der Worte, die einen nicht mehr allein läßt mit dem, was man fühlt, sondern die von vornherein vorschreibt, was man zu fühlen hat.
Joachim Bessing: Der von Christian Kracht genannte Begriff Kids zum Beispiel bezeichnet da ein modernes Kind. Ein Kind nämlich, aus dem etwas werden wird. Ein Kind, dessen Aussehen und Wesen das Bild und den Lifestyle einer modernen Familie ermöglicht. Die Eltern müssen
15   also nicht sparen, das Kind macht keinen Ärger und sieht gut, in jungen Jahren zumeist pfiffig aus: Sommersprossen, schräg aufgesetzte rote Baseballkappe und so weiter.
Christian Kracht: Kids tragen Tommy Hilfiger […].
Eckhhart Nickel: Ganz früh schon hören sie HipHop, und ihr Freundeskreis sieht ganz genauso aus wie sie.

- Beschreiben Sie, wie Worte (Schlagworte, Werbeslogans, Filmdialoge …) nach Meinung der Diskutanten (Lebens-)Gefühle auslösen und förmlich besetzen können.
- Können Sie Begriffe wie „Kuschelrock", „Kids", „Wohlfühlpulli" etc. noch mit ihrer aktuellen Lebenssituation in Verbindung bringen?

---

[9] IWC: Luxusuhrenmarke

- Welche Wörter/Begriffe/Marken, die Ihre Lebens- und Konsumwelt beschreiben, würden Sie anführen? Diskutieren Sie darüber.

Begriff Popliteratur

Die Popliteraten sehen sich als neue Generation von Autoren. Der Autor Matthias Politycki bezeichnet sie als 78er, eine Generation, die sich auch als Gegengewicht zur 68er-Generation versteht. Der Begriff Popliteratur greift Aspekte der populären Kunst der 60er-Jahre auf und bezieht sich auf die Pop- und Rockmusik, deren populäre Codes[10] diese Literatur aufnimmt und fortführt. Als literarische Vorbilder gelten der englische Autor **Nick Hornby** und der amerikanische Schriftsteller **Bret Easton Ellis**.

Wichtig ist den Popliteraten der unterhaltende Aspekt von Literatur. Sie nehmen keine Rücksicht auf ideologische Vorschriften und lehnen normative poetische Vorgaben ab. Die Pop-Literaten sind jung, schreiben über Jugend und Adoleszenz und haben großen Erfolg bei den LeserInnen. Ihre Texte weisen Aspekte von Mündlichkeit und eine protokoll- bzw. tagebuchartige Erzählweise auf, was die Rezeption für die LeserInnen erleichtert. Die Texte wenden sich – oft recht drastisch und provokativ – gegen die Vertreter der Gegenkultur: Gutmenschen-Fraktion (Demonstranten, Gewerkschaftler, Lehrer), Jugend- oder Subkultur (Studenten, Künstler), Modernitätsverlierer und –verweigerer (Taxifahrer, Arbeitslose), Journalisten, Trendforscher.

Generation Golf

In seinem Buch *Generation Golf. Eine Inspektion* (2000) beschreibt **Florian Illies** seine Generation witzig-ironisch, oft satirisch überhöht. Die „Generation Golf" unterscheidet sich nach Illies von der Elterngeneration dadurch, dass sie – unter anderem – keine Scheu davor zeigt, mit Lust zu konsumieren:

Der Kauf bestimmter Kleidungsgegenstände ist, wie früher die Lektüre eines bestimmten Schriftstellers, eine Form der Weltanschauung geworden. In dem, was ich kaufe, drückt sich aus, was ich denke, beziehungsweise: In dem, was ich kaufe, drückt sich aus, was die Leute denken sollen, was ich kaufe. Deswegen ist es auch üblich, die schönen Joop!-Tüten noch
5 wochenlang zum Transportieren von ausgeliehenen Büchern aus der Unibibliothek oder beim Umzug zu benutzen, wenn möglichst viele Umzugshelfer sehen, welch Geistes Kind wir sind. Es ist wahnsinnig, aber wir glauben das wirklich: daß wir mit den richtigen Marken unsere Klasse demonstrieren. Wichtig ist, schon beim Einkauf Coolness zu zeigen. Sehr dankbar waren wir über die Einführung der Kreditkarte, die uns ermöglichte, jederzeit mehr zu kaufen,
10 als wir eigentlich bezahlen konnten. Dennoch zitierten wir im Geist American Express, sagten: „Bezahlen wir einfach mit unserem guten Namen", und meinten es tatsächlich ein bißchen ernst. Auch sah ich viele junge Frauen in teuren Boutiquen ihre Plastikkarte auf den Tresen knallen, weil sie wußten, wie gut es aussieht, wenn die Frau in dem Werbespot die Visakarte aus ihrem schwarzen Badeanzug zieht, auf den Tisch knallt, und dazu spielt die Musik „Die
15 Freiheit nehm´ ich mir". Die Freiheit nehm´ ich mir – das ist als Spruch für unsere Generation mindestens genauso wichtig wie das „Weil ich es mir wert bin" […]. Wir alle glauben, daß kein anderer uns je wirklich verstehen kann. Und wir uns deshalb um so mehr um unser eigenes Seelenheil kümmern müssen. Um die Minenopfer in der dritten Welt kümmert sich ja Lady Diana, und die Obdachlosen versorgt die Caritas. Die AG[11] Hochschulforschung nennt es dann so:

---

[10] Code: Zeichen, Symbole
[11] AG: Arbeitsgemeinschaft

„Westdeutsche Studierende sind gegenüber sozialer Ungerechtigkeit unsensibler geworden. Konkurrenz ist ihnen wichtiger, Solidarität nahezu ein Fremdwort geworden." […]

Laut Florian Illies ist seine Generation – jedenfalls die, die er kennt – eine hedonistische, die kaum Ideale hat, und wenn, dann schon gar nicht die der 68er-Generation. Sie legt ihren Lebensschwerpunkt auf Körperkult, Markenfetischismus, schöne und teure Kleidung, teure Restaurants, schnelle Autos, also auf Konsum.

Christian Kracht

Christian Kracht, geboren in Saanen (Berner Oberland), verfasst einen zentralen Text der Popliteratur, den Roman *Faserland* (1995), eine Art Bildungsroman.

Der namenlose Ich-Erzähler reist in acht Kapiteln von Party zu Party von Sylt/Norddeutschland nach Süddeutschland und Zürich, immer betrunken, plaudernd und melancholisch beschreibend, in oft sehr drastischer Sprache. Der Protagonist ist als namenlose Erzählerfigur nur schemenhaft erkennbar. Er ist offensichtlich wohlhabend bzw. hat reiche Eltern, hat das Eliteinternat Salem besucht, steigt in teuren Hotels ab, trägt Luxuskleidung und hat Freunde, denen es zwar nicht an Geld, aber an Zukunftsperspektiven und Lebensfreude mangelt. Etwas stimmt nicht:

Die Party ist jetzt in vollem Gange. Überall stehen Menschen auf dem Rasen. Der Schein der Fackeln fällt auf ihre Gesichter, und es sieht tatsächlich mal so aus, als ob viele ganz gut angezogen sind. Die Model-Kellner huschen herum mit ihren Tabletts, auf denen Champagnergläser leuchten.

5 Der Rasen und der See sind fast schwarz, und die hellen Smokingjacken und das alles, das macht mich für einen Moment sehr zufrieden, das wird natürlich auch am Alkohol liegen, an diesem Abstumpfen, aber die Farben und das über der Party liegende Gefühl sind richtig, und deswegen ist es ja auch egal, was jetzt genau dieses feine Gefühl auslöst.

Überall riecht es nach Blumen und komischerweise auch nach Sonne auf warmer Haut, und
10 während ich das rieche, kommt mir in den Sinn, daß Rollo eigentlich gar nicht so viele Freunde haben kann. Ich meine, Rollo läuft jetzt von einem Grüppchen zum anderen, und überall wo er auftaucht, lachen die Menschen und sind fröhlich.

Aber das sind nicht seine Freunde. Seine Freunde würden ihm doch sagen, daß er aussieht wie ein Alkoholiker und tablettensüchtig ist. Sie würden sagen, komm Rollo, du mußt jetzt ins
15 Bett, und dann würden sie ihn ins Schlafzimmer bringen und bei ihm sitzen, bis er einschläft. Und wenn er schlecht träumen würde, dann würden sie ihn beruhigen. Freunde würden die ganze Nacht da sitzen bleiben, und danach noch zwei Wochen bei ihm bleiben und jeden Drink, den er sich macht, und jede Valium[12], jede Lexotanil[13] ihm aus den Händen nehmen, so lange, bis er wieder klar denken könnte.

Wenn er Kinder hätte (mit der Schauspielerin Isabella Rossellini!), würde der Protagonist ihnen von Deutschland erzählen,

von dem großen Land im Norden, von der großen Maschine, die sich selbst baut, da unten im Flachland. Und von den Menschen würde ich erzählen, von den Auserwählten, die im Inneren der Maschine leben, die gute Autos fahren müssen die gute Drogen nehmen und guten Alkohol trinken und gute Musik hören müssen, während um sie herum alle dasselbe tun, nur
5 eben ein ganz klein bißchen schlechter. Und daß die Auserwählten nur durch den Glauben weiter leben können, sie würden es ein bißchen besser tun, ein bißchen härter, ein bißchen stilvoller.

---

[12] Valium: Beruhigungsmittel
[13] Lexotanil: Beruhigungsmittel

Von den Deutschen würde ich erzählen, von den Nationalsozialisten mit ihren sauber ausrasierten Nacken, von den Raketen-Konstrukteuren, die Füllfederhalter in der Brusttasche ihrer
10 weißen Kittel stecken haben, fein aufgereiht. Ich würde erzählen von den Selektierern an der Rampe, von den Geschäftsleuten mit ihren schlecht sitzenden Anzügen, von den Gewerkschaftern, die immer SPD wählen, als ob wirklich etwas davon abhinge, und von den Autonomen, mit ihren Volxküchen und ihrer Abneigung gegen Trinkgeld.
Ich würde auch erzählen von den Männern, die nach Thailand fliegen, weil sie gerne so mäch-
15 tig und geliebt wären, und von den Frauen, die nach Jamaica fliegen, weil sie ebenfalls mächtig und geliebt sein wollen.

- Analysieren Sie die beiden Textauszüge hinsichtlich der alltagssprachlichen Elemente (Satzbau, Wortwahl).
- Wie wird Deutschand dargestellt? Wie werden die Bewohner dieses Landes beschrieben?

Am Schluss sucht der Protagonist in der Dunkelheit eines Züricher Friedhofs nach dem Grab von Thomas Mann, geht zum Züricher See und will sich auf die andere Seite rudern lassen. Der letzte Absatz lässt alles offen:

Ich steige ins Boot und setze mich auf die Holzplanke, und der Mann schiebt die Ruder durch diese Metalldinger und rudert los. Bald sind wir in der Mitte des Sees. Schon bald.

Benjamin von Stuckrad-Barre

Ein weiterer wichtiger Vertreter der Popliteratur ist Benjamin von Stuckrad-Barre. Seine Romane *Soloalbum* (1998), *Livealbum* (1999) und *Remix* (1999) sind Texte zum Kulturbetrieb, handeln von Alltagserinnerungen, Reisen, Partys, Sex … Die Titel sind Anspielungen auf die Popmusik, der Buchumschlag von *Soloalbum* ist wie ein CD-Cover gestaltet, die Kapitelüberschriften sind wie CD-Titel gestylt. Ein Auszug aus *Soloalbum*:

Sie ist betrunken. Heute war die letzte Prüfung, alles bestanden, alles super, Abitur in der Tasche, jetzt fängt noch das wochenlange Gezelte und Gesaufe und Querdurchdengartengepaare an, dann müssen die ersten zum Bund, die letzten fahren Essen zu den Alten oder wischen irgendetwas ab, die Mädchen gehen für zwei Monate nach Paris, und überhaupt
5 fahren alle noch mal zusammen für eine Woche nach Amsterdam oder nach Dänemark, zum Zelten, sie bemalen sich T-Shirts, hören saudoofe „Crossovermusik" (so Dog Eat Dog oder Rage Against The Machine, dieses irrelevante Zeltplatzgelärme eben) auf einem überaus unkultivierten tragbaren *Soundwürfel* oder so und glauben, diese Reise würde nun der Höhepunkt des nicht für möglich gehaltenen Gemeinschaftsgefühls, dann aber zerstreiten sie sich vor Ort
10 unrettbar, schon am zweiten Tag, nachts vielmehr, und dann werden sie auseinandergehen und sich schämen für diese herbeigetrunkene Kumpanei, und dann wird alles wieder normal. Könnte ich ihr ja gleich sagen, sie an meiner Erfahrung knabbern lassen und gleich zu mir einladen, da hat sie's besser; aber solche Deckelung und Besserwisserei kommt nie gut an, statt dessen rede ich irgendwas von Gratulation und Freiheit und toller Leistung. Sie ist ganz gacke-
15 rig und sektig, raucht, das tut sie sonst nie, am Tag zumindest nicht, vermißt habe sie mich, und zwar sehr, soso, einfach so dahin sagt sie das, bis ihr auffällt, was sie da anrichtet, und schon wird sie wieder distanzierter und will auflegen. Meinetwegen. Bis dann mal.

- Welches Ritual zeichnet Stuckrad-Barre sarkastisch, oft sogar zynisch?

Benjamin Lebert

Crazy (1999) von **Benjamin Lebert** ist ein Bestseller: Binnen weniger Monate werden 200 000 Exemplare verkauft, das Buch wird 2002 verfilmt. Der Autor ist bei Erscheinen des Romans 17 Jahre alt und namentlich identisch mit dem Ich-Erzähler. Die Handlung des Romans spielt in der Nähe von München, ist autobiografisch und erzählt von den Nöten der Pubertät.

Große Medienpräsenz und großen Erfolg haben (neue) Autorinnen wie z. B. **Sybille Berg** (*Sex II*, 1999), **Alexa Hennig von Lange** (*Relax*, 1998), **Karen Duve** (*Regenroman*, 1999; *Dies ist kein Liebeslied*, 2002) ► Seite 180 f. . **Zoë Jenny** (*Das Blütenstaubzimmer*, 1997; *Der Ruf des Muschelhorns*, 2000) ► Seite 177 , **Julia Franck** (*Bauchlandung*, 1999; *Lagerfeuer*, 2003; *Die Mittagsfrau*, 2007 – mit dem Deutschen Buchpreis ausgezeichnet), **Jenny Erpenbeck** (*Geschichte vom alten Kind*, 1999; *Heimsuchung*, 2008), **Elke Naters** (*Königinnen*, 1999) ► Seite 178 f. , **Tanja Dückers** (*Himmelskörper*, 2003; *Der längste Tag des Jahres*, 2006) **Inka Parei** (*Die Schattenboxerin*, 1999; *Was Dunkelheit war*, 2005) und **Judith Hermann** (*Sommerhaus, später*, 1998; *Nichts als Gespenster*, 2003).

Fräuleinwunder

Die Wochenzeitschrift *Der Spiegel* bezeichnet einige der oben genannten Autorinnen in einem Artikel als „Fräuleinwunder" ► Seite 177 ff. , hebt sie in den Status von Kultautorinnen, kategorisiert sie damit auch, vermischt Schreibstile und –intentionen, erzählerische Strategien, die oft gar nichts miteinander gemeinsam haben. Volker Hage schreibt im Spiegelartikel über die „neuen" Autorinnen:

Die deutsche Literatur ist wieder im Gespräch: Neue Autoren fabulieren ohne Skrupel. Sie haben Spaß an guten Geschichten – und keine Angst vor Klischees und großen Gefühlen. Ganz schön abgedreht: die Neuen Wilden der Erzählkunst.

Die unterschiedlichen Stile von Autorinnen wie Judith Hermann, Karen Duve und Zoë Jenny werden so in einen Topf geworfen, die Autorinnen werden (fotografisch lasziv) inszeniert und vermarktet bzw. lassen sich inszenieren und vermarkten.

Alexa Hennig von Lange (2007)

Alexa Hennig von Langes Debutroman *Relax* (1998) erzählt von einem Tag, in dem das Feiern im Zentrum steht. In zwei Teilen wird zuerst aus der Sicht der männlichen Hauptperson, des drogenabhängigen Teenagers Chris, und dann aus der Perspektive der weiblichen Protagonistin, die als „Die Kleine" oder „Die Süße" bezeichnet wird, erzählt. Die beiden Ich-ErzählerInnen sind um die Zwanzig, eine Handlung im herkömmlichen Sinn gibt es nicht. Themen der Monologe der beiden Hauptpersonen, die in einer gleichförmigen vulgären Jugendsprache immer wieder aufgerollt werden, sind: Figur, Haarfarbe, Körpergeruch, Sex, Mutterprobleme … Charakteristisch für den Text ist der konstante Wechsel zwischen innerem Monolog und Figurenrede, die schnellen clipartigen Schnitte wie sie aus der Werbung und aus Musikclips bekannt sind:

Man kann hier aber auch prima Brot kriegen. Ich schwenke da jetzt mal rüber. Irgendwie ist mir ja grade schon so ein bißchen schummrig und koksig. Hauptsache, die haben jetzt überhaupt noch Brot. Ich meine, wenn man sich hier die Menschenmassen ansieht, kommt einem schon so ein leichter Zweifel hoch. Die Typen sehen nämlich alle so aus, als ob die massenweise
5 Brot fressen. Nee wirklich. Irgendwie teigig-bröselig. Mann, jetzt konzentriere dich bloß. Ich

habe keine Lust, daß die Alte hinter dem Tresen merkt, daß ich drauf bin. Ganz ruhig und bloß nicht hektisch sein.

Für die beiden Hauptpersonen sind nur „oberflächliche Erlebnisse" wie Sex, Drogen und Feiern interessant:

Doris arbeitet immer hier. Die ist komplett gut drauf. Meine Herren. Die kann feiern. Jede Nacht, wenn es sein muss. Und eine kleine Tochter hat die auch noch. Original. Trotzdem kannst du mit der flirten. Ohne Ende. Die ist einfach gut drauf. Jede Nacht feiert die Frau. Unglaublich. Ich finde das klasse. Das Leben ist zum Feiern da.

Hubert Winkels kann dem Text durchaus gute Seiten abgewinnen:

Die kaum gewürdigte Qualität dieses auf dem Markt erfolgreichen Romandebüts besteht nun gerade nicht in der besonderen Authentizität[14] eines vulgären Jugendjargons oder in einem überzeugend schlichten Bild von psychischer Verwahrlosung und sozialem Elend, das man hier glaubte entdecken zu können; sondern gerade umgekehrt macht die extreme Künstlichkeit,
5   mit der Bruchstücke eines Gossen-, Proll- und Pop-Jargons zu einer monotonen Idiomatik[15] gerafft werden, das Besondere des Romans aus. Es ist Sprachabfall, psalmodierend[16] in Form gebracht, eine spröde, „trashige", doch fast minimalistisch konzentrierte Wortmusik, in der je ein bis zum Verlöschen reduziertes Bewusstsein sich ergießt. Dabei ähneln die beiden Personen winzigen Strichfiguren im Comic, die unter übermächtigen Sprechblasen fast verschwinden.

- Wenn Sie vom Thema bzw. Plot von *Relax* ausgehen: Was würde Sie an dem Roman interessieren bzw. warum interessiert er Sie vielleicht nicht?
- Welche Vorzüge an *Relax* sieht Hubert Winkels? Setzen Sie sich kritisch mit seinen Argumenten auseinander und stellen Sie Ihre Position dazu dar.

Fast Food

Manche LiteraturkritikerInnen sprechen im Zusammenhang mit der Popliteratur verächtlich von „Fast Food", von „Lifestyle-Dokumenten", die mit qualitätsvoller Literatur wenig bis nichts zu tun hätten. Popliteratur sei einzig und allein wegen ihrer gelungenen medialen Inszenierung so erfolgreich, die Autorinnen und Autoren zu Stars mache. Der Literaturwissenschafter Klaus-Michael Bogdal zitiert in diesem Zusammenhang sogar Dieter Bohlen:

Damit wären wir bei den wirklichen Superstars der letzten Buchsaison angelangt: Stefan Effenberg[17] und Dieter Bohlen […]. *Nichts als die Wahrheit* (2002) lautet der Titel der Autobiographie Bohlens, die einige Wochen die Bestsellerlisten anführte und sich immer noch außerordentlich gut verkauft. Selbst- und Fremdentblößung gehören, wie sofort jeder begriffen
5   hat, zur radikalen Poetik Bohlens […].
Wir müssten Bohlen nicht erwähnen, wenn seine Präsenz als Autor sich auf Talk-Shows und die Boulevard-Presse beschränkt hätte. Aber er war ebenso im traditionellen Literatursystem überpräsent: auf der Buchmesse, in Kultursendungen und in den seriösen Feuilletons, deren

---

[14] Authentizität: Echtheit, Glaubwürdigkeit, Wahrheit
[15] Idiom: die einer kleineren Gruppe oder sozialen Schicht eigene Sprechweise oder Spracheigentümlichkeit (z. B. Mundart, Jargon); Idiomatik: Wissenschaft von den Idiomen
[16] Psalm: Lied, im Alten Testament gesammelt
[17] Stefan Effenberg: ehemaliger Bundesliga-Fußballer

10 Distinktionsgehabe[18] nicht von der Tatsache ablenken kann, dass die Verteilungskämpfe um Veröffentlichung schon längst entschieden sind. Angesichts der Kritik an der Öffentlichkeits-arbeit der Verlage auf der Leipziger Buchmesse, die sich auf Bohlen, die Klitschko-Brüder[19] usw. konzentrierte, konterte ein Repräsentant des Börsenvereins des deutschen Buchhandels lakonisch: „Ein gutes Buch ist ein verkauftes Buch."

Tatsache ist, dass ein Autor wie Stuckrad-Barre ausgezeichnete Kontakte zur Presse hat. Er selbst ist Lesezirkel-Moderator bei MTV, schreibt für *die tageszeitung* und die *Süddeutsche Zeitung* und verfasst Gags für Harald Schmidt. Christian Kracht ist Journalistensohn, Florian Illies leitet die Berlin-Seite der *Frankfurter Allgemeinen Zeitung*. Ihr medialer Einfluss sei aber nicht der einzige Grund für den Erfolg der Popliteratur, meint Isabell Siemes:

Die strukturellen Parallelen der Eroberung der literarischen Öffentlichkeit weisen beide Grup-pierungen als Produkte der Mediengesellschaft aus. […] Für den Erfolg muss vielmehr als Weiteres der gesellschaftliche Diskurs – in dem Fall der jugendkulturelle Diskurs – hinzukom-men, auf den die Literatur trifft und mit dem sie eine inhaltliche Gleichzeitigkeit teilt. Unter
5 Diskurs der Jugendkultur wird die Wahrnehmung der gesellschaftlichen Kultur durch Jugend-liche verstanden. […] und Popliteratur reflektiert eben die Mediengesellschaft und ihre Aus-wirkung auf das Individuum, auf junge Menschen zwischen 17 Jahren (Benjamin Lebert) und Anfang 30 (Florian Illies).

Kritik

Die Lesbarkeit der Texte wird einerseits von KritikerInnen gerühmt, die hohen Auflagen spre-chen dafür, andererseits mischt sich in die Lobgesänge Kritik ob ihrer literarischen Qualität:

Bleibt festzuhalten, dass es sich bei vielen, wenn nicht den meisten der genannten Werke um „erfolgreiche" Literatur handelt. Doch Erfolg ist bekanntlich, gerade in Hinblick auf Literatur und Kunst, kein hinreichendes Kriterium zur Beurteilung von Qualität. Nicht wenige der eben aufgezählten Texte lesen sich leicht und angenehm, zum Zeitvertreib, zur Unterhaltung und
5 zum Konsum. Sie stehen, auch wo sie sich an komplexe Themen wie die Vater-Tochter-Proble-matik, Lebenskrisen oder Generationenbrüche wagen, im Zeichen der Formel von der „Lesbar-keit" von Literatur: Eine Marketing-Formel, die von Lektoren, aus der Verlagsbranche also, stammt und der Dichtung, nach einer Phase zunehmend sich komplizierender Schreibweisen, eine neue Orientierung weisen will.

- Stellen Sie kursorisch dar, was der Autor des obigen Textausschnitts, Ralf Schnell, an der Popliteratur bzw. an der Literatur des „Fräuleinwunders" kritisiert.
- Inwieweit können Sie mit den Ansichten Ralf Schnells konform gehen, wo würden Sie ihm widersprechen?
- Überlegen Sie, was für Sie Kriterien „zur Beurteilung von Qualität" in der Literatur wären. Beziehen Sie in Ihre Überlegungen auch die Texte des Literaturwissenschaf-ters Ralf Schnell und der Literaturwissenschafterin Isabell Siemes mit ein.

---

[18] Distinktion: Unterscheidung, Hervorhebung
[19] Klitschko-Brüder: ukrainische Boxer

Autorinnen und Autoren, die nicht ins Schema passen

Matthias Politycki

Einer, der sich in seiner Erzählstrategie deutlich von den Autoren der Popliteratur unterscheidet, ist Matthias Politycki. In seinem *Weiberroman* (1997), der den ironischen Untertitel *Historisch-kritische Gesamtausgabe* trägt, erzählt er die Geschichte von Gregor Schattschneider in drei Liebesgeschichten, die drei Phasen seines Lebens darstellen: als Schüler, Student und Mittdreißiger. Drei Frauen (Kristina, Tanja, Katarina) prägen die drei Stationen seiner Mannwerdung auf der Folie der erzählten Zeitgeschichte.

Der 17-jährige Gregor, Schüler in einer Kleinstadt, ist in den 60er-Jahren in Kristina verliebt, aber zu schüchtern, um ihr seine Liebe zu gestehen:

> *Mal anrufen! Mal anrufen!*
> Als ob das so einfach ginge!
> Gregor beschnüffelte den Brief von vorn, von hinten.
> Schon allein die Telephonnummer – wieso hatte sie die eigentlich nicht selber angegeben? –
> 5   unter irgendeinem Vorwand von der Auskunft zu erfragen! war völlig undenkbar, die würden
> ihn schallend auslachen.
> Gregor beschnüffelte das Couvert von außen, von innen.
> Und wenn er, gesetzt, man hätte die Nummer, nicht *sie* in die Leitung bekäme, sondern ihre
> Mutter? Die würde sofort merken, weswegen er anrief!
> 10 Gregor beschnüffelte seine Hände, die den Brief immerhin gehalten, und es wollte ihm vorkommen, als ob sie noch nie aufregender gerochen hatten als heute.
> Oder wenn ihr Vater abheben würde!
> Gregor hätte sich so gern mitsamt diesem Geruch verkrochen, aber …
> Aber nicht vor zwei Uhr andrerseits, wer wußte schon, wie lange die in Tecklenburg Schule hatten.
> 15 *Falls* man denn handeln sollte, dann unbedingt am Nachmittag, da waren Väter sonstwo.
> Gregor hätte sich so gern verkrochen …
> Aber nicht vor zwei Uhr andrerseits, wer wußte schon, wie lange die in Tecklenburg Schule hatten.
> Gregor hätte sich so gern …
> Wenn sie allerdings einen Mittagsschlaf machte wie er, nämlich von zwei bis fünf?
> 20 Gregor hätte gern …
> Dann war der Vater wieder im Spiel.
> Gregor hätte …
> Oder vielleicht eine Schwester?
> Gregor … begriff's endlich, daß er nichts wußte von Kristina, nichts. Gut, sie war blond, hatte
> 25 blaue Augen, sie trug die falschen Jeans. Trug Pferdeschwanz – und wenn nicht, dann wickelte
> sie fortwährend eine Haarsträhne um ihren Zeigefinger. Trug einen Silberring mit rotem Stein,
> wer weiß, womöglich Koralle. Und wenn nicht, dann roch sie nach Maiglöckchen, dann tanzte
> sie auf die falschen Lieder.
> Auf die falsche Art & Weise.
> 30 Mit den falschen Typen.
> Eigentlich war alles falsch, was sie tat, warum sollte er so eine überhaupt anrufen?

Juli Zeh

Auch Juli Zeh passt nicht in das Schema von Pop- bzw. „Fräuleinwunderliteratur". Mit *Spieltrieb* (2004) schreibt sie einen Schul- bzw. Internatsroman in Anlehnung an Robert Musils *Die Verwirrungen des Zöglings Törleß*:

Im Bonner Ernst-Bloch-Privatgymnasium verführt die vierzehnjährige Schülerin Ada den Lehrer Smutek. Alev, ein Mitschüler, fotografiert die beiden bei ihrem Tun und gemeinsam erpressen sie Smutek – ein perfides Spiel beginnt, an dessen Ende sich Smutek in einem Gewaltausbruch an Alev rächt. Im Gerichtsverfahren hält Ada ein Plädoyer:

Auf dem Gebiet des Seelischen gibt es nichts, das ein Psychologe den Vertretern meiner Generation erzählen könnte. Wir kennen die Funktionsweisen von Traumata. Wir wissen, was Projektionen, Minderwertigkeitsgefühle und Schuldkomplexe sind. Wir kennen Ödipus und Elektra, haben Freud, Adler, Jung und *Psychologie heute* gelesen, können das *Borderlinesyndrom* genauso
5 erklären wie die vier Kategorien der Angst, das neurologische Funktionieren von Schizophrenie und die Ursachen der Magersucht. Bis vor kurzem galt ein kaputtes Elternhaus als Hauptgrund für Seelenschäden bei Jugendlichen meines Formats. Die neue Generation aber ist ausgestattet mit der Überzeugung, dass mehr als ein Elternteil zum Erhalt des Wohlbefindens nicht erforderlich sei, und beäugt Kinder aus heilen Familien mit Misstrauen. Wunder der Evolution! Noch vor we-
10 nigen Jahren hätten wir uns verpflichtet geglaubt, an der Seele Schaden zu nehmen, wenn zwei Menschen, die uns gezeugt haben, ihre wechselseitige Gegenwart nicht länger ertragen. Man hätte uns das Fehlen eines seelischen Defekts als seelischen Defekt ausgelegt. Diese Eltern haben uns als den Sinn ihres gemeinsamen Lebens erschaffen, und sie brauchen bei einer Trennung das Leiden der Kinder als Beweis der Gültigkeit ihrer gescheiterten Glücksvorstellung. Was ist der
15 Wert einer Familie, wenn es niemandem wehtut, dass sie zerbricht? Lassen Sie mich offen sprechen: Die Scheidung der Eltern stellt in meinem Verhältnis zu Welt und Wirklichkeit das geringste Problem dar. Glauben Sie mir, dass ich mich für meine Seele ebenso wenig interessiere wie für Ihre oder die einer beliebigen anderen Person. Ich glaube nicht einmal an ihre Existenz.

- Wie charakterisiert Ada ihre Generation? Wie unterscheidet sie sich von Ihrer eigenen bzw. welche Parallelen können Sie feststellen?

Jenny Erpenbeck

Jenny Erpenbecks *Geschichte vom alten Kind* (1999) basiert auf einer wahren Begebenheit: Erpenbecks Großmutter stand längere Zeit mit einem 14-jährigen Mädchen in Kontakt, das sich als erwachsene Frau entpuppte, die sich in ein Kinderheim hatte einweisen lassen. Dieses Mädchen taucht in ihrem Debütroman *Geschichte vom alten Kind* wieder auf:

Es ist dick, mondgesichtig und hat einen holzklotzähnlichen Körper. Es erscheint plötzlich eines Nachts und gibt nichts von sich preis als sein Alter: Es sei vierzehn Jahre alt. Das Mädchen kommt in ein Internat für elternlose Kinder und ist dort glücklich. Es macht ihm nichts aus, dass es von den anderen gemieden wird, und es ist stolz auf den untersten Platz in der Hierarchie der Schüler und tut alles, um ihn zu behalten. Manchmal hat die Leserin/der Leser das Gefühl, das Internat sei ein selbst gewähltes Exil für das Mädchen, „denn es weiß ja, wie es da draußen zugeht."
Als es am Ende des Romans in die Krankenabteilung eingewiesen wird, stellt man fest, dass es eine erwachsene Frau ist. Sie wollte sich offensichtlich ihrem Erwachsensein nicht stellen und flüchtete in die Jugend zurück.

Katja Lange-Müller

Katja Lange-Müllers Roman *Böse Schafe* (2007) ist die Geschichte zweier Süchtiger: Soja ist süchtig nach Harry, er ist süchtig nach Drogen. Es ist ein Dialog zwischen einer bedingungslos Liebenden und einem Toten. Der Titel *Böse Schafe* ist einer Äußerung eines Betroffenen in einer Therapiegruppe (Lange-Müller hat auf einer psychiatrischen Station gearbeitet) entlehnt: „So ein Junkie in so einer Gruppe, den sie da unheimlich attackiert haben, sagte dann irgendwann: ,Jetzt hört aber mal auf, da wird ja sogar ein Schaf böse.' und da hab ich gedacht, ach böses Schaf, das ist schön." Man sollte sich als Leserin/Leser nicht von dem aberwitzig wirkenden Plot abschrecken lassen, denn das Buch gehört zu den schönsten deutschsprachigen Liebesromanen nach 1989. Den historischen Hintergrund für den Roman bildet die deutsch-deutsche Geschichte, Schauplatz ist die Großstadt Berlin vor der Wende, eine kaputte und reizlose, aber dennoch sehr atmosphärische „Insel der Unseligen":

Katja Lange-Müller (2007)

Die aus der DDR geflohene Soja, ehemalige Setzerin und dann Gelegenheitsblumenverkäuferin, lernt mit Ende 30 den etwas jüngeren Harry kennen und verliebt sich in ihn. Er ist verschlossen und zurückhaltend. Warum, das erfährt man nach und nach: Harry war zehn Jahre lang im Gefängnis, ist heroinsüchtig, leidet an Hepatitis B und C, ist HIV-infiziert und hat gegen die Bewährungsauflagen verstoßen. Soja macht Harry zu ihrer höchstpersönlichen Aufgabe: Sie bleibt für ihn „sein ganz persönliches Mädchen für alles und nichts" und begleitet Harry drei Jahre lang.

Kurz vor seinem Tod verlässt sie ihn, um nicht selbst zugrunde zu gehen. Soja heiratet und geht in die Schweiz, kehrt aber schon bald wieder nach Berlin zurück, wo sie in den Besitz von Harrys Tagebuch kommt, das aus 89 Sätzen besteht. Traurig muss sie feststellen, dass sie in diesem Tagebuch nicht vorkommt. Daraufhin schreibt sie nun ihre und Harrys Geschichte auf, füllt all die Leerstellen zwischen den 89 Sätzen.

Julia Franck

Julia Francks Roman *Die Mittagsfrau* (deutscher Buchpreis 2007) erzählt die Geschichte von Francks Vater. Der Titel des Romans stammt aus einer sorbischen[20] Legende: Die Mittagsfrau erscheint den Menschen zu Mittag, bringt sie um den Verstand und schneidet ihnen den Kopf mit einer Sichel ab, außer es erzählt ihr jemand eine Stunde lang über die Verarbeitung von Flachs. Derjenige wird von der Mittagsfrau verschont.

Julia Franck (2008)

Die Hauptperson Helene verlässt 1945 auf der Flucht vor der Roten Armee auf einem ländlichen Bahnhof ihren achtjährigen Sohn Peter. Diese Tatsache erfährt die Leserin/der Leser in einem Prolog. Im Epilog des Romans versucht Helene wieder Kontakt zu ihrem mittlerweile 17-jährigen Sohn aufzunehmen, der diesen aber verweigert.

Der Hauptteil des Buches versucht diese unverständliche Handlungsweise Helenes zu erklären. Es ist die Geschichte einer klugen, selbstbewussten Frau, die die Druckerei ihres Vaters führt und gerne Medizin studieren würde, letztlich aber an den Umständen scheitert.

Helenes Mutter ist Jüdin („von zweifelhafter Herkunft"), die nach vier Fehlgeburten ihrer Tochter Helene keine Liebe schenken kann und psychisch gestört sinnlose Gegenstände zu sammeln beginnt.

Nach dem Tod des Vaters, der verkrüppelt aus dem Krieg zurückgekehrt ist, geben Helene und ihre Schwester Martha die Mutter in eine Klinik in Betreuung und ziehen zu ihrer Tante nach Berlin. Kurz vor Helenes Verlobung stirbt ihr Freund; sie verfällt in eine psychische Krise und wird „innerlich taub".

Sie heiratet schließlich einen brutalen, nazitreuen Ingenieur, der ihr einen neuen Namen (Alice) gibt und ihr arische Papiere verschafft. Aus der Ehe, die Helene als Hölle erlebt, geht der gemeinsame Sohn Peter hervor.

---

[20] Sorben: sprachliche Minderheit in Sachsen und Brandenburg

Schließlich wird Helene von ihrem Mann verlassen und arbeitet als Krankenschwester. Der Beruf reibt sie auf und der Sohn Peter stellt für sie eine übergroße Belastung dar, denn da sie selbst nie Mutterliebe empfangen hat, kann sie diese auch nicht an ihren Sohn weitergeben. Helene wird in den Kriegswirren mehrmals vergewaltigt und verlässt „am Herzen erblindet" verzweifelt ihren Sohn, unfähig ihn zu lieben.

Der Roman zeichnet das Porträt einer interessanten Frau, es fällt einem aber als Leserin/Leser schwer, für sie Sympathie und Verständnis zu empfinden. Während die Hauptfigur sehr vielschichtig geschildert wird, geraten die Nebenfiguren (die Schwester, die Mutter und der Vater) blass. Die Männer, vor allem der Mann Helenes, erscheinen fast als Karikaturen.

Auseinandersetzung mit der Vergangenheit

Die Beschäftigung mit der eigenen und damit auch mit der jüngsten deutschen Geschichte ist Thema viele Texte, die nach 1989 erschienen sind. Diese literarischen Reflexionen beschäftigen sich vor allem mit dem Kalten Krieg, 40 Jahre DDR und dem Nationalsozialismus.

Uwe Timm

Uwe Timm setzt sich in seinem autobiografischen Bericht *Am Beispiel meines Bruders* (2003) mit seinem in Russland gefallenen älteren Bruder auseinander, der zur Waffen-SS geht und von den Eltern als Vorbild gesehen wird, in der Erinnerung der Eltern immer ihr Lieblingskind geblieben ist. Erinnerungen an Vater, Mutter, Schwester und Bruder, Auszüge aus dem Kriegstagebuch und den wenigen Briefen des Bruders und Reflexionen verdichten den Text zu einer intensiven und sehr persönlichen Auseinandersetzung mit der eigenen Geschichte und der deutschen Nachkriegsgeschichte. Die folgenden Textauszüge verdeutlichen Timms Schwierigkeiten, sich seinem Bruder, dessen SS-Vergangenheit in der Familie tabu ist, anzunähern:

10.9.1943
Mein Lieber Papi Leider bin ich am 19. schwer verwundet ich bekam ein Panzerbüchsenschuß durch beide Beine die sie mir nun abgenommen haben. Daß rechte Bein haben sie unterm Knie abgenommen und daß linke Bein wurde am Oberschenkel abgenommen sehr große
5   Schmerzen habe ich nicht mehr tröste die Mutti es geht alles vorbei in ein paar Wochen bin ich in Deutschland dann kanns Du Mich besuchen ich bin nicht waghalsig gewesen Nun will ich schließen Es Grüßt Dich und Mama, Uwe und alle
Dein Kurdel

Am 16.10.1943 um 20 Uhr starb er in dem Feldlazarett 623.

10   Abwesend und doch anwesend hat er mich durch meine Kindheit begleitet, in der Trauer der Mutter, den Zweifeln des Vaters, den Andeutungen zwischen den Eltern. Von ihm wurde erzählt, das waren kleine, immer ähnliche Situationen, die ihn als mutig und anständig auswiesen. Auch wenn nicht von ihm die Rede war, war er doch gegenwärtig, gegenwärtiger als andere Tote, durch Erzählungen, Fotos und in den Vergleichen des Vaters, die mich, den
15   Nachkömmling, einbezogen.

Mehrmals habe ich den Versuch gemacht, über den Bruder zu schreiben. Aber es blieb jedes Mal bei dem Versuch. Ich las in seinen Feldpostbriefen und in dem Tagebuch, das er während seines Einsatzes in Rußland geführt hat. Ein kleines Heft in einem hellbraunen Einband mit der Aufschrift Notizen.

20 Ich wollte die Eintragungen des Bruders mit dem Kriegstagebuch seiner Division, der SS-
Totenkopfdivision, vergleichen, um so Genaueres und über seine Stichworte Hinausgehendes
zu erfahren. Aber jedes Mal, wenn ich in das Tagebuch oder in die Briefe hineinlas, brach ich
die Lektüre schon bald wieder ab. [...]
Ein anderer Grund war die Mutter. Solange sie lebte, war es mir nicht möglich, über den Bruder
25 zu schreiben. Ich hätte im voraus gewußt, was sie auf meine Fragen geantwortet hätte. Tote
soll man ruhen lassen. Erst als auch die Schwester gestorben war, die letzte, die ihn kannte,
war ich frei, über ihn zu schreiben, und frei meint, alle Fragen stellen zu können, auf nichts,
auf niemanden Rücksicht nehmen zu müssen.

März 21
30 *Donez*
Brückenkopf über den Donez. 75 m raucht Iwan Zigaretten, ein Fressen für mein MG.

Das war die Stelle, bei der ich, stieß ich früher darauf – sie sprang mir oben links auf der Seite re-
gelrecht ins Auge –, nicht weiterlas, sondern das Heft wegschloß. Und erst mit dem Entschluß,
über den Bruder, also auch über mich, zu schreiben, das Erinnern zuzulassen, war ich befreit,
35 dem dort Festgeschriebenen nachzugehen.

> • Wo die liegen die Schwierigkeiten Timms, über seinen Bruder, den SS-Mann, zu
>   schreiben? Inwieweit sind diese für Sie nachvollziehbar?
> Anmerkung: Die kursiv geschriebenen Textstellen sind Tagebuchauszüge.

Günter Grass

Mein Jahrhundert von Günter Grass (1999) ist ein Rückblick in 100 Prosaminiaturen (Skizzen,
Reflexionen, Porträts …) von 1900 bis 1999 aus den wechselnden Perspektiven verschiedener
Ich-Erzähler.
Ein weites Feld (1995) umspannt die erzählte Zeit vom Dezember 1989 bis Oktober 1991, also
von der Wende und der deutschen Wiedervereinigung. In der Novelle *Im Krebsgang* (2002)
beschreibt Grass den Untergang des Schiffs „Wilhelm Gustloff" am 30.01.1945 nach der Tor-
pedierung durch ein russisches U-Boot. Dabei kamen an die 9000 Menschen, vor allem Zivilisten, ums Leben. Parallel dazu wird vom Mord an einem vermeintlichen Juden erzählt:

Erst als sie auf dem Fundament der ehemaligen Ehrenhalle standen und als mein Sohn seinem
Gast erklärt hatte, wo genau der große Gedenkstein gestanden habe, nämlich hinter der
damals nicht vorhandenen Jugendherberge, dann erst, als er die Sichtachse auf den Granit
angedeutet, daraufhin den Namen des Blutzeugen auf der Vorderseite des Steins und dann
5 drei gemeißelte Zeilen der Hinterseite Wort für Wort deklamiert habe, soll David Stremplin
„Als Jude fällt mir nur soviel dazu ein" gesagt und dann dreimal auf das vermooste Fundament
gespuckt, also den Ort des Gedenkens, wie mein Sohn später aussagte, „entweiht" haben.
Gleich danach fielen die Schüsse. Trotz des sonnigen Tages trug Konny einen Parka. Aus einer
der geräumigen Taschen, der rechten, zog er die Waffe und schoss viermal. Es war eine Pistole
10 russischer Herkunft. Der erste Schuss traf den Bauch, die folgenden Kopf, Hals und Kopf. David
Stremplin stürzte wortlos rücklings. Später legte mein Sohn Wert drauf, genauso oft getroffen
zu haben wie einst in Davos der Jude Frankfurter, wenn auch mit keinem Revolver. Und wie
dieser hat er von der nächsten Telefonzelle aus sich selbst angezeigt, nachdem er 110 gewählt
hatte. Ohne an den Tatort zurückzukehren, machte er sich auf den Weg zur nächsten Polizei-
15 wache, wo er sich mit den Worten „Ich habe geschossen, weil ich Deutscher bin" gestellt hat.

Beim Häuten der Zwiebel (2006) erzählt autobiografisch die Lebensgeschichte Günter Grass' zwischen 1939 – Grass ist damals zwölf Jahre alt – und 1959. Der Autor verschweigt darin auch nicht, dass er mit 17 Jahren der Waffen-SS beigetreten ist. Der Text endet mit dem Erscheinen von Grass' berühmtesten Buch, dem Roman *Die Blechtrommel*. *Beim Häuten der Zwiebel* ist der Versuch, Erinnerungen festzuhalten:

Die Erinnerung liebt das Versteckspiel der Kinder. Sie verkriecht sich. Zum Schönreden neigt sie und schmückt gerne, oft ohne Not. Sie widerspricht dem Gedächtnis, das sich pedantisch gibt und zänkisch rechthaben will.

Wenn ihr mit Fragen zugesetzt wird, gleicht die Erinnerung einer Zwiebel, die gehäutet sein
5   möchte, damit freigelegt werden kann, was Buchstab nach Buchstab ablesbar steht: selten eindeutig, oft in Spiegelschrift oder sonst wie verästelt.

Unter der ersten noch trocken knisternden Haut findet sich die nächste, die kaum gelöst, feucht eine dritte freigibt, unter der die vierte, fünfte warten und flüstern. Und jede weitere schwitzt zu lang gemiedene Wörter aus, auch schnörkelige Zeichen, als habe sich ein Geheim-
10   niskrämer von jung an, als die Zwiebel noch keimte, verschlüsseln wollen.

Schon wird Ehrgeiz geweckt: dieses Gekrakel soll entziffert, jener Code geknackt werden. Schon ist widerlegt, was jeweils auf Wahrheit bestehen will, denn oft gibt die Lüge oder deren kleine Schwester, die Schummelei, den haltbarsten Teil der Erinnerung ab; niedergeschrieben klingt sie glaubhaft und prahlt mit Einzelheiten, die als fotogenau zu gelten haben: Das unter
15   der Julihitze flimmernde Teerpappendach des Schuppens auf dem Hinterhof unseres Miets-hauses roch bei Windstille nach Malzbonbon …

Der abwaschbare Kragen meiner Volksschullehrerin, der Fräulein Spollenhauer, war aus Cellu-loid und schloss so eng, dass ihr Hals Falten warf …

Die Propellerschleifen der Mädchen sonntags auf dem Zoppoter Seesteg, wenn die Kapelle der
20   Schutzpolizei muntere Weisen spielte …

Mein erster Steinpilz …

Als wir Schüler hitzefrei hatten …

Als meine Mandeln schon wieder entzündet waren …

Als ich Fragen verschluckte …

25   Die Zwiebel hat viele Häute. Es gibt sie in Mehrzahl. Kaum gehäutet, erneuert sie sich. Ge-hackt treibt sie Tränen. Erst beim Häuten spricht sie wahr. Was vor und nach dem Ende meiner Kindheit geschah, klopft mit Tatsachen an und verlief schlimmer als gewollt, will mal so, mal so erzählt werden und verführt zu Lügengeschichten.

- „Entziffern" Sie die Metapher vom Häuten der Zwiebel als Metapher für die Erinne-rung an Vergangenes. Welche Schwierigkeiten hat der Ich-Erzähler mit der Erin-nerung? Vergleichen Sie dazu auch den folgenden Auszug aus einem Interview, das Grass dem *Spiegel* 2003 gegeben hat. Auf die Frage, ob er eines Tages seine Autobio-grafie schreiben werde, antwortet Grass:

Es ist immer die Frage, in welcher Form man am besten lügen kann. Ich habe ein ziemliches Misstrauen gegenüber Autobiographien. Wenn ich die Möglichkeit sähe, mich gewisserma-ßen in Variation zu erzählen – das wäre vielleicht reizvoll.

Walter Kempowski

In mehr als 25-jähriger Arbeit hat Walter Kempowski in seinem „kollektiven Tagebuchprojekt" *Das Echolot* in einer Collage aus Briefen, Tagebucheintragungen von Prominenten und Unbekannten, Memoirenauszügen, Dokumenten, offiziellen Verlautbarungen, Todesurteilen, KZ-Berichten, Bildern und Aufzeichnungen versucht, minutiös Alltagsgeschehen und historische Ereignisse zu rekonstruieren. Kempowski selbst hat kaum eine Zeile des *Echolots* geschrieben, er hat das Material montiert, ja zum „Erinnerungsbuch" komponiert. Er verknüpft alltägliche und politische Geschichte in einem Neben- und Gegeneinander. Im *Echolot* kommen Historiker, Soldaten, Offiziere, KZ-Häftlinge, Zivilisten, Nazibonzen, Bankangestellte, Journalisten, Russen, Deutsche, Amerikaner, Schriftsteller ... zu Wort. Auf den ersten sieben Seiten von *Das Echolot Abgesang ´45. Ein kollektives Tagebuch* (2005) finden sich für Freitag, 20. April 1945 Dokumente von folgenden Personen:

Walter Kempowski
(2005)

Der Flugkapitän Hans Baur, Martin Bormann, Dr. Theodor Morell, Benito Mussolini, Adolf Hitler, Joseph Goebbels, Winston Churchill, Bernard Law Montgomery, Der sowjetische General Georgij Shukow, Alfred Kantorowicz, Anaïs Nin, Thea Sternheim, Hans Henny Jahnn, Eberhard Fechner, Der Hauptmann Fritz Farnbacher, Günter Cords, Der Volkssturmmann Fritz Steffen, Dieter Borkowksi, Der norwegische Journalist Theo Findhal, Der Hauptmann Arthur Mrongovius.

Der erste Teil des *Echolots* erschien 1993. Die ersten vier Bände umfassen den Zeitraum von Januar und Februar 1943, vier weitere Bände (*Fuga furiosa*, 1999) die Zeit von Januar und Februar 1945. *Echolot III* (*Barbarossa 1941*, 2002) rekonstruiert in einem Band die Zeit von Juni bis Dezember 1941. *Das Echolot Abgesang ´45. Ein kollektives Tagebuch* (2005) stellt den Schlusspunkt des zehnbändigen Werks dar. Iris Radisch lobt in der *Zeit* vom 24. 04. 2005 das Buch als „tief bewegende Innenschau der deutschen Seele", die einen „ungeschönten Einblick in die Dummheit und Herzlosigkeit" biete.
Walter Kempowski schreibt im Vorwort zu *Das Echolot Abgesang ´45. Ein kollektives Tagebuch*:

Als ich vor zwanzig Jahren am Echolot zu arbeiten begann, beschäftigten mich drei Bilder […] Heute, in den Tagen des Erinnerns, zwei Generationen nach Kriegsende, sind es andere Bilder, an die ich denken muß: Die Kamera schwenkt über das zerstörte Warschau, über die Leichenhaufen von Bergen-Belsen und über eine Gefängnismauer, die von Einschüssen gesprenkelt

5 ist, und noch immer werden Massengräber geöffnet und Tote exhumiert. In Hiroshima läutet die Glocke.
Ich erinnere mich in diesen Tagen auch an die stillen Trecks der Flüchtlinge, an die zurückhetzenden fliehenden deutschen Soldaten, rette sich wer kann! Und an die fröhlich heimziehenden Fremdarbeiter mit ihren nationalen Kokarden. Auch an die weinenden Kindersol-

10 daten auf der Protze[21] seines zerstörten Geschützes muß ich denken.
Meine Eltern besaßen eine Tabakbüchse aus der Zeit des Siebenjährigen Krieges, sie stand auf dem Radio neben Judenbart und Schlangenkaktus, auf der war zu lesen:

Es wechselt alles ab,
Nach Krieg und Blutvergießen
15 *Laßt uns des Himmels Huld,*
Des Friedens Lust genießen.

---

[21] Protze: Vorderwagen von Geschützen

Nein, von „genießen" kann keine Rede sein. Unser Film ist zwar durchgelaufen, aber es liegen andere bereit, die wir alle noch sehen werden, wieder und wieder werden es Bilder von Krieg und Blutvergießen sein, ein Ende der Vorstellung ist nicht in Sicht: Die Hochhäuser brennen schon.

> • Inwiefern stellt Walter Kempowski den Bezug zur aktuellen Zeitgeschichte her?

Martin Walser

Martin Walser, ob seiner Äußerungen zur deutschen Zeitgeschichte umstritten, erzählt in seinem autobiografisch inspirierten Roman *Ein springender Brunnen* (1998) von Kindheit und Jugend im Dritten Reich in Wasserburg am Bodensee, von den Alltagssorgen einer Familie. Protagonist ist ein Junge. Der Roman beginnt folgendermaßen:

1. Vergangenheit als Gegenwart
Solange etwas ist, ist es nicht das, was es gewesen sein wird. Wenn etwas vorbei ist, ist man nicht mehr der, dem es passierte. Allerdings ist man dem näher als anderen. Obwohl es die Vergangenheit, als sie Gegenwart war, nicht gegeben hat, drängt sie sich jetzt auf, als habe
5 es sie so gegeben, wie sie sich jetzt aufdrängt. Aber solange etwas ist, ist es nicht das, was es gewesen sein wird. Wenn etwas vorbei ist, ist man nicht mehr der, dem es passierte. Als das war, von dem wir jetzt sagen, daß es gewesen sei, haben wir nicht gewußt, daß es ist. Jetzt sagen wir, daß es so und so gewesen sei, obwohl wir damals, als es war, nichts von dem wußten, was wir jetzt sagen.
10 In der Vergangenheit, die alle zusammen haben, kann man herumgehen wie in einem Museum. Die eigene Vergangenheit ist nicht begehbar. Wir haben von ihr nur das, was sie von selbst preisgibt. Auch wenn sie dann nicht deutlicher wird als ein Traum. Je mehr wir's dabei beließen, desto mehr wäre Vergangenheit auf ihre Weise gegenwärtig. Träume zerstören wir auch, wenn wir sie nach ihrer Bedeutung fragen. Der ins Licht einer anderen Sprache ge-
15 zogene Traum verrät nur noch, was wir ihn fragen. Wie der Gefolterte sagt er alles, was wir wollen, nichts von sich. So die Vergangenheit.

> • Wie sieht Martin Walser die Vergangenheit? Wie sieht man die eigene, wie die gemeinsame aus der Perspektive der Gegenwart? Beachten Sie auch die Kapitelüberschrift.

Bernhard Schlink

Ein Welterfolg ist Bernhard Schlinks *Der Vorleser* (1995), der die Liebesgeschichte zwischen dem 15-jährigen Ich-Erzähler und einer 35-jährigen Analphabetin, die, wie sich im Verlauf des Romans herausstellt, KZ-Aufseherin in Auschwitz war, erzählt. Im zweiten Abschnitt des Romans trifft sie der Protagonist Michael Berg als Angeklagte in einem Prozess gegen KZ-Aufseherinnen wieder.

Reinhard Jirgl

Die Unvollendeten (2003) von Reinhard Jirgl erzählt eine dreigeteilte Generationensaga von der Vertreibung der Sudetendeutschen nach 1945 bis zum Ende der DDR 1989.
Am Ende des Sommers 1945 werden die Sudetendeutschen mit der Begründung, sie alle seien Nazis gewesen, von den tschechischen Behörden aus dem Sudetenland vertrieben. Reinhard Jirgl erzählt von vier Frauen, den Letzten ihrer Familie: der 70-jährigen Johanna, ihren Töchtern Hanna und Maria sowie der 17-jährigen Enkelin Anna. Er zeichnet ihre Lebensgeschichte bis ins Jahr 2002 in Berlin.

Im nassendunklen Morgen in der Scheune regten sich wie Steine auf dem Grund eines Flusses, in Unruheströmungen der frühen Stunde geworfen, die Leiber im Stroh. Bald würde Man von-Draußen die Scheunentore aufstoßen –, Geschrei & Pfiffe zerrissen die Nacht, und mit einem Schwall Eisnebel stürzte ein neuer Tag herein, während die-Menschen-im-Stroh eiligst
5 hinaustappten, den Faustschlägen u Tritten zu entgehn & die kümmerliche Morgensuppe nicht zu verpassen.

Anna hat in der vergangenen Nacht keine Minute Schlaf gefunden, vor brennenden Lidern taumelte der neue Tag heran und fraß sich ins wach=wunde Gehirn des Mädchens hin-1….
Schon als sie zur diffusen Nachtstunde von dem Fremden die Photographie in die Hand ge-
10 drückt bekam, erschien ihr das Papier wie Pappdeckel so stark –, im helleren Lichtschummer bemerkte sie unter dem Photo mit ihrem Gesicht noch anderes Papier, das ihre Mutter dem Fremden in Treu &Glauben hatte: einen gültigen Evakuiertenschein mit dem Namen ihrer Mutter u ihrem eigenen Namen sowie 1 loses, dünnes Blatt Papier, das sie schließlich als die vielemale gefaltete, 1. Seite von einem Sparbuch – dem Sparbuch ihrer Mutter – erkannte.
15 –!Kind: du mußt !schnellsten !weg-von-Hier, bevors Draußen wieder losgeht…. (hörte Anna plötzlich neben sich die flüsternde Stimme der Nachbarin, als deren Nichte Anna bei den Behörden galt) –Ich hab gehört, was dir der Mann erzählt hat heute nacht – du brauchst dich nicht zu fürchten, ich habe ihn schon paar Mal gesehen: der Mann-von-Heutenacht gehört zur Familie die den Hof=hier bekommen hat (fügte die Frau, ebenso angestrengt flüsternd,
20 hinzu, während ihre Hände eiligst 1-paar Sachen zum Bündel zusammenrafften –Du mußt !weg: !Aufderstelle: Wenn SIE die-Papiere…. bei dir finden, würde Alles auffliegen von wegen du=mein Nichte. DIE stelln uns an-die-Wand, dich u mich und Werweißwen.

- Welche Wortneuschöpfungen, Bilder und Metaphern können Sie finden?
- Reinhard Jirgl arbeitet in seinem Text mit einem eigenen typografischen und orthografischen Zeichensystem (Zeichen, Symbole, Positionierung der Satzzeichen, Redezeichen, unorthodoxe Groß- und Kleinschreibung bzw. Zusammenschreibungen), das Doppel- und Mehrfachbedeutungen freisetzt. Was können Sie für sich aus diesem Verfahren gewinnen, inwiefern stört Sie das, erschwert vielleicht sogar die Lesbarkeit des Textes?

Arno Orzessek

Etwas „konventioneller" erzählt Arno Orzessek in seinem Roman *Schattauers Tochter* (2005) die Geschichte der Maria Schattauer, die sich im Masuren des Jahres 1937 in den jungen Leutnant Hermann Eckstein verliebt und, von ihrem tiefgläubigen Vater verstoßen, mit ihm nach Norddeutschland geht. Das Schicksal Maries – und damit ein Stück deutscher Zeitgeschichte – wird rückblickend aus der Erzählgegenwart des Jahres 1982, parallel zur Geschichte des Schülers Eduard Manthey, enthüllt.

Inka Parei

Inka Pareis Roman *Was Dunkelheit war* (2005) spielt im September 1977, im sogenannten Deutschen Herbst, der von den Terroranschlägen und der Entführung des Arbeitsgeberpräsidenten Hanns Martin Schleyer durch die linksradikale Rote Armee Fraktion geprägt ist.
Ein alter Mann liegt zu Tode erschöpft in seinem Bett. Er hat aus Gründen, die ihm verborgen sind, ein Haus in einer anderen Stadt geerbt. Die Stadt, in der er sein Leben lang gelebt hat, hat er verlassen. Eine grausige Kriegsschuld steht anscheinend im Zentrum seiner Biografie:

Draußen schlug eine Turmuhr. Etwas war wichtig, mußte festgehalten werden, aber der alte Mann wußte nicht, was es war.

Etwas blieb immer stehen, in Nächten wie dieser. Ein Baum, ein Stück Uniform oder jetzt: *ein Maschinengewehr*. Und dann sah er meistens noch den ganzen Tag über wie aufgemalt in
5 einer maßlosen Leere, wenn er die Augen schloß. Er sah es wie etwas, das er übersehen hatte, das er hätte beseitigen müssen. Etwas, das von einem imaginären Rand, dem Rand seines Daseins, zu ihm hineinragte. Und dieser Rand war immer dicht geblieben, all die Jahre, obwohl er gehofft hatte, daß die lange Zeit seines Lebens ihn davon wegbringen würde. In eine sichere Mitte. An einen Ort, wo viele waren.
10 Er dachte über die Entführung nach, von der die Bierfahrer gesprochen hatten. Ja, er wußte davon. Terroristen waren schon seit Wochen auf Fahndungsplakaten zu sehen, und in den Nachrichten hatte man ein Foto des Opfers gezeigt, ein dicker Mann mit Hornbrille.

Das Ende des alten Mannes ist beklemmend unspektakulär:

In den letzten Stunden, hatte er immer gedacht, zogen die wichtigsten Stationen im Leben an einem vorbei, und man konnte sie in aller Ruhe betrachten, sie hatten dann keine Bedeutung mehr.

Er war zweimal verheiratet gewesen und hatte ein paar Reisen gemacht, nach Venedig, nach
5 Capri, nach Österreich, nach Irland. In den fünfziger Jahren hatte er den Absturz von einem Baugerüst überlebt, auf das er geklettert war, aus einer Laune heraus, betrunken. Er war Skatspieler gewesen. Tausende von Tagen hatte er an einem Postschalter gestanden.

Er lag still da und wartete, daß noch etwas kommen würde, aber nichts geschah.

Christoph Hein

In seinem Roman *Landnahme* (2004) erzählt Christoph Hein die Lebensgeschichte von Bernhard Haber, der 1950 mit zehn Jahren als Vertriebener von Breslau/Schlesien in die sächsische Kleinstadt Guldenburg/DDR kommt. Zunächst als Vertriebenenkind verachtet, erlebt Bernhard Haber fünfzig Jahre deutsche Geschichte (Kriegsende und Flucht, Mauerbau, Zusammenbruch der DDR, Wiedervereinigung), kämpft um Anerkennung und Akzeptanz und steigt schließlich nach der Wende 1989 zum wohlhabenden und geachteten Unternehmer auf. Erzählt wird aus der Perspektive von fünf verschiedenen Erzählern und Wegbegleitern, was die insgesamt fünf verschiedenen Erzählstränge ergibt. Haber selbst kommt nicht zu Wort. Am Schluss hat es Bernhard Haber „geschafft", die „Landnahme" ist geglückt:

Acht Jahre nach dem Mauerfall besaß ich in Guldenburg acht verschiedene Firmen, und mein Geld steckte in weiteren zwölf Firmen drin, bei denen ich beteiligt war. [...]

Bernhard Haber war ebenfalls nicht untätig gewesen, und ich hatte ihn, so gut es ging, beraten und unterstützt. Die Tischlerei wurde ihm zurückgegeben, den dazugehörigen Anbau,
5 das Heizhaus und sämtliche Investitionen, die mittlerweile erfolgt waren, wurden ihm als Ausgleich überlassen, er startete mit wenig Bankkapital, aber mit nicht unerheblichem Besitz in seine neue Unternehmerphase. [...]

Als wir zusammen das fünfjährige Jubiläum unserer neugegründeten Firmen feierten, waren Haber und ich die gewichtigsten Arbeitgeber in Guldenberg, an denen niemand in der Stadt
10 vorbeikam und der Stadtrat schon gar nicht. Zwischen Bernhard und mir gab es einen kleinen Unterschied von ein paar Millionen, doch das störte in keiner Weise unsere Freundschaft. Schließlich wußten wir beide, daß ich auf dem Besitz des Großvaters und Vaters hatte aufbauen können und Bernhard sich als Vertriebener alles selber erarbeiten mußte.

Deutsche Literatur nach 1989 – Tendenzen und Strömungen

Der Fall der Berliner Mauer 1989 und die Folgen

Das Jahr 1989 stellt eine politische und kulturelle Zäsur dar.

Die deutsche Literatur nach 1989 zeichnet sich durch eine große Vielfalt an ästhetischen Konzepten, Schreibhaltungen und politischen Grundhaltungen aus. Deutliche Unterschiede bestehen auch zwischen den Schriftstellergenerationen, was den Literaturkritiker Volker Hage veranlasst, 1999 von einem „Generationswechsel" zu sprechen.

Die 90er-Jahre

Probleme der beiden vorhergehenden Jahrzehnte wie Arbeitslosigkeit, Staatsdefizit, wirtschaftliche Globalisierung, Rationalisierung und Umstrukturierung bestimmen auch die 90er-Jahre.

Die politische Debatte, an der sich auch viele SchriftstellerInnen beteiligen, ist von der Wiedervereinigung geprägt, die „äußere Vereinigung" scheint in den Herzen und Köpfen vieler Menschen noch nicht vollzogen zu sein.

Das Theater: Ende und Neubeginn

Das Theater der 90er-Jahre ist vorwiegend politisch motiviert, das Interesse des Publikums lässt allerdings nach. Innerhalb weniger Jahre sterben prägende Dramatiker wie Thomas Bernhard, Friedrich Dürrenmatt, Max Frisch und Heiner Müller, das wirkt wie eine Zäsur in der Theaterlandschaft.

Botho Strauß gilt als der wichtigste deutsche Dramatiker. Ihm wird allerdings – vor allem aufgrund seines Stücks *Ithaka. Schauspiel nach den Heimkehr-Gesängen der Odyssee* (1996) – der Vorwurf der „Antimoderne" gemacht.

Christof Schlingensiefs Konzept („Postdramatisches Theater") hat seine Ursprünge in den Happenings der 60er-Jahre und in der Aktionskunst. Er will mit seinen Performances der Öffentlichkeit einen Spiegel vorhalten und sie so provozieren.

Prosaliteratur: eine große Vielfalt

Die Prosaliteratur seit 1989/90 umspannt eine derart große Fülle und Vielfalt an Themen, Schreibweisen und -motivationen, dass sich zwar einzelne „Gruppierungen" feststellen lassen, eine halbwegs plausible Systematik aber kaum möglich ist.

„Wende-Literatur"

Wichtiges Thema der Literatur nach 1989 ist die deutsche Einheit, die politisch überwundene Teilung Deutschlands. Große kommerzielle Bucherfolge sind Thomas Brussigs *Helden wie wir* (1995) und *Am kürzeren Ende der Sonnenallee* (2000).

Ingo Schulze erzählt in *Simple Storys. Roman aus der ostdeutschen Provinz* (1998) in knappen Prosatexten von den Bewohnern einer Kleinstadt, von Alltagsbegebenheiten, vom Zusammenbruch einer „ganzen Welt" nach 1990, von ostdeutschen Biografien.

Migrationsliteratur

Texte von nichtdeutschstämmigen AutorInnen bereichern die deutsche Literaturszene (z. B. Wladimir Kaminer, Feridun Zaimoğlu und Ilija Trojanow). Aber auch deutsche SchriftstellerInnen schauen über die eigenen Grenzen hinaus, so wie Hans Christoph Buch, der Reportagen über verschiedene Krisengebiete der Welt verfasst.

Popliteratur

Die Popliteratur reagiert auf das eigene Leben und besonders auf die Medienkultur ironisch, zynisch und provokativ, wobei der unterhaltende Aspekt im Vordergrund steht.

Der Begriff Popliteratur greift Aspekte der populären Kunst der 60er-Jahre auf und bezieht sich auf die Pop- und Rockmusik, deren Codes diese Literatur aufnimmt und fortführt. Normative poetische Vorgaben werden abgelehnt, die Texte weisen oft Aspekte von Mündlichkeit auf.

Die Pop-LiteratInnen sind meist jung, erfolgreich und häufig sehr präsent in den Medien; einige der Autorinnen werden unter dem Begriff **„Fräuleinwunder"** zusammengefasst.

KritikerInnen bezeichnen diese Literatur als „Fast Food" oder „Lifestyle-Dokumente". Ihren Erfolg schreiben sie nicht der literarischen Qualität, sondern der gelungenen medialen Inszenierung zu.

Als Außenseiter der Popliteratur gelten **Matthias Politycki** und **Juli Zeh**. Auch **Jenny Erpenbeck** (*Geschichte vom alten Kind*), **Katja Lange-Müller** (*Böse Schafe*) und **Julia Franck** (*Die Mittagsfrau* – Deutscher Buchpreis 2007) erregten Aufsehen.

Auseinandersetzung mit der Vergangenheit

Mit der jüngsten deutschen Geschichte beschäftigen sich viele Texte nach 1989. Vor allem der Kalte Krieg, 40 Jahre DDR und der Nationalsozialismus sind immer wiederkehrende Themen (z. B. Uwe Timm *Am Beispiel meines Bruders*, Günter Grass *Mein Jahrhundert*, *Ein weites Feld*, *Beim Häuten der Zwiebel* ...).

In mehr als 25-jähriger Arbeit hat **Walter Kempowski** in seinem „kollektiven Tagebuchprojekt" *Das Echolot* in einer Collage aus Briefen, Tagebucheintragungen von Prominenten und Unbekannten, Memoirenauszügen, Dokumenten, offiziellen Verlautbarungen, Todesurteilen, KZ-Berichten, Bildern und Aufzeichnungen versucht, minutiös Alltagsgeschehen und historische Ereignisse zu rekonstruieren.

Martin Walser erzählt in seinem autobiografisch inspirierten Roman *Ein springender Brunnen* (1998) von Kindheit und Jugend im Dritten Reich in Wasserburg am Bodensee.

Ein Welterfolg ist **Bernhard Schlinks** *Der Vorleser* (1995), der die Liebesgeschichte zwischen dem 15-jährigen Ich-Erzähler und einer 35-jährigen Analphabetin, die, wie sich im Verlauf des Romans herausstellt, KZ-Aufseherin in Auschwitz war, erzählt.

Die Unvollendeten (2003) von **Reinhard Jirgl** erzählt eine dreigeteilte Generationensaga von der Vertreibung der Sudetendeutschen nach 1945 bis zum Ende der DDR 1989.

Arno Orzessek erzählt in seinem Roman *Schattauers Tochter* (2005) die Geschichte der Maria Schattauer, deren Schicksal – und damit ein Stück deutscher Zeitgeschichte – rückblickend aus der Erzählgegenwart des Jahres 1982 enthüllt wird.

Inka Pareis Roman *Was Dunkelheit war* spielt im September 1977, im Deutschen Herbst, der von den Terroranschlägen und der Entführung des Arbeitsgeberpräsidenten Hanns Martin Schleyer durch die linksradikale Rote Armee Fraktion geprägt ist.

Die Lebensgeschichte des als Vertriebenenkind verachteten Bernhard Haber über fünfzig Jahre hin erzählt **Christoph Hein** in seinem Roman *Landnahme* (2004), der gleichzeitig fünfzig Jahre deutsche Geschichte in einer ostdeutschen Kleinstadt abbildet.

Die deutschsprachige Literatur der Schweiz

Zur Zeit des Nationalsozialismus endet der Kulturaustausch mit Deutschland, seit 1933 verlegen deutsche Verlage keine Schweizer SchriftstellerInnen mehr. Trotzdem ist die Schweiz nie im völligen kulturellen Abseits: Die von den Nazis als „entartete Kunst" bezeichnete Literatur ist ebenso bekannt wie die Exilliteratur und internationale Kunst. In der Schweiz gibt es 1945 keine Stunde Null. Dieses Jahr bedeutet aber insofern eine Wende, als die „Einigelung"[1], wie es die Schweizer selbst nennen, ein Ende hat.

In den 30er- und 40er-Jahren produzieren Schweizer SchriftstellerInnen L'art-pour-l'art-Literatur[2] oder Blut-und-Boden-Verherrlichung; es werden kaum sozialkritische Themen behandelt. Erst **Max Frisch** mit seinen Romanen *Stiller* und *Homo Faber* sowie **Friedrich Dürrenmatt** mit *Der Besuch der alten Dame* schreiben eine neue Art von Literatur.

Vorbild Max Frisch

Wichtige Romane der 60er-Jahre (**Otto F. Walter** *Die ersten Unruhen*, **Adolf Muschg** *Albissers Grund*, **Walter Matthias Diggelmann** *Das Verhör des Harry Wind*; **Gertrud Leutenegger** *Vorabend*) fußen auf den Werken Max Frischs. Die Schweiz als gesellschaftliches und politisches Gefüge, die Rolle des Einzelnen, die Verantwortung und damit die Gefährdung des Schriftstellers werden angesprochen. Bei Diggelmann kommen brisante Themen wie Flüchtlingspolitik („Das Boot ist voll") und Antikommunismus zur Sprache.

Neben Frisch und Dürrenmatt können sich keine wesentlichen Dramatiker entwickeln, wie die „junge Generation" (von der einige schon das vierzigste Lebensjahr überschritten haben) überhaupt im Schatten dieses „Zweigestirns" steht.

Kurzprosa als Mittel der Identitätsfindung

Mitte der 60er-Jahre erhält **Peter Bichsel** (geb. 1935; *Eigentlich möchte Frau Blum den Milchmann kennenlernen*) den Preis der „Gruppe 47", im selben Jahr erscheint **Max Frischs** *Mein Name sei Gantenbein*: „Ein Mann hat eine Erfahrung gemacht, jetzt sucht er die Geschichte zu seiner Erfahrung ..." Dieser Satz aus dem Tagebuch Frischs wird für viele andere AutorInnen zum Leitmotiv, unter dem eine besonders schweizerische Art zu erzählen zutage tritt. Auf der Suche nach der eigenen Identität und Wahrheit probiert man Geschichten durch. Für die Identitätssuche scheint sich Kurzprosa besonders zu eignen, denn sie wird immer mehr die Ausdrucksform der Autoren. Auch Frisch schafft mit *Montauk* und *Der Mensch erscheint im Holozän* Romane von relativ geringem Umfang, aber von großer Stofffülle.

Kritik am Kleinstaat – Bekenntnis zum Kleinstaat

Immer wieder beklagen Schweizer die Verkümmerung der Kultur, die ihren Grund in der Enge eines Kleinstaats haben soll, dennoch scheinen Ausbruchsversuche zu scheitern. Man reagiert auch im Ausland als Schweizer, Peter Bichsel formuliert das Problem so:

Was mich freut und was mich ärgert, was mir Mühe und was mir Spaß macht, hat ausschließlich mit der Schweiz und mit Schweizern zu tun. Das meine ich, wenn ich sage: „Ich bin ein Schweizer."

Auch Dürrenmatt bekennt sich zur „Provinz":

---

[1] Einigelung: politische Abschottung gegen Nachbarstaaten
[2] L'art pour l'art: Kunst um der Kunst willen; Autonomie der Kunst, zweckfreie Kunst

Ich bin kein Dorfschriftsteller, aber das Dorf brachte mich hervor, und so bin ich immer noch ein Dörfler mit einer langsamen Sprache, kein Städter, am wenigsten ein Großstädter, auch wenn ich nicht mehr in einem Dorf leben könnte.

In diesem Zusammenhang ist zu bedenken, dass „Hochdeutsch" für Schweizer eigentlich eine Fremdsprache ist, gelegentlich merkt man das an steifen Dialogen in Dramen. Es gibt bedeutende Lyrik in Schweizer Mundarten und auch renommierte Schriftsteller verwenden Helvetizismen[3] in ihren Werken, besonders genussvoll tut dies Dürrenmatt.

1968 als Signal zur Auseinandersetzung mit dem eigenen Land

Der um 1940 geborenen Autorengeneration ist Folgendes gemeinsam: Die SchriftstellerInnen haben den Krieg nicht mehr bewusst zur Kenntnis genommen. Sie sind auch zu jung, um die Auswirkungen des Kalten Krieges auf das Schweizer Kulturleben mitzuerleben. Und sie haben 1968 bewusst miterlebt. 1968 ist für sie aber nicht wie in der BRD ein Signal zur Auseinandersetzung mit dem Nutzen von Literatur, sondern eher eines für die Auseinandersetzung mit dem eigenen Land. Die Themen sind nun andere: **Werner Schmidli** verarbeitet seine Erfahrungen als Laborant in der chemischen Industrie, **Niklaus Meienberg** reitet mit *Reportage aus der Schweiz* direkte politische Attacken gegen Schweizer Zustände, **Silvio Blatter** schildert in *Schaltfehler* seine Arbeitswelt. Nur wenige Schweizer SchriftstellerInnen stammen aus dem Arbeitermilieu; die meisten sind Lehrer oder sonst intellektuell Gebildete, daher gibt es nur wenig Literatur über die Arbeitswelt. Das Thema „1968" verarbeiten **Gertrud Leutenegger** in *Vorabend* und **Adolf Muschg** in *Albissers Grund*.

„Mythos" Schweiz

Will man Kriterien aufstellen, die die deutschsprachige Literatur der Schweiz charakterisieren sollen, so kann man anführen: Diese Literatur setzt sich mit der Schweiz auseinander. Man versucht teilweise den „Mythos" Schweiz, dieses Bild einer Insel der Seligen, zu demontieren. Mundartnahe Sprache, Helvetizismen werden gebraucht. Schweizer AutorInnen zeigen gegenüber ihrem Gegenstand ein realistisches und moralisches Verhalten. Das Bild, das von der Schweiz gezeigt wird, ist ein doppeltes; sie erscheint, wie sie ist und wie sie (nach Ansicht des jeweiligen Autors/der Autorin) sein soll.

„Außenseiter"

Moderne Tendenzen haben es in der Schweiz immer schwer, ebenso solche AutorInnen, die nicht recht ins Schweizer Image passen: Erst in den 60er-Jahren gibt es eine **Robert-Walser**-Renaissance, erst in neuester Zeit beschäftigt man sich mit **Ludwig Hohl**, der die „Nachtseite" der Literatur zum Thema seiner Werke macht (Traumbilder, Bildhaftes, Unbewusstes), und **Friedrich Glauser**, der sein ganzes dichterisches Talent in Kriminalromanen „versteckt". Die Skepsis gegenüber Neuem hat wohl auch mit der Tradition der Schweizer Literatur zu tun. **Jeremias Gotthelf, Conrad Ferdinand Meyer** und **Gottfried Keller** als Ahnen und **Carl Spitteler** als Vertreter der reinen Kunst haben ihre Nachkommen etwas behindert, zumal dann noch **Frisch** und **Dürrenmatt** als übergroße Väter hemmend wirken.

Frauenliteratur

Seit 1970 gibt es in der Schweiz eine Reihe von Frauen, die Außergewöhnliches schreiben. Sie sind meist Einzelgängerinnen, viele vertreten nicht ausdrücklich den feministischen Standpunkt. Sie bringen ihre Erfahrungen in ihre Werke ein: **Gertrud Leutenegger** – Reisen ins Unbewusste, in die Tiefen der Seele; **Verena Stefan** – die Entdeckung weiblicher Sensibilität

---

[3] Helvetizismus: Ausdruck aus der Schweizer Mundart

und Sinnlichkeit; **Maja Beutler** – Krankheit, die den ganzen Menschen prägt; **Margit Baur** – Entfremdung des Ichs in der Berufswelt.

Verena Stefan liefert 1975 mit *Häutungen* ▶ Seite 165 eines der ersten aufsehenerregenden Beispiele für Frauenliteratur; es wird in der BRD zum Kultbuch der Frauenbewegung. Sie beschreibt Ablösungsprozesse von vertrauten sozialen Bindungen, die Lösung aus tradierten Mustern sexueller Beziehungen, die Entdeckung eines neuen Selbstverständnisses der Frau, das Wiederfinden der weiblichen Identität. Es sind Reflexionen, Selbsterfahrungen, die in den bedeutsamen Satz münden: „der mensch meines lebens bin ich."

Vielfalt

Bei der Beschreibung der Literatur der 80er-Jahre findet sich kaum ein Gesamtaspekt; vielmehr wäre Vielfalt ein Beschreibungskriterium. Es lässt sich ein Hang zum Autobiografischen feststellen. Noch immer dominiert die Prosa; Schweizer AutorInnen haben in ihr wohl die Form gefunden, die ihrem Welt- und Selbstverständnis am gemäßesten ist. Seit Frisch und Dürrenmatt aufgehört haben, Dramen zu schreiben, ist diese Gattung nur schwach vertreten. Zur Lyrik haben Schweizer Autoren ein etwas stiefmütterliches Verhältnis.

Aus dem Schatten Frischs und Dürrenmatts herausgetreten

Nach dem Tod Friedrich Dürrenmatts (1990) und Max Frischs (1991) sprechen manche vom Tod der Schweizer Literatur. Als die Schweiz bei der Frankfurter Buchmesse 1998 Schwerpunktland ist, stellt sich allerdings heraus, dass es sehr wohl AutorInnen gibt, die schon zu Zeiten Dürrenmatts und Frischs schrieben und weiter tätig sind, z. B. **Paul Nizon**. Außerdem fallen junge Talente, besonders Frauen, auf.

Als Merkmal der deutschsprachigen Literatur in der Schweiz sehen viele das **Sich-Klein-Machen** an, das schon das Werk Robert Walsers kennzeichnete. Weiters beeinflusst die Tatsache, dass Kultur in der Schweiz im Dialekt abläuft, dass also Hochdeutsch fast als Fremdsprache gilt, nach wie vor die Literatur. Das ergibt Distanz, man blickt mit „fremden Augen" auf Bekanntes und intensiviert so die Wahrnehmung. Die Schweiz selbst bleibt für viele AutorInnen ein Thema, sei es, dass sie als Heimat angesehen wird, sei es, dass man vor ihrer Enge flüchtet.

Paul Nizon behauptet, die schweizerische Enge sei ein Ergebnis der größtenteils bäuerlichen Herkunft der Bevölkerung. Er selbst geht nach Paris:

Ich habe der Schweiz in einem höheren Sinne eine echte Wirklichkeit abgesprochen. Für mich ist die Schweiz so etwas wie die Unwirklichkeit an sich […]. Ich glaube, die Thesen des Diskurses haben sich auch nach zwanzig Jahren nicht geändert, weil die Schweiz in dieser Ausklammerungsform, in diesem unglaublich grassierenden Materialismus und Egoismus ein Ort der totalen Weltfremde geworden ist, ein bösartiges Idyll.

Paul Nizon

In Paris versucht Nizon eine Art Selbstverwirklichung und Selbstbestimmung, die in seinem Werk durch die Geburtsmetaphorik ausgedrückt wird. Ein neues Ich ersetzt das alte, überholte. Sein Roman *Das Jahr der Liebe* stellt die Befreiung in der Großstadt dar, enthält aber auch Rückblenden in die Schweiz. Die Figuren seines Werkes sind eine Mischung aus Realität und Fiktion, autobiografische Elemente wechseln sich mit erfundenen ab. Der Kontrast zwischen der Schweiz und der anderen Welt, Enge und Weite, prägen seine Bücher. Wichtige Motive sind Großstadt und Reisen.

Die großen zwei:
Max Frisch und Friedrich Dürrenmatt

Max Frisch

Max Frisch (1976)

Max Frischs (1911–1991) literarische Anfänge liegen in den 30er-Jahren, sein bevorzugtes Thema ist schon damals die Identitätssuche. Die in der Vorkriegs- und Kriegszeit an den Schriftsteller gestellte Forderung, für „alle" zu reden, ist für Frisch lähmend, da sein ureigenstes Metier das Tagebuch darstellt. Zunächst profiliert er sich im Drama und im Tagebuch. Im Tagebuch 1946–49 finden sich die Entwürfe zu Dramen, es ist ein Sammelbecken für Frischs Einfälle. Er macht das Tagebuch zur literarischen Form, Aufzeichnungen aus dem Augenblick, Vorläufiges, die Möglichkeit, eine Rolle schreibend einzunehmen, die Ausschaltung des allwissenden Erzählers nehmen ihn gefangen:

Indem man es nicht verschweigt, sondern aufschreibt, bekennt man sich zu seinem Denken, das bestenfalls für den Augenblick und für den Standort stimmt, da es sich erzeugt. Man rechnet nicht mit der Hoffnung, daß man übermorgen, wenn man das Gegenteil denkt, klüger sei.

Das Ich im Tagebuch ist nicht unbedingt identisch mit Frisch, das Tagebuch enthält „Fakten und Fiktionen".

Aus der Tagebuchform entwickeln sich die Romane. Auffallend ist, dass sie alle um das Thema Ehe kreisen – sie sind zum Teil Dreiecksgeschichten –, während das Thema Ehe im Tagebuch ausgespart bleibt. Der Durchbruch gelingt Frisch 1954 mit seinem Roman *Stiller*, einem Werk, das Publikum, Kritik und Literaturwissenschaft gleichermaßen beschäftigt. 1957 wird *Homo Faber* veröffentlicht, der Roman eines Technikers, der sich dem Irrationalen fügen muss. Die Schweizer Trilogie vervollständigt 1964 *Mein Name sei Gantenbein*, wo das Spiel mit der möglichen Identität auf die Spitze getrieben wird. Aus Angst vor dem Ewig-Gleichen, aus der Erfahrung des Älterwerdens stellt sich Gantenbein blind, um sich kein Bild machen zu müssen.

Im *Tagebuch* 1966–71 kann man ein vermehrtes Interesse für Politik feststellen. Oft verwendet Frisch außerliterarische Formen: Handbuch, Fragebogen und juristisches Verhör.

In *Montauk* stehen Frischs Frauen-Beziehungen, die alle den Unterton von Schuld haben, im Mittelpunkt.

Stiller

Ein Mann, der sich als Jack White ausgibt, wird am Schweizer Zoll verhaftet, da man ihn für den verschollenen Bildhauer Anatol Stiller hält. Je mehr der fiktive Mr. White abstreitet, Stiller zu sein, desto mehr bemühen sich die anderen, ihm einzureden, er sei es.

Mit den Worten „Ich bin nicht Stiller" beginnt der Roman, und gleichzeitig ist damit die Thematik festgestellt: die Diskrepanz, die Spannung zwischen dem, was ein Mensch ist, und dem, wofür ihn die Welt hält, zwischen Selbstverständnis und Erwartungshaltung der Gesellschaft, der Weg von Selbstüberforderung über Selbstlüge zur Selbstannahme.

Stiller ist mit seiner Identität nicht zufrieden, das wird von der Gesellschaft sogleich mit dem Vorwurf der Kriminalität belegt, er kommt in den Verdacht, sich als Spion betätigt zu haben. Sein Problem ist die Verwirklichung seiner selbst, er möchte zu einer Identität gelangen, die er für sich akzeptieren kann: „Ich bin einfach nicht bereit, ein nichtiger Mensch zu sein." Stiller versucht immer Neues, stellt sich selbst Aufgaben, denen er nicht gewachsen ist, und fühlt sich als Gescheiterter. Im Spanischen Bürgerkrieg will er sich als Held bewähren, als Bildhauer will er Erfolg haben, seine Frau Julika möchte er aus ihrer Erstarrung erlösen. Als dies alles misslingt, flieht Stiller nach Amerika und kehrt nach einem missglückten Selbstmordversuch mit neuem Namen in die Schweiz zurück.

In einer Zeit, in der Identität immer wieder durch Medien reproduziert werden kann, fürchtet Stiller sich vor Wiederholung, vor dem Versagen:

> Wir leben in einem Zeitalter der Reproduktion. Das allermeiste in unserem persönlichen Welt-
> bild haben wir nie mit eigenen Augen erfahren, genauer: wohl mit eigenen Augen, doch nicht
> an Ort und Stelle; wir sind Fernseher, Fernhörer, Fernwisser. Man braucht dieses Städtchen nie
> verlassen zu haben, um die Hitlerstimme noch heute im Ohr zu haben, um den Schah von Per-
> 5 sien aus drei Meter Entfernung zu kennen und zu wissen, wie der Monsun über den Himalaia
> heult oder wie es tausend Meter unter dem Meeresspiegel aussieht. […] Und mit dem mensch-
> lichen Innenleben ist es genau so. Kann heutzutage jeder wissen. Daß ich meine Mordinstinkte
> nicht durch C. G. Jung kenne, die Eifersucht nicht durch Marcel Proust, Spanien nicht durch
> Hemingway, Paris nicht durch Ernst Jünger, […] Mexiko nicht durch Graham Greene. […] Es ist
> 10 ja wahr, man braucht diese Herrschaften nie gelesen haben, man hat sie in sich schon durch
> seine Bekannten, die ihrerseits auch bereits in lauter Plagiaten leben. Was für ein Zeitalter!

- Fassen Sie mit eigenen Worten zusammen, was Stiller mit diesen Äußerungen kritisiert! Stimmen Sie ihm zu?

Seine Änderung der Identität sieht Stiller als Möglichkeit zu einem Neuanfang ohne Wieder-holung. Allerdings muss er bald einsehen, dass man seine Persönlichkeit nicht individuell verändern kann. Freunde, Bekannte, die Gesellschaft überhaupt, haben sich bereits ein „Bild-nis von Stiller" gemacht, sie lassen Stiller zu keinem anderen werden. In der Tat wiederholt sich seine Ehe mit Julika, sie möchte ihn in dem Zustand haben, in dem er sie verlassen hat, sie überträgt die Probleme ihrer gescheiterten Ehe auf ihn – eine denkbar schlechte Basis für einen Neuanfang.

Man hat Stiller als Verkörperung der verzweifelten Situation des Menschen der Moderne angesehen. Dieser komplexen Thematik ist auch die Erzählweise angepasst. Frisch verzichtet auf den allwissenden Erzähler. Der Leser erfährt nie, wie Stiller „wirklich" ist. Mosaikhaft ersteht seine Vergangenheit, die Stiller aus Berichten von Drittpersonen rekonstruiert. Es entsteht ein Bildnis Stillers aus der Sicht von anderen: Tagebuchaufzeichnungen enthalten Rückblenden aus Amerika, Reflexionen über Gespräche mit seinem Verteidiger und dem Staatsanwalt, für seinen Wärter erfindet er Mordgeschichten. Dokumente von Stillers Exis-tenz vervollständigen die Vergangenheit. Berichte von Rolf (dem Staatsanwalt), von Julika und der Lebensbericht Sibylles (Stillers frühere Geliebte und jetzige Frau Rolfs) korrigieren Whites Erzählungen. Am Ende resigniert Stiller, er kapituliert, er nimmt seine Identität an und lebt einsam: „Stiller blieb in Glion und lebte allein."

Homo Faber

Ein Mann rechnet nicht mit der Unberechenbarkeit des Schicksals

Walter Faber, gebürtiger Schweizer, Amerikarückkehrer, erfolgreicher Maschinenbau-Inge-nieur, schreibt einen Zwei-Stationen-Bericht: Im ersten Teil dominieren das männliche Selbstbewusstsein, der Fortschrittsoptimismus, Dinge, die der Vergangenheit angehören. Im zweiten Teil steht die Rückbesinnung auf das Unbewusste im Mittelpunkt, auf das unbekannte Andere, das in die Moderne weist.

Die Erzählperspektive ist äußerst kompliziert. Faber rekonstruiert Ereignisse und Zusammenhänge, deren „Bewandtnis" er nicht durchschaut, und gleicht damit dem antiken Ödipus.

Szene mit Sam Shepard und Julie Delpy in Volker Schlöndorffs Verfilmung

Auf einem Flug muss die Maschine, mit der Faber fliegt, in der Wüste von Mexiko notlanden. Faber erfährt, dass Hanna, seine Jugendgeliebte, seinen Jugendfreund Joachim geheiratet hat. Faber sucht mit Herbert zusammen im Urwald von Guatemala nach Joachim und findet ihn dort erhängt auf.

Auf einem Schiff nach Europa lernt er Sabeth, ein junges Mädchen, kennen, in das er sich hoffnungslos verliebt.

Während er auf einer Kulturreise durch Europa glückliche Tage verbringt, weiß die Leserin/der Leser bereits die furchtbare Wahrheit: Sabeth ist seine Tochter. (Faber hat Hanna in der Gewissheit zurückgelassen, sie würde die Schwangerschaft abbrechen lassen.)

Als Sabeth in Griechenland von einer Schlange gebissen wird, taumelt sie vor dem zu Hilfe eilenden Vater zurück, schlägt mit dem Kopf auf einen Felsen und stirbt an den Folgen der Kopfverletzung. Nach Sabeths Tod will Faber zu Hanna, die als Archäologin arbeitet, nach Athen ziehen und sie heiraten. Er fährt noch ein letztes Mal nach Amerika, um alles zu erledigen. Eine Magenkrankheit, die sich schon am Anfang des Buches ankündigt, wird ärger: Die Operation in Athen wird er nicht überleben.

Das Buch ist einerseits ein versuchter Rechenschaftsbericht Fabers, der sich und Hanna seine Unschuld am Tod ihrer Tochter beteuern will. Es ist andererseits auch die Betrachtung eines Sterbenden, der über sich und sein Leben schreibt. Faber hält alles für machbar und erklärbar und leugnet die Existenz des Schicksals. Seine Tragik ist, dass ihm jedoch dieses Schicksal in Gestalt seiner Tochter begegnet und ihn wie in einer griechischen Tragödie vernichtet.

Faber über Mathematik und Mystik

Ich glaube nicht an Fügung und Schicksal, als Techniker bin ich gewohnt mit den Formeln der Wahrscheinlichkeit zu rechnen. Wieso Fügung? Ich gebe zu: Ohne die Notlandung in Tamaulipas (26. III.) wäre alles anders gekommen; ich hätte diesen jungen Hencke nicht kennengelernt, ich hätte vielleicht nie wieder von Hanna gehört, ich wüßte heute noch nicht, daß ich
5   Vater bin. Es ist nicht auszudenken, wie anders alles gekommen wäre ohne diese Notlandung in Tamaulipas. Vielleicht würde Sabeth noch leben. Ich bestreite nicht: Es war mehr als ein Zufall, daß alles so gekommen ist, es war eine ganze Kette von Zufällen. Aber wieso Fügung? Ich brauche, um das Unwahrscheinliche als Erfahrungstatsache gelten zu lassen, keinerlei Mystik; Mathematik genügt mir.
10 Mathematisch gesprochen:
Das Wahrscheinliche (daß bei 6 000 000 000 Würfen mit einem regelmäßigen Sechserwürfel annähernd 1 000 000 000 Einser vorkommen) und das Unwahrscheinliche (daß bei 6 Würfen mit demselben Würfel einmal 6 Einser vorkommen) unterscheiden sich nicht dem Wesen nach, sondern nur der Häufigkeit nach, wobei das Häufigere von vornherein als glaubwürdiger
15 erscheint. Es ist aber, wenn einmal das Unwahrscheinliche eintritt, nichts Höheres dabei, keinerlei Wunder oder Derartiges, wie es der Laie so gerne haben möchte. Indem wir vom Wahrscheinlichen sprechen, ist ja das Unwahrscheinliche immer schon inbegriffen, und zwar als

Grenzfall des Möglichen, und wenn es einmal eintritt, das Unwahrscheinliche, so besteht für unsereinen keinerlei Grund zur Verwunderung, zur Erschütterung, zur Mystifikation.

20 Vergleiche hierzu:

Ernst Mally *Wahrscheinlichkeit und Gesetz*, ferner Hans Reichenbach *Wahrscheinlichkeitslehre*, ferner Whitehead und Russell *Principia Mathematica*, ferner v. Mises *Wahrscheinlichkeit, Statistik und Wahrheit*.

Die Technik stellt sich als Blendwerk, als Selbstverblendung heraus; Symbol für die Täuschungstechnik ist die Kamera, die Faber immer bei sich trägt. Erst Sabeth öffnet ihm die Augen für etwas „absolut Anderes", für Gefühle, für Intuition, für Mythologie, für Kunst. Gleichzeitig mit dem Überwechseln von Technik zu Emotion (oder Mystik, wie Faber es nennt) findet der Wechsel von Amerika nach Europa statt. Die Reise endet in Athen, der Alten Welt. Bewegt sich Faber am Anfang mit dem Flugzeug fort, so bereist er Europa mit dem Auto, mit dem Eselskarren fährt er die sterbende Sabeth ins Krankenhaus, schließlich geht er zu Fuß: Auch seine Fortbewegungsart geht an die Anfänge zurück.

Die Dramen

Auseinandersetzung mit Brecht

Frischs – und Dürrenmatts – Dramen entstehen aus der kritischen Auseinandersetzung mit Bertolt Brecht. Beide Schweizer würdigen und anerkennen Brechts Leistung, vertrauen aber nicht auf die „Abbildbarkeit" und „Veränderbarkeit" der Welt, die Grundpfeiler von Brechts Dramentheorie sind. Die Form der Parabel wird von beiden Dramatikern von Brecht übernommen.

„Entwürfe der Wirklichkeit"

Frisch ist davon überzeugt, dass es im Theater nur „Entwürfe der Wirklichkeit" geben kann, die Realität könne nicht wiedergegeben werden. Im Spiel könne sich der Mensch gegen die Wirklichkeit behaupten, ob er sie dadurch verändern könne, das bezweifelt Frisch. Seine Hauptthemen sind die Beziehung zwischen Mensch und Gesellschaft, der Einfluss von Traditionen, Leitbildern und Vorurteilen auf den Menschen, sein Ausgeliefertsein an Verhaltensnormen, die Verführbarkeit und Gefährdung des Einzelnen durch die Erwartungen der Gesellschaft an ihn und das Problem der Identitätsfindung. All dies sind auch wichtige politische Themen, wer will, kann Lehren aus ihrer Realisierung ziehen, aber das ist nicht Ziel des Autors. Darum trägt Frischs Drama *Biedermann und die Brandstifter* den Untertitel *Ein Lehrstück ohne Lehre*. Es ist eine Parabel über die Dummheit, Feigheit und Verlogenheit des Bürgers, der in seinem Milieu gar nicht anders handeln kann. Er ist nicht fähig, eine Situation kritisch abzuschätzen, ist ängstlich und hat eigentlich keine schlechten Eigenschaften. Er handelt mitleidig, vertrauensvoll und willig.

Herr Biedermann nimmt aus Angst vor den Brandstiftern und aus innerer Unsicherheit – ihm ist seine Ruhe wichtiger als die Auseinandersetzung mit der Gefahr – die Brandstifter in seinem Haus auf. Er gibt ihnen die Streichhölzer, um ihr Vertrauen zu gewinnen, obwohl sie ganz deutlich sagen, was sie vorhaben.

In der BRD sieht man in dem Stück eine aktuelle Zustandsbeschreibung: Ein Großteil der Bevölkerung spricht sich gern von Schuld frei, Gedanken über Ursachen oder Mitschuld werden verdrängt.

Noch deutlicher wird dieses Problem im Drama *Andorra*, in dem Frisch die verhängnisvolle Wirkung von Vorurteilen anhand von Antisemitismus modellhaft darstellt. Einer, der für einen Juden gehalten wird, nimmt dadurch „jüdische Züge" an, entdeckt sie bei sich und identifiziert sich immer mehr mit der Rolle. In den eingeblendeten Gerichtsszenen treten die Schuldigen als Zeugen auf und beteuern ihre Unschuld.

Das Stück ist sehr erfolgreich, da gerade Ende der 50er-Jahre in der BRD eine Auseinandersetzung mit der NS-Zeit und den Verbrechen des Faschismus stattfindet (Prozesse gegen NS-Verbrecher).

Friedrich Dürrenmatt

Friedrich Dürrenmatt (1921–1990) erklärt seine Vorliebe für das Drama damit, dass darin kein Ich sichtbar werde, der Autor im Hintergrund bleiben könne, was ihn von Frisch unterscheidet. Dürrenmatt ist seinem Wesen nach Dramatiker. Seine Stücke, meist Komödien, bedeuten für das Publikum eine Art Gewissensschock, der Realitätsbezug ist fast immer gegeben.

Friedrich Dürrenmatt (1972)

Die Dramen Dürrenmatts: Modelle für Spielsituationen

Für Dürrenmatt sind Dramen Modelle für Spielsituationen. Er sieht die Tragödie nicht mehr als die zeitgemäße Dramenform an:

> Die Tragödie setzt Schuld, Not, Maß, Übersicht, Verantwortung voraus. In der Wurstelei unseres Jahrhunderts, in diesem Kehraus der weißen Rasse, gibt es keine Schuldigen und auch keine Verantwortlichen mehr. Alle können nichts dafür und haben es nicht gewollt. Es geht wirklich ohne jeden. Alles wird mitgerissen
>
> 5 und bleibt in irgendeinem Rechen hängen. Wir sind zu kollektiv schuldig, zu kollektiv gebettet in die Sünden unserer Väter und Vorväter. Wir sind nur noch Kindeskinder. Das ist unser Pech; nicht unsere Schuld: Schuld gibt es nur noch als persönliche Leistung, als religiöse Tat. Uns kommt nur noch die Komödie bei.

- Stimmen Sie Dürrenmatt zu? Welche Sünden könnte er gemeint haben? Fühlen Sie sich in irgendeiner Weise mitschuldig?

Die Groteske

Ausgehend davon, dass die Komödie die richtige Form für seine Zeit ist, wählt Dürrenmatt die Form der Groteske[4]. *Der Besuch der alten Dame* beruht auf einem grotesken, märchenhaften Einfall.

Claire Zachanassian, die reichste Frau der Welt, bietet dem Ort Güllen für die Ermordung Ills eine Milliarde an. Ill hat sie in ihrer Jugend schwanger sitzen gelassen, worauf sie verjagt worden ist. Claire fällt in die Gemeinde ein, ungerufen und unerwartet, und macht dem Ort, der sich in finanziellen Schwierigkeiten befindet, ein Angebot: Sie bietet Geld gegen Gerechtigkeit. Die Güllener nehmen nach ein bisschen Zögern an, verstoßen gegen die Menschlichkeit und benutzen Gerechtigkeit als Alibi für einen Mord.

Ill bekennt sich schuldig, er war damals, was alle Güllener heute sind: leicht verführbar, schwach, käuflich, die Verlockung des Besitzes war stärker. Von allen im Stich gelassen, wächst er über sich hinaus, er bekennt sich zu seiner Schuld: „Für mich ist es Gerechtigkeit. Was es für euch ist, weiß ich nicht."

---

[4] Groteske: Komisches mischt sich mit Schrecklichem, Grauenhaftem.

Die Geschichte dieses Dramas stellt traditionelle Schweizer Werte in Frage, nämlich Ehrlichkeit, Voraussicht, Skepsis, Geschäftssinn und Sparsamkeit. Im Grunde heißt das Resümee: Gerechtigkeit ist käuflich. Die Themen, die das Stück behandelt, sind die Herrschaft der Phrase, die Manipulierbarkeit des Bewusstseins, die Rechtfertigung von Fehlverhalten und die Verdrängung.

In *Die Physiker* gestaltet Dürrenmatt ein Thema, das bereits Brecht in *Galilei* aufgegriffen hat: die Verantwortlichkeit des Wissenschaftlers für seine Entdeckungen. Das Stück ist eine Komödie, hat jedoch die strenge Form einer klassischen Tragödie; die Einheit von Zeit, Ort und Handlung bleibt gewahrt. Eine Geschichte nimmt ihre schlimmstmögliche Wendung, die Komik schlägt mit beklemmender Wirkung um in Angst und Grauen über den Zustand der Welt.
Der Wissenschaftler Möbius spielt verrückt, um seine bahnbrechenden Entdeckungen zu verbergen. Denn sollten sie in falsche Hände geraten, würden sie die Erde vernichten. Zwei andere Physiker, ebenfalls Insassen der Irrenanstalt, entpuppen sich als Abgesandte von Ost und West, die Interesse an Möbius' Entdeckungen haben. Als er sie endlich davon überzeugen kann, dass eine Rückkehr in die normale Welt verbrecherisch wäre, da die Welt die Erkenntnisse der modernen Physik nicht ertragen kann, erfährt das Publikum, dass es zu spät ist. Die Irrenärztin, die einzig wirklich Verrückte in dem Sanatorium, hat Möbius' Aufzeichnungen längst fotokopiert und ist dabei, die Welt zu zerstören.
Möbius' Fehler ist es zu glauben, er allein könne die Welt ändern, doch: „Was alle angeht, können nur alle lösen."

Außenseiter

Friedrich Glauser

Friedrich Glauser (1896–1938) ist von den 30er- bis in die 50er-Jahre in der Schweiz nicht „literaturfähig". Rauschgift, Schulden, Fremdenlegion, Gefängnis und Nervenanstalt entsprechen nicht dem Wunschbild eines integren Schweizer Schriftstellers. Er schreibt aus der Erfahrung eines Gedemütigten, mit erstaunlicher Distanz zu sich selbst. Er verbirgt all seine Verzweiflung, sein unglaubliches Talent in "spannender" Literatur, in Kriminalromanen, um von seiner Begabung leben zu können. Seinen Krimis *Wachtmeister Studer*, *Der Chinese* und *Matto regiert* ist ein bescheidener Erfolg beschieden, wenn auch kein „literarischer": Die Krimis erscheinen als Fortsetzungsromane und werden bald verfilmt.

Aus seiner Existenz am Rande der Gesellschaft und seiner Skepsis gegenüber der Kultur im bürgerlichen Sinn findet Glauser im Kriminalroman eine Ausdrucksform, die ihm einen begrenzten Zugang zur bürgerlichen Welt ermöglicht. Wachtmeister Studer, die Hauptfigur in seinen Romanen, ist ein älterer Mann mit vielen Schwächen. Aber dennoch ist er für Glauser eine Vaterfigur, der verständige väterliche Freund, den er in seinem chaotischen Leben gebraucht hätte. Einmal degradiert, weil er den Mächtigen ins Gehege gekommen ist, wird Studer mit dieser Niederlage kaum fertig; er hat Angst vor realen Gefahren und den Einschüchterungsversuchen von oben, er fühlt sich alt und schwach, manchmal ist er nahe daran, seine Hartnäckigkeit zugunsten einer „leichten" Karriere aufzugeben. Mitleid mit den armen Kreaturen ist ihm letztlich wichtiger als Gerechtigkeit.

Matto regiert spielt in einer Nervenklinik. Glauser beleuchtet das „Chaos im Inneren", er verwertet seine Erfahrungen mit der Psychoanalyse, er war selbst einmal Patient in einer ähnlichen Klinik. In diesem Roman scheitert Wachtmeister Studer an seinen Bindungen und Emotionen.

Im Folgenden ein Auszug aus *Der Chinese*:

Die beiden Blätter steckten in Studers Brusttasche. Er folgte dem Hausvater und kehrte zu den Tafelnden zurück. Es roch nach Braten und fad nach Härdöpfelstock, den Salat hatte die Gartenbauschule gestiftet. Die Rotweingläser waren leer – nur die des Wachtmeisters und seines Schützlings noch voll –, und das Mädchen ging herum mit einer langhalsigen Flasche

5 und schenkte Weißwein aus. Diesmals stieß der Hausvater nur mit seinem Nachbarn an, dem Polizeihauptmann, beide nahmen einen Schluck aus ihrem Glas, ließen die Flüssigkeit schmatzend auf der Zunge zergehen ... „Neuenstädter, 28er", sagte der Hauptmann; der Hausvater nickte geschmeichelt. – Ja, der Herr Direktor sei eben ein Weinkenner ...

Studer war es, als erlebe er einen Traum. Zuviel neue Eindrücke waren einander gefolgt, zuviel

10 neue Atmosphären hatte er kennengelernt. Er sah die Männer, die hier aßen, und zu gleicher Zeit erblickte er den Äbi Ernst, der tot im Gewächshaus der Gartenbauschule lag.

Wie ein Traum ...

In jenem Gewächshaus hatte eine Orchidee geblüht – und merkwürdig, diese Blume sah der Wachtmeister plötzlich ganz deutlich: wie ein menschliches Gesicht war sie geformt, nein!

15 wie eine Maske eher – und auch das war nicht richtig. Einem wächsernen Kopf ähnelte sie – und auch das war falsch. Sie glich dem Gesichte des toten „Chinesen", denn sie hatte einen Hintergrund, der aus Erde und Moos bestand – und auch auf Moos und Erde war der Kopf des „Chinesen" gelegen ...

[...] Der Hauptmann begann seinen Untergebenen aufzuziehen. Was das denn für ein Mord

20 gewesen sei? Ob der Köbu da nicht wieder einmal spinne? Ohne dem Hausvater nahetreten zu wollen – vielleicht handle es sich nur um eine simple Liebesaffäre, ein älterer Mann habe sich in seine Nichte verliebt und deren Tod nicht überstehen können ... Selbstmord? Hä? Soviel er wisse, sei auch der hiesige Arzt ein Vertreter der Selbstmordtheorie, und nur ein junger Statthalter, der gern eine Rolle habe spielen wollen, sei der Meinung gewesen, es handle sich

25 um einen Mord ... Studer bediente sich des Schriftdeutschen, als er antwortete: „Es ist möglich, daß ich spinne. Aber vielleicht seid Ihr so gut und erklärt mir, wie ein Mann, der sich ins Herz geschossen hat, ein frisches Hemd anlegen, seine Weste, seinen Rock und seinen Mantel zuknöpfen kann ... Wenn Sie mir diese Anomalien erklären können, dann will ich gerne der These des Selbstmordes zustimmen."

30 Schweigen. Es war immer ungemütlich, wenn Studer schriftdeutsch sprach: denn erstens artikulierte er die Worte fehlerlos, er sprach das Schriftdeutsche nicht wie ein Berner mit gaumigen Kehllauten, und dann – das war die Meinung aller Herren – verstand dieser Wachtmeister keinen Spaß ... Schließlich war man zu einem gemütlichen Mittagessen zusammengekommen und nicht, um den Rapport eines Fahnders über einen Mord zu hören. Der Hauptmann tat, als

35 ärgere er sich.

- Wie wird Studer geschildert? Entspricht er dem gängigen Bild eines Detektivs?

Die bürgerliche Gesellschaft, die Mächtigen, werden karikiert, den Armen, Geschundenen aber gehört die Zuneigung Glausers. Auffällig an seinen Romanen ist noch, dass er ganze Passagen im Berner-Deutsch schreibt, um ihnen künstlerische Authentizität zu geben.

Robert Walser

Walsers Kollege **Albin Zollinger** beschreibt ihn so:

Robert Walser

Walser ist bestimmt ein Mensch, der „nicht zu fassen", nicht bei
seinem Worte zu nehmen ist. Wer ihm poetisch kommt, den ernüch-
tert er mit einem Säufergelächter, wer ihn sozial nehmen zu sollen
glaubt, dem antwortet er aus seiner aristokratischen Seele heraus,
5   während doch niemand, schon zu der Zeit, da es nicht Mode war,
wie er abgründige Feststellungen über das Bürgerliche zu machen,
die Art und das Leben hatte.

Auffallend ist die Renaissance, die Walser (1878–1956) nun posthum erlebt. Er hat eine starke
Wirkung auf die Schweizer Gegenwartsliteratur, obwohl man nicht von einer Walser-Schu-
le sprechen kann. Ein anderer Dichterkollege meint, Walser stehe unter dem Zeichen der
schweizerischen Enge, des „Stoffmangels" der schweizerischen Literatur. Die Zeit, die er in
Bern und in Biel verbracht habe, stehe unter dem Stichwort der Produktionsschwierigkeiten
und des schließlichen Verstummens. Die Tendenz Walsers, seine Helden und schließlich auch
sich selbst zu verkleinern, sei eine Antwort auf die schweizerische Enge: „Walser fasst von
Vornherein die Kleinheit und Enge ins Auge, aber er passt sich ihr an, indem er sich und
seine Helden entsprechend klein macht." Dies könnten Erklärungen sein für Walsers Hang
zum Kleinen und seinen Rückzug in die Nervenanstalt. Sicher hängt die Tendenz, sich zu
verkleinern, auch mit seiner künstlerischen Sensibilität zusammen. Er ist gezwungen, auch
das Kleinste zu registrieren, ist daher stets einer Flut von Eindrücken ausgesetzt. Kurt Marti
sagt: „Gerade Walser erlebte auf bedrohlich bewusste Weise im Engen das Universale, im
Beschränkten das Ungeheure, im Zierlichen das Abgründige, im Detail das heimlich und
unheimlich Vage, Schwebende, Unfassbare."
Nach einigen Erzählungen und Romanen (*Jakob von Gunten, Der Gehülfe*) wendet sich Walser
der Kurzprosa zu, in der sein Grundmotiv das Sich-Verstecken, das Sich-Zurückziehen ist.

Neue Literatur in der Schweiz

Markus Werner

Markus Werner (1999)

Zündels Abgang

Zündels Abgang ist der erste Roman des 1944 geborenen Autors, erschienen 1984.
*Das Ehepaar Zündel beschließt, den Urlaub getrennt zu verbringen. Zündel, er
ist Lehrer, bricht seine Reise nach Griechenland nach einigen Missgeschicken
ab. Zuhause bereitet ihm seine Frau Magda nicht den erwarteten freudigen
Empfang, sondern fährt für einige Tage zu einer Freundin nach Bern. Zündel
beginnt nun den zermürbenden Alltag, die Emanzipationsbestrebungen seiner
Frau so richtig zu fühlen, er sehnt sich danach „abzugehen" und möchte eine Entscheidung treffen:*

Er beschloß, sich eine Frist bis Mitternacht zu gewähren: Bis dann würde er entschieden haben
müssen, wie es weitergehen sollte. Vor ihm lagen fürs erste dreieinhalb Wochen Ferien, hinter
ihm lag ein Leben, das er zu keiner Stunde restlos überzeugend gefunden hatte. Seine Ehe war
– wie fast jede Ehe – wohl aus Liebe geschlossen worden, aber diese Liebe erwies sich – wie fast
5   jede Liebe (in seinen Augen) – als ein Gemisch aus Einsamkeitsangst, Geschlechtstrieb und
Ewigkeitsbedürfnis. Seinen Beruf glaubte er nicht aus pädagogischer Passion ergriffen zu

haben, sondern aus Mangel an Alternativen, bestenfalls darum, weil er selbst in seiner Jugend unsäglich unter der Schule gelitten hatte.

Zündel fühlt sich von Magda betrogen und macht eine Reise nach Italien. Sein Versuch, sich eine Pistole zu verschaffen, scheitert kläglich. Er fühlt, dass er seine Frau vermisst.

Zündel verwahrlost nun zusehends, stürzt sich von einer Demütigung, von einer Peinlichkeit in die andere, verkommt auch körperlich so weit, dass er sich im Schmutz wohlfühlt. Zündel nimmt ab und lässt sich den Kopf scheren. Zu Schulanfang geht er in die Schule und hält dort noch einige Stunden, ehe er völlig zusammenbricht.

Er wird psychiatriert, gibt nur mehr Satzfetzen von sich, zieht sich in eine Hütte zurück, schießt auf die Leute, die ihn in die Klinik zurückbringen möchten. Schließlich verschwindet er. Sein Freund erhält noch die Aufzeichnungen Zündels in einem Paket aus Kanada, das offensichtlich sein Vater abgeschickt hat. Dies blieb die einzige Spur.

Zündels Unzufriedenheit mit der Welt, sein Überdruss, hat unter anderem mit der „Schweiz" zu tun – sauber, freundlich, aufgeklärt „und dennoch die Hölle". Der stumpfe Alltag und die Emanzipationsbestrebungen seiner Frau in einer Frauengruppe tragen ein Übriges dazu bei. Außerdem leidet er daran, dass sein Vater ihn noch vor seiner Geburt verlassen hat. Dieser war ein Vagabund, der die Freiheit kompromisslos liebte und keine Bindungen zuließ. Ihn sucht Zündel wohl in Kanada.

Zündel ist ein Opfer, ein Leidender. Er wird allerdings in einer unverkrampften, lockeren, pointenreichen Sprache beschrieben, seine „Abenteuer", die für ihn peinlich und demütigend sind, erlebt man beim Lesen als amüsant.

> • Was halten Sie von solchen „Helden", die eigentlich nur Opfer sind? Empfinden Sie sie als unmännlich? Vergessen Sie nicht, dass ein Mann dieses Buch geschrieben hat!

Am Hang

Erst mit seinem siebten Roman *Am Hang* erzielt Markus Werner einen durchschlagenden Erfolg.

Obwohl das Buch fast nur aus den Dialogen zweier Männer besteht, ist es dennoch spannend wie ein Kriminalroman. In Kritiken wird der Roman als **Kammerspiel** bezeichnet, denn es gibt nur zwei Hauptfiguren und einen Hauptschauplatz, die Terrasse des Hotels Bellevue in Montagnola.

Der Titel spielt auf Clarin, einen der Protagonisten an, dessen Leben nach der Bekanntschaft mit Loos, dem anderen Protagonisten, ins „Rutschen" gerät.

Eine Rezensentin beschreibt die Handlung folgendermaßen:

Markus Werner hat hier seine bisherige Personenkonstellation umgedreht: Der Entwurzelte, an der Welt Zweifelnde zieht einem, der sich bisher souverän und fraglos im Leben behauptet hat, mit leidenschaftlicher Wut den Boden unter den Füßen weg.

Es ist reizvoll, das Buch ein zweites Mal zu lesen, denn dann entdeckt man die versteckten Hinweise auf die „Wahrheit".

Der Scheidungsanwalt Clarin bricht für das Pfingstwochenende ins Tessin auf, um einen Artikel für eine juristische Zeitschrift zu schreiben. Am Abend lernt er auf der Terrasse des Hotels Bellevue einen älteren Herrn namens Loos kennen. Die beiden reden bis tief in die Nacht über verschiedene Themen, vor allem aber über Beziehungen und die Bedeutung der Ehe. Loos behauptet, er habe seine Frau durch einen Unfall, den Sturz in das Becken eines Hallenbads, verloren, während Clarin viele oberflächliche Beziehungen unterhalten hat. Am dritten Tag, an dem die beiden verabredet waren, ist Loos, der gar nicht so heißt, abgereist, vom Unfall einer jungen Frau im Hallenbad ist auch nichts bekannt. Es stellt sich heraus, dass Loos' Frau gar nicht tot ist, sondern sich von ihm getrennt hat und gleichzeitig auch die Geliebte Clarins gewesen ist.

Loos versucht, obwohl er die Welt nach dem Verlust seiner Frau hasst, die Balance in seinem Leben zu halten, während Clarin, der sein Leben bis zu dem Treffen mit Loos gemeistert und gern gelebt hat, immer mehr in den Sog des depressiven Loos gerät.

Die Vertreter zweier Lebenskonzepte prallen in dem Buch aufeinander: Loos glaubt an Moral, Ehe und Treue. Nachdem ihn seine Frau verlassen hat, steht er dem Leben pessimistisch und depressiv gegenüber. Clarin, dem es an Gefühl und Menschenkenntnis mangelt, wird durch Loos und seine pessimistische Weltsicht gleichermaßen verunsichert und fasziniert:

Loos zog mich an. Genauer, unverdächtiger: Ich suchte widerstrebend seinen Bannkreis und nenne dieses Phänomen magnetisch, ja meinetwegen magisch.

Clarin schreibt die Geschehnisse mit Loos mit einer alten Füllfeder auf, den Artikel für die Zeitschrift kann er nicht mehr termingerecht schreiben.

Pascal Mercier

Pascal Mercier ist das Pseudonym für Peter Bieri, einen aus der Schweiz stammenden Professor, der an der freien Universität Berlin Philosophie lehrt. Sein Roman *Nachtzug nach Lissabon* (2004) wird zu einem Bestseller.

Pascal Mercier

Nachtzug nach Lissabon

Der Protagonist Raimund Gregorius, Anfang 60, von seinen Schülern „Mundus" genannt, ist Lateinlehrer an einem Gymnasium in Bern. Seine wesentlich jüngere Frau hat ihn verlassen.

Nach einer zufälligen Begegnung mit einer jungen Portugiesin, die er vor dem Selbstmord gerettet zu haben glaubt, und nach der Entdeckung des Buches eines portugiesischen Dichters namens Amadeu Prado bricht er aus seinem Leben mitten im Unterricht aus und besteigt den Nachtzug nach Lissabon. An seinen Rektor schreibt er folgenden Brief:

Sehr geehrter Herr Rektor, lieber Kollege Kägi,
Sie werden inzwischen erfahren haben, dass ich gestern ohne Erklärung aus dem Unterricht ging und nicht mehr zurückkehrte, und Sie werden auch wissen, dass ich unauffindbar blieb. Ich bin wohlauf, es ist mir nichts zugestoßen. Wohl aber habe ich im Laufe des gestrigen Tages
5   eine Erfahrung gemacht, die vieles verändert hat. Sie ist zu persönlich und auch noch viel zu unübersichtlich, als dass ich sie jetzt zu Papier bringen könnte. Ich muss Sie einfach bitten, mein abruptes und unerklärtes Tun zu akzeptieren. Sie kennen mich, denke ich, gut genug, um zu wissen, dass es nicht aus Leichtsinn, Verantwortungslosigkeit oder Gleichgültigkeit geschieht. Ich begebe mich auf eine weite Reise, und es ist ganz offen, wann ich zurückkehre
10   und in welchem Sinn. Ich erwarte nicht, dass Sie die Stelle für mich offen halten. Der größte Teil meines Lebens ist aufs Engste mit diesem Gymnasium verflochten gewesen, und ich bin sicher, dass ich es vermissen werde. Doch jetzt treibt mich etwas davon weg, und es könnte

gut sein, dass diese Bewegung endgültig ist. Sie und ich, wir beide sind Bewunderer von Marc Aurel, und Sie werden sich an diese Stelle aus seinen Selbstbetrachtungen erinnern „Vergeh
15 dich ruhig, vergeh dich an dir selbst und tu dir Gewalt an, meine Seele; doch später wirst du nicht mehr Zeit haben, dich zu achten und zu respektieren. Denn ein Leben nur, ein einziges, hat jeder. Es aber ist für dich fast abgelaufen, und du hast in ihm keine Rücksicht auf dich selbst genommen, sondern hast getan, als ginge es bei deinem Glück um die anderen Seelen ... Diejenigen aber, die die Regungen der eigenen Seele nicht aufmerksam verfolgen, sind
20 zwangsläufig unglücklich.“
Ich danke Ihnen für das Vertrauen, das Sie mir stets entgegengebracht haben, und für die gute Zusammenarbeit. Sie werden – dessen bin ich mir sicher – den Schülern gegenüber die richtigen Worte finden, Worte, die sie auch wissen lassen, wie gern ich mit ihnen gearbeitet habe. Bevor ich gestern gegangen bin, habe ich sie betrachtet und gedacht: Wie viel Zeit sie
25 noch vor sich haben!
In der Hoffnung auf Ihr Verständnis und mit besten Wünschen für Sie und Ihre Arbeit verbleibe ich
Ihr Raimund Gregorius
P.S. Ich habe meine Bücher auf dem Pult gelassen. Würden Sie sie aufheben und zusehen, dass
30 ihnen nichts geschieht?“

In Lissabon erfährt er, dass Prado seit 30 Jahren tot ist, und forscht nach. Mosaikartig setzt sich das Leben Prados vor Gregorius' Augen zusammen. Prado, Arzt und Dichter, schließt sich dem Widerstand gegen die faschistische Diktatur Salazars an, rettet aber auch einem Folterknecht Salazars das Leben, weil er sich an den hippokratischen Eid gebunden fühlt. Als er sich in dieselbe Frau wie sein Freund verliebt, flüchtet er sich ins Schreiben. Es entsteht das Buch, das Gregorius zu seiner Reise nach Lissabon veranlasst hat.

Mit der Erforschung der Lebensumstände Prados erfährt Gregorius einiges über sich selbst. Die **Reise** nach Lissabon wird eine Reise **nach innen** zu seinem eigenen Ich.
Nach fünf Wochen fährt er nach Hause. Denn aufgrund körperlicher Beschwerden hält er sich für todkrank. Die weitere Lebensgeschichte Gregorius' lässt der Autor offen.
Die LeserInnen erfahren zwei Geschichten, die des Arztes und Dichters Amadeu Prado und die des korrekten Professors für Altphilologie Raimund Gregorius. Mit der Erforschung von Prados Leben lernt Gregorius viel über sein eigenes Leben, allerdings ist unsicher, ob er die Erkenntnisse für sich positiv verwerten kann, denn er flüchtet sich nach seiner Rückkehr in die Krankheit.

Gregorius ist schon im fortgeschrittenen Alter, als er mit seinen Lebensgewohnheiten, zumindest für kurze Zeit, radikal bricht.
• Stellen Sie sich vor, Sie verlassen Ihre Umgebung von einem Tag auf den anderen. Schildern Sie in einem Text, z. B. einem Bericht, was Sie dazu veranlasst hat und wohin Sie gehen, fahren oder fliegen. Was finden Sie an ihrem Zielort, bleiben Sie dort oder packt Sie das Heimweh?

Urs Widmer

Das umfangreiche Werk von Urs Widmer, 1938 in Basel geboren, umfasst Romane, Erzählungen, Essays, Theaterstücke und Hörspiele. 2007 wird er mit dem Friedrich-Hölderlin-Preis ausgezeichnet.

Urs Widmer (2007)

Top Dogs[5]

Seit der Uraufführung in Zürich 1996 ist das Drama *Top Dogs* eines der meistgespielten Dramen im deutschsprachigen Gegenwartstheater. Mit diesem Stück gelingt Widmer der Durchbruch als Dramatiker. Es wird mit dem „Mülheimer Dramatiker Preis 1997" und der Prämierung als „Stück des Jahres" durch die Zeitschrift *Theater heute* ausgezeichnet.

Wirtschaft und Globalisierung sind die Hauptthemen, die Widmer nicht aus der Sicht der zahllosen arbeitslosen Underdogs zeigt, sondern aus der der arbeitslosen Manager.

Es ist also kein Stück aus der Perspektive der kleinen Leute, sondern aus dem Blickwinkel derer, die die Wirtschaft lenken, die der Autor nach dem Verlust ihrer Arbeit und damit ihrer Macht als verstörte und orientierungslose Menschen zeigt. Widmer schildert die Mächtigen am Ende der Macht. Von vielen Kritikern wird das Stück in Anlehnung an Shakespeare als „Königsdrama der Wirtschaft" bezeichnet.

Die Sprache der Ökonomie wird als inhaltsleeres Statussymbol deutlich, eine gelungene Kommunikation ist nur schwer möglich. Auffallend sind die unterschiedlichen Stilebenen: die Sprache der Wirtschaft, der Humanität, der Therapie, die Funktion der Bibelzitate und Märchen.

Es werden auch unterschiedliche theatralische Formen geboten: Dialog, Monolog, Rollenspiel, chorische Teile, Bewegungssequenzen wie Kampfszenen.

Die Entstehungsgeschichte des Dramas ist außergewöhnlich: Der Plan, das Theaterstück zu schreiben, ging von der Beobachtung aus, dass in der Schweiz das Thema Arbeitslosigkeit plötzlich zu einem alltäglichen Thema wurde. Gemeinsam mit dem Regisseur der Züricher Uraufführung – Volker Hesse – recherchierte Widmer und führte Interviews in verschiedenen Outplacement-Centern.[6] Er ermöglicht damit Einblicke in die sonst verborgene Welt des Managements.

Zur Planung des Dramas sagt Widmer u.a. Folgendes:

> TOP DOGS war ein Projekt des Neumarkt Theaters Zürich. Ich schrieb den Text, Volker Hesse inszenierte, und wir trieben das Projekt von allem Anfang an gemeinsam voran. TOP DOGS spricht von jenen Arbeitslosen – „Top Dogs" einst, nicht „Underdogs" –, die vor ihrer Entlassung an den Schalthebeln der Macht gesessen haben. Von mittleren und höheren Kadern und,
> 5 für einmal, nicht von denen, die das große und immer größer werdende Heer der Arbeitslosen bilden. Aber auch die „Helden" unseres Stücks werden immer mehr. Sie, die bis vor Kurzem noch unangreifbar schienen, werden nun plötzlich entlassen, weil Unternehmen umstrukturiert, redimensioniert oder geschlossen werden. Die Entlassungswelle hat die „Macher" erreicht. Manche Managementsebenen verschwinden vom einen Tag auf den anderen. Auch
> 10 höchste Führungspositionen großer Konzerne werden nicht geschont.

---

[5] Top Dogs: Der norwegische Politologe Johan Galtung prägt diesen Begriff für Leute, die an der Spitze einer Feudalstruktur stehen und Macht ausüben, im Gegensatz zu den „Underdogs" am anderen Ende der Skala.

[6] Outplacement-Center: Einrichtung für entlassene Führungskräfte, in der ihnen geholfen wird, mit der Situation der Arbeitslosigkeit zurechtzukommen und eventuell einen neuen Arbeitsplatz zu finden

Die Entstehung des Dramas kommentiert Widmer folgendermaßen:

Während ich recherchierte, schrieb ich, während ich schrieb, probten wir. Alles in allem eine heiße Zeit. In drei Monaten waren wir fertig.

Das Stück spielt in einem Outplacementbüro, in dem versucht wird, entlassenen Managern einen neuen Job zu vermitteln. Sehr bald wird klar, dass die berufliche Situation nicht das einzige Problem der Manager ist. Alle Protagonisten sind von ihrer Entlassung erschüttert, was sie früher ihren Arbeitnehmern angetan haben, erleiden sie nun selbst.

KRAUSE Ich hätte das nie gedacht, nie hätte ich das für möglich gehalten, eine Entlassung, was ist das schon? Du bist entlassen, na schön, da bist du eben entlassen, das ist ja keine Schande. Du stehst auf der Straße, auf der stehen Millionen. Da fällst du weiter nicht auf. Dafür ist sie da, die Straße, irgendwo müssen die Entlassenen ja stehen. *Kämpft mit den Tränen.*
JENKINS Macht nichts
KRAUSE Hätt ich nie gedacht, dass ich so aus dem Leim gehe.

Konsequenterweise zeigt das Stück auch die Entfremdung der „Top Dogs" von ihrem Beruf, ihrem Privatleben und natürlich auch von sich selbst. Keiner der Manager ist imstande, nach der Entlassung ein normales Leben zu führen, denn immer noch prägen Werte wie Macht, Prestige, Vermögen und Einfluss ihre Einstellung. Emotionen wie Familienglück, Zuneigung oder gar Liebe haben sie in ihrem Leben als Manager verlernt. Wahren Werten entfremdet, machen sie auch die „Spiele" im Outplacement-Center mit, obwohl diese entwürdigend und demütigend sind.

Top Dogs ist ein offenes Drama, das stark dem epischen Drama Brechts ähnelt. Es gibt keine durchgängige Handlung. Es werden Situationen gezeigt, in denen die Manager, die ihre Arbeit verloren haben, Vergangenes mit Therapeuten (Trainern) aufarbeiten sollen. Unterbrochen werden diese „Therapien" von Gangübungen, Kampfübungen und chorischen Einlagen. Dass die Personen keine Namen haben, sondern dem jeweiligen Aufführungsort angepasst werden – sie tragen die Namen der Schauspieler, die die Rollen spielen –, betont die Austauschbarkeit der Charaktere. Deshalb sind die Figuren auch keine runden Charaktere, sondern bloß Typen, die bestimmte Verhaltensmuster verkörpern. Die Sprache wird ebenfalls dem jeweiligen Aufführungsort angepasst, d.h. in München wird bayrischer Dialekt gesprochen, in Wien wienerischer.
In der Struktur des Dramas werden auch andere Texte instrumentalisiert, z. B. die Apokalypse des Johannes oder Märchen.

Urs Widmers *Top Dogs* ist ein höchst aktuelles Drama, das in Deutschland in manchen Bundesländern sogar in den schulischen Kanon aufgenommen wurde.

- Warum sollten Schülerinnen und Schüler das Drama *Top Dogs* gelesen haben? Was ist Ihrer Meinung nach an der behandelten Thematik wichtig für junge Leute?

In zwei Romanen setzt sich Widmer mit der Geschichte seiner Eltern auseinander:

Mutter, Vater und Sohn

Im Roman *Der Geliebte der Mutter* (2000) schildert er das tragische Leben seiner Mutter Clara Molinari. Es handelt sich dabei um eine Mischung aus Realität und Fiktion. Entstanden ist das einfühlsame Porträt einer unglücklichen Frau, die sich in einer aussichtslosen Liebe verloren

hat. Das Buch ist aber auch die Geschichte eines Sohnes, der die Liebe seiner Mutter nie erreichen konnte, weil sie sie bereits an den „Geliebten" vergeben hatte.

Die Rahmenhandlung bildet das Begräbnis von Edwin, dem Geliebten der Mutter.
Clara ist die Tochter eines reichen Mannes, der sein Vermögen beim Börsenkrach 1929 verliert und
stirbt. Sie arbeitet als Mädchen für alles bei dem „Jungen Orchester", dessen Repertoire hauptsächlich
aus Werken moderner Komponisten wie Strawinsky, Debussy und Bartok besteht. In den zunächst
mittellosen Dirigenten dieses Orchesters, Edwin, verliebt sie sich. Bei einem Gastspiel in Paris wird sie
seine Geliebte. Als Clara schwanger wird, zwingt er sie zur Abtreibung. Edwin bricht die Beziehung
ab, lässt ihr jedoch an jedem Geburtstag durch seine Sekretärin eine Orchidee schicken. Clara betreut
weiterhin das Orchester. Als sie auf einer Geschäftsreise ist, heiratet Edwin eine reiche Erbin, ohne Clara
etwas zu sagen. Sie heiratet daraufhin auch und bekommt einen Sohn, Urs Widmer.

Dann kam ihr Kind zur Welt, ich, und diesmal wollte sie sich freuen dürfen. Sie wollte sich
freuen, freuen, wenn sie ihr Kind ansah. Es badete, ihm die Brust gab. Es wiegte, ihm Lieder
vorsang, es koste und drückte. Es spazierenfuhr. Ihm die schöne Welt zeigte, die Sonne, das
Licht. – Aber sie konnte es nicht, es gelang ihr einfach nicht. Kein Licht, keine Sonne. Aus ihrer
5   Brust kam keine Milch, ihre Lieder endeten vor dem Ende, und wenn sie ihr Kind küßte, drohte
sie es zu ersticken. Sie lachte nicht, nein. Im Gegenteil. Den ganzen Tag über schluchzte sie
ohne Tränen, schrie sie ohne Töne.

Anfälle einer psychischen Störung, die bereits in ihrer Kindheit ihren Anfang hatten, zwingen sie, eine
psychiatrische Klinik aufzusuchen. Sie wird durch Elektroschocks halbwegs geheilt, bleibt aber dennoch
suizidgefährdet und therapiert sich selbst durch intensive Gartenarbeit. Ihre Liebe zu Edwin bleibt
ungebrochen. Als ihr Mann stirbt, kehrt sie kurz ins Piemont, ihre Heimat, zurück. Im hohen Alter
beginnt sie zu reisen, z. B. in die Türkei und nach New York.

Noch später begann sie seltsame Dinge zu machen. Sie setzte sich, eine alte Dame nun, für eine
Rast auf die Gleise der Vorortsbahn. Der Lokomotivführer – die Strecke war übersichtlich –
brachte seinen Zug zum Stehen und half der Mutter die Böschung hinauf. Sie freute sich über
seine Hilfe und lachte. [...] Als sie eine regelrechte Greisin geworden war, begann sie Reisen
5   zu machen – je gefährlicher, desto schöner – und fuhr zum Beispiel in einem Bus quer durch
den Osten der Türkei. Einmal mussten sich alle Passagiere hinter einen Erdwall ducken, weil
Türken auf Kurden schossen, oder umgekehrt; über ihren Bus hinweg jedenfalls. Die Mutter
kauerte neben einem jungen, kreidebleichen Mann und zwinkerte ihm zu. Sie war auch in
New York und brach jeden Tag in Schuhen, die wie Entenfüße aussahen, und einer regensi-
10 cheren Jacke auf, um die Bronx oder Brooklyn oder die Subway zu erforschen. Sie hatte, weil
man ihr das gesagt hatte, stets einen Zehndollarschein in der rechten Anoraktasche, falls sie
überfallen werden sollte. Dann hätte sie – sie hatte den Satz sorgfältig geübt – „There you go,
young man!" gesagt und ihm den Schein gegeben. Sie wurde aber nie überfallen.

Mit 82 setzt sie durch einen Sprung aus dem Fenster des sechsten Stocks ihrem Leben ein Ende.

Am 17. Februar 1987 machte die Mutter das Bett in dem Heim für alte Menschen, in dem sie
jetzt wohnte, stellte die Silberschälchen und Kerzenständer gerade und schrieb auf ein Stück
Papier: „Ich kann nicht mehr. Lebt weiter und lacht. Clara."

Anders als der Titel vermuten lässt, steht Widmers Mutter im Mittelpunkt. In der Schweiz
rezipiert man das Werk als Schlüsselroman, denn Claras Geliebter ist dort als der berühmte
Dirigent Paul Sacher leicht erkennbar.

Clara wird von ihrem Vater zur Unterwürfigkeit erzogen und unterwirft sich dem Dirigenten Edwin, der sie nicht einmal wahrnimmt. Diese jahrelange Demütigung führt immer wieder zu psychischen Zusammenbrüchen und schließlich in hohem Alter zum Selbstmord. Auffallend ist, wie Widmer dennoch sehr sachlich, nie bitter, ohne Edwin zu verdammen, erzählen kann.

Neben der privaten Tragödie der Mutter spiegelt Widmer auch die politische Geschichte Europas. So begegnet Clara, als sie ihre Verwandten besucht, Mussolini, ja er stolpert sogar über ihren Koffer. Clara jätet den Garten, während Hitler in Polen einmarschiert.

Vier Jahre nach *Der Geliebte der Mutter* schreibt Widmer *Das Buch des Vaters*, das die Leerstellen, die das Leben des Vaters betreffen, füllt.

Das Buch beginnt mit dem Tod des Vaters Karl. Der Sohn findet ihn und wendet sich in einer Rückblende dem jungen Karl zu, der an seinem 12. Geburtstag einen Initiationsritus[7] durchmachen muss.
Er muss aus der Stadt in das Dorf seiner Eltern wandern (ein Tagesmarsch), zur Kirche des Dorfes, die schwarze Kapelle genannt wird. Auf dem Weg gerät er in Regen und Hagel und gelangt völlig durchnässt in der Kirche an. In der Kirche wird er vor allen Dorfeinwohnern gebadet und neu eingekleidet.

Natürlich dachte er, das sei das Ende der Zeremonie. Aber der Onkel hob eine Hand, und das Klatschen hörte auf. Tiefe Stille wieder. Der Onkel hob ein schwarzes Tuch auf, das auf dem Altar lag, und holte darunter ein großes, ebenfalls schwarzes Buch hervor, einen regelrechten Folianten mit Goldschnitt und Lesebändchen, auf dessen Rücken Karls Name stand. *Karl.* „Das
5   ist das weiße Buch", sagte der Onkel so laut, als spreche er zur ganzen Gemeinde. „Es heißt so, weil es lauter weiße Seiten enthält. Du wirst, bis zu deinem Tod, jeden deiner Tage darin aufschreiben. Lang, kurz, nach deiner Art. So wie wir alle hier dies tun. Kurz, lang, nach unserer Art. Auch die, die nie schreiben gelernt haben, machen jeden Abend ihre drei Kreuze." Er legte das Buch auf den Tisch, bedeutete Karl, sich auf den Stuhl zu setzen, und schlug die erste Seite
10   auf, deren Weiß so hell leuchtete, dass Karl die Augen zusammenkniff. „Nie wird jemand lesen, was du schreibst, vor deinem Tod", sagte der Onkel. „Das täte keiner von uns, das weiße Buch eines anderen lesen. Er hätte sein Heil verwirkt. Nach deinem Tod, dann erst. Dann allerdings. Dann liest jeder und jede – auch die, die nicht lesen können, auf ihre Art – wie dein Leben war. Freut sich, weint. Wundert sich, lernt. Bis dahin, Karl, ist es das geheimste aller Bücher."

Karl, leidenschaftlicher Kunst- und Literaturliebhaber, verliebt sich in Clara; sie heiraten und bekommen ein Kind.
Zunächst leben Karl, Clara und das Kind, wie Widmer sich in dem Roman nennt, bei Claras Schwester und ihrem Mann. In dem Haus verkehren Künstler, besonders Maler, die den Expressionisten nahestanden. Bei Ausbruch des Krieges wird Karl eingezogen, während Clara im Haus Flüchtlinge aus Nazi-Deutschland beherbergt.
Karl nähert sich der kommunistischen Partei an. Als er aus dem Militärdienst entlassen wird, findet er das Haus und seine Malergruppe unverändert vor.
Clara wird krank und in eine psychiatrische Klinik eingewiesen. Karl lebt nun mit seinem Sohn eine Weile allein. Clara kehrt für eine gewisse Zeit geheilt zurück und widmet sich dem Garten, während Karl, von heftiger Migräne geplagt, übersetzt und tablettenabhängig wird. Die Kommunisten, jetzt

---

[7] Initiation: Aufnahme in eine Gemeinschaft

„Partei der Arbeiter", der Karl angehört, kommen ins Parlament, aber die Mitglieder zerstreiten sich und Karl entfernt sich immer mehr von der kommunistischen Ideologie.

Karl unterrichtet an einem Gymnasium und kommt in Schwierigkeiten, als er russische Bilderbücher als Vorlage für den Unterricht verwendet.

Als Karls Vater stirbt, holt Karl dessen Sarg aus dem Heimatdorf und bekommt dessen weißes Buch zu lesen.

Der Schwager kündigt Karl die Wohnung und ab jetzt leben Karl und Clara in einem baufälligen Haus am Rande der Stadt. Unter dem Nussbaum im Garten treffen sich bekannte Künstler, u. a. Hildesheimer, Bender, Enzensberger und Böll. Karl hat noch einmal eine heftige Affäre mit einer Nachbarin.

Am Tag seines Todes besucht er die Lesung einer Lyrikerin, die er schon einmal bei seiner 12-Jahresfeier getroffen und die ihn nachhaltig beeindruckt hat. Der Sohn findet den toten Vater und blättert in dessen weißem Buch.

Nach dem Begräbnis stellt der Sohn fest, dass seine Mutter das weiße Buch seines Vaters mit den anderen Papieren entsorgt hat, und beschließt, selbst das weiße Buch seines Vaters zu schreiben.

Am nächsten Tag kam ich später, als ich geplant hatte, ins Haus zurück. Ich stellte den 2cv in den Schatten einer Riesentanne im Garten des Nachbarhauses. Meine Mutter stand vor dem Gartentor auf dem Trottoir und sah dem Müllauto nach, das eben, weit unten, um die Ecke verschwand. Sie trug ihre blaue Arbeitsschürze und war zwar bleich im Gesicht, kreideweiß, aber
5   voller Energie. Jedenfalls ging sie vor mir im Tempo Herrn Wagners und Kerns ins Haus zurück. Ich folgte ihr, die Treppe hinauf, ins Arbeitszimmer des Vaters. Ein halbgefüllter 50-Liter-Müllsack stand mitten im Zimmer, und meine Mutter nahm einen – einen weiteren – Packen Papier aus dem Bigla[8] und stopfte ihn in den Sack. „Ich habe ohne dich angefangen, ein bißchen Ordnung zu machen", sagte sie „Du kannst dir nicht vorstellen, was für ein Durcheinander er
10 hatte." [...] Wo war das weiße Buch? Mein Herz begann zu rasen. „Wo ist das weiße Buch?", rief ich. – „Hab ich dir doch gesagt", sagte Clara, über die untere Schublade des Bigla gebückt. „Im Müll. Gott sei Dank ist die erste Fuhre gleich abgeholt worden." – „Du hast das weiße Buch weggeworfen?", rief ich, schrie ich. „Wieso?" – Die Mutter gab mir keine Antwort, zerrte einen uralt aussehenden Ledersack mit zwei Tragriemen, so etwas wie einen archaischen Rucksack,
15 aus einem Winkel hervor und stopfte auch ihn in den Müllsack. „Puh!" sagte sie und wischte sich den Schweiß von der Stirn.

> • Wie beurteilen Sie den Brauch, ab dem 12. Lebensjahr über sein Leben Buch zu führen? Würden Sie das weiße Buch Ihrer Eltern lesen wollen? Warum? Was würden Sie in Ihr weißes Buch schreiben? Was würden Sie Ihren Kindern nicht mitteilen wollen?

Beide Bücher ergänzen sich. Sie erzählen dieselbe Geschichte, die der Eltern Widmers, nur mit unterschiedlichen Akzenten: In *Das Buch des Vaters* steht der Vater im Mittelpunkt, die Mutter Clara ist aber ein wichtiges Element, während der Vater in *Der Geliebte der Mutter* nur in Nebensätzen erwähnt wird.

Interessant ist, dass der Sohn, der Ich-Erzähler, in beiden Büchern nur am Rande vorkommt, er hält sich im Hintergrund, trotzdem fühlt man als Leserin/Leser die Zuneigung bzw. Bewunderung für seinen Vater und seine Mutter.

---

[8] Bigla: Möbelstück

Weitere Schweizer Autoren

Martin Suter

Martin Suter, einer der erfolgreichsten Schweizer Autoren der Gegenwart, 1948 in Zürich geboren, lebt mit seiner Frau in Spanien und Guatemala. Zunächst arbeitet er als Werbetexter und Werber, ergänzt seinen Beruf aber immer wieder durch andere Schreibtätigkeiten. So schreibt er u.a. GEO-Reportagen und Drehbücher für Film und Fernsehen. Seit 1991 lebt er als freier Schriftsteller. Seit 2007 arbeitet er mit dem Schweizer Musiker Stephan Eicher zusammen, für den er Texte schreibt.

Suter behandelt u. a. Themen wie Alzheimer, Drogenerfahrung oder Amnesie.

Sein erster Roman *Small World* (2000) wird sofort ein internationaler Erfolg. Sein Nachfolger *Ein perfekter Freund* (2002) hat die Form eines Kriminalromans, zeigt aber auch Ansätze von Sozialkritik. Eines seiner bekanntesten Werke ist *Lila, Lila* (2004), zwei ineinander verwobene Liebesgeschichten, gespickt mit Elementen des Literaturbetriebs. 2007 wird er für seinen Roman *Der Teufel von Mailand* mit dem Friedrich-Glauser-Preis ausgezeichnet. An Suters 2008 erschienenem Roman *Der letzte Weynfeldt*, der das Thema Kunstmarkt, Kunst verbunden mit Lebenskunst behandelt, kritisieren RezensentInnen, dass er sich immer mehr der „Unterhaltungsliteratur" zuwendet, dieser Roman könne mit seinen Vorgängern nicht mithalten.

Alex Capus

Der Schweizer Schriftsteller Alex Capus wird 1961 als Sohn eines Franzosen und einer Schweizerin in der Normandie geboren, lebt zunächst in Paris, bevor er 1966 in die Schweiz übersiedelt, wo er heute noch wohnt.

Nach dem Studium in Basel arbeitet er als Journalist. Er kombiniert sorgfältige Recherchen mit fiktiven Erzähleben, durch seine Protagonisten verbindet er einfühlsam Dokumentation mit Erzählung. Capus gilt auch als herausragender Übersetzer des US-Autors John Fante. 1994 veröffentlicht er sein Erstlingswerk *Diese verfluchte Schwerkraft*. In seinem 2005 erschienenen Roman *Reisen im Licht der Sterne* verfolgt er Robert Louis Stevensons Irrfahrt durch die Südsee.

2006 folgt mit *Patriarchen* eine Porträtsammlung von großen Firmengründern, wie Nestlé, Maggi oder Lindt.

Im 2007 erschienenen Roman *Frage der Zeit* stehen drei Werftarbeiter im Mittelpunkt. Die Handlung basiert auf historischen Tatsachen: 1913 wird ein Kriegsschiff zerlegt und in 5000 Kisten verpackt nach Deutsch-Ostafrika geschickt, um auf dem Tanganjikasee zum Einsatz zu kommen. Zur gleichen Zeit will auch Großbritannien zwei Schiffe auf dem Landweg durch Afrika transportieren, um im Tanganjikasee einen deutschen Dampfer zu versenken. RezensentInnen sehen in diesem Roman Parallelen zu Joseph Conrads *Das Herz der Finsternis*.

Peter Stamm

Ebenfalls in die Riege der jungen Schweizer Literaten gehört **Peter Stamm**, geboren 1963. In *Agnes* (1998) beschreibt er distanziert, aber doch einfühlsam das Scheitern einer Liebe. In *An einem Tag wie diesem* (2006) steht ein Mann Mitte vierzig im Mittelpunkt, der sein bisheriges Leben hinwirft.

Die deutschsprachige Literatur der Schweiz

Seit 1933 verlegen deutsche Verlage keine Schweizer Schriftsteller mehr. Dennoch ist die Schweiz kulturell nicht im Abseits. 1945 endet die Isolation. 1968 ist ein Signal zur Auseinandersetzung mit dem eigenen Land (etwa von Muschg in *Albisser Grund* und Leutenegger in *Vorabend* verarbeitet).

Neuere Literatur tritt erst mit **Max Frisch** (*Stiller, Homo Faber, Biedermann und die Brandstifter, Andorra*) und **Friedrich Dürrenmatt** (*Der Besuch der alten Dame, Die Physiker*) in Erscheinung. Es entstehen **Romane** nach dem **Vorbild Frischs: Otto F. Walter** *Die ersten Unruhen*, **Adolf Muschg** *Albissers Grund*, **Walter Matthias Diggelmann** *Das Verhör des Harry Wind*, **Gertrud Leutenegger** *Vorabend*. Durchgängige Themen sind die **Schweiz** als **gesellschaftliches** und **politisches Gefüge**, die Rolle des Einzelnen, Flüchtlingspolitik oder Antikommunismus. Das Thema **Suche nach der Identität** findet man bei **Peter Bichsel** (*Eigentlich möchte Frau Blum den Milchmann kennenlernen*) und **Max Frisch** (*Mein Name sei Gantenbein*).

Autoren, die dem Schweizer Image nicht entsprechen, sind **Robert Walser** (Renaissance in den 60er-Jahren), **Ludwig Hohl** (Traumbilder, Unbewusstes), **Friedrich Glauser** (Kriminalromane mit der Hauptfigur *Wachtmeister Studer*).

Als bedeutender Dramatiker, der aktuelle Themen behandelt, stellt sich **Urs Widmer** heraus. Seine schmalen Romane *Der Geliebte der Mutter* und *Das Buch des Vaters* tragen autobiografische Züge.
Pascal Mercier (*Nachtzug nach Lissabon*) und **Markus Werner** (*Zündels Abgang* und *Am Hang*) stellen außergewöhnliche Menschen in den Mittelpunkt ihrer Romane. **Martin Suter** behandelt in seinen Romanen Themen wie Alzheimer (*Small World*), Drogenerfahrungen (*Der Teufel von Mailand*) und Amnesie (*Ein perfekter Freund*). **Alex Capus** verbindet Realität mit Fiktion (*Reisen im Licht der Sterne* und *Frage der Zeit*). Auch **Peter Stamm** zählt zu den bedeutenden jüngeren Autoren der Schweiz.

Österreichische Literatur nach 1945

Von 1945 bis zu den 60er-Jahren

Politische Grundlagen

Österreich wird von den Alliierten als das erste von Hitler überfallene Land gesehen. Das macht es weiten Kreisen in unserem Land möglich, die nationalsozialistische Vergangenheit leichter als in Deutschland zu verdrängen.

Paul Kruntorad schreibt in *Charakteristika der Literaturentwicklung in Österreich 1945–1967*:

Die Nachfolger der beiden großen Nachkriegsparteien, die Österreichische Volkspartei (ÖVP) als Fortsetzung der Christlichsozialen, die Sozialistische Partei Österreichs (SPÖ) als Fortsetzung der Sozialdemokraten, waren sich in einem Punkt einig: Der Entmachtung durch die alliierte Okkupation und der Gefahr der wirtschaftlichen Plünderung, vor allem durch die Re-
5   parationsansprüche der Sowjets, konnte man nur mit vereinten Kräften entgegentreten. Das hieß, die früheren Feindschaften und Gegensätze zu vergessen – den blutigen Bürgerkrieg von 1933, die Auflösung der Sozialdemokratischen Partei durch das Regime Dollfuß, Schuschniggs Diktatur und seine Kapitulation vor Hitler. Verdrängen mußte man auch den österreichischen Anteil an den Judenverfolgungen. Was in Erinnerung bleiben durfte, war die fernere, die
10 glorreiche k. u. k. Vergangenheit. Es galt, die ehemaligen PGs[1] wieder ins politische Leben zu integrieren. Man begann die Entnazifizierung schematisch und beendete sie ebenso, ohne zu fragen, ob alle Schuld gesühnt worden war, ob man die Richtigen gefaßt hatte oder nur die kleinen Fische.

- Fassen Sie die Gründe zusammen, die Kruntorad für das „Vergessen der Vergangenheit" angibt!

Literarisches Leben

Das **literarische Leben** in Österreich unmittelbar nach dem Krieg ist bestimmt durch ein eher unproblematisches Neben- und Miteinander von SchriftstellerInnen verschiedener Generationen und unterschiedlicher Vergangenheit. Neben Autoren, die sich dem Hitler-Regime angepasst haben (z. B. **Heimito von Doderer, Max Mell, Karl Heinrich Waggerl**), neben aus der Emigration heimkehrenden Schriftstellern (z. B. **Hans Weigel, Friedrich Torberg, Theodor Kramer**) veröffentlichen junge geschichts- und gesellschaftsbewusste Autoren und Autorinnen (z. B. **Ilse Aichinger, Ingeborg Bachmann, Paul Celan**) ihre literarischen Arbeiten. Es ist bezeichnend für die Zusammenarbeit junger AutorInnen und arrivierter DichterInnen, dass der fast 70-jährige **Heimito von Doderer** ein Förderer der avantgardistischen[2] „Wiener Gruppe" wird.

Auch **Friedrich Torberg**, **Hans Weigel** und **Hilde Spiel** unterstützen und fördern junge NachkriegsliteratInnen, daneben nehmen sie sich der österreichischen Tradition des Theaters und des modernen Romans an. „Sie knüpfen damit an den Geist der jüdischen KünstlerInnen und

---

[1] PGs: nationalsozialistische Parteigenossen
[2] Avantgarde: bewusst antibürgerliche Kunst als Gegensatz zu bestehenden literarischen und gesellschaftlichen Konventionen

WissenschaftlerInnen an, die zur letzten Kultur- und Literaturblüte Altösterreichs entscheidend beigetragen haben." (Walter Weiss)

In *Zwischenbilanz. Eine Anthologie österreichischer Gegenwartsliteratur* schreibt Weiss:

Neubeginn bedeutet hier vor allem Wiederanknüpfen, Nachholen, Öffnung für literarische Bewegungen draußen, die vorher nicht zugänglich waren. Gegen das vorangegangene Diktat des biologistischen völkischen Realismus und Klassizismus hieß das ästhetische Befreiung und Freisetzung schöpferischer Möglichkeiten.

Literarische Zeitschriften

Schon 1945 erscheinen die ersten **literarischen Zeitschriften**, **Otto Basils** *Plan* und der von **Egon Seefehlner** herausgegebene *Turm*. Im Gegensatz zum *Turm* versucht der *Plan* keine politische und weltanschauliche Harmonisierung der vergangenen Jahrzehnte (Auseinandersetzungen zwischen Christlichsozialen und Sozialdemokraten, Bürgerkrieg 1934, Austrofaschismus, Nationalsozialismus). Er betreibt vielmehr einerseits eine Aufarbeitung der faschistischen Vergangenheit, indem er Listen österreichischer SchriftstellerInnen veröffentlicht, die sich in den Dienst der Hitler-Ideologie gestellt haben. Andererseits setzt er sich mit dem französischen Surrealismus, dem Expressionismus und kritischen AutorInnen der Zwischenkriegszeit (z.B. Karl Kraus oder Franz Kafka) auseinander.

Das oben angesprochene „friedliche" Nebeneinander verschiedener Tendenzen in der österreichischen Literaturszene zeigt auch, dass in beiden Monatszeitschriften junge, bis dahin nicht bekannte SchriftstellerInnen vorgestellt werden, im *Turm* z.B. Ilse Aichinger mit Ausschnitten ihres Romans *Die größere Hoffnung* (1947), der das Schicksal eines rassisch verfolgten Mädchens in der Hitlerzeit schildert; im *Plan* z.B. Paul Celan mit seinen frühen Gedichten.

1946 erscheint, ebenfalls im *Plan*, **Ilse Aichingers** (geb. 1921) Essay *Aufruf zum Misstrauen*, ein viel beachtetes Signal für einen Neubeginn der Nachkriegsliteratur in Österreich.

Nein, es ist kein Irrtum, hier steht es klar und deutlich: Aufruf zum Mißtrauen! Aufruf zur Vergiftung also? Aufruf zum Untergang?

Beruhigen Sie sich, armer bleicher Bürger des XX. Jahrhunderts! Weinen Sie nicht! Sie sollen ja nur geimpft werden. Sie sollen ein Serum bekommen, damit Sie das nächste Mal umso wider-
5   standsfähiger sind! Sie sollen im kleinsten Maß die Krankheit an sich erfahren, damit sie sich im größten nicht wiederhole. Verstehen Sie richtig. An sich sollen Sie die Krankheit erfahren! Sie sollen nicht Ihrem Bruder mißtrauen, nicht Amerika, nicht Rußland und nicht Gott. Sich selbst müssen Sie mißtrauen! Ja? Haben Sie richtig verstanden? Uns selbst müssen wir mißtrauen. Der Klarheit unserer Absichten, der Tiefe unserer Gedanken, der Güte unserer Taten! Unserer
10   eigenen Wahrhaftigkeit müssen wir mißtrauen! Schwingt nicht schon wieder Lüge darin? Unserer eigenen Stimme! Ist sie nicht gläsern vor Lieblosigkeit? Unserer eigenen Liebe! Ist sie nicht angefault von Selbstsucht? Unserer eigenen Ehre! Ist sie nicht brüchig vor Hochmut?

> • An wen richtet sich der Aufruf? Wogegen soll sich nach Meinung der Autorin das Misstrauen richten? Was könnte sie mit „das nächste Mal" meinen?

Polarisierung der Literatur

In den frühen 50er-Jahren beginnt eine **Polarisierung** von traditionell-restaurativen Tendenzen und einer Erneuerung und Öffnung der Literatur. 1952 lesen **Ilse Aichinger, Ingeborg Bachmann** und **Paul Celan** bei der Jahrestagung der „Gruppe 47", was sie auch in der deutschen Literaturszene bekannt macht.

Der Autor Walter Jens schreibt in *Deutsche Literatur der Gegenwart:*

Es war in Niendorf an der Ostsee, Frühjahr 1952, eine Tagung der Gruppe 47 fand statt. Die Veristen, handwerklich gute Erzähler, lasen aus ihren Romanen. Dann plötzlich geschah es. Ein Mann namens Paul Celan (niemand hatte den Namen vorher gehört) begann, singend und sehr weltentrückt, seine Gedichte zu sprechen. Ingeborg Bachmann, eine Debütantin, die aus Klagenfurt kam, flüsterte, stockend und heiser, einige Verse; Ilse Aichinger brachte, wienerisch-leise, die Spiegelgeschichte zum Vortrag.

Paul Celan und Erich Fried: Tiefgreifender programmatischer Gegensatz

Paul Celan ▶ Seite 227 f. , eigentlich Paul Ancel[3], wird 1920 in Czernowitz (Bukowina, ehemals Teil der österreichisch-ungarischen Monarchie) als Sohn deutschsprachiger Juden geboren. Aus seiner Heimat vertrieben, lebt er nach dem Krieg in Bukarest und Wien. 1948 geht er nach Paris, wo er bis zu seinem Freitod 1970 als Lektor arbeitet. Celan ist der beispielhafte Vertreter der hermetischen[4] Lyrik in deutscher Sprache. Seine Gedichte sind von seiner persönlichen Erfahrung der Judenvernichtung (seine Eltern werden in einem Konzentrationslager ermordet) und vom Thema Tod geprägt.

Paul Celan (1962)

Celans esoterische[5] Gedichte erfahren im Laufe seines dichterischen Schaffens eine fortschreitende Konzentration und Reduktion[6]. In Texten der Gedichtsammlung *Atemwende* (1967) löst der Dichter den Satzverband zum Teil ganz auf, so dass nur mehr einzelne Worte und Silben übrig bleiben. So lauten etwa die letzten Verse seines Gedichts *Keine Sandkunst mehr:*

Tief im Schnee
Iefimnee
I – i – e

> • Der Text stößt hier an die Grenze des Schweigens. Wie kann man dies in Verbindung mit Celans Freitod sehen?
> • Erklären Sie das Reduktionsverfahren in den drei Versen!

Fadensonnen
Fadensonnen
über der grauschwarzen Ödnis.
Ein baum-
hoher Gedanke
5 greift sich den Lichtton: es sind
noch Lieder zu singen jenseits
der Menschen.

---

[3] Beachten Sie die Veränderung der Buchstabenfolge!
[4] hermetisch: geheimnisvoll-dunkel, vieldeutig, rätselhaft, verschlossen
[5] esoterisch: nur für „Eingeweihte", schwer verständlich
[6] Reduktion, hier: literarisches Mittel der Vereinfachung, der Verknappung der Sprache

- Suchen Sie Assoziationen zu den Chiffren „Fadensonnen", „grauschwarze Ödnis" (denken Sie an Celans Erfahrung der Judenvernichtung), „baumhoher Gedanke" und „Lichtton"! Welche Bezüge können Sie herstellen?
- Beachten Sie nun die Schlusssentenz (das Resultat, die Zusammenfassung) des Gedichts: „... es sind / noch Lieder zu singen jenseits / der Menschen"!
- Auf welchen Bereich verweisen diese Verse?

Hermetische Poesie

Vertreter der hermetischen Poesie – diese steht in der Tradition des Symbolismus, Frühexpressionismus und Surrealismus – sind neben Paul Celan und Ingeborg Bachmann auch **Christine Lavant** (1915–1973) und **Christine Busta** (1915–1987), die die Verwandlung der Furcht, des Schreckens und der Schuld in Liebe und Erlösung zu ihrem Grundthema wählt.

Der Linksintellektuelle **Erich Fried** (1921–1988) ist ebenso wie Celan jüdischer Herkunft. Auch Fried muss in Jugendjahren seine Heimat (Wien) verlassen, sein Vater und seine nächsten Verwandten kommen in Lagern der Nationalsozialisten um.

Fried, der seit seiner Emigration 1938 den Hauptwohnsitz in London hat, wird erst viel später als Celan bekannt. 1966 erscheint die Sammlung *und Vietnam und*, die besonders bei der damals politisch sensibilisierten und interessierten Jugend (Studentenrevolution 1968) leidenschaftlich gefeiert wird.

Die im Gegensatz zur hermetischen und dunklen Poesie Celans inhaltlich und sprachlich klaren Texte Frieds zeigen radikales politisches Engagement, sie wollen nach Aussage des Dichters (in: *Anmerkungen zu Verhaltensmustern*, 1968) verschleierte Sachverhalte erhellen, eingespielte Verhaltensmuster bewusst machen, die Realität von allem falschen Schein reinigen. Er sagt selbst, seine Gedichte seien „in einer Zeit und einer Umwelt entstanden, in der einem angst und bange werden kann".

Von der deutschsprachigen Presse in den späten 60er- und 70er-Jahren werden Frieds lyrische Texte als unliterarisch abgelehnt, er selbst als Agitproplyriker abgeurteilt. 1977 wird jedoch eine Auswahl seiner Gedichte mit dem Titel *100 Gedichte ohne Vaterland* in Paris einstimmig mit dem „Internationalen Verlegerpreis" ausgezeichnet.

1972 schreibt Fried folgendes Gegengedicht zu Celans *Fadensonnen*.

Beim Wiederlesen eines Gedichts von Paul Celan

„es sind
noch Lieder zu singen jenseits
der Menschen"

Lesend
5 von deinem Tod her
die trächtigen Zeilen
wieder verknüpft
in deine deutlichen Knoten
trinkend die bitteren Bilder
10 anstoßend
schmerzhaft wie damals
an den furchtbaren Irrtum
in deinem Gedicht das sie lobten
den weithin ausladenden

15 einladenden
ins Nichts

Lieder
gewiss
auch jenseits
20 unseres Sterbens
Lieder der Zukunft
jenseits der Unzeit in die wir
alle verstrickt sind
Ein Singen jenseits
25 des für uns Denkbaren
Weit

Doch nicht ein einziges Lied
jenseits der Menschen

- Vergleichen Sie die beiden lyrischen Texte *Fadensonnen* und *Beim Wiederlesen eines Gedichts von Paul Celan!*
- Inwiefern ist Frieds Gedicht auch ein sprachlicher Gegentext zu Celans hermetischer Poesie?
- Bestimmen Sie die inhaltlichen Bezüge zu *Fadensonnen* genau; in welcher Hinsicht nimmt Fried eine weltanschauliche und politische Gegenposition ein? Was könnte der Dichter mit „jenseits des für uns Denkbaren" meinen? (Bedenken Sie, dass Fried ein Brecht-Schüler ist und eine sozialistisch-marxistische Ideologie vertritt!)
- Geben Sie den Argumentationsgang Frieds, der in den letzten zwei Versen statementartig zusammengefasst wird, mit eigenen Worten wieder!

Erich Fried (1986)

Ingeborg Bachmann

Meine Existenz ist eine andere, ich existiere nur, wenn ich schreibe, ich bin nichts, ich bin mir selbst vollkommen fremd, aus mir herausgefallen, wenn ich nicht schreibe.

Ingeborg Bachmanns (1926–1973) Lyrik erfährt durch die Literaturkritik uneingeschränktes Lob, man spricht von „reiner, großer Poesie". Als ihr im Jahr 1954 der *Spiegel* eine Titelgeschichte widmet, wird sie auch einem breiten Publikum bekannt. Man macht sich ein Bild von ihr: das scheue, stille, etwas linkische Mädchen mit dem scharfen Verstand und dem Doktortitel in Philosophie. Diese Klischees festigen sich im Laufe der Zeit, immer wieder werden Leben und Werk vermischt, Mythenbildungen lassen sie schon zu Lebzeiten zur Legende werden.

Ingeborg Bachmann (1972)

Ihr ungeklärter Tod – sie erleidet in Rom im Bett schwerste Verbrennungen, an denen sie stirbt – und dichterische Texte über diesen „Feuertod" (von Günter Grass, Max Frisch, Uwe Johnson) tun ihr Übriges. Ihre Prosa (nach 1956 schreibt sie kaum noch Lyrik) versucht man an der Lyrik zu messen. Ingeborg Bachmann wehrt sich selbst zeit ihres Lebens vergeblich gegen eine verfälschende und einseitige Rezeption ihres Werkes.

Die Lyrik Ingeborg Bachmanns

Als Grunderfahrungen ihrer Lyrik kann man „tiefe Verstörung" und „Todesangst" annehmen; Liebe, Tod und Abschied in allen Variationen sind die Themen. Ihre Lyrik ist insofern eine Ausnahmeerscheinung, als sie zu einer Zeit erscheint, da eine zunehmende Politisierung die Literatur beeinflusst. Bachmann nimmt nur selten konkret auf politische Ereignisse Bezug, ihre Warnungen, Prophezeiungen und Beschwörungen sind allgemein gehalten. Sie sind Hinweise auf Beschädigungen, die der Mensch sich selbst und seiner Welt zugefügt hat, Beweise dafür, dass er nicht fähig ist, eine humanere Gesellschaft zu schaffen. Man versteht ihre Gedichte als Metaphern der „Weltangst", die ihre Wurzeln im Einmarsch der Hitlertruppen in Kärnten haben. In einem Interview äußert Ingeborg Bachmann:

Es hat einen bestimmten Moment gegeben, der hat meine Kindheit zertrümmert. Der Einmarsch von Hitlers Truppen in Klagenfurt. Es war etwas so Entsetzliches, dass mit diesem Tag meine Erinnerung anfängt: durch einen zu frühen Schmerz, wie ich ihn in dieser Stärke vielleicht später überhaupt nie mehr hatte. Natürlich habe ich das alles nicht verstanden in dem
5   Sinn, in dem es ein Erwachsener verstehen würde. Aber diese ungeheure Brutalität, die spürbar war, dieses Brüllen, Singen und Marschieren – das Aufkommen meiner ersten Todesangst.

Anrufung des Großen Bären

Großer Bär, komm herab, zottige Nacht,
Wolkenpelztier mit den alten Augen,
Sternenaugen,
durch das Dickicht brechen schimmernd
5   deine Pfoten mit den Krallen,
Sternenkrallen,
wachsam halten wir die Herden,
doch gebannt von dir, und mißtrauen
deinen müden Flanken und den
10   halbentblößten Zähnen,
alter Bär.

Ein Zapfen: eure Welt.
Ihr: die Schuppen dran.
Ich treib sie, roll sie
15   von den Tannen im Anfang
zu den Tannen am Ende,
schnaub sie an, prüf sie im Maul
und pack zu mit den Tatzen.

Fürchtet euch oder fürchtet euch nicht!
20   Zahlt in den Klingelbeutel und gebt
dem blinden Mann ein gutes Wort,
daß er den Bären an der Leine hält.
Und würzt die Lämmer gut.

25   s' könnt sein, daß dieser Bär
sich losreißt, nicht mehr droht
und alle Zapfen jagt, die von den Tannen
gefallen sind, den großen, geflügelten,
die aus dem Paradiese stürzten.

- Das Gedicht besteht aus der Anrufung des Hirten und der Antwort des Großen Bären. Wie würden Sie die beiden beschreiben, wie ihre Sprachgebärden?
- Beschreiben Sie das Verhältnis des Hirten zum Großen Bären!
- Zwei kontrastierende Grundbilder, das des Bären und das des Hirten, stehen im Mittelpunkt. Ordnen Sie ihnen Welten zu! Bär–Hirte / Himmel–Erde / …
- Der Große Bär ist ein mythisches Sternbild, welche Begriffe deuten das an?
- Wofür kann der Bär Symbol sein? Beachten Sie, was er mit der Erde alles anstellen könnte, wie er sich selbst sieht!

Todesarten

Ingeborg Bachmanns Romane

Todesarten nennt Ingeborg Bachmann die geplante Romantrilogie, von der *Der Fall Franza* unvollendet, *Malina* beendet und *Requiem für Fanny Goldmann* nur in Fragmenten vorhanden ist. In allen drei Romanen geht es um das Aufeinanderprallen von weiblicher Liebesfähigkeit und männlicher Vernunft, um die Erfahrung von Persönlichkeitszerstörung, um die Vernichtung von weiblicher Identität. In *Malina* und den *Todesarten*-Fragmenten werden Frauen von ihren Männern zur Abtreibung gezwungen, vergewaltigt, „mit den Folterwerkzeugen der Intelligenz" als Fall für die Wissenschaft verwendet und für verrückt erklärt (*Der Fall Franza*), durch

Indiskretionen verletzt, literarisch ausgeschlachtet, indem ihr Leben in Buchform veröffentlicht wird, zu Hassgefühlen bewegt, die die „Krankheit zum Tode" bedeuten (*Fanny Goldmann*).

Der Fall Franza (aus der Vorrede)

Das Buch ist aber nicht nur eine Reise durch eine Krankheit. Todesarten, unter die fallen auch die Verbrechen. Das ist ein Buch über ein Verbrechen.

Es ist mir, und wahrscheinlich auch Ihnen oft durch den Kopf gegangen, wohin das Virus Verbrechen gegangen ist – es kann doch nicht vor zwanzig Jahren plötzlich aus unserer Welt
5 verschwunden sein, bloß weil hier Mord nicht mehr ausgezeichnet, verlangt, mit Orden bedacht und unterstützt wird. [...] Denn es ist heute nur unendlich viel schwerer, Verbrechen zu begehen, und daher sind diese Verbrechen so sublim, daß wir sie kaum wahrnehmen und begreifen können, obwohl sie täglich in unserer Umgebung, in unserer Nachbarschaft begangen werden. [...] Die Verbrechen, die Geist verlangen, an unsren Geist rühren und weniger an
10 unsre Sinne, also die uns am tiefsten berühren – dort fließt kein Blut, und das Gemetzel findet innerhalb des Erlaubten und der Sitten statt, innerhalb einer Gesellschaft, deren schwache Nerven vor den Bestialitäten erzittern. [...]

- Welche Verbrechen meint Ingeborg Bachmann? Können Sie ihre Aussagen bestätigen?

Die Frau als Opfer, der Mann als Mörder

1971 entstanden, stellt *Malina* die Summe von Bachmanns bisherigem Werk dar. Sie erforscht die existentielle Situation als Frau und Schriftstellerin in Extremsituationen.

*Die Icherzählerin bringt Ivan eine bedingungslose, absolute Liebe entgegen, die von ihm, dem Alltagsmenschen, zerstört wird: „Ich liebe niemand. Die Kinder selbstverständlich, ja, aber sonst niemand."
Die Alltagssituation, in der die Icherzählerin lebt, beschreibt sie unter anderem so:*

[...] in meiner Umgebung, und auch fern von meiner Umgebung, habe ich bemerkt, daß alle abwarten, sie tun nichts weiter, tun nichts Besonderes, sie drücken den anderen die Schlafmittel in die Hand, das Rasiermesser, sie sorgen dafür, daß man kopflos an einem Felsenweg spazierengeht, daß man in einem fahrenden Zug betrunken die Tür aufmacht oder daß sich einfach eine Krankheit einstellt. Wenn man lange genug wartet, kommt ein Zusammenbruch, es kommt ein langes oder ein kurzes Ende.

*Im zweiten Teil (Der dritte Mann) wird die Herrschaft Ivans identisch mit der Herrschaft des Vaters über seine von ihm abhängige Tochter: Die Welt bedeutet für die Frau (wie auch für Juden und Kinder) einen „Mordschauplatz".
Im dritten Teil „erschreibt" sich die Frau den idealen Partner Malina. Er ist der scheinbar alles verstehende Bruder, der ideale Liebhaber, der männliche Doppelgänger, das überlegene, denkende Ich. Im Lauf des Kapitels wird Malina als Fantasieprodukt entlarvt, das der Erzählerin nicht helfen kann. Er hindert sie sogar daran, zu sich selbst zu finden. Am Ende steht die schmerzliche Erfahrung, dass Schreiben auch eine Todesart ist.*

Österreich-Tradition in der Erzählprosa

„Heile österreichische Welt"

Der **Roman der 50er-Jahre** steht im Zeichen einer gesellschaftlich-politischen Harmonisierung und einer traditionellen Österreichbesinnung, die vom Staat gefördert wird. Ab 1955 erscheint in Wien die subventionierte Literaturzeitschrift *Wort in der Zeit*, deren Ziel es ist, die historische Kontinuität der österreichischen Literatur seit den Tagen der Monarchie zu belegen. **Rudolf Henz**, der erste Herausgeber, schreibt im Vorwort des 1. Heftes des 1. Jahrgangs, es gelte zu verhindern, dass „das fremdsprachige Ausland oft die literarischen Zusammenhänge zwischen dem alten und dem neuen Österreich nicht begreift und etwa Rainer Maria Rilke und Franz Kafka zu Tschechoslowaken oder Ödön von Horváth zu einem Ungarn stempelt". Der österreichische Mensch und seine Literatur stehen also im Mittelpunkt literarischer Themen. Wichtigster Vertreter dieser „heilen österreichischen Welt" ist **Heimito von Doderer** (1896–1966), der in seinen breit angelegten Romanen *Die erleuchteten Fenster* (1950), *Die Strudlhofstiege* (1951) und *Die Dämonen* (1956), zusammen bezeichnet Doderer sie als *Wiener Trilogie*, sein Konzept des totalen (universalen) Romans realisiert. Doderer nimmt in seinen Werken, die ein umfassendes und minutiös genaues Bild der Stadt Wien in der Zwischenkriegszeit geben, eine apolitische und antiideologische Position ein. Seine Romane entsprechen der herrschenden Meinung, die gegenwärtige Literatur könne nahtlos an die vor 1938 anknüpfen.

Doderers Lehrer, **Albert Paris Gütersloh** (1887–1973), Schauspieler, Bühnenbildner, Regisseur und Maler, schreibt 1935 den Roman *Sonne und Mond. Ein historischer Roman aus der Gegenwart*, der aber erst 1962 erscheint. Dieser spiegelt das „mondhafte Verblassen der Feudalaristokratie und den sonnenhaften Aufstieg des bürgerlichen bzw. bäuerlichen Mittelstandes" (Dietmar Goltschnigg) und damit den Untergang der Donaumonarchie und die Entwicklung der Ersten Republik wider.

In diesem Zusammenhang ist auch noch **Herbert Eisenreich** (1925–1986), ein Schüler Doderers, zu erwähnen, der mit Erzählungen und Kurzgeschichten sowie dem Hörspiel *Wovon wir leben und woran wir sterben* (1955) über die Grenzen Österreichs hinaus bekannt wird.

Die Rezeption der Werke **Fritz von Herzmanovsky-Orlandos** (1877–1954) setzt erst nach seinem Tod ein. Er lässt in den Romanen *Der Gaulschreck im Rosennetz* (1928) und *Maskenspiel der Genien* (1931) skurrile, kautzige, sonderlinghafte Figuren auftreten und steht damit in der Tradition von J. N. Nestroy, Franz Kafka und Karl Kraus. Mit seinen Lustspielen knüpft er an die Zauberspiele Ferdinand Raimunds an.

In diesem traditionsfreundlichen Klima Österreichs erscheinen auch die Romane *Auf dem Floß* (1938 entstanden, 1948 erschienen) und *Der Mann im Schilf* (1955) von **George Saiko** (1892–1962), *Protokoll gegen Zwetschkenbaum* (1964) von **Albert Drach** (1902–1995) und die gesammelten Werke von **Joseph Roth** (1956).

Gerhard Fritsch, Anwalt der „Wiener Gruppe"

Ein Dichter, der sich vom Erben einer österreichischen Romantradition zum Österreich-Kritiker und Anwalt der Avantgardisten wandelt und damit den Übergang zu den 60er-Jahren bildet, ist **Gerhard Fritsch** (1924–1969), Lyriker, Epiker und Herausgeber literarischer Zeitschriften und Anthologien[7]. 1956 erscheint sein Roman *Moos auf den Steinen*, der „die Sehnsucht nach einem Anschluss an die altösterreichische Tradition mit der Kritik an einer verfälschenden Restauration im wiederhergestellten Österreich" verbindet (Walter Weiss). Als Schauplatz dient ebenso wie in Saikos *Auf dem Floß*, Güterslohs *Sonne und Mond* und Franz Tumlers *Ein Schloss in Österreich* ein Schloss, wohl auch ein Symbol für die Werte der großösterreichischen Tradition.

Mit seinem elf Jahre später veröffentlichten Roman *Fasching* zeigt Fritsch seine dichterische Wandlung. Schauplatz dieses Textes ist eine österreichische Provinzstadt nach dem Zweiten Weltkrieg, ein Spiegel des österreichischen Spießbürgertums und der Provinzialität. Auf „die

---

[7] Anthologie: Sammlung von ausgewählten Texten

größte Gefahr […], die es für die Literatur in Österreich und anderswo gibt: den Provinzialismus allzu biederer und selbstsicherer Poeterei", weist Fritsch in *Nachruf auf eine Zeitschrift* (1966) hin.

Als Herausgeber der Zeitschrift *Wort in der Zeit* setzt sich Fritsch 1964 für die „**Wiener Gruppe**" ein, was heftige Proteste in literarisch-konservativen Kreisen auslöst und 1965 zur Absetzung Fritschs als Herausgeber der Zeitschrift führt.

Die „Wiener Gruppe"

Diese Vereinigung Wiener Autoren – dazu gehören **Hans Carl Artmann** (1921–2000), **Gerhard Rühm** (geb. 1930), **Friedrich Achleitner** (geb. 1930), **Konrad Bayer** (1932–1964) und **Oswald Wiener** (geb. 1935) – ist seit 1952 im literarischen Untergrund tätig, hält aber erst am 20. Juni 1957 die erste öffentliche Gemeinschaftslesung ab. In loser Verbindung zu ihr stehen **Friederike Mayröcker** (geb. 1924) und **Ernst Jandl** (1925–2000).

Wurzeln und Programm

Die Dichter, deren literarische Wurzeln einerseits in der Barockdichtung und in den Traditionen des Wiener Volkstheaters, andererseits im Expressionismus, Dadaismus und Surrealismus liegen, berufen sich auch auf Hofmannsthal mit seiner Sprachskepsis und Karl Kraus mit seiner Sprachkritik. Sie kämpfen mit allen sprachlichen und außersprachlichen Mitteln, Dialektgedichten, Lautgedichten, Textmontagen, Wortspielereien, der Auflösung der Grenzen zwischen den literarischen Gattungen und happeningähnlichen[8] Veranstaltungen gegen das traditionelle, in ihren Augen provinzielle Literaturverständnis in Österreich.

Der Selbstmord Konrad Bayers im Jahre 1964 bedeutet das Ende der „Wiener Gruppe".

- Informieren Sie sich über den Beitrag der „Wiener Gruppe" zur Entwicklung der konkreten Poesie im Kapitel *Visuelle Lyrik und konkrete Poesie* ▶ Seite 64 f.!

H. C. Artmann

Hans Carl Artmann (1921–2000), ein avantgardistischer Experimentator[9], ist die Hauptfigur der „Wiener Gruppe", er verlässt sie aber schon 1958 nach dem großen Erfolg seines Gedichtbandes *med ana schwoazn dintn*. Der Dichter, der neben Lyrik auch Prosastücke und skurrile Theaterszenen schreibt, sagt über sich selbst:

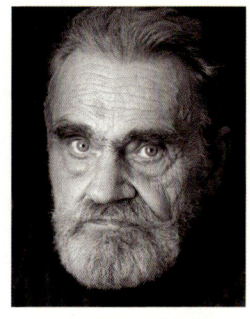

H. C. Artmann (1997)

[…] ein verächter der obrigkeit, ein brechmittel der linken, ein juckpulver der rechten, […] in konzerten gelangweilt, glücklich beim schneider, getauft zu St. Lorenz, geschieden in Klagenfurt, in Polen poetisch, in Paris ein atmer, in Berlin schwebend, in Rom eher scheu,
5   in London ein vogel, in Bremen ein regentropfen, in Venedig ein ankommender brief, in Zaragoza eine wartende zündschnur, in Wien ein teller mit sprüngen […]

---

8   Happening: provokative, aktionsreiche Kunstveranstaltung, bei der die Zuschauer zur Beteiligung aufgefordert werden. Ein Happening soll kritische Denkprozesse in Gang setzen.

9   Experimentelle LyrikerInnen verstehen Lyrik nicht als persönliches Bekenntnis, sondern als fantasievolles und fantastisches Spiel in vielen Variationen (Dialektgedicht, Kinderlied, Lautgedicht, Variationen literarischer Formen der Weltliteratur, Zauberspruch u. Ä.).

10 Mickey Spillane gelesen, Goethe verworfen, gedichte geschrieben, scheiße gesagt, theater gespielt, nach kotze gerochen, eine flasche Grappa zerbrochen, *mi vida* geflüstert, grimassen geschnitten, ciao gestammelt, fortgegangen, a gesagt, b gemacht, c gedacht, d geworden.

• Entwerfen Sie mithilfe dieses autobiografischen Textes ein Charakterbild Artmanns!

mein herz

mein herz ist das lächelnde kleid eines nie erratenen gedankens
mein herz ist die stumme frage eines bogens aus elfenbein
mein herz ist der frische schnee auf der spur junger vögel
mein herz ist die abendstille geste einer atmenden hand
5   mein herz liegt in glänzend weißen kästchen aus mosselin
mein herz trinkt leuchtend gelbes wasser von der smaragdschale
mein herz trägt einen seltsamen tierkreis aus zartestem gold
mein herz schlägt fröhlich im losen regnen der mittwintersterne.

• Welche rhetorische Figur verwendet Artmann in diesem Gedicht? An welche Literaturepoche erinnert Sie der Text? (Beachten Sie die Betonung rhetorischer Formen!)
• In welcher Grundstimmung befindet sich das „herz" in den Versen 1–4? Was fällt Ihnen an den Gleichsetzungsnominativen auf?
• Versuchen Sie die widersprüchlichen Bilder in den Zeilen 5–8 aufzulösen, indem Sie Assoziationsketten bilden! Wie sieht Artmann die Befindlichkeit seines Herzens?
• „Dichten" Sie Ihnen sprachlich und inhaltlich entsprechende Bilder für die Befindlichkeit Ihres Herzens!

Neben Liebesgedichten in Mundart (z. B. *drei gedichta fia d moni*) schreibt er in *med ana schwoazn dintn* folgendes makabre Dialektgedicht. Artmann erfindet eine Dialektsprache, die es nicht gibt, aber die möglich wäre. Für ihn ist die Verwendung dieser Sprachform auch eine Entlarvung von verbrauchtem Sprachmaterial durch unverbrauchtes.

es gibt guade und bese geatna:
des is es liad fon an besn

mei gmiad
is ma fadistad
waun da mond zuanema duad
i hoed s daun nima r aus
5   mi glist s fost noch an bluad
do nim e mei giaskaunlkaunl
und giass de bluman
wia r a reng ...

und daun
10 und daun
daun nim e d sichl draun
und hau r eana r ollan
d kepfal oo!

an qadratmeta zeascht
15 und *zwaa* qadratmetan
und an gaunzn *gatl*
ana *glan* wisn
ana *grossn* wisn
und daun an gaunzn
20 *födfödföd* ...

do ken e nix
do giw e kan bardaun
do kuman s olle
olle draun!
25 de gaunze nocht
hadsch i daun duach
des bluad rind mia
fon *omd* en d schuach

30 i schneid schneid schneid
das des bluad nua so
fon da sichl *schreid*
bis in da frua!

- Lesen Sie den Text laut auf verschiedene Weise: aggressiv, bösartig-leise, hintergründig-gemein, humorvoll ...! Welche Lesart entspricht Ihrer Meinung nach am besten der Textvorlage?
- Welche Motive können Sie sehen? Welcher literarischen Epoche würden Sie diese zuordnen?

Ernst Jandl

Ernst Jandl (1925–2000) war einst Mittelschullehrer und lebte bis zu seinem Tod als freier Schriftsteller in Wien. Er gilt seit der Veröffentlichung seiner Sammlung *laut und luise* (1966) als erfolgreichster Vertreter der experimentellen Poesie. Ähnlich wie die Mitglieder der „Wiener Gruppe" knüpft Jandl mit seinen lyrischen Texten an die Traditionen der klassischen Moderne, an August Stramm (Expressionismus), Hans Arp und Kurt Schwitters (Dadaismus) an. Jandl unterscheidet vier Typen von Gedichten (in *die schöne kunst des schreibens*, 1976): Gedichte in Normalsprache, Sprechgedichte, Lautgedichte und visuelle Gedichte. Folgende sprachliche Merkmale wendet er u.a. an:

Ernst Jandl bei einer Lesung (1992)

Vokalhäufung (in „ottos mops"): „ottos mops klopft / otto: komm mops / ottos mops kommt / ottos mops kotzt / otto: ogottogott"
Vokalrundung (in „die mutter und das kind"): „üch / wüll / spülen // spül düch / meun künd"
Vokalausfall (in einem Gedicht ohne Titel): „schtz-
5 ngrmm / schtzngrmm // t-t-t-t / t-t-t-t / grrmmmmm / t-t-t-t / s—c—h /"
Konsonantenvertauschung (in „lichtung"): „manche meinen / lechts und rinks / kann man nicht / velwechsern. / werch ein illtum!"
Laut- und Silbenausfall (in „fragment"): „wenn die rett / es wird bal / übermor / bis die atombo / ja herr pfa"
10 **Sprachmischung** (in „calypso"): „ich was not yet / in brasilien / nach brasilien / wulld ich laik du go"

- Versuchen Sie, einen experimentellen Text nach einem der hier angeführten Vorbilder zu verfassen!

bibliothek

die vielen buchstaben
die nicht aus ihren wörtern können

die vielen wörter
die nicht aus ihren sätzen können

5 die vielen sätze
die nicht aus ihren texten können

die vielen texte
die nicht aus ihren büchern können

die vielen bücher
10 mit dem vielen staub darauf

die gute putzfrau
mit dem staubwedel

Dieser 1977 entstandene Text (in *die bearbeitung der mütze*) ist ein Beispiel für konkrete Poesie, wobei man unter diesem Begriff das Spiel mit der Sprache als konkretem Material (Wörter, Silben, Buchstaben) versteht.

- Fassen Sie den Inhalt des Gedichts in einem Satz zusammen!
  Was beklagt bzw. fordert Jandl?
- Dichten Sie den Text nach der vierten Strophe weiter!
  die vielen bücher
  die nicht aus ihren bibliotheken können […]
- Interpretieren Sie nun Ihren Text selbst!

1962 schreibt Jandl *wien: heldenplatz*, eine literarische Abrechnung mit der nationalsozialistischen Massenveranstaltung auf dem Wiener Heldenplatz im März 1938.

- Informieren Sie sich in Ihrem Geschichtsbuch oder bei Ihrer Lehrkraft über den Einmarsch Hitlers in Österreich und seine Rede am Wiener Heldenplatz!

wien: heldenplatz

der glanze heldenplatz zirka
versaggerte in maschenhaftem männchenmeere
drunter auch frauen die ans maskelknie
zu heften heftig sich versuchten, hoffensdick.
5 und brüllzten wesentlich.

verwogener stirnscheitelunterschwang
nach nöten nördlich, kechelte
mit zu-nummernder aufs bluten feilzer stimme
hinsensend sämmertliche eigenwäscher.

10 pirsch!
döppelte der gottelbock von Sa-Atz zu Sa-Atz
mit hünig sprenkem stimmstummel.
balzerig würmelte es im männechensee
und den weibern ward so pfingstig ums heil
15 zumahn: wenn ein knie-ender sie hirschelte.

Ernst Jandl:
schtzngrmm

- Lesen Sie den Text laut!
- Während der Satzbau (Syntax) der Norm entspricht, verändert Jandl das Wortmaterial, um verschiedene Assoziationen zu erreichen. Welche Assoziationen haben Sie zu den einzelnen „veränderten" Wörtern? (Jandl nimmt als 13-Jähriger an der Kundgebung 1938 selbst teil, und er erzählt, dass sich eine Frau von ihm belästigt gefühlt und ihn dafür gemaßregelt habe.)
- Welche Wörter bzw. Wortgruppen verweisen auf den sexuellen, animalischen, welche auf den politischen und religiösen Bereich?

```
schtzngrmm
schtzngrmm
t-t-t-t
t-t-t-t
grrrmmmmm
t-t-t-t
s–c–h
tzngrmm
tzngrmm
tzngrmm
grrrmmmmm
schtzn
schtzn
t-t-t-t
t-t-t-t
schtzngrmm
schtzngrmm
tssssssssssssss
grrt
grrrrt
grrrrrrrrt
scht
scht
t-t-t-t-t-t-t-t-t
scht
tzngrmm
tzngrmm
t-t-t-t-t-t-t-t-t
scht
scht
scht
scht
scht
grrrrrrrrrrrrrrrrrrrrrrrrrrrrt
t-tt
```

Der Historiker Ernst Hanisch schreibt in *Vermittlungen* (1990) über dieses Gedicht:

Ich kenne keinen Text, der auf einer halben Druckseite jene kollektive Flucht aus der Realität so präzise einfängt und so vielfältig, ironie-gesättigt analysiert wie Ernst Jandls Gedicht. Jene ich-schwachen Individuen, die im „männchenmeer" sich stark und überlegen fühlten; die sexuellen Vibrationen einer kollektiven Erregung; die Erwartungen auf ein besseres Leben nach dem „Anschluss" – „hoffensdick", scheinschwanger, und nach einigen Monaten ist der Bauch leer, die Hoffnung weg; der charismatische Führer „verwogener stirnscheitelunterschwang", mit seiner „aufs bluten feilzer stimme", aufs Töten ausgerichtet, den individuellen Widerstand („eigenwäscher") gegen die postulierte Volksgemeinschaft „hinsensend"; der Nationalsozialismus als politische Religion, im Zentrum der Verehrung der „gottelbock" stehend: der Tanz um das Animalische, die Rasse, der Bock als Gott; die uralten Männlichkeits- und Weiblichkeitsrituale, der Mann als Jäger, als Krieger, als sexuell Potenter; die Frauen empfängnisbereit, gierig nach dem „maskelknie", damit ihnen „pfingstig ums heil" werde.

Das österreichische Drama nach 1945

Theater als Ort der Kontinuität

Auch das Drama und das Theaterleben stehen bis zu den frühen 60er-Jahren im Zeichen der Tradition. Das Theater wird nicht als Stätte des Experiments oder der provozierenden Aktion gesehen, sondern als Ort der Kontinuität und Bewahrung religiös-ethischer und konservativer Werte, die in der Zeit des Nationalsozialismus unterdrückt waren. Neben Inszenierungen französischer, englischer und amerikanischer AutorInnen stehen besonders Werke der österreichischen Theatertradition seit dem Barock (Nestroy, Raimund, Grillparzer, Anzengruber) auf dem Spielplan österreichischer Schauspielhäuser.

Bald werden aber auch Theaterstücke von aus dem Exil heimkehrenden österreichischen

Autoren aufgeführt, zum Beispiel **Franz Theodor Csokor** (1885–1969), **Ferdinand Bruckner** (1891–1958) und **Fritz Hochwälder** (1911–1986). Csokor, ein Repräsentant des österreichischen Expressionismus, der 1937 für sein Drama *3. November 1918* den Grillparzerpreis erhält, wendet sich wie Bruckner nach dem Krieg antiken Stoffen und allgemein menschlichen Konfliktsituationen zu.

Fritz Hochwälder wird zu einem der meistgespielten österreichischen Bühnendichter nach 1945. Viele seiner Werke erleben am Wiener Burgtheater ihre Uraufführung. 1943 entsteht im Schweizer Exil sein bekanntestes Drama, *Das heilige Experiment*. Darin gestaltet er unter dem Motto „Diese Welt aber ist ungeeignet zur Verwirklichung von Gottes Reich" die literarische Umsetzung des zum Scheitern verurteilten Versuchs der Jesuiten, im Paraguay des 18. Jahrhunderts einen christlich-kommunistischen „Gottesstaat" zu errichten.

In den 60er-Jahren wendet sich Hochwälder dem politischen Zeitstück im Sinne der Volksdramatik eines Horváth zu. *Der Himbeerpflücker* (1965) beschäftigt sich mit dem alten und dem neu aufkommenden Rechtsradikalismus in der österreichischen Provinz.

Helmut Qualtinger: *Der Herr Karl* – Ein Beispiel für Vergangenheitsbewältigung

Auseinandersetzung mit dem Faschismus

Ein Gegengewicht zu den im österreichischen Kulturbetrieb der 50er- und 60er-Jahre dominanten konservativen Literaturproduzenten bilden neben der „Wiener Gruppe" auch einige Schriftsteller der mittleren Generation, die auf inhaltlicher Ebene versuchen, die österreichische Vergangenheit aufzuarbeiten. Sie setzen sich in ihren Werken sowohl mit der Zwischenkriegszeit als auch mit den Ursachen und dem Fortwirken des Faschismus nach 1945 auseinander.

Helmut Qualtinger als *Herr Karl* (1962)

Der Schauspieler, Kabarettist und Schriftsteller **Helmut Qualtinger** (1928–1987) verfasst 1961 gemeinsam mit **Carl Merz** den Einaktermonolog *Der Herr Karl*, das Porträt eines spießerhaften Opportunisten und eine Analyse der kleinbürgerlichen Wurzeln des Faschismus. Die Autoren entlarven mit dem aggressiv-satirischen Text, der in der Tradition von Nestroy, Kraus und Horváth steht, die Lebenslüge der Zweiten Republik, „der zufolge Österreich nichts mit der Zeit des Nationalsozialismus und den Gewaltverbrechen des NS-Regimes zu tun hatte, sei es doch dessen erstes Opfer gewesen" (Josef Donnenberg).

Lesen Sie den Gesamttext und arbeiten Sie Antworten zu folgenden Fragen (vielleicht in Gruppen) schriftlich aus:
- Analysieren und bewerten Sie das Verhalten des Herrn Karl in der Vorkriegszeit, während der Nazi-Ära und nach Ende des Krieges! Welche Charakterzüge können Sie feststellen?
- Wie beurteilen Sie das Verhalten des Herrn Karl gegenüber Herrn Tennenberg, nachdem dieser 1945 nach Wien zurückgekehrt ist?
- Wie gestaltet Herr Karl seine Beziehungen zu Frauen?
- Wie ist sein Verhältnis zu fremdem Eigentum?
- Welche Textstellen zeigen, dass Herr Karl zynische Brutalität und unverschämte Gewalt (auch seelische) ausübt?

- Können Sie sich erklären, dass die Fernsehverfilmung 1962, in der Qualtinger selbst die Rolle verkörpert, zu bösartigen Reaktionen und vernichtenden Urteilen eines überwiegenden Teils der Presse und der Öffentlichkeit geführt hat?
- Gestalten Sie in einer Ihnen entsprechenden Textsorte (wissenschaftliche Analyse, Essay, direkte Charakteristik, Brief, Gedicht in freien Rhythmen ...) ein Charakterbild des Herrn Karl!

In der Nachfolge Qualtingers steht **Herwig Seeböck** (geb. 1939), ebenfalls Schauspieler und Kabarettist, der in seiner autobiografischen *Häfenelegie* (1965, 1983 als Buch mit dem Titel *Häfenballade* erschienen) die Praxis der Polizei und des Strafvollzugs kritisch-satirisch hinterfragt. In dem Einakter *Selbstmord leicht gemacht* spürt er faschistischem Denken in seiner unmittelbaren Gegenwart nach: Einem homosexuellen Selbstmörder wird die Hilfe verweigert, weil „wann er a Warmer is, is eh ka schad um eam […], denen fehlt allen der Hitler […], da hats sowas net gem".

Zerstörung der ländlichen Idylle

Eine Tendenz in der österreichischen Literatur ab den 60er-Jahren ist die **Problematisierung des Heimatromans**. *Fasching* von **Gerhard Fritsch** und *Die Wolfshaut* von **Hans Lebert** (1919–1993) thematisieren das Fortwirken faschistischer Strukturen im ländlichen Raum. Im frühen Prosawerk **Thomas Bernhards** (1931–1990) – *Frost* (1963), *Verstörung* (1967), *Kalkwerk* (1970) – ist das Leben in der Provinz durch Wahnsinn und Tod bedroht. Mit der Gattung setzen sich auch *Geometrischer Heimatroman* (1969) von **Gert F. Jonke** (1946–2009), *Aus dem Leben Hödlmosers. Steirischer Roman mit Regie* von **Reinhard P. Gruber** (geb. 1947) und die autobiografischen Romane *Schöne Tage* (1974) und *Schattseite* (1975) von **Franz Innerhofer** (1944–2002) auseinander.

Im **traditionellen Heimatroman**, der im 19. Jahrhundert entsteht, wird die Heimat als idealisierter, auch sentimental und emotional verklärter Raum gesehen und das bäuerliche Leben als heile und harmonische Lebensform dargestellt. Beispielhaft für diese Dichtung ist neben den Romanen und Erzählungen **Peter Rosseggers** (1843–1918) das Werk von **Karl Heinrich Waggerl** (1897–1973), z. B. *Brot* (1930), *Jahr des Herrn* (1933) und die autobiografische Erzählung *Fröhliche Armut* (1948), die zu den meistgelesenen Büchern im Österreich der Nachkriegszeit gehören.

Für viele AutorInnen und Intellektuelle ist der Begriff „Heimat" nach 1945 durch den Missbrauch in der Blut-und-Boden-Dichtung des Dritten Reichs problematisch bzw. unbrauchbar geworden.

Hans Lebert: *Die Wolfshaut* – Ein Buch gegen das Vergessen

Hans Lebert (1919–1993), ein Neffe des Komponisten Alban Berg, beginnt schon als 17-Jähriger zu schreiben, studiert Gesang und tritt als Wagnersänger an in- und ausländischen Bühnen auf. Den Einberufungsbefehl zur Deutschen Wehrmacht sendet er ungeöffnet zurück und spielt bei der folgenden Gerichtsverhandlung den Irren. Lebert wird amtlich als Verrückter anerkannt, entgeht so dem Dienst im Heer und ist im österreichischen Widerstand aktiv. Seit 1950 lebt er als freier Schriftsteller in Baden bei Wien.

In seinem Roman *Die Wolfshaut* schildert Lebert die Aufdeckung eines während des Krieges von Österreichern an Kriegsgefangenen verübten und bislang vertuschten Verbrechens. Der

Ort, in dem die Handlung spielt, hat den bezeichnenden Namen „Schweigen" und ist ein Modell für das „Vergessen" der Kriegsvergangenheit und das Weiterleben faschistischer Ideologie.

Der Roman beginnt mit einer Landschafts- und Naturbeschreibung.

Hans Lebert

Die rätselhaften Ereignisse, die uns vergangenen Winter beunruhigt haben, begannen, wenn wir es näher betrachten, nicht, wie man allgemein annimmt, am neunten, sondern aller Wahrscheinlichkeit nach schon am achten November, und zwar mit jenem sonderbaren
5 Geräusch, das der Matrose gehört zu haben behauptet. Ja. Aber werfen wir erst einen Blick auf die Karte. Das hier ist Schweigen; hier, südlich davon, liegt Kahldorf. Das ist die Bahnstation „Kahldorf-Schweigen" und die eingeleisige Nebenstrecke, die drei Stationen weiter aufhört. Von Westen her schiebt sich ein Hügelrücken, das Ebergebirge, an Schweigen heran; die Straße
10 von Kahldorf nach Schweigen führt um den Berg herum. Hier, bei dieser Kurve südlich von Schweigen, befindet sich der verdächtige Ziegelofen. Und sonst ...? Das hier sind Äcker, das hier ist Wald; die Punkte da bezeichnen einsame Höfe, und die Striche: Wege, die sich im Walde verlaufen.
Es ist eine gottverlassene Gegend, eine Gegend, die nichts zu bieten hat und deshalb auch
15 kaum bekannt ist. Abseits der großen Verkehrsadern lebt sie ihr undurchsichtiges Leben und wer sie zu kennen glaubt, so wie ich zum Beispiel, weiß letzten Endes auch nur, daß sie da ist und daß sich dort die Füchse in einer uns schwer verständlichen Sprache (klingt wie in den Bart gemurmelt) gute Nacht sagen. Am Morgen schleichen sie wieder durchs Dickicht, schnuppern nach den Gehöften hinüber, wo Rauch aus den Kaminen aufsteigt und nach verbrannten Fe-
20 dern riecht. Dann spitzen sie die Ohren und der Blick ihrer Lichter schweift in die Runde: Ödnis. Die Wipfel in Wolken verfangen; leise trommelt ein Regenschauer auf abgeerntete Felder.

> • Der überwiegende Teil der Handlung spielt in der Nacht. Inwiefern werden diese und die geschilderte Natur (beachten Sie auch die Landschaftsschilderung in den folgenden Textstellen) als gegenläufig zum traditionellen Heimatroman gesehen?
> • Welche Textstellen drücken eine mögliche Bedrohung aus?

Vom Winde angetrieben, dann wieder gebremst (denn dieser schien gleichfalls die Richtung verloren zu haben), gelangte Maletta ans südliche Ende der Ortschaft und wankte in eine parteibraune Landschaft hinaus. Die Bäume längs der Fahrbahn standen Spalier und hoben grüßend ihre Hände hoch; in weißen Stutzen marschierten die Prellsteine auf; die Windstöße
5 knatterten wie in Standarten und Fahnen. Maletta schwang seine Straßenschuhe im Takt – im Takt verklungener Soldatenlieder, im Gleichschritt mit einer unsichtbaren Kolonne, in welche er sich eingegliedert fühlte.
[...] Er warf sich dem Ansturm entgegen und taumelte weiter. In seinen Ohren knatterten die Böen. Hatten Maschinengewehre das Feuer eröffnet? Das sah ja heute wieder sehr nach Krieg
10 aus! Der Himmel gellte durchschossen von goldblonder Helle, von den nahezu horizontal einfallenden Garben; das Trommelfeuer des Lichtes zerhackte die Gegend, zerhackte sie zu einem Trümmerhaufen, und mitten darin, violett wie verwesendes Fleisch, mitten darin, violett wie die letzte Verzweiflung, der Eberberg mit seinen Baumgerippen, mit winkenden und

15 klappernden Signalen, er schob einen Klotz von Schatten vor die Marschierer und im Schatten dämmerte der Mord.

[...] Die Sonne war untergegangen (man wußte nicht, wann), vielleicht vor zehn, vielleicht schon vor fünfzehn Minuten; jedenfalls war sie, als wir nun aufblickten, nicht mehr zugegen, und es wurde auch schon dämmerig. Na schön! Das ist um diese Jahreszeit so üblich. Und es fiel uns auch nicht weiter auf. Was uns auffiel, war das dunkelrote Licht, das dort oben leuchtete

20 und glühte. Eine hohe dünne Wolkenschicht, einem Netz von feinen Adern gleichend, war – vermutlich schon vor Sonnenuntergang – über das blaue Gewölbe des Himmels gewachsen. Während wir in ungestillter Jagdgier einem Schatten nachgelaufen waren, hatte eine unsichtbare Spinne ein Gewebe aus Blutadern über den Himmel gesponnen. Nun waren die Adern geplatzt, und das Blut quoll hervor und fiel als roter Regen auf uns nieder; alles ward rot, die

25 Straße, der Schnee, das Gebirge, überflutet wie in einem Schlachthaus.

- Weisen Sie in den ausgewählten Textstellen die Personifizierung der Naturgewalten und deren Identifizierung mit historischen Gestalten und Begebenheiten nach!

Späte Anerkennung

Erst im Jahr 1991 wird der Roman durch eine Neuauflage als der „Kriminalroman der österreichischen Provinz" einer breiten Öffentlichkeit bekannt und Hans Lebert mit dem Grillparzerpreis ausgezeichnet.

Die „Grazer Gruppe"

Wichtige VertreterInnen der in den 40er-Jahren geborenen österreichischen AutorInnen fasst man unter der Sammelbezeichnung „**Grazer Gruppe**" zusammen. Diese ist im Gegensatz zur „Wiener Gruppe" eine sehr lose Verbindung von AutorInnen, ihre Zusammenarbeit beruht in den Anfangsjahren auf dem gemeinsamen Willen, gegen das literarisch und kulturell rückständige Klima in Graz anzukämpfen und provozierend zu wirken.

Forum Stadtpark

Die Integrationsfigur der nicht durch Geburt oder Wohnsitz an Graz gebundenen AutorInnen ist **Alfred Kolleritsch** (geb. 1931), der seit der Gründung des Grazer „Forum Stadtpark" 1960 die Literaturzeitschrift *manuskripte* herausgibt. Darin treten neben den Dichtern der „Wiener Gruppe" nach und nach junge AutorInnen an die literarische Öffentlichkeit, z. B. **Wolfgang Bauer** (1941–2005), **Barbara Frischmuth** (geb. 1941), **Reinhard P. Gruber** (geb. 1947), **Peter Handke** (geb. 1942), **Elfriede Jelinek** (geb. 1946), **Gert F. Jonke** (1946–2009), **Gerhard Roth** (geb. 1942), **Michael Scharang** (geb. 1941).

Peter Handke ▶ Seite 544 ff.

Der 1942 in Kärnten geborene Künstler wird 1966 auf der Tagung der „Gruppe 47" schlagartig berühmt, als er den dort versammelten arrivierten Dichtern „Beschreibungsimpotenz" vorwirft.

Frühe Sprechstücke

Im gleichen Jahr veröffentlicht er die *Publikumsbeschimpfung*, ein Sprechstück, in dem die Grenzen zwischen Bühnen- und Zuschauerraum aufgehoben werden und das Publikum durch vier Sprecher gelobt, verhöhnt und beschimpft wird:

Sie werden beschimpft werden, weil auch das Beschimpfen eine Art ist, mit Ihnen zu reden. Indem wir beschimpfen, können wir unmittelbar werden. Wir können einen Funken überspringen lassen. Wir können den Spielraum zerstören. Wir können eine Wand niederreißen. Wir können Sie beachten.

- Inwiefern wird durch diesen Text herkömmliche Theater-Dramaturgie (Illusionstheater) infrage gestellt?

Peter Handke (1978)

1968 erscheint das Drama *Kaspar*, dessen Titel sich auf die historische Gestalt des Kaspar Hauser bezieht, der 1828 bei Nürnberg als Halbwüchsiger im Wald gefunden wird und kaum sprechen kann. In der Vorrede schreibt Handke:

Das Stück Kaspar zeigt nicht, wie ES WIRKLICH IST oder WIRKLICH WAR mit Kaspar Hauser. Es zeigt, WAS MÖGLICH ist mit jemandem. Es zeigt, wie jemand durch Sprechen zum Sprechen gebracht werden kann. Das Stück könnte auch „Sprechfolterung" heißen.

Die ZuseherInnen hören und sehen, wie der Mensch durch Spracherwerb und Sprache manipuliert und sozial angepasst wird. Kaspar sagt am Ende des Dramas:

Ich habe mich nie gesehen: ich leiste keinen nennenswerten Widerstand: die Schuhe passen wie angegossen: ich komme nicht mit dem Schrecken davon: die Haut geht ab.

Frühe Romane

Während Handke in seinen Sprechstücken und den ersten beiden Romanen, *Die Hornissen* (1966) und *Der Hausierer* (1967), mit Sprache zwanghafte Lehr- und Lernformen aufdeckt und mit Formen des Schreibens experimentiert, beginnt er mit seinen Romanen *Die Angst des Tormanns beim Elfmeter* (1970) und *Wunschloses Unglück* (1972) fortlaufend und subjektbezogen zu erzählen. Schon 1967 schreibt Handke in dem Aufsatz *Ich bin ein Bewohner des Elfenbeinturms*:

Ich habe nur ein Thema: Über mich selbst klar, klarer zu werden, […] sensibler, empfindlicher, genauer zu machen und zu werden.

Neue Subjektivität versus parteilicher Realismus

Damit wird der Autor ein Vertreter einer **neuen Subjektivität** (neuen Innerlichkeit), die im Widerspruch zu politisch engagierten AutorInnen, wie z. B. **Michael Scharang** oder **Peter Turrini** (geb. 1944), steht, deren klassenkämpferisches „Konzept weit über Literatur hinaus auf direktes politisches Handeln, beispielsweise auf den Zusammenschluss der Schriftsteller zu schlagkräftigen Organisationen oder auf die Besetzung von Rundfunk- und Fernsehanstalten" (Gerhard Melzer) zielt.

Scharang und Turrini stehen einer Gruppierung von Autoren nahe (**Josef Haslinger, Gustav Ernst, Christian Wallner, Helmut Zenker, Harald Sommer, Gernot Wolfgruber**), die sich um die Literaturzeitschrift *wespennest. Zeitschrift für brauchbare Texte* sammeln und einen **parteilichen Realismus** im Sinne Brechts vertreten.

Die Angst des Tormanns beim Elfmeter

Die Erzählung *Die Angst des Tormanns beim Elfmeter* (1970), die erzähltechnisch auf Motive des Kriminalromans zurückgreift, beginnt mit einer Verstörung der Hauptfigur.

Dem Monteur Josef Bloch, der früher ein bekannter Tormann gewesen war, wurde, als er sich am Vormittag zur Arbeit meldete, mitgeteilt, daß er entlassen sei. Jedenfalls legte Bloch die Tatsache, daß bei seinem Erscheinen in der Tür der Bauhütte, wo sich die Arbeiter gerade aufhielten, nur der Polier von der Jause aufschaute, als eine solche Mitteilung aus und verließ das
5   Baugelände. Auf der Straße hob er den Arm, aber das Auto, das an ihm vorbeifuhr, war – wenn Bloch den Arm auch gar nicht um ein Taxi gehoben hatte – kein Taxi gewesen. Schließlich hörte er vor sich ein Bremsgeräusch; Bloch drehte sich um: hinter ihm stand ein Taxi, der Taxifahrer schimpfte; Bloch drehte sich wieder um, stieg ein und ließ sich zum Naschmarkt fahren.
Es war ein schöner Oktobertag. Bloch aß an einem Stand eine heiße Wurst und ging dann zwi-
10 schen den Ständen durch zu einem Kino. Alles, was er sah, störte ihn; er versuchte, möglichst wenig wahrzunehmen. Im Kino drinnen atmete er auf.
Im nachhinein wunderte er sich, daß die Kassiererin die Geste, mit der er das Geld, ohne etwas zu sagen, auf den drehbaren Teller gelegt hatte, mit einer anderen Geste wie selbstverständlich beantwortet hatte. Neben der Leinwand bemerkte er eine elektrische Uhr mit beleuchte-
15 tem Zifferblatt. Mitten im Film hörte er eine Glocke läuten; er war lange unschlüssig, ob sie in dem Film läutete oder draußen in dem Kirchturm neben dem Naschmarkt.

- Aus welcher Perspektive erzählt Handke die Geschichte? Wie bezeichnet man diese Erzählhaltung?
- Welchem folgenreichen Trugschluss fällt Bloch in den ersten beiden Sätzen zum Opfer? Welche Textstellen zeigen Blochs gestörte Beziehung zu den Menschen und Gegenständen, die ihn umgeben?

Bloch erwürgt die Kinokassiererin, er zerstört ein Leben. Die Geschichte der folgenden Flucht ist einerseits bedingt durch den Mord, andererseits durch Blochs Unfähigkeit, die „Signale" seiner Umgebung richtig zu deuten. Bloch reist in einen „südlichen Grenzort", wo er sich bei einer ehemaligen Freundin aufhält, wird in die Suche nach einem vermissten Kind hineingezogen und wartet auf die (mögliche) Verhaftung.

- Lesen Sie den Ganztext und untersuchen Sie, inwieweit die Erzählung einer Kriminalgeschichte entspricht!
- Suchen Sie Textstellen, in denen der Mörder Josef Bloch in Verkennung der Realität alles Geschehen in seiner Umgebung, Vorgänge, Dinge, Sätze und Worte, auf sich und seine Tat bezieht!

Wunschloses Unglück

Die Erzählung *Wunschloses Unglück* (1972), in der Handke vom Leben und Freitod seiner 51-jährigen Mutter berichtet, beginnt mit einer Zeitungsnotiz:

Unter der Rubrik VERMISCHTES stand in der Sonntagsausgabe der Kärntner „Volkszeitung" folgendes: „In der Nacht zum Samstag verübte eine 51jährige Hausfrau aus A. (Gemeinde G.) Selbstmord durch Einnehmen einer Überdosis von Schlaftabletten."
Es ist inzwischen fast sieben Wochen her, seit meine Mutter tot ist, und ich möchte mich an die
5   Arbeit machen, bevor das Bedürfnis, über sie zu schreiben, das bei der Beerdigung so stark war, sich in die stumpfsinnige Sprachlosigkeit zurückverwandelt, mit der ich auf die Nachricht von dem Selbstmord reagierte. [...] Wenn ich schreibe, schreibe ich notwendig von früher, von etwas Ausgestandenem, zumindest für die Zeit des Schreibens. Ich beschäftige mich literarisch, wie

10 auch sonst, veräußerlicht und versachlicht zu einer Erinnerungs- und Formuliermaschine. Und ich schreibe die Geschichte meiner Mutter, einmal, weil ich von ihr und wie es zu ihrem Tod kam mehr zu wissen glaube als irgendein fremder Interviewer, der diesen interessanten Selbstmord-fall mit einer religiösen, individualpsychologischen oder soziologischen Traumdeutungstabelle wahrscheinlich mühelos auflösen könnte, dann im eigenen Interesse, weil ich auflebe, wenn man mir etwas zu tun gibt, und schließlich, weil ich diesen FREITOD geradeso wie irgendein
15 außenstehender Interviewer, wenn auch auf andre Weise, zu einem Fall machen möchte.

- Welche Beweggründe gibt der Dichter für seine „Arbeit" an? Worin zeigt sich die von Handke als notwendig erachtete Distanz zum Tod der Mutter?
- Lesen Sie die folgenden Textausschnitte und diskutieren Sie die Lebensumstände von Handkes Mutter!
- Überlegen Sie, inwieweit sich diese Art der Unterdrückung in den letzten Jahr-zehnten geändert hat! Sehen Sie in der heutigen Gesellschaft andere Formen einer psychischen Unterdrückung der Frau?

Es begann also damit, daß meine Mutter vor über fünfzig Jahren im gleichen Ort geboren wur-de, in dem sie dann auch gestorben ist. Was von der Gegend nutzbar war, gehörte damals der Kirche oder adeligen Grundbesitzern; ein Teil davon war an die Bevölkerung verpachtet, die vor allem aus Handwerkern und kleinen Bauern bestand. Die allgemeine Mittellosigkeit war
5 so groß, daß Kleinbesitz an Grundstücken noch ganz selten war. Praktisch herrschten noch die Zustände von vor 1848, gerade, daß die formelle Leibeigenschaft aufgehoben war. […]
Als Frau in diese Umstände geboren zu werden, ist von vornherein schon tödlich gewesen. Man kann es aber auch beruhigend nennen: jedenfalls keine Zukunftsangst. Die Wahrsage-rinnen auf den Kirchtagen lasen nur den Burschen ernsthaft die Zukunft aus den Händen; bei
10 den Frauen war diese Zukunft ohnehin nichts als ein Witz.
Keine Möglichkeit, alles schon vorgesehen: kleine Schäkereien, ein Kichern, eine kurze Fas-sungslosigkeit, dann zum ersten Mal die fremde, gefaßte Miene, mit der man schon wieder abzuhausen begann, die ersten Kinder, ein bißchen noch Dabeisein nach dem Hantieren in der Küche, von Anfang an Überhörtwerden, selber immer mehr Weghören, Selbstgespräche,
15 dann schlecht auf den Beinen, Krampfadern, nur noch ein Murmeln im Schlaf, Unterleibskrebs, und mit dem Tod ist die Vorsehung schließlich erfüllt. So hießen ja schon die Stationen eines Kinderspiels, das in der Gegend von den Mädchen viel gespielt wurde: Müde/Matt/Krank/Schwerkrank/Tot. […]
Die Zeit verging zwischen den kirchlichen Festen, Ohrfeigen für einen heimlichen Tanzboden-
20 besuch, Neid auf die Brüder, Freude am Singen im Chor. Was in der Welt sonst passierte, blieb schleierhaft; es wurden keine Zeitungen gelesen als das Sonntagsblatt der Diözese und darin nur der Fortsetzungsroman. Die Sonntage: das gekochte Rindfleisch mit der Meerrettichsoße, das Kartenspiel, das demütige Dabeihocken der Frauen, ein Foto der Familie mit dem ersten Radioapparat. Meine Mutter hatte ein übermütiges Wesen, stützte auf den Fotos die Hände
25 in die Hüften oder legte einen Arm um die Schulter des kleineren Bruders. Sie lachte immer und schien gar nicht anders zu können. Regen – Sonne, draußen – drinnen: die weiblichen Gefühle wurden sehr wetterabhängig, weil „Draußen" fast immer nur der Hof sein durfte und „Drinnen" ausnahmslos das eigene Haus ohne eigenes Zimmer. […]
Selten wunschlos und irgendwie glücklich, meistens wunschlos und ein bißchen unglücklich.
30 Keine Vergleichsmöglichkeiten zu einer anderen Lebensform: auch keine Bedürftigkeit mehr?

Die 70er- und 80er-Jahre – Ausgewählte Beispiele

Thomas Bernhard

Der 1931 in Holland geborene Sohn österreichischer Eltern wächst bei seinem Großvater, dem Schriftsteller **Johannes Freumbichler**, in Wien und Seekirchen am Wallersee auf. 1943–1957 lebt Bernhard in Salzburg, nach längeren Auslandsaufenthalten von 1965 bis zu seinem Tod 1989 auf einem Bauernhof in Ohlsdorf (Oberösterreich) oder in Wien.

Auseinandersetzung mit Leben und Tod

Setzt sich Bernhard in seinen frühen Prosawerken mit der äußerlichen und innerlichen Absonderung und Entfremdung des Einzelnen von der bürgerlichen Gesellschaft auseinander (*Frost*, 1963; *Amras*, 1964; *Verstörung*, 1967; *Das Kalkwerk*, 1970), so wendet er sich in den 70er-Jahren seiner eigenen Lebensgeschichte zu und reflektiert in der fünfbändigen Biografie seine persönlichen Entwicklungsbedingungen: nationalsozialistische Erziehungsanstalt und katholisches Internat (*Die Ursache. Eine Andeutung*, 1975), seine Begegnung als 16-Jähriger mit gesellschaftlichen Außenseitern während seiner Lehrzeit als Lebensmittelhändler (*Der Keller. Eine Entziehung*, 1976), der Aufenthalt im Krankenhaus als Lungenkranker, wo er als hoffnungsloser Fall unter die Sterbenden eingereiht wird (*Der Atem. Eine Entscheidung*, 1978), das Leben in einer Lungenheilstätte, in der er wiederum zwischen Genesung und Rückfall von der Gesellschaft isoliert ist (*Die Kälte. Eine Isolation*, 1981), und schließlich der Rückblick auf seine ersten dreizehn Lebensjahre, in dem er auch von der Verachtung seiner Mutter und der Liebe seines Großvaters erzählt: „Nur aus Liebe zu meinem Großvater habe ich mich nicht umgebracht." (*Ein Kind*, 1982)

In *Die Ursache*, dem ersten Band seiner sich zwischen Wahrheit und Fiktion („Die Wahrheit ist immer ein Irrtum") bewegenden Leidensgeschichte, schreibt Bernhard:

Wir werden erzeugt, aber nicht erzogen, mit der ganzen Stumpfsinnigkeit gehen unsere Erzeuger, nachdem sie uns erzeugt haben, gegen uns vor, mit der ganzen menschenzerstörenden Hilflosigkeit, und ruinieren schon in den ersten drei Lebensjahren alles in einem neuen Menschen, von welchem sie nichts wissen, nur, wenn überhaupt, daß sie ihn kopflos und
5 verantwortungslos gemacht, und sie wissen nicht, daß sie damit das größte Verbrechen begangen haben. In vollkommener *Unwissenheit und Gemeinheit* haben uns unsere Erzeuger und also unsere Eltern in die Welt gesetzt und werden, sind wir einmal da, mit uns nicht fertig, alle ihre Versuche, mit uns fertig zu werden, scheitern, sie geben früh auf, aber immer zu spät, immer erst in dem Augenblick, in welchem sie uns längst zerstört haben, denn in den ersten
10 drei Lebensjahren, von welchen unsere Erzeuger als Eltern aber nichts wissen, nichts wissen wollen, nichts wissen können, weil Jahrhunderte lang immer alles getan worden ist für diese ihre entsetzliche Unwissenheit, haben uns unsere Erzeuger mit dieser Unwissenheit zerstört und vernichtet und immer für unser ganzes Leben zerstört und vernichtet, und die Wahrheit ist, daß wir es auf der Welt immer nur mit in den ersten Jahren von ihren unwissenden und
15 gemeinen und unaufgeklärten Erzeugern als Eltern zerstörten und vernichteten und für ihr ganzes Leben vernichteten Menschen zu tun haben. […]

- Welche Stilmittel verwendet der Autor hier (wie auch in fast allen anderen Werken)? Welche Wirklichkeitserfahrung vermittelt Bernhard?
- Fassen Sie die Anklage Bernhards in wenigen Sätzen zusammen und diskutieren Sie die Aussage!
- Was stellen Sie sich unter einer positiven Erziehung vor?

Spätere Romane sind: *Wittgensteins Neffe* (1982), *Der Untergeher* (1983), *Holzfällen* (1984), *Alte Meister* (1985) und *Auslöschung. Ein Zerfall* (1986).

Seit den 80er-Jahren dominieren die Theaterstücke in Bernhards Werk, lange Monologe einsamer, mitunter grotesk komischer Menschen, die alle außerhalb der Gesellschaft stehen.

Wichtige Theatertexte sind *Der Ignorant und der Wahnsinnige* (1972), *Die Jagdgesellschaft* (1974), *Die Macht der Gewohnheit* (1974), *Minetti* (1976), *Vor dem Ruhestand* (1979), *Der Theatermacher* (1985) und *Heldenplatz* (1988).

Thomas Bernhard (1981)

In *Der Theatermacher* will der Staatsschauspieler Bruscon, ein Zerrbild eines dilettantischen Schriftstellers und Familientyrannen und so ein typisches „Bernhard-Ungeheuer", mit seiner Familie in einem Dorfgasthaus im oberösterreichischen Utzbach seine Menschheitskomödie *Das Rad der Geschichte*, in der historische Persönlichkeiten von Caesar bis Hitler auftreten, proben und aufführen. Doch das angestrebte Kunstwerk kommt nicht zustande: Bruscons Absicht, der Welt eine „Geschichtsstandpauke" zu halten, scheitert an der – so der Protagonist des Dramas – geistfeindlichen Gesellschaft und der Übermacht der Natur: Während sich der Saal mit Menschen füllt, geht ein heftiges Gewitter nieder, dessen Regengüsse durch die Saaldecke dringen. Ein Blitz steckt den Pfarrhof in Brand, alle Besucher stürzen aus dem desolaten Wirtshaussaal und Bruscon, als lächerliche, tragische und despotische Figur entlarvt, murmelt *„nach einer Weile, in welcher sich Donnergrollen und Regen bis zum Äußersten verstärkt haben*: Als ob ich es geahnt hätte."

Wichtige Themen in dem Stück sind das aussichtslose Streben des Künstlers nach Perfektion, die in der Realität nicht erreicht werden kann, die Auseinandersetzung mit dem Theater und die übertrieben-kritische Haltung Bernhards gegenüber Österreich und seinen Bürgern.

- Inwiefern zeigen sich diese Themen (z. T. in grotesker Übertreibung und ironisch verfremdet) in folgenden drei Textausschnitten?
- Untersuchen Sie die Sprache: Welche Verse drücken das für Bernhard typische Grotesk-Tragische und Pathetische des Helden aus?
- Beachten Sie auch das sprachliche Mittel der Wiederholung!

Drei Uhr nachmittag
Der Theatermacher Bruscon und der Wirt treten ein

BRUSCON *mit einem breitkrempigen Hut auf dem Kopf, in einem knöchellangen Mantel und einem Stock in der Hand*

5 Was hier
in dieser muffigen Atmosphäre
Als ob ich es geahnt hätte
ruft aus
Staatsschauspieler
10 Mein Gott
nicht einmal zum Wasserlassen
habe ich diese Art von Gasthäusern betreten

Und hier soll ich
mein Rad der Geschichte spielen
15 *macht ein paar Schritte nach rechts*
Schwarzer Hirsch
nun ja
als ob die Zeit stehen geblieben wäre
macht ein paar Schritte nach links, dann zum
20 *Wirt direkt*

Als ob Sie nicht gewußt hätten
dass wir heute hier ankommen
schaut um sich
Trostlos
25 *schaut um sich*
Absolute Kulturlosigkeit
trostlos
will sich setzen, aber es ist kein Sessel auf
dem Podium
30 *zum Wirt direkt*
Utzbach
Utzbach wie Butzbach
Der Staatsschauspieler Bruscon
in Utzbach
35 Meine Komödie in diesem Utzbach
schaut um sich
Schwarzer Hirsch
nun ja
Diese Schwüle
40 Gewitterschwüle
Ein solcher empfindlicher Geist
in einem solchen empfindlichen Körper
plötzlich aufgebracht
Haben Sie denn keine Sessel hier
45 *Wirt holt einen Sessel*
Bruscon setzt sich
WIRT
Frittatensuppe sagten Sie
BRUSCON
50 Selbstverständlich
Das einzige
das hier gegessen werden kann
ist Frittatensuppe
Aber nicht zu fett
55 immer diese Riesenfettaugen in der Suppe
selbst in der Frittatensuppe
feiert die Provinz ihre Triumphe
streckt die Beine aus
In Gaspoltshofen
60 hatten wir einen riesigen Erfolg
grandios
ideale Verhältnisse
schaut um sich
[...]
65 In Gaspoltshofen
hatten wir achthundertdreißig Zuschauer
Vollzahler

geradezu enthusiastische Applaudierende
Wenn ich gewußt hätte
70 daß dieses
dieses
WIRT
Utzbach
BRUSCON
75 daß dieses Utzbach
nur zweihundertachtzig Einwohner hat
[...]

BRUSCON
Wenn wir ehrlich sind
ist das Theater an sich eine Absurdität
80 aber wenn wir ehrlich sind
können wir kein Theater machen
weder können wir wenn wir ehrlich sind
ein Theaterstück schreiben
noch ein Theaterstück spielen
85 wenn wir ehrlich sind
können wir überhaupt nichts mehr tun
außer uns umbringen
da wir uns aber nicht umbringen
weil wir uns nicht umbringen wollen
[...]
90 versuchen wir es immer wieder mit dem
Theater
wir schreiben für das Theater
und wir spielen Theater
und ist das alles auch das Absurdeste und
95 Verlogenste
Wie kann ein Schauspieler
einen König darstellen
der überhaupt nicht weiß was ein König ist
wie kann eine Schauspielerin
100 eine Stallmagd darstellen
die überhaupt nicht weiß was eine Stallmagd
ist
[...]

BRUSCON
Ein durch und durch stumpfsinniger Staat
105 von durch und durch stumpfsinnigen
Menschen
bevölkert
Gleich mit wem wir reden

es stellt sich heraus
110 es ist ein Dummkopf
gleich wem wir zuhören
es stellt sich heraus
es ist ein Analphabet
sie seien sozialistisch
115 sagen sie
und sind doch nur nationalsozialistisch
sie seien katholisch
sagen sie
und sind doch nur nationalsozialistisch
120 sie seien Menschen sagen sie
und sind nur Idioten

schaut um sich
Österreich
Austria
125 L`Autriche
Es kommt mir vor
als gastierten wir
in einer Senkgrube
in der Eiterbeule Europas
[…]
130 Wo ein Wald war
ist eine Schottergrube
wo eine Wiese war
ist ein Zementwerk
wo ein Mensch war ist ein Nazi

- Lesen Sie den Gesamttext und diskutieren Sie in der Klasse über Aussage, Wirkung und Rezeption dieses Dramas!
- Im Internet finden Sie eine Vielzahl von Rezeptionen und Artikeln über Aufführungen des Stückes auf deutschsprachigen und europäischen Bühnen. Vergleichen Sie einige davon und untersuchen Sie, inwiefern sich im Laufe der Jahre die Sichtweise des Stückes verändert hat.
- Arbeiten Sie nach der Lektüre des Dramas schriftlich folgende Fragen aus und vergleichen Sie Ihre Arbeit mit denen Ihrer MitschülerInnen!
- Wie verhält sich Bruscon seiner Tochter Sarah gegenüber? Was sagt er zu ihr, was über sie?
- Wie ist sein Verhältnis zu seinem Sohn Ferruccio?
- Wie könnte man das Verhältnis von Bruscon zu seiner Frau bezeichnen, wie spricht er über sie?
- Wie verhält er sich dem Wirt gegenüber?
- Wen oder was macht er für „sein Scheitern" verantwortlich?

Elfriede Jelinek – Prosatexte ▸zu Jelinek als Dramatikerin vgl. Sie Seite 539 ff.

Mit ihrem Erstlingsroman *wir sind lockvögel baby* (1970) beeindruckt die im Jahr 2004 mit dem Nobelpreis für Literatur ausgezeichnete steirische Autorin Elfriede Jelinek (geb. 1946) die Kritik nachhaltig. Er zielt (im Fahrwasser der experimentellen Literatur) auf die Aktivierung der LeserInnen, die zum „action reading" aufgefordert werden:

sie sollen dieses buch sofort eigenmächtig verändern. sie sollen die
untertitel auswechseln. sie sollen hergehen & sich überhaupt zu
VERÄNDERUNGEN ausserhalb der Legalität hinreissen lassen.
ich baue ihnen keine einzige künstliche sperre die sie nicht durch
5 brechen könnten. ich hole sie ganz heran & zeige ihnen die noch
unbemerkten hohlräume in ihrem organismus die bereit sind für
völlig neue programmierungen.

Eine Frau schreibt mit „männlichen" Mitteln

Elfriede Jelinek (2004)

Die Pop-Art, der man diesen Roman zurechnet, arbeitet bewusst mit dem Warencharakter der Literatur, die Trivialliteratur hält Einzug in die „schöngeistige" Literatur. Die Medien beherrschen die Menschen, die sich sich den Klischees nicht entziehen können, die ihnen dauernd präsentiert werden: Helden aus Comics und Horrorgeschichten, aus Heimatromanen, aus der Regenbogenpresse treten auf; wirkliches Vergnügen an der Lektüre hat nur der, der die Originale kennt. Der Hauptbestandteil von *wir sind lockvögel baby* ist vorformuliertes Material, das die Autorin aus subjektiver, eingreifender Perspektive montiert. Gesellschaftskritisches Engagement ist ihr Hauptanliegen.

In *Michael* stellt Jelinek die Medienwelt der Welt der Konsumenten gegenüber, die heile Fernsehwelt wird demontiert:

halt! ist das nicht der junge herr chef? michael nennt gerda ihn heimlich und wenn sie mit der mutti über ihn redet. sie stellt sich manchmal vor dass sie ihn vor allen so nennen kann. ja genau. es ist michael. der junge herr chef ist in not! er versucht verzweifelt seinen neuen jaguar e in eine garageneinfahrt zu steuern die zu einer gleichnamigen villa gehört. es geht nicht.
5   michael ich helfe dir! gerda stürzt hinzu die mutter folgt langsamer. das junge volk will schliesslich allein sein. mutterauge beobachten. gerda streckt sich und gibt handzeichen und weist ein und verrenkt sich fast unnatürlich und zeigt und ruft und winkt und schneidet gesichter und zerreisst sich fast. mehr rechts rechts! (michael) setzt sie leise unhörbar hinzu. michael reversiert und versucht es zum 10. mal. gerda macht eine löschwiege und zeigt mit den fingern
10   die millimeter an die michael mehr nach rechts muss. da! krrrracks. ein mehrstimmiger entsetzensschrei! […]

Während Fernsehserien „happy" enden, stehen bei *Michael* Brutalität und Gewalt im Vordergrund:

herr michael der juniorchef gibt gas. rückwärtsgang. mit einem satz schießt der renner nach hinten und über gerda hinweg. als ob sie nichts wäre. sie ist auch ein nichts. gerda sieht aus wie ein abgebundener rollschinken. nur berg & tal. […]

Die *Liebhaberinnen* (1975) finden besonders in feministischen Kreisen Anklang: Jelinek beschreibt die Möglichkeiten von Frauen auf dem Land, sich selbst zu verwirklichen. Die Kombination von scheinbar naiver Sprache und Gesellschaftsanalyse macht die „Heldinnen" zu Typen, sie werden ihrer Identität beraubt. Diese Frauen haben keine Chance, in ihrem Milieu zu Persönlichkeiten zu werden, sie werden durch die Sprache, die die Autorin verwendet, völlig gekennzeichnet.
Der Sinn des Lebens besteht im Besitz von Konsumgütern. Da es auf dem Land aber wenig Arbeitsmöglichkeiten gibt, ist der Zugang zu Konsumgütern nur über die Heirat mit einem vermögenden Mann möglich.

brigitte ist das glück an sich egal, das heißt, sie meint, daß der wohlstandsheinz und das glück ein und dieselbe person sind. daher genügt ihr heinz völlig, brigitte ist bescheiden.
paula ist unbescheiden. sie will dasselbe wie brigitte, aber sie will eine schöne strahlende aura rundherum haben. sie will den leuten ständig vorführen, wie lieb man das kind, den mann, das
5   haus, die waschmaschine, den kühlschrank und den garten hat. das ALLES. liebe kann berge

versetzen, aber nicht erich. liebe kann berge versetzen, aber nicht erich in den zustand eines liebenden menschen versetzen. erich ist ungeübt im geliebtwerden, er hat es noch nie am eigenen leibe erfahren.

außerdem kann liebe keinen kühlschrank herbeisetzen.

> • Beschreiben Sie, wie Elfriede Jelinek Sprache verwendet! Welche Mittel benutzt sie, um Kritik an der Gesellschaft zu üben?

Jelinek bietet eine traurige Analyse der Konsumgesellschaft: Kinder sind zunächst da, um die Heirat zu erzwingen, dann werden sie zu Vorzeigestücken für eine intakte Ehe. So wurden die Heldinnen auch von ihren Eltern gesehen, sie führen also ein traditionelles Muster weiter. Jelinek macht aber auch die Benachteiligung der Frau im Berufsleben deutlich und ihre geringen Möglichkeiten, sich selbst zu verwirklichen.

Elfriede Jelinek verkörpert den Extremtypus einer Schriftstellerin, die mit „männlichen" Mitteln (dazu gehört auch Pornografie) der männlich dominierten Gesellschaft zu Leibe rückt und so für weibliche Identität Stellung nimmt, um sie kämpft.

Die Klavierspielerin

1983 erscheint der Roman *Die Klavierspielerin* (2001 von Regisseur Michael Haneke mit weltweit über 2,5 Millionen BesucherInnen äußerst erfolgreich verfilmt). Der sowohl gesellschaftskritische als auch psychodramatische Text schildert in außergewöhnlich bildhafter und drastischer Sprache die Leidensgeschichte der Pianistin und Klavierlehrerin Erika Kohut, die, nicht zuletzt aufgrund ihrer inzestuösen Beziehung zu ihrer herrschsüchtigen Mutter (Jelinek: „Im Grunde ist es eine homosexuelle Beziehung zwischen Männern: Die Tochter ist ja der Phallus der Mutter"), emotional und sexuell abstirbt und unfähig ist, sich auf eine echte Liebesbeziehung und ein erfüllendes Leben einzulassen.

Der autobiografische Bezüge aufweisende Roman beginnt mit einer Auseinandersetzung zwischen Mutter und Tochter:

Die Klavierlehrerin Erika Kohut stürzt wie ein Wirbelsturm in die Wohnung, die sie mit ihrer Mutter teilt. Die Mutter nennt Erika gern ihren kleinen Wirbelwind, denn das Kind bewegt sich manchmal extrem geschwind. Es trachtet danach, der Mutter zu entkommen. Erika geht auf das Ende der Dreißig zu. Die Mutter könnte, was ihr Alter betrifft, leicht Erikas Großmutter

5 sein. Nach vielen harten Ehejahren erst kam Erika damals auf die Welt. Sofort gab der Vater den Stab an seine Tochter weiter und trat ab. Erika trat auf, der Vater ab. Heute ist Erika flink durch Not geworden. Einem Schwarm herbstlicher Blätter gleich, schießt sie durch die Wohnungstür und bemüht sich, in ihr Zimmer zu gelangen, ohne gesehen zu werden. Doch da steht schon die Mama groß davor und stellt Erika. Zur Rede und an die Wand, Inquisitor und Erschie-

10 ßungskommando in einer Person, in Staat und Familie einstimmig als Mutter anerkannt. Die Mutter forscht, weshalb Erika erst jetzt, so spät, nach Hause finde? Der letzte Schüler ist bereits vor drei Stunden heimgegangen, von Erika mit Hohn überhäuft. Du glaubst wohl, ich erfahre nicht, wo du gewesen bist, Erika. Ein Kind steht seiner Mutter unaufgefordert Antwort, die ihm jedoch nicht geglaubt wird, weil das Kind gerne lügt. Die Mutter wartet noch, aber nur so

15 lange, bis sie eins zwei drei gezählt hat.

Schon bei zwei meldet sich die Tochter mit einer von der Wahrheit stark abweichenden Antwort. Die notenerfüllte Aktentasche wird ihr nun entrissen, und gleich schaut der Mutter die bittere Antwort auf alle Fragen daraus entgegen. Vier Bände Beethovensonaten teilen sich indigniert den kargen Raum mit einem neuen Kleid, dem man ansieht, daß es eben erst ge-

20 kauft worden ist. Die Mutter wütet sogleich gegen das Gewand. Im Geschäft, vorhin noch, hat

das Kleid, durchbohrt von seinem Haken, so verlockend ausgesehen, bunt und geschmeidig, jetzt liegt es als schlaffer Lappen da und wird von den Blicken der Mutter durchbohrt. Das Kleidergeld war für die Sparkasse bestimmt! Jetzt ist es vorzeitig verbraucht. Man hätte dieses Kleid jederzeit in Gestalt eines Eintrags ins Sparbuch der Bausparkassen der österr. Sparkassen

25   vor Augen haben können, scheute man den Weg zum Wäschekasten nicht, wo das Sparbuch hinter einem Stapel Leintücher hervorlugt. Heute hat es aber einen Ausflug gemacht, eine Abhebung wurde getätigt, das Resultat sieht man jetzt: jedesmal müßte Erika dieses Kleid anziehen, wenn man wissen will, wo das schöne Geld verblieben ist. Es schreit die Mutter: Du hast dir damit späteren Lohn verscherzt! Später hätten wir eine neue Wohnung gehabt,

30   doch da du nicht warten konntest, hast du jetzt nur einen Fetzen, der bald unmodern sein wird. Die Mutter will alles später. Nichts will sie sofort. Doch das Kind will sie immer, und sie will immer wissen, wo man das Kind notfalls erreichen kann, wenn der Mama ein Herzinfarkt droht. Die Mutter will in der Zeit sparen, um später genießen zu können. Und da kauft Erika sich ausgerechnet ein Kleid!, beinahe noch vergänglicher als ein Tupfer Mayonnaise auf einem

35   Fischbrötchen. Dieses Kleid wird nicht schon nächstes Jahr, sondern bereits nächsten Monat außerhalb jeglicher Mode stehen. Geld kommt nie aus der Mode.
Es wird eine gemeinsame große Eigentumswohnung angespart. Die Mietwohnung, in der sie jetzt noch hocken, ist bereits so angejahrt, daß man sie nur noch wegwerfen kann. Sie werden sich vorher gemeinsam die Einbauschränke und sogar die Lage der Trennwände aussuchen

40   können, denn es ist ein ganz neues Bausystem, das auf ihre Wohnung angewandt wird. Alles wird genau nach persönlichen Angaben ausgeführt werden. Wer zahlt, bestimmt. Die Mutter, die nur eine winzige Rente hat, bestimmt, was Erika bezahlt. In dieser nagelneuen Wohnung, gebaut nach der Methode der Zukunft, wird jeder ein eigenes Reich bekommen, Erika hier, die Mutter dort, beide Reiche säuberlich voneinander getrennt. Doch ein gemeinsames

45   Wohnzimmer wird es geben, wo man sich trifft. Wenn man will. Doch Mutter und Kind wollen naturgemäß immer, weil sie zusammengehören. Schon hier, in diesem Schweinestall, der langsam verfällt, hat Erika ein eigenes Reich, wo sie schaltet und verwaltet wird. Es ist nur ein provisorisches Reich, denn die Mutter hat jederzeit freien Zutritt. Die Tür von Erikas Zimmer hat kein Schloß, und kein Kind hat Geheimnisse.

50   [...]
Nur diese Eitelkeit. Diese verflixte Eitelkeit. Erikas Eitelkeit macht der Mutter zu schaffen und bohrt ihr Dornen ins Auge. Diese Eitelkeit ist das einzige, auf das zu verzichten Erika jetzt langsam lernen müßte. Besser jetzt als später, denn im Alter, das vor der Tür steht, ist Eitelkeit eine besondre Last. Und das Alter allein ist doch schon Last genug. Diese Erika! Waren die Häupter

55   der Musikgeschichte etwa eitel? Sie waren es nicht. Das einzige, was Erika noch aufgeben muß, ist die Eitelkeit. Notfalls wird Erika zu diesem Zweck von der Mutter ganz glatt gehobelt, damit nichts Überflüssiges an ihr haften kann.
So versucht die Mama heute ihrer Tochter das neue Kleid aus den zusammengekrampften Fingern zu winden, doch diese Finger sind zu gut trainiert. Loslassen, sagt die Mutter, gib es her!

60   Für die Gier nach Äußerlichkeiten mußt du bestraft werden. Bisher hat dich das Leben durch Nichtbeachtung gestraft, und nun straft dich deine Mutter, indem sie dich ebenfalls nicht beachtet, obwohl du dich behängst und bemalst wie ein Clown. Hergeben das Kleid!
Erika stürzt plötzlich zu ihrem Kleiderschrank. Sie wird von einem finstren Argwohn ergriffen, der sich schon einige Male bestätigt hat. Heute zum Beispiel fehlt wieder etwas, das dunkel-

65   graue Herbst-Complet nämlich. Was ist geschehen? In der Sekunde, da Erika merkt, es fehlt etwas, weiß sie auch schon die dafür Verantwortliche zu benennen. Es ist die einzige Person, die dafür in Frage kommt. Du Luder, du Luder, brüllt Erika wütend die ihr übergeordnete Instanz

an und verkrallt sich in ihrer Mutter dunkelblond gefärbten Haaren, die an den Wurzeln grau nachstoßen. Auch ein Friseur ist teuer und wird am besten nicht aufgesucht. Erika färbt der
70 Mutter jeden Monat die Haare mit Pinsel und Polycolor. Erika rupft jetzt an den von ihr selbst verschönten Haaren. Sie reißt wütend daran. Die Mutter heult. Als Erika zu reißen aufhört, hat sie die Hände voller Haarbüschel, die sie stumm und erstaunt betrachtet. Die Chemie hat diese Haare ohnehin in ihrem Widerstand gebrochen, aber auch die Natur hatte an ihnen nie ein Meisterwerk vollbracht. Erika weiß nicht gleich, wohin mit diesen Haaren. Endlich geht sie
75 in die Küche und wirft die dunkelblonden, oft fehlfarbigen Büschel in den Mistkübel.
Die Mutter steht mit reduziertem Kopfhaar greinend im Wohnzimmer, in dem ihre Erika oft Privatkonzerte gibt, in denen sie die Allerbeste ist, weil in diesem Wohnzimmer außer ihr nie jemand Klavier spielt. Das neue Kleid hält die Mutter immer noch in der zitternden Hand. Wenn sie es verkaufen will, muß sie das bald tun, denn solche kohlkopfgroßen Mohnblumen
80 trägt man nur ein Jahr und nie wieder. Der Kopf tut der Mutter dort weh, wo ihr die Haare jetzt fehlen.
Die Tochter kehrt zurück und weint bereits vor Aufregung. Sie beschimpft die Mutter als gemeine Kanaille, wobei sie hofft, daß die Mutter sich gleich mit ihr versöhnen wird. Mit einem liebevollen Kuß. Die Mutter schwört, die Hand soll Erika abfallen, weil sie die Mama geschla-
85 gen und gerupft hat. Erika schluchzt immer lauter, denn es tut ihr jetzt schon leid, wo die Mutti sich bis auf die Knochen und Haare aufopfert. Alles, was Erika gegen die Mutter unternimmt, tut ihr sehr schnell leid, weil sie ihre Mutti liebhat, die sie schon seit frühester Kindheit kennt. Schließlich lenkt Erika, wie erwartet, ein, wobei sie bitterlich heult. Gern, nur allzu gern, gibt die Mutti nach, sie kann ihrer Tochter eben nicht ernsthaft böse sein. Jetzt koche ich uns erst
90 einmal einen Kaffee, den wir gemeinsam trinken werden. Bei der Jause tut Erika die Mutter noch mehr leid, und die letzten Reste ihrer Wut lösen sich im Guglhupf auf. Sie untersucht die Löcher im Haar der Mutter. Sie weiß aber nichts dazu zu sagen, genau wie sie auch nicht gewußt hat, was sie mit den Büscheln anfangen sollte. Sie weint wieder ein bißchen zur Nachsorge, weil die Mutter schon alt ist und einmal enden wird. Und weil ihre, Erikas Jugend auch
95 schon vorbei ist. Überhaupt, weil immer etwas vergeht und selten etwas nachkommt.

- „Die Mutter sieht ihre längst erwachsene Tochter in der Rolle des Kindes." Verifizieren Sie diese Aussage durch passende Textstellen!
- Welche Wünsche und Bedürfnisse hat die Mutter, welche Erika?
- Worin zeigt sich die Unfreiheit Erikas?
- Denken Sie an den Streit zwischen Mutter und Tochter! Wie gehen die beiden mit dem Konflikt um? Welche Gefühle könnten hinter den aggressiven Handlungen stehen?
- Wie beurteilen Sie das Einlenken Erikas? Denken Sie daran, dass Erika dabei „bitterlich heult"!
- Bestimmen Sie Erzählerfigur, Stil, Sprache und Satzbau näher!
- In welchen Textstellen zeigt sich der für Jelinek so typische bittere Witz und die die Personen entlarvende sarkastische Ironie?
- Wenn Ihr Interesse an dem Roman geweckt ist, lesen Sie den Gesamttext und vergleichen Sie diesen mit der 2001 erschienenen Filmfassung! Welche inhaltlichen Unterschiede können Sie feststellen?
- Welches Medium spricht Sie mehr an? Warum?
- Suchen Sie im Internet Filmkritiken und vergleichen Sie diese in einer Gruppenarbeit!

Sozialkritische Erzählprosa –
Franz Innerhofer und Gernot Wolfgruber

Die Romane dieser zwei österreichischen Autoren kann man als sozialkritische Autobiografien bezeichnen. Beide Dichter stammen aus ärmsten Verhältnissen, sind Lehrlinge, besuchen neben der Arbeit eine Abendschule, holen die Matura auf dem zweiten Bildungsweg nach und studieren an einer Universität.

Franz Innerhofer

Die Kunstfigur Holl

Franz Innerhofer (1944–2002) erzählt in seiner Trilogie den sozialen Aufstieg des Franz Holl, der weitgehend das Abbild des Autors ist, vom sprachlosen „Leibeigenen" auf dem Bauernhof seines Vaters zum Germanistik-Studenten in der Stadt Salzburg. In *Schöne Tage* (1974) arbeitet Innerhofer in der Er-Erzählform seine schwere Kindheit als unehelicher Sohn und sein Leben als billiger, rechtloser Knecht bei seinem Vater auf. In *Schattseite* (1975) ändert der Autor die Erzählperspektive, Holl entdeckt sich als Ich und erzählt von den Jahren seiner Lehrzeit: Er lernt einerseits das Schmiedehandwerk und die Unterdrückungsmechanismen der Arbeitswelt kennen. Andererseits lernt er, Bücher und Zeitschriften zu lesen, seine Meinung zu artikulieren und Fragen zu stellen. Sein innerer Weg führt von der Sprachlosigkeit zur Sprachfähigkeit. Im dritten Band der Trilogie, *Die großen Wörter* (1977), dringt Holl in die „Redewelt" der Abendschüler und Studenten ein, fühlt sich hier als Arbeiter aber fremd und beschließt folgerichtig, aus dieser Welt der „großen Wörter", der Professoren und Studenten, auszusteigen und sich wieder der „archaischen Welt der Landarbeiter und Bauern" zuzuwenden.

Im folgenden Textausschnitt aus *Schattseite* lernt Holl die Literatur kennen.

In den Büchern schritten mir die Helden immer schnell davon. Ich folgte ihnen, solange ich das Buch aufgeschlagen vor Augen hatte. Ich folgte Rasputin, Napoleon, den Brüdern Karamasow, den Elenden, Michael Kohlhaas, dem Grünen Heinrich, dem Sexualleben auf einem französischen Pfarrhof, das ich allerdings nur anlas, durchblätterte und verärgert in eine Ecke warf,

5 weil es anscheinend nur darum ging, den Pfarrer ins Bett der Köchin zu bringen. Dafür las ich im Henker von Paris jede Nacht, bis ich Helene oder Helene und Georg in den Stall gehen hörte. Da gab es einen jungen Menschen, der bleiben muß. Der Henkerssohn muß Henker werden. Da ist ein Mensch gefangen, wie ich gefangen bin. Alle anderen schritten mir, während ich las, schnell davon oder waren von vornherein so weit entfernt, daß ich sie höchstens bewundern

10 konnte. Dann saß ich wieder da und wußte, ich bin ja doch nur der Franz Holl. Den Franz Holl kann nur der Franz Holl weiterbringen. Siebzehn Jahre Entfremdung, davon elf Jahre Leibeigenschaft. Das war mein Gefängnis, mit dem ich arbeiten, gehen, essen, schlafen mußte. Ich konnte nicht zum Hof meines Vaters zurückgehen und sagen, so, da hast du das Gefängnis, ich brauch es nicht mehr.

15 Ich muß mein Gefängnis mit mir herumschleppen, und ich seh meinen Gefängniswärter immer wieder, er lebt, verteidigt sich mit Sprüchen und macht seine Politik, und ich sitze in meinem Gefängnis und lese, wie ein Mann nach elf Jahren einen Steinbruch verläßt. Aber er ist ein Mann. Ich bin kein Mann. Ich bin gezeichnet. Im Grunde genommen führten mir meine Helden meine Lächerlichkeiten vor. Sie liebschafteten mit schönen Frauen und hausten in anderen

20 Jahrhunderten. Sie brauchten nicht auf die Uhr zu schauen, aber ich hörte, während ich las, immer die Uhr ticken. Kein Buch befreite mich von dem Unbehagen, daß es womöglich nicht genügt, ein unsinniges Leben herunterzubiegen. […] die Helden sprachen oft von einer rei-

nen Seele, von Gewissen, während ihnen stumme Bedienstete Getränke reichen oder riesige Mahlzeiten auftischen mußten. Ich kümmerte mich um die Literatur, aber die Literatur, die
25 ich las, kümmerte sich um mich einen Dreck. Ich liebte Bücher, weil sie so harmlos waren. Ich konnte ein Buch aufklappen zuklappen weglegen wegschmeißen, aber mein Gefängnis war ununterbrochen anwesend. Ich konnte den Fortschritt, den ich machte, anderen mitteilen, aber machen mußte ich den nächsten Schritt selber. Das führte mir kein Buch vor. Das führte mir kein Mensch vor. Ich glaubte selber nicht daran. Alles, was mir zur Verfügung stand, war
30 die Erkenntnis, daß sich alle, die mich mit Werturteilen versorgt hatten, geirrt hatten.

- Welche Hoffnungen setzt Holl in die Literatur? Zu welchen Erkenntnissen gelangt er durch das Lesen?
- Welche bewusstseinsverändernden Prozesse hat das Lesen literarischer Texte in Ihnen ausgelöst? Nennen Sie Beispiele!

Auch die Romane *Auf freiem Fuß* (1975), *Herrenjahre* (1976) und *Niemandsland* (1978) von **Gernot Wolfgruber** (geb. 1944) verarbeiten literarisch eigene Erfahrungen.
Wolfgruber verfolgt wie viele der Autoren der „Grazer Gruppe" das Ziel, Sprache als Erscheinungsform gesellschaftlicher Herrschaft sichtbar zu machen.

Gernot Wolfgruber (1981)

Sprache als Herrschaftsform

In *Herrenjahre* wird die Geschichte des Bruno Melzer erzählt, der eine Lehre durchläuft, heiratet, eine Arbeit als Fabriksarbeiter annimmt, Vater von drei Kindern wird, ein Haus baut und dann seine Frau verliert. Am Schluss sucht der Witwer mit drei noch kleinen Kindern und einem halb fertigen Haus durch eine Zeitungsannonce eine Frau:

[…] wenn sich auf die Annonce eine meldet, die mich nimmt, obwohl ich nichts hab als drei Kinder und einen Haufen Arbeit daheim, ehrlich, sagt er, ich würd eine jede nehmen, ganz wurscht, wie sie ausschaut, wenns nur halbwegs zum Aushalten wär und mit den Kindern umgehen könnt, da würd ichs nehmen, weil auf die Liebe oder sowas, sagt er, kommts bei mir
5 nicht mehr an, weil drauf darfs garnicht mehr ankommen, das ist vorbei, sagt er, tausend Rosen, sowas spielt für einen wie mich keine Rolle mehr. Weil eigentlich, sagt er, spiel ich ja selber keine Rolle mehr.
Auf die erste Heiratsanzeige, die Melzer aufgegeben hat, hat er drei Zuschriften bekommen.

- Worin enden alle Hoffnungen auf eigene Individualität, persönliches Glück und humane Lebensqualität?

Folgende Textstelle beschreibt die Bedingungen, unter denen Melzer arbeitet.

Langsam schiebt sich die Schlange der Arbeiter nach Arbeitsschluß an der Stechuhr vorbei, die einem nach dem anderen den Tag gültig macht, jedem einen Tag der Arbeitswoche abbeißt, die Gesichter sind braunviolett von der gelben Bogenlampe über dem Hof, es ist Anfang Dezember und der Tag ist aus, bevor er für einen von denen, die da ganz automatisch ins richtige
5 Fach nach der Stempelkarte greifen, überhaupt angefangen hat, Melzer steckt seine Karte in

den Schlitz der Stechuhr, drückt den Hebel, aber statt des üblichen Klickens springt ein schrilles Läuten aus der Uhr heraus, schreit, bis der nächste den Hebel drückt: In irgendwelchen Abständen, die nicht nach Absicht des Unternehmers, sondern nach höherer Gewalt aussehen, greift sich die Stechuhr mit Läuten statt Klicken einen der Arbeiter heraus, und der muß dann beim
10 bereitstehenden Nachtportier seine Tasche aufmachen, muß den Nachtportier zwischen dem leeren Jausensäckchen, der Teeflasche und dem Kriminalroman für die Mittagspause herumkramen, muß ihn nachschauen lassen, ob da nicht doch eine Bohrmaschine oder ein sechstüriger Schrank hinausgeschmuggelt wird. Melzer hält dem Nachtportier die geöffnete Tasche hin und will schon weitergehen. Und was ist das? zeigt der Mann mit immer länger werdendem
15 dem Finger hinein. Melzer schaut, ach so, sagt er und nimmt eine Schraubenschachtel aus der Tasche, das ist ein Schmetterling, sagt er.
Während der Mittagspause ist er am Klo gesessen, und da hat er oben, neben dem kleinen Fenster, einen Schmetterling sitzen gesehen, der dort überwinterte, und Melzer ist auf die Klomuschel gestiegen und hat den Schmetterling zwischen die Finger genommen, der sich nicht
20 viel gerührt, sondern nur ein wenig mit den Beinen gezappelt hat. Den bring ich den Kindern heim, hat er gedacht, und um ihm die Flügel nicht zu verletzen, hat er eine Schraubenschachtel ausgeleert und den Schmetterling, der langsam wach geworden ist, hineingesteckt. Als er die Tasche hat aufmachen müssen, hat er garnicht mehr daran gedacht.
Der Nachtportier verzieht sein Gesicht zu einem Grinsen, ein Schmetterling? ein Schmetterling
25 im Winter? sagt er, na glaubst ich bin blöd? Schrauben willst mitgehen lassen! Aber gar nicht, sagt Melzer, da, heb einmal, wie leicht, hält er ihm die Schachtel hin, und im selben Moment kommt der Betriebsleiter durch die Glastür geschossen, vor der der Nachtportier steht, habens wieder wen erwischt? schreit er, und er sieht die Schraubenschachtel in Melzers Hand, Schrauben also, bellt er, und Melzer steht mit eingezogenem Hals da, schüttelt den Kopf, und der
30 Betriebsleiter reißt ihm die Schachtel aus der Hand und stockt, mitten im Schreien, weil ihm die Schachtel doch zu leicht vorkommt. Da ist ja garnichts drin, sagt er verwundert, und er macht die Schachtel auf. Nicht, schreit Melzer, aber da fliegt der Schmetterling schon heraus, steigt steil in die Höhe und stürzt hinter dem Zaun irgendwo in den Schnee. Sowas, sagt der Betriebsleiter und starrt Melzer an, da habens aber Glück gehabt. Melzer macht seine Tasche zu und
35 geht durch den Auflauf, der sich gebildet hat, langsam über den Hof auf den Fabriksausgang zu. Er denkt kurz daran, um das ganze Fabriksgelände herumzugehen und dann beim Zaun, wo der Schmetterling abgestürzt ist, zu suchen. Aber ist ja viel zu finster dort, denkt er. Und für die Kinder ist es ja auch gleich, redet er sich dann ein. Sie wissen ja nicht, daß er ihnen eine Freude hat machen wollen.

- Wie „agieren" der Nachtportier und der Betriebsleiter? Wozu dienen ihre sprachlichen Äußerungen? Wie reagiert Melzer?
- Wie beurteilen Sie die Arbeitsbedingungen Melzers?
- Wofür könnte der Schmetterling ein Bild sein?

Erich Hackl: *Aurora* und *Sidonie* – Authentische Fälle

Eines Tages sah sich Aurora Rodríguez veranlaßt, ihre Tochter zu töten. Sie betrat das Schlafzimmer, entnahm dem Nachtkästchen eine Pistole, die sie vor Monaten erworben hatte, um gegebenenfalls das Leben Hildegarts zu schützen, lud die Waffe, entsicherte sie und ging ohne Zögern in das Zimmer ihrer Tochter. Sie schloß sacht die Tür hinter sich, tastete im Dunkeln
5 nach der Lampe, die neben dem Bett auf einem niedrigen, mit Büchern und Zeitungen überladenen Tisch stand, und gab vier Schüsse ab. Die ersten beide Projektile, die nach einem

späteren Gutachten der Gerichtsmediziner tödlich waren, durchdrangen Hildegarts Herz; die zwei letzten feuerte sie aus solcher Nähe ab, daß die Haut an der rechten Schläfe verbrannte und eine Strähne des braunen, gelockten Haares ihrer Tochter versengte. Ehe sie das Zimmer

10 wieder verließ, drehte Aurora das Licht ab und zog die Rolläden vor dem Fenster hoch. Dann steckte sie die Pistole in ihre Handtasche, kleidete sich an und ging aus der Wohnung.

So beginnt die Erzählung *Auroras Anlass* (1987) von **Erich Hackl**, einem 1954 in Steyr geborenen Autor, der viele Jahre in Madrid als Lektor arbeitet, jetzt in Wien als freier Schriftsteller lebt.

> • Welche sprachliche Darstellungsweise wählt der Autor für seine Geschichte? Was bewirkt diese bei der Leserin/beim Leser?

Erich Hackl (2007)

Rekonstruktion eines Falles

Hackl geht in dem Buch der Frage nach, warum die Spanierin Aurora Rodríguez ihre Tochter Hildegart, die sie von Anfang an zum Werkzeug ihrer Ideen erzieht, tötet.

Aurora Rodríguez wächst um die Jahrhundertwende in der galizischen Hafenstadt El Ferrol als Tochter eines aufgeklärten liberalen Rechtsanwalts auf und zeigt schon als junges Mädchen große Sensibilität für soziale und sexistische Ungerechtigkeiten. Da sie sich selber nicht für ausreichend begabt hält, ihre Visionen einer befreiten Frau in einer freien Gesellschaft zu verwirklichen, lässt sie am Tag ihrer Großjährigkeit, die Eltern sind schon gestorben, eine Annonce in die Zeitung setzen,

[…] daß sie in andere Umstände zu kommen gewillt sei, daß der Vater zu dem Kind, das sie gebären wolle, sich melden möge; daß sie allerdings entschlossen sei, ihn nicht zu heiraten, noch eine andere, eheähnliche Verbindung mit ihm einzugehen. Aurora fügte der Nachricht hinzu, daß jeder, der bereit war, eine so kurze, auf den Akt der Zeugung beschränkte Verbin-

5 dung einzugehen, gesund an Körper und Geist sein müsse, also über das im Land herrschende vulgäre Mittelmaß erhaben.

Sie findet einen ihr entsprechenden Mann und übersiedelt 1914 nach Madrid, wo sie im Dezember 1914 ein Kind zur Welt bringt. Die Tochter Hildegart wächst nun, durch ein besonderes Erziehungsprogramm der Mutter gefördert, zu einem „Wunderkind" heran, das mit vierzehn Jahren die Matura macht und mit siebzehn das Studium der Rechte abschließt. Auch mit ihrem Interesse an Politik und ihrem Engagement für die Gleichberechtigung der spanischen Frau erfüllt Hildegart die Wünsche ihrer Mutter.

> Wenn Sie Interesse an dieser Erzählung haben, die zeitgeschichtliche Quellen, Prozessakten und Zeitungsartikel rekonstruiert, lesen Sie den Ganztext und bearbeiten Sie, vielleicht in Kleingruppen, folgende thematischen Schwerpunkte:
> • Welche Rolle spielt der Vater in der Entwicklung der Aurora Rodríguez?
> • Warum möchte Aurora als junges Mädchen ihr Leben ändern?
> • Wie sieht sie die Situation der spanischen Frau? (Können Sie Ähnlichkeiten mit der derzeitigen Situation der Frau in Österreich sehen?)
> • Beschreiben Sie das Erziehungsprogramm! Entspricht es Ihren Vorstellungen?
> • Untersuchen Sie den Reifungsprozess Hildegarts: Ab welchem Zeitpunkt entzieht sie sich dem Einfluss der Mutter? Welche Vorwürfe macht Aurora dann ihrer Tochter?

- Was sind für Sie die wichtigsten Motive für die Tat Auroras?
- Fassen Sie Ihre aus der Erzählung gewonnenen Informationen über die spanische Gesellschaft im ersten Drittel des 20. Jahrhunderts zusammen!

1989 erscheint Hackls zweiter großer Publikumserfolg, *Abschied von Sidonie*. Hackl schreibt wiederum in seiner kühl protokollarischen Sprache, die nicht versucht, den „Fall" zu poetisieren, sondern nüchtern zu beschreiben. Die authentische Erzählung „berichtet" von dem „Zigeunerkind"[10] Sidonie Adlersburg, das am 18. August 1933 vor dem Steyrer Krankenhaus ausgesetzt wird, bei Zieheltern aufwächst und 1943, von der Behörde ins Konzentrationslager Birkenau transportiert, an Typhus stirbt. In einer Buchkritik heißt es:

Die Leute, die ihren Mördern zuarbeiteten, sind sich auch später keiner Schuld bewußt; manche hat Hackl noch selber sprechen können. Auch Joschi Adlersburg, ihren leiblichen Bruder. Er erzählt, daß das Mädchen nur noch geweint habe, lautlos und ohne Tränen. Sie stirbt an Typhus oder an Kränkung; genau weiß man es nicht. Die Zieheltern haben den Schmerz nie verwunden. Die leiblichen Eltern wurden umgebracht. Die Bevölkerung von Steyr, die dem Kind nicht half oder nicht helfen konnte, hat die Erinnerung an das Mädchen verdrängt.

Christoph Ransmayr – Variationen über das „Weltende"

Christoph Ransmayr, 1954 in Wels geboren, studiert Philosophie und Ethnologie, arbeitet einige Jahre als Kulturredakteur und lebt seit 1982 als freier Schriftsteller in Wien und Irland.

Christoph Ransmayr (2007)

Reisen ans Ende der Welt

In drei bedeutenden Werken variiert er das Thema „Weltende": *Strahlender Untergang. Ein Entwässerungsprojekt oder Die Entdeckung des Wesentlichen*, *Die Schrecken des Eises und der Finsternis* und *Die letzte Welt*. In *Die Schrecken des Eises und der Finsternis* (1984) rekonstruiert Ransmayr die österreichisch-ungarische Nordpolexpedition der Jahre 1872–1874. Durch Dokumente von Beteiligten, Zitate und Abbildungen bekommt der Roman Dokumentationscharakter. Parallel zur Rekonstruktion verläuft die Geschichte von Mazzini, dem Nachkommen eines Matrosen, der die Expedition mitgemacht hat. Dieser fährt in die Arktis, „nur um sich vorzustellen, was war, was gewesen, was gewesen sein könnte". Auf seiner Reise, an deren Ende er verschwindet, begleitet ihn ein erzählendes Ich, das Mazzini rat- und funktionslos zurücklässt:

Mit meiner Handfläche schütze ich das Kap, bedecke die Bucht, spüre, wie trocken und kühl das Blau ist, stehe inmitten meiner papierenen Meere, allein mit allen Möglichkeiten einer Geschichte, ein Chronist, dem der Trost des Endes fehlt.

An *Die letzte Welt* (1988) arbeitet Ransmayr dreieinhalb Jahre. Aus der Sicht des Römers Cotta wird die Reise nach Tomi am Schwarzen Meer geschildert, wohin Kaiser Augustus den Dichter Ovid verbannt hat. Cotta will dort die *Metamorphosen*, das Hauptwerk Ovids, auffinden, das als verschollen gilt, weil die Mächtigen es aus Angst vor staatsfeindlichen Äußerungen unterdrückt haben. Die *Metamorphosen* des Ovid reihen über 200 antike Mythen zu einem

---

[10] „Zigeuner" wird von den Angehörigen der Bevölkerungsgruppe abwertend verstanden; korrekt spricht man von „Sinti und Roma".

Epos. Ransmayr wählt aus ihnen Figuren aus, lässt sie in Tomi auftreten, lässt ihre Geschichten in Filmen oder Traumsequenzen ablaufen. Sie werden aus mythischer Vorgeschichte in die Gegenwart Cottas und Ovids verpflanzt, gleichzeitig werden die antiken Verhältnisse aber auch von Elementen aus der modernen Gegenwart durchsetzt. In einem Anhang werden in Paralleldruck die Ransmayrischen Figuren denen aus der Antike gegenübergestellt.

Am Ende findet Cotta doch Spuren von Ovid:

> Erfüllt von einer Heiterkeit, die mit jedem Schritt wuchs und manchmal kichernd aus ihm her-
> vorbrach, stieg Cotta durch wüstes Geröll den Halden von Trachila entgegen, dem neuen Berg.
> Hier war Naso gegangen; *dies* war Nasos Weg. Aus Rom verbannt, aus dem Reich der Notwen-
> digkeit und der Vernunft, hatte der Dichter die *Metamorphoses* am Schwarzen Meer zu Ende
> 5   erzählt, hatte eine kahle Steilküste, an der er Heimweh litt und fror, zu *seiner* Küste gemacht
> und zu *seinen* Gestalten jene Barbaren. [...] Und Naso hatte schließlich seine Welt von den Men-
> schen und ihren Ordnungen befreit, indem er *jede* Geschichte bis an ihr Ende erzählte. Dann war
> er wohl auch selbst eingetreten in das menschenleere Bild, kollerte als unverwundbarer Kiesel
> die Halden hinab, strich als Kormoran über die Schaumkronen der Brandung oder hockte als
> 10   triumphierendes Purpurmoos auf dem letzten, verschwindenen Mauerrest einer Stadt.

Ransmayr kontrastiert zwei Welten: Rom, das Macht, Unterdrückung, Vernunft, Fantasielo-
sigkeit verkörpert, und Tomi, die eiserne Stadt, die trotz ihres tristen Umfelds die Welt der Poesie, des Gefühls, der Leidenschaft darstellt. Der Autor hält sich dabei nicht an die historischen Tatsachen: Augustus war ein Förderer und kein Feind der Literatur, Ovid ein Mensch, der die Stadt Rom und das luxuriöse Leben liebte, und keiner, der gegen Macht protestierte.

Die 90er-Jahre

Keine einheitliche Richtung

Wilhelm Bortenschlager beurteilt die Situation in seiner Literaturgeschichte folgendermaßen:

> Die österreichische Literatur der achtziger und neunziger Jahre ist [...] auch dadurch gekenn-
> zeichnet, dass es keine einheitliche Richtung gibt, dass von keinen Tendenzen besonderer Art
> gesprochen werden kann, sieht man von der bereits Ende der siebziger Jahre einsetzenden
> sogenannten „neuen Innerlichkeit" ab, die sich vor allem in der Lyrik zeigt, sowie von einem
> 5   Neorealismus in Roman und Erzählung, der mit den bisherigen Experimenten nichts mehr zu
> tun hat. Als einheitliche Tendenz kann also angegeben werden, dass es eine solche nicht gibt,
> vielmehr ein Pluralismus auch in der Literatur herrscht, der dem allgemeinen politisch-gesell-
> schaftlichen Trend entspricht.

Der Literaturwissenschaftler Klaus Zeiringer konstatiert:

> Die schematischen Einteilungen, die eine dreiaktige österreichische Literatur zwischen bo-
> denständigem Traditionalismus, kritischem Realismus und feinfühliger Avantgarde oder zwi-
> schen Habsburgermythos, Antiheimatroman und nachsommerlicher Ästhetik oder zwischen
> Subjektivismus, neu und alt, Postmoderne und Neuer Unbenennbarkeit ansiedeln, sind for-
> 5   melhaft angenommene Voraussetzungen, die als pragmatische Stützkonstruktionen und als
> Diskussionseinstiege angehen. Derartige Ordnungshilfen sind gewiss keine Autoritätskoordi-
> naten; sie können bestenfalls als praktische Schubladen die Beschäftigung mit Literatur er-
> leichtern und helfen, Entwicklungen, Tendenzen und Brüche literarhistorisch darzustellen, in
> Erzählung zu binden.

10 Die in den letzten zehn, fünfzehn Jahren publizierten Werke österreichischer Autorinnen und Autoren bieten eine große Vielfalt von Themen und Ausformungen, die freilich in der literarhistorischen Betrachtung, die sich am Vergleichen des Unvergleichlichen abarbeitet, nur schematisch wiedergegeben werden.

Zwei Beispiele österreichischer Lyrik

Peter Turrini – Zwischen dem Ich und dem Du ▶ Seite 217

Bei einer Untersuchung im Jahre 1972 geben 0,1 % der österreichischen Bevölkerung an, dass lyrische Texte ihr bevorzugter Lesestoff seien. In einer Studie von 1985 wird ein weiterer Rückgang des Interesses festgestellt: Für Lyrikbände bleibt in Österreich ein kleiner Markt von nicht mehr als 3 000 Personen. Trotzdem gelingt **Peter Turrini** mit seinem zweiten Lyrikband, *Im Namen der Liebe,* erschienen 1993, ein literarischer und finanzieller Erfolg. Das schmale Werk erreicht binnen weniger Monate die dritte Auflage. Während Turrini in seinem ersten Gedichtband, *Ein paar Schritte zurück* (1980), seine Kindheit und die Erinnerung daran beschreibt und verarbeitet – diese Lyrik ist sachlich-lapidar, ohne Symbol-Dekor, leicht verständlich und fast metaphernfrei –, thematisiert der Autor in *Im Namen der Liebe* in nun doch zum Teil bildhafter Sprache und mit einem strengeren Formwillen Liebe und Liebesbeziehungen.

Im Namen der Liebe

Im Namen der Liebe
verschenken wir das Herz.
Ich verblute.

Im Namen der Liebe
schreiben wir einen anderen Namen
anstelle des eigenen.

Im Namen der Liebe
5 rauben wir uns den Atem.
Ich ersticke.

- Analysieren Sie zuerst die Form des Gedichts genau!
- Beachten Sie anschließend die Personalpronomen! Welches fehlt in der dritten Strophe?
- Auf welche Bereiche des Lebens verweisen die letzten Worte der jeweils zweiten Zeile?
- Inwiefern wird eine mögliche Liebesbeziehung infrage gestellt?
- Vergleichen Sie zu dieser Thematik das folgende Gedicht, auch aus dem Band *Im Namen der Liebe*!

Wir werden der Nacht
eine offene Rose
entreißen.

Wir werden aus dem Schweigen
Purzelbäume
formen.

Wir werden aus der Mauer
5 eine Handvoll Samen
holen.

Wenn ich einen Termin frei habe.

- Interpretieren Sie die poetischen Bilder der ersten drei Strophen!
- Die letzte Verszeile nimmt alles, auch die Bildhaftigkeit, wieder zurück. Wie kann dieser Satz verstanden werden? Turrini spricht in diesem Zusammenhang auch von einer „Isolierungsgesellschaft", in der wir leben.

- Teilen Sie die Skepsis des Autors gegenüber Gefühlen und Beziehungen?
- Turrini meint in seiner Rede zur Eröffnung des Internationalen Brucknerfestes 1994 in Linz: „Männer verdächtigen Frauen, und Frauen verdächtigen Männer. So nahe können wir gar nicht beieinander liegen, dass wir uns wirklich nahekommen. Denn zwischen uns nisten die Vorstellungen, wuchern die Bilder."
- Beziehen Sie diese Worte in Ihre Diskussion mit ein!

Friederike Mayröcker –
Eine Schule des Lesens und des Deutens

Von den Gedichten der 1924 in Wien geborenen und mit vielen Preisen ausgezeichneten **Friederike Mayröcker** sagt der Germanist Schmidt-Dengler: „Die Auseinandersetzung mit den Texten Mayröckers gehört gewiss zu den größten Herausforderungen, der sich die Literaturkritik, aber auch eine um neuere Literatur bemühte germanistische Forschung gegenübersieht." Sind die meisten Gedichte Turrinis offen, klar und verständlich, so sind die Texte Mayröckers verschlossene poetische Schlingen, Assoziationsketten, vielschichtige und metaphernreiche Bestandsaufnahmen des menschlichen Lebens.

Friederike Mayröcker (2004)

1996 erscheint ihr Gedichtband *Notizen auf einem Kamel*, dessen erstes Gedicht vordergründig leicht zu deuten scheint.

was brauchst du

Was brauchst du? Einen Baum ein Haus zu
ermessen wie groß wie klein das Leben als Mensch
wie groß wie klein wenn du aufblickst zur Krone
dich verlierst in grüner üppiger Schönheit
5   wie groß wie klein bedenkst du wie kurz
dein Leben vergleichst du es mit dem Leben der Bäume

du brauchst einen Baum du brauchst ein Haus
keines für dich allein nur einen Winkel ein Dach
zu sitzen zu denken zu schlafen zu träumen
10   zu schreiben zu schweigen zu sehen den Freund
die Gestirne das Gras die Blume den Himmel

Die Autorin beantwortet mit diesem sehr rhythmischen Gedicht die über ein „Du" an sich selbst und an den Rezipienten gerichtete Frage nach menschlichem Wünschen, Streben und Sehnen.
- Welche Antwort gibt Mayröcker? Welche Vergleiche stellt sie an?
- Die Autorin verwendet dreimal die Worte „wie groß wie klein", inwiefern spiegeln sich diese in anderen Bildern des Textes wider?
- Überlegen Sie für sich oder im Gespräch mit MitschülerInnen, „was Sie brauchen"!
- Schreiben Sie ein Gedicht in ähnlicher Form wie das von Friederike Mayröcker, das Ihre Wünsche und Sehnsüchte ausdrückt!

Neuere österreichische Dramatik – Ein Überblick

Mit dem Tod von **Thomas Bernhard** im Jahre 1989 geht ein bedeutender Abschnitt der österreichischen Theatergeschichte zu Ende. Er verfügt testamentarisch ein Aufführungsverbot für seine Stücke in Österreich. In seinem umfangreichen dramatischen Gesamtwerk – Bernhard schreibt zwanzig Bühnenstücke – variiert der Autor von Stück zu Stück seine Grundthemen: den aussichtslosen Kampf gegen Krankheit, Verfall und Tod, die Auseinandersetzung mit der nationalsozialistischen Vergangenheit Österreichs, die Machtrituale zwischen voneinander abhängigen Menschen, das Streben des Künstlers nach Perfektion in einer kunst- und kulturfeindlichen Welt und seine Kritik an der österreichischen Politik und am Kulturbetrieb in diesem Land.

Neue Autoren für die Bühne

Nach Thomas Bernhards Stücken werden jene von **Peter Turrini** am Wiener Burgtheater unter der Regie von Claus Peymann uraufgeführt (*Tod und Teufel*, 1990; *Alpenglühen*, 1993; *Die Schlacht um Wien*, 1995). Die Themen des 1944 in Kärnten geborenen „Radikalmoralisten" Turrini – ihn begleitet seit seinen Anfängen als Dramatiker das Image eines Skandalautors (*Rozznjogd*, 1971; *Sauschlachten*, 1972; *Die Minderleister*, 1988 ▸ Seite 217 – zentrieren sich um Begriffspaare wie „Vereinsamung und Selbstentfremdung", „Liebessehnsucht und Liebesunfähigkeit", „Alltagsfaschismus und Vergangenheitsverdrängung", „Fremdenfeindlichkeit und Selbsthass".

Neues Theater wird auch in den Werken von **Werner Schwab** (1958 – 1994; *Die Präsidentinnen*, 1990; *Volksvernichtung oder Meine Leber ist sinnlos*, 1991; *Der reizende Reigen nach dem Reigen des reizenden Herrn Arthur Schnitzlers*, 1997), **Peter Handke** (*Die Stunde, da wir nichts voneinander wussten*, 1992; *Zurüstungen für die Unsterblichkeit*, 1997; *Die Fahrt im Einbaum oder Das Stück zum Film vom Krieg*, 1999; *Untertagblues*, 2003; *Spuren der Verirrten*, 2006), **Marlene Streeruwitz**, **Elfriede Jelinek** und **Franzobel** angestrebt.

Marlene Streeruwitz – Kampfansage an die klassische Dramatik ▸ Seite 553 ff.

Die überzeugte Feministin **Marlene Streeruwitz** (geb. 1950) versteht ihre antipsychologischen Theatertexte als Kampfansage an die klassische Dramatik, „ihr Theater ist ein Anti-Identifikationstheater, getragen von Dialog-Collagen und barockem Sprachspiel, das trotz grotesker Fragmentierung[11] und Inkongruenz[12] die soziale Beziehungslosigkeit und Entfremdung des Menschen im Zerfall überkommener Wertordnungen demonstriert." Die Handlung ihrer Dramen spielt immer, wie auch aus den Texttiteln zu sehen ist, an öffentlichen Orten, wo die Autorin die alltägliche Gewalt in Szene setzt: *Waikiki Beach*, 1992; *Sloane Square*, 1992; *New York. New York*, 1993; *Elysian Park*, 1993; *Ocean Drive*, 1993; *Brahmsplatz*, 1995.

Elfriede Jelinek – In der Tradition des politisch-aufklärerischen Theaters eines Bertolt Brecht ▸ Seite 526 ff.

Auch **Elfriede Jelinek** (geb. 1946) schreibt gezielt gegen den Kanon der traditionellen Theaterästhetik und versucht durch Dekonstruktion von Sinnzusammenhängen und durch

---

[11] Fragment, lat.: Bruchstück
[12] Inkongruenz: fehlende Übereinstimmung

Verfremdung der dramatischen Form (z. B. Montagetechnik) auf die Unterdrückung der Menschen – die Hauptopfer seien die Frauen – im Rahmen der modernen Konsum- und Mediengesellschaft hinzuweisen. Mehrere Stücke der in Österreich oft kritisierten Autorin werden zunächst in Bonn (Deutschland) uraufgeführt: so etwa *Clara S.*, eine musikalische Tragödie, in der Jelinek die Stellung der Künstlerin in der bürgerlichen Gesellschaft thematisiert, *Burgtheater*, eine Posse mit Gesang, die in den Jahren 1941 bis 1945 spielt und sich mit der Anfälligkeit prominenter österreichischer SchauspielerInnen für den Faschismus auseinandersetzt, oder *Wolken. Heim*, eine Textcollage, die ebenfalls Jelineks Engagement gegen Faschismus, politischen Opportunismus und „Vergesslichkeit" in Bezug auf die faschistische Vergangenheit Österreichs unterstreicht. Mit *Raststätte oder Sie machens alle* (1994), *Stecken, Stab und Stangl – Eine Handarbeit* (1996), *Ein Sportstück* (1998), *In den Alpen* (2002), *Bambiland* (2003), *Babel* (2005) und *Ulrike Maria Stuart* (2006) festigt Elfriede Jelinek ihren Ruf als bedeutende deutschsprachige Schriftstellerin der Gegenwart. Die Verleihung des Literaturnobelpreises 2004 stellt den Höhepunkt ihrer bisherigen Karriere dar.

Zu *Stecken, Stab und Stangl* steht im Droemer Knaur Theaterlexikon:

Im Februar 1995 ermordet ein rechtsradikaler Bombenleger, der erst zwei Jahre später gefasst wurde, im österreichischen Burgenland vier junge Roma. Aus authentischen Äußerungen von Politikern und den dumpfen Reden des berühmt-berüchtigten Mannes auf der Straße schuf
5 E. J. diese Collage, die an der Fleischertheke in einem Supermarkt spielt. Dem Text vorangestellt ist eine Äußerung eines österreichischen Politikers, der die Opfer ganz nebenbei und ziemlich schnell selbst zu Tätern machte: „Wer sagt, dass es nicht um einen Konflikt bei einem Waffengeschäft, einen Autoschieberdeal oder um Drogen gegangen ist." Die Personen des Stücks sind laut Regieanweisung fortwährend mit Häkeln beschäftigt und verpuppen sich im
10 Lauf des Spiels geradezu in das rosafarbene Material; in der Uraufführung ließ T. Bruncken die Schauspieler in Schaumstoff versinken als Sinnbild für das gut ausgepolsterte Nachkriegsösterreich. Die Reden handeln von Sportstars und von Tieren („Der Steinbock ist am Aussterben, die Gämse ist chronisch krank …"), von Ausländern und krebskranken Kindern, von Terroristen und der Judenvernichtung („Einmal muss Schluss sein."). Eine Handlung gibt es nicht, Plattheiten
15 wechseln mit Schlagzeilen der österreichischen Boulevardpresse, Aussagen des aus Österreich stammenden KZ-Kommandanten Josef Stangl („Nur verhältnismäßig wenige jüdische Opfer sind vergast worden. Die andern sind verhungert oder erschlagen worden …") mit Zitaten aus dem Werk von Paul Celan, ohne dass der Text selbst einen Hinweis darauf gibt, welches Material jeweils verwendet wird („Die Autorin hat wieder einmal Zitate hereingelegt. Sagt aber nicht
20 welche. Raten Sie! Keine Preise zu gewinnen!"). Am Ende erschlägt der Fleischer die Kunden reihenweise und kehrt alles zusammen: „Schauspieler, Handarbeiten, Plüschtiere, Häkelgarn".

Der „österreichische Totentanz" (S. Löffler), der den mittlerweile wieder alltäglichen Rassismus lakonisch und unaufgeregt dokumentiert, wird von der Zeitschrift *Theater heute* zum Stück des Jahres 1996 gewählt.

Werner Schwab – „Sprachberserker" und „Brachialdramatiker"

Der Grazer **Werner Schwab** (geb. 1958, gest. in der Silvesternacht 1993/94) ist mit den Uraufführungen seiner beiden ersten „Fäkaliendramen" *Die Präsidentinnen* (1990) und *Volksvernichtung oder Meine Leber ist sinnlos* (1991) der Shooting-Star des deutschsprachigen Theaters der

Saison 1991/92. Bis zu seinem Tod produziert Schwab – zum Teil als Auftragsarbeiten bedeutender Theater – 18 Stücke, von denen die Hälfte erst nach seinem Tod aufgeführt wird.

1997 findet im Wiener Schauspielhaus die österreichische Erstaufführung von *Der reizende Reigen nach dem Reigen des reizenden Herrn Arthur Schnitzler* statt, eine moderne Bearbeitung von Arthur Schnitzlers „Skandalkomödie" *Reigen*. Schwab behält nicht nur die Ringstruktur der Vorlage bei, sondern lehnt sich auch eng an die Schnitzler'sche Dialogführung an. Neu sind einige Figuren (z. B. wird aus dem Soldaten ein Angestellter, aus dem süßen Mädel eine Sekretärin), die Darstellung des Geschlechtsakts und die Schwab'sche Kunstsprache, die das Theaterstück zu einem eigenständigen Werk macht.

Franzobel – Worterfindungsmeister, Vielschreiber und Bachmann-Preisträger

Franzobels Welt ist verschroben aktuell, zeitgeschichtlich auf dem neuesten Stand und massenpsychologisch vielleicht sogar noch weiter. In deutschen Feuilletons schmückt man ihn mit den Beinamen Worterfindungsmeister, barocker Geschichtenerdenker und Menschenkenner. Fußballmetaphorisch ist der regelmäßig in Argentinien weilende Schriftsteller eindeutig der
5   Goleador der österreichischen Gegenwartsliteratur. Franzobel kreiert einen Erzählstil, der vor skurriler Metaphorik und semantischen Finessen, vor Neologismen und Klangmalereien nur so sprüht und funkelt. Vorsicht: Suchtgefahr!

So beschreibt *Die Zeit* den 1967 in Vöcklabruck als Stefan Griebl geborenen Lyriker, Epiker und Dramatiker **Franzobel**, der, nachdem er eine HTL für Maschinenbau absolviert hat, in Wien Germanistik und Geschichte studiert und seit 1992 als freischaffender Schriftsteller in Wien und Buenos Aires lebt. Seine literarische Bandbreite ist enorm: Er verfasst Romane, Gedichte, Theaterstücke, Essays, Hörspiele und Kinderbücher.

2003 erscheint der Gedichtband *Luna Park. Vergnügungsgedichte*. Dieser versammelt 144 Gedichte, die in den letzten elf Jahren entstanden sind.

Franzobel (2007)

Österreich ist schön

Österreich? Ist das schön. Und hundertmal
& überhaupt. Österreich ist schön, und
schon schön ist Österreich. Ich bin hundertmal
verliebt in Österreich. Und Österreich
5   ist sehr schön, das lernen wir, hundertmal, daß
Österreich richtig schön ist, und das ist
das Schöne an Österreich, daß hundertmal
schon die österreichischen Schulkinder lernen,
wie schön und überall dieses Österreich nun ist,
10   damit sie es nur ja nie mehr vergessen. Ist
das schön. Und überhaupt. Die Sonne. Und
damit sie es nur ja nie mehr vergessen, wie schön,
schön Österreich ist, müssen schon die
österreichischen Schulkinder hundertmal,
15   hundertmal schreiben, Österreich ist schön.
Ist das schön. So schön ist Österreich, daß
schon die Schulkinder es aufschreiben müssen.
Müssen schreiben: Österreich fängt schön an, und

schön hört Österreich auch auf. Ja. So ist das
20   mit Österreich. Durch und durch schön. Hundertmal.

- Wie beurteilen Sie diesen Text aus *Luna Park*? Reflektieren Sie in einer Gruppenarbeit das Österreichbild Ihrer Generation!
- Worauf möchte der Autor mit seinem Gedicht hinweisen?
- Beachten Sie den Stil und im Besonderen die Wiederholungen! Worin zeigt sich noch die skurrile Ironie in diesem Gedicht?
- Sehen Sie Verbindungen zwischen der Schreibweise Franzobels und einzelner Autoren der Wiener Gruppe?

Aufarbeitung der österreichischen Vergangenheit

Erfolgreich ist Franzobel v.a. als Theaterautor, z. B. mit *Mayerling. Die österreichische Tragödie* (2001), *Mozarts Vision* (2003) und *Der Narrenturm* (2004). Seine aktuellsten Theaterstücke werden unter der Regie von Georg Schmiedleitner im ehemaligen Kohlebrecher Kohlgrube bei Wolfsegg am Hausruck uraufgeführt: 2005 *Hunt oder Der totale Februar*, 2007 *Z!PF oder Die dunkle Seite des Mondes*. Der ursprünglich für 2008 geplante Abschluss der Trilogie durch *LENZ* wurde aufgrund eines aktuellen Theaterprojekts verschoben.

Hintergrund des Theaterstücks *Hunt oder Der totale Februar* sind die geschichtlichen Vorgänge des Februars 1934 im Hausruck-Kohlerevier, die die gesamte Region Hausruck und sogar das gesamte Land erschütterten und heute noch bewegen.

Im Mittelpunkt steht das persönliche Schicksal des damaligen Schutzbundführers Fageth und dessen Freundin Maria, historisch belegte Figuren. An Fageth und seinem Verhalten zeigt sich die gesamte Tragik der damaligen politischen Ereignisse und des sozialdemokratischen Widerstandes. Sein Zögern und seine kämpferische Unentschlossenheit sind stellvertretend für die Situation der gesamten Partei. Trotz innerer Überzeugung kann sich die sozialdemokratische Regierung nicht zu einem gemeinsamen wehrhaften Akt gegen die antidemokratischen Tendenzen und Aktionen der Regierung durchringen. Vergessen darf man allerdings nicht die entsetzliche wirtschaftliche Situation der damaligen Zeit, die der Bevölkerung dramatisch zusetzte. Die Figur des Fageth ist bei Franzobel wie auch in den historischen Quellen nicht unwidersprochen. Sein gesellschaftlicher Umgang und sein Verhalten machen ihn letztlich zum tragischen Helden. Als charismatische Figur ist er zwar Anführer, verlässt jedoch das Kampfgebiet und seine Kameraden vorzeitig.

Franzobels Stück ist kein dokumentarisch historisches Drama, sondern vielmehr modernes, kritisches Volkstheater. Indem Franzobel die Dialoge historisch belegt, aber die Ereignisse vor dem Hintergrund des Faschingtreibens der Bevölkerung spielen lässt, ergibt sich ein burlesk-grotesker Zusammenhang. Franzobel steht mit diesem Text auch ganz in der Tradition von Nestroy und Raimund, wenn er viele Szenen bizarr überhöht oder mit märchenhaften Verfremdungen und Verzerrungen spielt, ohne die geschichtliche Wahrheit zu desavouieren. Gerade aber in der Überhöhung und Übertreibung lässt sich vieles genauer und besser erzählen, meint auch der Autor. So entsteht ein makaber grotesk-beklemmender „Totentanz" um die tragischen und teilweise vergessenen und ungeklärten historischen Ereignisse in dieser Region.

Franzobel sagt in einem Interview zur Uraufführung des Dramas:
Es schwebt mir jetzt nicht vor, ein Bauerntheater zu schreiben. Die Figuren werden ein bisschen überzeichnet, einfach, um sie auch klarer zu charakterisieren. Es wird etwas Skurrilität

einfließen, das Ganze hat sich ja im Fasching abgespielt. Rundherum schwebt mir schon etwas vor, wo man auch lachen und wo man skurrile Dinge entdecken kann.

Z!PF oder Die dunkle Seite des Mondes spielt im kleinen Bierbrauerort Redl-Zipf, dessen Häuser ab 1943 aus Tarngründen schwarz gestrichen und mit Tarnnetzen behangen werden mussten. Stacheldrahtumzäunte Lager, riesige Bunker und militärische Sperrzonen wurden errichtet. Das einst idyllische Zipf verwandelte sich in einen düsteren, barbarischen Ort, wo die „Herrenrasse" Häftlinge in Suppenkessel sieden oder lebendig einbetonieren ließ.

Z!PF erzählt von einem Bierbrauer, von den Laboranten des Todes und irregeleiteten Vorstellungen von einer besseren Zukunft, es berichtet auch vom NS-Geldfälschungsprojekt „Unternehmen Bernhard" und dessen Blüten. Zudem erzählt das Stück von den Bewohnern der Region: von jenen, die wegsahen und anderen, die nicht zusehen konnten und unter Einsatz ihres Lebens halfen. Selbstverständlich gedenkt *Z!PF* auch der Opfer dieses mörderischen Systems, französische, polnische, russische Sklavenarbeiter, die hier die Hölle erlebten, sich ihrem Schicksal ergaben oder Sabotage-Akte planten.

So wie *Hunt* ist auch *Z!PF* ein Stück gegen das Vergessen und Verdrängen einer unmittelbaren zeitgeschichtlichen Wirklichkeit.

Österreichische Prosa – Romane nach 1995

Die Frankfurter Buchmesse 1995, deren Schwerpunktthema „Österreich" lautet, lässt das Interesse für österreichische Literatur deutlich ansteigen und bewirkt einen doppelten Marktanreiz, sowohl für die KäuferInnen als auch für die ProduzentInnen: Die Mehrzahl der österreichischen AutorInnen ist bemüht, im Frankfurter Schaufenster zu stehen. Ebenfalls im Jahr 1995 erhält zum ersten Mal seit Gert Jonke (1977) ein österreichischer Autor den Bachmann-Preis: **Franzobel** mit dem kurzen Prosastück *Die Krautflut.*

Zur Buchmesse und in den folgenden Jahren werden nun etliche Romane veröffentlicht, die auf großes Publikumsinteresse stoßen und zum Teil – wenn auch nur für kurze Zeit – auf den Bestsellerlisten zu finden sind:

Im Folgenden ein – naturgemäß unvollständiger – Überblick über österreichische LiteratInnen der letzten Jahre und ihre Werke, die in der Presse rezensiert werden und sich häufig auch in Bestsellerlisten finden:

Franzobel: *Lusthaus oder die Schule der Gemeinheit* (2002), *Liebesgeschichte* (2007)

Norbert Gstrein: *Der Kommerzialrat (1995), Die englischen Jahre (1999), Das Handwerk des Tötens* (2003)

Erich Hackl: *Sara und Simón* (1995), *Entwurf einer Liebe auf den ersten Blick* (1999), *Die Hochzeit von Auschwitz* (2002), *Anprobieren eines Vaters* (2004)

Peter Handke: *Mein Jahr in der Niemandsbucht* (1994), *In einer dunklen Nacht ging ich aus meinem stillen Haus* (1997), *Don Juan (erzählt von ihm selbst)* (2004), *Kali. Eine Vorwintergeschichte* (2007), *Die morawische Nacht* (2008)

Josef Haslinger: *Opernball* (1995), *Das Vaterspiel* (2000)

Elfriede Jelinek: *Die Kinder der Toten* (1995), *Gier* (2000), *Neid (Privatroman)* (2007)

Michael Köhlmeier: *Telemach* (1995), *Kalypso* (1997), *Geh mit mir* (2000), *Der Spielverderber Mozarts* (2007), *Abendland* (2008)

Ulrike Längle: *Vermutungen über die Liebe in einem fremden Haus* (1998)

Robert Menasse: *Schubumkehr (1995), Die Vertreibung aus der Hölle (2001), Don Juan de la Mancha oder Die Erziehung der Lust* (2007)

Christoph Ransmayr: *Morbus Kitahara* (1995), *Der fliegende Berg* (2006)
Gerhard Roth: *Der See* (1995), *Der Plan* (1998), *Der Berg* (2000), *Der Strom* (2002), *Das Labyrinth* (2005)
Michael Scharang: *Das jüngste Gericht des Michelangelo Spatz* (1998)
Robert Schneider: *Die Luftgängerin* (1998)
Marlene Streeruwitz: *Verführungen* (1996), *Nachwelt* (1999), *Jessica, 30* (2004)
Josef Winkler: *Natura Morta* (2001), *Leichnam, seine Familie belauernd* (2003)

- Besprechen Sie in Gruppen, welche Werke österreichischer AutorInnen der unmittelbaren Gegenwart Sie aus Bestsellerlisten, Rezensionen in Zeitungen oder Fernsehsendungen, Literaturgeschichten oder aus eigener Lektüre kennen! Listen Sie Ihre Ergebnisse auf und vergleichen Sie diese mit den Ergebnissen der anderen Gruppen!
- Verschaffen Sie sich mit Hilfe des Internets einen Überblick über österreichische AutorInnen der Gegenwart!

Peter Handke: Von *Don Juan* zu *Die morawische Nacht*

Peter Handke, als Vertreter der „neuen Innerlichkeit" bekannt ▶ Seite 519 ff., sorgt ab 1996 mit Dramen, Interviews, Reiseberichten und Streitschriften zum Balkankrieg (z. B. *Eine winterliche Reise zu den Flüssen Donau, Save, Morawa und Drina oder Gerechtigkeit für Serbien,* 1996 und dem Drama *Die Fahrt im Einbaum oder Das Stück zum Film vom Krieg,* 1999), in denen er sich auf die Seite der Serben stellt, für erhöhte Medienaufmerksamkeit und heftige Diskussionen, die bis heute anhalten. KritikerInnen werfen ihm eine Verharmlosung der serbischen Kriegsverbrechen vor. Bei der Beerdigung des Politikers Slobodan Milošević im März 2006 tritt Peter Handke als Redner auf, was der Serbien-Kontroverse neue Nahrung gibt. Als Reaktion auf die anhaltenden Diskussionen verzichtet der Autor 2006 auf den mit 50.000 Euro dotierten Heinrich-Heine-Preis der Stadt Düsseldorf.

Peter Handke (2008)

2004 erscheint die Erzählung *Don Juan (erzählt von ihm selbst),* in der Handke den Frauenhelden, eine grundlegende Gestalt der europäischen Dichtung, selbst zum Erzähler macht. Allerdings erzählt dieser seine Geschichte nicht in der Ich-, sondern in der Er-Form.

Don Juan war schon immer auf der Suche nach einem Zuhörer gewesen. In mir hat er den eines schönen Tages gefunden. Seine Geschichte erzählte er mir nicht in der Ich-Form, sondern in der dritten Person. So kommt sie mir jetzt jedenfalls in den Sinn.

Zu der Zeit kochte ich in meiner Herberge nah den Überresten von Port-Royal-des-Champs, der

5 im siebzehnten Jahrhundert berühmtesten und auch berüchtigten Klosteranlage Frankreichs, vorübergehend nur für mich allein. Auch die paar Gästezimmer wurden damals Teil meines privaten Wohnbereichs. Alle die Winter- und die Vorfrühlingsmonate verbrachte ich mit solchem Wohnen, welches einzig aus Speisezubereiten zum Eigengebrauch und aus Haus- und Gartenarbeiten bestand, hauptsächlich aber aus Lesen und zwischendurch auch Blicken aus

10 dem einen wie dem andern der kleinen alten Fenster meiner Gaststätte, eines ehemaligen Pförtnergebäudes von Port-Royal-in-den-Feldern.

Schon längst auch lebte ich ohne Nachbarn. Und das lag nicht an mir. Nichts lieber als Nachbarn, und selber Nachbar zu sein. Aber die Idee der Nachbarschaft hatte versagt, oder war aus

der Zeit geraten? An mir aber lag das Versagen im Spiel von Angebot und Nachfrage. Mein
15 Angebot, als Wirt und Koch, war nicht mehr gefragt. Ich hatte als Geschäftsmensch versagt.
Dabei glaube ich seit eh und je an das Leutezusammenbringende der Geschäfte wie an weni-
ges sonst; an das belebende Gesellschaftsspiel von Verkauf und Kauf.

Im Mai ließ ich das Gärtnern im großen ganzen bleiben und schaute fast nur noch dem Wachsen oder Verkümmern des von mir gepflanzten oder gesäten Gemüses zu. So hielt ich es auch
20 mit den Obstbäumen, den gleichfalls von mir bei meiner Übernahme des Pförtnerhauses und
seiner Umwandlung in ein Wirtshaus vor einem Jahrzehnt gepflanzten. Rundgang um Rundgang von morgens bis abends durch den Garten des tief in das Plateau der Ile de France einge-
schnittenen Bachtales, zu den Äpfeln, Birnen und Nüssen, mit einem Buch in der Hand, ohne
daß ich sonst einen Finger rührte. Und auch das Kochen und Garen für mich selber betrieb ich
25 in jenen Frühjahrswochen fast nur noch aus Gewohnheit. Der verwilderte Garten schien sich
zu erholen. Neues, Fruchttragendes kam dazu.
(Beginn der Erzählung)

- Wie empfinden Sie das Leben des hier vorgestellten Ich-Erzählers?
- Informieren Sie sich im Internet über die literarische Figur Don Juan (spanisch) bzw.
  Don Giovanni (italienisch)!

Handke erzählt von einem heutigen, modernen Don Juan. Im Mittelpunkt der Erzählung
steht Handkes zentrales Thema: das Alleinsein des Menschen. Es bilde, ob gewollt oder un-
gewollt, die Mitte der Existenz, habe eine metaphysische Komponente, gehöre zur menschlichen Substanz, hat Handke in einem Interview gesagt.
Dieser Don Juan ist einsam. Er ist mitnichten ein Charmeur und skrupelloser Verführer, ein
liebestoller Draufgänger. Er ist ein Getriebener, geboren für die Liebe zu den Frauen, aber
einer, der es auch in der wiederholten körperlichen Vereinigung nicht zur Intimität bringt.
Ihm bedeutet die einzelne Frau, die er besitzt, nicht besonders viel. Don Juan interessiert das
weibliche Ideal an sich.

Iris Radisch schreibt in Ihrer Rezension über Handkes Novelle (*Die Zeit* 12. 08. 2004 Nr. 34):

Es war einmal ein Mann, der hatte einen Gasthof. In den Gasthof kamen keine Gäste, die Küche
blieb kalt. Der Mann hatte also nichts zu tun und las. Er las Racine, und er las Pascal, und er
dachte nach über die Gnade Gottes, die der Mensch sich nicht verdienen kann. Das lag nahe,
denn sein Gasthof befand sich in der Nachbarschaft der Klosterruinen von Port Royal, in dem
5 dieser Gedanke einmal zu Hause war. Eines Tages hat der Mann ein ungewöhnliches Erlebnis:
Don Juan, eine Legende der Weltliteratur, purzelt über seine Gartenmauer. Und siehe: Aus der
Begegnung zwischen dem verwaisten Koch und der verlebendigten Literatur entsteht ein
schmales Buch, das leichtgewichtig und charmant ist und doch die ganze schwere Metaphysik
des Handkeschen Œuvres in sich trägt.

- Wenn Sie Interesse an dieser Thematik haben, lesen Sie Robert Menasses 2007 erschienenen Roman *Don Juan de la Mancha oder Die Erziehung der Lust*, einen traurig-schel-
  mischen Bildungs- und Zeitroman! Suchen Sie zu diesem Werk nach Rezensionen
  namhafter LiteraturkritikerInnen österreichischer und deutscher Printmedien und
  vergleichen Sie diese! Referieren Sie den Roman Menasses und die Ergebnisse Ihrer
  Internet-Recherche vor Ihrer Klasse!

2007 veröffentlicht Peter Handke *Kali. Eine Vorwintergeschichte* und 2008 die 560 Seiten lange Erzählung *Die morawische Nacht*. Diese handelt von einer Rundreise durch Europa, vom Balkan nach Spanien und über Deutschland und Österreich wieder retour, einer Reise zu den Außenseitern der Gesellschaft und einer Spurensuche der eigenen Geschichte, der Geschichte Peter Handkes.

Der Suhrkamp-Verlag bewirbt die Erzählung wie folgt:

Ort: der Balkan, die Morawa, ein Zufluß der Donau, ein Hausboot auf dem Fluß. Zeit: eine Nacht, vom späten Abend bis zum blauenden Tagesbeginn. Personen: Ein Autor, ein ehemaliger, ruft seine Freunde, sieben an der Zahl, auf das Hotelschiff, seine Enklave, wohin er sich ein Jahrzehnt zuvor zurückgezogen hat.

5 Die erste Überraschung erleben die Bekannten gleich beim Betreten des Boots: Der für seine Distanz zu den Frauen berüchtigte Ex-Autor empfängt sie in Begleitung einer – Angestellten?, Gefährtin?, Geliebten? Auf das Abendmahl folgt eine lange Erzählung, in der die Stimme des Autors dominiert, in die sich zuweilen die Stimmen der anderen männlichen Anwesenden einpassen. Von einer gerade beendeten Rundreise des Bootsbesitzers durch das westliche Europa
10 handelt die Erzählung. War er wirklich auf der Flucht vor einer Gefahr, etwa vor einer Frau, die ihm mit dem Tod drohte? Wie hat man sich das Symposium über den Lärm vorzustellen, an dem er angeblich in Spanien teilgenommen hat? Was hat es mit dem Treffen aller Maultrommelspieler dieser Erde vor Wien auf sich? Warum will er gerade zu diesem Zeitpunkt den Wohnort seines verstorbenen Vaters in Deutschland aufsuchen? Und wo hat er die Frau getroffen? Und
15 überhaupt: Wie lange dauerte die Reise?
In dieser romanlangen Erzählung Peter Handkes nimmt die Wirklichkeit unserer Gegenwart immer bedrückendere Gestalt an. Gleichzeitig wird das Gewicht der Welt ein anderes – ein leichteres?
Was nun erwartet den Leser? Ein „nächtliches Buch"? „Nicht wenige solcher nächtlichen Bü-
20 cher hatte der Autor im Lauf seines Lebens verfaßt, die vom Tageslicht in nichts aufgelöst worden waren. In nichts? Wirklich?"

Josef Haslinger: *Opernball* und *Das Vaterspiel*

Der 1955 in Zwettl/Niederösterreich geborene **Josef Haslinger** wird durch den Band *Politik der Gefühle. Ein Essay über Österreich* (1987) und die Erzählungen *Der Tod des Kleinhäuslers Ignaz Hajek* (1985) sowie *Die mittleren Jahre* (1990) – beide Erzählungen spielen in der Heimat des Dichters und thematisieren familiäre Verstrickungen und die schwierigen Lebensbedingungen bäuerlicher Menschen im ländlichen Raum – einem größeren Publikum bekannt.

Josef Haslinger (2007)

Neue Österreich-Romane

1995 erscheint der „aufklärende Unterhaltungsroman" *Opernball*, ein spannender und mit professioneller Souveränität geschriebener Medienroman und Politthriller, „der ein Panorama einer von Terroristen bedrohten Wohlstandsgesellschaft entwirft. Er zeigt die grotesken politischen Widersprüche auf zwischen Liberalität und Bedürfnis nach Sicherheit, den kaum kontrollierbaren Einfluss des Fernsehens auf Alltagsleben und Regierungsentscheidungen sowie das fatale Zusammenwirken von wieder aufflammendem Nationalismus, Fremdenfurcht und politisch motivierter Gewalt."

Zu Beginn des Buches berichtet ein Fernsehjournalist, das ordnende Ich des Romans, über einen Neonazi-Giftanschlag auf die Gäste des Wiener Opernballs, bei dem 3 000 Menschen, darunter auch sein Sohn Fred, sterben.

Als es geschah, fand ich Fred nicht auf den Bildschirmen. Er war der einzige Gedanke, an den ich mich erinnere. Die Aufzeichnung bewies mir jedoch, daß ich routinemäßig noch ein paar andere Kamerapositionen abgerufen hatte, bevor mir die Hände versagten. Millionen von Menschen aus ganz Europa schauten den Besuchern des Wiener Opernballs beim Sterben zu.
5 Fred wurde erst mein Sohn, als er siebzehn Jahre alt und heroinsüchtig war. Damals begann ich, um ihn zu kämpfen. Er gewann sein Leben zurück. Er wollte es festhalten. Er war sich selbst keine Gefahr mehr. Er hatte Tritt gefaßt. Und dann wurde er ermordet. Wir alle sahen zu und konnten nichts tun.
Um mich herum ein paar Techniker. Einer von ihnen war geistesgegenwärtig genug, mein
10 Regiepult zu übernehmen. Die bemannten Kameras lieferten bald nur noch Standbilder, auf denen nacheinander die Bewegungen erstarrten. Stumme Aufnahmen von glitzernden, hohen Räumen, übersät mit Toten. Fotos von Menschen in Ballkleidern, die bunt durcheinander im Erbrochenen liegen, umrankt von Tausenden rosa Nelken. Die drei automatischen Kameras fingen wieder zu schwenken an. Vergeblich suchten sie nach Anzeichen von Leben. Neben
15 mir sprach einer französisch. Ich schwankte hinaus in den Lärm. Ich dachte, ich müsse Fred retten. Draußen herrschte Chaos. Ich drängte mich durch die Menge, bis ich in die Nähe des Operneingangs kam. Da sah ich, daß es nichts gab, was ich für Fred noch hätte tun können. Als ich in den Sendewagen zurückkam, erfuhr ich, daß Michel Reboisson, der Chef von ETV, nach mir verlangt hatte.
20 ETV blieb europaweit auf Sendung. Eine unerträgliche Stille. Nur zwei Kameras waren ausgefallen. Die anderen lieferten weiter ihr jeweiliges Standbild. Sie wurden in langsamer Folge auf Sendung geschaltet. Jemand schrie ins Telefon: „Musik, wir brauchen Musik!"

- Analysieren Sie die Sprache des Textausschnitts! Beachten Sie u. a. Wortwahl, Wiederholungen, Zeitformen, Satzbau und Wahl der Satzarten!
- Wie steigert der Autor die Spannung?
- Welche Themen werden schon am Beginn des Romans angesprochen?
- Wenn Sie den Roman als Ganztext lesen, überprüfen Sie, ob Sie mit der Kritik von Klaus Zeyringer, einem führenden Literaturwissenschaftler, übereinstimmen können: „Opernball […] ist ein auf Verfilmung schielender ‚totaler realistischer Zerstörungsroman' – Kolportage, die im Gewand der Kolportage die Kolportage zu kontern vorgibt –, gestrickt nach amerikanischem Muster: Sensation in diversen Varianten, zwischen einfachen Koordinaten, Gott und Teufel; umfassender Problemkatalog (Krieg, Rassismus, Neo-Nazis, Süchtler), Missstände allerorten, von Waldheim bis zur Schubumkehr."

Fünf Jahre nach seinem großen Erfolg *Opernball* erscheint Josef Haslingers zweiter großer epischer Text, *Das Vaterspiel*, ein fesselnder und auch ironischer Familien- und Gesellschaftsroman, der von der Literaturkritik unterschiedlich aufgenommen wird.
Es ist wieder ein Österreich-Roman, aber die Perspektive ist dieses Mal eine weitere. Es geht nicht nur um Österreichs politische Alltagswirklichkeit, sondern auch um die Schatten der Vergangenheit, um die Pogrome an den litauischen Juden im Jahre 1941. Der Autor verknüpft alle Handlungsstränge in einer eindrucksvollen Montagetechnik, arbeitet fatale Parallelen zur österreichischen Vergangenheit heraus und zeigt, wie diese Vergangenheit bis in unsere Gegenwart weiterwirkt.

Im Klappentext wird der Inhalt folgendermaßen beschrieben:

Rupert Kramer, genannt Ratz, ist der Sohn eines österreichischen Ministers. Er ist 35 Jahre alt und das, was man einen Versager nennt. Nächtelang sitzt Ratz vor dem Computer, um ein abstruses Vaterver-nichtungsspiel zu entwickeln. Er hasst seinen korrupten sozialdemokratischen Vater, der seine Familie wegen einer jungen Frau verlassen hat.

Im November 1999 erhält Ratz einen geheimnisvollen Anruf von Mimi, seiner Jugendliebe. Ratz fliegt nach New York, ohne zu wissen, was ihn erwartet. Bald ist klar: Er soll helfen, das Versteck von Mimis Großonkel auszubauen, einem alten Nazi, der an der Hinrichtung litauischer Juden beteiligt war. Seit 32 Jahren verbirgt er sich im Keller eines Hauses auf Long Island. Dort kommt es zu einer unheimlichen Begegnung mit dem verwahrlosten Mann.

Anschaulich und fesselnd erzählt Josef Haslinger vom Schicksal dreier Familien: einer jüdischen Fa-milie, die bei den Massakern der Nazis in Litauen vernichtet wird, der Familie der Täter, die sich nach Amerika retten kann und dort einen grotesken Zusammenhalt bewahrt, sowie von Ratz´ eigener, sozi-aldemokratischer Familie, die sich im Wien der neunziger Jahre erbärmlich auflöst. Bestechend genau beleuchtet Haslinger die Verwerfungen des vergangenen Jahrhunderts und macht eindringlich spürbar, dass man der Geschichte nicht entkommen kann.

Mimi rutschte zu mir herüber und berührte mich mit ihrem Knie. Sie sagte: Heute muß ich dir noch ein paar Dinge erzählen. Und morgen früh sagst du mir, ob du gleich wieder zurückfliegst oder ob du bleibst und mir hilfst.

Was ist es?, fragte ich. Und warum diese Geheimniskrämerei?

5 Mimi sagte auf Deutsch und so laut, daß der Fahrer es hören konnte: Halten Sie bitte an! Der Fahrer reagierte nicht.

Sie lehnte sich zurück und sagte: Dieses Haus auf Long Island ist nicht leer. Dort lebt jemand, von dem niemand weiß, daß er noch lebt. Auch ich habe es jahrelang nicht gewußt. Und die-jenigen, die vermuten, daß er noch lebt, wissen nicht, wo er lebt.

10 Wer ist es?

Mein Großonkel. Der Bruder meiner Großmutter.

Und warum muß er sich verstecken?

Weil er gesucht wird.

Weshalb?

15 NS-Verbrechen.

Der muß doch ein alter Mann sein.

Sogar sehr alt. Er ist 78.

Und seit wann versteckt er sich?

Seit 32 Jahren.

20 Seit 32 Jahren?

Ja. Zuerst in der Wohnung, in der wir gerade waren, dann im Haus auf Long Island.

Und was soll ich machen?

Sein Versteck verbessern.

Während dieses Gesprächs war mir, als würde ich in einem Aufzug stecken, der in den Keller

25 hinabrast. Hilflos drückte ich noch an irgendwelchen Knöpfen herum, ohne Hoffnung, daß sie den Aufzug zum Halten bringen würden. Dann schlug der Aufzug im Keller auf. Sein Versteck verbessern. Einem Nazi helfen. Sonst noch etwas? Ich saß in diesem Taxi und glotzte auf die Hochhäuser hinaus. Mein erster Gedanke war: Da darfst du dich nicht hineinziehen lassen. Das bist du deiner Herkunft schuldig. Großvater in Dachau, Enkel hilft seinem Peiniger. Das ist

30 eine zu steile Karriere.

Mach ich nicht, sagte ich. Mit Nazis will ich nichts zu tun haben. Eine Erballergie.

Du mußt dich nicht gleich entscheiden, sagte Mimi. Als ich es erfuhr, habe ich nicht anders reagiert. Es reicht, wenn du mir morgen sagst, ob du mir hilfst.

Was soll morgen anders sein? Nazis können mir gestohlen bleiben.

35 Morgen glaubst du mir vielleicht, daß der Mann unschuldig ist.

Ein Unschuldiger versteckt sich seit 32 Jahren? Da stimmt doch etwas nicht.

Du hast Recht, da stimmt etwas nicht. Darum versteckt er sich ja.

- Was können Sie anhand dieses kurzen Textauszugs zu Sprache, Satzbau und Stil feststellen?
- Formen Sie diese dialogische Textstelle in die indirekte Rede um! Verwenden Sie dabei die korrekten Konjunktivformen! Welche stilistische Unterschiede können Sie feststellen?

Christoph Ransmayr: *Morbus Kitahara* und *Der fliegende Berg*

▶ Seite 535 f.

Christoph Ransmayr wagt in *Morbus Kitahara* (1995) ein Experiment: In einem abgelegenen Dorf mit dem Namen Moor lässt er Opfer und Täter, Kriegs- und Nachkriegsgeneration in einer düsteren Geschichte aufeinandertreffen.

Auf die Frage: „Wie kommt's, dass Sie, ein Nachkriegskind des Jahres 1954, wieder auf das Thema der historischen Vergesslichkeit und Verdrängung zurückkommen?", gab Christoph Ransmayr 1995 folgende Antwort:

Ich habe Hans Leberts *Wolfshaut* gelesen. Ich bin an einem Ende des Traunsees zur Schule gegangen, und am anderen Ende war der Steinbruch von Ebensee, ein ehemaliges Außenlager von Mauthausen. Ich habe als Journalist über Oranienburg geschrieben und über Jura Soyfers Tod in Buchenwald, ich habe über die Zwangsarbeit an den Fundamenten der Staumauern von Kaprun geschrieben und über die Häftlingskolonnen, die durch das niederösterreichische Mostviertel getrieben wurden […] Das Thema war seit frühesten erzählerischen Zeiten für mich da und hat mich beschäftigt, bedroht.

Ein Vierteljahrhundert nach der Erstausgabe von Leberts Roman widersetzt sich *Morbus Kitahara* als Teil einer beachtlichen Reihe von literarischen Werken der österreichischen Gegenwartsliteratur einem Prozess der Verdrängung, dessen Folgen die *Wolfshaut* erstmals in provozierender Drastik anschaulich gemacht hat.

- Wiederholen Sie das kurze Kapitel „Hans Lebert: *Die Wolfshaut*" ▶ Seite 517 ff. und suchen Sie in einem Literaturlexikon oder im Internet nach dem 1939 im Konzentrationslager ermordeten Dichter Jura Soyfer.
- Recherchieren und lesen Sie auch das von ihm in der Haft geschriebene *Dachaulied*! Suchen Sie Antwort auf die Fragen, wie es entstanden ist und wer es vertont hat!

„Der Friede von Oranienburg" ist der Name für die Jahre und Jahrzehnte nach einem großen Krieg. Aber dieser Name bezeichnet keine Epoche des Wiederaufbaus, sondern eine der Sühne, der Vergeltung und Rache. Nach dem Willen der Sieger sollen die geschlagenen Feinde aus den Ruinen ihrer Städte und Industrien zurückkehren auf die Rübenfelder und Schafweiden eines vergangenen Jahrhunderts. Drei Menschen begegnen sich im Moor, einem verwüsteten Kaff an einem See im Schatten des Hoch-

gebirges. Ambras, der „Hundekönig" und ehemaliger Lagerhäftling, wird Jahre nach seiner Befreiung Verwalter jenes Steinbruchs, in dem er als Gefangener gelitten hat. Verhasst und gefürchtet haust er mit einem Rudel verwilderter Hunde im zerschlissenen Prunk der Villa Flora. Lily, die „Brasilianerin", die Grenzgängerin zwischen den Besatzungszonen, die vom Frieden an der Küste des fernen Landes träumt, lebt zurückgezogen in den Ruinen eines Strandbades. An manchen Tagen aber steigt sie ins Gebirge zu einem versteckten Waffenlager aus dem Krieg, verwandelt sich dort in eine Scharfschützin und macht Jagd auf ihre Feinde. Und Bering, der „Vogelmensch", der Schmied von Moor: Er verlässt sein Haus, einen wuchernden Eisengarten, um zunächst Fahrer des Hundekönigs zu werden, dann aber dessen bewaffneter, zum Äußersten entschlossener Leibwächter. Doch in diesem zweiten Leben schlägt ihn ein Gebrechen, ein rätselhaftes Leiden am Auge, dessen Namen er in einem Lazarett erfahren soll: Morbus Kitahara, die allmähliche Verfinsterung des Blicks.

Der Beginn des zweiten Kapitels erzählt die Geburt von Bering:

Bering war ein Kind des Kriegs und kannte nur den Frieden. Wann immer die Rede von der Stunde seiner Geburt war, sollte er daran erinnert werden, daß er seinen ersten Schrei in der einzigen *Bombernacht* von Moor getan hatte. Es war eine regnerische Aprilnacht kurz vor der Unterzeichnung jenes Waffenstillstandes, der in den Schulstunden der Nachkriegszeit nur
5   noch *Der Friede von Oranienburg* hieß.
Ein Bombergeschwader zog damals nach der adriatischen Küste ab und warf den Rest seiner Feuerlast über dem See von Moor in die Finsternis. Berings Mutter, eine Schwangere mit geschwollenen Beinen, trug eben einen Sack Pferdefleisch vom Anwesen eines Schwarzschlachters. Das weiche, kaum ausgeblutete Fleisch lag schwer in ihren Armen und zwang sie zu einer
10   Erinnerung an den Bauch ihres Mannes – als sie über den Platanen am Seeufer eine ungeheure Faust aus Feuer zum Himmel steigen sah, und noch eine … und ließ den Sack auf dem Feldweg zurück und begann wie von Sinnen auf das lodernde Dorf zuzulaufen.
Die Hitze des größten Brandes, den sie je gesehen hatte, versengte ihr schon Augenbrauen und Haare, als aus einem schwarzen Haus plötzlich zwei Arme nach ihr griffen und sie in die
15   Tiefe eines Kellers zerrten. Dort weinte sie, bis ihr ein Krampf den Atem nahm.
Zwischen schimmeligen Fässern brachte sie dann ihren zweiten Sohn um Wochen zu früh in eine Welt, die in das Zeitalter der Vulkane zurückzufallen schien: In den Nächten flackerte das Land unter einem roten Himmel. Am Tag verfinsterten Phosphorwolken die Sonne, und in Schuttwüsten machten die Bewohner von Höhlen Jagd auf Tauben, Eidechsen und Ratten.
20   Aschenregen fiel. Und Berings Vater, der Schmied von Moor, war fern.
Noch Jahre später sollte dieser Vater, taub für die Schrecken der Geburtsnacht seines Sohnes, seine Familie mit der Beschreibung jener Leiden ängstigen, die er, *er* in diesem Krieg ertragen hatte. So trocknete Bering jedesmal die Kehle aus, und seine Augen brannten, wenn er wieder und wieder hörte, sein Vater habe als Soldat solchen Durst gelitten, daß er am zwölften Tag
25   einer Schlacht sein eigenes Blut trank. Es war in der libyschen Wüste. Es war am Paß von Halfayah. Dort hatte die Druckwelle einer Panzergranate den Vater ins Geröll geworfen. Und als ihm in der Glut dieser Wüste plötzlich ein rotes, seltsam kühles Rinnsal über das Gesicht lief, schob der Vater den Unterkiefer vor wie ein Affe, schürzte die Lippen und begann zu schlürfen, verstört und voll Ekel zuerst, dann aber mit wachsender Gier: Diese Quelle würde ihn retten.
30   Er kehrte mit einer breiten Narbe auf der Stirn aus der Wüste zurück.
Berings Mutter betete viel. Auch als der Krieg mit seinen Toten von Jahr zu Jahr tiefer in die Erde sank und schließlich unter Rübenfeldern und Lupinen verschwand, hörte sie in Sommergewittern noch immer das Donnern der Artillerie. Und in manchen Nächten erschien ihr die Heilige Maria wie damals und flüsterte ihr Prophezeiungen und Nachrichten aus dem Paradies

35 zu. Wenn Berings Mutter nach dem Erlöschen Mariens ans Fenster trat, um das Fieber der Erscheinung zu lindern, sah sie das lichtlose Ufer des Sees und ein hügeliges Brachland, das in schwarzen Wogen auf noch schwärzere Bergketten zurollte.

Berings Brüder waren beide verloren; tot der eine, der jüngere, ertrunken im See von Moor, als er im eisigen Wasser einer Bucht nach *Zähnen* tauchte, nach der versenkten, von Rotalgen und Süßwassermuscheln überwachsenen Munition einer versprengten Armee, nach kupfer-
40 nen Projektilen, die er mit Steinen von den Patronenhülsen geklopft, durchbohrt und wie Fangzähne an einer Schnur um den Hals getragen hatte. Verloren auch der andere, der ältere, ein Auswanderer irgendwo in den Wäldern des Staates New York. Die letzte, Jahre zurück-liegende Nachricht von ihm, eine Ansichtskarte, zeigte den Hudson River, dessen graue Flut immer auch die Trauer über den Ertrunkenen wieder wachrief.
45 Wenn Berings Mutter am Todestag ihres ertrunkenen Sohnes ein Gebinde blauer Anemonen und in Holznäpfe eingegossene Wachslichter im See aussetzte, dann trieb stets auch ein Licht für die Polin Celina davon, die ihr in der Bombennacht beigestanden war.

- Untersuchen Sie die Sprache Ransmayrs in diesem Textausschnitt! Welche Wörter bzw. Wortgruppen vermitteln eine düstere, abgründige und bedrohliche Atmosphäre?
- Analysieren Sie die Familiensituation Berings genau!

In seinem neuesten Buch *Der fliegende Berg*, das 2006 mit großem Erfolg erscheint, erzählt Christoph Ransmayr über die Liebe, den Tod und die gnadenlose Schönheit der Welt. Elf Jahre liegen zwischen seinem letzten großen Roman *Morbus Kitahara* und *Der fliegende Berg*, in denen Ransmayr kleinere Arbeiten veröffentlicht hat und viel gereist ist, u. a. mit seinem Freund Reinhold Messner[12] in den Osten von Tibet.

Ein Roman im Flattersatz

Beim Anlesen des Romans meint man, ein Versepos vor sich zu haben, ein 350 Seiten umfassendes Langgedicht. Es handelt sich jedoch um einen Prosatext, gesetzt allerdings im Flattersatz (in ungleich lange Strophen gegliederte freie Rhythmen) mit unterschiedlich langen Zeilen.

„Ich glaube einfach, das entspricht dem Rhythmus des Sprechens", meint Ransmayr, „der Text zeichnet den Rhythmus nach, in dem ich die Geschichte erzählen würde. Wir haben uns daran gewöhnt, dass Prosa im Blocksatz daherkommt und Lyrik gemeinhin im Flattersatz. Wo steht geschrieben, dass das immer so sein muss?"

Der Autor erzählt die Geschichte zweier Brüder, die von der Südwestküste Irlands in den Transhimalaya, nach dem Land Kham und in die Gebirge Osttibets aufbrechen, um dort einen noch unbestiegenen namenlosen Berg, den geheimnisvollen „Kham Phur-Ri", zu Deutsch: den „fliegenden Berg", zu suchen und zu besteigen. Auf ihrer Reise begegnen die Brüder nicht nur der archaischen, mit chinesischen Besatzern und den Zwängen der Gegenwart im Konflikt liegenden Welt der Nomaden, sondern auf sehr unterschiedliche Weise auch der Liebe und dem Tod. Die beiden Iren finden den sagenumwobenen Siebentausender tatsächlich, allerdings kehrt nur einer der beiden aus den Bergen zurück. Dieser setzt sich mit seinem und dem Leben des Toten auseinander – und beginnt einen neuen Aufbruch.

---

[13] Reinhold Andreas Messner (geb. 1944 in Brixen, Südtirol): deutschsprachiger Südtiroler, Extremberg-steiger, Abenteurer, Buch- und Filmautor

Ich starb
6840 Meter über dem Meeresspiegel
am vierten Mai im Jahr des Pferdes.

Der Ort meines Todes
5 lag am Fuß einer eisgepanzerten Felsnadel,
in deren Windschatten ich die Nacht überlebt hatte.

Die Lufttemperatur meiner Todesstunde
betrug minus 30 Grad Celsius,
10 und ich sah, wie die Feuchtigkeit
meiner letzten Atemzüge kristallisierte
und als Rauch in der Morgendämmerung
zerstob.

Ich fror nicht. Ich hatte keine Schmerzen.
15 Das Pochen der Wunde an meiner linken
Hand
war seltsam taub.
[...]

In einem schmerzlosen Frieden,
20 von dem ich heute weiß,
daß er tatsächlich das Ende war, mein Tod
und nicht bloß völlige Erschöpfung,
Höhenwahn, Bewußtlosigkeit,
hörte ich eine Stimme, ein Lachen:
25 *Steh auf!*
Es war die Stimme meines Bruders.

Wir hatten uns im Wettersturz
der vergangenen Nacht verloren.
Ich war gestorben.
30 Er hatte mich gefunden.

Ich öffnete die Augen. Er kniete neben mir.
Hielt mich in seinen Armen. Ich lebte.
Mein Puls tobte in der Steinschlagwunde
An meiner Hand; mein Herz.

35 Wenn ich heute
an jene Mondnacht zurückdenke,
in der ich mit meinem Bruder
aus der Gipfelregion jenes Berges,
den die Nomaden von Kham *Phur-Ri*
40 nennen:
Der fliegende Berg,
in die Tiefe zurückgeklettert, zurückgetau-
melt war,
einen vom Eis verglasten Grat hinab,

45 blankgewehte Felsrinnen, schwarze
Eiskamine hinab
und dann durch den hüfthohen Schnee
jenes Sattels,
auf dem wir uns verloren . . .

50 Wenn ich an diesen Irrweg durch ein
Eislabyrinth
in die bewohnte Welt denke,
die irgendwo unter Wolkentürmen im
Abgrund lag,
55 dann sehe ich immer auch Nyema,

höre ihre besänftigende Stimme,
das Klimpern der Korallen- und Muschelket-
ten um ihren Hals
und spüre die Wärme ihrer Hände,

60 sehe Nyema,

als wären es ihre Arme
und nicht die meines Bruders gewesen,
die mich damals umfingen:

Niemand, höre ich Nyema sagen,
65 niemand stirbt auf seinem Weg nur ein
einziges Mal.
[...]

Steh auf!

Mein Bruder kniete neben mir.
70 Hielt mich in seinen Armen.
Erhob sich dann wie unter einer Zentnerlast
und versuchte auch mich hochzuziehen.
Lachte.
Fluchte vor Ratlosigkeit.
75 Sein Gesicht, seine Sturmmaske,
war eine Fratze aus Eis.

Wieviel Zeit war seit unserer Trennung
vergangen?
Die Sonne stand nun hoch über dem
80 Gipfelgrat.
Der Himmel: wolkenlos.
Und im Schatten der Felsnadel,
im Schatten meiner Zuflucht: Windstille.

Ich lebte.
85 Es schneite.

Schwarzer Schnee?
Schwarzer Schnee:

- Lesen Sie den Text laut und versuchen Sie nachzuspüren, wie das Schriftbild den Rhythmus Ihres Sprechens unterstützt!
- Schreiben Sie einen Prosa-Text (eine persönliche Geschichte oder eine kurze Erzählung in der personalen Erzählhaltung) im sogenannten Flattersatz und lesen ihn der Klasse vor! (Daraus könnte sich ein Literatur-Lesewettbewerb im Rahmen Ihres Deutschunterrichts entwickeln.)
- Schlagen Sie in einem Literaturlexikon die Begriffe „Pathos" und „pathetisch" nach und diskutieren Sie in Kleingruppen, ob man Ransmayrs Text als „pathetisch" bezeichnen könnte!

Marlene Streeruwitz: *Verführungen* und *Jessica, 30*

Die als Dramatikerin bekannt gewordene **Marlene Streeruwitz** veröffentlicht 1996 ihren ersten Roman, *Verführungen*. Mit diesem realistischen und auf jeden Deutungsversuch verzichtenden Text gelingt der Autorin ein beklemmendes Psychogramm einer jungen Frau, die den Widrigkeiten des Alltags einer alleinerziehenden Mutter ausgesetzt ist. Die Sprache ist nüchtern – nicht zuletzt, um die Banalität täglicher Ärgernisse pointiert aufzuzeigen – und der Rhythmus der kurzen Sätze legt den Akzent auf den mühsamen Versuch der Heldin, den Schwierigkeiten des äußeren Lebens und den Beziehungsfallen auszuweichen.

Psychogramm einer alleinerziehenden Mutter

Helene Gebhardt, Tochter eines Gerichtspräsidenten, als Kind streng gehalten und auch geschlagen, hat früh den Mathematikdozenten Gregor geheiratet; vor zwei Jahren hat er sie wegen seiner Sekretärin verlassen, nachdem er nie mit Helene zufrieden war und ihre Ehe sich in Vorwürfen Gregors erschöpfte. Helene lebt nun allein mit ihren beiden Töchtern in der Wohnung ihrer Schwiegermutter. Da ihr Mann jede Zahlung verweigert und auch die Kinderbeihilfe kassiert, arbeitet sie in einer PR-Agentur. Ein Studium der Literatur- und Kunstgeschichte hat sie wegen der Kinder abgebrochen. Helene ist emotional, weint viel und gern, verfällt immer wieder auch in Lachkrämpfe und kann sich zu keinem geregelten Leben aufraffen. Die Freundschaft zu ihrer exaltierten Freundin Püppi, die sich in einer ähnlichen Situation befindet, zerbricht, als sie entdeckt, dass Püppi ein Verhältnis mit ihrem Exmann Gregor hat.

Helene hat jedoch den Traum von einer funktionierenden Beziehung nicht aufgegeben. Sie glaubt nach wie vor, die perfekte Mutter, Geliebte und Tochter und tüchtig im Beruf sein zu können und zu müssen. Das überfordert sie und ihr Alltag wird zusehends zu einem Existenzkampf, verschärft durch ihren Geliebten, den schwedischen Musiker Henryk: Ihm verfällt sie sexuell, er nützt sie finanziell aus. Mithilfe eines Rechtsanwaltes gelingt es Helene dann doch, dass Gregor zur Nachzahlung und Zahlung der Alimente verurteilt wird.

Der Roman endet mit den Sätzen:

Helene lehnte den Kopf gegen die Wand hinter sich. Zuerst würde sie den Computerkurs machen. Und dann war Weihnachten. Und dann. Im nächsten Jahr würde alles besser werden. Helene wurde aufgerufen.

- Lesen Sie folgenden Textauschnitt und beachten Sie den Satzbau! Unterstreichen Sie die grammatikalisch unvollständigen Sätze! Was leistet diese Sprachform? In welcher Erzählperspektive ist der Text geschrieben?
- In welcher seelischen Verfassung befindet sich Helene? Wie wirkt sich diese körperlich aus? Sehen Sie einen Zusammenhang zwischen Sprache und Inhalt?

Helene lag auf dem Bett. Die Sonne fiel in schrägen Streifen durch einen Spalt zwischen den Vorhängen. Es war vollkommen still in der Wohnung. Nicht einmal der Eiskasten summte. Die Kinder waren mit der Großmutter im Park. Von der Straße drangen keine Ge-

5 räusche zu ihr. Samstagnachmittagruhe. Helene lag auf der rechten Seite. Den Kopf auf den rechten Arm gelegt. Der linke Arm vor ihr auf der Decke. Sie sah dem Sekundenzeiger ihrer Uhr zu. Mit jeder Sekunde wurde die Wahrscheinlichkeit größer. Irgendwann mußte er ja anrufen. Hatte er doch gesagt. Versprochen. Helene lag da

10 und sah der Uhr zu. Sie fühlte sich leicht. Sie hatte keine Atemnot wie sonst. Wenn sie an Henryk dachte. Oder den Stein in der Brust. Oder das Ziehen um den Magen. Oder dieses taube Gefühl in Armen und Beinen. Oder die Eisenklammer im Genick. Es war, als hätte sie den Körper nur, um dieser Uhr zuzusehen. Wie die Zeit verstrich. Und sie hatte ihn geliebt. In

Marlene Streeruwitz (1999)

15 dieser Zeit. Daran war nichts mehr zu ändern, dachte Helene. Sie wachte wieder auf. Autos auf der Straße waren stehengeblieben. Türen wurden zugeschlagen. Männerstimmen riefen einander etwas von „gewonnen" und „Revanche" zu. Wahrscheinlich die Söhne von schräg gegenüber. Helene sah sie immer nur mit Tennistaschen aus dem Haus gehen. Helene hatte eine Viertelstunde geschlafen. Ihr Gleichmut war verschwunden. Helene sah dem Sonnen-

20 licht zu. Wie die Staubkörnchen auf und ab stiegen. Ruhig und unbeirrt. Henryk würde nicht anrufen. Nie mehr. Wahrscheinlich. Sie war allein. Wie immer. Und keiner von denen fand es notwendig, ihr das zu sagen. Mitzuteilen. Man ließ sie das wissen, indem man nicht anrief. Ließ sie draufkommen. Gregor hatte ihr auch nicht gesagt, was los gewesen. Er war nur immer wütender geworden. Böse auf sie. Wütend. Ob sie nichts merke, hatte er sie angeschrien. Ob

25 sie schriftliche Verständigungen bräuchte? Helene hätte sich zufrieden gegeben, zu wissen, wo Henryk gerade war. Sich aufhielt. Existierte. Und mit einem Mal fühlte Helene alles. Den Stein in der Brust. Das Ziehen um den Magen. Die Taubheit in Armen und Beinen. Eine Eisen-klammer im Genick. Atemnot. Kopfschmerzen. Helene lag auf dem Bett. Die Uhr vor Augen. Die Sonnenstrahlen wurden schräger.

2004 erscheint der von der Kritik unterschiedlich aufgenommene Roman *Jessica, 30,* in dem die Autorin ihre 30-jährige Heldin in der *stream of consciousness*-Technik (innerer Monolog, Gedankenfluss, ein einziger Strom aus Erinnerungen, Überlegungen und Empfindungen) über ihr Leben und „was ihr so alles durch den Kopf geht" erzählen lässt. Die Titelfigur ist eine brotlose Jungakademikerin, die nach diversen universitären Abschlüssen (Germanistik und Philosophie in Wien, Kulturwissenschaften in Berlin) absolut überqualifiziert und doch „zu nichts zu gebrauchen ist" und deshalb als unterbezahlte „freie Mitarbeiterin" bei einer Frauenzeitschrift volontiert.

- Lesen Sie den Beginn des Romans und vergleichen Sie Stil und Sprache mit dem Text-ausschnitt aus *Verführungen*! Welche Unterschiede können Sie feststellen?
- Können Sie auch hier einen Zusammenhang zwischen Sprachform und Inhalt erken-nen? Denken Sie an das, was Jessica Somner gerade tut und denkt!
- Was erfährt man schon am Beginn des Romans über die Ich-Erzählerin? Beschreiben Sie ihre momentane Lebenssituation! Was erfahren wir über „Gerhard" und Jessicas Beziehung zu ihm?

„... Alles wird gut, ich muss nur die Praterhauptallee hinauf- und hinunterrennen und dann ist wieder alles gut, dann kann ich das Schokoeis von heute Nacht und das Essen von Weihnachten vergessen und dass ich nicht geschlafen habe, wegen dem Gerhard, obwohl ich das gar nicht will und es gar keinen Grund gibt, den so ernst zu nehmen, aber beim Laufen dann, dann

5 brauche ich an nichts zu denken, und bei der Kälte vergeht einem auch noch jeder Wunsch, ich möchte nicht, eigentlich möchte ich nicht, eigentlich möchte ich gar nicht, überhaupt nicht, ich möchte in der Badewanne liegen und warmes Wasser um die Haut und nur daliegen und nicht bewegen, bewegen nur, wenn das Wasser schaukelt und warm und nicht aus dem Auto in diese Kälte hinaus und der Mann da, in dem roten Fiat, der zieht sich auch seine Jogging-

10 jacke an, der wurschtelt sich auch in seine Windstopperjacke oder nein, der zieht sie aus, der ist schon fertig, der ist schon laufen gewesen, ich werde erst in einer Stunde so dasitzen und er ist ja auch ganz rot im Gesicht, shit, der hat es schon hinter sich und warum ist es nicht schon eine Stunde später und jetzt geh endlich, zieh den Mantel aus und steig aus dem Auto, Jessica Som- ner, reiß dich zusammen, du hättest ja das Eis nicht essen müssen, Issi, heute Nacht, und was

15 für eine Idee, dieses Schokoeis und dann noch eine ganze Packung Mövenpick Maple Walnut und wenn die Dose Schlagobers nicht ausgegangen wäre, hätte ich die auch ganz gegessen und hast du das notwendig, ich meine, es ist gerade nicht alles so toll, aber deswegen gleich in die Fettsucht, der Ausgleich für mangelnde Sexualität kann es nicht sein, ich hole mir ja, was ich will und irgendwie ist es gar nicht so schlecht, wenn er dann weg ist und gerade nach

20 Hause fährt, wahrscheinlich bin ich sozialfrigid, wenn es immer nur schön ist, wenn keiner da ist und die Männer wirklich nur das Vorspiel und es lebe die Onanie und es interessiert ja auch keinen, eigentlich und jetzt, meine Liebe, jetzt wird ausgestiegen, wenn dich sonst nichts verzehrt, dann muss auch das selber getan werden und hinaus und ja, es ist kalt und ich laufe lieber los, zum Stretchen stehen bleiben, da erfriere ich, das muss die Thermounterwäsche

25 leisten, die Muskeln wärmen und jetzt los, bei der Eisenbahnbrücke ist es vorbei, mit der Kälte und der Raureif auf dem Schnee knirscht so schön, woran erinnere ich mich, wenn ich dieses Knirschen höre, immer wenn ich dieses Schneeknirschen höre, wird mir angenehm, es muss mit Weihnachten zu tun haben, es ist so erwartungsvoll und angenehm und atmen, Frau Somner, atmen, durch die Nase, wenn es nicht so ungeheuerlich kalt wäre und was für ein hässliches

30 Gefühl, diese Kälte innen, so kalt, innen, die Rippenbögen entlang, wahrscheinlich ist es su- perschädlich, bei dieser Kälte zu laufen, aber nicht laufen ist noch schlechter, und die Wolken, die Fettwolken, innen die Oberschenkel entlang, das wirklich helle Licht ist nicht mehr ange- bracht, im Schlafzimmer oder wenn schon ein sehr helles, da sieht man es auch nicht, atmen und der blöde Schal, es gibt so Hauben mit angeschnittenem Schal, wie für einen Bankraub,

35 so eine sollte ich mir besorgen, nur, wann komme ich auf die Mariahilferstraße oder besser in das Donaucenter, obwohl, da haben sie dann keine Auswahl, bei den Laufschuhen, da waren nur die Nikes für die Burschen und 3 Modelle adidas für Damen, und warum hast du dir das alles nicht in Köln gekauft, in diesem kleinen Geschäft mit den Laufsachen nur für Frauen, die Frau da, die ist mindestens 50, die wäre dir schon längst davongelaufen, aber die trainiert für

40 Marathon, das ist ja dann doch übertrieben, so schlimm ist die Cellulitis dann auch noch nicht und die Mama hat überhaupt keine, woher habe ich das geerbt, und es geht überhaupt nicht, es geht überhaupt überhaupt nicht, diese Beine, die werden ja immer schwerer und so kenne ich das nicht, das muss die Kälte sein, ich kann die Beine nicht einmal heben, die schleifen ja hinter mir her und diese klebrige Kälte unter den Rippen, das geht nicht, das geht so nicht,

45 das kann so nicht gehen, ich muss aufhören, Issi, das solltest du nicht weitermachen, das fühlt sich, das fühlt sich gefährlich an, ich laufe nur noch bis zum Kinderspielplatz und dann drehe ich um, das sind dann gerade vielleicht 5 Minuten und ich habe wiederum vergessen, auf die

Uhr zu schauen, wann ich weggelaufen bin und werde wieder nicht wissen, ob ich wirklich 50
Minuten gelaufen bin oder doch nicht und hat es einen Sinn, mit dem Gerhard zu reden, würde
50 sich deswegen etwas ändern, der ist ein Politiker, der wird die Politik nicht aufgeben, er kann
das gar nicht, er wird verheiratet bleiben, er wird seine Frau nicht verlassen, und seine Kinder,
er wird sich nicht ändern, er kann das gar nicht und er hat das Interesse verloren, er hat wirklich
Probleme mit seinem attention span und mir macht es nichts mehr aus, dass er nie kommt oder
immer zu spät und nie in der Öffentlichkeit und das interessiert ihn dann wieder nicht, wenn
55 es einen nicht mehr aufregt, er hat doch ganz gerne ein zappelndes Opfer, nein, eigentlich
will er ein tragisches Opfer, ich glaube, er braucht eine emotionale Geschichte, das regt ihn
auf, das regt ihn erst auf, den törnt Liebe an, richtige, sich verzehrende Liebe und deswegen
bleibt er ja bei seiner Frau, weil die trinkt, seinetwegen, das ist ein Liebesbeweis, für ihn ist das
ein Liebesbeweis und das fehlt ihm jetzt schon, das beginnt ihm zu fehlen, er ist ja auch ganz
60 phantasielos geworden und mir ist es zu blöd, mich anzustrengen [...]

Der Roman ist in drei Teile gegliedert. Das erste Kapitel (*Jessica beim Joggen in Wien*) ist ein
einziger Satz, eine Satzschlange, eine Aneinanderreihung von lediglich durch Beistriche getrennten Sätzen. Im zweiten Kapitel (*Jessica in ihrer Wohnung mit ihrem Liebhaber*) überwiegen
die Dialoge. Das dritte Kapitel (*Jessica im Flugzeug nach Hamburg, um die politische Karriere ihres
Liebhabers zu zerstören*) ist wiederum ein einziger Satz, ein Block von Gedankengängen.

Norbert Gstrein: *Die englischen Jahre*

Der 1961 in Mils in Tirol geborene Norbert Gstrein tritt erstmals 1988 mit
der Erzählung *Einer* an die literarische Öffentlichkeit. Darin geht es um
einen Außenseiter im ländlichen Bereich.
1999 erscheint der Bestseller-Roman *Die englischen Jahre*, in dem der Autor eine Geschichte aus dem englischen Exil erzählt, „eine Geschichte
von Zugehörigkeit und Nichtzugehörigkeit, die auch eine Geschichte
darüber ist, was am Ende ein Leben ausmacht und ob es neben den
Bildern, die man davon hat, überhaupt so etwas wie ein wahres Leben
gibt."

Norbert Gstrein (2005)

*Nordatlantik, 2. Juli 1940. Die Arandora Star, ein ehemaliger Luxusdampfer unter britischer Flagge,
wird auf ihrem Weg nach Neufundland torpediert und versenkt. An Bord über tausend Internierte,
sogenannte feindliche Ausländer, darunter auch ein Gefangener, dessen Identität unklar ist.*
*Von diesem Schiffsuntergang erfährt mehr als fünfzig Jahre später eine junge Frau, als sie die Spur des
aus Österreich stammenden Schriftstellers Gabriel Hirschfelder verfolgt, der in Southend-on-Sea gestorben ist und vor seinem Tod das Bekenntnis abgelegt hat, er hätte im Krieg einen Mann umgebracht.
Was hat das mit dem geheimnisvollen Gefangenen zu tun?*
*Bei ihren Nachforschungen, die sie nach London und Wien führen, beginnt die junge Frau, sich die
Lebensbedingungen während der bedrohlichsten Kriegsmomente in England zu vergegenwärtigen, als
tagtäglich die Invasion erwartet wurde. Schließlich gelangt sie auf die Isle of Man, wo damals jüdische
Flüchtlinge und Nazisympathisanten in Internierungslagern zusammengesperrt waren. Dort findet
sie die Lösung des Rätsels, findet sich der Schlüssel zu Gabriel Hirschfelders angeblich verschwundener
Autobiografie mit dem Titel „Die englischen Jahre".*

Hubert Winkels schreibt für *Das Literatur-Magazin im DeutschlandRadio* am 3. Oktober 1999
über den Roman, der auch kriminalistische Elemente beinhaltet:

Man kann den neuen Roman „Die englischen Jahre" auf zweierlei Weise vorstellen. Man kann die wesentliche Handlung, die im Jahr 1940 in England, größtenteils in einem Gefangenenlager auf der Isle of Man spielt, nacherzählen und wird eine spannende Geschichte präsentieren, von Krieg, Verfolgung, Liebe, Gefangenschaft, Verrat und Tod. Man würde Figuren in histo-
5 rischen und persönlichen Verstrickungen zeigen, aber gar nicht erklären können, warum dies alles auf eigentümliche Weise intensiv und zugleich kalt und schematisch wirkt. Weil wir die bizarre und gewaltige Formation der Erzählung selbst nicht sehen.
Anderseits kann man diesen Roman auch von der Erzähltotale her erschließen, also von der Frage her, wer erzählt was und warum. Das ist zunächst weniger spannend, aber vom gesam-
10 ten Erzählmassiv zoomt man dann zwangsläufig auf die befremdliche Einzelheit und lernt das Staunen.
Beginnen wir ausnahmsweise mit der Totalen, mit der Konstruktion des Romans. Ein junger österreichischer Schriftsteller mit dem Namen Max hat einst über einen emigrierten Wiener Juden namens Gabriel Hirschfelder einen offenbar peinlichen Vortrag gehalten.

Die nicht näher genannte Erzählerin berichtet über diesen Vortrag:

Wenn ich mich richtig erinnere, war Max gerade aus Wien zurückgekehrt, wo er seine verunglückte Huldigung auf ihn vorgetragen hatte, seine *Hommage à Hirschfelder*, für die er sich nur Ablehnung eingehandelt hat. Der Anlaß tut nichts zur Sache, aber vielleicht lag es am Titel, den ich ihm vergeblich auszureden versucht habe, weil mir das Parfümierte daran von Anfang
5 an mißfallen hat, und ich weiß noch, wie sehr ihn die Vorwürfe trafen, er hätte sich nur an eine Mode angehängt, es gäbe keinen anderen Grund für ihn, sich mit einem Vertriebenen zu beschäftigen um so weniger, als es ein Jude war, er wisse nichts vom Exil und hätte bei seinen Dorfgeschichten bleiben sollen, statt sich auf ein Abenteuer zu versteifen, das für ihn nur schiefgehen kann. Es hatte damals keinen Tag gegeben, an dem er nicht angefangen hatte,
10 sich dafür zu rechtfertigen, und in der Folge mit seinem Monologisieren begann, was ihm widerfahren war, aber auch von seiner Bewunderung für ihn sprach und mir die Photos von den verschiedensten Klapperkästen zeigte, die als seine Schreibmaschinen herhalten mußten, von den abgetretenen Galoschen, die nicht seine Schuhe waren, sondern selbstverständlich sein Schuhwerk, und von seiner Zahnprothese im Wasserglas, wenn das nicht nur eine Finte war,
15 und es irritiert mich immer noch, mit welchem Sarkasmus er sich selbst dabei als Hinterwäldler bezeichnet hatte, geradeso, als schwankte er, ob er seinen Kritikern nicht doch zustimmen sollte, daß ihn das alles nichts anging.

Am Ende des Romans sieht man, dass nichts stimmt, was wir gelesen haben, sich aber alles aufklärt; die Identität von Hirschfelder und die von Max und der Erzählerin.

Ruth Klüger: *weiter leben. Eine Jugend*

Der Tod, nicht Sex war das Geheimnis, worüber die Erwachsenen tuschelten, wovon man gern mehr gehört hätte. Ich gab vor, nicht schlafen zu können, bettelte, daß man mich auf dem Sofa im Wohnzimmer (eigentlich sagten wir „Salon") einschlafen ließe, schlief dann natürlich nicht ein, hatte den Kopf unter der Decke und hoffte, etwas von den Schreckensnachrichten auf-
5 zufangen, die man am Tisch zum besten gab. Manche handelten von Unbekannten, manche von Verwandten, immer von Juden. Da war einer, sehr jung, sagen wir Hans, ein Cousin meiner Mutter, den hatten Sie in Buchenwald, aber nur auf Frist. Dann war er nach Haus zurückgekommen, war verschreckt, hatte schwören müssen, nichts zu erzählen, erzählte auch nichts, oder doch, oder nur seiner Mutter? Die Stimmen am Tisch, undeutlich, aber eben noch hörbar,

10 waren fast ausschließlich Frauenstimmen. Man hatte ihn gefoltert, wie ist das, wie hält man das aus? Aber er war am Leben, Gott sei Dank.

Den Hans habe ich später in England wiedergesehen. Da war ich nicht mehr acht Jahre alt, sondern schon so, wie ich jetzt bin, ein ungeduldiger, zerfahrener Mensch, eine, die leicht was fallen lässt, mit oder ohne Absicht, auch Zerbrechliches, Geschirr und Liebschaften, nirgendwo

15 lange tätig ist und oft auszieht, aus Städten und Wohnungen, und die Gründe erst erfindet, wenn sie schon am Einpacken ist. Eine, die sich auf die Flucht begibt, nicht erst, wenn sie Gefahr wittert, sondern schon, wenn sie nervös. Wird. Denn Flucht war das Schönste, damals und immer noch. Mehr davon später.

So beginnt der 1994 erscheinende autobiografische Bericht *weiter leben. Eine Jugend* von Ruth Klüger. Die Autorin wird am 30. Oktober 1931 in Wien geboren und erlebt in ihrer Kindheit die Judenausgrenzung und -verfolgung hautnah mit. (Als siebenjähriges Kind darf sie in ihrer Heimatstadt auf keiner Parkbank mehr sitzen, und als sie trotz der Verbote für Juden ins Kino geht, um Walt Disneys *Schneewittchen* zu sehen, stellt eine Nachbarstochter sie bloß und droht ihr mit Anzeige.) 1943 werden ihre Mutter und

Ruth Klüger bei einer Lesung in der Nationalbibliothek in Wien (2008)

sie gefangen genommen (ihr Vater und ihr Halbbruder werden Opfer des Holocaust) und nacheinander in die Konzentrationslager Theresienstadt, Auschwitz-Birkenau und Christianstadt verschleppt. 1945, kurz vor Ende des Krieges, gelingt die Flucht aus dem Lager und sie kommen nach Straubing, wo Ruth fünfzehnjährig das Notabitur ablegt. Anschließend beginnt sie in Regensburg an der Philosophisch-Theologischen Hochschule zu studieren. 1947 wandern Mutter und Tochter nach den USA aus. Ruth Klüger studiert nun in New York und Berkeley Anglistik und Germanistik. Heute lebt sie als Professorin für deutsche Sprache und Literatur in Irvine/Kalifornien – mit einem zweiten Wohnsitz in Göttingen. Für *weiter leben. Eine Jugend* erhält die Autorin viele Auszeichnungen, u.a. 1997 den Österreichischer Staatspreis für Literatur und 2002 den Bruno-Kreisky-Preis. 2008 veröffentlicht sie als zweiten Teil ihrer Erinnerungen *unterwegs verloren*.

Ralf Schnell schreibt über die Schreibstrategie der Autorin:

Die Beschreibung aus der Sicht des Kindes verbindet sich mit der Reflexion aus der Erwachsensensicht zu einer literarischen Tiefenperspektive, die alle Wahrnehmungen zu prüfen und zu gewichten, zu relativieren und zu problematisieren weiß – Beschreibung und Reflexion, Mitteilung und Kommentar, Bericht und Kritik, Erzählung und Wertung in einem.

Die Wiederkehr des Erzählens – Junge österreichische LiteratInnen

Die jungen österreichischen ErzählerInnen stehen sowohl den Autoren der Wiener Gruppe und den sprachkritischen Avantgardisten als auch den „Sprachverletzern" und gesellschaftskritischen AutorInnen wie Wolfgang Bauer, Peter Turrini, Elfriede Jelinek, Marlene Streeruwitz oder Werner Schwab kritisch gegenüber. Sie wenden sich gegen die Meinung, dass Sprache untauglich sei zur Beschreibung der Wirklichkeiten und dagegen, dass reines Erzählen ein naives und aussichtsloses Schreibverhalten sei.

Widerstand gegen die literarischen Väter

Auch die sozialkritischen Romane eines Erich Hackl, die Zeitromane Robert Menasses und die vaterlandskritischen Texte eines Thomas Bernhard, Peter Turrini oder einer Elfriede Jelinek finden bei den „Jungen" literarisch wenig Verständnis. Ebenso hat die elterliche 68er-Ideologie, deren sozialistische Denkansätze spätestens mit dem Zusammenbrechen der kommunistischen Staaten in Europa Ende der 80er-Jahre fragwürdig wurden, an Gültigkeit verloren. Auch marktfreundliche Qualitäten von erzählenden Texten wie Lesbarkeit und Unterhaltsamkeit betrachten sie nicht mehr als „unliterarisch". Vorbilder und bevorzugte Lektüre vieler der „neuen" AutorInnen sind die amerikanische realistische Literatur der letzten 30 Jahre, z.B. Philipp Roth, Raymond Carver, T. C. Boyle, John Updike, aber auch Gabriel José García Marquez oder Vladimir Nabokov.

Neue Lust am realistischen Erzählen

Diese neue Lust am realistischen Erzählen ist im gesamten deutschen Sprachraum zu erkennen und hat auch in Österreich unmittelbare Vorläufer wie Michael Köhlmeier, Christoph Ransmayr oder Robert Schneider, der 1992 mit *Schlafes Bruder* einen großen Erfolg feiert.

Helmut Gollner schreibt zu den Positionen der AutorInnen in der jungen österreichischen Literatur:

Was macht man da als junger Erzähler? Zuerst einmal: jung sein. Das heißt, einer Generation angehören, der die Kulturgewissheiten durch die Erfahrung ihres historischen Versagens nicht so brutal zerstört wurden wie jenen, die inzwischen ihre Großmütter und Großväter sind. Es geht in gewisser Weise schwer von den Lippen: Was Paul Celan, Ilse Aichinger oder Ingeborg
5 Bachmann in die Nähe der Sprachlosigkeit, was die Wiener Gruppe [14], Heimrad Bäcker oder Ernst Jandl zur radikalen Änderung ihrer Sprechweise (also ihres Kulturverhaltens) getrieben hat, ist für die Jungen Historie: das Faschismustrauma. Damit verliert eine Dominante der österreichischen Literatur nach 1945 die Unbedingtheit ihres inhaltlichen und formalen Imperativs. Geschichte verhindert nicht mehr Geschichten. Daniel Kehlmann z.B., dessen Vater, der
10 Regisseur und Autor Michael Kehlmann, sich künstlerisch durchaus noch an der Katastrophe abgearbeitet hat, erlebte die Befreiung von der Verpflichtung zur politischen Bewältigungsliteratur erst so recht als schriftstellerische Ermöglichung.

- Von welcher Katastrophe spricht Gollner im Zusammenhang mit Michael Kehlmann?
- Lesen Sie in diesem Zusammenhang alle Textstellen in Stichwort Literatur nach, die sich mit Celan, Aichinger, Bachmann und Jandl auseinandersetzen!
- Welche österreichischen AutorInnen der Nachkriegszeit würden Sie als vaterlandskritisch bezeichnen?
- Besprechen Sie das problematische, heute heftig diskutierte Thema „Faschismustrauma"!

Trotz aller Erneuerungsgedanken, trotz der Widerstände gegen die klassische sprachkritische Avantgarde und die Experimentalliteratur lässt sich die österreichische Erzählliteratur nach 2000 jedoch nicht auf diese eine Position reduzieren. So finden sich auch nach der Jahrtausend-

---

[14] Dazu gehören im Besonderen Gerhard Rühm, Oswald Wiener, Ernst Jandl, Alfred Kolleritsch, Gert F. Jonke, der junge Peter Handke, Heimrad Bäcker, aber auch die Sprachverweigerer wie Paul Celan, Ingeborg Bachmann oder Ilse Aichinger.

wende sprachzentrierte (z. B. bei Franzobel), gesellschaftszentrierte (z. B. bei Robert Menasse und Elfriede Jelinek) oder ichzentrierte (z. B. bei Peter Handke) Haltungen und experimentelle oder „klassische" Formen der Literatur.

Thomas Glavinic: *Der Kameramörder* und andere Romane

Der 1972 in Graz geborene und heute in Wien lebende **Thomas Glavinic** wird mit seinem 1998 erschienenen Erstlingsroman *Carl Haffners Liebe zum Unentschieden*, der in einer klaren, einfachen Sprache und in ruhigem Ton von der Besessenheit des sensiblen Schachspielers Carl Haffner erzählt, bekannt und mit mehreren Preisen ausgezeichnet.

Im Jahr 2000 folgt der Roman *Herr Susi*, eine in harter und roher Sprache geschriebene Abrechnung mit dem Fußballgeschäft und dessen Managern. Dieser Text wird von der Kritik überwiegend negativ beurteilt.

Thomas Glavinic

Ein Krimi anderer Art

2001 erscheint dann der „Kriminalroman" *Der Kameramörder*, der von den Feuilletons für seine Medien- und Gesellschaftskritik überschwänglich gefeiert wird:

In der Provinz, in der westlichen Steiermark, passiert ein grässlicher Mord an zwei Kindern: Der Täter, er wird von den Medien zum „Kameramörder" stilisiert, zwingt zwei Jungen mit Gewaltandrohungen gegen ihre Familie und gegen den dritten Bruder, den er mit einem Strick gefesselt gefangen hält, sich von Bäumen in den Tod zu stürzen. Den Tathergang und die Gespräche des Mörders mit den Kindern (sie sind sieben und neun Jahre alt) – pervertierte Interviews im Stil des „Reality-TV" – filmt der Mörder mit einer Videokamera. Die Kassette schickt er, offenbar medienerprobt, einem deutschen Privatsender.

Es kommt, wie es kommen muss: Der Privatsender strahlt das Video trotz Demonstrationen und Protesten seitens kirchlicher und staatlicher Stellen, immer wieder von Werbepausen unterbrochen, aus. Eine gigantische Medienkarawane setzt sich an den Ort des Geschehens in Gang, die Volksseele kocht, bewaffnete Einheimische machen sich auf die Jagd nach dem „Kameramörder" und die Todesstrafe für den Täter wird gefordert.

Im Zentrum des Geschehens – wie sich auf den letzten Seiten des Romans dann herausstellt – befinden sich der Ich-Erzähler, dessen Lebensgefährtin und ein befreundetes Ehepaar, die Stubenrauchs, das die beiden über die Osterfeiertage besuchen.

Immer wieder unterbrochen und bestimmt von Sensationsberichten der Medien protokolliert der Ich-Erzähler neben den Monstrositäten der Tat und des Medienspektakels auch – und immer wieder – peinlich genau alltägliche, banale und nebensächliche Tätigkeiten wie Essen, den übermäßigen Konsum von Alkohol, Tischtennisspiel, Fahrten in den Ort und in die Umgebung und Alltagsverrichtungen und kontrastiert damit die Ungeheuerlichkeit der Tat.

Am Schluss des Romans wird zur Gewissheit, was man beim Lesen möglicherweise von Anfang an vermutet hat.

Glavinic beginnt seinen Roman mit einem „Ich" und verweist damit schon auf den letzten Satz des Textes:

Ich wurde gebeten, alles aufzuschreiben. Meine Lebensgefährtin Wagner Sonja und ich nutzten die Osterfeiertage zu einem Ausflug in die westliche Steiermark. Wir leben in Oberösterreich, in der Nähe von Linz. Da meine Lebensgefährtin aus Graz-Umgebung stammt, haben wir in

der Steiermark einige Bekannte. Am Gründonnerstag fuhren wir zu Hause ab. Nachmittags
5   waren wir in der Nähe von Graz in einem Lokal mit verschiedenen Freunden verabredet. An-
läßlich dieses Treffens sprach meine Lebensgefährtin in einem übertriebenen und schadhaften
Ausmaß alkoholischen Getränken zu (ca. ll Weißwein, 6x2 cl Tequila, ? Bier). Spätnachts, um
etwa 5 Uhr früh, hatte ich mich um die Unterkunft zu kümmern u. mußte meine Lebensgefährtin zu Bett geleiten. Der Tag darauf war Karfreitag. Nachdem meine Lebensgefährtin aus
10   ihrem Alkoholschlaf erwacht war, fuhren wir das nicht mehr weite Stück zu unseren Freunden
Heinrich und Eva Stubenrauch, wohnhaft Kaibing 6, 8537 Kaibing. Es war ca. 15.00 Uhr, als wir
dort eintrafen. Man begrüßte uns herzlich. Eine Jause wurde uns gerichtet und, weil schönes
Wetter herrschte, auf einem großen Holztisch im Freien serviert. Wir brachten unser Erstaunen
zum Ausdruck, daß der Hof mit mind. 25–30 Katzen übersät war. Heinrich erklärte uns, die
15   Tiere seien unfreiwilliger Besitz des benachbarten Bauern. Dessen Haus war ca. 20 m entfernt.
Er habe an die Stubenrauchs vermietet. Meine Lebensgefährtin sagte, die Luft und die Landschaft seien herrlich und die Jause tue ihrem beeinträchtigten Kopf gut. Ich mußte 8x Wespen
von meiner Limonade verscheuchen. Nach der Jause war es ca. 16.00 Uhr und fast so heiß wie
im Sommer. Meine Lebensgefährtin äußerte den Wunsch spazierenzugehen, da dies ihrem
20   Zustand Vorteile verschaffen könne. Weil in der näheren Umgebung von Heinrichs und Evas
Haus keine optimalen Wanderbedingungen bestehen, fuhren wir ca. 5 km mit dem Auto der
Stubenrauchs zu einem Parkplatz an der Landstraße. Dahinter erstreckt sich ein weites Feld mit
Getreide und Mais. Heinrich scherzte, dies sei die größte von Hügeln nicht unterbrochene Fläche der Reglon. Wlr wanderten auf den Wegen zwischen den Feldern. Dabei unterhielten wir
25   uns über allgemeine Dinge (Befinden, Neuigkeiten u. dgl.). Insekten schwirrten durch die Luft.
Grillen zirpten. Die Sonne brannte derart vom Himmel, daß ich eine rosarote Baseballkappe mit
der Aufschrift Chicago aufsetzen mußte, um mich eines evtl. Sonnenbrandes oder gar –stiches
zu erwehren. Von den Geräuschen der Insekten abgesehen, war es ganz still.

- Was legt bereits der erste Satz für den Verlauf des Romans fest?
- Welche Informationen (Ort/Schauplatz, Zeit, Figuren/Personen …) erhält die Lese-
  rin/der Leser schon am Anfang des Romans?
- Beschreiben Sie die Sprache des Textauszugs! Welche Auffälligkeiten können Sie
  feststellen?
- Um welche Erzählsituation handelt es sich? Wie wirken Erzählerfigur und ihr
  Schreibstil auf Sie als Leserin/Leser?
- Mit welcher Textsorte ist der Erzähltext verwandt?

Der Kameramörder nennt sich im Untertitel „Kriminalroman" und der Autor hat dafür auch
den renommierten Friedrich-Glauser-Preis für den besten deutschsprachigen Kriminalroman
des Jahres 2002 erhalten.

Nachfrage bestimmt das Angebot

Es wäre allerdings verfehlt, den Roman auf seine Funktion als typische Kriminalgeschichte à
la „Whodunnit" zu reduzieren, obwohl es natürlich auch darum geht zu erfahren, wer die beiden Brüder vor laufender Videokamera zum Selbstmord gezwungen hat. Beeindruckend und
gleichzeitig beklemmend ist davon zu lesen, wie das Video, das der Mörder von der ungeheuerlichen Tat angefertigt hat, von einem deutschen Kommerzsender skrupellos („Dies ist kein
Sensationsvideo, es ist der hilflose Versuch zur Aufarbeitung einer Tragödie.") ausgestrahlt
und damit ausgebeutet wird. Denn die Nachfrage bestimmt das Angebot, die Erwartungen

des Publikums müssen „bedient" werden, um die Einschaltquoten zu steigern: Die Akteure des Romans „gieren" förmlich nach immer neuen und grausigen Medienberichten zur Tat, ihre Aktivitäten wie Essen, Trinken und Federballspielen werden von den Sondersendungen des Fernsehens, Radiomeldungen bzw. Teletext- und Zeitungsberichten bestimmt bzw. unterbrochen. Die Leserin / Der Leser wird bei der Lektüre förmlich in eine ähnlich voyeuristische Rolle gedrängt wie die zentralen Figuren des Texts.

Neben dem, was inhaltlich landläufig als „medien- und gesellschaftskritisch" bezeichnet werden könnte, ist es aber vor allem die Sprache des Romans, die für die Analyse interessant ist: Berichtartig, sachlich, genau, bemüht und etwas unbeholfen schreibt ein Ich-Erzähler, denn er „[…] wurde gebeten, alles aufzuschreiben", wie der erste Satz des Romans lautet. Die unbeholfene und teilweise gestelzte, umständliche und detailgenaue Sprache des Ich-Berichterstatters ist es aber auch, die manche RezensentInnen am Roman kritisieren.

2004 gelingt es Glavinic mit dem satirischen Entwicklungsroman *Wie man leben soll*, der durchgängig in der „Man-Perspektive" geschrieben ist und die Lebensgeschichte des übergewichtigen und vor allem an Sex denkenden Karl „Charly" Kolostrum erzählt, sowohl Publikum als auch Kritik zu überzeugen.

2006 erscheint *Die Arbeit der Nacht*, eine surreale, düstere, melancholische Endzeitgeschichte.

Jonas ist allein in seiner Wohnung. Zuerst spürt er nur eine kleine Irritation, als die Zeitung nicht vor der Tür liegt und Fernseher, Computer und Radio nur Rauschen von sich geben. Dann, auf der Straße, wird Jonas jedoch klar, dass seine Stadt, Wien, menschenleer ist. Ist er der einzige Überlebende einer Katastrophe? Sind die Menschen geflüchtet? Wovor? Jonas beginnt zu suchen. Ein Strohhalm, an dem er sich festzuhalten versucht, ist die eigene Vergangenheit. Jonas sucht in der Wohnung seines Vaters nach Spuren seiner Kindheit. Er durchstreift die Stadt, die Geschäfte, positioniert Kameras an ausgewählten Plätzen, besucht Bahnhöfe und den Flughafen und bricht schließlich mit einem Lastwagen auf, um nach Marie, seiner Freundin, und Spuren der Menschen zu suchen.

Alex Rühle (*Süddeutsche Zeitung*, 6. 9. 2006) vergleicht *Die Arbeit der Nacht* mit dem 1963 erschienenen Roman *Die Wand* der österreichischen Schriftstellerin Marlen Haushofer: ▶ Seite 173 f.

„Die Arbeit der Nacht" ist auch deshalb ein so außergewöhnlicher Roman, weil Glavinic alles in der Schwebe lässt. Wachtraum, Psychose, Horrorfilm – man kann Interpretationsmöglichkeiten und Verweise finden ohne Ende: Jona, der Prophet, der vor dem Willen Gottes fliehen will und dafür die tiefste Einsamkeit erfahren muss, im stockdunklen Bauch eines Wales, dreihundert
5   Meter unter der Meeresoberfläche; Stephen Kings schwarze Phantasmen; Actionfilme wie „Mission impossible"; Sigmund Freuds Aufsatz über das Unheimliche als einst Vertrautes, das verdrängt wurde, sich verborgen hielt und im unheimlichen Erlebnis in entfremdeter Form wieder auftaucht – all das hat Glavinic so tief eingewoben in seinen Text wie Stimmen, die man in einem Alptraum undeutlich hinter einer Tapete wispern hört. Und wie in einem Traum
10 verwandeln sich die Dinge um ihn herum fortwährend, sind das eine Mal vertraute Zeichen eines untergegangenen Alltags, ein anderes Mal reptilkalte Beobachter, die ihn schweigsam anstarren, mal stille Verbündete: „Das Haus, erinnerte es sich?"
Was ist der Mensch, wenn keine Menschen mehr da sind? Was bleibt von ihm außer seiner Angst, seiner Hilflosigkeit schon bei schlichten Zahnschmerzen und ein paar Erinnerungen, die
15 er mit keinem mehr teilen kann?

In der Verzweiflung die Liebe

Marlen Haushofer hat in den fünfziger Jahren in ihrem Roman „Die Wand" ein ähnliches Szenario durchgespielt: Eine Frau ist plötzlich durch eine unsichtbare Wand abgeschirmt von der Außenwelt, alleine mit ein paar Tieren. Bei Haushofer waren der Stillstand von Geschichte, der sich als wuchernde Ruhe ausbreitet, und die damit einhergehende Schwerelosigkeit zwar bedrückend, aber auch befreiend, ja sie erlebt mit ihrem Hund inmitten der Naturidylle ein paar geradezu bukolisch friedliche Momente. Für Jonas ist es nicht einen Moment lang schön, allein zu sein.

- Lesen Sie beide Romane, *Die Arbeit der Nacht* und *Die Wand*, und vergleichen Sie in Gruppenarbeiten die Texte unter folgenden Gesichtspunkten: Erzählerfigur, Held / Heldin, Einstiegssituation, Schauplätze, Auflösung, Sprache, Erzählrhythmus.

2007 erscheint der Roman *Das bin doch ich*. In diesem Text erzählt Thomas Glavinic vom mühsamen und traurigen Leben des Autors Thomas Glavinic, und das selbstironisch, realistisch und durchaus komisch und amüsant. Thomas Glavinic hat gerade die Arbeit an seinem Roman *Die Arbeit der Nacht* abgeschlossen. Was er sich wünscht, ist ein Verlag, öffentliche Aufmerksamkeit, Rezensionen, Stipendien, Auszeichnungen, Geld, die Anerkennung des sogenannten Literaturbetriebs. Was ihn verstört, das sind Kopfschmerzen, ist die Einsamkeit und sind Ängste, zum Beispiel Angst vor Vogelgrippe, vor dem Fliegen und vor Hodenkrebs. „Der Ich-Erzähler ist ein Hypochonder und Neurotiker und hat sonst auch noch einige schwere geistige Defizite und Defekte – aber das bin nicht ich", so Glavinic. Ein Verwirrspiel mit Identitäten wollte er treiben, sagt Thomas Glavinic und: „Ich weiß ehrlich gesagt selbst nicht mehr genau, was davon Realität ist, oder der Realität entnommen, und was erdacht ist, ich habe keine Ahnung."

Ich gehe ins Bad. Bevor ich die Unterhose ausziehe, wende ich mich vom Spiegel ab. Den Kopf starr geradehaltend, damit mein Blick nicht doch noch auf mein Geschlechtsteil fällt, steige ich in die Duschkabine. Unter den üblichen Verrenkungen dusche ich. Beim Rausgehen, als ich den Blick in den Spiegel nicht vermeiden kann, kneife ich die Augen zusammen. Ich recke den Hals und trockne mich ab. Die Verkrampfung löst sich erst, als ich wieder angezogen bin.

So geht das schon lange. Ich bin Hypochonder, und seit ich vor eineinhalb Jahren gelesen habe, eines der Anzeichen für Hodenkrebs sei ein leicht geschwollener Hodensack, vermeide ich es, meine Hoden anzusehen, beim Duschen, beim Umziehen, beim Schlafengehen sowie bei bestimmten Gelegenheiten, bei denen man eigentlich nicht anders kann, als hinzusehen. Ich kenne mich. Wenn ich meine Hoden ansehe, bilde ich mir bestimmt ein, etwas habe sich verändert. Manchmal träume ich sogar davon, ich träume von wahren Ballonhoden. Ich will das nicht, ich will nichts von Hodenkrebs hören, ich will an überhaupt keine schweren Krankheiten denken, ich ertrage das nicht, generell nicht und derzeit schon gar nicht.

Ich setze mich an den Computer, keine Emails. Nicht überraschend, wenn man bedenkt, daß ich erst vor einer Viertelstunde nachgeschaut habe. Enttäuscht bin ich trotzdem. Ich warte auf nichts Bestimmtes, aber ich hätte nichts dagegen, wenn mir jemand schreibt. Vor einer Woche habe ich meinen fünften Roman beendet. *Die Arbeit der Nacht* ist die Geschichte von Jonas, der eines Tages erwacht und feststellt, daß alle anderen Menschen verschwunden sind. Meine Agentin hat das Manuskript an verschiedene Verlage geschickt, und nun heißt es warten. Ich bin schlecht im Warten, deswegen mache ich schon am Nachmittag eine Flasche Wein auf. Mir fehlt die tägliche Beschäftigung am Schreibtisch. Ich schleiche durch die Wohnung, rufe fünfmal in der Stunde Mails ab, suche nach Ablenkung. Else sagt, ich habe einen Dachschaden, ich soll mit Stanislaus spazierengehen. Sie sagt es oft, sie sagt es auch jetzt. Eigentlich hat sie recht. Sie zieht ihn an, ich ziehe mich an, und wir gehen.

- Lesen Sie den Gesamttext und schreiben Sie eine Kurzkritik.

Arno Geiger: *Es geht uns gut*

Drei Generationen einer Wiener Familie

Arno Geiger, geboren 1968 in Bregenz, aufgewachsen in Vorarlberg, lebt als freier Schriftsteller in Wien und Wolfurt. Von 1986–2002 arbeitet er im Sommer als Videotechniker bei den Bregenzer Festspielen, ab 1987 studiert er in Innsbruck und Wien Germanistik und eine Fächerkombination aus vergleichender Literaturwissenschaft, Alter Geschichte und Zeitgeschichte. Veröffentlichungen: *Kleine Schule des Karussellfahrens*, Roman; *Irrlichterloh*, Roman; *Alles auf Band oder Die Elfenkinder*, Drama; *Schöne Freunde*, Roman. Mit seinem vierten Roman *Es geht uns gut* gelingt dem Autor 2005 der literarische Durchbruch, an den er 2007 mit dem Erzählungen-Band *Anna nicht vergessen* anschließt. Hinter dem lakonischen

Arno Geiger (2007)

Titel verbirgt sich ein gekonnt arrangierter Text, der drei Generationen einer Wiener Familie porträtiert und zugleich die politischen Ereignisse des 20. Jahrhunderts lebendig macht:

„Er hat nie darüber nachgedacht, was es heißt, dass die Toten uns überdauern", grübelt Philipp Erlach nach der Besichtigung der feudalen Hietzinger Villa, die er von seiner im Winter verstorbenen Großmutter Alma Sterk geerbt hat. Sie hat ihm die Villa ganz bewusst vererbt: „[…] was hältst du davon, dass er irgendwann zur Strafe das Haus kriegt und Sissi das Geld, möchte wissen, wie das ankäme […]."
Der Roman beginnt mit dem Ende, dem 16. April 2001. Philipp Erlach verweigert sich der Auseinandersetzung mit der Familiengeschichte und will alles Materielle (Fotos, Dokumente, Briefe) entsorgen, die Villa völlig ausräumen. Als „familiäre Unambitioniertheit" bezeichnet die Meteorologin Johanna, die verheiratete Freundin Philipps, diese Haltung. „Ich beschäftige mich mit meiner Familie in genau dem Maß, wie ich finde, dass es für mich bekömmlich ist", antwortet ihr Philipp auf diesen Vorwurf.
Doch Arno Geiger erzählt die Geschichte der Familie Sterk/Erlach, mit der sich Philipp nicht beschäftigen möchte, quasi hinter dem Rücken seiner Hauptperson, erzählt in Rückblenden und Schnitten von drei Generationen und siebzig Jahren, von Menschen, die nebeneinanderher leben, von Kommunikation, die nicht stattfindet, von starken Frauen, die an ihren ignoranten und (emotional) schwachen Männern, die nichts verstehen, leiden, vom Alltag und von den vielen Kleinigkeiten, die ein ganzes Leben ausmachen.
Diese Familiengeschichte ist eng verknüpft mit der österreichischen Geschichte des 20. Jahrhunderts, und je mehr die Villa „entrümpelt" wird, desto mehr erfährt die Leserin/der Leser von dieser Familiengeschichte. Im Fokus des Erzählers stehen ganz alltägliche gewöhnliche Begebenheiten und Situationen, die „Kleinigkeiten, die so sehr ins Gewicht fallen" (Arno Geiger), die vielen Abschnitte im Leben, in denen nichts passiert.
Der Roman ist in 21 Kapitel gegliedert, wobei jedes Kapitel mit einem genauen Datum überschrieben ist. Die Erzählgegenwart, die Rahmenhandlung, erstreckt sich von Montag, 16. April 2001 bis Mittwoch, 20. Juni 2001, wobei es aus der Erzählgegenwart des Jahres 2001 immer wieder Rückblenden

in die Vergangenheit (insgesamt 8 Tage) gibt. Diese Rückblenden beginnen mit dem 6. August 1938, wenige Monate nach dem „Anschluss" Österreichs an das Dritte Reich, und enden am 9. Oktober 1989. Jedes Jahrzehnt von 1938 bis 1989 wird mit einem oder zwei Tagen bzw. einem „Ereignis" aus dem Familienleben der Sterks bzw. Erlachs beschrieben.

In der Schlussszene sitzt Philipp auf dem Dachstuhl, verabschiedet sich augenzwinkernd wie der Baron von Münchhausen von der Leserin/vom Leser und reitet in die Welt hinaus, vielleicht in eine neue Zukunft.

Es geht uns gut ist ein Zeit- und Gesellschaftsroman, eine Familiengeschichte, ein Bildungsroman und gleichzeitig ein Roman über das Schreiben.

Lesen Sie den unten stehenden Beginn des Romans und bearbeiten Sie folgende Aufgabenstellungen!
- Was assoziieren Sie mit dem Titel des Romans *Es geht uns gut*?
- Überlegen Sie, was der erste Satz des Romans „Er hat nie darüber nachgedacht, was es heißt, dass die Toten uns überdauern" bedeuten könnte!
- Was erfährt die Leserin/der Leser bereits am Anfang von der Geschichte, die erzählt werden wird, bzw. welche Ausgangssituation ergibt sich? (Denken Sie an Zeit, Ort und angedeutete Schauplätze!)
- Beschreiben Sie die Kommunikation zwischen Philipp und Johanna! Wie wirkt diese auf Sie?
- Um welche Erzählsituation handelt es sich?
- Beschreiben Sie die Sprache des Textauszugs und führen Sie an, welche sprachlichen Auffälligkeiten Sie feststellen können? Welche Metaphern und Bilder können Sie erkennen?

Montag, 16. April 2001

Er hat nie darüber nachgedacht, was es heißt, daß die Toten uns überdauern. Kurz legt er den Kopf in den Nacken. Während er die Augen noch geschlossen hat, sieht er sich wieder an der klemmenden Dachbodentür auf das dumpf durch das Holz dringende Fiepen hor-
5 chen. Schon bei seiner Ankunft am Samstag war ihm aufgefallen, daß am Fenster unter dem westseitigen Giebel der Glaseinsatz fehlt. Dort fliegen regelmäßig Tauben aus und ein. Nach einigem Zögern warf er sich mit der Schulter gegen die Dachbodentür, sie gab unter den Stößen jedesmal ein paar Zentimeter nach. Gleichzeitig wurde das Flattern und Fiepen dahinter lauter. Nach einem kurzen und grellen Aufkreischen der Angel, das im Dachboden ein wildes
10 Gestöber auslöste, stand die Tür so weit offen, daß Philipp den Kopf ein Stück durch den Spalt stecken konnte. Obwohl das Licht nicht das allerbeste war, erfaßte er mit dem ersten Blick die ganze Spannweite des Horrors. Dutzende Tauben, die sich hier eingenistet und alles knöchel- und knietief mit Dreck überzogen hatten, Schicht auf Schicht wie Zins und Zinseszins, Kot, Knochen, Maden, Mäuse, Parasiten, Krankheitserreger (Tbc? Salmonellen?). Er zog den
15 Kopf sofort wieder zurück, die Tür krachend hinterher, sich mehrmals vergewissernd, daß die Verriegelung fest eingeklinkt war.

Johanna kommt vom Fernsehzentrum, das schiffartig am nahen Küniglberg liegt, oberhalb des Hietzinger Friedhofs und der streng durchdachten Gartenanlage von Schloß Schönbrunn.
Sie lehnt das Waffenrad, das Philipp ihr vor Jahren überlassen hat, gegen den am Morgen
20 gelieferten Abfallcontainer.

– Ich habe Frühstück mitgebracht, sagt sie: Aber zuerst bekomme ich eine Führung durchs Haus. Na los, beweg dich.

Er weiß, das ist nicht nur eine Ermahnung für den Moment, sondern auch eine Aufforderung in allgemeiner Sache.

25 Philipp sitzt auf der Vortreppe der Villa, die er von seiner im Winter verstorbenen Großmutter geerbt hat. Er mustert Johanna aus schmal gemachten Augen, ehe er in seine Schuhe schlüpft. Mit Daumen und Zeigefinger schnippt er beiläufig (demonstrativ?) seine halb heruntergerauchte Zigarette in den noch leeren Container und sagt:

– Bis morgen ist er voll.

30 Dann stemmt er sich hoch und tritt durch die offenstehende Tür in den Flur, vom Flur ins Stiegenhaus, das im Verhältnis zu dem, was als herkömmlich gelten kann, mit einer viel zu breiten Treppe ausgestattet ist. Johanna streicht mehrmals mit der flachen Hand über die alte, aus einer porösen Legierung gegossene Kanonenkugel, die sich auf dem Treppengeländer am unteren Ende des Handlaufs buckelt.

35 – Woher kommt die? will Johanna wissen.

– Da bin ich überfragt, sagt Philipp.

– Das gibt's doch nicht, daß die Großeltern eine Kanonenkugel am Treppengeländer haben, und kein Schwein weiß woher.

– Wenn allgemein nicht viel geredet wird

40 Johanna mustert ihn:

– Du mit deinem verfluchten Desinteresse.

Daniel Kehlmann: *Ich und Kaminski* und *Die Vermessung der Welt*

Daniel Kehlmann wird 1975 als Sohn des Regisseurs Michael Kehlmann in München geboren. 1981 zieht die Familie nach Wien, wo Kehlmann ab 1993 Philosophie und Literaturwissenschaft studiert und eine Dissertation über Immanuel Kant beginnt. 1997 debütiert er mit dem Roman *Beerholms Vorstellung* als Schriftsteller. Darauf folgen 1999 *Mahlers Zeit* und 2001 *Der fernste Ort*. Den internationalen Durchbruch schafft er 2003 mit seinem vierten Roman *Ich und Kaminski*. In dieser hochironischen Betrachtung des Kulturbetriebs will der ehrgeizige und egozentrierte, aber erfolglose Journalist und Kunsthistoriker Sebastian Zöllner dem alten, kranken, blinden und halb vergessenen Maler Kaminski Fakten für eine Biografie entlocken. Der Künstler übertölpelt ihn aber und benutzt ihn, und am Schluss muss Zöllner erkennen, dass er dem Alten in keiner Weise gewachsen ist.

Daniel Kehlmann (2008)

Nach der langen und beschwerlichen Reise in das Bergdorf, in dem Kaminski mit seiner Tochter Miriam seit Jahren wohnt, steht Zöllner vor dem Haus des Malers:

Das Haus war groß und unschön: zwei Stockwerke und ein spitzer Zierturm in globig nachgeahmten Jugendstil. Vor dem Gartentor parkte ein grauer BMW; ich betrachtete ihn neidisch, so einen Wagen hätte ich gerne einmal gefahren. Ich strich meine Haare zurück, zog das Jackett an und betastete den Mückenstich auf meiner Wange. Die Sonne stand schon niedrig,

5 mein Schatten fiel schmal und länglich vor mir auf den Rasen. Ich läutete.

Schritte näherten sich, ein Schlüssel wurde herumgedreht, die Tür sprang auf, und eine Frau in einer dreckigen Schürze sah mich prüfend an. Ich sagte meinen Namen, sie nickte und schloß die Tür.

Gerade als ich noch einmal läuten wollte, ging die Tür wieder auf: eine andere Frau, Mitte vier-
10   zig, groß gewachsen und mager, schwarze Haare und fast asiatisch schmale Augen. Ich sagte meinen Namen, mit einer knappen Handbewegung bedeutete sie mir, hereinzukommen. „Wir haben Sie erst übermorgen erwartet!"

„Ich habe es früher geschafft." Ich folgte ihr durch einen möbellosen Flur, an dessen Ende eine Tür offen stand; von dort hörte ich durcheinanderredende Stimmen. „Ich hoffe, das macht
15   keine Umstände." Ich gab ihr Zeit, damit sie beteuern konnte, es mache keine, aber sie tat es nicht. „Das mit der Straße hätten Sie mir aber sagen können! Ich bin einen Feldweg heraufgekommen, ich hätte abstürzen können. Sie sind die Tochter?"

„Miriam Kaminski", sagte sie kühl und öffnete eine andere Tür. „Warten Sie bitte!"

Ich ging hinein. Ein Sofa und zwei Stühle, auf dem Fensterbrett ein Radio. An der Wand hing
20   das Ölbild einer dämmrigen Hügellandschaft; vermutlich Kaminskis mittlere Periode, frühe Fünfzigerjahre. Über der Heizung war die Wand rußig verfärbt, an ein paar Stellen hingen Staubfäden von der Decke, bewegt von einem nicht spürbaren Luftzug. Ich wollte mich setzen, aber in diesem Moment kamen Miriam und, ich erkannte ihn sofort, ihr Vater herein.

Ich hatte nicht damit gerechnet, daß er so klein war, so winzig und unförmig im Vergleich zu
25   der schlanken Gestalt auf alten Abbildungen. Er trug einen Pullover und eine undurchsichtige schwarze Brille, die eine Hand lag auf Miriams Arm, die andere stützte sich auf einen weißen Spazierstock. Seine Haut war braun und auf ledrige Art faltig, die Wangen hingen schlaff herab, seine Hände wirkten übergroß, die Haare standen wirr um seinen Kopf. Er trug abgewetzte Cordhosen und Turnschuhe, der rechte war nicht zugebunden, und die Schnürsenkel
30   schleiften hinter ihm her. Miriam führte ihn zu einem Stuhl, er tastete nach der Armlehne und setzte sich. Sie blieb stehen und sah mich aufmerksam an.

„Sie heißen Zöllner", sagte er.

Ich zögerte, es hatte nicht wie eine Frage geklungen, auch mußte ich einen Moment grundloser Schüchternheit überwinden. Ich streckte die Hand aus, begegnete Miriams Blick und zog
35   sie wieder zurück; natürlich, ein dummer Fehler! Ich räusperte mich. „Sebastian Zöllner."

„Und wir warten auf Sie."

War das nun eine Frage gewesen? „Wenn es Ihnen recht ist", sagte ich, „können wir sofort beginnen. Ich habe alle Vorarbeiten gemacht." Tatsächlich, ich war fast zwei Wochen lang unterwegs gewesen. Ich hatte noch nie soviel Zeit einer einzigen Sache gewidmet. „Sie werden
40   überrascht sein, wie viele alte Bekannte ich gefunden habe."

„Vorarbeit...!" wiederholte er. „Bekannte."

Leichte Unruhe stieg in mir auf. Verstand er, was ich sagte? Seine Kiefer bewegten sich, er legte den Kopf schief und schien, aber natürlich war das eine Täuschung, an mir vorbei auf das Bild an der Wand zu sehen. Ich blickte Miriam hilfesuchend an.

45   „Mein Vater hat wenig alte Bekannte."

„So wenige nicht", sagte ich. „Allein in Paris ..."

„Sie müssen entschuldigen", sagte Kaminski. „Ich komme gerade aus dem Bett. Ich habe zwei Stunden lang versucht einzuschlafen, dann habe ich eine Schlaftablette genommen und bin aufgestanden. Ich brauche Kaffee."

50   „Du darfst keinen Kaffee trinken", sagte Miriam.

„Eine Schlaftablette vor dem Aufstehen?" fragte ich.

„Ich warte immer bis zum Schluß, für den Fall, daß ich es allein schaffe. Sie sind mein Biograph?"

„Ich bin Journalist", sagte ich, „schreibe für mehrere große Zeitungen. Zur Zeit arbeite ich an
55   Ihrer Lebensgeschichte. Ich habe noch ein paar Fragen, von mir aus können wir morgen anfangen."

- Welchen Eindruck haben Sie von der Erzählerfigur Zöllner, welchen von Kaminski
  und dessen Tochter Miriam?
- Beschreiben Sie Stil und Sprache in diesem Textausschnitt!

2005 erscheint *Die Vermessung der Welt*, ein witziger und unterhaltsamer Roman über Carl
Friedrich Gauß und Alexander von Humboldt, zwei Genies des 18. Jahrhunderts, ein Roman,
der voller Komik und Ironie, aber mit großer Sympathie des Autors für seine beiden Protagonisten von zwei unterschiedlichen Charakteren und ihrem großteils interessant „erfundenen"
Leben erzählt, das gegensätzlicher nicht sein könnte.

*Während der eine, Gauß, zu Hause in Göttingen bleibt und dort die Mathematik, die Astronomie und
die Physik – und damit die Sicht auf die Welt – verändert, führt der andere, Alexander von Humboldt,
ein rastloses Leben, das ihn als Entdecker und Feldforscher durch ganz Südamerika reisen lässt, angetrieben von einem ausgeprägten Sammel- und Kartierungswahn, gespeist von schier übermenschlicher
Selbstdisziplin.*
*Mit einem großartigen Blick für komische Szenen erzählt Kehlmann in einer parallel geführten anekdotenhaften Doppelbiografie, in der die Dialoge in indirekte Reden im Konjunktiv I umgesetzt sind,
von zwei verschrobenen Gelehrten der Aufklärung, die emotionale Defizite aufweisen – Gauß ist der
Misanthrop und Familientyrann, Humboldt der Asexuelle und rastlose Sammler –, die Ängste haben
und diese bannen wollen.*
Das, was gemeinhin unter Glück verstanden wird, können weder Gauß noch Humboldt spüren.

In einem Gespräch mit Felicitas von Lovenberg in der *F.A.Z.* spricht der Autor u. a. über seine
Technik des Verzichts auf direkte Rede:

*Obwohl es viele sehr komische Dialogszenen gibt, vermeiden Sie jegliche wörtliche Rede. Was
hat es mit der ausschließlichen Verwendung der indirekten Rede auf sich?*
Ohne die Idee der indirekten Rede hätte ich das Buch nicht schreiben können. Wenn man zum
ersten Mal darüber nachdenkt, einen historischen Roman zu schreiben, ist man zunächst ein-
5   geschüchtert von all den Trivial-Fallen, die da lauern. Deshalb verwende ich auch den Begriff
historischer Roman normalerweise nicht, sondern nenne es einen Gegenwartsroman, der in
der Vergangenheit spielt. Ich denke, dieser Trivialitätspunkt, wo es sehr leicht ins Zurecht-
gemachte, Unglaubhafte und irgendwie Problematische kippt, ist die direkte Rede: „Hah',
sagte Napoleon, „wir greifen im Morgengrauen an." Sofort hat man ein ungutes Gefühl.
10   Hinzu kommt, dass ich mich nicht als traditionellen Erzähler sehe. Ich habe versucht, in jedem
Roman etwas auszuprobieren, was ich als Experiment empfinde. So gab es in meinem ersten
Roman, „Beerholms Vorstellung", einen Ich-Erzähler, der stirbt, und in „Ich und Kaminski"
einen höchst unsympathischen Ich-Erzähler, der jede Identifikationsmöglichkeit zurückweist.
Und in „Die Vermessung der Welt"?
15   Auch darin sehe ich einen experimentellen Roman. Ich habe mich nämlich gefragt: Wie kann
man einen in der Vergangenheit spielenden Roman, in dem Musketen abgefeuert werden,
auf der künstlerischen Höhe der Zeit schreiben? Und dann habe ich mich gefragt: Wie machen
Historiker das? Wieso wirken historische Romane trivial, aber wieso wirkt nicht trivial, was
etwa Eric Hobsbawm[14] schreibt? Es liegt daran, dass die erzählerische Distanz eine andere ist.

20 Ein Fachhistoriker geht nicht zu nah ran an die Figuren, an das, was er berichtet, und – und das ist der entscheidende Punkt – er würde nicht behaupten zu wissen, was wörtlich gesagt wurde. Er würde keine wörtliche Rede verwenden, es sei denn, er hat Dokumente und Briefe, aus denen er zitiert. Ansonsten würde er berichten, was inhaltlich ungefähr so gesagt worden sein müsste, sein könnte. Er würde also die indirekte Rede verwenden. Und da dachte ich, das

25 Experiment müsste eben darin liegen, ein Buch zu schreiben, das beginnt wie ein Sachbuch. Deshalb gibt es auch in der ersten Zeile des Romans eine Jahreszahl – und dann nie wieder. Es beginnt zwar wie ein historisches Sachbuch, bis es dann plötzlich kippt, weil natürlich Dinge berichtet werden, die überhaupt nicht mehr sachbuchhaft, sondern romanhaft und frei erfunden sind. Es sollte so klingen, wie ein seriöser Historiker es schreiben würde, wenn er plötzlich

30 verrückt geworden wäre.

- Fassen Sie zusammen, warum Kehlmann in diesem Text den Konjunktiv (die indirekte Rede) verwendet.
- Lesen Sie den folgenden Textausschnitt (den Beginn des Romans), unterstreichen Sie die indirekten Reden, formen Sie einige davon in die direkte Rede um und untersuchen Sie in Partnerarbeit, ob die umgeformten Sätze im Sinne von Kehlmann „trivial" wirken!

Die Reise

Im September 1828 verließ der größte Mathematiker des Landes zum erstenmal seit Jahren seine Heimatstadt, um am Deutschen Naturforscherkongreß in Berlin teilzunehmen. Selbstverständlich wollte er nicht dorthin. Monatelang hatte er sich geweigert, aber Alexander von Humboldt war hartnäckig geblieben, bis er in einem schwachen Moment und in der Hoffnung,

5 der Tag käme nie, zugesagt hatte.
Nun also versteckte sich Professor Gauß im Bett. Als Minna ihn aufforderte aufzustehen, die Kutsche warte und der Weg sei weit, klammerte er sich ans Kissen und versuchte seine Frau zum Verschwinden zu bringen, indem er die Augen schloß. Als er sie wieder öffnete und Minna noch immer da war, nannte er sie lästig, beschränkt und das Unglück seiner späten Jahre. Da

10 auch das nicht half, streifte er die Decke ab und setzte die Füße auf den Boden.
Grimmig und notdürftig gewaschen ging er die Treppe hinunter. Im Wohnzimmer wartete sein Sohn Eugen mit gepackter Reisetasche. Als Gauß ihn sah, bekam er einen Wutanfall: Er zerbrach einen auf dem Fensterbrett stehenden Krug, stampfte mit dem Fuß und schlug um sich. Er beruhigte sich nicht einmal, als Eugen von der einen und Minna von der anderen Sei-

15 te ihre Hände auf seine Schultern legten und beteuerten, man werde gut für ihn sorgen, er werde bald wieder daheim sein, es werde so schnell vorbeigehen wie ein böser Traum. Erst als seine uralte Mutter, aufgestört vom Lärm, aus ihrem Zimmer kam, ihn in die Wange kniff und fragte, wo denn ihr tapferer Junge sei, faßte er sich. Ohne Herzlichkeit verabschiedete er sich von Minna; seiner Tochter und dem jüngsten Sohn strich er geistesabwesend über den Kopf.

20 Dann ließ er sich in die Kutsche helfen.
Die Fahrt war qualvoll. Er nannte Eugen einen Versager, nahm ihm den Knotenstock ab und stieß mit aller Kraft nach seinem Fuß. Eine Weile sah er mit gerunzelten Brauen aus dem Fenster, dann fragte er, wann seine Tochter endlich heiraten werde. Warum wolle die denn keiner, wo sei das Problem?

---

[15] Eric Hobsbawm: Historiker und Sozialwissenschaftler mit englisch-österreichisch-jüdischen Wurzeln

25 Eugen strich sich die langen Haare zurück, knetete mit beiden Händen seine rote Mütze und wollte nicht antworten.

Raus mit der Sprache, sagte Gauß.

Um ehrlich zu sein, sagte Eugen, die Schwester sei nicht eben hübsch.

Gauß nickte, die Antwort kam ihm plausibel vor. Er verlangte ein Buch.

30 Eugen gab ihm das, welches er gerade aufgeschlagen hatte: Friedrich Jahns *Deutsche Turnkunst*. Es war eines seiner Lieblingsbücher.

Gauß versuchte zu lesen, sah jedoch schon Sekunden später auf und beklagte sich über die neumodische Lederfederung der Kutsche; da werde einem ja noch übler, als man es gewohnt sei. Bald, erklärte er, würden Maschinen die Menschen mit der Geschwindigkeit eines abge-
35 schossenen Projektils von Stadt zu Stadt tragen. Dann komme man von Göttingen in einer halben Stunde nach Berlin.

Eugen wiegte zweifelnd den Kopf.

Seltsam sei es und ungerecht, sagte Gauß, so recht ein Beispiel für die erbärmliche Zufälligkeit der Existenz, daß man in einer bestimmten Zeit geboren und ihr verhaftet sei, ob man wolle
40 oder nicht. Es verschaffe einem einen unziemlichen Vorteil vor der Vergangenheit und mache einen zum Clown der Zukunft.

Eugen nickte schläfrig.

Sogar ein Verstand wie der seine, sagte Gauß, hätte in frühen Menschheitsaltern oder an den Ufern des Orinoko nichts zu leisten vermocht, wohingegen jeder Dummkopf in zweihundert
45 Jahren sich über ihn lustig machen und absurden Unsinn über seine Person erfinden könne.

Er überlegte, nannte Eugen noch einmal einen Versager und widmete sich dem Buch. Während er las, starrte Eugen angestrengt aus dem Kutschenfenster, um sein vor Kränkung und Wut verzerrtes Gesicht zu verbergen.

In der *Deutschen Turnkunst* ging es um Gymnastikgeräte. Ausführlich beschrieb der Autor
50 Vorrichtungen, die er sich ausgedacht hatte, damit man auf ihnen herumklimmen könne. Eine nannte er Pferd, eine andere den Balken, wieder eine andere den Bock.

Der Kerl sei von Sinnen, sagte Gauß, öffnete das Fenster und warf das Buch hinaus.

Das sei seines gewesen, rief Eugen.

Genauso sei es ihm vorgekommen, sagte Gauß, schlief ein und wachte bis zum abendlichen
55 Pferdewechsel an der Grenzstation nicht mehr auf.

- Welche Informationen bekommt die Leserin/der Leser gleich zu Beginn des Romans?
- Wie wird Gauß, der bedeutendste Mathematiker seiner Zeit, charakterisiert? Beschreiben Sie die Beziehung zu seiner Frau Minna und zu seinem Sohn Eugen!
- Wo können Sie im vorliegenden Textauszug den Witz und die Komik erkennen?

Kathrin Röggla: *wir schlafen nicht*

Kathrin Röggla, 1971 in Salzburg geboren und 1992 nach Berlin übersiedelt, tritt mit *Niemand lacht rückwärts* (sogenannten Prosaminiaturen) 1995 ins Blickfeld der literarischen Öffentlichkeit. 1997 erscheint ihr Romandebüt *Abrauschen*. 2000 folgt der Roman *Irres Wetter*, 2001 *really ground zero. 11 September und Folgendes*. (Als Stipendiatin erlebt sie den Anschlag auf das World Trade Center in New York mit und schreibt für deutsche Zeitungen darüber.) Ihr

Kathrin Röggla (2005)

erstes Theaterstück *fake reports* beschäftigt sich mit der Art und Weise, wie sich die Medien mit dem 11. September 2001 auseinandersetzen. 2004 erscheint der Roman *wir schlafen nicht*, von dem es eine Theaterfassung (erschienen in *Theater heute*, uraufgeführt im April 2004 im Düsseldorfer Schauspielhaus) und eine Hörspielfassung gibt.
Die Autorin wird für ihr Werk vielfach ausgezeichnet.

Der soziologische Roman *wir schlafen nicht* spielt auf einer Messe, „einem fiktiven Kosmos […], der zugleich fremd und erschreckend vertraut erscheint", auf der die handelnden Personen auf Grund des permanenten Schlafentzugs wie Gespenster, Zombies, agieren. Was sie auf der Messe genau tun, außer „Kontakte knüpfen", bleibt eigentlich im Dunkeln. Man kann sich des Eindrucks von Scheinaktivität kaum erwehren.

Arbeit als selbstzerstörerische Droge

Die Romanfiguren berichten in 33 Kapiteln (von *0. aufmerksamkeit* über *11. aussprechen dürfen* bis *32. wiederbelebung*) in konsequenter Kleinschreibung – meist in Monologen und in indirekter Rede, oft im Konjunktiv – von sich. Sie erzählen von ihrer Entwurzelung, von ihren fehlenden Beziehungen und von ihrer Arbeit, die wie eine auf längere Sicht zerstörerische Droge erscheint, von der sie aber nicht lassen können.
Für *wir schlafen nicht* hat Kathrin Röggla Interviews mit Menschen aus der Consulting-Branche und ähnlichen beruflichen Sparten geführt: Menschen, für die Schlaf, Familie und soziale Beziehungen sekundäre, wenn nicht sogar tertiäre Anliegen sind und sogar sein müssen, wollen sie nicht als Versager abgestempelt werden.

> Lesen Sie die unten stehende Textstelle und bearbeiten Sie folgende Fragestellungen!
> - Wie spricht der „senior associate" oliver hannes bender über seine Arbeit und sich selbst?
> - Was können Sie anhand des kurzen Textauszugs zu Stil und Satzbau feststellen? Welche sprachlichen bzw. grammatikalischen Besonderheiten fallen Ihnen auf?
> - In welcher kurzen Textstelle erkennt man die Erzählerin (Interviewerin)?

also seine leistung überrasche ihn nicht, genausowenig wie seine leistungsfähigkeit. die habe er immer schon einkalkuliert, die wundere ihn nicht. daß er mehrere tage durcharbeiten könne, auch das wundere ihn nicht wirklich, das sei nicht interessant. seine leistungsfähigkeit sei für ihn nicht interessant, die sei ja auch immer schon vorher da, sozusagen, bevor er eintreffe
5   in einer situation. spitzenleistungen seien für ihn das übliche, aber er erwarte auch von seinem gegenüber die absolute performance, er könne mit mitarbeitern nichts anfangen, die das nicht brächten.
die devise „schlafen kann ich, wenn ich tot bin", würde er jetzt nicht so direkt adaptieren, das habe man ja eher früher gesagt, „so mitte der neunziger war das die devise schlechthin", zu-
10   mindest in seiner generation. so mitte der neunziger habe man das auch noch sagen können. sicher, das hätte heute auch noch was brauchbares, aber damals habe man es eben praktiziert. und wenn er länger darüber nachdenke, müsse er schon sagen, das sei ja was erstaunliches, so seine generation. das müsse man sich mal vorstellen, was da in kürzester zeit an wissen akkumuliert worden sei und an erfahrung. ja, was mittzwanziger sich da schon reingezogen hätten
15   an erfahrungswerten. die seien jetzt natürlich angeschlagen, aber wenn die sich erst einmal wieder erholt hätten, dann könnten die auf ganz anderem niveau loslegen.
nee, schlafen sei nicht schick, „das kommt nicht so gut". wer schlafe, sei auch schlecht bera-

ten, so als berater *(lacht)*, man würde eben viel arbeiten, und man würde ja auch viel nachts arbeiten, „also wenn man um 18 uhr geht, kommt üblicherweise der spruch: ob man sich einen
20 halben tag freigenommen habe?" das sei ein völlig normaler spruch. ja, er würde fast sagen, es herrsche da so eine art wettbewerb vor, so unter dem motto: wer hält am längsten durch?

er habe sich zeitweise runterdimensioniert auf drei stunden schlaf. das könne er eine ganze weile durchhalten, und wenn es sein müsse, sage er mal, könne er auch einige zeit praktisch ohne schlaf existieren. das ginge aber nur wenige tage gut. „tatsache ist, man kann diese
25 dinge trainieren." er kenne einen, der brauche konstant nur eine stunde schlaf am tag, also er müsse schon sagen, das bewundere er sehr. er finde es immer wieder erstaunlich, wozu der menschliche körper fähig sei. gerade, wenn man denkt, das sei jetzt ein standardbedürfnis, „ohne das geht es jetzt wirklich nicht. und man sieht: es geht doch".

er habe in london gelebt, er habe in paris gelebt, er habe in san diego gelebt. er könne es sich
30 gut vorstellen, in london zu leben. unter umständen paris. zu deutschland habe er eigentlich wenig affinität, aber als wirtschaftsraum sei es interessant.

das wolle er jedenfalls nicht mehr machen: durch irgendwelche pißdörfer fahren, wo man halt irgendwann mal ein großes werk hingestellt habe, und diese menschen sehen. durch pißdörfer fahren und menschen sehen und wissen, daß die ganze region abhänge von diesem kieswerk.
35 oder diesem baustoffzulieferbetrieb. also manchmal habe er da den volkswirtschaftlichen exkurs gestartet, manchmal den rein moralischen. manchmal habe er sich gesagt: diese leute, die er jetzt da freisetze, die stünden letztlich auf seinem lohnstreifen, „ist ja logisch!" – über die steuern. und das mache nun auch wieder keinen sinn, so volkswirtschaftlich gedacht. aber letztendlich fahre man durch so pißdörfer und man sehe, wie trostlos es in vielen regionen sei.

Paulus Hochgatterer: *Die Süße des Lebens*

Paulus Hochgatterer, geb. 1961, aufgewachsen in Amstetten und Blindenmarkt, studiert an der Universität Wien Medizin und Psychologie. Heute ist Hochgatterer als Kinder- und Jugendpsychiater tätig und leitet das Institut für Erziehungshilfe in Wien-Floridsdorf. Seine Erzählungen und Romane basieren auf seinen beruflichen Erfahrungen als Psychiater, seine Protagonisten sind häufig seelisch Kranke und Außenseiter. Seine bislang letzten Werke sind *Über Raben*, *Eine kurze Geschichte vom Fliegenfischen* und der 2006 erschienene Roman *Die Süße des Lebens*, der vom Verlag aus Marketinggründen als Thriller bezeichnet wird.

Paulus Hochgatterer (2006)

Thriller, Kriminalroman und psychologischer Roman

Auf die Frage, ob *Die Süße des Lebens* ein Kriminalroman sei, meint Hochgatterer:

Es ist ein Krimi! Auch wenn ich immer wieder das Gefühl habe, mich dafür entschuldigen zu müssen – es ist eindeutig ein Kriminalroman. Es gibt eine Leiche, es gibt ein Verbrechen, es gibt zwei Ermittler, den Kommissar und einen Psychiater, und es gibt jede Menge falsche Fährten. Und am Ende gibt es eine Auflösung.

Auf die anschließende Frage, ob die Kriminalstory auch dazu diene, andere Inhalte zu transportieren, sagt er:

Natürlich tut sie das. Um bei der Wahrheit zu bleiben: Ich lese unheimlich gerne Kriminalromane. Ich mag das ganze Genre. Insofern war es nur logisch, dass ich selbst irgendwann einen

Kriminalroman schreibe. Auch in meinen bisherigen Büchern haben einzelne Versatzstücke des Kriminalromans eine Rolle gespielt. Aber die Kriminalhandlung ist gleichzeitig eine Maske. Das Buch stellt literarische Ansprüche, die sicherlich über das Genreübliche hinausgehen.

Die Geschichte spielt in einer österreichischen Kleinstadt:

Ein alter Mann wird in einer Winternacht grausam ermordet. Die siebenjährige Katharina, seine Enkelin, findet ihn und spricht ab diesem Augenblick kein Wort mehr. Raffael Horn, der Psychiater, der die Therapie des Kindes übernimmt, wird gegen seinen Willen in die Aufklärung des Todesfalls involviert. Kriminalkommissar Ludwig Kovacs sitzt untertags in verschneiten Gastgärten und blickt abends durch sein Fernrohr. Gewalttaten zum Jahreswechsel kommen ihm ziemlich ungelegen – unter anderem stören sie seine erotischen Aktivitäten mit Marlene, der Betreiberin eines Secondhandshops:
Ein psychopathischer Familienvater schlägt seine Töchter krankenhausreif, ein dauerlaufender Benediktinerpater hört Stimmen, die nichts mit Gott zu tun haben, ein pensionierter Postbote denkt an Selbstmord und eine junge Mutter glaubt, ihr neugeborenes Kind sei der Teufel.
Das Psychogramm dieser Kleinstadt ist alles andere als beruhigend – doch wer von ihren Bewohnern ist der unheimliche nächtliche Besucher, wer ist verantwortlich für die grausame Tat?

Die Geschichte wird aus vier Perspektiven erzählt: aus der des Chefermittlers Ludwig Kovacs, des still beobachtenden Psychiaters Horn, des frustrierten Priesters Joseph Bauer und eines Jungen namens Gasselik, der sich mit Darth Vader[16] identifiziert und von seinem vorbestraften, irren Bruder zu allerlei Schandtaten gezwungen wird.

Beatrice Simonsen schreibt am 2. Oktober 2006 in einer Rezension für das Literaturhaus Wien über *das* Thema dieses Kriminalromans:

Gewalt ist das vorherrschende Element dieses Romans. Gewalt körperlicher Art, in Form von Ohrfeigen, Knochenbrüchen, Vergewaltigung, getöteten Tieren, aufgeschnittenen Handgelenken, aber auch seelische Nötigung, die selbst weit in der Vergangenheit zurückliegend das Leben vergiftet. Für die äußerliche Gewalt ist Kommissar Kovacs zuständig, für die innere der Psychiater Horn. Jeder für sich verfolgt Spuren, die zur Aufklärung des Mordes, dessen Gewalttätigkeit in der Zertrümmerung des menschlichen Schädels gipfelt, führen könnten. Ihre „Klientel" überschneidet sich bisweilen – drückt sich die innere Vergewaltigung doch in der äußeren Weitergabe der Gewalt an andere aus.

5

- In welchen Bereichen Ihres schulischen und privaten Lebens orten Sie psychische oder physische Gewalt?
- Wie gehen Sie mit erlebter Gewalt um, welche Möglichkeiten der Reflexion sehen Sie für sich?

Daniel Glattauer: *Darum* und *Gut gegen Nordwind*

Daniel Glattauer wird 1960 in Wien geboren und studiert von 1979 bis 1985 Pädagogik und Kunstgeschichte. Danach arbeitet er drei Jahre als Journalist bei *Die Presse* und seit 1989 bei der in diesem Jahr neu gegründeten Tageszeitung *Der Standard*, wo er vor allem Kolumnen, Gerichtsreportagen und Feuilletons schreibt. Ausgewählte Kolumnen erscheinen in den beiden „Lesebüchern" *Die Ameisenerzählung* (2001) und *Die Vögel brüllen* (2004).

---

[16] Darth Vader: eine Figur aus „Star Wars"

2003 erscheint der Roman *Darum* (2008 von Harald Sicheritz verfilmt). Der Autor bemerkt dazu auf seiner Homepage Folgendes:

Daniel Glattauer

Denken Sie an eine nette Person aus Ihrem Bekanntenkreis, an den friedfertigsten Mann, der Ihnen einfällt. Stellen Sie sich vor, Sie erfahren, dass er jemanden umgebracht haben soll. Es heißt, er hat in einer Bar scheinbar wahllos einen Menschen erschossen, ohne Streit,
5 ohne Vorgeschichte, aus dem Nichts heraus.
Er hat auch bereits ein Mordgeständnis abgelegt. Er sagt, die Tat war geplant. Aber er gibt keinen Grund dafür an. Der Psychiater kann keine Krankheit an ihm feststellen. Die Menschen um ihn erkennen nichts Böses. Sie mögen ihn. Sie haben das Bedürfnis, ihn vor sich
10 selbst zu beschützen.
Sie, liebe Leser, erfahren ferner aus der Zeitung: Ihr Bekannter rechnet mit lebenslanger Haft. Er wünscht sie sich sogar. Er will für sein Verbrechen büßen. Aber er wird den Grund für seine Tat erst zwanzig Jahre später nennen.
Können Sie so lange warten? Eben. Darum müssen Sie mein Buch lesen.

2000 veröffentlicht Glattauer *Der Weihnachtshund,* eine flüssig geschriebene und amüsante Liebesgeschichte, und 2006 den für den Deutschen Buchpreis nominierten Roman *Gut gegen Nordwind,* der den E-Mail-Verkehr zwischen zwei im Grunde einsamen Menschen wiedergibt. Als ebenso erfolgreich erweist sich die 2009 erschienene Fortsetzung *Alle sieben Wellen.*

Am nächsten Tag
Kein Betreff
Liebe Emmi, ist Ihnen schon aufgefallen, dass wir absolut nichts voneinander wissen? Wir erzeugen virtuelle Fantasiegestalten, fertigen illusionistische Phantombilder voneinander an.
5 Wir stellen Fragen, deren Reiz darin besteht, nicht beantwortet zu werden. Ja, wir machen uns einen Sport daraus, die Neugierde des anderen zu wecken und immer weiter zu schüren, indem wir sie kategorisch nicht befriedigen. Wir versuchen, zwischen den Zeilen zu lesen, zwischen den Wörtern, bald wohl schon zwischen den Buchstaben. Wir bemühen uns krampfhaft, den anderen richtig einzuschätzen. Und gleichzeitig sind wir akribisch darauf bedacht, nur ja
10 nichts Wesentliches von uns selbst zu verraten. Was heißt „nichts Wesentliches"? – Gar nichts, wir haben noch nichts aus unserem Leben erzählt, nichts, was den Alltag ausmacht, was einem von uns wichtig sein könnte.
Wir kommunizieren im luftleeren Raum. Wir haben artig gestanden, welcher beruflichen Tätigkeit wir nachgehen. Sie würden mir theoretisch eine schöne Homepage gestalten, ich
15 erstelle Ihnen dafür praktisch (schlechte) Sprachpsychogramme. Das ist alles. Wir wissen aufgrund eines miesen Stadtmagazins, dass wir in der gleichen Großstadt leben. Aber sonst? Nichts. Es gibt keine anderen Menschen um uns. Wir wohnen nirgendwo. Wir haben kein Alter. Wir haben keine Gesichter. Wir unterscheiden nicht zwischen Tag und Nacht. Wir leben in keiner Zeit. Wir haben nur unsere beiden Bildschirme, jeder streng und geheim für sich,
20 und wir haben ein gemeinsames Hobby: Wir interessieren uns für eine jeweils völlig fremde Person. Bravo!
Was mich betrifft, und jetzt komme ich zu meinem Geständnis: Ich interessiere mich wahnsinnig für Sie, liebe Emmi! Ich weiß zwar nicht warum, aber ich weiß, dass es einen markanten Anlass dafür gegeben hat. Ich weiß aber auch, wie absurd dieses Interesse ist. Es würde einer
25 Begegnung niemals standhalten, egal wie Sie aussehen, wie alt Sie sind, wie viel Sie von Ihrem beträchtlichen E-Mail-Charme zu einem allfälligen Treffen mitnehmen könnten und was von

Ihrem geschriebenen Sprachwitz auch in Ihren Stimmbändern steckt, in Ihren Pupillen, in Ihren Mundwinkeln und Nasenflügeln. Dieses „Wahnsinnsinteresse", so mein Verdacht, nährt sich einzig und allein aus der Mailbox. Jeder Versuch, es von dort heraustreten zu lassen, würde
30 vermutlich kläglich scheitern.

Nun meine Schlüsselfrage, liebe Emmi: Wollen Sie noch immer, dass ich Ihnen Mails schreibe? (Diesmal wäre eine klare Antwort äußerst entgegenkommend.) Alles, alles Liebe, Leo.

21 Minuten später

RE:

35 Lieber Leo, das war aber viel auf einmal! Sie müssen ordentlich Tagesfreizeit haben. Oder zählt das als Arbeit? Kriegen Sie dafür Zeitausgleich? Können Sie es von der Steuer absetzen? Ich weiß, ich habe eine spitze Zunge. Aber nur schriftlich. Und nur, wenn ich unsicher bin. Leo, Sie machen mich unsicher. Sicher ist nur eines: Ja, ich will, dass Sie mir weiter E-Mails schreiben, wenn's Ihnen nichts ausmacht. Wenn das noch nicht klar genug war, dann probiere ich es noch
40 einmal: JA, ICH WILL!!!!!!! E-MAILS VON LEO! E-MAILS VON LEO! E-MAILS VON LEO. BITTE! ICH BIN SÜCHTIG NACH E-MAILS VON LEO!

Und jetzt müssen Sie mir unbedingt verraten, warum es bei Ihnen zwar keinen Grund, aber einen „markanten Anlass" dafür gegeben hat, sich für mich zu interessieren. Das verstehe ich nämlich nicht, aber es klingt spannend. Alles, alles Liebe und noch ein „Alles" dazu, Emmi. (PS:
45 Die E-Mail da oben von Ihnen war klasse! Absolut humorlos, aber echt klasse!)

- Lesen Sie den Romantext, bringen Sie sich den Inhalt und die Erzählstruktur von Goethes Briefroman *Die Leiden des jungen Werthers* in Erinnerung, informieren Sie sich über den Inhalt von *Die Kameliendame (La dame aux camélias)*, einem Roman des französischen Autors Alexandre Dumas d. J., und vergleichen Sie nun Ihre Kenntnisse mit folgender Aussage von Dorothea Gilde!

Faszinierend an diesem Buch ist, dass Daniel Glattauer aus einem Schriftverkehr im Netz tatsächlich Literatur geschaffen hat. Sogar an Werther denkt man ab und zu. Und man erinnert sich, dass *Die Leiden des jungen Werthers* Goethes erster Roman war, ein Briefroman, der berühmteste vielleicht. Wie Werther ist Leo nach einer Enttäuschung wieder allein. Wie Lotte ist
5 Emmi Rothner eine junge Frau, die „fremde" Kinder großzieht. Auch gebunden ist sie bereits, und dies glücklich, wie sie Leo immer wieder wissen lässt. Doch das zumindest nimmt ihr keiner ab. Weder Leo noch der Leser.

Man könnte wetten, dass der Autor selbst staunen würde bei der Werther-Assoziation. Und noch eine scheint auf, gegen Ende des Romans. Wenn nämlich Emmi Rothners Mann in seiner
10 Verzweiflung über den offensichtlichen Wandel seiner Frau eine Mail an Leo schreibt. Darin bittet er jenen, seine Frau doch endlich zu treffen und danach aus ihrem Leben zu verschwinden. Und das sieht der „Kameliendame" von Alexandre Dumas schon sehr ähnlich. Nicht ganz ernst gemeint, müsste man sie nur zeitgemäß KaMAILiendame nennen.

Österreichische Literatur nach 1945

Unmittelbar nach dem Zweiten Weltkrieg arbeiten Autoren verschiedener Generationen und unterschiedlicher Vergangenheit mit- bzw. nebeneinander. Als Beispiele seien **Heimito von Doderer** und **Karl Heinrich Waggerl** (während des Krieges dem Hitler-Regime angepasst), **Hans Weigel** und **Friedrich Torberg** (unmittelbar nach dem Krieg aus der Emigration zurückgekommen) oder **Ilse Aichinger**, **Paul Celan** und **Ingeborg Bachmann** (junge, gesellschaftskritische Autoren) genannt. Torberg, Weigel und **Hilde Spiel** sind MentorInnen vieler junger Nachkriegsliteraten.

1945 erscheinen zwei wichtige literarische **Monatszeitschriften**: *Turm* von Egon Seefehlner und *Plan* von Otto Basil. In dieser Zeitschrift erscheint 1946 Ilse Aichingers viel beachteter *Aufruf zum Misstrauen*.

In den frühen 50er-Jahren beginnt eine **Polarisierung** zwischen traditionell-restaurativen Tendenzen und einer Erneuerung und Öffnung der Literatur.

Österreich-Tradition in der Erzählprosa

Der **Roman der fünfziger Jahre** steht im Zeichen einer gesellschaftlich-politischen Harmonisierung und einer traditionellen Österreichbesinnung, die vom Staat auch unterstützt wird. Ab 1955 erscheint in Wien die staatlich subventionierte Literaturzeitschrift *Wort in der Zeit*, deren Ziel es ist, die historische Kontinuität der österreichischen Literatur seit den Tagen der Monarchie zu belegen. Viele der zu dieser Zeit erscheinenden Romane unterstützen die herrschende Meinung, die Literatur könne nahtlos an die von 1938 anknüpfen.

Wichtige Vertreter:
- **Heimito von Doderer**: *Die erleuchteten Fenster, Die Strudlhofstiege, Die Dämonen*
- **Albert Paris Gütersloh**: *Sonne und Mond*
- **Fritz von Hermanovsky-Orlando**: *Der Gaulschreck im Rosennetz, Maskenspiel der Genien*
- **George Saiko**: *Auf dem Floß, Der Mann im Schilf*
- **Albert Drach**: *Protokoll gegen Zwetschkenbaum*
- **Franz Tumler**: *Ein Schloss in Österreich*
- **Gerhard Fritsch**: *Moos auf den Steinen, Fasching*

Die „Wiener Gruppe"

Die „Wiener Gruppe" ist eine Vereinigung Wiener Autoren, zu der **Hans Carl Artmann** (Gedichtband *med ana schwoazn dintn*), **Gerhard Rühm**, **Friedrich Achleitner**, **Konrad Bayer** und **Oswald Wiener** gehören.

Die Gruppe ist seit 1952 im literarischen Untergrund tätig, hält aber erst 1957 die erste öffentliche Gemeinschaftslesung ab. In loser Verbindung zu ihr stehen **Friederike Mayröcker** und **Ernst Jandl**.

Ihre **literarischen Wurzeln** lassen sich in der Barockdichtung, den Traditionen des Wiener Volkstheaters, im Expressionismus, Dadaismus, Surrealismus, in der Sprachskepsis und der Sprachkritik finden.

Ihre **literarischen Ausdrucksformen** sind Dialektgedichte, Lautgedichte, Textmontagen, Wortspielereien, Auflösung der Grenzen zwischen den literarischen Gattungen und Happenings.

Das österreichische Drama nach 1945

Bis in die frühen 60er-Jahre steht es im Zeichen der Tradition und bietet keine Stätte für Experimente und provozierende Aktionen. Neben Inszenierungen französischer, englischer und amerikanischer Autoren stehen vor allem Dichter der österreichischen Theatertradition seit dem Barock (Nestroy, Raimund, Grillparzer, Anzengruber) auf dem Spielplan.

Ab Mitte der 60er-Jahre werden auch Theatertexte von aus dem Exil heimkehrenden Autoren aufgeführt: **Franz Theodor Csokor, Ferdinand Bruckner, Fritz Hochwälder** (*Das heilige Experiment, Der Himbeerpflücker*).

Andere Autoren der mittleren Generation wie **Helmut Qualtinger** (*Der Herr Karl*) oder **Herwig Seeböck** (*Häfenelegie, Selbstmord leicht gemacht*) versuchen, die unmittelbare österreichische Vergangenheit aufzuarbeiten bzw. einen kritischen Blick auf die österreichische Gegenwart zu werfen.

Zerstörung der ländlichen Idylle

Der **traditionelle Heimatroman**, der im 19. Jahrhundert entsteht, definiert Heimat als idealisierten, auch sentimental und emotional verklärten Raum und das bäuerliche Leben als heile und harmonische Lebensform: Beispiele sind die Romane und Erzählungen **Peter Rosseggers** und das Werk von **Karl Heinrich Waggerl**.

Ab den 60er-Jahren wird diese Art des Heimatbegriffs und des Heimatromans problematisiert. Beispiele sind:

Fasching von **Gerhard Fritsch**; *Die Wolfshaut* von **Hans Lebert**; das frühe Prosawerk **Thomas Bernhards**: *Frost, Verstörung, Kalkwerk; Geometrischer Heimatroman* von **Gert F. Jonke**; *Aus dem Leben Hödlmosers. Steirischer Roman mit Regie* von **Reinhard P. Gruber** und die autobiografischen Romane *Schöne Tage* und *Schattseite* von **Franz Innerhofer**.

Die „Grazer Gruppe"

Die „Grazer Gruppe" ist eine lose Verbindung von SchriftstellerInnen, die in den 40er-Jahren in Österreich geboren sind und gegen das kulturell rückständige Klima in Graz ankämpfen wollen. Sie gruppieren sich um **Alfred Kolleritsch**, der ihnen mit der Literaturzeitschrift *manuskripte* eine öffentliche Plattform bietet. Zur „Grazer Gruppe" zählen u. a. **Barbara Frischmuth, Peter Handke, Elfriede Jelinek** und **Gerhard Roth**.

In engem Zusammenhang mit der Gruppe stehen die Vertreter eines parteilichen Realismus: u.a. **Josef Haslinger, Gernot Wolfgruber** und **Peter Turrini**.

Die 70er- und 80er-Jahre – Ausgewählte Beispiele

Thomas Bernhard setzt sich in seinen frühen Prosawerken mit der äußerlichen und innerlichen Absonderung und Entfremdung des Einzelnen von der bürgerlichen Gesellschaft auseinander. In den 70er-Jahren wendet er sich seiner eigenen Lebensgeschichte zu und reflektiert in seiner fünfbändigen Biografie seine persönlichen Entwicklungsbedingungen: *Die Ursache. Eine Andeutung, Der Keller. Eine Entziehung, Der Atem. Eine Entscheidung, Die Kälte. Eine Isolation, Ein Kind*. Seit den 80er-Jahren dominieren die Theaterstücke in Bernhards Werk, lange Monologe einsamer, mitunter grotesk komischer Menschen, die alle außerhalb der Gesellschaft stehen: *Ein Fest für Boris, Der Ignorant und der Wahnsinnige, Die Jagdgesellschaft, Die Macht der Gewohnheit, Minetti, Der Theatermacher, Heldenplatz, Elisabeth II*.

Franz Innerhofer und **Gernot Wolfgruber** schreiben „sozialkritische Autobiografien". Innerhofer erzählt in seiner Trilogie den sozialen Aufstieg des Franz Holl vom sprachlosen „Leibeigenen" auf dem Bauernhof seines Vaters zum Germanistik-Studenten in der Stadt Salzburg: *Schöne Tage, Schattseite, Die großen Wörter*.

Die Romane *Auf freiem Fuß, Herrenjahre, Niemandsland* und *Verlauf eines Sommers* von Wolfgruber sind ebenso wie die Romane Innerhofers literarische Verarbeitungen eigener Erfahrungen.

Peter Handke beginnt mit seinen Romanen *Die Angst des Tormanns beim Elfmeter* und *Wunschloses Unglück*, beide Texte sind in den frühen 70er-Jahren erschienen, fortlaufend und subjektbezogen zu erzählen (**neue Innerlichkeit**).

Der in Steyr (Oberösterreich) geborene Autor **Erich Hackl** feiert mit *Auroras Anlass, Abschied von Sidonie* und *Sara und Simón* große Erfolge bei Kritik und Publikum.

Wichtige Neuerscheinungen in den 80er-Jahren sind auch *Einer* von **Norbert Gstrein** und die Romane von **Christoph Ransmayr**: *Die Schrecken des Eises und der Finsternis* und *Die letzte Welt*.

Andere wichtige österreichische Autoren der späten 70er- und 80er-Jahre sind: **Erich Fried** (*Gedanken in und an Deutschland, Liebesgedichte*); **Waltraut Anna Mitgutsch** (*Die Züchtigung, Das andere Gesicht*); **Felix Mitterer** (*Kein schöner Land, Die Kinder des Teufels, Sibirien*); **Peter Rosei** (*Die Wolken, Der Aufstand*); **Julian Schutting** (*Hundegeschichte, Traumreden*); **Brigitte Schwaiger** (*Der Himmel ist süß, Schönes Licht*).

Die 90er-Jahre – Ausschnitte neuerer österreichischer Dichtung

Die Literatur der 90er-Jahre zeichnet sich durch keine einheitliche Richtung, keine Tendenzen besonderer Art aus. Vor allem in der Lyrik wird von einer „neuen Innerlichkeit" gesprochen, in Roman und Erzählung von „Neorealismus". Dieser Pluralismus in der Literatur entspricht dem allgemeinen politisch-gesellschaftlichen Trend.

Neuere österreichischer Dramatik – Ein Überblick

Mit dem Tod von **Thomas Bernhard** im Jahre 1989 geht ein bedeutender Abschnitt der österreichischen Theatergeschichte zu Ende. In seinem umfangreichen dramatischen Gesamtwerk – Bernhard schreibt zwanzig Bühnenwerke – variiert der Autor von Stück zu Stück seine Grundthemen: den aussichtslosen Kampf gegen Krankheit, Verfall und Tod, die Auseinandersetzung mit der nationalsozialistischen Vergangenheit Österreichs, die Machtrituale zwischen voneinander abhängigen Menschen, das Streben des Künstlers nach Perfektion in einer kunst- und kulturfeindlichen Welt und seine Kritik an der österreichischen Politik und am Kulturbetrieb in diesem Land.

Nach Thomas Bernhards Stücken werden nun die von **Peter Turrini** am Wiener Burgtheater unter der Regie von Claus Peymann uraufgeführt (*Tod und Teufel*, 1990; *Alpenglühen*, 1993; *Die Schlacht um Wien*, 1995).

Die überzeugte Feministin **Marlene Streeruwitz** versteht ihre antipsychologischen Theatertexte als Kampfansage an die klassische Dramatik. Die Handlung ihrer Dramen spielt immer an öffentlichen Orten, wo die Autorin die alltägliche Gewalt in Szene setzt: *Waikiki Beach*, 1992; *Sloane Square*, 1992; *New York. New York.*, 1993; *Elysian Park.*, 1993; *Ocean Drive.*, 1993; *Brahmsplatz.*, 1995.

Auch **Elfriede Jelinek**, 2004 mit dem Nobelpreis für Literatur ausgezeichnet, schreibt gezielt gegen den Kanon der traditionellen Theaterästhetik und versucht durch Dekonstruktion von Sinnzusammenhängen und durch Verfremdung der dramatischen Form (z. B. Montagetechnik) auf die Unterdrückung der Menschen – die Hauptopfer seien die Frauen – im Rahmen der modernen Konsum- und Mediengesellschaft hinzuweisen, darunter *Clara S.*, eine musikalische Tragödie, in der Jelinek die Stellung der Künstlerin in der bürgerlichen Gesellschaft thematisiert, *Burgtheater*, eine Posse mit Gesang, die in den Jahren 1941 bis 1945 spielt und sich mit der faschistischen Anfälligkeit prominenter österreichischer SchauspielerInnen auseinandersetzt, oder *Wolken.Heim*, eine Textkollage, die ebenfalls Jelineks Engagement gegen Faschismus, politischen Opportunismus und „Vergesslichkeit" in Bezug auf die faschistische Vergangenheit Österreichs unterstreicht. Mit *Raststätte oder Sie machens alle, Stecken, Stab und Stangl – Eine Handarbeit* (1996) und *Ein Sportstück* (1998) festigt Elfriede Jelinek in den Neunzigerjahren ihren Ruf als bedeutende deutschsprachige Schriftstellerin der Gegenwart.

Der Grazer **Werner Schwab** ist mit den Uraufführungen seiner beiden ersten „Fäkaliendramen" *Die Präsidentinnen* und *Volksvernichtung oder Meine Leber ist sinnlos* der Shooting-Star des deutschsprachigen Theaters der Saison 1991/92. Bis zu seinem Tod produziert Schwab 18 Stücke, darunter *Der reizende Reigen nach dem Reigen des reizenden Herrn Arthur Schnitzler*, von denen die Hälfte erst nach seinem Tod aufgeführt werden.

Der Oberösterreicher **Franzobel** (geb. 1967) ist v. a. als Theaterautor erfolgreich, z. B. *Mayerling. Die österreichische Tragödie, Mozarts Vision, Der Narrenturm* und zuletzt *Hunt oder Der totale Februar* und *Z!PF oder Die dunkle Seite des Mondes.*

Neuere österreichische Prosa – Romane nach 1995

1995 erscheinen *Morbus Kitahara* von **Christoph Ransmayr**, *Sara und Simón* von **Erich Hackl**, *Opernball* von **Josef Haslinger**, *Der See* von **Gerhard Roth**, *Schubumkehr* von **Robert Menasse**, *Telemach* von **Michael Köhlmeier**, *Die Kinder der Toten* von **Elfriede Jelinek**, *Der Kommerzialrat* von **Norbert Gstrein**, 1996 *Verführungen* von **Marlene Streeruwitz**, 1997 *In einer dunklen Nacht ging ich aus meinem stillen Haus* von **Peter Handke**, *Kalypso* von **Michael Köhlmeier**, 1998 *Das Jüngste Gericht des Michelangelo Spatz* von **Michael Scharang**, *Die Luftgängerin* von **Robert Schneider**, *Der Plan* von **Gerhard Roth**, *Vermutungen über die Liebe in einem fremden Haus* von **Ulrike Längle**, 1999 *Die englischen Jahre* von **Norbert Gstrein**, *Nachwelt* von **Marlene Streeruwitz** und *Entwurf einer Liebe auf den ersten Blick* von **Erich Hackl**.

Nach der Jahrtausendwende erscheinen u. a. *Geh mit mir, Der Spielverderber Mozarts* und *Abendland* von **Michael Köhlmeier**, *Gier* und *Neid (Privatroman)* von **Elfriede Jelinek**, *Natura morta* und *Leichnam, seine Familie belauernd* von **Josef Winkler**, *Der Berg, Der Strom* und *Das Labyrinth* von **Gerhard Roth**, *Das Vaterspiel* von **Josef Haslinger**, *Die Hochzeit von Auschwitz, Anprobieren eines Vaters* und *Als ob ein Engel* von **Erich Hackl**, *Das Handwerk des Tötens* von **Norbert Gstrein**, *Die Vertreibung aus der Hölle* und *Don Juan de la Mancha* von **Robert Menasse**, *Lusthaus oder die Schule der Gemeinheit* und *Liebesgeschichte* von **Franzobel**, *Die Stunde der wahren Empfindung, Mein Jahr in der Niemandsbucht, Don Juan (erzählt von ihm selbst)* und *Kali. Eine Vorwintergeschichte* von **Peter Handke**.

Junge, von der Literaturkritik ernst genommene österreichische Erzähler sind u. a. **Daniel Kehlmann, Paulus Hochgatterer, Thomas Glavinic, Daniel Glattauer, Arno Geiger, Ernst Molden** und **Martin Amanshauser**.

Personenregister

Sachregister

Literaturverzeichnis

Autoren- und Quellenverzeichnis

9: Kißling, Walter (Hg.): Deutsche Literatur in Epochen. Stuttgart 1989, S. 18

13: Schlunk, Andreas/Giersch, Robert: Die Ritter. Geschichte Kultur Alltagsleben. Begleitbuch zur Ausstellung „Die Ritter" im Historischen Museum der Pfalz Speyer, März - Oktober 2003. Stuttgart 2003, S. 16

15: Bumke, Joachim: Höfische Kultur. Literatur und Gesellschaft im hohen Mittelalter. München 1990, S. 413f.

18: Bertau, Karl (Übersetzer): Des Minnesangs Frühling. Deutsche Literatur im europäischen Mittelalter. München 1972, S. 367

19: Ebd., S. 367

21 - 1: Ebd., S. 704

21 - 2: Ebd., S. 754

22 - 1: Haug, Walter: Deutsche Lyrik des frühen und hohen Mittelalters. Edition der Texte und Kommentare Ingrid Kasten. Übersetzungen von Margherita Kuhn. Deutscher Klassiker Verlag, Frankfurt/Main 1995, S. 442f.

22 - 2: Ebd., S. 443

25: Eschenbach, Wolfram von; Parzival: Band II. Nach der Ausgabe Karl Lachmanns revidiert und kommentiert von Eberhard Nellmann. Übertragen von Dieter Kühn. Frankfurt/Main 1994, S. 409

26: Ebd., Band I, S. 287f.

27: Ebd., Band I, S. 401

28: Ebd., S. 827 und S. 829

29: Boor, Helmut de (Übersetzer und Hg.): Das Nibelungenlied. Zweisprachige Ausgabe. Bremen 1959, S. 7

30 - 1: Ebd., S. 191

30 - 2: Ebd., S. 691f.

42: Luther, Martin: Sendbrief vom Dolmetschen: Stuttgart 1962

45 - 1: Fleming, Paul; In: Maché, Ulrich/Maid, Volker (Hg.): Gedichte des Barock. Stuttgart 1980, S. 62f

45 - 2: Fleming, Paul; In: Heise, Ursula u.a. (Bearbeiterin): Gedichte. Von den Anfängen bis in die Gegenwart. Stuttgart 1985, S. 66

47: Hofmann von Hofmannswaldau, Christian; In: Best, Otto F./Schmitt, Hans-Jürgen (Hg.): Die deutsche Literatur in Text und Darstellung. Band 4 Barock. Stuttgart 1979, S. 71

49 - 1: Zesen, Philipp von; In: Grabert, Willi-Arno u.a.: Geschichte der deutschen Literatur. München 1990, S. 75

49 - 2: Gryphius, Andreas; In: Best, Otto F./Schmitt, Hans-Jürgen (Hg.): Die deutsche Literatur in Text und Darstellung. Band 4 Barock. Stuttgart 1979, S. 69

50: Greiflinger, Georg; ebd., S. 91f.

51 - 1: Logau, Friedrich von; ebd., S. 135

51 - 2: Silesius, Angelus; ebd., S. 140f.

54: Grimmelshausen, Hans Jacob Christoffel von; In: Müller, Ulrich u.a. (Bearbeiter): Lesebuch. Vom Barock bis zur Gegenwart. Stuttgart 1985, S. 5

59 - 1: Birken, Sigmund von; In: Dencker, Klaus Peter: Textbilder - visuelle Poesie - inter-national. DuMont Verlag, Köln 1972

59 - 2: Harsdörffer, Georg Philipp; In: Reichartz, Peter (Hg.): Experimentelle und Konkrete Poesie. Vom Barock zur Gegenwart. Stuttgart 1981

59 - 3: Novalis; ebd.

59 - 4: Ebd.

60 - 1: Heißenbüttel, Helmut; In: Theater heute 6/1965, S. 23f

60 - 2: Dencker, Klaus Peter: Textbilder - visuelle Poesie - international. DuMont Verlag, Köln 1972

60 - 3: Ebd.

61 - 1: Morgenstern, Christian; In: Morgenstern, Margareta / Morgenstern, Christian: Gesammelte Werke. Piper Verlag, München, 1965

61 - 2: Christian Morgenstern; ebd.

61 - 3: Bremer, Claus; In: Dencker, Klaus Peter: Textbilder - visuelle Poesie - international. DuMont Verlag, Köln 1972

61 - 4: Kornfeld, Theodor; ebd.

61 - 5: Bremer, Claus; ebd.

62: Ernst Jandl; In: Gomringer, Eugen: konkrete poesie. Reclam Verlag, Stuttgart, 1972

63: Bremer, Claus; In: Kopfermann, Thomas (Hg): Theoretische Positionen zur konkreten Poesie. Tübingen 1974, S. 7

65 - 1: Arnold, Heinz Ludwig (Hg.): Kritisches Lexikon der Gegenwartsliteratur. München 1978 ff. S. 5

65 - 2: Ebd., S. 2

65 - 3: Gomringer, Eugen; In: Zur Sache der konkreten I. konkrete poesie. St. Gallen 1988, S. 11

66 - 1: Gomringer Eugen; ebd.

66 - 2: Gomringer Eugen; ebd.

66 - 3: Ernst Jandl; ebd.

68: Kant, Immanuel; In: Königlich Preußische Akademie der Wissenschaften, Erste Abteilung (Hg.): Kants gesammelte Schriften. Werke, Band 8. Berlin 1912, S. 35f.

71: Gottsched, Johann Christoph; In: Versuch einer Critischen Dichtkunst. Leipzig 1751, Nachdruck Darmstadt 1962, S. 161

72: Gottsched, Johann Christoph; In: Zmegač Christian, Viktor (Hg.): Geschichte der deutschen Literatur vom 18. Jahrhundert bis zur Gegenwart. Band 1/2. Frankfurt/Main, 1978, S. 62f.

73: Wieland, Christoph Martin; In: Grimminger, Rolf (Hg.): Sozialgeschichte der deutschen Literatur. Band 3: Deutsche Aufklärung bis zur Französischen Revolution 1680-1789, Wien - München 1987, S. 170

76: Lessing/Mendelssohn/Nicolai; In: Schulte-Sasse, Jochen (Hg): Briefwechsel über das Trauerspiel. München 1972, S. 80

77 - 1: Lessing, Gotthold Ephraim; In: Grimminger, Rolf (Hg.): Sozialgeschichte der deutschen Literatur. Band 3: Deutsche Aufklärung bis zur Französischen Revolution 1680-1789, Wien - München 1987, S. 319

77 - 2: Lessing, Gotthold Ephraim: Nathan, der Weise. Stuttgart 1979, S. 75

81: Lessing, Gotthold Ephraim: Emilia Galotti, Stuttgart 1981, S. 22ff

83: Schiller, Friedrich von: Kabale und Liebe. Stuttgart 1978, S. 29f

85: Hebbel, Friedrich: Maria Magdalene. Stuttgart 1986, S. 29

88: Schnitzler, Arthur: Ausgewählte Werke. Liebelei und andere Bühnenwerke. Frankfurt/Main 1962, S. 144ff

89: Goethe, Johann Wolfgang von; In: Reinoß, Herbert (Hg.): Johann Wolfgang Goethe. Werke in 4 Bänden, Band 3. München - Wien 1982, S. 10f. und 106f.

92: Herder, Johann Gottfried; In: Grabert, Willi-Arno u.a.: Geschichte der deutschen Literatur. München 1990, S. 102

94 - 1: Wieland, Christoph Martin; In: Saalfeld, Lerke von u.a.: Geschichte der deutschen Literatur. München 1989, S. 200

94 - 2: Goethe, Johann Wolfgang; In: Best, Otto F./ Schmitt, Hans-Jürgen: Die deutsche Literatur in Text und Darstellung. Band 6, Sturm und Drang und Empfindsamkeit. Stuttgart 1976, S. 45

95: Lavater, Johann Caspar; In: Müller, Ulrich u.a. (Bearbeiter): Lesebuch. Vom Barock bis zur Gegenwart. Stuttgart 1985, S. 55

99 - 1: Schubart, Christian Friedrich Daniel; In: Saalfeld, Lerke von u.a.: Geschichte der deutschen Literatur. München 1989, S. 214

99 - 2: Lenz, Jakob Michael Reinhold; ebd., S. 205

101: Goethe, Johann Wolfgang von: Götz von Berlichingen. Stuttgart 1974, S. 110

102: Unbekannter Verfasser

103: Schiller, Friedrich von: Die Räuber. Stuttgart 1965, S. 138

105: Goethe, Johann Wolfgang von; In: Trunz, Erich (Hg.): Goethes Werke. Hamburger Ausgabe in 14 Bänden, Band 1: Gedichte und Epen 1. 16. Aufl., München 1966, S. 271

106: Goethe, Johann Wolfgang von; In: Goethes sämtliche Werke. Jubiläumsausgabe Band 2. Gedichte (zweiter Teil). Stuttgart - Berlin o. J., S. 59f.

107: Goethe, Johann Wolfgang von; In: Segebrecht, Wulf (Hg.): Gedichte und Interpretationen. Bd. 3. Klassik und Romantik Stuttgart 1984, S. 23 f.

108: Bürger, Gottfried August; In: Best, Otto F./ Schmitt, Hans-Jürgen: Die deutsche Literatur in Text und Darstellung. Band 6. Stuttgart 1976, S. 150

112: Herder, Johann Gottfried; In: Bark, Joachim u.a. (Hg.): Epochen der deutschen Literatur. Stuttgart 1989, S. 165

114: Goethe, Johann Wolfgang von: Iphigenie. Stuttgart 1988, S. 50f.

116: Schiller, Friedrich von: Don Carlos. Stuttgart 1977, S. 103ff

117: Goethe, Johann Wolfgang von: Werke. Hamburger Ausgabe. Band 1. München 1978, S. 242f.

118 - 1: Goethe, Johann Wolfgang von; ebd., Band 1, S. 391

118 - 2: Killy, Walter: Wandlungen des lyrischen Bildes. Göttingen 1958, S. 11f.

124: Henning, H. (Hg.): Historia von D. Johann Fausten dem weitbeschreiten Zauberer und Schwarzkünstler. Textfassung von Elvira Pradel nach dem Neudruck des Faustbuches von 1587. Wiesbaden 1981, S. 130f.

125: Goethe, Johann Wolfgang von: Faust. Der Tragödie erster Teil. Stuttgart 1974

130: Goethe, Johann Wolfgang von: Sämtliche Werke. Band 10. München - Zürich 1977, S. 183ff.

131: Leben und Sterben der Kindesmörderin Susanna Margaretha Brandt. Frankfurt/Main 1973, S. 38ff.

134: Kleist, Heinrich von; In: Günzel, Klaus: Kleist. Ein Lebensbild in Briefen und zeitgenössischen Berichten. Stuttgart 1986, S. 399

135: Kleist, Heinrich von; ebd., S. 131f.

136: Kleist, Heinrich von; In: Sembdner, Helmut (Hg.): Werke in zwei Bänden, Band I/II. München - Wien 1977, 176ff.

139: Ebd., S. 186f.

140: Sembdner, Helmut (Hg): Heinrich von Kleists Lebensspuren. Dokumente und Berichte der Zeitgenossen. Neuausgabe. Frankfurt/Main 1977, S. 185 und 187.

141: Kleist, Heinrich von; In: Sembdner, Helmut (Hg.): Werke in zwei Bänden, Band II/II. München - Wien 1977, S. 9

143: Hölderlin, Friedrich; In: Zmegač, Viktor (Hg.): Geschichte der deutschen Literatur vom 18. Jahrhundert bis zur Gegenwart. Band 1/2. Frankfurt/Main, 1978ff., S. 80

144 - 1: Hölderlin, Friedrich; In: Beißner, Friedrich (Hg.): Sämtliche Werke. Zweiter Band, zweites Buch. Stuttgart 1957, S. 253f.

144 - 2: Hölderlin, Friedrich; In: Mieth, Günter (Hg.): Werke in zwei Bänden. Band I/II. München - Wien 1978. S. 345

145: Jandl, Ernst; In: Frankfurter Allgemeine Zeitung vom 12.1.1991

147: Eichendorff, Joseph von; In: Bark, Joachim u.a. (Hg.): Epochen der deutschen Literatur. Stuttgart 1989, S. 207

151: Novalis; In: Mähl, Hans-Joachim/Samuel, Richard (Hg.): Novalis: Werke, Tagebücher und Briefe Friedrich von Hardenbergs. Zwei Bände. München 1978, Band 1, S. 153

152: Hoffmann, E.T.A; Der goldene Topf: Ein Märchen aus der neuen Zeit. Wien 1949, S. 142f

153: Hoffmann, E.T.A: Der Sandmann: Das öde Haus. Stuttgart 1969, S. 9f.

154 - 1: Hoffmann, E.T.A; ebd.; S. 20f

154 - 2: Hoffmann, E.T.A; ebd., S. 36

156 - 1: Chamisso, Adelbert von: Peter Schlemihls wundersame Geschichte. Stuttgart 1975, S. 104f

156 - 2: Ebd., S. 57

157: Eichendorff, Joseph von: Aus dem Leben eines Taugenichts. Stuttgart 1970, S. 24

158: Ebd., S. 10f

160: Günderode, Karoline von; In: Müller, Ulrich u.a. (Bearbeiter): Lesebuch. Vom Barock bis zur Gegenwart. Stuttgart 1985, S. 128

166 - 1: Wolf, Christa; Kassandra. Darmstadt, o. J., S. 121f.

166 - 2: Ebd., S. 158

167 - 1: Wolf, Christa; In: Sauer, Klaus (Hg.): Christa Wolf. Materialienbuch. Darmstadt 1983, S. 63

167 - 2: Kleist, Heinrich von: Marquise von O... Carl Hanser Verlag Verlag, München - Wien 1977, S. 125f.

169 - 1: Flaubert, Gustave: Madame Bovary. Haffmanns Verlag, Zürich 2001, S. 68

169 - 2: Ebd., S. 91f.

169 – 3: Ebd., S. 444

170: Fontane, Theodor: Effi Briest. Reclam, Stuttgart 1996, S. 289f.

171: Fontane, Theodor; ebd., S. 312f.

172: Keun Irmgard: Das kunstseidene Mädchen. List Taschenbuch in den Ullstein Buchverlagen, Berlin 8. Auflage 2007, S. 143 und 144

173: Haushofer, Marlen: Die Wand. claassen Verlag, Düsseldorf 1983, S. 7f

174 - 1: Ebd., S. 275

174 - 2: Brasme, Anne-Sophie: Dich schlafen sehen. Goldmann, München 2. Auflage 2003, S. 18f. Aus dem Französischen von Reiner Pfleiderer ©2001 by Librairie Arthème Fayard, Paris.

175 - 1: Ebd., S. 107

175 - 2: Ebd., S. 191f.

176 - 1: Grän, Christine: Hurenkind. Bertelsmann, München 2001, S. 71 und 177

176 - 2: Ebd., S. 160 und S. 189

177 - 1: Jenny, Zoe: Das Blütenstaubzimmer. Frankfurter Verlagsanstalt, Frankfurt/Main 1997, S. 15ff.

177 - 2: Ebd., S. 25ff.

179 - 1: Naters, Elke: Königinnen. Kiepenheuer & Witsch, Köln 2000, S. 52

179 - 2: Ebd., S. 18f.

179 - 3: Ebd., S. 27

179 - 4: Ebd., S.151

180: Duve, Karen: Regenroman. Eichborn Verlag, Frankfurt 1999, S. 8

181: Ebd., S. 36f.

182: Moser, Milena: Blondinenträume. Reinbek 1994, S. 242

183: Immermann, Karl; In: Müller, Ulrich u.a. (Bearbeiter): Lesebuch. Vom Barock bis zur Gegenwart. Stuttgart 1985, S. 172

186: Droste-Hülshoff, Annette von; In: Heise, Ursula u.a. (Bearbeiterin): Gedichte. Von den Anfängen bis in die Gegenwart. Stuttgart 1985, S. 158

187: Mörike, Eduard; ebd., S. 149

188: Heine, Heinrich; ebd., S. 142

189: Heine, Heinrich; Deutschland. Ein Wintermärchen. Stuttgart 1977, S. 7f.

190: Heine, Heinrich; In: Heilbronn, Dieter: Heinrich Heine. Ein Land im Winter. Berlin 1980, S. 182

193: Büchner, Georg; Dichtungen. Wiesbaden 1953, S. 171ff.

197 - 1: Dronke, Ernst; In: Hermes, Eberhard: Abiturwissen Lyrik. Stuttgart 1988, S. 98

197 - 2: Weerth, Georg; ebd.

197 - 3: Riha, Karl; ebd.

198: Grillparzer, Franz; In: Häntzschel, Günter (Hg.): Gedichte und Interpretationen. Band 4. Vom Biedermeier zum Bürgerlichen Realismus. Stuttgart 1983, S. 108

199: Roth, Joseph; Das neue Tage-Buch. In: Burgtheater. Programmbuch Nr. 70: Franz Grillparzer, König Ottokars Glück und Ende. Wien 1991, S. 3f.

200: Grillparzer, Franz; In: Burgtheater. Programmbuch Nr. 70: Franz Grillparzer, König Ottokars Glück und Ende. Wien 1991, S. 37f.

201: Grillparzer, Franz. Der Traum ein Leben. Stuttgart 1982, S. 13f.

202: Grillparzer, Franz: ebd., S. 90f.

204: Stifter, Adalbert; Müller, Ulrich u.a. (Bearbeiter): Lesebuch. Vom Barock bis zur Gegenwart. Stuttgart 1985, S. 159f.

205: Lenau, Nikolaus; In: Grabert, Willi-Arno u.a.: Geschichte der deutschen Literatur. München 1990, S. 193

211 - 1: Raimund, Ferdinand: Der Verschwender. Stuttgart 1981, S. 76

211 - 2: Grillparzer, Franz: Der Traum ein Leben. Stuttgart 1982, S. 91

212: Nestroy, Johann Nepomuk: Der Talisman.

213: Nestroy, Johann Nepomuk: Der Talisman.

216: Kroetz, Franz Xaver; In: Ein Lesebuch. Hamburg 1982, S. 11f.

218 - 1: Turrini, Peter: Die Minderleister. Burgtheater Wien, Programmbuch Nr. 32, Wien 1988, S. 29f. u. S. 42f.

218 - 2: Turrini, Peter: Theater-Phönix-Zeitung Nr. 31. Linz 1990

221 - 1: Brecht, Bertolt; In: Lecke, Bodo (Hg.): Projekt Deutschunterricht. Band 8. Politische Lyrik. Stuttgart 1974

221 - 2: Törne, Volker von; ebd.

221 - 3: Kunert, Günter: Erinnerungen an einen Planeten. München 1963, S 23

221 - 4: Astel, Arnfried; In: Lecke, Bodo (Hg.): Projekt Deutschunterricht. Band 8. Politische Lyrik. Stuttgart 1974

222 - 1: Heine, Heinrich; ebd., S. 9

222 - 2: Brentano, Clemens; ebd., S. 4

222 - 3: Abbe, Ernst; ebd., S. 8

224: Dehmel, Richard; ebd., S. 18

225: Brecht, Bertolt: Gesammelte Werke. Band 9. Frankfurt/M 1967, S. 743f.

226 - 1: Brecht, Bertolt; In: Neis, Edgar: Politsch-soziale Zeitgedichte. Hollfeld 1978, S. 59

226 - 2: Holzapfel, Carl Maria; Einer baut einen Dom. Berlin 1934, S. 48

227: Himmler, Heinrich; In: Hofer, Walter: Der Nationalsozialismus. Dokumente 1933-1945. Frankfurt am Main, o. J., S. 113

228: Paul Celan: Ausgewählte Gedichte. Stuttgart 1982, S. 18

229: Kramer, Theodor; In: Chvojka, Erwin (Hg.); Theodor Kramer. Gesammelte Gedichte 1. Wien - München - Zürich 1984, S. 294

231: Enzensberger, Hans Magnus; In: Lecke, Bodo (Hg.): Projekt Deutschunterricht. Band 8. Politische Lyrik. Stuttgart 1974, S. 31

235: Fontane, Theodor; In: Best, Otto F./Schmitt, Hans-Jürgen (Hg.): Die deutsche Literatur in Text und Darstellung. Band 11. Stuttgart 1976, S. 56

237 - 1: Haida, Peter; Stundenblätter Keller. Romeo und Julia auf dem Dorfe. Stuttgart 1989, S. 7

237 - 2: Keller, Gottfried: Romeo und Julia auf dem Dorfe. Stuttgart 1949, S. 3

239: Storm, Theodor: Der Schimmelreiter

242: Storm, Theodor; In: Müller, Ulrich u.a. (Bearbeiter): Lesebuch. Vom Barock bis zur Gegenwart. Stuttgart 1985, S. 178

243: Storm, Theodor; In: Best, Otto F./Schmitt, Hans-Jürgen (Hg.): Die deutsche Literatur in Text und Darstellung. Band 11. Stuttgart 1976, S. 284

244: Keller, Gottfried; In: Heselhaus, Clemens (Hg.): Keller, Gottfried: Sämtliche Werke und ausgewählte Briefe. 3 Bände. München 1963, S. 251

245: Ebner-Eschenbach, Marie von; In: Klein, Johannes (Hg.): Erzählungen, autobiographische Schriften. München o. J., S. 113

247: Saar, Ferdinand von; In: Brandstetter, Alois (Hg.): Österreichische Erzählungen des 19. Jahrhunderts. Salzburg, Wien 1986, S. 256f.

247 - 2: Saar, Ferdinand von; ebd., S. 290

250 - 1: Fried, Erich: Es ist, was es ist. Liebesgedichte, Angstgedichte, Zorngedichte. Berlin 1986, S. 43

250 - 2: Kiwus, Karin; In: Binneberg, Kurt: Liebeslyrik. Stuttgart 1989, S. 24

251 - 1: Pfennig, Jörn: Grundlos zärtlich. Gedichte. München 1979, S. 32

251 - 2: Hahn, Ulla: Herz über Kopf. Stuttgart 1981, S. 23

252: Bachmann, Ingeborg; In: Wagener, Hans (Hg.): Deutsche Liebeslyrik. Stuttgart 1982, S. 303f.

253: Kästner, Erich; ebd., S. 271

254: Hofmannsthal, Hugo von; ebd., S. 237

256 - 1: Liliencron, Detlev von; In: Wagener, Hans (Hg.): Deutsche Liebeslyrik. Stuttgart 1982, S. 226

256 - 2: Kiwus, Karin: Angenommen später. Gedichte. Frankfurt/Main 1979, S. 46

256 - 3: Meyer, Conrad Ferdinand; ebd., S. 223

257: Eichendorff, Joseph von; ebd., S. 183

258 - 1: Brentano, Clemens; ebd., S. 161f.

258 - 2: Goethe, Johann Wolfgang; ebd. S. 127f.

259: Goethe, Johann Wolfgang; In: Bark, Joachim u. a. (Hg.): Epochen der deutschen Literatur (Gesamtausgabe). Stuttgart 1990, S. 119

260: Opitz, Martin; In: Wagener, Hans (Hg.): Deutsche Liebeslyrik. Stuttgart 1982, S. 62f.

262: Harden, Maximilian; In: Saalfeld, Lerke von u.a.: Geschichte der deutschen Literatur. München 1989, S. 471

263: Holz, Arno; ebd., S. 475

265 - 1: Henckell, Karl; In: Best, Otto F./Schmitt, Hans-Jürgen (Hg.): Die deutsche Literatur in Text und Darstellung. Band 12. Naturalismus. Stuttgart 1976, S. 193

265 - 2: Holz, Arno; In: Rothmann, Kurt: Kleine Geschichte der deutschen Literatur. Stuttgart 1985, S. 207

266: Holz, Arno; In: Hartung, Harald (Hg.): Gedichte und Interpretationen. Band 5. Stuttgart 1983, S. 81

267: Holz, Arno/Schlaf, Johannes; Papa Hamlet. Ein Tod. Stuttgart 1972, S. 61f.

268: Hauptmann, Gerhart: Bahnwärter Thiel. Stuttgart 1955. S. 18f.

270: Hauptmann, Gerhart: Vor Sonnenaufgang. Frankfurt/Main 1959, S. 7f.

275: Baudelaire, Charles; In: Sahlberg, Oskar (Hg.): Gedichte der Revolution 1848. Verlag Klaus Wagenbach, Berlin 1977, S. 32

277: Rilke, Rainer Maria; In: Kranz, Friedrich: Wege zum Abituraufsatz 1. Gedichtinterpretationen. München 1972, S. 82

280: Schnitzler, Arthur; In: Scheible, Hartmut; Schnitzler. Reinbek 1976, S. 65

282: Wunbarg, Gotthart: Die Wiener Moderne. Literatur, Kunst und Musik zwischen 1890 und 1910. Stuttgart 1981, S. 137

283: Schnitzler, Arthur: Ausgewählte Werke. Leutnant Gustl und andere Erzählungen. Frankfurt/Main 1961, S. 115ff.

286: Hesse, Hermann: Der Steppenwolf. Frankfurt/Main 1972, S. 47f.

289: Hoddis, Jakob van; In: Glaser, Horst Albert (Hg): Deutsche Literatur. Eine Sozialgeschichte. Band 8: Reinbek 1987, S. 315

290: Pinthus, Kurt; In: Jahrbuch "Die Erhebung" 1919

291: Marinetti, Filippo Tommaso; In: Zmegač, Viktor (Hg.): Geschichte der deutschen Literatur vom 18. Jahrhundert bis zur Gegenwart. Band II/2. Frankfurt/Main, S. 420

296: Trakl, Georg: Das dichterische Werk. München 1974, S. 94f.

297 - 1: Lasker-Schüler, Else: Gesammelte Werke. 3 Bände. Band 1: Gedichte. München 1984, S. 164

297 - 2: Lasker-Schüler, Else; ebd., S. 337

299: Heym, Georg: Gedichte und Prosa. Frankfurt/Main - Hamburg 1962, S. 14

300: Benn, Gottfried; In: Schünemann, Peter: Gottfried Benn. München 1977, S. 39

301: Strindberg, August; In: Zmegač, Viktor (Hg.): Geschichte der deutschen Literatur vom 18. Jahrhundert bis zur Gegenwart. Band II/2. Frankfurt/Main, S. 467

305: Kaiser Wilhelm II.; In: Glaser, Horst Albert (Hg): Deutsche Literatur. Eine Sozialgeschichte. Band 8. Reinbek 1987, S. 8

307: Mann, Thomas; In: Kurzke, Hermann: Thomas Mann. Epoche-Werk-Wirkung. München 1985, S. 24

309 - 1: Mann, Thomas: Die Buddenbrooks. Verfall einer Familie. Frankfurt/Main 1974, S. 409

309 - 2: Mann, Thomas; ebd., S. 8

310: Mann, Thomas; ebd., S. 339

311: Mann, Thomas; ebd., S. 511 und 443

312: Mann, Heinrich: Der Untertan. München 1974

318: Ossietzky, Carl von; In: Beutin, Wolfgang u.a.; Deutsche Literaturgeschichte. Von den Anfängen bis zur Gegenwart. Stuttgart 1989, S. 346

319: Döblin, Alfred; In: Zmegač, Viktor (Hg.): Geschichte der deutschen Literatur vom 18. Jahrhundert bis zur Gegenwart. Band III/1. Frankfurt/Main, S. 20

322 - 1: Bronnen, Arnolt; In: Glaser, Horst Albert (Hg.): Deutsche Literatur. Eine Sozialgeschichte. Band 9. Reinbek 1987, S. 176

322 - 2: Kracauer, Siegfried; In: Beutin, Wolfgang u.a.; Deutsche Literaturgeschichte. Von den Anfängen bis zur Gegenwart. Stuttgart 1989, S. 370

322 - 3: Döblin, Alfred: Berlin Alexanderplatz. Frankfurt /Main 1975, S. 9f.

323: Döblin, Alfred; ebd., S. 501

324: Benjamin, Walter: Krisis des Romans. 1930

325: Remarque, Erich Maria: Im Westen nichts Neues. Frankfurt/Main - Berlin 1989, S. 15 und 203f.

326 - 1: Zöberlein, Hans; In: Müller, Hans: Der Krieg und die Schriftsteller. Der Kriegsroman der Weimarer Republik. Stuttgart 1986, S. 68f.

326 - 2: Zuckmayer, Carl; ebd., S. 76

327 - 1: Jünger, Ernst: In Stahlgewittern. Stuttgart 1986, S. 58f.

327 - 2: Ebd., S. 158f.

328: Ebd., S. 79f.

329: Kästner, Erich: Gesang zwischen den Stühlen. München o. J.

330: Tucholsky, Kurt: Gesammelte Werke 1925-1926. Band 4. Reinbek 1975, S. 199

334: Brecht, Bert; In: Heise, Ursula u.a.; (Bearbeiter); Gedichte. Von den Anfängen bis zur Gegenwart. Stuttgart, S. 226

335: Brecht, Bert; In: Heise, Ursula u.a. (Bearbeiter); Gedichte. Von den Anfängen bis zur Gegenwart. Lehrerheft. Stuttgart 1986, S. 96

337: Brecht, Bertolt: Gesammelte Werke in 20 Bänden, Bd. 17. Frankfurt/Main 1973, S. 1009f.

341: Brecht, Bertolt; In: Heise, Ursula u.a.; (Bearbeiter); Gedichte. Von den Anfängen bis zur Gegenwart. Stuttgart, S. 238

342: Ebd., S. 244

344: Brecht, Bertolt: Leben des Galilei. Frankfurt/Main 1970, S. 11

347: Fassbinder, Rainer Werner; Literatur und Leben. Rainer Werner Fassbinder zu seinem letzten Film „Querelle". In: Die Zeit Nr. 26, 1982

348: Schlöndorff, Volker; In: Böll, Viktor: Böll und Schlöndorff zur Verfilmung der „Katharina Blum". Praxis Deutsch 57/1983, S. 66

352: Matras, Silvia; „Ein Vorheizer der Hölle" oder ein Erfolgsautor. Zum Werfel Symposium in Wien. Lesezirkel Literaturmagazin. 45, 6. Jg. S. 29

354 - 1: Kraus, Karl; In: Die Fackel, Nr. 98

354 - 2: Kraus, Karl: Die letzten Tage der Menschheit. 2 Bände, München 1969, S. 5

355: Ebd., S. 140ff.

357 - 1: Musil, Robert: Der Mann ohne Eigenschaften. Reinbek 1952

357 - 2: Ebd., S. 9

357 - 3: Ebd., S. 10

360 - 1: Roth, Joseph: Radetzkymarsch. München 1982, S. 154f.

360 - 2: Binder, Hartmut: Motiv und Gestaltung bei Kafka. Bonn 1966, S. 17

361: Kafka, Franz; Sämtliche Erzählungen. Frankfurt/Main 1970, S. 410f.

362 - 1: Ebd., S. 64

362 - 2: Ebd., S. 327

362 - 3: Kafka, Franz: Brief an den Vater. Frankfurt/Main 1975, S. 5ff.

364: Canetti, Elias: Die Blendung. München - Wien 1973, S. 88f.

368 - 1: Zmegač, Viktor (Hg.): Geschichte der deutschen Literatur vom 18. Jahrhundert bis zur Gegenwart. Band III/1. Frankfurt/Main, S. 322

368 - 2: Fricke, Gerhard; In: Göttinger Zeitung vom 11.5.1933/Buck, Theo; Steinbach, Dietrich (Hg.): Tendenzen der deutschen Literatur zwischen 1918 und 1945. Weimarer Republik. Drittes Reich. Exil. München 1985, S. 66

368 - 3: Schnell, Ralf: Literarische Innere Emigration 1933 - 1945. Stuttgart 1976, S. 21

369 - 1: Hitler, Adolf; In: Schnell, Ralf: Kunst und Kultur im deutschen Faschismus. Stuttgart 1978, S. 45

371 - 1: Reichel, Peter: Der schöne Schein des dritten Reiches. Faszination und Gewalt des Faschismus. München - Wien 1991, S. 335

371 - 2: Hohlbaum, Robert; Der Mann aus Chaos (1933). In: Glaser, Horst Albert (Hg): Deutsche Literatur. Eine Sozialgeschichte. Band 9. Reinbek 1987, S. 147

372 - 1: Johst, Hanns; In: Zmegač, Viktor (Hg.): Geschichte der deutschen Literatur vom 18. Jahrhundert bis zur Gegenwart. Band III/1. Frankfurt/Main, S. 327

372 - 2: Bark, Joachim u. a. (Hg.): Epochen der deutschen Literatur (Gesamtausgabe). Stuttgart 1990, S. 483f.

373: Unger, Hellmuth: Opferstunde. Schauspiel in drei Akten. Berlin 1934, S. 35f.

374: Schlosser, J. G: Ich rief das Volk! (Befreiung). Ein chorisches Spiel von der deutschen Schicksalsgemeinschaft. 1935, S. 141

375: Zöberlein, Hans: Der Befehl des Gewissens. Ein Roman von den Wirren der Nachkriegszeit und der ersten Erhebung. München 1938, S. 296f.

376 - 1: Mann, Thomas; In: Arnold, Heinz Ludwig (Hg.): Deutsche Literatur im Exil 1933-1945, 2 Bände. München 1974, S. 253

376 - 2: Grimm, Reinhold/Hermand, Jost (Hg.): Exil und Innere Emigration. Frankfurt/Main 1972, S. 49

377: Wiechert, Ernst: Das einfache Leben. München 1939, S. 76 und S. 390

378: In: Das Wort, Heft 4/5. In: Schnell, Ralf: Literarische Innere Emigration 1933 - 1945. Stuttgart 1976, S. 156

379: Petersen, Jan; In: Beutin, Wolfgang u.a.; Deutsche Literaturgeschichte. Von den Anfängen bis zur Gegenwart. Stuttgart 1989, S. 399

381: Brecht, Bertolt: Gesammelte Gedichte. 4 Bände. Frankfurt/Main 1981, S. 718

383 - 1: Döblin, Alfred; Die deutsche Literatur (im Ausland seit 1933). Ein Dialog zwischen Politik und Kunst. 1938. In: Arnold, Heinz Ludwig (Hg.): Deutsche Literatur im Exil. S. 211

383 - 2: Zoff, Otto: Deutsche Exilliteratur. Band 3. Internierung, Flucht und Lebensbedingungen im Zweiten Weltkrieg. Stuttgart 1978, S. 312

384 - 1: Hermann-Neiße, Max; In: Stephan, Alexander: Die deutsche Exilliteratur 1933-1945. München 1979, S. 146

384 - 2: vgl. Koepke, Wulf; Winkler, Michael (Hg.): Exilliteratur 1933 - 1945. Darmstadt 1989, S. 257f.

385 - 1: Roth, Joseph; ebd.

385 - 2: Brecht, Bertolt: Gesammelte Gedichte. 4 Bände. Frankfurt/Main 1981, S. 663

386: Bloch, Ernst; In: Stephan, Alexander (Hg.): Die deutsche Exilliteratur 1933 - 1945. München 1979, S. 145

391 - 1: Richter, Hans Werner: Deine Söhne Europa - Gedichte deutscher Kriegsgefangener. München 1947, S. 21

391 - 2: Richter, Hans Werner; Die Literatur im Interregnum. In: Der Ruf 1/15, S. 12

391 - 3: Eich, Günter: Gesammelte Werke, Band 1. Frankfurt/Main 1973, S. 35

392: Richter, Hans Werner; In: Zmegač, Viktor (Hg.): Geschichte der deutschen Literatur vom 18. Jahrhundert bis zur Gegenwart. Band III/2. Frankfurt/Main, S. 429

393 - 1: Böll, Heinrich; In: Balzer, Bernd (Hg.): Werke. Essayistische Schriften und Reden 1. 1952-1963, Köln 1978, S. 31ff

393 - 2: Borchert, Wolfgang: Das Gesamtwerk. Reinbek 1985, S. 228f.

394: Ebd., S. 310

395: Schnell, Ralf: Die Literatur der Bundesrepublik. Stuttgart, S. 109

396: Ebd., S. 109

397 - 1: Koeppen, Wolfgang; In: Wehdeking, Volker/Blamberger, Günter: Erzählliteratur der frühen Nachkriegszeit (1945-1952). München 1990, S. 132f.

397 - 2: Grass, Günter: Die Blechtrommel. Danziger Trilogie1. Darmstadt, Neuwied 1981, S. 9

397 - 3: Ebd., S. 10f.

398: Ebd., S. 47

399 - 1: Ebd., S. 209

399 - 2: Enzensberger, Hans Magnus; In: Neuhaus, Volker: Günter Grass „Die Blechtrommel". München 1988, S. 64f.

399 - 3: Grass, Günter: Die Blechtrommel. Danziger Trilogie1. Darmstadt, Neuwied 1981, S. 217f., 261 und 291

400 - 1: Höllerer, Walter; In: Balzer, Bernd u.a.; Die deutschsprachige Literatur in der Bundesrepublik Deutschland. München 1988, S. 181

400 - 2: Benn, Gottfried; In: Schuster, Gerhard (Hg.): Benn, Gottfried: Sämtliche Werke. Stuttgarter Ausgabe, Band 1. Stuttgart 1986, S. 198

401: Eich, Günter: Gedichte. Ausgewählt von Ilse Aichinger, Frankfurt/Main, 1978, S. 56

403: Enzensberger, Hans Magnus: Palaver. Politische Überlegungen (1967 - 1973). Frankfurt/Main 1974, S. 51f.

404 - 1: Schnell, Ralf: Die Literatur der Bundesrepublik. Stuttgart, S. 176

404 - 2: Weiss, Peter: Werke in sechs Bänden, 5. Band. Frankfurt/Main 1991, S. 464-472

406: Weiss, Peter; ebd.; S. 117-120

408: Enzensberger, Hans Magnus: Blindenschrift. Frankfurt/Main 1975, S. 7

409: Brinkmann, Rolf Dieter; In: Balzer, Bernd u.a.; Die deutschsprachige Literatur. S. 399

411: Lenz, Siegfried: Deutschstunde. München 1974, S. 93f. und 154

413: Böll, Heinrich: Ansichten eines Clowns. München 1973, S. 128f., 94 und 31f.

414 - 1: Grass, Günter; In: Balzer, Bernd u.a.; Die deutschsprachige Literatur. S. 399

414 - 2: Chotjewitz, Peter O.; ebd., S. 350

415 - 1: Schmidt, Arno; In: Schnell, Ralf: Die Literatur der Bundesrepublik. Stuttgart, S. 207

415 - 2: Ebd., S. 252

417 - 1: Theobaldy, Jürgen; In: Literaturmagazin, 1975

417 - 2: Theobaldy, Jürgen; In: Bark, Joachim u. a. (Hg.): Epochen der deutschen Literatur (Gesamtausgabe). Stuttgart 1990, S. 659

418 - 1: Vesper, Guntram: Die Inseln im Landmeer. Gedichte. Frankfurt/Main 1984, S. 16

418 - 2: Hahn, Ulla; In: Balzer, Bernd u.a.; Die deutschsprachige Literatur. S. 539

419: Strauß, Botho: Triologie des Wiedersehens. Groß und klein. Berlin 1984, S. 206f.

420: Meckel, Christoph: Suchbild. Über meinen Vater. claassen Verlag, Düsseldorf 1980, S. 55

421 - 1: Novak, Helga, M.: Die Eisheiligen. Frankfurt/Main 1989, S. 5 und 184

421 - 2: Andersch, Alfred: Der Vater eines Mörders. Eine Schulgeschichte. Zürich 1982, S. 65f. und 72f.

422: Novak, Helga M.:Die Eisheiligen. Frankfurt/Main 1989, S. 194f.

423: Ebd., S. 16

425: Bahr, Erhard (Hg.): Geschichte der deutschen Literatur. Kontinuität und Veränderung. Vom Mittelalter bis zur Gegenwart, Band 3. Tübingen - Basel 1998, S. 502f.

426 - 1: Arnold, Heinz Ludwig (Hg): Die deutsche Literatur seit 1945. Seelenarbeiten 1978 - 1983. München 1998, S. 11f.

426 - 2: Hein, Christoph: Die Ritter der Tafelrunde. Eine Komödie. Frankfurt/Main 1989, S. 64ff.

437: Kirsch, Sarah; Landaufenthalt. Ebenhausen 1977, S. 14

438: Biermann, Wolf: Nachlaß. Köln 1977, S. 75f.

439 - 1: Biermann, Wolf; In: Die Zeit vom 17.11.1989

439 - 2: Biermann, Wolf

439 - 3: Biermann, Wolf; In: Die Zeit vom 07.06.1991

440 - 1: Seghers, Anna: Das siebte Kreuz. Aufbau Verlag, Berlin und Weimar 1971, S. 411

440 – 2: Ebd., S. 306f.

442: Wolf, Christa; Nachdenken über Christa T.; Darmstadt - Neuwied 1981, S. 169f.

443: Becker, Jurek: Jakob der Lügner. Frankfurt/Main 1976, S. 257f.

444: Wolf, Christa: Kindheitsmuster. Darmstadt - Neuwied 1981, S. 361f.

445: Hein, Christoph: Drachenblut. Frankfurt/Main 1985, S. 172 und S. 174

448 - 1: Conrady, Karl Otto: Von einem Land und vom andern. Gedichte zur deutschen Wende 1989/1990. Suhrkamp, Frankfurt/Main 1993, S. 201

448 - 2: Schnell, Ralf: Geschichte der deutschsprachigen Literatur seit 1945. Metzler, Stuttgart 2003, S. 517

448 - 3: Müller, Heiner: Gedichte. Gesammelte Werke, Band 1. 1997

449 - 1: Kammler, Clemens/Pflugmacher, Torsten (Hg.): Deutschsprachige Gegenwartsliteratur seit 1989. Wissenschaftsverlag der Autoren, Heidelberg 2004, S. 13f.

449 - 2: Der Spiegel. März 1999

450: Treichel, Hans-Ulrich: Seit Tagen kein Wunder. Gedichte. Frankfurt/Main 1990, S. 70

451 - 1: de Bruyn, Günter

451 - 2: Becker, Jurek

451 - 3: Biermann, Wolf

451 - 4: Radisch, Iris; In: Die Zeit. 1999

452: Schnell, Ralf: Geschichte der deutschsprachigen Literatur seit 1945. Metzler, Stuttgart 2003, S. 553

453: Strauß, Botho: Ithaka. Schauspiel nach den Heimkehr-Gesängen der Odyssee. Carl Hanser Verlag, München 1996, S. 80ff

455: Schlingensief, Christof; „Inszenierung Schlingensiefs": Van der Horst, Jörg: Theater als Medienphänomen. Die „Mediendemokratiekunst" des Film- und Theaterregisseurs Christoph Schlingensief. Eine Untersuchung unter besonderer Beachtung der Container-Aktion BITTE LIEBT ÖSTERREICH – ERSTE ÖSTERREICHISCHE KOALITIONSWOCHE, Wien, 11.–17.06.2000. Unveröffentlichte Magisterarbeit zur Erlangung des Magistergrades im Fach Kommunikationswissenschaft an der Philosophischen Fakultät der WWU Münster 2002.

456 - 1: Maron, Monika: Stille Zeile sechs. Frankfurt/Main, 1991, S. 18

456 - 2: Ebd., S. 154

456 - 3: Ebd., S. 207ff.

457 - 1: Ebd., S. 213

457 - 2: Ebd., S. 219

458: Brussig, Thomas: Am kürzeren Ende der Sonnenallee. Fischer Taschenbuch Verlag, Frankfurt/Main 2001, S. 20f. Lizenzausgabe des Verlags Volk und Welt, Berlin 1999

459 – 1: Ebd., S. 137

459 – 2: Ebd., S. 11

459 – 3: Ebd., S. 153

459 - 4: Schulze, Ingo: Simple Storys. Ein Roman aus der ostdeutschen Provinz. Berlin Verlag, Berlin 1998, S. 30f

461: Zaimoglu, Feridun: Kanak Sprak. 24 Mißtöne vom Rande der Gesellschaft. Rotbuch Verlag, Berlin 2007, 7. Aufl., S. 13 u. 25f.

462 - 1: Trojanow, Ilija: Der Weltensammler. Carl Hanser Verlag, München - Wien 2006, S. 8

462 - 2: Buch, Hans Christoph: Blut im Schuh. Schlächter und Voyeure an den Fronten des Weltbürgerkriegs. Eichborn Verlag, Frankfurt/Main 2001, S. 16f.

463 - 1: Kracht, Christian; In: Bessing, Joachim u.a.; Tristesse Royale. Das popkulturelle Quintett. List Taschenbuch im Ullstein Buchverlag, Berlin 1999, S. 30

463 - 2: Ebd., S. 42

464: Illies, Florian: Generation Golf. Eine Inspektion. Argon, Berlin 9. Aufl. 2000, S. 145f. und S. 147f.

465 - 1: Kracht, Christian: Faserland. Kiepenheuer & Witsch, Köln 6. Aufl. 2001, S. 145f.

465 - 2: Ebd., S. 160f.

466 - 1: Ebd., S. 165

466 - 2: Stuckrad-Barre, Benjamin von: Soloalbum. Kiepenheuer & Witsch, Köln 2005, S. 93

467 - 1: Hage, Volker; In: Der Spiegel Nr. 12 vom 22.03.1999

467 - 2: Hennig von Lange, Alexa: Relax. Rowohlt Taschenbuch Verlag, Reinbek 9. Auflage 2005, S. 242f.

468 - 1: Ebd., S. 23

468 - 2: Winkels, Hubert; In: Gute Zeichen. Deutsche Literatur 1995 - 2005. Kiepenheuer & Witsch 2005, S. 145f.

468 - 3: Bogdal, Klaus Michael; In: Kammler, Clemens/Pflugmacher, Torsten (Hg.): Deutschprachige Gegenwartsliteratur seit 1989. Zwischenbilanz - Analysen – Vermittlungs-perspektiven. Synchron Wissenschaftsverlag der Autoren, Heidelberg 2004, S. 91

469 - 1: Siemes, Isabella; ebd., S. 175

470: Politicky, Matthias: Weiberroman. Historisch-kritische Gesamtausgabe. S. Luchterhand Verlag, München 1997, S. 65f.

471: Zeh, Juli: Spieltrieb. Schöffling & Co., Frankfurt/Main 2004, S. 544

473: Timm, Uwe: Am Beispiel meines Bruders. Kiepenheuer & Witsch, Köln 2003, S. 10ff.

474: Grass, Günter: Im Krebsgang. Eine Novelle. Steidl, Göttingen 2002, S. 174f.

475 - 1: Grass, Günter: Beim Häuten der Zwiebel. Steidl, Göttingen 2. Aufl. 2006, S. 8ff.

475 - 2: Der Spiegel. 2003, Nr. 35

476 - 1: Kempowski, Walter: Das Echolot. Abgesang. ´45. Ein kollektives Tagebuch. Albrecht Knaus, München 2005, S. 5

476 - 2: Ebd., S. 5f.

477: Walser, Martin: Ein springender Brunnen. Suhrkamp, Frankfurt/Main 2. Aufl. 1998, S. 9

478: Jirgl, Reinhard: Die Unvollendeten. Carl Hanser Verlag, München 2003, S. 33

479 - 1: Parei, Inka: Was Dunkelheit war. Schöffling & Co., Frankfurt/Main 2005, S. 43 und S. 168

479 - 2: Hein, Christoph: Landnahme. Suhrkamp, Frankfurt/Main 2004, S. 348 u. 349f.

482: Bichsel, Peter; In: Tintenfisch. Berlin 1968, S. 32

483 - 1: Dürrenmatt, Friedrich; In: Theater-Schriften und Reden. Zürich 1966, S. 32

484: Nizon, Paul; Ich rase durch Paris. In: Text und Kritik. Heft 110. 1991, S. 51

485: Frisch, Max: Tagebuch 1946 - 1949. Frankfurt/Main 1950, S. 20

486: Frisch, Max: Stiller. Suhrkamp Taschenbuch, Frankfurt/Main 1996, S. 181f.

487: Frisch, Max; Homo Faber. Suhrkamp Taschenbuch, Frankfurt/Main 1977, S. 22

489: Dürrenmatt, Friedrich; In: Theater-Schriften und Reden. Zürich 1966, S. 122

491: Glauser, Friedrich: Der Chinese. Arche, Zürich 1989, S. 153ff.

492 - 1: Zollinger, Albin; In: Gesammelte Werke. Band 1. Zürich 1961/62, S. 446

492 - 2: Marti, Kurt; In: Die Schweiz und ihre Schriftsteller. Zürich 1966, S. 78

492 - 3: Werner, Markus: Zündels Abgang. Residenz Verlag, Salzburg und Wien 1984, S. 29

493: Henneberg, Nicole; Don Juan im freien Fall. In: Frankfurter Rundschau vom 9.2.2005

494 - 1: Werner, Markus: Am Hang. Fischer Verlag, Frankfurt/Main 2004, S. 55

494 - 2: Mercier, Pascal: Nachtzug nach Lissabon. Carl Hanser Verlag, München - Wien 2004, S. 42f.

496: Widmer, Urs; Werkstattgespräch mit Urs Widmer. In: Torso 9, o. J., S. 53

497 - 1: Ebd., S. 53

497 - 2: Widmer, Urs: Top Dogs. Verlag der Autoren, Frankfurt/Main 1997, S. 35

498 - 1: Widmer, Urs: Der Geliebte der Mutter. Diogenes Verlag, Zürich 2000, S. 91

498 - 2: Ebd., S. 121

498 - 3: Ebd., S. 122

499: Widmer, Urs: Das Buch des Vaters. Diogenes, Zürich 2005, S. 31f.

500: Ebd., S. 205ff.

503: Kruntorad, Paul; In: Grimminger, Rolf (Hg.): Sozialgeschichte der deutschen Literatur. Band 10: Literatur in der BRD bis 1967, Wien - München 1986, S. 629f.

504 - 1: Weiss, Walter; In: Weiss, Walter/Schmid, Sigrid (Hg.): Zwischenbilanz. Salzburg 1976, S. 15

504 - 2: Aichinger, Ilse; In: Breicha, Otto/Fritsch, Gerhard (Hg.): Aufforderung zum Mißtrauen. Salzburg 1967, S. 10

505 - 1: Celan, Paul; In: Zmegač, Viktor (Hg.): Geschichte der deutschen Literatur vom 18. Jahrhundert bis zur Gegenwart. Band III/3. Frankfurt/Main, S. 720

505 - 2: Celan, Paul; In: Weiss, Walter/Schmid, Sigrid (Hg.): Zwischenbilanz. Salzburg 1976, S. 128

506: Fried, Erich; ebd., S. 80

507: Bachmann, Ingeborg; In: Beicken, Peter: Ingeborg Bachmann. München 1988, S. 189f.

508 - 1: Ebd., S. 28f.

508 - 2: Bachmann, Ingeborg: Anrufung des Großen Bären. Gedichte. München 1983, S. 22

509 - 1: Bachmann, Ingeborg: Der Fall Franza. Requiem für Fanny Goldmann. Deutscher Taschenbuch Verlag, München 1982, S. 9f.

509 - 2: Bachmann, Ingeborg:. Malina. Suhrkamp Taschenbuch, Frankfurt/Main 1980, S. 233

511: Artmann, H.C.; In: Reichert Klaus (Hg.): The Best of H.C. Artmann.Suhrkamp Taschenbuch, Frankfurt/Main 1975, S. 7

512 - 1: Ebd. S. 11

512 - 2: Ebd., S. 38f.

513: Jandl, Ernst; In: Rothmann, Kurt: Deutschsprachige Schriftsteller seit 1945 in Einzeldarstellungen. Stuttgart 1986, S. 196f.

514 - 1: Jandl, Ernst; In: Hinck, Walter (Hg.): Gedichte und Interpretationen. Bd. 6 Gegenwart. Stuttgart 1984, S. 188

514 - 2: Jandl, Ernst; In: Weiss, Walter/Schmid, Sigrid (Hg.): Zwischenbilanz . Salzburg 1976, S. 190

515 - 1: Hanisch, Ernst; In: Weiss, Walter/Hanisch, Ernst: Vermittlungen. Salzburg 1990, S. 9

515 - 2: Jandl, Ernst: laut und luise. Neuwied - Berlin 1971, S. 45

518 - 1: Lebert, Hans: Die Wolfshaut. Europaverlag Wien - Zürich 1991, S. 7

518 – 2: Ebd., S. 185f.

519: Ebd., S. 355

520 - 1: Handke, Peter: Prosa, Gedichte, Theaterstücke, Hörspiel, Aufsätze. Frankfurt/Main 1969, S. 189

520 - 2: Handke, Peter: Kaspar. Frankfurt/Main 1967, S. 7 und S. 101

521 - 1: Handke, Peter: Die Angst des Tormanns beim Elfmeter. Suhrkamp, Frankfurt/Main 1981, S. 7

521 - 2: Handke, Peter: Wunschloses Unglück. Suhrkamp Taschenbuch, Frankfurt/Main 1980, S. 7, S. 10f.

522: Ebd., S. 12f., 17ff.

523: Bernhard, Thomas: Die Ursache. Deutscher Taschenbuch Verlag, München 15. Aufl. 1995, S. 81f.

524: Bernhard, Thomas: Der Theatermacher. Burgtheater Wien, Programmbuch Nr. 1. Wien 1986, S. 83f., S. 102 und S. 119f.

526: Jelinek, Elfriede: wir sind lockvögel baby! Rowohlt, Reinbek 1970

527 - 1: Jelinek, Elfriede: Michael. Ein Jugendbuch für die Infantilgesellschaft. Rowohlt Taschenbuch Verlag, Reinbek 1987, S. 62f.

527 - 2: Jelinek, Elfriede: Die Liebhaberinnen. Rowohlt Taschenbuch Verlag, Reinbek 1975, S. 90

528: Jelinek, Elfriede: Die Klavierspielerin. Reinbek 1983, S. 5ff.

529: Ebd., S. 9f.

531: Innerhofer, Franz: Schattseite. Suhrkamp Taschenbuch, Frankfurt/Main 1980, S. 206f.

532 - 1: Wolfgruber, Gernot: Herrenjahre. Residenz Verlag, Salzburg 1976, S. 355

532 - 2: Ebd., S. 282f.

533: Hackl, Erich: Auroras Anlaß. Diogenes, Zürich 1989, S. 7

534: Ebd., S. 39

535 - 1: Schirrmacher, Frank; Lautlos und ohne Tränen. In: Frankfurter Allgemeine Zeitung vom 1.7.1989

535 - 2: Ransmayr, Christoph: Der Schrecken des Eises und der Finsternis. Wien 1984, S. 252

536 - 1: Ransmayr, Christoph: Die letzte Welt. Greno, Nördlingen 1988, S. 286f.

536 - 2: Bortenschlager, Wilhelm; In: Deutsche Literaturgeschichte 3. Wien 1996, S. 13

536 - 3: Zeyringer, Klaus; „Die schematischen Einteilungen": Österreichische Literatur 1945 - 1989. Innsbruck 1999, S. 213

537 - 1: Turrini, Peter; ebd., S. 294

537 - 2: Turrini, Peter; ebd., S. 308

538: Mayröcker, Friederike; In: Kastberger, K./Schmidt-Dengler, W. (Hg.): In Böen wechselt mein Sinn. Zu Friederikes Mayröckers Literatur. Wien 1996, S. 88

540: Droemer Knaur Theaterlexikon

541 - 1: Die Zeit

541 - 2: Franzobel: Luna Park. Vergnügungsgedichte. Zsolnay, Wien 2003

542: Franzobel: www.hausrucktheater.at

544: Handke, Peter: Don Juan (erzählt von ihm selbst). Suhrkamp, Frankfurt/Main 2004, S. 7f.

545: Radisch, Iris; In: Die Zeit Nr. 34 vom 12.8.2004

546 Bormann, Alexander von; In: Literatur und Kritik, 293/294. 1995

547: Haslinger, Josef: Opernball. S. Fischer Verlag, Frankfurt/Main 1995, S.9f.

548: Haslinger, Josef: Das Vaterspiel. Fischer Taschenbuch Verlag, Frankfurt/Main 2002, S. 471f.

549 - 1: Ransmayr, Christoph; In: Wittstock, Uwe (Hg.): Die Erfindung der Welt . Zum Werk von Christoph Ransmayr. Fischer Taschenbuch Verlag, Frankfurt/Main 1997, S. 214

549 - 1: Das Vaterspiel. S. Fischer Verlag, Frankfurt/Main 2000. Klappentext

549 - 2: Morbus Kitahara. S. Fischer Verlag., Frankfurt/Main, 1997. Klappentext

550: Ransmayr, Christoph: Morbus Kitahara. Fischer Taschenbuch Verlag, Frankfurt/Main 4. Aufl. 2004, S. 9f.

551 - 1: Rainer, Eva und Gerald: Zeitgenössische Prosa. Unterrichtsvorschläge und Materialien zu 14 Romanen. Veritas, Linz 2006, S. 212

552: Ransmayr, Christoph: Der fliegende Berg. S. Fischer Verlag, Frankfurt/Main 3. Auflage 2006, S. 9 u. 11ff.

553: Streeruwitz, Marlene: Verführungen. Fischer Taschenbuch Verlag, Frankfurt/Main 2002, S. 296

554: Ebd., S. 212f.

555: Streeruwitz, Marlene: Jessica, 30. S. Fischer Verlag, Frankfurt/Main 2004, S. 5ff.

556 - 1: Die englischen Jahre. Suhrkamp, Frankfurt/Main 1999. Klappentext

557 - 1: Winkels, Hubert; In: Das Literatur-Magazin im DeutschlandRadio. 3. Oktober 1999

557 - 2: Gstrein, Norbert: Die englischen Jahre. Suhrkamp, Frankfurt/Main 1999, S. 10f.

557 - 3: Klüger, Ruth: weiter leben. Eine Jugend. Deutscher Taschenbuch Verlag, München 14. Auflage 2007, S. 9

558: Schnell, Ralf: Geschichte der deutschsprachigen Literatur seit 1945. Metzler, Stuttgart 2003, S. 517

559: Gollner, Helmut: Die Wahrheit lügen. Die Renaissance des Erzählens in der jungen österreichischen Literatur. Studienverlag, Innsbruck 2005, S. 12

560: Glavinic, Thomas: Der Kameramörder. Deutscher Taschenbuch Verlag, München 2003, S. 5ff.

562: Rühle, Alex; In: Süddeutsche Zeitung vom 6.9.2006

563: Glavinic, Thomas: Das bin doch ich. Carl Hanser Verlag, München 2007, S. 7f.

564: Rainer, Eva und Gerald: Zeitgenössische Prosa. Unterrichtsvorschläg und Materialien zu 14 Romanen. Veritas, Linz 2006, S. 186

565: Geiger, Arno: Es geht uns gut. Carl Hanser Verlag, München - Wien 2005, S. 7f.

566: Kehlmann, Daniel: Ich und Kaminski. Suhrkamp Taschenbuch Nr. 3653. Suhrkamp, Frankfurt/Main 2004, S. 19ff.

568: Lovenberg, Felicitas von; Interview mit Daniel Kehlmann. In: FAZ Nr. 34 vom 09.2.2006

569: Kehlmann, Daniel: Die Vermessung der Welt. Rowohlt, Reinbek 13. Auflage 2005, S.7ff.

571: Röggla, Kathrin: wir schlafen nicht. S. Fischer Verlag, Frankfurt/Main 2004, S. 34ff.

572: Hochgatterer, Paulus; Die Süße des Lebens. Deuticke im Zsolnay Verlag, Wien 2006. Klappentext.

573: Simonsen, Beatrice; Literaturhaus Wien

574 - 1: Glattauer, Daniel; http://www. danielglattauer.com/index.php?page=darum. ©Daniel Glattauer über Deuticke im Paul Zsolnay Verlag, Wien

574 - 2: Glattauer, Daniel: Gut gegen Nordwind. Deuticke im Paul Zsolnay Verlag, Wien 2006, S. 19f.

575: Gilde, Dorothea; In: www.poetenladen.de

Verwendete Sekundärliteratur

Allgemeine Literaturhinweise

Arnold, Heinz Ludwig (Hg.): Kritisches Lexikon zur deutschsprachigen Gegenwartsliteratur (Loseblattsammlung). München 1978ff.

Bahr, Ehrhard (Hg.): Geschichte der deutschen Literatur. 3 Bände. Tübingen 1988

Balzer, Bernd / Mertens, Volker (Hg.): Deutsche Literatur in Schlaglichtern. Mannheim–Wien–Zürich 1990

Bark, Joachim u. a. (Hg.): Epochen der deutschen Literatur (Gesamtausgabe). Stuttgart 1990

Berg, Jan u. a.: Sozialgeschichte der deutschen Literatur von 1918 bis zur Gegenwart. Frankfurt/M. 1981

Best, Otto F. / Schmitt, Hans-Jürgen: Die deutsche Literatur in Text und Darstellung. 16 Bände. Stuttgart 1979

Beutin, Wolfgang u. a.: Deutsche Literaturgeschichte. Von den Anfängen bis zur Gegenwart. 6. verb. und erw. Auflage. Stuttgart 2001

Borries, Ernst / Borries, Erika: Deutsche Literaturgeschichte. 3 Bände. München 1991

Brauneck, Manfred (Hg.): Autorenlexikon deutschsprachiger Literatur des 20. Jahrhunderts. Reinbek 1995 (Rowohlt Tb.)

Brinkler-Gabler, Gisela (Hg.): Deutsche Literatur von Frauen. 1. Band: Vom Mittelalter bis zum Ende des 18. Jahrhunderts. 2. Band: 19. und 20. Jahrhundert. München 1988

Daemmrich, Horst S. / Daemmrich, Ingrid: Themen und Motive in der Literatur. Ein Handbuch. Stuttgart 1987

Durzak, Manfred: Deutsche Gegenwartsliteratur. Ausgangspositionen und aktuelle Entwicklungen. Stuttgart 1981

Emmerich, Wolfgang: Kleine Geschichte der DDR Literatur. Erweiterte Ausgabe. Darmstadt–Neuwied 1989

Frey, Winfried u. a.: Einführung in die Literatur des 12. bis 16. Jahrhunderts.
Band 1: Adel und Hof – 12. bis 13. Jahrhundert. Opladen 1979
Band 2: Patriziat und Landesherrschaft – 13. bis 15. Jahrhundert. Opladen 1982
Band 3: Bürgertum und Fürstenstaat – 15. bis 16. Jahrhundert. Opladen 1981

Glaser, Horst Albert (Hg.): Deutsche Literatur. Eine Sozialgeschichte. 9 Bde. Reinbek 1982ff

Gnüg, Hiltrud / Möhrmann, Renate (Hg.): Frauen Literatur Geschichte. Schreibende Frauen vom Mittelalter bis zur Gegenwart. 2. vollst. neu bearb. und erw. Auflage. Stuttgart, Weimar 1999

Grabert, Willy u. a. (Hg.): Geschichte der deutschen Literatur. 23. Auflage. München 1990

Grimm, Gunter E. / Max, Frank Rainer (Hg.): Deutsche Dichter. 8 Bände. Stuttgart 1989

Grimminger, Rolf (Hg.): Sozialgeschichte der deutschen Literatur. 11 Bde. 1983ff

Gsteiger, Manfred (Hg.): Kindlers Literaturgeschichte der Gegenwart. Autoren, Werke, Themen, Tendenzen seit 1945. Die zeitgenössischen Literaturen der Schweiz. 2 Bände. Frankfurt/M. 1980

Haas Gerhard (Hg.): Literatur im Unterricht. Stuttgart 1982

Heise, Ursula u. a.: Gedichte. Von den Anfängen bis zur Gegenwart. Stuttgart 1985

Hinck, Walter (Hg.): Gedichte und Interpretationen. 6 Bände. Stuttgart 1982

Ide, Heinz / Lecke, Bodo: Projekt Deutschunterricht. Band 1–10. Stuttgart 1975

Kaiser, Gerhard: Geschichte der deutschen Lyrik von Goethe bis zur Gegenwart. 2 Bände. Frankfurt/M. 1991

Kartschoke, Dieter / Bumke, Joachim / Cramer, Thomas: Geschichte der deutschen Literatur im Mittelalter in 3 Bänden. München 1990

Kißling, Walter (Hg.): Deutsche Dichtung in Epochen. Ein literaturgeschichtliches Lesebuch. Stuttgart 1989

Kluge, Manfred / Radler, Rudolf (Hg.): Hauptwerke der deutschen Literatur. München 1974

Krywalski, Dieter (Hg.): Handlexikon zur Literaturwissenschaft. 2 Bände. Hamburg 1978

Lattmann, Dieter (Hg.): Kindlers Literaturgeschichte der Gegenwart. Autoren, Werke, Themen, Tendenzen seit 1945. Band 1.2: Die Literatur der Bundesrepublik Deutschland. Frankfurt/M. 1980

Lutz, Bernd: Metzler Autoren Lexikon. Deutschsprachige Schriftsteller vom Mittelalter bis zur Gegenwart. Stuttgart 1986

Max, Frank Rainer / Ruhrberg, Christine: Reclams Romanlexikon. Deutschsprachige erzählende Literatur vom Mittelalter bis zur Gegenwart. Stuttgart 2000

Meid, Volker (Hg.): Gedichte und Interpretationen. 6 Bände. Stuttgart 1982
Sachwörterbuch zur deutschen Literatur. Stuttgart 1999

Rothmann, Kurt: Kleine Geschichte der deutschen Literatur. 7. Auflage. Stuttgart 1989

Rothmann, Kurt: Deutschsprachige Schriftsteller seit 1945 in Einzeldarstellungen. Stuttgart 1986

Saalfeld, Lerke von u. a.: Geschichte der Deutschen Literatur. München 1989

Schlaffer, Heinz: Die kurze Geschichte der deutschen Literatur. München 2002

Schnell, Ralf: Die Literatur der Bundesrepublik. Autoren, Geschichte, Literaturbetrieb. Stuttgart 2003 (2. überarb. u. erw. Aufl.)

Schütz, Erhard u. a.: Einführung in die deutsche Literatur des 20. Jahrhunderts.
Bd. 1: Kaiserreich. Wiesbaden 1977
Bd. 2: Bundesrepublik und DDR. Wiesbaden 1980
Bd. 3: Weimarer Republik, Faschismus und Exil. Wiesbaden 1977

Schutte, Jürgen: Einführung in die Literaturinterpretation. Stuttgart 1990

Schweikle, Günther / Schweikle, Irmgard: Metzler Literatur Lexikon. Stuttgart 1989

Waldmann, Günter: Produktiver Umgang mit Lyrik. Baltmannsweiler 1988

Wetzel, Christoph: Lexikon der Autoren und Werke. Stuttgart 1989

Wilpert, Gero von: Sachwörterbuch der Literatur. 4. Auflage. Stuttgart 1964

Wucherpfenning, Wolf: Geschichte der deutschen Literatur. Von den Anfängen bis zur Gegenwart. 2. Auflage. Stuttgart 1990

Žmegač, Viktor (Hg.): Geschichte der deutschen Literatur vom 18. Jahrhundert bis zur Gegenwart. 3 Bände. Frankfurt/M. 1978ff.

Mittelalter

Bertau, Karl: Deutsche Literatur im europäischen Mittelalter. 2 Bände. München 1972

Borst, Otto: Alltagsleben im Mittelalter. Frankfurt/M. 1983

Brogsitter, Karl O.: Artusepik. Stuttgart 1971

Bumke, Joachim: Höfische Kultur. Literatur und Gesellschaft im hohen Mittelalter. 2 Bände. 5. Auflage. München 1990

Bumke, Joachim: Mäzene im Mittelalter. München 1979

Dronke, P.: Die Lyrik des Mittelalters. Eine Einführung. München 1973

Duby, Georges: Europa im Mittelalter. Stuttgart 1986

Fleckenstein, Josef / Zotz, Thomas: Rittertum und ritterliche Welt. Berlin 2002

Goheen, Jutta: Mittelalterliche Liebeslyrik von Neidhart von Reuental bis zu Oswald von Wolkenstein. Berlin 1984

Gottzmann, Carola L.: Artusdichtung. Stuttgart 1989

Grimminger, Rolf: Poetik des frühen Minnesangs. München 1969

Heinzle, J. / Waldschmidt, A.: Die Nibelungen – ein deutscher Wahn. Frankfurt/M. 1991

Kühn, Dieter: Herr Neidhart. Frankfurt/M. 1981

Lexikon des Mittelalters. Studienausgabe in neun Bänden. Stuttgart, Weimar 1999

Lexikon des Mittelalters. Band 1: Themen und Gattungen. Stuttgart, Weimar 2002

Lexikon des Mittelalters. Band 2: Autoren und Werke. Stuttgart, Weimar 2002

Schlunk, Andreas / Giersch, Robert: Die Ritter. Geschichte Kultur Alltagsleben. Begleitbuch zur Ausstellung „Die Ritter" im Historischen Museum der Pfalz Speyer 30. März 2003 – 16. Oktober 2003. Stuttgart 2003

Schweikle, Günther: Minnesang. Stuttgart 1988

Schweikle, Günther: Neidhart. Stuttgart 1990

Simm, Hans Joachim (Hg.): Literarische Klassik. Frankfurt/M. 1988

Wapnewski, Peter: Deutsche Literatur des Mittelalters. 3. Auflage. Göttingen 1975

Wentzlaff-Eggebert, Friedrich-W. / Wentzlaff-Eggebert, Erika: Deutsche Literatur im späten Mittelalter 1250–1450. 3 Bände. Reinbek 1971

Renaissance – Humanismus – Reformation

Arnold, Heinz Ludwig (Hg.): Martin Luther. München 1983

Berger, A. E.: Die Sturmtruppen der Reformation. Ausgewählte Flugschriften der Jahre 1520–25. Darmstadt 1964,

Bernstein, Eckhard: Die Literatur des deutschen Frühhumanismus. Stuttgart 1978

Bischoff, K. (Hg.): Sendbrief vom Dolmetschen. Tübingen 1965

Brackert, Helmut: Bauernkrieg und Literatur. Frankfurt/M. 1975

Junghans, Helmar (Hg.): Die Reformation in Augenzeugenberichten. Düsseldorf 1967

Kaczerowsky, K.: Flugschriften des Bauernkriegs. Reinbek 1970

Könneker, Barbara: Die deutsche Literatur der Reformationszeit. München 1975

Laube, A. (Hg.): Flugschriften der frühen Reformationsbewegung. Stuttgart 1980

Simon, K. (Hg.): Deutsche Flugschriften zur Reformation. Stuttgart 1980

Ukena, P. (Hg.): Ulrich von Hutten. Deutsche Schriften in Auswahl. München 1970

Wehr, Gerhard: Thomas Müntzer in Selbstzeugnissen und Bilddokumenten. Reinbek 1972

Wohlfeil, R. (Hg.): Reformation oder frühbürgerliche Revolution? München 1972

Wolf, Herbert: Martin Luther. Stuttgart 1980

Literatur des Barock

Barner, Wilfried (Hg.): Der literarische Barockbegriff. Darmstadt 1975

Emrich, Wilhelm: Deutsche Literatur der Barockzeit. Königstein/Ts. 1981

Meid, Volker: Barocklyrik. Stuttgart 1986

Meid, Volker: Grimmelshausen. Epoche – Werk – Wirkung. München 1984

Reichartz, Peter (Hg.): Barock-Lyrik mit Materialien. Editionen für den Literaturunterricht. Stuttgart 1987

Rötzer, Hans G.: Der Roman des Barock 1600–1700. München 1972

Schöne, Albrecht: Emblematik und Drama im Zeitalter des Barock. 2. Auflage. München 1968

Steinbach, Dietrich (Hg.): Barock Lyrik mit Materialien. Stuttgart 1984

Szyrocki, Marian: Die deutsche Literatur des Barock. Stuttgart 1979

Das Jahrhundert der Aufklärung

Barner, Wilfried u. a.: Lessing. Epoche, Werk, Wirkung. München 1987

Bauer, Gerhard / Bauer, Sybille (Hg.): Gotthold Ephraim Lessing. 2. Auflage. Darmstadt 1986

Engelsing, Rolf: Analphabetentum und Lektüre. Zur Sozialgeschichte des Lesers in Deutschland zwischen feudaler und industrieller Gesellschaft. Stuttgart 1973

Guthke, Karl S.: Gotthold Ephraim Lessing. 3. Auflage. Stuttgart 1979

Kaiser, Gerhard: Aufklärung Empfindsamkeit Sturm und Drang. 3. Auflage. München 1979

Kiesel, Helmuth / Münch, Paul: Gesellschaft und Literatur im 18. Jahrhundert. München 1977

Martens, Wolfgang: Die Botschaft der Tugend. Die Aufklärung im Spiegel der deutschen Moralischen Wochenschriften. Stuttgart 1971

Sauder, Gerhard: Empfindsamkeit. 3 Bände. Stuttgart 1974

Scherpe, Klaus R.: Gattungspoetik im 18. Jahrhundert. Historische Entwicklung von Gottsched bis Herder. Stuttgart 1968

Schings, H.-J.: Melancholie und Aufklärung. Melancholiker und ihre Kritiker in Erfahrungsseelenkunde und Literatur des 18. Jahrhunderts. München 1977

Schön, Erich: Der Verlust der Sinnlichkeit oder Die Verwandlungen des Lesers. Mentalitätswandel um 1800. Stuttgart 1987

Stenzel, Jürgen (Hg.): Deutsche Schriftsteller im Porträt 2. Das Zeitalter der Aufklärung. München 1980

Bürgerliches Trauerspiel

Kafitz, Dieter: Grundzüge einer Geschichte des deutschen Dramas von Lessing bis zum Naturalismus. Königstein/Ts. 1982

Guthke, Karl S.: Das deutsche bürgerliche Trauerspiel. Stuttgart 1976

Mayer, Hans: Das unglückliche Bewußtsein. Zur deutschen Literaturgeschichte von Lessing bis Heine. Frankfurt/M. 1989

Liebenstein-Kurtz, Ruth von: Stundenblätter Hebbel „Maria Magdalene". Kroetz „Maria Magdalena". Stuttgart 1985

Perlmann, Michaela L.: Arthur Schnitzler. Stuttgart 1987

Szondi, Peter: Theorie des bürgerlichen Trauerspiels im 18. Jahrhundert. Frankfurt/M. 1973

Sprengel, Peter: Gerhart Hauptmann. München 1984

Hildebrandt, Klaus: Naturalistische Dramen Gerhart Hauptmanns. „Die Weber" – „Rose Bernd" – „Die Ratten". Thematik – Entstehung – Gestaltungsprinzipien – Struktur. München 1983

Müller, Udo: Stundenblätter Lenz/Brecht: „Der Hofmeister". Lenz/Kipphardt: „Die Soldaten". 2. korrigierte Auflage. Stuttgart 1981

Sturm und Drang

Burkhardt, Friedrich (Hg.): Sturm und Drang. Lyrik. Stuttgart 1979

Elschenbroich, Adalbert (Hg.): Deutsche Dichtung im 18. Jahrhundert. 3. Auflage. München 1968

Hinck, Walter (Hg.): Sturm und Drang. Ein literaturwissenschaftliches Studienbuch. Frankfurt/M. 1978

Neis, Edgar: Johann Wolfgang von Goethe: Die Leiden des jungen Werthers. Ulrich Plenzdorf: Die neuen Leiden des jungen W. Ein Vergleich. Hollfeld 1985.

Pascal, Roy: Der Sturm und Drang. Stuttgart 1963

Klassik

Bürger, Christa: Leben schreiben. Die Klassik, die Romantik und der Ort der Frauen. Stuttgart 1990

Jakobs, Jürgen / Krause, Markus: Der deutsche Bildungsroman vom 18. bis zum 20. Jahrhundert. München 1989

Kafitz, Dieter: Grundzüge einer Geschichte des deutschen Dramas von Lessing bis zum Naturalismus. Königstein/Ts. 1982

Kiesel, Helmuth / Münch, Paul: Gesellschaft und Literatur im 18. Jahrhundert. München 1977

Mahoney, Dennis F.: Der Roman der Goethezeit (1774–1829). Stuttgart 1988

Mayer, Hans: Das unglückliche Bewußtsein. Zur deutschen Literaturgeschichte von Lessing bis Heine. Frankfurt/M. 1989

Petruschke, Adelheid: Stundenblätter. Lyrik von der Klassik bis zur Moderne. Sekundarstufe II. 2. Auflage. Stuttgart 1985

Schlaffer, Hannelore: Epochen der deutschen Literatur in Bildern. Klassik und Romantik 1770–1830. Stuttgart 1986

Simm, Hans Joachim (Hg.): Literarische Klassik. Frankfurt/M. 1988

Goethes *Faust*

Birkner, S. (Hg.): Leben und Sterben der Kindsmörderin Susanna Margaretha Brandt. Frankfurt/M. 1973

Hennig, H. (Hg.): Historia von D. Johann Fausten dem weitbeschreiten Zauberer und Schwarzkünstler (1587). Wiesbaden 1981

Nawrath, Klaus: Stundenblätter „Faust". Erster und zweiter Teil. Stuttgart 1986

Abseits der literarischen Strömungen: Heinrich von Kleist und Friedrich Hölderlin

Bertaux, Pierre: Hölderlin und die Französische Revolution. Frankfurt/M. 1969

Binder, Wolfgang: Friedrich Hölderlin. Frankfurt/M. 1987

Földényi, László: Heinrich von Kleist. Im Netz der Wörter. München 1999

Gönner, Gerhard: Von „Zerspaltenen Herzen" und der „gebrechlichen Einrichtung der Welt". Versuch einer Phänomenologie der Gewalt bei Kleist. Stuttgart 1989

Günzel, Klaus: Kleist. Ein Lebensbild in Briefen und zeitgenössischen Berichten. Stuttgart 1985

Reuß, Roland / Staengle, Peter (Hg.): Brandenburger Kleist-Blätter 8. Erschienen mit dem Band I/3 der Brandenburger Kleist-Ausgabe. Basel, Frankfurt 1995.

Reuß, Roland / Staengle, Peter (Hg.): Heinrich von Kleist. Sämtliche Werke. Band II/2: „Die Marquise von O…". Frankfurt/M.–Berlin 1989

Sack, Volker: Identitätskrisen. Heinrich von Kleist: „Die Marquise von O…". Arthur Schnitzler: „Flucht in die Finsternis". Stuttgart 1989

Sembdner, Helmut (Hg.): Heinrich von Kleists Lebensspuren. Dokumente und Berichte der Zeitgenossen. Neuausgabe. Frankfurt/M. 1977

Sembdner, Helmut (Hg.): Heinrich von Kleists Nachruhm. Eine Wirkungsgeschichte in Dokumenten. Neuausgabe. Bremen 1967

Siebert, Eberhard: Kleist. Leben und Werk im Bild. Frankfurt/M. 1980

Wackwitz, Stephan: Friedrich Hölderlin. Stuttgart 1985

Wichmann, Thomas: Heinrich von Kleist. Stuttgart 1988

Zimmermann, Hans Dieter: Kleist, die Liebe und der Tod. Frankfurt/M. 1989

Romantik

Arnim, Bettina von: Die Günderode. Mit einem Essay von Christa Wolf. Frankfurt/M. 1982

Bürger, Christa: Leben schreiben. Die Klassik, die Romantik und der Ort der Frauen. Stuttgart 1990

Cowen, Roy C.: Das deutsche Drama im 19. Jahrhundert. Stuttgart 1988

Hoffmann, E. T. A.: Der Goldene Topf. Ein Märchen aus der neuen Zeit mit Materialien. Stuttgart 1987

Hoffmeister, Gerhard: Deutsche und europäische Romantik. 2. Auflage. Stuttgart 1990

Kaiser, Gerhard R.: E. T. A. Hoffmann. Stuttgart 1988

Killy, Walther: Wandlungen des lyrischen Bildes. 2. Auflage. Göttingen 1958

Pikulik, Lothar: E. T. A. Hoffmann als Erzähler. Ein Kommentar zu den „Serapions-Brüdern". Göttingen 1987

Prang, Helmut: Die romantische Ironie. 3. Auflage. Darmstadt 1989

Schlaffer, Hannelore: Epochen der deutschen Literatur in Bildern. Klassik und Romantik 1770–1830. Stuttgart 1986

Segebrecht, Wulf: Autobiographie und Dichtung. Eine Studie zum Werk E. T. A. Hoffmanns. Stuttgart 1967

Wolf, Christa (Hg.): Karoline von Günderode. Der Schatten eines Traumes. Gedichte, Prosa, Briefe, Zeugnisse von Zeitgenossen. Darmstadt, Neuwied 1979

Frauenliteratur?

Bartsch, Kurt: Ingeborg Bachmann. Stuttgart 1988

Beicken, Peter: Ingeborg Bachmann. München 1988

Brinkler-Gabler, Gisela (Hg.): Deutsche Literatur von Frauen. Band 1: Vom Mittelalter bis zum Ende des 18. Jahrhunderts. Band 2: 19. und 20. Jahrhundert. München 1988

Gnüg, Hiltrud / Möhrmann, Renate (Hg.): Frauen, Literatur, Geschichte. Schreibende Frauen vom Mittelalter bis zur Gegenwart. Frankfurt/M. 1985

Hörnigk, Therese: Christa Wolf. 2. Auflage. Göttingen 1989

Jurgensen, Manfred: Deutsche Frauenautoren der Gegenwart. Bachmann, Reinig, Wolf, Wohmann, Struck, Leutenegger, Schwaiger. Bern 1983

Keitel, Evelyne: Kriminalromane von Frauen für Frauen. Darmstadt 1998

Möhrmann, Renate: Die andere Frau. Emanzipationsansätze deutscher Schriftstellerinnen im Vorfeld der 48er Revolution. Stuttgart 1977

Puknus, Heinz (Hg.): Neue Literatur der Frauen. Deutschsprachige Autorinnen der Gegenwart. München 1980

Serke, Jürgen: Frauen schreiben. Ein neues Kapitel deutschsprachiger Literatur. Frankfurt/M. 1982

Biedermeier und Vormärz

Arnold, Heinz Ludwig (Hg.): Georg Büchner. 2. Auflage. München 1975

Burgtheater. Programmbuch Nr. 70: Franz Grillparzer, König Ottokars Glück und Ende. Wien 1991

Fenske, Hans (Hg.): Vormärz und Revolution. 1840–1848. Darmstadt 1976

Georg Büchner: 1813–1837. Revolutionär, Dichter, Wissenschaftler. Katalog der Ausstellung Mathildenhöhe, Darmstadt, 2. August – 27. September 1987. Basel, Frankfurt 1987

Große, Wilhelm: Georg Büchner. „Der Hessische Landbote" – „Woyzeck". München 1988

Hauschild, J.-C.: Georg Büchner. Studien und neue Quellen zu Leben, Werk und Wirkung. Königstein/Ts. 1985

Heilbronn, Dieter: Heinrich Heine. Ein Land im Winter. Berlin 1980

Hermes, Eberhard: Abiturwissen Drama. Stuttgart 1989

Hermes, Eberhard: Abiturwissen Lyrik. Stuttgart 1989

Poppe, Reiner: Georg Büchner. Dantons Tod. Lenz. Woyzeck. Darstellungen und Interpretationen. Hollfeld 1976

Rinsum van, Annemarie und Wolfgang (Hg.): Deutsche Literaturgeschichte. Band 6. Frührealismus. München 2001

Scholz, Ingeborg: Heinrich Heine. Deutschland. Ein Wintermärchen. Reisebilder. Interpretationen und methodisch-didaktische Überlegungen zur Unterrichtsgestaltung. Hollfeld 1983

Scholz, Ingeborg: Heinrich Heine. Lyrik. Erläuterungen und methodisch-didaktische Hinweise. Hollfeld 1983

Sengle, Friedrich: Biedermeierzeit. Deutsche Literatur im Spannungsfeld zwischen Restauration und Revolution 1815–1848. 3 Bände. Stuttgart 1971–1980.

Stein, Peter: Epochenproblem Vormärz (1815–1848). Stuttgart 1977

Das Volksstück von Raimund bis Turrini

Arnold, Heinz Ludwig (Hg.): Franz Xaver Kroetz. Text und Kritik 57. München 1978

Aust, Hugo u. a. (Hg.): Volksstück. Vom Hanswurstspiel zum sozialen Drama der Gegenwart. München 1989

Hein, Jürgen: Das Wiener Volkstheater. Raimund und Nestroy. Darmstadt 1978

Hinck, Walter: Das moderne Drama in Deutschland. Göttingen 1973

Kroetz, Franz Xaver: Ein Lesebuch. Hamburg 1982

Müller, Gerd: Das Volksstück von Raimund bis Kroetz. München 1979

Schmitz, Thomas: Das Volksstück. Sammlung Metzler 257. Stuttgart 1990

Theater-Phönix-Zeitung. Nr. 31. Linz 1990

Politische Lyrik

Arnold, Heinz Ludwig: Politische Lyrik. Text und Kritik 9/9a. München 1984.

Bauer, Johann (Hg.): Lyrik interpretiert. Hannover 1972.

Hippe, Robert: Deutsche politische Gedichte. Interpretationen motivgleicher Gedichte in Themengruppen. Band 7. Hollfeld o. J.

Lecke, Bodo (Hg.): Projekt Deutschunterricht. Band 8. Politische Lyrik. Stuttgart 1974

Neis, Edgar: Politisch-soziale Zeitgedichte. Interpretationen motivgleicher Gedichte in Themengruppen. Band 2. Hollfeld 1978

Bürgerlicher Realismus

Cowen, Roy C.: Der poetische Realismus. Kommentar zu einer Epoche. München 1985

Denkler, Horst (Hg.): Romane und Erzählungen des bürgerlichen Realismus. Neue Interpretationen. Stuttgart 1980

Haida, Peter: Stundenblätter Keller, Romeo und Julia auf dem Dorfe. Stuttgart 1989

Martini, Fritz: Deutsche Literatur im bürgerlichen Realismus 1848–1898. Stuttgart 1981

Müller, Klaus-Detlev (Hg.): Bürgerlicher Realismus. Grundlagen und Interpretationen. Stuttgart 1981

Preisendanz, Wolfgang: Wege des Realismus. Zur Poetik und Erzählkunst im 19. Jahrhundert. München 1977

Reisner, Hanns-Peter / Siegle, Rainer: Stundenblätter Effie Briest. Stuttgart 1990

Storm, Theodor: Der Schimmelreiter. Interpretation von Klaus Hildebrandt. Oldenbourg, München 1999

Beispiele deutscher Liebeslyrik

Binneberg, Kurt: Lektürehilfen Liebeslyrik. Stuttgart 1989

Schütz, Günter (Hg.): Liebeslyrik vom Barock bis zur Gegenwart. Editionen für den Literaturunterricht. Stuttgart 1991

Wagener, Hans (Hg.): Deutsche Liebeslyrik. Stuttgart 1982

Naturalismus

Cowen, Roy C.: Der Naturalismus. Kommentar zu einer Epoche. München 1973

Hoefert, Sigfrid: Das Drama des Naturalismus. Stuttgart 1979

Mahal, Günther: Naturalismus. München 1975

Meyer, Theo (Hg.): Theorie des Naturalismus. Stuttgart 1973

Scheuer, Helmut (Hg.): Naturalismus. Bürgerliche Dichtung und soziales Engagement. Stuttgart 1974

Gegenströmungen zum Naturalismus

Hermand, Jost (Hg.): Jugendstil. Darmstadt 1971

Hoffmann, Paul: Symbolismus. Stuttgart 1987

Johnston, William M.: Österreichische Kultur- und Geistesgeschichte. Gesellschaft und Ideen im Donauraum 1848–1938. Graz 1974

Jost, Dominik: Literarischer Jugendstil. 2. Auflage. Stuttgart 1980

Koch, Hans-Albrecht: Hugo von Hofmannsthal. Darmstadt 1989

Rainer, Werner: Stundenblätter Psychoanalyse und Literatur. Exemplarische Analysen für die Sekundarstufe II. Stuttgart 1986

Schnitzler, Heinrich u. a. (Hg.): Arthur Schnitzler. Sein Leben, sein Werke, seine Zeit. Frankfurt/M. 1981

Schorske, Carl E.: Wien. Geist und Gesellschaft im fin de siècle. Frankfurt/M. 1982

Schünemann, Peter: Georg Trakl. München 1988

Urlinger, Josef: Stundenblätter. Einführung in die Lyrik für die Sekundarstufe I. 2. Auflage. Stuttgart 1981

Worbs, Michael: Nervenkunst. Literatur und Psychoanalyse im Wien der Jahrhundertwende. Frankfurt/M. 1983

Wunberg, Gotthart: Die Wiener Moderne. Literatur, Kunst und Musik zwischen 1890 und 1910. Stuttgart 1981

Expressionismus

Anz, Thomas / Stark, Michael: Expressionismus. Manifeste und Dokumente zur deutschen Literatur 1910–1920. Stuttgart 1982

Basil, Otto: Georg Trakl in Selbstzeugnissen und Bilddokumenten. Reinbek 1978

Bauschinger, Sigrid: Else Lasker-Schüler. Ihr Werk und ihre Zeit. Heidelberg 1980

Huder, Walther (Hg.): Georg Kaiser. Werke in 2 Bänden. Frankfurt/M. 1971

Klüsener, Erika: Else Lasker-Schüler in Selbstzeugnissen und Bilddokumenten. Reinbek 1980

Schünemann, Peter: Georg Trakl. München 1988

Tetzlaff, Dominque / Guindon, Jeanpierre (Hg.): An die Verstummten. Expressionismus im Unterricht. Frankfurt/M. 1988

Bürgerliche Literatur vor dem Ersten Weltkrieg / Die Literatur der Weimarer Republik (1918–1933)

Deutsche Schillergesellschaft Marbach am Neckar (Hg.): „Diese Frau ist ein Besitz". Marieluise Fleißer aus Ingolstadt. Zum 100. Geburtstag. Bearbeitet von Hiltrud Häntzschel. Marbacher Magazin Sonderheft 96/2001

Geissler, Rolf (Hg.): Möglichkeiten des modernen deutschen Romans. 7. Auflage. Frankfurt/M.–Berlin–München 1979

Habersetzer, Karl-Heinz (Hg.): Deutsche Schriftsteller im Porträt 2. Expressionismus und Weimarer Republik. München 1984

Hansen, Volkmar: Thomas Mann. Stuttgart 1984

Haupt, Jürgen: Heinrich Mann. Stuttgart 1980

Kaes, Anton (Hg.): Weimarer Republik. Manifeste und Dokumente zur deutschen Literatur 1918–1933. Stuttgart 1983

Klotz, Volker: Die erzählte Stadt. Ein Sujet als Herausforderung des Romans von Lesage bis Döblin. München 1969

Kurzke, Hermann: Thomas Mann. Epoche – Werk – Wirkung. München 1985

Kurzke, Hermann: Thomas Mann: Das Leben als Kunstwerk. Eine Biographie. München 2000

Müller, Hans: Der Krieg und die Schriftsteller. Der Kriegsroman der Weimarer Republik. Stuttgart 1986

Schütz, Eberhard: Romane der Weimarer Republik. München 1986

Wolff, Jürgen: Stundenblätter „Der Untertan". Interpretationsmethoden – Arbeitstechniken – Sozialformen. 4. Auflage. Stuttgart 1985

Bertolt Brecht und das epische Theater

Brecht, Bertolt: Gesammelte Werke in 20 Bänden. Frankfurt/M. 1973

Buck, Theo (Hg.): Zu Bertolt Brecht. Stuttgart 1979

Eversberg, Gerd: Bertolt Brecht, Mutter Courage und ihre Kinder. Analysen und Reflexionen 19. Hollfeld 1988

Hinderer, Walter (Hg.): Brechts Dramen. Neue Interpretationen. Stuttgart 1984

Kesting, Marianne: Bertolt Brecht in Selbstzeugnissen und Bilddokumenten. Hamburg 1981

Knopf, Jan: Brecht-Handbuch. Lyrik, Prosa, Schriften. Stuttgart 1984

Knopf, Jan: Brecht-Handbuch. Theater. Stuttgart 1980

Lattmann, Dieter (Hg.): Kennen Sie Brecht? Stationen seines Lebens. Stuttgart 1988

Literatur in den Medien

Albersmeier, F.-J. / Roloff, Volker (Hg.): Literaturverfilmungen. Frankfurt/M. 1989

Faulstich, Werner: Die Filminterpretation. Göttingen 1988

Hickethier, Knut: Das Fernsehspiel der Bundesrepublik. Themen, Form, Struktur, Theorie und Geschichte. München 1980

Kulturfiliale Gillner und Conrad, Vera Conrad (Hg.): Das Parfum. Die Geschichte eines Mörders. Filmheft-Marterialien zum Unterricht 2006

Lange, Günter u. a. (Hg.): Taschenbuch des Deutschunterrichts. Band 2: Literaturdidaktik: klassische Form, Trivialliteratur, Gebrauchstexte. 4. Auflage. Baltmannsweiler 1986

Paech, Joachim: Literatur und Film. Stuttgart 1988

Silbermann, Alphons u. a.: Filmanalyse. Grundlagen – Methoden – Didaktik. München 1980

Österreichische Literatur zwischen 1918 und 1938

Arnold, Heinz Ludwig (Hg.): Elias Canetti. 2. Auflage. München 1972

Arnold, Heinz Ludwig (Hg.): Robert Musil. 3. Auflage. München 1983

Böning, Hansjürgen: Joseph Roths „Radetzkymarsch". Thematik, Struktur, Sprache. München 1968

Bronsen, David: Joseph Roth. Eine Biographie. Köln 1974

Corino, Karl: Robert Musil. Leben und Werk in Bildern und Texten. Reinbek 1988

Deutsche Schillergesellschaft Marbach am Neckar (Hg.): Hermann Broch 1886–1951. Eine Chronik. Bearbeitet von Paul Michael Lützeler. Marbacher Magazin 94/2001

Deutsche Schillergesellschaft Marbach am Neckar (Hg.): Kafkas Fabriken. Bearbeitet von Hans Gerd Koch und Klaus Wagenbach. Marbacher Magazin 100/2002

Dietz, Ludwig: Franz Kafka. 2. Auflage. Stuttgart 1990

Koester, Rudolf: Joseph Roth. Berlin 1982

Lunzer, Heinz / Lunzer, Talos Victoria: Horváth. Einem Schriftsteller auf der Spur. Salzburg, Wien, Frankfurt 2001

Lützeler, Paul Michael (Hg): Deutsche Romane des 20. Jahrhunderts. Königstein/Ts. 1983

Müller-Funk, Wolfgang: Joseph Roth. München 1989

Nürnberger, Helmuth: Joseph Roth. Reinbek 1981

Robertson, Ritchie: Kafka. Judentum – Gesellschaft – Literatur. Stuttgart 1988

Stach, Reiner: Kafka: Die Jahre der Entscheidungen. Frankfurt 2002

Stamer, Uwe: Stundenblätter „Die Verwandlung" – „Das Urteil". Eine Einführung in das erzählerische Werk Kafkas. Stuttgart 1981

Wagenbach, Klaus: Kafka. Reinbek 1972

Wagenbach, Klaus: Franz Kafka. Bilder aus einem Leben. Berlin 1983

Literatur im deutschen Faschismus

Bremer, Thomas: Europäische Literatur gegen den Faschismus. München 1986

Ketelsen, Uwe K.: Völkisch-nationale und nationalsozialistische Literatur in Deutschland 1890–1945. 2. Auflage. Stuttgart 1987

Ketelsen, Uwe K.: Von heroischem Sein und völkischem Tod. Zur Dramatik des Dritten Reiches. Stuttgart 1977

Loewy, Ernst: Literatur unterm Hakenkreuz. Das Dritte Reich und seine Dichtung. Frankfurt/M. 1987

Reichel, Peter: Der schöne Schein des Dritten Reiches. Faszination und Gewalt des Faschismus. München 1991

Sarkowicz, Hans / Mentzer, Alf: Literatur in Nazi-Deutschland. Ein biografisches Lexikon. Erweiterte und überarbeitete Neuausgabe. Hamburg 2002

Schnell, Ralf: Dichtung in finsteren Zeiten. Deutsche Literatur und Faschismus. Reinbek 1998

Schnell, Ralf: Kunst und Kultur im deutschen Faschismus. Stuttgart 1978

Walberer, Ulrich (Hg.): 10. Mai 1933. Bücherverbrennung in Deutschland und die Folgen. Frankfurt/M. 1983

Literatur des Exils

Arnold, Heinz Ludwig (Hg.): Deutsche Literatur im Exil 1933–1945. 2 Bände. 3. Auflage. München 1974

Buck, Theo / Steinbach, Dietrich (Hg.): Tendenzen der deutschen Literatur zwischen 1918 und 1945. Weimarer Republik. Drittes Reich. Exil. Stuttgart 1985

Grimm, Reinhold / Hermand, Jost (Hg.): Exil und Innere Emigration. Frankfurt/M. 1972

Hohendahl, Peter U. / Schwarz, E. (Hg.): Exil und Innere Emigration. Frankfurt/M. 1973

Huß-Michel, Angela: Literarische und politische Zeitschriften des Exils 1933–1945. Stuttgart 1987

Koepke, Wulf / Winkler, Michael (Hg.): Exilliteratur 1933-1945. Darmstadt 1989

Loewy, Ernst u. a. (Hg.): Exil. Literarische und politische Texte aus dem deutschen Exil 1933–1945. Stuttgart 1979

Riegel, Paul / van Risnum, Wolfgang: Deutsche Literaturgeschichte 10: Drittes Reich und Exil 1933–1945. München 2000

Schnell, Ralf: Literarische Innere Emigration 1933–1945. Stuttgart 1976

Schütz, Hans J.: „Ein deutscher Dichter bin ich einst gewesen". Vergessene und verkannte Dichter des 20. Jahrhunderts. München 1988

Serke, Jürgen: Die verbrannten Dichter. Frankfurt/M. 1980

Stephan, Alexander: Die deutsche Exilliteratur 1933–1945. München 1979

Walter, Hans A.: Bedrohung und Verfolgung bis 1933. Deutsche Exilliteratur 1933–1950. 2 Bände. Darmstadt, Neuwied 1972

Walter, Hans A.: Deutsche Exilliteratur 1933–1950. 7 Bände, davon 3 bereits erschienen. Stuttgart 1978

Weinzierl, Ulrich (Hg.): Österreichs Fall. Schriftsteller berichten vom „Anschluß". Wien, München 1987

Winckler, L. (Hg.): Antifaschistische Literatur. 2 Bände. Kronberg/Ts. 1977

Winkler, Michael (Hg.): Deutsche Literatur im Exil 1933 bis 1945. Texte und Dokumente. Stuttgart 1977

Literatur der BRD nach 1945

Arnold, Heinz Ludwig (Hg.): Bestandsaufnahme Gegenwartsliteratur. BRD – DDR – Österreich – Schweiz. München 1988

Arnold, Heinz Ludwig (Hg.): Die deutsche Literatur seit 1945. Seelenarbeiten 1978–1983. München 1998

Arnold, Heinz Ludwig (Hg.): Günter Grass. Neuauflage. München 1981

Arnold, Heinz Ludwig (Hg.): Heinrich Böll. 3. Auflage. München 1982

Balzer, Bernd u. a.: Die deutschsprachige Literatur in der Bundesrepublik Deutschland. Vorgeschichte und Entwicklungstendenzen. München 1988

Blamberger, Günter: Versuch über den deutschen Gegenwartsroman. Krisenbewußtsein und Neubegründung im Zeichen der Melancholie. Stuttgart 1985

Dörfler, Heinz: Moderne Romane im Unterricht. Modelle und Materialien zu: „Tauben im Gras" von Wolfgang Koeppen, „Horns Ende" von Christoph Hein, „Das Parfum" von Patrick Süskind, „Kassandra" von Christa Wolf, „Das Treffen in Telgte" von Günter Grass, „Brandung" von Martin Walser. Frankfurt/M. 1988

Endres, Elisabeth: Die Literatur der Adenauerzeit. Steinhausen, München 1983

Fischbach, Peter u. a. (Hg.): Zehn Jahre Werkkreis Literatur der Arbeitswelt. Dokumente, Analysen, Hintergründe. Frankfurt/M. 1979

Glaser, Horst A. (Hg.): Deutsche Literatur zwischen 1945 und 1995. Eine Sozialgeschichte. Bern, Stuttgart, Wien 1997

Götze, Karl-Heinz: Heinrich Böll „Ansichten eines Clowns". Text und Geschichte. Stuttgart 1985

Götze, Karl-Heinz: Wolfgang Koeppen „Das Treibhaus". Text und Geschichte. Stuttgart 1985

Hage, Volker: Die Wiederkehr des Erzählers. Neue deutsche Literatur der 70er Jahre. Frankfurt/M., Berlin, Wien 1982

Hermand, Jost u. a. (Hg.): Nachkriegsliteratur in Westdeutschland 1945–49. Schreibweisen, Gattungen, Institutionen. Berlin 1982

Hielscher, Martin: Wolfgang Koeppen. München 1988

Kaiser, Gerhard: Geschichte der deutschen Lyrik von Heine bis zur Gegenwart. 2 Bände. Frankfurt/M. 1991

Kröll, Friedhelm: Die Gruppe 47. Soziale Lage und gesellschaftliches Bewußtsein literarischer Intelligenz in der Bundesrepublik. Stuttgart 1977

Lattmann, Dieter (Hg.): Die Literatur der Bundesrepublik. Autoren, Werke, Tendenzen seit 1945. Frankfurt/M. 1986

Letsch, Felicia: Auseinandersetzung mit der Vergangenheit als Moment der Gegenwartskritik. Die Romane „Billard um halbzehn" von H. Böll, „Hundejahre" von G. Grass, „Der Tod in Rom" von W. Koeppen und „Deutschstunde" von S. Lenz. Köln 1982

Lüdke, W. Martin (Hg.): Nach dem Protest. Literatur im Umbruch. Frankfurt/M. 1979

Mennemeier, Franz Norbert: Modernes deutsches Drama. Band 2. München 1975

Neuhaus, Volker: Günter Grass. Stuttgart 1979

Neuhaus, Volker: Günter Grass „Die Blechtrommel". München 1988

Schnell, Ralf: Die Literatur der Bundesrepublik. Autoren, Geschichte, Literaturbetrieb. Stuttgart 2003 (2. überarb. u. erw. Aufl.)

Vogt, Jochen: Heinrich Böll. München 1978

Wehdeking, Volker: Anfänge westdeutscher Nachkriegsliteratur. Aufsätze, Interviews, Materialien. Aachen 1989

Wehdeking, Volker / Blamberger, Günter: Erzählliteratur der frühen Nachkriegszeit. München 1990

Literatur in der ehemaligen DDR

Blumensath, Christel / Blumensath, Heinz: Einführung in die DDR-Literatur. Mit Unterrichtsvorschlägen für die Sekundarstufen I und II. 2. Auflage. Stuttgart 1983

Emmerich, Wolfgang: Kleine Geschichte der DDR-Literatur. Erweiterte Ausgabe. Frankfurt/M. 1989

Lermen, Birgit / Loewen, Matthias: Lyrik aus der DDR. Exemplarische Analysen. München 1987

Praxis Deutsch 62/1983

Praxis Deutsch 89/1988

Schuhmann, Klaus: Lyrik des 20. Jahrhunderts. Materialien zu einer Poetik. Reinbek 1995

Arnold, Heinz Ludwig (Hg.): Text + Kritik. Zeitschrift für Literatur. Sonderband Pop-Literatur. München, edition text + kritik 2003

Baßler, Moritz: Der deutsche Pop-Roman. Die neuen Archivisten. München 2002

Beutin, Wolfgang u.a.: Deutsche Literaturgeschichte von den Anfängen bis zur Gegenwart. 6., verb. u. erw. Aufl. Stuttgart, Metzler 2001

Breuer, Ulrich / Sandberg, Beatrice (Hg.): Autobiographisches Schreiben in der deutschsprachigen Gegenwartsliteratur. Band 1: Grenzen der Identität und der Fiktionalität. München, Iudicium 2006

Conrady, Karl Otto: Deutsche Wendezeit. In: Ders.: Von einem Land und vom andern. Gedichte zur deutschen Wende. Frankfurt, Suhrkamp 1993, S. 173–248

Kammler, Clemens/ Pflugmacher, Torsten (Hg.): Deutschsprachige Gegenwartsliteratur seit 1989. Zwischenbilanzen - Analysen – Vermittlungsperspektiven Heidelberg, Synchron Wissenschaftsverlag der Autoren 2004

Kammler, Clemens: Uwe Timm „Am Beispiel meines Bruders. München, Düsseldorf, Stuttgart, Oldenbourg 2006

Köhler, Andrea/ Moritz, Rainer (Hg.): Maulhelden und Königskinder. Zur Debatte über deutschsprachige Gegenwartsliteratur. Leipzig, Reclam 1998

Mein, Georg: Erzählungen der Gegenwart: von Judith Hermann bis Bernhard Schlink. München, Düsseldorf, Stuttgart, Oldenbourg 2005

Müller, Heidelinde: Das „literarische Fräuleinwunder. Inspektion eines Phänomens der deutschen Gegenwartsliteratur in Einzelfallstudien. Frankfurt, Peter Lang 2004

Platen, Edgar / Todtenhaupt, Martin (Hg.): Grenzen Grenzüberschreitungen Grenzauflösungen. Zur Darstellung von Zeitgeschichte in deutschsprachiger Gegenwartsliteratur. München, Iudicium 2004

Platen, Edgar (Hg.): Perspektivensuche. Zur Darstellung von Zeitgeschichte in deutschsprachiger Gegenwartsliteratur. München, Iudicium2002

Schnell, Ralf: Geschichte der deutschsprachigen Literatur seit 1945. 2., überarb. u. erw. Aufl. Stuttgart, Metzler2003

Ullmaier, Johannes: Von Acis nach Adlon: Eine Reise durch die deutschsprachige Popliteratur. Mainz 2001

Winkels, Hubert: Gute Zeichen. Deutsche Literatur 1995–2005. Köln, Kiepenheur & Witsch 2005

Die deutschsprachige Literatur der Schweiz

Gsteiger, Manfred (Hg.): Die zeitgenössischen Literaturen der Schweiz. München 1974

Heidenreich, Sybille: Max Frisch „Mein Name sei Gantenbein", „Montauk", „Stiller". Hollfeld 1978

Lubich, Frederick Alfred: Max Frisch „Stiller", „Homo faber", „Mein Name sei Gantenbein". Stuttgart 1990

Winkels, Hubert: Einschnitte. Zur Literatur der 80er Jahre. Frankfurt/M. 1991

Österreichische Literatur nach 1945

Aspetsberger, Friedbert (Hg.): Neues. Trends und Motive in der (österreichischen) Gegenwartsliteratur. Innsbruck, Studien-Verlag 2003

Aspetsberger, Friedbert / Mose, Gerda E. (Hg.): Leiden......Genießen. Zu Lebensformen und -kulissen in der Gegenwartsliteratur. Innsbruck, Studien Verlag 2006

Barner, Wilfried: Geschichte der deutschen Literatur von 1945 bis zur Gegenwart: Bd 12. München, C. H. Beck. 2006

Bortenschlager, Wilhelm: Deutsche Literaturgeschichte 3. Wien 1996

Breicha, Otto / Urban Reinhard (Hg.): Österreich zum Beispiel. Literatur, Bildende Kunst, Film und Musik seit 1968. Salzburg, Wien 1982.

Fuchs, Gerhard / Höfler, Günther (Hg.): Hans Lebert.. Graz, Droschl 1998

Glaser, Horst A. (Hg.): Deutsche Literatur zwischen 1945 und 1995. Eine Sozialgeschichte. Bern, Stuttgart, Wien 1997

Gollner, Helmut: Die Wahrheit lügen. Die Renaissance des Erzählens in der jungen österreichischen Literatur. Innsbruck, Studienverlag 2005.

Goltschnigg, Dieter u. a.: Die österreichische Gegenwartsliteratur. In: Viktor Žmegač (Hg.):

Geschichte der deutschen Literatur vom 18. Jahrhundert bis zur Gegenwart. Band III/3. Frankfurt/M. 1978ff. S. 695–825

Huber, Martin u. a.: Thomas Bernhard und seine Lebensmenschen. Der Nachlass. Wien, Linz 2001

Kastberger, K./W. Schmidt-Dengler (Hg.): In Böen wechselt mein Sinn. Zu Friederike Mayröckers Literatur. Wien 1996

König, Hartmut: Peter Handke, Sprachkritik und Sprachverwendung. Hollfeld 1978

Kruntorad, Paul: Charakteristika der Literaturentwicklung in Österreich 1945–1967. In: Rolf Grimminger (Hg.): Sozialgeschichte der deutschen Literatur. Band 10. Literatur der BRD bis 1967. Wien, München 1986. S. 629–650

Magris, Claudio: Der habsburgische Mythos in der österreichischen Literatur. Salzburg 1966

Mittermayer, Manfred / Veits-Falk, Sabine (Hg.): Thomas Bernhard und Salzburg. Salzburg 2001

Neis, Edgar: Erläuterungen zu Peter Handke. Die Angst des Tormanns beim Elfmeter. Der kurze Brief zum langen Abschied. Wunschloses Unglück. Hollfeld 1978

Rainer, Eva und Gerald: Zeitgenössische Prosa. Unterrichtsvorschläge und Materialien zu 14 Romanen. Linz, Veritas 2006

Reinhardt, Stefan: Handkes Tormann, Handkes Skrupel. Text und Kritik 24/24a. München 1971

Rühm, Gerhard (Hg.): Die Wiener Gruppe. Texte, Gemeinschaftsarbeiten, Aktionen. Reinbek 1969

Schmidt-Dengler, Wendelin (Hg.): Formen der Lyrik in der österreichischen Literatur der Gegenwart. Wien 1981

Schmidt-Dengler, Wendelin (Hg.): Literatur in Österreich. Berlin 1995

Schnell, Ralf: Geschichte der deutschsprachigen Literatur seit 1945. 2. überarbeitete und erweiterte Auflage. Stuttgart, Metzler 2003

Weiss, Walter / Schmid Sigrid (Hg.): Zwischenbilanz. Eine Anthologie österreichischer Gegenwartsliteratur. Salzburg 1976

Wittstock, Uwe (Hg.): *Die Erfindung der Welt*. Zum Werk von Christoph Ransmayr. Frankfurt/M. Fischer Taschenbuch Verlag 1997. (= Fischer Taschenbücher. 13433. Kultur & Medien.)

Zeman, Herbert (Hg.): Literaturgeschichte Österreichs. Von den Anfängen im Mittelalter bis zur Gegenwart. Graz 1996

Zeyringer Klaus: Österreichische Literatur 1945–1998. Überblicke, Einschnitte, Wegmarken. Innsbruck. 1999

Bildnachweis

akg-images: 17/1, 52/1, 74/1 (Philippe de la Guepiere/R. Benard), 82/1 (Carl Mayer nach Zeichnung von Johann Georg Buchner), 93/2, 97/1 (Johann Leonhard Raab), 113/2 (Johann Heinrich Wilhelm Tischbein), 115/2 (Gerd Hartung), 118/1 (Johann Wolfgang von Goethe), 127/1 (Johann Wolfgang von Goethe), 130/1 (Eugène Delacroix), 147/1 (Caspar David Friedrich), 152/1 (Theodor Hosemann), 157/1 (Adolf Neumann), 159/1 (Johann Friedrich August Tischbein), 233/1 (Carl Schleicher), 247/2 (Erich Lessing), 270/1, 271/2, 310/1, 314/1, 314/2, 316/1 (George Grosz), 337/1, 387/1

Arche Verlag, Raabe + Vitali, Zürich, 1989: Glauser/Der Chinese: 490/1 (Hannes Binder)

Aufbau-Verlag, Berlin, 1971: Seghers/Das siebte Kreuz: 440/1

bpk, Berlin: 69/1 (Wilhelm Amberg/Reinhard Saczewski/Nationalgalerie, SMB), 136/1 (Jean Jacques André Le Veau/Jörg P. Anders/Kupferstichkabinett, SMB), 142/1 (J. G. Nast), 191/1, 239/1 (Otto Ubbelohde), 271/1, 307/2 (Karl Prühäußer), 316/2 (Otto Dix/Hermann Buresch), 316/3 (Otto Dix/Jochen Remmer), 316/4 (Otto Dix/Hermann Buresch)

Claassen Verlag, Düsseldorf, 1980: Meckel/Suchbild: 420/1 (Christoph Meckel)

Deutsche Buch-Gemeinschaft, Darmstadt, 1966: Hensel/Spielplan: 128/1 (Carl Spitzweg)

Dokumentationsstelle für neuere österreichische Literatur, Wien: 518/1

Getty Images: 216/1 (Paul Mazurek)

Insel Verlag, Frankfurt, 1983: Borst/Alltagsleben im Mittelalter: 16/1 (Ghotan Bartholomäus, Lübeck)

Luchterhand Verlag, Darmstadt und Neuwied, 1984: Grass/Die Blechtrommel: 398/2 (Günter Grass)

Peter Peitsch/peitschphoto.com: 421/1, 532/1 (Sielecki), 554/1

picturedesk.com: 9/1 (ullstein bild), 11/1 (Interfoto), 15/1 (Charles Walker/Topfoto), 18/1 (Archiv Gerstenberg/ullstein bild), 20/1 (Interfoto), 22/1 (Interfoto), 25/1 (Interfoto), 30/1 (Julius Schnorr von Carolsfeld/Archiv Gerstenberg/ullstein bild), 33/1 (Hans Brosamer/Interfoto), 33/2 (Interfoto), 37/1 (Sebastiano del Piombo/ullstein bild), 38/1 (Nach Hans Holbein dem Jüngeren/Archiv Gerstenberg/ullstein bild), 39/1 (Hans Baldung gen. Grien/Interfoto), 42/1 (Lukas Cranach der Ältere/Interfoto), 48/1 (Jacob van der Heyden/Interfoto), 48/2 (ullstein bild), 49/1 (ullstein bild), 54/1 (Interfoto), 56/1 (Nach Stich von Kilian/Interfoto), 64/1 (Franz Hubmann/Imagno), 65/1 (B. Friedrich/ullstein bild), 68/1 (Johann Wilhelm Becker/ullstein bild), 72/1 (Friedrich Georg Kersting/Interfoto), 75/1 (ullstein bild), 76/1 (Keystone/Iba-Archiv/Str), 78/1 (Interfoto), 83/1 (Daniel Chodowiecki/Interfoto), 84/1 (Daniel Chodowiecki/Interfoto), 85/1 (Schweißinger/Interfoto), 88/1 (Interfoto), 90/1 (Moenkebild/ullstein bild), 90/2 (Kujath/ullstein bild), 92/1 (Johann Friedrich August Tischbein/Archiv Gerstenberg/ullstein bild), 93/1 (Archiv Gerstenberg/ullstein bild), 96/1 (Interfoto), 97/2 (Interfoto), 100/1 (Interfoto), 103/1 (Interfoto), 111/1 (ullstein bild), 113/1 (ullstein bild), 115/1 (Interfoto), 117/1 (Johann Heinrich Wilhelm Tischbein/ullstein bild), 119/1 (Interfoto), 119/2 (Interfoto), 120/1 (Johann Schmeller/Interfoto), 121/1 (Carl August Schwerdgeburth/ullstein bild), 122/1 (Interfoto), 122/2 (Samuel Gränicher/Interfoto), 134/1 (ullstein bild), 134/2 (Interfoto), 143/1 (Interfoto), 148/1 (Heinrich Plühr/ullstein bild), 149/1 (Friedrich Tieck/Interfoto), 150/1 (Interfoto), 150/2 (Eduard Eichens/ullstein bild), 151/1 (E. T. A. Hoffmann/ullstein bild), 153/1 (ÖNB Bildarchiv), 155/1 (Interfoto), 159/2 (V. Schertle/ullstein bild), 163/1 (Zentralbild/dpa/ADN), 163/2 (Tim Brakemeier), 164/1 (KPA/ullstein bild), 166/1 (Peter Endig), 169/1 (Nadar/Interfoto), 170/1 (C. Breitbach/ullstein bild), 172/1 (ullstein bild), 173/1 (Imagno/NB), 174/1 (Demange Francis/Gamma/eyedea), 176/1 (Teutopress/ullstein bild), 177/1 (Schleyer/ullstein bild), 178/1 (Klaus Franke), 180/1 (Horst Galuschka), 185/1 (J. Allgeyer nach R. Leemann/Interfoto), 185/2 (ullstein bild), 186/1 (Brandseph/ÖNB Bildarchiv), 188/1 (Gottlieb Gassen/Interfoto), 188/2 (Interfoto), 191/2 (Interfoto), 192/1 (Interfoto), 198/1 (Archiv Gerstenberg/ullstein bild), 198/2 (Moritz Michael Daffinger/Interfoto), 203/1 (Bartholomäus Székelyi/Imagno/Austrian Archives), 204/1 (Peter Johann Nepomuk Geiger/Interfoto), 205/1 (ÖNB Bildarchiv), 208/1 (Imagno/Austrian Archives), 210/1 (Imagno/Austrian Archives), 210/2 (ÖNB Bildarchiv), 211/1 (Joseph Kriehhuber der Ältere/Interfoto), 213/1 (Robert Jäger), 214/1 (ullstein bild), 217/1 (Robert Iger), 219/1 (Peter Manninger), 221/1 (Kay Nietfeld), 223/1 (Käthe Kollwitz/Interfoto), 229/1 (ÖNB Bildarchiv), 230/1 (Interfoto), 235/1 (R. Perscheid/R. E. Kepler/Interfoto), 237/1 (Interfoto), 242/1 (ÖNB Bildarchiv), 245/1 (Gyorgy Szekely/Imagno), 247/1 (Interfoto), 251/1 (Teutopress/ullstein bild), 251/2, 253/1 (Meller Marcovicz/ullstein bild), 255/1 (ÖNB Bildarchiv), 255/2 (ullstein bild), 258/1 (ullstein bild), 258/2 (ullstein bild), 260/1 (Jacob van Loo/Interfoto), 263/1 (ullstein bild), 264/1 (Nadar/ullstein bild), 266/1 (Interfoto), 266/2 (Interfoto), 268/1 (Imagno/Austrian Archives), 269/1 (ÖNB Bildarchiv), 274/1 (Ferdinand Schmutzer/ÖNB Bildarchiv), 275/1 (Etienne

Carjat/Explorer Archives/eyedea), 276/1 (Interfoto), 276/2, 278/1 (ÖNB Bildarchiv), 278/2 (Imagno/Austrian Archives), 279/1 (d' Ora/ ÖNB Bildarchiv), 280/1 (Bertold Löffler/Imagno/ Austrian Archives), 281/1 (Claude Monet/ Imagno/Austrian Archives), 283/1 (Moritz Coschell/Imagno/Austrian Archives), 285/1 (Gustav Klimt/Herbert Pfarrhofer), 285/2 (ullstein bild), 289/1 (Ludwig Meidner/Interfoto), 290/1 (Edvard Munch/Topfoto), 291/1 (Oskar Kokoschka/Imagno/Austrian Archives), 291/2 (Giacomo Balla/Artmedia/Hip/Topfoto), 292/1 (Ernst Ludwig Kirchner/Interfoto), 295/1 (Schweinöster), 296/1 (Interfoto), 298/1 (Ernst Ludwig Kirchner/Interfoto), 299/1 (Fritz Eschen/ ullstein bild), 301/1 (Edvard Munch/ullstein bild), 302/1 (Bruno Paul,/Interfoto), 307/1 (ullstein bild), 323/1 (Interfoto), 323/2 (Alfred Eisenstaedt/ullstein bild), 325/1 (Würth GmbH/ ullstein bild), 327/1 (Horst Tappe/ullstein bild), 329/1 (Mähler(L)/ullstein bild), 330/1 (histopics/ ullstein bild), 331/1 (Interfoto), 334/1, 336/1 (ullstein bild), 339/1 (Harald Schneider), 342/1 (ullstein bild), 348/1 (Christophe Karaba), 350/1 (Interfoto), 351/1 (Imagno/Austrian Archives), 352/1 (Imagno/Austrian Archives), 352/2 (d' Ora/Imagno), 353/1 (Imagno/Austrian Archives), 354/1 (ÖNB Bildarchiv), 355/1 (Interfoto), 356/1 (ÖNB Bildarchiv), 358/1 (Interfoto), 359/1 (Imagno/Austrian Archives), 360/1 (Interfoto), 361/1 (Interfoto), 362/1 (Interfoto), 363/1 (Keystone/Photopress-Archiv/ Str), 364/1 (Manfred Rehm), 368/1 (ullstein bild), 368/2 (Vierthaler/Interfoto), 370/1 (Adolf Wissel/Interfoto), 370/2 (Archiv Gerstenberg/ ullstein bild), 375/1 (Fips/Interfoto), 382/1 (Felix Nussbaum/Interfoto), 384/1 (Everett Collection/ Contrast), 384/2 (ullstein bild), 386/1 (Imagno/ Austrian Archives), 389/1 (Interfoto), 392/1 (ullstein bild), 393/1 (B. Friedrich/ullstein bild), 394/1 (R. Clausen/ullstein bild), 395/1 (Interfoto), 396/1 (Bodo Gerstenberg/Archiv Gerstenberg/ ullstein bild), 397/1 (Ursula Dren), 398/1 (Christian Langbehn/Action Press), 403/1, 405/1 (B. Friedrich/ullstein bild), 407/1 (Harry Croner/ ullstein bild), 409/1 (B. Friedrich/ullstein bild),

410/1 (Roland Scheidemann), 411/1 (Jens Ressing), 412/1 (Interfoto), 413/1 (Sanden), 415/1, 418/1 (Poklekowski/ullstein bild), 418/2 (Paul Swiridoff/Würth GmbH/ullstein bild), 433/1 (Bodo Gerstenberg/Archiv Gerstenberg/ ullstein bild), 437/1 (Ingo Wagner), 438/1 (Peter Steffen), 442/1 (B. Friedrich/ullstein bild), 445/1 (Soeren Stache), 450/1 (C.T. Fotostudio/ullstein bild), 456/1 (Erwin Elsner), 457/1 (Erwin Elsner), 462/1 (Interfoto), 467/1 (Schleyer/ullstein bild), 472/1 (Erwin Elsner), 472/2 (Erwin Elsner), 476/1 (Schleyer/ullstein bild), 484/1 (Frederic Reglain/Contrast/Gamma), 485/1 (B. Friedrich/ ullstein bild), 487/1 (Interfoto), 489/1 (B. Friedrich/ullstein bild), 492/1 (ullstein bild), 492/2 (Uli Deck), 494/1 (Gamma/eyedea), 496/1 (ddp/ullstein bild), 505/1 (ullstein bild), 507/1 (B. Friedrich/ullstein bild), 507/2, 511/1 (Horst Tappe/ullstein bild), 513/1 (Gezett/ullstein bild), 516/1 (Imagno/Franz Hubmann), 520/1 (Hug/ ullstein bild), 524/1 (Friedrich B./SV-Bilderdienst), 527/1 (Roland Schlager), 531/1 (First Look/Flo), 534/1, 535/1 (Fredrik Von Erichsen), 538/1 (Hans Klaus Techt), 541/1 (Harald Schneider), 544/1 (Rolf Haid), 546/1 (Schleyer/ullstein bild), 556/1 (Peter Kurz/Contrast), 558/1 (Herbert Neubauer), 560/1 (Ulf Andersen/Gamma/Eyedea Presse), 564/1 (Erwin Elsner), 566/1 (Toppress Austria), 570/1 (Jürgen Bauer/ullstein bild), 572/1 (Frank May), 574/1 (Toppress Austria)

Project Photos: 37/2 (Michelangelo Buonarotti)

Schiller-Nationalmuseum, Deutsches Literaturarchiv, Marbach/Neckar: 371/1, 371/2

Staatsarchiv, Ulm: 44/1, 44/2

Verlag Frauenoffensive, München, 1981: Stefan/ Häutungen: 165/1 (Antonia Wernery)

Wiener Zeitung, Wien: Lesezirkel (15/1985): 162/1 (Helmut Vogl)

Zentralbibliothek, Zürich: 244/1

Alle Ausschnitte mit Zustimmung der VBK/ Wien.